中共龙泉市委
龙泉市人民政府 主办

龙泉年鉴

2008—2012

龙泉市地方志办公室 编

方志出版社
Publishing House of Local Records

图书在版编目（CIP）数据

龙泉年鉴. 2008-2012 / 龙泉市地方志办公室编.
-- 北京：方志出版社，2017.9
ISBN 978-7-5144-2558-1

Ⅰ. ①龙… Ⅱ. ①龙… Ⅲ. ①龙泉市-2008-2012-年鉴 Ⅳ. ①Z525.54

中国版本图书馆 CIP 数据核字（2017）第 244803 号

龙泉年鉴（2008—2012）

编　　者：龙泉市地方志办公室
责任编辑：刘方圆

出 版 人：冀祥德
出 版 者：方志出版社
地址　北京市朝阳区潘家园东里 9 号（国家方志馆 4 层）
邮编　100021
网址　http://www.fzph.org
发　　行：方志出版社图书经销中心
电话（010）67110500
经　　销：各地新华书店
印　　刷：浙江遂昌印业有限责任公司

开　　本：889 × 1194　1/16
印　　张：29
字　　数：931 千字
版　　次：2017 年 9 月第 1 版　2017 年 9 月第 1 次印刷
印　　数：0001~1000 册

ISBN 978-7-5144-2558-1　定价：180.00 元

龙泉市地方志编纂委员会

（2012 年 12 月—2017 年 9 月先后任职）

《龙泉年鉴》编辑部

编辑说明

一、《龙泉年鉴(2008—2012)》记载时限从2008年1月1日起至2012年12月31日止(新任市级领导简介收录时间为2009年至2012年)。部分内容为说明事情本源，适当追溯到2008年以前的史实。

二、《龙泉年鉴(2008—2012)》编写工作，以马克思列宁主义、毛泽东思想、邓小平理论、“三个代表”重要思想、科学发展观为指导，认真贯彻落实习近平总书记系列重要讲话精神和治国理政新理念新思想新战略，坚持辩证唯物主义和历史唯物主义的立场、观点和方法，实事求是记述龙泉地情和史实，全面真实地反映5年来龙泉市政治、经济、文化、社会和生态建设的发展情况，为各级领导科学决策服务，为国内外人士了解、研究、宣传龙泉服务，为促进龙泉地方经济社会发展服务。

三、除特载、统计资料外，一般用记述文或说明文。力求事例翔实，数据准确，用词朴实，语言精炼，层次分明，集思想性、资料性、科学性、实用性于一体。

四、《龙泉年鉴》以龙泉市行政区划为界，凡在全市范围内的机关、团体、企事业单位等，不论其归属，一般均记述在内。

五、《龙泉年鉴》采取分类编辑法，设类目、分目和条目3个层次。本年鉴分为36个类目，共设276个分目，收录1700多个条目。

六、年鉴文体、称谓、数字、纪年、标点符号等均按国家颁布的有关规定书写。计量单位采用国家法定计量单位，如长度用“米”“千米”，重量用“克”“千克”“吨”，等等。

七、各种数据均经有关部门、单位核实确认，综合性数据最后由龙泉市统计局核准。使用超过5位以上数字，一般改以万、亿作单位。凡以万、亿作单位数据，小数点后面保留2位约数，百分比中的小数点后面也保留2位约数。

八、名称、人名除引文外，均直书其名，不加褒贬之词，必要时加职务、职称。各种名称第一次出现时均用全称，多次使用者在第一次全称时加注简称。

九、在各机关单位负责人名录中，在同一时间段内，一般仅收入每位负责人的一项主要职务，其余职务则从略。

十、文中有关“5年来”“5年间”等记述，均指2008年至2012年的五年。

十一、本年鉴采用的文稿，均由市属各有关部门、单位和所辖乡镇(街道)党委(党工委)、政府(办事处)落实专人撰写或提供，并经供稿单位领导审核。撰稿人或供稿人姓名加圆括号“( )”列在条目后面右下方。

2008年4月24日，浙江省委书记赵洪祝（前排左三）到龙泉调研。图为赵洪祝在炉田农业科技水土保持综合治理工程现场

2010年7月21日，浙江省委副书记、省长吕祖善（前排左三）到龙泉调研指导灾后重建工作

（郑本成　摄）

2014年6月23—24日，浙江省委书记、省人大常委会主任夏宝龙（左二）到龙泉调研。图为夏宝龙在龙泉现代林业苗木基地

2014年9月3日，浙江省委副书记、省长李强在龙泉市调研。图为李强在中国青瓷小镇披云青瓷文化园

2010年11月15日，第五届中国龙泉青瓷·龙泉宝剑节开幕。图为开幕式《剑风·瓷韵·龙泉人》演出

（郑本成　摄）

2012年11月17日，中国青瓷小镇——上垟镇披云青瓷文化园开园仪式　（殷小明　摄）

2010年1月18日，国家高速网G25长深线龙泉至庆元段公路举行开工典礼　　（张伟仁　摄）

2010年11月14日，龙泉撤县设市20周年成就展开展。图为剪彩仪式

2008年11月3日，龙泉市与韩国康津郡签署缔结国际友好姊妹城市关系协议书

（市外事办 提供）

2010年8月27—29日，著名作家、龙泉管氏后裔莫言（原名管谟业）到龙泉寻根问祖

龙泉市区全景（2009年12月18日）（张有钢 摄）

龙泉市人民公园夜景（2011年4月23日）（郑本成 摄）

目　　录

特　　载

专　　辑

大　事　记

总　　述

中国共产党龙泉市委员会

龙泉市人民代表大会

龙泉市人民政府

政协龙泉市委员会

中共龙泉市纪委 龙泉市监察局

民主党派和工商联

工会 共青团 妇联

人事 劳动 社保

法 治

军　事

农业　农村

林　业

水利　电力

工业　商贸

交　通

通信事业

城建　环保

国土资源

旅　游

财政　税务

经济管理

教　育

科技管理

文化　体育

报刊　广播　电视

医疗　卫生

社会生活

乡镇　街道

市和乡镇（街道）机构及负责人名录

新任市级领导简介

先进集体和先进人物

特　　载

推进绿色崛起　加快科学跨越
为打造“活力龙　幸福泉”而努力奋斗

——在中国共产党龙泉市第十三次代表大会上的报告

蔡晓春

（2011年12月27日）

中国共产党龙泉市第十三次代表大会，是在全面推进“十二五”发展、迎接党的十八大的新形势下召开的一次重要会议。大会的主题是：高举中国特色社会主义伟大旗帜，以邓小平理论和“三个代表”重要思想为指导，全面贯彻落实科学发展观，认真总结过去五年的工作，确定今后五年的奋斗目标和主要任务，动员全市广大党员和干部群众，为打造“活力龙 幸福泉”而努力奋斗。

确定这样的主题，是时代发展的新要求，是全市人民的新期待，是历史赋予的新使命。

一、过去五年的工作富有成效

市第十二次党代会以来的五年，是我市综合实力提升最快、城乡面貌变化最大、人民群众得实惠最多的五年。五年来，我们紧紧围绕创造美好新龙泉的奋斗目标，抢抓机遇，解放思想，开拓进取，齐心协力，胜利完成市第十二次党代会确定的目标任务，各项工作取得明显成效。

（一）经济发展跃上新台阶。主要经济指标年均增幅高于全国全省平均水平，多项指标在丽水市位次前移。预计2011年全市实现生产总值73亿元，年均增长12.5%；工业总产值突破140亿元，年均增长32%；固定资产投资41亿元，年均增长15.6%；地方财政收入突破4.0亿元，年均增长18.1%；城镇居民人均可支配收入、农民人均纯收入分别达到24200元、7700元，年均增长11.2%和14.6%。平台建设成效明显。成为全省低丘缓坡综合开发利用试点县（市），争取到生态产业集聚区、工业转型升级示范区等省级以上发展平台6个，“一心五点”工业集聚平台基本形成。工业“第一经济”地位更加凸显。五金汽配、竹木制品、青瓷宝剑等主导产业规模不断壮大，金属制品等产业得到积极培育，成为中国汽车（空调）零部件制造基地和竹木户外休闲用品产业基地，亿元以上企业达到25家，新增国家高新技术企业4家、省高新技术企业6家、中国驰名商标5件。竹茶菌蔬等生态农业有效培育。成为全国十大食用菌生产基地、全国林改百强县(市)、中国特色竹乡、中国黑木耳之乡和全省农业特色优势产业综合强县(市),龙泉灵芝及孢子粉成功申报地理标志产品保护。服务业发展势头趋好。龙泉青瓷文化创意基地列入省现代服务业集聚区,建成浙闽赣边际食用菌交易市场、丽水出入境检验检疫局龙泉办事处和丽水首个公用型保税仓库,创建AAAA级旅游景区1个。

(二)文化建设实现新突破。剑瓷文化大力弘扬。龙泉青瓷传统烧制技艺入选“人类非物质文化遗产代表作名录”,以剑瓷为核心的龙泉文化精彩亮相“上海世博”,龙泉青瓷行业协会成为国际陶瓷学会团体会员,青瓷宝剑节被列为全省重点扶持节庆和中国“最具创新价值节庆”。省级文化先进市通过验收。建成青瓷博物馆、文化馆、图书馆、大剧院、青少年宫等一批文化项目,相继成为国家传统知识知识产权保护试点县(市)、中国陶瓷文化历史名城和中国茶文化之乡,文化产业得到积极培育,文化人才队伍不断壮大。科教卫体等事业加快发展。市校合作成效显著,国家科技富民项目有效实施;省级教育强市成功创建,中小学教育均衡化水平逐年提高,职业教育发展跨上新台阶;公共医疗卫生服务体系不断健全,医药卫生体制改革稳步推进,国家基本药物制度顺利实施,市人民医院实施迁建;荣获国家计划生育优质服务先进市称号;体育事业加快发展。

(三)城乡面貌展现新变化。城镇化建设步伐加快。城镇化率由2006年的42%提高到52%,市区建成区面积从7.0平方公里扩大到12.5平方公里,中心镇得到积极培育,五年累计生态移民2.4万人。新农村建设持续深化。美丽乡村创建扎实推进,村庄整治、土地整理、旧村危旧房改造深入实施。生态建设切实加强。城乡环境、水环境和“三沿”三大综合整治成效明显,节能减排任务全面完成,生态环境状况指数居全省前列,成为国家级森林城市和省级文明城市、生态市、园林城市。基础设施建设取得重大进展。交通建设实现历史性突破,丽龙高速建成通车,高铁项目纳入国家铁路规划,省市乡村四级公路基本联点成网,实现康庄公路村村通;水利设施日趋完善,农村饮用水安全工程基本覆盖全市;城乡电网建设扎实推进;一批事关全局和长远发展的交通、水利、能源项目加紧建设。

(四)社会和谐稳定呈现新局面。社会保障体系更加健全。城乡居民社会养老保险、医疗保险等制度全面实施,“五大保险”扩面提标,就业创业服务体系进一步完善,民政福利、慈善事业不断推进,残疾人共享小康工程深入实施。全面建设“平安龙泉”,社会保持总体和谐稳定。建立健全了矛盾纠纷排查调处、重大事项社会稳定风险评估、信访包案化解等机制,大量矛盾纠纷及时化解;各类违法犯罪得到依法打击,群众合法权益得到保护;安全生产切实加强,各类突发事件妥善处置。社会管理创新积极推进。全面启动构建“一个格局六大体系”社会管理创新机制,积极探索“五强五网”基层社会管理新模式。

(五)民主法制建设取得新进展。市委总揽全局、协调各方的领导核心作用切实加强,党的领导体制和工作机制不断完善,人大和政协的作用充分发挥。爱国统一战线不断巩固和发展,民主党派、工商联和无党派人士参政议政积极性有效调动。工会、共青团、妇联等人民团体的作用进一步加强。民族、宗教、外事、侨务、对台、档案、党史、老龄和关心下一代等工作取得新进展。积极建设“法治龙泉”,依法行政全面推进,全社会民主法制意识切实增强,基层民主不断扩大。党管武装工作和国防后备力量建设扎实推进,双拥共建活动取得明显成效。

(六)党的建设得到新加强。扎实开展学习实践科学发展观、十七大精神主题教育、创先争优、作风建设年等活动,提升了党员素质和党组织战斗力。建立起市领导“一联八”制度,全面开展市乡村三级联动办实事创新业活动,形成了齐心协力共谋发展的良好格局。认真贯彻落实干部任用条例和“四项监督”制度,坚持正确的用人导向,不断深化干部人事制度改革,领导班子和干部队伍建设进一步加强;坚持党管人才原则,人才队伍建设水平明显提升。基层党建工作机制不断完善,组织和工作覆盖面进一步扩大,党的基层基础不断夯实。创新推出“干部身份证”和干部实绩台账等制度,在丽水率先实施行政审批“两集中”改革,切实加强干部作风和机关效能建设。坚持从严治党,全面落实党风廉政建设责任制,积极构筑惩治和预防腐败体系,领导干部廉洁自律、案件查办、纠风工作取得新成果,反腐败斗争不断深入。

这些成绩的取得和各项工作的有效推进,是上级党委、政府正确领导的结果,是全市各级党组织、广大党员和干部群众团结奋斗的结果,也是各民主党派、工商联、人民团体、各界人士、驻龙部队以及各级驻龙单位关心支持的结果。在此,我谨代表中共龙泉市委,向所有为龙泉发展做出积极贡献的同志们、朋友们,表示衷心的感谢并致以崇高的敬意！

成绩来之不易，经验弥足珍贵。实践表明，第十二次党代会以来市委作出的重大决策和部署是切合实际的，所做的工作是富有成效的。五年的实干创业、奋发进取，为今后发展提供了很多有益的启示。

（一）必须坚持立足市情，加快发展不动摇。欠发达是龙泉最大的市情，加快发展是最根本的任务，市委始终坚持把加快经济追赶作为重中之重的任务来抓，扎实开展生态建设年、项目“双进”年和城镇化推进年等活动，加快推进以工强市、以林富农、以旅兴龙、以城带乡。实践证明，作为欠发达地区的龙泉，必须坚持加快发展不动摇，以“等不起”的责任感、“慢不得”的危机感、“坐不住”的使命感，最大决心抓发展、最强力度推项目、最实举措促落实、最硬作风优服务，以加快发展凝聚力量，以加快发展解决问题，确保经济平稳健康快速发展。

（二）必须坚持解放思想，务实创新不停步。思想是行动的先导，创新是发展的动力。市委坚定不移推动思想解放，深化改革开放，努力为发展提供思想动力。正是市委组织开展了“接轨新高速，再创好龙泉”解放思想大讨论，迅速把全市人民的思想和行动统一到再创好龙泉的实践中来；正是我们敢于先行先试，在全省率先综合开发利用低丘缓坡，工业追赶发展才有了空间保障；正是坚持招商选资、招项争资、招才引智“三招齐发”，才有效地增强了山区发展活力。实践证明，龙泉要发展，思想必须再解放，改革必须再深化，要以创新的举措破解要素制约，以务实的作风推动工作落实。

（三）必须坚持以人为本，改善民生不放松。科学发展的核心是以人为本，创造美好新龙泉就是为了让龙泉人民更加幸福。市委始终坚持把民生改善作为一切工作的出发点和落脚点，始终做到发展再难不忘记民生问题、任务再重不忽视群众利益、财力再弱不放松民生投入，为百姓办成了一批实事、办妥了一批难事、办好了一批大事。实践证明，只要坚持民生为本、富民为先，切实加强和改善民生，就能赢得群众的信任与支持，就能使我们的事业拥有最广泛、最坚实的根基。

（四）必须坚持强化作风建设，破难攻坚不松劲。过去的五年，是龙泉发展极不寻常的五年。五年来，市委团结带领全市党员和干部群众，抵御住了国际金融危机的大冲击，顺应了国家宏观政策的大调整，经受住了百年一遇的冰冻雪灾、50年一遇的特大暴雨洪灾等严重自然灾害的大考验，经济发展不仅没有出现大波动，而且呈现增长加速、质量提升、民生改善的良好态势。实践证明，只要我们始终坚持党的领导，充分运用好党建和群众两种资源，依靠党员和群众两种力量，不断强化干部作风建设，坚信“事在人为”“一切皆有可能”，遵循“一切立足干成”“一切在于较真”，善于带头破难，勇于持续攻坚，就没有战胜不了的困难，没有化解不了的危机。

（五）必须坚持团结协作，凝心聚力不折腾。五年来，龙泉发展的好势头、好局面之所以不断巩固和发展，至关重要的是，我们坚持以发展聚人心、以团结强合力，全市上下思想同心、目标同向、行动同步。实践证明，团结就是力量，齐心才有合力；折腾必定内耗，内耗必留内伤。折腾最终阻碍经济发展、损害群众利益、破坏党的形象，我们要倍加珍惜当前“心齐气顺干劲足”的良好工作局面，不自满、不懈怠、不折腾，同心同德、群策群力推进龙泉加快发展。

在肯定成绩的同时，我们也要清醒地认识到，当前我市经济社会发展和党的建设还存在一些不容忽视的问题，主要表现在：经济欠发达的状况尚未根本改变，经济总量偏小、产业层次不高、要素制约趋紧，经济扩量提质任务艰巨。城乡居民收入依然偏低，教育、卫生等社会事业发展相对滞后，社会保障体系仍需进一步健全，实现全面小康任务繁重。城乡建设“建管并重”亟须加强，旧城改造相对缓慢，城市管理水平亟待提升。社会仍处于不稳定因素多发阶段，社会和谐稳定压力加大，加强和创新社会管理更加紧迫。党员干部的素质和能力有待进一步提高，一些基层党组织凝聚力、战斗力还不强，一些领导干部的能力和作风还不能完全适应新形势新任务的要求，在具体工作中思路不够宽，办法不够多，创新不够强，措施不够有力，消极腐败现象在有些领域还易发多发。对于这些问题，我们必须高度重视，深刻剖析原因，采取有效措施，切实加以解决。

二、科学定位“活力龙 幸福泉”和今后五年奋斗目标

今后一个时期，龙泉正处于经济增长的转型提升期、矛盾凸显的克难闯关期，更是加快发展的重要战略机遇期。总的来看，机遇与挑战并存，机遇大于挑战，有利因素多于不利因素。从发展背景看，当前世界经济增长放缓，国际金融市场剧烈动荡，但和平、发展、合作仍是时代潮流；当前我国经济发展中不平衡、不协调、不可持续的矛盾和问题依然突出，但经济长期向好发展的基本面没有改变，继续朝着宏观调控的预期方向发展；我省已率先进入经济发展加速转型期、社会建设整体推进期和体制改革

大会会场　　　　潘世国　提供

攻坚突破期。总体上，宏观环境有利于我市发展。从宏观政策看，中央已确定明年经济工作“稳中求进”的总基调，将继续实施积极的财政政策和稳健的货币政策。国家已启动实施新10年扶贫开发纲要，加之我市已被列入全省重点欠发达扶持县（市），将有望获得更多的政策、资金和项目扶持。从我市市情看，我市已迈入工业化中期，“两高两铁”交通布局正加快形成，并拥有丰富的自然资源、良好的生态环境和深厚的文化底蕴，广大干部群众对加快发展具有强烈的愿望、坚定的信心。这些都是推进绿色崛起、加快科学跨越的综合优势。

基于以上分析，今后五年我市工作的指导思想是：高举中国特色社会主义伟大旗帜，以邓小平理论和“三个代表”重要思想为指导，全面贯彻落实科学发展观，深入实施省委“两创”总战略和丽水市委“三市并举”发展战略，牢固树立绿色崛起、借力发展、特色竞争、科学跨越的工作理念，坚定不移推进“生态立市、工业强市、旅游兴市”三大战略，联动推进新型工业化、新型城镇化和农业现代化，统筹推进经济建设、文化建设、生态文明建设、社会建设、政治建设和新时期党的建设，解放思想，务实创新，破难攻坚，创先争优，推动龙泉高起点跨越式可持续发展，奋力打造“活力龙 幸福泉”。

“活力龙　幸福泉”的目标定位，是对十二次党代会提出的创造美好新龙泉奋斗目标的延续和发展，是对“十二五”规划纲要确定的“建设（三省边际）区域中心、实现全面小康”战略目标的提炼和升华。其内涵是“区域经济更具竞争力、机制体制更具创新力、发展主体更具创业力、社会进步更具精神力”“居住在龙泉更有安全感、生活在龙泉更有幸福感、工作在龙泉更有成就感、走出龙泉更有自豪感”。

打造“活力龙 幸福泉”，是一个不断探索、逐步积累的过程，前进的道路不可能一帆风顺，必然会遇到困难和挫折；宏伟蓝图的实现不可能一蹴而就，必将充满挑战和考验。我们决心紧紧依靠全市各级党组织、广大党员和干部群众，知难而进、锐意进取，多打基础、多解难题、多创特色、多谋民利、多促民富，迈出绿色崛起、科学跨越的坚定步伐。

今后五年打造“活力龙 幸福泉”的奋斗目标是：

——经济发展更富活力。既讲实力，更讲潜力、活力和竞争力，以实力激发活力，以拉高标杆鼓舞士气。到2016年，三次产业结构调整到8.0:49.0:43.0左右，主要经济指标努力实现“四个翻番四大突破”：即地区生产总值140亿元以上，年均增长12.5%，力争翻番；工业总产值400亿元以上，年均增长23%，实现翻番；固定资产投资五年累计300亿元以上，力争翻番；地方财政收入8.0亿元以上，年均增长15%，实现翻番；外贸进出口总额突破5.0亿美元，社会消费品零售总额突破60亿元，旅游接待突破500万人次，旅游总收入突破25亿元。

——剑瓷文化更有影响。文化强市建设走在全省前列，成为推进文化大发展大繁荣的先行区和示范区。社会主义核心价值体系建设深入推进，“团结实干、负重拼搏、开拓创新、敢于争先”的龙泉精神进一步弘扬，市民文明素质、社会文明程度明显提高。公共文化服务体系、文化传承创新体系更加健全，文化产业增加值占GDP比重超过10%。

——人居环境更加优化。“秀山丽水、剑瓷龙泉、养生福地、诗画乡村”的人居品牌全面打响，形成“剑瓷吸引人、绿色留住人、山水亲近人、活力成就人”的城乡建设新格局。城镇化率达到62%，城市建成区面积达15平方公里，市区人口达13.2万，城乡基础设施网络和公共服务体系更加便捷高效，力争基本形成1小时交通圈、20分钟医疗圈。全面完成“五城联创”目标，森林覆盖率保持84%以上，生态环境状况指数在98以上，污染物排放、节能降耗等约束性指标达到省定标准。

——社会环境更趋和谐。“法治

龙泉”建设全面深化，依法行政扎实推进，司法行为有效规范，基层民主有序扩大，社会法治意识切实增强。社会管理科学化水平不断提高，“平安龙泉”建设深入推进，社会保持和谐稳定，公共安全更有保障，社会更加公平正义，人际关系更为和谐，城乡居民安全感满意度处于全省前列。

——百姓生活更具品质。共同富裕步伐不断加快，城镇居民人均可支配收入、农民人均纯收入分别超过38500元和13500元，城乡居民收入差距逐步缩小。建立起覆盖城乡的“大社保”体系，社会保障更加有力。科教文卫体等社会事业协调发展，基本公共服务水平和均等化程度大幅提高。就业创业体系更加完善，城镇登记失业率控制在4.0%以内。人的全面发展得到有效促进，百姓生活更有尊严、更加幸福。

要实现以上目标，推动各项工作落实，必须牢固树立和强化“四大理念”：

——强化绿色崛起理念。生态是崛起之基。我们要强化优势转化意识，善于经营文化、经营生态、经营山水和经营城镇，把文化软实力转变为竞争硬实力，把绿色宝库转变为经济宝库，把文化和生态能量转变为增长引擎，积极推动龙泉绿色崛起于长三角、率先崛起于三省边际、后发崛起于新时期。

——强化借力发展理念。借力是发展之要。作为欠发达山区的龙泉，内生动力不足，必须坚持外源性与内生性发展相结合，借外力激活内力。要坚持上下联动、内外联动、区域联动，用足用活上级政策，持续深化市校合作，主动融入长三角、海西区，全力以赴抓项目、抓招商、抓投入，不断增强发展后劲和发展活力。

——强化特色竞争理念。特色是竞争之策。要立足龙泉市情和特色优势，以特色竞争理念指导各个领域、各个方面的工作，统筹城乡，整合资源，致力于发挥特色优势，发展特色经济，开展特色工作，营造特色环境，创造特色竞争力，依靠特色取胜，以鲜明的特色提升区域综合实力。

——强化科学跨越理念。科学跨越是发展之本。推动龙泉高起点跨越式可持续发展，必须牢固树立科学发展观，坚持既要经济GDP指数，更要绿色GDP和民生GDP，在发展中促转变、在转变中谋发展，着力推进龙泉由特色产业市向特色产业强市跨越、文化资源大市向文化强市跨越、区域交通末端向综合交通枢纽跨越、生态建设先行区向生态建设示范区跨越、基本小康向全面小康跨越。

三、着力推进经济建设，推动又好又快发展

坚持以生态工业园区、现代农业园区、服务业集聚区、休闲旅游景区“四区”建设为总载体，以项目建设为总抓手，坚定不移走扩量提质、成型转型之路，发展特色经济，构筑区域特色产业体系，深入推进山区科学发展综合改革试验区试点工作，切实增强经济综合实力和区域竞争力。

（一）主攻新型工业化。坚持工业强市不动摇，坚定不移走新型工业化道路。依托省级生态产业集聚区，推进平台大拓展。建立“1+5+X”工业发展空间架构，扩容提升“一心五点”，优先做大省级工业园区，规划建设若干特色产业园。有序推进低丘缓坡综合开发利用，强化土地节约集约利用，新拓展工业平台1万亩。全面建立产业培育新机制，推进产业大提升。大力实施“汽车零部件产业百亿工程”，推动行业分工由分散型向紧密型转变、产品由低端向高端转变、销售由维修市场为主向整车配套和维修市场齐头并进转变，产值突破150亿元，全力打造中国汽车（空调）零部件制造基地。联动推进竹木加工、金属制品、青瓷宝剑和农产品精深加工等产业培育，积极引进和培育战略性新兴产业。坚持扶强扶优，推进企业大培育。深入实施“龙头企业壮大工程、低产低效企业提升工程、中小企业培育工程”，全面建立“企情百宝箱”，一企一策培育龙头企业和上市公司。到2016年，全市年产值超30亿元企业2家以上，超10亿元企业5家以上，超亿元企业40家以上，年主营业务收入超2000万元企业200家以上。强化科技支撑，推进自主创新大突破。推动工业化和信息化“两化”融合，加快建设汽车空调零部件、不锈钢、竹木精深加工等科技创新公共服务平台，组建浙大龙泉汽车空调研究所，筹建五金汽配院士工作站，构建产学研合作体系，统筹推进企业科技创新、品牌创新、市场创新和管理创新。到2016年，建立省级以上企业技术研发中心20家，培育国家级高新技术企业10家以上。

（二）推进新型城镇化。强化经营城镇理念，联动推进新型城镇化与新型工业化，做强做特“一城三镇”，切实增强城镇的综合实力和特色竞争力。坚持高起点规划，优化城市总体布局。加强主体功能区规划和城镇体系规划，优化市域空间开发格局和城镇空间布局。推动“东拓、西进、南优、北扩”组团式开发，拉开城市框架。强化规划管理，实现控规全覆盖。坚持高标准建设，打造精品城市。按照“改造老城区、提升建成区、建设新城东、做美龙泉城”的思路，规划建设“一环八纵八横”城市交通网及“一街一带二园三山”。注重融入以剑瓷文化为

核心的传统元素、生态元素，建精品、造亮点，着力打造“山水古城、剑瓷名城、旅游新城”。坚持高效能管理，提升城市品位。全面深化“两违”、交通和环境“三大整治”，大力实施农贸市场改造提升、污水收集处理、旧城改造“三大行动”，切实改善城市面貌和人居环境。建立大城管机制，强化城市管理。加强社区建设和管理，夯实城市管理基础。坚持高水平服务，塑造城市品牌。树立“城以人为本、人以城为家”理念，完善城市和社区功能配套，抓好城市供水供气设施建设和社区硬化亮化洁化绿化。开展城市设计，形成城市统一品牌形象，增强市民的认同感、归属感。加强城市和社区服务。坚持中心镇战略，推进集镇建设。把中心镇作为联城带乡的重要节点来抓，加大培育力度，使之成为人口集中、产业集聚、功能集成、要素集约的新平台，带动其他集镇发展。

(三)加快推进农业现代化。坚持以工业化理念提升农业，推进农业规模化、专业化、品牌化、产业化。加快农业“两区”建设。全力打造“四位一体”的现代农业(林业)园区，构建“产业成带、基地成块、辐射成圈”的现代农业发展格局，努力把龙泉打造成为全省著名的高效生态农业种养基地、加工基地和农产品集散基地。切实加强粮食功能区建设，提升粮食综合生产能力。大力发展高效生态农业。实施科技兴农工程，强化科技对农业的支撑和引领，积极发展设施农业，推广现代农业技术，完善基层农技服务体系。推进兴林富民，推动林业产业化，积极培育红豆杉、油茶、中药材等特色产业和“林下经济”。提升竹茶菌蔬等主导产业，发展生态畜牧业和现代渔业。提高农业组织化程度。实施强龙兴农“十百千”工程，组织开展无公害农产品、绿色食品、有机食品认证，用好“龙泉金观音”、“龙泉绿”等公用品牌和“龙泉黑木耳”证明商标，抓好龙泉灵芝及孢子粉地理标志产品保护，培育一批国家级、省级品牌农产品。健全农产品市场体系，加强农产品质量安全体系建设。

(四)推动旅游业大突破。强化经营山水、经营生态理念，立足“大生态、大文化、大景区、大旅游”，把旅游业培育成为重要的经济增长点，全面打响“江浙之巅、剑瓷龙泉”旅游品牌，着力打造长三角和海西区生态休闲养生旅游目的地。着力推进核心景区建设。按照“硬环境景观化、软环境人文化”的要求，围绕“一城一江三区”的旅游开发格局，抓好龙泉山、披云山、昴山、青瓷文化创意基地、中国青瓷小镇、石马垄大峡谷等重点景区开发。到2016年，力争创建AAAAA级景区1个，创建AAAA级景区3个以上、AAA级景区5个以上。推动旅游多元化发展。加快推进产品结构由观光型向休闲度假、养生养老型延伸，产业链由单一观光向吃住行、游购娱一条龙服务转变，大力培育山水生态游、剑瓷文化游、乡村休闲游、红色老区游和宗教名胜游。把休闲养生养老作为一个产业来抓，加快养生养老基地建设和休闲养生产品开发。提升培育农家乐、渔家乐和森林旅游。积极打造浙西南红色旅游基地。加大星级宾馆酒店建设力度，加强通景公路建设。强化旅游发展合力。完善旅游发展扶持政策，加强组织协调，健全工作机制。加大旅游招商力度，鼓励社会多元化投入，拓展旅游开发融资渠道。推进区域旅游合作，加强旅游宣传营销，加大市场开发力度，扩大龙泉旅游知名度和影响力。

(五)推进现代服务业大发展。把发展现代服务业作为转型升级的战略重点，从改革体制、加大投入、完善政策等方面，鼓励支持现代服务业加快发展。突出重点区域发展。围绕“一核一带三点多区”的服务业发展格局，谋划建设一批生态旅游景区、文化创意产业园、物流园区和专业市场。加快重点行业提升。突出休闲旅游、文化创意两大行业发展，积极培育现代物流业，加快发展科技研发、金融保险、信息咨询、中介服务、人才培训等行业，推动房地产业健康平稳发展，改造提升商贸、餐饮等传统服务业，注重发展社区和农村服务业。规划建设农贸城、汽贸城、商贸物流城和特色街区，努力培育总部经济、楼宇经济，打造“城市综合体”。抓好服务业龙头企业培育。

(六)积极创建美丽乡村。按照“科学规划布局美、创业增收生活美、村容整洁环境美、乡风文明素质美”的要求，把整个龙泉作为一个大景区来打造，全面实施农村人居环境提升行动，纵深推进新农村建设。优化村庄布局。突出抓好农村土地综合整治，稳步推进异地迁建、撤村合并，加大旧村危旧房改造力度，加快中心村建设步伐。开展美丽乡村创建。坚持以“三沿”地区为重点，将村庄整治与庭院整治相结合，乡村联动、户村联动，整乡整镇推进“四清四治四改”和农村环境连片综合整治。开展卫生乡镇创建，加强农村环保设施建设，建立农村垃圾保洁长效机制，打造“干净、整洁、有序”的洁美村庄。围绕“一村一景一特”，坚持与精品村、示范村、特色村、整治村创建相挂钩，开展美丽乡村星级评比。加强农村新社区建设，推动农村社区化管理。

(七)推进富民壮村强乡镇。实施“富民”“壮村”和“强乡镇”三大工程，夯实新农村建设基础。多路并进富民。突出农民增收，重点抓好高效生态农业、乡村特色旅游、精品农家乐、来料加工业，大力实施农民创业就业行动，扎实开展“五年3万生态移民工程”，加快耕地林地流转，继续实施低收入农户奔小康工程，深化结对帮扶机制，推进产业增收、就业创业增收、生态移民增收、资源流转增收和扶贫增收，加快实现共建小康、共同富裕、共享幸福。多措并举壮村。坚持行政推动、政策驱动、结对带动，以壮大村级集体经济为重点，拓宽“壮村”渠道。充分发挥村集体各类山林、水面、生态等资源优势，推动资源开发壮村；鼓励以招标出租、承包经营等形式盘活村集体公用房、会堂等资产，实现资产收益；支持村集体以资源资产资金等入股兴办企业、专业合作社等，做大村集体经济；推动物业壮村、土地经营壮村。多管齐下强乡镇。千方百计挖掘增收潜力，拓宽增收渠道，做大乡镇(街道)财政总量；加强乡镇(街道)预算、财务、资金和资产管理，强化乡镇(街道)管理职能；建立健全乡镇(街道)财政增收激励、项目资金统筹和项目资金监管机制，推动政策、项目、资金、人力和服务向基层倾斜。

(八)推进基础设施大建设。全面组织实施“四大网络工程”，优化发展环境，增强发展后劲。建设综合交通网。强化交通首位意识，突出“两高两铁”建设，建成龙庆、龙浦高速公路，力争促成衢宁铁路龙泉段开工，积极谋划杭广、龙浦铁路和龙松武高速公路项目，完成“四纵二横”干线公路网建设，加快农村公路联网，全力打造浙闽赣三省边际交通枢纽中心。打造绿色能源网。抓好生物质发电、风力发电、城市天然气等新能源项目建设，加快推进新一轮城乡电网改造，建成自动化水平较高的区域供电网络。完善安全水利网。大兴水利建设，重点实施瓯江干堤、饮用水水源保护、河道综合整治、小型农田水利重点县四大工程，着力构建水生态保护、水资源保障、防洪减灾和民生水利保障四大体系。构建高速信息网。围绕打造“无线城市·智慧龙泉”，完善信息化基础设施建设，培育电子商务平台，促进“三网融合”。

(九)推动体制机制创新。坚持以改革促发展，以创新增动力。深入推进管理体制改革。抓好行政审批制度和政府机构改革，提高依法行政能力和综合管理水平。创新城市管理、城市经营和中心镇培育机制。全面构建“大国资、大监管”的工作机制，管理好经营好国有资产，保证国有资产安全高效运营。深化农村综合体制改革。强化林权制度改革，提升林业现代化经营水平。推动农村宅基地流转，健全土地流转市场，完善农村土地经营制度。稳步推进农村户籍制度改革。推进金融体制改革。积极开展全国农村金融改革示范区建设，加强政银企合作，优化金融生态环境；鼓励金融机构做大做强、创新金融服务方式，确保新增信贷资金重点投向中小企业、“三农”和民生领域。

(十)构建全方位开放格局。全面提升对内对外开放水平，推进借力发展。强化招商选资。继续把招商作为“一号工程”，坚持以亩产论英雄，大招商、招大商，强化以商引商，突出工业招商，联动抓好现代农业、服务业、文化产业和城市招商。强化招才引智。深入实施“背靠浙大、联姻高校、发展龙泉”战略举措，进一步提升合作层次，拓宽合作领域，加快引进一批高层次科技型、管理型人才，促进一批高校科研成果在龙泉转化运用。强化招项争资。全力以赴争取更多国家级、省级项目和扶持资金，主动对接“山海协作”，全面融入长三角、海西区发展，支持企业开拓国内外市场。鼓励外出创业人员回乡创业，推动“龙泉经济”与“龙泉人经济”互促共进。

四、积极创建文化强市，推动文化大发展大繁荣

文化是民族之魂、发展之要、和谐之本。一个文明进步的城市必然是物质财富和精神财富共同进步的城市。要扎实开展国家级文化先进市和省级示范文明城市创建，切实增强文化自

会议现场　　潘世国　提供

觉、文化自信和文化自强，变特色文化的软实力为科学跨越的硬支撑。

（一）积极构建社会主义核心价值体系。坚持把社会主义核心价值体系融入国民教育、精神文明建设和党的建设全过程，贯穿经济社会发展各领域。深入开展民族精神、时代精神和革命传统教育，大力弘扬“龙泉精神”。全面实施公民道德养成计划，广泛开展志愿服务活动。积极创建学习型城市，深入开展以“文明、创业”为主题的全民读书活动，注重培育创业创新文化，鼓励成功，宽容失败，让想干事的有机会、能干事的有平台、干成事的有公认，进而激发全社会的创造活力，使群众充满创业的热情，使龙泉成为创业者投资发展的热土、实干者施展才华的舞台。

（二）积极构建公共文化服务体系。全面实施“百分之一公共文化计划”，统筹推进城乡文化协调发展。建管好市区“六馆两院一中心”，深入推进广播电视村村通、文化信息资源共享、乡镇综合文化站、基层文化阵地建设等农村文化惠民工程，广泛开展各类公益性文化活动，促进企业文化、校园文化、社区文化、村落文化、广场文化、档案文化蓬勃发展。加强基层文化队伍建设，推动“千镇万村种文化”、文化科技卫生“三下乡”等活动经常化，加快优质文化资源向基层流动。设立政府文艺奖，加强文化精品创作生产。积极开展全民健身活动，创建省级体育强市。推进文化管理体制改革，强化政策引导，鼓励各方参与公共文化服务。

（三）积极构建文化传承创新体系。大力实施“文化遗产保护计划”，巩固提升以青瓷宝剑为重点的非物质文化遗产保护水平。创建全国青瓷文化生态保护区，加强青瓷遗址、铸剑遗址、革命遗址、古村（民）居等保护。组建剑瓷文化研究机构，深入挖掘地方民俗文化内涵，推动传统文化技艺传承与创新。加大非遗传承人培养力度，推进各类传承基地建设，普及传统文化知识，促进活态传承。办精办特青瓷宝剑节，使之成为全国性、国际性的文化展示交流平台。大力实施文化“走出去”战略，加强与国内外文化机构、名家、名师和名企交流合作，推动剑瓷文化与影视动漫有机融合，增强地方特色文化的影响力和竞争力。

（四）积极构建文化产业发展体系。强化经营文化理念，实施文化产业倍增计划，出台扶持政策，设立发展专项资金，推动文化产业成为重要支柱性产业，确保产值突破50亿元。优化文化产业布局。编制文化产业发展规划，重点规划建设剑瓷、竹茶菇等文化产业园区，构建“一苑一基地一中心两园四区”的空间格局。推进文化产业培育。围绕打造特色文化产业强市，着力构建高端艺术瓷、中高端工艺瓷、日用瓷多元化的青瓷产业发展新格局，推动宝剑产业向高端艺术品、体育健身器材、高档实用刀具、影视网游等多元化发展，提升茶水竹菇等文化产业化水平，促进文化产业与旅游、信息、工业等产业融合发展。加强行业管理和质量提升，注重培育龙头文化企业，推动文化产业规模化、品牌化、国际化发展。加快引进国内外先进技术和设备，提高文化产业科技含量。建成剑瓷产品研发和检测中心。走科技强瓷之路，加强瓷土资源管理。

五、不断强化生态文明建设，夯实绿色崛起基础

树立大生态理念，巩固提升国家级森林城市创建成果，积极创建国家级环保模范城市、国家级园林城市，着力培育生态产业，不断优化生态环境，大力推进节能减排，着力构筑资源节约型、环境友好型社会。

（一）切实优化生态环境。继续加强“三江”源头地区生态屏障建设，加大凤阳山国家级自然保护区保护力度，统筹推进以生态公益林、景观林、防护林为重点的城乡“三沿”绿化和植被改造，推动市区“三山”国家森林公园、天平山国家湿地公园、披云山国家地质公园申报，着力打造覆盖城乡的“绿网”。强化生态安全保障，加强生态保护和修复，完善环境监测体系，加大环境执法力度，集中开展依法治水、治土、治气、治噪音等“四治”行动，让龙泉天更蓝、水更清、山更绿、空气更清新。

（二）大力发展循环经济。以传统产业高端化、高碳产业低碳化为途径，加快构建附加值高、资源消耗低、环境污染少的高效生态产业格局。积极推广种养加相结合、废菌棒综合利用等农业循环模式。大力发展工业循环经济。加大工业园区生态化改造、循环经济示范企业建设力度，全面推行清洁生产，加快淘汰“两高一资”落后产能，切实做好节能减排工作。加强工业“三废”综合利用，创建省级再生资源综合利用示范市。推进清洁发展机制（CDM）、碳汇项目开发。

（三）强化生态文明支撑。加强生态文化教育，开展绿色城镇、生态家园创建活动，倡导低碳交通、低碳建筑、低碳消费等生活方式，不断强化生态文明理念。大力实施“绿色新政”，制定绿色产业发展规划，将绿色发展理念融入经济社会发展各领域，推行绿色金融和财政政策，对环保项目、绿色产业予以优先贷款，加大绿色产业培育、节能减排、生态整治和

生态文明弘扬的财政投入力度；探索建立绿色消费机制，推行政府绿色采购制度，推动节能节材节耗成为全社会的自觉行动。

六、持续深化和谐社会建设，促进民生改善和人的全面发展

切实加强和改善民生，加强和创新社会管理，推动和谐社会建设，让全市人民更加幸福、社会更加和谐。

（一）加快发展社会事业。围绕与全省同步基本实现教育现代化目标，坚持教育优先发展，加快推进义务教育标准化学校建设，实施学前教育三年行动计划，高标准普及十五年基础教育，切实提升教育教学质量；创建龙泉青瓷学院，推动职业教育加快发展。实施科技人才发展“五个一工程”，加强知识产权保护与发展，全面创建省级科技强市。健全公共卫生服务体系，深入实施医药卫生体制改革，进一步完善基本医疗保障体系，完成人民医院迁建工程，推进中医院扩（迁）建，加强基层医疗服务网络建设，全面提升医疗服务水平。加强人口和计划生育工作，实现人口素质与经济社会协调发展。

（二）积极促进就业创业。把促进就业放在重要位置，坚持以政策保障就业、以培训推进就业、以创业带动就业。全面落实各项就业再就业扶持政策，切实抓好高校毕业生、农村转移劳动力、城镇就业困难人员等就业。健全城乡统一的人力资源市场体系，加强职业培训和择业观念教育，提升就业创业服务水平，鼓励网上创业。深入推进和谐劳动关系创建，切实维护劳动者合法权益。

（三）健全社会保障体系。着力抓好大社保体系建设，继续推进“五大保险”扩面，基本实现企业职工和城乡居民基本养老、医疗保险全覆盖，完善被征地农民基本生活保障制度，推行社保“一卡通”，提高统筹层次，建立与经济发展水平相适应、覆盖城乡的社会保障体系。加快完善社会救助制度，实施残疾人共享小康工程，健全困难家庭最低生活保障、助学和医疗救助等制度。大力发展社会福利、慈善等事业，构建新型社会福利体系。加快建立多层次住房保障和供应体系。

（四）加强和创新社会管理。建立和完善社会矛盾联调、应急管理指挥、行政（便民）服务“三大中心”，构建人民调解、行政调解、司法调解、仲裁调解“四位一体”的大调解机制，加强乡镇（街道）“五强五网”建设，切实增强社会管理服务能力和社会管理实效。坚持用群众工作统揽信访工作，健全信访维稳定期会商和接访、约访、下访等制度，创新发展“枫桥经验”，完善“网格化管理、组团式服务”机制，畅通民意表达渠道，促进各类信访问题依法、及时、妥善化解；抓好重大事项社会稳定风险评估，在源头上预防和减少矛盾纠纷。加强虚拟社会管理，管好用好引导好网络舆情，营造健康积极向上的网络环境。

（五）深化“平安龙泉”建设。坚持平安龙泉建设与经济社会发展同步研究、同步部署、同步落实。加快“天网工程”建设，健全群防群治治安防控体系，抓好社会治安重点区域和突出治安问题排查整治，有效预防和打击违法犯罪。加强流动人口、刑释解教人员管理和弱势群体关爱帮扶。切实提高应急管理处置能力，有效应对各类突发性事件。抓好安全生产、食品安全监管、质量监督体系建设，加强消防、禁毒等社会面管理工作，做好校园和学生接送车安全工作。大力推进基层平安创建。

七、扎实推进政治建设，发展社会主义民主政治

建设社会主义政治文明，是全面建设小康社会的重要目标。必须坚持党的领导、人民当家作主和依法治国的有机统一，坚持社会主义法治理念，积极推进民主法制建设，全面提高社会法治化水平，巩固和发展民主团结、生动活泼、安定和谐的政治局面。

（一）完善党的领导方式。进一步完善党委总揽全局、协调各方的领导体制和工作机制，发挥党委对同级人大、政府、政协等的领导核心作用，支持人大、政府、政协和审判机关、检察机关依法依章独立负责、协调一致地开展工作。加强党对工会、共青团、妇联、残联等人民团体的领导，充分发挥老科协、老龄委、关工委、老体协等各类协会、群团组织的作用。坚持党管武装原则，加大国防教育力度，加强国防动员和后备力量建设，深入开展双拥共建活动，不断巩固新型军政军民关系。

（二）加强民主法制建设。支持人大及其常委会依法履行职责，提高人大监督工作的实效。支持人民政协发挥政治协商、民主监督和参政议政作用。发挥民主党派、工商联和无党派人士的作用，认真做好民族、宗教、外事、侨务和对台工作，巩固和发展最广泛的爱国统一战线。进一步扩大基层民主，完善村（居）民自治，保证人民群众依法行使民主权利。不断健全政务公开、村（居）务公开、厂务公开等制度，依法保障公民的知情权、参与权、表达权和监督权。全面推进依法行政，加强法治政府建设。大力推进执法规范化建设，促进公正司

法。加强司法救助和法律援助工作，规范和拓展法律服务。扎实开展“六五”普法，切实增强全民法律意识和法律素质。

（三）完善决策和监督机制。坚持民主集中制，积极推进决策的科学化、民主化。切实发挥党代表、人大代表和政协委员的作用，建立健全社情民意反映制度，完善专家咨询制度。认真贯彻执行党内监督条例，严格执行领导干部个人重大事项报告、述职述廉、民主评议、谈话诫勉、询问质询和经济责任审计等制度。支持人大开展法律监督和工作监督，支持政协开展民主监督，充分发挥司法机关和行政监察、审计等部门的监督职能。加强和改进舆论监督，注重发挥社会监督作用。

八、加强和改进党的领导，全面提升党的建设科学化水平

改革发展的实践证明，办好龙泉的事情，实现又好又快发展，关键是要坚持党要管党、从严治党，加强和改进党的领导，全面推进党的思想、组织、作风和制度建设，深入开展党风廉政建设和反腐败斗争，全面提升党的建设科学化水平。

（一）强化思想政治建设，提高科学执政的领导水平。思想政治建设是党的建设的灵魂。要把加强理论武装摆在更加突出的位置，着力推进学习型党组织、学习型领导班子建设，进一步加强理论学习，注重实践锻炼，真正做到学以立德、学以增智、学以创业。广大党员干部尤其是领导干部要带头讲党性、重品行、作表率，坚定政治立场，坚定理想信念，严守政治纪律，增强政治敏锐性和政治鉴别力，深刻认识“四大考验”“四大危险”，切实增强执政意识、党员意识、忧患意识和责任意识。要坚决克服“精神懈怠症”，做到“六戒六要”，即力戒贪图安逸，要锐意进取；力戒消极怠慢，要恪尽职守；力戒不学无术，要善学善思；力戒坐而论道，要踏实肯干；力戒松散狭隘，要团结协作；力戒骄浮奢侈，要心怀敬畏，始终保持和发扬昂扬向上、奋发进取的精神状态，全身心投入到各项工作中去。

（二）突出干部作风建设，打造干事创业的干部队伍。坚持以实践锤炼检验干部作风、以干事创业考察识别干部。深入推行“一线工作法”，做到领导在一线指挥、干部在一线创业、措施在一线落实、办法在一线研究、问题在一线解决、矛盾在一线化解、经验在一线总结、典型在一线推广、作风在一线检验、能力在一线提升。领导干部要率先垂范狠抓落实、真抓实干，做到亲自到位干、亲自干到位；广大党员干部要充满激情干事创业，在困难和矛盾面前不绕、不等、不推、不退，锐意进取、奋勇争先、争创一流。坚持“德才兼备、以德为先”的用人标准，坚持“高温烧瓷、磨砺出剑、干中辨才”的用人理念，注重选拔经济型、实干型、开拓型干部，大胆起用政治上靠得住、工作上有本事、作风上过得硬、人民群众信得过的干部，特别是要选好配强党政“一把手”，重视培养选拔年轻干部、女干部、少数民族干部和党外干部。关心老干部政治和生活待遇，充分发挥老同志在改革发展稳定中的积极作用。

（三）加强基层组织建设，建设坚强有力的战斗堡垒。党的基层组织是党的全部工作和战斗力的基础。要用足够的精力抓基层、强基础，把增强凝聚力、发挥作用力、提高覆盖面作为基层党组织建设的核心任务，全面提升基层组织建设水平。要广泛开展“创先争优、争先进位”活动，充分发挥党组织的战斗堡垒作用和党员的先锋模范作用。创新基层党组织设置方式，在非公有制经济组织和各类新社会组织中建立党组织，扩大基层党组织覆盖面。深入开展服务型党组织创建活动，拓宽党员联系和服务群众渠道，充分发挥基层组织推动发展、服务群众、凝聚人心、促进和谐的作用。切实加强下岗失业职工党员、外出务工经商流动党员、离退休党员的管理工作，帮助解决困难党员生产生活问题。实施“六小工程”(41)，继续从政治上、工作上、生活上关爱基层干部。全面实施村级创业承诺监督制，切实提高村“两委”带头致富、带领发展的能力。

（四）坚持党管人才原则，培育富有活力的人才队伍。牢固树立“人才第一资源”“人才优先发展”的理念，全面落实人才发展规划，努力营造尊重知识、爱护人才、鼓励创业创新的良好氛围。突出抓好企业家、专业技术人才、农村实用型人才、剑瓷人才“四支人才队伍”建设，为龙泉发展培育更多富有活力的创业主体。广大党员干部要带头干事创业、带领群众增收致富，推动形成干部创事业、能人创实业、百姓创家业、企业创新业的“四创”格局，努力营造以特色竞争显活力、以党建共建显活力、以文化文明显活力、以创业创新显活力的“四显”氛围。

（五）加强党风廉政建设，树立清正廉洁的良好形象。坚持标本兼治、综合治理、惩防并举、注重预防的方针，以建立健全惩治和预防腐败体系为龙头，抓住教育、监督、制度、惩治四个环节，突出工程建设、党政机关、农村基层三个领域，坚定不移地把反腐败斗争向纵深推进。加强反腐倡廉教育，教育广大党员干部牢固树立正确的权力观、地位观、利益

观，筑牢思想道德防线。加大廉政巡查力度，加强党内监督与行政监察，充分发挥党外监督、专门机构监督、群众监督和舆论监督的作用，形成对权力运行的监督体系。加强制度建设，提高制度执行力，深化机关效能建设，加大治庸治懒治散力度，强化行政问责。坚持有贪必反、有腐必惩、有乱必治，加大违纪违法案件特别是大案要案查处力度，切实纠正损害群众利益的不正之风，以党风廉政建设和反腐败斗争的实际成效取信于民。

同志们，新的五年，新的起点，新的征程。让我们更加紧密地团结在以胡锦涛同志为总书记的党中央周围，高举中国特色社会主义伟大旗帜，以邓小平理论和“三个代表”重要思想为指导，深入贯彻落实科学发展观，以百折不挠的坚定信念、以求真务实的科学态度、以艰苦奋斗的顽强作风，奋力推进绿色崛起，加快科学跨越，为打造“活力龙 幸福泉”而努力奋斗！

政府工作报告

（2012年2月28日在龙泉市第十五届人民代表大会第一次会议上）

龙泉市人民政府代市长 季柏林

一、紧扣发展，真抓实干，过去五年工作取得新成效

过去的五年，在市委的正确领导下，在市人大和市政协的监督支持下，市政府团结带领全市人民，深入贯彻落实科学发展观，解放思想，干事创业，破难攻坚，十四届人代会确定的主要目标任务基本实现。

——五年来，我们始终坚持科学发展、实干创业，全力以赴调结构、迎挑战、促增长，加快创造美好新龙泉步伐，综合实力显著增强。2011年，全市地区生产总值实现75.7亿元，是2006年的2.3倍，年均增长12.9%。财政总收入和地方财政收入分别实现6.7亿元和4.1亿元，分别是2006年的2.4倍和2.3倍，年均分别增长19.1%和18.5%。全市固定资产投资实现41.0亿元，是2006年的2.1倍，年均增长15.6%。社会消费品零售总额实现26.7亿元，是2006年的1.9倍，年均增长13.6%。三次产业协调发展。三产结构由2006年的18.3:39.0:42.7调整到14.0:45.8:40.2，以竹茶菌蔬为主的现代农业，以汽车空调零部件、竹木制品、青瓷宝剑、金属材料和农产品加工为主的特色工业，以文创旅游为主的现代服务业产业格局初步形成。工业主导地位确立。2011年，实现工业总产值142.8亿元，是2006年的4.1倍，年均增长32.8%。以全省低丘缓坡综合开发利用试点县（市）为契机，建设"一心五点"工业平台，工业集聚度达到79%。五年累计完成制造业投资59.2亿元，成功组建集团公司3家，培育年主营业务收入500万元以上企业250家、亿元以上企业21家，新增国家高新技术企业4家、省级科技型企业14家、中国驰名商标5件、浙江省著名商标13件、浙江名牌产品6个。我市成为"中国汽车（空调）零部件产业基地"、"中国竹木户外休闲用品产业基地"。农业经济稳步发展。2011年实现农业总产值16.6亿元，是2006年的1.7倍，年均增长10.7%。五年共建立各类农产品基地200个，无公害食品、绿色食品和有机食品认证率达到55.5%，培育省级农业科技企业16家、丽水市级以上农业龙头企业27家、丽水市级以上规范合作社84家。我市成为"全国十大食用菌生产基地""中国黑木耳之乡""中国茶文化之乡""中国特色竹乡""全省粮食生产先进县"和"全省农业特色优势产业综合强县（市）"。龙泉灵芝及灵芝孢子粉获得地理标志产品保护，龙泉黑木耳、龙泉金观音分别成功注册证明商标和集体商标。服务业发展势头良好。2011年，实现服务业增加值30.4亿元，是2006年的2.1倍，年均增长12.7%。实现旅游总收入7.8亿元，游客接待162.4万人次，分别是2006年的4.8倍、4.0倍。创建国家级等级景区3个，培育丽水市级以上农家乐特色村（点）14个，三星级以上农家乐经营户（点）45个，我市成为"中国生态旅游最具魅力城市"。五年来共列入丽水市级以上服务业重点项目34个，青瓷文化创意基地入选省首批现代服务业集聚示范区和特色文化产业园区，八都镇成为全省首批、丽水唯一的城乡统筹现代商贸服务示范镇，浙江省汽车空调零部件科技创新服务平台、交通运输物流中心等重点项目开工建设，现代服务业发展明显加快。

——五年来，我们始终坚持规划先行、城乡统筹，千方百计挖潜力、破瓶颈、拓空间，全力提升承载发展的能力，城乡面貌变化巨大。累计完成全社会固定资产投资160.4亿元，城镇化率提高到52%。交通建设取得历史性突破。丽龙高速如期建成通车，农村公路实现“双百”目标，54省道龙泉至小梅段改建、龙松公路一期、安豫线大赛至官埔垟公路改建等省道、县道相继建成通车，龙庆高速公路、51省道龙泉段、53省道龙泉至八都改建二期等工程开工建设，龙浦高速公路等项目前期顺利推进，衢宁铁路龙泉段前期工作启动。城镇化进程加快。城市建成区面积由7.0平方公里扩展到12.5平方公里；城市总体规划、中心镇总体规划等相继完成，控规覆盖率达到85%。“五纵五横”城市道路网基本形成，人均公共绿地面积由12.2平方米提高到16.8平方米。青瓷博物馆、人民公园、华严塔、国际大酒店等一批城市亮点项目相继建成。紧水滩库区困难群众异地脱贫工程、南大洋农民公寓、“6.25”洪灾大沙安置点等项目取得实效，累计实现农民转移搬迁2.4万人。新建商品房42.6万平方米，完成旧城改造7.5万平方米。启用岩樟溪新水源，完成城市供水管网安装改造120.6公里。加大中心镇培育力度，中心镇实力不断增强。村容村貌显著改观。实施沿线综合改造村123个、旧村改造村52个、中心村培育村14个、美丽乡村创建村64个，完成危旧房改造1.5万户。创建环境整治村197个、饮用水工程村324个，建设农村电气化改造村47个，完成河道治理127公里，实现广播电视村村通。生态质量保持领先。生态环境状况指数达到106.2，城市环境空气质量达到国家二级标准以上优良天数为359天。建成污水收集管网35公里，开工建设溪北污水处理厂。有效开展“三沿三山”绿化、“三沿五区”坟墓整治、水环境综合整治等活动。全面完成“811”环境污染整治行动任务。成功创建国家森林城市和省级生态市、园林城市、文明城市、卫生城市。

——五年来，我们始终坚持深化改革、扩大开放，不遗余力优环境、强合作、谋发展，建设更具活力的创业平台，改革开放深入推进。改革创新取得实效。在丽水市率先实施行政审批“两集中”改革，建立“统一受理，独立办理”的运作模式。取消、暂停、降低行政事业服务性收费项目207项。农村综合改革进一步深化，集体林权制度改革走在全国前列，我市成为“全国林权制度改革示范县（市）”、“全国农村林业改革试验基地”。免除义务教育阶段课本费和学杂费，医药卫生体制改革、扩权强镇和国库集中支付制度改革顺利推进。开放型经济快速发展。累计完成招商选资和市校合作项目975个。新增自营出口实绩企业64家，外贸自营出口总值达到2.1亿美元，是2006年的3.5倍，年均增长29.8%。金融服务体系进一步完善，新增银行业金融机构4家，小额贷款公司1家，全市存款余额达到87.1亿元，贷款余额达到73.3亿元，分别是2006年的2.7倍、3.1倍。开放水平不断提高。实施“背靠浙大、联姻高校、发展龙泉”战略，成立龙泉市·高校院所现代产业技术创新联盟，与57家高校院所开展合作，柔性引进专家教授185位。丽水出入境检验检疫局龙泉检测中心、浙闽赣食用菌交易中心、丽水市首个公用型保税仓库等建成使用。与韩国康津郡缔结为国际友好姊妹城市，与日本立命馆大学孔子学院、韩国康津郡女子高中、台湾美和科技大学开展教育交流活动；与国际陶协和国内外陶区建立良好的交流关系。“山海协作”深入实施。

——五年来，我们始终坚持以人为本、执政为民，全心全意争政策、解难题、惠民生，力促发展成果共享，人民生活大幅改善。城镇居民人均可支配收入和农村居民人均纯收入分别达到24904元、8025元，年均分别增长13.1%、19.7%。社保体系更加完善。五大保险扩面成效明显。城乡居民社会养老保险全面推进，60周岁以上人员基础养老金标准调整至每人每月70元，享受人数达3.5万人。建立城乡一体的医保制度，实现医疗保险全覆盖。城镇居民和农村居民最低生活保障标准分别由216元、130元提高到320元、210元，保障人数分别达到701人、7641人。阳光老年福利中心、城区中心敬老院建成使用，城镇“三无”和农村“五保”对象集中供养率分别达到91.7 %和90.3%。就业工作切实加强。累计新增城镇就业9089人，失业人员再就业3226人，就业困难人员再就业979人，城镇登记失业率控制在4%。来料加工从业人员达2.2万人，累计实现加工费5.3亿元。扶贫帮困深入开展。我市列入全省12个重点欠发达县特别扶持范围。全市库区移民开始享受每人每年600元的国家后扶政策。“一村一计一部门”“一户一策一干部”等帮扶活动效果明显，2500元以下低收入农户全面实现脱贫。

——五年来，我们始终坚持协调发展、务实求真，尽心尽力强服务、办实事、保平安，统筹发展各项事业，社会持续和谐稳定。剑瓷文化弘扬发展。龙泉青瓷传统烧制技艺成功入选“人类非遗”。剑瓷元素精彩亮相2010上海世博会，成功举办龙泉青瓷巴黎展，中国龙泉青瓷·龙泉宝剑节成为全省重点扶持的18个文化节庆活动之一。我市成功创建省级文化先进县（市）、省级青瓷文化生态保护区，荣膺中国陶瓷文化历史名城，“龙泉青瓷”成为我市首个获行政认定的驰名商标。新增中国陶瓷艺术大师5人、浙江省工艺美术大师15人，青瓷行业协会成为国际陶瓷学会的团体会员。社会事业全面进步。成功创建省级教育强县（市），中职校成为国家级重点中等职业学校，东升小学顺利迁建，撤并小学及初中13所，投入1.2亿元完成中小学校舍安全工程。实施学前教育三年行动计划，创建省二级幼儿园1所、省三级14所。高考竞争力有了新的提高，民办教育进一步规范。成功申报国家级和省级各类科技项目228个，建立省级区域科技创新服务中心3家，新增省高新技术产品59个、国家发明专利27件。2011年投入2880万元用于城乡基本公共卫生服务和乡镇（街道）卫生服务中心“药品零差价”，基本药物制度初步建立，门诊次均费用降低21.2%。人民医院迁建工程顺利实施。文化馆、图书馆、青少年宫建成使用，大师园建设有序推进。完成19个乡镇（街道）文化中心建设，85%的行政村建有文化活动场所。全面完成第六次全国人口普查，成功创建国家级计划生育优质服务先进县（市）。社会管理扎实有效。深化领导干部大接访、安全生产和社会治安大整治等活动，开展严打整治、清网行动、非法集资整治等专项行动，建立健全矛盾纠纷排查调处、重大事项社会稳定风险评估、信访包案化解等机制，完善公共事件应急处置、“大调解”工作体系，有效化解矛盾纠纷，严厉打击违法犯罪，连续七年成功创建省级“平安市”。政府建设切实加强。自觉接受市人大及其常委会的工作监督和市政协的民主监督，坚持重大事项向人大报告、向政协通报，共办理建议、提案1502件，答复率100%。民主党派、工商联、人民团体及社会各界的作用有效发挥。“五五普法”全面完成，群众法制意识不断增强。认真贯彻国务院《关于加强市县政府依法行政的决定》，法治政府建设进程加快。建立政府投资项目“四道闸门”监管机制，项目绩效切实提升。政府信息公开扎实推进，政务公开透明度加大。“效能直通车”服务发展和保障民生成效显著，“干部身份证”制度全面推行，廉政建设和反腐败工作深入推进。同时，国防动员、民兵预备役建设和双拥创建跃上新台阶，人防、物价、审计、民族、宗教、侨台、科普、气象、档案、文联、地方志、工会、社区等工作有了新进展，妇女儿童、残疾人、老龄、慈善等事业切实加强。

各位代表，过去的五年，是龙泉解放思想、开拓创新，内生动力明显增强的五年；是凝心聚力、真抓实干，社会事业发展成效卓著的五年；是深化改革、扩大开放，借智借力发展取得丰硕成果的五年；是牢记宗旨、情系百姓，促进民生显著改善的五年。五年来的巨大变化，凝聚着全市人民的智慧和汗水。面对复杂多变的形势，全市上下同心同德，奋力拼搏，创造性地开展工作，使这五年成为我市综合实力快速提升、城乡面貌显著变化、人民群众得到更多实惠的一个时期。这些成绩的取得，是市委正确领导、科学决策的结果，是市人大、市政协和社会各界有效监督、大力支持的结果，是全市各条战线干事创业、务实争先的结果。在此，我代表市人民政府，向全市人民，向驻龙部队、武警消防官兵、公安干警以及所有关心、支持和参与龙泉发展的社会各界朋友们，致以崇高的敬意和衷心的感谢！

在肯定成绩的同时，我们也清醒看到经济社会发展中还存在一些问题和不足。主要是：经济总量偏小，产业层次低、创新能力弱，土地、资金、人才等要素制约明显，经济综合实力与核心竞争力不强，经济欠发达的状况尚未根本改变；教育、卫生等社会事业发展相对滞后，就学、就医、城区交通、“两违”整治、水环境治理等与人民群众的期待还有较大差距；社会仍处于不稳定因素多发阶段，社会和谐稳定压力加大；少数工作人员存在服务意识不强、办事效率不高、服务质量不优的问题。对此，我们必须高度重视，认真研究，采取有效措施，切实加以解决。

二、坚定信心，追赶跨越，着力推进未来五年新发展

未来五年是我们奋力打造“活力龙幸福泉”的关键时期。展望这五年，中央和省相继提出加快文化产业发展和“文化强省”建设，积极谋划建立山区科学发展综合改革试验区，将欠发达地区作为新的经济增长点，加之全省12个重点欠发达县（市）特别扶持政策的实施，丽水生态产业集聚区建设的推进，为我市加快追赶创造了良好的机遇。面对新的形势和任务，我们必须牢固树立责任意识、机遇意识和危机意识，始终保持奋发有为的精神状态，集中精力抓发展，全力以

赴促和谐，全面开创绿色崛起、科学跨越的新局面。

今后五年政府工作的指导思想是：以邓小平理论和"三个代表"重要思想为指导，全面贯彻落实科学发展观，按照市第十三次党代会战略部署，牢固树立绿色崛起、借力发展、特色竞争、科学跨越的工作理念，坚定不移推进"生态立市、工业强市、旅游兴市"三大战略，统筹推进新型工业化、新型城镇化和农业现代化，解放思想，务实创新，破难攻坚，创先争优，推动龙泉高起点跨越式可持续发展，奋力打造"活力龙泉幸福泉"。

今后五年全市经济社会发展的主要目标是：

——经济综合实力跃上新台阶。到2016年，地区生产总值达到140亿元以上，年均增长12.5%，力争翻番；工业总产值达到400亿元以上，年均增长23%，实现翻番；固定资产投资五年累计300亿元以上，力争翻番；地方财政收入达到8.0亿元以上，年均增长15%，实现翻番；外贸进出口总额突破5.0亿美元，社会消费品零售总额突破60亿元，旅游接待突破500万人次，旅游总收入突破25亿元，三次产业结构调整为8.0:49.0:43.0左右。力争在浙闽赣边际12县(市)、丽水九县(市、区)中争先进位。

——城乡一体建设实现新突破。到2016年，城镇化率达到62%，"一城三镇"辐射带动能力明显增强，美丽乡村建设力度切实加大，城乡基础设施网络和公共服务体系更加便捷高效，力争基本形成1小时交通圈、20分钟医疗圈。全面完成"五城联创"目标，森林覆盖率保持84%以上，生态环境状况指数保持98以上，污染物排放、节能降耗等约束性指标达到省定标准。

——文化繁荣发展开创新局面。到2016年，文化强市建设走在全省前列，成为推进文化大发展大繁荣的先行区和示范区。公共文化服务体系、文化传承创新体系更加健全，文化产业增加值占GDP比重超过10%。社会主义核心价值体系建设切实加强，市民文明素质、社会文明程度明显提高。

——人民群众生活达到新水平。到2016年，全市城镇居民人均可支配收入达到40000元，农村居民人均纯收入达到14000元。进一步健全"大社保"体系，居住条件明显改善，城镇登记失业率控制在4%以内，科教文卫体等社会事业协调发展，基本公共服务水平和均等化程度大幅提高。社会管理切实加强，"六五"普法全面完成，民主法制更加健全，社会更加和谐稳定，人民群众幸福感不断提升。

为实现上述任务目标，要坚持以下基本原则：

(一)坚持生态为先。要发挥生态优势，发展绿色经济，打好"生态牌"，走生态文明发展道路，促进经济建设和生态建设协同推进、产业竞争力和环境竞争力同步提升，把龙泉绿色生态这最大的财富保护好、最大的优势发挥好、最大的潜力挖掘好，促进经济与生态协调、融合发展。

(二)坚持工业为基。要把工业作为发展之基、振兴之本，坚持引进增量与盘活存量并举、做大总量与提升质量并重，按照建设"台地工业，坡地城镇"的总体思路，做好低丘缓坡开发利用试点工作，做大做强"三优两特一新"产业，重点谋划并落实一批带动力大、支撑力强、关联度高的产

十五届人大一次会议会场

潘世国　提供

业项目,增强工业经济持续发展的能力,以工业的大发展,带动三产,提升一产,努力实现工业在更高层次上的跨越发展。

(三)坚持投资为重。要把抓投资作为经济工作的第一任务、"四区"建设的第一抓手,深入实施项目带动战略,千方百计促投资强度,千方百计抓项目进度,千方百计保建设资金,切实抓好重大基础设施、重大产业项目和民生工程投资,做到精力向项目集中、政策向项目倾斜、要素向项目集聚、环境为项目服务,在全市掀起抓项目、增投资的热潮。

(四)坚持统筹为要。要用统筹兼顾的根本方法总揽发展全局,实施"富民壮村强乡镇"工程和风雅古城、风情小镇、风景乡村建设计划,充分发挥市校合作、区域合作各种平台作用,抓住牵动全局的主要工作、事关群众利益的突出问题,着力推进、重点突破,实现速度结构和质量效益相统一,经济发展与资源环境相协调,统筹推进城乡优势互补、相互促进、共同发展。

(五)坚持民生为本。要切实关注民生、保障民生、改善民生,不仅要关注总量和平均数,更要关注平均数背后的大多数,大多数背后特别困难的少数,普通群体背后的特殊群体,主动顺应人民群众对幸福感受的新期待、新追求,真正以人民群众的呼声为第一信号、需要为第一选择、利益为第一考虑、满意为第一标准,让广大人民群众共享改革开放和经济社会发展成果。

(六)坚持文化为魂。要高度重视历史文化的保护与传承,进一步弘扬龙泉精神,推动优秀传统文化与时代精神相交融、与现代文明相结合。高度重视文化事业的建设与发展,深入推进文化惠民工程,推动公共文化服务向基层倾斜、向农村延伸。高度重视文化遗产保护、文创产业的培育与发展,努力塑造文化精品,打响剑瓷品牌,推动全市文化大发展大繁荣。

三、突出重点,突破难点,全力开创届首之年政府工作新局面

2012年是新一届政府的届首之年,也是实施"十二五"规划承上启下的重要一年,做好今年工作,意义重大。

今年政府工作的总体要求是:紧紧围绕打造"活力龙 幸福泉"奋斗目标,全面开展"项目双进攻坚年""旅游推进年""文化产业发展年"活动,坚持比学赶创、争先进位、稳中求进、奋发有为,全力推进经济、社会、生态、文化协调发展,以优异的成绩迎接党的十八大胜利召开。

今年全市经济社会发展的主要预期目标是:地区生产总值增长12%以上,工业总产值增长25%以上,固定资产投资增长20%以上,地方财政收入增长12%以上,社会消费品零售总额增长17%以上,城镇居民人均可支配收入、农村居民人均纯收入分别增长12%和14%以上,城镇登记失业率控制在4%以内,人口自然增长率控制在6‰以内,生态环境综合质量指数保持99以上,节能减排相关指标达到上级确定的目标。

围绕上述目标,重点抓好以下五个方面工作:

(一)坚定不移推进"四区"建设,提升绿色发展的竞争力。

以生态产业集聚区为平台,以"四区"建设为重点,加快产业结构调整,推动产业定型、转型,着力推进我市由特色产业市向特色产业强市跨越。

——做强生态工业园区。强化"工业第一经济"理念,坚持扩量提质,推进企业集聚、产业集群和资源集约。壮大产业规模。以"三优两特一新"为重点,完成工业投资18亿元以上,同比增长15%以上,其中制造业投资16亿元以上。大力实施工业龙头企业壮大工程、低产低效企业提升工程、中小企业成长工程,全年新增规模企业25家、亿元企业5家。提升传统产业,做精优势产业,培育新兴产业,确保实现汽车(空调)零部件产业产值同比增长35%以上,竹木制品产业产值同比增长10%以上,金属材料产业产值同比增长25%以上,青瓷宝剑产业产值同比增长25%以上,农副产品加工产业产值同比增长20%以上,新能源、新装备等新兴产业及其他产业产值同比增长25%以上。加快产业集聚。全面推行"1+5+X"开发主体"比学赶创"工作机制,深度开发"一心五点",优先做大省级工业园区平台,积极做好2.3平方公里低丘缓坡开发利用试点工作,加快推进炉田二期、安仁永和、八都平山岭二期等区块开发,引导企业向"一心五点"集聚,集聚度提高到80%以上。全力推进汽车空调零部件产业转型升级,引导小型竹木加工企业实行横向联合协作。实施会展推介计划,支持行业协会组团参加大型专业展会。推动科技创新。鼓励企业加大研发、技改投入,培育国家高新技术企业、省级科技型企业各2家,高新技术产品10个,高新技术企业年产值同比增长20%以上。完成浙江省汽车空调零部件科技创新服务平台和青瓷产品质量监督检测中心建设,积极筹建不锈钢技术研发中心、检验检测中心。培育丽水市级专利示范企业2家,专利申请量和授权量同比均增长20%以上。积极推动工业化与信息化融合,力争规模以上企业信息化应用率达到75%。

深入实施“企业精细化管理工程”和“企业整体素质提升计划”。积极推进商标品牌战略，做好龙泉特色区域品牌的培育工作。深化帮扶解忧。继续推行领导干部联系企业制度，深入开展“进百企、解难题”活动，完善“企情百宝箱”和企业难题办理经常化机制。切实加强政银企合作，鼓励、引导金融机构为企业克服困难主动服务，更好地支持实体经济发展。

——做精现代农业园区。扎实推进农业“两区”建设，稳定粮食生产，建成粮食生产功能区1.38万亩，确保农业总产值同比增长8%。提升农业产业。深化“竹茶菌蔬”提升工程，全面推进国家科技富民强县二期项目，继续实施竹林培育“百千万”高效工程，新建竹林道200公里，建设高效竹林基地4.5万亩。新建特色茶基地6000亩，标准化基地20个，标准化茶厂10家。新建集约化菌棒加工厂20家，标准化基地20个，菌棒加工集约化率、基地标准化率分别达40%、50%，争创全国食用菌出口质量安全示范区。建成高山蔬菜钢架避雨大棚300亩，蔬菜示范村3个，示范基地10个。新建油茶良种林2400亩，珍贵树种基地2000亩。深化生态循环农业示范县创建，加快生态循环养殖示范小区建设，加大中草药等特色种植业扶持力度。培育农业主体。启动湾头农产品加工园建设。全面实施强龙兴农“十百千”工程，做强农业龙头企业，引进亿元企业1家，新增丽水市级农业龙头企业3家、省级示范合作社1家、农业“产销班”新模式专业合作社20家。加快培育现代农业经营人才，鼓励大专院校毕业生从事现代农业。新勘界林权面积70万亩，累计林地流转70万亩，继续推进林权抵押贷款增量扩面。加强市场营销。加快推进农产品质量安全可追溯体系建设，确保农产品质量安全。加强农产品公用品牌建设和宣传，鼓励企业和合作社建立产地市场直销点，推进农超对接、农批对接。举办“龙泉金观音”茶叶济南市场推介会。加速科技推广。实施科技兴农工程，强化科技对农业的支撑和引领，积极发展设施农业，推广现代农业技术，加快特色茶树种质资源基地和黑木耳规范化菌种中心建设。深化“三位一体”农业公共服务体系建设，创新基层农技人员管理和考评机制。培育省级农业科技型企业2家，开展全国科普服务林改试点县建设。

——做特旅游休闲景区。以“旅游推进年”活动为载体，围绕“生态、人文、休闲”主题，整合优势资源，努力形成“一江一城一小镇，两山两教两公园”的旅游开发格局。加快景区开发。坚持政府投资与民间投资并重，全年完成旅游项目投资2亿元以上。重点推进龙泉山景区二期、披云山景区、瓯江水上风情园、中国青瓷小镇等重点项目建设。加快推进华严公园、龙祥观等项目，创建白云岩国家AAA级景区。依托大景区开发，深入实施乡村旅游富民工程，建设剑瓷生态农家乐休闲旅游精品示范区，积极培育高星级农家乐。精心谋划一批项目前期，积极做好昴山、石马垄生态公园、大赛湖漂流、天平山、八都温泉等项目招商。完成休闲养生养老经济专项规划编制，启动养生养老基地项目建设。拓展旅游市场。积极组织参加旅游交易会，举办龙泉旅游系列主题营销活动，利用会展、媒体等平台开展旅游推介，拓展旅游客源市场，全年接待国内外游客突破200万人次，实现旅游总收入突破10亿元，同比均增长30%以上。优化旅游服务。加快培养引进旅游专业人才，提高旅游行业整体素质，推进旅游配套设施规范化建设，打造优良的旅游消费环境。

——做大服务业集聚区。围绕“一核一带三点多区”的服务业发展格局，加快服务业发展平台建设，力争全年完成服务业增加值35亿元，增长15%以上。加快平台打造。重点推进以剑瓷文化创意集聚区为龙头的服务业集聚区建设，加快发展文化创意、信息物流、科技金融等现代服务业。选择一批具有较强创新性和竞争力的服务业企业重点培育，力争全年新增服务业限上企业5家。引导企业开展电子商务和开拓国外市场，提升外贸经济发展水平，全年进出口贸易同比增长20%以上。强化项目支撑。积极谋划服务业重大项目，全年力争列入丽水市级以上服务业重大项目计划10个以上，进一步完善服务业项目管理办法，鼓励民间资金投入服务业发展，力争服务业项目总投资达27亿元以上。完成交通物流中心主体工程，加快建设农特产物流集散中心、粮食物流中心。大力发展总部经济，筹建经贸大厦和汽配大厦。加大服务业招商，力争在生产性服务业、仓储物流和大型超市、星级酒店等项目引进上取得突破。加大政策扶持。进一步完善服务业发展扶持政策，创新服务业发展机制，建立条块结合、统分结合的服务业统计工作机制和网络，加快工业企业分离发展服务业，加强服务业发展形势监测分析，优化服务业发展环境。

（二）坚定不移扩大有效投入，提升加快崛起的牵引力。

以项目建设为第一抓手，坚持发展工作项目化，项目推进责任化，整合资源、集聚要素，不断扩大有效投入，夯实追赶后劲。

——全力抓好“三招”工作。坚持“一号工程”“一把手工作”不动摇，完善招商工作机制，组建专业招商队伍，立足招大引强，开展配套产业链招商，确保引进市内外协议资金30亿元，实际到位资金13亿元，浙商回归到位资金3亿元，引进大项目5个，外资引进完成丽水考核目标。深化“背靠浙大、联姻高校、发展龙泉”战略，全面提升市校合作层次，新增市校合作项目100个以上，力争省级以上科技项目立项45项；深入推进产学研合作，组建校企合作创新平台2家，新增省级高新技术企业研发中心和农业科技研发中心各1家。认真研究政策导向，做实项目储备，强化横向协作、纵向联系，争取更多政策对路、资金对号的项目。

——合力推进项目攻坚。以“项目双进攻坚年”活动为抓手，以“十大工程、十件实事”建设为重点，倒排时间进度，加大督查力度，做好各类保障，梯度推进建设，全年完成重点项目投资33亿元以上，开工建设22个新建重点项目，加快推进22个续建重点项目，确保16个重点项目年内建成使用。做深做细浙闽赣汽车贸易中心、城东农贸市场等30个重大项目前期。集思广益，科学谋划一批民间投资项目和民生改善项目。切实加强项目建设管理，严格政府性投资“四道闸门”监管，努力提高政府资金使用绩效。

——着力强化要素支撑。完成土地征收面积2000亩以上，力争供地1700亩。落实建设用地指标1500亩，争取更多项目纳入计划用地指标。加大闲置土地清理和处置力度，鼓励企业建设多层厂房，切实提高土地利用率。做大金融总量，优化信贷结构，确保年度金融工作实现“两个高于、两个不低于”目标。引导和鼓励民间投资，全年完成民间投资25亿元以上。注重技术蓝领、紧缺人才和实用人才培训，有效满足企业用工需求。

(三)坚定不移统筹城乡建设，提升协调发展的驱动力。

围绕建设浙闽赣边际区域中心城市目标，深入实施重点欠发达县(市)特别扶持计划和“富民壮村强乡镇”工程，打造特色城区，统筹城乡发展。

——加快完善基础设施。实施交通、能源、水利、信息“四大网络工程”。加快建设龙庆高速公路，开工建设龙浦高速公路，扎实推进衢宁铁路前期，积极谋划武松龙高速公路前期。加快建设省县乡村四级联网公路，推进51省道龙泉段公路改建，完成53省道龙泉至八都公路改建二期工程，力争开工建设53省道安仁至西街公路改建工程，建成农村联网准四级公路路基路面30公里，加快茶丰赵麻淤至查田下堡公路改建项目前期。加强农村公路养护管理，建成公路应急抢险中心。完成查田生物质发电项目主体工程，实现城市天然气局部供气，实施110千伏芳野变电所10千伏出线工程和炉田区块、安仁永和区块供电配套设施等项目。建设高效节水灌溉面积800亩、喷微灌面积4950亩，完成农村河道整治30公里，河道疏浚和护岸建设25公里，新建、加固中小流域防洪堤10公里，渠系改造83公里，整治山塘22座。继续实施水利东拓西进工程和活水进村工程，加强饮用水水源地保护，大力推进农业综合开发。加快培育电子商务平台，积极促进“三网融合”，确保“一省一网”工作顺利完成。

——加快推进城乡一体化。加快市区建设，城镇化率达到54%，建成区面积达到13平方公里。完成华楼街、环城西路等6个道路建设(改造)工程和东大桥重建，加快推进变河路、江滨北路等8个道路工程，新增城市道路5公里；实施国际大酒店、江滨花园等标志性建筑景观亮化工程；完成新华街立面改造，安装(改造)供水管道5公里。实施“农贸市场改造提升、污水收集处理、老小区改造”三个“三年行动计划”，完成苍松农贸市场、安仁菜市场等5个农贸市场的改造提升；完成溪北污水处理厂建设并投入运行，新建(改造)城市污水收集管网8公里，城市污水处理率达75%；启动老政府区块、龙翔路南北段等旧城区改造，加快西街古街区改造前期。理顺城市管理体制，建立大城管机制。强化规范管理，整合执法力量，确保违法用地、违法建设整治取得实效。加大城市交通秩序治理，有效缓解交通拥堵。加快推进社区规范化建设，增强社区公共服务功能。完善乡镇(街道)财政管理体制，开展乡镇(街道)财政管理规范化建设。加快推进中心镇培育，抓好中心镇“一市两院三校四中心”建设，加快基础设施完善和产业发展平台打造，促进中心镇功能集成、人口集中和产业集聚。深入推进“美丽乡村”建设，探索以特色文化村为重点的山区村落保护建设机制，建设特色文化休闲旅游精品村2个、特色文化村30个以上；探索以中心村为重点的农村新社区建设机制，培育中心村30个。创建林业特色村5个、省级“森林村庄”2个，继续实施生态文明村创建，强化农村集体资金、资产、资源管理，推进村级一事一议公益事业建设。实施危旧房改造3000户以上。建成河阳公寓，开工建设城东小区、安和小区，全年实现农民异地转移6000人。

——加快建设生态示范区。巩固国家森林城市、省级生态市、省级园林城市创建成果，全面推进“五城联创”，深入开展“811”生态文明建设推进行动。加大城区“一带、二园、三山”开发力度，继续实施百里绿色长廊建设，完成绿化造林2.74万亩，合力打造“森林龙泉”。加快高塘生活垃圾卫生填埋场改建、城东垃圾压缩中转中心建设，加强农村环境卫生整治，全面实现农村垃圾集中收集处理全覆盖。完成省级整治村65个，开展市区至上垟花桥、兰巨至凤阳山沿线综合整治。深化水环境综合整治，从7月1日起对瓯江主河道全面禁止采砂，整顿规范沿岸机制砂企业。大力发展循环经济，深化重点区域、重点行业节能降耗和污染物减排工作。

（四）坚定不移发展社会事业，提升区域竞争的软实力。

以“文化强市”建设为主抓手，进一步繁荣社会事业，为跨越发展提供良好的智力支持和强大的精神动力。

——大力建设文化强市。以“文化产业发展年”活动为载体，推动文化资源大市向文化强市转变，启动国家级文化先进市创建。编制文化产业专项规划，建立健全促进文化产业发展的政策体系。全力打造以剑瓷文化为核心的文化产业，办精办特青瓷宝剑节，着力培育剑瓷文化龙头企业，梯度培养剑瓷产业专业人才，启动龙泉青瓷、龙泉宝剑等省地方标准制订工作。加快推进青瓷文化创意基地、香菇博物馆建设，扎实做好中华宝剑文化园、青瓷产业园、宝剑产业园等项目前期。完善文化馆、图书馆设施，启用龙泉大剧院，探索文化公益设施市场化运作机制。推进乡镇综合文化站和基层文化阵地、送书送戏下乡、农村电影放映、农家书屋等文化惠民工程建设；广泛开展群众性文化活动，搭建以社区、企业、村镇、校园等为载体的公益性文化活动平台。大力弘扬龙泉传统文化，重点做好龙泉窑大窑遗址考古调查和成果研究、展示，申报省级非物质文化遗产保护综合试点县。深入挖掘乡村特色节庆、民俗和革命老区红色文化、畲乡民族文化。主动开展与市外、省外博物馆交流活动，鼓励文化企业联合参加文化产业会展。启动省级体育强市创建，加快群众性体育场所建设，积极开展全民健身活动，备战丽水市第三届运动会和省第十五届运动会。

——优先发展教育事业。全面实施义务教育和高中教育质量提升工程，完善教育质量监控体系建设，提升高考竞争力。深化集团办学，不断促进城乡教育均衡，创建省标准化学校7所。继续实施学前教育三年行动计划，积极推进省级示范性幼儿园建设，新建幼儿园3所。开工建设龙泉浙大中学，完成投资额2000万元，做好南大洋小学项目前期。大力发展职业教育，深化校企一体、工学交替改革试点，积极培养特色产业人才，争创国家中职改革发展示范学校；创建龙泉青瓷学院。创新优秀人才引进机制，扎实推进名师工程。进一步提升语言文字规范化水平，通过国家三类城市语言文字工作评估。深入实施“春泥计划”，进一步创造未成年人健康成长良好环境。

——稳步发展卫生事业。积极推进医药卫生体制改革，扩大基本药物制度实施范围，全面实现村级卫生机构“药品零差价”，抓好市乡村卫生一体化管理，有序开展县级公立医院综合改革。城乡居民基本医疗保险参保率巩固在95%以上，人均筹资标准提高到360元，政策范围内住院报销比例提高到70%，最高支付限额提高到10万元，建立重大疾病再次补偿制度。加大传染病、职业病防治力度，继续实施母婴健康工程和妇女健康促进工程，积极推进无偿献血工作。完成人民医院迁建主体工程。深入实施“标创工程”，进一步夯实计生基层基础。

（五）坚定不移促进民生改善，提升和谐发展的聚合力。

以人民群众的根本利益为价值标准，更加注重社会公平，更加注重安定团结，促进社会和谐稳定。

——强化社会保障。以培训推进就业、创业带动就业、政策保障就业，着力促进高校毕业生、农村转移劳动力、城镇就业困难人员就业，全年实现农民转移就业2800人，新增城镇就业1700人。稳步推进“五大保险”扩面，深入实施城乡居民社会养老保险制度，参保率巩固在95%以上。探索建立“大社保”管理新模式，建立社会保障卡服务中心，发放社会保障卡6万张。大力推进居家养老服务体系建设，设立社区居家养老服务点6个。强化劳动争议调解，深入发展和谐劳动关系。做好城乡居民社会养老保险与商业保险合作试点。加快推进永安生态陵园前期。继续抓好城乡“避灾工程”、“农村星光老年之家”等项目。建设政策保障性住房260套，加强廉租房保障和动态管理工作。

——强化社会救助。健全集中供养长效机制，城镇“三无”对象、农村“五保”对象月人均供养费分别提高到455元、303元，集中供养率巩固在90%以上。城市、农村居民最低生活保障标准分别提高到380元、228元。实施城乡居民临时救助办法，多渠道筹措整合资金，着力提高对突发事件致困群众的有效救助能力。加强安老、助残、济困、赈灾等慈善公益项目的管理。建立“村情民情百宝箱”，开展低收入农户增收计划，扎实做好“一村一计一部门”“一户一策一干部”帮扶活动。深入实施残疾人共享小康工程，开工建设残疾人康复和托养中心。

——强化社会管理。深入开展“进村入企、助推发展、强化服务”大走访活动。加快推进社会管理服务中心、应急指挥中心、行政服务中心建设,全面构建"五强五网",扎实推进"两排查一促进"专项活动,着力提高社会管理的系统化、组织化、集成化和综合化水平。切实加强重大事项社会稳定风险评估,推动维稳工作向注重事前预防、源头治理转变。加快推进"天网工程"建设,进一步完善社会治安防控体系,严厉打击各类违法犯罪行为。继续实施质量强市建设,全面落实安全生产责任制,建立健全交通、消防、卫生、食品药品等安全监管机制,强化重点企业、重点环节和重点领域的监控检查,加强校园安全、学生接送车安全管理。继续深化平安创建系列活动,确保实现年度"平安市"目标。进一步完善应急管理体系,提高应对突发事件和自然灾害的能力。加强国防后备力量建设,积极开展双拥创建。继续重视人防、物价、审计、统计、民族、宗教、外事、侨台、科普、档案、气象、文联、地方志、老龄、房改等工作。

四、求真务实,狠抓落实,大力提升政府新形象

时代有新要求,人民有新期待,政府及其工作人员必须有新作为,高标准、高质量、高效率地做好每一项工作。

——坚持奋发有为,建设责任政府。大兴求真务实之风,增强克服困难的勇气,鼓舞加快发展的士气,凝心聚力谋发展,矢志不渝促增长。看准的事要紧盯不放,认定的事要抓紧实施,制定的纪律要坚决遵守。要直面矛盾、勇于负责、敢于担当、善于攻坚,实现好、维护好、发展好广大人民群众的根本利益。

——坚持为民谋利,建设务实政府。建立健全工作推进落实机制,全面增强执行力,确保政令畅通。严格落实责任,把任务量化到岗、细化到人,以真抓实干的作风推动工作落实。加强政务督查,实行重点工作定期督查、常规工作随时抽查,落实限时督办、效能监察和绩效评价制度。牢固树立勤俭办事理念,把有限的财力用在加快发展上、用在改善民生上。加大行政问责力度,对履职不到位、工作不达标、承诺不兑现的,要严格实行责任追究。

——坚持开拓进取,建设创新政府。强化机遇意识、超前意识,以更加宽阔的视野和前瞻性思维,审时度势、把握趋势,用创新的思路谋划工作,用创新的举措推动发展,用创新的办法破解难题,用创新的实践铸就业绩,在不断创新、不断攻坚、不断突破中赢得事业的大跨越、大发展。强化敢创意识,努力营造敢于争先、敢于探索、敢于尝试、敢于突破的浓厚氛围,全面释放加快发展的内在活力。

——坚持依法行政,建设廉洁政府。严格按照法定权限和程序行使权力、履行职责。完善重大情况报告和通报制度,认真办理人大代表议案、建议和政协委员提案。广泛听取民主党派、工商联、无党派人士、老科协的意见,充分发挥工会、共青团、妇联等人民团体作用。大力推行政务公开,深入落实行政机关负责人出庭应诉工作,促进政府工作的民主化、科学化、法制化。完善权力监督和制约机制,健全惩治和预防腐败体系,严肃查处各类违法违纪案件。扎实开展国有资产清查核实工作,理顺"大国资、大监管"运行体制机制。政府全体人员要恪尽职守、勤奋工作,更要干净干事、清白履职,努力打造让人民放心、让人民拥护、让人民满意的政府。

各位代表:面对百舸争流、千帆竞渡的发展态势,需要我们时刻保持只争朝夕、时不我待的紧迫感,时刻保持求真务实、埋头苦干的使命感,时刻保持满怀激情、奋勇争先的责任感。让我们在中共龙泉市委的坚强领导下,在市人大、市政协的监督支持下,紧紧依靠全市人民,以坚定不移的信念、百折不挠的决心、昂扬向上的斗志,为全力打造"活力龙 幸福泉"而努力奋斗!

龙泉市人民代表大会常务委员会工作报告

（2012年2月29日在龙泉市第十五届人民代表大会第一次会议上）

龙泉市人民代表大会常务委员会主任　钟　鸣

过去的五年，是我市经济社会全面发展的五年，是我市民主法制明显提升的五年，也是我市人大工作不断进步的五年。五年来，市人大常委会在中共龙泉市委的正确领导下，坚持以邓小平理论和“三个代表”重要思想为指导，全面落实科学发展观，以围绕中心、服务大局、推动发展为统领，以发展民主、关注民生、维护民利为宗旨，以加强法治、维护法治、推进法治为重点，以完善制度、规范程序、提高能力为保障，切实履行宪法和法律赋予的职责，圆满完成了市十四届人大各次会议确定的目标任务。

一、把握发展主题，服务全市大局，推动经济又好又快发展

深化重大事项的监督和审议。听取和审议龙泉市“十一五”规划纲要实施中期评估的报告，作出决议，批准了部分目标指标的调整。听取和审议“十一五”规划实施和“十二五”规划纲要编制情况的报告，建议政府在“十二五”期间要大力拓展发展空间，优化产业结构；合力打造区域中心，统筹城乡发展；着力加强民生保障，推进生态文明建设，实现全面小康。并将龙泉市“十二五”规划纲要提交市十四届人大五次会议审查通过，明确了我市新一轮发展目标。审查批准炉田等8个地块建设用地性质调整和太阳伞工业园区部分用地性质调整的报告，审查通过了《龙泉市2006—2020年城市总体规划》，依法对城市总体规划建设用地性质局部调整作出决议，督促政府强化规划指导，严格依法管理城市。

深化计划预算的监督和审查。密切关注宏观经济运行，每年年中听取和审议上半年国民经济和社会发展计划执行情况的报告，对政府加大投资力度，做大做强优势产业，推进经济转型升级，提高经济运行质量等方面提出建议。听取和审议预算执行、审计等报告，审查批准年度决算，要求政府落实积极的财政政策，加强公共财政建设，优化财政支出结构，加强对政府性债务和预算外资金使用的监督，确保各年度预算内的财政收支平衡。支持审计部门依法开展审计，重视督促审计发现问题的查处和整改。依法将51省道遂龙线改建工程、城东区块道路网一期工程、青瓷文化创意基地等11个项目还贷资金以及2010年地方政府债券列入财政预算，作出决议决定，规范管理政府债务收支计划，为加快我市重点项目建设和社会事业发展提供有力支持。

深化产业经济的监督和支持。关注“工业强市”战略举措的实施。听取和审议“回归工程”建设工作报告，要求政府加快基础设施建设，严格依法用地，优化服务软环境，打造生态型工业园区，为工业经济快速发展奠定基础。听取和审议招商引资工作报告，提出要完善引商扶商措施，解决企业“两证”办理与融资难问题，营造良好招商引资氛围等建议。听取和审议产业科技工作报告，建议

政府强化产业科技发展意识，加大科技创新投入力度，完善科技服务体系，促进经济转型升级。专题视察“一心五点”园区工业，召开园区工业发展恳谈会，形成关于加强工业园区管理的意见，提出要加快项目推进速度，建立园区企业退出机制，规范园区建设管理，严肃查处纠正入园企业擅自更改建设规划和改变用地性质行为，确保工业园区健康快速发展等建议，交政府办理落实。关注“三农”发展举措的落实。听取和审议康庄工程建设工作报告，支持和督促政府实现等级公路通村率、硬化率的“双百”目标。听取和审议茶产业发展工作报告，提出加强政策扶持，提升产品质量，健全营销网络，加大品牌建设等建议。听取和审议扶持农业龙头企业资金使用情况报告，结合专项审计，对扶持资金绩效情况进行“盘点”。专题视察新农村建设工作，重点围绕村庄整治、中心村培育、农民增收农业增效等内容，提出视察意见和建议，加快促进新农村建设步伐。关注旅游、服务产业的提升。听取和审议旅游工作报告，强调要进一步提高旅游产业发展意识，打响“江浙之巅、剑瓷龙泉”旅游品牌，打造精品旅游项目，强化旅游发展合力，推动旅游产业的科学发展。听取和审议服务业发展工作报告，要求政府加强规划引领，加快产业培育，推进机制创新，推进以剑瓷文化创意集聚区为核心的服务业集聚区建设，推进现代服务业健康快速发展。

二、关注热点难点，维护民生民利，推进社会事业全面进步

加强对生态环境保护整治的监督。作出创建国家森林城市的决定，连续跟踪监督创建工作，督促政府出台森林城市创建实施意见，落实创建总体规划，开展“三沿三山”绿化美化，建设“百里绿色长廊”，实现生态环境良好、社会文明进步、城市综合竞争能力较强的创建目标。每年都把水污染治理、重点区域和重点行业污染治理中的突出问题作为监督重点，采取统一部署、上下联动的方式，与省、丽水市人大协同行动，对水污染防治“一法一条例”执行情况进行跟踪监督，就饮用水源保护机制、城乡污水处理、农村面源污染治理等重点提出意见和建议。听取和审议河道综合整治工作报告，组织代表开展视察和调研，要求政府对部分河道进行综合整治，加强河道采砂管理，打造水清、岸绿、景美的生态河道。对代表和群众反响强烈的“小炼油”加工和砖窑非法占用林地事件，分别督促政府组织联合执法行动，依法及时制止破坏生态行为。

加强对惠民项目推进落实的监督。高度关注市民饮用水安全、集体林权制度改革、市人民医院迁建等惠民项目建设。连续五年将城市供水新水源建设和保护列入监督计划，通过组织代表视察和听取专项工作报告，对岩樟溪饮用水源建设和保护作出决定，要求政府科学制定岩樟溪水源地保护规划和管理办法，增强全社会保护水源意识，扎实开展水源地环境综合整治。听取和审议集体林权制度改革工作报告，建议政府扎实开展林权堪界工作，理顺林权抵押机制，加强林权信息化建设，加快林权制度改革和全国林改示范基地建设的步伐。听取和审议市人民医院迁建工作报告，多次组织代表开展视察，要求政府加强统筹协调，科学制定建设方案，狠抓项目建设进度，确保市人民医院迁建工程顺利实施并早日完工。配合丽水市人大对农村低收入农户增收工程实施情况、生态公益林建设专项资金使用情况进行调研评估，有效推进了惠民政策的实施。

加强对社会事业发展情况的监督。分别听取和审议公共卫生、深化医药卫生体制改革、新型农村合作医疗等报告，认真分析我市公共卫生服务工作在思想认识、保障机制、人才队伍等方面存在的问题，督促政府进一步深化医药卫生体制改革，建立稳定的投入保障机制，全面提高公共卫生服务水平。听取和审议公共文化建设工作报告，围绕基层公共文化基础设施建设、公共文化服务人才队伍、文化信息资源共享、文化遗产保护利用等方面，提出审议意见，推动文化的繁荣和发展。听取和审议义务教育工作报告，提出推进教育均衡发展，提升教育教学质量，理顺教育管理体制，加快发展学前教育等建议，扎实推动教育创强工作。五年来，常委会还就社会养老保险、流动人口计划生育管理、住房公积金管理使用、中小学食宿工程落实、中职校扩建等工作给予有力监督和积极推动，促进各项社会事业的统筹协调发展。

三、加强法律监督，推进依法治市，努力维护社会和谐稳定

加强执法检查。坚持人大检查与政府自查、全面检查与重点审议相结合，推动法律法规有效实施。开展食品卫生安全法执法检查，着力推动健全食品卫生安全监督长效机制，突出解决食品卫生安全问题，确保人民群众身体健康和生命安全。开展安全生产法执法检查，促进全社会安全意识进一步增强，安全生产法律法规进一步落实，安全管理机制进一步健全。

十五届人大一次会议现场

潘世国　提供

开展残疾人保障法和浙江省残疾人保障条例实施情况专项检查，增强各部门单位的助残意识，切实保障残疾人的合法权益。开展浙江省预防职务犯罪条例和法律援助条例执法检查，规范我市预防职务犯罪工作，促进法律援助事业健康发展。积极做好村委会换届选举的法律监督工作，保证村级换届选举顺利进行。五年来，常委会还对农业法、浙江省森林消防条例、国家中医药条例、宗教事务条例、档案法、义务教育法等法律法规执行情况进行检查。依法作出"六五"普法决议，推动新一轮普法宣传教育规划的实施。制定《龙泉市人大常委会规范性文件备案审查暂行办法》，积极开展规范性文件备案审查工作。

强化司法监督。听取和审议市人民法院民事审判工作报告、执行工作报告。要求法院进一步增强服务大局意识，加强审判监督力度，促进廉洁公正办案；进一步提高案件执结质量与效率，扎实破解执行难问题，切实维护法律权威。听取和审议市人民检察院法律监督工作报告、预防职务犯罪工作报告，要求检察院进一步增强法律监督意识，理顺法律监督机制，努力提高法律监督实效；进一步加强侦防一体化建设，提高预防职务犯罪能力，推动预防工作深入开展。听取和审议社会治安工作报告，要求公安机关改进和加强基层基础工作，严厉打击赌博等违法犯罪活动，努力维护社会和谐稳定。听取和审议人民调解工作报告，要求政府健全矛盾纠纷排查网络，探索和规范工作机制，充分发挥人民调解的职能作用，为构建和谐社会创造良好的条件。

依法任免干部。坚持党管干部和人大依法任免干部相统一的原则，认真把握任前考法、任前表态、审议表决、颁发任命书等环节，切实增强人事任免的规范性、合法性和严肃性。五年来，依法任免国家机关工作人员共178人次，任命人民陪审员18名，为国家机关的正常运转提供组织保证。对为我市经济建设作出积极贡献的6名专家学者，作出授予龙泉市荣誉市民称号的决定。加强干部履职监督，先后听取了22位被任命干部的履职情况报告，并对履职报告和履职情况进行满意度民主测评，督促被任命干部进一步提高依法行政、勤政廉政和自觉接受人大监督的意识。

重视信访工作。始终把做好信访工作作为联系群众、畅通民情的重要途径来抓。坚持重要信访件由常委会主要领导亲自批阅，依法交办，及时督办。并实行月报制度和信息网络化管理。积极参与"领导干部大接访"和"矛盾纠纷调处年"等活动，分头接待来访群众，帮助解决矛盾和困难。五年来，共受理群众来信来访1002件次，其中上级人大下转交办信访件78件，全部督办或转办，信访办理实效不断增强。

四、保障代表履职，发挥代表作用，着力深化民主政治根本

保障代表行使权利。坚持每年走访代表，邀请代表列席常委会会议、参加执法检查、调研、视察等活动，加强与代表的沟通联系，扩大代表对常委会工作的参与度。重视代表培训工作，为提高代表责任意识和履职能力，更好地发挥代表作用夯实基础。

以开展“履职为民，争先创优”主题活动为载体，每年进行先进代表小组和优秀代表评选和表彰活动。本届共组织代表活动449次，代表扶贫结对697户，帮扶资金88万元，为民办实事1956件次，救灾捐资342万元，公益事业捐资213万元。同时做好在龙省人大代表、丽水市人大代表的联络服务工作。

丰富代表活动内容。组织代表对江滨南路西段工程、龙庆高速公路、人民公园、青瓷文化创意基地、龙松公路、安豫线改建等重点项目建设情况进行专题视察，及时交办视察建议，促进政府不断完善工作措施，加快重点项目建设步伐。制定并完善代表小组定向视察办法，19个代表小组分别与政府职能部门及法院、检察院定向结对，先后开展定向视察活动96次。组织代表参与“局长作风大家评”“十佳实事”和“三创型”干部等评选活动，促进政府工作开展和作风改善，进一步丰富了代表活动内容。

加强议案建议督办。建立健全议案建议统一交办、重点建议市长领办等制度，办理工作更加规范有序。通过常委会主任领衔督办、重点建议“阳光办理”、难点问题跟踪办理等形式，加大代表建议督办力度，提高代表议案建议办理的“面商率、解决率、满意率”。本届以来，代表共提出议案、建议、批评和意见810件，其中2件作为议案办理，33件作为重点建议办理。代表对办理工作表示满意的占72.6%，基本满意的占27.3%。代表提出的关于城市用水新水源建设和保护、企业招工、发放城乡居民养老金等一批涉及经济发展和民生问题的议案和建议，办理部门高度重视，办理结果社会反响良好。

加强基层人大工作指导。加强对乡镇（街道）人大的工作联系和业务指导，不断增强人大基层基础工作。重视乡镇（街道）人大干部的培训教育，提高基层人大干部的业务能力和工作水平。坚持定期召开乡镇（街道）人大联席会议，及时部署和检查工作，及时交流和总结经验。坚持邀请乡镇（街道）人大主席列席常委会会议，参加相关活动，有效发挥基层人大作用。

依法做好代表换届工作。去年是市乡两级人大代表同步换届选举，面对选举法修改后第一次实行城乡按相同人口比例选举人大代表的新情况、新要求，常委会认真按照选举法以及省实施细则的有关规定，深入贯彻坚持党的领导、充分发扬民主和严格依法办事的原则，认真开展学习和调研，结合我市实际，制订选举工作方案，重视广泛宣传和选举骨干培训，深入检查指导各阶段各环节工作，及时处理选举中出现的问题，确保代表换届选举工作依法有序进行。本次市乡两级人大代表换届选举共选出新一届市人大代表177名，乡镇人大代表791名，顺利完成了选举任务，为新一届市乡人大开展工作奠定了良好的基础。

五、加强自身建设，提升履职水平，切实增强人大整体合力

加强思想作风建设。通过参加理论中心组学习会、法律知识讲座等形式，深入学习贯彻党的十七大和中央、省、丽水市有关重要会议精神，学习宪法、监督法、选举法等法律法规，切实提高思想理论素质和法律监督能力。扎实开展常委会党组及机关“实践科学发展观”“深化作风建设年”等主题活动，强化科学发展的先进理念，增强服务大局的公仆意识。常委会领导积极参与项目双进和重点项目建设，直接参与了公路工程、茶产业、人民公园等建设项目。深入企业和农村开展蹲点调研、联系帮扶活动，为联系村建设出谋划策，为联系企业发展排忧解难，为人民群众办实事做好事。

加强制度机制建设。按照新时期人大工作的要求，修订完善了《常委会议事规则》《主任会议议事规则》《常委会组成人员守则》等制度，逐步建立起规范有序的工作制度体系。深入贯彻实施监督法，制定出台《龙泉市人大常委会讨论决定重大事项的暂行规定》《关于“一府两院”向市人大常委会送交会议材料的程序和格式要求》，进一步规范和完善监督程序和行为。实行重点课题和监督议题调研制度，注重对策研究，重视成果运用，本届共形成水源保护、不锈钢产业、旧村改造、法律监督等调研成果60余篇，既为常委会审议专项工作提供了第一手材料，也为市委市政府作决策提供了参考。

加强人大机关建设。充分发挥人大机关参谋助手作用，深入开展学习型、效能型、服务型机关建设，提高机关服务保障工作能力和水平。加强人大信息宣传工作，不断拓宽宣传渠道和宣传方式，办好龙泉人大网站和人大信息专刊，密切与新闻媒体的联系，做好人大及其常委会重大活动的宣传报道。建立健全人大信息宣传制度，与市委宣传部联合下发实施意见，营造了良好的人大信息宣传工作氛围。积极开展横向交流，加强与上级人大和兄弟县（市、区）人大的联系，协助省人大承办全省人大秘书长会议和浙江省人大杂志宣传工作会议，组织人员参加浙闽赣皖四省九县市人大联席会议，不断扩大我市人大工作的影响。

各位代表，市十四届人大常委会任期的五年，是围绕中心、服务发展、奋发有为的五年，是关注民生、为民尽责、积极作为的五年，是强化监督、弘扬民主、依法行为的五年。常委会五年来的工作成绩，是市委正确领导、常委会组成人员和全体代表共同努力的结果，是市人民政府、市人民法院、市人民检察院积极配合的结果，也是全市人民以及社会各界大力支持的结果。在市十四届人大常委会即将完成历史使命之际，我谨代表市十四届人大常委会，向全体人大代表以及关心、支持人大工作的社会各界人士致以崇高的敬意和衷心的感谢！回顾总结五年来的工作，我们深切地感受到，坚持和完善人民代表大会制度，加强社会主义民主法制建设，必须深入贯彻落实科学发展观，按照宪法和法律规定，坚持从实际出发，创造性开展工作，努力推进科学发展与社会和谐。

坚持党的领导，保持正确政治方向，是做好人大常委会工作的根本保证。只有坚持和依靠党的领导，与市委保持同心、同向、同力，才能使人大工作保持正确的政治方向，才能实现党科学执政、民主执政、依法执政的执政目标。本届以来，我们切实发挥常委会党组的核心保证作用和党员委员的模范带头作用，认真贯彻党的路线方针政策，主动把市委的主张和意图，通过人大法定程序转变为国家意志和广大人民群众的行动，从制度和法律上保证市委决策的贯彻实施；重大事项和重大问题及时向市委请示汇报，积极争取市委对人大工作的支持；在市委统一领导下，正确处理人大与“一府两院”的关系，做到既敢于监督、又善于支持，既不失职、又不越权，保证国家政权机关的协调高效运作。市委对人大工作十分重视，经常听取人大工作汇报，支持人大常委会依法履行职权。并召开全市人大工作会议，出台关于进一步加强人大工作的意见，有力推动了我市人大工作向前发展。2009 年 9 月，在丽水市委召开的丽水市人大工作会议上，时任市委书记赵建林就市委“充分发挥人大作用，支持人大依法履职”作了典型发言。

坚持服务大局，推动全市科学发展，是开展人大常委会工作的方向目标。只有紧紧围绕经济建设这个中心，紧紧围绕全市工作大局，紧紧围绕发展中的重大问题，积极履行各项法定职权，才能充分发挥人大职能作用。本届以来，我们按照市委“工业强市、生态立市、旅游兴市”的发展战略和发展绿色经济、提升幸福指数、创造美好新龙泉的决策部署，围绕计划预算、重点工作和重点项目建设精心选择议题，行使重大事项决定权、监督权，加强对“一府两院”工作的监督，开展有关法律法规执行情况检查，为发展创造良好的法治环境。这充分体现了人大工作顾大局、议大事、谋长远、促发展的总体思路和要求，较好发挥了地方国家权力机关在围绕中心、服务大局中的重要作用。

坚持以人为本，切实维护群众利益，是人大常委会履职的本质要求。检验人大工作成效，最终要看群众意愿是否得到体现、切身利益是否得到维护、民主权利是否得到保障。本届以来，我们坚持以人为本，坚持群众路线，高度关注民生问题，始终把解决学有所教、劳有所得、病有所医、老有所养、住有所居以及环境保护等人民群众最关心、最直接、最现实的利益问题作为行使决定权、监督权的重要内容，以更好地维护人民群众的合法权益，促进社会和谐稳定；通过法律监督，促进司法公正，不断完善保障人民群众利益的法律制度；通过代表工作，充分发挥代表在了解民情、反映民意、维护民利中的作用。正是有了我们五年来的不懈努力，才有了城市供水新水源建设和保护、人民医院迁建工程等一批民生项目的上马和推进，才有了一些热点难点问题的解决。

坚持与时俱进，不断创新工作方法，是提高人大常委会工作水平的有效手段。人大及其常委会在依法履职过程中，必须坚持与时俱进，勇于探索和创新，才能不断开创人大工作新局面。本届以来，我们认真贯彻民主集中制原则，坚持集体行使职权，集体决定问题，重视发挥全体组成人员的集体智慧；在创新监督机制方面，改进监督机制和流程，出台了决定重大事项的规定，规范专项工作的选题、调研和审议机制，规范审议意见的形成、交办和反馈机制，强化审议意见的跟踪督办，切实增强监督工作实效。充分利用报纸、网站等媒体，公开常委会监督计划、过程及监督的结果和成效，接受社会各界的监督；在代表工作中，建立健全畅通的联络机制、活跃的活动机制、完善的议案建议处理督办机制、良好的激励和约束机制、有力的服务保障机制等等。这些富有创新精神的工作机制和举措，有力推动了地方人大工作的发展。

在总结成绩的同时，我们也清醒地看到，本届常委会的工作还存在一些薄弱环节和不足之处，主要表现在：监督工作仍需加强，增强监督实效的方式、方法需要进一步完善；如何提高代表队伍整体素质，更有效发挥代表作用还需进一步探索；自身建设还要进一步适应形势和任务发展的要求。这些问题都需要我们继续发扬改革创新的精神，在探索中前进，在创新中提高，把人大工作不断向前推进。

各位代表，市十四届人大常委会已经胜利完成了自己的光荣使命。市十五届人民代表大会已经组成，市十五届人大常委会也即将依法产生。在此，我们衷心希望市十五届人大及其常委会要高举中国特色社会主义伟大旗帜，坚持以邓小平理论和“三个代表”重要思想为指导，深入贯彻落实科学发展观，全面贯彻市第十三次党代会精神，在中共龙泉市委的坚强领导下，紧紧围绕打造“活力龙 幸福泉”奋斗目标，服务全市中心工作和发展大局，认真履行宪法和法律赋予的职责，扎实推进人大工作的创新和发展，为加强社会主义民主法制建设、全面建设小康社会作出积极贡献。

一、围绕贯彻党代会精神，充分发挥人大推动作用

今后五年，是龙泉实现科学发展、绿色发展、跨越发展的重要机遇期，也是龙泉实施“十二五”规划、建设区域中心、实现小康社会的关键时期。我们既面临着重要机遇，也面临着严峻挑战。市第十三次党代会深刻分析当前的形势和任务，坚定不移实施“生态立市、工业强市、旅游兴市”三大战略，确定“绿色崛起、科学跨越”的总体要求，明确打造“活力龙 幸福泉”的奋斗目标，绘就了龙泉未来五年发展的宏伟蓝图。响应市委号召，把宏伟蓝图化为美好现实，是全市人民的共同愿望，也是市人大及其常委会依法履职的核心任务。常委会组成人员、全体代表都要把思想和认识统一到党代会的决策部署上来，把智慧和力量凝聚到建设(三省边际)区域中心、实现全面小康的战略目标上来。围绕中心谋发展，服务大局促和谐，加强对“十二五”规划、计划预算实施情况的监督检查，加强对事关今后五年发展的全局性、长远性、根本性大事的支持推动，依法作出决议决定，保障和推动经济社会又好又快发展。

二、围绕经济社会发展，充分发挥人大监督作用

监督工作要针对改革、发展、稳定中的重大问题和人民群众最关心、最直接、最现实的利益问题，精心选择议题，创新监督方式方法，有计划地开展工作监督和法律监督。在服务大局上，要着力围绕推进实现新型工业化、新型城镇化、农业现代化、文化发展科学化、公共服务均等化的举措，听取和审议专项工作报告，通过深入调研、视察、检查等手段，突出提高审议质量，切实增强监督实效；在改善民生上，立足于促进社会保障更加有力，社会事业协调发展，创新社会管理方式，畅通民意渠道，建立长效机制，提升幸福指数；在法治建设上，推动普法教育的深入开展，确保宪法和法律得到正确实施，督促行政权、审判权、检察权得到正确行使，着力打造权责统一的行政执法环境、公平正义的司法环境、诚信守法的社会环境；要继续坚持党管干部和人大依法任免相统一的原则，不断规范人事任免程序，努力使履职监督的效果更加明显。

三、围绕增强活动实效，充分发挥代表主体作用

代表工作要注重在代表学习培训上加大力度，组织新一届人大代表学习宪法、代表法、监督法以及代表履职的业务知识，提高代表履职能力，增强代表责任意识；要注重在提高代表活动实效上下功夫，坚持和完善联系代表的各项制度，组织代表列席常委会、参加调研、视察、执法检查等活动，畅通代表知情、知政、议政、督政的渠道，为代表执行职务创造条件。进一步创新代表工作，探索代表联系选民、代表述职等活动方式，密切代表与选民的关系，自觉接受选民监督。深化闭会期间代表小组定向视察和代表“履职为民、争先创优”主题活动，激发代表履职热情；要注重在强化代表议案建议办理上做文章，进一步完善代表议案建议督办、考核、跟踪落实机制，着重提高建议办理的解决率、满意率；要继续指导和支持乡镇(街道)人大工作，扎实推进基层民主政治建设。

四、围绕加强自身建设，充分发挥人大整体作用

常委会要全面加强思想、组织、制度和作风建设，进一步提升履行职权的能力，努力建设成为决策科学、运转高效、作风优良、廉洁勤政、充满活力的地方国家权力机关。要弘扬学习之风，重点抓好政治理论和人大业务知识的学习，不断提高思想、法律、政策水平和议事水平；要弘扬求真务实之风，坚持理论联系实际，研究新情况，解决新问题，总结新经验，探索新思路，实现决策的科学化；要弘扬民主之风，坚持民主集中制原则，集体行使职权，严格依法办事；要按照新时期人大工作要求，大力加强人大干部队伍建设，努力造就一支团结精干、务实高效的干部队伍。

各位代表，龙泉发展前程似锦，人大工作任重道远。我们坚信，新一届龙泉市人民代表大会及其常务委

员会一定会肩负起党和人民的重托，继往开来，与时俱进，不断开创人大工作的新局面。让我们高举中国特色社会主义的伟大旗帜，紧密团结在以胡锦涛同志为总书记的党中央周围，在中共龙泉市委的正确领导下，团结和依靠全市人民，求真务实，开拓奋进，凝心聚力、负重拼搏，为夺取全面建设小康社会的新胜利，为实现打造“活力龙、幸福泉”的新目标而努力奋斗，以优异成绩迎接党的十八大胜利召开！

中国人民政治协商会议第七届龙泉市委员会常务委员会工作报告

（2012年2月27日在政协第八届龙泉市委员会第一次会议上）

邵戌汛

五年来的工作回顾

过去的五年，是我市全力加快创造美好新龙泉步伐，各项工作取得明显成效的五年，也是我市人民政协事业开拓创新、蓬勃发展的五年。五年来，在中共龙泉市委的领导下，市政协常委会坚持以邓小平理论和“三个代表”重要思想为指导，深入贯彻落实科学发展观，高举爱国主义、社会主义旗帜，突出团结民主两大主题，充分发挥政协组织的优势，服务中心、促进发展、求实创新、积极作为，为推动我市经济社会又好又快发展作出了积极贡献。

一、理论学习常抓不懈，履职方向更加明确

七届政协高举中国特色社会主义伟大旗帜，坚持用党的最新理论成果武装头脑、指导工作，通过政协常委会议、主席会议、联络组长会议以及专题辅导等形式，组织全体政协委员学习中国特色社会主义理论体系，学习胡锦涛总书记在庆祝中国共产党成立90周年和庆祝人民政协成立60周年大会上的重要讲话精神，不断夯实思想政治基础。

《中共浙江省委关于加强和完善人民政协政治协商促进科学民主决策的意见》（浙委〔2009〕60号）、《中共龙泉市委关于加强和改进人民政协工作的实施意见》（龙委〔2009〕9号）等文件颁发后，常委会及时组织委员和机关干部开展学习活动，认真领会党对人民政协工作的新思想、新要求，领会新时期人民政协肩负的新任务和新使命，进一步激发委员履行职能的责任感和使命感。

科学发展观是我国经济社会发展的重要指导方针，也是常委会近年来常抓不懈的学习主题。按照中央和省、市委部署，我们扎实开展学习实践活动，牢牢把握科学发展观的深刻内涵、精神实质和根本要求，筑牢共同的思想政治基础，进一步增强走中国特色社会主义道路的自觉性和坚定性，确保政协履行职能始终与党委、政府在思想上同心、目标上同向、工作上同步。

二、围绕中心致力发展，参政议政更加有为

七届政协围绕经济社会发展中的重大问题深入调查研究，积极建言献策，促进党政科学民主决策。五年来共召开全委会议5次，常委会议25次，主席会议39次，开展调研、视察活动200余次，提出意见建议、反映社情民意信息600多条，认真履行协商议政职能，服务全市工作大局。

谋划龙泉长远发展。围绕我市“十一五”规划实施和“十二五”规划制定，集中全体委员、党派团体、市政协专门委员会和政协机关的力量，采取专题调研、专题建言等形式，多层面开展协商议政。从谋划发展战略、产业转型升级、基础设施建设、生态环境保护、科教文卫医疗事业发展、城乡一体化建设、社会事业与公共服务等方面，提出的许多意见建议得到吸收和采纳，充分发挥了人民政协的整体优势。

推进经济发展方式转变。把加快转变经济发展方式作为履职的重要任务，深入调查研究，积极建言立论，推动科学发展。我市汽车（空调）零部件产业经过多年发展，已形成具有地方特色和优势的块状经济，同时也面临向现代产业集群转型升级的种种压力。常委会将汽车（空调）零部件产业转型升级作为重点调研课题，成立专题调研组开展深入调研论证，形成《关于加快推进我市汽车（空调）零部件产业转型升级的建议案》，从促进产业空间集聚、引进培育龙头企业、增强自主创新能力等6个方面提出建议。市委主要领导指出，“市政协的这一建议案针对性强，解决问题的操作性更强，很有质量。请市政府认真研究落实”。相关部门对建议案所提建议认真分析、研究，积极予以采纳，有力推动了该产业发展。此外，围绕回归工程入园企业落地建设、食用菌产业转型发展、中小企业发展以及农村林业改革等问题，开展深层次调研视察，这些课题的调研报告上报后，受到市委、市政府主要领导的充分肯定。

推动社会事业全面进步。常委会坚持把推动社会事业与经济的协调发展作为履职的重要内容，围绕水资源保护、城市社区建设、农村医疗体系建设、紧水滩库区产业培育、保障性住房建设等内容，开展了50多次调研视察，形成了60余份调研报告和建议材料，许多建议已经转化为推进工作的有效举措。2009年，针对我市学前教育现状，常委会组织开展了专题调研，从“拓宽投入渠道，健全保障机制”、“加强公办示范幼儿园建设，全面提升办学水平”等方面提出建议，许多建议得到较好采纳，促进了我市学前教育事业的发展。

三、以人为本关注民生，促进和谐更加有力

五年来，七届政协坚持突出民生重点，积极了解民情、反映民意、集聚民智，协助党委、政府解决群众关心关注的重大问题，让发展成果更好的惠及全市人民。

扎实开展民主监督，维护群众利益。积极探索在参与中支持、在支持中服务、在服务中监督的方法和途径，利用会议视察、提案办理、对口协商、民主评议、反映社情民意等形式履行民主监督职能，不断拓宽监督渠道。将提案办理落实作为民主监督的重要抓手，不断加大督办力度，先后开展了提案办理检查评议和七届政协重点提案“回头看”活动，七届政协委员和各参加单位提出的705件提案已全部办复，提案的落实效果和社会影响不断提高。“关于要求解决岩樟溪流域水污染问题”“关于加强农村环境卫生管理”“关于公厕应向市民免费开放”等一大批民生提案的办理落实，切实维护了广大群众的根本利益。

关注弱势困难群体，推动民生改善。围绕食品安全问题，深入农村开展调研，从明确食品安全综合监管责任、引导连锁超市进农村和加强群体宴席管理等方面提出对策和建议。针对农村公共卫生服务网络存在基础设施建设落后、资源配置不合理、卫技人员业务素质低等问题，组织委员开展调研，提出建立稳定的财政保障机制、调整优化卫生资源配置等意见建议。此外，还就保障性住房建设、农村饮用水困难、残疾人事业发展等问题提出意见建议，有力推动了许多民生问题的解决。

积极参与扶贫济困，勇担社会责任。2007年5月，组织开展了“百名委员结对帮扶百户贫困户”活动，170余名委员当年提供帮扶资金70.2万元，帮助243户贫困户发展生产、摆脱贫困。这项活动陆续延续至今，不少委员与结对户宛如亲戚，走动频繁。2008年“5•12”汶川特大地震发生后，常委会积极响应党和政府号召，迅速组织委员为灾区捐款捐物达140多万元，其中现金37.3万元，充分体现了人民政协同心协力、和衷共济的强大合力。此外，每年组织委员深入基层，开展文化、卫生、科技“三下乡”服务；积极参与“一户一策一干部”活动，协调解决联系村和结对贫困户实际困难，受到群众欢迎和好评。

四、加强联谊扩大交流，统一战线更加巩固

五年来，七届政协牢牢把握团结和民主两大主题，发挥人民政协的独特优势，多渠道、多领域开展工作，为经济社会发展凝聚强大合力。

加强与民主党派、工商联和无党派人士的团结合作。发挥人民政协作为最广泛爱国统一战线组织和政治协商重要机构的作用，支持民主党派、工商联、各人民团体和无党派人士参与国家和地方重大方针政策的讨论协商；鼓励和支持各党派团体在政协会议上发表政见，提交提案，建言献策，共同开展调研、视察，整体合力不断增强。五年来，民主党派、工商联和有关团体提交大会发言材料22篇，集体提案23件，反映社情民意50多条。

加大文史资料征编力度。积极探索新形势下文史资料征集机制，加大资金投入力度，不断拓宽文史工作领域，坚持地方特色和“三亲”特点，先后征集出版了《龙泉——浙江抗战大后方》《华严塔》《龙泉畲族》和《龙泉青瓷复兴之路》等4本具有地方特色的文史资料专辑，共计100余万字，充分发挥文史工作在存史、资政、团结、育人方面的独特作用，弘扬了地方特色文化，政协文史工作取得新的成绩。

重视加强对外宣传与交流。在省、市级新闻媒体刊发宣传稿件60余篇，在市政协网站刊载各类动态信息300余条，较好宣传了政协工作成果。先后接待了全国政协副主席张梅颖、林文漪，省政协主席周国富、乔传秀等领导以及省内外考察团200多批次2000余人次，为宣传龙泉、增进友谊、推进政协工作发挥了积极作用。配合省政协和丽水市政协开展了30多项调研视察活动，积极组织参与一年一度的省政协“兰亭奖”书法大赛以及其他有社会影响力的文体联谊活动，在历次全国、省、市政协委员摄影比赛中均有不俗表现。

五、自身建设务实创新，履职基础更加坚实

常委会坚持把加强自身建设作为一项基础工作，注重开展制度化、规范化和程序化建设，班子建设、委员队伍建设、干部队伍建设和政协机关建设迈出新步伐，政协组织的生机和活力不断显现，履职基础更加坚实。

强化委员主体作用。坚持政协领导联系走访委员制度，五年来走访、约谈委员1000多人次，了解委员具体情况，帮助解决实际困难。组织委员参与定向视察、专题视察、担任特约监督员等活动，为委员知情明政、履行职能创造条件。开展委员履职情况评鉴活动，进一步增强委员的主体意识、履职意识和责任意识。

强化委组基础作用。常委会着力加强专委会建设，定期听取专委会工作汇报，研究专委会工作；不定期深入各联络组，参与调研视察等活动。各专委会、联络组结合各自特点和优势，定期开展学习讨论、对口协商等活动，为委员开阔眼界、参政议政提供平台。

强化机关保障作用。以改进作风、提高服务水平为重点，加强“学习型、服务型、创新型”机关建设。认真开展机关效能建设活动，不断提升机关服务意识和水平。健全机关各项工作制度，先后制定出台了《关于建立委员约谈制度的意见》《联络组年度工作考核办法》等规章制度；开通“龙泉政协网”，通过网络广泛搜集民意民智，提高政协工作的开放性。

回顾七届政协的五年，是高扬旗帜、开拓创新的五年，是求真务实、不断进取的五年。七届政协所取得的成绩，是中共龙泉市委正确领导的结果，是市政府大力支持的结果，是市政协各参加单位、广大政协委员和社会各界通力协作、团结奋斗的结果。在此，我代表七届政协常委会，向长期以来关心、重视和支持政协工作的龙泉市委、市人大、市政府和社会各界人士表示衷心的感谢！向为市政协工作付出辛勤努力的全体委员和民主党派、各人民团体、各族各界人士致以崇高的敬意！

主要经验和体会

五年的工作实践，使我们加深了对新时期人民政协事业发展规律的认识，也为今后工作积累了一些有益的经验，主要体会是

一、坚持党的领导是做好政协工作的根本保证。人民政协事业是党的事业的重要组成部分，政协履行职能必须坚持党的领导。五年来，中共龙泉市委高度重视支持人民政协工作，把政协工作纳入党委政府工作全局进行部署和推进，并形成制度予以规范，为政协开展工作提供坚强的政治保证。市政协始终以积极主动的姿态，自觉拥护市委的核心领导，维护市四套班子的团结，对政协工作中的重大问题、重要事项，及时向市委请示，向市政府通报，认真完成市委、市政府交给的任务，切实发挥好职能作用。五年来的实践证明，只有坚持中国共产党的领导，人民政协工作才能保持正确的政治方向，人民政协事业才能不断发展。

二、坚持服务发展是做好政协工作的基本方向。五年来，我们坚持从中央和省委的重大战略决策中理解大局，从市委市政府的中心工作中把握大局，始终把推动科学发展和促进社会和谐作为履职的重点，紧紧围绕具有综合性、全局性、前瞻性且政协有条件、有优势做的课题，深入开展调研视察，精心组织专题协商，为市委市政府科学决策提供了许多有价值的意见建议，为加快发展作出了积极贡献。实践证明，只有坚持围绕中心、服务大局，政协工作才能形成推动力和影响力，人民政协才能有所作为。

三、坚持团结和民主两大主题是做好政协工作的根本要求。七届政协充分发挥政协组织联系面广、包容性强、位置超脱、人才荟萃的特点和优势，不断壮大最广泛的爱国统一战线。在各种会议和活动中营造宽松、民主、和谐的氛围，为党派团体和各族各界人士参政议政创造良好条件，使各方面的意见建议和利益诉求有畅通的渠道、合适的场所充分表达，政协工作氛围融洽。实践证明，只有在党的领导下实行广泛的团结和民主，人民政协的独特优势和作用才能得到充分发挥。

四、坚持履职为民是政协工作的

市政协八届一次会议会场　　毛明库　提供

出发点和落脚点。全心全意为人民服务是我们党的根本宗旨，始终坚持关注和改善民生，是人民政协实践宗旨的具体体现。几年来，常委会坚持把重大民生问题作为政治协商的重点议题，把群众反映强烈的民生问题作为民主监督的重要内容，把关注民生作为参政议政的重要领域，在履行职能中服务民生。实践证明，只有坚持体察民情，倾听民声，反映民意，才能更好地发挥政协优势和履职特点，在促进社会和谐稳定上发挥更加积极的作用。

五、坚持开拓创新是促进政协事业发展的强大动力。五年来，我们不拘泥于既成的惯例，不满足于已有的经验，不断探索和实践，把注重实效、勇于创新贯穿于政协工作的全过程，推进履职思路、工作机制和工作方式的创新，进一步激发委员的主体意识，政协工作活力不断增强。实践证明，只有坚持解放思想、开拓创新，人民政协工作才能保持蓬勃生机与旺盛活力，才能在实践中不断丰富和发展。

五年来，七届政协各项工作取得了明显成效，积累了一些经验，在肯定成绩的同时，我们也应当看到，政协工作与新形势新任务的要求和社会各界的期望还有一定差距，比如：政治协商和民主监督的实效有待进一步提高；履行职能的“三化”建设还有很大空间；民主党派、无党派人士在政协发挥作用的领域还有待进一步拓宽；委员的主体作用还有待进一步发挥等等，这些都需要在今后的实践中积极探索、认真研究、不断改进。

今后五年的工作建议

今后五年，是我市全力实施“十二五”规划，加快建设区域中心和实现全面小康的关键时期。做好今后五年的政协工作，责任重大，使命光荣。八届市政协工作的指导思想和总体目标是：高举中国特色社会主义伟大旗帜，以科学发展观为统领，紧紧围绕市第十三次党代会提出的目标任务，牢牢把握团结和民主两大主题，认真履行政治协商、民主监督、参政议政职能，切实发挥协调关系、汇聚力量、建言献策、服务大局的重要作用，为推进绿色崛起，加快科学跨越，奋力打造“活力龙　幸福泉”作出新的贡献。

八届市政协应着力抓好以下几方面的工作：

一、坚定正确方向，在推进民主政治建设上有新贡献

要继续认真学习中国特色社会主义理论体系，学习贯彻胡锦涛总书记在庆祝人民政协成立60周年大会上的重要讲话精神，深刻领会、全面把握即将召开的中共十八大精神，不断深化对新时期人民政协使命和责任的认识，自觉把党的基本理论、基本路线、基本纲领、基本经验贯彻落实到政协工作中，倍加珍惜、自觉维护中国共产党领导的多党合作和政治协商制度，充分发挥政协优势，切实调动各方面的积极性和创造性，形成推动龙泉加快发展的强大合力。

二、增强大局意识，在促进科学发展上有新作为

要进一步强化发展意识，紧扣我市“十二五”发展主题、主线和目标任务，把推动科学发展摆在履行职能的首要位置，围绕“生态立市、工业强市、旅游兴市”战略目标，围绕转变经济增长方式，加快推进新型工业化、新型城镇化、农业现代化发展等重大问题，深入调查研究，积极参政议政，为推动科学发展建言献策。要找准履行职能的切入点和着力点，紧紧围绕发展现代服务业、城市建设与管理、旅游产业培育、统筹城乡发展、推动文化大发展大繁荣等综合性、全局性的问题，精选协商议题，认真开展调研视察，积极提出对策建议，为党政科学民主决策服务。

三、坚持履职为民，在服务民生改善上有新突破

要牢固树立人民政协为人民的理念，把改善民生作为为民履职、促进和谐的切入点，把服务和改善民生的触角延伸到社会生活的方方面面，围绕就业、医疗、教育等攸关人民群众生活和社会发展的问题，开展咨政建言活动；要探索具有政协特点的利益协调机制、诉求表达机制、矛盾调处机制和权益保障机制，围绕推进社会矛盾化解、创新社会管理的要求，不断扩大公民有序政治参与，积极协助党委政府做好惠民生、谋民利、解民忧、化民怨的工作，努力营造和谐稳定的社会环境。

四、服务文化强市，在推动文化发展繁荣上有新举措

要充分发挥人民政协在传承历史、光大中华优秀文化和用社会主义核心价值体系引领社会思潮的独特作用，推动社会主义核心价值体系建设，不断巩固各党派团体、各族各界人士团结奋斗的共同思想基础。要把深化文化体制改革、推动文化发展繁荣作为政协履职的重要任务，重点围绕青瓷、宝剑、香菇等传统文化的传承保护和弘扬，以及文化体制改革、公共文化服务体系建设、文化产业发展等方面，精心选题开展调研，形成有价值有分量的意见和建议，为党委政府决策提供参考。要把文化事业和文化产业的发展、人民群众的文化诉求等作为提案、反映社情民意的重点之一。要广泛动员社会力量，按照"广征博采、精选精编"的要求，进一步挖掘与整理地方文史资料。

五、努力协调关系，在实现广泛团结上有新进展

要充分发挥政协具有广泛代表性和巨大包容性的优势，切实加强同民主党派、工商联、各人民团体和无党派人士等各方面人士，包括新的社会阶层人士的联系，积极宣传市委、市政府的决策意图，协调各阶层利益关系，进一步促进政党关系、民族关系、宗教关系、阶层关系和海内外同胞关系的和谐，不断壮大爱国统一战线。要积极开展宽领域、多层次的对内联谊和对外交流活动，继续加强与外省市及兄弟县市政协的友好交往，增进感情，扩大共识，努力营造我市科学发展良好的内外环境。

六、坚持求真务实，在加强政协自身建设上有新开拓

要结合实际，探索改进规范政治协商程序，完善民主监督机制，不断提高参政议政实效。要加强委员队伍建设，进一步健全教育、培训、管理、考核、激励机制，更好地发挥委员的主体作用，提升委员综合素质和参政议政能力，提升政协履行职能的整体水平。要进一步发挥好各专委会、联络组的基础作用，创新履职途径和方式，为委员知情明政、履行职能创造良好条件。要进一步加强政协机关的思想、作风、组织和制度建设，不断提高干部队伍整体素质，为政协更好地履职提供保障、做好服务。

各位委员：七届市政协已经完成了历史使命，八届市政协将承担起新的历史责任，开辟我市政协工作崭新的未来。展望"十二五"，龙泉发展前途光明，人民政协大有作为！我们相信，八届市政协一定能够承前启后、继往开来，在中共龙泉市委的坚强领导下，团结一致，开拓进取，为开创人民政协事业新局面，实现龙泉经济社会发展新跨越做出更大的贡献！

专　辑

剑瓷龙泉　跨越千年的魅力

——中国龙泉青瓷·龙泉宝剑节综述

龙泉，是浙江省历史文化名城，因剑得名，凭瓷生辉，山是江浙之巅，水为三江之源，生态全国领先，剑瓷世界驰名。龙泉是著名的中国青瓷之都、中国宝剑之邦、中华灵芝第一乡和世界人工栽培香菇发源地。

龙泉因剑得名。龙泉宝剑历史悠久，驰名中外。春秋战国时期，欧冶子于龙泉秦溪山麓作剑三枚，曰：“龙渊”“泰阿”“工布”。龙泉原名龙渊，因剑而得名，唐代因避唐高祖李渊讳，改名龙泉。龙泉宝剑由此名扬天下，“龙泉”亦成为宝剑之代名。自欧冶子之后，龙泉铸剑技术递代相传，逐步形成“坚韧锋利、刚柔并寓、寒光逼人、纹饰巧致”四大特色。作为传统工艺品中的一朵奇葩，龙泉宝剑一直为历代所传颂，“美玉生磐石，宝剑出龙泉”“宁知草间人，腰下有龙泉”等诗句至今为人们所乐道。

龙泉青瓷传统烧制技艺入选人类非物质文化遗产代表作名录证书

潘世国　提供

龙泉宝剑自铸剑鼻祖欧冶子创制至今，已经历了2600多年的漫长岁月，当代龙泉的铸剑师们继承和发扬欧冶子铸剑传统技艺，以其精湛的技艺，重塑了辉煌。龙泉宝剑曾为毛泽东、邓小平、杨尚昆等党和国家领导人及世界各国各界名人收藏，作为国礼赠送美国总统尼克松、俄罗斯总统普京等外国首脑或国际友人。2003年，龙泉市凭借龙泉宝剑被中国工艺美术协会授予“中国宝剑之乡”的地域特色称号。2006年，龙泉宝剑锻造技艺入选首批国家级非物质文化遗产代表作名录。2009年，启动了龙泉宝剑锻制技艺申报联合国人类非物质文化遗产工作。

龙泉凭瓷生辉。著名历史地理学家陈桥驿称：“在全省，甚至在全国，龙泉是不同凡响的县份。一千多年以来，就是这个县份，以它品质优异的大量青瓷器，在世界各地换回了巨额财富，赢得了莫大的荣誉。而龙泉一名，也就由此而传遍天下。”龙泉青瓷始于三国两晋，盛于宋元，中兴于当代，是中华民族艺术百花园中的一朵奇葩，也是中国瓷器史上一颗灿亮的“瓷国明珠”。龙泉青瓷以清澈如秋空，宁静似深海的“哥、弟”窑瓷器享誉海内外，历代行销全国各地及供宫廷御用，并从宋代开始远销亚、非、欧等地，故有“海上丝绸之路从龙泉开始”之称。哥窑制作精细，紫口铁足，黑胎开片，釉色莹润，与官、汝、定、钧并称宋代五大名窑；弟窑白胎不开片，以如玉的粉青、梅子青厚釉闻名遐迩。

在1700多年的递代相传过程中，龙泉青瓷形成青瓷配釉、厚釉装饰、青瓷烧成和开片控制四大独特技艺，既将青瓷传统烧制技艺推向巅峰，又使其成为中国乃至世界陶瓷史上烧制年代最长、窑址分布最广、产品质量要求最高、生产规模和外销范围最大的历史名窑。2003年，龙泉被中国工艺美术协会授予“中国青瓷之都"称号;2006年,龙泉青瓷传统烧制技艺被列入首批国家级非物质文化遗产保护名录;2009年,龙泉青瓷传统烧制技艺成功入选联合国人类非物质文化遗产代表作名录,成为全球迄今为止唯一入选的陶瓷类项目;2011年,"龙泉青瓷"证明商标被国家工商总局商标局认定为中国驰名商标。龙泉青瓷已成为中国乃至世界认识龙泉的金名片。

为充分传承和发展龙泉青瓷和龙泉宝剑这两大历史文化瑰宝,龙泉市委、市政府通过举办高规格、高品位、高质量的"中国龙泉青瓷·龙泉宝剑节"活动来进一步弘扬剑瓷文化,做大剑瓷产业,展示剑瓷风采。青瓷宝剑节成为彰显龙泉魅力的成功盛会,扩大了龙泉在国内外的知名度和影响力,成为龙泉一张亮丽的城市名片。

中国龙泉青瓷·龙泉宝剑节秉承"文化搭台,经济唱戏"的办节宗旨,以"推进绿色崛起,加快科学跨越"为主题,坚持节庆"国际化、专业化、市场化、品牌化"方向,努力扩大龙泉知名度、美誉度、开放度,打造剑瓷文化高端品牌,塑造物质富裕精神富有的"活力龙 幸福泉"新形象。

2002年10月,举办了"全国第七届陶瓷艺术设计创新评比大会暨首届龙泉青瓷节",奠定了龙泉"中国青瓷之都"的历史地位。

2007年,是周恩来总理指示恢复龙泉青瓷生产50周年,中国著名陶瓷学家、考古学家陈万里先生诞辰115周年,龙泉青瓷烧制技艺和龙泉宝剑锻制技艺双双于2006年被国务院公布为首批国家级非物质文化遗产代表作,龙泉青瓷、龙泉宝剑遇上了前所未有的发展机遇。第二届中国龙泉青瓷·龙泉宝剑节邀请八大窑系陶瓷大师专家、陈万里亲属、国际陶协等700余人齐聚龙泉,共同谋划中兴龙泉青瓷,发表了《龙泉宣言》,确定了龙泉青瓷在陶瓷界的重要地位。从这一届起,节庆定名为"中国龙泉青瓷·龙泉宝剑节",以后每年举办一届,节庆活动逐步走向常态化和品牌化。

2008年9月,中国龙泉青瓷·龙泉宝剑节被浙江省文化厅公布为全省重点扶持的十八个文化节庆活动之一,龙泉青瓷传统烧制技艺通过国家文化部非物质文化申报中心的审定,上报至联合国教科文组织申报"人类非物质文化遗产代表作名录"。2008年11月,第三届中国龙泉青瓷·龙泉宝剑节继续举办,在国内外持续扩大影响。海峡两岸刀剑传人齐聚龙泉共祭剑祖欧冶子,突显了龙泉作为中华宝剑文化之根的地位。节庆效应逐渐放大,经济效益逐步显现,剑瓷品牌逐步打响。

2009年9月30日,龙泉青瓷传统烧制技艺被正式批准列入人类非物质文化遗产代表作名录,成为全球第一也是唯一入选的陶瓷类项目,又恰逢龙泉置县1250周年,可谓"千年龙泉千禧来"。2009年12月18—20日,龙泉置县1250周年庆祝大会、龙泉青瓷传统烧制技艺入选人类非遗庆祝大会、第四届中国龙泉青瓷·龙泉宝剑节成功举办。国内外嘉宾云集,龙泉市内各界观礼代表2000余

2008年11月28日,第三届中国龙泉青瓷·龙泉宝剑节开幕式　　季金强　提供

2009年12月19日,第四届中国龙泉青瓷·龙泉宝剑节开幕式　　郑本成　提供

2010年11月15日，第五届中国龙泉青瓷·龙泉宝剑节开幕式　　郑本成　提供

2012年第七届中国龙泉青瓷·龙泉宝剑文化旅游节剑祖欧冶子公祭活动

吴向东　提供

人共同见证了“双庆一节”千年庆典及《龙泉国际民间艺术大巡游》。全国政协副主席张梅颖宣布开幕，省委书记赵洪祝发来贺电。本次节庆办节规模之大、活动内容之精彩、百姓参与程度之广、节庆影响力之强，均创历届之最。龙泉市节庆活动也实现了从组合式活动向主题性活动的转变，从内向性活动至开放性活动的过渡，从政府节庆活动向品牌文化活动的提升。

2010年11月15—17日，龙泉撤县设市20周年庆祝大会暨第五届中国龙泉青瓷·龙泉宝剑节，以剑瓷文化在上海世博会上成功亮相，与杭州西博办建立长期合作会展关系、成为西博会分会场为背景。由300多名本土演员倾情演绎的大型音乐舞蹈史诗《剑风·瓷韵·龙泉人》为各界来宾和龙泉市民送上了一场丰盛的视觉盛宴。国际陶协主席珍妮特率领的18个国家的51名国际陶瓷大师前来参加盛会，并对龙泉青瓷良好的传承和发展给予了高度评价。

2011年11月16—19日，第六届中国龙泉青瓷·龙泉宝剑节暨中国古陶瓷学会2011年年会成功举办。本次节庆的重头戏“中国古陶瓷学会2011年年会暨龙泉窑学术研讨会”的成功召开，对于深入研究龙泉窑的历史发展，进一步扩大龙泉窑的学术影响发挥了重要作用。本届节庆实行展览、会议、活动“三大”板块并举，北京、杭州、龙泉三地联动，在全国近400个参评节庆中脱颖而出，荣获2011“优秀民族节庆”之“最具创新价值节庆”，真正实现了由地域旅游节庆向国内知名旅游综合节会的成功跨越。

2012年11月16—18日，第七届中国龙泉青瓷·龙泉宝剑文化旅游节暨绿色中国行——走进龙泉活动举行。节庆的18个活动项目竞相演绎剑瓷魅力文章，龙泉黑胎青瓷与哥窑论证会上“哥窑在龙泉”的论证会结果，为理清古文献所述的“哥窑”产品与龙泉窑黑胎青瓷的关系，提供了强有力的声音。中韩陶艺交流加深了两国陶艺家之间的友谊。青瓷产业发展论坛、旅游推介和特色商品展赢得了广泛关注。

龙泉市自2007年以来坚持每年办节，年年有主题，届届有创新，成效一届比一届好，在国内外陶瓷界和刀剑界具有较强的影响力，成为龙泉文化软实力的综合体现。节庆的成功举办，不仅推进了龙泉剑瓷产业的快速发展，而且营销了城市品牌、提升了区域竞争力，同时也历练了干部队伍，建立了一套行之有效的办节工作机制。青瓷宝剑节逐渐成为全世界陶瓷和刀剑产业一个信息互通、人文交流、人才互访、技艺共商的重要平台。

今后，中国龙泉青瓷·龙泉宝剑节将继续本着深入落实“剑瓷为媒、文化搭台、经济唱戏”的办节宗旨，坚持“方向国际化、办节区域化、造势立体化、主体多元化、品牌高端化”的办节方向，采取“政府主导、企业主体、协会运作、品牌带动”的办节模式。龙泉青瓷宝剑节将以更加宽阔的视野拓展办节空间，不断创新，提升节庆层次，加强节庆合作，向打造全国经典节庆目标大步迈进！

大 事 记

2008 年

1 月 7 日，龙泉市党史方志工作会议暨《龙泉市志》编纂动员会召开。

1 月 9—10 日，浙江省副省长盛昌黎到龙泉考察调研教育、卫生等工作。

1 月 9—10 日，丽水市委副书记、市长陈荣高率丽水市党风廉政建设和“作风建设年”活动检查组到龙泉检查指导工作。

1 月 14 日，龙泉市召开中共十七大精神主题宣传教育动员大会。

1 月 18 日，中共龙泉市委十二届四次全体(扩大)会议召开。会议深入学习贯彻党的十七大、省第十二次党代会和丽水市委二届八次全会精神，回顾 2007 年工作，部署 2008 年工作，动员和组织全市各级党组织和广大党员干部群众，创业创新，实干苦干，全面加快创造美好新龙泉步伐。市委书记赵建林作工作报告，市委副书记、市长梁忆南主持会议。

1 月 21 日，龙泉市举行重建华严塔奠基仪式。

1 月 22 日，在第十届大世界基尼斯颁奖晚会上，龙泉市“万人舞剑”活动获得第十届大世界基尼斯最佳项目奖。

1 月 30 日，龙泉市卫生局暨疾控中心大楼建成并投入使用。该大楼位于龙翔路北段，总建筑面积 3500 平方米，总投资 884 万元。

2 月 13 日，一个月来，龙泉市遭受历史上罕见的严重冰冻灾害。多个乡镇受灾，直接经济损失 21458 万元。

2 月 18 日，龙泉市召开全市三级干部大会。市委书记赵建林作题为《全面加快创造美好新龙泉步伐》的工作报告，市委副书记、市长梁忆南主持会议。

2 月 22 日，丽水出入境检验检疫局龙泉检测中心开工建设。该工程位于剑川大道西侧，占地面积 6903 平方米，建筑面积 4270 平方米。

3 月 10—13 日，中国人民政治协商会议第七届龙泉市委员会第二次会议召开。丽水市政协主席施基城到会祝贺。邵戎汛作政协常委会工作报告，包建平作提案工作情况报告。

3 月 11—14 日，龙泉市第十四届人民代表大会第二次会议召开。梁忆南代表市人民政府作《政府工作报告》，钟鸣代表市人大常委会作《市人大常委会工作报告》。大会补选诸葛春杰、周池梅为市人大常委会委员。

3 月 17—25 日，龙泉市开展“力创生态业，再创好龙泉”十七大精神主题宣传教育活动。

3 月 27 日，浙江省政府党组成员、省经贸委主任汤黎路一行到龙泉市调研经贸工作。

4 月 7 日，浙江省林业厅厅长楼国华到八都镇白水村蹲点调研。

4 月 10 日，浙江省副省长王建满到龙泉调研交通工作。

4 月 17 日，龙泉市食用菌协会成立。

4 月 18 日，丽水市第二批劳动模范和模范集体评选结果揭晓。岩樟乡民政助理员周生佑、龙泉市科技局干部叶圣益、龙泉市中等职业学校校长季虹、龙泉市公安局交警大队民警黄连银、浙江龙声工艺玩具有限公司董事长叶志明以及龙泉市育才学校、龙泉市工商局注册分局等个人和单位榜上有名。

4 月 24 日，浙江省委书记、省人大常委会主任赵洪祝，在省委常委、秘书长李强，丽水市委书记、市长陈荣高，丽水市委常委、秘书长王昌荣等陪同下，到龙泉市就改善民生和欠发达地区加快发展问题进行调研。

4 月 24 日，第二届中国休闲经济发展论坛暨 2008 中国休闲产业十佳系列品牌颁奖盛典在全国政协礼堂举行，龙泉市获得“中国生态旅游最具魅力城市”称号。

4 月 25 日，景宁渤海一棵古樟树移植西街街道宫头村西独线 2 号桥桥头地块。

4 月 25 日，龙泉市安豫线大赛至豫樟桥段公路改建工程顺利通过竣工验收，并被评为优良工程。该项目于

2003年5月开工，总投资1319万元。

4月25—28日，第四届中国•宁波国际茶文化节暨第三届浙江绿茶博览会在宁波国际会展中心举行。龙泉市选送的“凤阳春”“白天鹅”两大茶叶品牌获得第三届浙江绿茶博览会金奖。

4月29—30日，龙泉市科学技术协会第五次代表大会召开。叶志光当选主席。

4月30日，全市农村工作会议召开。全面总结新农村建设取得的成绩，部署2008年农村工作任务。

5月4日，龙泉市创建省级文明城市动员大会召开。

5月5—6日，原中央政治局委员、国务院副总理曾培炎到龙泉视察工作。

5月10日，龙泉市作家协会第五次代表大会召开。

5月17日，龙泉市第七届政协委员、浙江晨光食品公司董事长叶桂花作为龙泉市唯一奥运火炬手在温州市参加了奥运火炬接力传递活动。

5月19日，浙江省委常委、政法委书记、公安厅长王辉忠到龙泉调研。

5月23日，全市工业大会召开。深入分析工业发展形势，围绕“6668”工业计划，部署“工业提速”工作。

5月25日夜12时许，小梅镇突遭罕见特大暴雨袭击，造成13个村受灾，其中骆庄村受灾最为严重。灾害造成房屋整体倒塌1户、部分倒塌17户。

6月6日，浙江省政协主席周国富带领省政协“建设山上浙江”课题组到龙泉调研，省政协常务副主席、省委统战部部长楼阳生参加调研。

6月9日，龙泉市第四届端午龙舟赛举行。参加比赛共有龙渊、西街、剑池3个街道和道太乡龙舟协会的10支代表队参赛。二村代表队夺得桂冠，三村、九村代表队分获二、三名。

6月19日，龙泉市老年艺术团在参加国家文化部举办的“夕阳秀——全国第七届中老年艺术展演”中获菊花金奖。

6月20—21日，浙江大学校友总会副会长、美国旧金山市原副市长李摩西，日本浙大校友会名誉会长、立命馆孔子学院院长周玮生，日本浙大校友会常务副会长吴志武，日本浙大校友会副会长兼秘书长胡洌波，日本关西在职中国人交流协会会长于柏林等组成的日本浙大校友访问团一行到龙泉访问。其间，龙泉市政府聘请李摩西先生为经济顾问。

6月26日，龙泉市十四届人大常委会第九次会议召开，决定任命王奎泉为龙泉市人民政府副市长。

6月30日，经浙江省高级工艺美术师资格评审委员会评审，龙泉市廖秀珍、夏侯辉、毛丹阳、毛伟杰、毛一珍、朱建林等6位青瓷、宝剑专业技术人员取得高级工艺美术师资格。

7月1日，龙泉市直机关举办了“飘扬的旗帜”庆“七一”革命歌曲大联唱活动。

7月3日，龙泉市将永庆桥、济川桥、遂龙桥、济恩桥、合兴桥、福善桥、白水桥、宝车桥、坤德桥、双溪桥等10座廊桥定为第四批龙泉市文物保护单位。

7月14日，浙江大学党委书记张曦一行到龙泉实地考察市校合作项目。

7月16—17日，浙江省委常委、宣传部长黄坤明到龙泉就文化建设进行调研，并面对面听取群众意见，帮助群众排忧解难。

7月20日，龙泉市摄影家协会第四次代表大会召开。邵戍汛当选主席。

7月23日，中共龙泉市委十二届五次全体(扩大)会议暨十四届政府第二次全体(扩大)会议召开。市委书记赵建林作工作报告，市委副书记、市长梁忆南主持会议。

8月6日，浙江省委副秘书长、省直机关工委书记吕毅强一行到龙泉调研。

8月9日，龙泉一中首届赴韩国学生访问团赴韩国康津郡，进行为期七天的友好访问。

8月8—9日，水利部农电局处长樊新中、副处长莫荣新及河海大学、浙江工业大学、清华大学、浙江同济科技职业学院的教授专家，就龙泉市水资源开发生态补偿机制情况进行调研，并重点考察了岩樟溪流域的水电开发情况。

8月15日，龙泉市8个项目入选丽水第二批非物质文化遗产名录，分别是：龙泉窑传说、开天门、灵芝栽培技术、黄粿制作技艺、项边村中秋迎稻草龙习俗、昴山佛教文化、炼火、菇民防身术。

8月19日，由龙泉市金福茶业公司、阳光农业公司分别选送的“必福牌”“安和牌”龙泉金观音茶，在第七届国际名茶评比中均获金奖。

10月17日，龙泉市浙江大学校友会成立，梁忆南当选会长，聘请李摩西任名誉会长，赵建林、杨将新为顾问。

10月28日，龙泉市十四届人大常委会第十一次会议召开。决定红豆树(花梨木)为龙泉市市树。

10月28日，水利部水资源司司长高而坤到龙泉考察瓯江上游龙泉溪水生态保护与修复情况。

11月3日，龙泉市与康津郡缔结友好城市关系协议书签字交换仪式在韩国康津郡举行。

11月5日，市人民公园建设工程正式破土动工。公园占地88亩，一期工程为公共建筑和公园，总投资1.3亿元，总建筑面积2.84万平方米。

11月7日，龙泉市青瓷企业家、浙江天丰陶瓷有限公司梅红玲获得十佳“浙商女杰”称号。

11月13—14日，浙江省副省长钟山到龙泉调研民族工作。

11月25日，53省道龙泉城区段改建工程开工。53省道龙泉至八都段改建工程路线总长16.9公里，总投资3.56亿元。

11月26日，龙泉青瓷文化创意基地大师园开工建设。

11月28—30日，由上海文汇报社、浙江省经贸委、浙江省文化厅、浙江省旅游局主办，龙泉市委、市政府承办的第三届中国龙泉青瓷·龙泉宝剑节举行。浙江省政协副主席盛昌黎，中央党校原教育长、全国政协委员李兴山，中国工艺美术学会理事长杨自鹏，中国轻工业联合会副会长、中国陶瓷工业协会名誉理事长秦锡麟，原美国旧金山市副市长、现浙江大学校友总会副会长李摩西，中国产业发展促进会秘书长袁铎音，国务院办公厅行政司副司长王胜利，中国陶瓷工业协会副理事长付维杰，上海文汇报副总编汪澜，省经贸委副主任杜世源，省文化厅副厅长陈瑶，省旅游局副局长许澎，丽水市领导陈荣高、焦光华、虞红鸣、吴永水等参加了有关活动。其间举办了开幕式、欧冶子铜像揭幕、宝剑欧冶子圣祖公祭、中国龙泉宝剑城奠基、国宝青瓷回乡展暨龙泉青瓷精品展、经贸洽谈签约和市校合作签约等活动。

12月30日，严山至安民沿线康庄公路全线贯通。

12月30日，龙泉市文学艺术界联合会第四次代表大会召开。王振春当选主席。

12月31日，龙泉市改革开放三十周年成就展在龙泉市档案馆开展。

2009年

1月16日，龙泉市党政代表团访问浙江大学。浙江大学党委书记张曦，中科院院士、浙江大学校长杨卫，浙江大学党委常务副书记陈子辰等会见了市党政代表团，龙泉市领导赵建林、梁忆南、钟鸣、邵戊汛、季柏林等出席。

2月2日，岩樟溪饮用水引水工程开工仪式举行。

2月2日，国家旅游局正式批准龙泉山旅游区为国家AAAA级旅游景区，标志着龙泉市首个国家AAAA级旅游景区诞生。

2月6日，龙泉市三级干部大会在市行政中心召开。市委书记赵建林作题为《全力提升创造美好新龙泉新水平》的主题报告，市委副书记、市长梁忆南主持会议。

2月18日，龙泉市砩矿有限责任公司利用股权质押，顺利从工商银行龙泉市支行贷得企业发展资金300万元，成为龙泉市首笔股权抵押贷款。

2月24日，丽水出入境检验检疫局龙泉办事处正式开检启用。

3月4日，龙泉市举行来料加工技术比武，各乡镇(街道)及加工服务站代表队的216名选手参加了比赛。

3月6日，龙泉市纪委十二届四次全体(扩大)会议召开。

3月9日，龙泉市公安局新办公大楼落成启用，举行了升国旗仪式。

3月10—13日，中国人民政治协商会议第七届龙泉市委员会第三次会议召开。邵戊汛代表市政协常委会作工作报告。

3月11—13日，龙泉市第十四届人民代表大会第三次会议召开。梁忆南代表龙泉市人民政府作《政府工作报告》。

3月17日，龙泉市深入学习实践科学发展观活动动员大会召开。

3月，龙泉市被中国食用菌协会授予全国十大食用菌生产基地县(市)。

3月21—22日，由中国食用菌协会、浙江省农业厅、丽水市人民政府主办，中共龙泉市委、龙泉市人民政府、中国食用菌商务网、食用菌市场杂志承办的全国第八届食用菌新产品新技术展销会暨中国食用菌产业发展（龙泉）论坛在龙泉市举行。浙江省人大常委会副主任程渭山，国家发改委农经司副司长方言，中国食用菌协会常务副会长陆解人，国际蕈菌生物技术服务中心主任、世界蕈菌生物学及其产品学会副主席张树庭，浙江省农业厅副厅长冯一鹤，浙江省林业厅副厅长邢最荣，浙江省供销社副主任周加洪，丽水市委副书记虞红鸣，丽水市人大常委会副主任张春法，丽水市副市长金建新，丽水市政协副主席陈翠仙等出席有关活动。其间举行了开幕式，食用菌新产品新技术展销会，浙闽赣食用菌交易中心开业暨何澹塑像揭幕仪式，食用菌农林项目、农产品营销对接会暨招商引资项目签约仪式，香菇、木耳、灵芝生产加工技术研讨会，香菇博物馆历史文化研讨会等活动。

4月10日，丽水市毛竹(笋)王擂台赛暨生态文化活动在上垟镇小黄南村举行。“丽水市毛竹王”是龙泉市八都镇小窖村邱振宝的毛竹，其毛竹胸围为59厘米。

4月19日，龙泉金观音茶文化研讨暨龙泉文化研究会成立。

4月28—29日，由中国人民银行、财政部、银监会、保监会、林业局五部门联合召开的全国金融支持集体林权制度改革与林业发展现场会在龙泉召开。中国人民银行副行长刘士余主持会议，国家林业局副局长祝列克、浙江省副省长龚正分别在会上致辞，丽水市委书记陈荣高代表市委、市政府介绍了丽水推进金融、林改合力兴“三农”的经验，中共中央农村工作办公室一组副巡视员陈剑波、财政部金融司司长孙晓霞、银监会合作金融监管部副主任姜丽明，以及丽水市领导虞红鸣、沈仁康、金建新等出席会议。

4月29日，浙江省副省长龚正在省政府副秘书长夏海伟、省林业厅厅长楼国华、省旅游局局长赵金勇、丽水市副市长梁细弟等陪同下，对龙泉市旅游资源进行考察。

5月9日，国家工商行政管理总局局长周伯华到龙泉考察。

5月13日，纪念龙泉解放60周年升国旗仪式在市行政中心广场举行。

5月16日，龙泉市实施首次人工增雨。

5月23日，龙泉市森林消防指挥中心正式落成启用。总占地面积8000平方米，建筑面积6561平方米，高8层。大楼于2007年动工兴建，总投资2200多万元。

5月24—25日，中国国家画院院长杨晓阳在西安美院副院长郭线庐、浙江省艺术品行业协会副会长周岳平的陪同下，到龙泉考察龙泉青瓷文化发展。

5月26—30日，在香港特别行政区举办的全国中老年第九届艺术节舞蹈大赛上，龙泉市老年艺术团参赛的舞蹈节目“瓷韵”夺得菊花金奖。

5月27日，由西街街道主办的“金龙刀剑杯”2009•龙泉市端午龙舟竞赛活动举行。

6月3日，由丽水市委、市政府组织开展的“五个在丽水”系列评选活动结果揭晓。市莱茵花园荣获“丽水十大生态花苑”称号；龙泉大酒店荣获“丽水十大绿色餐饮”称号；白天鹅山庄荣获“丽水十大休闲山庄”称号；龙泉山旅游区荣获“丽水十大旅游景点”称号；浙江佳和矿业集团董事长兼总裁叶建和荣获“丽水十大创业之星”称号。

6月4—5日，财政部副部长李勇一行5人在浙江省财政厅副厅长罗石林等陪同下到龙泉市考察调研。

6月10日，龙泉市创建省级生态市动员大会召开。

6月20日，2009•中国首届龙泉青瓷艺术珍品评选活动结果揭晓，评选活动新闻通报会暨颁奖仪式在杭州举行。毛正聪的《鱼子炉》和《国色》、徐定昌的《融》，徐朝兴的《跳刀纹菱口碗》，陈爱明的《青瓷粉青弦纹瓶》和《粉青弦纹瓶》，夏侯文的《年年有余珍珠瓶》，张绍斌的《天问》，卢伟孙的《云水天》，毛丹阳的《溪山清韵》等10件作品获金奖。

6月25日，龙泉市龙渊、西街、剑池3个街道社区卫生服务中心正式挂牌成立。

6月28日，龙泉市首家引进的股份制商业银行——浙江泰隆商业银行丽水龙泉支行开业。

6月30日，一辆从温州驶往庆元的载有23吨液化石油气的槽罐车坠入查田镇青坑岙村小梅溪，并造成一人受伤。险情发生后，龙泉市有关部门紧急展开施救。因车身过重，为确保起吊安全，采用导出部分石油气点火燃烧以减轻槽罐车车重的技术措施。7月4日中午，该槽罐车被成功起吊转移到安全地带。

7月1—5日，首届中国•浙江工艺美术精品博览会在杭州举行。龙泉青瓷、龙泉宝剑摘得39个金奖。

7月8日，中共丽水市委书记陈荣高到龙泉调研中心镇建设工作。

7月8日，“钱柜杯”龙泉首届电视歌手大奖赛决赛举行，叶克明获冠军、陈杰获亚军、邱作洲获季军，邱张平与杨珊分别获最佳人气奖与形象奖。

7月21日，龙泉市首次发现外来有害生物悬铃木方翅网蝽。

7月24日，龙泉市委十二届七次全体（扩大）会议暨十四届政府第四次全体（扩大）会议召开。市委书记赵建林作工作报告，市委副书记、市长梁忆南主持会议。

8月10日，台风“莫拉克”给龙泉造成灾害。受灾人口3.5万人，紧急转移安置人员2560人，房屋倒塌45间，造成直接经济损失5113万元。受灾较严重的是龙南、屏南、安仁、兰巨等7个乡镇。

8月28日，浙江大学和龙泉市委、市政府联合举办的纪念浙江大学在龙泉办学70周年大会召开。浙江大学党委书记张曦作讲话，龙泉市委书记赵建林致辞，浙大党委常务副书记陈子辰主持大会。

8月28日，竺可桢、陈训慈、郑晓沧、路季讷铜像在剑池街道芳野村浙江大学龙泉分校旧址曾家大屋揭幕，同时，浙大主题公园奠基。

8月28日，浙江省政协主席周国富在浙江大学党委书记张曦，省政协副秘书长、办公厅主任郑新浦，省农业厅厅长孙景淼，丽水市委书记陈荣高等陪同下到竹垟畲族乡调研，与畲乡群众和企业家交心访谈，共商山区生态农业的发展。

8月29日，由浙江省政协和浙江大学主办，龙泉市委、市政府和浙江大学地方合作处、浙江大学中国农村发展研究院共同承办的“建设山上浙江、发展山区经济”高峰论坛在龙泉市举行。浙江省委书记赵洪祝发来贺信。浙江省副省长茅临生作书面讲话。浙江省政协主席周国富，省政协副主席冯明光，浙江大学党委书记张曦，中国扶贫基金会会长、原中农办主任段应碧，农业部农村经济研究中心主任宋洪远，国务院发展研究中心农村部副部长徐小青，台湾农村经济学会理事长、中兴大学教授李皇照，丽水市委书记陈荣高，龙泉市委书记赵建林，龙泉市市长梁忆南出席，浙江大学校长杨卫、浙江大学党委常务副书记陈子辰主持。其间，通过《建设“山上浙江”龙泉共识》。

8月29日，中国扶贫基金会会长、原中农办主任段应碧在浙江省农办原副主任、浙江大学特聘教授顾益康等陪同下到龙泉市森兴营造林专业合作社、浙江双益菇业有限公司、南大洋农民公寓、龙泉市金溢牧业公司等地考察。

9月2日，丽水市委书记陈荣高在丽水市委常委、组织部部长林天宁，丽水市委常委、纪委书记朱晨等陪同下，到龙泉就基层组织建设进行调研。

9月3日，东升小学举行乔迁新校园庆典仪式。该新校园占地面积70亩，总投资6998万元，可容纳2400名学生。

9月，《2009年龙泉市创建国家卫生城市工作实施方案》出台，标志着龙泉市创建国家级卫生城市工作正式启动。

9月14—16日，浙江省教育厅厅长刘希平一行5人到龙泉调研考察教育工作。

9月15日，丽水市第二届乡村文化艺术节新农村题材小品大赛在龙泉市电影院举行。龙泉市代表队的《阳光下的水晶心》获得表演一等奖。

9月17日，龙泉市举行华严塔地宫藏宝仪式。20套件青瓷精品、6件宝剑精品、3个版本《华严经》、1座水晶塔、尚存5个版本《龙泉县志》、5幅龙泉市区各时期全景图等被永久封存入地宫。

9月18日，龙泉市首届社区老年人运动会落幕。西新、金乐和清风社区分获团体总分前三名。

9月24日，全市甲型H1N1流感防控工作会议召开。

9月30日，在阿联酋首都阿布扎比召开的联合国教科文组织保护非物质文化遗产政府间委员会第四次会议上，龙泉青瓷传统烧制技艺被列入“人类非物质文化遗产代表作名录”，这是全球第一也是唯一入选的陶瓷类项目。

9月，龙泉市共有5位艺人成为第三批浙江省非物质文化遗产项目代表性传承人，分别是：翁清泉（民间文学类——高机与吴三春传说），赖火林（传统体育、游艺与杂技类——开天门），季大科（传统体育、游艺与杂技类——凳花），叶时木（传统技艺类——香菇砍花技艺），项木松（民俗类——炼火）。

10月24—25日，民盟中央副主席、浙江省政协副主席、民盟省委会主委徐辉率浙江省政协民盟界委员一行7人，在丽水市政协副主席庄志清等陪同下，到龙泉视察教育工作。

10月26日，中国汽车工业协会授予龙泉市“中国汽车（空调）零部件制造基地”称号。

11月11日，丽水市委书记陈荣高到龙泉调研重点项目推进情况，丽水市副市长叶朝丐、丽水市委秘书长毛子荣陪同调研。

11月15日，浙江披云食品股份有限公司所持有的“披云”+ PIYUN商标被认定为中国驰名商标。这是龙泉市继“欧力”地板、“蒋氏”刀剑和“SAECY商讯”电缆之后获得的又一个中国驰名商标，也是龙泉市食品行业获得的首个中国驰名商标。

11月23日，新华社、中央电视台、中新社、香港大公报、中国旅游报、浙江之声、丽水日报、丽水电视台等中央、省、市以及江西广丰、福建浦城、浙江江山和遂昌等浙闽赣边际县市的20余家媒体记者到龙泉采风，感受、宣传龙泉剑瓷文化。

11月24日，龙泉市档案馆成为丽水市首家国家三级综合档案馆。

11月27日，龙泉市城区中心敬老院举行落成开业典礼。

12月2日，浙江省审计厅厅长谢力群在丽水市审计局局长吴利文等陪同下，到龙泉调研审计工作。

12月3日，浙江省副省长茅临生到龙泉调研。丽水市委书记陈荣高等陪同调研。

12月8日，浙江省委常委、纪委书记任泽民到龙泉调研。省纪委副书记洪巨平、丽水市委书记陈荣高等陪同调研。

12月9日，龙泉市通过省森林城市检查验收组的检查验收，标志着龙泉成为丽水市首个浙江省森林城市。

12月18日，“祈福龙泉”华严塔重建落成典礼暨“回望千年”龙泉文化遗产展启动仪式举行。重建后的华严塔框架结构为七层，建筑面积2470平方米，塔身高45.8米，塔刹高16.11米。

12月18—20日，由中国非物质文化遗产保护中心、上海文汇报社、浙江省文化厅、浙江省经信委、浙江省旅游局主办，龙泉市委、市政府承办的龙泉置县1250周年庆典大会、龙泉青瓷传统烧制技艺入选“人类非遗”庆祝大会、第四届中国龙泉青瓷·龙泉宝剑节举行。全国政协副主席张梅颖宣布开幕。浙江省委书记、省人大常委会主任赵洪祝发贺信。浙江省政协副主席徐辉、丽水市委书记陈荣高、联合国教科文组织文化官员卡贝丝、联合国教科文组织文化处官员李江平、国家林业局农村农业改革发展司司长张蕾、国务院办公厅行政司副司长张英华、国家文化部非遗司副司长屈盛瑞、国际陶协常务理事许以祺、中国轻工业协会理事长杨自鹏、中国陶瓷工业协会理事长何天雄、省文化厅厅长杨建新、省经信委副主任王素娥、省旅游局副局长叶建国、丽水市政协主席施基城、中国陶瓷工业协会副理事长傅维杰等参加相关活动。其间，举行了开幕式、龙泉国际民间艺术大巡游、龙泉青瓷传统烧制技艺国际论坛、龙泉宝剑锻制技艺传承与发展研讨会、“浙商龙泉巅峰论剑”、剑祖欧冶子公祭、风味美食节、经贸洽谈和市校合作项目签约等活动。

12 月 19 日，位于剑川大道南段边的新龙泉青瓷博物馆开馆。龙泉青瓷博物馆总建筑面积 10000 多平方米，总投资 1.03 亿元，历时 3 年建成。

12 月 19 日，国家林业局农村林业改革发展司司长张蕾、浙江省林业厅副厅长俞坚向龙泉颁发了“全国农村林业改革发展试验示范基地”牌匾，龙泉市成为全国首个农村林业改革发展试验示范基地。

12 月 24 日，城西下山脱贫小区河阳公寓建设工程开工。该工程总占地面积 49562 平方米，总建筑面积 82496 平方米，共 32 幢。

2010 年

1 月 18 日，龙庆（龙泉—庆元）高速公路正式开工建设。龙庆高速公路主线长 54.8 公里，项目总投资 45.6 亿元。

1 月 22 日，龙泉灵芝顺利通过国家质检部门地理标志产品保护技术审查，成为继龙泉青瓷之后，龙泉市第二个“地理标志保护产品”。

2 月 1 日，中共龙泉市委第十二届八次全体（扩大）会议召开。会议的主要任务是：贯彻落实中共十七届四中全会精神，回顾 2009 年工作，部署 2010 年工作，动员和组织全市各级党组织和广大党员干部群众，积极有为，负重拼搏，进一步开创创造美好新龙泉新局面。市委书记赵建林代表市委常委会作工作报告，市委副书记、市长梁忆南主持会议。

2 月 25 日，龙泉市三级干部大会召开。市委书记赵建林作主题报告，市委副书记季柏林主持会议。

3 月 2—4 日，日本静冈县代表团到龙泉市考察。市委书记赵建林，市委副书记、市长梁忆南亲切会见了静冈县代表团，共同探讨合作发展问题。

3 月 4 日，中共浙江省委副书记夏宝龙到龙泉考察农业农村工作。

3 月 12 日，龙泉市纪委十二届五次全体（扩大）会议召开。

3 月 15 日，龙泉市人民医院迁建工程奠基仪式举行。

3 月 15—18 日，中国人民政治协商会议第七届龙泉市委员会第四次会议召开。邵戌汛代表龙泉市政协常委会作工作报告。会议选举雷丽亚为市政协副主席。

3 月 16—19 日，龙泉市第十四届人民代表大会第四次会议召开。梁忆南代表市人民政府作《政府工作报告》。会议选举苏一中为市人大常委会副主任。

3 月 19 日，国家环境保护部授予龙泉市住龙镇、上垟镇“全国环境优美乡镇”称号。

3 月 22 日，经浙江省文化厅、省旅游局组织有关专家进行讨论评审，龙泉上垟青瓷文化园（龙泉披云青瓷山庄）入选浙江省非物质文化遗产旅游经典景区。

3 月 31 日，在青田县高市乡举行“龙泉林”建成揭碑仪式。龙泉市委副书记、市长梁忆南，青田县委副书记、县长徐光文为“龙泉林”建成揭碑。青田县委书记王通林为“龙泉林”石碑题词。

4 月，国家工商总局商标局对龙泉市蔬菜瓜果产业协会申报的蔬菜水果集体商标“龙泉绿”进行正式注册公告，龙泉市首个集体商标诞生。

4 月 12 日，浙江省人民政府命名龙泉市为第三批省级生态县（市）。

4 月 16 日，畲族“三月三”暨竹垟畲乡风情游活动在竹垟畲族乡罗墩村拉开序幕。

4 月 24 日，浙江省军区司令员傅怡少将在丽水市委常委、军分区司令员程海南等陪同下到龙泉调研人武工作。

4 月 25—26 日，中华全国新闻工作者协会名誉主席、人民日报社原社长邵华泽到龙泉考察，并与徐朝兴、夏侯文、毛正聪三位青瓷界国家级工艺美术大师合作，创作书法艺术与青瓷艺术合璧的作品。

4 月 26 日，全市深入学习实践科学发展观活动总结大会暨组织宣传工作会议召开。

4 月 27 日，龙泉市第十四届人民代表大会常务委员会第二十三次会议决定，任命陈豪为龙泉市人民政府副市长。

5 月 1 日，龙泉市区 1、2 路共 17 辆公交车告别人工售票，实行自行投币。

5 月 4 日，龙泉市青年企业家协会成立。

5 月初，在第二届中国·浙江工艺美术精品博览会上，龙泉青瓷、龙泉宝剑共获得 5 个特等奖、61 个金奖、58 个银奖、90 个铜奖。

5 月 10 日，中央纪委副书记李玉赋，在浙江省纪委副书记王海超，丽水市委书记陈荣高，丽水市委常委、纪委书记朱晨等陪同下，到龙泉调研。

5 月，在上海世博会上，摆放在宝钢大舞台入口处的巨型龙泉宝剑被誉为宝钢大舞台镇馆之宝。这把巨型龙泉宝剑称为“圆梦奥运之剑”，由古艺铸剑厂高级工艺美术师汤汝平制造。剑长 2888 毫米，重 56 公斤，剑身最宽处 140 毫米，钢护手最宽处 380 毫米，经上海大世界基尼斯认定为全国最长最大的宝剑。

5 月 20 日，51 省道遂龙线龙泉段公路改建工程开工典礼在锦溪镇中锦村举行。路线全长 37.87 公里，工程总投资7.45亿元。

5月21日18时至5月23日16时，龙泉市平均降雨量179.6毫米。龙泉市19个乡镇（街道）不同程度受灾。受灾人口9.25万人，直接经济损失超1.9亿元，房屋倒塌464间。

5月26—27日，浙江省水利厅厅长陈川在丽水市水利局局长胡雄光的陪同下，到龙泉指导调研“5•22”特大暴雨灾后重建和基层防汛体系建设工作。

5月31日至6月2日，浙江省老龄委组织浙医二院眼科专家在市人民医院开展“送光明”活动，龙泉市82位白内障患者获得免费治疗。

6月3日，浙江省委组织部副部长、老干部局局长沈敏光一行在丽水市委老干部局局长陈建忠的陪同下，到龙泉市检查指导老干部工作。

6月11日，浙江省国土资源厅厅长楼小东在丽水市委常委、常务副市长沈仁康，丽水市国土资源局局长朱山华等陪同下，到龙泉市调研指导国土资源工作和“5•22”特大暴雨灾后重建工作。

6月16日，由剑池街道主办的“上海大众汽车杯”2010——龙泉市端午龙舟赛活动举行。道太乡代表队夺得桂冠，剑池街道南秦村、龙渊街道二村代表队分获二、三名。

6月17—20日，龙泉市19个乡镇（街道）遭受暴雨洪灾。全市紧急转移人口1.45万人次，12.9万人受灾，5人死亡，1人受伤，倒塌房屋315间，造成直接经济损失2.08亿元。

6月20日，丽水市委书记陈荣高在丽水市委常委、常务副市长沈仁康陪同下到龙泉检查指导防汛抗灾工作。

6月21—22日，由水利部太湖流域管理局副局长、总工程师林泽新等相关部门负责人组成的国家防总工作组到龙泉市检查指导防汛工作。

6月30日，浙江商讯科技有限公司正式更名为商讯控股集团有限公司，标志着龙泉市首家无区域名称企业集团诞生。

6月，《龙泉年鉴(2004—2007)》出版发行。

7月7日，丽水市第三届乡村文化艺术节暨第四届浙闽老区文化节在住龙镇开幕。

7月7—8日，浙江省副省长陈加元在省政府副秘书长施利民到龙泉接待群众来访，听取群众诉求，解决群众实际问题。

7月8日，全国人大常委、民盟中央副主席李重庵一行在浙江省政协副秘书长、民盟省委会副主委徐向东，丽水市人大常委会副主任、民盟市委会主委刘国安等陪同下到龙泉考察。

7月10日，龙泉市重建崇仁寺奠基仪式举行。

7月12日下午1时左右，有近400年历史的稽圣潭塔倒塌。

7月21—22日，浙江省委副书记、省长吕祖善携省委常委、副省长葛慧君，省政府秘书长张鸿铭到连续遭受“5•22”“6•18”特大暴雨重创的龙泉市，看望慰问受灾群众和救灾人员，指导灾后恢复重建工作。

7月26日，龙泉市新闻工作者协会成立。

8月4日，龙庆景毗邻乡村首届香菇文化节在龙南乡下田村开幕。

8月6日，中共龙泉市委十二届九次全体(扩大)会议召开。大会的主要任务是，学习贯彻省委十二届七次全会和丽水市委二届十三次全会精神，总结上半年工作，部署下半年任务，进一步动员全市广大干部群众奋发有为，创造优异成绩。市委书记赵建林作报告，市委副书记、市长梁忆南主持会议。

8月12日，丽水市委书记陈荣高在丽水市委常委、组织部长林天宁，丽水市委常委、宣传部长陈建波，丽水市委常委、秘书长毛子荣，副市长金建新等陪同下，到龙泉市调研创先争优活动暨农村“135”工程工作推进情况。

8月18—19日，由高畑雅一率领的日本川根本町代表团一行七人到龙泉考察，市委书记赵建林，市委副书记、市长梁忆南分别会见了高畑雅一

2010年上海世界博览会上展出的龙泉宝剑　　潘世国　提供

一行。

8月19日，文化部和中国艺术研究院·中国非物质文化遗产保护中心在北京人民大会堂举行中国入选联合国教科文组织非物质文化遗产名录项目颁证仪式。中共中央政治局委员、国务委员刘延东，文化部部长蔡武等领导出席颁证仪式。龙泉市副市长罗诗兰出席了颁证仪式，领到了联合国教科文组织颁发的龙泉青瓷传统烧制技艺入选人类非物质文化遗产名录证书。

8月25日，龙泉市十四届人大常委会第二十五次会议决定，任命姚信为龙泉市人民政府副市长。

8月27—30日，著名作家莫言（管谟业）在浙江省作家协会党组成员、副秘书长王益军，省作家协会副主席、杭州市作家协会主席、诗人嵇亦工等陪同下走进龙泉，观光采风，寻祖问宗，聚焦龙泉。据有关宗谱记载，莫言为龙泉管氏第36代后裔。

9月7日，浙江省“十一五”时期水电农村电气化县建设验收组到龙泉核查验收，一致同意通过验收。

9月，由浙江日报报业集团、省文化厅、省文联、省作协联合举办的“浙江文化名城·新赋”大型文学创作推选活动结果揭晓。龙泉市荣膺“浙江文化名城”称号，叶放的《龙泉赋》获得城市新赋最佳作品奖。

9月15—16日，丽水市首次大型航拍活动——“飞越丽水”摄制组飞抵龙泉拍摄。

9月14—19日，“中国意境——人类非遗龙泉青瓷巴黎展”在法国巴黎杰拉勒（Celal）艺术中心举行，展出了39件龙泉代表性陶瓷艺术家的精美作品。

9月19日，中国食用菌协会授予龙泉市“中国黑木耳之乡”称号。

10月12日，浙江省人民政府公布了全省块状经济向现代产业集群转型升级示范区第二批试点名单，龙泉市汽车空调零部件产业集群名列其中，成为全省第二批21个试点单位之一。

2010年9月14日，中国意境——人类非遗龙泉青瓷巴黎展开幕式在法国巴黎杰拉勒艺术中心举行

10月12日，《龙泉市水利志》出版发行。

10月21日，丽水市委书记陈荣高到龙泉市八都镇调研中心镇建设。

10月27日，中国林产工业协会授予龙泉市“中国竹木户外休闲用品产业基地”称号。

10月29日，龙泉市十四届人大常委会第二十六次会议召开。会议听取和审议了市政府关于岩樟溪水源保护工作情况的报告，并作出《关于岩樟溪饮用水水源保护的决定》。

11月3—4日，浙江省政协主席周国富率驻浙全国政协委员视察团和省政协中共界别活动组到龙泉，就推进生态文明建设情况进行专题视察。

11月6—7日，浙江省旅游局局长赵金勇在丽水市旅游局局长邹培书陪同下到龙泉调研。

11月7—8日，全国政协副主席、台盟中央主席林文漪到龙泉视察龙泉青瓷和龙泉宝剑两大传统技艺的保护和发展情况。浙江省政协副主席盛昌黎，丽水市政协主席虞红鸣等陪同视察。

11月12日，铁道部副部长陆东福率铁道部有关司局、铁道部第四勘察设计院、上海铁路局等单位负责人到龙泉，实地踏勘衢宁铁路线位及站址。

11月14日，“盛世跨越——龙泉撤县设市20周年成就展”开展仪式在市图书馆（新馆）举行。

11月15—17日，由中国非物质文化遗产保护中心、浙江省文化厅、浙江省经济和信息化委员会、浙江省旅游局主办，龙泉市委、市政府承办的龙泉撤县设市20周年庆祝大会暨第五届中国龙泉青瓷·龙泉宝剑节举行。浙江省副省长郑继伟宣布开幕。国际陶协主席珍妮特·曼斯菲尔德，中国陶瓷工业协会理事长何天雄，中国艺术研究院党委副书记、副院长杨化玉，丽水市委书记陈荣高出席开幕式并讲话。中国商业联合会原会长、中国商业企业管理协会会长何济海，宁夏回族自治区党委常委陈二曦，中国工艺美术学会理事长杨自鹏，新华社党组成员许群，国务院办公厅行政司副司长张忠义，民政部行政区划司原司长陈继选，浙江省政府副秘书长马林云，浙大党委常务副书记陈子辰，浙江省发改委副主任、铁路办主任赵彦年，丽水市人大常委会主任焦光华，省经信委副主任王素娥，省文化厅副厅长陈瑶，省旅游局副局长叶建国，中国陶瓷工业协会副理事长付维杰，中国工艺美术学会副会长李红光等出席有关活动。其间，举办了大型音乐舞蹈史诗——《剑风·瓷韵·龙泉人》演出、龙泉青瓷古今精品展、龙泉宝剑博物馆开馆、剑祖欧冶子公祭大典、浙闽赣边际城市特色商品展销会、盛世跨越——龙泉撤县设市20周年成就展、龙泉城市发展论坛、经贸科技项目签约仪式等活动。

11月20—21日，全国人大常委会副委员长华建敏，在浙江省人大常委会副主任王永明，丽水市委书记陈荣高，丽水市人大常委会主任焦光华，丽水市委常委、市委秘书长毛子荣等陪同下到龙泉视察。

11月22日，国家人口和计划生育委员会授予龙泉市“2010年全国计划生育优质服务先进单位”称号。

12月1日，中共中央组织部授予宝溪乡党委“防汛抗洪救灾先进基层党组织”称号。

12月8日，李逸民将军故居修复竣工开放仪式在安仁镇李登村举行。

12月9日，中共龙泉市委作出关于开展向宝溪乡党委、市行政服务中心和孙卫良学习活动的决定。

12月30日，岩樟溪饮用水引水工程建成通水。该工程建设历时20个月，引水管道长4.67公里，工程总投资3000多万元。

12月30日，中华香菇博物馆开工建设。

2011年

1月6日，龙泉市村级组织换届选举工作动员大会召开。

1月6日，丽水市第四批非物质文化遗产名录确定，龙泉市龙泉方言谚语、龙泉青瓷传统龙窑建造技艺、龙泉宝剑祭祖仪式、过油火4项目入选。

1月7日，龙泉市境内的安仁窑址、叶溥故宅、平水王社庙、龙南菇民建筑群、龙泉革命纪念建筑群、龙泉窑制瓷作坊、龙泉廊桥等7个文保单位被浙江省人民政府公布为第六批省级文物保护单位。

1月14日，中共龙泉市委十二届十次全体(扩大)会议召开。会议的主题是：深入贯彻落实党的十七届五中全会，省委、丽水市委全会精神，回顾2010年工作，谋划“十二五”规划发展，部署2011年任务。市委书记赵建林作工作报告，市委副书记、市长梁忆南主持会议。

1月23日，八都镇章府会村章溢文化公园标志性建筑——章溢雕像落成。

1月25日，锦溪镇昴山通景公路主体工程竣工。

2月12日，全市首届职工运动会开幕。

2月17日，龙泉市三级干部大会在市行政中心举行。市委书记赵建林作主题报告，市委副书记、市长梁忆南主持会议。会议全面贯彻落实市委十二届十次全会精神，总结2010年工作，安排部署2011年工作任务，确保“十二五”规划发展开好局起好步。

2月，国家商务部公布第二批保护与促进的“中华老字号”名录，龙泉南宋哥窑瓷业有限公司的“南宋哥”、浙江省龙泉市沈广隆剑铺的“沈广隆”和浙江省龙泉市宝剑厂有限公司的“龙泉宝剑”等3家企业注册商标入选。

3月7日，在龙渊街道后沙路废土填埋区发现一枚未爆航空炸弹。该炸弹全长约80厘米，直径约25厘米，重达50公斤。据分析，此航空炸弹系抗战时期日本战机侵犯龙泉时所投。经专业人员拆除爆炸物后，该航空炸弹被龙泉革命烈士纪念馆收藏展出。

3月7—10日，中国人民政治协商会议第七届龙泉市委员会第五次会议在市行政中心举行。邵戌汎代表市政协常委会作工作报告。

3月8—11日，龙泉市第十四届人民代表大会第五次会议在市行政中心举行。梁忆南代表市人民政府作《政府工作报告》。

3月18日，龙泉市纪委十二届六次全体(扩大)会议召开。

3月21—22日，全国政协原副主席徐匡迪到龙泉视察。浙江省委副书记、省长吕祖善，第九届浙江省政协副主席王玉娣，省政府秘书长张鸿铭等陪同视察。

4月1日，龙泉市披云山苏维埃旧址被列入全国红色旅游经典景区第二批名录。

4月2日，粟裕将军儿子粟戎生、粟寒生等一行7人，到龙泉市革命烈士陵园拜谒粟裕将军墓。

4月11日，浙闽赣三省边际毛竹笋王擂台赛暨毛竹产业发展论坛在龙泉市上垟镇小黄南村举行。上垟镇汤源村周俊化选送的竹笋以最高综合分赢得了“笋王”称号，该竹笋高1米，重达18.5公斤。

4月12—13日，浙江省政协副主席兼秘书长黄旭明率省、丽水市政协课题调研组到龙泉开展“山水浙江”、“利用山林资源，发展休闲旅游”和“推进大景区建设”等课题调研。

4月13日，中共中央政治局原委员、第十届全国人大常委会副委员长、中国工艺美术协会名誉理事长李铁映第五次到龙泉考察剑瓷特色文化。

4月20—23日，第三届中国(浙

江）非物质文化遗产博览会在义乌举行。龙泉市沈新培的“玄武剑”获博览会参展作品金奖，梅红玲的青瓷作品“孔子”获博览会——浙江省“民间巧女”手工技艺大赛金奖。

4月22—23日，文化部非遗司司长马文辉带领国家非遗保护委员会、中国工艺美术学会、中国艺术研究院的相关专家，到龙泉市考察非物质文化遗产传承保护工作。浙江省文化厅副厅长陈瑶陪同考察。

4月28日，由中共中央委员、全国人大常委会委员、全国人大常委会内司委副主任委员白景富带队的全国人大常委会调研组，到龙泉市调研考察。

4月29日，丽水首家公用型保税仓库——浙江巨泰进出口有限公司公用型保税仓库在浙江龙泉工业园区松溪弄区块挂牌启用。

5月12日，智利驻华大使路易斯·施密特及智利塔尔卡市市长代表钱桥一行7人，在丽水市外事办主任杨晓宏等陪同下，到龙泉进行友好访问。这是龙泉历史上首位到访的外国驻华大使。

5月12—13日，浙江省政协副主席、省委统战部部长汤黎路一行在丽水市委常委、统战部部长蓝资霞陪同下，到龙泉考察龙泉青瓷文化传承与保护工作。

5月17日，浙江省委常委、常务副省长陈敏尔到龙泉考察调研。浙江省发改委主任孙景淼、省海经办专职副主任张善坤、省国土资源厅副厅长张国斌、省林业厅副厅长叶胜荣以及丽水市领导王永康、陈瑞商等陪同调研。陈敏尔详细了解了丽水生态产业集聚区龙泉片区规划编制等情况，考察了龙泉工业园区“回归工程”、青瓷文创基地，并参观了龙泉青瓷博物馆。

5月18—20日，龙泉市委书记赵建林率市党政代表团赴周边县市——泰顺县、江山市和江西广丰县，调研城市规划，考察城市建设。

5月22—23日，浙江省市级党报“红色浙江行”大型联合采访团到龙泉采访。

5月25日，浙江省政协副主席陈艳华带领专题调研组，就龙泉市瓯江流域水资源环境保护与利用情况进行调研。

5月27日，龙泉青瓷行业协会的“龙泉青瓷”证明商标被国家工商总局商标局认定为驰名商标。

5月28—30日，国家林业局宣传办公室副主任叶智率领的国家森林城市考察组一行8人到龙泉，对龙泉市创建国家森林城市工作进行考察和验收。考察组对龙泉市创建国家森林城市工作给予高度评价，认为龙泉为南方山区建设森林城市树立了典范。6月18-19日，在大连举办的第八届中国城市森林论坛上，龙泉市获得“国家森林城市”称号。中共中央政治局委员、全国政协副主席、关注森林活动组委会主任王刚为龙泉颁发奖牌，龙泉市委书记赵建林接受颁奖。

5月，经浙江省农业厅批准，龙泉市被列入第一批省级生态循环农业示范县(市)创建名单。

6月2日，龙泉市与浙江省能源集团战略合作协议签约仪式在龙泉举行。浙能集团副总经理范小宁，龙泉市委书记赵建林，龙泉市委副书记、市长梁忆南等出席签约仪式。

6月3日，龙泉市“城镇化推进年”活动暨省级园林城市创建动员大会召开。

6月6日，2011第七届“稠州商业银行”杯龙泉龙舟大赛举行，剑池街道南秦村、龙渊街道二村龙舟代表队获得第一名，道太乡龙舟代表队获得第二名，西街街道八村龙舟代表队获得第三名。

6月22日，由龙泉市委宣传部、市文明办、市文化广电新闻出版局等部门主办，以庆祝中国共产党成立90周年为主题的“邮储银行杯——一路红歌一路情”爱国歌曲大家唱活动在龙泉体育馆举行。

6月22日，龙泉市公安局成功侦破“4·10”抢劫杀人案。6月30日，犯罪嫌疑人季某被警方从贵州押解回龙泉。

6月27日，李铁映龙泉青瓷·龙泉宝剑作品捐赠仪式在龙泉青瓷博物馆举行。

6月29日，“何浩天瓷器藏品专题展”在龙泉市青瓷博物馆开始展出。

6月30日，日本佐野日中友好协会理事长宫森胜市一行到龙泉市考察青瓷文化。

6月30日，季步高烈士雕像揭幕暨先烈亭落成剪彩仪式在安仁镇季山头村举行。

7月1日，龙泉市举行庆祝中国共产党成立90周年大会。

7月14日，龙泉市领导干部会议召开，宣布中共浙江省委、丽水市委关于龙泉市主要领导职务变动的决定。根据决定，赵建林任中共衢州市委委员、常委，免去中共龙泉市委书记、常委、委员职务；蔡晓春任中共龙泉市委委员、常委、书记；提名季柏林为龙泉市市长候选人；提议梁忆南不再担任龙泉市市长职务，免去其中共龙泉市委副书记、常委、委员职务，另有任用。

7月14日，匈牙利国家电视台一行4人到龙泉市进行实地采访拍摄。

7月22日，龙泉总商会宁波分会成立大会在宁波举行，会议选举产生了商会第一届理事会。

7月23日，台湾香菇文化和菇产业发展考察团一行30余人到龙泉考察，并参加在龙南乡下田村举行的第二届龙庆景毗邻乡村香菇文化节。

7月25—26日，浙江省委常委、组织部长蔡奇率省委组织部相关负责人到龙泉调研创先争优和基层党建工作。

7月28日，浙江稠州商业银行丽水龙泉支行开业。

8月10日，浙江省政协主席乔传秀率省政协调研组一行，到龙泉调研生态产业集聚区建设。

8月13日，中国轻工业联合会、中国陶瓷工业协会授予龙泉市“中国陶瓷文化历史名城”称号，授予陈硋根、徐定昌、陈爱明、卢伟孙、陈显林“中国陶瓷艺术大师”称号。

8月16日，中共龙泉市委十二届十一次全体(扩大)会议暨十四届政府第六次全体(扩大)会议召开。会议的主要任务是深入学习贯彻胡锦涛总书记在庆祝中国共产党成立90周年纪念大会上的重要讲话精神和省委十二届九次全会、丽水市委二届十五次全会精神，总结上半年工作，布置下半年任务，部署今后一个时期加强和创新社会管理各项工作，审议通过《中共龙泉市委关于加强和创新社会管理的若干意见》。市委书记蔡晓春代表市委作工作报告，市委副书记、代市长季柏林代表市政府作工作报告。

8月27—28日，浙江省政协副主席兼秘书长黄旭明率团到龙泉视察。黄旭明一行参观考察了浙大龙泉分校旧址、龙泉青瓷博物馆和青瓷宝剑苑，并深入道太乡灵芝生产基地，考察灵芝产业发展情况。

9月8日，在河北省平泉县举行的“首届中华菌文化节”上，龙泉市荣获“全国食用菌文化产业建设先进县”称号。

9月13日凌晨，一辆运输危险化学品醋酸甲酯的货车从福建永安开往温州平阳，途经53省道k149+400m时，冲出路面，侧翻在八都溪边沙滩上，车上危险化学品发生泄漏，车上2人受伤。经20多个小时全力施救，成功完成事故处置，且八都溪水质未受影响。

9月20日，龙泉市交通运输物流中心暨汽车客运新站项目开工建设。项目总投资约1.8亿元，占地面积169.2亩，建筑面积48337平方米。

9月20—21日，浙江省环保厅厅长徐震来到龙泉调研生态环保工作。

中央电视台《寻宝》节目龙泉录制现场　　叶绍强　提供

10月11日，浙江龙泉民泰村镇银行股份有限公司开业。

10月13日，龙渊街道沙潭大桥撤渡建桥工程通过竣工验收。

10月15日，在江西省宜春市举行的“第六届中国竹文化节”上，龙泉市被中国竹产业协会、国家林业局国际竹藤中心联合授予“中国特色竹乡”称号。

10月18日，龙泉市首个保障性住房项目——江滨南路西段保障性住房工程开工建设。项目总投资3500万元，规划总用地8030平方米，住房271套，可入住约800人。

10月20日，龙泉市乡镇党委换届工作圆满完成。

11月2日，龙泉青瓷创意基地大师园首家大师工作室——硋根瓷苑正式开业。

11月4日，龙泉市政府机构改革动员大会召开。

11月16—19日，由中国古陶瓷学会、浙江省文化厅、浙江省经济和信息化委员会、浙江省旅游局主办，龙泉市委、市政府承办的第六届中国龙泉青瓷·龙泉宝剑节暨中国古陶瓷学会2011年年会在龙泉市举行。丽水市委副书记沈仁康，浙江省文化厅副厅长、省文物局局长鲍贤伦，中国古陶瓷学会会长王莉英，省文化厅巡视员、省非遗保护协会会长金庚初，省旅游局副局长朱红炜，省经信委副巡视员林华，赞华艺术之家名誉主席、中国市长协会副会长、中国女市长协会会长陶斯亮，赞华艺术之家副主席、中央工艺美术学院教授张守智，中国古陶瓷学会副会长李建毛，丽水市人大常委会副主任刘国安，丽水市副市长梁细弟，丽水市政协副主席庄志清，国务院办公厅行政司服务二处处长李国庆，国务院办公厅行政司办公室主任李卫建等参加有关活动。其间举办了开幕式、中国古陶瓷学会2011年年会暨龙泉窑国际学术研讨会、浙江省第二届青瓷技艺比武大赛、第二届龙泉刀剑锻制技艺比武大赛、日用青瓷设计创新大赛、央视《寻宝》节目走进龙泉、龙泉首届特色小吃美食节、招商选资及市校合作项目签约仪式等活动。

11月17日晚，中央电视台《新闻联播》头条以《浙江龙泉：山上的文章怎么做？》为题，报道了龙泉市通过林权制度改革促进生态保护林农增收的成功实践。

11月18日，“唱响活力龙、打造幸福泉”群星演唱会暨第二届龙泉电视歌手大赛颁奖晚会在龙泉电影院举行。周佳妮获得冠军，邵婧、王莉分别获得二、三名。

11月21日，全国政协原副主席张怀西在浙江省政协原副主席丁德云，民进省委会专职副主委穆建平，丽水市政协副主席、民进丽水市委会主委庄志清等陪同下，到龙泉考察龙泉青瓷和龙泉宝剑文化。张怀西一行先后参观了龙泉青瓷博物馆、龙泉宝剑博物馆、阿金剑铺和正聪青瓷研究所。

11月22日，龙泉市召开人大、政协换届工作会议，研究部署市乡两级人大和市政协换届工作。

11月25日，全省农村公路建设总结表彰大会在杭州召开。龙泉市作为大会分会场，通过浙江卫视的视频连线同步举行了下樟村通村公路攻坚任务完成暨农村客运班车通达仪式。

11月下旬，2011年浙江农业博览会优质产品评奖揭晓，龙泉佳宝生物科技有限公司的“仙芝谷”牌灵芝破壁孢子粉获金奖，龙泉市阳光农业有限公司“龙泉红”红茶获新产品金奖，八都蔡记食品厂“三斌”黄粿、龙竹笋竹专业合作社的“龙竹”牌竹笋、浙江聚珍园食品有限公司“禾艺”牌黑木耳、浙江芳野食品有限公司“芳野”牌香菇获优质奖。

11月29日，小梅镇举行龙庆桥重建竣工仪式。该工程于2010年12月开工建设，重建后的龙庆桥总长129.99米，宽5.4米。

12月2日，龙泉市茶文化研究会成立。

12月3日，龙泉市青少年宫落成典礼暨首届童玩节开幕式在市青少年宫举行。

12月6日，中共丽水市委主要领导就换届选举、重点项目、旅游产业发展等工作到龙泉调研。

12月7日，国家发改委副主任穆虹到龙泉考察。浙江省发改委副主任、省发展规划研究院院长刘亭等陪同考察。

12月15日，浙江省政协副主席陈艳华到龙泉视察指导森林城市建设工作。

12月26—29日，中国共产党龙泉市第十三次代表大会在市行政中心举行。蔡晓春代表上届市委向大会作题为《推进绿色崛起，加快科学跨越，为打造“活力龙 幸福泉”而努力奋斗》的工作报告。本次大会应到代表252名，实到代表250名。大会选举产生中共龙泉市第十三届委员会和中共龙泉市纪律检查委员会，通过市委工作报告的决议、市纪委工作报告的决议。

12月29日，中共龙泉市第十三届委员会举行第一次全体会议，蔡晓春当选书记，季柏林、蒋世懿当选副书记。

2012年

1月5日，浙江省发改委主任孙景淼一行到龙泉考察项目投资和生态产业集聚区建设工作。

1月11—14日，中共龙泉市委书记蔡晓春，市委副书记、代市长季柏林率市党政考察团，赴松阳县、青田县、庆元县和衢州市衢江区，就产业发展、社会管理等进行考察。14日，龙泉市与衢江区缔结为友好市（区），签约仪式在衢江举行。

2月，浙江省关注森林组委会、浙江省绿化委员会授予龙泉市查田镇为“浙江省森林城镇”，这是龙泉市首个“省森林城镇”。

2月8日，龙泉市与湖南省醴陵市缔结为友好市，签约仪式在醴陵市举行。

2月27日至3月1日，中国人民政治协商会议第八届龙泉市委员会第一次会议在市行政中心举行。邵戍汛代表政协第七届龙泉市常委会作工作报告，雷丽亚作提案工作情况报告。会议通过了有关决议。会议选举产生了新一届市政协领导班子，邵戍汛当选主席，包建平、叶先长、徐建新、雷丽亚、何登新当选副主席。

2月28日至3月2日，龙泉市第十五届人民代表大会第一次会议在市行政中心举行。季柏林代表市人民政府作《政府工作报告》，钟鸣代表十四届人大常委会向大会作人大工作报告。会议选举产生市第十五届人大常委会主任、副主任、委员，钟鸣当选主任，陶中亮、黄丽萍、苏一中、陈吉明、罗永文当选副主任，方仁民等19位同志当选委员；选举季柏林为龙泉市人民政府市长，包新华、叶学明、徐炳东、罗诗兰、刘赤波、王正飞为副市长；选举罗沛为龙泉市人民法院院长；选举葛朝华为龙泉市人民检察院检察长。会议还选举王爱娟等35位同志为丽水市第三届人民代表大会代表。

3月5日，龙泉市浙江天丰陶瓷有限公司和浙江三田滤清器有限公司两家企业申报的“天丰”“三田”字号获得由浙江省知名商号评审委员会公布的2011年度浙江省知名商号，标志着龙泉市“省知名商号”实现了零的突破。

3月22—23日，国务院扶贫办副主任王国良一行5人到龙泉市调研考察扶贫开发工作。浙江省农办（扶贫办）副主任邵峰，丽水市副市长金建新等陪同。

4月27日，共青团龙泉市第十八次代表大会召开。

4月28日，龙泉山景区经过一年多时间的封闭修整，重新开园迎客。

5月10日，龙泉市党政领导访问浙江大学，总结回顾市校合作5年取得的成效，谋求进一步深化双方合作，加快龙泉科学发展。浙江省人大常委会副主任、浙江大学党委书记金德水，丽水市委副书记、市长王永康，龙泉市委书记蔡晓春，龙泉市委副书记、市长季柏林出席相关活动。

5月14日，中共龙泉市第十三届纪律检查委员会第二次全体（扩大）会议召开。龙泉市委书记蔡晓春讲话，市委副书记、市长季柏林主持会议，市委常委、纪委书记钟海燕代表市纪委常委会作工作报告。

6月15—16日，全国人大常委会委员、内务司法委员会主任委员黄镇东，全国人大常委会委员、副秘书长、内务司法委员会委员何晔晖，全国人大常委会委员、中国残联副主席汤小泉等全国人大常委会残疾人保障法执法检查组一行到龙泉就贯彻实施残疾人保障法情况开展执法检查。

6月18日，浙江省人民政府公布第四批浙江省历史文化街区名镇名村，龙泉市小梅镇、小梅镇大窑村、西街街道下樟村被评为浙江省历史文化名镇、名村。

6月24日，龙泉市石达石乡高山线农村公路养护工周林松在清理因强降雨造成的山体塌方时，不幸被二次塌方的泥石击中而殉职。周林松殉职后，他的感人事迹引起社会各界强烈反响，称他为“最美养护工”。龙泉市政府追授他“龙泉市劳动模范”称号，丽水市交通系统追授他“丽水交通十大感动人物特别奖”，丽水市政府追授他“丽水市劳动模范”称号，浙江省交通运输厅追授他“爱岗敬业养护工”称号，浙江省总工会追授他“浙江省五一劳动奖章”。中共丽水市委、中共龙泉市委分别作出决定，号召各级党组织和广大党员干部向周林松同志学习，丽水市委并组织了周林松同志先进事迹巡回报告会。

6月30日，浙江省茶叶产业协会红茶分会在龙泉市成立。中国国际茶文化研究会常务副会长徐鸿道、省茶叶产业协会会长施建强和常务副会长沈璇、省农业厅经作局局长毛祖法、丽水市茶文化研究会会长张成祖等出席成立大会。大会选举产生了红茶分会第一届组织机构，苏一中当选会长。

6月30日，龙泉市22位百岁老人分别获得市委、市政府统一发放的上书“德高声远”的“百岁匾”和5000元百岁老人慰问金。

7月6日，全市“五城联创”暨美丽乡村建设动员大会召开。

7月10—11日，丽水市委、市人大常委会主要领导到龙泉调研现代农业园区、生态工业园区、服务业集聚区、旅游休闲景区“四区”建设。

7月23日，浙江省审计厅党组书记、厅长陈荣高率调研组一行到龙泉调研特别扶持项目建设。

7月24日，浙江省副省长王建满在省政府副秘书长谢济建、省交通运输厅厅长郭建彪、省经合办主任姚少平等陪同下，到龙泉调研龙庆、龙浦高速公路建设和山区经济发展、山海协作工作。丽水市委副书记、市长王永康，丽水市副市长葛学斌等陪同调研。

7月28—31日，应康津郡郡守姜珍远邀请，龙泉市委书记蔡晓春率团赴韩国康津郡考察访问。其间，蔡晓春出席了韩国康津郡第40届青瓷节系列活动，考察了韩国丽水2012世博会和现代农业园区，并与康津郡郡守姜珍远、议长尹在空进行了友好会谈。

8月1—6日，龙泉市委书记蔡晓春赴日本川根本町进行交流访问并签署了《推进友好交流意向书》。

8月14日，中共龙泉市委十三届五次全体（扩大）会议暨十五届政府第一次全体（扩大）会议召开。会议进一步明确全市工业经济发展的总体思路、目标任务和发展举措，审议通过《中共龙泉市委关于立足工业强市推进新型工业化的决定》，总结上半年工作，部署下半年任务，动员全市力量，立足新起点，攀登新目标，谋求新跨越，为打造物质富裕精神富有“活力龙 幸福泉”夯实基础。市委书记蔡晓春代表市委常委会作工作报告，市委副书记、市长季柏林代表市政府作工作报告。

8月16日，中国民主同盟龙泉市总支三届一次全体会议召开。选举雷丽亚为主委。

8月25日，《龙泉司法档案选编》（第一辑•晚清时期）出版发布仪式在浙江大学举行。

8月25日，以“百村邻里情，万人两富行”为主题的第六届浙闽老区文化节暨浙闽百村农民邻居节在岩樟乡举行。

8月29日，“中国青瓷小镇”考评专家组到龙泉，通过听取申报汇报、实地考察和认真讨论，考评专家组一致同意通过考评，推荐上垟镇向中国工艺美术协会申报特色区域荣誉称号。

8 月 29—30 日，“绿色中国行”组委会秘书长、绿色中国杂志社社长、总编辑缪宏，著名影视演员、周恩来总理扮演者、绿色中国年度焦点公众人物获得者刘劲等“绿色中国行”考察组一行，到龙泉市考察生态、剑瓷文化。

9 月 3—4 日，浙江省委常委、省军区政委王新海少将在丽水市委常委、丽水军分区政委李生荣，丽水军分区司令任明龙等陪同下，到龙泉市调研指导人武工作。

9 月 6 日，浙江省副省长朱从玖一行到龙泉市下访接待群众，认真倾听群众诉求，帮助解决实际问题，指导信访维稳工作。

9 月 11 日，浙江省人民政府发文增补龙泉市八都镇为省级中心镇。

9 月 20–21 日，龙泉市工商业联合会（总商会）第七次会员代表大会召开。何登新当选为市工商联（总商会）第七届执委会主席（会长）。

9 月 21 日，龙泉市溪北污水处理厂一期工程竣工（试运行）。

9 月 24 日，龙泉市社会科学界联合会成立暨第一次代表大会召开。王为武当选主席。

9 月 25 日，中国人民银行龙泉市支行搬迁至位于华楼街的新办公大楼。该大楼始建于 2009 年 12 月，占地 6.48 亩，总建筑面积 3449.68 平方米，总投资 1073.3 万元。

9 月 30 日至 10 月 6 日，民盟中央副主席、全国人大常委、法律委员会副主任李重庵到龙泉市考察。民盟浙江省委会专职副主委徐向东，丽水市人大常委会副主任、民盟丽水市委会主委刘国安等陪同考察。

10 月 1 日，龙泉城区东大桥（圣塔桥）重建工程竣工通车。该桥全长 170 余米，项目总投资 2900 余万元。

10 月 9 日，浙江省农业厅厅长史济锡一行到龙泉市调研农业工作。

10 月 9—10 日，2012 丽水·龙泉秋实节暨龙泉市乡村漫游节（屏南站）在屏南镇举行。活动内容包括独具特色的南瓜比拼、树王祭祖、龙王庙会、篝火晚会、自行车竞赛、民俗体验等。

10 月 11 日，龙泉管氏后裔、著名作家莫言获得 2012 诺贝尔文学奖。龙泉市委、市政府在第一时间给莫言先生发去贺电，对其获奖表示祝贺。

10 月 12 日，龙泉青瓷研究会成立大会暨第一次会员大会召开。选举沈岳明为会长，包建华为常务副会长。

10 月 20—21 日，法国利摩日第一副市长瓦海耶带队到龙泉考察交流青瓷文化。

10 月 22 日，中国农业银行龙泉市支行搬迁至位于华楼街的新办公大楼。该大楼始建于 2010 年 9 月，总建筑面积 2832 平方米，总投资 2280 万元。

10 月 22 日，在第八届中国茶业经济年会暨中国茶叶流通协会第五届会员代表大会上，龙泉市荣获“2012 年度全国十大生态产茶县”称号，成为浙江省唯一获此殊荣的县（市、区）。同时，龙泉市还获得了“2012 年度全国重点产茶县”称号。

10 月 26 日，全市教育大会召开。回顾龙泉市前五年教育工作成绩，分析当前教育发展存在的问题，谋划今后一个时期龙泉市教育发展的思路目标和举措。

10 月 31 日，全国人大财经委副主任汪恕诚在浙江省水利厅厅长陈川、丽水市人大常委会副主任蓝资霞等陪同下到龙泉考察。

11 月 5 日，龙泉市第一位全国党代表、市邮政局员工张龙生启程赴北京参加党的第十八次代表大会，龙泉市委举行了欢送仪式。11 月 18 日，在龙泉市传达贯彻党的十八大精神领导干部会议上，张龙生汇报了参加中共十八大有关情况和体会感受。

11 月 9 日，浙江省副省长陈加元率省有关部门领导，在丽水市委副书记、市长王永康，副市长林健东的陪同下，到龙泉调研生态产业集聚区开发建设工作。

11 月 9 日，“2012 龙泉黑胎青瓷与哥窑论证会”媒体见面会宣布：龙泉黑胎青瓷考古取得重大成果，文献记载的宋代“官、哥、汝、定、钧”五大名窑

2012 年 11 月 17 日，青瓷文创产业发展论坛暨纪念周恩来总理指示恢复龙泉青瓷生产 55 周年座谈会现场

殷小明　提供

之“哥窑”就在龙泉。

11月14日，浙江省委副秘书长、省直机关工委书记施利民带队到龙泉调研结对帮扶工作。

11月15日，龙泉市委书记蔡晓春，市委副书记、市长季柏林亲切会见了应邀到龙泉参加节庆活动的韩国康津郡政府代表团一行，双方签署共同举办中韩陶瓷文化艺术节协议。

11月15日，龙泉市人民政府授予台湾著名铸剑大师郭常喜“荣誉市民”称号。

11月16—18日，由全国绿化委员会、国家林业局、中国绿化基金会、中国工艺美术协会、中国陶瓷工业协会、浙江省文化厅、浙江省经济和信息化委员会、浙江省林业厅、浙江省旅游局、丽水市人民政府主办，国家林业局宣传办、国家林业局经济发展研究中心、人民网、绿色中国杂志社、中共龙泉市委、龙泉市人民政府承办的第七届中国龙泉青瓷·龙泉宝剑文化旅游节暨绿色中国行——走进龙泉活动举行。浙江省人大常委会副主任程渭山，国家林业局总工程师陈凤学，中国陶瓷工业协会理事长何天雄，中国工程院院士汪燮卿，浙江省林业厅厅长楼国华，中国工艺美术协会常务副理事长张红，国家林业局经济发展研究中心主任刘东生，省经信委副主任王素娥，省文化厅副厅长、巡视员田宇原，绿色中国行组委会秘书长、绿色中国杂志社社长缪宏，丽水市领导王永康、虞红鸣、陈建波、蓝资霞、林健东，以及韩国康津郡郡守姜珍远、韩国陶瓷财团董事长康禹铉等领导和嘉宾出席有关活动。其间举行了开幕式及文艺晚会、“绿色中国行——走进龙泉”大型电视访谈“8+1”对话、青瓷文创产业发展论坛暨纪念周恩来总理指示恢复龙泉青瓷生产55周年座谈会、海峡两岸剑祖欧冶子公祭典礼、浙江省第三届青瓷传承与创新设计评比大赛、第三届龙泉刀剑锻制技艺比武大赛、2012中韩陶瓷艺术交流活动、龙泉市特色商品展销会、招商引资及市校合作项目签约仪式等活动。

11月27日，在2012年浙江农业博览会上龙泉市共有6个农产品获奖，其中浙江金福茶业有限公司的“必福牌”金福红红茶、浙江晨光食品有限公司的“晨光牌”香菇、龙泉市肖庄食品厂的“肖庄牌”笋制品等3个农产品获金奖。

11月27—28日，住房和城乡建设部历史文化名城专家委员会委员曹昌智率领历史文化名城专家组到龙泉考察指导国家历史文化名城创建工作。

11月28日，在丽水市第三届人民代表大会第二次会议上，龙泉市人大常委会主任、党组书记钟鸣，中国工艺美术大师、龙泉阿金剑铺陈阿金再次当选浙江省第十二届人民代表大会代表。

11月，《龙渊古迹寻踪》一书出版发行。

12月4日，低丘缓坡综合开发利用试点项目龙泉组团——剑川大道以西区块开工。

12月5日，披云山景区旅游开发项目开工典礼举行。

12月6—7日，龙泉市第十二次妇女代表大会召开。邹迎春当选主席。

12月10—11日，丽水市委副书记、市长王永康，在丽水市副市长林健东、秘书长徐岳明陪同下到龙泉市调研。

12月11日，浙江省妇联主席厉月姿在丽水市妇联主席倪延丽陪同下到龙泉市调研指导工作。

12月12—14日，龙泉市委书记蔡晓春，市委副书记、市长季柏林率市党政代表团赴桐庐县、嘉兴市、龙游县考察学习。

12月18日，龙泉至浦城（浙闽界）高速公路（龙浦高速公路）开工典礼在查田镇白马畈举行。

12月18日，龙泉浙大中学项目开工奠基典礼举行。

12月20日，浙江省政协副主席、省生态文化协会会长陈艳华到龙泉市调研社会管理创新和生态文化旅游工作。

12月20—21日，龙泉市残疾人联合会第六次代表大会召开。

12月26日晚，由龙泉市委宣传部、市文化广电新闻出版局联合主办的“永远跟党走”龙泉市宣传中共十八大精神文艺演出在龙泉大剧院举行。

总　　述

地理环境

【地理位置】　龙泉市位于浙江省西南部，浙闽边境，素有“瓯婺八闽通衢”和“驿马要道，商旅咽喉”之称。东与云和县、景宁畲族自治县毗邻，南与庆元县相连，西与福建省浦城县交界，北与遂昌县、松阳县相接。地理坐标为北纬 27°42′~28°20′，东经 118°42′~119°25′，东西宽 70.25 千米，南北长 70.80 千米，总面积 3059 平方千米。

【地形地貌】　龙泉是浙西南山地的一部分，地势由西南向东北倾斜。武夷山系分二支从本市西南部逶迤入境，西北支为浙江省中部主干山脉仙霞岭的主体部分，经闽浙赣交界的枫岭，龙遂交界的九龙山，直向东北展开；东南支从福建省戴云山开始，越过闽江经鹫峰山，直达闽浙边境向东北延伸到龙泉东南部，称洞宫山脉。境内崇山峻岭，层峦叠嶂，襟带众流，枕山带水。海拔千米以上的山峰有 730 余座，境东南凤阳山国家级自然保护区主峰黄茅尖，海拔 1929 米，为江浙第一高峰。山是龙泉的主要地貌，海拔 500 米以上的中低山占全市总面积的 69.2%，丘陵占 27.90%，河谷平原仅占 2.9%，故龙泉有“九山半水半分田”之谓。

【溪流湖泊】　龙泉是浙江省第二大河——瓯江的发源地。瓯江上游龙泉溪自龙泉西南向东北贯穿而过，在境内流长 125 千米，有 15 条较大支流注入，年径流量 33.1 亿立方米，流入云和境内。西北部有住溪，是钱塘江水系乌溪江源流。西部有宝溪，是福建闽江水系支源流。故龙泉又有“三江源头”之称。紧水滩水电站建成以后，位于龙泉溪下游的紧水滩电站水库（即仙宫湖）面积 34.3 平方千米，是全市最大的人工湖泊。

【气候特征】　龙泉市位于中亚热带季风气候区，其特征是：四季分明，雨量充沛；冬不严寒，夏无酷暑；春早夏长，温暖湿润。年平均气温 17.7℃，年平均最高气温 23.7℃，年平均最低气温 13.5℃。极端高温 41.5℃（2003 年 7

美丽龙泉城　　郑本成　摄

月31日、8月1日)，极端低温-8.5℃(1973年12月26日)。年平均降水量1652.4毫米，日最大降水量220.7毫米。多年平均霜日28.5天，结冰日25天，雪日7.3天。因地形复杂，海拔高低悬殊，气候随海拔高度呈垂直分布。光、温、水地域差异明显。海拔800米以下区域属凉亚热带湿润季风气候；海拔800米以上区域近于暖温带湿润季风气候。

溪边白鹭　　张有钢　摄

自然资源

【土地资源】 全市土地面积30.59万公顷，其中耕地1.678万公顷，山地25.896万公顷。人均土地面积1.11公顷，其中人均山地面积0.94公顷，居全省之首。人均耕地面积0.06公顷(0.91亩)。可以充分利用山地优势，大力开展农业综合开发，发展效益农业。

【森林资源】 龙泉市素有"浙南林海"之称，为中国南方重点林区县(市)之一，是浙江省最大的林区县(市)。全市有林业用地25.9万公顷，占土地总面积的87%，其中有林地22.71万公顷。全市森林蓄积量1456万立方米，居全省首位。现有笋竹两用林3.51万公顷，年产竹850万株，是浙江省第二大竹乡。森林覆盖率84.2%。据统计，全市绿化造林10.70万公顷，封山育林7.76万公顷。1999年以来，建成生态公益林9.02万公顷，占林地面积的34.8%。其中，国家级生态公益林5.45万公顷，省级3.12万公顷，市(县)级0.45万公顷。龙泉的林产品资源丰富，香菇、木耳、厚朴、茯苓、笋干、茶叶、毛棕、松脂、木炭等传统山货特产在国内外素负盛名，龙泉被命名为"中华灵芝第一乡"。全市古树名木5785株，古树群148处，其中国家一级保护古树169株，国家二级保护古树671株，国家三级保护古树1343株。

【矿产资源】 已探明的矿物有铅、锌、金、银、铜、萤石、花岗岩、叶蜡石、伊利石、钾长石、大理石、石英、瓷土、铀等20余种，其中铅、锌、金、银、瓷土、萤石、叶蜡石、钾长石、大理石、建筑用凝灰岩、砖瓦用黏土、黄砂等矿产资源已得到不同程度的开发利用。有各类矿山23座，从事矿业人员953人，年产矿石总量41.76万吨，矿业总产值10385.3万元。铅锌矿储量居浙江省第二位，萤石、瓷土在省内也占有重要地位。

【水力资源】 龙泉市溪流纵横，水能蕴藏量相当丰富。全市水力理论蕴藏量为38万千瓦，可开发的水电装机容量为25.4万千瓦。2005年6月，龙泉市顺利通过"十五"水电农村电气化建设县验收，成为丽水市首个水电农村电气化建设达标县。截至2012年底，全市建成电站105座，总装机20.94万千瓦，多年平均电能5.39亿千瓦时。

【动植物资源】 龙泉属于华东植物区系，与毗邻的华南、华中、西南以及日本、北美植物区系成分也有相当密切的联系。以"中亚热带地区"成分最多，"南亚热带地区"成分次之，"热带、温带地区"成分也有一定数量分布。龙泉已知的种子植物、苔藓植物、蕨类植物和真菌等3560种。种子植物1800余种，其中木本植物101科317属941种，苔藓植物28科46属61种，蕨类植物27科10属160种，真菌16目75属153种。有珍稀濒危保护植物28种，如钟萼木、南方红豆杉、白豆杉、香果树、南方铁杉、穗花杉等，占全省50%，药用植物1385种。境东南凤阳山国家级自然保护区，被植物学界称为"华东地区古老植物的摇篮"。龙泉已知的野生动物1330余种，其中兽类8目22科50余种，鸟类12目31科100余种，爬行类50余种，两栖类20余种，鱼类80余种，昆虫类16目113科1025种。列入国家重点保护的珍稀动物近60种。一级保护动物有金钱豹、云豹、黑麂、黄腹角雉等，二级保护动物有豺、黑熊、水獭、猕猴、大小灵猫、鸳鸯、鹰、娃娃鱼等。

人文资源

【历史文化】 龙泉历史悠久，文化灿烂，是著名的青瓷之都、宝剑之邦、世界香菇生产发源地和中华灵芝第一乡，现为浙江省历史文化名城。以青瓷文化、宝剑文化、香菇文化和民俗文化闻名于世，自古就有“处州十县好龙泉”之美称。龙泉因剑得名，凭瓷生辉。龙泉窑是中国制瓷史上时间最长、影响最大的窑系，从三国两晋到清末延续了近1700年，它以敦厚玉立的造型体系，拙朴自然的釉色纹片和高雅清纯的艺术风格享誉海内外。龙泉宝剑为春秋战国时期欧冶子在龙泉剑池湖始创，经历代大师们2600多年匠心独运的创造，形成了“坚韧锋利，刚柔并寓，寒光逼人，纹饰巧致”四大特色，被公认为剑中之魁。2006年6月，龙泉宝剑锻制技艺与龙泉青瓷烧制技艺双双被国务院公布为首批国家级非物质文化遗产代表作。龙泉现有大量的名胜古迹，主要有：大窑、源口等龙泉青瓷古窑址，欧冶子始创龙泉宝剑遗址剑池湖，明代廊桥安仁永和桥，浙江大学龙泉分校旧址，清修寺等。

【历史名人】 龙泉自古人文荟萃，英才辈出。在漫长的历史进程中，涌现

2012年龙泉市行政区划一览表

表1

乡镇(街道)名称	面 积(平方公里)	人口(个)	行政村数(个)	社区数(个)	村民小组数(个)	行政村(社区)名称
全市合计19个	3059	288568	444	13	2796	—
龙渊街道	85	30024	23	5	140	一村、二村、三村、四村、五村、菜村、临江、沙潭、小白岸、水南坞、桥坑、竹坑、大坵田、白塔、大岭头、梧桐口、张村、村头、白墓、徐山后、石马、岭坤、砼步 社区：城东、东升、大洋、金乐、贤良
西街街道	67	22634	18	3	114	七村、八村、九村、宫头、岩后、下樟、周村、新茶、里下畈、牛头岭、新岭、东权、尖地、大千湾、栏下、蓁部、河村、河星 社区：清风、西新、白云
剑池街道	41	22368	19	4	99	六村、水南、南秦、宏山、松溪弄、茶坦、周际、山里、翁仁、石退、和垄、武潭、曾家、张家、吴处、东岭、芳野、立新、宏阳 社区：水南、南秦、南大洋、大沙
八都镇	143	25431	29	—	235	八都一、八都二、八都三、八都四、溪坪、大坦、章府会、新村、供际、樟溪、松渠、龙竹、署网、青山、高大门、石川、高升、际下、双溪口、安田、吴公、王圩、野窖、松际、东音、小窖、白水、枫锦、白角
上垟镇	162	17282	20	—	165	木岱口、源底、木岱、昌岗、社口、岱源、黄渡、五都垟、五都楼、小黄南、花桥、共建、横店、丁源、双际、生源、际岭、中村、上源、汤源
小梅镇	98	12515	23	—	100	小梅一、小梅二、小梅三、小梅四、垟岙头、高际头、大梅、上梅、大梅口、骆庄、大窑、金村、半边月、毛断、西坑、黄南、孙坑、毛山头、泥岭头、郑边、高坑、立东、叶乡
查田镇	123	16916	32	—	156	查田一、查田二、查田三、上墩、泉坑、溪口、大樟、大樟岙、下淤、下堡、东皇、陈山、溪西、吴田、炉溪、万山、下湾、大坑下、柘坑、青坑、青坑岙、墩头、黄家林、青坑底、淤头、住田、小查田、横坑、赵麻淤、竹舟、新丰、石隆
屏南镇	285	10097	28	—	117	坪田李、坪田叶、库粗坑、地畲、车盘坑、南垟、砼铺、周岱、均益、均何、均山、梧树垟、金林、金龙、横溪、百步、里洒、塘山、上畲、南溪口、东山头、干上、南兴、横坑头、瑞竹垟、杉树根、垟顺、竹蓬后
安仁镇	208	19105	37	—	254	项边、刘坊、安仁口、庄山、双岙、花庵、新建 黄砼、大丘另、谷坑、上际、水源头、安民、黄泥岭、严山、安福、坑下、大源、叶山头、梅坑、张畈、沈山头、椏叉丘、黄山下、岩头、季山头、湖尖下、广田、沈庄、李登、大舍、胜源、胜岱、胜游、胜湖、胜阳、黄桶 社区：安泰
锦溪镇	162	10948	14	—	148	住溪、龙星、周调、碧龙、白岩、建明、建平、建胜、水塔、西井、潘床
住龙镇	269	6180	11	—	81	五梅垟、炉田、蜜蜂岭、梅垟、豫章、大汪、大巨、桐山、大赛、上寮、朱坑、张山、空坑头、梅地、官田、官浦垟、炉岙、砼湖店、石坑口、净信、安吉、独田、河川、下沙桥、砼湖、棕衣林、仙仁、上湾

续表1

乡镇(街道)名称	面积(平方公里)	人口(个)	行政村数(个)	社区数(个)	村民小组数(个)	行政村(社区)名称
兰巨乡	156	17671	28	—	179	季边、上坞、南弄、瞿源、横片、陈村、炉地垟、垟畈、枣槐岭、秋丰、山后、山际口、黄土、李山头、冷水亭、山际、岱根
础石乡	109	8690	17	—	104	溪头、溪源田、高山、坑里、龚岭、宝鉴、车盂、竹垟、半岭、塘源、塘上
宝溪乡	151	7738	11	—	85	蛟垟、上田、岭后、黄大坑、垟尾、下南坑、上南坑、麻竹坑、黄万岱、龙井、石械、下田、青庄、周山头、庵边、北公、东坑、横川、粗溪、曲岱、底村、上兴、岙头、金川、兴和、兴源、安和、叶村、大庄、双溪、五星、龙案、坞坑
龙南乡	212	21700	33	—	221	蛟垟、上田、岭后、黄大坑、垟尾、下南坑、上南坑、麻竹坑、黄万岱、龙井、石械、下田、青庄、周山头、庵边、北公、东坑、横川、粗溪、曲岱、底村、上兴、岙头、金川、兴和、兴源、安和、叶村、大庄、双溪、五星、龙案、坞坑
道太乡	351	15237	45	—	263	大白岸、毛圩、乌狮、盛户、沈际、高山岭、坑口、杨梅岭、山石坑、灯山、梨垟、道太、供村、下乾、符畲、锦安、青田坑、朱山下、半坑、潘山头、外翁、新地口、何山头、荷上畈、垟头、李村、双格、夏安、乌砿下、西坑下、考坑、吴庄、源口、丁江、前濑、蛤湖、王庄、大苏、流地、黄麻垟、大畈、际头、武溪、上横、上坑
岩樟乡	101	4174	11	—	56	郑庄、柳山头、芭蕉、金源、金坑、石坑、仓坞、何坑、坑源底、绿坑、岱岭
城北乡	233	12042	35	—	183	河里、内双溪、外双溪、皂口、刘山头、河坑塘、鹤溪、麻垟、吴岱、盛山后、李后、黄庄桥、季岱、方西、东书、西溪、上垟、大书、小书、兰田、陂川、仓砿、溪下、小岩、万坑、库武、大贵溪、黄裔、鹤场、金埠、南溪、外埲、源头、村头沈、垟坞
竹垟畲族乡	103	7816	10	—	96	盖竹、局下、良溪、五四、山溪口、红坞、际上、金田、罗墩、后排岭

（市民政局）

了众多的政治家、文学家、思想家和能工巧匠。宋代永嘉学派主要代表和集大成者叶适，思想博大精深，成为温州模式和温州精神的源头活水；南宋龙泉诗人叶绍翁的诗句"春色满园关不住，一枝红杏出墙来"成为千古绝唱；北宋政治家何执中，官至宰相，"虽居富贵，未尝忘贫贱时"；同知枢密院事管师仁一生为官，廉洁奉公，政绩卓著；明初章溢，辅佐朱元璋开国立业，与刘伯温等被称为"四先生"。

【革命遗址】 龙泉是革命老根据地县。1935年，粟裕、刘英率领中国工农红军挺进师创建了浙西南革命根据地，龙泉是革命根据地的中心区域，在龙泉相继建立了中共浙西南特委、中共龙浦县委和县苏维埃政权。抗日战争时期，中共组织开展统一战线工作，进行了卓有成效的抗日救国运动，中共处属第一次党代会在龙泉召开，中共浙江省委第一部电台在龙泉建立。重要革命遗址有龙泉市革命烈士陵园、龙浦县苏维埃政府旧址、上田战斗纪念馆、仓砿红军挺进师政委会会议旧址、水塔、湖住溪革命纪念碑亭、浙西南特委(处属特委、闽浙边委)驻地遗址、溪头战斗、凤阳山战斗遗址等。

历史沿革

【概况】 龙泉市历史悠久，牛门岗出土文物证明，早在新石器时代，龙泉土地上就有人类活动。东晋太宁元年(323)置龙渊乡。唐武德三年(620)，因避高祖李渊讳，改龙渊乡为龙泉乡。唐乾元二年(759)，建立龙泉县，县治地黄鹤镇(县城)。属浙江东道括州。北宋宣和三年(1121)诏天下县镇凡有"龙"字皆避，龙泉县改为剑川县，南宋绍兴元年(1131)复名龙泉县。宋庆元三年(1197)析龙泉县之松源乡及延庆乡部分地设置庆元县。明洪武三年(1370)庆元并入，十三年复置庆元县。清承明制未变，属浙江省处州府。

1949年5月13日龙泉解放。1958年11月，庆元县并入。1973年7月复建庆元县至1975年8月，龙、庆二县开始分署办公。1990年12月26日，经国务院批准，撤销龙泉县，设立龙泉市(县级市)，仍属丽水地区行政公署。2000年5月，撤销丽水地区，设立地级丽水市，原丽水地区管辖的县级龙泉市由浙江省人民政府直辖，其行政管理委托丽水市人民政府代管。 （市方志办）

行政区划

【概况】 1990年12月，龙泉撤县建市(县级)，全市下辖9个区、1个区级镇，8个乡级镇、35个乡，442个行政村。1992年4月，根据浙江省人民政府部署，进行撤区扩镇并乡工作，经过撤区扩镇并乡后，全市辖9个镇8个乡，442个行政村。9个镇是：龙渊镇、八都镇、上垟镇、小梅镇、查田镇、屏南镇、安仁镇、锦溪镇、住龙镇，8个乡是：兰巨乡、竹石乡、宝溪乡、龙南乡、道太乡、城北乡、岩樟乡、竹垟畲族乡。2002年4月10日，根据省政府《关于龙泉市部分行政区划调整的批复》，撤销龙渊镇建制，原龙渊镇行政区域由龙泉市人民政府直辖，设立龙渊、西街、剑池3个街道办事处，为市人民政府派出机构。2006年，新建立西街街道河星村和剑池街道宏阳村等2个滩坑电站移民村。2009年，新建立剑池街道大沙社区和安仁镇安泰社区等2个社区。到2012年底，龙泉市辖8个镇8个乡3个街道，444个行政村。

人口与民族

【人口概况】　2012年末，全市总户数92500户，总人口288568人，其中男性148527人，女性140041人，非农业人口42136人。2012年，全市人口出生率11.4‰，死亡率8.05‰，全市人口自然增长率为3.31‰。　（市统计局）

【民族概况】　至2011年底，龙泉市有汉族和畲族、回族、苗族、满族、土家族、彝族、壮族、侗族、蒙古族、布依族、朝鲜族、瑶族、白族、哈尼族、傣族、黎族、傈僳族、佤族、拉祜族、水族、景颇族、土族、仫佬族、仡老族、锡伯族、阿昌族、怒族、穿青族等28个少数民族，是浙江省少数民族人口较多的县（市）之一。全市少数民族人口11050人，占全市总人口的3.8%，其中畲族人口占少数民族总人口的98%以上。全市少数民族人口分布于174个行政村390个自然村，形成“大分散小聚居”的特点，少数民族人口占30%以上的行政村有20个。全市设有民族乡1个（1984年10月3日，经浙江省人民政府批准，建立竹垟畲族乡），民族村20个，民族中学（位于八都镇）1所。　（市民宗局）

五年概述

【概况】　2008—2012年，龙泉市委、市政府高举邓小平理论和“三个代表”重要思想伟大旗帜，以落实科学发展观统领全局，团结带领全市党员干部群众，艰苦拼搏，全面追赶，加快崛起，和谐发展，全面落实中共十七大、十八大精神，坚持从龙泉是欠发达地区这个实际出发，围绕深化“生态立市、工业强市、旅游兴市”发展战

龙泉市“地区生产总值”（2008—2012年）

表2

年　　份	2008年	2009年	2010年	2011年	2012年
地区生产总值（万元）	483083	512829	614801	752881	846506
同上年比增长±%	13.56	11.2	13.8	12.4	10.7

龙泉市“人均地区生产总值”（2008—2012年）

表3

年　　份	2008年	2009年	2010年	2011年	2012年
人均地区生产总值（元）	18456	19411	26195	32174	36331
同上年比增长±%	12.5	10.6	28.1	12.7	11.2

龙泉市三大产业所占比重（2008—2012年）

表4

年　　份	2008年	2009年	2010年	2011年	2012年
第一产业（%）	16.99	17.2	15.1	14.1	13.6
第二产业（%）	42.48	42.3	45.4	46.2	46.3
第三产业（%）	40.54	40.5	39.5	39.8	40.1

龙泉市财政总收入（2008—2012年）

表5

年　　份	2008年	2009年	2010年	2011年	2012年
财政总收入（万元）	41657	40726	51581	67147	75780
其中：地方财政收入（万元）	24785	24870	32067	40855	46409

龙泉市城乡居民收入（2008—2012年）

表6

年　　份	2008年	2009年	2010年	2011年	2012年
城镇居民人均可支配收入（元）	18145	19825	22015	24904	27930
农民年人均纯收入（元）	5112	5805	6704	8025	9127

龙泉市城乡居民储蓄存款年末余额（2008—2012年）

表7

年　　份	2008年	2009年	2010年	2011年	2012年
城乡居民储蓄存款年末余额（万元）	247688	339239	416902	506661	592632

略，以“再创好龙泉”为奋斗目标，全面推进改革开放和现代化建设。坚持以经济建设为中心，出台一系列政策措施，促进三次产业协调发展，工业主导地位确立，农业经济稳步发展，服务业发展势头良好，综合实力显著增强。以竹茶菌蔬为主的现代农业，以汽车空调零部件、竹木制品、青瓷宝剑、金属材料为主的特色工业，以文创旅游为主的现代服务业产业格局初步形成。坚持城乡统筹，提升城区承载发展能力，城乡面貌变化巨大。坚持深化改革、扩大开放，解难题、惠民生，力促发展成果共享，人民生活大幅改善。坚持协调发展，统筹发展各项事业，社会持续和谐稳定。剑瓷文化、生态文化、精神文明得到大力弘扬，先后荣获国家级森林城市和省级文化先进市、文明城市、生态市、园林城市、卫生城市等荣誉称号。

【经济发展】 5年来，市委、市政府先后出台一系列政策措施，扶持优势企业、优势产业、优势产品，促进经济快速发展。地区生产总值从2007年的395994万元增至2012年的846506万元，地方财政收入从2007年21862万元提高到2012年的46409万元，城镇居民人均可支配收入、农村居民人均纯收入分别从2007年的16128元、4380元提高到2012年的27930元、9127元。

2012年，实现农业总产值182058万元，比2007年111851万元增长62.8%。至2012年共建立各类农产品基地200个，无公害食品、绿色食品和有机食品认证率达到55.5%，建成粮食生产功能区16个、1.38万亩，完成中低产田改造2.5万亩。大力发展“竹茶菌蔬”主导产业，建成“百千万高效竹林示范工程”基地4.5万亩，新建特色茶叶基地6700亩，建成保障型蔬菜基地1150亩，创建国家级、省级畜禽养殖标准示范场各2家。培育省级农业科技企业16家、丽水市级以上农业龙头企业27家、丽水市级以上规范合作社84家。新建节水喷滴灌面积442公顷，微灌面积860公顷；维修渠道100.5公里，堰坝25座，有效提高了农业综合生产能力。先后荣获中华灵芝第一乡、中国黑木耳之乡、中国食用菌行业十大主产基地县、全国十大生态产茶县、全国重点产茶县、全国林改百强县、浙江省农业特色优势产业综合强县等荣誉称号。龙泉灵芝及灵芝孢子粉获得地理标志产品保护，龙泉黑木耳、龙泉金观音分别成功注册证明商标和集体商标。

5年来，龙泉市充分利用省级低丘缓坡综合开发试点县（市）契机，积极转换思路，主动向山地要空间，大力开发低丘缓坡。5年间，累计新开发工业用地约10平方公里，一心五点”工业集聚平台基本形成，集聚度达到79%。全市确立了以浙江龙泉工业园区为中心，安仁、砖石、八都、上垟、查田工业功能区为重点的“1+5+X”沿高速公路Y形分布产业空间布局。五金汽配、竹木制品、青瓷宝剑等主导产业规模不断壮大，金属制品等产业得到积极培育，亿元以上企业达到25家，形成以汽车空调零部件、竹木制品、青瓷宝剑、金属材料和农产品加工为主的特色工业。五年新增国家高新技术企业4家、省高新技术企业6家、省级科技型企业14家、中国驰名商标5件、浙江省著名商标13

龙泉市农业总产值比较（2008—2012年）

表8

年　份	2008年	2009年	2010年	2011年	2012年
农业总产值（万元）	127084	136631	146226	166183	182058
同上年比增长（±%）	13.6	7.5	7.0	13.6	9.6

龙泉市工业总产值比较（2008—2012年）

表9

年　份	2008年	2009年	2010年	2011年	2012年
工业总产值（亿元）	62.89	73.77	108.27	142.78	175.88
同上年比增长（±%）	38.1	16.1	46.8	31.9	23.2

龙泉市社会商品零售额比较（2008—2012年）

表10

年　份	2008年	2009年	2010年	2011年	2012年
社会商品零售总额（万元）	193266	221484	226850	267002	315063
同上年比增长（±%）	19.7	18.0	17.7	18.2	14.6

龙泉市自营出口交货值比较（2008—2012年）

表11

年　份	2008年	2009年	2010年	2011年	2012年
自营出口交货值（万美元）	10366	9969	15269	20646	20269
同上年比增长（±%）	23.9	-3.9	53.2	35.2	-1.6

件、浙江名牌产品6个。龙泉市成为“中国汽车（空调）零部件产业基地”“中国竹木户外休闲用品产业基地”。2012年，实现工业总产值175.88亿元，比2007年45.53亿元增长286%。文化产业发展壮大，以文创旅游为主的现代服务业产业格局初步形成。2012年实现剑瓷文化产业产值20.1亿元，文化产业培育成效凸显。

5年来，商品流通持续活跃。2012年，实现社会消费品零售总额315063万元，比2007年161459万元增长95%，实现外贸自营出口20269万美元，比2007年8366万美元增长142%，汽配、木制品、农产品三大行业继续占据出口主导行业地位。

5年来，旅游环境设施不断得到改善。已建成AAAA级旅游景区1个（龙泉山景区），AAA级旅游景区1个（白云岩景区），AA级旅游景区3个。披云山景区一期、中国青瓷小镇、崇仁寺等项目有序推进，昴山佛教文化旅游区等项目成功签约，披云青瓷文化园成为省级工业旅游示范点。列入丽水市级以上服务业重点项目34个，青瓷文化创意基地入选省首批现代服务业集聚示范区和特色文化产业园区。培育丽水市级以上农家乐特色村（点）14个，三星级以上农家乐经营户（点）45个。龙泉成为“中国生态旅游最具魅力城市”。2012年，接待国内外游客229.68万人次（2007年为63.92万人次），实现旅游总收入11.06亿元（2007年为2.87亿元）。

【基础设施建设】 2008—2012年，交通、城建、水利电力等方面的基础设施建设不断加强，5年来，累计完成全社会固定资产投资181.62亿元。

交通建设取得突破。继丽龙高速公路建成通车后，2010年1月龙庆高速公路开工建设，2012年10月龙浦高速开工建设，衢宁铁路项目纳入国家铁路规划。省市（县）乡村四级公路基本联点成网，实现康庄公路村村通，至2012年全市有省道3条，县道24条，乡道21条，村道137条，444个行政村有431个行政村通等级公路，2008至2012年交通基本建设累计投资40.01亿元。全市营运客车200辆，省际长途线路7条，省内长途线路21条。邮政电信业务快速发展，至2012年，城市投递段道13条，农村投递路线1416公里，固定电话42716户，移动电话30458户，国际互联网用户22853户。

城乡面貌展现新变化。2008—2012年，完成后沙路、广济街、公园南路、江滨南路西段、东茶路等新建道路建设，以及中山路中段、剑池东路等路段的改造拓宽，后沙大桥建成通车，东大桥完成重建，城市道路总长度增至167里。完成江滨两岸2.6公里亮化提升，建成城市“绿道网”12公里。城市建成区面积由2007年的10.75平方公里扩展到2012年的13.1平方公里，城镇化率提高到54.5%；新建改造城市道路5.8公里，“五纵五横”城市道路网基本形成；2012年城市保洁面积达270万平方米，人均公共绿地面积提高到16.8平方米。建成污水收集管网35公里，溪北污水处理厂建成试运行，城市污水处理率达75%。至2012年，建成下山脱贫小区52个，近2.4万人实现异地搬迁；建设保障房5幢261套，新开工保障房7幢306套；实施改造农村危旧房18962户。

水利设施日趋完善。完成河道治理191.8公里，建成水雨情遥测站70处；投资3470万元全面完成了岩樟溪饮用水引水工程，饮用水安全工程基本覆盖全市。综合整治重要山塘39座；低丘红壤治理面积150公顷；新建防洪堤32.67千米，排涝涵设18处，修复堰坝30座。至2012年，建设农村电气化改造村47个，已建农村水电站105座，总装机达20.94万千瓦。

【社会事业发展】 剑瓷文化大力弘扬。2009年9月，龙泉青瓷传统烧制技艺入选“人类非物质文化遗产代表作名录”，龙泉青瓷行业协会成为国际陶瓷学会团体会员。建成青瓷博物馆、文化馆、图书馆、大剧院、青少年宫等一批文化项目，2011年，省级文化先进市通过验收。推进精神文明建设，把社会主义核心价值观融入国民教育、精神文明建设的全过程，2008年龙泉获得省级文明城市称号。至2012年，龙泉与浙大等科研院校所开展合作达66家，合作专家教授有207位，至2012年开展市校合作项目签约806个，争取省级以上立项356个，获省级以上科研补助经费15698.3万元。2008—2012年，全市列入科技项目296个（其中：国家级26个，省级235个，丽水市级35个），累计获科技补助经费9236.4万元。

教育事业不断发展。政府财政投入教育经费不断增加，2012年提高到3.82亿元（2007年为2.089亿元），占政府公共财政支出的19.25%。职业教育快速发展，市中等职业学校在校学生从2007年的2875名，提高到2012年的3384名，毕业就业率达99.2%。中小学教育均衡化水平逐年提高，2012年儿童入学率达100%，初中教育阶段少年入学率达99.75%，初升高比例达94.07%。2010年龙泉被确定为省级教育强市（县）。

医疗卫生条件改善。2011年，投入2880万元用于城乡基本公共卫生服务和乡镇（街道）卫生服务中心实行“药品零差价”，基本药物制度初步建立，门诊次均费用降低21.2%。实施市人民医院迁建工程，医疗条件不断得到改善，2008年成功创建省级卫生城市。计划生育工作取得新成绩，2010年荣获国家计划生育优质服务先进市称号。

社会保障体系更加健全。全市逐步建立和完善职工养老保险、工伤保险、五保户集中供养、农村和居民医疗保险等制度，2009年起凡年满60岁未享受其他基本养老保险待遇的老年人，均可享受基础养老金。从2010年起，城乡居民纳入城乡居民社会养老保险，实现城乡居民社会保障全覆盖。至2012年12月，城乡居民社会养老保险参保人数达109678人，其中享受待遇36659人；享受低保对象4847户，8556人。2012年7月2日市委作出《关于构建大社保体系的实施意见》，“五大保险”扩面提标，就业创业服务体系进一步完善，最低生活保障工作实现规范化、制度化，保障人数和保障水平不断得到提高。阳光老年福利中心、城区中心敬老院建成使用，城镇“三无”和农村“五保”对象集中供养率分别达到91.7%和90.3%。累计新增城镇就业9089人，失业人员再就业3226人，就业困难人员再就业979人，城镇登记失业率控制在4%。龙泉列入全省12个重点欠发达县特别扶持范围，2500元以下低收入农户全面实现脱贫。

（方永忠 徐承宾）

中国共产党龙泉市委员会

市党代会

【中国共产党龙泉市第十三次代表大会】 2011年12月26—29日，中国共产党龙泉市第十三次代表大会召开。市委书记蔡晓春代表中国共产党龙泉市第十二届委员会向大会作题为《推进绿色崛起，加快科学跨越，为打造“活力龙 幸福泉”而努力奋斗》的报告，市委副书记、代市长季柏林主持。大会选举产生中共龙泉市第十三届委员会和中共龙泉市纪律检查委员会，通过十二届市委工作报告的决议、市纪委工作报告的决议。

市委全会

【市委十二届四次全体(扩大)会议】 2008年1月18日，市委十二届四次全体(扩大)会议召开。市委书记赵建林代表市委常委会作工作报告。会议的主题是深入贯彻学习中共十七大、省第十二次党代会和丽水市委二届八次全会精神，回顾2007年工作，研究部署2008年工作。

【市委十二届五次全体(扩大)会议】 2008年7月23日，市委十二届五次全体(扩大)会议暨十四届政府第二次全体(扩大)会议召开。市委书记赵建林代表市委、市政府作题为《众志成城，攻坚克难，确保年度目标任务全面完成》工作报告，市委副书记、市长梁忆南主持会议。

【市委十二届六次全体(扩大)会议】 2009年1月13日，市委十二届六次全体(扩大)会议召开。市委书记赵建林代表市委常委作工作报告，市四套班子领导出席。会议主要任务是深入贯彻落实十七届三中全会精神和省委、丽水市委的全会精神，总结2008年工作，部署2009年工作。

【市委十二届七次全体(扩大)会议】 2009年7月24日，市委十二届七次全体(扩大)会议暨十四届政府第四次全体(扩大)会议召开。市委书记赵建林代表市委、市政府作《保增长、保民生、保和谐，向新中国成立60周年和龙泉置县1250周年献礼》工作报告，市委副书记、市长梁忆南主持会议。

【市委十二届八次全体(扩大)会议】 2010年2月1日，市委十二届八次全体(扩大)会议召开。市委书记赵建林代表市委常委会作工作报告，市四套班子领导出席。会议主题是全面贯彻中共十七大、十七届三中、四中全会和省委十二届六次全会、丽水市委二届十二次全会精神，以科学发展观为统领，以加快建设三省边际区域中心城市为目标，以发展绿色经济、提升幸福指数为主题，以培育“五型”绿色经济、构建三大保障体系、打造一支坚强队伍为重点，积极有为，负重拼搏，进一步开创创造美好新龙泉新局面。

【市委十二届九次全体(扩大)会议】 2010年8月6日，市委十二届九次全体(扩大)会议暨十四届政府第五次全体(扩大)会议召开。市四套班子领导参加。会议主题是学习贯彻省委十二届七次全会和丽水市委二届十三次全会精神，总结上半年工作，部署下半年任务，进一步动员全市广大干部群众奋起直追，奋发有为，创造优异成绩隆重庆祝龙泉撤县设市20周年。

【市委十二届十次全体(扩大)会议】 2011年1月14日，市委十二届十次全体(扩大)会议召开。市委书记赵建林代表市委常委会作工作报告，市委副书记、市长梁忆南主持，市四套班子领导出席。会议的主题是：深入贯彻落实党的十七届五中全会，省委、丽水市委全会和各级经济工作会议精神，回顾2010年工作，谋划“十二五”发展，部署2011年任务。

【市委十二届十一次全体（扩大）会议】 2011年8月16日，市委十二届十一次全体(扩大)会议暨十四届政府第六次全体(扩大)会议召开。市委书记蔡晓春代表市委作工作报告，并作总结讲话。市委副书记、代市长季柏林代表市政府作工作报告。会议审议通过了《中共龙泉市委关于加强和创新社会管理的若干意见》。进一步动员全市广大干部群众解放思想，务实创新，破难攻坚，创先争优，全面开展项目“双进”大会战，推进龙泉高起点跨越式可持续发展。

【市委十三届一、二、三、四次全体会议】 2011年12月29日，中共龙泉市委十三届一次全体会议召开。选举蔡晓春、季柏林、蒋世懿、包新华、曹新民、叶新亚、周光洪、叶晓勇、叶学明、王永伟、钟海燕(女，畲族)为市委常委；蔡晓春为市委书记，季柏林、蒋世懿为市委副书记。2012年4月11日，召开市委十三届二次全体会议。2012年5月4日，召开市委十三届三次全体会议。2012年6月12日，召开市委十三届四次全体(扩大)会议。

【市委十三届五次全体(扩大)会议】 2012年8月14日，市委十三届五次全体(扩大)会议暨十五届政府第一次全体(扩大)会议召开。会议研究龙泉市工业经济发展的总体思路、目标任务和发展举措；总结上半年工作，部署下半年任务。会议听取市委书记蔡晓春代表市委常委会所作的《立足工业强市，推进新型工业化，为打造物质富裕精神富有“活力龙 幸福泉”夯实基础》，市委副书记、市长季柏林代表市政府所作的《比学赶创，奋发有为，确保全面完成年度各项目标任务》的报告，并审议通过《中共龙泉市委关于立足工业强市推进新型工业化的决定》。市副处以上领导参加。

重要专题会议

【全市三级干部大会】 2008年2月18日，全市三级干部大会召开。市委书记赵建林作题为《全面加快创造美好新龙泉步伐》的主题报告，市长梁忆南主持会议，市人大常委会主任钟鸣、市政协主席邵戎汛出席。会议动员全市广大干部群众，全面贯彻落实十七大和市委十二届四次全会精神，乘势而上，大干快上，全面加快创造美好新龙泉的步伐。

【全市深入学习实践科学发展观活动动员大会】 2009年3月17日，全市深入学习实践科学发展观活动动员大会召开。市委书记、市委学习实践活动领导小组组长赵建林作动员部署，市长、市委学习实践活动领导小组副组长梁忆南主持会议。会议要求开展深入学习实践科学发展观活动，全市各级党组织和广大党员干部从讲政治的高度出发，切实增强开展学习实践活动的责任感和紧迫感。

【全市工业大会】 2009年4月3日，全市工业大会召开。会议总结2008年工作，部署2009年“115588”工业追赶计划，全年完成工业投资10亿元以上，新增亿元企业10家，新落地开工、新增规模企业各50家，新培育省级以上品牌企业8家，确保工业总产值突破80亿元。会议要求全市上下坚定不移地实施“工业强市”发展战略，围绕“调强提速”这一主线，以“项目双进年”为载体，重培育，优服务，危中求机，难中求进，快中求好，全力推进工业经济发展。

【全市领导干部警示教育大会】 2009年7月31日，全市领导干部警示教育大会召开。市委书记赵建林作重要讲话，市委常委、纪委书记雷金松作案例剖析报告，市领导钟鸣、徐为民、包新华、叶学明出席会议，会议由市委常委、组织部长应勇军主持。

【全市政法信访工作会议暨“基层基础建设年”动员大会】 2010年3月26日，全市政法信访工作会议暨“基层基础建设年”动员大会召开。市领导赵建林、梁忆南、徐为民、叶学明、陶中亮、徐建新、罗明、阙建平出席。会议提出要树立正确的服务观，把服务中心、服务发展作为政法信访工作的根本点。政法信访部门要始终强化“发展是第一要务，稳定是第一责任”的思想，把握发展态势，进一步维护大局稳定；发挥工作职能，进一步优化发展环境；突出法律手段，进一步助推经济发展。

【全市深化集体林权制度改革大会】 2010年11月2日，全市深化集体林权制度改革大会召开。会议以贯彻落实全国集体林权制度改革百县经验交流会和十七届五中全会精神为目的，以“生态受保护、农民得实惠”为主题，进一步总结林改前一阶段的经验和做法，明确下一阶段的目标和任务。国家林业局林改司副司长李近如、中国林学会副秘书长沈贵、浙江省林业厅副巡视员蓝晓光、市四套班子等领导出席会议。

【全市创建省级文化先进市动员大会】 2010年12月7日，全市创建省级文化先进市动员大会召开。会议提出全市上下要统一思想，明确任务，突出重点，抓好落实，迅速掀起创建省级文明城市工作的新热潮，齐心协力，实干苦干，努力把龙泉建设生态优良、实力较强、和谐文明的美好新龙泉。市领导赵建林、梁忆南、曹新民、黄丽萍、罗诗兰、雷丽亚出席。

【全市领导干部会议】 2011年7月14日,全市领导干部会议召开。宣布中共浙江省委、丽水市委关于龙泉市主要领导职务变动的决定,赵建林任中共衢州市委委员、常委,免去其中共龙泉市委书记、常委、委员职务;蔡晓春任中共龙泉市委委员、常委、书记;提名季柏林为龙泉市市长候选人;提议梁忆南不再担任龙泉市市长职务,任丽水市人民政府党组成员,政府办公室、法制办公室党组书记,免去其中共龙泉市委副书记、常委、委员职务,提名为丽水市政府秘书长人选。丽水市委副书记沈仁康出席会议并作重要讲话。蔡晓春、梁忆南、季柏林作表态发言。

【“项目双进”大会战部署会】 2011年8月17日,“项目双进”大会战部署会召开。会议指出要把项目引进、项目推进联动起来,齐驱并进;要凝心聚力,全力攻坚,按照“项目双进大会战”的目标任务,集中优势兵力进行重点攻坚;要落实好项目推进的长效机制,一手抓项目双进,一手抓明年项目的谋划,加强与上级对接;要强化要素保障,全力抓好资金保障、土地供应和维护稳定等工作,营造良好的发展环境。市领导季柏林、雷金松、徐为民、包新华、叶学明、曹新民、陈豪、叶新亚、徐炳东、罗诗兰、刘赤波、姚信参加。

【建设“法治龙泉”工作会议暨“六五”普法动员大会】 2011年10月21日,市委建设“法治龙泉”工作会议暨“六五”普法动员大会召开。市领导蔡晓春、季柏林、邵戍汛、雷金松、徐为民、包新华、叶学明、叶晓勇、曹新民、陈豪出席。

【市“五强五网”工程建设暨乡镇“六小”工程建设现场推进会】 2012年1月30日,市“五强五网”工程建设暨乡镇“六小”工程建设现场推进会召开。全面贯彻落实省委建设“法治浙江”工作交流电视电话会议精神,动员全市上下进一步统一思想,提高认识,加快推进依法治市,全面建设法治龙泉,为打造“活力龙 幸福泉”提供坚强的法治保障。市领导蔡晓春、季柏林、蒋世懿、包新华、叶新亚、周光洪、叶晓勇、钟海燕、陶中亮、徐炳东、徐建新参加。

【市“进村入企、助推发展、强化服务”大走访活动动员部署会】 2012年2月17日,市“进村入企、助推发展、强化服务”大走访活动动员部署会召开。贯彻落实省委关于在全省开展“进村入企”大走访活动及丽水市组织工作会议暨“万名干部进村入企助推发展”大走访活动动员部署会精神,全面部署龙泉市“进村入企、助推发展、强化服务”大走访活动,动员和组织全市广大党员干部,下基层、访民情、办实事、抓落实,统筹协调推动各项工作深入开展,以优异成绩迎接中共十八大和省第十三次党代会胜利召开。

【全市“三年”活动动员大会】 2012年4月27日,全市项目双进攻坚年、旅游推进年、文化产业发展年“三年”活动动员大会召开。会议传达贯彻近期省、丽水市一系列重要会议精神,分析点评龙泉市一季度经济运行和信访维稳形势,动员全市各级各部门、广大干部群众以更加振奋的精神、更加昂扬的斗志深入开展“三年”活动,确保经济平稳较快发展,确保社会和谐稳定,以优异成绩迎接中共十八大和省第十三次党代会胜利召开。

【全市“五城联创”暨美丽乡村建设动员大会】 2012年7月6日,全市“五城联创”暨美丽乡村建设动员大会召开。市委书记蔡晓春作重要讲话,市委副书记、市长季柏林,市委副书记蒋世懿分别对“五城联创”、美丽乡村建设工作作了部署,市委常委、常务副市长包新华主持会议,市领导邵戍汛、曹新民、叶新亚、陶中亮、罗诗兰、刘赤波出席会议。

【周林松先进事迹报告会】 2012年8月21日,周林松先进事迹报告会举行。市委书记蔡晓春在报告会上强调,各级各部门要以开展向周林松学习为动力,锐意进取、再接再厉、攻坚破难、敢于争先,巩固学习活动成果,为打造物质富裕精神富有“活力龙 幸福泉”贡献力量。周林松是龙泉市一位从业33年的农村公路养护工。2012年6月24日,周林松在清理础石乡高山线公路塌方时,被滚落的泥石击中,因伤势过重,抢救无效,不幸殉职。周林松的感人事迹在社会各界引起了极大关注和反响,浙江省副省长王建满、省交通运输厅厅长郭剑彪、丽水市委书记卢子跃等领导先后作出重要批示,新华社、中央电视台等40多家主流媒体对其进行了报道。省交通运输厅、中共丽水市委、中共龙泉市委先后作出向周林松同志学习的决定。

市委重大活动

【2008年市委重大活动】 4月10日,副省长王建满到龙泉市调研交通工作。省政府副秘书长王小玲,省交通厅厅长郭剑彪、副厅长郑黎明,省港

航局局长郑惠明，丽水市委书记、市长陈荣高，丽水市副市长叶朝丐，市领导赵建林、梁忆南、洪起平、陈良伟陪同调研。

同日，全省河道建设与管理工作会议在龙泉市召开。水利部建设与管理司副巡视员张汝石、水利部太湖流域管理局副局长林泽新、省水利厅厅长陈川、副厅长褚加福，省发改委、财政厅、环保局、防汛抗旱指挥部办公室等单位，各市水利局分管领导，相关县（市、区）水利部门负责人参加会议。丽水市副市长陈建波，龙泉市委副书记、市长梁忆南出席。

4 月 24—25 日，省委书记、省人大常委会主任赵洪祝到龙泉就改善民生加快欠发达地区发展问题进行调查研究。省委常委、秘书长李强，丽水市委书记、市长陈荣高，丽水市委常委、秘书长王昌荣，龙泉市领导赵建林、梁忆南、洪起平、曹新民、陈良伟陪同。

5 月 5—6 日，原中央政治局委员、国务院副总理曾培炎到龙泉视察工作。副省长王建满、省政府秘书长冯顺桥，丽水市委书记陈荣高，市委常委、公安局长陈钟，市委常委、秘书长王昌荣，副市长叶朝丐，市领导赵建林、梁忆南、洪起平陪同。

5 月 26 日，浙江省教育厅副厅长鲍学军到龙泉考察职业教育工作。丽水市教育局局长江春松，市副市长徐炳东陪同。

同日，首届"浙闽赣边境区域职教论坛"在龙泉举行。福建省浦城县、松溪县、武夷山市，江西省广丰县，浙江省庆元县及龙泉市 6 个县（市）职业教育界人士参加。市委书记赵建林致信祝贺，副市长徐炳东出席。

7 月 30 日，龙泉市召开"龙泉论坛"暨国防教育大会，南京陆军指挥学院著名教授就国际形势及和谐世界战略构想作专题讲座。市委理论学习中心组成员参加。

11 月 3 日，市委书记赵建林会见韩国康津青瓷协同组合董事长黄玉哲及会员尹允燮、李莫童等韩国青瓷艺术家。

同日，龙泉市与韩国康津郡缔结友好城市关系协议书签字交换仪式在康津郡举行。市委副书记、市长梁忆南，市人大常委会副主任陆龙水，康津郡郡守黄柱洪，议会议长李三铉出席。

11 月 4—7 日，第十届中日韩地方政府交流大会在韩国全罗南道举行。市委副书记、市长梁忆南，市人大常委会副主任陆龙水应邀参加。

11 月 28—30 日，第三届中国龙泉青瓷•龙泉宝剑节举行。省委常委、宣传部长黄坤明，省政协常务副主席、省委统战部长楼阳生，浙江大学党委书记张曦、校长杨卫，日本驻上海总领事横井裕发信祝贺。省政协副主席盛昌黎，中央党校原教育长、全国政协委员李兴山，中国工艺美术学会理事长杨自鹏，中国轻工业联合会副会长、中国陶瓷工业协会名誉理事长秦锡麟，原美国旧金山副市长、现浙江大学校友总会副会长、龙泉市政府经济顾问李摩西，中国产业发展促进会秘书长袁铎音，国务院办公厅行政司副司长王胜利，中国陶瓷工业协会副理事长傅维杰，上海文汇报副总编汪澜，省经贸委副主任杜世源，省文化厅副厅长陈瑶，省旅游局副局长许澎，丽水市领导陈荣高、焦光华、虞红鸣、吴永水，龙泉市四套班子领导参加。活动主要包括：龙泉宝剑欧冶子圣祖公祭活动、中国龙泉宝剑城奠基仪式、"古韵•名剑"精品刀剑展、国宝青瓷回乡展暨龙泉青瓷精品展、龙泉论剑、龙泉青瓷论坛、市校合作•经贸科技项目签约仪式等 11 项。

12 月 31 日，龙泉市改革开放三十周年成就展开展。市四套班子领导出席开展仪式。

【2009 年市委重大活动】 1 月 17 日，龙泉经济社会发展恳谈暨答谢酒会在杭州举行。省委副秘书长、政策研究室主任陈一新，省公安厅副厅长、杭州市委常委、公安局长吴鹏飞，建设银行省分行行长余静波，省技术监督局副局长李会光，省高院政治部主任林一，省农办副主任李一飞，市领导赵建林、梁忆南、钟鸣、邵戌汛、季柏林、叶学明、杨将新出席。

3 月 20—22 日，全国第八届食用菌新产品新技术展销会暨中国食用菌产业发展（龙泉）论坛举行。省人大常委会副主任程渭山，国家发改委农经司副司长方言，国际蕈菌生物技术服务中心主任、世界蕈菌生物学及其产品学会副主席张树庭，省农业厅副厅长冯一鹤，省林业厅副厅长邢最荣，省供销社副主任周加洪，丽水市委副书记虞红鸣，中国食用菌协会常务副会长陆解人，中国林业科学研究院国务院资深参事、林科院首席科学家、研究员盛炜彤，农业部重点科技项目专家组组长张利群，中国食用菌协会副会长姜保忠，丽水市人大常委会副主任张春法，丽水市副市长金建新，丽水市政协副主席陈翠仙，中国菌物学会理事长、教授李玉，中国食用菌协会香菇分会名誉会长、博导罗信昌，市四套班子领导参加。主要活动包括：全国食用菌新产品、新技术展示展销会，中国食用菌主产地产业发展龙泉论坛，香菇、木耳、灵芝生产加工技术研讨会，食用菌产业和农林项目及农产品营销对接会，浙闽赣食用菌交易中心开业仪式暨何澹塑像揭幕仪式，香菇博物馆历史文化研讨会，基地（企业）参观等。

4月28—29日，全国金融支持集体林权制度改革与林业发展现场会在龙泉市召开。中国人民银行副行长刘士余，国家林业局副局长祝列克，中国农业发展银行副行长李刚，浙江省人大常委会副主任程渭山，浙江省副省长龚正，中国人民银行、国家林业局、财政部、银监会、保监会、国家开发银行、农业发展银行、农业银行等部门领导和所属相关机构的负责人，浙江、辽宁、福建、湖南、江西五省人行、财政、银监、保监、林业等部门相关负责人，丽水市领导陈荣高、卢子跃、虞红鸣、沈仁康、金建新，龙泉市领导赵建林、梁忆南、徐光文、王奎泉、叶学明、徐炳东、金爱武出席。

4月29日，副省长龚正考察龙泉市旅游资源。省政府副秘书长夏海伟、省林业厅厅长楼国华、省旅游局局长赵金勇、丽水市副市长梁细弟，市领导赵建林、包新华、叶学明、叶砇仙陪同。

5月9日，国家工商行政管理总局局长周伯华一行到龙泉调研。省工商局局长郑宇民，丽水市委副书记、市长卢子跃，副市长叶朝丐，龙泉市领导赵建林、梁忆南、叶学明、曹新民陪同。

8月27—29日，“山上浙江”高峰论坛和浙江大学在龙泉办学70周年纪念活动在龙泉市召开。省政协主席周国富、副主席冯明光，浙江大学党委书记张曦、校长杨卫、常委副书记陈子辰，中国扶贫基金会会长、原中农办主任段应碧，农业部农村经济研究中心主任宋洪远，国务院发展研究中心农村部副部长徐小青，台湾农村经济学会理事长、中兴大学教授李皇照，丽水市领导陈荣高、廖思红、吴炳全，与建设“山上浙江”有关的厅局领导，湖州市等相关县市领导等157名来宾，龙泉市四套班子领导参加建设“山上浙江”高峰论坛；浙江大学党委书记张曦、校长杨卫，原浙大党委书记梁树德，全国政协常委、民建中央原副主席陈明德，浙大党委常务副书记陈子辰、副书记王玉芝、副校长朱军、吴朝晖，在浙大龙泉分校任教老师的家属代表和在龙泉分校求学的学长代表，浙大龙泉分校曾家大屋原主人的后辈代表，浙江大学各地校友会代表，贵州省湄潭县代表等346名来宾，市四套班子领导参加纪念活动。活动主要内容有：“建设山上浙江，发展山区经济”高峰论坛，纪念浙江大学在龙泉办学70周年大会，浙大主题公园奠基仪式，浙大—龙泉记忆展，浙江大学与龙泉市校合作成果展，市校合作经贸招商项目签约仪式，浙大文琴艺术团文艺晚会，参观考察市校合作示范基地。

9月27日，国家非物质文化遗产龙泉青瓷展在杭州历史博物馆开幕。浙江省政协主席周国富，文化部非物质文化遗产司副司长屈盛瑞，杭州市委副书记、市长蔡奇，龙泉市领导赵建林、梁忆南、罗诗兰、杨将新出席。

9月30日，在阿布扎比召开的联合国教科文组织保护非物质文化遗产政府间委员会第四次会议上，龙泉青瓷传统烧制技艺入选《人类非物质文化遗产代表作名录》。

10月22日，日本驻上海总领事馆总领事横井裕，日本驻上海总领事馆领事、日本政府小额援助负责人佐佐木明彦到龙泉考察农村环境保护工作。市委副书记、市长梁忆南，副市长叶新亚陪同。

10月24—25日，民盟中央副主席、省政协副主席、民盟省委会主委徐辉率省政协民盟界委员一行到龙泉视察教育工作。丽水市政协副主席庄志清，市领导赵建林、梁忆南、叶学明、罗诗兰、包建平、叶先长陪同。

12月18—20日，龙泉市举办龙泉置县1250周年庆典大会、龙泉青瓷传统烧制技艺入选人类“非遗”庆祝大会、第四届中国龙泉青瓷·龙泉宝剑节。全国政协副主席张梅颖，省政协副主席徐辉，丽水市委书记陈荣高，联合国教科文组织文化官员卡贝丝，联合国教科文组织文化处官员李江平，国家林业局农村农业改革发展司司长张蕾，国务院办公厅行政司副司长张英华，国家文化部非遗司副司长屈盛瑞，国际陶协常务理事许以祺，中国轻工业联合会副会长杨自鹏，中国陶瓷工业协会理事长何天雄，省文化厅厅长杨建新，省经信委副主任王素娥，省旅游局副局长叶建国，丽水市政协主席施基城，丽水市慈善总会会长徐仁俊，中国陶瓷工业协会副理事长傅维杰，中国汽车工业协会副秘书长董建平，中国人民解放军某部部队长张建强，浙师大党委书记梅新林，浙江传媒学院党委书记奚建华，省政协常委、副秘书长、民盟省委常务副主委徐向东，省农办副主任李一飞，省人力资源和社会保障厅副厅长王国益，省农业厅副厅长、纪检书记杜康，省林业厅副厅长俞坚，省文物局副局长陶月彪，丽水市领导陈钟、沈仁康、刘国安，韩国康津郡副郡守高大锡，浙大副秘书长叶民，中国美院党委副书记傅肃琴等出席开幕式。本次节庆县庆包括“祈福龙泉”——华严塔重建落成典礼、“回望千年”——龙泉文化遗产展、浙商龙泉巅峰论剑、龙泉青瓷博物馆开馆仪式、2009龙泉国际民间艺术大巡游、龙泉宝剑锻造技艺传承与发展研讨会、剑祖欧冶子公祭、龙泉青瓷传统烧制技艺国际论坛等系列活动。

【2010年市委重大活动】 1月18日，龙庆高速公路开工典礼在庆元县竹

口镇举行。副省长王建满，省交通运输厅厅长郭剑彪，省政府办公厅副主任谢济建，省发改委副主任吴华海，省交通运输厅副厅长王德宝，国家开发银行浙江省分行副行长倪贤孟，省林业厅副厅长叶胜荣，省交通运输厅纪检书记耿洛佳，省交通投资集团公司董事长陈继松，省交通投资集团公司总经理王洪涛，丽水市委书记陈荣高，市委副书记、市长卢子跃，市委常委、市委秘书长毛子荣，市人大常委会副主任占志妙，副市长叶朝丐，政协副主席庄志清，龙泉市领导赵建林、梁忆南、钟鸣、邵戊汛、季柏林、叶学明、叶先长参加。

2月1—2日，老挝国家农村发展和反贫困委员会主任、内阁部长昂纳•彭马占率代表团到龙泉考察新农村建设情况和扶贫工作。浙江大学国际教育学院院长、外事处副处长王立，地方合作处副处长张明方，市领导赵建林、季柏林、叶学明、徐炳东、熊树生陪同。

3月4日，省委副书记夏宝龙到龙泉考察农业农村工作。省林业厅厅长楼国华、省委副秘书长林云举、省农办副主任李一飞，丽水市委副书记、市长卢子跃，市委副书记虞红鸣，市委常委、秘书长毛子荣，龙泉市领导赵建林、梁忆南、徐为民、叶学明、徐炳东、刘赤波陪同。

3月9日，日本利民工程无偿援助龙泉市安仁镇分散型污水处理站建设项目签约仪式在杭州举行。日本驻上海总领事馆副总领事平木场弘人、领事佐佐木明彦，浙江省外事办主任阮忠训、副主任陆国灏，龙泉市委副书记、市长梁忆南，市长助理熊树生参加。

8月25日，龙泉青瓷传统烧制技艺入选人类非遗名录证书移交仪式举行。市领导赵建林、曹新民、黄丽萍、罗诗兰、雷丽亚出席。

11月7—8日，全国政协副主席、台盟中央主席林文漪到龙泉视察龙泉青瓷和龙泉宝剑传统技艺的保护和发展情况。省政协副主席盛昌黎，丽水市政协主席虞红鸣，市领导赵建林、梁忆南、邵戊汛、叶学明、雷丽亚陪同。

11月15—17日，龙泉撤县设市二十周年庆祝活动暨第五届中国龙泉青瓷•龙泉宝剑节举行。中共中央候补委员、福建省委常委、福州市委书记、原龙泉市长袁荣祥发来贺信。国际陶协主席珍妮特•曼斯菲尔德，中国陶瓷工业协会理事长何天雄，中国艺术研究院党委副书记、副院长杨化玉，中国商业联合会原会长、中国商业企业管理协会会长何济海，宁夏回族自治区党委常委陈二曦，中国工艺美术学会理事长杨自鹏，新华社党组成员许群，国务院办公厅行政司副司长张忠义，丽水市委书记陈荣高，人大常委会主任焦光华，市委常委、公安局局长陈钟，市委常委、统战部部长蓝资霞，市委常委、秘书长毛子荣，副市长金建新，丽水市政协副主席吴炳全，龙泉市四套班子领导等参加。

12月27日，“走近浙大•创好龙泉”活动暨市校合作项目签约仪式在杭州举行。浙江大学党委书记张曦、党委常务副书记陈子辰、校长助理张美凤，市领导赵建林、梁忆南、钟鸣、邵戊汛、叶学明、叶晓勇、刘赤波、姚信、熊树生出席。

【2011年市委重大活动】 3月21—22日，全国政协原副主席徐匡迪到龙泉视察。省委副书记、省长吕祖善，九届省政协副主席王玉娣，省政府秘书长张鸿铭；丽水市委副书记、市长卢子跃，市政协主席虞红鸣，市委常委、市委秘书长毛子荣，市政府秘书长朱继坤；市领导赵建林、梁忆南、钟鸣、邵戊汛、季柏林、叶学明、包建平陪同。

4月13—21日，中共中央原政治局委员、十届全国人大常委会副委员长、中国工艺美术协会名誉理事长李铁映一行到龙泉考察剑瓷特色文化。中国体改研究会副会长马役军，省人大常委会办公厅巡视员魏延延，丽水市人大常委会主任焦光华、副主任宋永平、秘书长叶丽萍，龙泉市领导赵建林、梁忆南、钟鸣、叶学明、陆龙水先后陪同。

7月14日，全市领导干部会议召开。宣布中共浙江省委、丽水市委关于龙泉市主要领导职务变动的决定：赵建林同志任中共衢州市委委员、常委，免去其中共龙泉市委书记、常委、委员职务；蔡晓春同志任中共龙泉市委委员、常委、书记；提名季柏林同志为龙泉市市长候选人；提议梁忆南同志不再担任龙泉市市长职务，任丽水市人民政府党组成员，政府办公室、法制办公室党组书记，提名为丽水市政府秘书长人选，免去其中共龙泉市委副书记、常委、委员职务。丽水市委副书记沈仁康出席会议并作讲话。蔡晓春、梁忆南、季柏林作表态发言。

8月13日，中国陶瓷文化历史名城和中国陶瓷艺术大师颁证大会在北京钓鱼台举行。龙泉市被授予“中国陶瓷文化历史名城”称号，市委书记蔡晓春代表龙泉市接受牌匾，市委常委、市委办主任叶学明，市委常委、宣传部部长曹新民参加。

11月8日，由中共丽水市委、丽水市人民政府主办，中共龙泉市委、龙泉市人民政府、中共青田县委、青田县人民政府、中工艺美（北京）文化传播有限公司联合承办的首届浙江丽水文化精品展在京开幕，北京文化界和收藏界人士参观“非遗荣光——浙江丽水文化精品展”。展品中包括了徐朝兴、毛正聪、夏侯文和倪东方等中国工艺美术大师创作的350余件龙泉青瓷及青田石雕精品。全国人大常委会原副委员长李铁映特将精心创作的刀书绞泥《圆口瓶》、刀书粉青釉圆口瓶《伏羲祭》等7件龙泉青瓷精品送展。

11月16—19日，第六届中国龙泉青瓷·龙泉宝剑节暨中国古陶瓷学会2011年年会举行。丽水市委副书记沈仁康，省文化厅副厅长、省文物局局长鲍贤伦，中国古陶瓷学会会长王莉英，省文化厅巡视员、省非遗保护协会会长金庚初，省旅游局副局长朱红炜，省经信委副巡视员林华，赞华艺术之家名誉主席、中国市长协会副会长、中国女市长协会会长陶斯亮，赞华艺术之家副主席、中央工艺美术学院教授张守智，中国古陶瓷学会副会长李建毛，丽水市人大常委会副主任刘国安，丽水市副市长梁细弟，丽水市政协副主席庄志清，国务院办公厅行政司服务二处处长李国庆，国务院办公厅行政司办公室主任李卫建，龙泉市四套班子领导等参加。

【2012年市委重大活动】 3月22—23日，国务院扶贫办副主任王国良一行到龙泉调研考察扶贫开发工作。省农办(扶贫办)副主任邵峰，丽水市副市长金建新，市领导蔡晓春、季柏林、蒋世懿、徐炳东陪同。

5月25日，文化部副部长王文章在京会见市委书记蔡晓春，并听取龙泉市"非遗"保护工作汇报。

5月30日，萧山·龙泉山海协作暨资源与产业合作洽谈会在龙泉举行，双方签订了《山海协作产业园区框架协议》。杭州市委常委、萧山区委书记俞志宏，萧山区委常委、常务副区长洪松法，萧山区政府副区长赵文虎，市领导蔡晓春、季柏林、叶新亚、叶学明，丽水生态产业集聚区龙泉片区管委会主任陈惠锋出席。

6月15—16日，全国人大常委会委员、内务司法委员会主任委员黄镇东带领全国人大常委会残疾人保障法执法检查组到龙泉检查贯彻实施残疾人保障法情况。市领导蔡晓春、季柏林、钟鸣、陶中亮、王正飞陪同。

8月25日，《龙泉司法档案选编》(第一辑·晚清时期)发布仪式及"龙泉司法档案研究中心"揭牌在浙大举行。市领导蔡晓春、季柏林、叶新亚、罗诗兰出席。

10月31日，"人类非遗——龙泉青瓷文化的传承与发展"主题新闻发布会在杭州举行。市委副书记、市长季柏林参加发布会。

11月8—9日，由浙江省文物考古研究所、龙泉青瓷博物馆主办的"2012龙泉黑胎青瓷与哥窑论证会"成功举办，龙泉黑胎青瓷考古取得重大成果，文献记载的哥窑在龙泉。

11月16—18日，第七届中国龙泉青瓷·龙泉宝剑文化旅游节暨绿色中国行——走进龙泉活动成功举办。省委常委、副省长、宣传部长葛慧君，丽水市委书记、市人大常委会主任卢子跃发贺信。全国人大常委会原副委员长李铁映为活动题词。省人大常委会副主任程渭山，国家林业局总工程师陈凤学，中国陶瓷工业协会理事长何天雄，中国工程院院士汪燮卿，省林业厅厅长楼国华，中国工艺美术协会常务副理事长张红，国家林业局经济发展研究中心主任刘东生，省经信委副主任王素娥，省文化厅副厅长、巡视员田宇原，绿色中国行组委会秘书长、绿色中国杂志社社长缪宏，丽水市领导王永康、虞红鸣、陈建波、蓝资霞、林健东，龙泉市副处以上领导分别参加开幕式或相关活动。

12月18日，龙泉至浦城(浙闽界)高速公路举行开工仪式。副省长王建满对龙浦高速公路建设作重要指示。丽水市委书记、市人大常委会主任卢子跃宣布开工。省政府副秘书长谢济建，省交通投资集团董事长陈继松，省交通运输厅党组副书记、副厅长徐纪平，省交通运输厅副厅长、公路局局长李良福，丽水市委常委朱继坤，丽水市人大常委会副主任蔡小华，丽水市副市长葛学斌，丽水市政协副主席吴炳全，龙泉市蔡晓春、季柏林、钟鸣、邵戌汛、蒋世懿等四套班子领导出席开工典礼。

同日，龙泉浙大中学项目举行开工仪式。市领导蔡晓春、季柏林、钟鸣、邵戌汛、叶晓勇、叶学明参加仪式。

办公室工作

【信息工作和新闻报道】 5年来，市委信息工作得到进一步加强，信息采编和综合质量得到进一步提高，共编发《信息通报》《信息参阅》《信息专报》等刊物148期。出台了《龙泉市党政信息考核评比办法》，进一步严格紧急信息报告的范围、程序和纪律，对紧急信息做到即发即报，并对紧急事件的发展动态及处理情况进行跟踪续报，对各乡镇(街道)、各部门迟报、漏报、瞒报、错报紧急信息进行通报批评。全市向上级党委办公厅(室)报送信息力度进一步加大，2008年以来共上报上级党委办公厅(室)信息6956条，被录用2046条。5年来被丽水市委办公室评为信息工作一等奖3次、二等奖2次；2010年以来连续3年获省信息工作先进单位。

5年来，市委报道组紧紧把握"宣传龙泉 推介龙泉"这一中心，围绕市委、市政府中心工作，着眼主流媒体，精心策划宣传战役，不断挖掘提炼龙泉创业创新过程中的好做法和好经验，打好了主动仗，唱响了主旋律。同时，强化基层通讯员队伍建设，组织新闻业务交流，充实壮大了通联队伍，扩大了新闻线索采集面。5年间，共在《人民日报》《浙江日报》《今日浙江》《丽水日报》等上级主流媒体发表宣传龙泉稿件2070篇，为提高龙泉的知名度、美誉度和影响力发挥了积极作用。市委报道组连续五年被评为浙江日报、丽水日报“先进报道组”，并在2011—2012年，连续两年拿到浙江日报全省“十佳报道工作者”荣誉。

【督查工作】 市委、市政府督查办公室工作职责是督查各乡镇(街道)、各部门贯彻落实市委、市政府重大决策和重要工作部署情况；抓好市领导重要批示和上级督查部门交办事项的落实；组织实施市委、市政府对乡镇(街道)、部门年度综合目标责任制考核等工作。2008年以来，市委、市政府督查办公室以“督查督办有力度、督查调研出精品、目标考核求实效”为目标，紧紧围绕市委、市政府重点工作，积极开展督查，认真组织考核，有力地推动了市委、市政府重大决策和重要工作部署的贯彻落实。2008—2012年，市委、市政府督查办公室共发出督查通知90份，办理省、丽水市督查件51件，编写《督查通报》78期、《督查专报》66期，其中，市主要领导在《督查专报》上批示21期。在考核方面，制定了2008—2012年各年度对乡镇(街道)、部门年度目标责任制考核办法并组织实施，同时做好丽水市每年对龙泉市的考核工作。市督办在2009年被评为丽水市党委系统督查工作先进集体。

【综合调研工作】 2008年以来，市委办综合调研工作积极发挥服务领导和调查研究的两大职能作用，立足本职抓服务，紧扣中心抓调研，承担开展了一批战略性、全局性、综合性、根本性的调研课题，协调推进了一些重大课题的调查研究，形成了一批调研成果，就一些经济社会发展的主要矛盾、关键问题和薄弱环节提出了解决办法，努力当好市委决策的参谋，5年来共编发《决策参考》52期，其中《关于打造“活力龙、幸福泉”的思考》等多篇调研课题在丽水市级以上获奖。认真起草制定市委出台的重要文件，承担起草、修改、整理和编发市委领导讲话稿职责，负责市委会议纪要编发工作和市委领导重要会议新闻稿的把关工作，编写市委、市政府每月主要工作安排和每月要事，5年来共编发《龙委办通报》521期。

【保密工作】 2008年以来，保密工作按照中共浙江省保密委员会每年工作要点的部署，围绕龙泉市工作实际，积极主动地开展各项保密业务工作。一是深入开展保密宣传教育工作。运用专题、夜学等多种形式，开展保密宣传教育活动；通过订阅《保密工作》杂志，加强学习教育；开展《中华人民共和国保守国家秘密法》实施20周年纪念活动，通过《知识竞赛》等方式对保密法的法律法规进行宣传，增强全社会及各级领导干部的保密意识和法制观念；在2009年召开了全市保密工作会议，邀请省保密局专家进行防窃密、反泄密技术演示，宣传保密工作的重要性和迫切性。二是推进保密责任制度落实。通过督促各部门乡镇建立保密工作领导小组，按照“谁主管、谁负责”的原则，健全落实保密工作领导责任制；严格执行“上网信息不涉密、涉密信息不上网”的规定，有效落实保密责任制度；对全市行政、事业单位工作人员签订《保密承诺书》，确保落实保密责任制度到个人。三是严格执行保密执法检查。每年都对相关重点部门进行专项保密检查，切实防堵不足和漏洞，并督促相关部门完善防护措施，制定行之有效的管理办法。协同保密检查工作开展了测绘成果应用专项清理工作和涉密计算机安装违规上互联网监控软件，并部署了县级监控端。通过文件形式要求各部门单位规范对国家秘密载体的管理。四是做好特色保密服务。为做好高考试卷保密工作，积极与教育部门合作互动，通过对试卷保密室的检查、对教务人员和试卷管理人员的保密法制教育、参与考场巡视等工作，保证国家高等教育考试进行。 (市委办)

组织工作

【概况】 市委组织部是市委主管组织、干部、人才工作的职能部门。主要职责是研究、指导全市党的组织制度和干部人事制度的改革，制定或参与制定龙泉市组织、干部人事工作的重要政策；研究、指导全市党的基层组织建设，探索各类新经济组织、社会组织中党组织的设置形式和活动方式，负责党员的管理和发展工作；负责市委管理领导干部的考察、考核、日常教育管理工作及办理任免、待遇审批手续；参与研究制定全市科技人才队伍建设的政策和规划，宏观管理全市科技干部队伍，掌握和联系一批拔尖人才等。2008—2012年，龙泉市委组织部围绕中心服务大局，稳中求进、奋发有为，改革创新、求真务实，在领导班子思想政治建设、基层党组织建设、干部人才队伍建设、机关自身建设等方面取得新成效。

【领导班子建设和干部队伍建设】 2008年，对25个单位领导班子进行了调整，提拔使用了15名德才优秀、实绩突出的干部，充实调整2名优秀的机关干部到乡镇任职，新充实53名副科级后备干部。完善回访考察制度，对市交通局等28个单位及19个乡镇街道进行了届后的回访考察，为市委用人选人提供第一手资料。15位上挂外派有成效、攻坚破难有实绩的干部得到了提拔任用或转任重要岗位。2009年，试行全委会票决制，细化量化干部年度考核方式方法，初步建立《科级领导干部实绩台账》和《后备干部岗位锻炼实绩台账》，出台《关于市直部门单位选调干部有关事宜的通知》。对31个单位领导班子进行调整，在正、副科岗位上提拔使用了80名德才优秀、实绩突出的干部，充实调整17名优秀的机关干部到乡镇任职，新提任了27名表现突出的市管副科后备干部进入领导班子，新充实72名副科级后备干部。2010年，完成机关部门（69个班子333名领导干部）届中考察任务；开展竞争性选拔领导干部工作，增加全委（扩大）会评议环节，变少数人选人为多数人选人，选拔出2名正科级领导干部和11名副科级领导干部；开展市直部门单位选调干部工作，共向乡镇街道选调公务员4人、事业1人；新充实市管副科后备干部48名。2011年，16个乡镇党委换届工作于10月20日圆满完成，各乡镇共选举产生出席中共龙泉市第十三次代表大会代表131名；在5月对全市19个乡镇（街道）领导班子和197名领导干部进行换届和任职考察；首次探索对领导干部进行德的考核考察评价，在换届人事调整前制定出台《县乡换届干部调配原则》；试行全委会实名推荐，年初在市委全委（扩大）会议上，对财政局局长等8个正科岗位进行定向实名推荐，推荐结果得到充分运用；结合乡镇换届工作，于9月探索完善“四轮推荐、差额比选”干部初始提名机制，将乡镇副职提任人选初始提名权交给干部群众。2012年，继续深化干部人事制度改革，提高选人用人公信度。在今年4月份，试行了“三推荐二票决”选任机制，对10个正科领导岗位和20个近期可转任或提任乡镇（街道）党政正职人选进行了定向推荐；进一步推进竞争性选拔领导干部工作，圆满完成“百名干部联合公选”龙泉市10个副科领导职位的竞争性选拔工作；进一步规范了中层干部竞争上岗、一般干部双向选择的工作，审核任免中层干部230多人；在民主推荐、知识测试、考察的基础上，组织开展了市管后备干部的调整工作，并在调整中注重合理配备女干部、党外干部和少数民族干部，优化后备干部结构。

【干部培训工作】 2008年，整合干部资源，全年分期分批选派优秀干部参与“百日会战”等重点工作，安排年轻干部到信访、园区等部门顶岗锻炼（到信访岗位锻炼11人，到非公企业任总经理助理30人、联络员88人，抽调182人组成16个工作组参与市农嫁非、征地、拆迁等重点工作），有力推进市“双十”工程的实施。实行干部任前锻炼，出台干部岗位培养锻炼制度，全年选派了20名干部上挂建设部、财政部和省级部门，外派8名干部到温州、义乌等发达地区锻炼。2009年，全市参加第二批科学发展观学习实践活动党委（党组）共有26个，党支部291个，参加党员干部4206人。全市共有18个乡镇（街道）参加第三批科学发展观学习实践活动，党组织622个，党员共10161名。总共安排了36期主体培训班，共培训各类干部人才6792人次。将上挂外派工作纳入部门综合目标责任考核体系，不断扩大上挂外派、跑部进厅效果，共选派了26名干部，其中2名上挂中央部委，19名上挂省级部门，5名外派发达地区。积极探索村干部外派发达地区村镇锻炼机制，尝试派出5名村干部到海盐县挂职锻炼。2010年，开展领导干部招商引资、项目推进能力培训，将农村干部、企业经营管理人员培训纳入全市干部教育，进一步加大干部教育培训的宏观指导力度，共抽调参与锻炼干部到信访岗位12人，市级工作组18人，任企业总经理助理28人。以市委党校培训为主阵地，共牵头举办各类培训班30期，培训科级干部111名，中青年后备干部50名，共选派24名干部，其中1名上挂中央部委、15名上挂省级部门，8名外派宁波、温州、义乌等发达地区。2011年，

2012年龙泉市新任领导干部培训班

开展大规模干部培训工作，制订2011年干部教育培训主体班次计划，将农村干部、企业经营管理人员培训纳入全市干部教育，开展各个层次培训，扩大培训受益面。共举办各类培训班24期，培训干部人才2425人次。实施企业家素质提升工程，共举办主题培训班次2期，参与企业家达200人次。利用市校合作平台，组织12名企业家到浙大进修，15名企业家参与高层次工商管理培训。推进干部上挂外派工作，选派27名干部上挂外派，其中有16人上挂省级部门，3人上挂丽水市级部门，5人外派发达地区，3人支援新疆建设。持续实施干部多岗位锻炼制度，全年抽调30余人到信访、工作组等岗位锻炼。2012年，干部教育培训成效持续显现。以"四比"活动为主线，推行多举措、多途径加大干部教育培训力度，全年共举办主体班次培训班43期，培训各类干部人才3793人次，选调参加省、丽水市培训班40人次。突出干部培训主题，针对换届之年，对309名新任领导干部进行集中培训，市委书记亲自领衔授课，市领导带头领学成为一种常态；加强干部实践锻炼，全年共抽调100多名后备干部、年轻干部到各类项目攻坚组、信访工作组及信访、招商等部门顶岗锻炼，选派30名干部到省级部门和发达地区挂职锻炼(其中新派挂职干部15人)；丰富干部培训方式，开通干部教育网络学院，606名领导干部成为网络学院的学员。

【干部监督管理】 2008年，规范领导干部外出请销假制度，重新制定审批表，规范请销假程序，与会计核算中心做好衔接，对未报批擅自外出或组团外出的情况进行逐一登记，将在年终目标责任制综合考核中进行扣分，完善了干部日常考核管理。实行干部实绩通报和干部业绩跟踪考核制度，建立领导干部项目领衔制和难题破解责任制，对干部参与重大工程、重大项目的工作情况给予跟踪督查，对作风扎实、工作得力、攻坚破难有实绩的集体和干部，及时予以通报表扬，全年共发出干部实绩通报13期。2009年，坚持联席会议制度，加强干部选拔任用工作监督的协调配合，形成监督合力。通过建立巡视制、实行述职述廉制、实行领导干部个人收入申报制度和重大事项报告制度等，加强对党政"一把手"监督。加大中层干部任用的监督力度，全年共有22批105名中层干部审核备案。加大领导干部任期审计工作力度，全年共对8个单位的一把手进行任期经济责任审计，共对25个单位的33位领导干部实行离任交接。严格后备干部管理，把好后备干部"入口"关。2010年，贯彻实施"四项监督制度"和开展整治用人上不正作风工作情况宣传，召开市委理论学习中心组干部选拔任用政策法规专题学习会。配合丽水检查组做好《党政领导干部选拔任用工作条例》检查工作，并针对检查反馈意见制定具体整改措施，认真开展整改工作。全面开展"吃空饷"清理工作，共清理出134名在编不在岗的党政机关、事业单位工作人员；建立落实"治庸问效、治懒问责、治贪问廉"的"三治三问"机制，做好出国人员政审、领导干部经济责任审计、落实党员领导干部报告个人有关事项等工作。2011年，全方位开展"5个严禁、17个不准、5个一律"换届纪律宣传，成立6个换届纪律督查小组分赴各乡镇(街道)加强换届纪律督促检查。发放换届纪律学习资料2730多份，848人参加换届纪律知识测试，869人签署承诺书，发放严肃换届纪律情况调查问卷2211份。实行组工满意度整改提高工作情况月报制度，开展基层单位组织工作专项调查测评。组织开展"吃空饷"清理工作，出台《关于做好清理党政机关事业单位"吃空饷"工作的实施办法》，探索建立人事管理长效机制，完成"吃空饷"清理工作，共清理在编不在岗的党政机关、全额拨款编制事业单位工作人员67名。2012年，干部监督管理力度切实加强。在市"两会"及部门届末调整期间，对广大党员干部进行涉及换届纪律的政策法规大宣讲大培训，会同丽水市委换届风气督导组对"两会"换届风气进行现场督导；加大领导干部经济责任审计力度，出台领导干部经济责任审计六项制度，共对12个单位的主要领导进行经济责任审计，对30位领导干部实行离任交接审计；做好信访接访和核查工作，共受理并妥善解决涉及干部问题的信访举报8起，核查信访件20件，接待来访60多人次；实行领导干部个人有关事项报告制，全市686位科级领导干部及"退二线"干部的个人有关事项集中报告工作全部完成。

【基层组织建设】 2008年龙泉市村级组织换届工作在丽水9个县(市、区)里谋划最早、部署最早、完成最早，成效最为明显。提出届末述评考察，"三定"工作制度，市领导、部领导联系村制度等"五法"加以积极引导，确保了村级选举工作的有序开展。通过市委常委会出台了《加强社区建设的若干意见》，重新对各社区共建委员会成员单位进行了调整充实。剑池街道、南秦社区分别获得省城市社区党建工作示范街道、示范社区的称号。形成了龙南乡党员管理服务中心、龙渊街道"不作为"党员告诫制、石达石乡外出人员创业委员会等多个特色工作。落实好"关爱基层、落实

‘三真’”长效机制，切实改善19个乡镇（街道）管理区干部的工作和生活条件。牵头制定出台《关于建立龙泉市干部保健工作制度的实施意见》，多方筹集农村党员关爱基金，投入近40万元资金，开展走访慰问中华人民共和国成立前老党员和困难党员活动。组织党员为四川汶川特大地震交纳“特殊党费”85.3万元。2009年，开展以“统筹城乡、加强基层组织建设”为主题的大调研，探索创立区域联合党总支、区域议事会议和公共服务中心等平台，建立完善以“五固定、五经常”：固定党员活动日、固定党员议事日、固定党员志愿服务队、固定党员责任区、固定党员联系户，开展经常性群众服务活动、开展经常性扶贫济困活动、开展经常性教育培训活动、开展经常性社区文化活动、开展经常性示范创建活动）为核心的社区在职党员联建机制。利用三级联动办实事活动平台，发挥基层组织和党员干部先锋模范作用，切实为民办实事。深化“住村联心”工作，创新推出“干部身份证”制度。2010年，根据农村“135”工程的总体安排，确定43个后进村进行集中整顿转化，同时对全市其他401个村实行动态化管理。“网格化管理、组团式服务”强力推进。全市455个村（社区）共划分网格608个，覆盖企业和基层单位291家，共组建各类服务团队535个，参加服务团队人数2902人。在全市444个行政村组织开展村级民主管理公约制定工作，重点解决村干部入口关、履职关和出口关问题。确立“绿色发展先锋”活动载体，扎实推进创先争优活动，实行各级领导小组联系点制度。开展争做“新农村建设先锋”活动，“农民服务日”活动，推出“党员户”亮相制度，出台实施《龙泉市行政村干部考核管理办法（试行）》，及时组织对288个村级班子的届末考察。2011年，深入开展“绿色发展先锋”活动，以推进窗口单位和服务行业的创先争优为重点，深化开展“六比”活动；以“闪光言行之星”评选活动为契机，促进履诺践诺，共有7个基层党组织和12名党员被评选为丽水市级“闪光言行之星”，1个基层党组织和3名党员被评选为省级“闪光言行之星”，共有5个基层党组织、6名党员和5名党务工作者受到丽水市委表彰，1个基层党组织和1名党务工作者受到省委表彰；及时铺开村级换届“回头看”，于4月底全面完成444个行政村换届工作，一批肯干事会干事的致富带头人、20名优秀大学生村官和569名女干部进入村“两委”班子。及时开展村级班子换届后“回头看践诺”活动，加强对村两委“一把手”履诺监督；积极推进后进村整顿转化，共梳理出45个后进村须办理的实事173项，由各乡镇（街道）牵头落实。党代表联络工作有序开展，在道太乡最早成立了规范化的党代表工作室。2012年，创先争优活动深入推进，开展了领导干部联系农村、企业、社区、产业项目示范点建设及窗口单位和服务行业的“三亮三比”活动；“村情民情百宝箱”建设工作取得成效；在全市组织开展了以“比学赶创求突破、争先进位创一流”为主题的“四比”活动，全市各基层党组织建立了务实管用的制度1065个；基层组织建设年活动扎实开展，以百分制考评为标准，对全市1061个基层党组织进行分类定级，建立台账，并上墙公示结果，并根据分类定级结果，全面完成基层党组织晋位升级工作；村级组织活动场所建设全面启动，全市51个活动场所建设计划村已全部完工；“壮村工程”全面实施，“一村一品、因地制宜”，积极探索各种有效方法，为促进全市300个薄弱村村级集体经济的发展壮大提供思路；全面推进乡镇（街道）“六小工程”建设，第一批11个实施单位已经建设完工，第二批8个实施单位建设项目申报工作已完成并开工建设；开展了村两委班子“践诺回头看”活动，探索建立了村干部“蓝、黄、红”三级预警机制，物色和储备了1124名村级后备干部；党代表联络工作有序推进，在19个乡镇（街道）以及市直机关党工委建立了20个党代表工作室，每个工作室均做到“四有四上墙”，龙南乡党代表工作室成功创建省级示范点；探索推进区域化党建工作，10月底，砩石乡金岗区域党建中心建成投入使用。

【两新党建工作】 2008年，开展规模以上非公企业党组织“回头看”活动，抓好企业党组织规范建设；在全市“十强企业”党支部中开展“活力和谐企业”活动，抓好典型与示范点建设。2009年，在产业集聚、两新组织和流动人口集聚的地区域进行规划，探索创立区域联合党总支、区域议事会议和公共服务中心等平台。2010年，非公企业党组织开展争做“活力和谐先锋”活动，以“党员挂牌上岗”“我为企业献一策”“立足岗位比奉献”“二讲二比”“先锋模范标兵”等为活动内容。2011年，成立两新工委，设立两新党建科，两新党建工作不断强化。在1221家非公有制企业中，建党组织的企业数514家（新建400家），组建率为42.1%；从业80人以上及50—79人且营业收入500万元以上的121家企业全部建立党组织；共有党组织99个，其中党总支部2个、党支部97个（联合党支部29个）。在非公企业深入开展“发展强、党建强”双品牌建设，龙泉市佳和、三田、能福3家企业，列入丽水市级“双强”管理单位。2012年，两新组织党建工作稳妥推进。以联合党组织为抓手，推进两新组织党建工作全覆盖。全市共有非公企业1221家，建立单独党组织66个(党委1个、党总支1个、党支部64个)，建立联合党组织31个(覆盖企业994家)，覆盖率达86.8%；新社会组织共200家(社团104家、民非96家)，整体组建率达91.6%；对暂不具备成立党组织条件的两新组织，以派遣党建工作指导员的形式实现党的工作全覆盖；从队伍建设、规章制度、阵地保障、党建文化和工作成效等方面狠抓落实，评选"十佳"两新党组织，以点带面，整体推进两新党组织规范化建设。

【党员发展教育管理】 2008年，进一步规范发展党员进口，探索党员出口，强化党员思想理论武装，开展系列教育活动；组织广大机关党员开展在职党员服务日活动，全市共有5571名党员交纳特殊党费85.3万元，其中一次性交纳1000元(含1000元)以上的党员107名。2009年，开展"一连三"和"四培养"活动促使农村党员干部发挥积极作用。"一连三"，即一名村干部分别与一名非党致富能手、一名非党贫困户、一名党员贫困户结对子；"四培养"，即把农村中致富能人培养成党员，把党员培养成致富能人，把优秀党员致富能人培养成村干部，把优秀的党员干部培养成村支书。采取"请进来""走出去""传帮带"等方法，开辟规模轮训、特色培训、实践锻炼三条通道，建立10个农村远程教育实践基地，推行村主要干部到发达地区农村挂职锻炼试点工作。2010年，在全市1016个基层党组织和15985名党员中深入开展"我是党员，我是一面旗帜"为主题的党员先锋承诺活动，年底评选表彰10名"绿色发展先锋"。以"丽水远教十个一制度"为载体，以站点规范化建设为工作重心，抓牢"站点使用率"、"群众参学率"；开展"红歌四月"活动。2011年，对45个后进村的党支部书记进行集中培训；明确乡镇(街道)党委书记或副书记对各乡镇(街道)远教工作负总责，是第一责任人，党委组织委员是直接责任人，村党总支书记是具体负责人，大学生村官为站点管理员；投资40多万元对远教站点设备进行更新；建立远程教育专兼职干部、教学辅导、管理员、技术服务"四支队伍"，具体负责乡镇(街道)远教工作的管理、指导和服务；制发《关于深入开展农村党员干部现代远程教育工作的通知》等一系列指导性文件；注重培育典型，发挥示范效应，石达石乡、该乡的季边村以及村站点管理员张金发分别成功入选省"学用之星""站点之星""岗位之星"。2012年，开展"闪光言行之星"评选推荐活动，龙泉市共有13个基层党组织和25名党员被评为丽水市级"闪光言行之星"，1个基层党组织和3名党员被评为省级"闪光言行之星"；初步构建了远教节目"依托现有资源、多方位传输"的工作格局，开展远教"创争之星"评比工作，成功评出"站点之星"李山头村、"岗位之星"邱张培以及"学用之星"刘爱坤。

【党员队伍结构】 2012年底，全市共有党的基层组织数1074个，其中党委41个，总支部26个，党支部1007个，其中乡镇党委16个，建制村总支部和支部数分别为1个和444个，社区建立的党委1个，总支部1个，支部19个。党组43个，其中市级机关党组37个。市委派出工委5个，其中城市街道党工委3个。党员17902名，其中预备党员721名，占4.03%；女党员4152名，占22.2%；少数民族党员457名，占2.55%，外出流动党员1001名，占5.59%。

年龄：35岁及以下3658人，占20.43%；36岁至45岁3829人，占21.39%；46岁至54岁3957人，占22.10%；55岁至59岁1960人，占10.95%；60岁及以上4498人，占25.13%。

学历：研究生32人，占0.18%；大学本科2059人，占11.50%；大学专科3064人，占17.12%；中专1410人，占7.88%；高中、中技2270人，占12.68%；初中及以下9067人，占50.64%。

职业：公务员、参照公务员法管理的机关工作人员1533名，占8.56%；事业单位管理人员、专业技术人员2269名，占12.67%；企业、民办非企业单位中的管理人员、专业技术人员742名，占4.14%；工人(营业员、服务员)1228名，占6.86%；农牧渔民党员数9433名，占52.69%；离退休人员1914名，占10.69%；其他776名，占4.33%。

【人才队伍建设】 2008年，举办创业人才专题培训班、企业论坛、青年企业沙龙，以专题讲座、外出考察等形式，对全市规模以上企业的青年经营管理者进行培训，突出抓好新生代企业管理者的培养；集中对3209名村干部进行了上岗培训；对1256农村实用性人才进行生态创业能力培训；首次在龙泉电大开设景德镇陶瓷学院龙泉函授班；举办"龙泉技工"培训班19期，培养本地技工人才1479人。2009年，制定出台《龙泉市鼓励企业单位人才和智力引进暂行办法》，努力营造人才"引得进、留得住、用得好、流得动"的良好氛围；培训数控、车工、电焊工等工种技术工人983名；对86名返乡青年进行就业创业技能(维修电工)培训；召开中国美院与龙泉企业家座谈会，组织中国美院相关领导和学生深入企业调研，不断拓展合作领域；组织50名主要乡镇分管领导、工办主任、企业负责人到浙大参加了企业规范化培训班的培训；完成2009年大学生村官考录工作，共录取了35名，并强化培训，疏通“出口”。2010年，制定出台《龙泉市农村实用人才认定和管理办法（试行）》和《龙泉市农村实用人才示范实训基地评定和管理实施细则》；举办“龙泉技工”培训班5期，培训技工426人；深化市校合作工作，新增合作科研院校4家，市校合作总数达31家，新增合作专家教授15位，柔性引进专家教授总数达137位；完成2010年大学生村官考录工作，共录取14名。2011年，制定了“十二五”人才发展规划，建立全市外出技能人才资源库，实施本籍人才回归工程，促成120余名外出就业技能人才回龙泉就业；共与各级科研院所签订项目合作48个，新增合作专家教授22人；举办重大事项社会风险评估培训、新任村干部上岗培训等各类培训班24期，培训干部人才2425人次；组织农村劳动力培训4823人次。2012年，制定出台《2012年度人才工作目标责任制考核办法》，实行人才工作目标责任制考核制度；制定出台《龙泉市加强高层次人才队伍建设的若干意见》及部分子政策，建立“人才驿站”，新增3000平方米人才保障性住房；2012年人才工作考核并列丽水市第1名；培训农村“两创”实用人才1182人、农业专业技能人才1095人次、农村后备劳动力516人，开展农村劳动力转移就业技能培训1876人、在岗农民工岗位技能培训1500人；申报丽水、省级、国家级创新型企业共20家；新增9家合作科研院校（所），合作院校总数达66家，新增22位合作专家教授，总数达207位，新增市校合作项目119个；顺利完成“谭建荣院士五金汽配工作站”签约工作，并成功申报丽水市“院士工作站”；成功引进郭威博士、黄婕(Jie Huang)博士进行实质合作；积极组织实施高层次人才百人引进工程，新增副高级专业技术人员13人，培养和引进硕士以上学历人才15人。

【部门自身建设】 常设科室有办公室（调研室）、干部科、干部综合科、组织科、干部监督室、人才办、党员电教中心、党代表联络室等科室，2011年增设新经济与新社会组织党建科（两新党建科）。2008年以来，开展“讲党性、重品行、作表率”学习教育活动，制定了《中共龙泉市委组织部关于开展“讲党性、重品行、作表率”活动的实施意见》，主动选派组工干部参与全市性重点工作，做到在贯彻市委决策时做好表率，在服务干部群众中走在前列。2009年，开展“讲、重、作”的“深化拓展年”活动，进一步解放思想、转变思路、破解难题、创新方式、完善制度，进一步加强“模范部门”和“过硬队伍”自身建设。2010年，开展以“提高组织工作群众满意度”为主题的政策法规现场宣传咨询活动，“零距离”亮出组工风采；出台一系列加强自身建设的制度。2011年，增设新经济与新社会组织党建科（两新党建科），负责全市新经济与新社会组织党的工作的综合协调、政策制定、检查指导，协调指导有关部门和单位抓好新经济与新社会组织党的工作。完善出台《龙泉市组织系统信息宣传调研工作考核办法》等系列应对媒体制度。开展“组织部长破难题、组工干部下基层”活动，与小梅镇党委建立结对帮扶关系。2012年，深化服务基层，开展“四比”活动，注重群众满意；加强与媒体合作，完善龙泉组工网，增强组工官博“剑瓷先锋”影响力，打造“阳光组工”形象。（市委组织部）

宣传工作

【概况】 市委宣传部是市委主管意识形态方面工作的职能部门。主要职能是：负责指导全市理论研究、学习与宣传工作；负责引导社会舆论，指导和协调全市广播、电视、报刊等新闻单位的工作；负责指导精神产品的生产，对市文化广电新闻出版局工作实施方针、政策的指导；负责规划、部署全市思想政治工作，协调全市党员教育和全市农村、企业思想政治工作；指导、管理全市对外宣传工作，协调全市互联网上的新闻宣传工作；指导全市日常性的精神文明建设工作，管理市精神文明建设委员会办公室；指导、协调全市文化事业的改革和发展，协调推进文化强市和文化产业工作；受市委委托，会同市委组织部负责宣传系统各单位领导干部的管理和领导班子建设，管理宣传系统各单位中层干部，管理政工职称评聘工作；负责提出宣传思想文化事业发展的指导方针，按照市委的统一工作部署，协调宣传文化系统各部门之间的关系；完成市委交办的其他任务。2008—2012年，全市宣传工作坚持以邓小平理论和“三个代表”重要思想为指导，全面贯彻落实科学发展观，按照高举旗帜、围绕大局、服务人民、改革创新的总要求，以“强人文，强阵地，强基层，强产业，强队伍”为目标，统筹全局、集成推进，不断增强龙泉市文化整体实力和竞争力，宣传思想工作立场坚定、导向正确、规划合理、成效显著，为龙泉市经济社会快速发展提供了强大的精神文化力量。

宣传中共十八大精神文艺晚会

【理论党教】 一是抓好重大主题教育。以深入学习贯彻党的系列重要会议精神为主线，以服务龙泉地方发展为着力点，全面推进主题教育活动。2008年，设计了十七大精神大宣讲、生态创业大讨论、绿色家园大行动、魅力龙泉大展示、创业能力大提升、创业环境大优化等六大活动。编写了《党的十七大精神宣讲提纲》，组建宣讲团（队）24个，宣讲430余场次。2009年，组织“五星红旗升起来”“庆建国60周年与置县1250周年”等活动，在报纸、电视和网络上开设“深入学习实践科学发展观”专栏。2010年，围绕深入学习贯彻中共十七届四中、五中全会精神，开展“忠诚于党、感恩于政策、造福于民、服务于发展”等党员主题教育活动。2011年，开展“纪念建党90周年”系列活动，各乡镇街道、部门单位组织开展学理论赛知识、演红色文艺节目、访红色印记等活动上百场。2012年，围绕学习宣传贯彻中共十八大精神，开展全市文艺会演等系列活动，组建市委十八大精神宣讲团开展进机关、进农村、进企业、进社区、进学校宣讲。二是抓好学习载体的强化。以市委理论学习中心组为平台，围绕中心工作，每年邀请专家、学者来龙，就经济形势、环境保护、干部队伍建设等举办各类专题讲座和辅导报告，提升党员干部理论水平和业务水平。不断创新理论中心组学习模式，更多地融合进现场考察、实地调研、专题研讨等方式，使学习更具互动性。各单位中心组学习和夜学常态化开展，基层党员教育载体多样，基层党校、“村官讲坛”等运作有序。三是抓好进基层宣讲活动。2008—2012年，经常性开展宣讲形势送政策，成立“市委党的十七大精神宣讲团”“微型党课宣讲团”“市委党的十八大精神宣讲团”等各类宣讲团，深入生产生活第一线进行巡回宣讲，同时推进形势政策宣传教育进企业、进农村。从2010年开始，相继组织了龙泉市第一届、第二届、第三届微型党课演讲大赛。2012年，创办“微党课”手机周报，开通“微理论”博客，进一步丰富理论普及方式。

【新闻宣传】 一是围绕大局，做好主题宣传。围绕每年的党代会、两会、干部大会等重要会议活动和市委市政府的中心工作，集中报道、鼓舞人心。2008年，抓好“生态建设年”主题宣传，组织“生态创业记者行”专题报道，全面部署策划“千年古樟落户龙泉”的全程报道，精心策划“与奥运同行”系列活动，抓好改革开放30周年图片展和《回眸2007—回响龙泉》，形成了良好的社会影响。2009年，围绕市委、市政府提出的“项目双进年”“暖冬行动”等发展战略，组织市内新闻媒体深入基层、进入企业开展专题宣传，引导广大干部群众坚定信心、共谋发展。2010年，抓新闻栏目建设，以栏目带动新闻发展，牵头开设婚丧喜事大操办专项整治及激情跨越二十年”“精彩世博 千年古瓷”“三村二线集中整治月”活动等新闻专栏。2011年，围绕市委十二届十次全会、三级干部大会、两会、“三治一创”活动、建党九十周年等五大主题活动，在报社、电视台集中开设专栏，共播出电视稿件200多条，专题5期，报纸新闻410多篇。2012年，贯穿“围绕中心、服务大局、关注民生、传承文化、弘扬文明”的方针，深入报道“我们的价值观”大讨论，全市上下掀起“价值观大讨论”热潮。二是优化新闻宣传管理。2008年，制定实施新闻发言人、新闻例会等工作制度，加强新闻宣传播出和保密管理力度。2010年，制定《关于新闻工作例会制度的实施意见》，每周召开新闻碰头会，每月定期召开月例会制度。成立新闻工作者协会，通过《龙泉市新闻工作者协会章程》。2011年，为鼓励更多的新闻工作者关注龙泉的发展，开展了2010年度“好新闻”评选活动，评选出优秀新闻作品43个，优秀新闻工作者7人，优秀通讯员24人。2012年，全面深化“走转改”活动，进一步建立健全走进基层、深入群众的长效机制，让更多的基层群众成为镜头的主角。

【对外宣传】 2008年，精心策划“相约丽水”长三角媒体丽水“寻宝”采访活动，整理千年古窑大窑、龙泉金观音等15个特色专题，上海电视台、山东电视台、浙江卫视等主流媒体相继到龙泉采访。上海东方电视台《寻访中华名窑》系列专题片，开篇之作以52分钟的记录全面展示龙泉青瓷。配合中央电视台、浙江电视台对龙泉青瓷申世遗之路进行了全面报道。6月，举办"名家写名瓷—中国书法家走进龙泉"活动，邀请中书协副主席申万胜等32位书法家到龙泉。11月，成功举办第三届中国龙泉青瓷·龙泉宝剑节，"回眸三千·剑舞长虹"文艺晚会气势磅礴，媒体宣传集中有力，中国龙泉青瓷、龙泉宝剑官方网站开通。2009年，中央气象频道、中国教育电视台、旅游卫视、新浪网、腾讯网、收藏界杂志社、浙江日报、浙江电视台等多家媒体到龙泉采访，刊播了数十篇报道。中央气象频道、浙江影视娱乐频道为龙泉制作了15分钟以上的专题片，在重要时段安排播放。在12月的节庆上，新华社、中央电视台、中新社、上海文汇报、浙江日报、浙江电视台、香港大公报、香港文汇报等40多家媒体的100多名记者到龙泉对节庆活动进行报道。2010年，对接"中央级媒体丽水行""世博浙江行"媒体采访活动，协同天津电视台拍摄《龙泉青瓷》专题片，协助"中华老字号"摄制组拍摄"龙泉宝剑""龙泉青瓷"专题片，与人民画报社合作推出《人民画报》龙泉专刊。精心组织世博对外宣传，同时还组织龙泉青瓷宝剑大师赴上海接受浙江在线网络直播，邀请上海世博报道联盟等长三角20多家网络媒体到龙泉进行经验交流。围绕龙泉撤县设市20周年庆祝大会暨第五届中国龙泉青瓷·龙泉宝剑节，邀请国内外29家媒体参与宣传。2011年，共接待记者200多人次，在市外媒体刊登播出新闻稿件近千条，网络转载数万条次，形成浓郁的外宣氛围。11月，邀请中央电视台到龙泉进行"走基层、转作风、改文风"蹲点采访，深入报道龙泉林权改革制度，在《新闻联播》头条播出。2012年，与中新社、浙江日报社、今日浙江杂志社等主流媒体签订了战略合作协议，中央电视台、经济日报、浙江卫视等10余家媒体走进龙泉，制作了《瓷路》《龙泉青瓷》等多部纪录片。第七届中国龙泉青瓷宝剑节及哥窑论证会共邀请了新华社、中新社、光明日报等80余家媒体进行报道，发稿100余篇。节庆期间，央视四套在晚七点二十分安排播出《剑瓷龙泉——龙泉青瓷宝剑文化旅游节掠影》，时长达10分钟。

【文化产业】 2008年，组织全市青瓷和宝剑企业、工艺美术大师参加"丽水三宝"义乌文化精品博览会、"上海·丽水文化精品"展和丽水首届国际生态经济博览会，打响"生态龙泉"品牌。2009年，"龙泉青瓷传统烧制技艺"入选"人类非物质文化遗产代表作名录"。龙泉青瓷文化创意基地形成规模，被评为省重点文化工程、省重点文化基地、省重点服务业集聚区。省级文化产业示范点青瓷宝剑苑的辐射作用显现，全年实现生产总值6亿元，接待游客40万余人次。2010年，组织青瓷、宝剑企业参加义乌文博会、深圳文博会等大型文化会展。在世博会期间，举办了龙泉青瓷上海精品展。10月，在世界陶瓷协会年会在法国巴黎召开之际，龙泉青瓷在巴黎展出。剑瓷产业年产值达到12亿元。2011年，组织剑瓷企业参加了5次国内有影响力的展示展销会。其中，8家刀剑企业参加第46届全国工艺品、旅游纪念品暨家居用品交易会，摘得5个金奖，占浙江展区获奖数的一半。11月，组织参加北京"非遗荣光——浙江丽水文化精品展"。第六届中国龙泉青瓷·龙泉宝剑节荣获"2011优秀民族节庆"之"最具创新价值节庆"。剑瓷产业年产值达到15.08亿元，实现税收2007.42万元，剑瓷产业稳步提升。2012年，以第七届剑瓷节为主体，深入开展剑瓷文化节庆会展，举办参与了北京非遗展、义乌文博会以及"宋金瓷话——五馆馆藏瓷器精品展""传承与延续——当代龙泉青瓷精品展""2012中·韩陶瓷艺术交流展"等各类文化展。全年以"文化产业发展年"为载体，推进文化项目建设，青瓷文化创意基地建设一期工程基本完成，二期完成规划设计；中华龙泉宝剑文化园完成整体概念性规划；省级青瓷及日用陶瓷产品质量检验中心试运行。龙泉青瓷宝剑园区列入浙江省首批重点文化产业园，中国青瓷小镇获中国工艺美术行业特色区域称号。剑瓷文化产业年产值20.1亿元，比上年增长33.3%。

【文化事业】 2008年，中国龙泉青瓷城、青瓷博物馆、香菇博物馆、图书馆、华严塔等"五馆一塔一宫"公共文化服务设施推进建设。全年完成广播电视光缆干线架设446公里，138个行政村实现广播电视"村村通"，137个行政村实现有线广播"村村响"。2009年，出台《关于推动龙泉市文化大发展大繁荣的决定》。龙泉青瓷博物馆、华严塔、人民公园等标志性文化工程建成并投入使用；图书馆、文化馆、青少年活动中心、龙泉大剧院等主体工程实现结顶。2010年，以文化基础建设为着力点，创建了东海文化明珠乡镇8个，丽水市"山花工程"乡镇10个，省级文化示范村（社区）3个，省级文化示范户44户，体育强镇2个。龙泉青瓷公园、龙泉宝剑博物馆、市图书馆，市文化馆、剧院等一大批文化惠民工程相继竣工。开展“千镇万村种文化”活动，全年完成送戏下乡80余场，送电影下乡2000余场，送图书下乡10次。2011年，图书馆、文化馆、青少年宫建成并投入使用，乡镇（街道）文化中心、行政村文化室全部达到省级先进市创建标准。全年送戏下乡40次以上，送电影下乡2000次以上，送图片10000册以上。群众文化活动更加丰富，竹垟畲族“三月三”、龙泉龙舟赛端午、发现昴山祈福之旅等“文化龙泉”系列活动品牌日益打响。2012年，建立健全文化惠民网，全市乡镇（街道）综合文化站实现100%达标，85%以上行政村建有文化活动场所，建成省级“东海文化明珠”乡镇9个，丽水市级“山花乡镇”11个，摄影、书法、曲艺等各领域全年获丽水市级以上奖项上百项。全年送戏下乡80余场，电影下乡2000多场。

【精神文明建设】 一是开展基层文明创建。2008年，4个单位、2个村开展省级文明单位创建，9个行政村分别开展丽水文化名村、文化示范户创建，11个乡镇（街道）、11个社区、20个行政村、200多个单位及行业窗口开展本市级文明创建活动。2009年，21个单位开展丽水市及本市级文明单位申报创建活动；38个文明单位接受丽水市文明单位复评；60多个行业窗口开展文明窗口创建活动；8个基地开展市本级和丽水市级爱国主义教育基地的申报创建工作。市宝剑厂有限公司被评为浙江省“百城万店无假货”示范商店。2010年，103个村开展生态文明村创建活动，30个村开展优美山村创建，并评出了10个生态文明示范村，20个优美山村创建先进村。新申报创建市本级文明单位6个，新申报创建省级文明单位4个、文明社区1个、文明村1个。2011年，在130个村开展生态文明村创建，全力推进季山头、溪头等示范村创建。与人民银行龙泉市支行等联合出台了《关于进一步加大金融支持农村文明户的通知》，使评上龙泉市级文明户的，优先享受小额信用贷款、执行优惠利率、示范户资助项目等各种优惠政策。2012年，实施生态文明村创建79个，集中打造示范村10个和丽水市级示范村39个。二是开展群众性精神文明活动。2008年，在3个街道11个社区举办“创生态文明社区，做邻里和谐居民”为主题的首届邻居节。开展“典型就在身边”道德模范评选活动，评选出10名龙泉市道德模范人物，其中2人分别获得丽水市首届道德模范及提名奖。2009年以“创建卫生文明社区、做和谐友好邻里”为主题，开展龙泉市第二届邻居节活动。以义工为先锋，开展“我为龙泉出份力”服务节庆活动、义务献血行动、关爱孤寡老人等道德实践活动10多次。开展“喜迎国庆 五星红旗升起来”活动和“向国旗敬礼、做一个有道德的人”网上签名寄语活动。组织省、市级道德模范及爱心人物推选，推荐翁泉、邱利呈及毛根菊等3位典型模范人物，深化了道德模范的宣传教育。2010年，组织龙泉市第二届道德模范评选活动，其中邱利呈、兰建安获丽水市道德模范，楼竑等10人获龙泉市道德模范。以“关爱生命、文明出行”为主题，开展文明交通系列行动。以“微笑邻里，欢乐社区”为主题开展第三届邻居节活动。2011年，开展“一路义工一路情”和“百名义工进社区”等活动，使志愿服务由阶段性活动向日常性活动转变。举办第四届邻居节，开展“邻里联谊”“邻里互助”“邻里百家宴”等丰富多彩的特色活动。自2008年举办第一届邻居节以来，该活动连续三年荣获丽水市“最佳组织奖”，西新社区连续三年获“最佳创意奖”。2012年，开展第三届道德模范评选宣传活动，10人获龙泉市级道德模范荣誉称号。爱心团体“蚂蚁部落”“最美夫妻”陈志升、叶季廉夫妇获丽水市级道德模范荣誉称号。开展学雷锋活动、文明出行活动和“最美养护工”周林松先进事迹学习宣传活动。组织龙泉市第五届邻居节，深入开展文明社区、卫生楼院、和谐邻里、文明市民等创建评选。

【未成年人关爱】 2008年，在八都松渠村开展“春泥计划”试点工作。2009年，全面推进“春泥计划”试点，开展文化“六进村”，市直各单位发出了“关于为农村未成年人捐赠少儿书籍、益智玩具等”的倡议书，共获得捐款3200元，各类图书捐赠近5000册，玩具500件。在学校开展“知荣辱、树新风、我行动”道德实践活动，龙三中“做个道德小模范”道德教育、“告别陋习，从我做起”文明养成教育等各类活动取得明显成效，被推荐为丽水市主题实践活动先进示范点。2010年，以开展“全民读书”活动为契机在全市中小学开展全市美德少年评选，积极推进德育生活化，创新行为规范养成教育机制，评选出五类美德少年100名；为帮助贫困学生，通过爱心助学活动筹集助学金11.52万元，资助了全市269个学生。2011年，组织各单位开展“送项目、送节目、送器材”等活动，在农村广泛开展以道德实践、社会体验、能力提升、文化娱乐为主要内容的“春泥计划”，累计开展活动数百场，参加人数达上万人。承办丽水市未成年人思想道德建设暨“春泥计划”活动现场会，硋石乡入选全省

"春泥计划"现场会7个典型案例。向省市文明办争取到"农村乡村少年宫""爱心乐园"建设项目计28万元，结对助学579名中小学生，累计受助1593人次，受助资金达43.5万元。2012年，组织全市中小学生开展了爱国主义革命传统教育和"学雷锋"主题教育实践。举办第八届未成年人读书节和首届未成年人道德文化节，开展"高雅艺术进校园"、经典诗文诵读比赛等系列活动，促进未成年人健康成长。争取省爱心基金会的结对帮扶，全市有180名贫困生获得捐款10.13万元。

【城市品牌创建】 2008年，推进省级文明城市创建，组织万人绿色大会战、"平安社区"创建大会战、市容环境卫生整治大会战、交通秩序整治大会战等"四大战役"和"三大满意"行动，同年，省委、省政府命名龙泉市为浙江省文明城市。2009年，启动创建省级文化先进市并制定出台三年创建方案。国家卫生城市创建全面启动，出台《关于开展创建国家卫生城市活动的实施意见》，成立创建国家卫生城市指挥部，组织实施"十百千万"群众性爱国卫生运动。2010年，深化卫生文明城市创建工作，积极开展健康知识、交通知识、文明行为三大教育，开展城乡环境、交通秩序、六小行业三大整治。扎实推进"深化作风建设年"活动，开展婚丧喜事大操办专项整治，城市文明有新气象。2011年，实施"五城联创"工程，全面启动浙江省示范文明城市、浙江省环保模范城市、国家园林城市、国家文化先进市创建，深化国家森林城市的创建工作。2012年，全面推进"五城联创"，出台实施意见和总体规划，开展重点问题大整治，启动国家园林城市和国家历史文化名城的总体规划修编工作。省级卫生城市复审顺利通过，省级环保模范城市规划通过省专家组评审。

【网络运用管理】 2008年，加强"龙泉新闻网"和《龙泉论坛》建设，提高舆论引导管理水平。2009年，利用网络平台，分别与龙泉新闻网、丽水新闻网、中国新闻社、浙江在线等单位合作，举办两会代表委员网上访谈、市委常委网上访谈以及浙江在线"走进新农村"、中新网"青瓷专题访谈"等网络访谈活动。2011年，按照中宣部等六部委文件要求，宣传部增设网管办等副科级内设机构，龙泉成为丽水市第一个成立副科级网管办的县市。同年，制定出台《龙泉市加强互联网宣传管理工作的通知》，建立网络舆情通报机制、联动机制、收集研判机制、突发舆情应对机制，成立全市网络新闻发言人队伍、核心网评员队伍，开展网络评论、微博宣传等业务。2012年，进一步完善机制，通过舆情收集平台强化舆情监控，完善了市领导批示、相关责任部门回应处理、舆情事件有效解决的舆情应对机制。讨论通过《龙泉市互联网宣传管理属地责任考评办法(试行)》。加强对属地网站工作的指导，龙泉新闻网等网站全年共制作"学习贯彻十八大精神""最美养护工"等专题30余个。加强网评员队伍建设，在《龙泉论坛》组织开展"我们要建立怎样的核心价值观"等正面宣传讨论活动。

【宣传队伍建设】 2008—2012年，不断强化对基层宣传文化队伍建设的指导和督查，推动各乡镇、街道在强化力量、加强保障、落实权限等方面有新的进展，切实强化宣传思想文化工作的基层基础。进一步强化宣传文化系统干部的培训工作，积极组织宣传文化系统干部参加丽水市宣传部门及市本级举办的各类培训班，提升宣传文化系统干部业务能力和思想素质。不断加大宣传文化专业技术人员的培养，配合做好浙江省优秀民间文艺人才的推荐、培养工作，大力支持民间文化人才队伍发展。加强兼职讲师团、大学生村官、基层党校教员和企事业单位政工师队伍建设，积极培育和发展文化志愿者队伍，动员和鼓励各方面人才特别是有一定专长的人员积极投身基层宣传文化事业。积极参与丽水市"三优两品牌"评选，推出一批优秀记者、优秀编辑和品牌栏目。加强宣传文化阵地建设，充分发挥新闻传媒中心、广播电视台、龙泉新闻网等宣传主阵地作用，确保所属舆论阵地坚持正确舆论导向，确保所属文化单位提供健康有益的文化产品，确保学校、社科研究机构成为宣传科学理论、先进文化的重要阵地。 （市委宣传部）

统战工作

【概况】 市委统战部是主管全市统一战线工作的部门，主要职责是：组织贯彻执行统一战线方针、政策；协助市委贯彻党领导的多党合作和政治协商制度以及对民主党派的方针、政策；负责调查研究有关民族、宗教工作的方针、政策问题，协助有关部门做好少数民族干部的培养和举荐工作；负责党外人士的政治安排，会同有关部门做好党外人士培养、考察、推荐工作，做好党外后备干部工作；负责开展经济领域的统战工作，调查研究并反映龙泉市非公有制经济代表人士的情况，协调关系，提出政策建议；做好与海外侨团的交流联系，做好侨胞、港澳同胞的接待联络工作，协助处理涉侨事件，帮助侨资企业和侨眷企业解决困难，依法维护投资者的合法权益；负责指导乡镇党委、街道党工委和市直机关部门单位党组织开展统战工作；负责联系各民主党派和无党派代表人士、少数民族、宗教界代表人士、非公有制经济代表人士等。2008—2012年，统战部门围绕中心，服务大局，扎实推进各领域统战工作。

【党外干部队伍建设】 制定《2008—2012年龙泉市统一战线人才教育培训规划》，认真组织实施，建立党外干部人才数据库，加强对党外干部的培养、选拔、使用力度。2012年全市党外干部任实职副科以上47人(其中副处级4人，正科级5人)。积极做好党外代表人士政治安排工作，就相关人大代表、政协委员人事安排积极主动向市委汇报，同人大、政协、组织沟通，形成共识，将党派和无党派、知识分子优秀人才安排到人大、政协任职。2012年，龙泉市的丽水市政协委员中党外人士14人、非公经济代表人士6人，丽水市人大代表中非公经济代表人士13人。龙泉市人大代表中党外人士54人、非公经济代表人士34人，龙泉市政协委员中党外人士109人、非公经济代表人士68人。

【龙泉市知识分子联谊会成立】 2008年，市委统战部筹备成立龙泉市知识界人士联谊会，8月对全市党外知识分子的基本情况进行全面的摸底调查，掌握无党派知识分子的基本资料，为龙泉市知识界人士联谊会的筹建工作奠定了基础。2008年12月29日，通过选举产生了龙泉市第一届知识界人士联谊会，首届龙泉市知联会理事59人，设会长1人，副会长4人，秘书长1人(兼)，常务理事18人。副市长徐炳东担任首届知识分子联谊会会长。

【非公有制经济领域统战工作】 开展“凝聚力工程”创建活动，通过百名非公企业人士扶百村帮百户活动，积极参与新农村建设。引导和动员非公有制经济人士捐款捐物，开展扶贫助学等公益事业。结合龙泉市非公有制经济人士队伍的状况，深入开展调查摸底，对63家非公有制企业代表人士进行了综合评价，完成了非公有制经济代表人士的数据采集、录入，建立信息库。充分运用评价结果，做好非公有制经济人士的思想政治引导工作。2012年，龙泉市的丽水市政协委员中非公经济代表人士6人，丽水市人大代表中非公经济代表人士13人。龙泉市人大代表中非公经济代表人士34人，龙泉市政协委员中非公经济代表人士68人。

【港澳台及海外工作】 截至2012年，龙泉市有华人华侨1600多人，归侨10人，侨眷4000多人，港澳同胞94人，侨资企业1家、侨眷企业7家，港资企业1家。加强与港澳台及海外人士的往来联系活动，增进了解，扩大影响。通过旅游、传统文化带动对台和对外交流。利用每年一次的“龙泉青瓷宝剑节”节庆活动，以侨联、台谊会为依托，加强与海外和侨台知名人士的联谊沟通，把联谊交友活动与招商引资、招贤引智紧密地结合起来。加强华侨人才库建设，对龙泉市的海外华侨华人中的留学人员、高新技术人才、创新型人才等进行了调查摸底，登记造册，以充实更新现有的海外人才库、侨资、港资企业库，确保信息资源的准确性、时效性和实用性。开展“百侨助百村”活动，组织侨台界人士参与社会公益事业，2008年以来侨胞为结对村捐款用于村庄整治、道路建设、自来水工程等基础设施建设，累计60多万元，为龙泉市重建华严塔捐资近40万元，为四川地震灾区捐款35万元，为龙泉市其他救助款项34万多元。2010年，侨联、台谊会完成换届工作。

【少数民族优惠政策】 2010年，龙泉市委、市政府出台《关于加快少数民族和民族地区经济社会发展的实施意见》和《关于加大少数民族经济社会发展扶持力度的意见》(龙委办〔2010〕25号)，进一步加大对少数民族群众教育卫生事业的扶持力度。从2010年起，对少数民族高中生(含职高)每学年补助800元，初中生每学年补助200元，小学生每学年补助100元；从2010年起，全市实施少数民族群众参加新型农村合作医疗补助政策，对参加新型农村合作医疗的少数民族群众补助个人缴费部分的50%，补助资金列入市财政预算。

【培养少数民族干部】 全市有少数民族行政干部50名，占全市行政干部总数的2.8%，少数民族干部中县处级3人，乡科级干部23人。2008—2012年，共选派6批次23人参加上级部门组织的少数民族干部培训班。

【宗教“两个专项”工作】 5年来，加强和完善宗教教职人员认定备案、宗教活动场所财务监督管理和宗教教职人员社会保障工作，完成17人宗教教职人员认定备案工作，其中佛教教职人员6人，基督教教职人员11人。第一批认定备案人员中，符合参保条件8人，市财政按宗教教职人员参加企业职工基本养老保险或城乡居民养老保险中的个人缴纳部分50%的标准予以补助。 (市委统战部)

机关党建工作

【概况】 中共龙泉市直属机关工作委员会是中共龙泉市委的派出机关，也是市直机关党的工作机构，负责市直机关的日常党建工作。截至2012年12月，市直机关党工委下属11个部门党委，17个机关党委，314个党支部，其中65个为直属党支部。2008—2012年，龙泉市直机关党工委坚持以“接轨新高速，再创好龙泉”解放思想大讨论活动，“学习实践科学发展观”活动、“绿色发展先锋”创先争优活动等为主线，立足基层，不断创新，有力推进市直机关党的思想、作风和组织建设，推进党风廉政建设，充分发挥机关党建在社会经济建设和新农村建设中的作用，为建设“活力龙幸福泉”提供坚实的组织保证。

【思想政治建设】 努力抓好市直机关各单位干部、党员的思想和政治理论学习，坚持机关夜学和支部“三会一课”制度，结合各项主题教育活动，传达学习党的路线、方针、政策，提高各级党组织的执政能力和党员的政治思想理论水平。5年来，重视做好“七一”建党纪念日等重要节庆期间的活动。2009年6月19日，组织召开纪念建党88周年暨“学习实践科学发展观”报告会，邀请中共浙江省直属机关工作委员会副书记张小勇作“以科学发展观为统领开展机关党建工作”专题报告；2010年7月1日，与市纪委联合举办“转作风 树形象”暨纪念建党89周年主题党课，特邀丽水市信访局干部李青敏作专题讲座；2011年6月27日，再次邀请中共浙江省直属机关工作委员会副书记张小勇作“加强党性修养 服务绿色发展”纪念建党90周年主题党课。5年来，共举办5期党务干部（组织委员）培训班，培训坚持以提高党建业务能力为宗旨，以发现和解决机关党建工作中存在的问题为目的，通过学习交流，不断提高机关党务干部履行党建工作的能力。共举办5期入党积极分子培训班，邀请市纪委、市委党校、市委党史办等领导、专家进行课程辅导。截至2012年12月，共有260余人（次）党务干部、550多名入党积极分子参加培训学习。

5年来，市直机关党工委根据新《中国共产党章程》《中国共产党党和国家机关基层组织工作条例》组织编印了《机关党建业务指导书》《机关党委换届选举工作参考资料》等书籍，并印发市直属各党组织。2011年9月，精心制作了以入党程序介绍、党支部日常工作等为主要内容的电子课件，以便党务干部利用现代办公媒体进行学习和业务指导。先后牵头和参与了多次文体活动。2008年6月，为纪念中国共产党诞辰87周年，市直机关党工委、市纪委、市委组织部、市委宣传部、市文广新局等4家单位，联合举办“飘扬的旗帜”龙泉市直机关“七一”革命歌曲大联唱活动；2008年8月8日，组织市直机关干部、职工举办“强身健体，喜迎奥运”登山比赛；2011年2—6月，组织党群口党员、干部、职工参加全市首届职工运动会。通过丰富的文体活动，营造了良好的氛围，党员干部的凝聚力和向心力进一步增强。

【基层组织建设】 一是狠抓“规范化党支部”建设。把“规范化”党支部创建工作纳入年终的举证考核。对申报的党支部按“党员教育、管理和监督、思想政治工作、党员发展、党风廉政建设、支部班子建设、单位业务工作”等8个方面通过“民主测评、听取汇报、资料检查”三个环节进行检查验收。5年来，共有107个党支部被命名为“规范化党支部”。二是规范党员发展工作。按照“坚持标准，保证质量，改善结构，慎重发展”的16字方针，严格执行“一推三公示”制度，严格审批程序，严把党员入口关。5年来共发展新党员360名。三是抓班子建设，按期做好换届选举工作。5年来，所属机关党委、机关纪委、直属党支部均按期进行换届选举。四是抓机关纪委班子建设。2010年12月9日，根据浙江省委《关于进一步加强机关纪委建设的通知》精神，市直部门17个机关党委建立了机关纪委，并迅速开展工作。

【党风廉政建设】 为确保党员干部队伍的纯洁性，机关党工委以加强教育监督为着力点，以建立健全各项制度为保证，不断强化机关党员干部作风，扎实推进党风廉政建设。一是开展经常性廉政教育。5年来，通过党课、理论中心组学习、夜学等形式，提高党员干部的廉洁从政意识，通过机关党建例会、培训会、“廉政文化进机关”等活动加强市直机关党员干部和党务干部的党风廉政教育。二是深入开展党务公开工作。根据龙委办（2009）44号文件精神，2009年在部门党委（机关党委）共10个单位开展党务公开试点工作，2010年部门党委（机关党委）共28个单位全面推开，2011年市直单位党组织全面推行党务公开工作。截至2012年12月，市直各机关部门及下属单位党组织党务公开工作以公开栏，电子屏等形式全面落实到位，形式多样，效果明显。三是落实纪检监察工作。积极协助市纪委按规定对违纪党员进行党纪处分，坚持对受处分人员进行了回访教育，做到惩前毖后、治病救人，

5年来，协助市纪委共查处了37名违纪党员，并分别给予了相应党纪处分。

【机关党建调研】 为全面提高机关党的建设科学化水平，激励基层党组织总结党建工作，推动理论与实践创新，市直机关党工委每年举办一次党建论文（调研报告）征文评比活动。5年来，共收到各级党组织和党员干部撰写的党建论文（调研报告）350余篇。经纪检、组织、宣传、党史、党校等有关部门领导和专家对论文进行评审，5年里共评出一等奖5篇，二等奖10篇，三等奖15篇。优秀获奖论文经向上级党组织推荐，获得丽水市机关党工委党建论文一等奖1篇，二等奖2篇，三等奖6篇。

【开展“市直机关在职党员服务日”活动】 5年来，机关工委以“送政策、送技术、送服务、送温暖”为主要内容，积极组织卫生、农业、科技等职能部门在职党员，开展“市直机关在职党员服务日”活动，机关在职党员主动深入农村，走进农家，真心为群众办实事、解难题、送温暖，当好新农村建设的服务员。截至2012年12月，累计组织活动19次，发放各种资料26500多份，18600多人接受服务。

【困难党员帮扶救助和结对帮扶】 为促进和谐机关建设，切实落实党内帮扶救助机制，经调研，机关党工委于2008年6月6日，设立“市直机关困难党员帮扶救助基金”，基金的建立，旨在为家庭困难的市直机关党员提供帮助，不断增强基层党组织的凝聚力和向心力。困难基金资金由党费划拨、党员捐款等渠道筹措。截至2012年12月，市直机关党员为困难党员帮扶救助基金捐款共计35.69万元，为困难党员发放慰问金、补助款共计18.60余万元。5年来，在龙泉市发生的多次重大自然灾害期间，机关工委利用这一平台及时组织广大机关党员为受灾群众捐款，截至2012年12月，共为龙南乡、岩樟乡、宝溪乡、道太乡、城北乡等受灾群众送去慰问款20余万元。

做好结对帮扶工作。省直机关工委于2007—2010年，驻村指导龙泉市兰巨乡砬湖店村，2008—2012年结对帮扶龙泉市八都镇松渠村、白角村、溪坪村，上垟镇生源村、昌岗村等5个村。龙泉市机关党工委主动对接，争取到秦山核电基地等15家央企从2009年开始连续4年结对帮扶上述5个结对村。一是项目资金帮扶，截至2012年12月，省直机关工委和各联系企业落实帮扶资金共计350余万元。二是成立“惠龙合作社”，在省机关工委的支持和帮助下，龙泉市八都镇、上垟镇共5个结对村联合成立了“惠龙合作社”，合作社所供香菇、黑木耳等名优农副产品进入省直机关食堂。三是开展爱心助学活动，2010年9月，省机关工委把八都镇瀑云小学和上垟镇中心小学列为省直机关工委的“春苗爱心助学基地”。 （张军钢）

信访工作

【概况】 2008—2012年，龙泉市信访工作紧紧围绕中心，服务大局。认真贯彻落实中央、省、丽水市关于加强新时期信访工作的一系列重要决策部署，坚持以群众工作统揽信访工作，以“五强五网”建设活动为抓手，以创建信访“三无”县为目标，以维护重大活动期间社会稳定为重点，进一步畅通信访渠道、夯实基层基础、创新信访工作机制，化解了大量信访矛盾，呈现了“三无、一下降”（无赴京集体上访、无进京非访、无恶性上访事件发生；到市信访总量下降）的良好局面。5年来，全市共受理人民群众来信来访4314件次，其中来信1877件、来访2437批26222人次。

【联席会议每月例会制度】 2008年起，龙泉市将每月28日作为信访联席会议的固定日期，由市委副书记、常务副市长、市委常委公安局长、市委常委市委办主任4人共同召集联席会议成员，就相关信访突出问题进行协调研究、督查落实，较好地促进了问题解决。同时，根据人事变动情况，及时调整了各专项工作小组，使联席会议运转正常化、制度化，真正成为研究解决信访突出问题和群体性事件的一个有效载体。

【建立群众来访接待中心】 2012年11月，原中共龙泉市委龙泉市人民政府信访局由贤良路333号搬迁至龙泉市龙翔青少年宫旁。中心完善了便民措施，为信访群众提供人性化的服务，增设候访厅电视机、电子触摸屏、便民服务架、电子公告栏等。

【“三化”建设】 2012年，全面推进“三化”建设。一是做到服务优化。建立健全各项规章制度，规范工作流程并上墙公布，实行公开服务承诺，以规范行为提升工作质量和效率，树立信访部门良好形象。二是做到环境美化。以信访联合接待中心及登记窗口、候访大厅、接访场所为重点，对办公和接待场所进行人性化、规范化、艺术化整治，努力营造文明有序的信访环境。三是做到设施标化。以信访办公场所搬迁为契机，按照省信访局下发的对县级信访部门及接待场所“三化”建设标准要求，完善配套设施，确保信访工作有序开展。 （柳　青）

党校工作

【机构师资】 龙泉市委党校是市委的一个重要部门，是学习宣传研究党和国家的理论、路线、方针、政策的主阵地，是全市党政干部和民营企业骨干培训、轮训的主渠道。学校实行党校、行政学校、民营企业管理培训中心“三块牌子，一套班子”的管理体制。至2012年底，党校在编教职员工16人，参照公务员管理3人，事业编制13人。其中高级教师7人，中级职称4人，初级职称1人；研究生学历2人，大学本科学历12人，大专学历2人。党校还建立了一支较为稳定的由上级党校、省内高校教师、市委领导、部门领导、企事业单位专家学者组成的校外师资队伍。

【干部培训】 2008—2012年，共举办主体班次195期，共培训、轮训党政干部、企业经营管理人才等24366人次。2008年，党校与市委组织部、宣传部、人大办、团市委、妇联、农办、农业局、旅游局、人事劳动社会保障局、教育局、公安消防大队和武警中队等部门单位联合举办了41期的培训班，受训人数6413人次。2009年，党校与市委组织部、市招商办、市人事劳动社会保障局、市农办、市计生局等部门单位联合举办了55期培训班，受训人数6307人次。2010年，党校与市委组织部、市人事劳动社会保障局、城市建设局、水利水电局等部门单位联合举办了32期培训班，受训人数2214人次。2011年，党校与市委组织部、市人事劳动社会保障局等部门联合举办了34期培训班，受训人数2560人次。2012年，党校与市委组织部、市人事劳动社会保障局等部门联合举办了33期培训班，受训学员达2535人次。同时协助各单位各部门做好各种行业培训工作，先后协助浙大、交通局、统计局、妇幼保健所、卫生局、龙泉汽校等单位做好各级各类社会培训共45期，培训人数达4337人次。

【科研成果】 龙泉市委党校高度重视科研工作，力倡科研为教学质量服务，为地方党委和政府决策服务。获得浙江省党校系统2010—2011年度科研工作进步奖。2008年，全校教师共撰写论文和调研文章15篇。其中，3篇论文为浙江省委党校系统“改革开放30年与中国特色社会主义在浙江的实践”理论研讨会入选论文。2009年，全校共形成43篇科研成果。此外，积极参加龙泉市“实践办”组织的“我的科学发展观”和市纪委组织的“加强党性修养，促进作风养成”征文活动，获得二等奖一篇、三等奖一篇；积极参加丽水市党校系统“纪念建国60周年理论研讨会”，其中获得一等奖论文一篇。2010年，全校教师公开发表论文及研讨会获奖论文共计36篇，其中省级以上刊物发表的论文有20篇。获丽水市党校系统“生态文明背景下的丽水经济社会发展”理论研讨会二等奖论文2篇、三等奖论文1篇；教师撰写的七个龙泉市政策创新案例入选丽水市委组织部《政策创新案例》一书；一位教师出版了《宗教能否解除我们的困惑》的译著。2011年，共完成论文和课题76篇（个）。其中省级以上刊物发表论文41篇，获得省级三等奖1篇、省级研讨会入选4篇、丽水市一等奖2篇、二等奖6篇、三等奖篇9篇、丽水研讨会入选9篇。2012年，科研工作实现了从写征文为主到做课题为主的转变，共完成课题48个，其中省级课题3个，丽水课题2个，龙泉市级课题41个。

【政策宣讲】 龙泉党校教师认真学习中共历次会议的内容和精神，开展宣讲活动。2008年，党校教师到各单位部门和乡镇（街道）进行十七大精神宣讲，共64场次；进行“力创生态业，再创好龙泉”的主题教育活动；深入学习领会十七届三中全会精神，开展改革开放30周年宣传活动。2009年，积极开展“深入学习实践科学发展观”活动，组建骨干教师到市直机关部门和乡镇街道进行宣讲，达141场。2010年，围绕“发展绿色经济，提升幸福指数”和“深化干部作风建设年”等主题，开展宣传活动，共完成宣讲90场次，其中外出宣讲25场次，校内宣讲65场次。2011年，围绕十七届五中全会精神、胡锦涛总书记“七一”讲话精神、“十二五”规划、建党90周年纪念活动和“城镇化建设年”等专题，共组织开展校内外宣讲146场次。2012年，围绕十七届六中全会、十八大精神和省、市党代会精神以及“我们的价值观大讨论”等专题，共组织开展校内外宣讲120余场，其中外出宣讲34场，听众人数达2654人。

【学历教育】 依托党校力量举办的函授学历教育，是多渠道培训在职党员干部的一种有效形式。龙泉党校一贯坚持“从严办学，保证质量”的教学方针，在办学过程中强化管理，端正学风，健全函授站、班主任、任课老师“三位一体”的岗位责任制，严格把好“面授关”和“考试关”。提高面授到课率和面授效果，不断提高函授教学质量，为龙泉市机关部门、乡镇、企事业单位培养了一大批本、专科毕业生。2008年，招收中央党校函授本科法律专业新生55人，与浙江经济管理职工大学联合办学，招收学生35人，并全部顺利通过成人高考。同年，48名2005级法律专科学员经考试、考核和论文答辩顺利毕业；88名2006级法律本科学员在11月底完成论文答辩和毕业鉴定，于12月底毕业。2009年，根据上级党校统一部署函授学历教育即将结束，党校善始善终抓好函授教育管理，积极稳妥做好函授收尾工作。严格管理，把好考核关，认真做好2006级法律专科毕业班和2007级法律本科毕业班的学科考试和毕业论文写作指导及答辩工作。2010年，认真做好2007级法律专科毕业班和2009级浙经大经管专业毕业班的上课辅导和论文指导、答辩工作以及2008级法律本科班的面授工作及毕业论文指导、答辩工作。2011年，学历教育圆满收官，抓好“后过渡期”学历教育。完成2009级浙经大经管专业的毕业档案建档及毕业证书办理等工作。（范思红）

老干部工作

【概况】 市委老干部局负责贯彻落实中央和省、市委关于老干部工作的方针、政策，抓好老干部的政治、生活待遇的落实，负责老干部工作的调查研究，指导全市老干部工作。截至2012年12月底，全市共有离休干部132人（其中本市离休干部116人，异地安置本市2人，代管14人）。本市离休干部情况：行政离休干部正处2人，副处23人，正科1人，副科14人；事业离休干部副处10人，副科18人；参加统筹离休干部副处20人，副科28人。

【离退休干部党组织建设】 市委老干部局从2010年以来开展了“五好”离退休干部党支部和优秀离退休干部党员的评选活动，并与龙泉市委组织部联合发文表彰2010年度“五好”离退休干部党支部7个，优秀离退休干部党员13名。表彰2011年度“五好”离退休干部党支部3个，优秀离退休干部党员15名。表彰2012年度“五好”离退休干部党支部5个，优秀离退休干部党员12名。其中第一批丽水市“五好”离退休干部党支部1个，优秀离退休干部党员3名；第二批“五好”离退休干部党支部1个，优秀离退休干部党员3名。2009年林业局离退休党支部被评为全国先进离退休干部党支部。2008年、2011年，分别举办了140多名离退休党支部书记和离休干部理论中心组成员参加的培训班。

【落实老干部待遇】 5年间，共为离休老干部安排政治经济通报会、老干部读书会、全市三级干部大会、团拜会以及各种座谈会等20余次，参加人数达2250人次以上。2008年，离休干部门诊费由4000元提高到6000元，健康疗养费由380元增至500元，体检费由180元增至430元，健康体检由两年一次缩短为一年一次；离休干部无固定工作配偶、遗属年终补贴从每人每年600元提高到1000元。2009年，离休干部医疗费问题得到基本解决。离休干部房改问题得到全面解决。2011年，离休干部年终综合补贴每人每年1500元在停发一年后得以继续发放。取消与市人民医院的挂钩包干，取消门诊限额；提高了离休干部的医疗包干基数，抗战前期、抗战后期、解放战争时期从6000元分别提高到10000元、9000元和8000元。2012年，落实了离休干部遗属每两年一次的体检。做好全市离休干部社会保障卡的统一申报办理。

【老干部参观考察】 组织离退休老干部到武义工业园区、丽水城防工程等地，本市回归工程、龙鑫公司、石达石金岗工业园区、岩樟生态带、龙南、八都、兰巨生态农业园区等工业企业以及工农业、生态建设基地进行参观考察。参观考察人数达5批350多人次。在棋盘山上建立丽水市首个离休干部林，组织离休干部到山上造林除草，让离休干部们为美化龙泉“三山”“三沿”，建设美好家园发挥余热。

【开展系列纪念活动】 2009年，开展新中国成立60周年纪念活动，组织老干部参观龙泉市改革开放三十周年图片展，清明节前夕组织离休干部到革命烈士陵园向革命烈士敬献花圈，组织市老年艺术团参加5月26—30日在香港特别行政区举办的全国中老年第九届艺术节舞蹈大赛，在国庆前夕与云和县联合举办老年书画展，展出作品80余幅，观看展览3000余人次。2011年，开展中国共产党成立90周年大会纪念活动，组织全市离休干部、副处以上退休领导干部共计110余人参加庆祝大会，召开老干部座谈会，组织老干部文艺会演，举办老年书画、图片成就展，展出书画作品167幅，参观人数9000多人次，举办龙、景两地老干部联谊活动，于7月1日邀请抗战时期离休干部、离休干部中心组成员，畅谈革命历史，并就老干部工作提出意见建议。（刘继军）

党史方志工作

【概况】 中共龙泉市委党史研究室是市委主管党史的工作机构和研究龙泉地方党史的社会科学研究机构；龙泉市地方志办公室是市政府主管地方志的工作机构。均为参照公务员管理的正科级单位，两块牌子，一个班子，隶属市委办公室管理。

【全市党史方志工作会议】 2008年1月7日，龙泉市党史方志工作会议暨《龙泉市志》编纂动员会召开。传达贯彻《中共浙江省委关于进一步加强党史工作的意见》和浙江省委党史工作会议精神，明确下步党史工作目标、任务和要求。会上市委书记赵建林作了讲话，丽水市委党史研究室主任诸葛蓉出席会议并讲话，市委常委洪起平传达了全省党史工作会议精神，全面回顾总结全市党史方志工作，部署今后的工作任务。会议期间还举办了全市党史方志工作成果展，《今日龙泉》上刊登党史方志工作专版。

【中国共产党龙泉历史》(第一卷)通过评审】 《中国共产党龙泉历史》(第一卷)送审稿通过丽水市委党史研究室审核，2011 年 12 月 3 日又召开评审会，书稿通过评审，根据评审意见对书稿作了进一步修改、校对，对重点内容、事件进行了深入探讨，全书分为三篇，18 万字，记录了 1919—1949 年时段的龙泉地方党史。

【党史(革命史)书籍资料编写】 2010 年 7 月，在革命遗址普查基础上，市委党史研究室会同市老区建设促进会、市民政局编写了《红色丰碑——龙泉市革命遗址巡礼》一书，该书由龙泉革命斗争历史简介和龙泉革命遗址保护修复两大部分组成，有红色印迹、红军标语、纪念馆亭、人物故居、烈士陵园等内容。全书除文字介绍外，还有照片 120 余幅，图文并茂再现了龙泉革命斗争历史和重点革命遗址概貌。2011 年，为纪念中国共产党成立 90 周年，市委党史研究室编写了《中共龙泉历史要览》一书，全书 5 万字，分为中共龙泉历史大事记、龙泉市领导人名录和中共龙泉历史要事简述三部分。2008 年，会同住龙镇编写了 7.5 万字的《住龙壮歌》一书。2010 年，协助市文联编写《红色宝溪》，以《龙泉人文》杂志专籍印刷发行。

【党史胜迹普查与革命遗址保护修复】 2008 年下半年开始，根据省委党史研究室的部署，龙泉市开展党史胜迹普查工作。市委党史研究室组织人员对全市重点革命遗址进行现场勘察、调查登记、拍摄照片、摄写材料。历时近两年，对全市 60 多处革命遗址(纪念地)的史料进行了认真的考证整理，整理编印成册，于 2010 年 6 月上报省、丽水市党史部门，圆满完成党史胜迹普查工作。市委党史研究室会同老区乡镇(街道)村和市有关部门继续做好革命遗址保护和修复工作，加强爱国主义教育基地创建。5 年来，新建了坑源底“革命纪念亭”、西井村“革命纪念亭”、坑里村“红军纪念亭”、局下村“革命历史纪念亭”、山溪口村“革命纪念亭”、季山头村“季步高烈士雕像”和“先烈亭”、李登村“将军亭”、柳山头村“望红亭”、塘上村“将军亭和将军公园”。修复布展了碧龙“龙遂县委旧址”、住溪“龙浦县委和政府办公旧址张家祠堂”、李登村李逸民将军故居等。至 2012 年底，龙泉市有市革命烈士陵园、住龙镇住溪苏维埃政府旧址、中共龙遂县委旧址等可供开展教育活动和参观的革命遗址(纪念地)21 处。2011 年 4 月，龙泉披云山苏维埃旧址被列入第二批全国红色旅游经典景区名录。

位于住龙镇住溪村的龙浦县苏维埃政府旧址　　毛明库　提供

【“抗损”课题调研】 抗战时期人口伤亡与财产损失课题(简称“抗损”课题)调研工作是由上级党史部门部署的一项重要任务。在 2007 年基本完成档案查阅、社会调查工作基础上，2008 年重点进行研究分析和统计汇总，查漏补缺工作，并完成课题综合调研报告、专题调研报告的撰写。经过细致的统计分析整理，共形成调研报告、档案资料、口述资料、音像资料、统计表等材料案卷 8 卷。2008 年 7 月，龙泉市“抗损”调研课题经丽水市考核组验收合格，圆满完成工作任务。

【申报中央苏区县(市)工作】 加强与省、丽水市各级党史部门、老区办联系、沟通，争取支持。前往庆元、浦城有关县(市)学习取经。负责起草《关于要求支持龙泉市申报中央苏区县(市)的报告》，报告以市委、市政府名义向省委党史研究室、省发改委报送，并转报至中央党史研究室。

【《龙泉年鉴》编纂】《龙泉年鉴(2004—2007)》是记载2004年1月1日起至2007年12月31日止4年间龙泉市域范围内所发生的新情况、新成就、新经验为主要内容的地方资料工具书，真实反映龙泉市4年来全市经济建设和各项事业的发展情况，富有时代特征，体现龙泉特色。全书共102.8万字，设类目、分目、条目三个层次，分为37个类目，设260个分目，收录1800多个条目。年鉴自2008年初开始编纂，历时两年，共有110多个单位(包括19个街道、乡镇)直接提供了稿件，参加年鉴初稿撰写工作的有200多人，于2010年4月由方志出版社出版发行。启动《龙泉年鉴(2008—2012)》编纂工作，完成纲目的编写，负责组织年鉴编写责任单位的落实工作，2012年12月由市委办、市府办联合下发了关于做好《龙泉年鉴(2008—2012)》编纂工作的通知。

【第二轮修志《龙泉市志》修编工作】2008年1月《龙泉市志》编纂动员会召开以后，同年8月又举办了《龙泉市志》编纂业务培训会，邀请了省内知名方志专家授课。到2012年，各单位初稿基本收齐，正组织力量对《龙泉市志(1989—2008)》初稿进行核对、修改、补充。

【《龙泉县志》旧志封存华严塔地宫】2009年9月17日，龙泉市举行华严塔地宫藏宝仪式，市地方志办公室提供的清顺治版《龙泉县志》、乾隆版《龙泉县志》、光绪版《龙泉县志》、民国《龙泉县新志稿》(以上版本为复印本)、1994版《龙泉县志》共5部22册，成为华严塔地宫藏品，永久封存。

【指导编写和审查部门、村志】方志办是市政府主管地方志的工作机构，业务上指导部门志、专业志、村志、乡镇志的编写和审查把关是方志办的职责之一。5年来，市方志办指导编写与审查了《龙泉市军事志》《龙泉市林业志》《龙泉市水利局》《龙泉市农业志》《龙泉市交通志(1989—2010)》《龙泉市凤阳山志》《骆庄村志》《黄砱村志》等。（陈叶翠　卢书田）

档案工作

【概况】龙泉市档案局与龙泉市档案馆为一个机构，两块牌子，履行全市档案事业行政管理和档案保管、利用两种职能，为市委办公室管理的正科级全额拨款事业单位，参照公务员制度管理。内设办公室、业务指导股、保管利用股(行政许可股)，下设龙泉市现行文件查阅利用中心(2010年更名为龙泉市电子文件和数字档案登记备份中心)。馆藏档案全宗189个，121266卷，20897件；资料14914册。2008—2012年共接收档案31430卷，10352件；利用档案13049人次，25102卷。2009年12月，在国家档案局组织的市、县国家综合档案馆测评中，龙泉市档案馆被评为国家三级综合档案馆。2012年5月，被丽水市人力资源和社会保障局、丽水市档案局授予“全市档案系统先进集体”荣誉称号。

【龙泉民国司法档案研究】2008年7月，龙泉市档案局与浙江大学合作项目“龙泉民国司法档案整理与研究”正式签约。该项目列入省社科联“十二五”的重点项目及浙江大学“985工程”重大项目，《龙泉司法档案选编》(第一辑、第二辑)争取到国家出版基金第一期1200万元资助。2012年8月25日，《龙泉司法档案选编》第一辑(晚清时期)发布仪式暨座谈会在浙江大学隆重举行，来自国内外28所高校、科研院所的67位专家学者及《光明日报》《浙江日报》等11家媒体出席发布仪式。由浙江大学和龙泉市人民政府联合成立的“龙泉司法档案研究中心”同时揭牌。《龙泉司法档案选编》的出版，开创了浙江省系统整理、编纂和出版晚清民国档案史料的先河，入选《记忆浙江·2012》及龙泉市2012年度十件大事。

【档案安全监管】从2010年开始，档案工作纳入全省“平安建设”考核体系。继续开展档案工作举证考核，2010年，配合龙泉市人大常委会对全市乡镇(街道)、市直各单位《中华人民共和国档案法》实施情况进行检查。2011—2012年，先后开展了重点建设项目档案、涉民档案及电子业务系统等执法检查。

【档案登记备份】2010年10月8日，龙泉市出台了《关于开展电子文件和数字档案登记备份工作的实施意见》，12月13日，经龙泉市机构编制委员会批准，档案局下属事业单位龙泉市现行文件查阅利用中心更名为龙泉市电子文件和数字档案登记备份中心(以下简称中心)，经连续三年增编，中心现有人员编制7名。2011年1月5日，成立龙泉市电子文件和数字档案登记备份工作领导小组。中心建设列入2011年度龙泉市政府投资项目，投入资金300余万元，按国家B级标准建成计算机房，并开发了档案登记备份系统。2012年11月，经省档案局专家组综合评定，龙泉市档案登记备份中心顺利通过验收，成为全省首批、丽水(县、市、区)中首个省级规范化中心。中心已对45家单位保管期限为长期以上的重要档案、民生领域档案、重点工程项目档案等实施电子备份109批次，备份数据3283GB。

【档案文化建设】 2008—2010年，先后承办了“龙泉改革开放30周年成就展”“浙江大学龙泉分校档案史料展”“龙泉文化遗产展”“龙泉撤县设市20周年成就展”。2008年编写的《龙泉民国档案系列(概要、文献选编、专题介绍)》获全省档案部门优秀编研成果二等奖。2010年出版的《龙泉民国档案辑要》，入选浙江省百项档案编研精品工程项目，获全省档案部门优秀编研成果一等奖。2012年，开展《丽水大词典》词目资料征集及《浙江通志·档案卷》(龙泉部分)编撰。抓特色档案收集，完成龙泉市参与2010年上海世博会档案及历届龙泉青瓷宝剑节等重大活动档案的收集，2011—2012年为27位龙泉剑瓷名人建立个人档案，2012年完成龙泉方言语音建档。

【档案保护与信息化建设】 2008—2012年，市档案局连续五年争取到龙泉民国档案抢救和保护项目中央财政补助资金共64万元。从2011年开始，组织开展破损档案的修复，累计完成裱糊249卷20324页。5年来，完成馆藏婚姻、农村二轮土地承包、知青等民生档案数字化333万页。配备服务器、存储等硬件设备，开发了龙泉市数字档案综合管理系统和档案协同管理系统。全市14家单位档案室通过浙江省规范化数字档案室测评，其中2家被命名为浙江省示范数字档案室。 (张志伟)

龙泉市人民代表大会

综　　述

【概况】 2008—2012年，市人大及其常委会坚持以邓小平理论和“三个代表”重要思想为指导，全面落实科学发展观，以围绕中心、服务大局、推动发展为统领，以发展民主、关注民生、维护民利为宗旨，以加强法治、维护法治、推进法治为重点，以完善制度、规范程序、提高能力为保障，切实履行宪法和法律赋予的职责，圆满完成各项工作。加强法律监督，推进依法治市，做好执法检查、司法监督、法制宣传、群众信访等工作，努力维护社会和谐稳定；围绕发展大局，强化重点工作监督，深化对重大事项、计划预算、产业经济的监督和审议，推动经济又好又快发展；关注民生民利，加强对生态环境保护整治、惠民项目推进落实、社会事业发展情况的监督，推进社会事业全面进步；保障代表履职，发挥代表作用，通过丰富代表活动，加强议案建议督办，做好代表换届等工作，深化了民主政治根本。加强与上级人大和兄弟县（市、区）人大的联系，不断扩大龙泉市人大工作的影响。继续坚持乡镇（街道）人大负责人列席常委会会议制度，完善基层人大联席会议制度，不断提高乡镇（街道）人大工作水平。

【制定人大常委会工作制度】 2008—2012年，在历届常委会制度建设的基础上，先后修订完善了《常委会议事规则》《主任会议议事规则》《常委会组成人员守则》《龙泉市人民代表大会常务委员会任免国家机关工作人员办法》《龙泉市人民代表大会代表建议、批评和意见办理的规定》等制度，制定出台《龙泉市人大常委会讨论决定重大事项的暂行规定》《关于“一府两院”向市人大常委会送交会议材料的程序和格式要求》，编印发放了《龙泉市人大常委会及其机关工作制度汇编》，进一步规范和完善监督程序和行为，使人大常委会的工作更加规范化、制度化。

【宣传报道和信息工作】 重视人大信息宣传工作，建立健全人大信息宣传制度，与市委宣传部联合下发了《关于进一步做好人民代表大会制度和人大工作宣传报道的实施意见》。加强人大制度宣传，进一步加大对人大制度和人大监督工作的宣传力度。改版升级“龙泉人大网站”，及时更新信息内容，进一步夯实宣传工作基础。5年来，编辑了27期《龙泉人大信息》，被省、丽水市人大刊物采用的信息共400余篇，被丽水市人大评为信息工作先进集体。协助省、丽水市人大成功举办了《浙江人大》杂志宣传工作会议，组织人员参加了浙闽赣皖四省九县市人大联席会议，加强与省内外各单位的信息交流。

【理论学习和作风建设】 通过参加理论中心组学习会、法律知识讲座等形式，深入学习贯彻中共十七大、十八大和中央、省、丽水市有关重要会议精神，学习宪法、监督法、选举法等法律法规，切实提高思想理论素质和法律监督能力。组织人大常委会组成人员集中学习人大常委会议事规则和常委会组成人员守则，提升常委会组成人员履职水平。扎实开展常委会党组及机关“实践科学发展观”“深化作风建设年”等主题活动，强化科学发展的先进理念，增强服务大局的公仆意识。人大常委会领导积极参与项目双进和重点项目建设，直接参与了高速公路建设、茶产业发展、人民公园等重点项目的建设。深入企业和农村开展蹲点调研、联系帮扶活动，为联系村建设出谋划策，为联系企业发展排忧解难，为人民群众办实事做好事。

市人民代表大会会议

【十四届人大二次会议】 2008年3月11—14日在龙泉召开，与会代表177名，列席人员213名。会议听取和审查了“一府两院”工作报告及市人大常委会工作报告，审查了市2007年国民经济和社会发展计划执行情况及2008年国民经济和社会发展计划草案的报告，审查了市2007年预算执行情况及2008年预算草案的报告。会议就政府工作等六个报告做出了相应的决议。

会议收到代表提出的议案、建议、批评和意见119件。其中，社会保障、民政福利等方面11件；交通方面32件；财贸、电力、通讯等方面11件；农林、水利等方面22件；环保、国土、建设等方面18件；科教、文卫、广电、旅游等方面10件；其他15件。经大会主席团决定，将方小平等11位代表提出的《关于创建国家森林城市建设美好新龙泉的方案》列为本次大会议案，由市人大常委会作出决议，交市人民政府办理；将周高雄等11位代表提出的《关于要求加大成长型中小企业培育扶持力度的建议》等5件建议作为本次会议的重点建议，交由市人民政府办理。

【十四届人大三次会议】 2009年3月10—13日在龙泉召开，与会代表176名，列席人员218名。会议听取和审查了"一府两院"工作报告及市人大常委会工作报告，审查了市2008年国民经济和社会发展计划执行情况及2009年国民经济和社会发展计划草案的报告，审查了市2008年预算执行情况及2009年预算草案的报告。会议就政府工作等6个报告作出了相应的决议。

会议收到代表提出的议案、建议、批评和意见166件，代表来信2件。其中，工业、商贸等方面17件；农林、水利等方面32件；交通设施方面44件；建设、环保、国土等方面26件；旅游、科教、文卫等方面20件；社保、民政、财政等方面12件；其他15件。经大会主席团决定，将林素伟等11人《关于加强工程机械配件产业集群培育的建议》等6件建议作为本次会议的重点建议，交由市人民政府办理。

【十四届人大四次会议】 2010年3月16—19日在龙泉召开，与会代表177名，列席人员221名。会议听取和审查了"一府两院"工作报告及市人大常委会工作报告，审查了市2009年国民经济和社会发展计划执行情况及2010年国民经济和社会发展计划草案的报告，审查了市2009年预算执行情况及2010年预算草案的报告。会议就政府工作等六个报告做出了相应的决议。会议选举苏一中为市第十四届人民代表大会常务委员会副主任，选举张明、柳晓芬(女)为龙泉市第十四届人民代表大会常务委员会委员。

会议收到代表提出建议、批评和意见共178件，来信2件。其中，绿色经济发展方面32件；增加民生保障投入方面13件；生态保护与旅游开发方面32件；新农村建设方面27件；基础设施建设方面40件；城市管理方面10件；科教文卫发展方面15件；其他19件。178件建议、批评和意见会后由市人大常委会代表工委进行综合分析，提出拟重点办理的代表建议，会同相关部门研究后，提请市人大常委会确定重点建议，交市人民政府办理，由市人民政府办公室负责答复代表。重点建议实行"阳光办理"，即将重点建议的领衔提出代表、主要内容、领衔办理领导、具体承办单位和责任人、办理情况等向社会公开。未列入重点建议的其他建议、批评和意见由市人大常委会代表工委交市人民政府办公室及有关单位办理。

【十四届人大五次会议】 2011年3月8—11日在龙泉召开，与会代表175名，列席人员226名。会议听取和审查了"一府两院"工作报告及市人大常委会工作报告，审查了市国民经济和社会发展第十二个五年规划纲要，审查了市2010年国民经济和社会发展计划执行情况及2011年国民经济和社会发展计划草案的报告，审查了市2010年预算执行情况及2011年预算草案的报告。会议就政府工作等7个报告做出了相应的决议。

会议收到代表提出的建议、批评和意见共165件，来信3件。其中绿色经济发展28件；城镇建设26件；生态环境和新农村建设39件；交通基础设施建设36件；社会事业发展23件；其他13件。165件建议、批评和意见会后由市人大常委会代表工委进行综合分析，会同相关部门研究后，提出拟重点办理的代表建议，提请市人大常委会主任会议确定重点建议，交由市人民政府进行办理，由市人民政府办公室负责答复代表。未列入重点建议的其他建议、批评和意见由市人大常委会代表工委交市人民政府办公室及有关单位进行办理。

【十五届人大一次会议】 2012年2月27日至3月2日在龙泉召开，与会代表177名，列席人员230名。会议听取和审查了"一府两院"工作报告及市人大常委会工作报告，审查了市2011年国民经济和社会发展计划执行情况及2012年国民经济和社会发展计划草案的报告，审查了2011年预算执行情况及2012年预算草案的报告。会议就政府工作等6个报告做出了相应的决议。会议选举钟鸣(畲)为市第十五届人民代表大会常务委员会主任，陶中亮、黄丽萍(女)、苏一中、陈吉明、罗永文为市第十五届人民代表大会常务委员会副主任，方仁民、叶建和、孙方鸿、严寅亮、李小春、吴晓敏、何小仁、何日荣、余华良、邹迎春(女)、张明、陈光霞(女)、林建康、周光忠、周春华、姜国梅(女)、顾奕滨、黄邦辉、雷樟根(畲族)为市第十五届人民代表大会常务委员会委员;选举季柏林为市人民政府市长,包新华、叶学明、徐炳东、罗诗兰(女)、刘赤波、王正飞为市人民政府副市长;选举罗沛为龙泉市人民法院院长,葛朝华(女)为龙泉市人民检察院检察长(报丽水市人民检察院检察长提请丽水市人大常委会批准)。选举王爱娟(女)、毛有文、叶建和、叶桂花(女)、付建伟、兰盛华(畲族)、吕庆华、刘国安、汤克豪、汤汪洱、李燕(女)、杨娟(女)、吴子敬、沈新培、陈积松、罗永文、季时付、季柏林、周永海、郑夏来、项韶芬(女)、赵国新、钟鸣(畲族)、钟小伟(畲族)、钟献娟(女,畲族)、骆美强、徐达伟、徐定昌、黄芬芬(女)、崔建宏、梁细弟、蔡利武、蔡晓春、蔡焕镜、廖思红(女)为丽水市第三届人民代表大会代表(依法报丽水市人大常委会审查确认)。

会议收到代表提出的议案、建议、批评和意见273件,根据其内容进行梳理和归并,确定拟交办的代表建议、批评和意见215件,来信13件。其中工农业发展22件,城镇化建设24件,新农村建设44件,旅游业发展15件,交通网建设61件,社会事业发展8件,民生改善12件,其他29件。215件建议、批评和意见会后由市人大常委会代表工委进行综合分析,提出拟重点处理的代表建议,会同相关部门研究后,提请市人大常委会主任会议确定重点建议,交市人民政府办理,由市人民政府办公室负责答复代表。未列入重点建议的其他建议、批评和意见由市人大常委会代表工委交市人民政府办公室及有关单位办理并答复代表。

市人大常委会会议

【十四届人大常委会历次会议】 第六次会议于2008年1月24日举行。会议听取了市人民政府关于市十四届人大一次会议代表建议系统办理情况的报告;听取了市人民政府关于"十大工程""十件实事"实施情况的报告;审议决定了市十四届人大二次会议有关事宜;审议通过了市人大常委会主任会议有关人事任免议案;免去叶砝仙、郑锡伟龙泉市第十四届人民代表大会常务委员会委员职务。

第七次会议于2008年2月27日举行。会议听取了市发改局关于2008年计划安排情况的报告;听取了市财政局关于2008年预算安排情况的报告;决定了2007年度先进人大代表小组、优秀市人大代表名单;审议决定了市十四届人大二次会议有关事项;听取和审议了代表资格审查委员会关于新当选的市十四届人大代表资格的审查报告;听取了市十四届人大二次会议筹备情况的汇报,通过了列席人员名单,研究了有关名单草案,讨论了市人大常委会工作报告(讨论稿)。

第八次会议于2008年4月30日举行。会议听取和审议了市人民政府关于"回归工程"建设情况的报告;听取了市人民政府关于村委会换届选举工作情况的报告;听取和审议了市公安局关于要求许可对市十四届人大代表方建平采取取保候审强制措施、对市十四届人大代表叶良和采取行政拘留的报告;听取和审议了市人民法院关于要求许可对市十四届人大代表王良宝采取司法拘留的报告。

第九次会议于2008年6月26日举行。会议听取和审议了市人民政府关于河道综合整治工作情况的报告;听取了市人民政府关于创建国家森林城市前期工作情况的报告,审议了市十四届人大二次会议议案;通过市人大常委会关于创建国家森林城市的决定;听取了市住房资金管理中心关于龙泉市住房公积金管理使用情况的报告;听取市科技局、经贸局等局长履职情况的报告;听取了法工委关于"法律援助条例"执行检查情况的报告;通过了市人民政府有关人事任免议案,任命王奎泉为龙泉市人民政府副市长。

第十次会议于2008年8月26日举行。会议听取和审议了市政府关于2007年决算(草案)的报告,审查、批准了2007年决算;听取和审议了市政府提出的审计局关于2007年度预算执行和其他财政收支情况审计工作的报告;听取和审议了市政府关于2008年上半年预算执行情况的报告;听取和审议了市政府关于2008年上半年国民经济和社会发展计划执行情况的报告;听取和审议了市政府关于《龙泉市国民经济和社会发展第十一个五年规划纲要》实施中期评估的报告;听取和审议市政府关于龙泉市义务教育法执行情况的报告;审议通过了市人大常委会主任会议有关人事任免议案。

第十一次会议于2008年10月28日举行。会议听取和审议了市公安局关于全市社会治安工作情况的报告;听取和审议了市人民政府关于全市流动人口计划生育管理工作情况的报告;听取了市人民法院关于执行工作整改落实情况的报告;听取了市人民检察院关于法律监督工作整改落实情况的报告;听取了市人民政府关于市十四届人民代表大会第一次会议议案(落实城市供水新水源)办理情况的报告;审议通过了市人民政府关于《龙泉市城市总体规划》建设用地局部调整方案的报告；审议了市人民政府关于确定龙泉市市树的议案，决定红豆树为龙泉市市树；听取了市交通局、市林业局、市人民法院执行局等局长履职情况的报告；审议通过了市人民政府有关人事任免事项；审议通过了关于王仁学辞去市十四届人民代表大会代表职务的议案。

第十二次会议于2008年12月5日举行。会议审议通过了市人民政府关于龙泉安福至松阳大东坝公路（龙泉段）工程项目（一期工程）建设资金有关问题的报告，同意将偿还龙泉安福至松阳大东坝公路（龙泉段）工程项目（一期工程）贷款资金列入财政预算。

第十三次会议于2008年12月22日举行。会议听取和审议了市政府关于全市旅游工作情况的报告；听取了市政府关于落实市人大常委会《2007年度预算执行和其他财政收支情况审计工作报告审议意见》的报告；审议通过了市人民政府有关人事任免的议案，接受陈良伟辞去龙泉市人民政府副市长。

第十四次会议于2009年1月21日举行。会议研究决定了市十四届人大三次会议有关事宜；研究决定了补选市十四届人大代表有关事项；审议通过了有关人事任免议案。

第十五次会议于2009年2月27日举行。会议听取了市政府关于市十四届人大二次会议代表建议办理工作情况的报告；听取了代表工委关于市十四届人大二次会议代表建议、批评和意见办理情况的报告；听取和审议了代表资格审查委员会关于新当选的市十四届人大代表资格的审查报告；审议决定了市十四届人大三次会议有关事项；决定了2008年度先进人大代表小组、优秀市人大代表名单；讨论了市人大常委会工作报告（讨论稿）。

第十六次会议于2009年4月29日举行。会议听取和审议了市政府关于招商引资工作情况的报告；审议通过《龙泉市人大常委会规范性文件备案审查暂行办法》；听取和审议市人民检察院关于提请许可对市人大代表季某某采取强制措施的报告；审议通过了有关人事任免议案。

第十七次会议于2009年7月16日举行。会议传达贯彻了全省人大工作会议精神；听取和审议了市政府关于产业科技工作情况的报告；听取和审议了市政府关于茶产业发展情况的报告；听取了市统计局、监察局等局长履职情况的报告；听取和审议了市人民法院关于要求增选人民陪审员的议案；审议通过了有关人事任免议案。

第十八次会议于2009年9月1日举行。会议听取和审议了市政府关于2008年决算（草案）的报告，审查、批准2008年决算；听取和审议了市政府提出的审计局关于2008年度预算执行和其他财政收支情况审计工作的报告；听取和审议了市政府关于2009年上半年预算执行情况的报告；听取和审议了市政府关于2009年上半年国民经济和社会发展计划执行情况的报告；听取和审议了市政府关于《龙泉市域总体规划2006—2020》的报告；听取和审议了市政府关于提请批准龙泉市财政安排浙江省龙泉市51省道遂龙线（龙泉段）改建工程项目代建资金并列入年度财政预算的报告；听取和审议了市政府关于龙泉市人民医院迁建项目（一期）建设资金有关问题的报告；听取了市政府关于市人民医院迁建工程进展情况的报告；听取了市安监局、环保局等局长履职情况的报告；审议通过了有关人事任免议案。

第十九次会议于2009年10月29日举行。会议听取和审议了市政府关于职工基本养老保险工作情况的报告；听取了市政府森林城市创建工作进展情况的报告；听取和审议了《龙泉市人民代表大会常务委员会议事规则（修改草案）》《龙泉市人民代表大会常务委员会主任会议议事规则（修改草案）》《龙泉市人民代表大会常务委员会组成人员守则（修改草案）》；听取和审议了市人民法院关于提请任命许年根等同志为龙泉市人民法院人民陪审员的议案。

第二十次会议于2009年12月30日举行。会议听取和审议了市人民政府关于公共卫生工作情况的报告；听取了市政府关于提请批准2009年度地方财政收支预算调整方案的报告；听取和审议了市人大常委会主任会议关于接受黄祖树等请求辞去龙泉市第十四届人民代表大会代表职务的议案；听取和审议了市人大常委会代表工委关于补选部分市十四届人大代表有关工作情况的报告；听取了市教育局局长周欣波、检察院副检察长董庆文履职情况的报告；听取了市人民检察院关于提请许可对市十四届人大代表周连福采取强制措施的报告；审议通过了有关人事任免议案。

第二十一次会议于2010年2月8日举行。会议传达了省十一届人大三次会议精神；听取了市人民政府关于十四届人大三次会议代表建议系统办理工作情况的报告；听取了代表工委关于市十四届人大三次会议代表建议、批评和意见办理情况的报告；听取和审议了代表资格审查委员会关于新当选的市十四届人大代表资格的审查报告；审议决定了市十四届人大四次会议有关事项；审议通过了有关人事任免议案。

第二十二次会议于2010年3月5日举行。会议审议决定了市十四届人大四次会议有关事项，审议决定了

2009年度先进市代表小组、优秀市人大代表名单;征求了对政府工作报告的意见;讨论决定了市人大常委会工作报告;审议通过了有关人事任免议案。

第二十三次会议于2010年4月27日举行。会议听取和审议了市政府关于全市“康庄工程”建设情况的报告;听取和审议了市人民法院关于民事审判工作情况的报告;听取和审议了市公安局关于要求对龙泉市第十四届人民代表大会代表何志勇采取行政拘留处罚的报告;审议通过了有关人事任免议案。

第二十四次会议于2010年6月30日举行。会议听取和审议了市政府关于扶持农业龙头企业资金使用情况的报告;听取和审议了市政府关于提请审议龙泉市岩樟溪地表水水源保护区划分技术报告的议案;听取和审议了市政府关于提请审议2010年度龙泉市政府债务收支计划的议案;听取和审议了市政府关于龙泉市土地利用总体规划(2006—2020)编制情况的报告;听取和审议了市政府关于公共文化建设情况的报告;听取了市发展和改革局、财政局等局长履职情况的报告;审议通过了有关人事任免议案。

第二十五次会议于2010年8月25日举行。会议听取和审议了市人民政府关于龙泉市2009年度决算草案的报告,审查、批准了2009年决算;听取和审议了市人民政府提出的审计局关于2009年度预算执行和其他财政收支情况审计工作的报告;听取和审议了市人民政府关于龙泉市2010年上半年预算执行情况的报告;听取和审议了市人民政府关于2010年上半年国民经济和社会发展计划执行情况的报告;听取了市人大常委会教科文卫工委关于档案法执法检查情况的报告;审议通过了《龙泉市人民代表大会常务委员会讨论决定重大事项的暂行规定》;听取了市公安局局长徐为民(书面)、市人民法院副院长麻益升履职情况的报告。审议通过了有关人事任免议案。

第二十六次会议于2010年10月29日举行。会议听取和审议了市政府关于岩樟溪水源保护工作情况的报告,并作出《关于岩樟溪饮用水水源保护的决定》;听取了市卫生局、人口和计划生育局局长履职情况的报告;听取和审议了市人民法院关于提请任命人民陪审员的议案;表决通过了有关人事任免议案。

第二十七次会议于2010年12月29日举行。会议听取和审议了市政府关于“十一五”规划实施和“十二五”规划纲要编制情况的报告;听取和审议了市人民检察院关于预防职务犯罪工作情况的报告;听取市水利局局长履职情况的报告;会议听取和审议了市人民检察院关于要求许可对第十四届人大代表季根荣采取取保候审的报告;会议审议通过了有关人事任免议案。

第二十八次会议于2011年1月26日举行。会议听取和审议了市政府关于市十四届人大四次会议代表建议系统办理工作情况的报告;听取和审议了代表工委关于市十四届人大四次会议代表建议、批评和意见办理工作情况的报告;听取和审议了市政府关于提请批准2010年地方政府债券资金列入龙泉市财政支出预算的报告;审议决定了市第十四届人民代表大会第五次会议有关事项。

第二十九次会议于2011年2月28日举行。会议审议了龙泉市第十四届人民代表大会第五次会议有关事项;审议了市人大常委会工作报告稿;征求了对市人民政府、市人民法院、市人民检察院工作报告稿的意见;决定了2010年度先进市人大代表小组和优秀市人大代表名单;补选了1名丽水市第二届人民代表大会代表。

第三十次会议于2011年4月27日召开。会议听取和审议了市政府关于提请审议2011年度龙泉市政府性债务收支计划的议案;听取了市政府关于村委会换届选举工作情况的报告;听取和审议了市政府关于林权制度改革工作情况的报告;审议表决了有关人事任免。

第三十一次会议于2011年6月29日召开。会议听取和审议市政府关于人民调解工作情况的报告;听取农资环工委关于残疾人保障法执法检查的报告;听取市人事劳动社会保障局、文化广电新闻出版局(体育局)等局长履职情况的报告。

第三十二次会议于2011年7月21日召开。会议审议表决市政府关于提请任命季柏林职务的议案,决定任命季柏林为龙泉市人民政府副市长;审议表决市人大常委会主任会议关于提请审议接受梁忆南请求辞去龙泉市人民政府市长职务的议案,作出接受梁忆南请求辞去龙泉市人民政府市长职务的决定;审议表决市人大常委会主任会议关于提请决定龙泉市人民政府代理市长的议案,决定季柏林任龙泉市人民政府代理市长。

第三十三次会议于2011年8月26日举行。会议听取和审议了市人民政府关于龙泉市2010年度决算草案的报告;听取和审议了市人民政府提出的审计局关于龙泉市2010年度预算执行和其他财政收支情况审计工作的报告;听取和审议了市人民政府关于龙泉市2011年上半年预算执行情况的报告;听取和审议了市人民政府关于2011年上半年国民经济和社会发展计划执行情况的报告;听取和审议了市人民政府关于调整太阳伞工业园区部分用地性质的报告;听取了市农业局、旅游局等局长履职情况的报告。

第三十四次会议于2011年10月8日举行。会议审议通过了市人大会常委会关于成立龙泉市选举委员会的决定；审议通过了市人大会常委会关于市、乡两级人大代表换届选举时间的决定；审议通过了市人大会常委会关于新一届乡(镇)人民代表大会代表名额的决定以及上垟镇选举委员会组成人员名单。

第三十五次会议于2011年10月28日召开。会议听取和审议了市人民政府关于医药卫生体制改革工作情况的报告；审议决定了各乡镇选举委员会组成人员名单；审议表决了有关人事任免。

第三十六次会议于2011年12月12日召开。会议听取和审议了市政府关于全市服务业发展情况的报告；听取和审议了市政府关于"五五"普法实施情况及"六五"普法规划情况的报告；审议表决了有关人事任免。

第三十七次会议于2012年1月17日召开。会议听取和审议了市政府关于市十四届人大五次会议建议系统办理工作情况的报告；听取了代表工委关于市十四届人大五次会议代表建议、批评和意见办理工作情况的报告；听取了市人大常委会代表资格审查委员会关于市十五届人民代表大会代表资格审查的报告；决定了市第十五届人民代表大会第一次会议有关事项。

第三十八次会议于2012年2月20日召开。会议听取了市财政局《关于2011年预算执行情况及2012年预算(草案)的报告》的编制情况说明；听取了市发展和改革局《关于龙泉市2011年国民经济和社会发展计划执行情况、2012年国民经济和社会发展计划(草案)的报告》的编制情况说明；审议通过了龙泉市第十五届人民代表大会第一次会议有关事项；审议了市人大常委会工作报告；征求了对市人民政府、市人民法院、市人民检察院工作报告稿的意见。

【十五届人大常委会历次会议】 第一次会议于2012年3月30日召开。会议审查、批准了市政府关于2012年度龙泉市政府性债务收支计划的议案；投票表决通过了市第十五届人大常委会各委办负责人及市人民法院、市人民检察院的有关人事任免；学习了《市人大常委会议事规则》《市人大常委会组成人员守则》。

第二次会议于2012年4月25日召开。会议表决通过了27名新一届政府组成部门主要负责人、市人民法院2名副院长、市人民检察院1名副检察长的任命决定。会上，30名任职人员作了任职承诺，其中27名政府组成部门主要负责人的任职承诺通过电视、报纸等媒体向全市发布。

第三次会议于2012年5月31日召开。会议听取了市政府关于落实《市人大常委会关于岩樟溪饮用水水源保护的决定》情况的报告；听取和审议了市人民检察院关于反渎职侵权工作情况的报告；表决通过了市人大常委会财经工作委员会副主任，市人大常委会科教文卫工作委员会副主任，市人民检察院检察员的任命决定；审议通过了龙泉市第十五届人大常委会各工作委员会和代表资格审查委员会组成人员名单；听取和审议了市公安局关于要求对龙泉市第十五届人大代表周某某执行刑事拘留的报告。

第四次会议于2012年7月30日召开。会议听取和审议了市政府关于上半年全市经济社会发展情况和下半年政府工作的报告；审议了市政府关于上半年全市国民经济和社会发展计划执行情况的报告；听取和审议了市政府实施食品安全"一法两规"情况的报告；听取和审议了市人大常委会教科文卫工委关于食品安全"一法两规"执法检查情况的报告；听取和审议了市人大常委会农资环工委关于开展老年人权益保障法执法检查情况的报告；听取了市交通运输局、科技局等局长履职情况的报告；审议表决了有关人事任免。

第五次会议于2012年9月25日召开。会议听取和审议了市政府关于工业用地使用管理情况的报告，并结合审议情况进行专题询问；审议通过了《龙泉市人大常委会关于加强工业用地使用管理的决定》；听取和审议了市政府关于2012年1–8月预算执行情况的报告；听取和审议了市政府关于2011年决算的报告；听取和审议了市政府关于2011年度预算执行和其他财政收支情况的审计工作报告；听取市人大常委会财经工委关于龙泉市2011年度决算草案的审查报告；审议通过了《龙泉市人大常委会任免国家机关工作人员办法(修订案)》和《龙泉市人民代表大会代表建议、批评和意见办理的规定(修订案)》；听取了市经信局、民政局等局长履职情况的报告；审议通过了市政府关于提请授予郭常喜龙泉市荣誉市民的议案；审议表决了有关人事任免。

第六次会议于2012年10月16日召开。会议听取和审议了龙泉市人民政府关于提请撤销砧石乡建制改设街道的议案，审议通过了龙泉市人大常委会关于撤销砧石乡建制改设街道的决议。

第七次会议于2012年11月29日召开。会议听取和审议了市政府关于龙泉市现代农业园区建设发展情况的报告；听取和审议了市政府关于龙泉市保障性安居工程实施情况的报告；听取和审议了市政府关于提升中小学教育质量情况的报告；审议通过了《关于接受付建伟等请求辞去龙泉市十五届人民代表大会代表职务的议案》和《龙泉市人大常委会关于十五届人大代表补选的决定》；审议表决了有关人事任免。

监督工作

【法律监督】 5年来，市人大常委会通过执法监督检查和重点审议相结合，不断推动依法治市进程，努力营造和谐有序的社会环境。一是执法检查。市人大常委会结合省、丽水市人大常委会的检查部署，对若干法律法规开展执法检查，先后对预防职务犯罪条例、法律援助条例、义务教育条例、水污染防治“一法一条例”、农业法、农产品质量安全法、村民委员会选举法和组织法、档案法、残疾人保障法、老年人权益保障法、食品安全“一法两规”等法律法规执行情况进行检查。制定《龙泉市人大常委会规范性文件备案审查暂行办法》，积极开展规范性文件备案审查工作。同时为推进法治宣传活动，作出“六五”普法决议。二是司法监督。市人大常委会为推进社会矛盾纠纷化解，强化和谐司法理念，提高审判监督力度，促进公平公正廉洁司法，先后对社会治安、民事审判、预防职务犯罪、人民调解、反渎职侵权、刑事审判等工作进行审议，充分肯定了司法部门所取得的成绩，也客观公正地指出存在的问题和不足，要求进行整改，为龙泉市经济社会发展创造良好的法治环境。三是履职监督。市人大常委会依法实施被任命干部报告履职制度，5年来共听取23名局长和“两院”3名副职履职情况的报告，并对履职报告和履职情况进行满意度测评，将测评结果反馈组织部门，作为党委任用、考评干部的依据。

【工作监督】 5年来，市人大常委会围绕中心、服务大局，加强监督、突出重点，关注民生、积极作为，推进了龙泉市经济社会的发展。一是重大事项监督。市人大常委会密切关注宏观经济运行，通过审议报告的形式，批准了市“十一五”规划纲要实施中期部分目标指标的调整，审查批准了“十二五”规划纲要，明确了龙泉市新一轮发展目标。审查批准炉田等8个地块建设用地性质调整和太阳伞工业园区部分用地性质调整，审查通过了《龙泉市2006—2020年城市总体规划》，依法对城市总体规划建设用地性质局部调整作出决议，督促政府强化规划指导，严格依法管理城市。二是计划预算监督。市人大常委会对经济运行和社会发展情况进行全面监督。每年定期听取和审议上半年国民经济和社会发展计划执行情况、预算执行、审计等报告，要求政府加大投资力度，做大做强优势产业，推进经济转型升级，提高经济运行质量；要求政府落实积极的财政政策，优化财政支出结构，确保财政收支平衡；重视督促审计问题的整改。每年审查批准政府性债务收支计划的决议，规范管理政府债务收支计划。三是产业经济监督。市人大常委会高度关注工业经济健康发展，将加强工业用地使用管理监督列为重点监督，围绕部分企业擅自改变设计、改变用途、私下交易等问题开展审议和询问，作出《关于加强工业用地使用管理的决定》。同时对龙泉市招商引资工作、产业科技工作、茶产业发展工作、扶持农业龙头企业资金使用情况、旅游工作、服务业发展工作等产业经济发展问题进行监督。四是社会民生监督。市人大常委会高度关注饮用水安全项目建设，连续四年将城市供水新水源建设和保护列入监督计划。通过组织代表视察和听取专项工作报告，对岩樟溪饮用水源建设和保护作出决定，要求政府科学制定岩樟溪水源地保护规划和管理办法，增强全社会保护水源意识，扎实开展水源地环境综合整治。同时对集体林权制度改革、市人民医院迁建、创建国家森林城市、水污染整治、公共卫生、深化医药卫生体制改革、公共文化建设工作、义务教育工作、现代农业园区发展、提升中小学教育质量、保障性安居工程实施情况等社会民生问题进行监督。

决定重大事项

【推动“国家森林城市”创建】 2008年6月26日，龙泉市第十四届人大常委会第九次会议审议了市十四届人大二次会议《关于创建国家森林城市，建设美好新龙泉的议案》，并听取和审议了市人民政府关于创建国家森林城市前期工作的报告。会议通过了该项议案，作出了《关于创建国家森林城市的决定》，对森林城市创建的目标定位、工作机制、投资机制等内容作了全面要求。2011年3月18日，在第八届中国城市森林论坛开幕式上，龙泉市被授予“国家森林城市”称号，成功创建国家森林城市。

【授予荣誉市民】 2009年8月27日，龙泉市第十四届人民代表大会常务委员会会议，根据《龙泉市荣誉市民称号授予办法》，会议审议通过市政府《关于提请授予汪炳良等6人龙泉市荣誉市民称号的议案》，作出授予汪炳良、陈再鸣、汤一、李摩西、杨将新、金爱武龙泉市荣誉市民称号。2012年9月25日，龙泉市第十五届人民代表大会常务委员会会议，根据《龙泉市荣誉市民称号授予办法》，会议审议通过市政府《关于提请授予郭常喜龙泉市荣誉市民称号的议案》，作出授予郭常喜龙泉市荣誉市民称号。

【关注饮用水源建设和保护】 连续四年跟踪监督岩樟溪饮用水水源建设和保护工作。2010年6月，对岩樟溪地表水饮用水水源保护区划分作出了决议。10月，听取和审议了市政府关于岩樟溪水源保护工作情况的报告，作出《关于岩樟溪饮用水水源地保护的决定》，要求市政府加快制定水源地保护规划，扎实推进水源地环境综合治理，建立健全水源地保护工作机制，依法对水源进行保护。根据人大常委会决定，市政府认真予以落实，将岩樟溪饮用水引水工程列为全市“生态建设十大工程”之一，同年12月30日正式建成通水。编制《龙泉市岩樟溪水源地保护规划》，出台《龙泉市饮用水水源保护区管理办法》，实施水源地环境综合治理等各项措施，扎实开展水源系统性保护工作。

【关注“十一五”规划实施及“十二五”规划纲要编制】 听取和审议“十一五”规划实施和“十二五”规划纲要编制情况的报告，建议政府在“十二五”期间要大力拓展发展空间，优化产业结构；合力打造区域中心，统筹城乡发展；着力加强民生保障，推进生态文明建设，实现全面小康。并将龙泉市“十二五”规划纲要提交市十四届人大五次会议审查通过，明确了龙泉市新一轮发展目标。审查批准炉田等8个地块建设用地性质调整和太阳伞工业园区部分用地性质调整的报告，审查通过《龙泉市2006—2020年城市总体规划》，依法对城市总体规划建设用地性质局部调整作出决议，督促政府强化规划指导，严格依法管理城市。

【撤销础石乡建制改设街道】 2012年10月16日，市第十五届人民代表大会常务委员会第六次会议，听取和审议了市政府《关于提请撤销石达石乡建制改设街道的议案》，会议同意该项方案，作出了《关于撤销础石乡建制改设街道的决议》。

人事任免和选举工作

【概况】 5年来，历次人代会共选举和补选人大常委会组成人员30人次，选举市人民政府正、副市长8人次，选举市人民法院院长1人次、市人民检察院检察长1人次，补选丽水市第二届人大代表2名，另选丽水市第二届人大代表2名，选举丽水市第三届人大代表35名。市人大常委会决定任免和接受国家机关工作人员辞职共161人次。其中，任命市人大常委会机关工作人员24人次，免职11人次，接受辞职4人次；决定任命市人民政府组成人员45人次，免职19人次，接受辞职2人次；任命市人民法院工作人员22人次，免职16人次，接受辞职1人次；任命市人民检察院工作人员10人次，免职6人次，接受辞职1人次。

市人大常委会在干部任免上，坚持党管干部和人大依法任免干部相统一的原则，不断探索完善国家机关工作人员任免办法，始终坚持任命与监督相结合，严格按照法定程序和任免条件，严把任前考察、任中把关、任后监督等环节，进一步增强了人事任免工作的规范性、合法性和严肃性。在任命政府工作部门主要领导过程中，被任命干部在电视、报刊、网络等媒体上做履职承诺，接受人民群众监督，有效提高了人事任免的庄严性和透明性，增强政府组成人员的公信力。同时，实行被任命干部向人大常委会报告履职情况制度，通过座谈了解、听取汇报、组织视察等形式，及时了解掌握任命干部的履职情况，并对履职情况进行民主测评，督促任命干部进一步增强依法行政、勤政廉政和自觉接受人大监督的意识。

联系人大代表和人民群众

【代表建议督办工作】 进一步加强代表建议督办工作，提高办理工作质量是市人大常委会一直高度重视、认真研究、深入思考的一个重大课题。5年来，市人大常委会在总结以往经验的基础上，结合实际，积极探索督办代表建议的有效途径，不断完善机制，改进方式，加大力度，坚持领衔督办、“阳光督办”机制，以“代表建议督办月”活动为载体，四措并举，促进了办理工作的落实。一是完善督办机制，保证督办工作规范有序。市人大常委会完善修订了《龙泉市人民代表大会代表建议、批评和意见办理的规定》，用制度进一步规范办理工作，使代表建议办理程序有章可循，办理结果有了明确的标准。同时，在工作中还逐步完善了“分管市长领办、相关部门承办、人大常委会主任督办、人大工委催办”的工作机制，增强了办理实效。二是加强联系沟通，确保督办工作扎实有效。为及时掌握办理工作进展情况、了解办理过程中存在的问题，有针对性的做好代表建议督办工作，市人大常委会通过多种形式，注重加强与市政府和承办部门的经常性联系，加大办理工作全程监督力度。三是扩大代表参与，充分发挥代表督办作用。市人大常委会结合每年的“代表建议督办月”活动及人大代表“履职为民、争先创优”主题活动，通过座谈会、专项视察等形式主动邀请代表参加督办活动，同时要求承办单位在办理过程中采取多种形式，主动与代表保持联系，坚持办前主动征求代表意见、办中及时通报办理情况、办后报告办理结果，让代表随时了解和监督建议的办理情况。四是改进督办方式，加大跟踪督办力度。市人大常委会不断改进督办方式，坚持重实际、求实效，把监督检查与自督自查、协调督办与分工督办、结果监督与过程监督、日常督办与集中督办相结合，增强督办的针对性和时效性。同时，注重跟踪督办，督促政府及承办部门加大复查补办力度。5年来，代表共提出议案、建议、批评和意见842件，其中1件作为议案办理，26件作为重点建议办理，办结率100%。通过督办代表建议，使政府解决了一批涉及经济社会发展和民生的热点难点问题，促进了龙泉经济发展和社会稳定。

【联系代表工作】 市人大常委会加强服务，积极探索联系代表工作新模式，充分发挥代表主体作用，筑牢常委会工作的民意基础。一是更新观念，创新联系代表工作新模式。市人大常委会依据形势发展要求，在联系代表方法上注重由被动式传统联系观念向主动式现代联系观念转变、由封闭式观念联系方式向开放式观念联系方式转变、由单一式观念联系方式向多样式观念联系方式转变，以观念的更新带动了工作方式的更新。二是更新知识，提升代表履职素质。根据代表履职的需要，分批次组织开展代表培训活动，从宪法、监督法、代表法等内容上予以加强。通过多层次多形式的教育培训，让代表在思想认识、法律法规、履职能力等方面不断提升。三是更新制度，建立联系代表工作的长效机制。市人大常委会在制定联系代表制度时，注重针对性、可行性和时效性，在完善常委会组成人员联系代表，邀请代表列席常委会会议、参加专项视察和调研，代表履职登记等制度的基础上，制定出台了《关于开展定向视察活动的意见》，有力促进了联系代表的科学化、规范化和常规化，充分发挥了代表的主观能动性。四是更新措施，开拓联系代表工作新局面。市人大常委会将走访联系代表工作与调研、通报常委会及“一府两院”相关工作情况、宣讲有关法律政策等工作相结合，认真听取代表的建议、批评和意见，虚心接受代表监督，更好地为人民服务，取得了良好的工作和社会效果。

【受理人民群众来信来访和申诉】 市人大常委会高度重视群众来信来访工作，坚持把人民群众的满意作为第一追求，把信访工作作为了解民情、关注民生、联系民众、知晓民意、排解民忧的窗口和桥梁，建立健全月报制、领导接访制等信访工作制度，积极开展“领导干部大接访”“矛盾纠纷调处年”等活动，妥善处理来信来访和申诉案件，努力维护人民群众的合法权益。5年来，共受理人民群众来信来访804件（次），上级人大下转交办信访件42件。对重点来信来访，由常委会领导阅批，提出办理意见，转交有关部门办理，督促反馈结果，妥善解决问题。各工委密切配合，根据职能分工负责处理相关的信访件，提高处理质量和效率。信访案件的及时处理，维护了社会稳定，密切了与人民群众的联系。

乡镇人民代表大会

【乡镇人大工作的联系和指导】 5年来，市人大常委会不断探索联系指导做好乡镇、街道人大工作的有效途径，调动和激发了全市各乡镇、街道人大工作的积极性，使基层人大监督工作取得了新进展，代表工作跨上了新台阶，自身建设有了新提高，切实发挥了基层人大在推进民主法制进程，促进经济社会发展中的作用。重视加强对乡镇、街道人大干部的教育培训，切实提高人大干部的履职能力，积极组织参加各类人大培训班，并以学习会、交流会等以会代训方式，进行人大制度、法律法规和业务知识的培训，同时，邀请基层人大干部参与市人大常委会组织的各类执法检查、视察、调研等活动，进一步提高了基层人大干部的业务能力和工作水平。坚持和完善基层人大工作联席会议制度，确定每季度召开一次联席会议，每次会议确定一个交流主题，并做到会议与视察、经验交流与工作部署、内部交流与兄弟县市（区）交流相结合。坚持常委会领导分片联系乡镇、街道人大，邀请乡镇人大正副主席、街道人大工委正副主任列席人大常委会会议，并及时向基层人大通报常委会工作，充分发挥基层人大组织的作用。

【乡镇人大换届选举工作】 根据宪法、地方组织法、选举法及上级有关规定，2011年，市乡两级人大实行同步换届选举。市人大常委会始终做到调查研究先行，坚持党委领导、充分发扬民主和严格依法办事相结合，深入各乡镇、街道指导、督促、研究、解决换届选举中出现的新情况和新问题，确保了各项工作依法有序推进，维护了换届选举风清气正的良好氛围，共选举产生市人大代表177人、乡镇人大代表791名。同时，精心指导乡镇、街道人代会顺利召开。

（市人大办公室）

龙泉市人民政府

市政府全体会议

【十四届政府第二次全会】 2008年7月23日，龙泉市第十四届政府第二次全体（扩大）会议召开，会议回顾总结上半年工作，部署下半年工作。市领导赵建林、梁忆南、钟鸣、徐光文、雷金松、季柏林、应勇军、徐为民、蓝伶俐、洪起平、包新华、魏安龙、曹新民、陈良伟、叶新亚、徐炳东、罗诗兰、杨将新、叶砿仙参加会议。

【十四届政府第三次全会】 2009年7月24日，龙泉市第十四届政府第三次全体（扩大）会议召开，会议回顾总结上半年工作，部署下半年工作。市领导赵建林、梁忆南、钟鸣、邵戌汛、雷金松、季柏林、应勇军、徐为民、蓝伶俐、包新华、王奎泉、叶学明、曹新民、叶新亚、徐炳东、罗诗兰、金爱武、叶砿仙参加会议。

【十四届政府第四次全会】 2010年8月6日，龙泉市第十四届政府第四次全体（扩大）会议召开，会议主要任务是学习贯彻省委十二届七次全会和丽水市委二届十三次全会精神，总结上半年工作，部署下半年工作。市领导赵建林、梁忆南、钟鸣、邵戌汛、季柏林、雷金松、徐为民、包新华、魏安龙、叶学明、叶晓勇、陈豪、叶新亚、罗诗兰、刘赤波、姚信、金爱武、熊树生参加会议。

【十四届政府第五次全会】 2011年8月16日，龙泉市第十四届政府第五次全体（扩大）会议召开，会议主要任务是学习贯彻胡锦涛总书记在庆祝中国共产党成立90周年纪念大会上的重要讲话精神和省委十二届九次全会、丽水市委二届十五次全会精神，总结上半年工作，布置下半年工作，部署今后一个时期加强和创新社会管理各项工作，审议通过《中共龙泉市委关于加强和创新社会管理的若干意见》。市领导蔡晓春、季柏林、钟鸣、邵戌汛、雷金松、徐为民、包新华、魏安龙、叶学明、叶晓勇、曹新民、陈豪、叶新亚、徐炳东、罗诗兰、刘赤波、姚信参加会议。

【十五届政府第一次全会】 2012年8月14日，龙泉市第十五届政府第一次全体（扩大）会议召开，会议主要任务是贯彻落实浙江省第十三次党代会、丽水市第三次党代会和龙泉市第十三次党代会精神，进一步明确当前和今后一个时期龙泉市工业经济发展的总体思路、目标任务和发展举措，审议通过《中共龙泉市委关于立足工业强市推进新型工业化的决定》，总结上半年工作，部署下半年工作。 （叶海龙）

市政府常务会议及市长办公会议

【概况】 2008年共召开7次。会议研究通过《龙泉市城镇居民基本医疗保险试行办法》《龙泉市安全生产事故隐患排查治理工作制度》《龙泉市项目推进工作考核暂行办法》《龙泉市建设工程招投标管理办法》《龙泉市生态环境功能区规划》《新型农村合作医疗政策调整方案》《龙泉市人口和计划生育“一票否决制”实施办法》《龙泉市构建新型农技推广体系实施意见》《城市规划控制范围内私人住房建设管理暂行办法》《龙泉青瓷城大师创作区入园政策》《浙江龙泉工业园区控制性详细规划（2008—2020）》《龙泉市林地开发异地造林补植实施方案》等规范性文件。

2009年共召开13次。会议研究通过《龙泉市现代物流发展规划》《政府财政性存款与金融机构工业性、政府性贷款挂钩办法》《龙泉市金融部门支持地方经济发展考核办法》《关于加快推进农村改革发展促进农民持续增收的实施意见》《龙泉市征地补偿标准暂行规定》《龙泉市住房分配货币化及住房补贴资金管理实施细则》《关于加快企业分离发展服务业的若干意见》《关于加快安仁中心镇建设的实施意见》《龙泉市中小学校舍安全工程实施方案》《龙泉市市域总体规划》《龙泉市政府采购工作规程》《龙泉市义务教育学校绩效工资实施办法》《龙泉市城西下山脱贫小区建设规划方案》《龙泉市人民政府关于切实加强学前教育全面提升保教质量的若干意见》等规范性文件。

2010年共召开10次。会议研究通过《龙庆高速公路龙泉段征地拆迁实施办法》《龙泉市工业龙头企业评选和管理办法》《关于进一步加强土地开发和建设用地复垦工作若干意见》《龙泉市城乡居民社会养老保险实施细则(试行)》《51省道遂龙线龙泉段公路改建工程征地拆迁实施办法》《关于深化医药卫生体制改革的实施意见》《龙泉市森林可持续经营规划》《龙泉市农田水利建设规划(2009—2020年)》《龙泉市城区解决城市低收入家庭住房困难2010—2012年发展规划和年度实施计划》《关于加快全市有线电视数字化发展的实施意见》《龙泉市事业单位岗位设置管理实施意见》《关于加快发展服务业的实施意见》《关于加快中心镇培育工作的实施意见》等规范性文件。

2011年共召开12次。会议研究通过《龙泉市"十二五"规划纲要》《龙泉市大中专院校毕业生户口"非转农"实施办法》《龙泉市创建浙江省文化先进市(县)实施方案》《龙泉市三沿整治创建美丽乡村总体规划》《龙泉市平安城市视频监控系统建设方案》《关于进一步加快旅游业发展的若干意见》《龙泉市城市绿线管理办法》《龙泉市城市绿化管理办法实施细则》《龙泉市综合交通"十二五"规划》《关于促进金融支持中小企业健康发展的若干意见》《龙泉市残疾人事业"十二五"发展规划》《关于进一步加强乡镇财政建设的意见》《龙泉市人民政府规范性文件制定办法》等规范性文件。

2012年共召开12次。会议研究通过《龙泉市国有资产清查核实工作实施方案》《龙泉市人口和计划生育"一票否决制"的实施意见》《龙泉市河道采砂制砂专项整治实施方案》《关于扶持工业经济发展的若干政策》《关于进一步加快农村信用社改革发展的若干意见》《龙泉市加强高层次人才队伍建设若干意见》《龙泉市政府投资小额建设项目招投标管理办法(试行)》《关于调整土地开发和建设用地复垦工作若干意见》《关于发展总部经济的若干意见》《龙泉山区科学发展综合改革试验区实施意见》《龙泉市违法用地共同监管责任追究办法（试行)》《关于加快建筑业发展的实施意见》《龙泉市市级公立医院综合改革实施方案》《安仁镇镇区控制性详细规划》《八都镇镇区控制性详细规划》《龙泉市行政区划调整方案》等规范性文件。（叶海龙）

市政府专题会议

【概况】 2008—2012年,共召开专题会议667次,会议议题主要是研究和协调处理需要市政府统筹协调、组织实施的某一重要问题、重要事项。内容涉及全市重点工作开展、重点项目建设;关于龙浦高速、龙庆高速政策处理工作,丽水产业集聚区低丘缓坡项目开发、"一心五点"工业园区建设、工业经济发展等新型工业化工作,城市规划、建设、管理等新型城市化工作,"富民壮村强乡镇"等农业现代化工作,中国青瓷小镇创建、凤阳山生态旅游规划编制、昴山佛教文化旅游区招商等旅游推进工作,抗灾救灾工作,市校合作工作,安全生产工作,粮食安全工作,对某一重大节庆活动或重大事故隐患的研究处理;省委、省政府及丽水市委、市政府有关会议、文件精神的贯彻落实等。（叶海龙）

市政府工作会议

【2008年市政府工作会议】 2月1日,召开全市公安工作会议,市领导赵建林、徐光文、季柏林、徐为民、陶中亮、包建平出席。

2月1日,召开全市武装工作会议,市委书记、市人武部党委第一书记赵建林,市委常委、人武部政委骆贤君,人武部部长魏安龙出席。

2月21日,召开全市国税工作会议,市领导梁忆南、陈吉明、叶新亚、徐建新出席。

3月3日,召开全市森林消防紧急会议,市委副书记、市长梁忆南,副市长陈良伟,凤阳山自然保护区管理处处长叶砿仙出席。

3月7日,召开全市人口与计划生育工作会议,市领导梁忆南、徐光文、蓝伶俐、黄丽萍、罗诗兰出席。

3月7日,召开全市安全生产工作会议暨基层基础建设年活动动员会,市领导梁忆南、骆贤君、曹新民出席。

3月28日,召开全市政法信访工作会议,市领导赵建林、徐光文、季柏林、徐为民、洪起平、陶中亮、徐建新及法院院长罗明、检察院检察长阙建平出席。

4月30日,召开全市农村工作会议召开,市领导赵建林、梁忆南、钟鸣、邵戍汛、徐光文、陈良伟、金爱武出席。

4月30日,召开市校合作暨全市项目推进工作会议,浙江大学地方合作处处长朱世强,市领导梁忆南、季柏林、金爱武、杨将新、包建平出席。

5月4日，召开创建省级文明城市动员大会，市领导赵建林、梁忆南、钟鸣、邵戌汛、徐光文、蓝伶俐出席。

5月23日，召开全市工业大会，市领导赵建林、梁忆南、徐光文、雷金松、包新华、陈吉明、曹新民、徐建新出席。

7月28日，召开全市武装工作现场办公会，市领导赵建林、钟鸣、邵戌汛、徐光文、季柏林、应勇军、洪起平、魏安龙，市人武部政委姜新出席。

8月22日，召开全市"送政策、送温暖"活动动员大会，市领导赵建林、梁忆南、包新华、陆龙水、曹新民、金爱武、徐建新出席。

10月7日，召开全市康庄工程建设攻坚动员大会，市领导梁忆南、陶中亮、陈良伟、徐建新出席。

10月15日，召开全市金融形势分析会，市委副书记、市长梁忆南，市委常委、副市长王奎泉出席。

10月17日，召开龙泉市浙江大学校友会成立大会，丽水市委常委、组织部长林天宁，浙江大学校友总会副会长李摩西，浙江大学发展联络办副主任、校友总会副秘书长徐国斌，龙泉市领导梁忆南、季柏林、洪起平出席。

12月18日，召开全市"双十项目百日大会战"和第三届中国龙泉青瓷•龙泉宝剑节总结表彰大会，市领导赵建林、梁忆南、钟鸣、邵戌汛出席。

【2009年市政府工作会议】 1月15日，召开全市金融工作会议，市领导赵建林、梁忆南、王奎泉、叶学明、陈吉明、曹新民、徐建新出席。

2月4日，召开全市公安工作会议，市领导赵建林、徐光文、季柏林、徐为民、陶中亮、徐建新出席。

3月26日，召开全市政法信访工作会议，市领导赵建林、梁忆南、徐光文、季柏林、徐为民、叶学明、陶中亮出席。

3月26日，召开全市人口和计划生育工作会议，市领导赵建林、梁忆南、黄丽萍、叶新亚出席。

4月3日，召开全市工业大会，市领导赵建林、梁忆南、钟鸣、邵戌汛、徐光文、雷金松、曹新民、金爱武出席。

4月3日，召开全市农村工作会议，市领导赵建林、梁忆南、钟鸣、邵戌汛、徐光文、徐炳东、金爱武出席。

4月27日，召开全市农村信用体系建设动员大会，市委副书记、市长梁忆南，市委常委、副市长王奎泉出席。

8月24日，召开全市维稳信访工作会议，市领导赵建林、季柏林、徐为民、叶学明出席。

【2010年市政府工作会议】 2月2日，召开全市公安工作会议，市领导赵建林、季柏林、徐为民、陶中亮、徐建新出席。

2月4日，召开全市金融工作会议，市领导赵建林、王奎泉、叶学明、陈吉明、徐建新出席。

2月4日，召开全市深化医药卫生体制改革工作会议，市领导梁忆南、包新华、罗诗兰出席。

3月1日，召开全市财政地税工作会议，市委副书记、市长梁忆南，人大常委会副主任陈吉明出席。

3月2日，召开全市武装工作会议，市领导赵建林、包新华、魏安龙，人武部政委姜新出席。

3月12日，召开全市人口和计划生育工作暨创建国家级计划生育优质服务先进市动员大会，省人口计生委副主任姜建鸿，龙泉市领导赵建林、梁忆南、黄丽萍、叶新亚、包建平出席。

3月26日，召开全市政法信访工作会议暨"基层基础建设年"动员大会，市领导赵建林、梁忆南、徐为民、叶学明、陶中亮、徐建新、罗明、阙建平出席。

4月12日，召开全市农村工作会议，市领导赵建林、梁忆南、钟鸣、徐炳东、包建平出席。

4月13日，召开对接上海世博会工作汇报会，市领导赵建林、梁忆南、叶学明、徐炳东、罗诗兰出席。

4月15日，召开上海世博会"环沪护城河"安保工作动员大会，市领导梁忆南、徐为民、包新华、叶学明出席。

5月22日，召开"5•22"抗灾救灾视频会议，市领导梁忆南、包新华、叶新亚、徐炳东出席。

5月25日，召开全市工业大会，中国汽车工业协会专家委员会专家、长春市重大项目投资规划专家田雨时，市领导赵建林、梁忆南、钟鸣、邵戌汛、雷金松、曹新民、陈豪、金爱武、熊树生出席。

6月19日，召开"6•18"突发性坡面泥石流自然灾害灾情分析会和善后工作领导小组会议，市领导赵建林、徐为民、包新华、叶学明、曹新民、陈豪、徐炳东出席。

7月9日，召开全市灾后重建工作动员大会，市四套班子领导出席。

8月2日，召开全市"绿色发展项目推进大行动"动员大会，市领导梁忆南、雷金松、包新华、陈吉明、徐建新出席。

10月29日，召开全市服务业发展大会，市领导赵建林、梁忆南、邵戌汛、包新华、陈吉明、刘赤波出席。

11月2日，召开全市深化集体林权制度改革大会，国家林业局林改司副司长李近如、中国林学会副秘书长沈贵、省林业厅副巡视员蓝晓光，龙泉市领导赵建林、梁忆南、钟鸣、邵戌汛、徐炳东出席。

12月7日，召开全市创建省级文化先进市动员大会，市领导赵建林、梁忆南、曹新民、黄丽萍、罗诗兰、雷丽亚出席。

12月24日，召开全市科学技术大会暨人才工作会议，市领导赵建林、梁忆南、钟鸣、季柏林、包新华、叶晓勇、刘赤波、金爱武、熊树生、徐建新出席。

【2011年市政府工作会议】 3月16日，召开全市安全生产工作会议，市委副书记、市长梁忆南，市委常委、副市长陈豪出席。

3月18日，召开全市人口和计划生育工作会议，市领导赵建林、曹新民、黄丽萍、叶新亚、雷丽亚出席。

3月24日，召开全市国土资源管理工作会议，市领导梁忆南、陈豪、苏一中出席。

4月1日，召开全市森林消防工作紧急会议，市委副书记、市长梁忆南出席。

4月15日，召开全市农村工作会议，市领导赵建林、梁忆南主持，钟鸣、邵戌汛、季柏林、徐炳东出席。

4月21日，召开全市政法信访工作会议，市领导赵建林、梁忆南、季柏林、徐为民、叶学明、陶中亮、徐建新、罗明、阙建平出席。

4月29日，召开全市工业大会，中国汽车工业协会专家委员会专家、长春市重大项目投资规划专家、龙泉市汽车零部件产业发展顾问田雨时，长春大学教授、博士生导师李北伟，龙泉市领导赵建林、梁忆南、钟鸣、邵戌汛、雷金松、陈豪、陈吉明、姚信、熊树生、徐建新出席。

6月3日，召开全市"城镇化推进年"活动暨省级园林城市创建动员大会，市领导赵建林、梁忆南、钟鸣、季柏林、包新华、包建平出席。

8月12日，召开全市"强化基层基础，推进标创工作建设活动"动员会暨人口计生工作推进会，市委副书记、代市长季柏林，副市长叶新亚出席。

8月17日，召开全市"项目双进"大会战部署会，市领导季柏林、雷金松、徐为民、包新华、叶学明、曹新民、陈豪、叶新亚、徐炳东、罗诗兰、刘赤波、姚信出席。

9月23日，召开全市财政国库集中支付改革动员大会，市委副书记、代市长季柏林，副市长姚信出席。

10月14日，召开全市质量强市建设工作会议，市委副书记、代市长季柏林，副市长叶新亚出席。

11月2日，召开城乡环境综合整治工作动员会，市委副书记、代市长季柏林，市委常委、常务副市长包新华出席。

11月4日，召开市政府机构改革动员大会，市领导蔡晓春、季柏林、钟鸣、邵戌汛、包新华、叶学明、叶晓勇、叶新亚、罗诗兰出席。

11月4日，召开全市服务业发展推进大会，市领导蔡晓春、季柏林、钟鸣、邵戌汛、包新华、叶新亚出席。

【2012年市政府工作会议】 1月18日，召开全市公安工作会议，市领导蔡晓春、蒋世懿、叶新亚、周光洪、罗永文、王正飞、徐建新出席。

2月2日，召开全市财政地税工作会议，市领导季柏林、陈吉明、刘赤波、徐建新出席。

2月17日，召开全市国有资产清查核实工作动员会，市委副书记、代市长季柏林，副市长刘赤波出席。

3月13日，召开全市安全生产工作会议，回顾总结2011年安全生产工作，部署2012年工作任务。市委副书记、市长季柏林，市委常委、副市长叶学明出席。

3月31日，召开全市人口和计划生育工作会议，回顾总结去年工作，部署今年任务。市领导蔡晓春、季柏林、曹新民、黄丽萍、王正飞、雷丽亚出席。

3月31日，召开全市统计工作会议，传达贯彻上级精神，分析当前面临形势，部署下步统计工作。丽水市统计局局长董淑萍，龙泉市领导蔡晓春、季柏林、包新华、陈吉明、徐建新出席。

4月1日，召开全市工业暨招商引资大会，回顾2011年工作，部署2012年工作任务。市副处级以上领导出席。

4月9日，召开全市政法信访工作会议，回顾2011年工作，部署2012年工作任务。市领导蔡晓春、季柏林、蒋世懿、包新华、叶新亚、周光洪、陶中亮、包建平出席。

4月9日，召开全市农村工作会议，回顾总结2011年"三农"工作，全面部署2012年"三农"任务。市领导蔡晓春、季柏林、钟鸣、邵戌汛、蒋世懿、徐炳东出席。

4月27日，召开全市项目双进攻坚年、旅游推进年、文化产业发展年"三年"活动动员大会，市副处级以上领导出席。

5月23日，召开乡镇(街道)"五强五网"现场推进会在八都镇，市领导蔡晓春、季柏林、蒋世懿、包新华、曹新民、叶新亚、周光洪、叶晓勇、钟海燕、何小仁、王正飞、包建平出席。

5月25日，召开全市迎接省级卫生城市复审动员大会，市领导季柏林、蒋世懿、曹新民、周光洪、黄丽萍、罗诗兰、雷丽亚出席。

6月27日，召开全市防汛救灾工作会议，市委副书记、市长季柏林，副市长徐炳东出席。

7月6日，召开全市"五城联创"暨美丽乡村建设动员大会，市领导蔡晓春、季柏林、邵戍汛、蒋世懿、包新华、曹新民、叶新亚、陶中亮、罗诗兰、刘赤波出席。

8月6日，召开全市大社保体系建设动员大会，市领导季柏林、陶中亮、王正飞、徐建新出席。

8月31日，召开全市生态市建设暨节能减排工作会议，市领导蔡晓春、季柏林、叶学明、苏一中、刘赤波、徐建新出席。

9月26日，召开十八大期间信访维稳暨安全生产工作会议，市领导蒋世懿、叶新亚、周光洪、马斌出席。

10月26日，召开全市教育大会，回顾前五年教育工作成绩，分析当前教育发展存在的问题，谋划今后一个时期教育发展的思路目标和举措。丽水市政协副主席、教育局局长戚永远，龙泉市领导蔡晓春、季柏林、钟鸣、蒋世懿等四套班子领导出席。（叶海龙）

市政府重大活动

【2008年市政府重大活动】 6月2—4日，由中国书法家协会、浙江省书法家协会、龙泉市委、市政府联合主办的“名家写名瓷——中国书法家走进龙泉”活动在龙泉举行。中国书协分党组书记、驻会副主席兼秘书长赵长青，中国书协分党组成员、副秘书长、中国书协草书委员会副主任张旭光，中国书协研究部副主任、中国书协学术委员会秘书长刘恒，中国书协楷书委员会委员、浙江省书协副主席兼秘书长杨西湖，龙泉市领导赵建林、梁忆南、钟鸣、邵戍汛、徐光文、季柏林、徐为民、蓝伶俐、洪起平、罗永文、徐炳东、包建平参加。

7月5日，浙江·丽水文化精品展在上海展览中心开幕。上海市人大常委会副主任胡炜，上海市政协副主席钱景林，上海市警备区副司令员王加木，上海市长宁区委副书记、区长卞百平，浙江省人大常委会副主任徐宏俊，省政协副主席黄旭明，省委宣传部副部长、省文化产业促进会副会长吴天行，丽水市领导陈荣高、卢子跃、焦光华、施基城、虞红鸣、陈瑞商、蓝资霞、王昌荣、程海南、刘秀兰，龙泉市领导赵建林、梁忆南、蓝伶俐、曹新民、罗诗兰参加。活动期间，龙泉市与上海卢湾区签订了两地经贸合作框架协议，并到上海市普陀区考察学习。

7月14—15日，浙江大学党委书记张曦一行到龙泉检查指导工作，并在龙泉召开浙大丽水市挂职干部和科技特派员工作汇报会暨浙大龙泉市校合作成果汇报会。浙大党委常务副书记、地方合作委员会主任陈子辰，浙大校长助理、社会科学研究院常务副院长罗卫东，浙大地方合作委员会副主任、地方合作处处长朱世强，浙大团委副书记阮俊华，浙大农学院副院长梁月荣，丽水市委书记陈荣高，丽水市委常委、组织部长林天宁，龙泉市领导赵建林、梁忆南、钟鸣、邵戍汛、徐光文、季柏林、应勇军、洪起平、曹新民、杨将新出席。其间，举行“历史始末与合作新篇”展览剪彩仪式和浙江大学·龙泉市2008科技服务月活动启动仪式，以及市校合作2008年度31个科技合作项目签约仪式。

9月4日，龙泉市可持续发展国际恳谈会召开。日本立命馆大学学校法人、常务理事仲上健一，立命馆孔子学院院长、立命馆可持续发展学研究会中心主任周玮生，立命馆可持续发展学研究会中心事务局长梁说，浙江大学校友总会副会长、美国旧金山市原副市长、龙泉市政府经济顾问、美籍华人李摩西，市领导梁忆南、季柏林、洪起平、金爱武、杨将新出席。

11月3—7日，市长梁忆南率龙泉市代表团应邀参加在韩国全罗南道举行的第十届中日韩友好城市大会，会上，梁忆南作“发展旅游业，促进区域经济发展”的典型发言，就龙泉市的旅游资源现状、产业发展等情况向与会300多位嘉宾进行宣传介绍，其间，梁忆南市长与康津郡黄柱洪郡守签署缔结国际友好姊妹城市关系协议书，出席签约仪式还有龙泉市人大常委会副主任陆龙水，康津郡议会议长李三铉。

11月28—30日，第三届中国龙泉青瓷·龙泉宝剑节举行。活动主要包括：龙泉宝剑欧冶子圣祖公祭活动、中国龙泉宝剑城奠基仪式、“古韵·名剑”精品刀剑展、国宝青瓷回乡展暨龙泉青瓷精品展、龙泉论剑、龙泉青瓷论坛、市校合作·经贸科技项目签约仪式等11项。

【2009年市政府重大活动】 3月20—22日，全国第八届食用菌新产品新技术展销会暨中国食用菌产业发展（龙泉）论坛举行。主要活动包括：全国食用菌新产品、新技术展示展销会，中国食用菌主产地产业发展龙泉论坛，香菇、木耳、灵芝生产加工技术研讨会，食用菌产业和农林项目及农产品营销对接会，浙闽赣食用菌交易中心开业仪式暨何澹塑像揭幕仪式，香菇博物馆历史文化研讨会，基地（企业）参观等。

4月28—29日，全国金融支持集体林权制度改革与林业发展现场会在龙泉市召开。中国人民银行副行长刘士余，国家林业局副局长祝列克，中国农业发展银行副行长李刚，浙江省人大常委会副主任程渭山，浙江省副省长龚正，中国人民银行、国家林业局、财政部、银监会、保监会、国家开发银行、农业发展银行、农业银行

龙泉置县1250周年庆典大会开幕式现场　　叶绍强　提供

等部门领导和所属相关机构的负责人，浙江、辽宁、福建、湖南、江西五省人行、财政、银监、保监、林业等部门相关负责人，丽水市领导陈荣高、卢子跃、虞红鸣、沈仁康、金建新，龙泉市领导赵建林、梁忆南、徐光文、王奎泉、叶学明、徐炳东、金爱武出席。

8月27—29日，"山上浙江"高峰论坛和浙江大学在龙泉办学70周年纪念活动在龙泉召开。省政协、浙江大学、中国扶贫基金会、农业部农村经济研究中心、国务院发展研究中心农村部、台湾农村经济学会、与建设"山上浙江"有关的厅局以及湖州市等相关县市领导等157名来宾参加建设"山上浙江"高峰论坛；在浙大龙泉分校任教老师的家属代表和在龙泉分校求学的学长代表，浙大龙泉分校曾家大屋原主人的后辈代表，浙江大学各地校友会代表，贵州省湄潭县代表等346名来宾参加纪念活动。活动主要内容有："建设山上浙江，发展山区经济"高峰论坛，纪念浙江大学在龙泉办学70周年大会，浙大主题公园奠基仪式，浙大—龙泉记忆展，浙江大学与龙泉市校合作成果展，市校合作经贸招商项目签约仪式，浙大文琴艺术团文艺晚会，参观考察市校合作示范基地。

9月27日，国家非物质文化遗产龙泉青瓷展在杭州历史博物馆开幕。浙江省政协主席周国富，文化部非物质文化遗产司副司长屈盛瑞，杭州市委副书记、市长蔡奇，龙泉市领导赵建林、梁忆南、罗诗兰、杨将新出席。

9月30日，在阿联酋首都阿布扎比召开的联合国教科文组织保护非物质文化遗产政府间委员会第四次会议上，龙泉青瓷传统烧制技艺入选"人类非物质文化遗产代表作名录"。

12月18—20日，龙泉市举办龙泉置县1250周年庆典大会、龙泉青瓷传统烧制技艺入选人类"非遗"庆祝大会、第四届中国龙泉青瓷·龙泉宝剑节。本次节庆县庆包括"祈福龙泉"——华严塔重建落成典礼、"回望千年"——龙泉文化遗产展、浙商龙泉巅峰论剑、龙泉青瓷博物馆开馆仪式、2009龙泉国际民间艺术大巡游、龙泉宝剑锻造技艺传承与发展研讨会、剑祖欧冶子公祭、龙泉青瓷传统烧制技艺国际论坛等系列活动。全国政协副主席张梅颖，国务院办公厅、文化部非遗司、国家林业局及省、丽水市领导，联合国教科文组织、国际陶协、中陶协、中轻联、中汽协等单位领导和专家，国内外陶瓷界、刀剑界等各界嘉宾共750余人参加活动。

【2010年市政府重大活动】 1月18日，龙庆高速公路开工典礼在庆元县竹口镇举行。副省长王建满，省交通运输厅厅长郭剑彪，省政府办公厅副主任谢济建，省发改委副主任吴华海，省交通运输厅副厅长王德宝，国家开发银行浙江省分行副行长倪贤孟，省林业厅副厅长叶胜荣，省交通运输厅纪检书记耿洛佳，省交通投资集团公司董事长陈继松，省交通投资集团公司总经理王洪涛，丽水市委书记陈荣高，市委副书记、市长卢子跃，市委常委、市委秘书长毛子荣，市人大常委会副主任占志妙，副市长叶朝丐，政协副主席庄志清，龙泉市领导赵建林、梁忆南、钟鸣、邵戌汛、季柏林、叶学明、叶先长参加。

9月15日，龙泉市·高校院所现代产业技术创新联盟签约仪式举行。浙江大学党委副书记任少波，浙江工商大学副校长华尔天，浙江农林大学副校长鲍滨福，省农业科学院副院级巡视员张明生，龙泉市领导赵建林、包新华、刘赤波参加。

11月15—17日，龙泉撤县设市二十周年庆祝活动暨第五届中国龙泉青瓷·龙泉宝剑节举行。本届活动以龙泉撤县设市20周年、龙泉青瓷传统烧制技艺入选人类"非遗"、剑瓷文化在世博会上成功亮相为背景，以"剑瓷龙泉·激情跨越"为主题，开展了大型音乐舞蹈史诗《剑魂·瓷韵·龙泉人》、龙泉撤县设市20周年成就展、龙泉青瓷古今精品展、日用青瓷精品展、明代官窑青瓷工艺技术恢复展、剑祖欧冶子公祭、龙泉宝剑博物馆开馆、浙商龙泉巅峰论剑、青瓷创意集市、国际陶艺家交流采风等活动。中央有关部委、上海世博局领导、上海世博会参展国官员代表、国际陶瓷协会官员和专家、国际陶瓷大师、中国陶瓷协会和中国工艺美术协会的领导专家，以及国内外刀剑武术专家、著名刀剑收藏鉴赏家等500余人参加活动。

【2011年市政府重大活动】 8月13日，中国陶瓷文化历史名城和中国陶瓷艺术大师颁证大会在北京钓鱼台举行。龙泉市被授予“中国陶瓷文化历史名城”称号，市委书记蔡晓春代表龙泉市接受牌匾，市委常委、市委办主任叶学明，市委常委、宣传部部长曹新民参加。

11月14日，2011•央视《寻宝》走进龙泉大型公益海选活动在留槎洲水上公园盛大开幕，龙泉本地以及宁波、衢州、莲都、庆元等周边地区的600多名藏友带着1000多件藏品角逐“龙泉民间国宝”荣誉。龙泉市委书记蔡晓春宣布海选活动开始，市领导季柏林、曹新民、陶中亮、姚信、雷丽亚，央视《寻宝》栏目组制片人张国英、导演贺跃进为活动剪彩，曹新民、贺跃进分别致辞。

11月16—19日，第六届中国龙泉青瓷•龙泉宝剑节暨中国古陶瓷学会2011年会举行。活动内容包括：龙泉青瓷、宝剑技艺比武，龙泉青瓷传统烧制技艺入选人类“非遗”二周年精品展，龙泉日用青瓷设计创新大赛，龙泉民俗美食文化展示活动，经贸、科技旅游项目签约仪式等。来自7个国家、地区及国内的400多位嘉宾出席本次节庆。

11月24日，在浙江省农业博览会举办前夕，龙泉市在杭州和平国际会展中心举行以“绿色龙泉、生态产品”为主题的绿色农产品推介会。省农业厅副厅长陈利江、丽水市政府副秘书长徐国强和市委书记蔡晓春分别讲话，市委副书记、代市长季柏林主持会议，市领导叶学明、苏一中、徐炳东、包建平参加会议。副市长徐炳东介绍龙泉农业基本情况，浙江披云食品股份有限公司董事长季建真代表参展的农业龙头企业发言。6家企业在会上签订了价值1.3亿元的农产品购销意向书。

11月29日，小梅镇龙庆桥重建工程竣工。省安监局副局长于少贵、丽水市政府秘书长梁忆南，海门市张謇研究会常务副会长袁蕴豪，龙泉市领导季柏林、叶晓勇、叶先长参加竣工仪式。原龙庆桥有清末状元张謇题词，是全国唯一一座由状元题词的廊桥，是浙闽间的交通要道，于1949年毁于战火。2010年12月23日，龙庆桥顺利开工重建。重建的龙庆桥总长129.99米，宽5.4米，投资估算900万元。重建工程得到龙庆两地群众和社会各界的大力支持，建设期间，共收到单位、企业和群众捐款700多万元。

第六届中国龙泉青瓷•龙泉宝剑节暨中国古陶瓷学会2011年年会开幕式

郑本成　提供

【2012年市政府重大活动】 8月25日，由浙江大学、中华书局、浙江省社会科学界联合会、浙江省档案局、龙泉市人民政府主办的《龙泉司法档案选编》（第一辑•晚清时期）发布仪式暨座谈会在浙江大学举行。首发会上，举行“龙泉司法档案研究中心”揭牌仪式。龙泉市领导蔡晓春、季柏林、叶新亚、罗诗兰出席。龙泉司法档案于2007年在龙泉市档案馆被发现，其规模巨大，年代完整，从晚清至民国时期，共计17333个卷宗，88万余页，是国内迄今所见这一时期保存最完整的地方司法档案。此次发布的《龙泉司法档案选编》（第一辑•晚清时期）由中华书局出版发行，收录晚清时期28个典型案件。

11月8—9日，由浙江省文物考古研究所、龙泉青瓷博物馆主办的“2012龙泉黑胎青瓷与哥窑论证会”在龙泉市召开，中国科学院、社科院、北京大学、浙江大学等20多位专家参加论证会。经过两天的论证，专家们初步确定了“官、哥、汝、定、钧”五大名窑中的“哥窑”就在龙泉，龙泉黑胎青瓷就是文献中的哥窑。

11月16—18日，第七届中国龙泉青瓷•龙泉宝剑文化旅游节暨绿色中

大型电视访谈节目"8+1"对话现场　　殷小明　提供

国行——走进龙泉活动成功举办。活动内容包括：明星共建绿色中国林、大型电视访谈节目"8+1"对话、绿色公益晚会、绿色中国记者行等。本次绿色中国行活动由人民网、绿色中国网络电视面向全球现场直播，香港卫视面向亚太50多个国家和地区实况转播，人民日报、新华社、中央人民广播电台、中央电视台、光明日报、经济日报等100多家媒体做专题报道。

12月18日，龙泉至浦城（浙闽界）高速公路举行开工仪式。副省长王建满对龙浦高速公路建设作重要指示。丽水市委书记、市人大常委会主任卢子跃宣布开工。省政府副秘书长谢济建，省交通投资集团董事长陈继松，省交通运输厅党组副书记、副厅长徐纪平，省交通运输厅副厅长、公路局局长李良福，丽水市委常委朱继坤，丽水市人大常委会副主任蔡小华，丽水市副市长葛学斌，丽水市政协副主席吴炳全，龙泉市蔡晓春、季柏林、钟鸣、邵戍汛、蒋世懿等四套班子领导出席开工典礼。　（叶海龙）

市政府办公室工作

【政务信息】　5年来，政务信息工作认真贯彻省、丽水市政府关于信息工作的要求，紧紧围绕市委、市政府的中心工作，以建立健全信息工作机制和队伍为基础，以反映广大干部群众关注的热点、焦点问题为重点，通过网络、热线多种渠道，及时将社情民意及外地可供借鉴的经验纳入信息工作范畴，为领导科学决策提供及时、准确、全面的信息服务。2008年，编发《政务信息》《政办通报》等期刊30期，向丽水市府办和省府办上报信息836条，被上级信息刊物录用228条；2009年编发龙泉本级各类期刊52期，向上级报送信息730余条，被采用325条；2010年，编发龙泉本级各类期刊56期，向上级报送信息752条，被采用336条；2011年，编发龙泉本级各类期刊56期，向上级报送信息752条，被采用336条；2012年，编发龙泉本级各类期刊47期，向上级报送信息716条，被采用322条。5年来，上报专报信息共获省、丽水市领导批示40条；2010年，政务信息工作考核位列丽水市九县（市、区）第二名；2012年，被评为浙江省政务信息工作先进单位。　（郑　菁）

【信息公开】　2009年以来，全市主动公开政府信息26430条，其中，市级机关主动公开政府信息15769条，各乡镇（街道）主动公开政府信息10661条，市政府及办公室主动公开政府信息3543条。全市受理政府信息公开申请11件，都为市级机关受理，各乡镇（街道）未收到申请件；从处理情况看，都属于"同意公开"。5年间，未发生涉及政府信息公开行政诉讼案件。2011年，设立龙泉市政府信息公开中心，核定事业编制两名。2012年，获丽水市优秀政府信息公开工作操作手册评选一等奖，同时被评为丽水市政府信息公开工作先进单位。　（季　贞）

【建议提案办理】　2009年以来，政府系统承办712件代表建议，所提问题得到解决或部分解决的259件，占承办总件数36.4%；承办632件政协提案，所提问题得到解决的267件，占承办总件数42.2%，部分解决或正在落实的292件，占承办总件数46.2%。完成市府办承办的88件建议、84件提案办理工作。市长领办的21件人大建议和23件政协提案满意率均为100%。　（季　贞　赖苏谡）

【应急管理】　龙泉市人民政府突发公共事件应急管理办公室成立于2008年10月，是行使全市突发公共事件应急管理职责的办事机构。自成立以来，应急办在应急体制机制建设、应急预案体系建设及应急管理基础工作等方面进行了探索和实践，编制印发《龙泉市突发公共事件总体应急预案》和防汛、地震、火灾、地质灾害、森林灾害、动物疫情、特种设备、食品安全、粮食保障、自然灾害救助等38个市级专项应急预案，全市各项应急措施得到进一步完善，应急预案覆盖领域不断扩大，处置和防范突发事件能力明显增强，应急预案体系基本形成，为科学有效地应对各种突发事件和灾害奠定了良好基础。2010

年12月，挂牌成立龙泉市综合应急救援大队，重点承担防汛抗旱、森林防火、地质灾害防治等各类突发事件应急处置、抢险等工作，进一步提高了综合救援能力。2011年底，龙泉市委、市政府提出建设“应急处突网”，推进社会应急联动体系建设，提升基层应急管理工作水平，其中应急联动指挥平台于2012年9月建成，各乡镇应急管理（消防）指挥中心于2012年10月通过验收，全面提升突发事件应对能力。（张　帆）

市政府法制工作

【概况】 2008年以来，政府法制工作在市委、市政府和上级法制办的正确领导下，紧紧围绕全市发展和稳定大局，以推进依法行政、建设法治政府、构建和谐社会为目标，认真贯彻落实国务院《关于加强市县政府依法行政的决定》和省政府《关于推进法治政府建设的意见》，切实加强组织领导，进一步深化改革，加强制度建设，健全预防和化解行政争议解决机制，强化对行政权力运行的监督和制约，依法行政的能力和水平有了明显的提高。政府法制机构和队伍建设得到进一步加强，2012年经编委批准，增设行政调解指导中心。

【规范性文件审查备案】 认真落实丽水市法制办关于规范性文件审查备案的工作要求，出台《龙泉市政府规范性文件制定办法》，对规范性文件的范围、内容、起草过程、审核和审议程序及备案、解释和清理工作作了具体规定。专门邀请上级专家给相关乡镇、部门单位工作人员上专题辅导课，提高业务水平。在制定规范性文件过程中，坚持“立、改、废”相结合，建立规范性文件定期清理制度，5年来，共清理规范性文件741份，废止71份，修改24份，力求做到出台的规范性文件与法律、法规、规章相配套衔接，与全市经济社会发展实际相适应。

【行政复议和行政应诉案件】 严格按照《中华人民共和国行政复议法》《中华人民共和国行政复议法实施条例》等有关规定，进一步规范行政复议程序，建立行政复议听证制度、和解调解制度、案件审理报告制度、文书档案管理制度，将行政复议案件审理、执行情况纳入市委、市政府年度目标责任制考核。在办案中，坚持“以人为本、复议为民”的原则，充分发挥行政复议在行政监督、解决行政争议、化解人民内部矛盾和维护社会稳定方面的重要作用。2008—2012年，共受理行政复议案件19件。出台《龙泉市行政复议和行政诉讼案件报告制度》《龙泉市行政机关负责人出庭应诉工作办法》和《龙泉市行政复议与行政审判联席会议制度》。在行政案件应诉工作中，主动与法院沟通联系，定期召开行政复议与行政审判联席会议，及时研究、协调行政执法、行政复议和行政审判遇到的新情况、新问题，积极运用调解手段化解行政争议，妥善处理行政争议。2008—2012年，共发生行政应诉案件31件，行政机关负责人出庭率100%。

【行政执法监督工作】 认真开展执法监督工作，不断增强执法监督力度。将依法行政、行政执法责任制、《中华人民共和国行政许可法》的贯彻落实等情况进行考核评定，列入乡镇（街道）、部门年度工作目标责任制考核的重要内容，形成了行政执法监督的长效机制。认真贯彻落实行政执法责任制。2010年，开展执法依据和职权审核梳理工作，按照权责一致的要求，将执法责任逐步落实到部门、科室、岗位，并按规定向社会公布。同时，对行政执法主体进行清理和确认，并向社会公告，确保行政执法由具有行政执法权的执法主体在其法定职权范围内实施。进一步规范行政执法，严格行政执法人员的准入制度，把好入口关，从源头上保证依法行政。为提高行政执法人员的法律意识和执法水平，每年结合执法证年审，对全市行政执法人员进行行政法律知识培训和统一考试并在政府门户网站上公开。开展行政处罚和行政许可案卷评查工作。2009—2012年，每年根据省、丽水市政府法制办的统一部署，组成评查小组，对指定系统的行政执法案卷进行重点检查，检查出的问题当场反馈给评查单位，对行政执法中存在的问题提出整改意见。通过评查，行政执法人员执法能力不断增强，行政执法案卷质量明显提高。

【行政调解工作】 切实履行行政调解职责，建立由市政府负总责、政府法制机构牵头、各职能部门为主体的行政调解工作体制，成立以分管副市长任组长，相关部门分管领导为成员的龙泉市行政调解工作领导小组，下设办公室，办公室设在市法制办。召开龙泉市行政调解工作座谈会，出台《龙泉市行政调解工作暂行规定》《关于印发加强行政调解工作实施意见的通知》等文件，进一步完善行政调解制度，科学界定调解范围，规范调解程序。对资源开发、环境污染、公共安全事故等方面的民事纠纷，以及涉及人数较多、影响较大、可能影响社会稳定的纠纷，要求主动进行调解。推动建立行政调解与人民调解、司法调解、仲裁调解相衔接的大调解联动机制，实现各类调解主体的有效互动，形成调解工作合力。（市政府法制办）

市政府行政审批服务工作

【概况】 龙泉市人民政府行政服务中心(前身为龙泉市人民政府行政审批中心,成立于1999年,经过2004年3月、2005年10月、2007年9月三次功能提升,于2007年正式更名为行政服务中心)是一个集行政许可、行政服务、中介服务于一体的集中统一的审批服务平台。是龙泉市人民政府的正科级派出机构,代表市政府对行政许可等事项进行组织、协调、监督、管理和服务。中心共有25个部门窗口常驻,办证大厅面积4000余平方米,工作人员125名。2008—2012年,市行政服务中心办事窗口共收件552230件,办结544745件,办结率98.64%。其中即办件437630件,占总办结数80.34%,咨询人数175616人次。

【行政职能归并调整】 行政服务中心在遵循原有人员编制、中层领导职数和内设机构个数“三个不增加”的前提下,对29个具有行政许可职能的部门内设机构进行调整,撤并或挂牌设立行政许可科,将所有行政许可事项向行政许可科集中,行政许可科统一承担本部门的行政许可职能并成建制进驻行政服务中心(简称“两集中”)。通过职能归并,全市29个相关部门中,有14家采取“撤一建一”或“并一设一”方式设立行政许可科,15家原行政许可职能已由1个科室承担的以“挂牌”方式设立,使原分散在64个科室的许可职能归并到29个科室。

【清理非行政许可审批项目】 为加快行政管理体制改革,有效地整合公共资源,打造服务型政府,推进经济发展,切实抓好行政审批制度改革,根据《浙江省人民政府办公厅关于深入推进行政审批制度改革意见》(浙政办发〔2009〕86号)精神,以及丽水市人民政府办公室、龙泉市人民政府办公室关于非行政许可审批事项清理规范工作实施要求及工作部署,通过动员部署、自查自清对全市具有审批办理职能的部门就有关非行政许可审批事项进行了全面统计。行政服务中心会同市效能办、法制办开展对各部门有关行政审批项目进行了全面清理。经过各部门自查清理,市法制办、市行政服务中心等部门审查等环节,保留了260项非行政许可审批项目。

【优化运行机制】 对工商、国税、地税、质监四个窗口进行整合,推行“四证联办”(工商营业执照、国税登记证、地税登记证和质监代码证)制度,将原先3个工作日办证日期缩短至1个工作日。在工商窗口,从2011年5月开始在全省首推食品流通个体工商户证照(食品流通许可证和营业执照)联办机制,将办事环节由原来的8个缩减到4个,填写的信息由原来的70多项缩减为23项。在卫生窗口,建立“卫生三证联办”机制,实行卫生知识培训合格证、从业人员健康证明和卫生许可证件同步办理,将办理时限从原来的15个工作日缩短为6个。同时,对重点项目推行并联审批,如工业项目审批时间从原来的45天提速至23天办结,农民联建房“两证一书”承诺办理期限由36个工作日缩短为15个工作日。

【扩大经济社会管理权限】 根据浙江省委办公厅《关于扩大县(市)部分经济社会管理权限的通知》(浙委办〔2008〕116号)要求,以函告方式对落实好扩权事项工作进行了明确,要求各部门窗口按照扩权事项有关要求做好项目衔接落实工作。中心对各相关窗口上报的扩权事项进行统计,进驻中心25个单位中涉及省下放的经济社会管理权限事项单位17个共有事项211项。

【实行“无午休”值班制度】 中心制订详细工作安排,落实轮换值班制度,在午休时间能正常办公和提供业务受理,切实做到群众办事有人接待,来电咨询有人解答,材料提交有人受理,审批业务有人办理,发照颁证照常开展。

【乡镇(街道)便民服务中心业务指导】 2011年以来,中心积极开展乡镇(街道)便民服务中心业务指导工作。举行全市乡镇(街道)便民服务中心业务培训会,全市19个乡镇(街道)便民服务中心分管领导及便民服务中心负责人参加培训,培训着重围绕乡镇(街道)便民服务中心运行管理、业务能力、制度建设和规范便民服务进行。在市纪委的领导和重视下,龙泉市基层便民服务中心建设完成全覆盖,全市19个乡镇(街道)建立了便民服务中心,444个行政村建立村级便民服务中心,19个社区建立社区便民服务站。 (市行政服务中心)

金融工作

【概况】 龙泉市政府金融办公室于2009年10月25日经丽编委〔2009〕66号批准设立,代表政府协调制定、跟踪落实全市金融业发展规划和工作计划,落实全市金融工作协调机制,推动金融机构的改革与发展。自成立以来,市金融办围绕市委、市政府的中心工作，正确引导全市金融主体增加信贷投放，调优信贷结构，强化服务创新，助推企业转型升级，保障和改善民生，在确保区域金融运行总体平稳的前提下，为地方经济社会发展提供了资金保障。至2012年底，全市金融机构工业贷款余额达到34.59亿元，涉农贷款余额达到14.69亿元，其中林权抵押贷款余额达到4.5亿元，圆满完成丽水市委、市政府提出的“两个高于，两个不低于”的金融考核目标。2011年和2012年，分别实现全年政府投资性融资授信5.372亿元和10.2亿元。

【金融机制体系构建】 2008年以来，龙泉市不断加快金融机构的引进步伐，积极构建更加完善的金融机制体系。至2012年底，全市共有10个金融主体机构，分别为工、农、中、建、邮储等五个国有商业银行和泰隆、稠州等两个城市商业银行的县级分支机构；一个国家政策性银行（农业发展银行）的县级信贷组；龙泉市农村信用合作联社和浙江龙泉民泰村镇银行股份有限公司等两个地方法人金融机构。龙泉市佳和小额贷款股份有限公司业成为龙泉市金融主体机构之外的有力补充。修订完善了《龙泉市金融部门支持地方经济发展考核奖励办法》，出台《龙泉市企业还贷周转金实施办法》《关于支持农村信用社进一步深化改革加快发展的若干意见》《关于进一步鼓励企业股改上市的若干意见》《关于民间融资行为维护经济社会持续健康稳定发展的实施意见》《龙泉市农村金融改革试点推进行动方案（2012—2015年）》等一系列政策措施，为促进龙泉多样化的金融市场建设，支持工业经济发展、中小企业融资和农村金融改革提供了制度保障。

【金融帮扶企业工作】 不断深化“银企共赢”理念，逐年加大政银企对接力度，切实帮助中小企业解决融资瓶颈，扶持企业做大做强。5年来，利用“暖冬行动”“中小企业融资超市”“打伞亮剑保发展”服务企业、金融大帮扶行动及“携手振企”等活动平台，全市各金融机构累计为近千家企业解决融资近20亿元。积极引导金融机构创新内部管理机制提高服务企业效率，鼓励各金融机构向上争取开展传统抵押担保方式以外的金融信贷业务，通过整合优化贷款审批流程、成立中小企业服务中心、开设“绿色通道”、推出一系列新型金融产品等措施，有效确保用于实体经济的融资实际投放不减。2011年12月出台《龙泉市企业还贷周转金实施办法》，自文件发布实施日起至2012年底，以77.973万元的还贷风险补偿资金，撬动转贷资金累计424笔，实现还贷周转11.1976亿元，较好地保障了中小企业的信贷需求。

【企业股改上市工作】 2011年9月，成立企业上市工作领导小组及其办公室。在丽水市金融办的指导和帮助下，通过举办培训会、座谈会等形式帮助企业树立股改上市信心，深入调研和分析筛选上市后备资源企业并进行跟踪服务，多次邀请域外中介机构到龙考察拟上市企业，了解企业上市意愿和前景。积极支持浙江聚珍园食品有限公司与券商、投资人的沟通对接，促成该公司与相关投资人正式签约，成为龙泉市第一家实现直接融资的企业；加强浙江省龙泉市宝剑厂有限公司、浙江披云青瓷文化园有限公司的前期培育及与相关投资公司、券商的对接沟通，引进专业管理团队，并与具有相关资质的券商、会计师、律师事务所签订合作协议，逐步通过股改争取实现上市融资。

【农村金融改革试点】 成立龙泉市农村金融改革试点工作领导小组，出台政策激励农信联社向农商行转变，鼓励金融机构向农村布点，积极探索新型农村金融组织建设。至2012年底，全市金融机构共有乡镇营业网点37个，设立村级资金互助会38个，入会农户3053户，互助资金总量1236.28万元。大力开展农村信用体系建设工作，并以此为依托推进林权抵押贷款增量扩面工作，有效破解农民贷款无抵押、利息负担重、手续繁杂等难题。2009年，全市19个乡镇444个行政村全部参加农村信用等级评价工作，共采集农户信用信息49000户，评出信用户44685户；创建信用村95个，信用乡（镇）3个。2012年，对5个典型培育村的农户和100家农村企业信用信息进行全面更新，对2937户新增贷款农户进行建档，对已创建的信用村、信用乡（镇）进行复评。以全国金融支持集体林权制度改革和林业发展现场会在龙泉成功举办为契机，进一步推动林权抵押贷款业务的发展。2010年8月，启动“银行卡助农取款服务”工作，按照“谁包干、谁布机、谁发卡”的原则，由农信社和邮储银行按乡镇实行分片负责，进一步改善了农村支付结算环境，提高农村金融服务便捷度和效率。至2012年12月末，全市已布点264个，累计取款47008笔共889.25万元，办理查询业务46296笔。

【保险服务民生示范区建设】 积极开展保险服务民生业务，助推社会保障改革向更深、更广领域深化。2012年7月，龙泉市人民政府与中国人寿丽水分公司签署《龙泉市保险服务民生示范城市建设合作框架协议》，进一步提高城镇职工高额补充医疗保险、城乡居民基本医疗保险、计生系列保险等险种的覆盖面和保障水平。至2012年底，全市政策性农业保险覆盖19个乡镇(街道)，其中林木火灾保险和水稻保险覆盖率达到100%；政策性农村住房保险累计承保26.68万户，累计理赔农户8657户次，理赔保险金额711.6万元。

【金融维稳工作】 2011年，制定《关于开展非法集资整治教育行动规范民间投资融资行为的实施方案》，建立每半月一次的工作例会制度，多元化落实行动。联合银监办、人行对各银行业金融机构自查情况进行重点督查，查实在金融机构贷款企业和个人中存在民间集资现象的对象16个，涉及民间融资额2.5亿元；联合市工商、公安、人行、银监办，对全市38家投资公司(担保公司、典当行)进行整治规范，担保行业自行变更经营范围2家，自行注销或变更6家，注销营业执照2家，社会中介机构改正营业范围11家。2012年，出台《龙泉市规范民间融资行为维护经济社会持续健康稳定发展的实施意见》，构建防范非法集资活动的长效机制，力争通过三年时间，基本消化解决民间集资问题，逐步规范、管理民间融资行为，全面有效遏制非法集资行为。 (市政府金融办)

外事工作

【概况】 龙泉外事办在市委、市政府和上级外事办的领导下，开展对外交流，严格执行对外方针政策，突出“外事为经济建设服务”这一指导思想，充分发挥外事职能的作用，积极加强对外事工作的统筹和协调。2008—2012年，龙泉市外事办完成重要外宾62批次、719人次来访接待任务，精心组团龙泉市出席重要外事活动17批次、191人次(包括学生访问团)，办理因公出访134人次(包括企事业)，为企业邀请外商来龙泉36批次、41人次。承担世界各国外宾接待任务，并负责外宾在龙泉期间的活动安排；协助省外事办、丽水外事办做好外宾来龙工作；为企业成功邀请了伊朗、科威特、巴基斯坦、伊拉克、孟加拉国和阿联酋等国的合作客户来龙泉，办理企业产品出口报关、出访考察、参加国外产品展销等相关手续。坚持“服务与管理并重”原则，加大服务企业力度，力求做到“急事急办、特事特办”，尽量想办法为企业提供便利，为龙泉企业“走出去”积极搭建交流平台。2011年，经龙泉市政府批准，设立龙泉市人民对外友好协会，龙泉市外事办2008年、2012年被浙江省人民政府外事办评为全省外事系统先进集体。

【主要出访活动】 2008年3月28日—4月7日，副市长徐炳东率外办、教育等部门负责人及部分龙泉宝剑大师访问日本、韩国，并与韩国康津女子高中签署教育交流协议书。2008年11月3—7日，市长梁忆南率龙泉市代表团应邀参加在韩国全罗南道举行的第十届中日韩友好城市大会，并与康津郡黄柱洪郡守签署缔结国际友好姊妹城市关系协议书，出席签约仪式还有龙泉市人大常委会副主任陆龙水，康津郡议会议长李三铉。2009年2月21—26日，应日本立命馆大学的邀请，龙泉市人民政府常务副市长季柏林率团，赴日本参加第二届和谐社会综合示范区建设中日合作研讨会，季柏林在中日市长论坛上作《强化对外交流与合作，促进经济可持续发展》的报告。2009年8月6—17日，应韩国康津郡郡守黄柱洪邀请，龙泉青瓷大师赴韩国参加康津第十四届青瓷文化节并开展学术交流活动。2010年1月22日，梁忆南一行拜访日本驻沪总领馆，日本驻沪总领事横井裕会见梁忆南一行，双方就推进龙泉市与日本静冈川根本町建立友好城市关系等共同关心的话题交换了意见，并商定日本国小额援助龙泉捐赠签字相关事项。2010年3月9日，日本利民工程无偿援助龙泉市安仁镇分散型污水处理站建设项目签约仪式在浙江省外事办花家山庄举行，日本驻上海总领事馆副总领事平木场弘人、领事佐佐木明彦，浙江省外事办主任阮忠训、副主任陆国灏及亚洲处处长陈艳勤，龙泉市人民政府市长梁忆南、市长助理熊树生及政府办、外事办、安仁镇负责人参加了签约仪式。2010年9月14—19日，“中国意境——人类非遗龙泉青瓷巴黎展”在巴黎艺术中心举行，徐朝兴、夏侯文、毛正聪、张绍斌4位国家级大师在内的37位陶艺家的39件作品完美亮相。2010年11月29日，市长梁忆南在省人民大会堂与省长吕祖善一起会见日本静冈知事川胜平太、川根本町町长佐藤公敏。2011年，比利时职业学校与龙泉中职校签署了教育交流合作协议书。2012年，经浙江省人民对外友好协会批准，龙泉市与日本静冈川根本町建立友好合作关系。2012年，德国石荷州奥伊廷东荷尔斯泰因职业学校与龙泉市中职校签署了中德学校交流合作意向书，2012年，马来西亚小学与龙泉市实验小学签署建立姐妹学校合作意向书。2012年8月11日，浙江省外服中心主任王红威率全省各地外服中心主任一行22人到龙泉考察龙泉青瓷、龙泉宝剑，具体就龙泉青瓷作为各地外事礼品进行实地考察。2012年，龙泉空调汽配企业赴日韩参加科技创新成果与产品展活动，青瓷大师徐朝兴赴国外开展浙江省旅游交流推广活动，青瓷大师陈爱明、金益荣赴世界各地展演“浙江非物质文化遗产”活动。

【主要来访活动】 2008年4月,日本浙大校友会一行7人访问龙泉,举行日本浙大校友会龙泉一中优秀贫困学生助学金颁发仪式。2008年7月15日,缅甸、海地、阿根廷等28个国家共计46名发展中国家竹业技术培训班学员到龙泉考察。2008年9月17—19日,美国、加拿大、新加坡等国家的企业总裁与专家以浙大校友总会副会长、美国华美医学基金会主席李摩西为团长的浙大校友与海归企业家一行13人考察龙泉。2008年10月12日至11月3日,由韩国康津青瓷协同组合董事长黄玉哲及会员尹允燮、李莫童等3位韩国青瓷大师组成的韩国康津青瓷大师访问团到龙泉开展学术交流活动。2009年1月14—21日,韩国康津学生代表团访问龙泉,举行学生互动交流活动。2009年6月15—16日,日本产学研环境访问团考察龙泉。2009年7月15—17日,美国旧金山原副市长、浙大校友总会副会长李摩西一行3人对龙泉市产业发展作实地考察。2009年10月22—23日,应龙泉市的邀请,日本国驻上海总领事横井裕,日本国驻上海领事、日本政府小额援助负责人佐佐木明彦到龙泉考察。2009年11月15—17日,美国、英国、法国、澳大利亚、加拿大、意大利等国家的国际陶艺家一行12人到龙泉考察。2009年11月30日,韩国丽水市代表团一行4人在中国丽水市外事办副主任吴一平陪同下到龙泉考察。2009年12月16—19日,韩国康津郡副郡守高大锡率团7人访问龙泉,并参加第四届中国龙泉青瓷·龙泉宝剑节。2010年2月1—2日,老挝国家农村发展和反贫困委员会代表团一行6人,到龙泉就新农村建设情况和扶贫工作进行考察。2010年2月1—4日,第二届韩国康津女子高中学生访问团一行33人访问龙泉。2010年3月2—4日,以日本静冈县国际室专门监县裕子为团长一行5人在省外事办亚洲处有关负责人的陪同下到龙泉考察。2010年8月18—19日,日本川根本町代表团一行6人到龙泉共同商议友好城市事宜。2010年11月15日,龙泉一中与美籍华人李摩西先生签订捐资助学协议,在龙泉一中设立“李摩西助学基金”,每年给龙泉初三毕业优秀学生提供助学金。2010年12月13—19日,韩国青瓷大师代表团一行5人,到龙泉进行青瓷文化交流。2011年1月8—11日,美国旧金山原副市长、浙大校友总会副会长李摩西访问龙泉。2011年5月12日,智利驻华大使路易斯·施密特一行7人,在丽水市外事办主任杨晓宏等陪同下,到龙泉进行友好访问。2011年6月30日,日本佐野日中友协理事长宫森胜市一行到龙泉考察青瓷文化。11月3—4日,希腊爱琴娜岛市交流访问团到龙泉市参观龙泉青瓷、龙泉宝剑。2011年11月25日,美国驻沪总领馆副领事、签证官雷文杰一行到龙泉考察经济、人文等工作。2012年1月3—6日,日本NHK电视台世界文化遗产频道摄制组一行3人到龙泉拍摄采访龙泉青瓷。2012年1月14—20日,韩国康津郡第四届学生访问团一行32人到龙泉进行学生交流。2012年2月23—24日,智利市长一行11人在丽水市外事办主任陪同下到龙泉访问。2012年4月20—21日,美国Elegeant Treasuresu总裁一行4人到龙泉考察龙泉青瓷,就龙泉青瓷餐具进入美国市场进行商谈。2012年5月8—9日,以色列驻上海总领事艾雅克一行4人在浙江省外事办副主任陆国灏陪同下访问龙泉。2012年6月30日,德国施泰瑙市市长瓦尔特.斯特劳赫一行6人到龙泉参观考察。2012年8月15—17日,亚洲建筑协会主席国广乔治一行7人,在上海“国际春天”董事长葛千涛陪同下到龙泉考察国际竹文化邀请展场地。2012年9月26日,德国石荷州奥伊廷东荷尔斯泰因职业学校校长芭芭拉. 弗里德霍夫·布克施女士在德中协会中国联络处副主任钱锋陪同下到龙泉市中职校参观访问,双方签订了中德学校交流合作意向书。2012年10月13—14日,以日中文化交流协会顾问中川健造为团长的日本文化界代表团一行5人,在中国人民对外友好协会日本工作部部长陈海波和浙江省人民对外友好协会副秘书长吴晓东等陪同下到龙泉访问。2012年10月19—21日,法国利摩日第一副市长瓦海耶一行5人,到龙泉考察交流青瓷文化。2012年11月15—17日,由韩国康津郡郡守姜珍远率领的政府访问团一行8人应邀参加龙泉市节庆活动,并签署共同举办中韩陶瓷文化艺术节协议书,同时到龙泉一中、青瓷宝剑苑等地开展交流。2012年11月15—19日,韩国陶瓷财团理事长康禹铉率韩国陶瓷艺术家访问团一行36人访问龙泉。2012年12月,韩国康津郡副郡守朴均朝、副议长金相允一行5人赴浙江参加“南海一号”打捞的陶瓷展相关活动,其间15—16日到龙泉市访问。(张献珍)

驻外办事处工作

【概况】 龙泉市人民政府与浙江大学合作联络处成立于2007年5月,是龙泉市负责联络浙江大学等高校院所开展市校合作工作的临时性办事机构。该机构自设立以来,成功搭建了市校合作的联系桥梁,为龙泉市组织实施“背靠浙大、联姻高校、发展龙泉”战略作出了积极的贡献。在浙江大学的示范带动下，龙泉市与浙江农林大学、浙江工商大学、浙江农科院等43家科研院校（所）开展全面合作。2010年9月，成立龙泉市•高校院所（浙江大学、浙江工商大学、浙江农林大学、浙江省农业科学院）现代产业技术创新联盟（简称“4+1+X联盟”），推动市校合作向更深层次和更高领域发展。浙大联络处通过不断深化与浙大地方合作处的联系，依托浙江大学等高校院所的科技实力和综合影响力，就龙泉生态环境、生态经济、食药用菌、茶叶、蔬菜、毛竹、竹木加工、五金汽配、青瓷、宝剑等十大产业开展合作。2008年以来，市校双方签订合作项目735个，其中与浙大合作403个，成功争取国家级科技项目21个、省级科技项目308个。（李　平）

机关事务工作

【概况】 龙泉市机关事务管理局于2008年10月16日经丽编委〔2008〕100号文件批准设立，挂中共龙泉市委、市政府接待办公室牌子，为正科级监督管理类事业单位，内设办公室、行政保卫科、政务接待科、车辆管理科、综合服务科、公共机构节能管理科6个职能科室，办公室兼管财务、固定资产等。2011年12月成立局工会，2012年12月成立局党组。主要负责市委、市人大、市政府、市政协重要来宾接待工作，负责市委、市政府领导外出考察的后勤服务工作；负责市委、市政府领导公务用车和重要会议、重大活动的车辆调度和安排；负责行政中心房产的分配与调整、设备的维修、会务、安保、消防、水电、通讯、绿化、卫生、全市公共机构节能降耗；负责市委市政府的接待经费、行政中心的管理经费、全市大型重要会议和重大活动的经费、市委市政府领导公用经费、车辆管理经费和外出考察经费等方面的管理工作。自成立以来，市机关事务管理局围绕市委、市政府的中心工作，遵循保障公务、厉行节约、务实高效、公开透明的原则，坚持强化管理、优化服务、深化保障的工作思路，深入推行精细化管理，不断增强服务意识，提高服务质量，以求真务实的工作态度，全面推进机关事务工作协调发展。

【机关行政保卫工作】 严格实行24小时值班制度，在各出入口和各主要楼层都安排保安队员对外来人员来访、车辆和物资进出等仔细询问检查登记，组织全体保安队员学习相关信访条例，耐心劝导引导上访人员到信访局，多次避免了群体上访人员擅自进入主楼办公区。加强昼夜巡逻，对重点区域不定时巡逻，加强消防设备维护与管理，发现并及时消除各类消防安全隐患。实行机动车辆凭证出入和人员携物登记制度，对南北门的存放物品，实行每星期一次的核对登记措施，落实和加强了人防、技防、物防相结合的防范措施。2011年9月，完善《龙泉市行政中心应急预案》《龙泉市机关事务管理局保安队伍绩效考核办法》和《龙泉市行政中心非正常群体性上访事件处置工作预案》等，出台安全事故报告制度。2008年10月至2012年9月，机关行政保卫工作由机关事务管理局行政保卫科负责。2012年9月，成立龙泉市公安局警卫科行政中心警务室，由市公安局警卫科科长兼市机关事务管理局局长助理，全面负责市行政中心的安全保卫、消防和日常秩序管理工作。自警务室成立后，保安队员由23名男保安增至25名男保安、2名女保安，实行每周例会制，更妥当地处理在市行政中心区域发生的大规模集体上访和极端上访事件，切实维护行政中心的办公秩序和良好的工作氛围。据统计，2008—2012年，共接待上访人员756批次、22627余人。

【机关政务接待工作】 政务接待工作以服从、服务于全市发展为根本出发点和立足点，遵循“热情、文明、节俭”的接待原则，克服人手少、时间紧、任务重、多变化等困难，认真做好每一次接待工作。严格执行公务接待申报审批制度，严格控制接待范围和标准，严格控制陪餐次数和人数。面对越来越多的接待任务，坚持从理顺内部关系入手，努力提高接待质量，不断降低接待成本。2010年，重新规范公务接待审批、办理流程，修改完善“来宾接待制度”“来宾接待报告单”“接待政务保密”等规章制度，形成以制度管人，按制度办事的长效工作运行机制。2012年，为认真贯彻落实中央政治局作出的“八项规定”和省委提出的“六条禁令”，出台《龙泉市公务接待工作若干规定》，对接待审批流程、接待标准、经费管理等方面有了更加具体翔实的规定。接待工作都严格按照规定执行，并做到精心安排、责任到人、落实到位。据统计，2008—2012年共接待来宾3344批次72409人次，其中部级领导96人，厅级领导838人，专家学者、新闻媒体462批次7363人次，外商企业807批次7780人次，其他视察、考察团及随行人员1498批次28667人次。

【机关车辆管理工作】 5年来，机关事务管理局严格管理公务用车。优先选购节能环保型车辆，及时淘汰报废高耗能、高污染车辆；对公务车辆采购、检测维修、报废更新、能耗状况等实施动态管理；健全公务用车使用管理制度，合理安排车辆出行路线和用车人员搭乘，提高公务用车使用效率。2009年11月，进一步完善《龙泉市机关事务管理局驾驶员管理办法》《公务车辆使用（调度）管理制度》，认真落实派车登记制度，严禁公车私用；建立“一车一账”制度，车辆维修费用和油耗实行单车核算。2011年11月，政府车队所有车辆统一安装电子标签支付系统；2012年10月政府车队所有车辆统一使用加油卡。机关车队营造“人人讲安全，处处防事故”的良好氛围，坚持平均每月集中安全教育一次，通过手机发信息等形式提醒驾驶员注意季节、气候的变化，聘请交警讲课，加强内部经验交流。截至2012年底，车队共有27名驾驶员、27辆公务车。2008—2012年，车队安全行车500多万公里，圆满完成市委、市政府领导用车的保障任务。

【机关综合服务工作】 5年来，机关事务管理局重视完善工作制度，落实工作责任，有力保障了行政中心各项后勤服务。认真做好会务工作，加强与会场使用者的沟通，根据会议要求安排并布置好会场、准备会议用品、调试音响灯光设备，确保各大、小会议的正常召开，2008—2012年共安排各类大小会议2438场；负责行政中心绿化区域的修剪、整枝、施肥、除草、治虫防病、树木移栽、浇水等绿化养护，2008—2012年，共施用有机肥、化肥80余吨，人工投入2300余个，移栽大小树木100余棵；维护行政中心室内外卫生整洁，加强保洁检查工作，不留死角，并根据需要及时进行灭蚊、灭蝇、灭鼠等工作；对行政中心各项设备、设施进行日常维护，值班人员每日坚持常规巡检，发现问题及时处理，据不完全统计，2008—2012年，成功处置修复水、电、消防、道闸门、监控、音响、弱电、开水机等大小故障2000余次。

【公共机构节能管理工作】 2010年7月，成立全市公共机构节能领导小组，由市委常委、副市长分管全市公共机构节能工作，市府办、发改局、纠风办、财政局、经贸局、建设局、教育局、卫生局等相关单位参与，领导小组办公室设在机关事务管理局。2010—2012年，多次召开全市公共机构节能工作会议，学习《公共机构节能条例》，并对全市的公共机构节能工作进行全面部署。做好能耗统计工作，要求各公共机构每一季度上报一次能耗统计报表，完成丽水给定的考核指标。加强行政中心节能降耗，严格控制行政中心水电支出，对水、电、空调等设施设备采取切实可行的节能措施。中央空调温度实行机房统一调控，合理设定温度。在空调使用季节每天下班前由值班人员集中关闭忘关的办公室空调。2010年10月，制作节能小标语，悬挂在机关办公大楼醒目处，渲染节能氛围；通过报纸、网络、电子屏等媒体广泛宣传节能小知识，提倡节能生活；2011年1月，省机关事务管理局节能办到龙泉市检查考核公共机构节能工作，给予了好评。同年8月，龙泉市公共机构节能工作顺利通过了省监察总队的验收，各项指标名列全省前茅，获丽水市“十一五”时期节能降耗工作先进集体。2012年，市机关事务管理局设立公共机构节能管理科。

（市机关事务管理局）

招标投标工作

【概况】 2012年，完成四大类交易759项，交易金额7.655亿元，其中：建设工程交易129项，交易金额6.59亿元，节约资金0.972亿元，下浮率12.87%；政府采购项目561项，交易金额6536.58万元，节约资金1400.46万元，下浮17.64%；产权交易项目42项，交易金额232.59万元，增值61.23万元，资产增值35.73%，土地出让27项，交易金额3932.04万元，增值194.22万元，资产增值5.20%。2012年，除完成建设工程交易、政府采购项目、国有产权交易等业务外，还完成城镇规划、旅游项目规划、地质勘探、审计协审单位、项目咨询、评估服务中介机构选择等项目。政府采购新增政府协议项目：公务用车定点加油、小额工程设计、小额工程监理项目。

【创新政府采购工作】 围绕着两年一度的全省政府集中采购机构考核，中心以考核工作为契机，全面梳理政府采购工作，针对考核要求，查漏补缺，建章立制。通过考核，查找龙泉市政府采购工作的不足之处，提升龙泉市政府采购工作水平，得到了考核组的好评。政府采购的特色做法：一是积极推行供应商网上注册登记和信息应用，对政府采购项目率先全面实行供应商网上报名资格预审制度；二是分别总结了14类货物、服务项目的评分标准模板、15个采购文件范本，对评分标准、采购文件的标准化进行了有益的探索。得到省财政厅、省监察厅、省审计厅的肯定和表彰。同时，龙泉市在丽水市率先实现“评标异地监控”，得到国家级杂志《中国政府采购》2012年第二期的肯定。

至2012年，龙泉市招投标中心连续七年获丽水市考核优秀，政府采购连续两次获全省考核优胜。

【推进电子招标】 2012年，龙泉市在市政房建项目施工招标中推行计算机辅助评标项目101个，计算机辅助评标率达到95%。远程异地视频评标系统建设取得实质性进展，2012年龙泉市招投标中心与丽水市招投标中心成功进行了联网试标，在丽水市率先试行了远程异地评标。

【招投标市场监管】 2012年，龙泉市招投标管理工作紧紧围绕市委、市政府中心工作，以制度建设为抓手，以严格政府投资项目管理为目标，进一步加强招投标平台建设，强化监管、规范市场行为，规范招投标市场秩序，加强招投标市场监管。建立专门网站，规定所有招标信息均从龙泉市招投标中心网站统一发布。市政府出台《关于进一步规范建设工程邀请招标管理的意见》，有效遏制了随意邀请招标的现象。规范招标文件管理，实行招标文件联合会审制度，规定政府投资工程预算价300万元以上项目招标文件必须由市招管办牵头，召集监察、审计、财政、行业行政主管部门、项目主管部门、项目业主进行联合审查。加强对投标人层面的不良行为打击力度，针对投标人招投标活动过程中查处核实的一些不良行为进行严肃处理。针对近几年政府投资项目实施过程暂定价材料、设备管理不规范的状况，2011年起实行了《龙泉市政府投资建设工程材料设备采购招投标管理暂行规定》。管好项目施工班子，龙泉市招管办会同相关部门出台《关于强化建设项目施工班子人员管理的规定》，要求合同造价200万元以上政府投资项目的项目经理及施工班子成员、项目总监必须实行指纹签到考勤，促进中标单位履行投标时的人员承诺到位。做好标后检查工作，从2009年开始，会同监察、行业主管部门每年组织一次标后专项检查，共发出整改通知书52份。精心组织，完成试点工作任务。2012年是浙江省规范和创新招投标工作试点年。根据试点统一工作部署，龙泉市的试点任务是“加强政府投资项目标后管理”，市招管办印发了《龙泉市规范与创新招投标试点2012年度工作方案》，对龙泉试点工作进行了部署。结合试点工作计划，组织全市范围的政府投资项目标后专项检查，通过标后检查，摸清情况，查找原因，解决问题。

（市招投标中心）

政协龙泉市委员会

综　述

【概况】 2008—2012年，政协龙泉市委员会坚持以邓小平理论和"三个代表"重要思想为指导，深入贯彻落实科学发展观，高举爱国主义、社会主义旗帜，突出团结民主两大主题，充分发挥政协组织的优势，服务中心、促进发展、求实创新、积极作为，为推动龙泉市经济社会发展作出了积极贡献。理论学习常抓不懈，履职方向更加明确。通过政协常委会议、主席会议、联络组组长会议以及专题辅导等形式，组织全体政协委员学习中国特色社会主义理论体系，学习政协统战理论知识，准确把握新时期对人民政协工作的新要求，进一步增强走中国特色社会主义道路的自觉性和坚定性。围绕中心致力发展，参政议政更加有为。围绕龙泉经济社会发展中的重大问题，深入调查研究，积极建言献策，先后就龙泉市"十一五"规划实施和"十二五"规划制定以及产业转型升级、基础设施建设、生态环境保护、科教文卫事业发展等方面开展多层面协商议政，促进党政科学民主决策。以人为本关注民生，促进和谐更加有力。坚持突出民生重点，积极了解民情、反映民意、集聚民智，协助党委、政府解决群众关心关注的重大问题；将提案办理作为民主监督的重要抓手，不断加大督办力度，一大批民生提案的办理落实切实维护了广大群众的根本利益。加强联谊扩大交流，统一战线更加巩固。进一步加强与民主党派、工商联和无党派人士的团结合作，加大文史资料征编力度，重视对外宣传与交流，为经济社会发展凝聚强大合力。自身建设务实创新，履职基础更加坚实。制定出台委员约谈、委员履职情况评鉴等制度，不断强化委员的主体作用；定期组织调研视察、学习讨论、对口协商等活动，充分发挥专委会、联络组的基础作用；更加注重政协机关自身建设，健全各项工作制度，建立并完善龙泉政协网站，进一步改进机关作风、提高服务水平。

市政协全体会议

【七届二次会议】 2008年3月10—13日，政协第七届龙泉市委员会第二次会议举行。会议听取和审议政协第七届龙泉市委员会常务委员会工作报告、市政协七届一次会议以来提案工作情况的报告；表彰2007年度政协工作先进集体、先进个人、优秀信息员、提案办理先进单位和优秀提案件；列席市十四届人大二次会议，听取并讨论政府工作报告及其他有关报告；审议通过市政协七届二次会议决议；审议通过市政协七届二次会议期间提案审查情况的报告。

【七届三次会议】 2009年3月9—13日，政协第七届龙泉市委员会第三次会议举行。会议听取和审议政协第七届龙泉市委员会常务委员会工作报告、市政协七届二次会议以来提案工作情况的报告；表彰2008年度政协工作先进集体、先进个人、优秀信息员、提案办理先进单位和优秀提案件；列席市十四届人大三次会议，听取并讨论政府工作报告及其他有关报告；审议通过市政协七届三次会议决议；审议通过市政协七届三次会议期间提案审查情况的报告。

【七届四次会议】 2010年3月15—18日，政协第七届龙泉市委员会第四次会议举行。会议听取和审议政协第七届龙泉市委员会常务委员会工作报告、市政协七届三次会议以来提案工作情况的报告；表彰2009年度政协工作先进集体、先进个人、优秀信息员、提案办理先进单位和优秀提案件；列席市十四届人大四次会议，听取并讨论政府工作报告及其他有关报告；审议通过市政协七届四次会议决议；审议通过市政协七届四次会议期间提案审查情况的报告。3月18日市政协七届四次会议举行选举大会，以无记名投票方式，增补雷丽亚（女，畲族）为政协第七届龙泉市委员会副主席，增补方满英（女）、吴叶森、曹隆枢为政协第七届龙泉市委员会常务委员会委员。

【七届五次会议】 2011年3月7—10日，政协第七届龙泉市委员会第五次会议举行。会议听取和审议政协第七届龙泉市委员会常务委员会工作报告、市政协七届四次会议以来提案工作情况的报告；表彰2010年度政协工作先进集体、先进个人、优秀信息员、提案办理先进单位和优秀提案件；列席市十四届人大五次会议，听取并讨论政府工作报告及其他有关报告；审议通过市政协七届五次会议决议；审议通过市政协七届五次会议期间提案审查情况的报告。

【八届一次会议】 2012年2月26日至3月1日，政协第八届龙泉市委员会第一次会议举行。会议听取和审议政协第七届龙泉市委员会常务委员会工作报告、政协第七届龙泉市委员会常务委员会提案工作情况的报告；表彰2011年度政协工作先进集体、先进个人、优秀信息员、提案办理先进单位和优秀提案件；列席市十五届人大一次会议，听取并讨论政府工作报告及其他有关报告；审议通过政协第八届龙泉市委员会第一次会议决议；审议通过市政协八届一次会议期间提案审查情况的报告。3月1日，市政协八届一次会议举行选举大会，以无记名投票方式，选举邵戍汛为政协第八届龙泉市委员会主席，包建平（女）、叶先长、徐建新、雷丽亚（女、畲）、何登新为副主席，翁小平为秘书长，王继春、毛必长、毛明通、方满英（女）、叶伟锋、吴敏、吴世文、吴叶森、吴建文、何建芬（女）、陈阿金、林美华（女）、罗根梅（女）、金逸林、周晓峰、姜爱华（女）、洪汝锋、骆伟、徐起平、翁家宝、童巧隽（女）、蓝晓明（畲）、雷胜（畲）、潘卫平为常务委员。

市政协常务委员会会议

【七届市政协常务委员会会议】 2008年，召开市政协常委会议4次。七届四次常委会议听取市政府2007年经济运行情况通报；回顾总结市政协2007年工作；讨论通过总结评比有关事项；讨论通过委员增补和部分联络组组长调整方案。七届五次常委会议听取政府工作报告；审议通过市政协七届二次会议日程、议程（草案）；审议通过市政协七届二次会议邀请、列席人员名单；审议通过市政协七届二次会议大会秘书长、副秘书长人员名单；审议通过市政协七届常务委员会工作报告及政协七届一次会议以来提案工作情况报告。七届六次常委会议听取市政府2008年上半年经济运行情况通报；讨论酝酿市政协常委会关于在创建省级文明城市活动中进一步加强社区建设、发挥社区作用的建议案；通报提案办理情况；部署下半年工作。七届七次常委会议学习中共十七届三中全会精神；听取市政府办理《关于在创建省级文明城市活动中进一步加强城市社区建设的建议案》的情况反馈；通报《关于建立龙泉市政协委员约谈制度的意见》。

2009年，召开市政协常委会议5次。七届八次常委会议听取市政府2008年经济运行情况通报；听取七届二次会议提案办理工作情况汇报；讨论酝酿市政协七届三次大会常委会工作报告和提案工作报告；讨论通过总结评比有关事项；讨论通过委员增补和部分联络组组长调整方案。七届九次常委会议审议通过市政协七届三次会议日程、议程（草案）；审议通过市政协七届三次会议邀请、列席人员名单；审议通过市政协七届三次会议大会秘书长、副秘书长人员名单；听取和讨论政府工作报告有关情况介绍；听取和讨论市人民法院、市人民检察院工作报告有关情况介绍；审议通过市政协七届常务委员会工作报告及政协七届二次会议以来提案工作情况报告；通报2008年度政协工作各类先进名单。七届十次常委会议开展深入学习实践科学发展观活动专题辅导；协商确定2009年政协常委会专题议政主题；审议通过有关人事事项；组织视察华严塔建设工地。七届十一次常委会议听取市政府关于上半年经济运行情况通报；审议通过市政协常委会关于推进龙泉市学前教育发展的建议案（草案）；讨论委员调整有关事项；听取提案办理落实有关情况通报。七届十二次常委会议传达丽水市政协工作会议精神；听取市政府就2009年度市政协常委会《关于推进我市学前教育发展的建议案》办理情况通报；听取市政协提案办理检查评议活动情况汇报；部署市政协七届四次会议有关筹备工作。

2010年，召开市政协常委会议7次。七届十三次常委会议听取市政府关于2009年度全市经济运行和社会发展情况的通报；听取市政府关于政协提案办理情况的通报；审议通过有关人事任免事项；讨论政协第七届龙泉市委员会常务委员会工作报告（征求意见稿）和关于市政协七届三次会议以来提案工作情况报告（征求意见稿）；通报2009年度政协工作各类先进名单。七届十四次常委会议研究决定市政协七届四次会议有关事宜；审议通过政协第七届龙泉市委员会常务委员会工作报告(草案)、关于政协七届三次会议以来提案工作情况报告(草案)及报告人;审议通过有关人事任免事项;协商讨论《人民法院工作报告》《人民检察院工作报告(征求意见稿)》。七届十五次常委会议审议政协七届四次会议增补政协副主席、常务委员候选人建议名单(草案)。七届十六次常委会议听取市政协七届四次会议期间各组讨论情况汇报;通过政协第七届龙泉市委员会第四次会议增补副主席、常务委员选举办法(草案);通过政协第七届龙泉市委员会第四次会议增补副主席、常务委员候选人建议名单;通过选举大会总监票人、监票人建议名单;通过政协第七届龙泉市委员会第四次会议决议(草案)。七届十七次常委会议听取关于龙泉市国民经济和社会发展第十二个五年规划总体思路的情况通报;审议通过有关人事事项;听取提案工作情况通报;协商讨论市政协常委会建议案选题。七届十八次常委会议学习贯彻市委十二届九次全体(扩大)会议暨政府十四届第五次全体(扩大)会议精神;审议通过市政协常委会关于加快推进龙泉市汽车(空调)零部件产业转型升级的建议案(草案)。七届十九次常委会议学习贯彻中共十七届五中全会精神;听取市政府就2010年度市政协常委会《关于加快推进我市汽车(空调)零部件产业转型升级的建议案》办理情况通报;听取市政协提案委关于提案办理有关情况汇报;部署市政协提案办理检查评议活动;部署年底有关工作。

2011年,召开市政协常委会议4次。七届二十次常委会议协商讨论政府工作报告(征求意见稿);听取市政府关于政协提案办理情况的通报;协商讨论市政协七届五次会议筹备方案;审议通过关于召开市政协七届五次会议的决定(草案);协商讨论市政协七届常务委员会工作报告(征求意见稿)和市政协七届四次会议以来提案工作情况的报告(征求意见稿);审议通过有关人事任免事项;通报2010年度政协工作各类先进名单。七届二十一次常委会议协商讨论市人民法院、市人民检察院工作报告(讨论稿);协商讨论2010年度市财政预算执行情况及2011年预算(草案);审议通过市政协七届五次会议日程(草案)及提案提交截止时间(草案);审议通过市政协七届五次会议大会秘书长、副秘书长人员名单(草案);审议通过市政协七届五次会议邀请、列席人员名单(草案);审议通过政协第七届龙泉市委员会常务委员会工作报告、关于七届四次会议以来提案工作情况的报告及报告人(草案)。七届二十二次常委会议听取市政协七届五次会议期间各组讨论情况汇报。七届二十三次常委会议学习贯彻市委十二届十一次全体(扩大)会议暨十四届政府第六次全体(扩大)会议主要精神;协商讨论市政协调研组关于加快推进龙泉市食用菌产业转型发展的调研报告;审议通过市政协常委会关于加快推进龙泉市食用菌产业转型发展的建议案(草案)。

2012年1—2月,召开市政协常委会议2次。七届二十四次常委会议学习贯彻中共龙泉市第十三次代表大会精神;听取市人民政府就2011年度市政协常委会《关于加快推进我市食用菌产业转型发展的建议案》办理落实情况的通报;听取市人民政府关于市政协七届五次会议以来政府系统提案办理工作情况的通报;审议通过政协第八届龙泉市委员会委员名单(草案);通报市政协八届一次会议筹备情况;审议通过关于召开市政协八届一次会议的决定(草案);协商讨论市政协常务委员会工作报告(征求意见稿)和提案工作情况的报告(征求意见稿);通报2011年度政协工作各类先进名单。七届二十五次常委会议协商讨论政府工作报告(征求意见稿);协商讨论市人民法院、市人民检察院工作报告(征求意见稿);协商讨论龙泉市2011年国民经济和社会发展计划执行情况、2012年国民经济和社会发展计划(草案);协商讨论2011年度市财政预算执行情况及2012年预算(草案);酝酿市政协八届一次会议主席团、主席团会议主持人和秘书长建议名单(草案),酝酿主席团常务主席及常务主席会议主持人建议名单(草案);审议通过市政协八届一次会议有关事项。

【八届市政协常务委员会会议】 2012年3月(换届后)至12月,召开市政协常委会议3次。八届一次常委会议审议通过《中国人民政治协商会议龙泉市委员会常务委员会工作规则》;审议通过《中国人民政治协商会议龙泉市委员会专门委员会通则》;审议通过《关于龙泉市政协委员、常委参加会议的有关规定》;审议通过《中国人民政治协商会议龙泉市委员会提案工作条例》;审议通过有关人事任免。八届二次常委会议审议通过有关人事事项;审议通过《政协第八届龙泉市委员会联络组年度工作考核办法》《政协第八届龙泉市委员会委员履职情况年度综合评价暂行办法》。八届三次常委会议协商讨论市政协调研组关于推进龙泉市公共文化服务体系建设的调研报告,审议通过市政协常委会关于推进龙泉市公共文化服务体系建设的建议案(草案);听取市民政局关于龙泉市行政区划初步调整方案的通报。

调研活动和重要建议

【重点调研课题】 2008—2012 年，市政协对农业人才队伍建设、畲族文化传承与发展、宗教文化建设、西街古街区保护、公共文化服务体系发展、各地商会组织运行、紧水滩库区产业培育、农村林业改革、保障性住房建设等热点问题开展调研，形成《关于加强我市农业专业人才队伍建设的调研》《保护和传承畲族文化遗产 进一步繁荣畲族文化事业》《加强宗教文化建设 促进社会和谐发展》《关于加快西街古街区改造的若干思考》《关于我市公共文化服务体系情况的调研》《关于商会组织健康、有序发展的思考》《关于加大紧水滩库区产业培育力度的思考》《对我市农村林业改革发展工作的几点思考》《关于对我市保障性住房建设情况的调研》等10余篇调研报告。

【市政协常委会建议案】 2008 年，市政协成立专题调研组，围绕龙泉市创建省级文明城市活动中社区建设及发挥作用等情况开展专题调研，形成《关于在创建省级文明城市活动中进一步加强社区建设发挥社区作用的建议案》，该建议案结合省级文明城市创建工作要求和社区工作实际，提出了一些建议意见，报送市委、市政府。

2009 年，市政协围绕龙泉市学前教育与当前社会经济发展水平和周边县市的学前教育水平还有较大差距的现实问题开展调研，形成《关于推进我市学前教育发展的建议案》，报送市委、市政府。

2010 年，市政协围绕龙泉市汽车空调零部件产业层次不高，容易遭受外界冲击的客观现实开展调研，形成《关于加快推进我市汽车(空调)零部件产业转型升级的建议案》，报送市委、市政府。

2011 年，市政协围绕如何全面提升龙泉市食用菌产业发展总体水平和发展环境等情况开展专题调研，形成《关于加快推进我市食用菌产业转型发展的建议案》，报送市委、市政府。

2012 年，市政协围绕推进龙泉市公共文化服务能力、提升群众精神文化生活等方面开展专题调研，形成《关于推进我市公共文化服务体系建设的建议案》，报送市委、市政府。

专门委员会工作

【提案委员会】 5 年来，始终把提高提案工作质量作为工作着力点，积极探索提案工作新途径新方法。一是充分发挥委员的主体作用、党派团体的参政议政作用、高质量提案的示范作用，不断提高提案质量。二是坚持高层运作，提高办理层次，加强协调，加大督办力度，不断提高提案办理质量。三是积极开展提案办理检查评议活动，积极推行“三审”制度，出台《提案工作条例》，不断提高服务质量。七届市政协期间(2007—2011 年)，政协委员、民主党派、工商联、有关人民团体和政协各专门委员会以提案形式提出意见建议共 788 件。经审查，立案 705 件，立案率为 89.5%。未立案的 83 件意见建议，作为信息、社情民意和委员来信处理。提案办复率 100%。其中，所提问题得到解决或列入规划正在解决的 616 件，占立案总数的 87.4%；因客观因素和条件限制一时难以解决，作出解释说明的 89 件，占立案总数的 12.6%。从收到的委员意见反馈表看，委员对办理过程和结果表示满意或基本满意的占 95%以上。2012 年是八届政协开局之年，八届一次会议共收到政协委员以提案形式提出的意见建议 220 件，经审查，立案 202 件(其中团体提案 28 件，委员提案 174 件)，有 10 件与其他提案内容基本相同，作了合并处理，未立案的 8 件作为来信和社情民意处理。经主席会议审定，《关于结合披云山开发，加大沿线村庄新农村建设项目支持力度的建议》等 6 件提案被列为重点提案。从提案所提建议被采纳情况看，全部或部分采纳的有 189 件，占提案总数 93.56%，因条件所限未能采纳或留作参考的 13 件提案，占提案总数 6.44%，承办单位也认真作了解释说明。

【经济科技和人口资源环境委员会】 一是调研视察。组织开展了瓯江源头水资源保护、加快浙闽赣食用菌产品交易中心建设、旧村改造、发展高山农业经济、青瓷日用瓷与艺术瓷如何协调发展、加快推进食用菌产业转型升级、农村林业改革、加快发展工程机械产业、加快推进龙泉市汽车(空调)零部件行业转型升级等课题的调研，并形成调研报告供市委、市政府决策参考。二是反映社情民意。组织委员开展“进社入企、进村入户”活动，围绕社会关注和群众所盼所求的问题，开展调查分析，认真反映社情民意。前后对龙泉市城乡接合部农村饮用水困难、食用菌产品交易中心管理、企业融资难、河道采砂治理情况、林权勘界工作、新农村建设情况、财政体制建设等方面问题进行视察，并形成社情民意，提出意见建议。三是参政议政。参与龙泉市重点项目“第二饮用水水源引水工程”和“水利西进工程”项目论证，参与“国家森林城市”创建工作，开展市树评选活动，组织相关单位人员参加省政协举办的“建设山上浙江，发展山区经济”研讨会。

【社会法制和民族侨台委员会】 一是调研活动。每年确定一个重点课题开展调研活动，5年来围绕社会治安防控体系建设、去台人员郭骥先生故居开发保护工作、畲族文化产业发展、崇仁寺、清修寺等重点寺庙项目建设等一系列社会热点问题开展专题调研和民主监督。二是联谊交流。积极开展海外、侨台知名人士、社团的联谊联络工作，把加强与港澳台同胞和海外侨胞新生代、留学生的联谊交往作为工作重点。在龙泉市举办"龙泉青瓷、龙泉宝剑节"期间，邀请台湾有关人士参加节庆活动，进一步加强两岸文化交流。2011年，组织政协侨台组委员对台湾进行了为期八天的环岛旅游宣传工作，走访了龙泉去台人员郭骥先生的后代和原去台军界人士郭骅先生遗孀和后代等。2012年4月，积极参与接待了缙云旅台同乡会青年返乡祭祖团一行。

【文史和教育文化卫生体育委员会】 一是文史资料编撰工作。2008年，征集编印了龙泉文史资料第二十二辑《龙泉 浙江抗战的大后方》，收集了抗战时期大量机关、企事业单位迁驻龙泉，龙泉成为当时浙江省抗战大后方的史料。2010年，征集编印龙泉文史资料第二十三辑《畲族专辑》，收集了龙泉畲族迁居龙泉以来的相关史料；征集编印龙泉文史资料第二十四辑《华严塔》，收集了华严塔的过去及新塔建设过程的有关史料。2011年，征集编印龙泉文史资料第二十五辑《龙泉青瓷复兴之路》，收集了党委和政府对龙泉青瓷的重视，社会各界人士对龙泉青瓷关心、爱护以及龙泉青瓷艺人付出的艰辛和努力等方面的史料。同时，配合浙江省政协文史资料《畲族百年实录》、丽水市政协征集编写的文史资料《古城·古镇·古村》(2008年)、《浙南小三线建设纪实》(2009年)、《丽水文史资料第七辑》(2010年)、《畲族文史》(2011年)和《华人华侨》(2012年)等，积极组织人员撰写有关文史文章，做好相关工作。二是调研活动。围绕龙泉市乡镇卫生院服务"新农医"能力情况、学前教育和网吧管理问题、何氏文化的挖掘与开发，学校、社会、家庭三位一体教育网络的构建等方面开展调研。2012年，开展关于绿谷外国语实验小学继续办学问题的调研，并形成调研报告，提出的建议被教育部门采纳。三是协助做好浙江省兰亭奖书法大赛龙泉赛区工作。2009年举行第一届"兰亭奖"书法大赛，征集书法作品200余幅。2011年举行第二届"兰亭奖"书法大赛，征集作品360多幅，选送130幅作品参加丽水市级比赛，并获得一等奖1名，二等奖3名，三等奖3名。

（市政协办公室）

中共龙泉市纪委 龙泉市监察局

市纪委全会和市纪检监察例会

【市纪委全会】 2008年3月17日，中共龙泉市第十二届纪律检查委员会第三次全体(扩大)会议召开，市委常委；市人大常委会、市政协党组书记；市政府党员副市长；市法院院长、市检察院检察长；市纪委委员；市监察局副局长；各乡镇(街道)党(工)委书记、乡镇长(办事处主任)、纪(工)委书记、纪(工)委副书记；市直各单位(包括垂直管理部门和市管非直属单位)党政主要负责人，纪(工)委书记(纪检组组长)、纪(工)委副书记(纪检组副组长)、监察室主任；未设纪委(纪检组)的单位的分管领导参加会议。全会深入学习贯彻党的中纪委二次全会、省纪委二次全会和市委十二届四次全会精神，回顾总结龙泉市2007年党风廉政建设和反腐败工作，研究部署2008年全市党风廉政和反腐败工作任务。市委常委、纪委书记雷金松代表市纪委常委会向全会作工作报告；表彰2007年度纪检监察工作先进集体和个人；与各乡镇(街道)签订2008年党风廉政建设责任书。市委书记赵建林出席会议并讲话。

2009年3月6日，中共龙泉市第十二届纪律检查委员会第四次全体(扩大)会议召开，市委常委；市人大常委会、市政协党组书记；市政府党员副市长；市法院院长、市检察院检察长；市纪委委员；市监察局副局长；各乡镇(街道)党(工)委书记、乡镇长(办事处主任)、纪(工)委书记、纪(工)委副书记；市直各单位(包括垂直管理部门和市管非直属单位)党政主要负责人，纪(工)委书记(纪检组组长)、纪(工)委副书记(纪检组副组长)、监察室主任；未设纪委(纪检组)的单位的分管领导参加会议。全会深入学习中共十七大、十七届三中全会、上级纪委全会和市委十二届六次全会精神，回顾总结龙泉市2008年党风廉政建设和反腐败工作，研究部署2009年全市党风廉政和反腐败工作任务。市委常委、纪委书记雷金松代表市纪委常委会向全会作工作报告；表彰2008年度纪检监察工作先进集体和个人；与各乡镇(街道)签订2009年党风廉政建设责任书。市委书记赵建林出席会议并讲话。

2010年3月12日，中共龙泉市第十二届纪律检查委员会第五次全体(扩大)会议召开，市委常委；市人大常委会、市政协党组书记；市政府党员副市长；市法院院长、市检察院检察长；市纪委委员；市监察局副局长；各乡镇(街道)党(工)委书记、乡镇长(办事处主任)、纪(工)委书记、纪(工)委副书记；市直各单位(包括垂直管理部门和市管非直属单位)党政主要负责人，纪(工)委书记(纪检组组长)、纪(工)委副书记(纪检组副组长)、监察室主任；未设纪委(纪检组)的单位的分管领导参加会议。全会深入贯彻落实党中共十七大、十七届四中全会和上级纪委全会、市委十二届八次全会精神，回顾总结龙泉市2009年党风廉政建设和反腐败工作，研究部署2010年工作任务。市委常委、纪委书记雷金松代表市纪委常委会向全会作工作报告；表彰2009年度纪检监察工作先进集体和个人；与各乡镇(街道)签订2010年党风廉政建设责任书。市委书记赵建林出席会议并讲话。

2011年3月18日，中共龙泉市第十二届纪律检查委员会第六次全体(扩大)会议召开，市委常委；市人大常委会、市政协党组书记；市政府党员副市长；市法院院长、市检察院检察长；市纪委委员；市监察局副局长；各乡镇(街道)党(工)委书记、乡镇长(办事处主任)、纪(工)委书记、纪(工)委副书记；市直各单位(包括垂直管理部门和市管非直属单位)党政主要负责人，纪(工)委书记(纪检组组长)、纪(工)委副书记(纪检组副组长)、监察室主任；未设纪委(纪检组)的单位的分管领导参加会议。全会深入学习贯彻落实中共十七大、十七届五中全会和上级纪委全会、市委十二届十次全会精神，回顾总结龙泉市2010年党风廉政建设和反腐败工作，研究部署2011年工作任务。市委常委、纪委书记雷金松代表市纪委常委会向全会作工作报告；表彰2010年度纪检监察工作先进集体和个人；与各乡镇(街道)签订2011年党风廉政建设责任书。市委书记赵建林出席会议并讲话。

2011年12月26日，中共龙泉市第十三届纪律检查委员会第一次全会召开，选举钟海燕、华志和、游金元、陈清龙、潘思雄、吴谨杰、邓红华为新一届市纪委常委；钟海燕为市纪委书记，华志和、游金元为市纪委副书记。

2012年5月14日，中共龙泉市第十三届纪律检查委员会第二次全体(扩大)会议召开，市委常委；市人大常委会、市政协党组书记；市政府党员副市长；市法院院长、市检察院检察长；市纪委委员；市监察局副局长；各乡镇(街道)党(工)委书记、乡镇长(办事处主任)、纪(工)委书记、纪(工)委副书记；市直各单位(包括垂直管理部门和市管非直属单位)党政主要负责人，纪(工)委书记(纪检组组长)、纪(工)委副书记(纪检组副组长)、监察室主任；未设纪委(纪检组)的单位的分管领导参加会议。会议学习贯彻中共十七大、十七届六中全会、上级纪委全会和丽水市及龙泉市党代会、全市干部大会精神，回顾总结龙泉市2011年党风廉政建设和反腐败工作，研究部署2012年工作任务。市委常委、纪委书记钟海燕代表市纪委常委会向全会作工作报告；表彰2011年度纪检监察工作先进集体和个人；与各乡镇(街道)、市直各部门单位签订2012年党风廉政建设责任书。市委书记蔡晓春出席会议并讲话。

【全市乡镇（街道）纪检监察工作例会】 2012年10月22日，召开全市乡镇(街道)纪检监察工作例会。会议总结2012年全市农村基层党风廉政建设工作，研究部署下步重点工作任务。市委常委、纪委书记钟海燕出席会议，并对下步农村基层党风廉政建设工作提出新要求。各乡镇纪委书记、街道纪工委书记，委局机关全体干部参加会议。

党风廉政建设

【党风廉政建设责任制】 2008年，出台《龙泉市党风廉政建设和反腐败工作组织领导和责任分工》，向21位市领导发出责任分解报告书，向29个牵头单位发出函告书，向全市19个乡镇(街道)、40个部门延伸了“三书两报告”制度。市委、市政府与乡镇(街道)，市直机关与基层站所，各乡镇(街道)与行政村(社区)分别签订了党风廉政建设责任书。将党风廉政建设责任制考核纳入单位年度工作目标责任制综合考核，以举证扣分的形式进行考核,在评优评先中实行党风廉政建设责任制“一票否决”。出台村民监督委员会工作指导性意见，在61个村开展村民监督委员会试点工作，对15个农村示范点进行考评，向省级和丽水市推荐申报9个“农村基层党风廉政建设示范村”。

2009年，对惩防体系建设各项任务进行充实、分解、细化和量化，制定《2009年党风廉政建设和反腐败工作组织领导和责任分工》，对市级领导班子成员和26个牵头部门的工作任务进行明确、分解和落实。实行“三书两报告”制度，向16位市领导寄送责任分工报告书和落实责任建议书，向26个牵头单位发送《牵头任务函告书》，将年度41项重点工作实行书面函告。制定《2009年度党风廉政建设责任制》举证扣分考核细则，出台《2009年度党风廉政建设责任制》考核办法，对全市各单位党风廉政建设责任制实行量化考核。出台《2009年全市作风建设工作要点和责任分工》，明确2009年作风建设十项重点工作及责任分工。出台《关于进一步推进党务公开工作的意见》，制定党务公开工作计划。总结剑池街道农村基层党风廉政建设示范经验并参与省农村基层党风廉政建设工作交流。在上垟镇试点探索规范农村集体“三资”“三中心一流程”监管办法。

2010年，修订和完善《党风廉政建设责任书》，并将党风廉政建设责任制分解落实工作延伸到村级党组织。出台《2010年落实党风廉政建设责任制和惩防体系建设项目化管理责任分工》，继续实行“三书两报告”制度。出台《2010年度党风廉政建设责任制考核办法》，对全市各单位落实党风廉政建设责任工作进行单列考核。执行《党风廉政建设责任制“一票否决”暂行规定》，共否决评优评先单位4个。开展“评星晋级”暨深化农村党风廉政建设示范村创建工作，村头村等4个行政村被评为省级党风廉政建设示范村，溪西村等25个村被评为龙泉市级党风廉政建设示范村。在全市党政机关开展“倡导勤俭节约、反对铺张浪费、惩治奢靡之风”专项行动。加强公车管理，制定了《使用财政性资金购置小汽车的控批程序及标准》，受理了42个单位购买汽车的申请。开展婚丧喜事大操办专项整治活动，查处一起大操办事件。连续四年组织开展“局长作风大家评”活动。

2011 年，出台《党风廉政建设责任制工作重点和责任分工》，继续实行“三书两报告”制度，实现惩防体系与责任制落实一体化。将部门单位落实党风廉政建设责任制情况纳入单位和个人年度综合目标责任制考核，实行日常举证扣分、年终考核评分、工作创新加分相结合。对全市 7 个乡镇(街道)和 21 个部门落实党风廉政建设责任制等 12 方面工作开展廉政巡查，对 14 名领导干部进行了警示谈话，对 1 名违纪干部进行了党纪处理，纠正违规违纪行为 10 余起，提出整改意见 93 条，帮助被巡查单位建立完善各项制度 46 个，该做法在丽水市委《工作交流》上进行了交流。年终由市领导率队检查考核等工作机制，共协助市委对考核后进单位主要负责人谈话 3 次，否决评优评先单位 4 个。

2012 年，以党风廉政建设责任制为龙头，进一步明确工作职责，修订和完善《2012 年度党风廉政建设责任书》，出台《2012 年龙泉市落实党风廉政建设责任制、惩防体系建设和作风建设项目化管理责任分工》，向 15 位市领导和 30 个牵头单位送出《责任分工报告书》《牵头任务函告书》和《落实责任建议书》，将年度重点工作全部书面函告。对全市各部门单位和 19 个乡镇(街道)开展了党风廉政建设责任制落实情况督查，共梳理出 7 大项 62 个问题，提出整改措施 20 余条，并将落实整改情况纳入部门单位党风廉政建设责任制考核内容。贯彻落实《农村基层党员干部廉洁履行职责若干规定(试行)》，共培训乡镇干部 522 人，村“两委”干部 856 人，开展贯彻落实情况专项检查，提出整改建议 23 条，纠正违规违纪行为 12 起，对14 名领导干部进行了警示谈话，对 2 名违纪干部进行了党纪处理。加强村务监督委员会规范化建设，建立省、丽水市级村监会示范点 11 个。出台《龙泉市农村集体资金、资产、资源管理办法(试行)》(龙政办发〔2012〕43 号)，加强农村集体“三资”监管。

【党风廉政教育】 2008 年，开展“重品德、讲操守、增本领、提效率、转作风”专题教育月活动，以“周恩来勤政、廉政、善政风范”为重点，组建宣讲团到各部门单位对 4000 多名党员干部进行宣讲；开展以“十七大精神指导反腐倡廉建设”理论研讨和征文活动。组织观看《警钟》《权钱交易的后果》等警示教育电教片。深化廉政文化建设，在《今日龙泉》开设“剑川清风”党风廉政建设专栏，开展“防腐疫苗进课堂”活动，聘请 185 位廉政文化专职教师，把廉政教育写入教材、带进课堂，中央、省、市级媒体对该创新举措进行了专题报道。组织参与丽水市“紧电杯”廉政手工艺品大赛，获奖等次和总数全丽水第一，市纪委荣获大赛组织奖。

2009 年，开设龙泉论坛、夜学论坛、微型课堂和市民讲坛“四大课堂”，加强党风廉政讲师团、宣传教育报道员、廉政专题教育教师、农村廉政宣传队四支队伍建设，实行“组团式”“菜单式”和“套餐式”上门宣讲，直接受教育 5000 多人。对新提任的 116 名领导干部实行集体廉政谈话，向全市 600 多名领导干部发出干净干事为主题的《公开信》，号召党员干部既干大事又不出事。召开全市领导干部警示教育大会；在城建、教育、交通重点单位部门开展“系统案件剖析警示教育大会”，直接受教育干部1000 多人。深化廉政文化“六进”，召开廉政文化进项目警示教育大会，在 53省道和地税大楼综合业务用房等项目开展廉政文化活动。

2010 年，全面开展“崇廉于心、践廉于行”主题教育活动，以学习宣传“廉政准则”为重点，开展“干部人人读准则、媒体解读宣准则、监督检查促准则”三个系列活动，向全市党员领导干部发放“廉政准则”白皮书 4000 余本，开展“百场宣讲进机关”活动，受教育人数达 3500 多人，在“剑川清风”开辟“廉政准则面面观”专栏，在 8 个部门开展“一把手谈准则”访谈，组织全市党员干部开展“学习准则小测

廉政文化展览

试”活动，对300余名工程项目建设重点领域人员进行岗位廉政风险现场防范教育。深化廉政文化“六进”活动，在小梅镇创建了全市首个中小学廉政文化教育基地，培育省级示范点3个，龙泉市级示范单位7个。

2011年，实行廉政教育进党校、进机关、进农村、进项目，全年共开展廉政课堂51期，发放廉政书籍《大道行》2000余册；建立“旁听庭审”制度，组织100余名领导干部参加旁听职务犯罪案件庭审；在国土、交通等重点部门举办案例剖析会，增强党员干部拒腐防变能力。以廉政知识测试、谈心谈话、签署承诺书等形式开展严肃换届纪律“教育宣传月”活动；组织“纪念中国共产党90周年与反腐倡廉建设”理论研讨活动，评选出优秀文章16篇，其中3篇文章获得丽水市级奖项。加强反腐倡廉网络文化建设和管理，制定《龙泉市纪检监察网络舆情应对处置意见》。

2012年，以“比学赶创、崇廉践廉”为主题，开展“喜迎十八大、清风伴我行”反腐倡廉主题演讲比赛、“保持党的纯洁性”主题征文、职务犯罪案件旁听庭审等活动。对新提任或转岗交流的副科级以上领导干部实行集体廉政谈话。组织全市纪检干部进行“学习党的十八大知识”测试。加强理论调研，组织“保持党的纯洁性”主题征文活动，评选出优秀文章6篇，其中1篇文章获得丽水市级二等奖。《以人为本 创新管理 执纪为民——龙泉市纪检监察组织加强和创新社会管理的做法》获丽水市级征文活动一等奖。开展廉政文化“6+1”活动，创建省级示范点2个、丽水市级示范点2个，努力营造廉荣贪耻的浓厚氛围。

【领导干部廉洁自律】 2008年，落实“三谈一述”等党内监督制度，领导干部任前廉政谈话18人次，纪委常委同下级党政主要负责人谈话25人次，492名市管以上领导干部开展了述职述廉。领导干部主动上交“三礼”折合人民币20600元，主动上交“581”账户17150元。开展领导干部经济责任审计工作，审计查纠违规资金1.06万元，查纠管理不规范资金107.05万元。继续实行领导干部重大事项报告制度，共报告19人次。实行一把手“四个不直接分管”单位52个。推进党务公开工作，在6个乡镇(街道)开展了党务公开试点。开展公务接待情况专项检查，对28个接待费用增幅较大的单位发出调查函和整改通知书。

2009年，创新“三谈一述”党内监督制度，在全市116名新提任领导干部中开展集体廉政谈话，并在谈话前组织参观看守所，对8名新提任领导干部开展个别廉政谈话。继续治理领导干部收受“三礼”问题，查处党员干部收受“三礼”12人，违纪金额36.16万元，“581”廉政账户收到领导干部主动上交礼金13.56万元。开展25个单位33个主要领导经济责任移交工作。加强公车管理，组织公车检查2次，纠正超标车1辆。

2010年，查处党员干部收受“三礼”5人，查获金额8万元，“581”廉政账户收到领导干部主动上交礼金19.68万元。执行领导干部报告个人有关事项制度，共收到报告38人次。推行政务信息网上公开，探索民主恳谈、质询、听证等监督方式。在67个部门推行一把手“七个不直接分管”的权力制衡工作，将权力结构进行分解和调整。开展廉政风险防控机制建设，设置“找、防、控”三道防线，全市第一批34个重点单位建立起比较完善的廉政风险防范长效机制和权力运行监控机制，全市各单位共排查出各类廉政风险3500多个。

2011年，落实《中国共产党党员领导干部廉洁从政若干准则》、“三谈一述”等党内监督制度，开展对下级党政主要负责人谈话活动56人次，进行诫勉谈话1人次。开展述职述廉活动，全市534名科级干部进行了述职述廉。全市32名领导干部主动上交礼金礼券23.592万元。实行领导干部任期和离任审计制度。落实《龙泉市实施“三重一大”事项集体决策制度的若干意见》，开展“一把手”“七个不直接分管”的单位有63个。出台基层组织党务公开目录，全市机关企事业单位全部实现党务公开，并向村级党组织延伸。全面开展廉政风险防范管理工作，各单位排查出各类廉政风险10045个，参与排查党员干部1335名，发出风险预警26次，制定防控措施2003条。连续四年组织开展“局长作风大家评”，81名局长参加了评议活动。落实厉行节约各项要求，对10个单位予以“提醒诫勉”，开展公务用车问题专项治理工作。严肃换届纪律，印发《严肃换届纪律宣传手册》《严肃换届纪律提醒卡》，组织严肃换届纪律知识测试。抓好村监会规范化建设，完成村监会换届选举工作。

2012年，落实《中国共产党党员领导干部廉洁从政若干准则》和《浙江省党员领导干部防止利益冲突暂行办法》，严格执行“三谈两述”、领导干部报告个人有关事项制度等党内监督制度。认真开展述职述廉活动，全市共有528名科级干部进行了述职述廉，639名市管干部完成个人有关事项集中报告工作。全市3名领导干部主动上交礼金礼券6.3万元。实行领导干部任期和离任审计制度，对25个单位的30名主要领导进行了离任经济责任交接。落实《龙泉市实施“三重一大”事项集体决策制度的若干意见》，全市各部门单位均实现“一把手”“七个不直接分管”。下发《关于对超标准使用和豪华装饰办公室进行清理规范的通知》，对办公室内部摆设开展清理规范；出台《关于重申党员干部不准大操大办婚丧喜事的通知》，巩固婚丧喜事大操办专项整治成果。在丽水市率先制定党政领导干部问责暂行办法，1名干部因工作失职造成国有资产流失被问责。深化公务用车治理专项行动，压缩公务用车购置和运行经费支出，实行在财务上单独列项和单车定额核算制度，探索龙泉市党政机关车辆定点保险、维修等制度。开展“进村入企”活动，建立“村情民情百宝箱”“企情百宝箱”。开展“比学赶创抓项目”活动，践行一线工作法，实行“两排查一促进”，帮助行政村、群众解决各类难题5913个，化解矛盾纠纷和治安隐患1434起。建立健全绩效考核机制，推行三级工作“践诺制”。

案件查处和纠正不正之风

【案件查处工作】 2008年，完善“红黄绿”信访举报工作机制，严格落实领导定期分析信访工作、领导包案、领导接访日、信访谈话等制度，共受理信访举报280件次，办结率达100%，发放《监察建议书》1次，批评教育25人，为信访反映30人澄清了事实。重点查办贪污受贿案件，全市共立案59件，查处乡科级干部2人，为国家集体挽回经济损失200余万元。继续落实《乡镇街道部门案件联查互审制度》，由11名片长负责协调全市乡镇部门案件调查力量，安排案件审理人员。

2009年，进一步整合资源，落实领导包案、苗头排查等制度，积极实施信访监督，切实做好纪检监察信访举报工作。全年共受理信访举报280件次，办结率为100%，为有信访反映的30人澄清了事实。重点查办领导干部贪污受贿、失职渎职案件，全市共立案77件，查处乡科级干部9人，为国家集体挽回经济损失220余万元。推行“乡案县审”的协审制度，对全市基层纪检监察组织办理的案件进行全面协助审理。

2010年，进一步加强信访案件的查办和督办力度，抓好实名举报、信访监督等工作，共受理信访举报197件次，办结率为100%，为有信访反映的10人澄清了事实，为7人纠正了问题。重点查办大要案，全市共立案63件，查处乡科级干部11人，为国家集体挽回经济损失300余万元。推进基层案件审理标准化、案件审理程序化、审理工作制度化、文书档案规格化的“四个化”建设，印发工作读本，推动案件处理的依纪、公开、公平。

2011年，进一步畅通信访渠道，完善领导包案、领导接访以及“红黄绿”信访举报等工作机制，切实化解矛盾，全年共受理群众来信来访165件次，办结率为100%，为有信访反映的7人澄清了事实。重点查办领导干部贪污受贿、失职渎职案件，全市共立案63件，查处乡科级干部5人，为国家集体挽回经济损失200余万元。编辑《基层纪检监察案件审理指导手册》，为基层纪检监察组织党政纪案件办理提供直观指导。

2012年，积极落实信访谈话制度、诫勉制度和“四书”制度，全年共受理信访举报231件次，办结率为100%，对3个单位发放了信访通知书，对5人进行了批评教育，为有信访反映的11人澄清了事实。重点查办领导干部贪污受贿、失职渎职案件，全市共立案64件，查处乡科级干部10人，为国家集体挽回经济损失200余万元。对2009—2011年发出的监察决定书、监察建议书等主要监察类文书进行自查自纠。

【纠正部门和行业不正之风】 2008年，纠风工作关注民生领域的热点和难点问题，切实维护群众利益。在全省率先开展民生问题专项执法监察，对教育收费、支农惠民政策、农民负担减控、医疗惠民、征地拆迁群众利益、农民工工资、康庄工程、法律援助等8大类35项民生政策的落实情况进行全程跟踪督查，查处价格违法案件8起，为815名民工追讨拖欠工资397万余元，安全发放各类补助资金4000余万元。开展卫生系统行风评议活动，督促医疗机构改善医疗卫生服务，市人民医院开通网络医疗服务平台。组织教育收费专项检查，督促各中小学校严格执行相关收费政策，减轻家长负担1100多万元。加强对涉企中介机构收费行为的监督管理，全面推行涉企中介服务收费公示制度，11家主要涉企中介机构的收费标准平均降幅达20%以上，每年可为企业减负300万元。

2009年，纠风工作紧紧围绕保增长、保民生、保稳定这条主线，全力开展“企业服务年”活动，着力解决损害群众利益的突出问题。出台《关于在全市建立涉企行政执法检查服务“登记卡、报告卡、监督卡”制度的通知》，查处涉企“三乱”案件6起，为企业挽回损失16万元。制定出台《关于取消暂停降低部分收费项目和标准的通知》，取消56项行政事业性收费项目，暂停征收101项行政事业性收费项目，降低11项行政事业性收费项目，降低40项中介服务性收费项目。开展涉企收费政策落实情况专项检查，查实违法收费金额42余万元。建立中介机构监管联席会议制度，11家中介机构作出收费下降20%的承诺。组织开展以民政、国土资源、农业系统民主评议行风活动。机构得到进一步健全，单设了纠风室，充实专职纠风干部1名。

2010年，纠风工作以服务经济发展为主线，以开展行风评议为载体，以解决热点难点问题为目标，认真履行纠正部门和行业不正之风工作。深入开展“百局千站万人优化发展环境”活动，全面优化发展环境，努力构建行为规范、运转协调、廉洁高效的行政管理体制。全市政务公开数达518项，建立和完善政务公开制度46项，推行办理承诺制296项。抓紧抓好强农惠农政策落实工作，纠正并通报了1例利用新大楼搬迁之际收取某村集体经济组织红包事件。组织开展强农惠农资金专项清理和检查工作，涉及惠农资金达9.93亿元。开展最低生活保障工作专项检查，共取消不符合条件的低保对象253户566人。开展“基层服务评议”、工商系统行风评议活动。

2011年，纠风工作以推进专项治理为重点，着力解决损害群众利益的突出问题和社会反映强烈的热点难点问题。以质监系统行风评议为龙头，创新“四个万人评议”载体（即万人征求意见、万人接受服务、万人开展评议、万人参与监督），全面推动质监、公安、工商、建设等10个部门行风评议活动。继续落实减轻企业负担工作，取消、暂停、降低行政事业性收费项目31项，取消社会团体不合理的涉企收费项目17个、停止3个，规范中介机构进入行政服务中心5家，行政事业性、经营服务性收费项目减轻企业负担255万元，土地使用税、房产税减轻企业负担26万元，省、市其他减负政策减轻企业负担856万元。深化治理医药购销和医疗服务中的不正之风。开展“医药回扣治理年”活动，上缴回扣款12.54万元，共查处违规收受回扣、红包、开单提成和各种乱收费案件13件，查处公职人员133人。继续深化治理商业贿赂专项工作，查处商业贿赂案件13件，涉案金额197.1万元，查处公职人员12人。

2012年，纠风工作坚持标本兼治、纠建并举、突出重点、统筹推进。深入推进“阳光工程”建设。重点督促市建设局、市教育局、市卫生局等12个部门对照上级要求出台了各领域内阳光工程实施方案。深化治理教育乱收费，共免除义务教育阶段学校学费307.71万元，课本作业本费781.42万元，柴火费156.68万元，农村义务教育阶段学校寄宿生住校费35.60万元。全面推进医疗服务阳光用药工程，药品100%实行网上集中采购。推进银行系统民主评议行风活动。以“群众满意银行”“群众满意窗口”“群众满意员工”为载体，确定全市9家银行金融机构为评议对象，促进银行系统增强服务意识，提升服务水平，优化经济发展环境。推进“群众满意基层站所（服务窗口）”创建工作。

监察工作

【监察主要工作】 2008年，创建“为民代办”投诉受理工作机制。共受理群众投诉402件，答复办理率98.7%。继续开展效能直通车走进企业、走进农村、走进社区等“三进”活动。开展追效问责工作，违反效能建设有关禁令和损害经济发展环境的35个单位被责令整改，33名工作人员被追效问责。全面推进“干部身份证”工作，发布效能服务排行榜，开展清理“吃空饷”工作。对双十项目“百日会战”活动开展效能巡查工作。对项目建设过程中发现的效能问题，及时跟踪提醒和追效问责。对企业“双送”活动开展检查，督促5位工作落实不到位的总经理助理或企业联络员进行整改。“效能直通车”受理中心共受理投诉件402件，已办理答复397件，办结率98.8%。

2009年，开展“两提高、两降低”效能建设主题活动。出台《关于在全市开展“两提高、两降低”效能建设主题活动的实施意见的通知》（龙纪〔2009〕15号）和《关于严格控制公用经费支出、坚决制止奢侈浪费的通知》文件。组织开展“暖冬行动”，出台优化环境九条政策和实施细则，全市142名领导干部深入284家结对企业办实事、解难事。以效能直通车进企业、挂牌督办和问题交办等方式，帮助企业解决难题。加大对“暖冬行动”正反典型宣传力度，对3起破坏经济发展环境典型案例在全市进行公开通报。“暖冬行动”的有效开展，得到了上级领导和企业的充分肯定，浙江省副省长金德水和丽水市副市长沈仁康分别就“暖冬行动”“十暖法”等作出批示，人民网、《中国纪检监察报》、《今日浙江》、省政府办公厅《政务工作交流》、省纪委《纪检监察信息》和丽水市“两办”信息专报对此给予了宣传。“效能直通车”受理中心共受理投诉件433件，已办理答复426件，办理答复率98.4%。

2010年，组织开展“深化作风建设年”活动和“打伞亮剑保发展”专项服务活动。出台《关于开展“深化作风建设年”活动的实施意见》《关于开展“打伞亮剑保发展”专项服务活动的实施意见》等文件，开展深化作风建设“十大活动”。完善部门帮扶企业制度，推行“一联二”领导干部结对企业活动。全市189位领导干部结对帮扶342家企业，选派18名市管后备干部到亿元企业兼任总经理助理，为企业解决难题350余件，培训人员2000余人次。开展部门“服务效能排行榜”活动。深化审批流程改造，推出企业办理工商执照、组织机构代码证及税务登记证等“联合办证”审批流程改造，实行“一站式受理”，办证时限由3个工作日缩短至1个工作日。“效能直通车”受理中心共受理投诉件503件，已办理答复496件，办理答复率98.6%。

2011年，扎实推进便民服务中心规范化建设，下发《关于加强乡镇(街道)、村(社区)便民服务中心规范化建设的实施意见》，完成全市19个乡镇街道、80个示范类村（社区)、155个标准类村、228个普通类村级便民服务中心规范化建设。深化效能办、重点办、督办“三办”联动督查机制，对项目“双进”“三招”工作、服务企业、民生政策落实情况开展督查。组织开展“三治一创”干部作风专项整治活动，切实解决干部作风问题。“效能直通车”受理中心共受理投诉件371件，办理答复368件。

2012年，围绕打造“有人办事、有地点办事、有钱办事、能办成事”的村级便民服务平台为重点，扎实推进村级便民服务中心规范化建设，全市444个行政村和11个社区全面建立规范化村级便民服务中心，其中示范型46个、标准型309个、简易型100个，共办理服务事项24万余件，群众满意率达到98.36%。开展“携手振企”专项行动，出台《开展“携手振企”专项行动的实施方案》。全市177名领导干部深入302家结对企业，梳理企业反馈问题883个，交办529个，办理完成295个。有效解决“两证”补办历史遗留问题。为企业减免各类税费3389万元，为企业转贷128笔49663万元，为11家企业担保融资3160万元。开展效能直通车进企业活动。“效能直通车”受理中心共受理投诉件283件，办理答复280件。

（市纪委 监察局）

民主党派和工商联

民盟龙泉市总支

【概况】 中国民主同盟龙泉市总支部委员会成立于2002年8月16日。2012年，民盟龙泉市总支有盟员81人，盟员平均年龄50岁，其中女性30人，占37.04%；离退休人员15人，占18.52%；具有高级技术职称45人，占55.56%；中级技术职称25人，占30.87%。盟员中，担任省人大代表1人，丽水市人大代表2人，丽水市政协委员4人，其中常委1人，龙泉市政协委员11人，其中副主席1人，常委4人，另有庆元县政协委员1人。担任副科以上职务17人(其中副处1人、正科4人)。总支下属五个支部，分别是教育支部、医卫支部、科技支部、农业支部和退休支部。5年来，民盟龙泉总支在中共龙泉市委、民盟丽水市委会的领导下，在中共龙泉市委统战部的指导帮助下，紧紧围绕龙泉市委、市政府的中心工作，经过全体盟员的共同努力，不断加强自身建设，切实履行参政党职能，各项工作顺利开展，取得了可喜的成绩。2008—2012年，2次被民盟丽水市委会评为先进基层组织，2007—2008年度被民盟浙江省委会评为先进盟组织，2008年被民盟浙江省委会授予“浙江省民盟社会服务工作先进集体”荣誉称号，2010年获得中共龙泉市委统战部“帮扶竹垟畲族乡红坞村工作成绩突出奖”，2011年被民盟中央评为“纪念中国民主同盟成立七十周年先进集体”。

【自身建设】 5年来，民盟龙泉总支一直把思想建设作为一项重要工作来抓，总支及所属各个支部，每年认真制定年度详细学习计划，充分利用各种形式，组织广大盟员开展学习活动，努力提高盟员的思想政治水平。据不完全统计，5年来，民盟龙泉总支共组织理论学习会29次，组织全体盟员认真学习贯彻中共和民盟各级重要会议精神，学习中国共产党领导的多党合作和政治协商制度，学习民盟历史和优良传统。通过专题讲座、观看宣传片、盟员互动交流等形式，进一步加深了盟员对社会主义核心价值体系、多党合作制度、民盟历史和履行参政议政职能等方面问题的认识和理解，进一步坚定信念，凝聚共识。总支还利用各种培训班的机会，选派骨干盟员和新盟员参加学习，包括民盟浙江省委会特邀通讯员培训班、中共丽水市委中青年干部培训班、丽水市党外干部培训班、丽水市民主党派新成员培训班、民主党派骨干培训班、龙泉市党外干部培训班等。

5年来，民盟龙泉总支高度重视宣传工作，由一名副主委分管，一名总支委员具体负责。积极发掘培养宣传骨干，充分利用龙泉电视台、《今日龙泉》、丽水电视台、丽水信息港、省市盟刊和网站等宣传载体和媒介，完善“龙泉民盟网”，网站栏目有盟务信息、议政调研、组织建设、社会服务、盟员风采、学习园地、民盟概况等，便于广大盟员了解龙泉市民盟的工作，学习民盟知识、统一战线理论、国家方针政策和开展相互交流，也有利于增强社会群众对龙泉市民盟组织的了解。经初步统计，5年来，龙泉市民盟组织和广大盟员在《丽水民盟》刊物上发表各类文章、报道共86篇，在丽水民盟网发表文章、报道共76篇，在浙江民盟网发表文章、报道共38篇，在《剑瓷龙泉》上发表文章、报道10余篇。

2012年8月，民盟龙泉市总支召开三届一次全体会议，选举产生第三届总支委员会。指导所属5个支部于10月底前全部顺利完成换届。对个别因工作岗位发生变动或退休的盟员的所属支部进行了调整。为了便于更好地开展盟组织的各项工作，将原来的4个专门工作小组调整为议政调研、社会服务和宣传信息等3个专门工作小组，小组成员也相应作了调整，加入了一些积极肯干的年轻盟员，每个小组都由1名总支委员联系。在民盟龙泉总支三届一次全体会议召开之际，总支还编印了反映总支十年发展历程的《风雨同舟》一书。该书汇集了民盟龙泉总支最近十年来的各项工作资料及其履职成果，展示了龙泉民盟组织十年的发展轨迹，反映了龙泉市80多位盟员共同创出的业绩。2012年，总支还编印了《龙泉民盟》盟刊第一期。

在新盟员的发展过程中，总支严把质量关，按照盟中央、盟省委有关规定的要求，以及盟市委《关于进一步规范组织发展程序暨贯彻〈中国民主同盟组织发展暂行条例〉的通知》精神，坚持"三个为主"的方针，遵循"在工作中发展，发展是为了工作"的原则，做到发展与巩固相结合。一方面对要求入盟的人士按程序严格考察，成熟一个，发展一个；另一方面对素质较高的无党派人士进行主动宣传，如本人有要求的尽量吸收他们入盟。总支不断加强制度建设，不断把盟组织内部的各项工作制度化和规范化，不断完善"民盟龙泉总支部委员会组织生活制度""民盟龙泉总支部委员会信息宣传工作制度"和"民盟龙泉总支部委员会对下属支部的考核办法"等。

【参政议政】 参政议政工作，是民盟组织的三大重要工作之一。民盟龙泉市总支建立了参政议政专门工作小组，确定一名总支委员主抓，并由一名副主委分管。每年年初确定一两个重点调研课题，组织相关盟员开展调查研究，积极向党委、政府建言献策。在"两会"召开之前，总支都要结合市委市政府的中心工作，多次召集盟员进行社会调研，确定"两会"的建议、提案和大会发言主题，落实执笔人员、领衔人员和发言人员，保质保量完成工作。5年来，部支和盟员个人共向龙泉市政协提交提案145件，其中重点提案11件，大会发言28篇。向丽水市人大、政协提交建议和提案共60件，其中人大重点建议1件；政协大会发言5篇，其中优秀大会发言2篇。向浙江省人大提交了建议19件。为了更加准确有效地建言献策，总支十分注重调查研究。2012年，总支和各支部开展了"公共文化服务体系建设""市区幼儿园布局问题""食品安全问题""金观音茶产业发展""养生文化旅游"等课题调研。并将调研成果转化成大会发言、集体提案、社情民意等形式向龙泉市政协及上级民盟组织提交。民盟龙泉市总支重视引导广大盟员关注民生，体察民情，积极反映社情民意。5年来，通过深入细致的实地调研，总支、各支部及广大盟员一共向各级政协和民盟组织提交了社情民意20余篇，其中8篇被民盟浙江省委会采用，吴敏提交的《水电站建设亟须加强科学规划管理》得到丽水市领导的批示。

【社会服务】 5年来，民盟龙泉市总支充分利用自身智力密集的优势，不断开拓社会服务工作的新领域，创新社会工作新方法，努力为龙泉市经济建设、社会发展和构建社会主义和谐社会做出自己的贡献。

从2006年起，民盟浙江省委会选择了竹垟畲族乡红坞村作为新农村建设扶贫点。2008—2012年，民盟龙泉总支积极与民盟浙江省委会、丽水市委会合力做好对该乡的挂钩扶贫工作。一是配合上级民盟组织和相关部门对红坞村经济社会发展做好调研。总支多次配合民盟中央、民盟浙江省委会领导带领的调研组到竹垟畲族乡红坞村调研，了解红坞村的发展设想，考察中低产田改造项目等。二是努力沟通，成功争取到红坞村帮扶项目。在省直基层组织盟员积极努力下，通过民盟省委会领导与省财政厅领导沟通协调，仅2012年，为竹垟乡争取到中央财政支持龙泉（红坞村）金观音茶叶标准化示范基地建设专项资金40万元，中央财政和省财政支持红坞中低产田改造项目的专项资金980万元。红坞村建成竹林机耕路，被命名为"民盟求是路"，使区域内719亩毛竹林和2000余亩山林生产经营条件大为改善，提高了村民的经济效益；成立了红坞村伟铭茶叶专业合作社，加快了红坞村生态茶叶基地和茶叶加工厂的建设。

总支充分发挥盟员的特长，经常性开展送教、送医、送科技、送文化"四下乡"活动，5年来，总支开展下乡服务活动达30余次。总支积极争取各地民盟组织的帮助，充分调动本市盟员的积极性，开展扶贫助学献爱心活动。据初步统计，5年来，龙泉市盟员共为抗震救灾、贫困助学、慈善事业等捐资20余万元。同时，争取到宁波慈溪育才教育集团与龙泉市一中合作办班，开办了两届民盟育才班，共招收100名民盟育才班学生，每人每年由该集团资助学费4600元，累计资助金138万元。同时，该集团还在龙泉一中设立"沈宏邦奖教奖学基金"，每学年出资人民币15万元，用以奖励龙泉一中的优秀师生，四年共出资奖教奖学资金60万元。2010—2012年，民盟海洋二所支部盟员和竹垟畲族乡10余位品学兼优但家庭困难的学生分别进行结对帮扶，资助款达3万余元。 （民盟龙泉市总支）

龙泉市工商联（总商会）

【概况】 2008—2012年，龙泉市工商业联合会（简称龙泉市工商联）认真贯彻落实中共中央、国务院《关于进一步加强和改进新形势下工商联工作的意见》(中发〔2010〕16号)和全省工商联工作会议精神,落实龙泉市委《关于加强工商联工作的意见》(龙委〔2012〕10号)文件,围绕市委、市政府中心工作,紧密结合工作实际,深入实施“223工作计划”,为促进龙泉市非公有制经济的健康发展和非公有制经济人士的健康成长,全面建设小康社会、构建和谐龙泉作出新的贡献。出台《龙泉市工商联(总商会)会费收取和支出管理办法》《龙泉市工商业联合会(总商会)议事规则》等,设立民营经济研究室(全额拨款事业单位,编制2名),搬迁至移办大楼办公,办公条件大大改善。2012年创办《龙泉市工商联通讯》,成功举办六届工商联成果展,宣传展示工商联工作开展和非公经济发展情况。

【组织建设】 5年来,会员发展有了长足的进步,一批有代表性的企业大户进入了会员队伍,工商联的会员队伍结构和非公有制经济发展的现状和趋势相符合。会员从近1000名发展到2000多名(包括异地商会会员),并建立了工商联执常委会员数据库;领导班子规模不断扩大,六届执委会成员89人,七届执委会成员99人。市工商联领导班子中非公经济人员的比重越来越高,达到90%。异地商会建设蓬勃发展,截至2012年底,共组建了温州、义乌、上海、广州、成都、北京、杭州、济南、宁波、太原、郑州、江苏、昆明等十三家龙泉异地商会,并于2010年起分别在成都、济南等地召开三次异地商会建设工作会议。

【调查研究】 按照市委、市政府的要求,密切关注企业形势的变化,采取多种形式,深入实际、深入企业开展调查研究。一是多次深入本地会员企业调研;二是到西安、宁波、温州、武汉、昆明、太原、郑州等地对龙泉市在外创业人员的情况进行调研;三是相继开展了上规模民营企业调研、中小企业经营情况调研、小型微型企业保生存谋发展调研等活动。撰写了《龙泉在外创业人员情况调查》《加强和完善异地商会建设的思考》《我市中小企业调研情况报告》等调研文章。

【参政议政】 积极推荐市政协委员、人大代表,非公有制经济人士参政议政,促其能力得以增强。六届执委会成员中,丽水市人大代表4人、政协委员4人;龙泉市人大代表16人,人大常委2人,政协委员26人,政协副主席1人、常委1人。七届执委会成员中,龙泉市人大代表18人,政协委员28人。5年来累计共向各级人大和政协提交提案和议案300多件,提出的意见建议引起了市委、市政府的高度重视。其中骆伟等人提出的《关于推进汽车空调零部件产业实现向现代化产业集群转型升级的提案》等被列为市重点提案,叶建和牵头的团体提案《关于切实采取有效措施解决企业融资困难的建议》、林素伟牵头的《把工程机械产业作为龙泉工业经济新的增长点》等被列为市重点建议。

【第七次会员代表大会】 2012年9月20—21日,市工商联(总商会)第七次会员代表大会在龙泉市行政中心召开,参会300余人,其中正式代表190人,特邀代表70人。龙泉市四套班子主要领导出席开幕式,省工商联副主席李任治、丽水市工商联党组书记赵国新、龙泉市委书记蔡晓春分别作重要讲话。浦城、嵊州、缙云、青田、松阳、遂昌、莲都、云和、景宁、庆元等县(市、区)工商联及龙泉市群团、民主党派、市直部门派员到会祝贺。会议认真总结了过去五年的工作,研究部署和明确了今后五年的主要任务,选举产生市工商联(总商会)七届执委会成员99名,选举产生常委60名,选举何登新为主席(会长),金益民、叶必忠、伍英等3人为专职副主席(副会长),严寅亮、宋武龙、叶建和、林建康、林素伟、吴子敬、张叶胜、胡兆雄、骆伟、丘文荣、金必福、王明华、叶伟锋、孙宝、牟春雷等15人为兼职副主席,郑小宝、李伟、蔡坚锋、叶少青、柳水地、何根平、潘道恩、黄国松、周建军、梁刚、廖小宝、林小卫、姜辉、孙迈华、程海燕、卓永荣、吴晓平、连伟明、周康根、林彬、周伟、汪慧和、陈庆平、林少森、查崇秀等25人为兼职副会长。

【服务平台建设】 充分利用工商联组织优势,整合社会资源,大力构建融资、信息、政策、技术、维权等服务平台,为企业发展提供全方位服务。与信用联社建立战略合作关系;开展“法律体检”活动;成为市协调劳动关系三方机制成员单位;抓好党建和思想政治工作,指导全市非公经济组织进行创先争优活动,举办建党90周年“党徽在民企闪光”演讲比赛;组织各类学习培训。5年来,共组织各类非公经济人士素质提高培训班5次,培训400多人次;组织各种学习考察活动,促进会员企业与上海、广州、温州等经济发达地区企业之间的信息对接和交流合作;每年都组织开展一次中秋酒会、新春酒会;每年组织全体执委进行免费健康体检;组织女执委参加“三八”妇女节活动等。

【光彩事业发展】 “致富思源、富而思进、德行并重、回馈社会”,龙泉非公有制经济人士积极投身于光彩事业,突出参与社会主义新农村建设、抗震救灾、捐资助学、扶贫济困等重点。

2008年"5·12"汶川大地震后，市总商会立即组织工商联机关干部职工和非公经济人士捐款捐物，其中浙江国镜药业为四川抗震救灾捐药品价值100万元，浙江能福有限公司为四川抗震救灾捐物价值30余万元，市总商会温州分会会员捐款60余万元。2010年玉树地震中温州分会会员捐款47万元、捐物30余万元，上海分会也积极捐资。在华严塔重建募捐活动中，市总商会累计募捐160余万元。2010年温州分会为龙泉一中提供"温州龙泉分会银企合作捐资助学基金"100万元。2011年温州分会和杭州分会为龙泉慈善总会募集善款16.7万元和9.3万元。2012年竹垟畲族乡局下村至宝溪乡青井村的通景公路建设中非公企业家共捐资49万元。

【市总商会济南分会成立】 龙泉市总商会济南分会成立于2010年4月22日，有会员企业60余家，主要从事工程机械配件、汽车配件和服装、鞋类贸易。丽水市委统战部副部长、丽水市工商联党组书记王瑞亮，龙泉市政协主席邵戌汛，龙泉市委常委、副市长曹新民，龙泉市人大常委会副主任陈吉明，龙泉市政协副主席、市工商联主席、总商会会长潘金明，龙泉市政协副主席徐建新，济南市历城区副区长寇少杰，丽水市总商会副会长李能福等出席成立大会。大会选举产生首届理事会，林小卫为龙泉市总商会济南分会会长，方正伟为常务副会长，林平、蔡长武、蔡杨根、田小兵、徐吉松、陶巧平、吴宗兴、周勇、华俊等九人为副会长，林平为秘书长(兼)。

【市总商会宁波分会成立】 宁波龙泉商会成立于2011年7月23日，有会员企业250余家，主要从事建材、外贸、货代、中介等行业。龙泉市政协主席邵戌汛，市委常委、组织部部长叶晓勇，市人大常委会副主任陆龙水，市政协副主席、工商联主席、总商会会长潘金明，市长助理熊树生等出席成立大会并授牌、授印。大会选举产生首届理事会，孙迈华为龙泉市总商会宁波分会会长，陈大康为常务副会长、秘书长(兼)。季传华、李斌、柳根伟、潘新菊、邵君、吴朝伟、吴海平、胡绍军、周正付、卓志平、孙建萍、徐丽媛等12人为副会长。

【市总商会太原分会成立】 龙泉市总商会太原分会，成立于2011年9月6日，有会员企业70余家，主要从事工程机械、服装、鞋业等行业。龙泉市政协主席邵戌汛，市人大常委会副主任陈吉明，市政协副主席、工商联主席、总商会会长潘金明，丽水市总商会副会长、浙江能福旅游用品有限公司董事长李能福等到会祝贺。大会通过《龙泉市总商会太原分会章程》，并选举产生首届理事会。卓永荣为龙泉市总商会太原分会会长，金鑫为常务副会长，季丰平、范建军、郭起伟、季朝乐、刘少林、傅建东等6人为副会长，季丰平为秘书长(兼)。

【市总商会郑州分会成立】 郑州龙泉商会成立于2012年6月15日，有会员企业140余家，主要从事工程机械、服装、鞋业等行业。龙泉市政协主席邵戌汛，龙泉市人大常委会副主任陈吉明，龙泉市政协副主席、市工商联主席、总商会会长潘金明，龙泉市政协副主席何登新，丽水市总商会副会长李能福等出席成立大会，共青团郑州市委书记刘建武到会祝贺。大会通过龙泉市总商会郑州分会章程，并选举产生首届理事会。吴晓平为龙泉市总商会郑州分会会长，毛红权、吴桂根、张丽萍等3人为常务副会长，叶忠平、张志东、季朝鹏、陈海山、叶松根、刘燕波、潘炎龙、钱欣、季朝北、曾建龙等10人为副会长，赵伟峰为秘书长。

【市总商会江苏分会成立】 龙泉市总商会江苏分会成立于2012年12月24日，龙泉市人大常委会副主任陈吉明，副市长王正飞，市政协副主席徐建新，市政协副主席、工商联主席、总商会会长何登新，市长助理熊树生，市工业园区管委会主任陈惠锋等到会祝贺。大会通过江苏分会章程，并选举产生龙泉总商会江苏分会第一届理事会。周伟为龙泉市总商会江苏分会第一届理事会会长，戴旭亮、吴德伟、叶泽武、汤献平、邱建康、龚建

龙泉市总商会宁波分会第一次会员大会　　市工商联　提供

长、郑辉、季通飞等为常务副会长，李国新、林杰、徐栋峰、郑正贵、何水根、吴忠斌、吴华健、叶根旺、周武、郭春伟、蔡月龙、叶传信、郑晓霞、陈伟、吴晓珍、严海鑫、廖彬妤、蔡伟平、卓永强等19人为副会长，戴旭亮为秘书长(兼)。

【市总商会昆明分会成立】 龙泉市总商会昆明分会成立于2012年12月23日，龙泉市政协主席邵戍汛，市人大常委会副主任陶中亮，市政协副主席、工商联主席、总商会会长何登新，市政府党组成员包建华等到会祝贺。大会选举产生首届理事会，谢泽岳为龙泉市总商会昆明分会第一届理事会会长。

【商会换届工作】 2008—2012年，义乌、温州、上海、广州、北京、杭州、成都等分会先后顺利完成换届工作。2009年4月，龙泉总商会义乌分会第二届理事会换届会议召开，廖小宝当选会长。2009年6月，龙泉总商会温州分会第二届理事会换届会议召开，毛青云当选会长。2009年9月，龙泉总商会上海分会第二届理事会换届会议召开，杨贵国当选会长。2009年9月，龙泉总商会广州分会第二届理事会换届会议召开，林素伟当选会长。2010年5月，龙泉总商会北京分会第二届理事会换届会议召开，郑流堂当选会长。2011年2月18日，龙泉总商会杭州分会第二届理事会换届会议召开，梁刚当选会长。2011年8月15日，龙泉总商会成都分会第二届理事会换届会议召开，程海燕当选会长。2012年6月30日，龙泉总商会上海分会第三届理事会换届会议召开，陈建飞当选会长。2012年8月11日，龙泉总商会温州分会第三届理事会换届会议召开，连伟明当选会长。2012年8月18日，龙泉总商会广州分会第三届理事会换届会议召开，庄晓峰当选会长。 （潘芳霞）

工会 共青团 妇联

龙泉市总工会

【概况】 截至2012年12月31日，龙泉市有基层工会组织570个，其中独立工会527家，联合工会43家，基层工会覆盖单位1500个。建立工会组织单位的职工数52497人，工会会员数46339人，其中：女性会员20412人，农民工会员21467人。全市各级工会坚持以科学发展观统领工会工作全局，认真贯彻中共十六届六中全会、中共十七大、中共十八大和市十二次、十三次党代会精神，深入实施“生态立市、工业强市、旅游兴市”发展战略，坚持中国特色社会主义工会的发展道路，树立和落实“以职工为本，主动依法科学维权”的工会维权观，按照扩大覆盖面、增强凝聚力的工作要求，团结动员广大职工为谋求跨越发展、促进和谐融入、共创美好龙泉再立新功。开展工会先进表彰工作，2008—2012年，龙泉市总工会共表彰工会先进集体125个次(2008年分先进集体和先进职工之家，2009年起合并为先进集体)，优秀工会积极分子950人次，积极支持工会工作的党政领导16名(2009年起停止该项评比)。

【“两个普遍”工作】 按照全国工会十五届四次执委会上提出的“两个普遍”要求，依法推动企业普遍建立工会组织和依法推动企业普遍开展工资集体协商。龙泉市总工会继续做好非公有制企业工会的巩固、扩面工作，提高工会组织的覆盖面。至2012年底，非公有制企业工会达365个(其中独立工会335个)，涵盖企业1232家，工会会员32978人。推动企业开展工资集体协商，312个独立工会(2011年底数据)的非公有制企业开展工资集体协商302个，占96.8%。在龙渊、西街、剑池3个街道，八都、安仁、查田、小梅、础石等5个乡镇共建立八个乡镇(街道)总工会。

【文体活动开展】 2008年4月30日晚，举行“劳动光荣，工人伟大”大型文艺晚会。龙泉市经济贸易局、龙泉市建设局、龙泉市邮政局、龙泉市电力局、龙泉市水利局、龙渊街道、剑池街道等14个单位选送了14个节目参加演出，3000多职工群众和演职人员观看了演出。2008年10月14日晚，浙江省总工会职工艺术团在公园路市总工会门口文艺慰问演出，2000多职工群众观看了演出。2009年4月29日晚，举行“践行科学发展观，再创美好新龙泉‘庆祝五一’职工大合唱”文艺晚会。市财政地方税务局、市交通局、市公安局、市教育局、市农业局、浙江佳和矿业集团有限公司、龙渊街道、剑池街道等16个单位选送了16个节目参加演出，3000多职工群众和演职人员观看了演出。2010年4月29日，龙泉市总工会、市文化广电新闻出版局联合主办的庆“五一”龙泉市首届“电力杯”全市职工健身排舞大赛在市体育馆举行。2011年7月15日晚，浙江省总工会职工艺术团在础石乡金岗工业区巨泰特种钢有限公司门口进行文艺慰问演出，2000多职工群众观看了演出。2011年8月6—9日，由丽水市体育总会、龙泉市总工会、龙泉市体育局、龙泉市羽毛球协会联合举办的丽水市“佳和杯”羽毛球混合团体邀请赛在龙泉市佳和铜业球馆举行。2011年2—6月，举行龙泉市首届职工运动会，37个代表团参加。运动会设拔河、男子象棋、女子跳棋、男女气排球、田径、趣味运动、男子篮球、乒乓球、羽毛球等九大项30个小项。2011年9月，由丽水市体育总会、龙泉市总工会、龙泉市体育局、龙泉市羽毛球协会联合举办的丽水市“佳和杯”羽毛球混合团体邀请赛在龙泉市佳和铜业球馆举行。2012年5—6月，组队参加了“丽水市首届职工运动会”全部十个大项比赛，在比赛中取得了乒乓球团体第二名、拔河团体第三名、篮球团体第四名、中国象棋团体第五名的较好成绩，在参赛的17个代表团中排名第六名。2012年9

龙泉市首届职工运动会　　郑叶青　提供

月，由丽水市体育总会、龙泉市总工会、龙泉市体育局、龙泉市羽毛球协会联合举办的丽水市“佳和杯”羽毛球混合团体邀请赛在龙泉市佳和铜业球馆举行。2012 年 11 月 30 日至 12 月 1 日，由龙泉市总工会、龙泉市体育局联合主办的 2012 年龙泉市城区职工气排球赛在市体育馆举行。

【经济技术创新】 各级工会广泛发动职工开展经济技术创新活动。一是开展合理化建议、小革新等群众性经济技术创新活动，5 年来全市有 3620 人参加合理化建议、小革新等，共提合理化建议 8829 条，被采纳 2482条，实施 653 条，创经济效益 623 万元。二是开展技术比武活动，展示优秀技术工人的带头作用，5 年来全市有 2485 家次企事业单位的 5.28 万人次参加了各类劳动竞赛活动，涌现出一批技术能手，为企事业增收约 1030 万元，节支 422 万元。组队参加丽水市每年的技能大比武。2008 年，香溢大酒店获中国国际食用菌烹饪大赛团体“金奖”，获丽水市饭店业服务技能大赛团体冠军；何振波获前厅接待项目第一名，被授予“丽水市旅游行业职业技能带头人”称号。获丽水市公共卫生大练兵比武大赛团体二等奖。2 人分别获丽水市计算机网络管理员比武三等奖。获丽水市第二届幼儿教师基本功比武团体总分三等奖；2 人分别获 3 个单项冠亚军。1 人获丽水市初中数学课堂教学评比冠军。2009 年 8 月，丽水市技能大比武中，青工吴骁鹏在数控车床比武中获得第一名，并代表丽水参加全省技能大比武；青工金文文在数控车床比赛中获得三等奖；市公路段职工季晓嵩在公路养路机械操作技能比武中获得第一名，在全省公路养路机械操作技能比武中获得中小型机械（起重装载机）操作工第二名，代表浙江省参加全国技能比赛；市建设银行中山分理处职员刘胜伟、南桥分理处职员张婧、支行营业部职员高莉在全省建设银行对私支付结算竞赛中获得一等奖。2010 年 8 月，丽水市技能大比武中，龙泉市发图专业美容美发中心美容美发师季炳方在美发比武中获得第二名；龙泉市名媛女子会所美容师付文燕、红粉佳人美容美体生活馆美容师张永琴在美容比武中取得第五、六名，获得三等奖；鸿达汽车空调公司青工金文文在数控车工比武中取得第六名，获得三等奖。2011 年 8 月，丽水市技能大比武中，龙泉市梅梅工作室张春梅和城北来料加工点郭春梅在服装制作比武中获得第一名一等奖和第六名三等奖，张春梅并代表丽水参加全省技能大比武；龙泉市森特宝新现代汽修分公司张小正在汽车修理比武中获得第六名三等奖。2012 年 6 月，丽水市技能大比武中，龙泉市第二中学陈建夏在计算机程序设计中取得第二名二等奖，并代表丽水参加全省技能大比武中获得第三名二等奖，并代表浙江省参加全国技能大比武；青工金文文、吴建勇、杨剑在数控车工比武中取得第四、五、六名均获得三等奖。三是继续深化“安康杯”竞赛，共有 582 家企事业报名参赛，参赛职工 26260 人。

【“送温暖”和困难职工帮扶】 全市各级工会组织继续实施“送温暖”活动，为困难职工办实事，并实现经常化、制度化、社会化。市总工会每年做好困难职工调查摸底工作，建立困难职工档案 500 多份（动态），为“送温暖”活动奠定基础。广泛开展困难职工帮困慰问活动。2008 年以来，在“送温暖”工程和困难职工帮扶活动中，共筹集到困难补助资金 168 万元，发放困难职工补助资金 163.8 万元。协助民政部门做好困难职工低保工作。积极做好和配合有关部门职业培训、职业介绍、法律援助等工作。全市有 86 家企事业单位工会开展“1+1”互助互济活动。

【职工教育工作】 5 年来，各级工会运用各种形式，加强职工的思想教育，提高职工思想道德素质。一是认真学习中共十七大、十八大精神，采取学习会、读书会、培训班等多种形式组织职工学习，把职工的积极性、创造性充分引导到全面建设小康社会上来，投入到现代化建设中去。二是利用省总工会干部学校良好的师资力量和良好的环境进行工会干部培训，提高工会干部的素质。三是利用“创争”活动这一平台，促进职工素质全面提高。在工会组织和职工中倡导适应新形势，努力“创建学习型组织，争做知识型职工”。

【劳模评选、管理和服务】 截至2012年，龙泉市有国家级、省部级、丽水市级、龙泉市级劳动模范和1956—1964年省级先进生产工作者(享受劳动模范待遇)85人，省级模范集体1个，丽水市级模范集体4个。2008年以来，龙泉市有1人被评为全国劳动模范，有2人被评为省级劳动模范，有3人获省五一劳动奖章，有8人被评为丽水市级劳动模范。加大对生活困难劳模的帮扶力度。各级工会将困难劳模作为“送温暖”和帮扶的重点，5年来，对生活困难的劳模帮扶23人次，帮扶款项208900元。关心劳动模范身心健康。市总工会每年对劳动模范进行走访慰问，每年召开一次劳动模范座谈会，认真听取劳动模范代表的意见和建议。每年安排劳动模范体检，关注劳动模范健康情况，组织劳动模范参观学习和疗休养。加大劳动模范事迹的宣传力度。采取“劳动者风采”摄影、电视报道、报纸报道多种形式宣传新时代劳动模范精神。

2009年4月13日，全国劳模、龙泉市瓯江源生态农业发展有限公司董事长汤福泉因非法占用农用地被丽水市人民法院二审判处有期徒刑十个月，缓刑一年二个月，并处罚金人民币二万元。中华全国总工会取消了汤福泉“全国劳动模范”荣誉称号。 (市总工会)

共青团龙泉市委员会

【概况】 截至2012年底，全市有14—28周岁青年51869人，其中团员青年13291人，团员青年比例为25.6%，14—35周岁青年81175人。基层团委33个，团工委7个，直属团总支17个，基层团支部1231个。2008—2012年，被评为省级先进单位18家，省级先进个人16人，丽水市级先进团组织39个，共青团工作优秀个人139人。2008年以来，共青团龙泉市委认真贯彻落实科学发展观，牢固树立绿色崛起、借力发展、特色竞争、科学跨越的工作理念，深入推进“青春励志、青春建功、幸福阳光、固本强基”四大行动，团的工作卓有成效。

【青春励志行动】 组织开展“高举旗帜跟党走 生态创业作贡献”、“学理论 树理想 创新业”理论学习、“共创和谐 从我做起”创意实践、“红领巾心向党 祖国发展我成长”等一系列主题教育活动，教育引导青少年深入学习中国特色社会主义理论体系，进一步坚定跟党走的信念。牢牢把握建党90周年、建国60周年、“五四”运动90周年、建团90周年、建队60周年等重大节庆契机，广泛开展“激扬青春 活力龙泉”青少年文化月、“我心中的美好新龙泉”青年演讲群英会、“青春颂歌献给党”青年朗诵会、纪念建团九十周年文艺会演暨“青年网上创业十大先锋”颁奖典礼等丰富多彩的大型实践活动以及100多场文化活动，进一步提升青少年思想素质。组织开展龙泉市“青年生态农业示范基地”“青年创业创新之星”“村村都有好青年”“争当四好少年”“五好联评”等评选活动，以评选树典型，以典型促发展，涌现出“全国优秀少先队员”钟晨晰、“浙江省优秀少先队员”詹祺雨、丽水市“十大优秀青年”胡剑、“好青年”谢德新、“见义勇为好青年”翁泉、“最美夫妻”陈志升、叶季廉夫妇等一大批先进典型，为青少年成长发展树立了榜样。继续推进青年文明号创建工作，共争创省级青年文明号集体5个、丽水市级青年文明号集体15个、市级青年文明号集体34个。

【青春建功行动】 2010年6月，成立龙泉市青年企业家协会，吸引101位优秀青年企业家入会，截至2012年12月31日，共组织副会长轮值活动10次，先后组织会员赴青田、温州、武夷山、杭州、义乌、金华等地考察交流，积极推进青年企业家转型升级。

龙泉市青年企业家协会成立 叶绍强 提供

成功举办两届“再创好龙泉”青年创业创新项目大赛，征集创业项目168个，发放项目发展扶持奖励基金49.8万元，帮助青年就业创业300多人，获得“创业浙江”青年创业创新项目大赛金奖2项，丽水市级奖项7项、其中金奖3项。5年来，成立青年就业创业培训学校2家，建立“青年创业孵化基地”2个，联合相关部门开展网店经营、农家乐经营、酒店服务、青瓷技艺、数控机床、电工等职业技能培训76期4901人次，投入培训资金318.73万元，实现就业3950余人。加强与信用联社合作，推行“丰收—青年创业卡”和“丰收—小额贷款卡”，发放信贷扶持资金6949.84万元。

2011年，建立龙泉市志愿者工作委员会，成立志愿者协会，下设5支大队123支小分队，注册志愿者2018人。全面开展以服务“中国龙泉青瓷?龙泉宝剑节”、党代会、“两会”等重大节庆和大型会议为内容的“节庆行动”；以社区矫正、禁毒防艾、文明交通、消防宣传等为内容的“平安行动”；以“保护母亲河”、“无车日”低碳宣传、节能减排、植树护绿、“迎国庆 美我山城”等为内容的“绿色行动”；以“3•5”学雷锋、关爱农民工子女、进村入企等为内容的“惠民行动”，累计服务时间达18万小时，“剑瓷古城 微笑龙泉”和“活力青春 幸福龙泉”志愿服务品牌成功打响。

成立浙江大学医学院、三农协会、城市学院3个暑期实践基地，吸引了北京大学、清华大学、浙江大学等20多所高校的1300多名大学生到龙泉进行支医支教、支农支工、乡土调研、挂职锻炼等社会实践，引进浙大城市学院2名优秀教师到龙泉锻炼提升。深入开展“浙大•龙泉青年区域生态经济高峰论坛”“浙大硕博服务团龙泉行”“浙大创业导师与创业青年结对”“青春建功第二故乡”等活动，引进16名浙大博士与龙泉市企业结对，帮助企业开发技术、发展项目。

全面实施电子商务“四大项目”发展计划（保障项目、培育项目、帮扶项目、活动项目），电子商务取得又好又快发展。2012年3月，成立龙泉市农村电子商务建设工作领导小组，6月，召开全市电子商务建设工作推进会。8月，成立龙泉市电子商务协会，吸纳会员128名，新建青年网上创业见习基地7家，组建电子商务创业导师团，推出龙泉市电子商务官方网站。成功举办“青年网上创业十大先锋”评选活动和“青春奋进 创业创新”——践行“我们的价值观”宣讲会暨青年网上创业论坛。举办“网上创业成就梦想”等三期电子商务培训班，承办丽水市电子商务精英培训班，培训学员439名，组织全市团干部及青年网商赴遂昌考察电子商务。截至2012年12月31日，龙泉市有B2C或C2C电子商务企业387家，2012年度电子商务交易额突破1亿元。

【幸福阳光行动】 筹集希望工程资金192.9万元，援建希望小学6所，资助农村贫困中小学生719人次。资助贫困大学生1252名，发放爱心助学资金560.81万元，帮助7名先天性心脏病、唇腭裂儿童进行免费手术治疗。建立青企协助学基金，开展“走进锦溪”“走进龙南”“走进岩樟”等爱心助学活动。重组孙丕恒助学基金，不断扩大爱心助学品牌影响力。利用“12348”、“12355”青少年维权服务热线开展心理、法律咨询，举办《中华人民共和国未成年人保护法》《中华人民共和国预防未成年人犯罪法》《中华人民共和国禁毒法》等法律知识讲座。深化“青少年维权岗”创建活动和“青少年法制教育基地”创建活动，争创省级“青少年维权岗”4个，丽水市级7个。积极开展“共青团与人大代表、政协委员面对面”活动，切实反映青少年权益诉求，累计收集提议91条，被人大代表、政协委员采纳27条。

2011年，龙泉市青少年宫新宫正式落成，同时成立队长学校、剑瓷文化研究院、“青少年宫在线”——龙泉小记者站、辅导员之家，免费开放小科技馆、青瓷制作室、快乐活动吧、乒乓球活动室、图书室，青少年校外教育阵地不断拓展。公开选调青少年宫主任，配齐配强教师队伍。成功举办两届童玩节，开展“流动少年宫”进农村（社区）活动34期，受益农村青少年7000余名。先后举办科技、书法、围棋等培训300多班次，8260人次。成立“童声合唱团”，招收青少年儿童60名。成功举办北京夏令营、青岛夏令营、暑期上海素质拓展夏令营、厦门夏令营、“三田杯”贫困生二日营、“平安自护训练营”走进市消防大队、小主持人大赛、玩具设计绘画大赛、风筝制作放飞等活动，丰富了少年儿童的课余生活。

【固本强基行动】 2012年4月26—27日，共青团龙泉市第十八次代表大会召开，正式代表168名。大会选举产生团市委委员31名，候补委员14名。选举产生常务委员会委员7名，李小春为书记，包炳炎、叶苏婧为副书记。5年来，全部乡镇（街道）完成团组织格局创新工作，一批企业、农村、学校的优秀青年增配为乡镇（街道）团组织副书记、委员；70%的乡镇（街道）、企事业单位、学校团组织通过直选方式产生新一届委员，412个行政村以海选方式产生团支部（总支）书记。成功创建丽水市活力团组织14个、省级活力团组织2个、青年示范村5个。新建驻义乌和杭州市拱墅区团支部。制定下发《关于加强新形势下全市基层党建带团建工作的意见》(龙组通〔2012〕34号)文件,将乡镇2万元工作经费纳入乡镇政府财政预算。举办"走进浙大"团干部培训班两期,"喜迎十八大 团干共前行"培训班1期。加强共青团信息宣传,完善共青团网站建设,开通龙泉共青团官方微博。（江长峰）

感动龙泉十佳母亲　　叶绍强　提供

龙泉市妇女联合会

【概况】 截至2012年底，全市妇女组织482个,乡镇妇联组织16个,街道办事处妇联组织3个,基层妇代会444个,机关企事业单位妇委会20个。5年来,广大妇女积极参与社会事务决策管理，参政议政能力明显增强。全市女干部、女党员队伍不断壮大,本届有市人大女代表13名，政协女委员37名。乡镇党政班子都配备有女干部。妇女代表达到三分之一的行政村有227个,女村两委成员569名,分别比上届提高86%、19.5%。在2008年和2011年的村两委换届中，女性进村两委比例实现了较大的提高。龙泉市444个行政村,有女村支书18名,女村委会主任7名,支部女委员123名,村委女委员446名,实现了村村都有女委员。同时,扎实开展"妇女之家"建设工作,全市妇女之家建设覆盖率达100%，在两新组织中建立妇女组织87个，基层妇联组织得到有效覆盖,工作触角不断延伸。

【市第十二次妇女代表大会】 2012年12月6—7日，龙泉市第十二次妇女代表大会召开,全市168名各条战线的妇女代表参加大会。大会讨论通过龙泉市妇联第十一届执行委员会工作报告,确定新一届五年妇女工作任务,选举产生龙泉市妇联第十二届执委会。执委会由31人组成,常务委员会委员15人。选举邹迎春为主席,郑金秀、庄承玲为副主席。

【来料加工工作】 坚持以来料加工为抓手服务经济建设,以促进低收入人群就业增收为目的,与下山脱贫安置和低收入人群奔小康、富民壮村强乡镇工程同步推进,来料加工作为广大妇女离家最近的就业方式,取得了良好的经济效益和社会效益。通过5年的快速发展,出台《龙泉市推进来料加工业发展激励政策》《促进来料加工业转型升级的实施意见》等政策意见,龙泉市来料加工从单纯手工加工逐步向机械加工发展,家居布艺服饰品牌初成,进入来料加工转型升级的关键时期。5年来,累计发放加工费57800万元,培育经纪人200多人,举办培训班570期,培训人员28000人次,带动就业2万余人。同时,积极开展来料加工场所建设工作，自2010年实施省特别扶持计划来料加工项目以来，龙泉市共争取省特扶资金300多万元用于来料加工场所建设和信息服务工作，建立示范基地3个，建成9个来料加工场所,面积达7000多平方米,带动80多个村2000多人就业。

【"双学双比"活动】 围绕"科技兴农"战略,开展"百名妇女姐妹进百村""百名女干部牵手百名女村干部"等活动,发动女干部与女村干部结对,"巾帼文明岗"、女经纪人、女企业家与行政村结对,实现城乡妇女工作资源的有效对接,帮助农村妇女提高文化科技素质,增强参与农村改革发展的综合能力和致富能力。积极为创业女性解决资金难题,5年来累计为创业妇女争取小额低息贷款1276万元,一批经济女能人成为带动农村妇女致富的领头羊。

【"巾帼建功"活动】 广大女干部、女职工立足岗位,创先争优,不断深化"巾帼建功"活动,开展"巾帼展风采,岗位建新功"争先创优主题活动,促进女性创业创新。5年来共创建国家级巾帼文明岗2个,省级11个,丽水级7个,在全市树立了全国城乡妇女岗位建功先进个人叶桂花等为代表的一批先进妇女典型,为妇女建功立业树立了楷模。5年来共结对行政村

117个，帮扶资金120万元，帮扶贫困户260户。发挥女企业家联谊会作用，开展女企业家素质提升系列活动，推进企业自主创新、产业升级。

【两规工作】 5年来，发挥妇女儿童工作委员会办公室议事协调职能，制定出台妇女儿童发展五年规划，将其纳入全市经济和社会发展总体规划，各项举措全面实施，实事项目得到有效落实。妇女儿童的生存、保护和发展环境得到明显改善，受教育水平不断提高，妇幼卫生保健状况明显改观，妇女儿童社会保障力度不断加大，妇女就业领域不断扩大，生活状况日益改善，参与国家和社会事务管理的程度不断提高。

【节庆活动】 以和谐创建为宗旨，开展系列活动，展现女性风采，提升妇联凝聚力，激发广大妇女在“活力龙幸福泉”建设中的积极性、主动性和创造性，促进社会的文明与进步。以各种节日为契机，先后举办了迎奥运火炬接力赛、女性健康知识讲座、百年妇运文艺会演、千人来料加工技能比武、来料加工产品展示、“幸福龙泉快乐主妇”烹饪大赛等活动；以关爱青少年为主题，先后组织“毒品知识进万家”、“关爱儿童 反对拐卖”等活动；以感恩母爱为主题，开展“关爱母亲帮扶行动”、母亲节征文比赛、“感动龙泉十佳母亲”评选等活动，充分展示龙泉妇女半边天的时代风采和昂扬向上的精神风貌。

【文明创建】 把握“家庭”工作领域，不断拓展创建内容，加大文明家庭、绿色家庭、学习型家庭、平安家庭的创建力度。5年来，在全市80%以上的社区、60%以上的行政村开展了“平安家庭”创建，评定命名了“平安家庭”51500余户，深化“无毒家庭”、“预防艾滋病、健康全家人”活动和反邪教警示教育，努力实现家庭“七无”目标。举办生态环保知识竞赛，组织“十佳绿色小卫士”和“十佳环保家长”评比表彰，开展“节能减排家庭进社区”创建活动，宣传生态理念，加快绿色崛起，促进科学跨越。

【道德建设】 发挥家庭教育在未成年人思想道德建设中的作用，以“万名家教志愿者进村入户活动”为切入点，大力加强家庭教育工作。积极推行市乡村三级联动，形成了“1+19+X”家庭教育教学模式。举办家庭教育培训班，开设“魅力女性教子有方”讲座，引导家长做新时期的学习型家长。培育“亲子教育素质提升活动”品牌，结合春泥行动定期开展亲子游艺活动，吸收社会专业人员开设隔代教育讲座。建立留守儿童俱乐部(之家)20个，组织230多名代理家长与贫困留守儿童结对。全市建有20个讲师团，有家教学校21个，开展家教场数277场，参加35700余人次，发放资料51800份。

【妇女儿童维权】 5年来，全市各级妇联积极履行维权职能，促进社会稳定，推动社会和谐。建立健全信访制度，做好妇女儿童维权工作。创新工作方法，实施信访“三诊三送”，使妇联信访维权工作更有实效。“三诊三送”制度被中国妇女网采用，得到省市领导赞誉。成立女法律工作者联谊会、“110”家庭暴力救助中心，开通“12338”维权热线，妇联干部担任人民陪审员，使妇女儿童维权机制得以进一步完善。5年来，市妇联共接待来信、来访、来电近300件，均得到妥善处置，与司法部门共建法律援助站，帮扶630起。 （市妇联）

人事 劳动 社保

综 述

【机构设置】 根据《中共丽水市委办公室 丽水市人民政府办公室关于印发〈龙泉市人民政府机构改革方案〉的通知》(丽委办〔2011〕34 号)文件，设立龙泉市人力资源和社会保障局。内设办公室、政策法规科、公务员管理科、专业技术人员管理科、职业能力建设科、工资福利科、社会保险科和劳动人事争议仲裁科 8 个科室，下属有社会保险事业管理局、就业管理服务局、人才管理服务处、人事劳动仲裁院、劳动监察大队、信息中心、社保卡管理服务中心 7 个事业单位。

2012 年，机构编制委员会办公室独立设置。截至 2012 年底，龙泉市人力资源和社会保障系统共有正式在职干部职工 78 人。

【工作概况】 2008 年以来，市人力资源和社会保障局紧紧围绕本市的中心工作和目标任务，紧抓社会关注热点，创业创新，致力于服务企业用工、完善社保体系、规范人事管理、构建和谐劳动关系等工作，推动人力社保事业科学发展，为经济社会发展和民生事业建设助力。

2008 年以来，就业再就业工作全面推进，社会保障体系不断完善，人才队伍建设有序开展，人事管理工作逐步规范，和谐劳动关系逐步建立。与此同时，市人力资源和社会保障局还高度重视系统自身党风廉政建设，并结合人力社保系统党员干部的思想实际，开展多种形式的主题实践活动，将“比学赶创、崇廉践廉”主题教育活动与“比学赶创求突破、争先进位创一流”为主题的“四比”活动紧密结合起来，通过“进村入企”大走访、“我们的价值观”大讨论等活动，继承和发扬优良传统和作风，锐意改革、致力发展、发扬民主、依法办事，在大力加强和改进作风建设方面取得了初步成效。

5 年来，龙泉市人力资源和社会保障工作取得了显著的成绩，为群众做了一些实实在在的事，得到了浙江省人力社保厅和丽水市及龙泉市委、市政府的充分肯定，2011 年获得全国人力资源和社会保障系统 2008—2010 年度优质服务窗口，被省人力社保厅授予 2012 年度全省人力资源和社会保障系统先进集体，并获得 2012 年度丽水市人力资源社会保障工作目标责任制考核一等奖。 (市人力社保局)

机构编制工作

【概况】 龙泉市机构编制委员会办公室于 2012 年 4 月正式单独设立(此前与市人力资源和社会保障局合署)，是市机构编制委员会的常设办事机构，在市机构编制委员会的领导下负责全市行政管理体制和机构改革以及机构编制的日常管理工作，既是市委的工作机构，又是市政府的工作机构，单独设立后，由原政府机构序列改列为市委机构序列。内设综合科、机构编制科、监督检查科 3 个科室，下属设事业单位登记管理局。龙泉市机构编制委员会办公室主要职责：1.贯彻执行党和国家、省有关行政管理体制改革、机构改革和机构编制管理的法规、政策，起草有关机构编制管理的规范性文件。2.拟订市行政管理体制和机构改革的总体方案，组织实施市党政机构改革方案；指导、协调全市行政管理体制改革、机构改革和机构编制工作。3. 协调市委、市政府各部门的职责配置及其调整，协调市委各部门之间、市政府各部门之间、市委各部门和市政府各部门之间，以及市直各部门之间的职责分工。4. 审核市委、市政府各部门市政府派出机构的机构设置、人员编制和领导职数；审核市人大、政协、法院、检察院机关以及民主党派、人民团体机关的机构设置、人员编制和领导职数；提出市行政编制分配的意见；审核全市各乡、镇(街道)的党政机构设置、人员编制和领导职数。5.

参与全市事业单位分类改革；拟订全市事业单位管理体制改革和机构改革方案；审核全市事业单位的机构编制，审批事业单位内设机构职责与名称的调整；审核本市承担行政职能的事业单位的类别和编制；参与事业单位参照公务员法管理的审核。6.负责拟订本市开发区(产业集聚区）行政管理体制改革方案并组织实施。7.协助管理国家和省有关部门设在本市的行政、事业单位的机构编制工作。8.贯彻执行机构编制实名制管理办法；负责审核纳入机构编制管理的各类单位的用编计划；负责全市机构编制统计和机构编制数据库的管理工作。9.贯彻执行《事业单位登记管理暂行条例》，监督指导事业单位登记管理工作；监督指导全市行政、事业机构和社会团体、国有企业的政务和公益中文域名注册管理工作。10.监督检查行政管理体制和机构改革以及机构编制政策、法规的执行情况，依法查处违反机构编制纪律的行为。11.指导协调全市机关事业单位编制外用工的范围和总量控制；审核全市机关事业单位编制外用工的数额，审批国资营运机构定员。12.承办市委、市政府和市机构编制委员会交办的其他事项。

【政府机构改革】 2011年5月底，《龙泉市人民政府机构改革方案》经丽水市委、市政府正式批准。改革后的龙泉市政府机构共有26个工作部门，一是取消了原有的部门管理机构，将市物价局由部门管理机构调整为与市发展和改革局合署办公；二是将人防办由议事协调机构的常设办事机构调整为政府工作部门；三是调整了市食品药品监督管理局的管理体制由垂直管理机构调整为市政府工作部门；四是根据改革要求，完成了市经济和信息化局(商务局)、市交通运输局、市住房和城乡建设局(规划局)、市人力资源和社会保障局等机构的重新组建，在市委统战部增挂市政府侨务办公室牌子，不再保留市政府侨台事务办公室牌子，市委台湾工作办公室(市政府台湾事务办公室)调整为与市委办公室合署办公。经过上述机构整合和部分单位现有职能的调整，进一步完善了龙泉市政府机构设置，理顺了职责关系，明确并强化了责任。2011年11月5日召开政府机构改革动员大会，进行全面动员和周密部署；成立三定工作办公室,对各部门申报的三定规定进行审核把关。本次三定工作，严格执行中央提出的“三个不突破”的要求，严格控制内设机构数量，内设机构原则上维持现状，调整变动部门“编随事走，人随编走”，编制随职责划转。2012年12月，完成全市30个部门单位的“三定”规定的审核印发工作。

【事业单位分类改革】 2011年，根据《中共中央国务院关于分类推进事业单位改革的指导意见》的文件精神，在事业单位清理规范的基础上，对原确定为监督管理类、社会公益类事业单位进行重新分类。经报丽水市编委办审批，共有36家事业单位确定为承担行政职能的事业单位，272家事业单位确定为公益一类事业单位，65家公益二类事业单位，3家为从事生产经营类事业单位，6家群团列入非事业单位，19家单位由于参公暂未列入分类。

【事业单位登记管理】 2011年，全面实行事业单位网上登记和年检，已登记事业单位246家光盘都已绑定，绑定率达到100%。运用事业单位登记管理手段，进一步依法规范对事业单位的监督管理。同时加强登记档案管理工作，确保登记档案资料的完整性和真实性，为登记年检、网上办公等工作提供了保障。在事业单位登记管理网上数据库的基础上，进一步拓展登记管理工作信息化建设的应用范围，开展网上查询、网上公示、网上监督等工作，为事业单位提供更加方便快捷的服务。

【机构编制实名制管理】 2012年6月，市委办、市府办出台《龙泉市机关事业单位机构编制实名制管理办法》，并组织召开全市动员大会，对机构编制实名制管理工作进行全面部署。龙泉市机构编制实名制管理工作于2012年7月1日正式实施。至2012年底，完成了机构编制实名制信息数据初始化采集工作，为浙江省机构编制实名制管理系统的应用创造了前提条件。严格出入编审批程序，人员增加和调动必须按规定先申报用编计划卡，经机构编制部门审批后，作为机关、事业单位申请进人的前置条件。

【中文域名注册管理】 中文域名就是互联网上的中文地名。注册使用“政务”和“公益”专用域名工作，使社会公众、党政机关和事业单位在互联网中的合法主权不受侵犯，是一项重要和紧迫的工作。2009年，根据中央编委办《关于进一步加强党政群机关和事业单位网上名称管理工作的通知》精神，龙泉市积极宣传国家登记管理政策和中文公益域名注册工作的重要性，并开展了党政机关和事业单位的中文域名注册工作。截至2012年底，龙泉市党政机关和事业单位中文域名注册登记264家，成功注册247家，居丽水市各县市前列。

（市编委办）

人事工作

【公务员队伍建设】 2008年，深入贯彻实施《中华人民共和国公务员法》，完成龙泉市城市经济调查队等11家参照公务员管理事业单位共41名工作人员的公务员登记工作。圆满完成了本年度全市国家公务员的招考录用工作，2008年新招录公务员65名。

2009年，继续认真贯彻实施《中华人民共和国公务员法》，完成全市公务员正常登记工作，公务员及参照公务员的正常登记人员共计107人。以推进干部人事制度改革为导向，努力推进公务员队伍管理制度建设。规范实施公务员的招录、调配、考核、奖惩等综合工作，全年新录用国家公务员55名。

2010年，公务员及参照公务员的正常登记人员共计93人，在完成公务员登记的基础上，做好全市机关、事业单位人员数据库完善工作，确保人员规范化管理。按计划组织实施公务员和事业单位工作人员的招考录用工作，全年招录公务员61名。根据省委组织部、省人事厅《关于机关工作人员受政纪党纪处分和行政刑事处罚工资处理有关问题的通知》（浙人发〔2008〕81号）精神，对受政纪党纪处分人员的工资进行了调整。

2011年，完成全市公务员正常登记13人，及参照公务员法管理事业单位工作人员39人的登记工作，按计划组织实施公务员和事业单位工作人员的招考录用工作，全年招录公务员89名。

2012年，围绕本市的中心工作和年初确定的目标任务，致力于规范人事管理、公开招考和人才引进。按计划组织实施公务员和事业单位工作人员的招考录用工作，全年招录公务员84名。

【军队转业干部安置】 5年来，认真完成军转干部接收安置工作。把军转干部安置工作作为义不容辞的政治任务，切实把他们妥善安置好，得到上级的好评和肯定。认真做好企业军转干部的解困和稳定工作，随时跟踪了解全市企业军转干部的思想和生活状况。按照浙人军〔2005〕77号文件要求，重新核实企业军转干部身份，建立企业军转干部数据库；全市25名退休企业军转干部生活补贴和门诊医疗补贴及春节慰问金全部发放到位。

劳动和就业

【劳动监察】 2008—2012年，劳动保障监察工作以构建和谐劳动关系为目标，以维护劳动者合法权益为宗旨，以清欠农民工工资、规范劳动力市场秩序、查处各类违反劳动法案件为突破口，积极做好企业劳动用工管理的帮扶指导；坚持围绕重点行业和区域，开展专项整治活动，进一步净化龙泉的劳动用工环境。2008年，是《中华人民共和国劳动合同法》《中华人民共和国劳动合同法实施条例》实施的第一年，同时开始执行《浙江省交通建设领域农民工工资支付管理暂行办法》，在规范用人单位用工、维护劳动者合法权益、塑造和谐和劳动关系、创造稳定的社会秩序方面，发挥了重要作用。2009年，深入开展民工清薪工作，推进“清欠”工作制度化。受国际金融危机影响，清薪工作形势异常严峻，牵涉民工数量、拖欠工资金额均为历年之最。市委市政府高度重视，集中资源，合力攻坚，对全市民工工资清薪工作进行了部署，明确工作目标，及时妥善解决了民工工资拖欠问题。2010年，继续以开展“四春”维权行动和各项专项检查为工作重点。组织机构得到加强，在8个乡镇（街道）、6个行业主管部门设立劳动保障监察中队，配备劳动保障监察人员（兼职），建立健全劳动保障监察网格化管理工作机制。2011年，市政府与19个乡镇（街道）及6个行业主管部门签订2011年度《龙泉市防范处置企业拖欠工资促进劳动关系和谐稳定工作目标责任书》，并将考核结果列入市政府对乡镇（街道）人民政府、行业主管部门年度工作目标和“平安龙泉”建设目标责任考核的重要内容。加强劳动保障监察“两网化”管理工作，并通过上级的评估验收。获省级“青少年维权岗”称号。2012年，市政府继续与19个乡镇（街道）及6个行业主管部门签订2012年度目标责任书。扎实开展各项专项执法检查，切实维护了广大劳动者的合法权益。为加强对劳资、职业介绍等引发突发事件处置的领导和综合协调指挥，成立了应急联动领导小组。政府欠薪应急周转金由100万元提高到250万元。

【劳动用工综合治理】 2008年，共检查用人单位173家，涉及劳动者12112人，督促企业签订劳动合同5676份；开展企业书面审查203家，涉及劳动者10339人；企业劳动合同签订率为87%。2009年，共检查用人单位223家，涉及劳动者15873人，企业补签劳动合同1670份；开展企业书面审查217家，涉及劳动者12633人；企业劳动合同签订率为90.3%。2010年，共检查用人单位232家，涉及劳动者13920人，企业补签劳动合同1253份；开展企业书面审查298家，涉及劳动者15278人；企业劳动合同签订率为92%。2011年，共检查用人单位289家，涉及劳动者22164人，企业补签劳动合同836份；开展企业书面审查1712家，涉及劳动者52030人；企业劳动合同签订率为94.6%。2012年，共检查用人单位529家，涉及劳动者17625人，企业补签劳动合同480份；开展企业书面审查1742家，涉及劳动者60283人；企业劳动合同签订率为98.1%。

【农民工权益保障专项检查】 2008年，共受理各类投诉案件56件，立案18件，调解解决问题38件，为劳动者追付拖欠工资397.26余万元，涉及民工815人；通过专项检查责令支付补发工资47.99万元，总共涉及金额445.25万元，涉及民工1025人。2009年，共受理各类投诉案件37件，立案23件，调解解决问题14件，为劳动者追付拖欠工资83.99余万元，涉及民工387人；通过专项检查责令支付补发工资1571.88万元，总共涉及金额1655.87万元，涉及民工2170人。2010年，共受理各类投诉案件38件，立案26件，调解解决问题12件，为劳动者追付拖欠工资238.63余万元，涉及民工730人；通过专项检查责令支付补发工资203.3万元，总共涉及金额441.93万元，涉及民工1310人。2011年，共受理各类投诉案件40件，立案31件，调解解决问题9件，为劳动者追付拖欠工资401.94余万元，涉及民工717人；通过专项检查责令支付补发工资2100万元，总共涉及金额2501.94万元，涉及民工2316人。2012年，共受理各类投诉案件53件，立案28件，调解解决问题25件，为劳动者追付拖欠工资154.69余万元，涉及民工421人；通过专项检查责令支付补发工资2048.95万元，总共涉及金额达到2203.64万元，涉及民工2250人。

2008—2012年，为构建龙泉市和谐劳动关系，切实维护劳动者合法权益，营造和谐稳定的经济社会发展环境，开展了“四春”专项行动（以督查农民工工资支付情况为主的“春雨”行动、清理整顿人力资源市场秩序的“春雷”行动、督促小微企业劳动合同签订的“春暖”行动、监察用人单位遵守劳动用工和社会保险法律法规情况的“春苗”行动），全市劳务派遣情况摸底检查，用人单位遵守劳动用工和社会保险法律法规专项检查，劳动密集型行业及建设施工企业劳动用工专项检查等各项维权活动。根据省政府在解决农民工工资问题的措施上要建立长效机制的要求，《龙泉市建设领域农民工工资保障金暂行管理办法》《浙江省交通建设领域农民工工资支付管理暂行办法》文件精神，至2012年12月底，共收取建设、水利、交通保障金3133万元。政府欠薪应急周转金由原来的40万元提高到250万元。建设领域用工单位诚信保障机制得到完善，用工单位自身规范性管理加强，全市建设领域实施了考勤卡制度。

【劳动争议仲裁】 2008年，坚持“阳光仲裁、和谐仲裁、精品仲裁”，开通便民绿色通道，努力缓和化解争议。年内共立案受理劳动争议案件30件，其中：工伤赔偿案件26件、工资争议案件2件、经济补偿金及加班工资争议案件2件；涉及职工人数33人，诉争的经济标的达到120.1万元。共审理结案28件，结案率93.3%。办结案件中调解结案19件，调解后撤诉1件，裁决8件，调解率71.4%，为劳动者挽回经济损失86.6万元。

2009年，坚持在办好案件的基础上，主动服务企业，促进经济建设，强化“以调促和”，努力实现案件当事人共赢、劳动者与企业利益双保护的良好局面。年内立案受理劳动争议案件24件，其中：工伤赔偿案件22件、工资争议案件1件、经济补偿金及加班工资争议案件1件；涉及职工人数27人，诉争的经济标的达到98.7万元。上年度遗留案件2件。共审理结案23件，结案率95.8%。办结案件中调解结案20件，调解后撤诉2件，裁决2件，调解率86.9%，为劳动者挽回经济损失75.3万元。

2010年，进一步规范简化办案程序，注重基层调解，提高劳动争议处理能力，积极疏导和化解社会矛盾。年内共立案受理劳动争议案件73件，其中：工伤赔偿案件28件、工资争议案件41件、经济补偿金及加班工资争议案件4件；涉及职工人数224人，诉争的经济标的达到212.92万元。共审理结案71件，结案率97.3%。办结案件中调解结案64件，裁决3件，调解后撤诉4件，调解率87.7%，为劳动者挽回经济损失165.42万元。

2011年，坚持硬件投入与队伍建设并重，规范运作与理念创新并重，机制创新与服务并重，切实提高办案效率，努力促进劳动关系和谐稳定。年内共立案受理劳动争议案件58件，其中：工伤赔偿案件51件、工资争议案件4件、经济补偿金及加班工资争议案件3件；涉及职工人数168人，诉争的经济标的达到265万元。上年度遗留案件2件。共审理结案57件，结案率98.28%。办结案件中调解结案55件，调解后撤诉1件，裁决1件，调解率98.25%，为劳动者挽回经济损失174万元。

2012年，以加强仲裁实体化建设和基层调解组织建设为抓手，以不断提升劳动争议处理能力为核心，进一步提高案件结案率、调解率，全力提升龙泉市的劳动关系和谐指数，年内共立案受理劳动争议案件44件，其中：工伤赔偿案件32件、工资争议案件4件、经济补偿金及加班工资争议案件8件；涉及职工人数103人，诉争的经济标的达到789.5万元。上年度遗留案件2件。共审理结案42件，结案率95.65%。办结案件中调解结案40件，调解后撤诉1件，裁决3件，调解率93.18%，为劳动者挽回经济损失186.36万元。

【就业再就业工作】 2008年，认真宣传贯彻《中华人民共和国就业促进法》，深入贯彻《龙泉市人民政府关于进一步做好就业再就业工作的实施意见》，运用社会保险补贴等政策杠杆，鼓励用人单位积极吸纳下岗失业人员。充分发挥市场的引导作用，鼓励和帮助失业人员自主创业和自谋职业，促进多种形式就业。进一步完善面向就业困难人员、零就业家庭、农村低保户的就业援助制度。全年新增城镇就业岗位1833个，下岗失业人员实现再就业652人，其中困难人员再就业168人，组织城乡劳动力职业技能（创业）培训5173人，其中劳动力转移就业技能培训4137人，城镇登记失业率控制在3.92%。共投入90余万元，完成龙泉市劳动力市场信息系统及硬件环境建设，实现岗位发布、职业介绍、失业保险等信息化管理服务。

2009年，以“服务企业用工”，重点帮助返乡农民工、高校毕业生及就业困难人员等困难群体就业再就业为工作主线。全年新增城镇就业岗位1842个，下岗失业人员实现再就业606人，组织城乡劳动力职业技能（创业）培训4675人，城镇登记失业率控制在3.96%。全年累计举行各类人力资源交流会14场，促成企业用工和劳动力就业2200余人。于9月创建大学生就业创业咨询服务中心，于每月1日、11日、21日晚上组织开展大学生创业政策咨询指导、招考信息发布、就业信息对接等活动。发布《关于落实帮扶措施减轻企业负担稳定就业局势的实施意见》（龙人劳社〔2009〕39号），对14家符合条件的困难企业给予社会保险补贴和岗位补贴94.73万元。为应对金融危机影响，举办了清华大学教授企业管理提升培训，企业高管及有关部门负责人赴浙江大学参加短期培训等培训班。

2010年，以积极推进城乡统筹就业，切实缓解部分企业用工难问题为工作主线。全年城镇新增就业岗位1715个，下岗失业人员实现再就业719人，组织组织城乡劳动力职业技能（创业）培训3675人，城镇登记失业率控制在3.89%。全年累计举行各类人力资源交流会14场，促成企业用工和劳动力就业3500余人。起草发布《龙泉市人民政府关于做好就业工作促进社会和谐的实施意见》（龙政发〔2010〕101号），并转发《丽水市人民政府关于加强普通高校毕业生就业工作的实施意见》。实现与丽水市本级劳动力市场信息系统互联互通。于6—8月开展了农村劳动力资源专项调查统计工作，建立龙泉市农村劳动力数据库。于12月制定出台《关于加强农村社区劳动保障和社会救助站建设的通知》（龙政办发〔2010〕180号）和《关于做好充分就业村（社区）创建考核工作的通知》（龙人劳社〔2010〕99号），开展充分就业村和基层劳动保障和社会救助站工作。

2011年，以服务企业用工、促进人才回流、加强大学生就业创业服务为工作主线。全年新增城镇就业岗位1856个，下岗失业人员实现再就业717人，其中困难人员再就业237人，组织城乡劳动力职业技能（创业）培训4088人。全年累计举行各类人力资源交流会17场，促成企业用工和劳动力就业4200余人。于2月份召开外出就业创业技能人才代表新春座谈会，引导百余名外出技能人才回乡就业创业。举行大学生就业创业咨询服务中心活动36期，安排118名大学生见习，促进大学生就业350余人。于1月开通龙泉市网上人力资源市场网站，加强岗位和求职信息收集、发布和对接，实现“网上招聘和求职”。组织开展外出就业技能人才资源专项调查统计工作，并建立起全市技能人才资源库。

大学生就业创业咨询服务

2008—2012年全市职工平均工资(不含私营)情况统计表

表12 单位:元

分组	2008年	2009年	2010年	2011年	2012年
企业	27595	29880	34620	32772	37366
事业	33513	36923	41266	45833	47948
机关	38798	40206	47574	58953	58331

2012年,以夯实求职招工三大平台、技能提升三大培训、落实帮扶企业三大补贴为主线,积极推进就业再就业工作。全年新增城镇就业岗位2465个,下岗失业人员实现再就业1054人,其中困难人员再就业290人,组织城乡劳动力职业技能(创业)培训3703人。2012年,累计举行各类人力资源交流会18场,促成企业用工和劳动力就业5300余人。举行大学生就业创业咨询服务中心活动36期,安排128名大学生见习,促进大学生就业330余人,并发布《丽水市人民政府关于加强普通高校毕业生就业工作的实施意见》。实现120家规模以上企业每月用工监测。出台《关于落实对困难中小企业实施社会保险"三补贴"政策的通知》(龙人社〔2012〕100号),减轻困难企业经营负担175.95万元,确保企业就业岗位的稳定和扩大。建立和完善全市479个劳动保障和社会救助站,实现基层就业服务平台全覆盖。

【职工队伍】 2012年末,全市城镇单位在岗职工(不含私营)20082人,比2007年增加4560人,上升29.38%。其中,国有经济单位职工11175人,增加114人,上升1.03%;城镇集体经济单位职工841人,减少172人,下降17.39%;其他所有制单位职工8066人,增加513人,上升6.8%;按企事业、机关分组,机关单位3215人,占16.01%;事业单位6438人,占32.06%,企业单位10321人,占51.39%;其他108人,占0.54%。

【职工工资】 2012年,全市职工平均工资(不含私营)44346元,较2008年增加12507元,增长39.28%。其中:企业单位职工(不含私营)、事业单位职工、机关单位职工年平均工资分别为37366元、47948元、58331元,分别比2008年增长35.41%、43.07%、50.35%。

人才交流与技能培训

【人才引进工作】 2008年以来,进一步加强人才市场软、硬件基础设施建设,充分发挥市场在人才资源配置中的基础性作用,由每年举办2场交流会增加到每月1场,其中大型人才交流会2场,分别为新春专场和8月份大学生专场。为实施"人才强市"战略和创建良好的人才环境,积极联合各企事业单位引进高层次毕业生。至2012年底,以大中专毕业生和事业单位录用人员为主体的人事代理总量达6000余人。2008年,以人力资源市场为桥梁,搭建人才交流大舞台。全年举办人才交流会12场。全年为企事业单位引进教育、卫生、生物制药等紧缺人才45名。2009年,以人才政策为依托,创造人才引进新氛围。龙泉市先后出台《龙泉市事业单位人才引进暂行办法》和《龙泉市关于鼓励企业单位人才和智力引进暂行办法》,全年举办人才交流会12场,协助企事业单位引进中文、数学、英语等本科专业人才36人。2010年,以服务中心为平台,创新人才引进新举措。通过大学生就业创业服务中心平台,相继推出大学生见习岗位49个,为龙泉市人才引进和大学生就业搭建零距离交流平台。全年举办人才交流会12场,协助用人单位引进数控、电子电工、社会等各类本科人才39人。2011年,抓好紧缺人才引进工作,组织企事业单位参加"丽水—武汉大型综合人才交流洽谈会"等省内外大型招聘引才活动。全年举办人才交流会12场,为企事业单位引进教育、林业、土木工程等急需紧缺人才56名。2012年,积极创造引进人才新办法。全年举办人才交流会12场,组织林业、教委等系统单位赴金华、温州、宁波、武汉等地引进一批高层次毕业生,其中培养引进研究生15名,外地大学本科生80余名。

【职称评审工作】 2008年,评定初级专业技术职务资格877人,推荐申报中级专业技术职务资格361人,推荐申报高级专业技术职务资格56人。组织630名专业技术人员分别参加经济、护理、建造师和执业药师等职称系列考试报名。以提升公务员队伍素质为核心,对415名基层公务员进行"社会主义新农村建设"相关知识培训;对全市1108名公务员进行普通话培训考核,颁发等级证书;开展高级专业技术资格证书换证工作,规范专业技术人才队伍管理;开展人才现状调查,建立"龙泉市人才数据库"。

2009年,开展农业、林业、工程、档案、教育、非公有制单位等职称评定。全年共评定初级专业技术职务资格246人,推荐申报中级专业技术职务资格259人,推荐申报高级专业技术职务资格120人。组织780名专业技术人员分别参加经济、护理、建造师和执业药师等职称系列考试报名。企业招才引智工作有了突破。企业人才和智力引进 12 人，其中 6 人享受了政府津贴和住房补贴。全市 1225 名公务员进行公共危机管理、组织行为学和法治浙江与和谐社会建设等知识培训；首次开展非公企业专业技术人员继续教育培训，全年培训各类专业技术人员 1741 人。

2010 年，组织农业、林业、工程、教育、工艺美术、非公有制单位等系列专业技术人员职称评定，全年共评定初级专业技术职务资格 281 人，推荐申报中级专业技术职务资格 221 人，推荐申报高级专业技术职务资格 70 人。组织 700 余名专业技术人员分别参加经济、护理、建造师和执业药师等职称系列考试报名。规范专业技术职务聘任。根据《浙江省部分行业事业单位专业技术岗位结构比例控制标准（试行）》的规定，对龙泉市事业单位高、中、初专业技术职务结构比例进行控制，逐步到位。企业招才引智工作进一步深入。深入实施《龙泉市鼓励企业单位人才和智力引进暂行办法》，帮助引导企业人才和智力引进 10 人，发放政府津贴和住房补贴 40800 元。以人才队伍建设为核心，开展全市专业技术人员队伍新知识、新技能培训，共培训专业技术人员 1055 人。

2011 年，评定初级专业技术职务资格 332 人，推荐申报中级专业技术职务资格 260 人，推荐申报高级专业技术职务资格 66 人。积极探索初中级工艺美术系列职称评定量化考核办法，采取理论培训、现场操作、作品评价、初级评审会评审相结合，进一步规范化工艺美术系列职称评定。组织 562 名专业技术人员参加经济、护理、建造师和执业药师等职称系列考试报名。选拔推荐省突出中青年专家 3 人，选拔推荐省 151 人才工程培养人员 8 人，选拔推荐丽水市拔尖人才 10 人。申报浙江省技能大师工作 2 家，申报浙江省企业创新团队 1 家。企业人才和智力引进 19 人，发放政府津贴和住房补贴 70800 元。对全市前三十强企业、最佳成长型企业、高新技术企业等 40 家企业及卫生、教育、科研等事业单位高层次人才和急需紧缺人才进行摸底调查，了解和掌握了龙泉市高层次人才、急需紧缺人才的需求状况。

2012 年，申报高级职称 59 人，中级职称 224 人，评定初级职称 329人。一、二级建造师和执业药师等职称系列考试报名 380 人。申报完成丽水市级技能大师工作室 4 个，申报丽水市首席技师 3 人，浙江新劲空调设备有限公司国外智力引进项目 1 个，申报丽水 138 人才 8 人。开展人才工作“大调研”，通过大调研活动，一是建立了龙泉市专业技术人才、高技能人才、高层次人才信息库；二是开展重点用人单位和人才走访，进行人才政策梳理评估；三是完成人才工作调研课题；四是制定专业技术人才、高技能人才发展规划；五是编制紧缺急需人才目录，起草相关人才政策。以提高新录用人员履职能力为目的，对全市 260 名新录用公务员和事业单位新录用人员进行了初任培训；对全市机关、企事业单位具有高级专业技术资格或硕士以上学位人员进行摸底调查，建立了机关、事业单位高职称高层次人员人才库；首次举办龙泉青瓷高技能人才研修班，就龙泉青瓷文化传承、鉴赏技巧、制作技术等方面开展学习交流，全市 52 名青瓷从业人员参加了为期一周的培训；组织 249 名专业技术人员参加计算机应用能力考试。

【职业技能培训和鉴定】 2008—2012 年，组织开展了职业学校学生、下岗失业人员和农村富余劳动力职业技能鉴定共计 8060 人次（其中学生 2924 人，社会人员 5136 人）。鉴定工种涉及：餐厅服务员、客房服务员、前厅服务员、计算机维修工、计算机文字录入处理员、维修电工、车工、数控车工、钳工、电焊工、美容师、美发师、

2008—2012 年全市职业技能培训鉴定综合情况统计表

表13

年份	实际培训人数	鉴定考核人数				获取证书人数			
		小计	初级	中级	高级	小计	初级	中级	高级
2008	1994	1994	1545	447	2	1644	1257	385	2
2009	1577	1577	1240	337		1290	1028	262	
2010	905	905	638	267		773	535	238	
2011	1770	1770	1243	527		1644	1173	471	
2012	1814	1814	1279	535		1612	1119	493	
合计	8060	8060	5945	2113	2	6963	5112	1849	2

保安员、中式烹调师、营销师、其他裁剪缝纫人员等21个工种（包括电动缝纫工，办公室文员、青瓷拉坯工、青瓷刻花工、AutoCAD机械制图员等专项职业能力证书）。其中，初级5945人、中级 2113人、高级2人，共核发证书6963本（初级5112本、中级1849本、高级2本）。2011—2012年，为做好农村富余劳动力转移培训鉴定工作，结合本市地方经济发展特色，以提升技能、服务和促进就业为目的，选择部分就业需求量大、操作技能简单易学的职业组织专项职业能力考核，对考核合格人员颁发专项职业能力证书，有效地提高了农民的就业能力。为加快技能人才培养，规范技能人才考核和评价工作，进一步拓宽技能人才的成长通道，更好地体现技能人才考核工作中的公平、公正和公开的原则，从2012年起中职校学生参加丽水市中等职业学校学生国家职业资格统一鉴定、统一测试。为进一步加强职业技能鉴定考评人员队伍建设，提高职业技能鉴定质量，组织18人参加全省举办的考评人员培训班，2人参加职业技能鉴定质量督导员培训班。

社会保障

【基本养老保险】 2008—2012年，继续完善包括基本养老保险在内的社会保障体系，按照“广覆盖、保基本、多层次、可持续”的方针，推进企业、机关、事业单位基本养老保险制度改革，探索城乡居民养老保障制度，不断扩大保障覆盖面，逐步提高保障水平，确保全体人民老有所养，努力促进社会和谐。以确保基本养老金按时足额发放为目标，积极推进养老保险扩面工作，全市企业基本养老保险在册参保人数由2008年初的21203人上升到2012年底的37709人，5年来新增参保16506人；以职工工资总额为缴费基数和“五费合征”的社会保险费征管办法，加大稽核力度，确保社会保险费足额征收；加强内部控制建设，规范经办管理，通过身份认证等手段探索建立养老金防冒领机制，保障基金安全；积极沟通协调，2007年经过多方努力，争取到第二轮共三年每年1200万元的省调剂金，2010年又争取到第三轮共二年每年2000万元的养老保险省级调剂金，缓解了基金支付压力。通过多措并举，基本养老保险基金累计结余由2008年初的3927万元增加到2012年底的19805万元，支付能力由6.96个月提高到12.19个月，月人均养老金由1222元增加到1759元。2012年底，机关事业单位养老保险参保人数达2102人，基金累计结余346万元，支付能力达到2.76个月。

2010年，根据《浙江省人民政府关于建立城乡居民社会养老保险制度的实施意见》（浙政发〔2009〕62号）、《丽水市城乡居民社会养老保险实施办法》（丽政发〔2009〕89号）、《龙泉市城乡居民社会养老保险实施细则（试行）》（龙政发〔2010〕44号），从2010年1月1日起，将龙泉市的城乡居民纳入城乡居民社会养老保险，至2012年12月底，龙泉市城乡居民社会养老保险参保人数达109678人，其中享受待遇36659人。为避免参保人员因办理转续关系而在两地往返奔波，以及跨省就业养老保险关系接续难的问题，国务院出台了《城镇企业职工基本养老保险关系转移接续暂行办法》，此暂行办法从2010年1月1日起施行。暂行办法包括农民工在内的参加城镇企业职工基本养老保险的所有人员，其基本养老保险关系可在跨省就业时随同转移；在转移个人账户储存额的同时，还转移部分单位缴费；参保人员在各地的缴费年限合并计算，个人账户储存额累计计算，对农民工一视同仁。此政策的出台，解决了历来牵绊劳动者自由流动的社保关系接续的难题。截至2012年底，共办理跨省转移65人次。

2011年，为认真贯彻落实人力资源和社会保障部、财政部《关于解决未参保集体企业退休人员基本养老保障等遗留问题的意见》（人社部发〔2010〕107号）和《关于解决未参保集体企业退休人员及其他相关人员基本养老保障等遗留问题的实施意见》（浙人社发〔2011〕221号）精神，结合龙泉实际情况，对具有龙泉市城镇户籍（非农户籍）、退伍军人、下乡知青、部分离开单位职工等人员进行了养老保险一次性补缴工作，截至2012年底，共办理补缴2738人次。同时，城乡居民养老保险根据浙江省人力资源和社会保障厅、浙江省财政厅《关于调整城乡居民社会养老保险部分参保人员待遇政策的通知》（浙人社发〔2011〕222号）文件，对曾经从事乡村医生、民办教师、代课教师、农村电影放映员、原下乡知青等几类人员的待遇进行了调整，截至2012年底，共办理待遇调整2559人。

【医疗保险】 积极稳妥地推进基本医疗保险改革，进一步完善配套政策，扩大城镇职工基本医疗保险覆盖范围。2010年11月10日，丽水市出台《丽水市城镇职工基本医疗保险市级统筹实施意见》（丽政发〔2010〕60号），自2011年1月1日起，龙泉市和丽水市其他县市统一了职工医保主要政策，通过调整起付线、提高住院报销比例、普通门诊进入统筹报销、提高统筹基金年度最高支付限额等手段逐步提高医疗保障水平；确立政府补助机制，强化政府责任；设立市级风险调剂金，增强基金保障能力；规范业务流程和定点管理，提升服务能力。医保覆盖面不断扩大，城镇职工基本医疗保险参保人数由2008年初的22508人提高到2012年末的30074人，同时在丽水市统一指导下强化了医保基金管理，加强定点医疗机构监管，不断改进医保网络系统建设，加大对医保违规行为的查处，确保基金平稳运行。2012年底，实现了全省医保一卡通，参保人员可以持卡在浙江省内定点医疗机构直接刷卡。

【失业保险】 2008年初，失业保险参保人数为15850人，逐步扩大失业保险覆盖面，2012年底参保人数达20250人。失业保险基金征缴收入由2008年度的280.7万元增加到2012年度的897.8万元；失业保险基金累计结余由2008年度的438.1万元增加到2012年度的1713.6万元。2008—2012年，累计发放失业保险金650.8万元，支出医疗补助金41.67万元，同时，为150余名失业农民工发放一次性生活补助金20.7万元。

【工伤、生育保险】 积极扩大工伤保险覆盖面，将各类企业、事业单位、民间非营利组织等逐步纳入，并根据用人单位的行业风险类别确定相应的工伤保险费率。坚持工伤保险全员参保原则，建立与地税、安监、建设、水利等部门的联动机制，推进相关企业参保，强化保险费的征缴力度，维护职工合法权益，化解企业风险。促进工伤预防，规范工伤认定，完善工伤、生育保险相关业务流程，逐步建立起统一协调规范管理体系。至2012年12月，全市工伤保险参保人数26880人，生育保险参保人数6750人。

【被征地农民基本生活保障】 总结经验，因地制宜出台政策，扎实推进被征地农民基本生活保障工作，促使全市被征地农民做到应保尽保。截至2012年底，全市共有37个行政村参加了被征地农民基本生活保障，参保总数达到5753人，其中享受被征地生活保障待遇3633人。（市人力社保局）

法　治

市委政法委工作

【概况】 2008—2012年，龙泉市委政法委紧紧围绕市委、市政府的中心工作，以维护社会稳定为首要任务，创新工作理念、精心设计载体，狠抓措施落实，不断深化平安龙泉建设和社会治安（管理）综合治理工作，各项工作取得了显著成效。龙泉市连续五年被省委、省政府命名为"平安市"，2009—2012年连续四年获丽水市综治工作先进市称号。

【重点时段维稳】 5年来，针对做好重点时段、敏感时期的维稳工作，市委政法委强化矛盾纠纷排查调处、重点人员稳控、涉稳事件处置、治安隐患专项整治、社会面管控和重点问题督查督办等，有效地维护了社会的和谐稳定。2008年，开展领导干部大接访、矛盾纠纷大排查、安全生产和社会治安大整治等活动，实现了奥运会和残奥会期间群众进京上访"零登记"，龙泉市被评为全省涉奥信访维稳工作先进市；2009年，圆满完成国庆60周年安保维稳工作，荣获国庆60周年期间平安建设工作优秀市；2010年，精心部署，全力以赴，积极做好上海世博会、校园、亚运会（残运会）和第五届中国龙泉青瓷·龙泉宝剑节安保维稳工作，龙泉市荣获上海世博会"环沪护城河"安保工作先进集体；2011年，完成建党90周年维稳工作；2012年，开展"两排查一促进"专项活动，全力做好中共十八大期间维稳工作，确保十八大期间龙泉市未发生影响恶劣、后果严重的重特大事件，龙泉市荣获十八大维稳工作先进市。

【矛盾纠纷预防化解】 2009年、2011年和2012年，市委市政府先后制定印发《龙泉市重大事项社会稳定风险评估办法（试行）》《龙泉市重大事项社会稳定风险评估实施办法》《龙泉市重大决策社会稳定风险评估实施细则》等文件，规定直接关系人民群众切身利益且牵涉面广、容易引发社会稳定问题的重大决策事项，在实施前要进行合法性、合理性、可行性、可控性为主要内容的社会稳定风险评估，从源头上预防和化解社会矛盾。2011年11月1日，市委、市政府下发《关于构建"大调解"体系促进社会和谐稳定的实施意见》，成立市矛盾纠纷"大调解"工作领导小组，领导小组下设办公室在市委政法委，建立人民调解指导中心（司法局牵头）、行政调解指导中心（法制办牵头）、司法调解指导中心（法院、检察院牵头负责）、仲裁调解中心（人劳社保局牵头负责）"四中心"，明确各"调解中心"的责任单位和相关的工作职责，有效整合人民调解、行政调解、司法调解、仲裁调解在化解矛盾纠纷中的积极作用，实现调解组织全覆盖，调解工作无缝对接。深入推进司法救助工作，2008—2012年共办理司法救助案件83件，发放救助资金69.51万元，有效促进了各类涉法涉诉信访案件的息诉罢访。2011年，在全市政法机关中全力开展涉法涉诉信访积案化解工作，提前完成省委政法委交办的12件涉法涉诉信访积案化解任务，被省委政法委评为全省涉法涉诉信访积案化解工作先进集体。

【社会管理创新】 2011年8月16日，中共龙泉市第十二届委员会第十一次全体会议通过了《关于加强和创新社会管理的若干意见》。2011年底，市委市政府部署开展乡镇（街道）"五强五网"建设，并确定八都镇、安仁镇、小梅镇、查田镇、龙南乡、兰巨乡、宝溪乡"四镇三乡"进行试点。2011年11月1日、2012年1月30日和2012年5月23日，市委市政府分别在安仁镇、宝溪乡、八都镇召开现场推进会，强势推进"五强五网"建设。市委政法委充分发挥牵头作用，积极主动协调各乡镇（街道）、部门在方案的出台、场地的落实、制度的建立、人员的配置、资金的落实、装备的配置、人员

加强和创新社会管理推进会

的培训等方面工作，2012 年 5 月，省委原书记赵洪祝等省、丽水市主要领导作出批示，充分肯定“五强五网”建设，2012 年 6 月，各乡镇(街道)“五强五网” 建设基本完成。2012 年 9 月 17—18 日，丽水市在龙泉召开社会管理创新现场会，龙泉市作典型经验发言。2012 年 4 月，市社会治安综合治理委员会更名为市社会管理综合治理委员会，成员单位调整充实为 52 个，设立了社会治安专项组等 10 个专项工作组。

【平安龙泉创建】 2008 年以来，市委政法委充分发挥牵头优势，按照“ 谁主管谁负责”“谁经营谁负责”的原则，进一步明确各部门平安创建职责，分解落实创建任务，形成“纵向到底、横向到边”责任体系；组织各乡镇(街道) 和有关部门深入开展平安乡镇(街道)、平安村(社区)、平安单位、平安企业以及平安校园、平安家庭、平安医院、平安边界等系列平安创建活动，着力推进各行业、系统、领域平安创建全覆盖；加强乡镇(街道)综治委(办)建设，整合基层维稳资源，提升基层维护稳定工作的能力。加大平安创建宣传活动，2012 年专门印制 10 万份平安宣传单发放入户，有效提高广大群众平安创建活动的知晓率、参与度。2012 年龙泉市平安建设考核位列全省各县(市、区)第 6 名。

【基层基础规范化建设】 2008 年 7 月 2 日，龙泉市综治办转发了省社会治安综合治理委员会《关于印发综治基层基础规范化建设标准的通知》文件，在全市范围推进综治基层基础规范化建设，全市 19 个乡镇(街道)综治工作中心、38 个较大村、11 个社区和 2 家规模企业综治工作站达到规范化标准，基层政法综治组织进一步得到加强，乡镇(街道)综治办以及行政村、社区、企业等综治组织人员得到调整充实。2010 年 8 月 24 日，市综治委和市委组织部联合发文，乡镇(街道)综治办主任开始由党(工)委副书记担任；2010 年 12 月 15 日，市综治委、市纪委、市委组织部、市监察局、市人事劳动社会保障局等五部委局联合下发了《关于进一步落实社会治安综合治理领导责任制的意见》，对党政领导干部履行综治工作情况实行考评登记；2010 年， 开展“12345 示范工程”创建活动，剑池街道，八都镇、龙南乡，上垟镇、小梅镇、道太乡 6 个综治工作中心分别被评为省级、丽水市级和龙泉本级创建示范点，浙江佳和有限公司等 4 个企业、贤良社区等 5 个村居综治工作站被评为丽水市级创建示范点。2012 年 6 月，乡镇(街道)综治工作中心全部更名为社会服务管理中心。2012 年 6 月 6日，市综治委下发《关于深入推进“网格化管理、组团式服务”工作的实施意见》，全面推进该项工作，全市划分网格 1358 个，组建服务团队 1377 支，服务团队人员达 7000 多人。2012 年 11 月底，全市 80%以上的行政村(社区)开通了基层社会管理综合信息系统，基层信息报送渠道更加畅通。

【防范和处置邪教工作】 2008 年，圆满完成北京奥运会安保任务，获得全省“反邪保奥攻坚战先进集体”；2009 年，全面开展“法轮功”邪教人员解脱工作；2010 年全面开展“反邪保世博、筑好护城河”专项行动，圆满完成上海世博会安保任务，被评为全省和丽水市防范处理邪教工作先进集体；2012 年，全面完成省委防范和处理邪教问题领导小组办公室关于教育转化攻坚和巩固整体仗“三年任务两年完成” 的目标任务；2012 年深入开展无邪教创建活动，住龙镇、上垟镇、岩樟乡、道太乡、城北乡被评为丽水市无邪教乡镇，全市 11 个社区创建达标率 100%，417 个行政村达到创建标准，达标率 93.9%。

【政法队伍建设】 2008 年 4 月，根据深化拓展“树新形象、创新业绩”主题实践活动和开展“千名干部下基层送服务”专项活动的部署要求，市委政法委实行了政法部门班子领导联系乡镇(街道)制度和优秀干部兼任乡镇(街道)平安综治指导员制度，抽调政法干警深入各乡镇(街道)开展百名政法干部矛盾大调解活动。2008—2012 年，根据上级的部署要求，每年度分别组织开展十七大精神主题教育活动、深入开展学习实践科学发展观和“大学习、大讨论”活动、“发扬传统、坚定信念、执法为民”主题实践活动、“忠诚、为民、公正、廉洁”为主要内容的政法干警核心价值观教育实践活动，进一步坚定了广大政法干警做中国特色社会主义事业建设者、捍卫者的自觉性，端正了广大政法干警的执法理念。根据中央政法委统一部署，2010—2012年，组织政法部门开展“百万案件评查”工作，共评查案件123起，有效提升了政法机关执法办案的能力和水平。2012年，市委政法委增设政法委副书记兼任维稳办主任和维稳办副主任各一名，增加政法委行政编制5名，增设社会服务管理中心，矛盾纠纷“大调解”办公室和执法监督室，内设机构进一步完善。（市委政法委）

公安工作

【概况】 2008—2012年，龙泉市公安局牢牢把握经济社会发展“稳中求进、转中求好”总基调，坚持以科学发展观为统领，不断创新科学发展理念，扎实开展各项公安工作，切实履行公安职能，在巩固党的执政地位、维护社会长治久安、保障人民安居乐业、服务社会经济发展等方面作出了应有的贡献。5年来，全市发生各类刑事案件3374起，破案2009起，破案率59.5%；受理经济犯罪案件137起，办结77起，办结率56.2%，挽回经济损失8360余万元；受理治安案件7303起，查处5835起，查处率79.9%；发生交通事故250起，死亡87人，伤299人，直接经济损失45万余元；发生火灾36起，受灾67户，受灾人数101人，直接经济损失126.7万元；发生森林案件408起，查处388起，查处率95%。

【打击刑事犯罪】 5年来，始终贯彻严打方针，牢固树立打击、管理是公安机关主业的理念，按照“命案必破、黑恶必除、两抢必打、逃犯必抓”的要求，深入研究犯罪活动的规律特点和发展变化的新动向，不断调整改进防范和打击工作，加大打击力度，相继组织开展了一系列专项斗争和专项行动，有力地打击了各类刑事犯罪活动。2008年，发生刑事案件700起，破案388起，破案率55.4%。开展打击“两抢”犯罪、整治盗抢犯罪和“大追逃、大排查”等专项行动。破获“系列盗窃挖掘机配件案”、“5•15”故意杀人案、“9•10”故意杀人案和“10•15”故意杀人案等一批重特大恶性案件。2009年，发生刑事案件699起，破案403起，破案率57.7%。开展“打黑除恶”、“利剑1号”破案追逃竞赛、“保国庆、抓逃犯”、和打击整治“两抢”犯罪等专项行动。破获“5•13”故意杀人案、“9•5”故意杀人案等一批重特大恶性案件。2010年，发生刑事案件679起，破案403起，破案率59.4%。开展打击整治盗窃“两车”犯罪、“2010严打整治行动”和“挤压犯罪”等专项行动。破获“1•4”故意杀人案、“3•29”故意杀人案、“4•5”故意杀人案、1995年“1•28”故意伤害致死案和1996年“7•29”故意杀人案等一批重特大恶性案件。2011年，发生刑事案件671起，破案400起，破案率59.6%。开展“清网行动”等专项行动。破获“3•17”故意杀人案、“4•10”故意杀人案、“5•7”故意杀人案、“6•3”故意杀人案和2008年“9•18”故意杀人案等一批重特大恶性案件。2012年，发生刑事案件625起，破案415起，破案率66.4%。开展打击侵财犯罪等专项行动。破获“4•5”故意杀人案和省厅督办的江西宜春籍系列入户撬盗保险箱案等一批重特大恶性案件。

【打击经济犯罪】 全市公安机关经侦部门全力维护龙泉经济领域的稳定，针对国际金融危机的冲击和影响，重点加大对非法集资、非法吸收公众存款、信用卡（网络）诈骗等涉众型经济犯罪的打击力度，成功侦破一批经济犯罪案件。2008年，受理经济案件9起，立案6起，经侦查，破案5起，抓获犯罪嫌疑人13名，挽回经济损失200多万元。成功破获被公安部烟草专卖局列为部督的姜锋、王海文等人非法经营案，该案被浙江省工商行政管理局、消费者权益保护委员会评为2008年浙江省十大消费维权案例之一。2009年，受理经济案件12起，立案8起，经侦查，破案4起，立案后撤销立案2起，抓获犯罪嫌疑人9名，挽回经济损失180多万元。成功破获涉嫌金额6000余万元的刘永良、刘根华非法吸收公众存款案。2010年，受理经济案件30起，立案26起，经侦查，破案11起，立案后撤销立案11起，抓获犯罪嫌疑人15名，挽回经济损失6000多万元。成功破获潘亚宁等人集资诈骗案，吴正树等人非法吸收公众存款等一批涉众型案件。2011年，受理经济案件18起，立案17起，经侦查，破案12起，立案后撤销立案2起，抓获犯罪嫌疑人20名，挽回经济损失1000多万元。在“积案攻坚”专项活动中，清理积案率100%。丽水市公安局在龙泉召开“积案攻坚”专项活动现场会。在打击侵犯知识产权和制售假冒伪劣商品犯罪“亮剑”专项活动中，派员赴山东东营为龙泉市企业打假，捣毁制假窝点，缴获假冒汽配产品10多万元。2012年，受理经济案件68起，立案63起，经侦查，破案45起，立案后撤销立案6起，抓获犯罪嫌疑人42名，挽回经济损失1000多万元。积极推进“破案会战”专项行动，严厉依法打击信用卡诈骗犯罪。在帮扶企业合力兴工上，依法处置5起涉企案件，全力做好涉众型案件维稳工作。

【禁毒缉毒工作】 2008—2012年，市公安局禁毒大队在缉毒破案工作中，建立禁毒、刑侦、交警、特警、派出所等警种的缉毒合力作战机制，按照“守土有责”“谁主管谁负责”的原则，积极开展“禁种铲毒”“禁毒驾”及吸毒人员大排查、大收戒等一系列专项行动，以新型毒品的危害性为重点内容，以青少年为重点对象，进一步加强毒品预防宣传教育工作，联合安监、药监、工商、卫生等部门有效开展易制毒化学品企业分类管理与等级化管理，严厉打击龙泉市易制毒化学品违法犯罪活动,杜绝易制毒化学品流入制毒渠道。2008年，成功破获省厅督办的龙泉市“801”系列团伙贩卖新型毒品案件，有效遏制了毒品发展蔓延势头。6月25日，龙泉市禁毒委召开“全市禁毒工作暨《中华人民共和国禁毒法》贯彻实施动员大会”，在“6•26”国际禁毒日组织开展以“珍爱生命、拒绝毒品”“依法禁毒、构建和谐”为主题的禁毒宣传教育活动。2009年5月20日，龙泉市机构编制委员会批复成立“龙泉市禁毒委员会办公室”。2009年，共破涉毒刑事案件6起，依法起诉犯罪嫌疑人13人，缴获毒品冰毒3.81克、氯胺酮23.36克、麻古0.72克；摧毁涉毒犯罪团伙2个，查处吸毒人员68人。2010年，开展以“浙江禁毒十年”为主题的“6•26”国际禁毒日系列性禁毒宣传活动。2010年11月16日，“龙泉市禁毒教育基地”在小梅镇中小学素质教育基地成立。全年共立破毒品刑事案件5起，摧毁贩卖毒品团伙案件1个，抓获贩卖毒品犯罪嫌疑人8人，累计缴获新型毒品冰毒10.95克、麻古9粒。查处违法购买使用易制毒化学品案件2起，对2家违法企业依法进行了罚款处罚。查处非法种植罂粟案件1起。查处吸毒人员80人。2011年，共立破毒品刑事案件5起，抓获涉毒犯罪嫌疑人11人，累计缴获新型毒品冰毒24.02克。查处非法种植罂粟案件4起。查处吸毒人员56人。联合教育、团委、妇联、总工会等部门开展不让毒品进校园、社区青少年远离毒品、不让毒品进我家、职工拒绝毒品“零计划”等宣传教育活动。2012年，共立破毒品刑事案件5起，抓获涉毒犯罪嫌疑人9人。共查获禁毒冰毒152.11克。查处非法种植罂粟案件1起。查处吸毒人员81人。9月1日至10月15日，组织开展全市吸毒人员驾驶机动车专项整治行动，破获涉毒行政案件4起，查获“毒驾”违法人员1名、吸毒人员5名。

【治安管理】 坚持“破大案”与“管小案”并重，把“零容忍”理念和“严打”方针贯彻公安工作始终，扎实推进打防管控长效机制建设，提高预防、发现、控制和打击违法犯罪能力，确保龙泉社会治安大局平稳健康发展。2008年，共受理治安案件1331起，查处1022起，查处率达76.8%。围绕北京奥运会做好重点人员、单位、要害部位、物品、场所等安保工作，完善社会面情报信息网络。全年查获涉“黄赌”案件56起，治安处罚293人，劳教1人，逮捕4人，起诉5人；全年共捣毁寻衅滋事犯罪团伙2个、抓获犯罪团伙成员22人，刑事拘留13人、逮捕9人、取保候审7人、治安处罚2人，收缴管制刀具35把。2009年，共受理治安案件1394起，查处1039起，查处率为74.53%，查处违法人员794人。成功处置各类医患纠纷、安全责任事故、征地拆迁引起的突发性群体性事件40余起。治理黄赌问题，先后组织打击赌博行动45次，共追究刑事责任30余人、行政处罚160余人。开展“利剑2号”打击组织强迫妇女卖淫犯罪暨禁毒扫黄专项行动，抓获涉嫌卖淫嫖娼人员45人，解救未成年少女3人。严厉打击和严密防范黑恶势力，破获涉嫌抢劫、强奸、寻衅滋事、聚众斗殴、敲诈勒索、非法拘禁、赌博等违法犯罪案件60多起。2010年，以“上海世博安保”为主线，打击、防范、管理等各项措施多管齐下、同步进行，严实和严密社会治安防控体系，加强社会面管控。加强危险物品管理，严防涉枪涉爆重大案事件发生，共破获非法持有枪支案件7起，查处违反民爆物品管理案件6起，追究刑事责任11人、行政拘留15人。启动临时居住证、浙江省居住证申领发放工作。2011年，狠抓社会管理创新，落实服务与管理并重，进一步夯实基层基础工作。参与市、乡、村三级组织换届选举安保600多场(次)，有力保障了换届选举工作的有序开展。积极抓好肇事肇祸精神病人救助管理模式创新，开展专项排查整治，共排查有精神病史人员397人。开展开门评警活动，走访农户、社区、企业400多家。全年共受理治安案件1565起，查处1272起，查处率达81.3%，查处违法犯罪嫌疑人794人。2012年，推进网格化管理，构建“一强一网”，深化社会管理能力。深入开展以不稳定因素排查为重点的“两非查一促进”专项行动，确保中共十八大顺利召开，共排查不稳定因素119起，化解96起；排查出矛盾纠纷169起，化解114起，未发生有重大影响的事件。出台《非正常死亡处置预案》《处置异常访行为应急预案》，妥善处置105起107人非正常死亡事件(其中66起引发群体性事件)。出台《基层基础大排查专项行动量化考评办法》和《信息采集员考核办法》，共登记在册常住人口288330人，排查流动人口25146人次，核对信息1200余条；新登记出租房屋708处，核对7458处；新登记承租人员924人，注销427人；排查场所472家，新输入从业人员348人。强化警务室建设，构建治安防控网，在竹垟、宝溪等10个未设立派出所的乡镇设立警务室。在444个行政村建立治安信息员579人，扩大治安防控网络延伸，在全市16个乡镇建立16支“四合一”应急队伍，共有专职队员49人，义务队员869人。全年共受理治安案件1224起，查处1220起，抓获犯罪嫌疑人658人。

【交通管理】　以预防重特大道路交通事故和保障城区道路交通有序畅通为重点，加强交通管理源头性、基础性工作，建立健全常态管理长效机制，扎实开展队伍规范化建设，努力提高服务社会经济发展的能力与水平。2008年，发生上报交通事故75起，死亡19人，受伤108人，直接经济损失24.1万元。1月下旬至2月上旬冰雪灾害期间，全体民警紧密协作配合，不畏天寒地冻，不怕艰难险阻，坚守抗冰除雪保畅通一线。深入开展奥运道路交通安全攻坚战，共出动警力2605余人(次)，出动警车535辆(次)，全市未发生重大道路交通事故，未出现严重交通堵塞，被授予丽水市公安系统奥运安保先进集体。开展平安畅通县市创建工作，全面推进和深化交通安全社会化机制建设，进一步完善市、乡、村“三级管理”网络，重点加强乡镇交通安全工作站建设。2009年，发生上报交通事故47起，死亡17人，受伤57人，直接经济损失3.94万元。开展残疾人机动轮椅车运营专项整治，共排模各类残疾人轮椅车334辆，回收报废272辆，经市残疾车整治领导小组核准保留69辆。8月7日省厅部署开展打击酒后驾驶交通违法行为后，查处饮酒驾驶行为265起，醉酒驾驶行为20起，因醉酒驾驶行拘20人，暂扣驾驶证280本。2010年，发生上报交通事故48起，死亡18人，受伤49人，直接经济损失4.21万元。5月21—23日暴雨洪灾期间，全体民警紧密协作配合，不畏狂风暴雨，不分白天黑夜，始终坚守在抗洪救灾保畅通的一线岗位。开展“五条常态”严管措施，加大严重交通违法行为的查处力度。全年共查处酒后驾驶1539起，醉酒驾驶拘留140人次。先后开展了以超速、超员超载、违法超车、无证驾驶、驾乘摩托车不戴头盔、闯红灯、违法停车等重点交通违法行为的集中统一整治行动。开展上海世博会安全保卫工作，全面推进校园周边道路交通环境整治，切实做好校园及周边地区道路交通安全保障工作。2011年，发生上报交通事故45起，死亡16人，受伤48人，直接经济损失8.85万元。随着社会经济快速发展，城市停车难、行车难“两难”问题开始出现，交警部门把缓解城区“行车难、停车难”问题作为效能建设的一项重要工作来抓，尽最大努力，强化城区交通管理，城区“行车难、停车难”问题得到有效缓解。以“文明出行、拒绝酒驾”宣传为切入点，严厉查处道路交通违法行为。5月1日起，以宣传新刑法“醉驾入刑”为契机，发放《文明出行远离酒驾》公开信，广泛宣传“喝酒不开车，开车不喝酒”的文明交通理念，同时，为加大严重交通违法行为的查处力度，共查处酒后驾驶550起，醉酒驾驶17人次。9月13日凌晨，一辆危险化学品槽罐车在龙泉境内328省道高浦桥路段翻入10米高大桥下，车上两名驾驶员受伤，槽罐体破裂发生泄漏。事故发生后，大队在上级领导的指挥协调下，与消防、交通、安监、卫生等多个部门通力合作，经过近30小时的奋战，成功处置了事故险情。2012年，发生上报交通事故35起，死亡17人，受伤37人，直接经济损失3.67万元。继续加大整治力度，深化“五条常态”严管措施。全年共查处酒后驾驶1151起，醉酒驾驶28起，道路交通秩序明显好转，为预防和减少道路交通事故提供有力的保证，“禁酒驾”工作得到省厅表彰。开展“三评三访”深化“大走访”活动，围绕群众关心的难点、热点问题，主动上门开展走访，把握群众诉求，化解基层矛盾。开通龙泉籍自编号牌车辆年检服务项目，方便群众业务办理需求。

【户政管理】　户口管理主要是为了证明公民身份，维护社会治安，保障公民合法权益，以及提供准确的人口信息。主要内容包括户口登记和户口统计，户口调查，户口档案管理，居民身份证管理和人口信息管理等。行政许可科负责指导全市的人口年终报表，办理和指导全市居民身份证、边境通行证工作，审批和办理全市常住人口户口项目的变更更正工作、办理和指导全市户口迁移、出生、死亡登记等工作。2008年度，共办理各类户籍业务87137件，其中办理各类投靠户口、工作调动、大中专毕业生落户、婚迁等业务11238人次，办理第二代居民身份证42270张，办理领养32人次，办理变更、更正户口项目1017人次，换发居民户口本4000余本。各类户口查询28580人次。行政许可职能归并工作有新起点，到9月底，基本完成公安行政许可项目及非行政许可服务项目进驻市政府行政服务中心的任务。2009年，共办理各类户政业务83458件。其中各类投靠户口、进城落户和“农转非”户口共1580人次；大、中专落户293人次；婚迁438人次；办理第二代居民身份证42500张，办理领养54人次；办理边境通行证120人次；变更、更正户口项目1680人次；换发居民户口本5300余本。办理各类户口查询29880余人次。2010年，共办理各类户政业务119063件。其中各类投靠户口、进城落户、婚迁、大中专生录取、毕业生落户、分户、工作调动等户口迁移共13606人次；办理各类户口查询56700余人次；办理领养46人次；办理第二代居民身份证34523张；变更、更正户口项目1930人次；出生登记3189人；死亡注销2248人；换发居民户口本6800余本；办理各类行政许可21起。按照省、丽水市第六次全国人口普查户口整顿工作规划和总体工作部署，积极配合做好龙泉市第六次全国人口普查的基础性工作，进一步夯实公安户籍基础工作。2011年，共办理各类户籍业务78080余件。其中各类投靠户口、进城落户、婚迁、大中专生录取、毕业生落户、分户、工作调动等户口迁移共12309人次；办理各类户口查询32500余人次；办理领养72人次；办理第二代居民身份证16206张；变更、更正户口项目4380人次；出生登记2656人；死亡注销1695人；换发居民户口本6500余本；办理各类行政许可27次。2011年1月，龙泉市政府出台大中专毕业生回原籍农村落户的有关政策，开始受理大中专毕业生回原籍农村落户的相关手续，办理大中专毕业生“非转农”回原籍1735人。2012年，共办理各类户籍业务91880余件。其中各类投靠户口、进城落户、婚迁、大中专生录取、毕业生落户、分户、工作调动等户口迁移共13659人次；办理各类户口查询35000余人次；办理领养37人次；办理第二代居民身份证19146张；变更、更正户口项目10356人次；出生登记3112人；死亡注销4329人；换发居民户口本6000余本；办理各类行政许可18次；办理大中专毕业生“非转农”回原籍224人次。2012年12月31日后第一代居民身份证停止使用，结合龙泉实际，在全市范围内开展换发第二代居民身份证换发扫尾工作。

【信访工作】 全市公安机关始终把维护社会政治稳定作为首要任务，把公安信访工作作为及时发现、整治执法问题的重要环节来抓，畅通社情民意反映渠道，认真做好信访工作。2008年，共收到群众来信普通信79件，其中初信52件、重复信27件，来访16批23人次，初访9批13人次，重要信件19件（其中丽水市公安局转2件、龙泉市政府转14件、组织部转2件、政法委转1件）。初信和重要信件100%得到落实，并实现了在全国“两会”和“两奥”（奥运会、残奥会）期间上访“零进京”的好成绩。2009年，坚持“以人为本，化解矛盾，营造和谐，平安奥运”的工作思路，进一步建立和健全信访工作机制，着力解决群众最关心、最直接、最现实的公安信访问题，有效地促进和带动各项公安工作顺利开展。全年龙泉市没有发生上京、赴省信访事件。全年共受理信访案件60件，其中来信39件（初信23件，重复信16件），来访17件（初访9件，重复访8件）。初信初访结案率为100%，息访率为98%，上级领导交办信访查结率为100%。2010年，进一步增强大局观念和责任意识，充分发挥公安信访职能作用，实实在在地解决涉及人民群众利益的热点和难点问题。初信和重要信件100%得到落实和办理，在各敏感节点时期确保信访重点人“零进沪，零进京”上访。全年信访总量为45件，其中来信30件，来访15件。2011年，继续加强信访工作措施，重点节假日和敏感节点无进京赴省越级上访，保持信访重点人“零赴省，零进京”上访，信访总量呈上升之势，初信初访增加，其中来访24批次，共计153人次，其中初访20批次123人次，重访4批次30人次。2012年，以中共十八大安保维稳工作为主线，进一步增强大局观念和责任意识，充分发挥公安信访职能作用，解决涉及人民群众利益的热点和难点问题。全年信访总量48件，其中来信26件，来访22批次，初信21件，重信5件，初访365人次，重访55人次，初访人数比上年有大幅度增长，但在各级的共同努力下均在可控范围内，没有恶性事件发生。

【公安法制】 5年来，以构建民意导向型警务工作机制为目标，按照“又多又好”的执法办案体系建设的总体要求，坚持“三全”和“三强”要求，全面均衡地推进执法保障体系、“阳光执法”体系、执法管理体系、执法标准体系和执法主体能力提升体系建设，努力实现保障实时化、执法公开化、监督常态化、管理精细化、实战信息化和队伍正规化。2008年，紧紧围绕关注民生、重视民生、保障民生、改善民生这条主线，强化执法主体能力建设，完善执法监督管理体系，推进执法制度和法制部门自身建设。制定了《龙泉市公安局快速办理刑事案件若干问题的规定》。开展法制培训，以大练兵为依托，对全局民警进行法制知识集中辅导，研究制定《龙泉市公安局基本法律知识考试工作实施方案》，强化对兼职法制员的教育和培训。2009年，围绕执法规范化、公安信息化、城乡警务一体化和构建和谐警民关系以及整治影响稳定重点难点问题等中心工作，大力推进执法信息化。实行案件电子笔录的网上制作、传输，对个别手写笔录以及相关证据材料实行扫描上传，所有案件办理的程序和法律文书的审核审批均通过网上进行流转。制定了《龙泉市公安局优劣案件点评制度》《龙泉市公安局关于加强命案质量审核工作》《关于进一步加强执法安全工作的意见》《龙泉市公安局信访工作考核办法》等执法制度。2010年，研究出台《龙泉市公安局办案区使用管理规定》，建立推行办案区运作的七种管理制度，有效杜绝了执法安全隐患，保障执法办案活动依法，结合“五五”普法最后一年的工作，以《公安机关执法细则》为重点，坚持“三个必训”制度，落实了“每名民警每年得到累计不少于15天的脱产执法培训”工作。2011年，加强功能区配套管理运行制度建设，结合实际推广局领导和所队长“坐堂”值班制度，进一步推进执法勤务机制革新，保证各功能区及功能室得到有效利用。根据公安部统一部署，组织全局民警参加全国首次基本级执法资格等级考试，组织开展全省公安法制部门“大走访”开门评警活动，听取群众对执法工作的意见建议，梳理归类突出执法问题，督促相关部门和民警进行整改，落实执法过错责任，强化执法管理。2012年，按照“服务中心、服务实战、服务基层”要求，积极履职，认真做好案件审核审批工作。制定《接处警警情处置执法评判标准》，将接处警中有案不受、有证不取等重点问题列入评判视线，引导民警规范接处警源头执法。加大日常考评和动态考评力度、深化案件点评制度。

【公安科技与信息网络】 2008年，加强社会治安动态视频监控系统建设，投资113万元，增设3套高清卡口系统和14个治安视频监控点。对原有350M无线通信设备进行改造升级。为满足综合大楼配套设施建设，先后完成信息中心机房网络设备、柴油发电机组和UPS后备电源、“110”指挥中心DLP大屏系统、一楼LED显示屏系统、内部视频监控系统、会议系统等建设。2009年，完成剑池派出所内部视频监控系统、看守所审讯室视频监控系统以及狱室视频监控系统改造工作。2010年，深入推进全市公安机关执法规范化建设，根据公安部、省公安厅有关规定，建立完善执法办案全程音、视频监控系统。为确保110、122、119三台合一报警系统正常运行，按照公安部《县、市级公安机关“三台合一”接处警系统技术规范》、浙江省《全省110接处警数据库改造方案》和《浙江省公安打防控系统110接口方案》的规定要求，在充分利用原有设备的前提下，对系统进行全面的升级和改造。为方便在押嫌疑人的宣传教育活动和丰富嫌疑人的文化生活，完成看守所闭路电视系统建设。2011年，按照《全省接处警现场视音频信息无线传输系统建设实施方案》《全省接处警现场视音频信息无线传输系统技术规范》和丽水市公安局的有关要求，建立接处警现场视音频信息无线传输系统，进一步提升110接处警工作效能。2012年，完成龙泉市应急联动指挥中心和大情报体系统两大（全省）试点建设，建立了视频侦查中心。根据《全省公安机关“大情报”工作推进方案》，进一步加强龙泉市公安“大情报”体系建设，全面推广情报信息主导警务“温州鹿城经验”，全面提升建设与应用水平，建立市局情报中心、视频侦查中心，全面提升信息化条件下打防管控一体化水平。开展龙泉市平安城市视频监控系统（天网工程）建设，进一步增强龙泉市的治安防控能力。

【监所管理】 全面落实《公安部关于进一步加强和改进公安监管工作的意见》和《浙江省公安厅关于进一步规范看守所勤务工作的意见》，加强基层基础建设，深化“两防一退”工作，规范创新执法管理，完善监所管理机制，努力增强民警综合素质和战斗力，提高执法水平，全面提升监管工作水平，确保监所安全，实现看守所连续十五年安全无责任事故。2008年，积极维护监所的安全和稳定，全面推进监管勤务改革，结合实际工作健全和完善相关规章制度和工作流程，深化监所管理整顿、排查不安全因素和安全隐患。通过狱内深挖，网上比对，耳目贴靠，动员在押人员坦白检举等方法手段，共破获各类案件104起。2009年，加强在押人员的教育转化，提高悔改率，减少回头率。在管理中倡导“自重、自爱、平等、互助”的理念。加大硬件设施建设，努力改善监管环境。2010年，以审报三级看守所为契机，查摆监管工作中存在的问题和隐患，分析原因，有针对性地做好整顿工作。充分发挥公安监管场所“犯罪信息库”、打击犯罪“重要战场”职能作用，在抓好监所安全和规范化建设基础的同时，加大深挖犯罪工作力度。在押人员提供犯罪线索113起，办案单位查证89起。加强文明管理，促进在押人员改造。2011年，加大基础设施投入，增强技防能力，坚持预防在先，认真落实各项安全防控措施。规范监管勤务，堵塞安全管理漏洞。积极开展“双安全”活动，抓好监管执法管理制度建设，制定《龙泉市看守所犯罪嫌疑人、被告人考核奖惩办法》。有效获取在押人员提供的犯罪线索132起，办案单位查证83

起。通过狱侦工作成功破获“樊慧勇杀人案”，此案被评为“全省十大经典案例”。2012 年，进一步规范看守勤务模式，全力维护监管安全。全面完成看守所“四防一体化”建设任务，落实七项互联互控制度，健全五级应急响应机制。积极开展在押人员自杀安全隐患整治，严格监内秩序管理，提高预防在押人员非正常死亡事件能力。全年提供有效狱侦信息 112 条，有效配合办案单位破获大小案件 58 起。

【森林公安工作】 2008—2012 年，市公安局森林分局狠抓队伍建设、法制建设、业务建设、装备建设、作风建设，坚持“以防为主、打防结合”的方针，开展各类专项行动严厉打击违法犯罪活动，确保全市森林资源安全和林区社会治安的稳定，为建设生态龙泉、创建平安龙泉、构建和谐社会作出贡献。5 年共查处各类案件 388 件，其中刑事案件 98 起(重大 17 起，特大 4 起)，林业行政案件 290 起；处理各类违法犯罪人员 465 人次，其中逮捕 16 人，起诉 138 人，其他处理 327 人次，为国家挽回经济损失 100 余万元。

2008 年，查处森林案件 169 起，其中刑事案件 26 起(重大 6 起，特大 2 起)，森林火灾 9 起。相继开展侦破森林火灾案件大会战、“抓逃犯破大案”等系列专项行动，成功侦破发生在宝溪等地的系列非法采伐国家一级保护植物红豆杉案件，摧毁了 1 个非法采伐国家一级保护植物南方红豆杉的犯罪团伙。龙渊警务区破获道太乡一起滥伐林木 206 立方米的特大案件。3 月 3 日发生在龙南乡岭后村山林成灾面积 861 亩的森林火灾案件顺利告破。

2009 年，查处各类森林案件 80 起，其中刑事案件 19 起(特大 1 起，重大 1 起)，森林火灾案件 4 起。在全市范围内开展林业综合巡防工作，巡逻里程万余公里，制止和处置各类破坏森林资源违法行为 30 余起。春季防火期间合理分配警力，迅速破获道太乡东岙林场森林火灾等案件。开展“绿盾三号”行动，出动执法人员 100 余人次，破获刑事案件 4 起，查处林业行政案件 6 起，破获非法采伐、出售、收购国家重点保护植物系列案件。

2010 年，查处各类森林案件查结 59 起；刑事案件 16 起，森林火灾案件 1 起。以“严控火源、严查火案、保护森林、维护稳定”为主题，深入农村宣传森林防火，治理整顿放飞“孔明灯”行为。结合专项行动严厉打击涉林违法犯罪活动，重点打击有组织、团伙性毁林犯罪，破获非法采伐、出售、收购、加工野生南方红豆杉案件。11 月 20 日在龙泉溪畔香樟园一带有两只白天鹅被枪杀，森林分局迅速成立专案组全力侦查，用一天两夜时间成功告破这起非法杀害珍贵、濒危野生动物案件。

2011 年，共办结各类案件 51 起，其中刑事案件 20 起，火灾案件 10 起。开展“大走访”开门评警活动，提升群众“安全、信任、满意”指数。开展侦破森林火灾案件大会战专项行动，破获道太乡际头村受灾面积达 450 亩的森林火灾案件等森林火灾刑事案件 9 起。

2012 年，共查结各类林业案件 29 起，破获刑事案 17 起，火灾案件 7起。清明期间，森林火灾频发，森林分局协调有序、出警及时，西街街道九村、龙南乡北公村、础石乡南弄村、道太乡大白岸村等地发生的森林火灾案件相继告破。城西警务区破获了在上垟镇一带公路沿线盗伐杉木的龙泉、庆元、福建松溪三地流窜的犯罪团伙案件。(另见本年鉴林业部分内容)

【消防工作】 2008—2012 年，龙泉市消防大队坚持“预防为主，防消结合”的工作方针，以建立社会消防安全“防火墙”为主线，以防火检查为重点，建立并完善消防安全责任检查督促、重大事故责任倒查等机制，及时发现整改了龙泉市尊龙商贸中心等一批重大火灾隐患单位，确保消防安全责任制落实到位。深化“三合一”场所、中小宾馆、加油站、公众聚集场所等的消防安全整治工作，强化日常检查，及时消除消防盲点和事故隐患。

2011 年 11 月 1 日，龙泉市群体性应急处置演练现场观摩会暨乡镇消防队授牌(赠装)仪式在安仁镇举行

吴向东　提供

借助媒体宣传多渠道开展消防宣传和教育培训工作，提高群众的消防安全意识和抗灾自救能力。5年来，龙泉市消防大队共接警出动897起，出动车辆1513辆(次)，出动警力8489人(次)，抢救被困人员145人，疏散被困人员1134人，抢救财产价值1634.7万元。龙泉市消防大队把思想政治工作放在部队建设的首位，开展社会主义法治理念、“立警为公、执法为民”、社会主义荣辱观、“作风建设年”等多形式多内容的政治思想系列专题教育活动。开展多种形式的演练，努力提高对重大火灾事故的防范、控制和扑救能力。因地制宜摸索出一套适合当地的消防协管模式。在2010年“5·22”“6·18”抗洪抢险中，大队官兵挺身而出，全力以赴，及时抢救、转移、疏散受灾群众。2011年9月13日凌晨，53省道龙泉市八都镇桥头发生一起危化品槽罐车侧翻事故，情势非常紧急。接报后，龙泉市消防大队官兵第一时间赶赴现场开展抢险救援工作，在最短的时间内成功营救出2名被困伤员，封堵住事故车辆泄漏罐体，并始终坚持在事故抢险一线，与相关单位协同配合，成功处置了事故。2012年6月24日龙泉市因连续暴雨，造成多处不同程度的积水封道、山路塌方以及因暴雨造成的交通事故等，从早上6时至下午18时，出警7次，成功救出被困群众13人，顺利完成全部任务。

【队伍建设】 2008—2012年，市公安局坚持政治建警、文化育警、从严治警和从优待警的方针，围绕建设一支“政治坚定、业务精通、作风优良、执法公正”公安队伍的目标，进一步完善队伍管理长效机制，扎实有效地推进公安队伍正规化建设。公安队伍连续11年无重大违法违纪发生，连续4年被评为全省公安队伍正规化建设先进单位，连续3年被评为“全省公安机关执法质量优秀单位”，两度荣获全省公安机关打防控考核优胜单位，被省公安厅记集体二等功1次、集体三等功2次，荣获“龙泉市模范集体”称号1次，被龙泉市委、市政府授予“党风廉政建设工作先进单位”称号2次、记三等功2次。

狠抓思想教育，不断提高民警政治素质。坚持“人民警察核心价值观”学习教育活动，不断强化“忠诚、为民、公正、廉洁、奉献”意识。2008年，着力开展“力创生态业、再创好龙泉”解放思想大讨论活动，“树新形象、创新业绩”主题教育活动和政法系统大学习大讨论活动。2009年，以“学习实践科学发展观”活动为载体，设立学习专栏，建立学习电子档案，邀请专家进行专题讲座，组织开展征文比赛等一系列活动。2010年，制定出台《龙泉市公安局人民警察核心价值观学习教育活动实施方案》，与市电力局联合举办“‘保一方平安，亮万家灯火’警企电力杯”运动会等一系列主题教育活动。2011年，深入开展“发扬传统、坚定信念、执法为民”主题教育实践活动，组织开展“加强公安机关自身建设”主题征文活动和“创先争优强素质、坚定信念铸警魂”知识竞赛。2012年，开展“创先争优”活动，组织开展“我们的价值观”大讨论，落实党员先锋承诺书签订，开展在职党员服务日活动等。

推进大教育大培训体系建设，提高公安队伍职业化能力和水平。2008年，开办民警素质训练班，共举办3个5天集中训练班，参训人员达744人次。2011年，通过浙江省警察学院培训兼职教官20余名。2012年，开展编外人员集结点验活动，对全部编外人员(协、辅警)分两期每期3天开展理论和技能培训。

建立健全队伍监督和管理机制。严格执行党风廉政责任制，积极推进惩治和预防腐败体系建设，推行党风廉政和反腐败工作。落实“七必谈、八必访”制度，切实做好一人一事的思想政治工作。2008年，推出“黄、橙、红”三色警示训诫制度。2009年，开展公安队伍违法违纪隐患大排解活动，从上至下开展廉洁谈话教育，及时消除违法违纪隐患，加强执法规范化建设。2010年，印制《龙泉市公安局廉洁从警规范手册》。2011年，开展涉案财物管理问题专项治理、“三查一治”“审计整改年”活动和“两查”专项工作等。2012年，围绕纪律作风建设存在的苗头隐患问题，开展龙泉市公安队伍纪律作风教育整顿活动，出台《龙泉市公安局编外工作人员管理办法(试行)》，切实加强协勤人员管理。

提升公安机关服务经济服务发展能力水平，开展“进村入企”“百警进百企”“服务企业暖冬行动”“打伞亮剑保发展”等行动，为龙泉市企业和社会经济发展保驾护航。深入开展“三访三评”大走访活动，搭建警民交流平台，主动解决突出问题，实现警民关系良性互动。扎实开展结对帮扶，开展“一户一策一干部”活动。2010年，推行便民服务卡、警企联系卡、督察警示卡“三卡”制度，并被推为“深化作风建设年”活动先进典型。

【破获系列盗窃挖掘机配件案】 2007年10月以来，龙泉市连续发生了10余起盗窃挖掘机配件案件。2008年4月1日，省公安厅将该案列为省厅挂牌督办案件，龙泉市公安局对此高度重视，成立“系列盗窃挖掘机配件案”专案组，迅速开展侦查破案工作。经过8个多月艰苦的工作，终于成功侦破此系列案件，抓获犯罪嫌疑人4名，追回赃款14万余元，有力地打击了违法犯罪行为。

【侦破2009年“9·5”故意杀人案】 2009年9月5日早上6时38分，龙泉市公安局指挥中心接到群众报案称，早上6时10分许，犯罪嫌疑人何某窜至龙泉市八都镇野窖村陈某家中一楼，用事先携带的水果刀将睡在一楼房间内的妻子刘某杀死，后逃离现场。接警后，龙泉市公安局立即启动命案侦破反应机制，在八都派出所成立案件侦破指挥部，展开严密布控和实施围捕凶手工作。9月6日凌晨1时许，犯罪嫌疑人何某被抓获归案。

【破获1995年“1·28”故意伤害致死案】 1995年1月28日晚9时许，犯罪嫌疑人赵某与受害人史某在龙泉市南秦路某理发店发生冲突，赵某用东洋刀将史某砍伤造成史某因失血性休克而死亡，犯罪嫌疑人赵某一直潜逃在外。在2010年开展命案侦破竞赛中，龙泉市公安局通过大量做犯罪嫌疑人赵某亲属的思想工作，迫使犯罪嫌疑人赵某于2010年10月28日主动向公安机关投案自首，成功侦破长达15年之久的命案积案。

【破获2011年“4·10”故意杀人案】 2011年4月10日上午6点46分，龙泉市剑池街道剑池路庆龙阳光花苑发现一具男尸。经刑事技术人员勘验现场，发现死者身上有多处伤口，现场有大量血迹，系他杀。案发后，民警第一时间赶到案发现场组织现场勘查，并确立了以案发现场为中心，对案发时段、现场周边展开了地毯式的搜索、调查访问和排查工作。6月22日，历经73个昼夜连续鏖战，缜密侦查，成功侦破2011年“4·10”故意杀人案。6月30日，犯罪嫌疑人季某被专案组民警从贵州押解回龙泉。

【破获系列入户撬盗保险箱案】 2012年5月14日，龙泉市公安局先后接到群众报案称位于剑池街道南大洋农民公寓及剑瓷花苑住宅小区内多处住宅被盗，家中保险箱均被撬开，被盗现金及黄金首饰等物价值40余万元。案发后，刑侦大队成立专案组，以公安信息平台为依托，全面收集情报信息，相继开展视频追踪、案件串并、信息碰撞及高危查控等工作，发现龙泉3起案件与同一时期发生在福建省松溪县的10起案件具有串并条件，案值达200余万元，属系列性特大技术开锁入室撬盗保险箱案件。5月30日，专案民警在江西宜春市公安机关的配合下，成功将犯罪嫌疑人张某等5人抓获归案。经查，2011年12月至2012年5月，该团伙流窜至浙江、福建、江苏、山西等省市作案40余起，盗窃案值300余万元。（市公安局）

检察工作

【概况】 2008年—2012年，龙泉市人民检察院紧紧围绕检察工作主题，全面履行检察职能，积极推进三项重点工作，大力加强业务建设、队伍建设和基层建设，各项检察工作成效显著，为维护龙泉社会经济和谐稳定，加快建设区域中心，加快实现全面小康做出积极贡献。完善干部的选拔、培养、任用机制。在公平、公正、公开的原则下择优提拔聘用了一批年富力强、具有较高法律专业水平和工作能力的干警到中层领导岗位，激活了干警的竞争意识和工作热情。至2012年底，该院研究生以上学历干警2人，占总人数的3.6%；本科以上学历干警34人，占总人数的61.9%；专科学历干警19人，占总人数的34.5%，体现了“年轻化、知识化、专业化”的要求。

【反贪污贿赂】 2008—2012年，该院坚决贯彻党中央关于反腐败斗争的一系列重大决策部署，把查办职务犯罪工作摆在重要位置，突出查办有影响有震动的贪污贿赂犯罪大案要案，特别是科级以上领导干部犯罪案件，以及犯罪金额大，社会影响大的重大案件为重点，不断加大办案力度。5年来，共立案侦查贪污贿赂等职务犯罪案件56件69人，其中大案38件、要案30件，通过办案为国家、集体挽回经济损失2000余万元。先后在国土、城建、财政、广电、水利等部门查处了一批有影响、有震动的科级领导干部犯罪案件。

【职务犯罪预防】 坚持“标本兼治、综合治理、惩防并举、注重预防”的方针，结合办案深入开展职务犯罪预防，推进侦防一体化机制建设。建立丽水市首家预防职务犯罪警示教育基地，开展预防调查、警示教育、预防咨询，加大从源头上治理腐败和遏制职务犯罪工作力度。5年来，深入建设、交通、水利、国地、林业、电力、财税、科教文卫等部门开展警示教育达116次，进一步提高了广大干部的遵纪守法意识，增强拒腐防变能力。对51省道遂龙线龙泉段公路改建工程、53省道龙泉至八都段公路改建工程、龙庆高速公路龙泉段等政府重大投资建设项目开展专项预防，确保全市重大工程建设顺利推进。

【司法警察】 5年来，在上级院法警支队的精心指导和院党组的正确领导下，结合市检察院的具体工作目标“落实、巩固、提高、创新”，巩固集体荣誉成果的同时，提高人民群众的满意率，进一步开创法警队工作新局面，闯出新路子，在创新成绩，认真履行司法警察的九项基本职责。在协助检察人员履行法律监督，受理法律规定的职务犯罪案件职能的同时，不断提高法警人员的执法水平，较好地完成了工作目标。法警队实行专人负责，编队管理，有专职法警4人，法警的自侦案件参与率达100%，自侦案件执行强制措施法警参与率达100%，建立办案工作区，管理使用规范，制度健全，为检察工作的开展提供保障。

【刑事检察和立案监督】 始终坚持稳定压倒一切的工作方针，围绕“平安龙泉”建设，与公安、法院等部门密切配合，深入开展打黑除恶、社会治安整治、禁毒禁赌等专项行动，始终保持对严重刑事犯罪的高压态势，全力维护社会和谐稳定，进一步增加人民群众的安全感。5年来，共依法批准逮捕各类刑事犯罪嫌疑人809人，提起公诉1248人。充分运用提前介入、捕诉衔接等长效严打机制，从重从快打击了一批黑恶势力犯罪、严重暴力犯罪、多发性侵财犯罪以及破坏市场经济秩序犯罪，有效遏制刑事犯罪高发态势，为“平安龙泉”建设营造了良好的法治环境。同时，积极参与整顿和规范市场经济秩序工作，依法严厉打击制假售假、偷税漏税、金融诈骗等严重破坏市场经济秩序的犯罪。强化办案质量和效率，改进和加强审查批捕、起诉工作。针对刑事犯罪多样化，执法工作规范化的特点，转变执法理念，修改完善审查批捕、起诉工作的办案制度，严格办案规程，落实办案任务，明确办案责任。认真落实社会治安综合治理措施。积极参与对治安乱点和突出治安问题的集中整治和专项治理，努力消除不安定因素。5年来，抓住群众反映强烈的执法违法、司法不公的突出问题，不断加大监督力度，共对公安机关依法监督立案15件。

【渎职侵权检察】 坚持把查办国家机关工作人员渎职侵权犯罪案件，作为检察机关维护社会和谐稳定和保障民生、加强法治的重要内容和职责，5年来，共立案查办国家机关工作人员渎职犯罪案11件11人，其中玩忽职守案4件4人，滥用职权案3件3人，违法发放林木采伐许可证案2件2人，徇私舞弊不征少征税款案1件1人，行贿案1件1人。

【民事行政检察】 以纠正发生法律效力但确有错误的民事、经济、行政判决、裁定为重点，保护公民、法人的合法权益。5年来，民事行政部门共立案45件，提请建议抗诉23件，市院采纳23件，对损害国家利益的拖欠土地出让金案件，进行督促起诉，有17件督促起诉案件有了结果，涉及标的金额2000余万元，有效地防止了国有资产的流失。

【控告申诉(举报)检察】 控申部门作为检察机关面向社会、面向群众的窗口，以开展文明接待活动为载体，进一步提高服务质量，热情接待群众来访，认真办理群众来信，积极向有关部门提供案源，5年来，共受理群众来信来访327件，帮助15名刑事被害人落实司法救助，努力实现案结事了人和。进一步畅通信访问题反映渠道，完善检务公开制度，开通“12309”举报电话、检察门户网站。落实首办责任制和领导包案制，努力把问题解决在初信初访环节，对一些反映比较强烈的集体访、告急访，耐心解释，细致疏导，化解不安定因素。开展形式多样的举报宣传活动，每月一次下访巡防，缓解群众告状难、申诉难问题，使文明接待工作走上规范化、制度化。　(市检察院)

法院工作

【概况】 2008—2012年，市人民法院紧扣“为大局服务、为人民司法”工作主题和“从严治院、公信立院、人才兴院、科技强院、文化育院”的工作方针，着力推进“社会矛盾化解、社会管理创新、公正廉洁执法”三项重点工作，牢牢把握“七个坚持”，认真践行“八项司法”，积极进取，务实有为，各项工作稳步发展，在维护稳定、服务发展、保障权益、促进和谐等方面发挥了积极作用。共受理各类案件13624件(含旧存103件)，审结13407件(含旧存，下同)，结案率为97.7%，解决诉讼标的7.5亿元，审判职能得到充分发挥。5年来，深入开展“人民法官为人民”主题实践活动，将队伍建设作为法院工作的重中之重来抓，强化教育和管理，不断提高队伍的整体素质。以提高司法技能为核心，积极加强青年法官的培养锻炼，落实资深法官“传帮带”制度。以提升群众工作能力为重点，高度重视干警的学习教育培训，邀请专家、教授授课，举办“青年法官论坛”。着力创先争优，获得省级以上先进集体荣誉或表彰12次，有8人荣立个人三等功，司法警察大队被授予全省法院“模范司法警察队”称号。实施科技强院“信息工程”，加大法院信息化建设投入，完成电脑机房、网络改造，建成数字法庭6个、法院局域网、大型电子显示系统、自动化办公系统等现代设施。完善视频监控系统，实现审判区全方位录音录像覆盖。不断完善安保设施，建成全自动安检门、自动化门禁系统、安检X光机、遥控报警系统，购置各种警用装备上百套。加强警用车辆装备建设，实现所有警用车辆均安装GPS卫星定位管理。

【刑事审判】 5年来，共审结刑事案件889件，判处罪犯1244人。其中，判处5年以上有期徒刑133人，案件简易程序适用率达到95%，刑事案件缓刑率达到52%。强化对涉众型经济犯罪、涉黑涉恶案件审判工作，审结组织领导黑社会犯罪案件1件，审结非法集资、集资诈骗等涉众型犯罪案件20余件。依法严惩贪污贿赂犯罪，审结贪污、受贿、挪用公款等职务犯罪案件52件，判处罪犯61人。稳妥推进量刑规范化改革，积极为家庭经济困难被告人指定辩护人，主动配合有关部门开展社区矫正工作，率先在丽水市法院中开展非监禁刑罚庭前社会调查评估工作。

【民事审判】 深入贯彻“调解优先、调判结合”的工作原则，5年来，共受理各类民商事纠纷案件7785件，审结7602件，审结率达97.4%，年均调解撤诉率稳定在40%以上。积极回应人民群众对保障基本权益、尊严的关切与期待，审结涉及离婚、抚养、继承等婚姻家庭纠纷案件1370件，调撤率达到43.7%。突出人身权保护，及时审结事关当事人生命救治的交通事故、工伤纠纷等人身损害赔偿案件1139件，调撤率达到80.9%。积极服务和保障农村改革发展，审结土地承包、土地征用补偿费分配纠纷等涉农案件200余件，调撤率达到60%，有效促进了农村和谐稳定。妥善处理借贷纠纷，积极做好集资案件、群体性敏感案件当事人矛盾疏导工作，审结民间借贷案件3399件，结案标的达3亿元，当庭宣判率达63.2%。

【行政审判】 认真落实行政诉讼相对集中指定管辖制度，建立健全行政审判与行政复议联席会议制度，5年来，共审结行政诉讼案件107件。其中，70%的行政案件经法院协调后和解、撤诉，90%的行政争议得以实质性化解。开通涉林纠纷“诉讼绿色通道”，积极构建涉林纠纷多元解决机制，审结涉林行政案件39件，和解、撤诉率达53.9%。建立当事人约谈机制，合力破解社会抚养费征收难题，审查并执行行政非诉案件265件。主动接受行政机关行政诉讼法律咨询，积极邀请相关行政机关执法人员现场观摩典型行政诉讼案件庭审，有效促进了行政机关依法行政。

【执行工作】 充分发挥综合治理执行难工作体系的作用，继续加大打击规避执行行为力度，全力抓好“执行五大体系”建设，不断完善执行协助、联动、威慑等执行长效机制，执行效率大大提高。5年来，共受理各类执行案件4592件，执结4389件，执结标的达1.8亿元，有效执结率达到62%。通过成立“执行110指挥中心”，建立分权制约机制，完善执行进度评比机制，实现执行工作良性循环。依法加大执行和解工作力度，执行案件自动履行、和解结案比例达到45.4%。进一步拓展司法警察职能，建立健全司法警察参与执行的常态机制。经逐级申报、考核验收，龙泉法院被省高院命名为“执行工作良性循环法院”。

【立案与审判监督】 加强“立案信访窗口”标准化、规范化建设，立案接待大厅软硬件基本达到“功能完善、制度健全、设施齐备、服务到位”的要求。5年来，积极开展农民工讨薪维权专项审判执行活动，对追索劳动报酬案件快立、快审、快执，为民工追讨工资893.7万元。创新便民举措，建立当事人基本信息查询制度。加大司法救助力度，依法为特困当事人发放救助款21.6万元，减、免、缓缴诉讼费23万余元。认真履行审判监督职能，坚持案件质量评查，采取全面评查、重点评查与专项评查相结合的方式全面提高案件办理质量。严把案件再审条件，维护裁判既判力。5年来，共受理各类审判监督案件63件。

【机制构建】 围绕打造独具特色的法院廉政风险防控机制和廉政文化这条主线，以构建惩防腐败体系为目标，不断强化制度机制创新，认真开展警示教育活动。建立廉政监察员、特约廉政监督员制度及廉情信息研判预警机制，选聘8名人民陪审员担任特邀廉政监督员。完善“五个严禁”举报核查追究机制，成立廉政教育影院和短信平台，建立“廉洁指数”量化评价监控机制，不断强化廉政风险防范管理。2010年度，龙泉法院被评为全省法院纪检监察工作先进集体，工作经验被最高法院在全国法院系统推广。高度重视人大代表建议、政协委员提案办理工作，主动向人大报告法院工作情况。设立人大代表、政协委员旁听庭审工作联络处，积极开展分级联络、主动走访各级人大代表、政协委员活动。充分发挥人民陪审员参与司法、监督司法的重要作用，共增选人民陪审员27名，安排人民陪审员参与审理案件1470件。2011年度，一审普通程序陪审率达到89%，名列丽水市前茅。坚持开展“走进法院、感受审判”活动，共举行法院公众开放日活动20余次。健全完善接受检察机关对审判执行活动实施法律监督的工作机制，适时邀请检察长列席审判委员会会议。坚持司法公开，增强司法透明度，在法庭设置新闻媒体旁听席，加强与媒体、网络的民意沟通和司法宣传，进一步加强敏感事件舆论引导工作，认真听取网民意见，积极回应社会关切。（市法院）

司法行政

【概况】 市司法局是主管全市司法行政工作的市政府工作部门，是市政法机关的重要组成部分。主要职责：贯彻执行国家司法行政工作方针、政策、法律、法规和规章，制定全市司法行政工作的规范性文件和发展规划、年度计划并监督实施。指导管理全市社区矫正和帮教安置工作。拟订全市法制宣传与普法教育的规划并组织实施；指导各乡镇（街道）、各行业法制宣传、依法治理和对外法制宣传工作。指导、管理全市基层司法所和人民调解工作；参与社会治安综合治理工作。指导监督全市律师、基层法律服务、公证工作；综合管理社会法律服务机构。指导监督全市司法行政系统依法行政工作。监督管理全市法律援助工作；指导全市“12348”法律服务工作。指导全市司法行政系统队伍建设、基层党建和思想政治工作；负责全市司法行政系统的警务管理和警务督察工作。管理全市司法行政系统服装、车辆、通讯器材等物资装备。机构设置10个职能科室：办公室、政工科、社区矫正工作管理科、“两劳”回籍人员管理科、法制宣传科（挂市普法办公室牌子）、基层工作科、公证管理科、法律援助中心、行政法制科（挂律师管理科牌子）、司法法律服务中心（挂市人民调解指导中心牌子）。9个直属司法所：龙渊司法所、剑池司法所、西街司法所、八都司法所、锦溪司法所、安仁司法所、小梅司法所、上垟司法所、道太司法所。

2008年以来，龙泉市司法行政工作紧紧围绕司法行政工作承担维护社会稳定和承担服务经济建设的“双重任务”，通过学习实践科学发展观活动，查找新问题，抢抓新机遇，人民调解、法律援助、社区矫正、法治宣传、法律服务等工作得到全面提升，为推动龙泉市经济社会又好又快发展创造了良好的法治环境。

【人民调解工作】 人民调解工作始终坚持“以防为主、调防结合”的方针，从健全组织、明确职能、整合资源、完善机制入手，建立党委领导、部门协作、社会参与的矛盾纠纷“联排、联调”机制。2008年以来，共争取到省补助和市财政专项资金350多万元用于司法所建设。实施规范化建设的司法所共19个，均达到省级规范化司法所要求，其中剑池司法所获得全国先进司法所称号，剑池司法所、龙渊司法所分别被省司法厅授予全省示范司法所称号。至2012年底，共建立各类人民调解组织510个，其中乡镇（街道）调委会19个，村（社区）调委会456个，企事业单位调委会30个，道路交通事故人民调解委员会、医患纠纷人民调解委员会、山林纠纷人民调解委员会、人民调解委员会驻市法院调解室、劳动人事争议仲裁委员会各1个，800余名优秀人才进入全市人民调解工作优秀人才资源库。各级调委会坚持每月一次排查、月报制度和重大突发性事件的专报机制，对排查出来的矛盾纠纷进行认真梳理和调处，5年来，全市各级人民调解组织共受理各类矛盾纠纷20317件，成功化解19606件，成功率达到96.5%，制作人民调解协议书12736份。其中，成功化解5人以上的群体性纠纷296件，接受法院委托成功化解各类民事案件241件，参与化解各类行业性纠纷1686件。2011—2012年，市人大对人民调解工作每年组织一次专题调研。市财政进一步健全人民调解经费保障机制，加大对人民调解工作的投入，落实人民调解员补贴经费。2008年以来，每年给人民调解委员会的案件补助经费逐年递增，从2008年的10万元增加到2012年的18万元。

【社区矫正工作】 2008—2012年，全市累计接收社区矫正对象1078名，累计解除社区矫正775名，在册社区矫正对象303名。2008年，在试点基础上整体推进，制定了《社区矫正达标细则》，启用了一套新的矫正档案。2009年，是社区矫正规范落实年，在龙南司法所试点的基础上，规范了全市社区矫正的工作台账，做到“接收早、核对齐、数据新、情况明、沟通好、监管严”。2010年，在全省率先开展社区矫正审前调查评估工作试点，为全省全面开展社区矫正审前调查评估工作奠定基础。2011年，丽水市社区矫正“三防”专项活动现场会在龙泉召开，龙泉市“社区矫正防脱管、防漏管、防再犯罪”的做法在丽水市得到推广。2012年以《社区矫正实施办法》颁布实施为契机，积极推进“社区矫正队伍建设年”活动，进一步夯实社区矫正监管基础。实行乡镇司法所司法行政考核工作一票否决制，每年司法局长与19个乡镇（街道）司法所所长签订《社区矫正监管安全责任书》，落实谁主管谁签字，谁签字谁负责的安全责任。建立司法干警联系矫正对象制度，班子成员分别联系4—5个乡镇（街道），全体司法干警每人联系6—10名矫正对象。从2009年起，市委市政府将社区矫正工作列入对乡镇（街道）年度目标责任制综合考核，使社区矫正工作成为市委市政府督办督查的内容之一。从2010年开始，各乡镇街道党委、政府把社区矫正工作列入对村、社区的年度工作考核，摆上了乡镇街道党委政府的议事日程。市综治委、法院、检察院、公安局、司法局联合制定《龙泉市社区矫正工作协调机制》，加强了主要职能部门的协调，同时坚持每年两次的社区矫正工作联合执法大检查，确保了社区矫正工作的平安稳定。

【普法依法治理工作】 2008—2012年，开展“五五”普法和“六五”普法的启动，期间，每年近190个单位，6000多名干部（职工）参加普法建档考试，参考率达99%以上。全市100%的村和社区开展了“民主法治村（社区）”创建活动和省、市、县级达标活动，共创建省级“民主法治村（社区）”7个，市级“民主法治村（社区）”53个，县级“民主法治村（社区）”380个。创建丽水市“诚信守法企业”12个，建设报刊、新闻、网络、街头等普法阵地，建立领导干部法制培训基地1个，青少年法制教育培训基地3个。建立健全行政执法责任制，科学设置执法岗位，严格规范执法程序，实行公开、公平、公正的评议考核制和执法过错责任追究制。主动配合林权制度改革，开展《中华人民共和国森林法》《中华人民共和国农村土地承包法》等法律法规宣教工作。立足法律援助对象开展普法活动，深入乡村、社区、重点工程施工现场、车站等地点向务工者、农民工、残疾人和下岗工人等社会弱势群体免费发放普法宣传资料，免费提供法律咨询和案件援助。把重点项目建设地段作为法制宣传重点区块来抓，深入建设工地发放《中华人民共和国刑法》《中华人民共和国治安管理处罚法》以及人民调解、法律援助等宣传资料，配合营造重点工程加快推进的氛围。主动介入做好重点工程的政策处理工作，为征迁对象尤其是钉子户讲解补偿标准、法律知识和政策法规。

【法律服务工作】 2008年以来，司法局始终围绕中心、服务大局，全面拓展法律服务作为司法行政机关的重要任务，要求全局干警特别是律师、公证及乡镇法律服务机构及其人员积极服务经济建设。

扎实推进法律援助工作。2008年，开辟外来民工法律援助“绿色通道”，建立19个乡镇（街道）法律援助站和10个专门法律援助站，并在各村设立法律援助联络点。2010年，联合市林业局成立林业法律援助工作站，联合市工商局成立全省第一个农业订单法律援助工作站，当年发展订单农业6873份，惠及5000多农户，订单履约率100%。2011年，以“法律援助规范化建设年”为载体，认真开展以“机构建设、队伍发展、业务开展、工作管理、信息宣传”五个方面要求为内容的规范化建设。2012年，法律援助工作围绕“进村入企大走访”“携手振企”活动积极投入服务地方经济发展大局，荣获全省法律援助为民服务创先争优先进集体。降低受援经济标准，扩大法律援助覆盖面，专为农民工开通绿色服务通道并为受援人提供“一站式”服务。2008—2012年，共成功办理援助案件1290件，接待群众来访9500余人次，分流解决纠纷400多起。

推进公证事业发展。龙泉市公证处有执业资格公证员3名。公证处改制后，进一步明确了公证处的法人地位和公证内部的自主权，调动了公证人员积极性，公证业务有了较大的发展，公证服务领域进一步拓展。2012年共办理各类公证案件1165件，比2008年增加了150多件，实现了经济效益和社会效益的双丰收。5年来，共办理各类工程建设项目招投标、土地拍卖及挂牍出让现场监督公证936件。向当事人发放便民联系卡，对残疾人、孤寡老人和生活困难的弱势群体，优先给予公证法律服务，并减低公证费用，主动为老年人、行动不便的当事人上门提供公证服务100多件。为企业商标维权、解决企业经济纠纷，积极办理授权委托书、商标转让声明书、网上证据保全和产品物证保全等各类公证450多件。聘请19名农村公证信息员，办理涉农公证事项1225件，2011年首次办理了事实抚养公证和村集体所有制继承权公证。

做大做强法律服务中心。2012年10月，龙泉市司法行政法律服务中心正式挂牌成立，位于龙翔路德光腾宏楼，是通过进一步整合司法行政服务职能而建成的法律服务平台和主要窗口，由人民调解、司法公证、法律援助、法律咨询、社区矫正五个窗口组成，实现“集中受理、分类办理、限时办结”的“一站式、一条龙服务”。有工作人员20名。中心将工作人员示意牌、法援、公证等服务流程、收费项目标准等事项逐一上墙，方便群众查询。实行阳光操作、公开透明办事，设立投诉电话和电子信箱，并与监察部门共同建立工作效能检查监督与管理机制。

5年来，律师乡镇法律服务机构代理民事、经济案件507件，承办刑事辩护169件，非诉讼代理276件，解答法律咨询3920人次，为当事人避免和挽回经济损失1320万元。

（市司法局）

军　　事

综　　述

【概况】 2008—2012年，龙泉市人武部遵照中央军委“忠诚于党，热爱人民，报效国家，献身使命，崇尚荣誉”的指示，深入贯彻科学发展观，以新时期军事战略方针为统揽，紧紧围绕军事斗争准备这个中心，执行省军区提出的“四个谋发展、打牢六个基础”的要求，紧扣新形势下应急作战准备任务，以创建先进人武部的目标，按照“民兵军事训练大纲”的要求，大抓军事训练，加强对民兵队伍进行共同科目的训练，突出专业技术、战术科目训练，着力在打基础，固基点，抓末端，出实效上下功夫，提升民兵队伍素质。大力发扬“创业、创新、创优”精神，民兵训练基地正规化建设、岗位练兵、后备力量建设等取得明显成效，军事斗争准备工作任务得到较好落实。认真执行维护安定工作，积极完成抢险救灾、突发事件的排难解险任务。5年来，市人武部先后被评为南京军区抗洪抢险先进单位、省军区先进团单位、省双拥参建先进单位。

【国防教育】 5年来，龙泉市国防教育委员会按照《中华人民共和国国防教育法》的规定要求，以每年的“纪念建军节”“纪念红军长征胜利纪念日”“纪念《国防教育法》颁布实施纪念日”“全民国防教育日”为契机，对机关、企事业单位、社区、中小学生进行国防法规、国防知识、国防形势教育，采用制作国防教育宣传广告牌、悬挂宣传横幅、宣传车、播放爱国影片、图片展览、张贴宣传标语、试鸣防空警报等形式开展全民国防教育活动，增强全民国防观念。

2008年，以纪念《中华人民共和国国防教育法》颁布实施六周年为契机，突出对领导干部、社区、学校、企业四个层次的国防教育。积极推动国防教育进社区活动，组织开展组织部、工业区管委会、人大代表过军事日活动；投资8.1万元制作大型国防教育宣传公益广告牌六块，集资10多万元购买和制作国防教育宣传图片展板131块，先后在机关单位、学校、社区、广场举办10多场次展览。

2009年，结合纪念中国人民解放军建军82周年，大力宣传国防法规、国防知识，共悬挂宣传横幅26条，出动国防教育宣传车上街宣传广播，上国防教育课共60余课时，市电视台播放爱国影片7部，图片展览12处，张贴宣传标语800多条。为庆祝中华人民共和国成立60周年和第九个全民国防教育日，在城区及学校开展国防教育图片巡回展。

2012年9月3—4日，浙江省委常委、省军区政委王新海到龙泉调研指导人武工作
吴向东　提供

2010年，召开全市国防教育工作会议，贯彻省国防教育工作会议精神，对国防教育提出具体要求，进一步明确职责。以纪念《中华人民共和国国防教育法》颁布和建军节为契机，组织部分部委办局干部过军事日，举办国防暨人民防空知识讲座、国防教育图片展览、网上国防知识竞赛等。深入开展"双送双争"为主题的参建支建活动，参加全市安保工作以及平安创建等重大活动。

2011年，结合中国人民解放军建军84周年和第11个国防教育日，组织开展了国防形势论坛、悬挂横幅、制作图片展览、网上国防知识竞赛等国防教育活动，推动了国防知识普及。加大新闻宣传报道力度，全年共有15篇新闻稿件和军区以上政工网48篇文章反映龙泉市国防后备力量建设经验做法和先进典型。

2012年7月，结合纪念中国人民解放军建军85周年，开展"走访边际百村、追寻红色足迹、增强国防观念"主题教育活动。活动以中共十七届六中全会精神和《中共中央、国务院、中央军委关于加强新形势下国防教育工作的意见》为指导，以国防教育法为依据进行。主要活动有：演出一台文艺节目、发放一批国防教育书籍、组织一次国防教育图片展览、进行一次走访慰问、建好一个"青年民兵之家"、搞好一次民兵工作调研、放映一场爱国主义电影、组织一次新闻宣传等。

【课题调研与新闻报道】 2010年，认真贯彻落实总政《关于推进全军政工网建设科学发展的意见》，按照"围绕中心写报道，搞好报道促工作"的总体思路，坚持把理论学习与课题调研、课题调研与新闻报道、纸质报道与网络报道、新闻报道与促进工作结合一起，把制约和影响单位科学发展梳理出的问题，分解为作战准备瓶颈问题、专武干部队伍建设、行业（企业）武装部组建、全民国防教育、任务分队后勤保障和军民结合寓军于民等7个调研课题，规定党委委员和机关干部要在理论学习工作实践的基础上，对问题与对策进行理性思考，撰写调研报告和研讨文章，并发动大家向各级政工网投稿。针对革命老区教育活动红色资源丰富的优势，适时跟进宣传报道。

【《龙泉军事年鉴(2006—2010)》编写】 根据省军区的统一部署，在丽水军分区指导下，由龙泉市人武部负责征编的《龙泉军事年鉴(2006—2010)》，于2011年5月开始编写，至2012年12月基本完成，上报送审稿。年鉴按省军区规定框架编纂，全书收录人武部、武警中队、武警消防大队、人民防空办公室等单位资料，并收录市、乡镇（街道）领导人名录，市、乡镇（街道）简介等资料，全书分类目、分目、条目三个层次，约20万字，彩页55幅，随文插图43幅。

党委班子和干部队伍建设

【党委班子自身建设】 2008—2012年，市人武部党委把班子建设作为首要工作来抓。一是狠抓理论学习，注重理论联系实际，做到结合工作学、结合任务学、结合上级要求学、结合自身情况学，提高党委班子成员理性思维和驾驭全局能力。二是抓工作作风。针对军区提出的具体要求，坚持以自身行动为标杆，在干部职工中树立"作风实、过得硬"的形象。部党委无论是在抓机关思想政治建设，还是在抓应急作战准备，坚持脚踏实地做工作、解难题，切实把心思、精力和智慧凝聚到"搞建设、求发展、谋打赢"上。三是抓团结和谐。严格贯彻"十六字"（集体领导、民主决策、个别酝酿、会议决定）原则，坚持以人武部建设大局为重，坚持党委集体领导，强化党委的民主集中制意识，用民主集中制规范工作，增强党委班子的整体合力。

【人武部第七次党员大会】 根据军分区党委要求，按照《中国共产党党章》和《中国人民解放军政治工作条例》的有关规定，2010年8月25日，中共龙泉市人武部第七次党员大会召开。人武部党委书记姜新代表党委作工作报告，全面回顾和总结2004年5月第六次党员大会以来的工作，并对做好今后五年工作提出思路和具体要求。纪委书记朱明星代表纪委作纪委工作报告。龙泉市委书记、市人武部党委第一书记赵建林讲话。大会选举赵建林、魏安龙、姜新、朱明星、许广富、郭进桥为新一届党委委员；朱明星、许广富、王晓林为纪委委员。党委会选举赵建林为新一届党委第一书记，姜新为书记，魏安龙为副书记；纪委会选举朱明星为纪委书记。

【干部队伍建设】 2008年，针对专武干部年龄结构普遍偏大、进出渠道不畅等专职武装干部队伍管理问题，10月20日，市委下发《关于进一步加强专职武装干部队伍管理若干问题的意见》的通知，对专职武装干部的编制、待遇、职责、录用、任免、调动、考核等问题作出明确的规定，进一步加强专职武装干部队伍管理，提升12名专武干部的工作，调动专武干部的工作积极性。2009年3月，组织开展学习实践科学发展观活动，坚持以"破解难题、创新机制、科学发展、争创一流”为实践载体，坚持把学习实践科学发展观作为思想政治建设的首要任务。围绕“抓教育激发动力、抓培训提高能力、抓机制增强活力”，加强干部队伍建设。2011年，大力推进学习型党组织建设。按照军区《岗位练兵指导手册》，加大学习训练力度，着力提高“六种具体能力”，注重加强干部队伍思想作风建设，组织开展“坚强党性修养、锤炼思想作风”教育整顿活动，修改完善了《关于规范党的组织生活制度的意见》，进一步加强了党委班子思想作风建设和教育管理力度。2012年，注重专武干部能力素质的培养和提高，对能力素质强，德才表现好，群众威信高的专武干部进行重点推荐使用。

【加强党风廉政建设】 5年来，部党委组织党员干部学习《中国共产党党内监督条例》和《中国共产党纪律处分条例》。把“两个条例”列入党委中心组（机关）政治理论学习的一项重要内容。利用党委民主生活会、支部大会、干部职工大会等进行对照检查，落实“党员干部社会交往”规定，把党员干部的“生活圈”“社交圈”纳入检查考核范围。严格经费管理，严把审核关，防止违纪违规问题的发生。严格落实党风廉政建设责任制实施细则的规定。按照有关要求，对人事、经费使用、领导干部的廉洁自律情况等进行公开，接受群众监督。

思想政治教育

【政治理论学习】 2008—2012年，人武部以科学发展观为统揽，开展政治理论学习，加强思想政治建设。2008年，按照省军区党委提出的“十学”要求，围绕中共十七大精神这个主题，以“听党指挥、服务人民、英勇善战”为主线，开展“坚定中国特色社会主义信念，有效履行我军历史使命”“讲党性、重品行、作表率”“军人核心价值观”和纪念改革开放30周年四个专题教育，在学习教育中，创新方法，抓读书、抓调研、抓培训、抓制度、抓结合。联系制约作战准备重难点问题、专武干部建设、行业（企业）武装部组建、全民国防教育、任务分队后勤保障和军民结合寓军于民等7个课题进行调研和理论学习。全年聘请军地院校专家教授，举办4次专题辅导讲座，组织机关干部参观践学和访贫问苦活动，参加上级和龙泉市委组织的理论学习，提高党委班子、干部的理论素养和军政素质。

2009年3月，开展学习实践科学发展观活动，坚持把科学发展观作为思想政治建设的首要任务，注重在学习上求深化、实践上求转化。在省军区规定的“十有”基础上，重点抓好“八个一”配合活动，确保实现“党员干部受教育、科学发展上水平、履行使命见成效”的总要求。始终抓住思想政治建设这个根本，采取走出去的办法，先后组织机关干部职工和专武干部到住龙镇住溪苏维埃政府旧址等地参观践学，接受革命传统思想洗礼，对比先进找差距，坚定大家知难而进的信心，进一步增强履职尽责的紧迫感和使命感。

2010年，突出抓好党委中心组理论学习，围绕践行当代革命军人核心价值观教育，组织开展“增强党性观念，弘扬优良作风”和“强化战斗精神，有效履行使命”专题教育，使干部职工扎根山区、履行使命的思想更加坚定。高度重视抓好新闻报道工作，连续三年被省军区政治部评为新闻宣传先进单位。

2011年，始终坚持用党的创新理论武装头脑，努力培育军人核心价值观，突出抓好“两项”主题教育活动，广泛开展“坚定政治信念、忠实履行使命”主题教育和以“正确对待苦乐、升迁、走留”为主要内容的利益观教育活动及“加强党性修养、锤炼思想作风”专题教育，进一步增强干部职工政治意识、大局意识、纪律意识和责任意识。深化“安家不忘使命、履职更须尽责”专题教育大讨论，干部职工扎根龙泉奋发有为的决心更加坚定。

2012年，以迎接中共十八大召开、学习十八大精神为引领，结合新形势下国防和军队建设要求，开展经常性教育，培育军人核心价值观。组织“赞颂科学发展新成就，忠实履行历史使命”授课，增强干部职工大局意识、责任意识、纪律观念。开展“始终坚持战斗队，立足岗位有作为”专题教育大讨论活动，强化全体干部职工的战斗意识，始终绷紧准备打仗这根弦。

【经常性教育】 根据新的形势任务，结合人武部的工作实际，每周利用半天时间开展经常性教育，开展“十二讲”教育，开展“增强党性观念，弘扬优良作风”的党课教育。围绕培育当代革命军人核心价值观，积极开展“强化战斗精神，有效履行使命”专题教育和“安家不忘使命，履职更须尽责”的思想大讨论，开展“讲政治、顾大局、守纪律”教育。2012年11月，全体干部职工踊跃参加十八大精神理论学习，通过视频教育、看书、读报、讨论、撰写心得体会，全体干部职工政治素质得到进一步提高。为营造良好的学习环境，开展读书活动，购买图书500册，完善图书阅览室设施。深入开展创先争优活动，按照“五个好”“五个带头”要求，抓好“一诺三评”工作，引导广大党员立足本职创先争优。　（付奇松　叶　青）

战备　训练　兵役

【战备工作】 2008—2012年，严格落实各项战备制度，突出抓好战备规范化建设，修订完善应急作战准备方案，建立健全战备长效机制。2008年，按照战备需要，完成应急作战准备所需特种装备车辆及相关器材的登记和征用储备工作。2009年，着重抓好战备制度、战备方案、战备设施、指挥手段等4个方面建设。建立战备长效机制，健全12项日常战备制度，修订完善11个战备方案。2010年，正规化、信息化建设稳步发展。落实各项战备制度和规定，加强经常性的战备教育、战备值班、请示汇报等制度，随时掌握辖区内民情社情，进一步充实完善各种预案。2011年，积极适应战斗力生成模式转变，坚持人力、财力、物力向军事斗争准备聚焦。建立健全12项日常战备制度，修订完善9个战备方案。加大信息化建设力度，联通全区军事信息网和政工网，建立作战数据工作站和作战沙盘。2012年，认真贯彻落实军分区的军事工作指示，抓好战备工作，确保人武部军事斗争准备特别是军事训练的思想不松、标准不降、力度不减。

【军事训练】 5年来，根据应急作战准备的需要，制订应急作战整体防卫、国防动员、阵地管制三结合方案，围绕作战方案进行军事训练。2008年，制定全市民兵应急作战整体防卫、国防动员、阵地管制三结合方案。坚持"编为战、建为用"的原则，科学合理进行整组。完成应急作战任务分队现地点验、现地明确任务、现地组织的"三个现地"军事训练。

2009年，在民兵训练中，立足现有条件，着眼实战，紧贴任务，突出重点，注重实效，抓好教练员集训，搞好课目分工，认真编写教案，组织施教。突出应急分队森林灭火救灾和社会维稳的专业训练，针对课题进行形象逼真的设置，按照预定方案进行组织实施。2010年，组织民兵军事训练，针对非军事任务多的实际，对全市民兵连长进行为期3天的集中培训，并组织各乡镇应急排的训练。通过训练进一步增强参训人员的国防意识、战备意识和完成多样化军事任务的能力。2011年，广泛开展专武干部、应急分队和基干民兵"训练月"活动，高标准完成军分区整组拉动训练任务。认真贯彻省军区"金华会议"精神，重点抓好民兵应急连训练和民兵分队训练。2012年，对应急连、重点应急排、森林防火分队、通信抢修分队、工兵分队、二炮伪装分队、二炮修理分队7支任务分队进行分时间段、分专业组织训练。积极参加上级组织的一个星期教学法组训、情报侦察、核化防护、森林灭火、工兵技能的5个专业跨区联训。

【机关训练】 5年来，人武部机关注重岗前培训和实践锻炼，开展岗位练兵活动，确保岗位练兵的经常化。在训练的内容上重点突出军事理论、信息化知识、业务技能和本级指挥等课目，使党委班子组织指挥能力进一步得到提高。2008年，根据省军区党委提出在团级党委广泛开展科技练兵活动的要求，市人武部在参加军分区组训的基础上，组织党委带机关演训，先后进行军事理论和射击、体能、战术标图、方案拟制、电脑运用等课目学训。2009年，参加军分区网上训练与本部集训相结合方式进行首长机关训练，重点围绕作战指挥、作战文书、标图、想定作业、技能体能的强化训练，适时根据个人素质差异进行补差训练。2010年，制订本级首长机关训练方案和计划，下发作业指导手册。在训练的内容上，重点突出干部的业务技能、本级指挥和重难点问题的研究；在训练对象上，突出党委班子成员；在训练的方法步骤上，采取先理论后操作，先分段后连贯。2011年，狠抓首长机关按纲施训，现役干部参加军分区组织开展的"练精兵、争第一"岗位练兵活动，完成4种武器基本技能操作、射击训练，提高干部组织指挥和武器操作能力。在军分区组织现役干部考核中，龙泉人武部取得总分第一名。2012年，参加军分区运用视频组织的干部技能训练，分理论培训、定期考核等阶段，历时25天。4月，组织为期10天的集中强化训练，主要进行本职业务、军事技能、本级指挥、识图用图等课目的训练。

【安全管理】 5年来，贯彻"从严治军"方针，按照"安全重于泰山，稳定压倒一切"的要求，抓好安全形势教育，增强干部职工的安全防范意识。2008年，制定《安全管理暂行规定》《奥运期间安全管理有关规定》及《几种常见自然灾害的预防措施》等资料。组织干部职工学习上级关于做好"两防"工作的一系列重要指示和要求，定期不定期地对单位安全工作形势进行分析。2009年，按照省军区20条管理规定，贯彻上级安全管理工作一系列指示精神，努力实现"三无一少"的目标。加大对干部职工的教育管理力度。认真抓好"两防"(防案件、防事故)工作有关规章制度的落实，实行按级负责制，定期对落实情况进行检查。2010年，落实安全管理工作，在人员管理上，突出条令条例的学习贯彻，严格按照上级关于人员管理有关规定，采取主动汇报、电话点名等形式，规范人员八小时以外的管理。在文电管理上，严格执行上级管理规定和保密制度，杜绝失泄密事件的发生。2011 年，牢固树立安全发展理念，扎实开展“条令学习月”活动。严格落实安全形势分析、军地网络安全防范、“四反”协作机制，牢牢把握安全工作主动权，建立健全安全管理领导责任制和严格车辆派遣使用规定。2012 年，按照“抓素质从严治学、抓规范从严治乱、抓反复从严治难、抓执纪从严治软”的思路，结合安全隐患排查整治工作，对相关干部职工逐一进行谈话，对办公室、工作间、办公桌、文件柜等逐一进行清理规范。完善营区监控防盗系统，排查整治问题隐患。制定《请销假制度》《保密办公制度》《仓库正规化管理制度》等项制度措施，进一步巩固安全管理工作基础。

【兵役工作】 2008—2012 年，市人民政府征兵办公室、市人武部执行上级征兵命令，根据《兵役法》，做到早计划、早宣传、早部署，通过宣传教育，摸清情况，扎实做好兵役登记，坚持征兵工作纪律，每年都圆满完成征兵任务。5 年来，面对兵员征集主体调整的实际，市委、市政府把征兵工作摆上第四季度的重要议事日程、列入重点工作，市领导亲临征兵体检站检查指导。人武部领导深入乡镇、街道走访了解兵役登记、目测初检等情况，掌握第一手资料。各乡镇、街道领导亲自抓、具体抓。严格组织体检，政审工作，举办工作人员培训班，让每个体检、政审人员都熟悉任务和要求。体检站实行“一站式”和封闭式管理，实行“谁签谁负责”。坚持“三走访、四见面、五清楚”制度，搞清应征青年的现实表现、户籍关系、年龄、社会关系和隐性病史，不留疑点。按照总参《廉洁征兵若干规定》，增强征兵工作透明度，征兵办在市、乡镇（街道）两级设立“廉洁征兵举报箱”和举报电话，并成立联合纪检组，对征兵工作过程实行监督，要求征兵工作做到“六公开”“三公示”“八不准”，确保选送高质量兵员。至 2012 年，实现连续 26 年无责任退兵。

5 年来，根据《退役士兵安置条例》及有关精神，市人武部会同市民政局，积极向企事业单位推荐退役士兵就业。依照省政府《关于加强退役士兵职业技能教育培训工作的意见》精神，龙泉市人民政府作出《职业技能教育培训实施办法》，对参加各类职业技能培训的退役士兵给予每月生活费补贴。按照龙泉市人民政府《关于转业士官和城镇退役士兵安置工作实施办法》的规定，对转业士官和退役士兵的自谋职业人员发放一次性补助金。

【正规化建设】 2008 年，强化机关作风正规化建设和管理，制定请示报告、值班、上下班等制度。加大干部职工管理力度，加强干部职工“8 小时以外”和“军营以外”的检查管理，规范行为准则。2009 年，坚持抓基层打基础，抓规范上台阶，着重加强对本级和基层武装部的规范化建设。全市基层武装部规范化建设基本达到在硬件上“有办公室、资料室、活动室、器材室”的标准，在软件上达到“制度上墙、资料完善、管理规范”的要求。2010 年，按照“配套、齐全、管用”的总体要求，认真对照标准，较好地解决战备物资器材不够用、不堪用、不配套及战备设施器材“缺、简、重、杂”等问题。2011 年，按照信息化建设要“建好、管好、用好”的总要求，购置计算机、LED 显示屏等设施设备，完成作战室装修，开通机关局域网的指挥自动化办公平台。落实专人负责管理，高标准完成战备正规化信息化建设任务。2012 年，定期擦拭保养武器弹药，严格查清质量情况，确保职责清、数量清、性能清，使武器弹药处于良好的性能状态。

民兵　预备役

【国防动员和民兵预备役】 2008—2012 年，市国防动员委员会按照完善机构、规范程序、强化保障、组织演练的工作部署，加强民兵预备役和后备力量建设，对应急兵员动员组织领导、工作程序、配套方案、方法措施、相关保障等问题进行研究和演练，形成一整套应急兵员动员方案。在民兵组织整顿工作中，切实把重点队伍编强，达到可靠管用，解决民兵队伍之间任务重叠、编组交叉、一兵多职的问题，并加强对乡镇、公路沿线乡镇民兵队伍的科学编组，增加专业技术兵的数量，扩大对口专业分队的编组范围。认真做好国防潜力调查和评估工作。抓好地方与军事专业对口人员预备役登记统计和退伍军人预备役登记统计核对工作。搜集整理防区兵要地志数据资料，构建和完善防区数据库。切实抓好民兵预备役分队的训练，增强民兵的国防意识、战备意识和技能体能。加强街道和社区民兵建设，成立民兵之家；加强民兵信息网建设，完善民兵信息员工作职责制度，提高情报收集和侦察能力；加强民兵预备役法制建设；改革民兵教育训练方法。5 年来，始终坚持党管武装、党委议军，积极加强国防动员委员会建设，不断完善国防动员委员会领导机构和办事机构，每年召开武装工作会议，择时举行武装工作现场办公会，研究决定重大军事工作部署，解决国防后备力量建设工作中存在的问题。

【城市民兵调整改革和应急分队建设】 2008年，制定全市民兵应急作战整体防卫、国防动员、阵地管制三结合方案。按照上级提出的“军民结合，寓军于民”指示要求，坚持“编为战、建为用”的原则，科学合理进行整组。2009年，根据省军区、丽水军分区统一部署，加强民兵应急分队建设。围绕反恐维稳拟制《常态化民兵应急建设暂行规定》及相关行动预案，组建常态化民兵应急分队，各乡镇、街道武装部配置盾牌、警棍、行军被囊等战备器材。为保证迅速掌握突发事件，以最快速度在第一时间到达现场，每个乡镇、街道建立应急维稳分队；在国家级自然保护区凤阳山毗邻地区等重点乡镇，建立森林防火分队；在库区、主河道沿线和地质灾害隐患点所在乡镇、街道建立抗洪抢险分队；在行政村设立民兵信息员，实行民社情零报告。针对民兵异地就业多的实际，打破以往以户口所在地编组的编兵模式，对在主要集镇务农、务工、办厂、经商的基干民兵实行属地化管理，优先编入现居住地所在乡镇、街道的任务分队，保证人员的在位率。2010年，以遂行多样化军事任务为牵引，突出提高民兵“两个能力”为重点，扎实开展民兵组织整顿。落实重点力量队伍，对退伍军人的数量、年龄、专业对口率等，逐一进行核实和点验，确保组织健全，人员落实，任务明确，遇到情况能召得回、拉得出、用得上、合得成。突出基干民兵队伍建设，提高专业对口率。在组织整顿中根据各类分队专业所担负的任务和专业需求，选择与之对口或相近的军地兼容企事业单位就地组建，力求专业对口率达到规定要求。通过组织整顿工作，使民兵队伍组织更加健全，布局更加合理，结构更加优化，具备应对多种安全威胁和遂行多样化军事任务的能力。2012年6月5日，在查田镇溪口村举行应急处突演练，查田镇民兵应急分队130人参加演练。11月8—14日，根据浙江省人民政府、浙江省军区《关于部署2012年国防动员和后备力量建设任务》的通知，市人武部组织“五强五网”(五强指：强化综治委、派出所、应急中心、便民服务中心、综合文化站，五网指：综治调解、治安防控、应急处突、便民服务、文化惠民网)应急处突集训。按照市“五强五网”建设意见要求，坚持“按级负责、分层实施、训用一致、突出重点”的原则，大力加强应急维稳、森林灭火、防汛抗洪等应急处置能力。乡镇(街道)应急处突网骨干76人参加集训。

【参与抢险救灾与地方建设】 5年来，市人武部所属基层民兵积极参加社会维稳、安全保卫、抢险救灾行列。2008年1月13日至2月13日，持续低温冰冻雨雪天气造成10个乡镇的高山地区出现严重冰冻灾害，造成农作物、林木、电力、交通等严重受损。市人武部根据市委部署，组织民兵应急分队投入抗冰冻救灾825人次，修复电杆76根，修复断电处20处，线路18.4千米，运送救灾物资3吨，清理通道8.5千米、路障200余处。2009年8月10日，台风“莫拉克”给龙泉市带来灾害，受灾较严重的主要为龙南、屏南、安仁、兰巨等7个乡镇。市人武部组织民兵预备役力量，投入抢险工作，紧急转移安置人员2560人，无人员伤亡。2010年5月下旬至6月下旬，龙泉市遭遇百年罕见的“5•22”“6•18”特大洪涝灾害。根据上级指示，市人武部协助市防汛指挥部，组织民兵预备役力量投入抗洪抢险工作，共出动民兵108批6800余人次，动用救生衣、救生绳、锹镐等物资器材800余套，修复损毁道路20余公里，转移被困群众600余人。2011年，积极参加抢险救灾、森林救火和处突维稳等急难险重任务，全年出动民兵8000余人次。2012年，19个乡镇(街道)分别建立了民兵预备人员抢险救灾应急维稳队伍，全年出动民兵4500人次。 （韩　赟）

后勤建设

【财经管理】 2008—2012年，市人武部财经管理工作认真贯彻落实上级财经管理工作指示方针，针对实现人武部全面建设跨越式发展经费需求，科学合理安排经费支出，确保了财经管理的正常运行和收支平衡。一是充分发挥党委管财党委理财的作用。党委自觉坚持勤俭建部原则，对正常合理的开支，做到“量入为出、留有余地”，对不合理的开支，坚决不列入预算开支，加强监督，确保收支平衡；严格落实军队财务规范化建设的规定要求；为保证经费开支合法合规合理，做到先预算后开支，经费审批权限清楚，责任明确，落实“党委统管、财务归口、按级负责、先批后支”的要求。二是加强财物规范化管理，把它作为人武部全面建设的一项重要内容来抓。科学合理安排年度预算，在做好调查研究的基础上，实事求是从严从细地进行编制，将维持性经费、政府专项经费和预算外经费统在一起，明确具体的使用项目，明确具体的经费限额，对预算没有编列的开支内容一律不予开支；切实做好资产管理工作，将资产管理提升到与经费管理同等重要的高度，每年度组织人员对单位资产进行全面的核对清查。三是集中财力保重点。经费投向投量重点向大项工作倾斜，主要是抓好民兵训练、征兵工作、仓库及综合楼改建、应急物资储备等重点工作的经费保障。四是全面落实“集中统管”和“部财区管”工作，2008年以来，上级财务部门相继推行“资金集中统管”和“部财区管”等财务体制改革，市人武部根据要求细化落实，较好地保证了财务工作的衔接性和连续性。

【后勤保障】 5年来，市人武部根据“保障有力”的总要求、军队后勤体制改革和做好军事斗争准备的现实需要，按照上级后勤工作指示和部党委年度后勤工作安排，稳步扎实抓好各项后勤保障工作，科学规范各项后勤管理，着力加强自身建设，努力提高保障质量和效益，推进后勤全面建设的协调发展。一是坚持党委管后勤，党委抓后勤，进一步规范后勤管理秩序，落实后勤管理制度，加强督促检查力度。二是教育引导干部职工自觉树立艰苦奋斗意识，勤俭办一切事业的意识，立足现有条件，创造性地开展人武部后勤工作。三是完善后勤保障预案和计划方案，提高战时后勤保障能力。四是坚持预算制度，科学合理平衡收支关系。五是组织后勤财务人员参加省军区、军分区及地方的业务培训，加强自身素质，提高业务技能。六是努力改善办公生活条件，协调地方政府大力支持帮助，启动并完成仓库暨综合楼改建工程，同步落实“三室一库”和“六小”建设。七是抓好民兵训练和征兵等人武部大项工作的后勤保障。八是抓好驾驶员队伍建设，确保车辆安全正常行驶。2009年12月6日，人武部新营院综合楼建成投入使用。工程建筑高度24.6米，总占地面积13125.31平方米，建筑占地面积750平方米，建筑面积2855.90平方米。2012年，在营区内安装了多层次多角度的视频监控系统，在办公楼各楼层拐角处安装了不锈钢围栏，确保了“保安全除隐患”和环境美观目标的实现。加强后勤安全管理，贯彻从严治军、依法治军的要求，狠抓后勤各项安全工作的落实，把人员、财物、车辆、经费管住、管牢，防止事故和案件发生，确保安全稳定。（张　君　王晓林）

人民防空

【概况】 2008—2012年，是龙泉市人防办成立后的平稳建设发展时期，这个时期，龙泉的人防建设围绕着“长期准备，重点建设，平战结合”的方针，紧贴龙泉经济发展实际，进行扎扎实实、循序渐进、卓有成效的人民防空建设，人防宣传、指挥通信和人防工程建设都取得了长足的发展，连续5年在丽水市人防考核中取得优秀成绩。

【人防指挥通信】 2008年，根据省人民防空进重点镇的要求，人防办在安仁镇开展重点镇人防工作试点，成立了安仁镇人民防空领导小组，建立了安仁镇人民防空办公室，同时在安仁中学安装一台人防警报器。同年，在龙泉城区3个街道成立了人民防空领导小组，并在市区内的11个社区建立人民防空工作站，各社区同步成立了人防志愿者队伍。5月，按照省政府统一部署，龙泉市成立人民防空指挥部，并召开成立大会。该年，完成人防数据库的数据收集工作。2009年，根据浙江省人防办的统一安排，龙泉市开通单边带电台，同时建立人防综合业务网。5月12日，为国家确定的全国“防灾减灾日”，人防警报器进行了试鸣，各机关单位、学校进行了以防灾减灾为内容的疏散演练行动。8月，全省统一组织进行“金盾—09”人防演习，龙泉市人防办作为丽水地区的县市代表参加了这次网上演习。2010年，为进一步推进人防重点镇的人防工作，在八都镇建立人防领导小组，成立人防办公室，并安装了一台人防警报器。4—11月，市人防办全体人员参加了丽水市组织的岗位大练兵活动。2011年，查田成立人防领导小组，并设立人民防空办公室。结合“5•12”全国防灾减灾日警报试鸣，组织育才中学、龙泉三中、实验小学等学校学生以及水南社区、贤良社区等社区共2300余人进行疏散演练。8月，龙泉市人防指挥部成员进行了调整。2012年，进一步完善人防信息中心制度化建设，在战备值班、对上通联及出联率上都有了较大的进步，人防指挥向重点镇拓展，在查田建立重点镇指挥平台，在查田镇人防应急救援队的基础上，建立了200人的人防志愿者队伍。12月，龙泉市人防应急指挥通信中心建成。2008—2012年，共组织进行了5期198人的人防专业队的专业、军事训练。2010年开始，连续三年组织开展“国际民防日”庆祝活动，共组织5000余人次的防灾自救疏散演练。2012年，人防警报器增加到15台，每年的“国防教育日”或“防灾减灾日”组织进行人防警报试鸣。5年来，共进行5期人防专业队的民兵整组。

【人防工程建设和应急防空准备】 2008—2012年，龙泉市共建成和在建人防工程项目6项。2012年12月，市人防应急指挥中心建成使用。2008年，在《龙泉市人民防空应急行动方案》基础上，编写了《龙泉市信息化条件下人民防空行动方案》。2010年，进行《龙泉市人防建设详细规划（草案）》和《龙泉市人防“十二五”规划》的制订，对《龙泉市信息化条件下人民防空行动方案》进行修改补充。

【人防宣传】 人防宣传是人民防空的重点工作，是提高广大民众国防意识、人防意识和灾难防护意识的重要手段。2008—2012年，龙泉市人防宣传工作从人防“五进”(进机关、进学校、进党校、进街道社区、进厂矿企业)开始，进行了6期350人后备干部人防知识培训，开展了城区5所初级中学人防教育课，对15000余人次中小学生进行人防教育。5年来，共组织上街宣传20余次，分发宣传手册、宣传单和防灾减灾画册近20000份。同时，与市妇联、市老龄委等部门联合开展“人防杯”幼儿知识竞赛(2008年)、“人防杯”中老年游离球比赛(2010年)、“人防杯”巾帼英雄摄影大赛（2012年）等活动。2009年起，人防宣传实行基地化教育，全市所有小学五年级和初中一、二年级学生每年都参加为期一周的人防综合训练和教育。（市人防办）

武警

【概况】 2008—2012年，武警龙泉市中队按照中央军委“政治合格、军事过硬、作风优良、纪律严明、保障有力”总要求，以科学发展观为统揽，按照“抓班子带队伍，抓执勤保中心，抓训练求过硬，抓管理促正规，抓教育聚兵心，抓团结树形象，抓后勤强保障”的工作思路，坚持以兵为本、从严治警，注重落实经常性、基础性工作，突出作风建设，狠抓干部队伍能力素质提高，不断夯实部队建设基础，确保部队内部安全稳定，确保以执勤和“处突”为中心任务的圆满完成。积极参与地方维稳和抢险救灾工作，2010年10月，中队长朱贤俊受到中央军委总政治部表彰，被授予“抢险救灾先进个人”称号。

【思想政治建设】 5年来，中队坚持把思想建设作为部队建设头等大事来抓，加强党支部建设，按照《党支部工作条例》，抓学习强素质，抓团结强合力，抓自律树形象，不断提高党支部的凝聚力。官兵之间做到思想上常交流，工作上互补位，生活上多关心，办事讲民主、按程序、讲原则。2009年，开展科学发展观学习教育活动，以“党员干部受教育，科学发展上水平，履行使命见成效”的总要求，通过理论学习、分析检查、整改落实三个阶段，增强党支部的凝聚力、吸引力和战斗力。结合科学发展观学习教育活动，参观烈士陵园缅怀先烈丰功伟绩，激励官兵爱国献身豪情。坚持用科学理论和先进思想武装部队、教育官兵，打牢官兵思想防线。中队把条令条例作为规范部队管理的依据，把条令条例学习教育经常化、系统化、制度化。围绕奋斗目标，开展“双争”活动，积极搞好科学文化教育，开展“学习型警营，培养知识型军人”活动，促进中队全面发展和各项任务的完成。

【军事训练】 5年来，中队认真贯彻中央军委和武警总部关于科技练兵的指示精神，开展军事训练，坚持以新《军事训练与考核大纲》为依据，结合训练要点、担负任务的特点和官兵身体素质情况，坚持实战标准抓好战备训练工作。2008年，中队制定《军事训练奖惩制度》，延伸勤务训练的深度和广度，推进军事训练出成果。在2009年8月支队组织的大比武中，龙泉中队获团体第四名。同年10月在总队组织的反恐比武中，班长吴正威获手枪射击第一名，荣立总队三等功一次。2010年10月在省总队组织的士官军事大比武中，中队班长林祥贵取得两个单项第一名、一个单项第五名，受省总队荣记二等功一次。应龙泉二中、龙泉三中、育才学校的请求，2008—2012年每年选派教官到学校开展为期5天的军训工作，对学生进行军事训练，还长期担任西新小学课外辅导员。

【执勤和抢险救灾】 5年来，中队认真贯彻《武警执勤中队“三员一兵一组”值班执勤暂行办法》，在规范执勤和提高“处突”能力上下功夫，开展执勤“四哨”动作训练，突出防逃制逃训练，提高部队正规化执勤质量。密切关注治安状况，积极配合公安机关组织好各项临时勤务（如武装巡逻、重大活动现场警戒、公判警戒、押解等）。严格执行临时勤务用兵各项规定，加强对隐患的治理，确保部队随时拉得出，打得响，随时完成各项执勤工作。2009年，制定《防逃制逃联合方案》，明确职责，确保一旦出现情况，“110”指挥中心按照预案，多警种联动，提高制逃能力。2010年4月24日，成功处置一起在押犯逃跑事件。5年来，中队根据上级部署，多次参与地方执勤和抢险救灾工作。在2008年、2009年、2010年的三届中国龙泉青瓷、宝剑节期间，中队根据市委部署和公安局安排，严密组织，履行职责，圆满完成安保执勤任务。2010年，龙泉发生“5·22”“6·18”洪灾，根据上级部署，中队投入抗洪抢险工作，执行抢险救灾任务11次，成功转移被困群众590余人，抢救伤员1名，挖掘被泥石流掩埋失踪者5人，挽回经济损失200余万元，圆满完成抗洪抢险任务。

【后勤保障】 5年来，中队认真抓好后勤保障工作。围绕“保障有力”的总要求，提高后勤保障水平，加大后勤设施建设，加强后勤人员管理，落实“双主官”签字制度，加强经费、物资管理，后勤队伍素质明显提高，有力地推动后勤建设。坚持“以人为本，注重管理”的原则，向管理要效益，搞好农副业生产，抓好养猪种菜副业建设，精打细算，厉行节约，大力搞好伙食管理，发挥有限经费效能，保障各项任务的完成。严格落实武器装备管理制度，加强车辆管理，严格枪弹管理，注重要害岗位人员培训；抓好武器动态管理，做好防盗、防爆和防失控工作，确保部队内部安全。落实卫生及各项管理制度，加强卫生宣传教育，加强对卫生员、炊事员业务培训，严格后勤卫生制度落实。（武警龙泉市中队）

农业　农村

综　　述

【机构设置】 2008—2012年，龙泉市立足自然生态优势，继续优化农业产业结构，大力发展高效生态农业和特色农业产业，实现了农业持续增效、农民持续增收。先后荣获中华灵芝第一乡、中国黑木耳之乡、中国食用菌行业十大主产基地县、全国十大生态产茶县、全国重点产茶县、全国林改百强县、浙江省农业特色优势产业综合强县等荣誉称号。2012年，全市实现农林牧渔业总产值18.21亿元，比2008年的12.71亿元增长43.27%。其中农业产值11.83亿元，比2008年的8.11亿元增长45.87%，占农业总产值的比重由2008年的63.81%上升到64.96%；林业产值3.97亿元，比2008年的2.98亿元增长33.58%，占农业总产值的比重由2008年的23.41%下降到21.82%；渔业产值1572万元，比2008年的1154万元增长36.22%，占农业总产值的比重由2008年的0.90%下降到0.86%；2012年农业服务业产值739万元，比2008年增长39.43%。农村居民人均纯收入由2008年的5037元上升到9127元。（张跃康）

【农业公共服务体系建设】 加强基层农业公共服务体系建设，在全市各乡镇（街道）全面建设乡镇农业公共服务中心，2012年首批建设7个服务中心，其中示范性服务中心2个。继续聘请浙江大学、浙江农林大学、浙江省农业科学院等科研院校的专家为笋竹、食用菌、茶叶、蔬菜、畜牧、水果、食品加工等产业首席专家。（陈小俊）

农业产业化和农业龙头企业

【概况】 2008—2012年，龙泉市紧紧围绕“大力发展竹产业，提升发展食用菌，特色发展茶果蔬”的工作思路，加大产业投入力度，完善产业扶持政策，建立健全产业推进工作机制，全市已形成食用菌、特色茶叶、山地蔬菜、生态畜牧四大农业主导产业，实现了产业主体不断壮大，生态绿色农业产业又好又快发展。截至2012年底，全市拥有龙泉市级以上重点农业龙头企业达58家，其中：国家级1家、省级3家、丽水市级26家、龙泉市级28家。全市在农业部门备案农民专业合作社达到208家，其中省级示范性合作社16家，丽水市示范性合作社14家，市级规范化专业合作社115家，丽水市星级农民专业合作社1家。注册了“金观音”茶叶和“龙泉绿”蔬菜两大公用品牌商标，统一设计产品包装，特色品牌农产品的比重不断加大。全市拥有中国驰名商标1只，省著名商标6只，省名牌农产品6只。“龙泉香菇”“纳富特灵芝”被评为“浙江十大名菇”，龙泉灵芝被评为“处州十珍”农产品。

【农业龙头企业评定】 2008年8月，农业部、财政部、商务部等8个国家单位联合发文公布了第四批农业产业化国家重点龙头企业名单，浙江天和食品有限公司榜上有名，成为丽水市第一家国家级农业龙头企业。经浙江省农业产业化工作领导小组审定，浙江聚珍园食品有限公司和浙江晨光食品有限公司分别于2008年11月和2012年12月获浙江省骨干农业龙头企业称号。

【休闲观光农业魅力乡村】 2011年3月，龙泉市剑池街道茶坦村获“丽水市首批休闲观光农业魅力乡村”称号。茶坦村位于市区西南侧，距城区5公里，被誉为“龙泉桃花源”。该村在保护好文物、生态资源的基础上，不断挖掘深厚的“农耕、人文、民族”文化底蕴，以自然风光、生态田园、科技农耕、少数民族、武状元文化等为特色，大力推进“优美山村、生态文明村”建设，成为丽水市首批休闲观光农业魅力乡村。

【休闲农业与乡村旅游示范点】 2012年12月，龙泉金观音白天鹅观光农业园区以品生态茶、吃农家菜、游农业园为特色，全力打造茶业、餐饮业、观光农业完美结合的休闲农业和乡村旅游品牌，成功入选“全国休闲农业与乡村旅游示范点”，成为丽水市第一家获此殊荣的农业观光旅游景区。 （吴建峰）

绿色农业建设

【绿色农业品牌创建】 2008—2012年，龙泉市共有49家农业企业51313亩生产基地通过省无公害基地认定，41家农业企业48个产品通过农业部农产品质量中心认证为无公害农产品。有7个产品2266亩通过中国绿色食品发展中心的绿色食品认证，其中2009年浙江聚珍园食品有限公司2个产品1000亩，2011年浙江晨光食品有限公司5个产品1266亩。有5个产品795亩通过有机食品认定，其中2008年浙江省聚珍园食品有限公司香菇等3个产品707亩通过日本JAS有机食品认定，2010年浙江龙泉佳宝生物科技有限公司灵芝1个产品53亩、龙泉市科达农副产品有限公司黑木耳35亩通过万泰有机认证。

【农业标准化建设】 2008—2012年，龙泉市共发布农业地方标准4个，分别为：龙泉灵芝系列生产标准：DB331181/T017.1—2008；DB331181/T017.2—2008；DB331181/T017.3—2008；DB331181/T017.4—2008。袋料栽培黑木耳生产技术规程：DB331181/T019—2008。南方红豆杉栽培技术规程：DB33/T 731—2009。金观音茶叶生产技术规程：DB33/T 740.1—2009；DB33/T 740.2—2009；DB33/T 740.3—2009。2010年，对竹垟杨梅生产技术规程进行修订并重新发布，标准编号为：DB331181/T015—2010。

【生态循环农业】 2011年，龙泉市被列入全省首批生态循环农业示范县、示范区创建点，通过围绕生态文明建设和农业“两区”建设，以投入物品减量化、生产过程清洁化、废物利用资源化、产品供给无害化为主线，扎实推进示范区创建实施工作，形成了“以废菌棒为纽带的生态食用菌循环产业链模式”“以畜禽排泄物利用为纽带的生态循环养殖模式”“以‘耳稻轮作’为重点的水旱轮作模式”“以喷灌滴灌为重点的减量、节约、清洁化生产模式”等四大循环模式体系。2011年，浙江双益菇业有限公司被评为第一批省级生态循环农业示范企业。2012年11月，兰巨省级生态循环农业示范区通过了省农业厅、发改委、财政厅和环保厅联合认定，成为首批省级生态循环农业示范区之一，总面积16524亩。

农民科技培训

【农业广播电视学校培训】 2008—2012年，农广校龙泉市分校共完成招生345名（省财政补贴学费的种养专业210人），职业技能鉴定225人，毕业中专学员285名；从2009年起省财政对农广校农业种养专业实行补贴学费政策，并开展“双证制”教育，对农业种养专业学员进行职业技能鉴定。2008年，完成农广校农民职业教育卫星接收平台项目建设。

【“绿色证书”工程】 2008—2012年，龙泉市继续实施“绿色证书”工程，对农民进行食用菌、茶叶、蔬菜、生态养殖、笋竹两用林、绿化苗木、农经管理等岗位培训，5年中累计培训学员5645名，发放证书5645本。

【实用农业技术培训】 2008—2012年，龙泉市围绕农业主导产业和农民生产的需求开展水稻强化栽培技术、农作物病虫害综合防治、黑木耳栽培、茶叶无公害生产技术、蔬菜多样化增效栽培技术、畜禽生态养殖、农业法律法规、农户经营管理等短期实用技术培训，共计培训27000人次。

【农村劳动力培训】 从2011年起，龙泉市开始实施农村劳动力培训阳光工程，截至2012年共完成培训2400人，其中病虫专业防治员130人、化肥农药经销员110人、蔬菜园艺工700人、果茶桑园艺工100人、村级动物防疫员110人、畜禽养殖人员110人、农机操作人员200人、农村会计60人、农村专业合作社管理人员110人、农产品加工企业人员80人、沼气工80人，农民专业合作社骨干人员50名、农村经纪人60名；另外农业专项技术培训500人，重点培训粮油、食用菌、茶叶、蔬菜、畜牧五大产业从业人员各100名。

农业信息化建设

【“农民信箱”工程】 自从“农民信箱工程”建设工作开展以来，龙泉市在充分调查摸底的基础上，成立了龙泉市“农民信箱工程”领导小组，出台了《龙泉市万名农民信箱工程实施方案》，通过组织发动，截至2012年底，龙泉市注册用户12205人，建立农、林、水等涉农部门联络室6个，乡镇联络站19个，行政村农民信箱联络点444个，累计发布公共信息885条、买卖信息1916条，“每日一助”321条，免费发送个人信件4484693封、短信4290710条。

【"万村联网"工程】 2008年起，龙泉市全面开展农民信箱万村联网工程建设，根据社会主义新农村"生产发展、生活宽裕、乡风文明、村容整洁、管理民主"的总体要求，通过提供免费自助建站服务，集中展示宣传龙泉市新农村建设成果。截至2012年底，龙泉市共建设万村联网村网站269个，累计发布各类信息6339条。

【农业信息网建设】 为推进龙泉市农业信息化工作，2009年龙泉市农业信息网进行了改版，改版后的网站主要由政务公开、农业动态、通知公告、农业技术、乡土乡情、农业专题、农村教育、农业企业、名优特产、农家乐等栏目组成。到2012年底，累计发布农业信息5482条，其中农情动态类4109条、乡土乡情680条、通知公告89条、政策法规类19条、农业技术类265条、其它320条。 （陈小俊）

农业执法

【农业法制宣传教育】 2008—2012年，以创建全省"五五"农业法制宣传教育试点示范县为载体，共举办农业法律法规及农业投入品知识培训班12期，发放宣传资料8000多册，挂贴标语横幅50多条，接待群众咨询7000多人次。

【农业行政执法】 2008—2012年，开展农产品质量安全专项整治、种子执法年和"绿剑"春、夏、秋季集中执法等一系列执法行动。5年共出动执法人员3452人次，立案查处农业违法案件123起，立案查处的农业违法案件结案率达100%，案件办理正确率达100%。2008年小农资店整规工作被省农业厅列入全省试点单位并取得显著成效。2012年，农资监管与服务信息化建设强力推进，有20家农资店实现农资产品POS机销售。2008—2012年，先后有龙泉市天丰农业生产资料有限公司等16家农资企业被丽水市农业、工商、供销社评为农资诚信经营放心店。

【植物检疫】 2008—2012年，植物检疫站与农业行政执法大队合署办公。5年间龙泉市发生和发现的植物检疫对象及有害生物有：2003—2006年，龙泉市累计发生柑橘黄龙病面积为1866.8亩，于2008年得到全面扑灭。2008年，兰巨乡大巨村柑橘园有柑橘溃疡病发生，面积为24亩。2010年8月在屏南镇均溪发生水稻细菌性条斑病，面积约50亩，经植物检疫站人员指导进行化学药物防控，未造成危害，其他地域未发现水稻细菌性条斑病。2010年8月30日，在市区庆龙步行街上首路边普查发现扶桑棉粉蚧，经过2010和2011年全面有力防控，该害虫得到遏制。 （王忠林）

农村经济管理

【村经济合作社】 根据《浙江省村经济合作社组织条例》、省政府办公厅《关于切实加强村经济合作社组织建设的若干意见》（浙政办发〔2008〕68号）精神，2009年6月，龙泉市人民政府对444个村经济合作社颁发了证明书正副本。2011年村经济合作社开展换届选举，该届共产生社长444名，社管会成员1554名，社监会成员1471名，村经济合作社资金、资产、资源实行乡镇（街道）委托代理。

【农村"三资"管理】 龙泉市出台相关文件，市里建立市、乡两级监管网络系统，对各村农村"三资"管理进行实时监管。各乡镇整合建立"农村集体'三资'委托代理服务中心"，指导各村开展清产核资、开设村经济合作社账户、实行备用金等制度。

【农民负担监管】 龙泉市成立了由市政府分管领导任组长，组织、监察、农业、农办、财政等部门负责人为成员的领导小组，并在农业局设立市农民负担监督管理办公室。各乡镇（街道）均成立了由纪检书记任组长的领导小组。2008年起建立龙泉市农民负担监督员制度，聘请市农民负担监督员20名，省农民负担监督员1名。2010年确定兰巨、安仁、小梅等5个乡镇10个村80个农户为龙泉市农负监测点。

【村级公益事业】 2010年，龙泉市开展村级公益事业一事一议财政奖补工作，到2012年，共有104个村获得省财政奖补资金达3015万元。龙泉市村民一事一议筹资筹劳以资代劳工价标准经审核并报省政府备案，每年年初向社会公布。2010年、2011年、2012年工价分别为40元/工、60元/工、70元/工。

【农民专业合作社】 截至2012年12月底，农民专业合作社共有208家，其中：种植业140家、林业30家，畜牧业19家、渔业4家、服务业3家、其他12家。有注册社员10559人，带动非成员农户3.86万户。其中规范化合作社有115家、丽水市示范14家、省级示范16家。2012年合作社的总收入为3.63亿，联合基地26万亩，其中有核心基地面积9.26万亩。2010年，龙泉市贵旺果菜专业合作社获得"浙江省百强专业合作社"称号。

【农村土地流转】 至2012年底，龙泉市实行家庭承包的耕地23.8万亩，农户6.38万户，土地流转面积为6.19

万亩，流转率为26%，其中出租2.88万亩，占46%，转包1.61万亩，占26%，转让1.05万亩，占16.96%。在小梅镇黄南村等地出现了整村、整组流转的案例。2011年，龙泉市成立市级农村土地流转指导中心1个，乡镇（街道）成立土地流转服务中心19个。　（丁美珍）

农业机械管理

【概况】 2012年底，全市拥有农机总值9531万元，总动力21.24万千瓦。其中：耕作机械4396台30353千瓦，种植机械5台16千瓦，排灌机械15323台21014千瓦，植保机械94台233千瓦，收获及收获后处理机械9205台18787千瓦，农副产品加工机械4297台27008千瓦，畜禽养殖机械190台797千瓦，渔业机械764台759千瓦，林果业机械16台429千瓦，茶叶机械354台1246千瓦，食用菌机械15094台44300千瓦，运输机械1701台33600千瓦，农田基本建设机械211台19932千瓦，其他农业机械1880台13626千瓦。

【农机作业】 2012年，完成机耕面积15.86万亩，其中春耕10.59万亩，夏耕3.37万亩，冬耕1.54万亩；完成机播面积0.23万亩；完成机电灌溉2.56万亩；完成机械植保面积1.8万亩；完成机械收获面积2.06万亩，其中机收水稻2.01万亩，油菜0.05万亩；完成农机运输作业量12297.3万吨公里，农机跨区作业面积0.3万亩。

【农机安全】 通过落实农机安全生产责任制、做好牌证核发、开展农机安全生产宣传教育等各项措施，使农机事故四项指标全面下降，安全生产形势明显好转。共有12个村成为省级“农机安全示范村”，其中省级4个、丽水市级8个。5年来，拖拉机事故3次，死亡2人。

【农机服务组织】 2012年，龙泉市农机化服务组织达21个，其中农机合作社3个，农技服务站（队）18个，农机户4854个，其中专业户3718个，农机维修网点66个，农机修理人员116人，乡村农机从业人员4195人，农机经营总收入达6736.74万元，基本形成了以市场化为导向、政府宏观调控的农机化服务体系。

【农机技术推广】 推广先进适用机械，认真落实购机补贴政策。5年来，全市购机补贴新增各类农业机械4919台，总购机额2014.81万元，共财政补贴601.74万元，其中县级配套资金2.39万元。实施水稻机插试点，到2012年共完成机插面积6300亩，建立示范点3个，建成龙泉市第一个工厂育秧流水线。坚持项目带动战略，积极实施农业主导产业机械化技术引进和示范。5年来，共落实53个农机化项目，涉及龙泉市的食用菌、蔬菜、花木、畜禽等主导产业，下达补助资金463万元。　（李玲珑）

粮油作物

【概况】 2008—2012年，龙泉市水田面积稳定在15333公顷，累计建有标准农田7096公顷，粮食生产以水稻为主，约占粮食总产的84%，其中单季稻面积11591公顷，占丽水市单季稻总量的近1/4。这一时期，全国上下粮食生产形势较好，中央、省政府连年出台了各类粮油生产扶持政策，加上粮价较高，农民种粮积极性得到鼓舞，粮食播种面积总体保持稳定，粮食单产提升，种粮收入明显增加。2008—2012年，粮食生产基本保持稳定，粮食单产有效提升，平均粮食播种面积17133公顷，年粮食总产9.8万吨，粮食面积、总产居丽水市首位。2012年，粮食单产从2007年的5565公斤/公顷提高到6038公斤/公顷，水稻单产从2007年6375公斤/公顷提高到7085公斤/公顷。2008—2012年，早稻面积几乎没有，仅2009年在查田镇下圩村搞了150亩早稻示范方，全市水稻生产基本上为单季晚稻，水稻品种进一步优化，以“中浙优1号”“中浙优8号”“甬优9号“为主推品种的超级稻新组合累计推广26667公顷。旱粮生产向特色鲜食发展，油菜面积稳定在800公顷。

【粮食生产功能区建设】 2010年，省政府统一部署2010—2018年粮食生产功能区建设规划，下达给龙泉市2010—2014年粮食生产功能区6万亩建设任务，2015—2018年3万亩建设任务。2010年，农业局通过各乡镇全面调查摸底，结合龙泉实际，委托丽水市国土勘察测绘规划院编制《龙泉市粮食生产功能区建设规划》，重点提出2010—2014年的6万亩建设目标。规划在地势平坦、田面平整、耕地相对集中连片、适宜水稻种植的标准农田区内，选择小梅镇、查田镇、安仁镇、住龙镇等11个乡镇标准农田项目区，建设粮食生产功能区面积6万亩，以达到进一步改善粮食生产条件，提高粮食综合生产能力的目的。该规划于2010年12月30日通过省农业厅专家组评审认定。2010年，龙泉市已建成粮食生产功能区7个，1.03万亩（其中小梅镇黄南粮食生产功能区2200亩和查田镇赵麻圩粮食生产功能区1950亩为省级粮食生产功能区，2012年2月16日认定）；2011年建成粮食生产功能区11个，

1.22万亩(其中兰巨乡独田粮食生产功能区1317亩、兰巨乡下沙桥粮食生产功能区1133亩、兰巨乡桐山粮食生产功能区3224亩为省级粮食生产功能区,待认定);2012年建成粮食生产功能区16个,1.38万亩(其中锦溪镇岭根粮食生产功能区1575亩为省级粮食生产功能区,待认定)。3年共计3.63万亩,共34个区块(其余28个为县级粮食生产功能区,共2.49万亩)。 (徐志勇 毛美珍)

【粮食高产主推技术】 2008年以来,水稻生产主要推广强化栽培和单季晚稻"五改"高产栽培技术。水稻强化栽培核心技术为小苗早栽(秧龄18—25天)、单本稀植、湿润灌溉、使用堆肥和中耕除草,充分利用水稻的分蘖优势、根系优势、大穗优势和产量优势,使个体生长势旺,增产潜力大。主推技术:(1)示范推广优良品种。(2)集成各项先进适用技术,提高水稻单产和效益。(3)农机与农艺结合。(4)推广耳稻、菇稻、菜稻轮作模式,亩产实现"千斤粮万元钱"。(5)加强耕地保护和农田地力培肥,切实增强粮食综合生产能力。

【粮食高产示范】 2009年开始,龙泉市连续4年被省农业厅列入农业部粮食高产创建示范县计划,全市约有1400公顷水稻高产田达到亩产600公斤以上。2011年,经丽水市农业局组织专家实地测产验收,查田镇下堡畈粮食功能区中心示范方113亩中浙优8号平均亩产739公斤,吴芳时户1.21亩甬优15号高产试验田亩产825.5公斤,创龙泉市水稻高产历史纪录。

【粮食扶持政策】 2008—2012年,各级加大粮食生产扶持力度,农业税全免,中央财政对粮农实行直接补贴,对水稻、玉米、油菜等农作物给予良种补贴,省政府出台粮油大户直接补贴惠农政策。2008—2012年,龙泉市农户享受到中央粮农综合直补资金5000余万元。

【种粮大户发展】 2008年以来,种植20亩以上的规模种粮农户逐年增加,出现了百亩以上的种粮大户,规模种粮水平进一步提高。到2012年,20亩以上的种粮大户873户,水稻种植面积2.17万亩,其中,50—100亩大户13户,100亩以上的种粮大户5户。2009年12月和2010年12月,剑池街道翁仁村种粮大户郑继华和兰巨乡大巨村种粮大户蒋松明先后被省农业厅评为"浙江省优秀种粮大户"。

【现代农业园区】 2010年,全省开始启动现代农业园区建设工作,龙泉市确定了"2315"现代农业园区建设规划,其中农业确定了"228"建设规划,即兰巨、八都(林业)2个现代农业综合区;龙南、屏南2个蔬菜产业示范区;龙南夏菇、岩樟蔬菜、砝石乡金观音特色茶叶、小梅肉兔、安仁黑木耳、宝溪茭白、竹垟生猪养殖、道太灵芝8个特色农业精品园。2010年,由浙江农林大学设计的《兰巨现代农业综合区总体建设规划(2010—2013)》5月24日通过专家评审。7月份,农业局抽调人员建立园区办。5月和10月,兰巨、八都现代农业综合区分别列入浙江省第一批和第三批现代农业综合区省级创建点。龙南蔬菜产业示范区、龙南夏菇特色农业精品园于9月被列入省级产业示范区和特色农业精品园创建点。2011年,兰巨现代农业综合区规划中的"四区五园一点一中心"相继启动建设。其中,豫章设施蔬菜精品园、浙大科技合作示范园宏山草莓基地共流转土地后建立了各类钢架大棚达到130多亩。基本完成桐山水果精品园建设内容。农产品加工园区调整到大沙湾头区块,规划建设屏南蔬菜产业区和岩樟蔬菜等7个特色农业精品园全部被列入第二批省级产业示范区和特色精品园创建点。10月,龙南夏菇精品园通过省级验收。2012年,兰巨现代农业综合区加快推进生态养殖小区和白天鹅茶文化休闲中心等规划建设内容,在大巨建立了耳稻轮作示范基地和菌棒加工厂,豫章设施蔬菜精品园建立了气象服务基地。7月,丽水市农业两区推进会在龙泉市召开。龙南、屏南蔬菜产业示范区建立了蔬菜钢架大棚和喷滴灌基地。岩樟蔬菜精品园通过省级验收。 (温根龙)

食 用 菌

【概况】 2008—2012年,龙泉市按照"市场引导、政府主导、企业主责、部门联合监管、行业协会协调、社会力量参与"总体要求,整合行政和社会资源,形成食用菌质量安全监管合力,引导企业诚信经营,不断完善食用菌质量安全保障体系,提升食用菌质量安全水平。通过出口食用菌质量安全示范区建设,推动龙泉市特色产业从"传统农业"向"现代农业"转型升级,实现龙泉市由全国食用菌主产区向全国出口食用菌质量安全示范区跨越,全面提升龙泉食用菌的国际竞争力。2012年,全市生产代料黑木耳1.6亿袋,代料香菇0.6亿袋,生产灵芝6000立方米,以工厂化金针菇为主的珍稀菌类1200万瓶,食用菌总产值达8.0亿元,比2008年3.9亿元增长105.1%。食用菌产业成为龙泉市农村经济发展支柱产业和农民增收的重要来源。2011年9月23日,在“首届中华菌文化节”上，龙泉市荣获“全国食用菌文化产业建设先进县”称号。

【浙闽赣食用菌交易中心】 浙闽赣食用菌交易中心，是国家发改委扶持的全国重点农产品批发市场建设项目之一。该项目于2007年动工，2008年4月竣工，总投资2亿元，2009年投入使用。占地面积20001平方米，店面198植，拥有经营户150余家。投入使用后当年市场交易额达10亿元，2012年交易额达25亿元。黑木耳交易额占市场交易总额的70%以上，最高日交易量达20余万公斤。河南、四川、安徽及周边县市等地客商纷至沓来，进场交易人数达2000多人。食用菌产业呈现产销两旺的态势，该交易中心成为南方最大的黑木耳产销中心。

【全国第八届食用菌新产品新技术展销会】 由中国食用菌协会、浙江省农业厅、丽水市人民政府联合主办，中共龙泉市委、龙泉市人民政府承办的“第八届全国食用菌新产品新技术展销会暨中国食用菌产业发展（龙泉）论坛”于2008年3月20—22日在龙泉市举行。国家有关部委及浙江省相关领导、国内外食用菌业界专家、日本韩国企业代表，以及全国100多个食用菌主产基地县领导及管理部门代表，200多家生产、加工、经销企业负责人，80多家参展企业代表，以及新闻界代表，共计800多人参加会展活动。国际蘑菇学会副主席、中国食用菌协会会长李树萍书面致辞。浙江省人大常委会副主任程渭山，国际著名菌物学家张树庭教授及浙江省有关部门领导、丽水市领导和相关单位的领导嘉宾出席大会开幕式。在开幕式上，程渭山作讲话，省农业厅、丽水市、龙泉市领导以及张树庭教授分别致辞。国家发改委农经司副司长方言，中国林科院首席专家盛炜彤教授，国家农业部农业科技资金项目专家组组长张利群教授分别向大会做专题报告。这次展销会是龙泉市第一次向全国全世界展示龙泉食用菌产业源远流长的发展历史和辉煌的发展成果，也吸引了全国各地食用菌产品和科研成果到龙泉市展示，既宣传了龙泉食用菌产业，促进龙泉食用菌产业全面提升，又为龙泉食用菌业内人士提供一次很好的学习机会，并洽谈了许多合作项目，龙泉大面积推广的“耳—稻”轮作模式被成功推广到全国各地。

【“龙泉黑木耳”地理标志证明商标】 黑木耳产业是龙泉市农业的支柱产业，为保护“龙泉黑木耳”这一传统品牌，从2008年下半年开始商标注册申报，于2011年6月成功注册“龙泉黑木耳”地理标志证明商标。市工商局在浙闽赣市场交易中心成立品牌指导站，为全市黑木耳经营户使用证明商标及创牌提供近距离的品牌指导服务。地理标志证明商标的注册使用及著名商标品牌的创建，大大提高了龙泉黑木耳的知名度与影响力，助推龙泉黑木耳产业升级、发展壮大，逐渐成为增加农民收入、促进农业产业化发展、推动地方经济发展的有力推手。2012年，“龙泉黑木耳”栽培量从注册前的1.35亿袋增至1.6亿袋，产值从注册前的4.1亿元增至7.2亿元，占当地农业产值的75.6%，龙泉市成为中国南方最大的黑木耳集散中心。

【黑木耳标准化生产技术】 针对黑木耳产业标准化生产水平不高，产品质量参差不齐的现状，龙泉市食用菌协会、市农业局经济作物站等十个单位组织技术人员成立了《龙泉市代料黑木耳标准化生产技术推广》项目研制组，对该项工作进行深入研究。经“省农业丰收奖”评审委员会进行认真审评，“代料黑木耳标准化生产技术推广”项目被评为2011年浙江省农业丰收一等奖。

【中国黑木耳之乡】 龙泉市坚持“优化结构、优化技术、发展精深加工、提高经济效益”的黑木耳产业发展思路，促进黑木耳培育“良种化、标准化、产业化”，着力实施品牌战略，提升龙泉黑木耳的知名度。龙泉市在北京、深圳、广州、上海、杭州等全国各大中城市建立上百个黑木耳销售窗口，并出口欧美、东南亚各国，深受消费者青睐。2010年9月，龙泉市被中国食用菌协会授予“中国黑木耳之乡”称号。

【龙泉灵芝地理标志保护】 龙泉灵芝产业发展迅速，经济效益显著，成为当地农民增收主渠道之一，涌现出森芝宝、佳宝、国镜药业等一批集种植、加工、销售于一体的农业龙头企业，获得国食健字批文的保健食品有7个，研制成功灵芝精深加工产品近20个，产品远销日本、韩国、新加坡等国家。2011年9月19日，国家质量监督检验检疫总局批准对龙泉灵芝孢子粉实施地理标志产品保护（公告号2011年第137号）。

【菌棒加工厂建设项目】 龙泉市食用菌产业快速发展，农户生产规模逐步扩大，但农村劳动力却日益减少。人工成本偏高的短板严重阻碍了全市食用菌规模化发展，市政府因势利导，引导农业企业、农民专业合作社和村委会组建菌棒加工厂，采用“菌棒工厂化生产+分户出菇管理”的模式，改变龙泉市食用菌产业中生产方式落后、组织化程度低、生产设施简陋、机械化水平低等弱点。至2012年底，建成菌棒加工厂40个，黑木耳菌棒接种成活率达95%以上，菌棒长势良好，基本未出现烂棒现象。

【循环利用农业废弃物】 2011年，浙江双益菇业有限公司“循环利用农业废弃物（无木化）生产食用菌示范工程”被列入国家改革与发展委员会资源节约项目2011年第一批资源节约和环境保护项目，这是丽水第一家被列入项目序列的食用菌企业。该项目多次利用棉籽壳、麸皮、米糠、玉米芯等农业废弃物周年化生产食用菌。首先是利用农业废弃物生产金针菇或白灵菇等食用菌，并对金针菇等生产后的废菌渣又进行综合开发利用，用来生产其他食用菌，如秀珍菇、杏鲍菇等，最后的废弃物还可以充当饲料、肥料或生物质燃料，形成“农业废弃物→金针菇→秀珍菇→肥料或燃料”循环生产模式。

【出口食用菌质量安全示范区】 龙泉市以创建出口食用菌质量安全示范区建设为抓手，通过强化保障措施、强化规范管理、强化联动监管，有力地推动龙泉市特色产业从“传统农业”向“现代农业”转型升级，实现由全国食用菌主产区向全国出口食用菌质量安全示范区跨越，全面提升龙泉食用菌的国际竞争力。2012年11月，省出口食用菌质量安全示范区考核组到龙泉市进行考核，并通过验收。

【中华香菇博物馆开工建设】 2011年，龙泉市食用菌产业“一馆五中心”重要项目之一——中华香菇博物馆开工建设。中华香菇博物馆地处龙泉市城区剑川大道青瓷博物馆旁边，占地22.8亩，分香菇主展馆、菇神文化广场、香菇展示服务区、国际学术名人展示区和科普菇林生态园等五大区块组成，总投资3500万元。计划2年内建成。

【龙泉市食用菌协会成立】 2008年4月17日，龙泉市食用菌协会成立。全市各地从事食用菌行业的230多位会员选举产生食用菌协会第一届理事会，浙江天和食品有限公司董事长吴子敬当选为会长，浙江聚珍园食品有限公司董事长程汉友当选为常务副会长。（何建芬）

茶叶生产

【概况】 2008—2012年，市委、市政府高度重视茶叶产业的发展，依托浙江大学等科研院所的技术支撑，充分发挥生态资源优势，开展多茶类组合生产，成功开发了独具“香、活、甘、韵”特色的龙泉金观音乌龙茶和红茶等系列新产品，2006年和2011年分别通过浙江省科技新产品鉴定，得到了领导与专家的高度评价和社会各界的认可，被誉为龙泉青瓷、宝剑之后的“第三宝”，并相继获得国际名茶评比金奖、“中茶杯”一等奖、浙江绿茶博览会、农博会金奖、中华文化名茶等荣誉称号。2012年，全市茶园总面积4.67万亩，产量1630吨，产值2亿元，分别比2008年增长30%、48%和335%。其中：金观音、金牡丹等特色茶园面积2万亩，特色茶产量680吨，产值超亿元。无公害茶叶基地认定面积21760亩，通过有机茶认证510亩。

【茶叶品牌创建】 2009年4月，由龙泉市茶叶产业协会、龙泉市质量技术监督协会制定的省地方标准DB33/T740.1-2009“金观音生产技术规程”，正式发布并实施。2010年12月，举办首届龙泉金观音“茶王赛”评比活动，专家评审组对龙泉市23家生产企业选送的31个茶叶样品进行了评比，浙江顶峰生态农业有限公司、浙江畲乡生态农业开发有限公司、龙泉市阳光农业有限公司选送的“龙泉金观音”获得金奖。2011年11月，中国国际茶文化研究会授予龙泉市为“中国茶文化之乡”、龙泉金观音为“中华文化名茶”称号，并于2012年1月7日在杭州举办的“迎春茶会”上授牌。2012年10月，在福鼎市召开的第八届中国茶业经济年会上，龙泉市荣膺“2012年度全国十大生态产茶县”称号，成为浙江省唯一获此殊荣的县（市），同时，还获得了“2012年度全国重点产茶县”称号。

【龙泉市茶文化研究会成立】 2011年12月，龙泉市茶文化研究会成立，市人大常委会副主任苏一中当选为第一届会长。茶文化研究会的成立，对于积极宣传茶文化，普及茶知识，发展茶产业，服务茶业人，推动龙泉市茶文化产业健康快速发展，将起到积极的作用。

【全省茶叶行业协会工作交流会】 2011年12月，第六次全省茶叶行业协会工作交流会暨龙泉金观音特色茶产业发展研讨会在龙泉召开，省人大常委会副主任、省茶协名誉会长程渭山，省农业厅经作局局长毛祖法到会并讲话。同时邀请了全国著名的茶叶专家鲁成银、龚淑英教授等参加研讨会。

【省茶叶产业协会红茶分会在龙泉成立】 2012年6月，在省农业厅、省茶叶产业协会和各有关部门的大力支持下，浙江省茶叶产业协会红茶分会在龙泉成立，龙泉为会长单位，同时，还举办了“金观音庄园”开园仪式和“龙泉金观音”之夜文艺晚会。红茶分会在龙泉成立为进一步推动龙泉红茶产业发展，打造红茶之都争取到了一张金名片。

【科技创新】 2008—2012 年，龙泉市积极与科研院校合作，在品种选育、良种繁育、配方施肥、高产栽培、精深加工、贮藏保质等方面开展科技攻关。加大了新技术推广力度，重点推广“猪—沼—茶”等生态循环种植模式以及杀虫灯、信息素等茶园病虫害绿色防控技术；推广茶叶机械化生产与加工技术；开展多茶类组合生产，研发“龙泉金观音”系列产品，满足多元化市场的需求。开展种植、加工、评茶、茶艺及市场营销等技术培训，龙泉市现有高级评茶师 1 人、评茶师 4 人、高级评茶员 15 人、中级评茶员 16人、高级茶艺师 1 人、茶艺师 2 人。

【招商引资】 引进福建坦洋工夫集团与浙江龙泉阳光农业有限公司在龙泉市注册了“龙泉红国礼茶业有限公司”，合作开发“龙泉金观音科技文化创业园项目”，项目总投资 10500 万元，建设地点在大沙湾头地块，计划兴建 67.5 亩的生产加工基地和生产流水线，在兰巨乡建立 1000 亩生态旅游观光茶园。 （周淑兰）

蔬菜、水果生产

【概况】 2008—2012 年，蔬菜产业重点发展高山商品蔬菜和城区常年商品蔬菜基地，提高龙泉市蔬菜商品率和本市蔬菜供应自给率。到 2012 年全市商品蔬菜 3.2 万亩，创产值 1.59 亿元，与 2007 年相比，实现商品蔬菜面积翻两番，产值翻三番的良好局面。新建立蔬菜示范村 16 个，蔬菜示范基地 52 个，蔬菜产业成为龙泉市山区农民增收的主要途径，成为龙泉市农业四大主导产业之一。

【商品蔬菜品牌创建】 2008 年 6 月，龙泉市蔬菜瓜果产业协会成立，聘请浙江大学园艺系教授汪炳良为技术总顾问。协会主要负责推广蔬菜标准化生产，组织制订品牌管理办法与省地方标准生产技术规程等。2010 年 8 月，由龙泉市蔬菜瓜果产业协会、龙泉市质量技术监督局制定的地方标准 Q/LSG 001—2010 “山地四季豆无公害栽培技术规范”，正式发布并实施。2010 年，由龙泉市蔬菜瓜果产业协会申报的集体商标“龙泉绿”，被国家工商总局商标局正式核准注册，实现龙泉市集体商标零的突破，龙泉蔬菜知名度大幅提高。2011 年和 2012 年，龙泉市宝溪高山冷水茭白专业合作社和龙泉市源丰生态农业专业合作社选送的“龙泉绿”牌高山茭白，在浙江丽水两届茭白节上获得茭白质量评比金奖。2012 年 5 月，在中国浙江第四届种业交流会“浙江省精品瓜菜质量评比”活动中，由龙泉市蔬菜瓜果产业协会选送的“龙泉绿”牌高山反季节四季豆获得金奖。龙泉市蔬菜多样化增效栽培技术推广项目被评为“2012 年丽水市农业丰收奖”一等奖，该项目由市农业局蔬菜产业发展中心实施。

【蔬菜产业农技员】 在基层农业推广工作中，专业技术人员十分缺乏的条件下，蔬菜产业创建“蔬菜产业农技员”技术服务体系。初步建立起了以“首席农技推广专家为引领、农技指导员为核心、责任农技员为骨干、产业农技员为基础”的“四级联动”新型农技推广体系。产业农技员作为整个体系中的基础环节，起到了农业技术推广中的“最后一公里”作用。2012 年，市政府划出专项资金用于完善扶持产业农技员技术服务体系，在全市各乡镇街道培育农技产业员 100 多名。

【蔬菜种植设施建设】 2008 年以前，龙泉市蔬菜大棚只有零星的竹木大棚。2008 年，开始大力推广设施栽培技术，建设连栋大棚、标准钢架大棚、高山避雨钢架大棚等栽培设施。全面推广设施栽培、节水灌溉、肥水同灌、物理杀虫、集约化育苗嫁接苗等多样化增效栽培技术，并且取得明显成效。5 年来，新建连栋大棚栽培 32 亩，标准钢架大棚栽培 1900 亩，其中高山避雨钢架大棚栽培 300 亩；推广使用节水灌溉、肥水同灌、物理杀虫 8650亩，建成集约化育苗中心 1 个。

【龙泉特色高山蔬菜】 利用高山夏季清凉的气候条件，种植的越夏蔬菜和培育的高山反季节蔬菜是龙泉市新兴优势农业产业。种植的主要有高山四季豆、高山番茄、高山茭白、高山辣椒等品种。如：四季豆采收期从原来 35 天延长到 80 多天，产量从 1000 公斤增到 2300 公斤，亩产从 3000 元增到 8000 元。5 年来，龙泉市推广高山反季节四季豆长季栽培面积累计 5.2 万亩，高山番茄避雨栽培 1600 亩。

【蔬菜种植试验示范展示中心】 2010 年，在兰巨豫章蔬菜精品园建立“蔬菜新品种、新技术、新模式试验示范展示中心”。基地全面实施嫁接育苗、微蓄微灌、喷灌、肥水一体化技术，使用生物农药和物理杀虫设施，核心试验、示范、展示中心采用无土栽培，营养液施肥。把最优的品种、最新的技术，最好模式推广到广大种植户中。同时，积极探索设施农业采摘游等农业模式。中心建成7亩无土栽培核心示范、展示基地，安排各类瓜菜新品种试种68个，筛选适合本地种植新品种12个，示范新品种26个，推广新品种8个。（张世法 严邦喜）

【水果生产】 2008—2012年，龙泉市水果生产以兰巨省级特色水果精品园和水果高效示范基地建设为重点，积极争取项目扶持，加大资金投入，水果精品园的道路、果品贮藏等基础设施得到明显改善，先进适用技术得到广泛应用，先后建成早熟梨、桃形李、蓝莓、猕猴桃、东魁杨梅等丽水市水果高效示范基地6个，促进了水果产业向规模化、专业化、标准化方向发展。2012年，全市水果面积1045.8公顷，比2007年的935.8公顷增加了11.8%，其中柑橘495.9公顷、李121.5公顷、杨梅134.7公顷、梨105.1公顷、桃95.3公顷、猕猴桃34.7公顷、枇杷17.8公顷、青梅15.2公顷、葡萄17.4公顷、蓝莓4.7公顷、樱桃1.9公顷、枣1.3公顷、柿0.3公顷。柑橘类面积中早熟温州蜜柑96.3公顷、中晚熟温州蜜柑275.9公顷、椪柑61.9公顷、甜橙7.3公顷、杂柑43.6公顷、柚10.9公顷；水果总产量6868吨，比2007年的5757吨增19.3%；总产值3036万元，比2007年的1496万元增102.9%。2009年7月，浙江顶峰生态农业有限公司生产的“品然”牌圆黄梨获2009年浙江省优质早熟梨评比金奖。（吴建峰）

畜 牧 业

【概况】 2008年2月，经丽水市编委批准市畜牧兽医局升格为副科级单位。3月，龙泉市编办发文市畜牧兽医局下设办公室、畜牧生产科、动物疫病防控科、动物卫生监督科；5月，龙泉市畜牧兽医局正式挂牌。2008年以来，通过全面实施“畜牧进山、养殖上山”战略，大力推进生态养殖，进一步优化畜牧业布局，有效促进畜牧业结构优化和转型升级。2012年，全市畜禽存栏分别为猪9.6万头，牛0.39万头，羊1.02万只，禽32.16万羽，出栏分别为生猪13.7万头，牛0.17万头，山羊1.69万只，家禽52.45万羽，与2008年相比，生猪饲养量增长了3.9%、牛、羊和禽基本持平。全市肉类总产量达13415吨，其中猪肉12175吨，比2008年增长了23.6%。猪肉在肉类构成中占90.8%，与2008年相比，增加了3个百分点，自给率达到100%。生猪规模化饲养量达16.54万头，规模化率达到71%，与2008年相比，畜禽规模化养殖提高了22%。2012年，全市畜牧业产值20400万元，比2008年增长了35%。2011年12月，龙泉市畜牧兽医局获“浙江省十佳畜牧兽医工作团队”称号。

【兰巨生态养殖小区】 兰巨生态养殖小区系龙泉市现代农业园区的组成部分，位于龙泉市兰巨乡境内。截至2012年，小区内建成生态养猪场10家，栏舍面积15600平方米，年出栏生猪2.5万头；建成肉用家禽养殖场2家，年出栏5万羽；建成山羊养殖场3家，年出栏800只；建成集粪处理中心1个，年生产有机肥3000多吨。每个养殖场都建有100—200立方米沼气池，100—500立方米沉淀池、氧化池，以及铺设相应的管网，沼气供养殖场生产生活使用，沼液通过管网设施喷施到毛竹、水果等周边作物上，畜粪运送到有机肥加工厂，制成作物所需的有机肥，形成种养结合的生态循环模式。

【畜牧业建设项目】 2008年以来，龙泉市向省、部级申报了多类畜牧业建设项目，并成功实施。申报生猪标准化规模养殖场（小区）建设项目20个，共争取补助资金1010万元；申报温台丽生猪生态养殖场建设项目17个，共争取补助资金340万元；申报山区海岛特色畜牧业发展项目7个，共争取补助资金140万元；申报规模化畜禽养殖场排泄物治理项目158家，共争取补助资金353万元；申报畜禽粪便收集处理中心建设项目4个，共争取补助资金80万元；申报“菜篮子”畜产品生产项目1项，共争取补助资金50万元；申报畜禽良种工程项目1项，争取补助资金50万元。

【国家畜禽标准化规模养殖示范场】 2011年和2012年，浙江畲乡生态农业开发有限公司和龙泉市上圩生态养殖场分别成功创建国家级畜禽标准化示范场。围绕“畜禽良种化、养殖设施化、生产规范化、防疫制度化、粪污无害化”的建设重点，通过创建工作，提升了龙泉生猪生产标准化、规模化、生态化水平。

【重大动物疫病强制免疫疫苗冷库】 为加强龙泉市重大动物疫病强制免疫疫苗管理冷链系统建设，提升动物疫苗储存保管条件和重大动物疫病应急能力，确保动物防疫质量，龙泉市畜牧兽医局筹措资金10多万元，修建重大动物疫病强制免疫疫苗冷库一座。该库建筑面积15平方米，容积35立方米，分-15℃冷冻库15立方米、4℃冷藏库20立方米，可单批次存储重大动物疫病强制疫苗200万毫升，可全天候供储动物疫苗。2012年5月20日，该冷库竣工并顺利通过专家组的验收，交付使用。该重大动物疫病强制免疫疫苗冷库的建成，大大提高了龙泉市动物疫苗存储档次，解决了原先动物疫苗冷藏用冰箱、冰柜容

量小的弊端。（市畜牧兽医局）

富民工程建设

【概况】 2008—2012年，龙泉市立足“经济欠发达”这一基本市情，紧紧抓住省委、省政府加大扶持力度的重大机遇，发挥生态、文化、资源等自身优势，建立健全工作机制，制定出台扶持政策，深入实施“富民壮村强乡镇”“低收入农户奔小康”“重点欠发达县特别扶持”等项目，大力推进产业发展、培训就业、异地搬迁、基础设施、金融服务、结对帮扶等增收项目建设，富民工程扎实推进，取得明显成效。到2011年底，全市低收入农户家庭人均纯收入全面超过2500元；到2012年底，除低保人口外，79.3%以上的低收入农户家庭人均纯收入达到4000元以上。2012年，全市农民人均纯收入达到9127元，与上年同比增长13.73%，与2007年的全市农民人均纯收入4380元相比翻了一番，年均增长率达到15.9%。

【生态农业建设】 一批强农支农惠农项目建设，使“竹茶菌蔬畜”等特色农业取得较快发展。2012年粮食播种面积24.28万亩，新增特色茶叶基地面积6000亩，全市茶园总面积达到4.68万亩；新建集约化菌棒加工厂20个，生产代料香菇6000万袋；蔬菜播种面积9.32万亩，建成商品蔬菜示范村5个，商品蔬菜标准化示范基地10个，改造提升郊区常年蔬菜基地4个；新创建国家级畜禽养殖标准性示范场2家，建成省级畜禽养殖标准性示范场2家，评选“十好养殖场”15家，畜牧业生产稳健增长，畜牧业产值2.04亿元；扶持200余家农业龙头企业和专业合作社发展特色农业产业基地，受益合作社社员1万余人。

【农家乐休闲旅游业】 依托景区、田园风光和乡村文化等优势资源，发展各具特色的“农家乐”休闲旅游。2012年，农家乐经营户（点）达到154家，从业人数3672人，接待游客80.15万人次，实现营业收入3850万元，创建四星级农户4家，三星级农家乐47家，省级特色村4个，丽水市级特色村2个，龙泉市级特色村1个，省级特色点3个，丽水市级特色点5个。

【来料加工业】 大力培育来料加工经纪人，加强来料加工技能培训，扶持来料加工场所建设，提高来料加工覆盖面，使来料加工业成为龙泉农民增收致富的新亮点。2012年，全市有来料加工经纪人218名，从业人员2.25万人，发放加工费2.1亿元，人均加工费收入9337多元，低收入农户集中村来料加工覆盖率达到62.17%，异地搬迁小区的来料加工覆盖率达到94.23%。

【基础设施建设】 到2010年，龙泉市实现了农村公路通村率、硬化率“双百”目标，累计建设竹林机耕路1300多公里。深入实施“农村饮用水安全工程”，饮用水水源水质达标率100%。2008—2012年，完成环境整治村381个、美丽乡村创建98个、中心镇培育3个、中心村培育36个，完成特色文化村创建34个，实施了市区至花桥省道沿线和市区至龙泉山景区公路沿线的环境综合整治。2012年，全市444个行政村垃圾进行集中收集处理。

【异地搬迁转移】 以城区、中心镇、中心村为主要入迁地，以自然村整体搬迁为主要形式，推动高山远山群众下山搬迁、紧水滩库区群众出库搬迁、地质灾害隐患区群众避险搬迁，加快人口产业集聚和村庄布局优化，实现搬迁农户易地发展。2008—2012年，累计完成投资5.85亿元，建设异地搬迁安置小区（点）52个，实现异地搬迁2.3万人，有110个自然村9837人实施了整村搬迁。2012年完成投资8508万元，在建搬迁安置小区（点）24个，实现异地搬迁4035人，有16个自然村945人实施了整体搬迁。推进新安置小区（点）建设的同时，下拨了专项资金757万元，对已建的31个异地搬迁小区（点）基础设施进行全面提升。同时，龙泉市还把农民异地搬迁与美丽乡村创建、中心村培育有机结合起来，按照“布局合理、规模适度、功能完善、环境优美”的要求，全面推进安置小区基础设施配套建设，不断改善搬迁农户的生产生活环境，促进低收入农户实现易地增收致富。

【金融扶贫】 进一步深化推进林权抵押贷款、深化城乡一体化信用体系建设、银行卡助农取款服务等金融支农改革。积极推进金融服务创新，截至2012年，累计成立乡级资金互助联合会1个、村级资金互助组织38个，入会农户达到3536户，互助资金总量达1206.28万元，发放借款1269户1061.8万元，到期借款回收率100%。深入实施扶贫小额贷款制度，2012年发放小额信贷555笔3509万元。

【结对帮扶】 实行“一村一计”和“一户一策”等帮扶机制，不断强化结对帮扶，落实责任，结对到村，帮扶到户。省级12个部门与龙泉市78个低收入农户集中村结对帮扶，丽水市18个部门与龙泉市39个低收入农户集中村结对帮扶，龙泉市本级100个市直部门与150个低收入农户集中村结对帮扶，2800多名部门干部与低收入农户结对帮扶。2008—2012年，省市县各级部门单位积极发挥自身优势，为全市230个低收入农户集中村落实帮扶项目1300多个，落实帮扶资金4570余万元。

【特扶项目】 从2011年起，省委、省政府对全省12个重点欠发达县实施为期3年的特别扶持政策，并将龙泉市列入全省特别扶持范围。市委、市政府高度重视，精心组织，周密部署，扎实推进特扶项目实施。3年实施扶贫开发、产业发展、公共服务3大类24个特扶项目，总投资10.96亿元，其中省特扶补助2.4亿元。到2012年底，完成总投资7.12亿元，完成三年规划的65%，24个项目中有6个项目提前完成三年规划的建设任务。

【农民转移就业】 大力实施农民素质提升工程，加强农民就业服务，不断提升低收入农户的整体素质和就业能力，转变农民就业方式，促进农民转移就业。2008—2012年，累计培训农村劳动力3万人，转移就业2.6万人。认定34个农民素质培训机构，建立17个农村实用人才实训基地。2012年，完成农民培训6068人，其中：农村实用人才培训1205人，新型农民（农业专业技术）培训1117人，农民转移就业技能培训1923人，务工农民岗位技能培训1252人，农村后备劳动力培训571人。通过加强农村劳动力技能培训，提升了农民的整体素质，增强了农村劳动力的就业技能和创业能力，促进了农民实现就业增收。

“美丽乡村”创建

【“十村示范、百村整治”工程】 自2008年起，龙泉市开始实施新一轮“十村示范、百村整治”工程，提高政策扶持力度，扶持额度从上一轮的每村3万—5万元提高到每村14万—20万元。重点做好“村道改造、卫生改厕、垃圾处理、污水治理和村庄绿化”等五个项目，同时做好拆“五破”、村庄亮化工作。基本实现路平、水清、塘净、村洁、景美的总体目标。共实施省级整治村271个，巩固提升村45个。其中：2008年，省级整治村45个，巩固提升村10个；2009年，省级整治村48个，巩固提升村7个；2010年，省级整治村48个，巩固提升村9个；2011年，省级整治村65个，巩固提升村8个；2012年，省级整治村65个，巩固提升村11个。

【中心村培育】 自2010年起，浙江省委、省政府全面启动中心村培育工程，龙泉市围绕“一村一特”的培育思路，遵循因村制宜、分类指导、分步实施的原则，实行项目化管理，建立切实有效的考核机制，有序推进中心村“六化”培育建设。2010—2012年，龙泉市累计实施省级中心村19个，本市级中心村17个，村庄布局渐趋合理，农村人口进一步集聚，产业规模逐步壮大，村容村貌得到全面改善，人居环境进一步优化，社区服务进一步完善。

【特色文化村建设】 2011年起，龙泉市围绕“弘扬特色文化、发展休闲旅游、打造精品村庄”的要求，从龙泉市特有的农村山水、田园、生态韵味和红色、畲族、香菇、剑瓷文化入手，打造特色文化村。研究出台了《关于推进特色文化村建设的实施意见》，明确了特色文化村建设的指导思想、工作目标、建设内容及要求。2011至2012年，建成特色文化村30个，其中精品村2个，为下一步启动历史文化村落保护利用工作奠定了基础。

【“三沿”整治】 从2009年起，龙泉市立足山区生态优势，以建设宜业、宜居、宜游的城市为目标，大力推进以“沿路沿江沿景”为重点区域的“三沿”整治行动。2012年，根据省委、省政府工作部署，在“三沿”整治的基础上，重点对“公路边、景区边、河边、山边、城边、村边”六边，开展“洁化、绿化、美化”三化工作。2010—2012年，累计拆除“五破”580处总面积8701平方米，清理乱堆乱放杂物15780处，搬迁养殖场5个，改造广告牌163个1679平方米，配置垃圾箱8816只、垃圾清运车219辆，建焚烧炉18座、垃圾池340个、填埋场25个，建造公厕103座，完成农户卫生改厕3000余户，整治河道面积2.28万平方米。沿线地区初步达到“山体凸现风景、河道水清流畅、路旁茶果飘香、村容整洁优美”的效果。（市农办）

农村能源

【乡村沼气服务网点建设】 按照“服务专业化、管理物业化”的原则以沼气项目村为依托建立沼气服务网点共26个。其中，2007年建设乡村沼气服务网点4个，总投资3.2万元；2009年建设乡村沼气服务网点5个，总投资13万元；2010年建设乡村沼气服务网点6个，总投资15万元；2012年建设乡村沼气服务网点11个，总投资28万元。

【沼气发电机组成功发电】 浙江畲乡生态农业开发有限公司于2012年完成大中型沼气综合利用工程项目。项目总投资407万元，建有有机肥加工车间900立方米、沼气厌氧发酵池400立方米、氧化沉淀池3000立方米，沼气发电机房30立方米，铺设沼液输送管网6000多米。项目建成后，年处理猪场污水 2.92 万吨，年产沼气 3.65 万立方米，沼气供气 53 户。通过该项目的实施，构建了比较完整的“生猪—粪水—沼气工程—生猪有机肥—牧草（竹、茶、果）—生猪”的生态循环，实现了畜禽排泄物资源化利用，对生产优质、安全、无公害的绿色农产品提供有力保障，对发展循环经济建立节约型社会起到积极的促进作用。

【“三沼”综合利用】 2009 年以来，龙泉市立足生态优势，积极探索兰巨“猪—沼—竹”生态循环模式，建立标准化生猪养殖场（龙泉市上圩生态养殖场）1 个，占地 18 亩，争取到省发改委、农业厅项目扶持资金 50 万元，业主总投入 180 万元，建成标准化猪舍面积 2100 平方米，年出栏生猪 2200 头。养殖场建有 100 立方米沼气池，沼液沉淀池 200 立方米，储液及稀释池150 立方米，在猪场周边 200 亩竹林中铺设管网 6000 米，安装喷头 350 个，每年生产沼液1148.4 吨。（丁伶俐）

气象工作

【概况】 按照浙江省气象局有关文件精神，2012 年 12 月完成市气象局机构调整，内设机构有：办公室（气象行政执法大队）、气象减灾科（行政许可科、雷电防御管理办公室、人工影响天气办公室）、预报预警科（气象台）；直属机构：气象服务中心、龙泉市防雷监测所（防雷中心）。在岗人员 16 人，其中本科以上学历 11 人，专科 3 人，工程师 4 人。5 年来，通过基层台站综合改革和气象服务体系，加强气象社会管理和公共服务，气象事业得到长足发展，为社会经济发展和人民生产生活作出了贡献。

【气象防灾减灾】 形成“政府主导、部门联动、社会参与”的气象防灾减灾体系，成立了龙泉市气象灾害防御领导机构，乡镇（街道）有分管领导、气象协理员，行政村有信息员；19 个乡镇（街道）建立了气象工作站；建立110 块气象预警电子显示屏。与农业、国土、水利、林业、交通等部门签订合作协议，召开多次部门联合会商、联合调查；对气象协理员、信息员每年开展培训。成功创建省级气象防灾减灾标准乡镇，达到创建全覆盖。编制完成《龙泉市气象灾害防御规划（2010—2020）》。

【综合观测系统】 5 年内新建区域自动站 17 个，大气电场仪 1 个，农田小气候仪 2 个，土壤水分观测站 2 个，能见度自动观测站 1 个，电缆积冰观测系统 1 套。在兰巨乡豫樟村建立了农业气象试点田基地。完成了山洪灾害防治县级非工程措施建设初验工作。

【公共气象服务】 不断完善周年气象服务方案，严密监测、精心分析、及时预警、滚动预报，全力以赴做好决策气象服务工作。通过电视、报纸、广播、手机短信、电话、电子显示屏和龙泉气象网等途径做好公众气象服务。加强为农服务，开展作物、土壤墒情、物候观测；成立气象为农服务专家联盟队伍；采用预报服务和情报服务相结合、点上服务和面上服务相结合等多种形式，开展农业气象情报、预报服务。

【气象社会管理】 认真履行防雷管理职能，进一步落实“平安龙泉”防雷安全考核各项工作，加强与市平安办、市安监局的合作，共同对重点单位的防雷安全工作进行监管，公布重点单位 116 家，重点单位防雷检测率达 100%。深化气象灾害应急准备认证工作，完成了 5 家重点单位的论证，实现所有乡镇街道全面完成标准化建设。出台《龙泉市雷电灾害应急预案》（龙政办发〔2011〕114 号），编制龙泉市气象灾害应急预案。

【项目建设】 5 年来，列入政府投资项目建设 8 个，包括气象科技中心整体迁建工程、灾害性天气预警乡镇电子显示终端建设、区域天气观测网基础建设、气象灾害应急预警工程、“三农”气象服务专项、青少年气象科普基地（室外部分）、气象业务现代化建设和公共气象服务，共计投资 2435.8 万元。（市气象局）

林　业

综　述

【概况】 2008—2012年，龙泉市林业局突出“推进绿色崛起，加快科学跨越”这一主题，积极深化集体林权制度改革，着力生态防护网建设，有序推进林业产业发展，全力服务工业空间拓展，加强森林防控，维护林区和谐稳定，共投入林业建设资金3.6亿元，完成绿化造林174819亩，建设林区道路2052公里，报批使用林地80.2628公顷，完成所有权勘界面积398.5万亩，经营户勘界面积279万亩，建立了林权信息卡，累计实现林业总产值162.35亿元，其中，2012年林业总产值43.1亿元，一产列全丽水市第一位，二产位丽水市第二位，为建设生态林业、发展民生林业，建设美丽森林龙泉作出了积极贡献。5年来，获得国家级森林城市、全国集体林权制度改革先进典型县、中国特色竹乡、全国林业信息化示范县、全国农村林业改革发展试验示范基地、全国科普服务林改试点县、全国首批重点林木良种基地等多项国家级荣誉称号。 （宋志东）

【机构调整】 2008年9月，龙泉市机构编制委员会《关于同意设立龙泉市国乡合作林场的批复》(龙编委〔2008〕15号)批准同意：设立局属事业单位龙泉市国乡合作林场，核定全额拨款事业编制6名。根据省《关于进一步规范木材检查站（巡查大队）建设的通知》（浙林资2007）151号文件精神，2008年9月，市编委《关于将龙泉市木材检查站（木材巡查大队）及下属8个木检站转为全额拨款事业单位的批复》（龙编委〔2008〕17号）同意：将自收自支事业单位龙泉市木材检查站（木材巡查大队）及下属8个木材检查站一并转为全额拨款事业单位，核销原有110名自收自支编制，重新核定市木材检查站（木材巡查大队）全额拨款事业编制20名，下属8个木材检查站全额拨款事业编制70名。2011年12月，市机构编委《关于同意龙泉市林业局下属事业单位机构编制调整的批复》（龙编委〔2011〕34号）同意：成立龙泉市生态公益林管理中心，核定全额拨款事业编制3名，撤销林权交易中心和林权收储中心，设立龙泉市林权交易收储中心，核定人员编制6人。2012年9月，经浙江省公务员局（浙公局函〔2012〕91号）批准同意：龙泉市森林植物检疫站列入参照公务员管理单位。2012年11月，经市编委《关于同意将龙泉市林业科学研究所更名为龙泉市林业科学研究院的批复》（龙编委〔2012〕56号）同意：龙泉市林业科学研究所更名为龙泉市林业科学研究院。截至2012年底，市林业局有干部职工1967人，其中在职职工357人，离退休781人，遗属427人，精减下放402人。局机关设立5科1室，有局属事业单位14个，挂靠单位2个，乡镇（中心）林业工作站17个。 （陈有全）

【国家森林城市】 2011年6月18—19日，在大连召开的第八届中国城市森林论坛上，全国绿化委员会、国家林业局授予龙泉市“国家森林城市”荣誉称号，龙泉成为浙江省第四个、丽水市首个获此殊荣的城市。龙泉市委书记赵建林、副市长徐炳东、市林业局局长张长山等参加论坛。市委书记赵建林还接受了中央电视台《绿色时空》栏目记者的专访，对龙泉市创建国家森林城市总体思路和举措等方面情况进行了介绍。同时，6月16日《人民日报》刊发报道《浙江龙泉城市森林建设有特色，是环境是景观更是产业》，对龙泉“创森”工作作了详细报道。2012年9月，副省长陈加元在龙泉市上报的《构筑城乡一体绿化格局，打造生态宜居之城——龙泉市成功创建国家级森林城市的主要做法》上作出批示：“龙泉的经验，可供各地借鉴。”

【红豆树当选市树】 2008年10月28日，龙泉市第十四届人民代表大会常务委员会第十一次会议审议通过了市人民政府关于要求确定红豆树为龙泉市市树的议案，自此，红豆树正式确定为龙泉市市树。自2008年7月20日开展市树评选活动以来，有关专家和学者对广大市民推荐的花梨木、樟树、银杏、南方红豆杉、桂花、枫香、柳杉和毛竹等8个候选树种进行了初评，后经市民投票公推、专家评审、政府研定等评选程序，最终，市民支持票数最多的红豆树成为龙泉市市树。红豆树属豆科，是中国特有树种，在龙泉市有广泛分布。它树形优美，叶色浓绿苍翠，是优良的绿化树种。种子因其鲜红圆润或具黑色斑纹，光泽美丽，玲珑可爱，常用以做项链、耳饰等装饰品，还能供药用。被列为国家三级保护（濒危）树种。其木材光滑坚硬，纹理美丽，不经油漆却形同墨玉，因而与红木齐名，视为高级珍贵用材。红豆树又名花梨木，用花梨木制作成的龙泉宝剑剑柄被视为上品。

【绿色中国行——走进龙泉】 2012年11月16日，由全国绿化委员会、国家林业局、中国绿化基金会、中国工艺美术协会、中国陶瓷工业协会主办的“绿色中国行——走进龙泉”“8+1”对话大型电视访谈活动举行。活动吸引了人民日报、新华社、人民网、中新社、绿色中国网络电视和浙江日报等20多家中央、省级媒体的关注采访。市林业局对50位嘉宾进行全程热情接待，同时，争取《绿色中国》杂志社支持，组织记者采访，收集图片资料，协助撰写“龙泉专刊”，并出刊发行。（黄丽丹）

【《龙泉市林业志》出版发行】 2009年5月，龙泉市林业局历时3年编纂的《龙泉市林业志》出版发行。《龙泉市林业志》记载时限上溯到唐乾元二年（759），下迄2005年，反映了龙泉1200多年林业的兴衰、伏起、演变的历史和现状。采用述、记、志、图、表、录等为体裁，内容设概述、大事记、森林资源、森林培育、森林保护、森林利用、资源管理、科技教育、林业文化、组织机构、附录和后记，共8编37章131节，16开本90多万字，是一部集林业发展史志、资政、教化为一体的多功能林业工具书。全书内容丰富，资料和数据准确全面，为全市加快林业发展和科技研究提供系统的、翔实的历史资料。（祝　健）

体单位，17343个农户，占林业用地面积40.7%。总生物量1113.11万吨，年增长量85.67万吨。年调节水量3.71亿吨，减少土壤流失量383.30万吨，吸收二氧化碳170.25万吨，积累营养物质0.54万吨，实现重点公益林生态总效益76.13亿元。对改变龙泉市森林状况，提高森林质量、森林防护功能，促进生态旅游及新农村建设均起到积极作用。2008年，《龙泉市生态公益林地籍管理信息系统》全面建成并通过省林业厅专家组验收，同年11月龙泉市被命名为浙江省公益林建设示范县。（夏春平　毛日华）

龙泉市重点防护林建设任务完成汇总表

表14　　单位：亩

年度	合计	小计	初级	中级
2008	10056	2556		7500
2009	17697	6175	1506	10016
2010	21804	10277	1000	10527
2011	10500	10000	500	
2012	8500	8000	500	
合计	68557	37008	3506	28043

绿化造林与生态公益林

【概况】 2008—2012年，龙泉市认真贯彻落实上级绿化造林精神，加快推进“森林龙泉”建设，以实现“林业双增”为目标，着力推进生态第一市建设，累计完成人工造林174819亩，按林种划分：用材林140384.7亩，经济林3208亩，防护林31226.3亩。2008—2012年新建封山育林28043亩。截至2012年，龙泉市拥有省级以上重点生态公益林1624616亩，其中国家级977141亩，省级647475亩，分布在15个乡镇、4个街道办事处和4个国有单位，共计9590个小班，310个集

【长江防护林工程建设】 2008—2012年，龙泉市重点防护林工程项目建设累计完成建设面积68557亩，其中：山地人工造林37008亩，林网林带造林3506亩，封山育林28043亩。

【油茶产业提升项目】 2009—2012年，龙泉市完成油茶产业提升项目12950亩，其中高产良种推广示范林8400亩；新技术推广示范4550亩。造林苗木全部采用经国家审定的长林系列品种，新建油林区道路25.6公里；新建蓄水池（30立方米）29个，培育科技示范户95户；培训农户930人次。龙泉市油茶产业提升项目已投入投资1926.025万元，其中央财政资金

894.625 万元，省财政资金 236.3 万元。2012 年 3 月，龙泉市《油茶高产栽培技术集成与示范推广》获丽水市第二届科技兴林三等奖。　（游昌顺）

【国家造林补贴试点项目】　2010—2012 年，龙泉市造林面积 21300 亩。2010年，建设完成人工造林乔木林 1000 亩，木本油料经济林 2000 亩，迹地人工更新 4300亩，中央财政造林补贴资金100万元，通过国家林业局验收；2011 年营造完成迹地人工更新 4000 亩，省级以上财政造林补贴资金 48.7 万元；2012 年，营造完成迹地人工更新 10000 亩，中央财政造林补贴资金 100 万元。造林补贴试点项目实行先造后补制度，把计划落实到林改有基础、群众有意愿、补贴能见效的山头地块，17 个乡镇（街道）林业工作站将造林主体资格进行公告公示，接受群众监督，共与造林主体签订造林合同 671 份。　（王杰芬）

【国家森林抚育经营试点项目】　为提高森林质量和林地生产力，促进林业发展方式转变，加快“森林浙江”建设，根据《中共中央、国务院关于全面推进集体林权制度改革的意见》（中发〔2008〕10 号）和中央林业工作会议精神，决定在 2009 年开展森林抚育补贴试点工作的基础上，2010 年继续开展并适当扩大森林抚育补贴试点工作。2010 年以来，龙泉市对森林抚育经营工作进行了积极的探索，并被列入国家森林抚育补贴集体林权制度改革县试点单位，根据省林业厅工作计划的安排，从 2010 年开始，安排龙泉市的森林抚育经营试点工作计划逐年增加。累计完成森林抚育 11.5万亩，财政资金投入总量达 1550 万元。

【绿化花卉苗木培植】　“十五”与“十一五”期间，在省林业厅和省种苗总站的大力支持下，龙泉市林业种苗实施了《浙西南中心苗圃建设工程》《龙泉市林木良种基地改扩建工程》《龙泉市阔叶树采种基地改扩建工程》等项目建设，通过种苗工程的实施，建立了中心苗圃、良种基地、采种基地有机结合的种苗生产供应体系。2008—2012 年，绿化苗木生产发展调整了龙泉市种苗树种结构，改变了乡村育苗户育苗方式，加快了新品种新技术的引进，项目承建单位建立了以省级科研院校专家为骨干的技术支撑组，从项目的总体设计到项目的施工作业，专家们发挥技术指导和监督作用，提高了项目科技含量。项目建设共引进和培育乡土速生绿化造林品种 14 种，引进育苗先进技术 3 项。通过项目建设种苗生产经营体制和经营机制有了变化，一是引入现代企业管理体制；二是招商制，面向社会公开招商承包，签订合同，采用单位+农户+基地的经营模式；三是建立目标责任制。通过种苗工程的实施，提高了种苗产业基础设施的建设，为龙泉市种苗生产转变传统育苗方式、提升苗木培育品种、质量及现代化育苗生产作出了示范。2008—2012 年，市林业局通过林科所向农户共赠送珍贵树种苗 68.325 万株。2010 年，是实施造林苗木补政策的第一年，向农户送苗301 万株（不包括珍贵树种苗）。2011 年向农户送容器苗 76.2915 万株，送珍稀树种 18.355 万株。2012 年全市完成的绿化造林中有珍稀树种混交林 2008 亩。开展“珍贵树种进万村”行动，无偿赠送 8.5 万株珍贵树种苗，加上村民房前屋后栽种和民营企业营造红豆杉混交林基地，全市完成 9.5 万余株珍稀树种苗木绿化，以零星珍稀树种进村为统计，珍贵树种进入 95 个行政村。　（徐敏雄　周红敏）

【林科所苗木基地建设】　2008—2012 年，市林科所共生产容器苗木 920 万株，其中珍贵树种 300 万株，生态树种 620 万株；杉木良种 6942 公斤。

2008 年 1 月，在蜜蜂岭的里竹垮山场建立“龙泉市珍贵优良用材树种容器育苗标准化生产示范基地”建设项目，建设面积 22 亩；3 月，红心杉木种子园在上圩林区定砧；7 月，龙泉市林业局将市区棋盘山绿化基地作为林科所的实验基地，并委托代为管理；同年，林科所杉木种子园害虫扁长蝽暴发，造成杉木种子严重减产。

2009 年 1 月，国家林业局发出《关于公布全国第一批国家重点林木良种基地的通知》全国共 131 个基地，浙江省有 6 个，龙泉市林科所排在浙江首位。5 月，经浙江省林木良种审定委员会专家组审核，对符合油茶良种采穗圃认定标准的 19 个单位予以认定，林科所上圩良种基地的长林系列 7 个品种列入其中；7 月，林科所成为第二批“全国林业科普教育基地”；8 月，省林业厅与林科所签订了《浙江省珍贵树种省调控容器苗培育合同》，为省林业厅培育省调控容器苗 65 万株。

2010 年 1 月，林科所林木良种基地被列入国家林木良种补贴试点单位；5 月，《龙泉林科所国家级杉木良种基地（2010—2015 年）发展规划》获省林业厅专家评审通过；12 月，省林业厅下发 117 号文件，确定龙泉为浙江省油茶良种繁育基地，承建面积 465 亩，投资总额为 296 万元。当年容器苗产量达到 207.9 万株，创历史新高。

2011 年 11 月，《龙泉市林科所国家杉木良种基地发展规划（2010—2015 年）》，发展规划经国家林业局国有林场和林木种苗工作总站以林场行字〔2011〕109 号文件给予批复；2011 年 12 月 3 日，浙江省重大科技专项重点项目“杉木及红豆树等 4 个珍贵树种良种种苗产业化关键技术研究”通过浙江省技术市场促进会在龙泉组织省级专家组鉴定，成果达到同类研究国内领先水平；12 月 19 日，建筑面积 1320 平方米，总投资 300万元的林业科技实验中心（大楼）在原所办公地址开工；2011 年，生产杉木良种 4127 公斤，创林科所历史新高，“龙良 4 号”杉木良种（1.5 代种子园种子）发芽率 70%，创浙江省历史新高。

2012 年 3 月，由龙泉市林科所主持，中国林科院亚林所协作完成的“杉木及红豆树等 4 个珍贵树种良种种苗产业化关键技术研究”获丽水市科技兴林奖一等奖；2012 年 4 月，由中国林科院亚林所为主持单位，龙泉市林科所协作完成的“红豆树、木荷等 6种珍贵用材树种品种选育和高效培育技术”获浙江省林业厅、林学会第十二届科技兴林奖一等奖；“杉木高世代育种群体建立和优质速生新品种选育”获浙江省林业厅、林学会第十二届科技兴林奖二等奖。　（徐肇友）

兰巨乡官浦垟生态风景林

【名人名树苑】　名人名树苑位于龙泉城区南边，与青瓷博物馆、青瓷公园、青瓷大师园连为一体，地势为起伏的丘陵地形，以青瓷公园为主入口，青瓷博物馆和大师园建筑群为主体，配以龙泉市市树——红豆树景观林，名人名树苑镶嵌其中，面积约 10000 平方米。意在通过名人种植珍稀名贵和保护树种活动，唤起民众的生态意识、借以影响民众热爱自然、热爱森林、热爱绿色的热情。苑内分首长林、名士林、大师林、国际林，种植了红豆杉、红豆树、枫香等名贵珍稀树种。名人名树苑工程启动于 2008 年，2012 年 10—12 月对基础设施又进行了提升。　（李求洁）

【生态公益林扩面】　2009 年，在原有的生态公益林基础上，龙泉大规模开展省级重点公益林增划界定工作。在市生态公益林扩面领导小组的领导下，通过各乡镇负责人、林业技术干部的协调配合、广泛宣传，加上广大林农的通力协作，共划分、界定公益林面积 50.9 万亩。扩面后，龙泉市生态公益林总面积达 162.5 万亩，占全市林地总面积 40.7%，其中国家级生态公益林 97.7 万亩，省级生态公益林 64.75 万亩。

【公益林政策性保险】　2009 年起，龙泉市林业局将全市 1624616 亩公益林统一参加公益林林木火灾政策性保险，保额为 300 元/亩，保险费率为 1.5‰，支出保费 73.1075 万元。为龙泉市公益林提供保额 4.9 亿元的风险保障，提高了公益林抵御自然灾害的能力，为林业发展提供强有力的保障。

【生态护林员选任】　为巩固保护好全市 162.5 万亩国家、省级生态公益林，2010 年 7 月龙泉市政府和林业主管部门作出决定，在全市有生态公益林建设的 318 个行政村中公开选任生态公益林护林员。对参加选任生态公益林护林员的人员要求遵纪守法，热爱护林工作，有较好的群众基础，有较强的工作责任感和事业心；了解林业法律法规政策，熟悉责任区及周边的村情、民情、林情和森林管护知识；年龄 60 周岁以下，身体健康，小学以上文化程度，常年在家务农的男性村民；在同等条件下，任职 10 年以上已离任的村两委主要干部可优先。全市共选任生态公益林护林员 271 名，并配发 GPS 定位手机，全面启用护林员巡查定位考勤系统加强对护林员的监管工作。

【生态公益林建设成效展示】　2011 年，浙江省公益林建设迎来十周年。为全面反映公益林建设十年建设成就，向全社会展示公益林建设的辉煌成果，进一步弘扬林业干部职工和林农的创业奉献精神，褒扬先进，总结经验，彰显改革，激励创新，根据浙江省林业厅浙造林〔2011〕44 号文件精神，龙泉市林业局开展了一系列有声有色的宣传活动。一是制作了“生态公益林建设成效访谈”电视专题节目（时长 15 分），邀请市委书记赵建林进行访谈，节目中配以公益林优美外景，重点解说龙泉市公益林十年来的主要措施、成效和经验。二是在《浙江林业》专刊组稿，内容为推介发表由龙泉市市长季柏林署名的文章《山更绿　景更美　民更富》。三是向省林业厅生态中心提供一批公益林采访典型素材，向全省宣传龙泉市公益林的地区特色和主要成就。四是在8月底制作了大型公益林宣传牌4块，设置在高速路边、城区森林公园、凤阳山保护区道路两侧，面积达400多平方米。设置乡村公益林告示牌300多平方米。五是制作公益林专题展板10块，在市人民政府广场展出。六是在全市394名生态公益林保护工作中作出重大贡献的护林员中评选一批优秀护林员，给予表彰。七是全面系统地总结公益林十周年成效，发布龙泉市公益林建设成效公报。

【生态公益林监测体系建设】 为提高公益林建设、保护和管理水平，巩固公益林建设与保护的成效，促进林业的可持续发展，及时掌握龙泉生态公益林状况、动态变化及生态功能发展趋势，客观反映建设成效，向政府部门、社会公众、森林经营者提供相关信息，龙泉市于2011年开展重点生态公益林监测体系建设。为了顺利、圆满地完成此项工作，龙泉市林业局专门成立了市生态公益林监测体系建设规划调查队，邀请了浙江省林科院袁位高教授、张骏、吴初平博士为调查组成员培训讲课，并分赴九姑山和梧桐口村周阳自然村参加现场实习。此次公益林监测以公益林内的二类调查小班为对象，龙泉市国家和省级公益林小班数为9590个，按规程需设置监测小班（样地）160个。以生态学、林学及环境学理论为准则，对以公益林群落组成、结构、能量循环、水分循环、养分循环及环境效益进行监测，为龙泉市重点公益林建设十周年成效总结，以及发布省级及市级生态公益林建设和效益公报提供科学的基础数据。经多方努力，全面完成龙泉市重点生态公益林监测体系建设工作，并于2012年3月发布了《龙泉市重点公益林建设与效益公报》。 （毛日华）

【竹产业发展与品牌创建】 2008年，龙泉市启动实施万人科技培训、经济合作社建设、低效竹林改造、示范网络体系建设等工程，强化科技投入，改善生产管理条件，推广科学经营和市场营销理念，建立10万亩毛竹现代科技示范园区和14个笋竹农民专业合作社。全市新建竹林机耕路2052公里。建立23万亩毛竹笋材两用林基地，2万亩毛竹高效高产示范基地，1.3万亩无公害竹笋标准化栽培推广示范基地，10.7万亩现代科技示范园区。龙泉市八都镇冬笋培育基地成为全省最早出产冬笋的基地，“穿着短袖吃冬笋”成为新鲜事。全市笋竹加工得到迅猛发展，加工规模从小到大，产业化格局从无到较为清晰的三大转变。笋竹加工企业近200家，申请专利8个，形成了以竹胶板为龙头，竹凉席为基础，其他产品为补充的竹产业发展格局。2010年12月，由林业局组织实施的龙泉市竹产业提升工程获得“龙泉市科学技术进步奖”。2010年4月，八都镇小窑村村民邱振宝培育的毛竹，周长0.59米，直径0.188米，获得浙江省农业吉尼斯纪录（最大的毛竹）；上垟镇丁源村村民张永平培育的毛竹笋周长0.775米，重20.04公斤，获得浙江省农业吉尼斯纪录（最大的毛竹笋）。2011年10月，在第六届中国竹文化节上，龙泉市被中国竹产业协会、国家林业局国际竹藤中心授予“中国特色竹乡”称号。2009年4月10日，龙泉市毛竹（笋）王擂台赛及生态文化活动在上垟镇小黄南村举行，毛竹林王由上垟镇上源村王良松获得，其毛竹林的平均胸径14厘米；毛竹王由八都镇小窑村邱振宝获得，其毛竹最大胸径为18.8厘米；笋王获得者是上垟镇汤源村的周俊化。2011年4月11日，浙闽赣三省边际毛竹笋王擂台赛暨毛竹产业发展论坛在上垟镇小黄南村举行，上垟镇汤源村周俊化选送的竹笋赢得“笋王”称号，该竹笋高1米，重达18.5公斤。2012年4月8日，第六届笋王擂台赛在上垟镇小黄南村举行，上垟镇中村村的叶清林获得笋王第一名，遂昌县竹农叶樟富和龙泉市竹农练裕春选送的竹笋并列获得奇笋第一名。 （季利民 瞿懋良）

晒白笋　　叶莲娟 提供

林政和林业生产管理

【森林采伐限额管理】 2009年5月，龙泉市被确定为浙江省森林采伐管理改革试点县(市)，成为全省20个试点县(市)之一，试点期限为两年。试点工作在优化采伐限额管理机制、改变传统的管理方式、简化采伐管理环节、积极探索可持续经营的新路子等方面取得突破。2009年9—11月，龙泉市林业局开展了“十二五”期间年森林采伐限额编制工作，确定集体和个人所有的林木以市为单位编制，龙泉市林场、龙泉市山坑林场单独编制森林采伐限额，“十二五”期间年森林采伐限额确定为567010立方米，其中主伐358680立方米，抚育采伐97940立方米，更新采伐83040立方米，其他采伐27350立方米，限额总量比“十一五”期间削减了10%。2011年8月，根据浙政发〔2011〕42号和浙林资〔2011〕53号文件精神，龙泉市人民政府下发了《关于做好2011年度森林限额采伐管理工作的通知》，进一步完善了采伐限额单项管理、林木采伐经营者自主管理、人工商品林主伐年龄确定、林权所有人联户或跨小班发证、皆伐以面积控制为主、超过数量采伐补办林木采伐许可证等方面内容。

【森林可持续经营试点】 2008年，龙泉市被列入全省10个森林可持续经营体系建设与成效监测试点单位之一。争取项目资金140万元，分两年实施。按照试点要求，2009年6—11月，林业局抽调70余名技术人员开展森林资源动态监测工作，全市复位调查38村计7675个小班，档案更新及补充调查6827个小班，同时，结合小班林分因子推算，对全市的森林资源进行了年度动态监测。经查，全市总面积304734公顷，其中：林业用地面积265487公顷，非林地面积39246公顷。全市活立木总蓄积量为15291317立方米，森林覆盖率为82.5%，林木绿化率为82.7%。

2009年12月，市林业局与国家林业局规划设计院共同完成《龙泉市森林可持续经营规划》(2010—2019年)，并完成《县级森林可持续经营规划研究》。同时，组织指导森林经营大户开展森林经营方案编制工作，至2010年12月，全市国乡合作林场、山坑林场、兴南公司、八都森信公司、市林场、浙江能福营造林专业合作社、王庄林场等7家单位完成经营方案编制及论证，并在年度下达的林木采伐计划中实行单列。

2011年11月，市林业局又被列入全省8个国家级森林资源可持续经营管理试点单位之一。截至2012年12月，全市完成7个行政村的森林经营方案编制，开发总结杉木大径材培育等4个具龙泉特色的森林经营模式。

【林地保护利用】 2008年8月，龙泉市林业局与浙江省林业调查规划设计院共同完成《龙泉市林地保护利用规划》，规划期为2008—2020年，规划至2020年，龙泉市林地保有面积265753公顷，其中生态公益林地面积79562.1公顷，商品林地面积186190.8公顷。2011年8月5日，省林业厅下发了《关于预下达林地保护利用有关控制性指标的通知》，确定了森林保有量、征占用林地定额两项约束性指标，龙泉市森林保有量目标值为251958公顷，2011—2020年占用征收林地定额指标为930公顷。2012年11月，龙泉市被省林业厅确定为全国林地年度变更调查浙江省唯一的试点县(市)。龙泉市林业局抽调51名相关科室及乡镇林业工作站业务骨干，组成21个调查工作小组和2个质量检查指导组及1个内业组，在省林业调查规划设计院的技术支撑下，调查历时3个多月，全市共调查图班13203个，年度变更图班7065个。2012年11月，龙泉市被省林业厅确定为森林增长指标年度考核评价先行试点县(市)。本次考核指标数据来源以档案更新成果为依据，档案更新工作与林地年变更调查同步进行。

【古树名木保护】 2009年5月，龙泉市林业局编写了《浙江龙泉古树名木》画册，并由中国民族摄影艺术出版社发行。2012年9—10月，龙泉市林业局抽调65名林业技术人员，开展全市古树名木保护情况补充调查，历时1个多月。经查，全市现有古树名木共计5613株，其中1级古树205株，2级古树1475株，3级古树3933株。全市散生古树2399株，古树群134个，古树3216株。(张小伟)

【绿盾护林检疫执法】 2008—2012年，龙泉市林业局组织森检站执法人员共开展了7次“绿盾护林”检疫执法专项行动，深入全市226家松木加工企业，多管齐下加大对松木及其制品检疫监管力度，严格执法，做到检疫执法“横向到边，纵向到底”。组织培训600余人次，对涉松企业发放宣传资料13825份，通过新闻媒体宣传稿件233篇；对一些重点涉松企业单位建立了购销台账、检疫要求书和复检制度并签订责任保证书。查处电力公司、电视台等单位违规调运松木包装箱案件5起，责令其整改，查漏补缺，对金健木业等多家企业从外地运至龙泉的松木制品进行补检，并要求这些单位作出书面承诺，不得从疫区调运各种松木制品、半成品及原材料。

【森林病虫害防治】 毛竹主要虫害工程治理。龙泉市有毛竹林面积55.4万亩，占有林地面积13.7%。治理区分别是八都、上垟、小梅、查田、锦溪、兰巨、竹垟、城区。2008年，龙泉市开始实施毛竹主要虫害工程治理。在实施该项目过程中，坚持“预防为主，综合治理，无公害优先，积极消灭”的方针和“生态建设、生态安全文明、持续发展”的林业发展指导思想，结合发生区竹子害虫的实际情况，实行因地制宜，分类治理，治理工作取得了显著成效。4年来，共测报面积397.83万亩次，测报覆盖率92.1%。治理区域内竹林有害生物共发生面积13.9442万亩，比上期工程项目下降了7.8%，防治面积12.7146万亩，比上期下降了7.3%，防治率92.4%，无公害防治率100%。工程治理受竹虫为害防治面积12.7万亩，经防治竹林每亩可为竹农直接挽回经济损失688.79元，共计为竹农挽回经济损失8503.4万元。2012年2月28日，项目完成了预期的社会、经济、生态等方面的技术指标，顺利通过省林业厅验收。

防范松材线虫病。龙泉市森林植物检疫站每年分别在春秋两季组织专（兼）职检疫员、测报员对城镇周围、主要公路沿线、建设工程等重点对松材线虫病进行全面调查监测，监测覆盖率达100%，同时组织专职检疫员对涉松加工企业、广电、电力等单位以及外地随货调进的松木制品和包装材料依法进行复检，5年来共复检松木制品1800余件。对报告和发现外地调入和松属植物及木制品复检率达到100%，枯死松木清除率100%。为遏制松材线虫病的发生和传播，市松材线虫病预防指挥部与各乡镇（街道）及相关部门签订松材线虫病防控责任书。

马尾松毛虫防治。马尾松毛虫是龙泉市森林主要害虫之一，呈周期性暴发。2011年5—7月份，马尾松毛虫暴发成灾，第一、二代马尾松毛虫在海拔500米以下的低、中山地区安仁—兰巨公路沿线，城区周围九菇山、凤凰山、棋盘山一带发生严重为害，受害面积达5000余亩，造成松叶大部分食光，形似火烧，严重影响松树生长。经采用天吉2号生物粉剂农药进行喷粉防治，受害松林又焕发了往日的绿色生机。（汪和燕）

【雨雪冰冻灾害调查】 2008年1月中旬，受雨雪冰冻灾害影响，林木资源损失严重。3月21日，林业局抽调百名林业技术干部对全市的受灾情况进行全面调查评估，经查，全市林业受灾面积85.2万亩，其中林木（用材林与生态林）面积61万亩，毛竹面积23.9万亩，经济林面积528亩，未成造林地2576亩。受损林木蓄积86.5万立方米，毛竹718.9万株，经济林2.5万株；林区基础设施受损2240万元；直接经济损失共计2.9亿元。为加强雨雪冰冻灾害受害木的清理工作，省林业厅追加龙泉市森林采伐计划13万立方米；毛竹采伐计划1000万株。5月6日龙泉市林业局组织人员对全市19个乡镇（街道）的受害木清理及灾后采伐指标的落实执行情况进行监督检查。据统计，全市共清理雨雪冰冻受损林木23.57万立方米，占总发证数的72.3%。其中，生态公益林9215立方米，用材林22.22万立方米，凤阳山自然保护区4275立方米，毛竹538万株。

【木检执法检查】 2008—2012年，木检巡查大队及各木材检查站共检查车辆12.48万辆，木材211.29万立方米，毛竹213.32万株，查处违法车辆1863辆，木材1万立方米，毛竹19.43万株。2012年由于木材资源与交通道路的改变，武溪水上木检站与安仁木检站合并管理。（胡小芬）

【山林纠纷调处】 2008—2012年，龙泉市共发生山林纠纷466起（其中省际2起、县际2起），争议面积12834亩；已调处471起（其中省际4起、县际3起），争议面积18711亩。2010年5月，龙泉市人民政府成立农村土地承包经营纠纷调解仲裁委员会，仲裁委员会下设办公室，办公室设在市林业局。（方陈富）

【林业安全生产管理】 林业安全生产管理工作坚持安全发展理念，认真贯彻“安全第一，预防为主，综合治理”的方针，健全和落实安全生产管理责任制。5年来未发生安全生产事故，无人员伤亡，各类事故起数、事故死亡人数和事故直接经济损失三项指标均为零。据不完全统计，2008—2012年共张贴安全生产管理、森林消防宣传标语1.5万多份、发放宣传单8万多份，宣传册6000余份，出动宣传车4500多车次，开展版画宣传30场，送戏下乡75场次。开展安全生产管理检查132次，并建立安全生管理检查台账。

【森林消防设施建设】 2009年5月23日，龙泉市林业局森林消防指挥中心落成启用。中心总占地面积8000平方米，建筑面积6700平方米，总投资2700万元。同年，龙泉市电视电话会议系统和政府视频会议系统覆盖全市，系统在市政府专用2会议室、森林消防指挥中心和水利局防汛办设三个主会场，覆盖全市各乡镇（街道）和部门的20多个视频会议室，实现了主会场同各乡镇街道的实时互联互通，利用该系统可远程指挥森林火灾的扑救工作。2008—2012年，全市新建生物防火林带250公里(7540亩)，其中40公里宽度为15—20米、高度3—4米的木荷(防火树种)初显隔离效果。全市建立27支567人的森林消防队伍，由市森防办及各乡镇、街道实行分级管理。随着“五强五网”建设工程的开展，各乡镇街道都在较大行政村建立了森林消防队；基本形成了市、乡镇(街道)、较大行政村三级联动的区域性扑救网络。每年对森林消防队员及护林员进行人身意外伤害险投保。5年来，全市共投入森林消防资金410万元，购置灭火器材，配发到市直属森林消防队和各乡镇(街道)森林消防队伍。投入资金81万元，购置了5辆森林消防指挥车和运兵车，增强了快速应急处置能力。2012年，在八都镇、小梅镇、兰巨乡、道太乡和龙南乡分别建立了森林火险自动监测站及因子采集站，提升了森林火险预测预报的科技水平。全市累计投入资金900余万元，对全市398万亩有林地进行了政策性林木火灾保险，加快了森林灾害植被恢复进度。投资307万元建设浙西重点森林火险区综合治理二期工程，投资18.21万元建设浙江省森林防火数字通信系统项目。（叶祥根　王海松）

【林业贴息贷款】 2008—2012年，浙江能福旅游用品有限公司、浙江龙声工艺玩具有限公司、浙江绿峰科技有限公司等10家林业竹木加工企业享受国家林业贷款中央财政贴息资金1174.6万元，为龙泉市林业产业发展和竹木加工转型升级注入了生机和活力。

【林业专业合作社】 2008—2012年间，建立龙泉市肖庄竹笋合作社、龙泉市能福营造林专业合作社、龙泉市龙竹笋竹专业合作社等林业专业合作社37家，其中获得省级示范性合作社5家，较大程度提高了龙泉林业产业的组织化、规模化、标准化生产程度，促进了产业发展。2009年12月，龙泉市能福营造林专业合作社经营的11.3万亩森林正式通过了FSC国际森林认证，成为全国首家通过FSC认证的林业专业合作社。（产业科）

【林业工程项目建设】 2006—2012年，市林场争取建设用地50亩、资金2963.8万元，建设5幢厂房共计24471平方米，对外出租年收益190多万元。2010年，市林场危旧房改造(新建)项目立项，在通过选址、设计和各项审批后于2012年12月开工建设。2010—2012年，市林场共争取项目资金93万元，建造4米宽的水泥路3条计3公里，其中九姑山、安清山、剑池湖3个林区各一条。兴林工业孵化基地于2008年开工，至2012年累计投资3335万余元，完成基地的一期工程共计建筑面积4.05万平方米及厂区间道路硬化和配电设施的建设。（张子川　沈庆华）

兴林工业孵化基地建设　　祝　健　提供

【信息化建设】 5年来，龙泉市编制了《龙泉市林业信息化(2010—2020年)建设规划》，与浙江林学院等单位合作开发了《木材流通管理系统》《林木采伐管理系统》《林权管理系统》《生态公益林地籍管理系统》《森林灾害远程视频监控系统》《森林防火智能决策系统》《木材检查视频监控系统》《名木古树管理信息系统》《林地征占用管理系统》《林业行政审批管理系统》《森林资源动态监测系统》《“便企一卡通”信息查询系统》《营造林管理信息系统》等14个业务应用系统，并利用森林资源调查、林权勘界、日常工作等环节采集数据，建立了林权、营造林、采伐、运输、加工、产品出口、企业管理、林地征占用、森林防火、行政处罚等14个林业基础信息数据库，林业信息化贯穿全市林业工作等各个环节，覆盖到全市各个乡镇(街道)。（黄丽丹）

集体林权制度改革

【概况】 5年来，龙泉市以资源增长、农民增收、生态良好、林区和谐为目标，全面推进林权制度改革。龙泉集体林权制度主体改革工作从20世纪80年代初开始，历经林业“三定”、完善林业生产责任制、山林延包和深化集体林权制度改革四个阶段，基本完成主体改革任务。截至2012年，龙泉市有集体林地面积389.6万亩，其中责任山面积238.6万亩、自留山面积91.4万亩、统管山面积59.6万亩，确权到户面积330万亩，确权到户率100%，统管山率15%；发证(责任山、自留山)户数54946户，发证到户率99.97%，发统管山权证3219本，占100%；签订责任山承包合同41303

份,签订率100%。完成所有权勘界面积398.5万亩,经营户勘界面积279万亩,建立了林权信息卡,形成了"一户一证一卡"的"林权身份证"管理机制。累计发放林权抵押贷款11亿元,实现贷款余额4.5亿元,其中小额循环贷款余额3.3亿元,全市20%的林农享受到林权抵押贷款,户均贷款达9000元。林权抵押贷款成为林农、林企融资的主渠道之一,实现林业一、二、三产业全覆盖,有力地支持了新农村建设和农林业发展。截至2012年底,林地流转面积达到94万亩,占林地面积的24%,形成"林保姆"281家,委托管理农户达4340户,托管面积达27万亩;股份合作48家、农户5600户、经营面积19万亩;租赁经营56家、农户2900户、经营面积9.7万亩;建立林业专业合作社36家,吸纳社员3700余人,带动林农5.1万人,连接基地24.5万亩。

【全国林改工作会议】 2009年4月28日,由中央农办、中国人民银行、财政部、银监会、保监会、国家林业局联合举办的全国金融支持集体林权制度改革及林业发展现场会在龙泉召开。此次会议规模大、规格高,人民日报、中央人民广播电台、金融时报、绿色时报、浙江日报、浙江电视台等媒体记者到会采访,并进行宣传报道,引起全国关注。

【林改典型推广】 龙泉林改做法与经验得到国家林业局肯定,龙泉市先后被确定为全国首个农村林业改革发展试验示范基地、全国集体林权制度改革先进典型县、全国首批农民林业专业合作社示范县和全国集体林权制度改革服务管理建设试点县和全国科普服务林改试点县。2009年,"林保姆"和以能福营造林合作社为代表的林业专业合作社入选《全国集体林权制度改革实践100例》,在全国推广。同年,龙泉集体林权制度改革被列入联合国粮农组织"支持中国集体林权制度改革"项目,为浙江省唯一实施该项目的县市。2010年5月,龙泉联合国粮农组织支持中国集体林权制度改革项目办公室正式挂牌成立。2010年10月10日,龙泉市委书记赵建林出席全国集体林权制度改革百县经验交流会。11月2日,中国林学会授予龙泉市"全国科普服务林改试点县"牌匾,中国林学会在龙泉举行全国科普服务林改试点启动,同时,浙江省林业厅授予龙泉市"浙江省林业调查规划设计院龙泉评估咨询服务站"牌匾,解决了龙泉不能评估100万元以上大额森林资源资产的难题。 (童红卫)

【《新闻联播》报道龙泉林改】 2011年11月17日晚,中央电视台《新闻联播》头条以《浙江龙泉:山上的文章怎么做?》为题,报道了龙泉市以产业链促林农增收的成功实践,赞誉当地从过去的砍树到产品深加工再到保护森林卖生态,写出了一篇漂亮的"山上文章"。该消息以"走基层·第一手调查"的形式,描绘了龙泉大山深处几年来发生的变化。在远近闻名的毛竹专业村,林农不砍树木,发展起食用菌,而启动资金就来自于林农获得的林权抵押贷款。有了这笔创业资金,林农纷纷根据各地实际,发展起加工业、农家乐等,森林、竹海、高山、云雾都成了村民们赚钱的亮点。新闻画面中,龙泉郁郁葱葱的群山尽收眼底,如何把生态优势转化为经济效益,怎样做才不破坏优良的空气和水质,龙泉把过去低层次的砍树提升为产品深加工,然后再变身为保护森林卖生态,从而发展起一条完善的林业产业链。正是靠着这个产业链的良性循环,这几年林农收入每年以10%以上的速度增长,2010年林农人均收入达到6700元。 (祝 健)

森林公安

【概况】 2008—2012年,根据上级公安机关的统一部署和要求,龙泉市公安局森林分局连续五年就政治理论、法律法规、体能、技能、专业知识组织民警进行了学习、培训,通过开展大轮训活动,民警的精神面貌焕然一新,业务水平和办案能力明显提高,基本技能和身体素质明显增强。连续三年在丽水市森林公安大轮训工作中考核优秀。以保护森林资源,构建和谐林区环境为目的,开展"平安龙泉"建设为载体,从2010年起开展"平安林区"创建活动,龙泉连续两年被省林业厅命名为"平安县市"。根据公安部《公安机关执法办案场所设置规范》,2012年森林公安在有限的办公条件下对分局内部区域实施物理化隔离,按功能和用途划分为相对独立的办案和办公区域。办案区内设置讯问、询问、候问、信息采集、证物、档案等室,在办案区内安装音视频监控系统,实现了录音视频监控全覆盖。2008—2012年,共查处各类案件388件,其中刑事案件98起(重大17起,特大4起),林业行政案件290起;处理各类违法犯罪人员465人次,其中逮捕16人,起诉138人,其他处理327人次,为国家挽回经济损失100余万元。

【特大森林火灾案件】 2008年3月3日,龙泉市龙南乡岭后村山场发生火灾,接警后森林分局马上组织警力赶赴现场展开调查,经现场勘查和走访了解,确定这是一起因乱扔烟头而引发森林火灾的案件,并迅速锁定犯罪嫌疑人,犯罪嫌疑人刘某迫于压力当日就到分局投案自首。经查刘某在"黄儿头"自留地种植马铃薯时，将烟头扔在自留地外侧田埂坡上，引燃茅草，继而引起森林火灾。这起成灾面积861亩的森林火灾案件迅速告破。

【系列非法采伐红豆杉案件】 在2009破获的系列非法采伐南方红豆杉特大案件中，办案民警对现场进行勘查，寻找蛛丝马迹，并赶赴福建、温州、义乌等地，通过大量走访排查，及时串并案，迅速锁定犯罪嫌疑人，从而破获了以陈某等人为首的、犯罪成员达十数人的非法采伐红豆杉犯罪团伙。

【猎杀小天鹅案件】 2010年11月20日下午4时左右，香樟园一带溪畔响起枪声，两只白天鹅被枪杀。此事在社会上引起强烈反响，森林分局迅速成立专案组全力侦查。21日下午，确定吴某有重大犯罪嫌疑，仅一天两夜就成功破获这起非法猎捕、杀害珍贵濒危野生动物案件。

【公路沿线系列盗伐案件】 2010—2011年，上垟镇一带公路沿线发生多起盗伐林木案。经部署，2011年在村民与派出所民警的协助下，当场抓获犯罪嫌疑人潘某，破获了一伙以叶某为首的多达数十人在龙泉、庆元、福建松溪三地流窜作案的犯罪团伙。龙泉、松溪、庆元三地森林公安分工协作，查清叶某等人在三地共盗伐林木19.88立方米，盗伐国家重点保护植物南方红豆杉9株，盗伐国家二级重点保护植物闽楠2株，挖掘国家一级重点保护植物南方红豆杉树桩3个。

【破获森林火灾案件大会战】 2012年清明节期间，由于天气原因，龙泉市森林火灾频发，森林分局协调有序、出警及时，西街街道九村、龙南乡北公村、石达石乡南弄村、道太乡大白岸村等地发生的森林火灾案件相继告破，全年破获火灾案件7起。

【林业综合巡防】 2008—2012年，连续五年森林公安组织警力对城区周围，公路两旁、生态公益林、自然保护区、风景名胜区等重点部位开展巡逻检查，预防、发现、制止和及时处置破坏森林资源违法犯罪行为，把各类违法违规行为消灭在萌芽状态，确保龙泉市森林资源安全。　（顾奕琦）

凤阳山国家级自然保护区

【概况】 凤阳山国家级自然保护区位于浙江省龙泉市南部，属洞宫山系，由福建武夷山脉向东伸长而成，与龙泉的屏南、兰巨、龙南3个乡镇和庆元县百山祖乡毗邻，南部与庆元县自然保护区连为一体。气候特点是雨量充沛、湿度大、雾多。保护区内地形复杂，主峰黄茅尖海拔1929米，是长三角第一高峰。凤阳山自然保护区是森林生态类型自然保护区，分布生长着多种珍稀、濒危植物及特有属种、模式植物、经济植物，享有"华东古老植物摇篮"和"天然珍稀植物园"的美称，并且是《中国生物多样性保护行动计划》实施的重点区域之一。是全国12个具有国际意义的生物多样性分布中心之一——浙闽山地的重要组成部分，具有很高的生态、科研价值。

【规划修编】 《浙江凤阳山—百山祖国家级自然保护区总体规划(2011—2020年)》和《浙江凤阳山—百山祖国家级自然保护区生态旅游规划(凤阳山部分)(2011—2020年)》委托国家林业局调查规划设计院编制。总体规划于2012年2月完成初稿编制，并征求龙泉市发改、旅游、环保、国土、毗邻乡镇等相关部门意见，对接龙泉市"十二五"规划。2012年5月26日通过浙江省林业厅组织的专家论证。同年7月6日浙江省林业厅行文上报国家林业局审批。同年10月29日获国家林业局批复(林规发〔2012〕267号)。生态旅游规划2012年8月底完成初稿，同年9月28日通过浙江省林业厅组织专家论证，同年11月12日省厅行文上报国家林业局审批，同年12月31日获国家林业局批复(林护发〔2012〕339号)。

【基础设施建设】 2009年8月9日，凤阳山保护区城区办事处办公地点迁至中山西路老林业局办公楼东面楼办公。

浙江凤阳山—百山祖国家级自然保护区基础设施建设(一期)项目。2005年8月，获国家林业局批复，凤阳山保护区共投资475.35万元，其中中央财政专项投资288万元，地方配套投资187.35万元。该项目之一的大田坪综合楼2007年3月开工建设，2009年8月21日竣工投入使用，建筑面积2880平方米，集科研宣教、旅游接待、后勤保障多功能于一体。2012年4月，项目通过浙江省林业厅组织的专家组验收。

浙江凤阳山—百山祖国家级自然保护区基础设施建设(二期)项目。2011年7月，该项目获国家林业局批复，2012年6月该项目初步设计获浙江省林业厅批复，核定总投资1035万元，其中凤阳山保护区共投资565.40万元，主要建设内容为：宣教用房、检查站改造、供电线路改造、林区道路改造、防洪堤建设等。2012年10月，投资12.3万元，完成资源检查站10千伏高压供电线路改造1.2千米。

2012年5月，凤阳庙至乌狮窟林区道路改造工程初步设计获龙泉市发展和改革局批复，概算总投资1197.68万元，所需资金由市财政统筹安排，在原有简易道路上改扩建，改造道路全长7.421千米，路面宽3.5米，参照浙江省准四级道路建设，同年6月开工建设。

2012年7月，龙泉市发展和改革局批复综合楼二期工程初步设计，概算总投资807.49万元，其中龙泉市财政安排600万元、差额由管理处自筹，总建筑面积1899.3平方米，3层框架结构。同年9月开工建设。 （刘国龙）

【森林防火与科普宣传】 2008—2012年，凤阳山管理处每年组织扑火队员体能训练和实战演习，配备风力灭火机、灭火拍、水壶、砍刀、服装等。2012年12月25日，组建了凤阳山国家级自然保护区森林消防均益分队和上兴分队，截至2012年底，保护区分别组建了管理处、龙泉山景区、兰巨炉岙、龙南上兴、屏南均益5支准专业扑火队100余人。2008年以来，制订和完善保护区森林消防工作制度，每逢清明、“五一”、国庆及庙会等节假日和重大活动分别制订工作方案，实行领导带班值班巡查制度，印制《致毗邻村村民一封信》3000余份，家家户户张贴，制作宣传彩旗2000余面在各主要路口扦插。2012年，分别在兰巨官埔垟、龙南上兴、屏南均益设立森林消防检查监督站，对所有过往车辆进行宣传检查，发放宣传单。2012年，邀请龙泉市风韵文艺团，在保护区毗邻村开展了10场“送戏进村”慰问演出活动。在毗邻乡镇村学校开展一堂课、一封信、一次图展、一只环保袋等形式的森林防火和资源保护宣传教育活动。2011年，凤阳山—百山祖毗邻地区联防会议由值班单位——凤阳山管理处组织召开。

2008年，防火线除草清理70公里，20米宽生物防火林带营造14.5公里，20米宽生物防火林带抚育21公里。2009年，防火线除草清理70公里，20米宽生物防火林带营造9.5公里，20米宽生物防火林带抚育35.5公里。2010年，防火线除草清理48.5公里，20米宽生物防火林带营造12.5公里，20米宽生物防火林带抚育45.5公里。2011年，防火线除草清理48.5公里，20米宽生物防火林带抚育57.5公里。2012年，防火线除草清理27公里，20米宽生物防火林带营造21.5公里，20米宽生物防火林带抚育57.5公里。2012年10月，投资30万元完成二期视频监控工程建设，在石梁岙边山岗建成1个可旋转视频监控前端，在瓯江源、凤阳湖、大峡谷、上於桥、景区大门、凤阳庙广场、大田坪、资源检查站安装了8个音控视频前端。 （叶茂平）

【科学调查与研究】 2008年8月，在丽水市林业局森林生态和林业标准化监测检验站组织指导下，凤阳山管理处对保护区内的双折瀑、凤阳庙、炉岙等多个监测点开展负氧离子含量监测工作。经监测，凤阳山负氧离子量在2000个/立方米以上，最高双折瀑达到12万个/立方米。

2008年5月开始，与浙江大学合作开展动物样线调查，浙江大学师生在凤阳山开展了多次动物调查工作，对黄茅尖、将军岩、大田坪三条线路鸟类进行了调查，为自然保护区生物多样性的保护与管理提供基础数据，以评价各类保护工程和管理措施的实施成效，评价人类活动（特别是生态旅游）对动物物种多样性及其栖息地生境的影响。2008年架设野外红外自动拍摄像机1架，2010年增加到8架，2012年增加到20架。并拍摄到黄腹角雉、黑麂、白鹇和野猪等动物活动影像资料。

2009年6月，与华东师范大学签订协议，合作开展为期三年的“凤阳山自然保护区苔藓植物的物种多样性及苔藓植物对凤阳山环境的监测指示作用研究”，华东师范大学教授朱瑞良多次到凤阳山采集苔藓标本，并发表了多篇论文。

2010年9月，与浙江农林大学合作完成“浙江凤阳山自然保护区昆虫资源及其与生境关系研究”课题，出版《浙江凤阳山昆虫》专著，经鉴定，计1690种，包括1个新属、64个新种、4个中国新纪录属、7个中国新纪录种，凤阳山新纪录708种。2011年，该课题获得丽水市第一届科技兴林二等奖，浙江省科技兴林二等奖。

2011年11月，凤阳山自然保护区与南京林业大学一起对保护区的1公顷固定监测样地进行复查。通过当前样地内植物的种类和数量数据与2007年数据对比，分析样地内植物演化。

2012年7—8月，与浙江大学合作进行了3个1公顷样地的建设，获取《浙江省生态环境十年变化（2000—2010年）遥感调查与评估》项目中生态系统野外观测数据。同时，浙江省生态系统野外观测技术培训会议在凤阳山自然保护区召开，浙江省12个省级以上自然保护区及浙江大学和温州大学等7个相关大专院校的专家和研究生50余人参加培训。

2010年4月，成立《凤阳山志》编委会，2012年10月出版发行《凤阳山志》。全书42万余字，分自然环境、森林资源、保护区建设、资源保护、科研科普、旅游与文化六大篇，翔实记载凤阳山自然、历史情况以及1975年批准建立保护区以来的发展历程。2012年12月，拍摄制作《物华天宝凤来仪》凤阳山专题宣传片和《绿谷明珠》保护区宣传画册。

2009年11月，中国森林生态系统定位研究网络（CFERN）管理中心主任、首席专家王兵在浙江省林业生态工程管理中心和省林科院专家的陪同下到凤阳山就建立国家级森林生态定位站可行性进行考察。2009年12月30日，浙江省林业科学研究院、浙江林学院作、浙江省林业生态工程管理中心、凤阳山管理处和南京林业大学组成团队联盟联合申报建立浙江凤阳山森林生态系统定位研究站。2010年2月，国家林业局科技司委托CFERN管理中心在北京组织召开浙江凤阳山森林生态系统定位研究站专家论证咨询会议，通过了《凤阳山森林生态定位研究站发展规划》。2011年12月，凤阳山森林生态定位研究站工程初步设计获国家林业局批复，核定项目总投资430万元。　（刘胜龙）

【生态旅游】　2008年11月，保护区内龙泉山景区通过国家景区质量等级评定委员会专家小组评定验收，龙泉山景区成功创建国家AAAA级景区。2009年12月，成功创建省级生态旅游示范区。2011年初，因通景公路大赛至官埔垟段实施建设，龙泉山景区休园整修，2012年4月28日，重新开园营业。据不完全统计，2008—2012年，景区年均游客6万人次。　（刘国龙）

【集体林补助与租赁】　2008年，保护区实验区集体林补助标准为23元每亩每年，2009—2011年，核心区、缓冲区、实验区集体林补助标准为25元每亩每年。2012年11月12日，召开保护区集体林租赁动员会议，租赁标准核心区、缓冲区、实验区2012年为29.2元每亩每年，2013—2016年为35元每亩每年，租赁期5年，到期后再续租。至2012年12月30日，凤阳山管理处与各毗邻村委签订了集体林租赁协议，全面完成保护区11011.5公顷集体林租赁。　（刘国龙　刘胜龙）

【领导专家调研考察】　2008年2月23日，浙江省林业厅副厅长叶胜荣、森林资源处处长卢苗海到凤阳山指导雨雪冰冻抗灾工作。2008年5月27日，浙江省林业厅副厅长吴鸿到保护区调研。2008年7月16日，环境保护部、国家林业局等七部委专家，由蒋明康研究院带队到保护区进行规范化建设评估考察，凤阳山管理处被评定为优秀等级。2008年7月31日，国家林业局湿地管理中心主任马广仁一行到保护区考察。2008年8月2日，浙江省林业厅副厅长邢最荣到保护区调研。2008年10月18—19日，国家林业局野生动物保护司副司长严旬、处长贺超一行到保护区考察。2008年11月23日，国家景区质量等级评定委员会专家到保护区，对龙泉山景区创建国家AAAA级景区评定验收。2009年3月21日，浙江省人大常委会副主任程渭山到凤阳山调研。2009年4月29日，浙江省副省长龚正、省政府秘书长夏海伟、省林业厅厅长楼国华、省旅游局局长赵金勇、丽水市副市长梁细弟到凤阳山考察。2009年6月25—26日，浙江省环境保护厅生态处处长韩志福到保护区考察。2009年8月21日，浙江省林业厅厅长楼国华，省林业厅森林资源处处长卢苗海，凤阳山—百山祖国家级自然保护区管理局、丽水市林业局局长邝平正等出席保护区综合楼落成典礼。2009年8月28日，浙江省林业厅副厅长叶胜荣到保护区考察调研。2009年11月22日，中国林业科学研究院森林生态系统网络中心主任王兵一行到保护区考察生态定位站项目。2010年5月8日，国家林业局野生动植物保护与自然保护区管理司副司长陈建伟到凤阳山自然保护区考察集体林工作。2011年5月25—26日，浙江省政协副主席陈艳华、丽水市政协副主席庄志清到保护区考察调研。2012年3月10日，浙江省林业厅副厅长俞坚到保护区考察生态建设工作。2012年5月8—9日，长三角地区环保合作联席会议在凤阳山召开，环境保护部华东督查中心主任高振宁、上海市环保局局长张全、江苏省环保厅厅长陈蒙蒙、安徽省环保厅厅长缪学刚、浙江省环保厅厅长徐震等参加会议。2012年6月2—3日，国家林业局保护司自然保护区管理处副处长武立磊和国家林业局调查规划设计院处长刘德晶到保护区调研总体规划和生态旅游规划编制工作。　（刘国龙）

凤阳山云海　　张有钢　提供

水利　电力

综　　述

【水利概况】 2008—2012 年，龙泉市水利工作扎实推进“民生水利、城市水利、资源水利、生态水利、安全水利”建设，掀起治水兴水新高潮，建立起市、乡镇（部门）、村、自然村（基层单位）的四级预警责任体系。完成基层防汛防台体系建设，山洪灾害县级非工程措施建设，防汛会商系统覆盖至乡镇，共建成水雨情遥测站 70 处。投资 3470 万元全面完成岩樟溪饮用水引水工程，满足 10 万城市人口的生活用水和工业用水。建成 118 个村级饮水工程，解决和改善了 4.21 万人饮水不安全问题，2010 年被列入浙江省农村饮用水长效管理试点县。全面完成均溪一级水库（小一型）、犬槽丘水库（小二型）、梅村水库（小二型）和瑞垟一级水库（中型）等四座水库除险加固，完成了 39 座重要山塘综合整治。以万里清水河道建设为载体，致力于生态河道修复，完成万里清水河道建设 191.8 公里、筑堰 22 座、绿化面积 8 公顷。全面实施剑池街道新塘、龙南乡上兴、兰巨乡上圩低丘红壤治理改造项目治理面积 150 公顷。中小河流重要堤防建设完成新建防洪堤 32.67 千米，排涝涵设 18 处，修复堰坝 30 座，修复堤防 7 千米。水利西进工程完成新建堤防 2.5 公里，为龙泉市城市西拓奠定了基础。围绕农业主导产业，完成渠道建设 230 千米，新建节水喷滴灌面积 442 公顷，微灌面积 860 公顷；完成中央扩大内需大梅溪生态清洁型小流域治理工程，岩樟溪、垟赛溪生态清洁型小流域建设试点工程；完成面上水利 750 多处，新建“三面光”渠道 32 公里，维修渠道 100.5 公里，堰坝 25 座，有效提高了农业综合生产能力。

发展特色养殖为主的高效生态渔业，有淡水养殖面积 1780 公顷，花白鲢网箱养殖面积 3.2 公顷。5 年内，水产品总产量 10250 吨，产值达11000 万元，稻田养殖示范面积 96.7 公顷，产量 59 吨，产值 118 万元。以稻田养鱼和网箱养鱼为内容，累计完成渔业实用技术培训 3520 人，现场指导 570 人，阳光工程培训 196 人。在龙泉溪、小梅溪、八都溪等河流放养瓯江彩鲤、花白鲢、甲鱼等 500 万尾。

开展小水电清洁绿色能源建设，截至 2012 年底，建成农村水电站 105 座，总装机 20.94 万千瓦，多年平均电能达到 5.39 亿千瓦时。其中，2008—2012 年新建水电站 20 座，增加装机 4.751 万千瓦，完成老电站更新改造 6 座，增加装机容量 1460 千瓦。

加强水环境综合治理，完成在紧水滩水库引箱设置和捕捞翘嘴红鲌工作，对紧水滩水库网箱进行全面拆除，投放花白鲢鱼鱼种 400 万尾，野生鱼苗 50 万尾。以开展河道采砂制砂专项整治为重点，督促建设项目水土保持设施的落实，并进一步加强水土保持规费征收及专项验收等工作。5 年内，共开展水（渔）行政巡查 1753 次，查处水事、渔事、非法采砂案件 150 起，有效地保护了水环境，维护了河道采砂管理的正常秩序。（叶玲莉）

【电力概况】 龙泉市电力工业局原为龙泉电力总厂，其前身是 1926 年的普耀电灯公司。截至 2012 年底，龙泉电网有 220KV 变电所 1 座，主变 2 台，容量 30 万千伏安；110 千伏变电所 3 座，主变 5 台，容量 22.15 万千伏安；35 千伏变电所 11 座，变电容量 14.08 万千伏安；35 千伏线路 33 条，计 405.45 公里；10 千伏线路 107 条，计 1670.2 公里；0.38 千伏低压配电线路 1200 条，计 2355.3 公里；配电变压器 2134 台，计 26.946 万千伏安；全市并网小水电 106 座，装机容量 21.34 万千瓦（其中属县调调度 102 座，装机容量 13.92 万千瓦）；供电区内设 1 个客服中心，9 个供电营业所，全局有各种用工 823 人（其中职工 300 人，离退休 198 人，各类代理制职工 300 余人），担负着全市 11.8351 万户、28 万人口的工农业生产用电任务。2012

年，国网公司进行体制机制改革，全面开展“三集五大”体系建设，该局机构设置有所变化，设置办公室、发展建设部、人力资源部、财务资产部、安全运检部、党群工作部、电力调度控制中心等7个职能部室，设置检修(建设)工区、客户服务中心(营销部)、物流服务中心等3个业务支撑和实施机构(其中安全运检部与检修工区合署办公)以及普耀电力有限责任公司、普耀汽车有限公司、普耀物业服务有限公司、光耀电力设计有限公司等集体企业。

防汛抗旱

【概况】 2008—2012年，龙泉市相继完成基层防汛防台体系建设，山洪灾害县级非工程措施建设，防汛会商系统覆盖至乡镇，共建成水雨情遥测站70处，并分别战胜了2008年8号台风“凤凰”、2009年8号台风“莫拉克”、2010年“5•22”“6•18”特大暴雨洪水、2012年“6•24”暴雨洪水等洪涝台灾害。

【洪旱灾情】 2008年1—10月，龙泉市境内平均降雨量1571.1毫米，比常年同期偏少11%，其中5—6月的“5•25”“6•12”局地暴雨洪水，7月份的8号台风“凤凰”给龙泉市带来了较大的损失，全市8个乡镇不同程度受灾，受灾人口3.182万人次，洪涝灾害直接经济损失4582万元。5月25日，小梅镇受大暴雨袭击，受灾人口0.55万人，倒塌房屋45间，大量房屋进水，在农林牧渔、工业交通、水利设施等方面造成损失1079万元。6月12日，城北乡受大暴雨袭击，造成城北乡上东片山洪暴发，0.312万人受灾，40余间房屋进水，在农林牧渔、工业交通、水利设施等方面造成损失809万元。7月28—30日，受台风“凤凰”影响，全市平均面雨量达72.4毫米，其中最大过程降雨量为大赛一级站184.5毫米，大赛一级、独源、官浦洋、梅村、荒村、下南坑、青井等7个站过程降雨量超过100毫米，南部高山区风力达7~9级，本次台风龙泉市受灾较严重的主要为龙南、屏南、安仁等6个乡镇，受灾人口2.32万人，损坏房屋130间，本次台风给龙泉市农林牧渔、工业交通、水利设施等方面造成直接损失2062万元。

2009年1—10月，龙泉市境内平均降雨量1514.1毫米，比常年同期偏少14.3%，影响较大的台风为8月7—11日的8号台风“莫拉克”，8月下旬的“8•31”局地暴雨洪水，全市共有9个乡镇受灾较为严重，受灾人口4.146万，洪涝台旱灾害直接经济损失7932万元。8月7—11日，受8号台风“莫拉克”影响，龙泉市平均面雨量达111.2毫米，东南部高山区风力达7至9级，本次台风受灾较严重的主要为龙南、屏南、安仁、兰巨等7个乡镇，受灾人口3.526万人，倒塌房屋103间，损坏房屋1596间，“莫拉克”给龙泉市农林牧渔、工业交通、水利设施等方面造成直接损失6259万元。8月31日，小梅、查田等乡镇受局地暴雨袭击，小梅站1小时降雨量已超过二十年一遇，本次暴雨受灾人口0.62万人，损坏房屋225间，在农林牧渔、工业交通、水利设施等方面造成损失1173万元。

2010年1—10月，龙泉市境内平均降雨量2605.4毫米，比常年同期偏多47.3%，上半年，连续遭受多次暴雨洪水灾害，尤其是“3•5”桃花汛、“5•18”局地强降雨、“5•22”特大暴雨、“6月18—22日”梅汛特大暴雨洪水给龙泉市造成重创，全市19个乡镇(街道)均遭受严重损失，受灾人口12.9万人，洪涝灾害直接经济损失达4.94亿元。3月5日起，全市普降大到暴雨，其中住溪、岩樟、城北、砧石等乡镇遭到局地强降雨袭击，城北、道太、岩樟等多个乡镇(街道)出现了短时大风冰雹天气，冰雹最大直径达6厘米。5月18日，出现较明显的雷阵雨天气，其中宝溪、竹垟、八都、剑池等地出现了短历时大风、冰雹、强降雨天气，并出现10级大风，冰雹最大直径约4厘米。5月21日起，全市普降大暴雨，局部特大暴雨，全部雨量站过程降雨量均超过100毫米，超过200毫米的站点有5个，其中宝溪青井站过程降雨达314毫米，为全省之最，龙泉市西北部及中部地区24小时最大降雨量均达30年一遇以上，其中重要区域超过50年一遇。6月17日起，龙泉市进入梅雨期，普降大暴雨，局部特大暴雨，其中宝溪青井站过程降雨达800毫米，过程降雨量为全省之最，城区水位接近警戒水位，宝溪、住龙、城北、岩樟等小支流洪水频率已接近50年一遇。

2011年，龙泉市汛情较为平稳，1—10月境内平均降雨量1396毫米，比常年同期偏少23%，没有出现大的汛情和灾情。自6月3日起进入梅汛期后，龙泉市出现了几次较强的降雨过程，尤其是6月12—13日，7月24日两次暴雨给龙泉市部分地区造成了一定程度的损失。2011年，无台风影响龙泉市。

2012年1—10月，龙泉市境内平均降雨量1933毫米，比常年同期偏多9%，降雨主要集中在上半年，春节以来出现了历史罕见的持续阴雨天气，1—6月，平均降雨量达1605毫米，比常年同期偏多40%。据统计，2012年共有19个乡镇(街道)不同程度受灾，受灾人口8.23万人，房屋倒塌281间，暴雨、台风影响期间全市共紧急转移人口3809人次，洪涝台灾害造成直接经济损失1.5亿元，其中水利设施直接经济损失3353万元。6月22日起，全市普降大到暴雨，局部大暴雨，宝溪乡青井站过程雨量达447毫米，为全省最大。宝溪乡、城北乡、锦溪镇、岩樟乡、竹垟乡、住龙镇等6个乡镇三天面平均降雨量均超20年一遇，青井站三天降雨量达50年一遇。城区水位接近警戒水位，全市水库平均蓄水率达102%，各中小型水库均已溢洪。

【市乡防汛视频会商系统】 2008年12月，龙泉市市乡防汛视频会商系统正式投入使用。原有防汛视频系统于2005年建成，视频系统终端设在市防汛办，架构在电信IP网络上，同时支持SDH传输网络，实现了省、市、县三级联动，多年来在抗击台风暴雨灾害中发挥了重要作用。市、乡防汛视频会商系统投入使用后，有效提高汛期的汛情预报、分析及决策速度。

【基层防汛防台体系建设】 2010年5月中旬，龙泉市各乡镇、街道的基层防汛防台体系建设完成，并通过各级的考核验收。2011年，龙泉市被省防指列入浙江省基层防汛防台体系长效管理试点县。通过基层防汛防台体系建设，建立健全了市乡村三级防汛组织机构，实现了组织机构规范化；落实了各类防汛重点网格责任人和岗位职责，实现了责任监管制度化；全市的防汛防台预案体系进一步完善，实现了防汛预案体系化；监测预警设施进一步完善，实现了监测预警网格化；加强避灾场所建设与防汛物资的储备，实现了保障体系社会化。

【山洪灾害非工程措施项目】 龙泉市是列入全国第一批实施山洪灾害非工程措施的县，山洪灾害县级非工程措施建设项目于2011年7月初开工，2011年12月底完工并投入试运行。主要建设内容包括新建简易雨量站30个、遥测雨量站16个、河道遥测水位站8个，改造现有雨量站10个；采购卫星电话3部、手摇报警器450个和无线预警广播10套、高音喇叭20套，县级监测预警平台硬件及软件建设；建立健全群策群防的预警机制与组织体系；新建防汛视频监控点4个和多要素自动气象站5个。龙泉市山洪灾害非工程措施项目实施，进一步构建覆盖龙泉市全境较为完善的监测预警和群测群防体系，进一步完善监测预报方案，不断提高预测预报水平，切实增强防御洪水灾害的超前性、预见性，为防汛决策提供重要依据。 （周先华）

水　文

【概况】 根据龙泉市域内16个国家基本雨量站实测资料统计，2008—2012年平均年降水量为2047.1毫米，较历年平均偏大9%。龙泉市地处浙江西南山区，受亚热带季风影响，降水量年际变化大，2008年年降水量较多年平均降水量偏少13.3%，属偏枯水年；2009年较多年平均偏少9.3%，属略偏枯水年；2011年较多年平均偏少16.8%，属枯水年；2010年、2012年分别较多年平均偏大50.2%和33.5%，属丰水年。其中2010年为有实测资料最大年。降水量年内分配平均，4—10月为汛期，6月为全年降水量最多月份，2010年6月境内平均降水量641.1毫米超历年平均值75.9%。据2008—2012年实测资料统计，城市南部的南溪口雨量站5年平均降水量2063.9毫米，市城西部的青井雨量站5年平均降水量2872.0毫米，市城东部的龙泉站5年平均降水量1769.8毫米，安仁站为1780.3毫米。

山区河流源短流急水位陡涨陡落，洪峰持续时间短，又是转瞬即止。龙泉城区上自留槎洲，下自马埠之间约3.5千米之间的河段水位，下游修建了橡胶坝和临江河床式水电站，由于临江电站发电和橡胶坝的竖坝和塌坝发电运行，该河段水位变化频繁。洪水期橡胶坝坍坝该河段恢复近至天然河道状态以利河水通过泄向下游水库。

据龙泉水文站基本断面统计资料表明，橡胶坝坍坝临江电站停止发电情况下，2008—2012年城区河段水文站断面测验的水位（85高程）统计如下：2008年5月29日最高水位192.29米，2009年5月26日最高水位192.33米，2010年5月23日最高水位193.05米，2011年6月6日最高水位192.16米，2012年6月24日最高水位193.01米。

【暴雨洪水】 龙泉市境内产生暴雨的主要天气系统有台风（热带风暴）入侵产生的暴雨，春末夏初冷暖空气在江南地区交绥。形成大范围持续性的梅雨暴雨，还有春花三月的春汛和盛夏时节的局部雷暴雨，其中的梅雨暴雨影响最为显著。暴雨中心往往出现在龙泉市的西部、西北部地区，南部地区次之。

【水文站迁建】 龙泉市水文站原设在龙泉城区水南村河段的水文测验断面，受其下游橡胶坝的河蓄水影响丧失了流量泥沙测验功能，实施整体搬迁。2007年9月10日，龙泉市人民政府召集市府办、水利局、建设局、国土资源局、交通局、农办、剑池街道等单位，就市水文站迁建选址工作召开会议，研究同意水文站选址到南大洋下山脱贫小区的北面江滨南路东侧。会后市府办发了会议纪要。龙泉市水

表15

2008—2012年市内发生较典型的暴雨洪水情况

年份	起止日期	面平均雨量(毫米)	洪峰水位(毫米)	峰现时间	最大点雨量(毫米)	代表站
2008	6月10—14日	165.2	192.25	6月13日	292.0	青井
2009	6月2—3日	983	192.17	6月3日	139.0	青井
2010	3月1—8日	235.1	192.33	3月6日	320.6	独源
	5月18—22日	234.0	193.05	5月22日	381.5	青井
	6月16—25日	546.5	①192.71 ②192.70 ③192.60	6月20日 6月22日 6月25日	956.0	青井
2011	4月29日—5月3日	136.9			184.8	南溪口
	6月2—15日	289.0	①192.16 ②192.10	6月6日 6月13日	519.5	青井
2012	3月1~7日	208.4	192.44	3月3日	292.8	青井
	6月22~25日	262.0	193.01	6月24日	483.6	青井

说明:1.表格中面平均雨量为市域内平均总降水量;2.洪峰水位为龙泉水位站测验断面水位(采用85高程);3.最大点雨量为雨量站实测值

文站迁建工作正式启动，进入立项、土地审批及环保建设等所需办理的各项报批手续。2008年9月3日,市水文站迁建工程在完成各项前期工作的基础上，由龙泉水利局主持,浙江省水文局、龙泉市政府、人大、政协及有关单位领导参加的龙泉市水文站迁建工程开工典礼举行。2008年10月25日，龙泉市水文站迁建工程综合楼、缆道房先后开工建设。2009年3月底,完成屋面现浇结构工程,9月6日完成各分部工程。2011年1月26日,通过综合楼竣工验收。自2008年始龙泉市辖区内的16个国家基本雨量站逐步实现信息采集数据存储固态化,代替机械纸式记录,于2012年全面完成,各雨量站均安装双套遥测终端设备。（市水文站）

水利重点工程

【概况】 2008—2012年,龙泉市水利局以保障饮用水安全,营造人水和谐的水生态环境为目标,以实施小型农田水利、岩樟溪引水等民生水利工程和万里清水河道、瓯江干堤龙泉溪流域治理、大梅溪水土保持生态清洁型小流域建设等生态水利工程建设为载体,以生态河道、重点堤防工程建设为龙头，加强水利建设行业管理，规范工程建设程序,全面推行项目法人责任制、招投标制、建设监理制和合同管理制的“四制”管理,水利工程安全与质量管理工作步入规范轨道。重点水利工程完成十万农民饮用水工程、山塘整治工程、千库保安工程、千万亩十亿方节水灌溉工程、万里清水河道工程、中小河流重要堤防工程、农田水利基础设施建设、瓯江干堤龙泉溪流域一期工程、岩樟溪引水工程、瓯江治理龙泉溪治理工程、大梅溪水土保持生态清洁型小流域建设工程和瓯江源水土保持生态建设示范区续建工程等建设,项目总投资7.25亿元。（叶伟娟）

【十万农民饮用水工程】 2008—2012年,农村饮用水工程建设共投入资金11602万元,其中争取中央资金1539万元,省级补助资金3085万元,地方配套资金(包括以劳折资)6978万元,建成118个村级饮水工程,解决和改善了4.21万人饮水不安全问题,2009年被评为省千万农民饮用水工程建设先进集体,2010年被列入浙江省农村饮用水长效管理试点县,2010—2011年期间,与党校、人事部门合办,对全市19个乡镇（街道)444个村饮水管理人员进行培训,并通过现场操作与训练，提高技能操作和应变能力,为形成一支强有力的基层水管工作队伍打下基础。（李志荣　吴　芬）

【节水灌溉和河道整治】 2008—2012年，全市规划了133.3公顷以上的灌区节水配套工程项目8个，完成剑池、八都、锦溪和兰巨四个灌区工程建设,干渠衬砌22.96千米,铺设管道42.7千米,修复堰坝3座,新建增压泵站5座,50立方米蓄水池5座,4立方米蓄水池80座,堰坝2座,小型蓄水山塘3座,新增灌区397.1公顷,

2008 年 10 月 9 日,"水利西进"工程开工　　郑本成　提供

完成投资 631.9 万元。完成了龙泉溪、岩樟溪、八都溪、小梅溪、住溪、安仁溪等河道、池塘和河沟整治，实施综合治理 191.8 千米，筑堰 22 座、绿化面积 8 公顷，总投资 8515.7 万元。　　（叶华平　叶伟娟）

【水库加固和山塘整治】　2008 年以来，完成均溪一级水库（小一型）、犬槽丘水库（小二型）、梅村水库（小二型）和瑞垟一级水库（中型）等四座水库除险加固，投资 1737 万元。2010 年，龙泉市被列入浙江省小型农田水利重点县，陆续对 54 座屋顶病险山塘按轻、重、缓、急进行全面整治，恢复山塘设计功能和实现安全运行。截至 2012 年，共完成山塘整治 39 座，投资 1950 万元。　　（许晓光　林　莉）

【大梅溪小流域治理】　大梅溪水土保持生态清洁型小流域建设工程位于龙泉市小梅镇境内，治理流域面积 2300 公顷。项目主要实施水土保持坡面水系建设、溪沟整治、环境改造、道路水保、生态修复等内容，总投资 632 万元。2008 年底起分期实施，一、二期工程在 2009 年 6 月底完工，主要完成生态堤防加固修复 1500 米，建成拦水堰 3 座，道路护坡 1000 米，公厕 3 座，污水处理池 1 座，水保土谷坊 1 座，安装 U 形排水管 500 米，蓄水池 29 座，机耕路加宽整平及排水砼截沟 1500 米，公路绿化 0.423 公顷，村庄绿化 2 公顷等；三期工程在 2012 年 2 月完工，新建生态堰 2 座，修建生态堰 2 座，新建生态堤防 500 米，修复生态堤防护脚 200 米等，与乡村合作完成河道疏浚 3000 米，封山育林 7500 公顷。

【瓯江源水土保持生态建设工程】　龙泉市瓯江源水土保持生态建设示范区垟赛溪等 4 条小流域水土流失综合治理工程涉及流域为垟赛溪、岩樟溪、五都溪、桑溪，主要措施有溪沟整治、农村人居环境改造、造林种草、封禁治理、小型蓄水工程等，治理水土流失面积 1829 公顷，总投资 1014.4万元。工程自 2009 年起按年度分期实施，2010 年 10 月完成了岩樟溪和垟赛溪生态清洁型小流域建设；2011 年 7 月，完成了五都溪小流域水土流失综合治理工程；2012 年 12 月，完成了桑溪小流域水土流失综合治理工程。项目实施后具有显著的生态效益，治理度达 80%，每年可以减少土壤流失量 6.74 万吨，产生蓄水效益 154.45 万立方米，项目区内的水土流失状况基本得到控制，为实现生态环境的可持续发展奠定良好的基础。　　（诸葛健）

【中小河流重要堤防工程】　2008—2012 年，中小河流重要堤防建设总投资 10061.5 万元，完成新建防洪堤 32.67 千米，排涝涵设 18 处，修复堰坝 30 座，修复堤防 7 千米。2010 年"5•22""6•18"水毁水利修复工程全面完成，投资 1218.3 万元。完成强塘固房工程项目黄南堤防、豫章村外堤防、八都三期堤防、宫头续建堤防、岩樟溪治理工程、大赛段、塘上段、住溪段、大贵溪段、供村段和李村段堤防 10 个共计水毁修复堤防工程 22 千米，保护人口 4 万人，保护农田 1400 公顷。扶持帮助城北鹤场堤防、龙渊梧桐口堤防、宝溪乡溪头堤防等农村堤防维修加固 33 处，计 13 千米。

【农田水利基础设施建设】　按照"重点实施、全面兼顾"原则，重点支持新（改、扩）建灌溉、排涝、供水、发电等农村小型水利工程，低丘缓坡地开发水利配套设施建设，基层水利站建设、农村水利适用技术研究推广等项目，基础设施总投资 8604.61 万元。2008 年，完成八都镇青山经济型喷滴灌推广示范项目 5 个，灌溉面积135.7 公顷，项目建设总投资为 161.94 万元。项目建成后，亩增产值 800 元，示范区年可净增利润 162.88 万元，人均增收 274.39 元，增加 300 户左右的农户投入黑木耳生产，解决季节性富余劳动力约 200 人就业；2008 年，完成龙泉市生态乌龙茶基地节水灌溉工程 5 个，实施喷、滴灌面积 261.3 公顷。项目区实施后，新增灌溉面积 201.3

公顷，改善灌溉面积60公顷，总投资518.97万元。2008—2012年，完成小梅青岭低丘红壤改造20公顷，竹垟盖竹18.7公顷，竹垟茶叶基地33.3公顷，剑池街道新塘低丘红壤改造33.3公顷，龙南上兴20公顷，兰巨上圩20公顷，兰巨桐山茶叶基地低丘红壤改造25公顷，竹垟乡际上16.7公顷，城北乡大贵溪、外埲、河坑塘茶竹基地低丘红壤开发治理项目26.7公顷，兰巨乡下门湾低丘红壤开发治理项目19.1公顷和兰巨乡桐山优质水果基地低丘红壤开发治理项目53.3公顷，合计完成低丘红壤改造286.5公顷，总投资1008万元。2010年龙泉市被列为第二批中央财政小型农田水利重点县建设项目，分三年实施，总投资6916万元，整治山塘54座，完成渠道建设230千米，新建节水喷滴灌面积442公顷，微灌面积860公顷。（叶华平　叶伟娟）

【城市防洪生态河道建设】 瓯江干堤龙泉溪流域一期工程经丽水市发改委、丽发改基综〔2008〕373号文进行初步设计的批复，批复建设规模为龙泉溪城区南秦大桥至上游炉田段河道新建和加固防洪堤12.13千米，河道疏浚5.5千米，按20年一遇防洪标准设计，概算总投资11637万元。主要建设任务是城市防洪，兼顾生态河道建设。2009年6月开工建设，完成了秦溪漠右岸农民公寓段、农民公寓至国境药厂段、宏山段等防洪堤主体工程及堤防景观工程建设，已完成投资约5600万元。2010—2012年度，工程被列入省重点工程。

【岩樟溪引水工程】 岩樟溪引水工程经龙泉市发改局以龙发改〔2008〕270号文进行初步设计的批复，批复引水规模为10万吨每天，按引水流量1.5立方米每秒设计。引水管路采用引水隧洞和1000毫米引水钢管相结合的方式，概算总投资3448万元。工程是以解决主城区及周边主要乡村生活和工业用水为主要任务，以保障居民用水安全为根本目的。工程于2009年3月开工建设，2009年12月31日引水隧洞贯通，2010年12月25日引水管路全线贯通，实现通水。经审计，工程实际造价2800万元。2009—2010年度工程被列入龙泉市重点工程。

2010年12月30日，岩樟溪饮用水引水工程通水典礼　　郑本成　提供

【龙泉溪治理工程】 瓯江治理龙泉溪治理工程是水利部、财政部独流入海瓯江治理工程的重要组成部分，规划新建堤防8.739千米，包括宏山、河村、秦溪漠、武潭、黄灌、临江和杨林7段防洪堤。2012年3月19日，浙江省发展和改革委员会浙发改农经函〔2012〕89号文件《关于瓯江治理工程龙泉市龙泉溪治理项目的复函》同意该项目开展可行性研究。该工程估算总投资9384万元。（马百庆）

水政与水资源管理

【概况】 龙泉市水资源多年平均总量35.98亿立方米，其中地表水资源31.5亿立方米，占资源总量的87.5%，地下水资源4.48亿立方米，占12.5%，平均产水117.9立方米/平方公里。人均占有水资源量1.31万立方米，高于国家和省平均水平。水力理论蕴藏量为38万千瓦，可开发量25.4万千瓦。龙泉市水利部门以合理开发、利用、节约和保护水资源，防治水害，实现水资源的可持续利用为目标，进一步加强水资源管理，建立统一管理与分级、分部门管理相结合的管理制度，对水资源开发、利用和保护实行统一规划、统一调度、统一取水许可、统一征收水资源费、统一管理水量、水质。

【水资源管理】 对水资源依法实行取水许可制度和有偿使用制度，在全省率先进行建设项目水资源论证工作，在丽水市率先取得水资源增收的优惠政策。2008年，完成全市水域保护规划，全市水域步入全面保护和管理。2009年，开展紧水滩库区（龙泉段）水环境整治工作，对全市水功能区断面及饮用水水源的水质进行取样检测，实行严格的水资源管理和水源地保护。2010年，开展第一次全国水利普查工作，对全市的社会经济用水进行全面系统调查普查。2011年，

开展岩樟溪水库合格饮用水水源创建和保护工作。2012年，完成全市102处取水口的复核工作，并对102处取水单位和企业的取水许可证进行重新登记和换证工作。（徐志彬）

【河道采砂管理】 龙泉有市级河道1条，全长61.9公里；县级河道31条，总长610.3公里。河道自然落差大，水位涨落幅度较大，为典型山溪型河道。根据《龙泉市河道采砂管理暂行办法》和《龙泉市河道采砂权价款评估管理办法》对四个实际可利用储量在1万方平方米以上的大、中型砂场进行公开挂牌出让，出让龙泉市梅垟溪垟后圩段、龙泉市紧水滩库区安仁段、龙泉市秦溪漠右岸农民公寓(排洪渠)至国镜药业段和龙泉市兰巨乡梅垟宜石段河道采砂权；1万立方米以下小型砂场评估协议出让125家，共收取采砂管理费174.32万元、资源出让金819.034万元。2012年河道采砂社会关注度高，在政府的大力支持和各职能部门的配合下，水利部门开展了河道采砂专项整治管理，按照“尊重历史、治旧控新、平稳过渡”的原则，对全市已存在的37家河道砂石制砂场地进行分类引导，规范经营。查处采砂违法行为3起，罚款人民币9万元。实现了河道采砂的常态化管理，同时对《全市河道采砂规划》进行修编，政府制定出台了《全市河道采砂制砂管理实施细则》。

【水政执法】 2009年5月，对紧水滩(龙泉段)库区进行水环境综合整治，拆除库区内200吨采砂船1只。2010年，在主汛期期间对两个占用河道的机制砂生产点进行为期20天的清障行动，合计共清除置留在河道内的砂石料3万立方米。2012年12月，水利部门查处51省道改线工程项目未按编制的水保方案弃渣，非法占用河道案件，责令限期整改恢复河道原状。查处各类水事违法案件90起，共收罚款42.97万元。河道清障30万立方米，清理河道30千米。（刘　芳）

【渔业行政执法】 2009年，开展紧水滩库区水环境综合治理工作，针对网民热议的水库非法捕捞行为进行严厉打击，共查处毒鱼案件1起，拘留3人，没收渔具(网)41副、渔获物45公斤，没收渔船1艘、电脉冲1只。2010—2011年，相继成立住龙、宝溪、础石、道太等乡镇(街道)渔业资源保护管理工作护渔队。2010年，成功破获影响全市人民生活用水的毒鱼案件。2012年5月，由水利部门牵头，联合公安部门对农贸市场进行检查，查获非法捕鱼15公斤，处理涉案人员3名。2012年9月，在安仁码头对收缴的违法行为工具进行集中销毁，共销毁渔网30付、渔杆20支、电脉冲1台。2012年10月，查获紧水滩水库最大偷捕花白鲢鱼案件，现场查获花白鲢鱼100公斤，责令赔偿渔业资源费15000元。（林德中）

【水土保持工作】 2008年4月，龙泉市础石乡金岗工业区块、上垟镇青瓷基地区块、查田镇五金汽配基地区块、八都镇平山岭工业区块等水土保持方案通过丽水市水利局专家组评审；同年6月，龙泉工业园区工程(包括回归工程)水土保持方案通过省厅专家组评审。2008年5月，《丽龙庆高速公路龙泉至庆元段工程水土保持方案》通过水利部专家组评审。2008年9月，《龙泉市安豫线官浦垟至大赛公路改建工程水土保持方案》通过省水利厅专家组评审。2008年11月，《51省道遂龙线龙泉段公路改建工程水土保持方案》通过省水利厅专家组评审。2009年6月，完成龙泉市大梅溪水土保持生态清洁型小流域建设一、二期工程。2009年7月，龙泉市炉田低山缓坡水土保持综合治理工程通过丽水市水利局的竣工验收。2009年10月，《龙泉市垟赛溪等18条小流域水土流失综合治理可行性研究报告》通过省厅组织技术评审。2010年6月，丽龙高速公路(龙泉段)水土保持设施通过省水利厅的竣工验收。2010年8月，54省道龙泉至小梅改善公路工程获得2009年度浙江省开发建设项目水土保持示范工程。2010年10月，完成岩樟溪和垟赛溪生态清洁型小流域建设工程。2011年6月，《龙泉市高塘生活垃圾卫生填埋场改建工程水土保持方案》通过评审，《龙泉生物质发电项目水土保持方案》通过省厅专家组评审。2011年7月，完成五都溪小流域水土流失综合治理工程，同时龙泉市水土保持监督管理能力建设通过省厅验收。2011年11月，《浙江省瓯江治理工程龙泉溪治理工程水土保持方案》通过评审。2012年2月，《龙泉市披云山景区旅游开发一期项目水土保持方案》通过评审，同时完成龙泉市大梅溪水土保持生态清洁型小流域建设三期工程。2012年3月，《龙泉市赵麻淤至下堡公路工程水土保持方案》通过省厅组织专家组评审，同时《丽水市生态产业低丘缓坡开发项目龙泉组团(剑川大道以西区块)水土保持评价报告》出台。2012年6月，龙浦高速公路水土保持方案通过省水利厅专家组评审。2012年12月，完成桑溪小流域水土流失综合治理工程。（诸葛健）

渔业与渔政

【概况】 龙泉市有淡水养殖面积1780公顷，2008年水产品产量1925吨，产值 2438 万元；2012 年水产品产量 2170 吨，产值 3120 万元。稻田养殖示范面积 96.7 公顷，产量 59 吨，产值 118 万元。花白鲢网箱养殖面积 3.2 公顷，累计完成渔业实用技术培训 3520 人，现场指导 570 人，阳光工程培训 196 人。

【稻田和网箱养鱼】 2009 年，紧水滩水库局部水面出现蓝藻，为了下游居民的生活饮水安全，决定对紧水滩水库投饲性网箱进行全部拆除，共拆除网箱 1056 只，面积 3.99 公顷。2010—2012 年，为了改善紧水滩水库水质，引进外资发展网箱养殖花白鲢 3.2 公顷，对改善紧水滩水库水质起到了一定作用。全市稻田养殖基地 3 个，面积 96.7 公顷，产量 59 吨，产值 118 万元；养殖薄壳田螺 20 公顷；养殖石硅6.67 公顷，累计产量 3.5 万公斤；石斑鱼养殖面积 2.4 公顷，生产种苗 8 万尾。

【渔政管理】 紧水滩渔业专业合作社在 2008 年紧水滩水库捕捞花白鲢鱼 100 多吨，此后产量逐年增加，2012 年捕捞量达 400 吨。2008—2012 年，合作社累计在紧水滩水库投放花白鲢鱼种 500 万尾，投资 325 万元。2012 年紧水滩库区被省局批准为龙泉市渔业主导产业示范区。2009 年经省海洋与渔业局批准建立龙泉紧水滩倒刺鲃省级水产种质资源保护区，保护区总面积为 67 公顷，核心区 20 公顷，核心区实行常年禁渔保护。全市累计在瓯江龙泉段人工放流花白鲢、瓯江彩鲤、青鱼、黄尾密鲴、倒刺鲃等经济鱼类 15.05 万公斤、289 万尾，投资 86 万元。全市机动渔船拥有量 190 艘，总吨位 318 吨，2032 千瓦，每年春季进行渔船安全责任书签订和检验工作。5 年来无一例完全责任事故，2012 年进行首次渔船驾驶员培训 193 人。（段江萍）

宝溪乡溪头村活鱼放流活动场景

【瓯江彩鲤良种培育】 通过 12 年不懈努力，瓯江彩鲤良种场与上海海洋大学合作选育的瓯江彩鲤“龙申 1 号”，在 2011 年底通过了全国水产原种和良种审定委员会的审定（品种登记号为 GS-01-002-2011），成为丽水市第一个人工选育成功的国家级水产良种。瓯江彩鲤“红—白”“红—黑—白”两种体色的生产方法获得国家专利，瓯江彩鲤苗种推广到贵州、湖南、福建以及浙江省各地。该品种有全红、粉玉、大花、麻花和粉花 5 种基本体色类型，具有生长快、肉质细嫩、抗逆性强、产量高、容易饲养等优点，尚具有一定观赏性能。2012 年 10 月，浙江省水产技术推广总站组织省水产原良种审定委员会专家到瓯江彩鲤良种场，对该场进行省级良种场资格复评。专家们通过现场勘察、查阅资料、问题咨询，经讨论后认为彩鲤良种场在良种保种选育、良种生产与推广、技术和质量管理、发挥四方示范作用等方面都达到了《浙江省省级水产原、良种场做个验收及管理办法》的要求，一致同意通过省级良种场资格复评。（项松平）

水电站建设

【概况】 龙泉市境内河流分属瓯江、钱塘江、闽江三大水系，主要溪流有 32 条，流域面积 3059 平方千米，水能资源十分丰富，水能理论蕴藏量 38 万千瓦，可开发量 25.40 万千瓦。龙泉市农村水电建设起步较早，近年来，通过“十五”“十一五”时期全国水电农村电气化试点县建设和 20 万千瓦绿色能源基地建设，全面推进“民生水电”“平安水电”“生态水电”建设的各项工作。截至 2012 年底，已建农村水电站 105 座，总装机 20.94 万千瓦，206 台套水轮发电机组，多年平均电能达到 5.39 亿千瓦时。其中2008—2012 年间新建水电站 20 座，总装机 4.75 万千瓦；完成老电站更新改造 6 座，增加装机容量 0.146 千瓦；完成农村水电增效扩容改造试点项目建设 2 座，增加装机容量 0.304 千瓦。

【新建水电站】 2008—2012 年，龙泉市新建水电站 20 座，总装机 4.75 万千瓦。岭坤水电站位于础石乡林垟溪支流，装机2×1600千瓦，年电能917.40万千瓦时，概算总投资2016.36万元，2003年12月开工，2008年5月竣工。东坑电站位于龙南乡、安仁镇区域，坐落在龙南乡青山自然村溪谷中，装机2×630千瓦，年电能373.2万千瓦时，概算总投资951.88万元，2005年12月开工，2008年4月竣工。山溪口水电站位于竹垟乡境内，八都溪支流横溪上，装机2×1250千瓦，多年平均发电量781.40万千瓦时，概算总投资为1570.23万元，2005年12月开工，2008年3月竣工。兰狮畈电站位于安仁镇区域，为安仁溪流域第六级水电站，装机3×630千瓦，年电能478.40万千瓦时，概算总投资921.22万元，2006年6月开工，2008年8月竣工。河里水电站位于城北乡境内，龙泉溪支流大贵溪上，装机1×630千瓦+1×320千瓦，年电能253.70万千瓦时，概算总投资483.52万元，2006年10月开工，2008年10月竣工。建平电站位于住龙镇区域，乌溪江上游住溪的井坑后支流上，装机3×630千瓦，年电能421.60万千瓦时，概算总投资1098.39万元，2006年5月开工，2008年10月竣工。水塔水电站位于宝溪乡和住龙镇境内，坐落在乌溪江上游住溪支流上，装机4×800千瓦，年电能825.76万千瓦时，概算总投资1688.20万元，2002年7月开工，2008年12月竣工。岩樟二级水电站位于龙泉溪支流岩樟溪河段上，是岩樟溪第2个梯级电站，装机2×3500千瓦，多年平均发电量1479万千瓦时，概算总投资5259.00万元，2003年6月开工，2009年5月竣工。溪沿水电站位于龙南乡境内，属龙泉溪支流安仁溪上游，装机3×630千瓦，年发电量507.82万千瓦时，概算总投资1182.06万元，2006年3月开工，2009年6月竣工。山际水电站位于础石乡境内，龙泉溪支流林垟溪上游，电站装机2×320千瓦，年发电量160.10万千瓦时。概算总投资299.02万元，2006年7月开工，2009年12月竣工。南溪口水电站位于屏南镇境内梅溪上游，装机3×800千瓦，多年平均发电量595万千瓦时，概算总投资1426.50万元，2006年6月开工，2010年3月竣工。岱根水电站位于龙南乡境内岱根溪上游，装机2×500千瓦，多年平均发电量290.40万千瓦时，概算投资555.26万元，2005年3月开工，2010年6月竣工。孙坑水电站位于小梅镇孙坑村，是青溪二级电站，装机3×630千瓦，多年平均发电量658万千瓦时，概算总投资1798.19万元，2005年12月开工，2010年5月竣工。龙头坝水电站位于住龙镇境内，坐落在碧龙源溪上游支流上，装机为2×500千瓦，多年平均发电量273.60万千瓦时，概算投资524.34万元，2006年5月开工，2010年11月竣工。坞坑水电站位于龙南乡境内，属龙泉溪支流安仁溪上，装机2×630千瓦，多年平均发电量473.40万千瓦时，概算总投资764.85万元，2006年3月开工，2010年10月竣工。住龙水电站位于住龙镇住溪上游，装机4×800千瓦，多年平均发电量853.60万千瓦时，概算投资1928.34万元，2006年5月开工，2011年4月竣工。粗溪水电站位于龙南乡境内，属龙泉溪支流安仁溪上，装机为1×500千瓦，多年平均发电量135.4万千瓦时，概算总投资298.33万元，2006年9月开工，2011年5月竣工。下田水电站位于龙南乡下田村下游约400米河床上，装机2×320千瓦，多年平均发电量140.30万千瓦时，概算总投资311.15万元，2010年10月开工，2011年8月竣工。雁溪水电站位于道太乡境内，坐落于毛圩村上游溪谷中，装机2×4000千瓦，多年平均发电量1681万千瓦时，概算总投资5494.78万元，2007年10月开工，2009年9月竣工。屏田一级水电站位于屏南镇境内，坐落在梅溪上游支流上，装机4×800千瓦，多年平均发电量723.60万千瓦时，概算总投资1979.66万元，2010年11月开工，2012年10月竣工。

【老电站更新改造】 2008—2012年，龙泉市完成老电站更新改造6座，增加装机容量0.146千瓦。梅村水电站坐落于安仁镇境内安仁溪中上游，1994年建成，原装机为2×250千瓦，电能160万千瓦时，改造后装机640千瓦，多年平均电能182万千瓦时，概算投资517.73万元，2008年10月开工，于2010年5月竣工。瑞垟一级水电站位于屏南镇境内梅溪上游，1988年投入运行，原装机2×6000千瓦，1999年增容1×3200千瓦，总装机15200千瓦。电站更新改造工程于2007年10月开工，概算投资676万元，完成改造三座引水堰、附属生活用房、进站公路以及更新水轮机整铸式转轮等项目，并投入运行。高溪桥水电站位于龙南乡后岙村，坐落在瓯江流域的小溪干流上游双溪支流上，始建于1983年，原装机2×160千瓦，于1999年更换了机组及管道，装机容量为2×500千瓦。更新改造后装机3×500千瓦，多年平均发电量为492.80万千瓦时，概算总投资478.70万元，2009年11月开工，2011年12月竣工。石隆一、二级水电站增容工程位于查田镇境内，石隆一级水电站始建于1977年1月，原装机为1×100千瓦，二级水电站始建于1983年10月，原装机2×100千瓦。改造后一级水电站装机1×200千瓦，多年平均电能 54.80 万千瓦时；二级水电站装机 1×100 千瓦+1×250 千瓦，多年平均电能 160 万千瓦时，概算总投资 283.82 万元，2007 年 10 月开工，2010 年 1 月竣工。泗源水电站位于上垟镇境内，坐落在龙泉溪青溪支流上，电站建于 1978 年，装机容量 2×125 千瓦。技改后装机 1×320 千瓦+1×500 千瓦，年电能为 245.90 千瓦时，概算总投资 461.71 万元，2007 年 11 月开工，2008 年 10 月竣工。

【农村水电增效扩容改造】 2008—2012 年，完成农村水电增效扩容改造试点项目建设 2 座，增加装机容量 0.304 千瓦。大赛水电站位于龙泉溪支流大赛溪，始建于 1981 年，装机为 4×500 千瓦，年发电量为 788 万千瓦时；1995 年改造后电站总装机为 2750 千瓦，年发电量增加 280 万千瓦时；1999 年改造后电站总装机 3350 千瓦，年增加发电量 212.60 千瓦时。增效扩容改造后，电站装机总容量由原来 3350 千瓦增加为 6050 千瓦，核定概算为 2360.41 万元，2011 年 12 月开工，2012 年 12 月竣工。福源水电站位于安仁镇黄山下村，坐落在瓯江水系小支流安福溪上，建成于 1983 年，原装机 1×160 千瓦，电能为 57.10 万千瓦时。更新改造后装机容量为 1×500 千瓦，年电能 118.40 万千瓦时，概算总投资 190.69 万元，2011 年 12 月开工，2012 年12 月竣工。　（邓小萌）

电网建设与改造

【电网建设及改造】 2008—2012 年，龙泉电网累计完成电网建设与改造投入资金 2.36 亿元。2008 年，龙泉电网遭遇百年一遇的冰灾，龙泉市电力局圆满完成“抗冰保电”任务，共计投入资金 1880.5 万元修复电网；投资 2600 万元，完成回归工程一期、二期工程，龙泉电网结构得到了进一步的完善。2009 年 2 月，35 千伏道太变电所竣工，投资 866.5 万元。2009 年 12 月，兰巨乡新农村电气化建设通过丽水市经贸、农办等部门的考核验收。2010 年，投资 1372 万元，开工建设35 千伏兰巨输变电工程，于次年投产。2012 年，完成 8 个乡镇 102 个村的电气化建设。截至 2012 年底，全市共有 220 千伏变电所 1 座，主变容量 300 兆伏安；110 千伏变电站 3 座，主变总容量为 221.5 兆伏安；35 千伏变电所 11 座，主变容量 140.8 兆伏安；35 千伏线路 32 条，共计 388.63 公里；10千伏线路全长 1766 公里；公变 1117 台，容量 130.27 兆伏安；专变 1055 台，容量 199.99 兆伏安。2008 年，电网建设投资 2921 万元；2009 年，电网建设投资 6753.69 万元；2010 年，电网建设投资 3530.35 万元；2011 年，电网建设投资 7000 万元；2012 年，电网建设投资 3368.7 万元。

【110 千伏输变电工程】 2011 年 12 月，龙泉市第三座 110 千伏变电站芳野变电站建成投运，总投资为 4672 万元，主变容量为 50 兆伏安两台，110 千伏线路长度为 15 公里，变电站用地面积为 5.533 亩。

电力供应

【电力分配】 2012 年，龙泉市全社会用电量 44680.72 万千瓦时，同比增长 4.51%。其中：第一产业用电量 498.39 万千瓦时，同比减少 7.85%；第二产业用电量 26062.77 万千瓦时，同比减少 0.78%；第三产业用电量 6577.16 万千瓦时，同比增长 13.12%。九大类用电情况为：农、林、牧、渔、水利业用电 498.39 万千瓦时，同比减少7.85%；工业用电 24493.19 万千瓦时，同比增长 0.32%；建筑业用电 1569.58 万千瓦时，同比减少 15.18%；交通运输、仓储、邮政业用电 440.50 万千瓦时，同比增长 6.40%；信息传输、计算机服务和软件业用电 852.56 万千瓦时，同比增长 11.11%；商业、住宿和餐饮业用电 2828.46 万千瓦时，同比增长 11.39%；金融、房地产、商务及居民服务业用电 563.82 万千瓦时，同比增长 13.92%；公共事业及管理组织用电 1891.82 万千瓦时，同比增长18.31%；

冰雪中的电力设施抢修

城乡居民生活用电 11542.40 万千瓦时，同比增长 13.93%。

【新增用户】 2012 年，全年申请用电户数 5689 户，通电户数 5619 户，合计报装容量 73153 千伏安。其中：大工业用户增加 26 户，新增容量16565 千伏安；非普通工业用户增加 190 户，新增容量 9224 千伏安；非居民生活用户增加 292 户，新增容量 10850 千伏安；商业用户增加 1100 户，新增容量 8729.5 千伏安；农业生产用户增加 185 户，新增容量 2765 千伏安；居民生活用户增加 3826 户，新增容量 25019.3 千伏安。本期末新增用户供用电合同签订率 100%，通电率 98.77%。

【电能计量和用电检查】 截至 2012 年底，电力资产电能表总量 123867 只。运行 120665 只，电能计量表周期检定合格率 100%，电能计时表现场检验率 100%，电能计量表故障差错率 0.166%，电能计量表标准装置考核率 100%。2012 年，开展对 100 千伏安专变用户日常用电检查 328 次。加强对自备电源和无功电压的管理，有自备电源用户 15 户，总容量 3089 千瓦。

电力行风建设

【巡查监督】 2008 年以来，龙泉市电力局加大行风巡查力度，实施行风巡查结果量化评价。扩大直接巡查量，组织开展全局所有供电所的直接巡查；充分利用好协同监督平台，发挥监察、营销、运检在供电服务监督检查中的合力，提升行风巡查水平和成效；完善行风巡查作业指导书，编制印发《行风巡查评价标准》并推广实施，使行风巡查逐步规范化、标准化，推行行风巡查结果量化评价；培养建立行风巡查骨干队伍，加强培训与交流，提升监督检查水平能力，着力发现专业业务和流程中潜在的行风问题以及引发问题的症结；督促对查出问题的单位和个人进行整改，尤其是共性问题，分析成因、统筹解决，做到举一反三，狠抓落实整改。深化创建“群众满意基层站所（服务窗口）”工作，通过自下而上层层评优推荐，努力创建省公司“群众满意基层站所（办事窗口）”示范单位、先进单位，省级“群众满意基层站所（服务窗口）”示范、先进单位。深化“企业交给社会监督，服务交给客户评价”工作，建立健全企业与客户沟通机制，发挥好行风监督员的作用，畅通与客户的信息沟通渠道，通过上门走访、问卷调查、发放征求意见函、召开座谈会等形式，认真听取社会各界的意见建议。针对电力供求形势做好沟通与宣传，争取社会各界的理解和支持。

【便民服务】 龙泉市电力局结合“群众满意基层站所”创建工作，加强督导检查，积极主动与地方纪委、纠风办的联系和沟通。2012 年，全部供电所开展与村级便民服务中心对接工作。在推广实施过程中，不断完善本项工作，使供电所对接村级便民服务中心工作更贴近实际，更具可操作性，更突出实效。 （李 力）

工业　商贸

综　　述

【概况】　2008—2012年，龙泉市大力实施工业强市战略，以园区建设为平台，以项目推进为载体，以产业集群为方向，大力发展生态工业，着力加强企业技术改造和技术创新，积极倡导品牌创建，扎实推进节能降耗，工业快速追赶发展。

工业保持高速增长，主导地位明显。2008年以来，龙泉工业承继上一时期的快速发展势头，持续保持高速增长。工业总产值从2008年62.89亿元增长到2012年175.88亿元，年均增幅达到22.84%；工业增加值从2008年9.75亿元增长到2012年的33.23亿元，年均增幅达到27.79%。规模以上企业（主营业务收入500万元以上）从2008年的180家增加到2011年的250家，2012年规模以上企业以主营业务收入2000万元以上为界限，共有166家；规模工业产值从2008年的48.85亿元增长到2012年的126.83亿元，年均增速超过了21.02%；亿元企业达到了31家，比2008年增加了23家。工业增加值占国民生产总值的比重呈明显上升态势，2012年达到38%，比2008年提高约18个百分点，工业增加值的增速高于国民生产总值的平均增速。

2012年11月9日，浙江省副省长陈加元到龙泉调研生态产业集聚区开发建设工作
吴向东　提供

工业空间平台强势筑造，产业集群加快形成。2008年以来，龙泉充分利用省级低丘缓坡综合开发试点县（市）契机，积极转换思路，主动向山地要空间，大力开发低丘缓坡，5年间累计新开发工业用地10平方公里左右，全市确立了以浙江龙泉工业园区为中心，安仁、硋石、八都、上垟、查田工业功能区为重点的“1+5+X”沿高速公路Y形分布产业空间布局。“一园主业”的产业定位，为各产业集群集聚发展提供了保障，全市工业产业集聚度进一步提高。

制造业投入持续加大，产能不断扩大。2012年，龙泉工业在建项目140项，完成制造业投资16.66亿元，比2008年增长76%。2008年以来，巨泰特钢总投资达6.8亿元的不锈钢管项目，回归工程43家总投资达10亿元的汽车零部件产业项目，硋石金岗一期、二期的不锈钢生产项目等一批产能较大重点项目的建设及竣工投产，为龙泉产业快速集聚发展增添了动力。

工业产业结构逐步优化，主导产业竞争力增强。2012年，根据市委十三届第五次全体（扩大）会议精神，以围绕支柱、凸出特色、做强龙头为导向，提出了重点发展“三优三特一新”七大产业（“三优”：汽车空调、金属制造、工程机械三大优势主导产业;“三特”:青瓷宝剑、竹木加工和农产品加工三大传统特色产业;“一新”:战略性新兴产业)的发展思路,同时继续对10家龙头骨干企业进行重点培育。2012年,“三优三特”行业实现规模产值102.55亿元,占全市规模工业的比重达到了80%。10家龙头骨干企业实现产值52.93亿元,占全市工业产值的30%,拉动全市工业经济增长9个百分点。

外贸出口不断增多,企业市场开拓能力提高。2009年以来,在国内、国际市场受金融危机冲击,持续低迷的形势下,龙泉的工业总产值和外贸出口均保持了一定量的增长,外贸出口主体和有出口实绩企业不断增多,企业走出去步伐加快。2012年,全市有出口实绩企业达118家,比2008年增加了70家;全年累计实现外贸出口20269万美元,比2008年增长95.5%,汽车零部件、竹木太阳伞、玩具、户外家具和农副加工产品在国内外广受喜爱,市场占有率逐步提高。

自主创新能力大幅提升,区域品牌全国响亮。在市校合作的深度推动下,企业与高等院校、科研院所的合作越来越频繁,新产品、新技术的研发,新工艺的推广和科技创新平台的建设等不断增多,通过实施“汽车空调热力膨胀阀动力元件充注技术研究及产业化”“车用热力膨胀阀关键生产工艺研究与设备开发”等重点合作项目,助推了五金汽配产业加快提升;通过实施“龙泉青瓷规模化生产节能降耗关键技术及产品”“高强度抗菌龙泉青瓷技术与原料标准化”等项目,青瓷烧制节能率达15%以上,成品率达到95%,为青瓷日用瓷实现流水线生产奠定了基础。全市现有高新技术企业9家。品牌创建取得新突破,“中国汽车(空调)零部件制造基地”“省级块状经济向现代产业集群示范区”“浙江竹木制太阳伞产业基地”等在业界具有影响力的区域品牌,加上“龙泉青瓷”“蒋氏”“商讯”等中国驰名商标、一批省著名商标、名牌产品的打响及“创新空调”成为龙泉首个浙江省出口名牌,提高了龙泉制造的知名度,增强了龙泉产品在激烈市场中的竞争力。

【工业扶持政策】 2008年,龙泉市委、市政府出台《关于推进工业经济大追赶发展的若干意见》龙委〔2008〕6号文件,进一步加大对工业经济的扶持力度,推动企业创业创新,做大产业规模。2009年,龙泉市出台《关于加快工业转型升级的若干意见》龙委〔2009〕7号文件,深入实施“工业强市”发展战略,鼓励企业加大技术改造投资,推进工业经济快速追赶发展。2012年,龙泉市出台《关于深化工业强市战略推进新型工业化的若干意见》龙委〔2012〕9号文件,促进产业结构调整和优化升级,推进新型工业化发展。

【帮扶企业活动】 2008年,龙泉市开展为企业“送政策、送温暖”活动,并召开了动员大会。各有关部门积极响应市委、市政府的号召,纷纷行动起来,深入工业经济建设一线调查研究,破解难题,为企业送达政策、传递温暖。全市上下掀起了一股服务企业、服务工业发展的新热潮。2009年,为有效化解金融危机,以最快的速度、最实的举措帮扶企业破冰迎春、化危为机,龙泉市出台“优化环境服务企业”和“金融支持地方经济发展”双九条意见以及《优化环境服务企业工作细则和承诺》具体实施办法,同时还出台了《关于加快工业转型升级的若干意见》等一系列政策措施,在全市开展优化环境服务企业“暖冬行动”,全面推行底线式服务,最大程度地优化发展环境,最大幅度地提高工作效能,最大力度地帮助企业克服困难。组织开展市领导、科局长“一帮一”结对帮扶企业活动,共收集企业难题260余个,共为企业协调解决各类难题和办理实事230余件,提高了企业做大做强的信心。

【龙泉青瓷入选人类“非遗”】 2009年9月,龙泉青瓷传统烧制技艺被正式列入《人类非物质文化遗产代表作名录》,龙泉青瓷也因此成为全球第一个且是唯一一个入选人类“非遗”的陶瓷类项目。“申遗”成功,进一步提高了龙泉青瓷的知名度,推动龙泉青瓷的产业化发展。

【新型工业化六大行动方案】 2012年7月,根据龙泉市委十三届五次全体(扩大)会议精神,由市经信局牵头,联合各有关单位制订了“深化工业强市推进新型工业化六大行动方案”。该方案共包含六大方面内容,分别是工业平台扩容提升行动方案、百亿工业有效投资行动方案、产业培育和转型升级行动方案(涵盖汽车空调零部件产业、金属制造产业、工程机械产业、剑瓷产业、竹木加工行业、农产品加工业、战略性新兴产业和生产性服务业)、自主创新能力突破行动工作方案以及节能减排绿色行动方案。

【工业生产“双百攻坚”】 2010年,为充分调动龙泉市规模以上工业企业的发展积极性和创造性,实现2010年工业总产值“保九争百”目标,在全市规模以上工业企业中开展工业生产“双百攻坚”活动。该活动每月评选5名“月度规模五星企业”和5名“月度增幅五星企业”，在广大企业中掀起了比、学、赶、帮、超的热潮，使更多先进的生产技术、劳动技能和管理经验在劳动竞赛中得到推广。

【工业经济“比学赶创”】 2012年3月，龙泉市开展工业经济“比学赶创”活动。工业开发主体从工业总产值、制造业投资、空间拓展、招商引资等方面展开评比，工业企业“比学赶创”的主要评比内容则为产值、税收和项目投资三个方面。从3月开始开展“比学赶创”活动，全年开展10期，调动了各工业开发主体和企业的发展热情，推动了全市工业经济持续健康发展。

工业经济

【工业产业格局】 龙泉市坚持以新型工业化为主攻方向，重点突出以汽车零部件、金属材料加工和工程机械三大优势主导产业，青瓷宝剑、竹木加工和农产品加工三大传统特色产业，战略新兴产业为主的“三优三特一新”的产业格局。5年来，龙泉市围绕产业发展目标，出台一系列政策意见，积极推进有效工业投资工作。2008年，全市完成工业投资12亿元。2009年，全市完成工业投资11.56亿元。2010年，全市完成工业投资12.1亿元。2011年，全市完成工业投资15亿元。2012年，全市完成工业投资18.03亿元。

【工业总产值突破百亿元】 2010年，龙泉工业总产值首次突破了百亿元大关，达到了108.3亿元，同比增长48.3%。全市工业总产值从2005年的30.5亿元增长到2010年的108.3亿，年均增速达到28.81%，是2005年的3.54倍。

【工业产业基地创建】 2008年底，龙泉被浙江省经贸委命名为“浙江省汽车空调零部件产业基地”。这个省级区域品牌成为龙泉五金汽配产业一座新的里程碑，进一步提高龙泉五金汽配产业的知名度，推动产业优化升级，增强产业的核心竞争力，促进行业有序竞争，对龙泉打造成全国乃至全球同行业中较有影响力的汽车空调零部件生产基地具有深远意义。

2009年10月26日，中国汽车工业协会授予龙泉为“中国汽车（空调）零部件制造基地”。龙泉成为全国首个汽车（空调）零部件制造基地，此次国家级制造基地的申报成功，极大地提高龙泉汽车（空调）零部件产业的知名度和竞争力，不仅可以有力地推动龙泉的产业招商工作，而且还将为汽车（空调）零部件企业打开一扇与全国知名整车厂、主要汽车零部件厂商合作的大门，拿到了与中国汽车工业协会及其会员企业交流合作的金名片。这对于龙泉汽车（空调）零部件产业实现集聚发展、优化升级有着重大意义。

2009年底，龙泉市被浙江省林业产业联合会认定为“浙江省竹木太阳伞生产基地”，这个省级区域品牌将为龙泉市太阳伞产业持续健康发展注入新活力。

2010年10月27日，中国林产工业协会授予龙泉“中国竹木户外休闲用品产业基地”称号。这是继“中国汽车（空调）零部件制造基地”之后，龙泉市工业产业获得的又一个国家级区域品牌。竹木产业是依托丰富竹木资源发展起来的传统产业，也是龙泉的传统支柱产业。其中木制太阳伞、帐篷、沙滩椅、户外啤酒桌、休闲野餐桌、花园休闲桌椅、户外木制酒架、户外运动器材等为主的竹木户外休闲用品是龙泉竹木产业的主打产品。随着世界各地人民生活水平的提高，“休闲、健康、自然、环保”成了人们生活的主旋律，户外休闲很快从一种新兴的休闲方式发展成为一种产业，龙泉竹木户外休闲产业顺势得到快速发展，全市有2万余人从事竹木户外休闲用品的生产、加工、销售等工作。

2012年4月，龙泉汽车空调零部件出口基地被省商务厅、省财政厅公布为第二批“浙江省出口基地”，同时公布的还有龙泉与庆元县合作申报的丽水竹木制品出口基地，以及龙泉

金岗工业园金属材料加工车间　　叶莲娟　提供

参与申报的丽水食用菌出口基地。出口基地申报有严格的认定标准，除产业产值、出口额度、出口规模占国内同类产业比重等硬性数据要求外，还需要具备产业集聚、企业集群效应显著，产品具有较强国际竞争力，有较明确的中长期产业发展规划，建立区域产业出口公共服务平台等多项条件。出口基地申报成功意味着龙泉汽配、竹木制品以及食用菌三大产业将享受到更多的公共服务平台资源，使产业在软硬件方面的提升更加快捷，从而带动产业的全面转型升级。

【丽水首家公用型保税仓库】 2010年4月29日，浙江巨泰进出口有限公司公用型保税仓库在龙泉市工业园区松溪弄区块亮相。这不仅是丽水市首家保税仓库，更是浙江33家保税仓库中首个位于山区的保税仓库。保税仓库启用后，既能为企业缓税、减少通关成本，还能增加企业对外开放的灵活度，为企业在国际市场上赢得机会。不仅能加快龙泉经济转型升级，而且还可服务浙闽赣边界企业，对欠发达山区建设“山上浙江”意义重大。据估算，保税仓库启用后，一年可为本地外贸企业增加近亿元的流动资金。

【龙泉汽车空调迈向现代产业集群】 2010年10月，龙泉市汽车空调零部件产业成功申报为浙江省工业现代产业集群示范区，成为全省第二批21个试点单位之一。这标志着龙泉汽车空调零部件产业从块状经济向现代产业集群迈出了坚实的一步。汽车空调零部件产业基地成为省级工业现代产业集群示范区后，将可享受更加优惠的省级扶持政策，有利于培育区域和产业国际竞争力，有利于形成工业化、市场化、城市化联动发展的新模式，对于产业转变经济发展方式、提高企业创新发展水平、推进转型升级等都具有十分重要的意义。2011年，龙泉启动实施汽车零部件产业百亿行动计划，会同吉林大学教授共同编制完成了《龙泉市汽车(空调)零部件产业集群示范区转型升级实施方案》，并获得省转升办的批复。12月，龙泉汽车空调零部件产业集群示范区被认定为浙江省产学研合作示范区，全省仅有5个，意味着龙泉汽车空调系统列入了全省高端装备制造业发展重点领域。

【国镜药业与科伦药业合作】 2010年11月，浙江国镜药业有限公司与科伦药业合作。科伦药业是国内大输液行业的龙头企业，实力雄厚。与国镜药业合作后，国镜药业不仅产量迅速扩大，产品品质也步步高升，迅速占领浙江省1/2的输液市场，进一步巩固了国镜药业在浙江省医药行业的龙头地位。

【企业跻身丽水市制造业50强】 2011年3月，丽水市经贸委和丽水市统计局联合公布了丽水市制造业50强企业名单和100家最佳成长型企业名单。龙泉佳和矿业有限公司和巨泰特种钢有限公司荣获丽水市制造业50强企业；凯森板业、创新汽车空调、欧亚迪汽车空调、砩矿公司、精龙刀剑、欧力木业、松信汽车空调、晨光食品等19家企业入围丽水市制造业100家最佳成长型企业。

【龙泉青瓷穿上“纳米外衣”】 2011年4月，金宏瓷厂将高强度抗菌龙泉青瓷技术应用到生产中，意味着龙泉青瓷进入纳米时代。该项技术在不改变龙泉青瓷生产工艺的前提下，添加纳米抗菌剂，使青瓷表面对大肠杆菌、金黄色葡萄球菌灭菌率达97%，且无毒无害，对人体无副作用，符合国家卫生标准要求。同时在坯体中通过引入纳米材料及复合熔剂，提高了青瓷坯体强度，减少产品破损率。

【首个省级块状产业标准化重点项目】 2011年5月5日，省块状产业标准化重点项目验收小组到龙泉，对市质量技术监督(食品加工业)协会和市空调汽车配件行业协会承担的《制定汽车空调用蒸发器、冷凝器联盟标准，提升产业发展水平》项目进行验收。经认真评审后，验收组认为项目各项内容实施到位，达到预期效果，顺利通过验收。

【龙泉与浙能集团签订战略合作协议】 2011年6月2日，举行龙泉与浙江省能源集团战略合作协议签约仪式。这次签约标志着双方的战略合作迈出了实质性步伐，充分体现了省属大型国企对欠发达地区的支持与关爱，也是龙泉招商引资取得的丰硕成果之一，签约项目既有实体经济内容，又有战略合作框架、绿色能源等方面的内容，符合发展绿色经济的主题，对于推动龙泉经济社会又好又快发展具有重大意义。

【龙泉汽车配件信息网建成】 2011年7月，龙泉汽车配件信息网全面建成，并举行了汽车配件信息网开通仪式。随着汽车空调零部件产业的不断发展，建设一个整合政府、协会、企业资源的在线信息服务平台，意义重大。企业可以借助这个平台，与国内外客户进行产品贸易、信息交流，实现效益的最大化。政府可以通过这个平台，与协会、企业实现信息共享，获得数据支持和决策依据。

【浙江三田研发新型环保空调压缩机】 2012年，浙江三田滤清器有限公司经过大半年的试产，新型环保空调压缩机开始正常生产。该公司于2011年下半年成功研制出第一台新型环保空调压缩机。新研制的压缩机与传统的汽车空调压缩机相比，出风温度均匀，振动噪音较小，体积比第一代产品缩小一半，重量下降近50%，而转速等功能却提高了30%以上。新型环保空调压缩机不仅填补了国内汽车空调行业市场空白，还能带动龙泉汽车空调行业快速发展。

【汽车空调零部件产业引进龙头企业】 2012年4月，南京奥特佳冷机有限公司与龙泉签订"年产300万台汽车空调压缩机生产线项目"投资合同，生产汽车空调核心部件压缩机。该项目总投资5亿元，将建成龙泉汽车空调零部件产业龙头企业。奥特佳是专业从事研发压缩机的企业，其自主研发的涡旋式压缩机成为国际上公认的理想品牌。"年产300万台汽车空调压缩机生产线项目"的成功落户，对于加快龙泉汽车零部件产业的发展、扩大劳动就业、促进经济发展等具有重要意义。

【汽配企业入驻东阳国际汽配城】 2012年10月22日，东阳国际汽配城正式开业。龙泉组织了60家汽配企业组团入驻，并在汽配城主楼二楼设立"龙泉——中国汽车(空调)零部件制造基地"产品展示专区。东阳国际汽配城是浙江省重点建设项目，由中国汽车零部件工业公司投资兴建。市场整合了全国六大汽配产业基地资源，集中了来自玉环、瑞安、金华、丹阳、龙泉、泉州、十堰等汽车配件生产基地的2000余家厂家组团进驻，汇聚了25000多种汽配产品，以厂家直营的形式，走国际化销售路线，为国内外采购商和汽配生产厂家打造了一个优质的对接平台。

【首家省级产业技术创新战略联盟】 2012年12月，龙泉首家产业技术创新战略联盟"浙江省龙泉汽车空调产业技术创新战略联盟"被列入2012年产业技术创新战略联盟。汽车空调产业技术创新战略联盟由兰通空调设备公司牵头，联合浙江大学、浙江工业大学2家高校和博威汽车空调公司、龙腾空调公司、易之星空调科技公司、耐斯特电机公司4家企业及浙江省龙泉汽车空调技术创新服务平台1家科技中介组建而成。该联盟以产学研为纽带，整合各成员单位的科技资源，共同推动汽车空调行业领域的共性、关键和前沿技术研究与装备技术升级，形成一系列具有自主知识产权的汽车空调核心技术，实现汽车空调产业上下游配套，信息技术共享，整体提升汽车空调产业自主创新能力。

内外贸易

【国内贸易】 2008—2012年，龙泉市社会消费品零售总额从19.33亿元增长到31.51亿元，年均增长12.6%，增幅位居丽水各县市前列。其中限额以上批发零售额从4.42亿元增长到10.74亿元，年均增长28.6%。2008年，社会消费口零售总额19.33亿元，比上年同期增长19.7%；2009年，社会消费口零售总额22.14亿元，比上年同期增长14.6%；2010年，社会消费口零售总额22.68亿元，比上年同期增长2.42%；2011年，社会消费口零售总额26.7亿元，比上年同期增长17.7%；2012年，社会消费口零售总额31.51亿元，比上年同期增长18%。

【对外贸易】 2008—2012年，龙泉市以五金汽车空调配件、太阳伞、不锈钢、木制玩具、农副产品为主的对外贸易产品一直保持逐年增长的良好势头。对外贸易自营出口企业迅速增加，实际出口企业由2008年48家发展到2012年118家。2008年，龙泉市外贸自营出口达10369万美元，比2007年增加23.9%；2009年，外贸自营出口9969万美元，比2008年同期减少3.9%；2010年，外贸自营出口15269万美元，比上年同期增长53.2%；2011年，外贸自营出口20646万美元，比上年同期增长35.2%；2012年，外贸自营出口20269万美元，比上年同期减少1.8%，比2008年同期增长95.5%。

【商业网点规划】 为更有利于加强城市商业网点的合理布局，防止盲目投资和重复建设，满足人民群众日常生活需求，逐步建立布局合理、结构优化、功能齐全、规模适度的城市商业服务网络，依据城市总体规划，结合本市的经济和社会发展水平及当地的消费水平和消费习惯，编制完成《龙泉市商业网点规划》(2011—2015年)，报请市规划委员会审批通过，并颁布实施。

【市场运行监测】 为提高监测信息的准确性，以重点企业为主，逐步形成市场运行监测、分析、预警体系，2012年3月开通龙泉商务预报(网络版)，全面反映龙泉市商贸流通和商品市场的发展状况和规律。建立城市生活必需品市场运行、生活必需品应急管理、重点流通企业监测、生猪等畜禽屠宰统计监测、成品油管理信息、酒类流通备案等管理体系。

【万村千乡市场工程】 为加快推进龙泉市农村现代流通网络建设，满足农民消费需求，改善农村消费环境，龙泉市从2005年开始实施“万村千乡市场工程”，着力构建以龙头企业为骨干、乡镇连锁超市为重点、行政村连锁便利店为基础的农村消费经营网络，截至2012年底，培育2家浙江省城乡连锁超市龙头企业，共发展行政村连锁便利店292家，覆盖率达65%，直营店15家，覆盖率3.5%。

【家电下乡和家电以旧换新】 龙泉市在家电下乡政策执行期间(2009年2月至2013年1月)，截至2012年底，共申报家电下乡产品70145台，补贴金额2214.19万元。龙泉市在家电以旧换新政策执行期间(2009年6月至2012年1月)，共申报家电以旧换家电4616台，补贴金额141.82万元。

【首家企业在境外设立销售公司】 2008年9月，龙泉市浙江创新汽车空调有限公司正式获得在阿联酋设立销售公司的批准证书，这也是该市首家企业在境外设立销售公司。此举促使龙泉五金汽配产品进一步开拓中东市场，为五金汽配产业加速走向国际市场打开了快捷通道。

【农产品流通网络建设】 为加快完善农产品流通网络，强化信息引导和产销衔接，培育了2家省级重点农产品流通企业和1家省级农超对接示范企业。通过实施“农超对接”等工作，推进鲜活农产品“超市+基地”的流通模式，降低农产品流通成本和损耗，畅通农产品流通渠道，提高农产品质量安全水平，促进农民收入增加，对稳定菜价发挥积极作用。

【电子商务】 截至2012年底，有B2C或C2C的电子商务企业(网店)387家，经营青瓷宝剑等产品的供应商483家，成立了龙泉市电子商务协会，有会员128名。2012年，全市电子商务交易额约9000万元。

【老字号企业申报】 老字号承载着独特技艺、精深服务理念和商业文化精髓，是企业的金字招牌，龙泉市成功申报了4家中华老字号企业（官窑、南宋哥窑、龙泉宝剑、沈广隆），9家浙江老字号企业(官窑、南宋哥窑、龙泉宝剑、沈广隆、万字号、千字号、兴泰隆、金字号、龚三青)。

【商务服务示范镇、示范村】 为系统推进农村现代商务服务，更好促进城乡统筹发展，龙泉市八都镇成功创建为首批省级现代商务服务示范镇，剑池街道水南村、南秦村和八都镇一村、二村成功创建为首批省级农村现代商贸服务示范村。（梁伟清 毛鑫霞）

【创建“国字号”工业招牌】 2009年，为进一步打响龙泉市汽车空调零部件产业区域品牌，在成功申报“浙江省汽车空调零部件产业基地”的基础上，启动申报“中国汽车空调零部件制造基地”工作。经过不懈努力，2009年10月26日，中国汽车工业协会正式授予龙泉市为“中国汽车(空调)零部件制造基地”，为龙泉市五金汽配产业集聚发展，打造产业集群注入强劲动力。2010年，市经信局成功申报“中国竹木户外休闲用品产业基地”，并在龙泉撤县设市20周年庆祝活动开幕式上授牌。

【组团参加展览活动】 2009年7月，在首届中国·浙江工艺美术博览会上，龙泉青瓷、宝剑共摘得各类奖项183个，其中金奖39个、银奖56个、铜奖49个、优秀奖39个，获奖作品列全省各参展县市第一，远远超过大会组委会评比规定的获奖名额，获金奖作品占丽水市的三分之二强。本次博览会龙泉共设53个摊位，75家企业参展，参展人员100余人，是龙泉青瓷宝剑行业近30年来外出参展规模最大的一次展览会。

2012年11月8日，为期3天的歌华第十届上海国际车用空调及冷藏技术展览会在上海世博展览馆拉开帷幕。龙泉62家汽车空调零部件企业组团参展，占据展位112个，成为展会中最大的展团。此次展会是全球车用空调行业最重要的盛会，恰逢歌华展会十周年庆典，无论是展览规模、参展品牌、展品质量、展台搭建等均超越历史，汇集了来自美、德、法、韩及国内500多家移动制冷行业的精英，为企业接触全球的营销商、供应商、服务商搭建了平台。

2012年11月，第六届中国国际工程机械、建筑机械、工程车辆及设备博览会(“上海宝马展”)在上海举行，龙泉组织36家工程机械零部件生产企业和龙泉人在外地创办的工程机械零部件生产企业、销售企业赴会参展，此次展会汇聚了全球40个国家和地区近2700家参展商，观众逾17万人，龙泉获得了两亿元订单。“上海宝马展”是亚太地区首屈一指的最大规模的专业展览。在全球百强品牌展览会中，中国占14席，这14个在中国举办的具有顶级国际影响的展会名单中，“上海宝马展”位列第一。

【信息化建设】 因机构改革，龙泉市经信局于2012年12月经市编办审批正式成立信息化推进与管理科，并成立了龙泉市信息化工作领导小组和龙泉市网络与信息安全协调小组，信息化工作机构不断健全。一方面，开展了全市党政机关和涉密单位互联网接入情况调查和企业信息化建设情况调查，加强对全市网络与信息安全的检查和指导。另一方面，编制出台了《龙泉市国民经济和社会信息化发展“十二五”规划》，明确了龙泉“十二五”期间信息化发展的目标和任务。同时积极开展“两化融合”工作，出台政策加快推进全市工业化和信息化深度融合，促进经济发展方式转变和工业转型升级。加快推进农村信息化建设，深入开展浙江省农村信息化创星示范“十百千”工程活动，八都镇二村、查田镇淤头村和础石乡季边村相继被评为浙江省农村信息化示范村。（柳明玉）

工业园区

【概况】 浙江龙泉工业园区，前身为龙泉工业小区（初建于1996年），2006年8月经国家发改委核准，由省人民政府批准升格为省级工业园区，2010年以省级工业园区为核心的产业集聚区被正式列入全省14个产业集聚区之一，简称丽水生态产业集聚区龙泉片区。园区现有入园企业315家，其中规模以上企业104家，亿元企业19家，省级企业研发中心8家，国家级高新技术企业9家。2012年园区实现工业产值90亿元，同比增长30.4%，其中规模以上企业实现产值69.90亿元，同比增长22%，占龙泉市规模以上企业工业产值的55.11%。五金汽配、竹木加工、青瓷宝剑是园区三大主导产业。2009年，园区相继被命名为“中国汽车（空调）零部件基地”和“浙江省高新技术特色产业基地”；2010年，园区五金汽配产业被省政府确定为全省42个块状经济向现代产业集群转型升级示范区之一。

龙泉市委、市政府在园区设立党工委、管委会，党工委、管委会作为市委、市政府的派出机构，对园区的经济社会发展负总责。园区下设四局一办，五个副科单位（分别为建设管理局、经济发展局、计划财务局、国土分局和综合办公室），市公安局在园区设立大沙派出所、市建设局在园区设立金沙建管所，履行相应职能。园区管委会履行规划区范围内的建设管理、招商项目审批和企业服务职能，同时履行各项规划管理职能，包括园区总体规划、土地利用规划、产业发展规划、建设管理规划等。园区实行“财务独立、封闭运行、自求平衡、鼓励创业”的财政管理体制。

【整体规划】 截至2012年底，浙江龙泉工业园区开发范围为剑池街道所辖区域（核心开发区）约12.5平方公里，涉及19个行政村，人口约两万人。丽水生态产业集聚区龙泉片区规划总面积30平方公里，已开发建设区块有大沙五金汽配科技园、芳野竹木制品园、松溪弄综合开发区块、回归工程、青瓷宝剑园区共计6.2平方公里，正在开发的有炉田区块、吴处塆头区块4平方公里。浙江龙泉工业园区成为龙泉市工业经济发展的主平台和实施“工业强市”发展战略的主战场，并成为以工业为主，集居住、商贸、文化、旅游为一体的“江南新城”。

【招商引资】 浙江龙泉工业园区抢抓全省深入实施“山海协作工程”的机遇，积极开展“浙商回归山区行”、“龙泉在外创业者回归工程”等招商活动，鼓励浙商、龙泉籍外出创业者回家乡投资兴业，取得明显效果。2008—2012年，园区共引进浙江龙之星压缩机有限公司年产300万台汽车空调压缩机生产线项目，浙江金丰机械设备有限公司年产500万台变频空调截止阀、接头、纳子管路件等铜配件生产线项目等项目107个，其中亿元项目14个，协议利用市外资金55.09亿元。

【产业培育】 浙江龙泉工业园区紧紧围绕“3+x”的产业发展定位，重点引进五金汽配工程机械整机总成、核

浙江龙泉工业园区大沙区块

炉田工业园区开发　　郑叶青　提供

心零部件和亿元以上投资项目，做大做强五金汽配、竹木加工、青瓷宝剑三大主导产业。2008—2012年，园区共实现工业产值244.5亿元，2012年实现工业产值90亿元，其中五金汽配产业43.21亿元，青瓷宝剑产业6.12亿元，竹木制品产业10.63亿元。累计完成固定资产投资42.33亿元，其中制造业投资31.81亿元。

【空间拓展】 浙江龙泉工业园区坚持公平、公正、公开的原则，全力推进征地拆迁安置工作，不断拓宽产业发展空间，为加快新好项目落地创造条件。2008—2012年，共征收土地2482.18亩，出让土地2730.59亩，拓展工业空间4855亩。2012年5月4日，丽水生态产业集聚区生态产业低丘缓坡开发项目龙泉组团正式启动，该项目涉及面积2.3平方公里，总投资11亿元，为丽水生态产业集聚区龙泉片区核心开发区的重要组成部分。（项建飞）

招商引资

【概况】 2008—2012年，招商引资工作以科学发展观为指导，以“发展绿色经济，提高幸福指数”为主题，坚持“生态立市、工业强市、旅游兴市”发展战略，以“工业是第一经济、招商是第一手段”为工作理念。根据“优先发展优势产业，改造提升传统产业，积极培育新兴产业”的产业培育方针，以“大招商、招大商”为切入点，坚持主动走出去，巩固温台金，接轨沪杭甬，融入海西区的工作思路，进一步加大招商引资工作力度，努力提高招商引资质量。

【招商引资项目】 2008年，全市共新引进招商引资项目50个，协议利用市外内资18.19亿元，实际利用市外内资8亿元；2009年，全市共新引进招商引资项目91个，协议利用市外内资36亿元，实际利用市外内资11.7亿元；2010年，全市共新引进招商引资项目85个，协议利用市外内资33.6亿元，实际利用市外内资13.96亿元；2011年，全市共新引进招商引资项目51个，协议利用市外内资31亿元，实际利用市外内资13.4亿元；2012年，全市共新引进招商引资项目39个，协议利用市外内资30.5亿元，实际利用市外内资14.6亿元。（市招商办）

经济协作

【概况】 2008—2012年，在省、市协作部门的组织下，深入开展山海协作工作，组织企业参加海交会、浙洽会、消博会、义博会、山海协作工程大会等各项活动，为企业提供展示交流的平台。加强与各地商会、企业联合会、山海协作结对县秀洲区和海盐县的联络与交流，相互之间开展了频繁的经济联系与来往，主动接受产业转移和项目对接，项目的对接与合作取得实效。

【山海协作工程】 2008年，争取“山海协作工程·百村经济发展促进计划”“爱心助学工程”结对援助项目30万元；“种子种苗工程项目”扶持资金20万元；山海协作示范区基础设施建设等项目省财政贴息补助资金22万元；共争取项目资金72万元。2009年，争取“山海协作工程·百村经济发展促进计划”和“爱心助学工程”结对援助项目30万元；“种子种苗工程项目”扶持资金25万元；山海协作示范区基础设施建设等项目省财政贴息补助资金17万元；省外浙商帮扶低收入群众“152”增收计划对接项目资金20万元；共争取项目资金92万元。2010年，争取“山海协作工程·百村经济发展促进计划”结对援助项目25万元；“种子种苗工程项目”扶持资金35万元；浙江龙泉工业园区发展有限公司大沙江滨区块道路网市政工程等项目省财政贴息补助资金36万元；共争取项目资金96万元。2011年，争取“山海协作工程·百村经济发展促进计划”结对援助项目25万元；产业发展信息平台补助资金20万元；省外浙商帮扶低收入群众“152”增收计划对接项目资金20万元;“种子种苗工程项目”扶持资金35万元;省财政贴息补助项目资金28万元;共争取项目资金128万元。2012年,争取“山海协作工程·百村经济发展促进计划”结对援助项目26万元;“种子种苗工程项目”扶持资金25万元;省财政贴息补助项目资金30万元;共争取项目资金81万元。（市协作办）

出入境检验检疫

【概况】 2006年9月,经国家质量监督检验检疫总局批准同意设立丽水检验检疫局龙泉办事处,为副处级单位。2008年2月22日开动建设。2009年2月24日正式挂牌成立;办事处地址坐落于龙泉市剑川大道566号,用地面积6903平方米,建筑面积4270平方米,总投资1600万元,其中地方财政投入1129万元,设备投入130万元。龙泉办事处辖区为龙泉市和庆元县,辖区面积4957平方公里。主要出口产品为食用菌、木制玩具、太阳伞、铅笔、汽车配件、不锈钢管、通讯电缆、化妆品、服装等。办事处内设办公室、检验检疫科两个职能科室,丽水出入境检验检疫局食品安全实验室设在龙泉办事处综合大楼五楼。在职人员17人(正式在编人员7人,其中实验室2人)。

【检验检疫】 2009年,检验检疫出入境货物6643批,金额9362万美元。2010年,检验检疫出入境货物9630批,金额17185万美元。2011年,检验检疫出入境货物9953批次,金额23865万美元,分别比上年增长3.3%和38.87%。2012年,检验检疫出入境货物10016批,金额24037万美元,分别比上年增长0.63%和0.72%。

（丽水检验检疫局龙泉办事处）

供销合作社

【概况】 龙泉市供销合作社成立于1951年,计划经济年代担负着全市农村生活资料、生产资料的供应,农副土特产品收购和废旧物资回收利用的重要任务,是城乡商品流通、工农业产品交换的主渠道之一。随着计划经济体制向市场经济体制转轨的进一步深化,私营、个体经济的快速发展,给供销合作社旧的管理体制和经营机制形成严重冲击,到了90年代后期,供销社的经营状况已经非常困难。为求生存谋发展,顺应市场变化,供销社陆续开始对原有体制进行大刀阔斧的改革改制,到2012年底全市供销社系统基层企业除城郊供销社外,其他企业均已完成企业改制工作。供销社仍坚持以为农业、农村、农民服务为宗旨的办社方向,参与组织发展农产品行业协会、农民专业合作社和村级综合服务社,扶持农业龙头企业,整合现有基层社,构建面向专业合作组织的服务平台,提高为农服务能力和水平;开展现代服务网络建设,参与农业产业化经营和农业综合开发等工作,一个为“三农”服务的合作经济新体系初步形成。2012年,市供销合作社拥有基层供销社1家,直属企业1家,农民专业合作社协会1家,农产品经纪人协会1家,村级综合服务社7个,农民专业合作社20家(其中示范性专业合作社12家),入社社员达1709户,联系带动农户11799户,建立农产品基地1.42万亩。拥有农资连锁和加盟店62家。

2008年9月18日,龙泉市人民政府办公室《龙政办发〔2008〕186号》文件,确定市供销社机关为市人民政府直属单位,参照群团组织机构管理,核定全额拨款事业编制10名。内设三个职能科室:办公室、业务科(合作经济指导科)和财务科。主要职责为:研究制定并组织实施供销合作社发展战略和规划,指导供销合作社的改革与发展;参与组织发展农产品行业、农民专业合作社和农村综合服务社,构建面向专业合作组织的服务平台;指导社有企业和基层社开展农业生产资料经营、农副产品购销、日用消费品经营和再生资源回收利用等现代服务网络建设,参与农业产业化经营和农业综合开发等工作;受政府及有关部门委托,承担重要农业生产资料、棉花和防汛救灾物资等商品的储备;维护供销合作社及其社员的合法权益;代表本区域供销合作社参加上级社的活动,组织开展与国内外合作组织之间的交流活动等。2009年3月13日,龙泉市人事劳动社会保障局龙人劳社〔2009〕28号文件,市供销社被批准列入参照公务员法管理范围。2011年10月25日,市供销社批复同意安仁供销社改制方案,改制基准日为2010年12月31日。2012年6月企业对安仁供销社综合商场进行公开拍卖变现,对职工进行了安置。

【兰巨综合服务大楼】 2012年,市供销社投资200余万元,对原兰巨供销分社老旧经营场所进行提升改造,经过近一年的施工建设,一座1000余平方米的综合大楼建成。综合大楼及周围区域内的经营服务项目涵盖乡政府便民服务中心、农业“两区”兰巨片区公共服务中心、农村日用品超市、邮储银行、乡邮服务、农村客运服务、农资连锁经营业务等,满足方便当地农民的生产生活需要,成为该区域一个多功能综合经营服务中心。

【专业合作社建设】 2008年1月,龙泉市惠民中药材专业合作社注册成立。2008年2月，龙泉市绿屏蔬菜专业合作社注册成立。2010年4月，龙泉市赛香茶叶专业合作社注册成立。2010年4月，龙泉市赛野竹笋专业合作社注册成立。2010年5月，龙泉市添力水稻专业合作社注册成立。2010年9月，台湖山生猪养殖专业合作社注册成立。2010年9月，龙泉市兰丰食用菌专业合作社注册成立。2011年4月，龙泉市绿仁蔬菜专业合作社注册成立。2011年1月，龙泉市通和食用菌专业合作社注册成立。2012年2月，龙泉市天野高山蔬菜专业合作社注册成立。2012年7月，龙泉市亿佳笋竹专业合作社注册成立。2012年8月，龙泉市金福红茶叶专业合作社注册成立。

【农产品经纪人协会】 2012年11月14日，龙泉市农产品经纪人协会成立。业务范围：提供农产品生产、经营、市场等方面信息，维护会员的合法权益，承担政府和有关部门委托的任务等。

【农业龙头企业】 2008年7月25日，浙江省农业厅浙农产发〔2008〕11号文件，授予浙江天和食品有限公司为省级农业龙头企业。2011年11月29日，浙江省示范性农民专业合作社认定领导小组文件浙农合〔2011〕1号公布龙泉市绿谷果菜专业合作社、市尖峰蔬菜专业合作社、市绿屏蔬菜专业合作社等3个单位为2011年省级示范性专业合作社。

【农产品生产品牌化】 龙泉市供销社鼓励支持专业合作社树立品牌意识，为农产品注册商标，走品牌化发展之路。到2012年底，注册了供销社绿屏蔬菜专业合作社的“绿屏园”、惠民中药材专业合作社的“益康园”、宏丰木槿花专业合作社的“禾艺”、三公香菇产销专业合作社的“天和泉”等独立注册商标5个、依托农业龙头企业共用注册商标3个，其中，三公香菇产销专业合作社的“天和泉”获浙江省著名品牌。（市供销社）

粮食工作

【概况】 2005年6月，设立龙泉市发展和改革局（粮食局），粮食局划归市发展和改革局管理，挂粮食局牌子。其主要职责是：贯彻执行国家和省有关粮食工作方针、政策、法规，提出全市有关粮食流通和地方储备粮管理的具体政策措施；负责粮食流通管理，调控全市粮食市场，保障军队粮食供应，落实粮食安全保障措施，实现供需平衡和市场稳定；指导全市粮油仓储管理工作，确保储粮安全；执行省政府统一领导下的粮食工作县（市）政府分级负责责任制，负责市粮食安全工作协调小组的日常工作。负责粮食流通监督检查，监督检查国家和省粮食购销政策的执行情况，监督检查辖区内从事粮食经营活动和政策性粮食购销活动，监督管理粮食收购、储存环节的粮食质量安全。2008—2012年，粮食部门以深化改革为契机，稳定粮油收购，合理控制销售，扩大仓储设施，优化服务手段，发展综合经营，拓展流通渠道，确保粮食流通安全。

【完善粮食安全体系】 粮食应急保障体系进一步完善。一是完善应急预案。为提高粮食应急预案的可操作和可行性，龙泉市根据上级有关文件精神，进一步编制完善了《龙泉市粮食安全应急预案》。二是完善应急供应网点。落实应急加工企业8家，粮食应急供应网点20个。三是完善应急成品粮储备。分别与6个加工企业和1个销售批发企业签订了应急成品粮150吨。

【建成中心储备粮库】 在各级大力支持下，龙泉市酝酿多年的市中心粮食储备库于2010年动工，2012年9月正式建成投入使用。项目占地面积30亩，总投资2252万元，储存能力8000吨。该项目的建成，优化了龙泉市储粮网点，改善了粮食储存条件，增强了粮食产业市场竞争能力和政府粮食调控能力。

【实行粮食订单收购】 为促进农户种粮积极性，同时保证完成年度储备粮轮换计划，采取“订单粮食”方式，对每年轮换的粮食全部实行订单收购方式。由八都分公司、城郊分公司、城南分公司、安仁分公司具体负责实施。各分公司将任务分解量化到各乡镇、各库点，层层落实、责任到人，确保粮食的数量与质量。5年来，共完成订单粮食收购14471吨（其中2008年2995吨、2009年1951吨、2010年3287吨、2011年2951吨、2012年3287吨）。（蒋达辉）

烟草专卖

【概况】 龙泉市烟草专卖局（分公司）成立于1988年9月，坐落于龙泉市贤良路218号，实行“两块牌子、一套班子”，负责在龙泉辖区内行使国家专卖管理权力，担负卷烟专营职责，是一个受行业主管部门和当地政府双重领导的中央企业。龙泉烟草设办公室、财务科、业务科、专卖监督管理科4个职能科室，以及1个内部专卖管理监督派驻工作组。其中，业务科下设市场部、送货部；专卖科下设中心管理所、稽查大队。现有员工83人，卷烟零售客户 2078 户。2008 年以来，龙泉烟草始终贯彻落实省市局(公司)的安排部署，扎实工作，确保增长，推动龙泉烟草各项工作持续平稳健康发展。

【营销市场平稳】 2008—2012 年，龙泉烟草致力于继续优化和提升卷烟结构，保持“销量平稳增长，结构持续提升”的良好势头，把“品牌培育上水平”作为营销工作的主导方向，大力开展“532”“461”知名品牌培育，努力实现知名品牌和双低产品的健康可持续发展。面对复杂多变的经济环境，龙泉烟草认真把握市场走势，不断加强宏观调控能力，及时调整营销策略，经济运行呈现出“销量平稳增长、结构明显提升、效益稳步提高”的特点。2008 年，共计销售卷烟 11839.32 箱，实现卷烟销售收入 20139.32 万元，实现税利 5286.86 万元；2012 年共计销售卷烟 13538.96 箱，卷烟销售总额 39039.37 万元，实现税利 9158 万元。

5 年来，龙泉市重点卷烟品牌销售情况良好，专项营销推广品牌销售强劲，低焦油卷烟培育显效，终端建设持续推进，营销水平有效提升。至2012 年，龙泉市现代卷烟零售终端共建设完成 56 户，占总客户数的2.79%；批零互动客户 89 户，占客户总数的4.42%，样本客户社会库存准确率及上传率均达到 98%以上；辖区内电子商务应用率达到 96.17%，其中网上订货比例为 82.04%，电子结算面率 100%。

【严格市场监管】 为构建高效规范的管理体系，给网络建设和卷烟营销创造良好市场环境，龙泉市烟草专卖局(分公司)专卖管理工作以打假破网、内管监督和队伍建设为重点，狠抓任务落实，取得显著成效。5 年来，打假破网硕果累累，市场净化率不断提升，内管水平显著提高，基础管理优化夯实。保持高压态势落实打假破网任务，不仅全面完成了上级下达的量化考核指标，而且破获多起运销假烟网络案，有效打击和遏制了犯罪分子制假售假的嚣张气焰；重视市场管理，严肃查处违法行为，认真查处违法案件，注重法律宣传和许可证治理；增设内部专卖管理监督派驻工作组，加大了对重点零售户、重点品牌的监管力度，积极调整龙泉地区各类卷烟的投放量，防范外流，并依据涉案真烟喷码信息，后续跟进相关零售户合理定量类别；以专卖标准化管理带动队伍工作方式转变，优化内务及其他基础管理工作，同时扎实开展队伍建设，通过“双能”训练、岗位技能鉴定、规范执法办案行为等方式，有效提高专卖执法队伍整体素质。

【提升内部管理】 5 年来，龙泉市烟草专卖局(分公司)始终把严格规范视为工作的生命线。以严格规范为前提，创新突破为核心，不断提升企业工作质量和水平，全面增强组织管理能力。强化管理创新，以年度目标为导向，以重点工作为抓手，以工作业绩为标准，形成月初有计划、过程有监控、月末有总结、改进有保障的良好工作机制。完善办事公开机制，围绕物资采购、宣传促销、干部任用等重大事项，公开各个节点，扎实推进政(企)务公开工作。高度重视业务技能和创新活动，大力开展岗位练兵，支持鼓励创新课题攻关。通过建立服务机制，开通了“局长热线”，坚持领导下基层，致力于打造服务型组织。坚持安全宣传教育培训和安全隐患排查治理的落实，全面实现安全生产目标任务。

【企业文化建设】 自 2008 年起，龙泉市烟草专卖局(分公司)注重企业文化建设。通过现场授课、远程教育、培养内训师、外借师资等形式，大力开展业务技能培训、岗位练兵等系列活动，共计开展部门、专项各类集中培训 200 余次，切实提高了队伍综合素质。以各项文明创建为契机，部署开展“十佳学习型组织”“十佳专卖管理所”“十佳市场部”等一系列行业内的文明创建活动。持续践行“亲情服务”理念，全力打造全心文化。组建服务小分队，积极帮扶弱势群体客户，认真做好结对帮扶、新农村建设等社会公益事业，树立良好社会形象。 (市烟草专卖局)

盐务管理

【概况】 浙江省龙泉市盐务局、浙盐集团龙泉市盐业有限公司在过去的 5 年间，继续实行合署办公，由浙江省盐务管理局和地方主管部门双重管理、以省管为主的管理体制。食盐的购销按国家有关规定实行计划管理，价格也由政府物价部门制定，任何单位和个体经销商店均不能随意变动。龙泉共有常住人口 28 万，按人均一年食用 5 公斤食盐计算，龙泉市全年的口食盐购销量为 1400 吨左右。但由于龙泉地处山区，人口外流现象非常严重，加之随着百姓健康意识的增强，口味变淡，因此，近十年来，龙泉市的口食盐销量下降比较多，国家下达的购销计划也随之减少，全市为每年 800 吨左右。受区位条件限制，本市的工业相对较弱，全年所需的工业用盐也仅有 100 吨左右，食品加工用盐为 200 吨左右。

食盐是国家专营的特殊商品，盐务部门担负着提供合格碘盐、消除碘缺乏病的重要使命。市盐务局认真贯彻国家和省盐业法规，全面落实食盐专营措施，确保龙泉市居民食用合格碘盐，确保加工用盐有效供应。以人民群众身体健康为重点，树立以社会效益第一，以经济效益为辅的服务意识，把持续消除碘缺乏病作为工作目标。

【维护盐业市场稳定】 2011年3月16日起，因受日本核辐射污染海水等谣言影响，中国暴发了波及全国的食盐抢购事件，在这次事件中龙泉也未能幸免。16日晚，本市所有零售商店中的食盐全部脱销，百姓四处寻找食盐。面对突发事件，本局立即启动应急预案，迅速作出部署。局领导首先将情况报告龙泉市委、市政府。市委、市政府立即召开了由盐业、公安、工商、新闻等多部门组成的紧急会议，部署了应急方案。当晚，龙泉电视台等新闻媒体滚动播出安民告示，盐业公司也连夜将小包装碘盐运到各大商场，保证第二天一早就能让民众有盐可买，消除大家的恐慌思想。17日凌晨四五点钟起，许多居民赶到位于华楼街白果树下的盐库门口，等待早晨盐业批发部开门营业，人群从盐库大门一直排到百米外的大街上。针对这种情况，公安部门安排警力维持秩序，拉起警戒线，盐务局排除各种干扰，有序地实行凭零售许可证限量供应食盐。同时，盐务局积极组织货源，保障市场供应，并配合相关部门，作好宣传疏导和信息发布工作，同时加强市场监管，防止不良商家趁机囤货涨价。由于措施得力，此次大规模抢购风只持续了三四天时间，但食盐销售紧张的局面却达到了空前的一个多月。

2012年9月中旬，受钓鱼岛事件影响，龙泉又发生了一次大规模的食盐抢购风波。在这次风波中，盐务局临危不乱，措施得力，很好地平息了这次风波。这次抢购持续了20多天，共销售食盐407吨，接近一年计划销量的一半。

【保障用盐安全】 2012年年初，各大新闻媒体重篇幅报道了江苏农药废渣盐流入全国12个省的口食盐市场的事件。看到报道后，局领导敏锐地意识到了问题的严重性，立即从网上下载了报道作为宣传资料，在年后上班初就组织盐政人员进行大规模的市场检查，向各经营户分发宣传资料，切实保障一方百姓的用盐安全。

【盐业经营多元化】 2010年起，浙江省盐业集团公司提出了以主业经营为主，非盐经营为辅的多元化发展战略。全省盐业全面开展了非盐商品的经营活动。龙泉盐业也组织了酒类、白糖等非盐商品进行销售，取得了较好的效益。 （李道君）

石油贸易

【概况】 中国石油化工股份有限公司浙江丽水龙泉石油支公司前身为龙泉石油公司，1998年8月上划中国石油化工集团公司。2000年4月，按照中国石化集团的统一部署实施重组，主营业务、资产、人员等均划归中国石油化工股份有限公司，更名为中国石油化工股份有限公司浙江丽水龙泉石油支公司。至2013年9月，公司拥有城区加油站6座，农村网点加油站6座，从上划前的2座加油站增加到12座；从业员工101人。至2012年底，龙泉支公司成品油年销量从划归前的3000吨扩增到35000吨，市场占有率从划归前的30%攀升到85%以上。龙泉支公司实行业务经营专业化、日常管理属地化、条块结合的省、地两级管理体制。

【加强网点建设】 公司本着“守土有责”“做强终端”的精神，树立“得零售者得市场、得效益”的经营理念，提高危机意识、发展意识、阵地意识，积极抢占终端市场。在具体的网点建设中，突出重点，合理布局，科学发展，坚持新建、改造、收购、租赁、合资经营等多元方式，多管齐下，多措并举，加快、加大网点建设工作力度。2012年，与龙泉市国有资产经营有限公司合资成立龙泉市中国石化石油经营有限公司，确定税留当地，确定“十二五”规划布点，充分利用政府平台实现优势互补、互利共赢目的。

【油品质量管理】 龙泉支公司高度重视油品的数量、质量管理，树立枪出油品数、质量要求100%合格的销售理念。明确站长为各站数、质量第一责任人，必须做好每一车入库油品的验收、接卸工作，把好入库关。公司每月定期、不定期对各加油机出油量进行校验，质监局计量所每季对各站加油机进行检测检定，铅封管理。公司每月底对各站进行盘点，及时核销油品溢耗，执行一月一核销的管理制度，严格把关，做好油品数、质量全指标检测，确保枪出油品的合格足量。

【安全生产管理】 公司坚持“安全第一、预防为主、全员动手、综合治理”的方针，狠抓安全生产责任制的落实，根据“谁资格、谁负责”的原则，层层签订安全生产责任书，使安全生产责任到人，认真管好各作业现场，敦促员工真正做到“上标准岗、干标准活”，持续抓好安全隐患排查治理和季节性安全检查等常规性安全工作。 （周晓峰）

交　　通

综　　述

【机构设置】　龙泉市交通运输局更名于2011年12月市人民政府机构改革之际，原名龙泉市交通局，是主管全市公路、水路等交通运输行业工作的市政府工作部门，内设：办公室（挂计划财务科和审计科牌子）、建设管理科（挂前期工作办公室和总工室牌子）、运输安全科、政策法规科、纪检监察科5个科室。龙泉市交通运输局共有干部职工1300余人，其中党员253名，高级工程师5人，中级65人，主要承担龙泉市公路建设、养护管理以及客货运输，运管、路政、航政行政执法等职能。下属有2个副科级事业单位（公路局、道路运输管理局），还有港航所、设计所、交通工程质量安全监督站、长运公司、交通投资有限责任公司5个单位，以及各在建工程建设指挥部。机关党委下属两个党总支（公路局、长运公司）和15个党支部。

位于中山西路的交通大楼

张伟仁　提供

【公路交通】　截至2012年，龙泉市境内高速公路2条计88.467公里，其中，G25国家高速公路网长深线云和交界麻洋K2682+675至龙泉周际村大猫亭K2714+450龙泉段计31.775公里，于2006年12月18日建成通车；龙泉周际村大猫亭至庆元交界曹岭简称龙庆高速公路33.5公里，计划于2013年6月底建成通车；龙浦高速公路起点G25长深线龙泉白马畈枢纽至浙闽交界花桥段23.192公里，将于2013年全面组织施工，计划工期三年。省道3条计171.249公里，浙江S227省道遂龙线（51省道）50.926公里，浙江S229龙后线（54省道）38.2公里，浙江S328省道丽浦线（53省道）82.123公里。县道24条计579.651公里，乡道21条计138.691公里，专用道路7条计36.008公里，通村公路288条1409.409公里（准四级）。

【交通企业】　2008~2012年，龙泉市有客运企业1家，营运客车170辆，总座位4411个，年客运量约538万人；全市营运普通货运车辆635辆，1586吨，年营业性货运量约347万吨。出租车30辆；公交车20辆。从事危险品运输企业3家，车辆22辆；物流企业27家，年货运量约100万吨。机动车维修企业90家，其中一、二类汽车维修企业17家，三类34家，快修企业10家，摩托车修理29家。机动车驾驶员培训企业5家，其中汽车驾驶员培训3家，教练车120辆，年培训学员6000人左右；摩托车驾驶员培训2家。全市有渡船17艘，370客位，简客船10艘，120客位，货船6艘。

【交通管理】　2008—2012年，龙泉市路政、运政、航政管理规范有序，执法力度不断加大，文明执法、依法行政有效落实。公路养护稳中有升，条件不断改善，机械化程度逐年改变，“五型公路”全面提升；继续开展道路运输市场专项整治工作，以“绿谷巴士”和“康庄小巴”为抓手，进一步完善农村客运网络，提高行政村客车通达率；圆满完成2008—2012年春运任务，没有发生旅客伤亡事故，安全形势总体平稳。连续39年水上交通无事故。

公路建设

【概况】 2008—2012年，龙泉市交通基础投资累计达40.01亿元，其中2008年3.55亿元，2009年4.4亿元，2010年8.5亿元，2011年11.46亿元，2012年12.1亿元。开工建设龙庆高速公路和51省道遂龙线公路改建工程。建成53省道龙泉至八都公路改建工程、龙泉安福至松阳大东坝公路一期工程、龙泉安豫线官浦垟至大赛改建工程。康庄公路完成1395公里，444个行政村已有431个通等级公路（另外13个为下山脱贫整村搬迁村），通村率100%，路面硬化率100%，直接受益人口有20多万人，2010年12月实现“双百”目标；完成51和53省道文明公路创建等工程。完成53省道、51省道、农村路面大中修工程，其中完成省道59.73公里，完成投资6549.50万元；农村公路247.75公里，完成投资7669.56万元。

【龙浦高速公路龙泉段工程】 龙泉至浦城（浙闽界）高速公路工程是国家高速公路网“79189”9纵中长春至深圳线浙江段的路线一部分，是浙江省高速公路网规划“两纵两横十八连三绕三通道”丽龙庆高速公路的武夷山支线，也是丽水市公路水路交通建设规划中“二纵二横”之一横。该工程起点为龙庆高速公路白马畈枢纽，途经查田镇小砻坑、柘坑等村，八都镇东音、小窖、樟溪等村，至上垟镇黄渡、五都楼、五都垟、花桥等村，终点与浙闽两省交界处的福建浦城至建宁高速公路连接线浦城段相连接。主线全长23.192公里，项目总投资32.98亿元；设计速度为100公里/小时，标准为双向4车道，路基宽度26米，计划工期3年；设枢纽互通1处（白马畈），一般互通2处（八都、上垟），主线收费站1处，匝道收费站1处（五都垟）；主线设置隧道7座，共8239米，其中长隧道3座，短隧道4座；桥梁14座，共3810米，其中大桥13座、中小桥1座，桥隧比为58.4%。

据初步统计，龙浦高速工程在红线范围内政策处理工作涉及3个镇，需迁移坟墓898穴，征用土地2171.78亩，拆迁房屋169户，杆线迁移383根。2011年6月，龙浦高速公路龙泉段工程建设指挥部成立。2012年3月27日，龙浦高速公路项目可行性研究报告获省发改委批复。2012年8月7日，龙泉市政府颁发了《龙浦高速公路龙泉段土地、房屋征收实施办法》。2012年10月22日，该项目主体土建施工图设计获省交通运输厅批复。2012年11月1日，龙浦高速公路项目使用林地许可获国家林业局批复。2012年12月18日，龙浦高速公路在查田镇白马畈枢纽举行开工典礼。

龙泉—浦城（浙闽界）高速公路开工典礼　　张伟仁　提供

【龙庆高速公路龙泉段工程】 龙泉至庆元高速公路是国家“长深线”的重要组成部分，是连贯东北、京津冀、环渤海、长三角和珠三角经济区的快速通道。该工程起自龙泉城关，顺接丽龙高速公路终点K109+697大猫亭，止于庆元县新窑（浙闽界）。主线全长54.713公里，预算总额45.58亿元。设计速度为100公里/小时，双向4车道，路基宽度26米，计划工期3年。其中龙泉段长33.5公里，预算总额为24亿元，设互通立交3处，服务区1处、预枢纽1处、管理所1处、养护工区1处。主线设置隧道5座，共6171米；桥梁23座，共8300米，其中特大桥有1座、大桥20座、中桥2座。

龙庆高速龙泉段政策处理共涉及4个乡镇（街道）47个行政村，直接涉及群众7000余户27000余人（含直接和间接人数），需征收土地3420.3亩，拆迁房屋141户，征用青苗播种面积124公顷，征用果树、茶叶、林木等多年生经济作物近40万棵（株），迁移坟墓1022穴，迁移通信基站和电力铁搭32座、杆线491枝、光缆28公里，迁移文物古迹6处，预计需完成大三改96处、小三改238处。2009年3月12日，龙庆高速公路（龙泉段）工程建设指挥部成立。2010年1月18日，在庆元竹口镇举行了龙庆高速公路开工典礼仪式。2010年

龙泉—庆元高速公路安吉大桥　　张伟仁　提供

3月11日，《龙庆高速公路龙泉段征地拆迁实施办法》(龙政办发〔2010〕26号)文件出台。5月10日，龙庆高速公路龙泉段兰巨乡豫章村上淤开工点(K119+350—K120+200)正式开工。

【丽龙高速公路龙泉段工程验收】2008年12月18—19日，浙江省水利厅组织有关单位对丽龙高速公路龙泉段工程水土保持设施进行了专项验收。2010年1月27日，浙江省环境保护厅组织有关单位对丽龙高速公路龙泉段工程竣工环境保护进行了专项验收。2010年10月，浙江省发展和改革委员会对丽龙高速公路设计变更及概算调整进行批复。工程概算由16.1729亿元调整为19.9512亿元，核定增加概算3.7783亿元。2011年12月19—23日，浙江省交通运输厅工程质量监督局组织了丽龙高速公路龙泉段竣工质量鉴定，工程评定为优良工程。2012年1月13日，浙江省交通运输厅会同省发展和改革委员会组织有关单位对丽龙高速公路龙泉段进行竣工验收，工程评定为优良工程。2012年9月26日，浙江省国土资源厅组织有关单位对丽龙高速公路龙泉段工程土地专项验收，建设用地竣工总面积为684.7871公顷(批复建设用地686.8146公顷)。

【51省道龙泉段公路改建工程】51省道是浙江省连接遂昌至龙泉两县(市)的主要干线公路，是浙江省公路网的重要组成部分，也是丽水地区高速公路的主要集散公路。51省道遂龙线龙泉段公路改建工程于2009年10月16日经浙江省发改委(浙发改设计〔2009〕129号)批准建设，为省重点工程。项目采用交通部《公路工程技术标准》(JTGB01-2003)二级公路技术标准设计，设计时速60公里/小时，路基宽度10米，采用沥青混凝土路面。路线起点为住龙镇老虎跳(与遂昌交界处)，路线经碧源、住龙、山坑、锦溪，终点为牛头岭，与正在改建的53省道二期工程相接。项目路线全长37.87公里，其中主线长约33.98公里，住龙、锦溪连接线长约3.89公里，工程总投资约7.45亿元。其中长隧道2945米/1座，中隧道1300米/2座，短隧道335米/1座，中大桥1410米/9座，中桥496米/8座，涵洞111道，挖土石方131万立方米，填方120万立方米。该项目为典型的山区公路，设计单位为：杭州市交通规划设计研究院。设计时按环保型公路设计理念进行设计。工程难点为：住龙一座80米高208米长连续钢构大桥、2945米长山坑隧道等。2009年3月9日，51省道遂龙线龙泉段公路改建工程经公开招投标，并经中标结果上报、公示、报批发出中标通知书，中标单位为：1标为浙江天环交通建设有限公司；2标为中铁十六局集团第三工程有限公司；3标为江西路桥工程集团有限公司；4标为浙江天一交通建设有限公司，监理单位为：杭州交通工程监理咨询有限公司。2010年3月12日，51省道遂龙线龙泉段公路指挥部成立，5月20日于锦溪镇上井村举行了开工典礼，经过前期的充分准备，9月底正式开工。2010年10月28日住龙镇3号桥(浙西南最高桥梁)开工，于2012年11月28日合龙。2011年3月7日，山坑隧道(全长2945米)开工。2012年10月9日，老鹰墓隧道贯通。

【53省道龙泉至八都公路改建工程】53省道龙泉至八都公路改建工程(一、二期)依据浙江省发改委2007年11月16日批复建设(浙发改交通〔2007〕270号)。53省道一期工程全长8.315公里，工程总投资15452.05万元，线路分为：龙泉过境段和八都过境段。其中龙泉过境段路线全长2.77公里，八都过境段路线全长5.545公里。工程于2008年8月18日进行施工监理招投标，工程于2008年10月15日正式开始动工建设，于2012年12月底完成。一期工程主要工程量为：土石方开挖25.77万立方米；填方50.28万立方米；挡土墙11906立方米；排水沟10007米，圆管涵715.77米；盖板涵及暗渠250米；土路肩

8782 平方米；南大洋大桥 304 米/座；凤凰山隧道 896 米/座；章府会大桥 125.08 米/座，八都中桥 85.04 米/座；路面 11.75 万平方米；安全设施 7.87 千米；绿化 7.87 千米。

53 省道二期工程全长 8.530 千米，工程总投资 19840 万元，工程于 2009 年 5 月 19 日进行了施工、监理公开招投标，于 2009 年 7 月 18 日举行开工典礼，2010 年 1 月 18 日正式开工。项目主要工程量为：土石方开挖 6.75 万立方米；填方 25.2 万立方米；挡土墙 3.17 万立方米；排水沟5500 米；土路肩 12800 平方米；圆管涵 391 米；盖板涵 200.71 米；隧道 2145 米/2 座；路面 7.41 万平方米；安全设施 6.383 千米；绿化 6.383 千米。

【龙泉安福至松阳大东坝公路工程】 龙泉安福至松阳大东坝龙泉段公路工程根据浙江省发展和改革委员会（浙发改交通〔2006〕1012 号）批准建设，是龙丽、丽龙高速公路的连接工程，也是 50、53 省道的连接线。该工程全长 21.5 公里，起点自龙泉安仁镇安福村，与改建中的 53 省道相衔接，经紧水滩水库至骑龙岗，新建安福口隧道、紧水滩特大桥、江海隧道至江海，通过李村、西坑下、鲤鱼丘、寮前岗至安民隧道与松阳县交界处。全线大桥长 742.2 米/4 座，中、小桥长 1221.8 米/18 座，长隧道 1370 米/0.5 座，中短隧道长 987 米/4 座。工程按交通部颁公路工程技术标准（JTGB01–2003）中的二级公路技术标准设计，设计速度 40 公里/小时，路基宽 8.5 米，行车道宽 7 米，桥梁宽度满足建筑限界要求，隧道宽 9 米，净高 5 米。桥梁设计荷载标准为公路—II 级。总投资为 3.52 亿元。工程分两期实施建设。一期工程全长 12.652 公里，投资 1.65 亿元。

工程于 2007 年 12 月 4 日在龙泉市招投标中心举行公开招标，施工中标单位为顺吉集团公司（I 标），中标价为 5852.5182 万元、浙江八咏公路工程有限公司（II 标），中标价为 4885.7703 万元，监理中标单位为浙江公路水运监理公司。2007 年 12 月 21 日，龙松公路龙泉段工程建设指挥部成立，12 月 26 日举行了开工典礼，并于 2008 年 3 月 1 日开工。2009 年 5 月 11 日，龙松线安福口隧道贯通，2011 年 4 月 29 日，龙松线紧水滩跨库大桥全部桥梁梁板架设完成，标志龙松线主体工程完成。2011 年 10 月 1 日，龙松线全线试通车。2012 年 3 月 21—22 日，龙松线交工质量鉴定会议召开，工程评定为合格工程。2012 年 7 月 26 日交工验收会议召开，工程正式交付使用。

该工程主要工程量为：路基土石方开挖 816947 立方米，路基填筑 837216 立方米，圆管涵 1222.93 米/62 道，盖板涵 45.41 米/3 道，箱涵 75.28 米/3 道；沥青砼路面 85439 平方米；大桥 476.08 米/2 座，中桥 367.74 米/6 座；隧道 300 米/1 座。B 级普通型波形梁护栏 3542 米；B 级加强型波形梁护栏 576 米；A 级加强型波形梁护栏 7360 米；单柱式交通标志 72 套；单悬臂式交通标志 61 套；标线 2649 平方米；机电工程 450 米隧道照明及控制系统、供配电系统。

【龙泉安豫线官浦垟至大赛改建工程】 龙泉市安仁至豫章（安豫）是省重要的区域干线公路，同时也是龙泉市区连接国家级自然保护区凤阳山的主要通道。龙泉安豫线官浦垟至大赛改建工程经浙江省发展和改革委员会（浙发改设计〔2008〕200 号）批准建设，工程列入 2008 年度浙江省重点基本工程建设项目，并列为浙江省环保生态之路。该工程起点为官浦垟（K57+400），路线沿西向东南基本沿老路改建，途径狮子头、穿大赛村后至终点为大赛外垟（K65+600），路线全长 8.2 公里。该工程采用交通部颁《公路工程技术标准》（JTG B01–2003）三级公路标准建设，设计速度 30 公里/小时，路基宽 7.5 米，行车道宽 6.5 米，大赛村段（K63+738—K65+358）只对原老路局部修整改造。鉴于旅游区道路的实际，工程遵循“安全、节约、环保、”经济的理念和因地制宜的原则，采用了大量半山桥形式，并就半路半桥段宽度设为 8.0 米，涵洞与路基同宽，桥梁设计荷载标准公路–Ⅱ级；路面设计标准轴载：BZZ–100；大、中桥设计洪水频率 1/50，小桥、涵

龙松公路紧水滩库区跨库大桥　　张伟仁　提供

洞及路基设计洪水频率 1/25。路面工程结构:(1)一般路段路面采用 10 厘米级配碎石调平层+20 厘米水泥稳定碎石基层+22 厘米水泥混凝土面层;(2)半山桥路段采用 10 厘米级配碎石调平层+20 厘米水泥稳定碎石底基层+20 厘米水泥混凝土基层+13 厘米钢筋混凝土铺装层。

2009 年 1 月 15 日,安豫线官浦垟至大赛段公路改建工程在大赛外垟举行开工典礼,3 月 12 日,工程正式开工。2011 年 9 月 15 日工程完工,10 月 1 日,全线试通车,12 月 9—11 日,工程进行质量鉴定检测。2012 年 1 月 16 日,交工验收。该工程总投资 10638.76 万元。全线路基挖方 51902 立方米,填土方 28082 立方米,路面 20 厘米(5%)水泥稳定土基层 48655 平方米;20 厘米(C20)水泥混凝土基层 8655 平方米;10 厘米厚级配碎石底基层 53404 平方米;厚 22 厘米水泥混凝土面板 38137 平方米。工程共有大、中、小桥梁 14 座,除官浦垟、大赛桥为 16 厘米预应力空心板梁桥,其余均为钢筋混凝土连续现浇板梁半山桥。共有 Φ120 桩基 5096 米 668 根;Φ80 立柱 221 根;Φ100 立柱 35 根;Φ110 立柱 2 根;墩台、盖梁 366 根;8M(6 米)现浇板梁 45 联,共 2666 米;16 米在应力空心板 19 块;桥梁防撞护栏 2798.2 米;桥面铺装 18164 平方米,桥梁伸缩缝 60 条。1.0 圆管涵共计 21 道、0.5 米圆管涵共计 32 道、0.3 米圆管涵 6 道、各类盖板涵共计 7道。7.5# 浆砌片石挡土墙 28876 立方米,护面墙 4543.2 立方米。交通安全设施 8.2 千米,路基防撞护栏 1988.4 米。

【龙泉市交通中心建设项目】 龙泉市交通中心建设项目由交通运输物流中心、客运站新建、养护中心组成,总投资约 1.8 亿元,占地面积 169.2 亩,建筑面积 48337 平方米,是龙泉市的重点工程,也是龙泉市与省道路运输管理局的物流共建项目。

客运站新建工程项目位于龙泉市松溪路东侧,东临龙泰路,南连 53 省道,北靠广济街。按一级汽车客运站标准建设,总用地面积 63697 平方米,总建筑面积 21754.4 平方米,总投资概算 9974.9 万元。建设内容主要包括客运站站房、客运站商业用房、客运站辅楼、检测站综合楼、车辆检测车间、汽车修理车间、汽车装潢等。客运站新建工程项目的设计单位为浙江华洲国际设计有限责任公司,施工单位为中天建设集团有限公司,监理单位为浙江处州建设管理有限公司。工程于 2011 年 9 月 20 日举行开工典礼,2012 年 3 月 13 日正式开工。

龙泉市交通运输物流中心位于龙泉市松溪路东侧,东临养护中心、南靠广济街,西接松溪路,总用地面积 33467 平方米。其中,一期投资概算 8171.46 万元,用地面积 8122.9 平方米,建筑面积 16233 平方米(其中地下室 4022 平方米),建筑层数:地下 1 层,地上 12 层;结构类型:框架结构。一期工程项目的设计单位为浙江华洲国际设计有限责任公司,施工单位为中天建设集团有限公司,监理单位为浙江处州建设管理有限公司,合同工期 560 日历天,工程于 2012 年 10 月 25 日举行开工典礼。交通运输物流中心(二期)用地面积 25310 平方米,投资概算 8850 万元。

公路养护中心总投资 1600 万元,占地 22 亩,建筑面积 3400 平方米,工程于 2009 年 5 月开工建设,2012 年 12 月主体工程完成。

【乡村“康庄工程”】 2003 年,根据省委、省政府的决策和省交通运输厅的统一部署,龙泉市开展了以通乡、通村公路为重点的大规模农村公路建设。通过 8 年的艰苦努力,截至 2010 年 12 月底,建成农村公路 1395 公里,444 个行政村已有 431 个通等级公路(另外 13 个为下山脱贫整村搬迁村),通村率由 39.36%提高到 100%,路面硬化率由 22.4%提高到 100%,直接受益人口有 20 多万人,全面实现“双百”目标。

公路管理

【概况】 龙泉市公路管理局前身龙泉县公路段,成立于 1956 年,原属丽水地区公路总段下属正科级事业单位。1999 年 11 月,根据丽水地区行署〔1999〕26 号《批准地区交通局关于公路管理体制改革的若干意见的通知》文件精神下放龙泉市,实行以块为主的管理体制,是龙泉市交通局下属副科级全民所有制事业单位。2010 年 12 月经龙泉市机构编制委员会(龙编委〔2010〕25 号)《关于同意龙泉市公路管理段更名为龙泉市公路管理局的批复》文件批复更名为龙泉市公路管理局。2011 年 11 月 21 日,搬迁入驻新办公楼,地址为龙泉市广济街 89 号。新办公楼总占地面积 6667 平方米,总建筑面积 4595.45 平方米,总投资 1498.68 万元。至 2012 年底,龙泉公路管理局管养境内公路里程 925.599 公里,其中省道 3 条 171.249 公里、县道 23 条 579.651 公里、乡道 21 条 138.691 公里,专用道 7 条 36.008 公里,龙泉成为全省管养公路里程最长的县(市)之一。截至 2011 年底,公路养护生产、工程建设类固定资产总量达到 1817.18 万元。

截至 2012 年 12 月,全局共有干部职工 168 人(局机关 55 人、离岗退养 10 人、养护中心 76 人、企业工人 19 名、派遣工 8 人),退休职工 105

人。下设12个股室(队),1个新欣公路养护中心,14个公路养护管理站和28个县乡公路养护道班。

【交通标志标线管理】 1998年7月1日起全省公路交通标志标线的设置和管理工作统一由交通主管部门负责。龙泉市公路管理部门在2008年至2012年间,共投入资金258万元,在三条省道和主要县道公路全部按国标增设了标志标线,规范了公路交通标志的设置,完善了公路的指路体系。2008年,53省道丽浦线长81.243公里的文明公路创建,共投入400万元,更换及增设81.24公里的里程碑和更新交通标志,漆划了标线。12月该路段通过省交通厅验收为省级文明公路。

【安保工程建设】 在抓好公路小修保养和公路大中修工作的同时,加大力度抓好公路安保工程建设,保障公路安全畅通。2008年至2012年底,累计完成安装公路钢质护栏419.4公里,投入资金6587.76万元;累计完成公路边坡治理28752.09平方米,投入资金665.04万元;累计进行危桥加固改造56座,投入资金568.68万元。

【公路养护管理】 随着公路养护机械化程度的提高,高级、次高级路面的发展,繁重的体力养护作业日趋减少。针对公路道班人多、分散、摊小的现状,龙泉市公路段为适应公路养护管理和机制改革。大胆地推行了并班建站,集聚机械和人员建立大公路站,实行集约化管理的模式。先后在54省道建立了豫章公路站、53省道八都公路站和51省道村头公路站,进行了公路养护效率和降低养护成本的尝试。

2011年4月11日,经龙泉市人民政府批准,成立了龙泉市公路应急抢险中心。该中心按照"统一指挥、平战结合、分级负责、高效运转"的原则,担负着全市公路养护、公路应急抢险、交通战备、社会救助等职能,是一个具有公益性事业单位性质的公路机构,人员全部由养护中心事业编制人员组成,与新欣公路养护中心采取两块牌子一个班子的管理模式。该中心工程项目总投资1600余万元,占地面积22亩,建筑面积3400平方米,主体工程基本完成。现拥有公路养护机械设备:装载机5台、挖掘机1台、压路机3台、平板夯8台、综合养护车1辆、沥青砼拌和楼1台、微型柴油车6辆、自卸汽车14辆、洒水车2辆、罐4只、油灶2个、洒布车2辆、摊铺机2台、沥青加温设备2套等公路应急抢险设备。是一支专业能力强、机械化程度高、反应速度快、公共服务水平好的公路应急保障专业队伍。

2010年,龙泉市出台《龙泉市农村公路养护与管理办法(试行)》,该办法由龙泉市人民政府第二十九次常务会议讨论通过,办法从2010年1月1日起施行。

【公路水毁抢修】 2008年1月下旬至2月初,龙泉市遭受了罕见的低温雨雪冰冻灾害,导致龙泉市公路受灾严重,海拔300米以上的省道县道公路因路面结冰而被封道,按照市委、市政府的统一部署,公路广大干部职工发扬团结一致、不怕困难、顽强拼搏、敢于胜利的抗灾抢险精神,不畏险阻,不分昼夜,奋力抢修,在除夕前抢通受阻的省道、县道公路。期间共出动抢险人员3530人次,机械设备170台套,车辆1790个台班,工业盐158吨,防滑料2530吨,清理塌方6080立方,清理障碍物6280棵。这次雨雪冰冻天气给龙泉市公路造成1050万元损失,其中投入公路抢险资金220万元左右,公路损失830万元。台风"凤凰""蔷薇"等台汛期间,给省县乡道公路造成损失达170余万元,3条县道公路短时中断,在建的康庄公路损失800余万元。

2009年春运期间的雨雪和台风"莫拉克"及汛期强降雨,造成龙泉市3条省道和10余条县乡道路基挡墙水毁,交通受阻,部分交通短时中断,共造成公路损失700余万元。针对公路频繁遭受水毁及其发生的特性,为减少和预防公路水毁灾害,公路部门加强了预防性养护投入,当年共争取投入资金100余万元。

2010年,春汛降雨,主汛期的"5•22""6•18"强暴雨使龙泉市公路遭受重创,因路基中断塌方和桥梁涵洞垮塌、挡墙倒塌等共造成3条省道交通中断15次、县乡公路51条中断80余次,直接损失2800余万元。至年底,公路部门争取抢险修复资金1600余万元,恢复省县乡公路的畅通。

2011年是较为平稳的一年,但春运期间雨雪灾害和台汛期仍然造成公路水毁损失近100万元。

2012年2月中旬至3月上旬,持续阴雨寡照天气境内公路损失惨重,6月主汛期,省县道公路再遭重创,合计损失430余万元,农村公路的乡村道损失2100万元。特别是6月21日丽浦线K134+600新岭路段路基发生水毁悬空,造成两次省道交通短时中断4小时和3小时,是几年来省道单点损失较大的一次水毁。"6•24"强降雨中涌现了"最美养护工"周林松先进典型。

【绿色通道工程】 2008年,S328省道(丽浦线87K+065—168K+308)创建文明公路,新建景观点、景观带、绿色通道共投入绿化经费约200余万元；2009年，在丽浦线增建绿化景观点及沿线苗木管养经费投入30万元；2010—2011年，在龙后线、遂龙线和安豫线旅游线上共补植桂花、含笑、紫薇等苗木3000余株，投入资金28.5万元；2012年丽浦线丽龙段生态路建设投入绿化经费16万元。历年来存活率在90%以上，绿化率达到92%，种植和补植杜英、冬青、小腊、四季桂、紫薇等苗木共59100株，红叶石楠25株/平方米，折合约4000平方米。

道路运输管理

【概况】 龙泉市道路运输管理局前身龙泉市公路运输管理（稽征）所，成立于1987年11月，2009年1月1日起国家实行燃油税费改革后，停止了公路规费征收职能。2012年6月，经龙泉市编制委员会批准更名为龙泉市道路运输管理局。单位核定编制29人，现有在职职工27人，协管人员21人。下设办公室、运政执法大队、安全生产管理科、客货运管理科、维修物流管理科、公交、出租、驾培管理科、行政许可科、产业发展办公室8个科室。

道路运输管理局主要对道路旅客运输经营、道路货物运输经营、道路运输相关业务包括站（场）经营、机动车维修经营、机动车驾驶员培训等实施行政许可、行政执法和行政监督；制定道路运输发展政策和规划，拟定管理规章，并组织实施；负责对道路客货运输站（场）的规划、建设和管理等。

【运政执法】 2010年9月，成立了运政执法大队，运政稽查执法人员从原来的7人增加到18人，并设立了巡查中队和站场中队，建立常态化巡查工作机制，切实加强运政执法工作。2010年9—12月、2011年10—12月、2012年2—5月，连续开展道路客运市场的专项整治工作。共查处道路运输违法案件126起，其中“黑车”非法营运案件27起，有力地打击了道路客运市场非法营运行为，维护了龙泉市道路客运市场的良好秩序。

【客货运输管理】 加强运输市场调研，认真做好道路客货运输审批（经营许可）；加强客运站源头管理、落实“三关一监督”；做好客运站场周末学生接送秩序维护；做好道路运输车辆燃油补贴调查上报、发放监督把关；督促开展“绿谷巴士”品牌创建巩固，提升道路客运服务质量；加强货运安全尤其是危险品运输安全管理；推进GPS、车载视频、危检仪、智能门检仪等科技设备的安装和运行监督、安全带工程建设等。完善出租、公交车管理体制，建立“产权清晰、权责明确、管理规范、服务优质”出租车运行体制，2010年10月起，推行出租车“公车公营”的运营方式。

【维修行业管理】 规范龙泉市机动车维修行业经营行为，开展维修市场专项整治工作。联合工商部门，开展专项监督检查，督促企业建立健全配件管理、维修合同、用户投诉处理等制度，公开收费项目、工时单价、监督电话等，规范维修行业经营行为。督促并帮助维修企业建立完善安全生产管理制度、督促企业与职工签订安全生产责任书、消防设施及是否按安全操作规程作业等，强化维修行业安全管理。认真开展《机动车维修服务规范》《汽车维修合同》格式文本的宣贯、推广工作。督促维修企业开展创优达标活动，指导督促维修企业建立规范的工作台账等，促进维修行业规范经营。联合稽查大队加强日常检查工作，并对未经许可从事经营、超范围经营等违章行为进行严肃查处。

【驾培行业管理】 做好机动车驾驶员培训行业的管理和监督检查工作，督促驾校增设学驾人员道德教育课等，努力提高驾驶员培训质量。采取定时不定时方式加强检查，排查驾培行业存在的安全隐患，督促做好整改。每月参加驾校的安全例会，传达相关文件精神，督促落实相关安全管理制度，并加强教练员安全施教教育。结合教练员诚信考核和驾培机构信用考核工作，严肃查处各类违规行为。特别是针对教练员在教学期间离岗、不在核准的场地进行施教、不按教学大纲教学等行为开展专项检查等。

【运输安全监管】 认真开展“安全生产年”“道路客运安全年”“打非治违”和“旅游包车专项整治”等活动，全面排查整治安全生产隐患，认真加强源头管理，切实道路运输安全监管工作。督促客运企业贯彻落实好《道路旅客运输企业安全管理规范》，提升客运企业安全管理水平，切实加强源头管理，促进企业安全主体责任的落实。推进“智能门检”“安全带工程”建设，开展客运班车发车前安全告知，加强GPS、车载视频监控，开展旅游包车专项整治，开展“小手拉大手、安全乘车伴我走”主题活动，开展“安全在我心中”演讲比赛，组织客运企业、危险品运输企业开展应急演练等等，努力做好道路客运安全监管工作。采取在货运驾驶员签证时进行专门安全学习教育，督促货运企业加强安全教育、隐患整改和台账管理，联合消防大队开展消防安全专项大检查、开展企业安全员培训，强化危险品运输车辆的GPS监控，对危险品运输企业的外地挂靠车辆进行清理等，不断加强货运安全管理工作。坚持以行业安全监管为工作基石，把行业安全监管工作放在突出的位置，认真落实好行业安全监管工作责任。同时认真开展行业矛盾纠纷的排查、化解，积极做好行业的信访维稳定工作。5年来，龙泉市道路运输未发生重大责任安全事故，实现了道路运输行业的安全、和谐、稳定。

【窗口服务】 该局驻行政服务中心办事窗口不断深化行政审批两集中改革，做到一个窗口对外，统一受理，独立办理，限时办结。精简事项，简化手续，努力提质提速。坚持便民、高效、优质原则，做到授权到位，高效便民；坚持依法行政，并加强许可事项事后监督；服务工作努力做到“五个零”，即“零推诿”“零距离”“零积压”“零差错”“零投诉”。窗口多次荣获“五星级”窗口荣誉。2011年度市行政服务中心26个部门考核中，运管服务窗口列第一名。2012年5月，该局被市纪委、纠风办等评为群众满意基层站所。

【农村站场建设】 2008—2012年，龙泉市共已建成安仁、住龙、八都、宝溪等乡镇客货运一体站（运管站）12座，农村港湾式停靠站218座。较好地改善了农村群众的出行条件，促进了农村客货运事业的发展。采取开行康庄小巴、康庄巴士和调整延伸班车运行等方法，努力提高行政村客车通达率。至2012年，龙泉市行政村通车率达到86.3%。

【运输服务业扶持】 突出物流业工作重点，积极做好现代物流基地的规划、引导传统货运企业向现代物流企业转型、加快发展城市和农村物流配送网络、做好物流龙头企业的扶持等。2010年10月26日，浙江省运管局与龙泉市人民政府签订了共建协议。2012年11月，龙泉市交通物流中心（一期）工程开工建设。2011年1月，设立产业发展办公室，抽调专门人员，认真开展行业发展规划的编制工作。完成《龙泉市“十二五”汽车维修业发展规划》《龙泉市“十二五”培驾行业发展规划》《龙泉市道路旅客运输“十二五”发展规划》。

水上交通管理

【概况】 龙泉市港航管理所、龙泉市地方海事处、龙泉市航道管理所是“三块牌子一套班子”的全民所有制事业单位，位于龙泉市华楼街旺角二楼。根据国家颁发水上交通管理的法律、法规、依法从事龙泉市航道内的水上交通安全（除渔政、城市园林、体育部门负责监管的外），船舶检验，水路运输，水路规费稽征工作。下设海事、船检、运管和办公室。共有管理干部5人。

【水上交通安全管理】 紧水滩龙泉辖区的水域面积为18.9平方公里，主航道全长39.5公里，共涉及龙泉市剑池、龙渊、道太、安仁等乡镇街道，沿库区有25个行政村，60多个自然村，人口10000多人，辖区有渡口18个，渡船17艘，370客位，简客船10艘，120客位，货船6艘。龙泉市港航管理所致力于打造平安库区和“水上康庄工程”建设，建立安全隐患排查经常化、制度化，并切实推进非运输船舶整治等，大力开展“安全生产月”活动。同时，针对恶劣天气，着力做好“三防”工作，有效地保障了龙泉市水上交通平稳、有序，实现辖区39年水上交通无事故。

【水上交通项目建设】 2008年11月，完成库区王庄、乌盛口、梨洋3处渡口30客位、20总吨、24千瓦的钢质渡船更新，投入资金100余万元；2011年6月，完成库区吴庄、半潭、灯山、社门、曾家连、坑口、蛤湖7处渡口20客位、11总吨、8千瓦的钢质渡船更新，投入资金150余万元；对坑口、社门、丁山、半潭、道太、梨洋、蛤湖、前赖、吴庄、乌盛口等10处渡埠进行改造修建，完成投资约60万元；完成大白岸、吴庄、道太等码头渡埠的航道疏浚和清理工作；完成社门、乌盛口、安仁码头制作了4块大型安

紧水滩库区（仙宫湖）新投入使用的钢质客船　　张伟仁　提供

全宣传牌。2012年8月30日，完成辖区13艘客渡船更新项目的招投标工作。2012年12月25日，安福交通码头开工建设。完成了武溪、前赖2处渡埠的候船亭实施任务；完成社门、半潭、安仁码头、沈村码头等航道进行了疏浚和清理；在吴庄、武溪制作了2块大型安全宣传牌。

运输服务

【概况】　龙泉市长运公司创建于1935年，1992年10月1日成建制下放为龙泉市政府市管企业，后隶属龙泉市交通运输局。公司是龙泉市唯一一家国有专业二级旅客运输企业，于2004年通过了ISO 9001:2000质量管理体系认证。公司现占地面积35000多平方米，建筑面积8000多平方米。公司主要经营业务为：道路客运、货运、旅游包车、汽车修理、车辆检测、汽车出租、汽车驾驶培训。公司下设客运站、车辆综合性能检测站、快客分公司、旅游分公司、公交出租分公司、客车大队、客车二队、车辆维修中心、汽车技术学校、快件分公司。其中一级客运站1个，一类汽车维修企业1家，A级汽车综合性能检测站1个，二类驾校1家。公司拥有上海、广州、厦门、政和、浦城、上饶等省际班线6条，省市内班线89条，省内外旅游车4辆，城乡公交班线8条，城市公交班线2条；有营运客车170辆，总座位4411个；有教练车48辆。公司有职工648人，其中在册职工317人，离退休职工331人。设1个党总支，下设6个党支部，有党员129人，其中在职职工党员61人，离退休职工党员68人。

【汽车客运】　2008年，龙泉市长途汽车运输公司客运完成道路客运量160.65万人次，其中长途旅客运量29.04万人次，客运周转量0.99亿人公里。2012年，完成客运量202.02万人次，其中长途49.30万人次；客运周转量1.84亿人公里，其中长途1.02亿人公里，短途819.76万人公里。提升客运服务水平，2012年1月，市长途汽车运输公司客运站开通网络售票、邮政网点售票业务。2012年5月1日，市长运公司客运站与丽水客运东、西两站实行两地客运联网售票。2012年8月，市长运公司客运站启用计算机智能安全门检系统。

【公交运营】　2011年11月1日，市长途汽车运输公司完成城区1路、2路公交车改造，变承包经营为公车公营模式，购买16辆五菱公交车投入1路、2路，为市民出行提供了便捷。

【汽车综合性能检测】　龙泉市汽车综合性能检测站成立于2006年5月，位于环城西路57号，占地面积14576平方，建筑面积1103.85平方米，设有营业厅、办公室、安全检测车间、综合性能检测车间。2008年9月通过龙泉安全检测线资格认证，取得丽水市道路运输管理处颁发的道路运输检测服务经营许可证，丽水市机动车辆安全检测站龙泉检测线正式设立，经营社会机动车辆年检、新车注册登记检测、车辆维修质量检测、车辆技术等级评定检测和车辆技术状况检测。检测站于2009年7月通过了浙江省质监局计量认证复审。浙江省环保局和浙江省质监局分别在2010年9月、12月组织评审专家组通过一系列的全面评审，于2010年12月31日和2011年1月6日分别取得机动车环保定期检验委托证书和机动车安全技术检验机构检验资格许可证书。至此，成为龙泉市一家独立的车辆检测机构，具体承担龙泉市社会车辆年度检测、季度安全检测和车辆定级检测，年检测量达10000余辆次。

交通设计

【概况】　龙泉市交通设计所位于龙泉市东街115号，属差额拨款的交通

位于剑池东路的汽车客运站　　张伟仁　提供

事业单位。具有浙江省建设厅审查批准颁发工程设计证书公路工程丙级、勘察专业类工程测量乙级和浙江省测绘局核定测绘资质证书工程测量丁级资质。龙泉市交通设计所下设总师室、综合部、勘察部、测量部、设计部等部门，经营公路、桥梁、巷道测量与设计和交通工程监理业务。有职工30人（其中工程技术人员22人），中高技术职称13人，大学本科以上学历15人。交通设计所积极推行事业单位企业化管理的模式，加大资金投入，加快技改力度，并通过加强干部职工技术业务培训和技术知识更新，引进高新技术人才。增加了全球卫星定位系统、全站仪、水准仪、制图机、复印机、计算机等设备和纬地、桥梁通、同望等计算机设计软件，实现设计图纸100%电脑出图。2009年8月17日，通过中国质量认证中心ISO 9001:2008质量管理体系认证。设计所以质量和诚信为宗旨，严守规范，质量第一、精心设计、热情服务，赢得了社会信任，出色地完成了龙泉市公路工程勘察设计任务。

【勘察设计】 2008年6月，完成下樟公路改建工程设计项目，9月18日，中标龙泉市安豫线官埔垟至大赛公路改建工程勘察设计项目。2009年度完成龙泉市胜利大桥改建工程施工图设计、龙泉市青瓷博物馆节庆道路施工图设计。2010年，完成龙庆高速公路龙泉段查田镇征地测量、龙泉市青井至天师庙公路工程一阶段施工图设计等。2011年7月，与省交通规划设计研究院合作完成S328省道大丘另至上凉亭公路改建工程项目工可编制，完成龙泉市赵麻淤至下堡公路工程项目建议书和工可编制。2012年，53省道础石至54省道兰巨连接线线位论证、龙泉市锦溪镇昴山通景公路（51省道至灵感寺续建工程）等设计项目。

交通投资

【概况】 龙泉市交通投资有限责任公司成立于1999年6月9日，是龙泉市交通建设项目投资融资实行企业化运作的国有企业，公司注册资金5500万元。公司主要承担龙泉市交通基础设施的筹资融资、投资建设、运营管理等任务，履行筹资融资主渠道、投资建设主平台和交通国有资产监管主体的职能。公司现有在岗职工25人，2012年9月，公司升格为正科级单位，其财政收支接受政府监督，主要职责、内设机构和人员编制纳入政府管理范围。

【项目投资】 公司自成立以来，认真履行项目性投资融资活动以及交通工程建设等多项任务。2005年起，公司承担了丽龙高速公路龙泉段改建工程的资本金出资任务，推进龙泉市高速交通网快速、持续、健康发展。2008年和2012年起，公司开始承担龙庆高速公路和龙浦高速公路资本金出资任务。2008年，公司完成融资1.9亿元。2009年，公司继续加大融通资力度，融资2.1亿元。2010年，公司融资2.9亿元。2011年，融资达3.6亿元。2012年，融资5.65亿元。

国防交通

【概况】 龙泉市交通战备办公室负责全市交通战备工作，为市国防动员委员会的办事机构，也是市政府主管交通战备工作的办事机构，挂靠市交通运输局。2008年以来，开展交通战备工作正规化建设达标活动，以上级国防交通主管部门要求为目标，积极组织国防教育展览、红色革命老区走访重温教育等活动，健全工作机制谋划项目，因地制宜创新地开展各项国防交通战备工作，开展国防交通学术论文撰写和理论研究，分析判断新形势下所面临的新情况，认真编制“十二五”国防交通战备公路项目和组织实施督查，组织专业保障队伍集结整组点验暨授旗仪式。

【国防交通战备保障】 根据上级要求，构建“平时应急、战时应战”两应一体的保障队伍，龙泉市国防动员委员会交通战备办公室根据上级赋予担负的保障任务，组建和完善市国防交通战备保障大队，分别有道桥抢修保障、汽车运输保障、运力动员保障、特种车辆运输保障、道路交通管制警戒保障等5个中队约300人的一支平战结合，平时服务于应急处置保障，投身自然灾害抗灾抢险等突发性处置。2008年以来，通过开展针对性演练，提升道路通行保障能力，加快和完善区域内国防交通战备公路建设，推动交通基础设施建设有机结合，截至2012年底，完成53省道龙泉至八都段、51省道遂龙线龙泉段、龙松公路龙泉段、安豫线官浦垟大赛段等4个项目，争取国防交通战备公路项目中央专项资金9420万元。协助争取部队进出道路公路项目1个资金50万元，为推动龙泉市交通基础设施建设，提高和改善龙泉市国防交通通行和保障能力发挥积极作用。 （市交通运输局）

通信事业

邮　　政

【概况】　2008—2012 年，是龙泉邮政创新促转型、锐意进取的五年，全体员工心往一处想，劲往一处使，发扬团队精神，较好地完成了上级局下达的各项任务。2008 年，完成邮政业务收入 1508.18 万元，其中：邮务类收入达到 417.14 万元，金融类完成 807.71 万元。2009 年，完成邮政业务收入入 1760.81 万元（速递物流类完成 280.11 万元），同比增长了 16.91%，其中，邮务类完成 468.11 万元，同比增长 10.20%，代理金融类完成 981.36 万元。2010 年，完成邮政业务总收入 1763 万元，同比增长 14.67%，其中，邮务类累计完成 459.9 万元，代理金融业务累计完成 1241.73 万元。2011 年，完成邮政业务总收入 2096.54 万元，同比增长18.51%，其中，邮务类累计完成 536.63 万元，同比增长 16.67%，代理金融业务累计完成 1448.15 万元，同比增长 19.95%。2012 年，完成邮政业务收入 2351.30 万元，较上年同期增长 12.28%，其中，邮务类收入完成 543.29 万元，代理金融收入完成 1654.75 万元，较上年同期增长 14.27%。

【龙泉青瓷个性化邮票】　2009 年 9 月 30 日，在阿联酋首都阿布扎比召开的联合国教科文组织保护非物质文化遗产政府间委员会第四次会议，从 111 项申报项目中，审议并批准列入“人类非物质文化遗产代表作名录”的 76 个项目，龙泉青瓷传统烧制技艺榜上有名，是全球第一，也是唯一入选的陶瓷类项目，这是龙泉青瓷史上的里程碑。龙泉市委、市政府高度重视和大力支持，市青瓷协会、市邮政局及时申报，中国邮政集团总公司邮票服务中心和省移动分公司批准，以徐朝兴、夏侯文、毛正聪、张绍斌四位国家级工艺美术大师和陈磁根、徐定昌等八位省级工艺美术大师的优秀作品为题材，由市邮政局精心设计、发行龙泉青瓷传统烧制技艺“申遗”成功个性化邮票一版十二枚，移动充值卡面值 50 元四枚。

【城区投递网运行升级】　2010 年 3月 22 日，龙泉市邮政局城区投递摩托化正式启动。为缓解邮递能力不足，按照投递网建设规划要求，龙泉局正式启动了城区投递摩托化工作。首期共投入资金 20 余万元，改造了投递作业现场，社区信报箱工程，购置投递车辆，对城区投递自行车进行了更换。同时，龙泉局对摩托车采取“统一车型、统一颜色、统一标识、统一配置”管理，进一步强化邮递员的服务意识和服务形象，更好地服务基层党政机关、服务老百姓。

【投递规范服务网络培训】　2011 年 7 月 19 日接到《关于开展全省邮政投递服务规范管理网络培训活动的通知》，龙泉市发投公司积极组织全体投递员在 7 月 22 日—8 月 10 日利用业余时间进行了网络注册及学习培训，同时发投公司负责人在现场作辅导。培训内容为：投递服务操作规范；投递基础管理；法规制度。参培率达到 100%。为检验学习效果，在学习培训阶段结束后，8 月 11—12 日，分批次组织全班组学员参加了网上考试，考试合格率达到 100%。

【乡镇安装首台自动取款机】　2008年 1 月 10 日，龙泉邮政局在安仁镇安装的 ATM 自动取款机正式对外营业，这是龙泉市乡镇首台 ATM 自动取款机，标志着龙泉邮政局加大“三农”投入，改善地方金融环境，方便广大群众，服务新农村建设上了一个新的台阶。安仁邮政储蓄所储蓄余额达 4000 多万元，业务品种丰富，除传统的存取款业务外，还开办了代发工资、代办保险、质押贷款、代理基金、储蓄卡、代缴电费等业务。

【村邮站建设推进会】　2012 年 6 月 29 日，龙泉市在查田竹舟村召开村级便民服务中心和村邮站建设现场推进会，龙泉市有关领导为查田镇14个村邮站进行了授牌仪式，并现场查看了便民服务中心与村邮站相结合的普遍服务公共网络，村邮员现场帮村民缴纳电费、办理购买汽车票等业务。（市邮政局）

电　信

【概况】 中国电信股份有限公司龙泉分公司作为龙泉主体电信企业和最大的基础网络运营商，拥有龙泉第一大固定电话网络和覆盖全市乡镇的天翼3G网络。2008—2012年，持续深化企业转型，积极转变发展方式，加大结构调整力度，不断强化精确管理，努力开创有效益规模发展的新局面，实现服务信息化的新突破。在追求企业价值增长的同时，认真履行企业社会责任，2008—2011年，连续被浙江省税务局评定为3A级纳税信用等级，认真履行电信普遍服务义务，主动为广大百姓提供“衣食住行用”等各方面的综合信息服务，加快农村信息化建设，投资建设完成覆盖全市乡镇的天翼3G网络，方便百姓享受信息新生活，积极为社会发展做出贡献。2008年10月1日，原中国联通CDMA的经营主体正式变更为中国电信，从此打开了龙泉分公司全业务经营的新局面。拥有133、153、189、180、181等服务号段，有天翼、天翼飞Young、天翼e家、天翼领航、天翼WIFI等服务品牌，发挥3G网络优势，抓住移动互联网的发展机遇，取得了较好的社会效益。

【龙泉青瓷电话卡发行】 2010年12月10日，龙泉青瓷电话卡在龙泉电信中心营业厅举行首发仪式。2010年是龙泉撤县设市20周年，为进一步弘扬和宣传龙泉青瓷文化，龙泉分公司经过精心准备，决定发行以八件龙泉青瓷优秀作品印制的“龙泉青瓷”个性化电话卡，作为龙泉青瓷文化传播新载体。此次发行的“龙泉青瓷”版电话卡以全新的视角向世人展现龙泉深厚的文化底蕴和龙泉青瓷这一艺术瑰宝的迷人魅力。

【助力政府应急系统建设】 2011年11月1日，龙泉分公司依托天翼3G助推信息化发展又取得重大突破。凭借号百产品“讯通”软件的定制版及全球眼E监控平台，定制开发了应急管理指挥系统，在安仁镇试点成功应用，并将作为龙泉市应急指挥中心核心软件平台。通过平台以短信群发的形式把突发事件通知到相关的领导和处理人员，并可以用平台的电话会议功能，召开临时电话会议，通过3G智能手机终端能实时了解、观察应急现场，供领导做现场布置、现场情况沟通和现场指挥调度。

【电信e监控平台在校园运用】 为打造“平安校园”，经过细致方案设计论证，2010年5月14日，龙泉分公司和龙泉市教育局签订全市校园监控系统建设合作意向书。第一期签约45所学校270个点。采用网络视频监控系统部署“平安校园”，有效地将人防、物防、技防全面结合，使学校的安全得到保障，给校园管理、安全防范带来了便利。

【平安城市视频监控】 2012年4月，龙泉分公司承建的全市社会治安动态视频监控项目顺利通过验收。此项目自2011年7月25日方案通过专家会审，历时8个月，初步形成了覆盖全市城区公共场所、交通要道、治安复杂区域的社会治安动态视频监控网络，在维护社会稳定、预防和打击犯罪、重大节庆活动安保、处置群体性事件等方面发挥重要作用。（中国电信龙泉分公司）

移　动

【概况】 2008—2012年，中国移动龙泉分公司各项指标实现了历史性的突破，至2011年底，公司运营收入破亿元大关，公司用户总数超过20万，拥有80%以上的移动通信市场占有率，为千家政企集团、中小企业、小微企业提供现代移动信息化服务。随着驻地网覆盖规模的扩大，龙泉移动宽带用户年度突破1万户大关，龙泉分公司宽带当地占有率25%。2012年龙泉移动用户日均用户通话份额同比提升了0.59个百分点，提升幅度全省第1位，移动用户市场份额在高位上实现高增长。2012年计费时长同比增长6.8%，增长幅度位居全区第3位；综合单价同比增长4.55%，MOU同比增长5.34%。中国移动铁通宽带用户达8000户，2008—2012年综合接入和个人宽带的发展，丰富了产品竞争力，从主城区不断向城郊接合部延伸，基本覆盖主城区和城郊部，并对主要乡镇100%有效覆盖。

【运营新模式】 优化渠道分类，调整星级和酬金制度。区分放号和终端渠道，实施差异化的授权和差异化管理，做好核心渠道的严格专营，建立了以合约为重心的酬金新模式。在城区主厅开展自有终端卖场建设，做到统一品牌、统一形象、统一促销、统一受理、统一机型、统一定价，建立一支素质好、能力强的卖场经营团队，突出核心卖场的市场辐射力和影响力。创新电子渠道服务，大力推进网厅进厅工作100%覆盖，全面缓解业务发展过程中人力资源的压力和业务办理便捷度，持续加大包括靓号资源在内的码号资源共享力度，提升了电子渠道放号能力。

【网络优化】 中国移动龙泉分公司在全网话务量快速增长的情况下，持续加强网络优化，网络服务能力不断增强，网络利用率得以提升。建设G15期工程基站36个，G16期工程基站22个，G17期工程基站52个，G18期工程基站29个，传输杆线建设501.727杆程公里，管道建设26.402管程公里。进一步深化运维集中化改革，加快网管信息化建设，加强网络基础管理，提高预防性维护能力，故障预防和处理能力不断增强，网络运行质量稳中有升。

【管理机制】 5年来，中国移动龙泉分公司不断优化管理机制，提升精细管理水平，管理效率得到提高。深入推进全面预算管理，按月进行财务分析，建立健全预算控制机制，预算管理水平不断提升。开展"以客户为中心"的流程再造，整合优化各类流程和规章制度50余项，进一步提高了企业运作效率。夯实工作责任，加大检查、考核、奖罚力度，加强，细化经营工作，完善各项激励措施，有效提高了经营收入；完善《财务管理制度》《车辆管理制度》《绩效管理制度》以及生产经营管理制度，以创新管理作为提高企业经营效益的重要保障，按照现代企业的管理机制，通过宣传，培养及制度建设，强化项目管理，注重企业文化建设及党风廉政建设，鼓舞员工士气，营造良好的企业氛围。 （市移动公司）

联　　通

【概况】 2008—2012年，龙泉联通始终以"用心服务"为宗旨，不断增强服务意识，提升服务水平，强化特色服务和差异化、个性化服务，通过内提服务人员素质、外聘社会监督员，开展"心系客户，倾情承诺"服务创优活动。

【网络规模扩大】 保质保量完成网络建设任务，网络规模迅速扩大，2008年，联通龙泉分公司投资规模近1200万元，新建GSM站点26个，增加3G（WCDMA）设备76套，新建室内分布基站12个，自建杆路8.6公里，铺设光缆58公里，新建合建管道5.8公里。2010年网通合并进入联通，联通正式开展互联网业务。

【精细化管理】 2008年，为提高人员管理精细化，提升员工素质和综合效率，分公司全体员工中实行了《岗位首问责任制》并相继出台《周、月员工培训制度》《员工考核制度》《集团人员考核制度》等一系列管理考核制度和办法，不断完善丽水公司下发的考核办法，并加强督促检查落实工作，开展各岗位的每月绩效考核，提高工作的目的性和工作效率。加强对员工的培训力度，提升业务知识掌握能力。开展营业员考核和不定期组织业务学习。通过实施竞聘上岗和双向选择，激发员工工作积极性，进一步优化员工干部队伍。

【服务能力提升】 在全体员工推广"四个用心"服务，用心学习，用心沟通，用心思考，用心工作。每月每周开展营业员服务之星评选活动，有效提升营业厅的形象和服务水平。通过科学的培训和考核计划，全面提升营业员、客户经理和电话经理的服务能力和工作热情，客户服务水平明显提升。 （市联通公司）

长途电信传输

【概况】 龙泉长途电信线务段成立于1963年，1996年6月4日改称为丽水地区长途电信传输分局，丽水地区建市后为丽水市长途电信传输局龙泉分局。龙泉传输分局是一支技术力量强、设备先进、监测设施齐全的专业化国防光缆维护队伍，现有员工6人（局长1人）、义务护线员18人，负责管理干线光缆和本地网光缆2200余公里，担负着党、政、军、民的重要通信任务。在全体职工的精心维护、用心管理下，分局连续17年没有发生全阻障碍。

【传输线路维护】 龙泉传输分局承担着维护国家一级直埋光缆87.535公里，一级架空光缆92.65公里，二级架空光缆91.26公里，C3直埋光缆127.26公里，C3架空光缆82.93公里，C4本地网光缆1439公里，C网线路光缆356公里，线路总长度2276公里，人均维护线路455公里。1998—2012年，为支持地方经济建设，累计共完成地方建设及高速公路、53、54省道建设引起迁改63处，共计迁改直埋、架空光缆106公里，始终以积极主动的态度，认真做好线路迁改工作，在确保国防光缆安全的前提下，最大限度地压缩迁改成本和工期，给建设单位最大的支持。抓好干线防障保畅和防障现场管理，加强对重点部位的巡查力度，切实做好"三盯"（盯紧、盯死、盯到底）"四防"（防火、防盗、防外力、防机械）工作；重视信息防障和防障动态管理，发挥义务护线员作用，建立联合护线协作机制。至2012年底，国家一干国防光缆5319天，二级架空光缆5470天，C3直埋光缆5315天，C3架空光缆5857天，达到无全阻障碍。 （市传输局）

城建 环保

综 述

【概况】 龙泉城市建设按照新型城市化发展的要求，着力改变过去“重城镇轻乡村、重产业轻环境”的不足，从龙泉市域城乡统筹和资源合理利用角度出发进行城乡空间的统筹布局，实现龙泉市域城乡协调以及城镇与环境的有机融合。2008年以来，城市规划建设工作严格按照“山水古城、剑瓷名城、旅游新城”的城市定位，突出中心城区、安仁、八都、查田“一心三点”东西线状分布的城镇化布局，以提升人口承载力、产业集聚力、生态引领力、文化影响力为核心，强化规划引领、项目带动、管理提升，做大做强中心城，积极培育中心镇，加快壮大城镇规模，完善城镇功能，提升城镇管理，为打造丽水最美县城和浙闽赣三省边际区域中心城市奠定坚实基础。通过“东拓、西进、南优、北扩”组团式开发，城市框架进一步拉大，空间布局得到合理优化，到2012年底，全市城镇化率达54.5%，建成区面积扩大至13.1平方公里，江南工业新城、西部人居新区、城东新区基本成型。

【城市规划】 按照“高起点、高要求、高标准”的原则，先后完成《龙泉市城市总体规划》和安仁镇、八都镇、查田镇三个中心镇的总体规划及控制性详规总体规划的编制工作。按照《浙江省县市域总体规划编制导则》要求，2009年6月把市域和市区规划整合形成《龙泉市市域总体规划》，该规划将区域主要功能定位为长三角重要的生态涵养区，浙闽赣边界特色生态产业基地，浙西南地区人文底蕴深厚的山水旅游区。规划构筑“一主三副、一带两区”的城镇发展空间结构和“四纵三横一绕”的主骨架公路网。同时，按照“生态立市、工业强市、旅游兴市”战略目标，将础石乡的季边、上坞村以及兰巨乡的炉田、蜜蜂岭村纳入中心城市范畴。

在市域总体规划指导下，编制完成《龙泉市土地利用总体规划》《龙泉城区道路专项规划》《龙泉城区供水专项规划》《龙泉市排水专项规划》《龙泉市燃气专项规划》《龙泉市电力设施专项规划》《龙泉市气象灾害防御规划》《龙泉市城乡垃圾集中处理设施建设专项规划》《龙泉市城区色彩研究规划》《龙泉市城北乡上田历史文化名村保护规划保护规划》等专业专项规划以及《龙泉市城市核心区控制性详细规划》《龙泉市城东核心区控制性详细规划及城市设计》《龙泉市工业园区控制性详细规划》《龙泉市粮食、农特产品物流园区控制性详细规划》等控制性详细规划，实现

城市建设美化　　市建设局　提供

市人民公园东北角　　郑本成 提供

了现有规划区范围内专业（专项）规划的基本覆盖，控制性详细规划覆盖率达90%，初步形成了分级合理、覆盖面广、科学性、前瞻性突出的规划体系，为城市规划管理提供了直接依据。

将剑瓷文化融入城市规划，加强对文化资源的规划、建设与保护。相继完成《2004—2020年历史文化名城保护规划》《龙渊公园规划》《龙泉溪两岸景观规划》《龙泉市青瓷文化创意基地规划》《龙泉市宝剑创意文化园规划》等地方特色开发保护及建设规划。通过规划，将具有剑瓷文化、山水特色的要素通过点、线、面的有机结合，建立城市历史文化特色认知体系和名城风貌认知体系，继承和发扬龙泉独特的地方文化传统，在城市建设过程中真正实现现代化城市发展和历史文化环境的融合，着力提升城市品位。

【城市生活】 2008—2012年，城市建设呈现东西并进的发展势头，“北居南工”格局基本形成，人口集聚带来了全市经济迅速发展以及城市规模的扩张，购物、餐饮、休闲、娱乐、文化、旅游、金融等城市功能集为一体，市民群众的生活变得更加便捷、丰富。庆龙阳光城、德光锦相苑、时代广场等中高档住宅小区竣工交付，新增商品房竣工面积36万平方米，城区人均住房面积达39.7平方米，城区居民的居住环境大幅提升。青瓷博物馆、文化馆、图书馆、大剧院、青少年宫等一批文化项目相继建成，成为群众享受文化幸福的好去处。夜幕降临，人民广场喷泉起舞，到这里散步、跳舞的人络绎不绝，“百姓大舞台”等具有地方特色的戏曲、舞蹈、小品等文艺演出也时常在这里举行。依托“一江两岸三山”生态优势，24.3公里绿道网等项目正加紧建设，部分休闲体育、游步道、亮化等设施已经得到提升，成为城市居民另一个锻炼休闲的好去处。同时，交通运输中心、人民医院等一大批公建项目拔地而起，现代商业广场、佳和铭都等大规模楼盘不断涌现，一批批企业落户工业园区，新型城市化和新型工业化“两化”融合发展，正悄然改变着群众城市生活的方方面面。

城市建设

【概况】 5年来，龙泉市以创建国家森林城市、省级卫生城市、省级园林城市等为载体，加大对市政道路改造、公园广场建设、环卫设施建设及城市景观改造的投入力度，城市面貌“一年一小变，三年一大变”，城市化进程不断加快，城市功能性项目加快建设投用，综合承载力不断提升。

【路网体系建设】 2008年以来，完成了后沙路、广济街、公园南路、江滨南路西段、东茶路等新建道路建设，以及中山路中段、剑池东路等路段的改造拓宽，后沙大桥建成通车，东大桥完成重建，城市道路总长度增至83.5公里，“一环三横四纵十联”路网体系得到优化提升，行车环境逐年改善。

【垃圾、污水处理】 2012年8月，总投资8800万的溪北污水处理厂（一期）BOT项目及其配套工程建成投入运行，新建污水输送管道4千米、收集管道4千米，改扩建加压泵站3座，日处理生活污水1.8万吨，服务人口10万人。城市污水处理厂数量达到2座。同年9月，高塘生活垃圾卫生填埋场改建工程全面开工建设。城区共有公厕30座、垃圾中转站24座、中转

中山东路　　市建设局 提供

池31个、垃圾桶数量达1600多只，垃圾日产日清，生活垃圾无害化处理率100%，城市污水处理率达到75%。

【人居环境改善】 5年来，以山水、文化为背景，大力实施"绿化、亮化、美化"工程，江滨沿岸及剑川大桥、留槎桥、东大桥、国际大酒店、江滨花园等景观亮化让城市夜景霓虹闪烁、流光溢彩，城市夜晚变得丰富多彩。通过"合力建绿、规模扩绿、科技兴绿、依法护绿"，成功创建省级园林城市，使龙泉市成为丽水首个成功创建省级园林城市的县级市，全面提升了城市绿地面积和园林品质，建成剑川大道、青瓷博物馆周边、宏阳（炉田）区块等面积较大的绿化项目，公园绿地面积达到143万平方米，人均公园绿地面积16.65平方米。人居环境不断优化，人与环境和谐发展，"山水古城、剑瓷名城、旅游新城"的城市特色更加突出。

【供水管网拓展】 为向市民提供更加优质的新水源，2009年，开工建设岩樟溪饮用水引水工程，2011年初完成岩樟溪管道和源水管道对接，完成设备调试后实现正常供水。为确保生活用水安全，启动了备用水源选址工作。同时，继续推动龙泉市城乡供水一体化工程建设，供水管网覆盖范围涉及龙泉城区3个街道（龙渊、西街、剑池）28个行政村，以及砧石、大沙、炉田3个工业区地块，广大农村群众用上了清洁卫生的自来水。

【保障房建设】 完成了《龙泉市"十二五"住房规划》，提出构筑以公共租赁住房为重点，廉租住房和经济适用房并举的住房保障体系。2011年开工建设江滨南路西段保障性住房项目，建设保障房5幢261套1.55万平方米，到2012年底已基本建成，保障人数可达800余人。2012年9月，选址南大洋地块开工建设第二轮保障性住房项目，新开工保障房7幢306套1.65万平方米。保障对象覆盖市区3个街道、11个社区的城区居民，通过租金补贴、实物配租等形式累计保障300户、603人。

村镇建设

【村镇规划】 2008年以来，村镇规划质量和水平有了明显提高，村镇总体规划和镇区建设规划工作取得了新进展。到2012年底，全市已完成2个省级中心镇（安仁镇、八都镇）、1个市级中心镇（查田镇）、1个历史文化名村保护规划（上田村）以及3个市级示范村、50多个旧村改造村、100多个整治村、50多个中心村和200多个规划保留村的规划编制工作。

【村镇建设】 随着农村135工程的有序推进，全市共完成33个中心村348个项目建设，创建生态文明村144个，占全市行政村的32.43%。深入实施"十村示范百村整治"和"五整治一提高"工程，完成环境整治村271个，巩固提升村45个，实施旧村改造53个，完成农村危房改造19110户，新（续）建成下山脱贫小区（点）52个。垃圾集中处理覆盖率达100%。此外，安仁镇和八都镇被浙江省政府命名为"省级中心镇"，查田镇被命名为"市级中心镇"，小梅镇被列入省级历史文化名镇，城北上田村、小梅大窑村、西街下樟村被列入省级历史文化名村，住龙镇水塔村被列入全省2012年度农房改造建设示范村试点之一。

八都镇新村村貌　　毛明库　提供

【村镇管理】 按照《中华人民共和国城乡规划法》及《浙江省城乡规划条例》的规定，对已做好规划编制的乡（镇）村庄，农民建房根据"先规划、后建房"的审批原则，严格按照规划要求进行审批，确保村镇规划得到有效实施。进一步建立长效机制，各职能部门和乡镇（街道）密切配合，严厉打击违法用地和违法建设行为，维护村镇建设合理、有序进行。2010年6月，成立了龙泉市建筑工匠协会，建立起建筑工匠自律机制，村镇建房在建筑技术、安全生产以及质量把关方面有了机构保证，提高建筑工程的质量和安全，对加快农村住房建设、旧村改造和危房改造等方面起到了积极作用，协会有会员300余人。

测　　绘

【概况】 龙泉市测绘与地理信息事业在2008年以来有了长足的进步，测绘管理体制逐步完善，测绘法规体系基本形成，测绘市场日趋规范，测绘统一监管和统筹协调能力提升，基础测绘计划体制财政给予保障，“数字龙泉”地理空间框架建设稳步开展，基础地理信息公共服务的能力和水平大幅度提升，测绘科技创新能力增强，测绘经济总量大幅度提高，综合实力日益增强。

【测绘与地理信息管理】 2008年8月，成立了龙泉市测绘学会，拓宽了测绘工作的科技交流平台，有学会会员46人，测绘人才队伍不断壮大，协会会员每年都有论文在《浙江测绘报》等专业报刊上发表。2011年12月，龙泉市测绘与地理信息局挂牌成立，进一步明确、强化了测绘管理工作职能，对全市测绘成果和资源实行统一化管理，测绘地理信息工作迈入了法制化、正规化轨道。

【基础测绘成果】 到2012年，全市基础测绘成果主要包括：大地测量成果、遥感影像成果、基本比例尺地形图、基础地理信息数据（数字化产品）等部分，并在逐年得到完善扩大。1. 大地测量成果。2009年，对全市47个国家一、二等三角点和水准点及GPS点永久性测量标志点进行了全面普查与维修，其中平面控制成果（一、二等三角点）14个，高程控制成果（一、二水准）23个，GPS成果（C级网点）10个。2. 遥感影像成果。在省测绘局牵头努力下，测绘完成了国家80坐标系的市域1:1万正射影像图和1:2000正射影像图。3. 基本比例尺地形图。龙泉市区内主要有省测绘局测制的1:10000比例尺地形图，以及龙泉市建设局在2003年对市区范围最后施测1:500大比例尺地形图。

城市管理

【环卫保洁】 龙泉市环境环卫管理处有清扫保洁人员216人，其中主街道保洁员72人，次街道保洁人员36人，里弄社区保洁员70人，城乡接合部保洁人员38人。城区主要干道实行18小时清扫保洁，次要街道实行12小时清扫保洁，社区里弄实行9小时清扫保洁，每日运送至垃圾场的垃圾达到100多吨。2012年，成功将17个城乡接合部行政村和回归工程工业园区纳入环卫“一把扫帚”范围，环卫保洁面积扩大至270万平方米，基本实现了城区保洁全覆盖。

认真落实“门前三包”责任制，每年都与临街商铺及单位签订门前三包责任书，有效规范了辖区内城市管理工作秩序，改善了市容卫生环境。2011年，环卫部门成立一支9人流动保洁队伍，采用普扫作业和流动保洁相结合的方式，切实达到对白色垃圾、烟头纸屑及其他小杂物的快速处置。同时，每年9月被确定为市容环境综合整治月，以拆违、治乱、清脏为主线，集中人力、物力、财力破解城市管理中出现的难点、热点问题，着力改善城区卫生环境面貌。

【行政执法】 为有效遏制市区内违法建筑蔓延的趋势，对新建、在建的违法建筑本着“露头就打”的原则，把违章行为消除在萌芽状态。2009年以来共拆除“两违”建筑467户（处），较好地维护了城市建设秩序。全力配合各项“创建”工作和重要节日活动，重点整治群众反映强烈的流动摊点、沿街店面占道经营、建筑垃圾清运不及时等热点问题，对店面招牌、户外广告、沿街两侧空调外机设置实现统一规范；全面清理城区乱张贴、乱堆放、乱倾倒等不良行为，重点整治建筑物料运输“抛漏洒”等违规行为。累计在城区主要街道纠正违章停车占道行为和整治城区苍松路、西街头、龙翔路北段、客运汽车站门口等流动摊占道经营25.6万人次，明显改善行人行车秩序。

【数字城管】 龙泉数字化城市管理系统2006年5月开始运行，2008年又完成了数字城管二级系统升级扩容，其“统一受理、综合协调、按责处置”运行模式不断得以完善，实现建成区4.29平方公里353个万米单元网格的高效监督巡查。充分发挥城管队员“活地图”功能，努力打造新华街、华楼街、中山路、公园路、贤良路、江滨路“二街四路”精品网格。整合城管服务热线“12319”、电力服务热线“95598”等特服号码，加大部门联动力度，加快问题协调处理，推动数字城管规范运转。数字城管系统升级以来，共查处城市“牛皮癣”30多万件，受理群众求助投诉587起，立案、派遣、查处市政公用设施等有效案卷2.2万件，解决率和结案率达99%以上。 （市建设局）

环境保护与生态市建设

【概况】 2008—2012年，龙泉市生态环保工作坚持以科学发展观为指导，以建设生态文明为统领，以污染减排为重点，以“811”环境保护新三年行动和“811”生态文明建设推进行动为抓手，积极组织实施系列生态创建工作，按照“走生态路、创生态业、建生态市”的基本思路，深入贯彻落实全市“生态立市、工业强市、旅游兴市”发展战略。

通过广泛开展环保宣传教育活动，环境保护和生态文明建设更加深入人心，社会公众生态环保意识进一步提升；生态建设全面开展，2010年4月，龙泉市被浙江省人民政府正式命名为浙江省级生态市，2012年，浙江省级环保模范城市创建正式启动，各项工作有序推进；环境管理和环境监察力度进一步加大，环境监测水平不断提升；生态环境质量始终名列全省前茅。

【生态环境质量】 据浙江省环境监测中心最新公布的《浙江省生态环境状况评价报告》显示，龙泉市的生态环境状况指数（EI值）高达98.5，连续第二年位列全省第一。5年来，龙泉市立足生态优势，实施“生态立市”发展战略，积极推进生态市建设。通过省级生态市创建活动及两轮“811”环境保护行动，生态环境质量得到了大力保护、改善和优化。据监测，龙泉市2012年城市环境空气质量达到国家二级标准以上优良天数为362天，优良率达98.9%。集中式饮用水源水质达标率100%，水功能区水质达标率100%，龙泉溪出境水质达到Ⅱ类水质标准。

【饮用水源保护】 2010年，龙泉市岩樟溪新水源引水工程完工，2010年6月，市人大常委会决议通过了《龙泉市岩樟溪地表水饮用水水源保护区划分技术报告》，水源保护工作启动实施。2010年，龙泉市以“创建合格饮用水源保护区”为抓手，积极开展岩樟溪饮用水源保护工作。编制了《龙泉市岩樟水库饮用水水源地环境保护规划》并组织实施，制定了《龙泉市饮用水水源保护区管理办法》、《龙泉市饮用水源突发污染事件应急预案》和《龙泉市创建岩樟溪合格饮用水地表水源保护区工作方案》。投入资金3200多万元，加大饮用水源保护区基础设施建设，市区饮用水源地水质自动监测站建成投入运行，配备饮用水自动监测集成系统一套、专业监测设备六台、动力环境监控设备一套、视频监控设备一套、通讯平台设备及中心控制软件一套。监测项目有温度、pH、电导率、浊度、溶解氧、氨氮、总磷、总氮、COD和藻类等十项参数，为实时监测全市饮用水源地水质提供了全面而有效的保障。大力开展保护区环境综合整治，完善长效管理机制。通过两年多的创建，市区集中式饮用水源地水质达标率达到100%。2012年12月24日，龙泉市岩樟溪合格饮用水水源保护区通过丽水市专家组考核验收。

龙泉南大洋水厂

【污染物减排】 2008年5月，市政府成立龙泉市减排工作领导小组，出台减排工作领导小组成员单位工作职责等相关文件，有效推进全市污染物减排工作。2008—2012年，龙泉市根据年度减排目标，制定计划将年度主要污染物减排任务分解落实到各个重点排污企业和相关职能部门，并签订目标责任书。通过各相关部门共同努力，连续5年圆满完成目标任务。2009年5月，龙泉市减排工程被浙江省人民政府授予“2008年度浙江省减排工作优秀工程”称号。2010年5月，龙泉市政府被丽水市政府授予“2009年度化学需氧量减排先进单位”称号。

【省级生态市创建】 2009年初，市委、市政府提出“创建省级生态市”的目标。按照“走生态路，创生态业，建生态市”的思路，立足龙泉山区市情，深入推进生态市建设，生态市建设取得了阶段性成效，促进了经济社会与生态环境协调发展，初步开创了“经济追赶全面加快、生态质量保持领先”的双赢局面。2010年4月12日，龙泉市被省政府命名为省级生态市。

以生态乡镇村等系列生态创建为抓手，进一步夯实了生态市建设基础，系列生态创建成效明显，全市“满目青山、放眼竹海、遍地茶园、优美人居”的生态格局基本形成。住龙镇、上垟镇、宝溪乡、岩樟乡创成国家级生态乡镇；累计创成省级生态乡镇15个、丽水市级生态村203个、龙泉市级生态村303个。2012年，宝溪乡荣获浙江省“我心目中最美生态乡镇”称号，宝溪乡溪头村被评为丽水“十大美丽生态村”。开展“绿色系列”创建，创成省级绿色学校12所、绿色社区6个、绿色家庭16家、绿色饭店3家、绿色企业2家、绿色矿山2座。

2011年，龙泉市全面启动省级环保模范城市创建，编制了《龙泉市创建浙江环保模范城市规划》并组织实施。2012年，市委、市政府将环保模范城市创建列入龙泉市“五城联创”重要内容，制定了《创建浙江省环保模范城市实施方案》。

【农村环境保护】　农村环境保护是环境保护工作的有机组成部分和重要内容，《龙泉市农村环境保护规划》于2010年6月1日批准实施。该规划对全市农村环境现状进行了全面调查，对农村环境保护工作成果进行了综合评价，对农村环境问题及原因进行了系统的剖析，在此基础上提出规划期间农村环境保护的目标，针对农村饮用水保护、农业污染防治、生活污染治理、自然生态保护及农村工业污染防治等方面制定了相应的对策措施，提出了龙泉市农村生态创建及环境保护工程实施计划。

2010年，组织申报并实施《瓯江上游龙泉段农村环境连片整治项目》。该项目共争取到中央专项资金1300万元，从2010年开始分三年组织实施，完成了60个村庄的农村环境连片整治建设任务。通过开展示范村饮用水源保护、农村生活污水、生活垃圾处理及畜禽养殖污染治理等工程，有效改善了示范区域农村环境面貌和周边水环境质量，并对同类型村庄连片整治起到示范工作。2010年，龙泉市农村环境连片整治项目通过省专家组验收并得到充分肯定，在全省名列优秀，并成为丽水市第一个在农村开展并推广太阳能微动力生活污水处理技术的县(市)。

【全国污染源普查工作】　2007年，开展了第一次全国污染源普查工作，历时两年半，全市共调查工业源1161家、生活源356家、集中式污染源2家及农业源799家，按时按要求圆满完成了龙泉市第一次全国污染源普查任务，得到了省、市普查办和局领导的肯定和好评。通过普查，摸清了龙泉市污染源的分布和主要污染物的排放情况，建立了各类重点污染源档案和污染源信息数据库，全面掌握了龙泉市污染源与环境的相关信息，为节能减排、科学制定经济社会和环境保护政策提供了坚实的依据。2010年，龙泉市环保局被授予“第一次全国污染源普查全国先进集体”称号；《龙泉市第一次全国污染源普查技术报告》荣获省第一次污染源普查优秀技术报告三等奖。

岩樟溪饮用水水源保护工程开工仪式　　郑本成　提供

【生态环境功能区规划】　2008年1月，市政府批准并颁布实施了《龙泉市生态环境功能区规划》。规划中市域禁止准入区和限制准入区分别占全市面积高达29.97%和65.93%。规划的实施有助于促进统筹生产力布局、重大基础设施和生态环境建设，提高区域的综合竞争力。《龙泉市生态功能区规划》为加强生态环境保护与建设，维护区域生态安全，促进社会经济可持续发展提供科学依据，是编制行业、部门规划和实施的重要依据。

【环保舆情管理制度】　市环保局确保“12369”环保热线24小时畅通，专人负责，响应及时，切实做到“有诉必接、有接必查、有查必应”。在2011年全面建立环保网络舆情管理制度，落实专人管理，针对网络信访投诉，第一时间进行查处，及时在网络上回复。

【环保执法专项行动】　根据各级政府和环保部门的要求，2008—2012年，平均每年开展6次专项行动。有效强化环境管理能力，加强污染控制力度，提升执法能力。5年间，共出动执法人员1837人次，检查企业713家次，有效整治违法排污企业，维护群众环境权益。

2010年4月21日，根据国务院九部委《关于深入开展重金属污染企业专项检查的通知》和丽水市《关于开展铅酸蓄电池企业后督察的通知》的要求。龙泉市环保局开展清理整治铅酸蓄电池行业专项行动，对本市2家达不到相关要求的铅酸蓄电池企业进行了关停。

根据污染防治相关法律法规及《浙江省重金属污染综合防治规划(2010—2015年)》、丽生态办〔2011〕46号《关于进一步加快推进电镀行业污染整治工作的通知》，龙泉市环保局开展清理整治电镀行业专项行动，根据相关法律法规对龙泉市6家不符合相关要求的电镀企业报请龙泉市人民政府依法关停。

2008—2012年，市环保局连续5年在高考期间与市公安局、教育局等相关部门联合开展“绿色护考”行动，严格控制或禁止工业企业、商业等噪音污染，确保考生有一个安静舒适的学习考试环境。（市环保局）

住房制度改革

【概况】 市房改办和住房公积金管理中心合署办公，实行“两块牌子、一套人马”的管理模式，2012年7月31日办公楼搬迁至中山东路132号(原烟草大楼)，2012年11月住房公积金管理中心人员参照公务员法管理。

【住房制度改革】 2008年，市房改办向市政府提交了《关于“龙泉市实施住房分配货币化方案”的报告》，2009年，市政府出台了《龙泉市住房分配货币化及住房补贴资金管理实施细则》(龙政办〔2009〕138号)，按照“分期、分批、轮候制”的方式，逐步实行住房分配货币化。截至2012年12月共发放离休干部住房补贴189人，金额326万元；发放退休人员住房补贴1665人，3095万元；发放1985年12月31日前参加工作的在职干部职工住房补贴1467人，2472万元；发放省管直属单位住房补贴334人，520万元。办理部分产权转换全部产权88户，面积4650平方米，金额65万元；办理房改房全部产权20户，金额26万元，面积1600平方米；审批房改房上市550户。

【住房公积金管理】 认真执行《住房公积金条例》，规范公积金管理，加强住房公积金条例的宣传，2012年开始，把住房公积金扩面工作列入全市年度目标责任举证考核，提高住房公积金归集、使用量，调整按揭贷款提取住房公积金的规定，借款人在按揭贷款期间可以每间隔3年提取一次住房公积金，提取额度不超过提取日前的实际还款额。同时完善并规范了住房公积金贷款业务，提高了贷款额度，双职工家庭个人住房公积金最高贷款额度调整为60万元，单职工家庭提高到40万元。

截至2012年12月，公积金缴存单位383家，缴存人数11694人，公积金余额突破4.6亿元，累计发放贷款5.84亿元，4225户人享受住房公积金贷款，贷款余额为2.6亿元。

加强住房公积金风险管理，确保资金安全和保值增值。到2012年底，实现住房公积金净增值收益3407万元，提取风险准备金达2798万元，住房发展资金393万元，风险准备金351万元。（市房改办）

国土资源

综　述

【机构设置】 龙泉市国土资源局是主管土地资源、矿产资源等自然资源的规划、管理、保护与合理利用的市政府组成部门。根据《龙泉市人民政府办公室关于印发龙泉市国土资源局主要职责内设机构和人员编制规定的通知》(龙政办发〔2012〕214号),市国土局设8个内设机构,分别是:办公室(挂人事科、财务审计科牌子)、监察室、政策法规科技教育科、土地规划耕地保护科、地籍管理科(挂行政许可科牌子)、土地利用管理科(挂调控监测科牌子)、矿产资源管理科、地质环境科;下属事业机构6个,分别是:龙泉市统一征地拆迁办公室、龙泉市国土勘测规划所(市国土资源信息中心)、龙泉市土地储备中心(市国土资产管理所)、龙泉市国土资源执法监察大队、龙泉市土地整理开发中心、龙泉市地质灾害应急中心;派出机构7个,分别是:龙泉市国土资源局龙渊管理所、龙泉市国土资源局西街管理所、龙泉市国土资源局剑池管理所、龙泉市国土资源局八都管理所、龙泉市国土资源局小梅管理所、龙泉市国土资源局安仁管理所、龙泉市国土资源局金沙新区管理所(工业园区国土分局)。

【主要职责】 保护与合理利用全市土地资源、矿产资源;规范全市国土资源管理秩序;优化配置全市国土资源;规范全市国土资源权属管理;承担全市耕地保护职责,确保规划确定的耕地保有量和基本农田面积不减少;全市土地利用数据的提供;承担全市节约集约利用土地资源的职责;规范全市国土资源市场秩序;承担全市矿产资源开发管理职责;承担矿产资源储量管理工作的职责;承担全市地质环境保护工作的职责;承担地质灾害预防和治理的职责;依法征收土地、矿产资源非税收入,规范、监督资金使用;推进国土资源科技和人才工作;承办市人民政府交办的其他事项。

国土资源状况

【土地资源】 龙泉市土地总面积304417.55公顷,2012年末各地类情况为:耕地面积24715.63公顷,占全市土地面积的8.12%。其中,水田19812.57公顷,占全市土地面积的6.51%;旱地4903.06公顷,占全市土地面积的1.61%。园地面积1560.93公顷,占全市土地总面积的0.51%。其中,果园945.93公顷,占全市土地面积的0.31%;茶园464.54公顷,占全市土地面积的0.15%;其他园地150.46公顷,占全市土地面积的0.05%。林地面积258674.74公顷,占全市土地总面积的84.97%。其中,有林地248696.69公顷,占全市土地面积的81.70%;灌木林地2147.40公顷,占全市土地面积的0.71%;其他林地7830.65公顷,占全市土地面积的2.57%。草地面积2898.61公顷,占全市土地总面积的0.95%。其中,其他草地2898.61公顷,占全市土地面积的0.95%。城镇村及工矿用地4400.39公顷,占全市土地总面积的1.45%。其中,城市762.31公顷,占全市土地面积的0.25%;建制镇273.75公顷,占全市土地面积的0.09%;村庄3222.21公顷,占全市土地面积的1.06%;采矿用地110.23公顷,占全市土地面积的0.04%;风景名胜及特殊用地31.89公顷,占全市土地面积的0.01%。交通运输用地2117.28公顷,占全市土地总面积的0.70%。其中,公路用地1331.34公顷,占全市土地面积的0.44%;农村道路785.94公顷,占全市土地面积的0.26%。水域及水利设施用地5310.42公顷,占全市土地总面积的1.74%。其中,河流水面3212.32公顷,占全市土地面积的1.06%;水库水面1773.00公顷,占全市土地面积的0.58%;坑塘水面90.64公顷,占全市土地面积的0.03%;内陆滩涂176.25公顷,占全市土地面积的0.06%;沟渠38.18公顷,占全市土地面积的0.01%;水工建筑20.03

公顷，占全市土地面积的 0.01%。其他土地 4739.55 公顷，占全市土地总面积的 1.56%。其中，设施农用地14.35 公顷；田坎 4544.31 公顷，占全市土地总面积的 1.49%；裸地 180.89，占全市土地总面积的 0.06%。

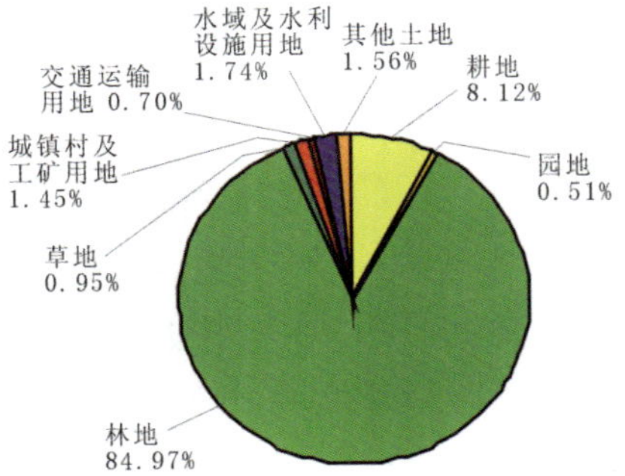

图 1 龙泉市土地利用一级地类构成图

【矿产资源】 龙泉市境内已探明地下矿藏有铅锌、金银、萤石、叶蜡石、石英、大理岩、瓷土等，截至 2012 年底保有资源储量，其中：铅锌储量 241 万吨，辖乌岙和南弄两个矿区，萤石储量 236 万吨，叶蜡石储量 138 万吨，石英储量 84 万吨，大理岩 60 万吨。已经开发的矿种有铅锌、金银、萤石、叶蜡石、石英、大理岩、瓷土等。截至 2012 年底，有各类矿山企业 19 家，从业人员 652 人，年采矿石量 89 万吨，工业总产值 9082.7 万元。其中浙江佳和矿业集团有限公司龙泉铅锌矿位于锦溪镇乌岙村，创办于 1966 年 9 月，矿区面积 0.5896 平方千米，开采矿种为铅锌矿，年设计生产规模 9.9 万吨，截至 2012 年底保有资源储量矿石量 78 万吨，铅金属量 18952 吨，锌金属量 23626 吨；龙泉市砩矿有限责任公司八都萤石矿位于八都镇八都四村，创办于 1973 年 7 月，矿区面积 0.7921 平方千米，开采矿种为萤石矿，年设计生产规模 12 万吨，截至 2011 年底保有资源储量矿石量 217 万吨，矿物量 98 万吨。龙泉市龙阳矿业有限公司大梅口水泥配料用黏土矿位于小梅镇大梅口村，创办于 2009 年 11 月，矿区面积 0.4967 平方千米，开采矿种为水泥配料粘土矿，年设计生产规模 20 万吨，截至 2012 年底保有资源储量矿石量 173 万吨。其他矿山企业规模较小。

建设用地管理

【土地利用总体规划修编】 新一轮土地利用总体规划修编工作通过前期准备、专题调研、大纲编审、方案编制、听证论证等工作环节，历时 7 年，于 2011 年 1 月 5 日经省人民政府批复，根据《龙泉市土地利用总体规划（2006—2020）》，全市新增建设控制指标 1244 公顷，规划允许建设区面积 3553.79 公顷（其中城区 1739.32 公顷），有条件建设区面积 3003.56 公顷（其中城区 1755.34 公顷）。

【土地征收】 2008—2012 年，共征收集体土地面积 17289.1 亩，其中水田 8865.79 亩，开发园地 2800.78 亩，林地 5036.85 亩，其他农用地 94.17 亩，建设用地 93.14 亩，未利用地 398.37 亩。为龙泉市后沙路、交通中心、江滨南路拆迁安置、青瓷城、看守所迁建项目、塆头地块综合开发等项目提供了用地保障。

【项目用地报批】 2008—2012 年，报国务院批准的单独选址项目面积 468.5296 公顷，其中农用地面积 460.7538 公顷，征收面积 462.3079 公顷；报省政府批准的单独选址项目面积 70.7391 公顷，其中农用地面积 61.2126 公顷，征收面积 59.8357 公顷；报省政府批准的批次用地面积 692.0615 公顷，其中农用地面积 6751702 公顷，征收面积 584.4232 公顷；报丽水市政府批准的批次用地面积 6.5617 公顷，其中农用地面积 6.5617 公顷；2008—2012 年共上报审批用地面积 1237.8919 公顷，其中农用地面积 1203.6983 公顷，征收面积 1106.5668 公顷。

【低丘缓坡综合开发利用试点】 2011 年 12 月，国土资源部复函同意《浙江省低丘缓坡综合开发利用试点工作方案》，并在丽水市、金华市和衢州市辖区范围内进行首批低丘缓坡未利用土地开发利用试点。根据相关文件的精神，同时结合《龙泉市土地利用总体规划（2006—2020 年）》《龙泉市低丘缓坡综合开发利用规划（2011—2020 年）》和《丽水生态产业集聚区发展规划》，最终确定位于市区 53 省道以南，龙泉溪以东，东至弯头地块西至松溪弄地块，总面积 2.34 平方公里范围为龙泉市低丘缓坡综合开发试点区块。从 2012 年 2 月开始，开展了项目区的《地质灾害危险性评估报告》《龙泉组团实施方案》《龙泉市土地利用总体规划实施评估报告》等上报审批前期工作。2012 年底，完成了中心城区 3 个街道土地利用总体规划修编工作，并组件上报农转用两个批次共 2681 亩。

耕地保护和土地开发整理

【标准农田上图入库】 龙泉市于 2008 年 3 月正式启动标准农田上图入库工作。通过前期准备、内业数据处理、数据库建设、成果质量检查等几个工作阶段，历时近 7 个月，建成了图、属性、实地状况三者一致的标准农田数据库，全市共建成标准农田面积10.44 万亩。

【基本农田保护】 为实现占补平衡目标，确保龙泉市基本农田保护面积不低于 29.06 万亩、耕地保有量达 29.36 万亩，市政府和各乡镇（街道）、各乡镇政府和各行政村签订了基本农田保护责任书461份，明确责任关系，做到层层落实。积极强化基本农田示范区建设，在实施基本农田示范区建设工作基础上，积极创新推行“十有八无”基本农田示范片（村）工作机制，确保实现全市基本农田总面积按规划要求数量不减少、质量不降低。根据上级有关文件精神，2011年龙泉市积极开展基本农田划区定界工作，历时一年，于2012年6月完成了基本农田划区定界工作，并进行了自验，7月通过丽水市初验，11月份基本农田划区定界成果及数据库通过省国土厅验收。本次龙泉市共划定基本农田保护片（区）10388块，面积19674.21公顷，共制作基本农田保护卡片64930余份。

【土地开发整理】 2008—2012年，全市共完成土地开发项目136个，土地开发总面积1436.7公顷，新增耕地面积1148.2公顷。通过土地开发项目的实施，提高了土地利用率和产出率，优化了土地利用结构，增加了有效耕地面积，实现了耕地占补平衡。

【建设用地复垦】 2008年，龙泉市按照省委省政府、丽水市委市政府及省国土厅的有关要求，启动了有史以来规模最大、涉及面最广的“百万”造地保障工程低丘缓坡开发项目，全市上下齐心协力，全力推进低丘缓坡开发造地工作，实施建设用地复垦项目213个，复垦总面积317.16公顷，新增耕地面积226.7公顷。

【土地开发问题整改】 2010年9月9日，新华网记者采写发表了“浙江龙泉‘农保田’上山事件调查”的报道。市委市政府领导对此高度重视，积极稳妥应对媒体报道，耐心接受国土资源部、上海督察局、国土资源厅三级检查组督查指导，主动整改项目工程质量问题。基于领导重视，稳妥应对，快速整改，龙泉市土地开发工作得到各级主管部门领导、专家的充分肯定和支持理解。进一步完善规范了土地开发项目管理办法、资金管理办法以及土地开发新增耕地耕种管理实施意见三大机制，并于2010年11月正式实施。安仁镇黄桶村大坪等三个区块土地开发项目被评为2010年度全省“十佳开发整理复垦”质量示范工程。

地籍管理

【土地登记】 2008—2012年，全市共计办理土地登记14825宗，颁发土地使用权证书14825本，登记土地面积10608.65亩；办理土地抵押登记507宗，抵押土地面积8057.28亩，抵押金额44.1042亿元。

【地籍管理规范化建设】 龙泉市地籍管理规范化达标建设工作于2008年10月28日通过由省国土资源厅组织有关专家组成的考核验收组考核验收，得到考核验收组专家的充分肯定，一致同意龙泉市地籍管理规范化建设通过达标。2011年，龙泉市根据《土地登记办法》规定的程序和分类对地籍管理信息系统进行了更新升级，对中心镇中心村开展了城镇数字地籍调查，已完成全市16个乡镇所在地及中心村35平方公里地形测量和14平方公里的数字地籍调查工作，并补充完善了2006年完成的中心城区19平方公里数字地籍调查成果。

【土地调查】 为贯彻落实国务院《关于开展第二次全国土地调查的通知》（国发〔2006〕38号）和浙江省人民政府《关于开展第二次全省土地调查的通知》（浙政发〔2007〕15号）文件精神，龙泉市第二次全国土地调查项目于2008年8月启动。项目由龙泉市国土资源局组织实施，外业调查由丽水市土地勘察规划院负责，内业建库处理委托杭州网新超图地理信息技术有限公司完成。项目通过前期准备、内业数据处理、外业调查、内业后处理、数据库建设、成果检查与完善等工作阶段，查清了全市土地利用现状和权属状况，更新了土地利用现状图形和属性数据，实现了图形数据、属性数据、实地状况三者一致的目标，最后建成了土地调查数据库及其管理信息系统。通过自检、专检和抽检，龙泉市第二次全国土地调查成果（农村部分）达到《第二次全国土地调查技术规程》的要求，并于2011年6月通过了省厅的验收。为准确掌握年度龙泉市土地利用变化情况，保持第二次全国土地调查成果现势性，依据《土地调查条例》及实施办法，在第二次调查工作基础上，采用卫星遥感等技术手段，2008—2012年，每年在龙泉市范围内开展年度土地变更调查与遥感监测工作，更新土地调查数据库。

矿产资源管理

【矿产资源规划编制】 根据计划要求，从2010年1月开始启动了新一轮矿产资源规划编制工作。经过启动、落实编制单位、专题研究、文本编写、征求意见、举行听证会、征求省厅专家指导组意见和丽水市局组织专家评审，完成了新一轮《龙泉市矿产资源规划（2011—2015年）》的编制工作，经省厅批复，市政府于2012年9月发文发布实施。

【矿产地调查】 为更好地贯彻落实国土资源部《关于进一步规范矿业权出让管理的通知》和《探矿权采矿权招拍挂牌管理办法》的精神，积极推进龙泉市探矿权有偿出让工作。从

2008年6月起，组织具备甲级资质的浙江省第七地质大队，对境内已进行过矿产勘查工作并获得可供进一步勘查的矿产地，以往采矿活动显示存在可进一步勘查的矿产地，虽达不到矿产地规模要求，但可供直接有偿出让探矿权的区块范围内开展矿产调查清理工作。经过地质资料收集、成矿条件下分析、综合研究、实地调查及专家审查，确定了宝溪乡塘上铅锌多金属、兰巨乡桐山铅锌多金属、屏南镇显溪源铅锌、锦溪镇半溪铅锌多金属、道太乡符畲银多金属和八都镇埠头萤石等6处可供探矿权有偿出让的矿产地，并编制了调查报告。为龙泉市组织实施本级行政区域内的探矿权有偿出让工作提供了依据。

【探矿权采矿权出让】 积极做好采矿权和探矿权有偿出让工作。2008—2012年，共出让新设采矿权和探矿权7宗，其中：采矿权4宗，探矿权3宗，共收取出让金1100.55万元，其中：采矿权出让金784.55万元，探矿权出让金316万元。

【绿色矿山创建】 从2009年1月开始，按照《浙江省绿色矿山建设管理办法（试行）》开展了绿色矿山创建工作，至2012年底，完成了龙泉市硃矿有限责任公司、浙江佳和矿业集团有限公司、龙泉市小梅萤石有限责任公司、龙泉市雨润萤石有限公司、龙泉市埠头莹石矿有限公司等5家创建省级绿色矿山的创建任务。2012年1月，龙泉市硃矿有限责任公司被国土资源部确定为国家级绿色矿山试点单位。

地质灾害防治

【概况】 龙泉市地处浙江省西南部山区，地质环境条件复杂，是浙江省地质灾害多发的地区之一。加之近年来人类工程活动增多，台风、暴雨等灾害性气候趋于频繁，突发性地质灾害的危险严重，对人民生命财产构成很大威胁，直接影响国民经济持续发展和社会安定。

截至2012年底，全市查明地质灾害（隐患）162处，其中滑坡（隐患）89处，崩塌（隐患）21处，地面塌陷2处，泥石流（隐患）沟谷50处；灾害点规模以小型为主，其中小型150处，中型9处，大型3处；危害程度一般级100处，较大级54处，重大级8处。“十一五”期间新增地质灾害点59处，其中滑坡18处，崩塌1处，泥石流40处（含36处小流域泥石流调查隐患沟谷），造成6人死亡，1人重伤，直接经济损失217.3万元。经过10年的排险治理和避让搬迁等防治工作，有88处灾害点已经稳定、消除了隐患或已无威胁对象，只作为历史灾害点，今后不再作为主要监管对象；本规划需防治地质灾害（隐患）点74处，其中A类点1处，B类点4处，C类点69处，分布涉及龙泉市所有乡镇、街道，共计威胁3310人生命及4030万元财产安全。

【特大暴雨地质灾害】 2010年5月22日、6月18日龙泉市遭遇50年一遇的特大暴雨洪灾，两次暴雨使龙泉市19个乡镇（街道）遭受不同程度损失，据不完全统计，此次受灾人口达30万人，造成6人死亡，1人重伤，全市共紧急转移人口1.65万人次，造成直接经济损失2.4602亿元。发生地质灾害险情257处，直接经济损失5365.8万元，滑坡105处，崩塌82处，泥石流19处，塌陷38处，地面沉降13处，房屋倒塌155间，房屋受损812间，安全转移人员3103人。

【地质灾害群测群防】 2010年，龙泉市荣获全国首批地质灾害群测群防“十有县”称号；2012年底，6个基层国土所全面通过了地质灾害防治“五到位”创建工作，进一步加强了龙泉市地质灾害群测群防能力，完善了市、乡（镇）、村三级群测群防体系建设，推进龙泉市地质灾害群测群防体系建设规范化、标准化，健全完善地质灾害防治机制体制，进一步提高地质灾害防治能力，最大限度降低地质灾害造成的损失，保障人民群众生命财产安全，促进全市经济社会持续健康发展。

【地质灾害防治规划】 经过2001—2010年的两个五年规划，龙泉市地质灾害防治工作取得了显著的成绩。“十二五”是龙泉市经济社会快速发展、全面建设小康社会的关键时期。城市化、工业化、城乡一体化进程迅速推进；水利、交通等基础设施，以及旅游、旧城改造、新农村建设、坡地开发利用、矿产开发等，对地质环境的影响和破坏加剧，人为工程引发地质灾害的可能性增大，地质灾害将呈多发趋势。因此，编制（2011—2015年）《龙泉市地质灾害防治规划》，对进一步加强地质灾害防治工作，防灾减灾，构建和谐经济生活的可持续发展具有重要意义。

土地交易市场

【土地收储】 2008—2012年，龙泉市土地储备中心按照《龙泉市土地储备办法》积极开展了土地收储工作，收储的土地有乡野矿泉水厂、原印刷厂、原瓷器二厂、朝兴青瓷苑、商讯科技有限公司、天和食品公司、小梅畜牧兽医站地块、八都区供销社宝溪分社地块、市原城郊林业站、市燃料有限责任公司、八都供销社和上垟青瓷小镇（森信公司）等共计28宗土地，收储总面积243.06亩。

【土地使用权公开出让】 自国土资源部第11号令《招标、拍卖、挂牌出让国有土地使用权规定》等相关法规实施以来，龙泉市严格执行国家《划拨用地目录》，除法律明确需要以划拨供地外，其余用地全部纳入有偿使用范围，土地使用权出让方式从单一的拍卖向招标、拍卖、挂牌等多种形式转变。2007年，龙泉市政府出台《关于龙泉市工业用地招标拍卖挂牌出让实施意见》，不断深化土地使用制度改革，不断加大国有建设用地招标拍卖挂牌力度，公开出让的土地从经营性用地向旅游用地、商务金融用地、工业用地、教育用地等各类用地发展。2008—2012年，全市共计出让国有建设用地316宗，面积271.24公顷，收取土地出让金14.64亿元，其中工业用地出让266宗，面积248.65公顷，收取土地出让金2.88亿元。

【土地使用权转让】 2008年以来，龙泉市土地使用权转让管理进一步加强，土地二级市场不断规范。从2008年到2012年共办理土地转让手续3434宗，面积260.41亩。其中：国有土地转让3326宗，面积245.26亩；集体土地转让108宗，面积15.15亩。

执法监察

【土地执法监察】 2008年以来，积极开展土地执法监察工作，为有效减少新的违法用地，及时组织执法巡查。2008—2012年间，共巡查6240多人次，发现制止违法用地行为2000多宗，涉及违法用地面积249000多平方米，有力地打击了违法用地行为。2012年市委市政府出台了《建立健全土地执法监管长效机制的若干意见》和《违法用地共同监管责任追究办法》，改变国土资源违法从“一家管、大家用”向“大家管、大家用”转变，建立健全了国土执法监管共同责任机制。同时，积极开展法律知识宣传教育和业务培训。邀请丽水市宣讲团对全市乡镇（街道）党政正职、分管副职以及国土局中层以上干部共90人、村干部933余人进行宣传教育培训。结合全国“土地日”和土地管理宣传月活动，在《今日龙泉》报刊开设“土地日”宣传专版，进行国土资源法律法规宣传，运用各乡镇街道的有关宣传活动时机，张贴标语和宣传画。2008年，精心筹划了名为“金土地”的文艺晚会，编排了群众喜闻乐见的节目，增加了国土资源小知识的互动竞猜，深入乡镇（街道）进行宣传演出，受到了各界群众的好评。

【卫片执法检查】 2009年是国土资源部实施卫星遥感、土地执法检查全面覆盖的第一年，也是《违反土地管理规定行为处分办法》实施问责的第一年。市委、市政府高度重视，全市各部门、乡镇街道齐心协力、积极主动地做好土地卫片执法检查每个阶段的工作，并取得了预期的成效。2009年度卫片执法检查涉及图斑71个，落实复耕面积165.9亩，查处违法用地案件27宗，处罚立案20宗，罚款84.71万元；2010年度卫片图斑地块599个，图斑总面积4852.8亩（其中耕地1829.1亩），涉及14个乡镇（街道）、工业园区及10多个部门；2011年度土地矿产卫片执法检查，卫片图斑366个，其中土地卫片图斑363个，矿产卫片图斑3个，图斑总面积3157.52亩。通过争取违法用地处罚补办、采取复耕复绿等措施，龙泉市2009年度、2010年度、2011年度的卫片执法检查工作顺利通过上级国土资源管理部门的验收，实现了零问题目标。

【土地例行督察】 2011年，丽水市首次接受国家土地督察上海局土地例行督察。3月26日，国家土地督察上海局进驻丽水，开展了历时15天的内业资料核查。4月11日，督察组到龙泉开展了为期两天的实地核实，对龙泉市48个违法用地、58个供地项目、10个土地开发项目等进行全面实地核实。4月27日，在丽水市土地例行督察情况反馈会上通报了龙泉市存在的问题。上海督察局通过督察向龙泉市提出了《国家土地督察改进工作建议书》（沪〔2011〕2号）和《国家土地督察例行督察意见书》（沪〔2011〕3号）。针对《国家土地督察改进工作建议书》中建议改进的3个方面3个问题和《国家土地督察例行督察意见书》中需整改的4个方面5个问题，逐一分析问题原因，落实整改措施。经过5个多月的积极整改，10月21日，通过了国家土地督察上海局组织的预验收。11月6日，通过了国家土地督察西安局的交叉验收。

【“两违”专项整治】 2011年8月24日，龙泉市人民政府“两违”专项整治办公室正式挂牌成立。借助2011年6月份“全省23个土地管理宣传月”，龙泉市大力开展土地法律法规大宣传，有效营造了良好氛围。共联合巡查达2140人次，联合拆除46宗违法建筑物和构筑物，涉案面积7170.64平方米。特别是结合卫片执法检查和土地例行督察，专门成立土地执法办案小组，重点对2006—2010年期间以来未批先用、未供即用违法用地建设项目主体调查处理，共完成案卷215宗，处罚金额达2131万元，其中上报省国土厅处罚确认、补办农转用审批4次84宗违法用地项目。 （市国土局）

旅　游

综　述

【概况】 2008—2012年，龙泉市按照打造长三角和海西区著名的生态旅游休闲度假基地的发展定位，充分发挥旅游资源优势，深入实施“生态立市、工业强市、旅游兴市”发展战略，围绕“生态、人文、休闲”主题，坚持“景区开发、品牌打造、服务优化”三位一体培育发展旅游业，全力推进旅游项目建设，加快旅游产品开发，提升旅游服务质量，优化旅游发展环境，打响“江浙之巅、剑瓷龙泉”旅游品牌，取得了较为显著的成效。

【机制体制】 2012年，在全市开展了“旅游推进年”活动，专门成立了生态休闲养生养老经济和旅游工作委员会，建立了市领导联系重点旅游项目制度和“1+1+6+X”旅游项目协调工作机制［即每个旅游项目有“1”个领衔领导、“1”个项目业主单位、“6”个固定成员单位——发改局、财政局、旅游局、建设局、国土局、环保局，“X”指项目涉及的其他职能部门和所在地乡镇(街道)］。市旅游投资发展有限公司办公场所和人员编制得以落实，公司总经理确定为副科级。

【产业规划和政策扶持】 2010年，完成《龙泉市旅游业发展“十二五”规划》和《龙泉市“农家乐”旅游发展规划》编制。2011年5月，市委、市政府专门出台了《关于加快旅游业发展的实施意见》，将全市每年安排的旅游发展专项资金从150万元提高到2000万元，分为旅游产品开发建设资金和旅游发展扶持资金两大块，其中用于旅游产品开发建设的资金比例不低于80%，主要用于旅游规划编制、产品保护开发、配套设施建设、重点旅游项目提升改造的奖励和补助及政府以旅游投资发展有限公司为主体直接投融资的项目建设。旅游发展扶持资金主要用于旅游总体形象宣传、旅游客源市场拓展、旅游行业管理、旅游人才建设、旅游信息化建设、旅游公共设施建设维护、一般性旅游产品开发及旅游企业提升等方面的政策性奖励或补助。

旅游管理

【标准化建设】 2008年，龙泉山景区成功创建国家AAAA级旅游区，龙泉青瓷宝剑苑成功创建AAA级旅游区和省工业旅游示范点，山水商务酒店和供销商务宾馆分别评定为二星级和一星级旅游饭店。2009年，龙泉山景区成功创建浙江省生态旅游示范区。2010年，南国花园酒店被评定为三星级旅游饭店和浙江省绿色饭店。2011年，白云岩景区成功创建丽水市2011年度平安景区，阳光旅行社被评定为浙江省三星级品质旅行社，大窑村成功创建浙江省特色旅游村。2012年，白云岩景区成功创建国家AAA级旅游区，凤羽山庄成功创建国家AA级旅游区，披云青瓷文化园成功创建浙江省工业旅游示范基地，凤羽山庄和披云青瓷山庄被评定为四星级农家乐经营点，李山头村成功创建浙江省特色旅游村。截至2012年底，全市共有国家等级旅游区6家，其中AAAA级1家，AAA级2家，AA级3家；旅游星级饭店11家，其中三星级4家，二星级5家，一星级2家。

【旅游饭店建设】 2008年，按五星级标准建设的龙泉国际大酒店完成装修并对外试营业，按三星级标准建设的南国花园酒店完成主体工程建设，香溢大酒店荣获浙江省优秀品质饭店称号。2009年9月，南国花园酒店开业。

【行业培训】 2008年5月，举办了村干部创业能力暨农家乐专题培训班，全市3个街道12个乡镇的农家乐经营户40余人参加培训。2012年3月，丽水市2011年度导游员年审第五期培训班在龙泉香溢大酒店举办，龙泉、云和、庆元三地百余名导游员参加培训，浙江省金牌导游诸鸣授课。2008年以来，在龙泉市举办大型会议和活动前期，对饭店从业人员、导游员进行了文明礼仪、VIP接待、讲解词讲解、实地踩线等有针对性的培训。

【技能比武】 2008年，丽水市饭店业服务技能大赛中，香溢大酒店夺得团体总分第一名和一个单项第一名。2011年，丽水市首届金牌导游大赛中，龙泉市3名选手进入20强，被授予“丽水市优秀导游”称号，2名选手进入前10名，荣获“丽水金牌导游”称号，其中1人夺得第一名。2012年，山水旅行社导游何丽红在“2012年浙江省导游大赛”中获得三等奖。

【特色饮食】 2011年和2012年两届青瓷宝剑节期间，举办了龙泉特色小吃一条街活动，分别评出了“龙泉十大特色小吃”和“龙泉十大最受欢迎特色小吃”。2012年评出的“龙泉十大最受欢迎特色小吃”分别为：西街街道推荐的松糕、住龙镇推荐的落汤糍、宝溪乡推荐的披云山白粿、岩樟乡推荐的柳山头麻糍、龙南乡推荐的现蒸粉皮、国际大酒店推荐的雪媚娘糕点、龙泉大酒店推荐的豆腐丸、香溢大酒店推荐的豆腐渣煎饼、将军假日酒店推荐的乡野乌米寿司团、龙源大酒店推荐的生粉蛋皮。2012年，组织开展“龙泉山珍”食材评选，被评为“荤八珍”的为：有机鱼头（安仁、道太库区）、野生节斑鱼（学名光唇鱼）、本地泥鳅（茶丰）、农家土鸡、跳麂肉（养殖）、深山石蛙（养殖）、农家猪脚（龙南）、瓯江军鱼（学名倒刺鲃）。被评为“素八珍”的为：龙泉竹笋（含春笋、冬笋、白笋、白皮心）、龙泉香菇（含段木花菇、高山夏菇）、龙泉黑木耳、苦槠冻（干）、珊瑚菌（老鼠爪）、高山土豆（饼）、苦益菜、野生魔芋（冻）。

【行业管理】 认真做好A级景区、星级饭店复评复核工作和旅行社年检和导游员IC卡年检工作，2012年，取消龙泉山城宾馆和莱茵宾馆星级资格。加强旅游行业行风和诚信机制建设，加强联合执法，进一步规范企业服务管理，强化质量意识、品牌意识，规范旅游市场秩序，及时受理和妥当处置投诉案件，提高公众对旅游的满意度，树立旅游行业良好形象。全面落实安全生产责任制，加强旅游安全工作的组织领导，健全旅游安全管理网络，制定落实《龙泉市旅游安全工作要点》《龙泉市旅游行业安全生产管理目标责任书》和《考核办法》，与旅游企业签订安全生产责任书，实行细化考核，积极开展平安景区创建，实施旅行社安全生产分类管理工作。深化安全生产隐患排查治理，认真排查旅游安全隐患和突发公共事件风险隐患，认真组织开展消防安全演练、安全生产月等系列旅游安全专项行动，落实安全措施，确保旅游安全。

2011年11月，在中国龙泉青瓷·龙泉宝剑节期间，举办龙泉首届特色小吃美食节
毛明库　提供

旅游市场

【旅游接待和收入】 2008年，共接待旅游者93.2万人次，实现旅游总收入4.32亿元，同比增长45.8%和50.5%。其中，接待国内旅游者93.05万人次，实现国内旅游收入4.09亿元，同比分别增长45.8%和52.6%；接待入境旅游者1608人次，实现国际旅游收入333.85万美元，同比分别增长29.99%和36.33%。

2009年，共接待旅游者103.07万人次，实现旅游总收入4.8亿元，同比增长10.6%和11.2%。其中，接待国内旅游者102.9万人次，实现国内旅游收入4.55亿元，分别比2008年增长10.6%和11.2%；接待入境旅游者1722人次，实现国际旅游收入370.16万美元，分别比2008年增长7.09%和10.88%。

2010年，共接待国内外游客123.9万人次，同比增长20.2%；实现旅游收入5.83亿元，同比增长21.4%。其中接待国内游客123.7万人次，同比增长20.2%，实现国内旅游收入5.54

乡村漫游文化活动　　郑成本　提供

亿元，同比增长21.8%；接待入境游客1986人次，同比增长16.5%，实现国际旅游收入425.8万美元，同比增长15%。

2011年，共接待游客162.39万人次，实现旅游总收入7.85亿元，同比分别增长31.06%和34.72%。其中，接待国内游客162.16万人次，实现国内旅游收入7.53亿元，同比分别增长31.09%和35.92%；接待入境旅游者2306人次，实现旅游外汇收入500.6万美元，同比分别增长16.05%和17.58%。

2012年，共接待国内外游客达229.68万人次，实现旅游总收入11.46亿元，同比分别增长41.4%和45.9%。其中，接待国内旅游者229.37万人次，实现国内旅游收入11.06亿元，同比分别增长41.4%和46.8%；接待入境旅游者3052人次，实现旅游外汇收入634.86万美元，同比分别增长35.6%和36.7%。

【黄金周旅游】 2008年春节黄金周，龙泉市共接待游客55332人次，实现旅游收入2434.6万元，同比分别增长172.6%和184.8%。旅游饭店平均出租率为87%，乡村旅游接待11800人次。2月3—7日，因受冰冻天气影响，龙泉山景区和白云岩景区暂停对外开放。2008年国庆黄金周，龙泉市共接待游客99035人次，实现旅游收入4357.5万元人民币，分别比上年同期增长50.2%和57.3%。全市景区(点)共接待游客93757人次，接待游客最多的龙泉山景区，共接待游客35762人次。全市3家旅行社共接团67个1049人次，共组团6个135人次。全市星级饭店平均出租率为75.1%。

2009年春节黄金周，受经济危机和天气因素影响，游客接待量增幅趋缓，共接待游客56900人次，实现旅游收入2520.6万元，分别比上年同期增长2.9%和3.5%。旅游饭店平均出租率为85.2%，旅行社接团10个206人次，同比增长11.1%和110.2%。2009年“十一”黄金周，龙泉市共接待游客11.83万人次，实现旅游收入5212.8万元，同比分别增长4.5%和4.7%。龙泉山景区、白云岩景区分别接待5785人次和1410人次。全市6家旅行社共接团97个1623人次，组团12个258人次。旅游星级饭店平均出租率为60.1%。

2010年春节黄金周，龙泉市共接待游客5.83万人次，实现旅游收入2594.3万元，分别比上年同期增长2.5%和2.9%。全市旅行社共接团4个51人次，组团5个122人次。全市星级饭店平均出租率达到了76.7%。2010年国庆黄金周，龙泉市共接待游客13.5万人次，实现旅游收入6075.1万元人民币，分别比上年同期增长30.4%和33.2%。全市旅行社共接团53个895人次，组团23个656人次。全市星级饭店平均出租率达到了59.7%。

2011年春节黄金周，龙泉市共接待游客7.22万人次，实现旅游收入3349.5万元，分别比上年同期增长23.8%和29.1%。全市旅行社共接团1个15人次。全市星级饭店平均出租率为68.2%。2011年国庆黄金周，龙泉市共接待游客17.46万人次，实现旅游收入8118.9万元，分别比上年同期增长29.33%和33.64%。全市旅行社共接团9个78人次，组团16个773人次。全市星级饭店平均出租率为53.33%。

2012年春节黄金周，龙泉市共接待游客8.16万人次，实现旅游收入3793.75万元，分别比上年同期增长13%和13.26%。全市旅行社共接团2个50人次，组团3个56人次。全市星级饭店平均出租率为73%。2012年中秋、国庆假日期间，龙泉市共接待游客28.08万人次，实现旅游收入13546.85万元人民币，同比分别增长40.72%和46%。全市景区(点)共接待游客12.82万人次。其中龙泉山景区、白云岩景区分别接待3.44万人次和4683人次。全市4家旅行社接团126个2389人次，同比增长13倍、29.6倍；共组团48个1034人次，同比增长200%和33.8%。全市旅游星级饭店累计平均出租率为77%，比上年提高21.67个百分点。

【会展活动】 2008年，组织参加了4月份于河南郑州举办的全国旅游交易会和10月份在嘉兴举行的全省旅游交易会。

2009年，组织参加了在义乌举行的中国国际旅游商品博览会，徐朝兴、毛正聪、陈阿金等大师的作品在博览会上展出。组织参加了全国旅游交易会和全省旅游交易会。赴杭州参加了生态旅游进社区活动，参加了“全国百城旅游宣传周”丽水—温州大型互动旅游推介活动，赴日本、韩国开展了旅游宣传和交流活动。加强台州、嘉兴旅游市场的开拓，到台州、嘉兴进行宣传促销，邀请嘉兴、台州两地各40余家旅行社到龙泉踩线。积极参与丽水市旅游局组织的丽水旅游惠民卡发放活动，龙泉市共发放2万张。

2010年，组织参加了5月底在上海光大会展中心举行的浙江省（上海）旅游交易会暨世博主题展，利用上海世博大平台，充分展示龙泉旅游风采。在6月9日至15日在台湾举行的浙台旅游合作大会上，丽水展区的展示陈列品均使用龙泉青瓷，在台北专门安排一辆公交巴士车身广告给龙泉市开展为期一个月的旅游形象宣传，中国工艺美术大师徐朝兴于6月10日在台北进行了龙泉青瓷制瓷技艺现场展示。6月，组织龙泉市青瓷、宝剑、太阳伞、竹木制品企业，参加由国家旅游局、浙江省人民政府主办的2010中国国际旅游商品博览会，其中选送的国家级、省级大师的12件青瓷、宝剑精品在浙江主题馆展出。

2011年，组织参加了浙江省旅游交易会、国内旅游交易会、国际旅游交易会、上海国际茶文化旅游节、丽水旅游(上海)推介会和中国国际旅游商品博览会等宣传促销活动。

2012年，组织参加了丽水旅游（北京）推介会、浙江省旅游交易会、国内旅游交易会、中国旅游新媒体营销大会暨第五届中国（温州）网络旅游节等会展推介活动。精心选送36件青瓷大师作品参加第四届中国国际旅游商品博览会“龙泉青瓷馆”展览，市风景旅游局获得“第四届中国国际旅游商品博览会特别荣誉奖”。

【节庆活动】 2008年第三届中国龙泉青瓷·龙泉宝剑节期间，旅游部门组织开展了龙泉宝剑传统锻造技艺展示和“百名旅游人游龙泉”旅游考察推介活动，邀请到省内及福建、江西等地相关市县的旅游主管部门、旅行社老总和新闻界、登山界近百名嘉宾参加了考察推介活动。2012年在第七届中国龙泉青瓷·龙泉宝剑文化旅游节暨绿色中国行走进龙泉活动期间，举办了旅游推介会、“舌尖上的龙泉”特色小吃一条街、“龙泉山珍”评选等多项活动，充分展示了龙泉得天独厚的旅游资源和丰富多样的特色美食，增添了节庆氛围。

2011年首届昴山旅游文化节

【媒体宣传】 2008年，邀请中央电视台第2套节目拍摄了两期“龙泉菜”专题片，于6月中下旬在黄金时段播出。2009年，借龙泉青瓷传统制作技艺入选“人类非遗”契机，在《华东旅游报》上开展了四个版面的以龙泉青瓷文化为主题的旅游宣传。2009年，与华东旅游报进行了深入合作，组织了苏南媒体龙泉采风活动，在华东旅游报上开展了两次多版面的大规模宣传。在温州电视台气象广告，上海《环球时报》《青年报》《生活周刊》和《浙江红色之旅》等媒体上进行宣传。2010年，分别在上海的《环球时报》《青年报》《生活周刊》《上海商报》等媒体和《中国经济圈商旅地图之长江三角洲地区》进行了形象宣传。2011年，参与丽水旅游形象片拍摄及宣传，剑瓷龙泉旅游形象广告于当年8月起在中央电视台投放。2012年，邀请央视财经频道摄制组来到龙泉，对龙泉的山水风光、宝剑青瓷文化和饮食文化进行专题拍摄，时长40分钟的第一集专题片《悠悠古城·碧玉青瓷》于12月25日在中央电视台财经频道《消费主张》栏目播出。邀请浙江电视台海外中心栏目拍摄制作《美食天下——龙泉篇》，民生休闲栏目拍摄制作《品瓷论剑•醉在龙泉山水间》龙泉旅游宣传专题片并于12月22日播出。

【品牌营销】 2008年，龙泉市荣获“中国生态旅游最具魅力城市”称号，龙泉市旅游线路入选浙江自驾车联合组织和浙江自驾在线组织的夏季“节假日”自驾游特色线路，龙泉山旅游度假区入选“浙江首批奥运旅游重点接待景区单位”。2009年，认真组织参与“五个在丽水”系列评选活动，龙泉大酒店、龙泉山旅游度假区分别荣获“丽水十大绿色餐饮”“丽水十大旅游景点”荣誉称号。2010年，评出了龙泉城区“十大美景”，分别为：世遗瓷韵、剑池雨霁、浙大遗风、双水留槎、华严棋盘、绍翁故里、九姑信步、田园茶坦、石马望月、三春留情。2011年，组织参与“丽水十佳旅游品牌”评选，披云青瓷文化园、龙泉大酒店、龙泉香溢大酒店、龙泉山水旅行社、龙泉市阳光旅行社、龙泉市白天鹅山庄、“披云”天然水榜上有名，分别荣获“丽水十佳旅游景区”“丽水十佳旅游饭店”“丽水十佳旅行社”“丽水十佳特色农家乐”和“丽水十佳旅游商品（名优特产）”荣誉称号。2012年，市风景旅游局联合佳和集团、温州冬泳协会举办了“佳和杯”浙江省冬泳爱好者在安仁库区万米长游活动，引入中国（温州）鞋都鞋革城首届旅游节到龙泉举办活动；以“中国知名作家进丽水”活动为契机，精心组织、接待了以《人民文学》杂志主编、著名文学评论家施占军带领的10名中国知名作家团到龙泉采风活动。

【区域合作】 2009年，与武夷山、乐清、临海、广丰、江山、玉山、浦城、遂昌等县（市）达成区域旅游合作框架协议。加强与缙云的交流与合作，打造仙都——龙泉山旅游线路，进行了双向宣传交流，组织客源互送活动，形成共赢格局。

【市场拓展】 2008年，7月初和9月下旬分别在上海和衢州举行了龙泉旅游推介会。2009年，到台州、嘉兴两地进行了宣传促销，邀请嘉兴、台州两地各40余家旅行社到龙泉踩线。2011年，组织了第二届世界休闲博览会“龙泉剑瓷生态文化休闲体验游”活动，推出了江浙之巅生态休闲三日游、青瓷宝剑千年技艺休闲体验三日游、林海农家原生态养生二日游等三条特色旅游线路。2012年，在第七届中国龙泉青瓷•龙泉宝剑文化旅游节期间，邀请了35家旅行社负责人和8家旅游媒体记者，举办了龙泉旅游推介会。

【旅游商品】 2009年10月，举办了龙泉文化旅游纪念品创新赛，从60余件作品中，评选出了3个金奖、5个银奖、8个铜奖。通过举办大赛，进一步提升了旅游商品的开发、创作能力，塑造了龙泉旅游商品的新形象和新品牌，充分展示了龙泉旅游商品的独特魅力。在每届青瓷宝剑节期间，由工商、旅游等部门牵头组织开展龙泉特色旅游商品一条街活动。

旅游资源开发

【项目规划】 2011年，完成《龙泉市西部旅游发展规划》《龙泉中华青瓷之旅总体规划》《龙泉市城郊旅游发展规划》《兰巨乡龙泉山通景公路沿线旅游开发规划》《中国青瓷小镇旅游开发总体规划》《披云山景区旅游开发总体规划》《昴山佛教文化旅游区开发总体规划》《石马大峡谷景区旅游开发总体规划》和《兰巨大赛湖旅游带（漂流）项目总体规划》编制。2012年，完成《凤阳山国家级自然保护区总体规划（2011—2020）》和《凤阳山国家级自然保护区（凤阳山部分）生态旅游规划（2013—2020）》总体规划编制并获国家林业局批复。

【旅游招商】 加强项目谋划，完善项目前期，拓宽招商渠道，积极开展旅游项目招商。2008年，引进浙江绿客水务旅游投资发展公司进行白云岩景区深度开发。2011年，引进浙江商源集团投资1.2亿元参与上垟青瓷小镇项目开发建设，兰巨龙祥观项目完成正式签约。2012年，总投资额10亿元的昴山佛教文化旅游区、总投资额5亿元的石马垄大峡谷生态休闲度假区、总投资5000万元的大赛湖漂流项目正式签约，住龙生态休闲养生项目签订投资协议，瓯江源•龙泉溪养生度假旅游区项目签订投资意向协议。

【景区开发】 2008年5月，白云岩景区深度开发项目开工建设，2009年10月1日对外开放。2009年，留槎洲景区投入600余万元进行了游泳馆、亲水平台、防洪堤建设和环岛绿化。2012年，在“旅游推进年”活动的推动下，旅游项目建设进度明显加快。因通景公路建设于2010年底暂停开放的龙泉山景区完成了景区一期接待设施维修，于4月28日恢复对外开放营业，并顺利通过了国家AAAA景区的复核。披云山（一期）项目被列入省服务业涉旅重点项目和省旅游局重点关注和协调项目，于12月5日正式动工建设。中国青瓷小镇核心景区——披云龙泉青瓷文化园完成青瓷文化广场、披云农庄果园、游客集散中心、青瓷寻踪大舞台和披云农庄

2012 年 3 月 31 日，龙泉市乡村漫游启动仪式在小梅镇黄南村举行

道路建设，新增客房 30 间，国际陶艺村开工建设并完成三幢建设。青瓷文化创意基地一期园区智能化系统全部完工，大师园 12 个区块已全部结顶，其中 2 户对外开放。留槎洲景区聚宝坊项目完成基础工程建设，东大桥码头游客服务中心综合楼和政府配套建设于 12 月下旬动工建设。华严公园项目（崇仁寺宗教旅游区）完成华严三圣殿、斋堂装修、居士楼护坡和文化长廊工程。

【乡村旅游开发】 2010 年，启动金村、车盘坑和溪西村乡村旅游点建设，宝溪乡青井村被命名为浙江省旅游特色村。2011 年，大窑村创建省旅游特色村。2012 年，官浦垟村村口主题公园动工建设，披云青瓷山庄、凤羽山庄被评为四星级农家乐经营点，李山头村创建省旅游特色村，茶坦人家、听雨宅休闲山庄等 10 家农家乐经营户创建省特色经营户。

【通景公路建设】 2008 年，大窑景区通景公路和昴山通景公路开工建设，分别于 2008 年底和 2011 年 1 月建成通车。2009 年 7 月，白云岩景区通景公路开工建设，2011 年 11 月建成通车。2009 年 4 月，龙泉山景区通景公路（大赛至官浦垟段）改建工程动工建设，于 2011 年 9 月底完成主体工程建设。2011 年 11 月，披云山景区通景公路开工建设。2012 年 7 月，龙泉山乌狮窟景区通景公路动工建设。

（市旅游局）

财政　税务

财　政

【概况】 2008—2012年，龙泉市财政局面对严峻的财税经济形势，认真贯彻落实浙江省财政地税工作会议精神，围绕市委、市政府“发展绿色经济、提升幸福指数”的主题，强化收入管理，优化收支结构，深化监督管理，加强队伍建设，实现了财税经济健康稳定运行。全市实现财政总收入27.69亿元，地方财政收入16.90亿元，全市累计实现财政总支出61.35亿元，为龙泉市的经济平稳发展做出了贡献。财政工作中还存在一些值得注意的问题，主要有经济总量偏小，主导产业偏弱，龙头企业偏小，发展方式依然粗放，调控政策不放松使房地产业存在较多不确定性，对财政增收贡献降低，以及各项减税政策的落实，“营改增”试点的推进，都将对地方财政收入的增收造成压力。

【优化政府财力】 按照精细化、科学化管理的要求，在依法治税理财、规范财税管理的前提下，坚持“均衡入库、持续增长、优化结构、调控有力”组织收入目标，努力优化财政收入结构，促进地方可用财力的稳定增长。在加强税收收入的同时，加强社会保险费和非税收入的征管。一是加强社会保险费“五费合征”改革，强化社保费征缴力度，逐步提高非税收入的比重，2008—2012年，累计实现社会保险费收入88139万元。二是抓好农业两税征管，推进同国土、房管等部门的协作与配合，2008—2012年，累计组织耕地占用税收入1062万元、契税收入8566万元。完善政府性基金和非税收入的征管监控，充分挖掘政府公共资源潜力，不断增强地方政府调控能力。

2008—2012年龙泉市财政收支情况

表17　　单位：万元

年度	财政总收入		地方财政收入		财政总支出	
	总额	增长	总额	增长	总额	增长
2008	41657	15.18	24785	13.37	76619	23.85
2009	40726	-2.23	24870	0.34	98850	29.01
2010	51581	26.65	32067	28.94	146058	47.76
2011	67147	30.18	40855	27.41	140706	-3.66
2012	75780	12.86	46409	13.59	151276	7.51

【服务经济发展】 一是支持“三农”的发展，2008—2012年，累计用于“三农”支出10.85亿元。大力支持现代化农业发展，重点扶持毛竹、茶叶、蔬菜、食用菌等农业主导产业发展。筹措资金1.85亿元支持村庄整治、农村危旧房改造和中心村建设，扎实推进新农村建设。制定出台《龙泉市种粮农民粮食综合直补资金发放管理办法》，惠及农户54607户，受益人数达16.46万人。家电和汽车下乡累计补贴资金3189.6万元。二是支持工业经济发展，贯彻落实市委、市政府关于加快工业转型升级各项文件精神，拨付兑现财政扶持企业资金10249万元。累计为企业减免养老保险费、城镇土地使用税和水利建设资金等各项税费6561.05万元，引导企业进行技术研发和技术改造。

【保障重点支出】 按照统筹发展和公共财政的要求，坚持“保障重点、压缩一般”的原则，通过加强财政管理，对财政资金进行统筹安排和优化整合，严格控制招待费、车辆运行费、出国考察经费、会议费等一般性支出，集中财力物力加大对教育、社会保障、卫生、文化、环境保护等民生工程的保障力度。一是坚持教育优先发展，重视义务教育经费保障机制改革，做好“校安工程”“领雁工程”的建设。2008—2012年，累计实现教育事业支出11.98亿元，主要用于义务教育教师绩效工资改革和义务教育免收学杂费政策的落实。二是支持社会保障事业的发展，努力做好社会养老保险工作。2008—2012年累计实现社会保障支出4.06亿元，完善城镇职工和城镇居民医疗保险制度；加强社会救助、社会福利和优抚安置及残疾人工作，累计发放低保金8490万元。完善社会保障体系的建设，制定《龙泉市城乡居民社会养老保险实施细则》以及资金兑现管理等办法，全面实施城乡居民养老保险制度，累计兑现发放资金13248.4万元。三是加大对卫生事业的投入，提高新型农村合作医疗保障水平。参与制定出台《龙泉市深化医疗卫生体制改革实施意见》，加快城乡社区卫生服务体系建设，提高城乡居民卫生和基本医疗服务的便利性和公平性。四是支持文化事业发展。全面开展乡镇综合文化站建设，加强农村文化建设，逐步建立覆盖城乡的公共文化服务体系；积极支持文化体制改革，大力发展文化事业和文化产业。积极筹措安排资金，支持"非物质文化遗产"的申报和推进人民公园、青少年宫、青瓷博物馆及青瓷创意基地等建设。五是支持生态环境保护工作。2008—2012年，累计实现生态环保支出16401万元，重点支持城乡垃圾、污水处理及生态环境保护、农村环境综合整治等方面的工作。

【财政管理改革】 一是出台了《龙泉市乡镇（街道）财政政策管理办法》，实行"核定基数，综合考评，分类奖励"的财政政策，一次性化解19个乡镇（街道）2008年前银行贷款债务，调动发展经济的积极性。在原"乡财县管"的基础上，恢复乡镇财政所进行管理，成立乡镇财政管理科，对乡镇的财政实施有效地监督和管理。二是加强政府性投资项目的管理。全面推行政府性投资项目收支预算管理，根据《龙泉市政府性投资项目资金管理暂行办法》，实现指标控制和项目资金内部调剂，提高了项目间歇资金的使用效率。同时对重点工程的政府性投资项目开展绩效评价工作，通过单位自评和重点委托人大、政协、审计等单位进行评价等方式，提高了财政资金的使用效率。三是扎实推进政府采购制度的改革，深化政府采购管理改革，扩大协议供货采购范围，及时调整政府采购目录，全面编制政府采购预算。探索政府采购的信息化应用，政府采购信息及时通过政府采购网等媒体公开发布，增强政府采购工作的透明度。2008—2012年，累计组织政府采购3897次，预算总价44313万元，节约资金9006万元，资金平均节约率20.32%。四是积极开展绩效评价改革。根据《龙泉市财政支出绩效评价工作规程》，对财政绩效评价专家库进行不断补充和完善。对部分重点政府性投资项目、国债项目、就业再就业专项资金、生态建设专项资金、地质灾害防止资金等涉及民生改善资金专项进行绩效评价，形成财政部门、项目主管部门、项目实施单位三个层次的评价体系，提高了财政资金使用的安全和效益。五是进一步深化国库集中支付改革，按照支出"一个口子"的要求，单独成立国库科，根据金彩工程建设规定，在原预算内资金实行电子化合算的基础上，将预算外财政专户、社保基金专户、其他各专项资金全部纳入金财工程一体化软件操作，保障资金使用的安全合理和有效，2011年撤销预算外财政专户，将预算外资金纳入预算管理。

【财政监管】 一是认真贯彻落实例行节约的理念，实施部门预算改革，科学化精细化编制预算。合理把握财政收支进度，优化财政支出结构，重点保障民生支出；。进一步科学化精细化编制163家部门单位及基层预算，严控出国（出境）费、公务招待费、公务用车运行维护费、会议费等支出；严控年度内预算追加行为，增强部门预算的刚性和严肃性。二是加强财税法制建设，认真开展规范行政处罚裁量权工作，强化财税执法监督。单独设立财政监督局，进一步加强对政府性投资项目和政府性债务的监督管理，切实加强对财政资金使用的安全、合理、合规进行监督管理，逐步

财政制度改革工作会议

推进财政监督管理信息化建设，巩固“小金库”专项治理成果和会计信息质量检查。三是加强会计监督管理。分年分行业举办企业财务会计培训班，开展年度会计信息质量检查和会计人员执证检查，对代理记账企业和人员进行摸排和登记，有效规范会计从业企业和人员的从业资格。

【队伍建设】 一是加强思想教育。以先进的财税文化引导干部树立正确的世界观、人生观、价值观。大力宣传先进人物和先进事迹，树立典型，弘扬先进，进一步调动广大干部职工学习先进、创先争优的积极性。二是创建学习型机关。坚持每周三夜学制度，建立业务讨论交流的平台，抓好干部职工的岗位技能培训工作，有计划的推进人才库建设和后备干部队伍建设。截至2012年底，全系统（包括地税）本科学历132人，占在职干部的75.86%；注册税务师18人，注册会计师4人，高级会计师12人，中级职称57人。三是加强党风廉政教育。深入学习《中国共产党党员领导干部廉洁从政若干准则》，落实党内干部述职监督条例和各项廉政规定，加大廉政风险防范管理。健全“靠教育、靠制度、靠领导以身作则”的党风廉政建设保障机制，建立“检税联合预防职务犯罪”教育防范体系，继续保持队伍的平安稳定。四是健全内部管理。深化“一般干部双向选择。中层干部竞争上岗”机制，2012年中层干部竞争上岗活动中，严格按照“公开公平公正选人才、重德重才重绩用干部”的导向，在公开、民主、竞争、择优的原则下，轮换了23名中层干部，激活了干部队伍工作热情。五是加强人文关怀。倡导“快乐工作、和谐财税”队伍建设理念，切实关心离退休老同志和干部职工的身心健康，积极开展气排球、篮球、职工运动会、职工文艺晚会等文体活动，丰富干部职工的业余生活。 （叶金根）

地方税务

【概况】 2008—2012年，龙泉市地方税务局以“促进发展、保障民生、科学理财、加强监管”的科学理财观为统领，把握“稳中求进”总基调，坚持“依法治税、为民理财、务实创新、廉洁高效”工作理念，践行实、稳、优“三字诀”，紧紧围绕地税中心工作，着眼于税收收入持续平稳健康增长和经济税收协调发展，面对新形势，强指导、精分析、夯基石，实现税收收入持续、平稳增长。地税部门累计组织各项收入25.07亿元，其中税收收入14.33亿元（其中龙泉市级收入11.7亿元），非税收入10.74亿元（其中社会保险费收入8.8亿元）。截至2012年，全市地税税收收入中地方税比重达73.26%，比2007年提高了5.53个百分点。地税工作中还存在一些值得注意的问题，主要有：税源结构有待进一步优化；税收对房地产、建筑等重点行业依赖性偏高；对税源的挖掘和培植有待进一步提高。

【地税征管】 一是做好组织收入工作。发挥收入“规划师”的作用，牢固树立“一盘棋”的理念，科学编制税收计划，按月统计、按旬预测，配合市政府开展相关经济形势调研，及时召开局内收入分析会和市税收收入形势分析会，扎实做好组织收入工作。二是完善税收征管体系建设。修订了房地产业税收管理办法，出台了《贯彻落实〈房地产开发经营业务企业所得税处理办法〉及相关问题的通知》；出台了《龙泉市建筑业地方税收管理办法》，加强了建筑业税收的征管；出台《龙泉市地方税务局关于调整个人所得税附征率的公告》，调整了个人所得税附征率及个税起征点；出台《龙泉市地方税务局关于进一步做好推广应用网络发票工作的通知》，积极组织推广应用网络发票工作。三是做

2008—2012年龙泉市地方税收收入情况

表18

	2008年		2009年		2010年		2011年		2012年	
	总额（万元）	同比增长（%）	总额（万元）	同比增长（%）	总额（万元）	同比增长（%）	总额（万元）	同比增长（%）	总额（万元）	同比增长（%）
各项收入合计	32483	12.15	34235	5.39	48353	41.24	66786	38.12	68855	3.1
一、税收收入	19272	8.22	19146	-0.65	27322	42.71	37152	23.17	40402	8.75
其中：第二产业	8900	14.02	8890	-0.11	13269	49.26	13327	0.44	17390	30.49
第三产业	10353	3.56	10237	-1.12	13993	36.7	22170	58.44	22904	3.31
二、非税收入	13211	18.43	15089	14.22	21031	39.38	29635	62.93	28453	-3.99
其中：社保费收入	11071	19.6	12916	16.67	15117	17.04	25657	69.72	24210	-5.64
税收收入中地方税 收入比重	—	67.67	—	69.05	—	72.35	—	69.9	—	73.26

好农业两税移交接及征管工作，2008—2012年，累计组织耕地占用税1062万元，契税8566万元。

【地税改革】　一是推进信息化建设。制定推广应用电脑版普通发票方案并加以落实，按时完成省地税局确定的推广目标。按照省局、丽水市局做好浙江地税信息化建设“大集中”工程工作要求，派员参与开发设计工作，及时向省局反馈需求，保证测试库准确性。2012年，按照省地税局《税友龙版》上线要求，全面开展数据清理和迁移，实现《税友龙版》整体切换成功，纳税人反响良好。二是做好营业税改增值税工作。开展交通运输业和部分现代服务业营业税改征增值税工作，于2012年12月1日完成营业税改征增值税试点税制转换，成功向国税部门移交了1337户试点纳税人名单和相关税收征管信息。三是机构改革。2008年对农村税务分局管理模式进行转换，将安仁、小梅和八都三个农村管理局的管理职能并入直属分局；2012年增设纳税服务科。

【落实税收优惠政策】　贯彻落实《浙江省地方税务局关于促进第三产业发展的若干意见》，引导服务业加快发展，扎实推进企业分离发展服务业，制定出台《龙泉市关于加快企业分离发展服务业的若干意见》，完善服务业税收优惠政策的具体实施办法。落实对下岗再就业人员、残疾人、城镇退伍军人税收优惠政策。地税部门落实税收政策累计减免税金6561万元。

【社会保险费征收】　坚持“税费并重”，全面推进社保费“五费合征”工作，推行社保费征收结算，强化税费一体化管理，社会保险费收入平稳增长，2008—2012年，累计实现社会保险费收入88139万元。对自由职业者社保费全面推行一户通扣缴办法，落实好社保费临时下浮各项政策，减轻企业负担。做好事业单位养老保险费从2009年1月1日起移交地税部门征收各项工作。加强部门间协作，实现与社保联网。

【税务稽查】　稽查工作由收入型向执法型转变，从事后处罚型向事前服务性转变。坚持执法与服务并重方式，开展日常稽查、专项稽查、专案稽查、举报案件处理。按照省局统一部署，结合龙泉实际情况，制定检查计划，对房地产业、建筑业、高收入行业和个人等进行专项检查。处罚率、入库率、结案率、复查率、公告率均达到省局要求。累计检查纳税户517户，其中责成自查340户，重点检查177户，查补总额1718万元，其中罚款117万元、滞纳金30万元。

【税收宣传与纳税服务】　多方位开展纳税宣传。建立健全财税网站，做好财税信息和宣传工作；开展全国税收宣传月等主题宣传活动；开展“税收法规明信片进千企送万家”“地税杯少年税校歌咏比赛”“服务企业暖冬行动”等宣传活动。不断优化纳税服务。开展“同心汇聚优化服务，税企共建生态文明”活动，为企业送服务、松政策活动，为企业编印税收法规小册子；邀请工商大学、浙江税校教授为全市130位企业财务开展培训班；成立纳税服务志愿者组织和“纳税人之家”组织；开展“千人会计培训”工程，免费为1000多人开展会计、税法培训；牵头组织推广数字证书工作，简化办税资料；优化办税服务厅硬件及软件，撤除玻璃隔窗、配置POS机、设置导税台、开展一窗式服务，简化办税流程。

【税收法制建设】　深入开展“五五”、“六五”普法，组织参加全国财政“六五”普法法规知识竞赛，在《剑瓷龙泉》顺利举办了龙泉市地税知识竞赛。积极推进“法制财税”建设，开展税收执法检查和执法监察工作；深入开展普法宣传和法制培训；组织干部职工参加行政执法证和普法建档考试。做好规范性文件的管理，提高规范性文件的质量。制定并严格执行《税收执法责任制考核办法》和《税收执法过错责任制追究实施办法》，全面推进执法责任制建设。　（刘　力）

国家税务

【概况】　龙泉市国家税务局于1997年9月国地税机构进一步分设后独立运作，实行机构、编制、经费、领导干部职务审批垂直管理。局机关内设机构12个，直属机构1个，事业单位1个，不设税务分局(所)。内设机构分别为办公室、人事教育科、监察室、机关党办、政策法规科、征收管理科、收入核算科、纳税服务科、税源管理一科、税源管理二科、税源管理三科；直属机构为稽查局，事业单位为信息中心，以上机构级别为正股级。至2012年底有在职人员104人(其中行政101人、事业3人)，离退休干部18人，在职干部平均年龄47岁，具有本科以上学历64人、大专学历40人，负责全市8700多户纳税人的增值税、消费税、企业所得税以及全市储蓄利息所得个人所得税、车辆购置税等税种的征收管理工作。5年来，市国税局努力实践“聚财为国、执法为民”的税收工作宗旨，牢固树立和落实科学发展观，进一步推进依法治税，深化税收改革，强化科学管理，加强队伍建设，积极构建“和谐国税”，充分发挥税收宏观调控职能，为龙泉经济持续健康发展作出积极贡献。

【税收收入】 2008—2012年，连续五年超额完成收入任务，确保了税收与经济协调增长。5年累计组织收入14.01亿元，其中2008年组织税收收入20670万元，首次突破两亿元大关；2009年，受全球经济危机影响，组织税收收入20641万元；2010年，共组织税收收入2.79亿元；2011年，共组织税收收入3.34亿元，首次突破3亿元大关；2012年，共组织收入3.75亿元，为地方经济建设提供了稳定的财力保证。

【落实税收政策】 一是认真落实出口退税政策。全面实行“免、抵、退”税管理办法，认真落实出口退税率调整政策，提高出口退税效率，2008—2012年市国税局累计办理出口货物退(免)税61099万元(其中含免抵调库10305万元)，龙泉市自营出口生产企业也从2008年的36户发展到了2012年的111户，外贸企业达到29户。2012年10月1日起，经浙江省国家税务局批准，龙泉市国家税务局纳入生产企业“免、抵、退”税审批权限下放试点范围，审批权限下放，精简审批程序，大大提高办事效率，有效促进地方外向型经济的快速健康发展。二是用足用好各项税收优惠政策，大力支持地方经济建设。大力支持地方经济建设。认真落实资源综合利用企业和福利企业退税、个体工商户增值税起征点等优惠政策，2008—2012年累计办理各类税收优惠政策减免和退税9.61亿元；发挥税收政策对拉动消费的杠杆作用，降低小排量乘用车车购税税率，2009—2010年共减征车辆购置税748万元；全面落实增值税起征点提高政策，全市六千余个体工商户免缴增值税，受惠面达91%，每年减轻税收负担千万元，切实减轻小型微型企业税收负担，有力地支持龙泉市小型微型企业发展。三是充分发挥评估作用，化解企业涉税风险，促进企业发展壮大。5年共评估和辅导企业自查入库税款1398万元。自2008年积极组织对太阳伞、龙泉宝剑、青瓷等行业建立纳税评估模型，至2012年共建立模型27个，有669户企业列入模型。

【依法治税】 按照省市局的统一部署，通过狠抓税收专项检查、专项整治和涉税案件查处三项重点，同时开展普通发票以及个体税收日常检查，切实整顿和规范税收和经济秩序。抓好对重大税收政策贯彻落实和税收优惠政策落实的检查，成立了重大减免退税会审委员会，实行减免退税集体会审工作制度，促进了内部监督，规范了减免税审批。组织开税收执法检查工作，对税务案件审理委员会负责审理范围进行明确和规范，确保了稽查工作的深入公正、透明。配合检查组对各个业务科室单位涉及所得税管理、增值税管理、减免税审批、税款征收、发票管理、税务稽查、纳税评估等环节进行重点检查，进一步规范了税收执法行为。加强税务稽查工作，采取辅导式自查与专项检查相结合，2008—2012年市国税局累计检查案件193件，查补收入4082万元。从规范税收执法行为、降低执法风险入手，充分利用税收执法管理信息系统，加大对税收执法行为的日常监督力度，执法正确率达99%。

【纳税服务】 一是开展“携手振企”“双服务”“暖冬”“企业服务年”等专项行动。主动走访全市“一心五点”重点税源企业，就新政策执行中的热点、难点、焦点问题，与企业老总、财务负责人进行深入探讨和交流，帮助企业解决涉税困难；梳理当前最新税收政策与地税部门联合推出服务地方经济发展的税收服务新举措80条，由联系人员和税收管理员逐户落实，引导和帮扶企业渡过难关。二是以网络为依托，推广网上抄报税、推进财税库银联网和网上办税服务厅建设。自2008年初开始建立“税企QQ群”，借助于QQ全天候、即时通讯的特点，打破了税企交流在时间和空间上的限制，提高了办税效率，运行以来有近200户企业会计人员入驻，接受各项涉税咨询上万人次。2011年开展“倾听•沟通”在线访谈活动，倾听纳税人在办理涉税业务遇到的各项问题，并提出整改。三是推广“授权提效”，对授权各项工作进行详细分解，确保了授权提效工作及时全面开展，提高了办税服务效率，落实完善了“全程服务”制度、“一窗统办”等十多项服务制度，还在联合办理税务登记证中推行“免填单服务”，为纳税人节省了时间和成本。四是建立了“纳税人援助中心”，积极推广“农民办税方便卡”，为农户开具免税发票提供方便。五是广泛开展税收政策培训讲座。邀请税务专家为龙泉市企业和财务人员提供税收最新政策和税收筹划免费培训，5年来共组织各类业务培训40多场，涉及纳税人4000多人次，纳税服务得到社会和群众的广泛认可。

【作风效能建设】 2008—2012年，市国税局通过严格贯彻各项禁令，开展效能建设问卷调查，聘请特邀监督员等，加强内部管理和强化外部监督，提高了国税机关效能和水平。一是加强预防教育。充分发挥教育在预防腐败中的基础作用，通过开展夜学、观看廉政教育影片，读廉政书籍等方式，加强干部履职能力和风险防范能力，2011年成立了清廉从税俱乐部，引导干部牢固树立正确的世界观、人生观、价值观，筑牢职务犯罪的思想防线。二是加强惩防体系建设，完善各项制度。全面落实国家税务总局和省国税局关于惩防体系建设的规划和实施细则，并结合龙泉实际，制定了《龙泉市国税系统构建惩治和预防腐败体系2008—2012年实施细则工作责任分解》以及《龙泉市国税局党风廉政建设和反腐败工作任务分解意见》，全面贯彻落实“三书两报告”制度，结合龙泉市实际制定相应措施，较好地完善和推动了惩防体系建设。完善了内控机制建设，制定了《廉政风险防范管理工作的实施意见》，成立了廉政风险防范管理工作领导小组，全面查找存在或潜在的廉政风险点。2012年，编写《龙泉市国税局内控机制风险防范手册》，手册包括权利概述、岗位职责、权力运行流程图、权力运行风险点和风险防控五部分内容。定期开展督促检查，通过考核检查，及时修正风险内容和防控措施，及时发现和解决工作中存在的问题。三是强化“两权”监督制约，从源头上预防和治理腐败。建立了《龙泉市国税局廉政风险点及防控措施》、《龙泉市国税局追效问责制度》等预警工作制度，加强对各级风险点的监管，充分运用执法监察手段，加强对重点岗位和关键环节的执法监察。严格执行税务人员勤政廉政制度，继续抓好对“征、管、查”各环节的监督，加强劳动纪律的监督检查。

【税收信息化建设】 2008—2012年，市国税局信息化建设进入快速轨道，各征管及辅助系统和防伪税控、综合办公系统等逐步实现省局集中管理，增强了数据的安全性和稳定性。办税服务厅建立取号叫号、自助办税平台、纳税人自助申报、自行认证和网上普通发票开票及验证的立体信息化服务体系。2011年省局国税网站群投入使用，网站进行了整合，相关内容可直接发布到外网。建立了龙泉市国家税务局官方微博，成功举办QQ在线访谈。2011年，推广财税库银电子缴库横向联网系统、授权提效、纳税人“免填单”等系统。2012年，金税工程三期启动，实现到丽水市局和省局双10M光纤的主备连通。

【国税队伍建设】 深入实施国税人才工程，以素质教育和能力建设为重点，深入推进干部“六员”培训。全面完成了五年（2008—2012）教育培训工作规划，累计举办各级各类培训35期，培训干部达3206人次，人均累计参加各类培训时间达35天。5年来，干部轮岗122人次。按照干部任用管理规定，通过竞争上岗等形式，4年来共提拔中层干部25人次。积极开展“学习型”机关建设，推进学历学位继续教育，鼓励干部参加“三师”等专业技能考试。2010年，获得丽水国税系统税收管理员业务考试团体第二名、稽查岗位技能竞赛团体第三名，到2012年底，全市国税干部大专以上学历达到100%，本科以上学历达到62.5%。健全从源头上预防和控制腐败的管理机制，深入开展执法监察，强化“两权”监督制约。通过组织观看警示片、开辟监察之窗、廉政宣传专栏等形式开展反腐倡廉主题教育。（市国税局）

国有资产监督管理

【概况】 2012年10月11日，根据市编办出台《关于设立龙泉市国有资产监督管理办公室》（龙委编〔2006〕47号）文件，龙泉市国有资产监督管理办公室（以下简称市国资办）正式成立。龙泉市国资办是龙泉市政府直属公益一类全额拨款事业单位，委托龙泉市财政局管理。设主任1名，正科级配备；副主任2名，副科级配备，下设综合科、监督管理科、投资经营科3个职能科室，核定全额拨款事业编制5名。国资办范围及职责：代表政府规定履行出资人职责，依法维护国家所有者权益，建立和落实国有资产保值增值考核制度；审核国有企业及国有控股企业（公司）设立、重组、解散和事业单位利用国有资产对外投资、担保；审核国有资产营运机构年度投融资计划和经费预算等。

【体制机制建设】 建设“大国资 大监管”体制机制。2012年2月，龙泉市政府先后调整完善了市委国资领导小组、市政府国资委等组织机构。同年7月，龙泉市政府先后出台了《龙泉市国有资产管理办法（试行）》《龙泉市行政事业单位土地房产补办“两证”实施方案》《龙泉市行政事业单位土地房产产权与使用权相分离工作实施方案》和《关于龙泉市国资营运机构公开招聘员工实施办法（试行）的通知》（龙政办发〔2012〕184号）。市国资办积极履行出资人职责，对城投、交投、旅投、水投等6家国资公司的体制机制进行了规范，明确了市国资办作为政府性公司出资人，相关政府性公司独立运行，并承担政府性投融资任务和确保国有资产保值增值。龙泉“大国资 大监管”体制机制建设工作领先丽水各县（市、区）。

【国资监管业务】 补办城区行政事业单位“两证”。一直以来，行政事业单位资产产权管理比较薄弱，为保障国有资产安全，完善国有资产管理，整合营运行政事业单位的优质资产，搭建融资平台，为经济发展筹集资金，实现“国资保发展”目标，市国资办把补办土地、房产“两证”作为解决当前问题的突破口，截至2012年底，共补办行政事业单位土地证45本，办证面积181813.26平方米；补办房产证118本，办证面积229295.04平方米。推进政府性投资项目竣工财务决算工作。为进一步规范政府投资项目管理，控制基本建设成本，提高投资效益，市国资办根据市政府出台实施方案，采取召开培训会、布置会和深入单位督促指导、督查工作进度等多种工作措施，推进政府性投资项目竣工财务决算工作。促使相关部门2012年决算项目304个，决算总金额达15.65亿元，保证了会计信息的真实性。为政府性项目提供担保、抵押融资服务。2012年1月，市国资部门与省国开行签订《龙泉市51省道遂龙线(龙泉段)改建工程项目》借款合同，借期10年，贷款金额2亿元，2012年已发放贷款金额7000万元，保证了“51”等省道改扩建项目的顺利进行，截至2012年底，市国资部门共为政府性项目融资提供担保和抵押物10.35亿元，其中为低丘缓坡开发项目融资9亿元提供担保与抵押，为瓯江水利发展有限公司向农业发展银行贷款8000万元提供抵押。做好国有资产管理工作，确保国有资产保值增值。将龙泉市政府于2005年以来收储的土地与房产4800万元办理过户手续，国有资产的完整与安全得到有效保障。努力做好政府部门“非转经”资产的出租管理工作，全年租金收入1152.86万元，比上年增长135.26%。做好“公款私借”资金的收回工作。在国资清查中发现，截至2011年12月31日，龙泉市行政、企事业单位存在不同程度的公款私借情况，在市纪委和其他相关单位的高度重视下，收回借款617.97万元。

【国资开发利用】 整合资源、合理调剂、配置办公用房。龙泉市国资办首次对政府部分办公用房进行合理配置，对市公路管理局、文化馆、图书馆等单位原办公用房以及政府收储的人民银行、农业银行原办公楼等进行了调剂分配，解决了市房改办、新闻传媒中心、市建设局下属单位、市国土局下属单位等10余个单位办公用房问题，合理配置政府资源，促进国有资产的有效利用。做好大平安、大社保体系建设的服务工作。配合大平安、大社保等体系建设，做好太平洋财产保险公司承租的新剧院房产搬迁工作，解决了市司法行政法律服务中心(社会矛盾纠纷联调中心)等的办公场所问题；收回已出租的老福利院房产，为民政部门开展居家养老服务提供硬件保障；与市社保局共同做好新华街已出租店面收回工作，为龙泉市“大社保”体系建设提供办公场所。拓展政府投资新领域，增加国资收益。国资部门与浙江能源集团进行合作，开发龙泉市管道天然气市场，合作项目进展顺利。同时，积极拓展投资新领域，分别与中石化、杭州京奥新科技开发有限公司组建合资公司，负责龙泉市范围内新建加油站的建设和经营。（市国资办）

金融　保险

中国人民银行龙泉市支行

【2008年工作及成效】 2008年，中国人民银行龙泉市支行以开展“基础建设年”活动为主线，以文明单位创建为核心，以实基础、严管理、提效能为工作思路，以抓重点、突亮点、攻难点为工作手段，努力抓好以下工作：一是抓好政策导向，强化金融调控。加强窗口指导，引导辖区金融机构根据货币政策导向合理把握贷款投放节奏；用好货币政策工具，抓好信用联社央行票据兑付的评价和审核并积极向上级行争取支农再贷款指标；落实政策措施，加大支持地方经济扶持力度，重点是组织“送政策、送温暖”活动；抓好农房抵押贷款的试点工作。二是推进基础业务，提升服务效能。建立和完善人民币流通状况监测和预警机制，确保辖区现金供应和人民币收付业务监管，切实维护货币流通秩序；继续抓好人民币反假工作，重点是拓宽反假币工作网络；夯实国库基础，重点加强对预算收支环节、基层国库经收处现金缴税的现状、非税收入收缴的管理；集中抓好会计核算流程改革和“浙江省同城票据交换清算系统”的上线工作。三是强化维稳基础，促进辖区稳定。协同政府、银监办、各金融机构及相关部门进一步完善金融维稳工作机制，优化风险管理制度；综合运用反洗钱、现金管理、大额及可疑交易管理、银行卡管理等监督和管理手段，加强金融统计监测，有效强化金融维稳；与浦城县支行、松溪县支行等进一步完善县辖边界金融稳定互助协作机制。四是加强协调沟通，推进增量扩面。争取政府支持、加强与林业部门、农村信用联社等沟通，不断优化机制、搭建平台，努力扩大林林抵押贷款对地方经济支持的成效，至12月末，全市累计发放林权抵押贷款274笔、3356万元，余额200笔、2754万元。同年9月和10月，林权抵押贷款的工作成效相关报道见诸《人民日报》和《金融时报》。五是加快硬件建设，促进服务地方。为了进一步发挥基层央行在服务地方经济中的作用，着力加快硬件建设，以增强金融的支撑力、支持力和影响力。重点是取得地方政府和上级行的大力支持，抓好新办公楼选址及项目的前期工作。

2008年，全市金融机构人民币各项存款余额为43.63亿元，比年初增加7.29亿元，同比多增3.9亿元，其中储蓄存款余额为24.77亿元，比年初增加4.7亿元，同比多增3.24亿元；人民币各项贷款余额为38.58亿元，比年初增加7.51亿元，同比多增0.14亿元。

【2009年工作及成效】 2009年，支行以“巩固提升年”为活动主线，以提高履职能力为立足点，以实现支行提升移位为目标，进一步固本强基，锐意创新，奋力开拓，为促进跨越发展不懈努力。一是加强政策疏导，着力把握发展方向。积极贯彻适度宽松的货币政策，针对国际金融危机的演变及国内经济金融形势发展特征，研究制订《2009年龙泉市货币信贷工作指导意见》和《关于促进金融支持地方经济发展的若干意见》(以龙委〔2009〕4号文下发)，促进政、银、企加强沟通和协调，有效支持辖内经济发展。二是突出支持重点，不断做大金融产品。督促和引导金融机构积极做好辖区重点建设项目尤其是龙泉市政府主导安排的重点重大建设项目和列入省重大项目建设行动项目贷款的衔接工作，至12月末，全市新增政府性投资项目贷款45400万元，余额达到86900万元，同比增长65.15%。针对部分行业、企业受金融危机侵害陷入不良境况以致对整个经济带来的影响，积极开展“暖冬行动”，努力帮助企业摆脱困境，至12月末全市金融机构工业贷款余额达155255万元，比年初增加68462万元，同比增长78.88%。三是注重金融创新，支持中小企业发展。组织全市金融机构深入龙泉市工业园区、砩石金岗工业区

开展“中小企业金融超市”大型咨询宣传活动，为企业提供一站式金融服务；着力推广用应收账款、股权、专利权等权属质押的新型质押贷款业务；加快新型金融实体的建设步伐，重点是抓好小额贷款公司试点的管理协调和浙江泰隆商业银行龙泉市支行的开业管理。四是抓好风险监测，促进金融稳健运行。密切关注在金融危机下各类制约经济发展的不利因素以及区域经济受危机的影响程度，重点是加强对银行业金融机构的流动性监测及民间融资风险导致部分行业或企业经营状况恶化的金融维稳工作。同时，与浙闽赣三省四地八县（市）签署了区域金融稳定协作备忘录，加强区域边界的风险监测和维稳协作。五是强化金融服务，不断提高履职能力。启动电子退拨款业务和国库直接支付业务，实现国库资金当天拨付当天到账；加强现金流通的动态管理和人民币流通状况的监测预警，有效优化流通中人民币收付管理；依托小额支付系统开办银行本票业务，进一步推动非现金支付工具和支付清算系统在农村地区的应用，不断完善现代支付体系网络。六是采取有效措施，改善金融生态环境。认真组织中小企业信用信息的征集和更新工作，加强贷款卡发放和年审管理；积极组织和指导“龙泉宝剑园区刷卡无障碍示范街区”“华楼街刷卡无障碍示范街区”创建，不断扩大辖区的受卡环境；开展反假币知识“五进”活动，积极构建无假币示范街区、农村反假货币网络体系及闽浙赣三省四地八县（市）区域反假货币网络体系；加强反洗钱和银行账户的管理，重点是推进反洗钱宣传月活动。七是不断强化力度，深化林权抵押贷款。抓住全国金融支持集体林权制度改革与林业发展现场会在龙泉市成功召开的有利契机，建议政府加大对发放林权抵押贷款的奖励力度，引导市农发行、农行、邮政储蓄银行等涉农金融机构积极参与林权抵押贷款的发放，实现林权抵押贷款服务功能在涉农金融机构层面的全覆盖。年末林权抵押贷款余额达12548万元，新增林权抵押贷款达9794万元。八是全面宣传发动，扎实开展农村信用体系建设。协调政府及相关部门在全市444个行政村全面开展了农户信用等级评定，共采集农户信用信息49000户，评定信用农户44685户并引导涉农金融机构开展授信等，农村金融信用环境逐步改善，“农民贷款难”和“银行难贷款”的问题也逐步得到缓解。

2009年，全市金融机构人民币各项存款余额为56.20亿元，比年初增加14.63亿元，同比多增9.34亿元，其中储蓄存款余额为33.73亿元，比年初增加8.95亿元，同比多增4.25亿元；人民币各项贷款余额为47.42亿元，比年初增加12.39亿元，同比多增7.54亿元。

【2010年工作及成效】 2010年，支行认真贯彻落实上级行的工作部署和要求，以开展“创新提效年”主题活动为主线，推进各项工作不断向新的高度迈进。一是贯彻落实适度宽松的货币政策，研究制订了《2010年龙泉市金融部门支持地方经济发展考核奖励办法》和《2010年龙泉市货币信贷工作指导意见》，着力提高金融调控的针对性、灵活性和实效性。二是着力打造支农亮点，多措并举，力促林权抵押贷款扩面增量，全年累计发放林权抵押贷款5558笔29836万元，余额达到30958万元；不断扩大对农村信用户的授信面和授信力度，至年末，对信用户的综合授信累计达21.6亿元。三是不断夯实业务基础，重点是研究制定《龙泉市农村支付结算服务站建设实施方案》，分别在八都、宝溪、龙南、屏南等四个乡镇举行了“农村支付结算服务站”授牌仪式，为建立现代农村支付网络奠定了基础；大力推进“银行卡助农取款服务”活动，开办和推广有特色的农村非现金支付工具，实现了农村居民小额提现“不出村、零成本、无风险”；做大国库直接支付业务，业务涉及扶持补助、家电下乡补助、农业灾害补助等24个项目；加强货币发行工作，加强现金收支管理并对流通市场进行检查，规范人民币流通秩序。四是不断促进金融稳健运行，主要是不断加强政策疏导，主动抓好舆情导向，有效遏止市场的负面因素；完善联席会议制度，进一步健全由银行、银监、政府等部门联合防控的工作机制；积极探索省际区域维稳机制，完善“浙闽赣三省边界四地八县”金融稳定协作备忘录制度。五是进一步推进刷卡无障碍示范街区建设。所创建的“丽水龙泉贤良路华楼街刷卡无障碍示范街区”获丽水中支推荐表彰，并被杭州中支列入全省各地市参加2012年度“创建活动街区名单”的13个单位之一，以此为载体全力普及银行卡业务。六是进一步发挥城乡反假货币宣传网络的作用，着力推进“送反假货币知识进千村入万户”活动，促进反假币工作在点上不断深化，在面上继续拓宽。七是抓好辖内贷款卡信息和中小企业信用信息的征集和更新，积极开展“征信知识宣传月”和“个人信用知识宣传周”活动，努力营造良好的信用环境。

2010年，全市金融机构人民币各项存款余额为75.2亿元，比年初增加18.6亿元，同比多增2.2亿元，其中储蓄存款余额为41.4亿元，比年初增加7.6亿元，同比少增1.3亿元；人民币各项贷款余额为61.4亿元，比年初增加11.4亿元，同比少增1.4亿元。

【2011年工作及成效】 2011年，支行以抓重点揽全局、强管理促效能、优服务促提升为手段，咬定目标不动摇，凝心聚力谋发展，锐意开拓促提升，推动工作上台阶。一是做好金融政策引领，协调政府、辖内金融机构及相关部门有效将宏观政策意图与微观发展战略及区域经济的转型升级对接，积极贯彻货币政策为主的一系列经济金融政策。二是以有效举措服务好中小企业，协调政府、金融机构、涉工部门深入重点工业园区开展调研并主动查找企业发展软肋及制约因素，适时出台《关于促进金融支持中小企业健康发展的若干意见》。三是推进辖区金融体系建设，切实落实好《浙江省金融机构金融管理与服务指引》与《丽水市新设银行业金融机构加入人民银行金融管理与服务体系实施细则》，加强对稠州商业银行龙泉市支行和龙泉市民泰村镇银行的接入人行金融服务与管理体系的审批和开业前辅导工作，引导辖内金融主体的多元化不断满足多层次的市场需求。四是全力推进“银行卡助农取款服务”工作，主动取得政府的大力支持，出台《龙泉市“银行卡助农取款服务”工作考核暂行办法》，圆满完成布点任务并全年累计发放涉农卡11.18万张，实现惠农补贴资金全发放，便利农村支付、支持民生工程规模初具。五是继续深化农村信用体系建设，积极推进信用社区建设，确定西街街道的西新社区、清风社区作为试点社区并成功创建信用社区1个。联合团市委推进“农村青年信用示范户”试点工作。六是继续做强、做深林权抵押贷款工作，优化林权抵押贷款的监督、考核、激励等机制，促进金融机构参与面不断扩展、实现了涉农金融机构的全覆盖，贷款总量不断扩大，全年累计发放林权抵押贷款5475笔、金额3.2亿元，余额达到4.06亿元。七是强化国库公共服务，重点是推进国库集中支付改革，扩大直接支付的范围和覆盖面并推广POS机刷卡缴税（费）业务。八是有效推进支付结算和反洗钱工作，强化农村支付结算服务站的功能，改善农村支付活动。以青瓷宝剑园区成功创建总行级“刷卡无障碍示范区”为契机，进一步优化用卡环境建设。九是加强人民币收付和流通的管理，推进反假币工作。完成全市264个行政村反假货币工作点建设，实现全市农村反假工作网络的全覆盖。十是切实加强征信服务，积极开展“6·14信用记录关爱日”宣传和“征信宣传月”活动，优化电子表格导入和采用QQ群管理的模式，完善了贷款卡发放、年审及征信管理。

2011年，全市金融机构人民币各项存款余额为86.24亿元，比年初增加11.17亿元，同比少增7.43亿元，其中储蓄存款余额为50.15亿元，比年初增加8.79亿元，同比多增1.19亿元；人民币各项贷款余额为68.60亿元，比年初增加10.3亿元，同比少增1.1亿元。

【2012年工作及成效】 2012年，支行以全面推进农村金融改革试点工作为主线，以争先进位为目标，以前瞻性、系统性、实效性为工作原则，认真贯彻稳健的货币政策和区域发展战略，紧紧把握稳中有进的工作节奏，埋头苦干，顽强拼搏，攻坚克难，着力提升支行的硬件和软件水平，促进支行按着新的规划和蓝图奋力迈进。一是认准形势，切实抓好区域政策的协调和疏导。陆续出台《2012年龙泉市信贷工作指导意见》《关于加强和改进金融服务支持龙泉实体经济发展的指导意见》等，充分发挥支农再贷款、合意贷款等货币政策工具的作用并相继为农村信用社和民泰村镇银行发放支农再贷款，促使银行金融机构切实贯彻货币政策和产业政策，有效配置金融资源，优化信贷投放，支持辖区经济稳健可持续发展。二是以在丽水实施全国农村金融改革试点为契机，全力推进农村金融改革，建立龙泉市农村金融改革试点领导机构及支行工作领导小组，在进一步拓展农村金融组织体系，创新和丰富农村金融产品，继续深化农村信用体系建设，做强银行卡助农取款服务，推进保险服务民生示范区建设等方面都有新进展。三是针对龙泉市经济、金融、资源等特征，积极在新型金融机构发展、中小微企业的困境和出路等方面进行调研，针对农村金融改革试点工作，对农村金融服务创新、金融生态环境改善、金融资源整合等方面进行有益的探索，通过调研活动，有效地为本地经济发展和金融改革决策服务。四是推进“两管理、两综合、一保护”工作，先后完成邮储银行和民泰村镇银行各一家二级支行加入人行金融服务与管理体系的审批和开业前辅导工作；对金融机构开展了综合执法检查和对个人金融信息的收集、使用等的规范，有效维护公众的合法权益。五是全力维护辖区金融稳定，进一步加强银行机构整体风险监测和民间借贷监测等，加强舆情监测和市场引导，继续加强浙闽赣三省边界四地七县（市）金融稳定协作备忘录制度并完善省际边境地区金融维稳的长效机制。六是加强支付结算管理与服务，推进“银行本票”在全省范围的使用，以“青瓷宝剑园区刷卡无障碍示范街区”为示范点，带动

全市商业街区开展刷卡无障碍街区建设。七是继续强化国库服务。进一步深化国库集中支付改革，开办预算单位实行公务卡改革试点，扩大国库直接支付涉农、救灾等政府性补助资金范围，联合财政、国税、地税组织对商业银行开展国库、财政、税务知识竞赛。七是以新办公楼、新库房启用为契机，加强发行库的软、硬件建设，继续抓好货币发行和人民币反假工作，引导并督促银行业金融机构尽早实现对外支付假币“零容忍”。八是加强征信管理。抓好贷款卡发放、年审和信用记录查询服务，抓好机构信用代码推广应用工作，全年共完成存量机构信用代码证发放3483户，共办理新增机构信用代码证394份。

2012年，全市金融机构本外币各项存款余额为97.11亿元，比年初增加10.87亿元，同比少增0.31亿元，其中储蓄存款余额为59.26亿元，比年初增加86.87亿元，同比少增0.29亿元；本外币各项贷款余额为82.58亿元，比年初增加13.98亿元，同比多增3.67亿元。加上域内银行发放统计在上级行的贷款6.66亿元、市佳和小额贷款公司贷款1.56亿元及域外银行发放在本市贷款3.48亿元，12月末龙泉市总贷款规模达94.36亿元。（中国人民银行龙泉市支行）

银行监管

【2011年主要工作】 2011年，在国家货币政策逐步收紧、信贷规模严控、国内外经济环境复杂多变的背景下，龙泉市银监办紧紧围绕丽水银监分局确立的“六个方面”“21项工作任务”开展工作，较好地开展了各项监管工作：一是加强民间融资管理。对全市7家银行业金融机构开展检查116人次、155天，共查出民间融资企业16家，民间融资个人10户，涉及贷款9994万元。基本摸清参与集资借款人情况，加强行际间信息交流与共享，加强与政府及相关部门的沟通联系，切实维护金融债权。二是认真做好新机构引进工作。加强与分局、市政府及民泰银行、稠州银行等股份制银行的沟通联系，扎实开展机构引进工作。2011年，引进龙泉民泰村镇银行、稠州银行龙泉支行两家机构。三是认真开展现场检查。2011年，共组织开展7次现场检查，包括龙泉联社“三个办法、一个指引”实行情况现场检查、邮储银行龙泉支行授信业务现场检查、龙泉联社剑瓷信用社疑点数据核查、浙江泰隆商业银行龙泉支行月度新增大额贷款执行贷款新规情况协查、辖内银行业金融机构金融许可证检查、代理保险业务抽查、龙泉市农村信用联社案件防控现场复评。四是推动案件防控工作。督促各银行业金融机构认真贯彻落实丽水银监分局案件防控工作推进方案，扎实开展“银行业内控和案防制度执行年”活动，加强制度执行力建设和案防长效机制建设，强化内部审计监督作用。截至2011年12月末，全市银行业金融机构本外币各项存款余额861805万元，比年初增加103873万元，增长13.74%；本外币各项贷款余额687077万元，比年初增加105901万元，增加18.22%，存贷比79.73%，不良贷款余额10425万元，比年初增加3944万元，不良率1.52%，比年初上升0.41个百分点。

【2012年主要工作】 2012年，在经济运行中突发性和不稳定性因素增多，龙泉银行业运行环境更为复杂的情况下，龙泉市银监办认真贯彻国家宏观调控政策和各项监管要求，紧紧围绕丽水银监分局年度工作会议确立的“五个三”重点开展工作，较好地开展了各项监管工作：一是认真贯彻落实丽水银监分局关于开展银行业“服务实体经济”和“整顿规范市场秩序”两大主题活动。截至2012年12月末，辖内各银行业机构累计派员入企2223人次，服务企业750家，累计派员进村894人次，专题进村活动19次，服务农村444个，专题宣传活动3710次，报刊宣传145次，发放宣传单16400份。新增贷款142287万元，其中新增涉农贷款99378万元，新增小企业贷款82148万元。同时，对各类收费项目进行了清理并对收费项目进行了公开、公示。截至2012年12月末，辖内各银行业机构共取消收费项目388项，取消收费项目中减少1680多万元让利于企业。二是加强法人监管，提高有效监管能力。完成农村信用联社换届工作、监管评级工作、“三方会谈”工作、审慎会谈工作、信息披露工作、机构概览的编制工作和做好农村信用联社疑点数据核查工作；推动实施“三大工程”，即“金融服务进村入社区工程”“农村阳光信贷工程”“富民惠农金融创新工程”。三是认真开展现场检查。2012年，共组织和参与现场检查4次，包括协同丽水银监分局监管三科对龙泉联社进行整治不规范经营专项检查，对浙江龙泉民泰村镇银行进行新设机构回访，协同丽水银监分局监管二科对浙江稠州商业银行龙泉支行进行新设机构回访，对龙泉联社进行疑点数据核查。四是加强风险管控，提高抵御风险水平。通过加强风险监测，全面掌握风险情况，及时跟进，对辖内各银行业机构做好风险提示，并督促辖内各银行业机构落实案防和安防工作。五是加强机构监管，提高准入审核效能。做好农村信用联社、村镇银行2011年度机构业务发展规划执行

情况及2012年度机构业务发展报告的初审并上报工作；配合丽水银监分局职能科室完成辖内机构高管任职资格初审11人次，完成对1家新设机构、2家信用分社升格为信用社、2家信用社降格为信用分社、1家信用分社更名、1家新设自助银行、1家机构迁址的验收工作。截至2012年12月末，本外币各项存款余额971132万元，比年初增加108692万元，增长12.60%；各项贷款余额825840万元，比年初增加138761万元，增长20.37%；存贷比85.04%。按照五级分类，不良贷款余额18749.34万元，比年初增加8304.19万元，不良率2.26%，比年初上升0.74个百分点。（市银监办）

中国工商银行龙泉支行

【概况】 中国工商银行股份有限公司龙泉支行设支行营业部和西街头支行两个营业网点，内设市场部和办公室，现有在岗员工44人。2008年以来，该行以"精品行"建设为目标，加大经营转型力度，加快网点转型步伐，强化精细管理，提高核心竞争能力和风险控制能力，使各项业务得到跨越发展。至2012年末，各项存款151825万元，比2008年初增加98789万元，增幅为186%；其中储蓄存款69271万元，比2008年初增加45217万元，增幅为188%；对公存款82554万元，比2008年初增加53572万元，增幅为185%；各项贷款141024万元，比2008年初增加87573万元，增幅为164%；存贷比为92.89%，其中公司贷款92344万元，个人贷款48598万元。2012年实现净利润4538万元。连续十多年保持无案件、无事故、无风险，实现安全稳健经营，1999年被命名为丽水市文明单位，2002年被命名为浙江省文明单位，并一直保持至今。

【存款】 2008年，坚持"开门红"旺季揽存与全年稳存并举、做日均与抓时点并举、网点增存与全员揽存并举、抓存款与做产品并举、做业务和拓客户并举，狠抓储蓄存款增长。通过抓重点系统的稳存增存，扩展新户，提高有贷户资金归行率，做好核心客户的发展和维护，促进对公存款增长。年末各项存款61709万元，比年初增加8672万元，增幅为14%。

2009年，在旺季开门红工作中确立了"主抓储蓄、兼顾其他"的指导思想，举全行之力实现储蓄存款开门红，持之以恒保持储蓄存款不滑坡，通过加大新户拓展力度，培育新的客户群，扩大储源，通过核心客户库建设等措施做好公存工作。年末各项存款82510万元，比年初增加20801万元，增幅为34%，增幅再创历史最高水平。

2010年，坚持以存款为中心，在推进加快网点转型、提升服务能力和改善营销方式等三项基础工作的同时，落实六个到位，突出重点，抓系统大户，完善机制，扩大视野，逐步消灭公存空白点。年末各项存款106232万元，比年初增加23721万元，增幅为28.7%。

2011年，在旺季开门工作中做到早谋划、早行动、抢先行动、抢占先机、抓落实、抓进度，把储蓄存款作为重中之重，积极推进客户扩面、提质发展战略，持续做好客户维护工作。围绕丽水市分行"关于提升对公存款竞争力的若干意见"，通过推进六大板块市场营销，完善对公存款客户维护机制、加强公存客户经理队伍的建设及完善考核机制等一系列措施，使对公存款在同业中处于领先水平。年末各项存款127710万元，比年初增加21175万元，增幅为19.88%。

2012年，从组织发动、目标分解、考核激励，到营销联动、宣传攻势、后勤保障及风险防控入手，全行员工群策群力，分工协作，狠抓储蓄存款增长。高度重视与政府、招商、工商等相关部门的沟通联系，为招商引资及重点客户提供信贷、结算、外汇、理财、信息等全方位金融服务支持。年末各项存款151825万元，比年初增加23165万元，增幅为18.14%。

【贷款】 2008年，通过进一步贴近企业，摸清需求，调整结构，明确目标和重点，找准市场主攻方向，用活产品，做优质量，积极发展国际贸易融资业务，做大国内贸易融资业务，以龙泉市国有资产担保公司为平台，解决回归工程及大沙工业区企业的融资困难问题，进一步强化个人贷款营销，取得了较好的效果。年末贷款余额68576万元，比年初增加15125万元，增幅22%，存贷比为111%，贷款不良率为0.04%。

2009年，积极响应龙泉市政府开展"项目双进年活动"的部署，加快项目的前期申报，通过对城东区块道路网一期工程建设项目早介入，早准备、早评估、早审批，于3月末将1亿元政府性贷款发放到位。同时以龙泉市国有资产担保公司为平台，解决回归工程及大沙工业区企业的融资困难问题。通过应收账款质押、担保、网贷通、易融通等方式有针对性地解决抵押难的问题，全年办理易融通业务25笔，金额6356万元，办理网贷通业务14笔，金额3745万元，完成任务的187.25%。年末贷款余额89665万元，比年初增加21089万元，增幅31%，再创历史最高水平，贷款不良率为1.29%。

2010年，加大营销力度，扩大小

企业贷款规模，提高市场竞争力，大力推广网络融资业务，优化贷款业务品种，全年共办理网贷通业务24825万元，占丽水工行总量的35.07%，获得省分行网贷通专项规模5000万元。开展业务创新，增加资金供给，利用总行信托、理财资金发放贷款3000万元，重点支持龙泉小额贷款公司业务的正常开展。年末贷款余额107456万元，比年初增加17790万元，增幅20%，同业占比34.04%，贷款不良率为0.06%。

2011年，面对复杂的经济和信贷规模收紧的形势，在执行业政策和信贷政策的同时，立足龙泉实际，以发展“两小”为重心，以工业园区和专业市场为着力点，大力营销入园企业和特色产业中的优质中小企业信贷客户，创新信贷产品，全年新增中小企业客户20户，新增中小企业贷款6184万元，新增项目贷款1户3500万元；新增票据客户6户，累计签发银行承兑汇票10090万元，新增国内贸易融资客户19户。年末贷款余额126026万元，同业占比27.8%，比年初增加16742万元，增幅15.3%，同业占比37.56%，列第一位，贷款不良率为0.14%。

2012年，大力拓展入园企业、流通服务业、涉农涉旅和文化产业领域中小企业贷款市场，优化新增贷款投放的品种结构，通过加快发展贸易融资的新产品，带动流动资金贷款市场增长，以“小额易捷贷”“易保贷”为切入点，大力拓展小微客户，大力拓展优质项目贷款市场，在2011年底成功报批龙泉客运站迁建项目的基础上，于2012年2月将第二批3000万元贷款发放到位；同时，成功报批龙泉山旅游项目，将9800万元贷款一次性发放到位。三季度又成功报批3亿元的低丘缓坡项目，年底发放到位1亿元。年末贷款表内余额141024万元，同业占比27.9%，比年初增加14999万元，增幅11.9%。贷款不良率0.73%，其中中小企业贷款不良率1.16%，个人贷款不良率0.3%。

【中间业务】 2008年，坚持市场占比、产品渗透率、以客户为中心的理念，开展“百日竞赛”，全面拓展中间业务，创新营销方式，提高营销效果。全年实现中间业务收入758万元，比上年增加421万元，增幅为124.93%。

2009年，积极推进传统存贷款业务与中间业务互动，人民币业务与国际业务互动，积极寻找新的中间业务收入增长点，做大投行业务，利用该行大力拓展贷款市场的机遇，将信贷工作与投、融资业务紧密结合，根据企业的实际需要提供顾问服务，增加投行业务收入，扩大理财业务市场，拓展结算和电子银行市场、企业年金市场，加强与各类金融机构客户在证券、保险、信托、基金、年金等方面的业务合作，加快中间业务发展。全年实现中间业务收入1075万元，比上年增加318万元，增幅为41.82%。

2010年，加大国际业务的营销力度，增加外汇中间业务收入，对优质客户进行理财产品的交叉销售，提高优质客户理财产品覆盖率；大力营销基金、贵金属、灵通快线等理财产品，扩大对公理财客户面，提高理财资金沉淀率；大力发展国内贸易融资和网贷通业务，做好贷款转让、企业财险等工作。全年实现中间业务收入1348万元，比上年增加273万元，增幅为25%。

2011年，通过大力发展国内贸易融资和网贷通业务，做好项目贷款工作，以国际贸易融资、境外结汇等产品带动，增加外汇中间业务收入，大力开展法人理财和贵金属业务，增加结算类和交易类中间业务收入。全年实现中间业务收入2131万元，比上年增加783万元，增幅58.1%。

2012年，积极营销国际结算业务，挖掘个金中间业务新的增长点，实现中间业务收入多元化发展，通过拓展项目贷款，开展资产托管业务，大力发展国内贸易融资业务，增加养老金业务等措施增加中间业务收入。同时为规范中间业务操作，制定了龙泉支行中间业务操作指南，坚持合规收费、以质定价、公开透明、减费让利。全年实现中间业务收入2146万元，比上年增加15万元。

【经营管理】 2008年，紧贴员工思想实际，加强职业道德、职业操守和职业纪律教育，组织开展了“增强自控能力、增强识别能力、增强防堵能力”防案主题教育和内控专项教育活动。坚持以人为本，推行人性化管理，推行管理精细化，提高制度执行力，提升管理效率，完善考核方法，发挥激励和导向作用，推动业务发展。

2009年，深化网点转型，落实分区经营，网点向贵宾理财网点转型，将高低柜分设到位，对柜台业务进行全面整合。加快业务分流，引导客户使用自助设备办理业务，提高自助设备业务量占比，提高离柜业务率。落实分层营销，提高网点的营销能力。设立龙泉支行小企业金融业务分中心，完善客户营销和维护管理体系，积极做好全局性、基础性、战略性客户的拓展，充分利用客户维护平台做好维护工作。

2010年，一是合理利用非现金柜资源，优化业务流程，加快业务分流，提高自助设备业务量占比，提高离柜业务率，落实分层营销，提高网点的营销能力。二是做好庆元支行筹建、设立的各项工作，庆元支行于2010年

10月29日正式营业。三是对支行营业部进行了再次装修，增加了自助设备，使网点的分区布置更加合理，功能更加齐全，环境更加舒适，提升了网点服务能力。

2011年，一是成立工银商友俱乐部龙泉分部，邀请了15家行业协会的140多位经营者加入俱乐部，为经营户搭建良好金融服务平台。二是在剑川大道新设了离行式自助银行。三是进一步提高员工主动关心安全经营，主动参与内控防案工作，使全行员工进一步把相关规范贯彻到业务工作中去，进一步增强全员防案、遵章守纪和自我保护意识，持续营造人人关心安全经营、人人参与内控防案工作的良好氛围。

2012年，一是组织开展贯彻落实以“促规范、优服务、提形象”为主要内容的整顿规范银行业市场秩序专项活动，严格执行收费业务“四公开”和信贷业务“七不准”。二是组织开展行风评议活动，进一步加强了行风作风建设，提高了服务水平，对业务和推动经济发展起到了积极的促进作用。三是持之以恒抓好员工培训，全行共有13名员工取得了AFP金融理财师、CTP国际财资管理师等资格。（季菊根）

中国农业银行龙泉市支行

【概况】 2008—2012年，中国农业银行龙泉市支行完成股份制改制，面对复杂的内外部经营环境和激烈的市场竞争，认真贯彻落实省市分行的各项工作部署，围绕“强基、升位、强行、品牌、平安、人本”的工作思路，以努力实现上级行提出的“六大工程”建设为目标，各项业务得到较快的发展。截至2012年末，各项存款余额104302万元，比2007年底增加39396万元，各项贷款余额为91519万元，比2007年底增加46209万元，存贷比为87.7%，2012年实现经济利润3704万元，有力支持了龙泉市社会经济稳步发展，为客户提供了良好的金融服务。

【资产负债业务】 2008年，该行把推进经营转型作为各项业务发展的一个主调。国际金融危机给当地经济、企业造成影响，直接制约了该行资产负债业务的发展。面临严峻的形势，全行上下齐心协力，负重拼搏，积极采取灵活应对的营销策略，全面加强资产负债业务的营销，使各项业务的开展互为平台，相得益彰。到年末各项存款余额64193万元，各项贷款余额为47535万元，存贷比为74.05%。不良贷款余额220万元，不良率比年初下降4.48个百分点。

2009年，该行把市场营销作为一项全行性、系统性、综合性的工作进行落实和推进，通过制订责任制和考核办法，明确各部门、网点职责，建立统分结合、上下联动的协同营销机制，倡导和强化前后台互相配合，建立客户经理围着客户转的新型的市场营销体系。确定了市财政、城投公司、林业、交通局、交投公司、工业园区、回归工程等系统和企业作为全年维护和营销的重点，以农行现有的优势和功能为他们提供一系列的服务。截至年末，各项存款余额89639万元，比年初增加25446万元，各项贷款余额为66751万元，比年初增加19215万元，存贷比为74.47%。不良贷款余额195万元，不良率为0.29%，比年初下降0.17个百分点。

2010年，该行认真贯彻落实省市分行工作部署，围绕省分行提出的主流业务“争份额、升位次”的目标，以“六大工程”为引领，立足县域经济，全面实施发起战略，各项存款全面攀升，增幅创历史新高，截至年末，各项存款余额123850万元，比年初增加34211万元；资产业务运行稳健，各项贷款有序有效投放，效益良好。各项贷款余额为84232万元，比年初增加17481万元。存贷比为68.01%。到年底，新增企业贷款客户20户，贷款金额14764万元，其中工业企业16户，贷款金额9264万元，支持行业主要是五金汽配、特种钢材、竹木加工、青瓷宝剑、农副产品加工等具龙泉市主导产业，强基扩面工作有序推进。年末不良贷款余额416万元，不良率为0.49%，比年初上升0.2个百分点。

2011年，该行以“春天行动”活动为契机，建立一对一客户营销维护制度，全面落实营销责任制。加强与政府相关部门、系统客户、优质中小企业的联系，特别是对市财政、交通局、公路管理、工业园区等系统实行定期走访，加强银行和企业、政府部门的信息沟通，并在工业园区举办金融产品培训，重点介绍小企业简式贷、银行承兑汇票、国内信用证、国内保理等农行特色信贷产品。创新产品应用，在信贷规模趋紧的情况下，积极开展银行承兑汇票业务。累计签发13314万元，同比增加6064万元。截至年末，各项存款余额107120万元，各项贷款余额为89149万元，比年初增加4918万元。存贷比为83.22%。不良贷款余额4003万元，不良率为4.49%，比年初增加4个百分点。

2012年，该行针对资产负债业务面临的严峻形势，积极与各相关部门沟通、协调，以支持地方经济发展为己任，立足龙泉实际、落实有效措施，改变工作方式方法。一是统一全行员工思想，加强紧迫感、危机感教育，积极树立“行荣我荣、行衰我耻”意识，焕发全行斗志，营造比业绩、比贡献的良好竞争氛围。二是重新整合资源，充实营销队伍，发挥最大优势跑市场、促营销，形成合力。三是积极向上级争取政策倾斜，致力于服务中小企业。充分利用“百强千优”市场平台，帮助青瓷宝剑园和“浙闽赣边贸市场”商户创业，共支持35家商户开展生产经营，贷款金额1824万元。截至年底，各项存款余额104302万元，各项贷款余额为91519万元，存贷比为87.7%，不良贷款余额7367万元，比年初增加3364万元，不良贷款占比达8.05%。

【中间业务】 2008年，该行进一步加大了中间业务的营销力度，集中精力大力推广渠道类产品，努力营销银行卡、网上银行、电话银行、手机短信等，并进行了银行卡、网银等下乡活动，集中时间和人力，积极营销惠农卡，各类产品营销与去年同期相比大幅提高。努力将中间业务收入作为利润增长点来抓，改善和加快经营结构调整。到年底，实现中间业务收入295.7万元，比上年增加102.7万元，增长53.2%。

2009年，该行把加快中间业务的发展当作实施经营转型的一项主要工作来抓，积极营销各类中间业务产品，狠抓中间业务收入，努力提高中间业务收入在整个经营收益中的占比，改善和加快经营结构调整。到年底，实现中间业务收入522万元，比上年增加226.32万元，增长76.54%。

2010年，该行对中间业务的发展从营销策略、市场公关、客户结构、工作措施、考核办法等方面进行整体推进和移位，做到老客户维护与新客户营销并重；做到系统客户营销与员工散户营销并重；做到重点客户营销与普通客户营销并重。全行上下形成一个营销网络和体系，使中间业务的市场渗透能力得到加强，营销的效果得到凸现，中间业务的发展已逐步进入良好的提速期，对该行经营结构调整的作用愈来愈明显，对经营效益和盈利能力提高的辅撑作用愈来愈得到加强。到年底，实现中间业务收入935万元，比上年增加413万元，增长79.11%。

2011年，该行积极利用各种有效资源，发展中间业务。一是加快重点业务的发展速度。银行卡、电子银行、投行业务、理财业务、国际业务作为中间业务收入的主要来源，该行在这几个领域积极开展营销促销活动，利用各种平台，加大宣传力度。认真做好与重点商户的促销活动，增加商户收单收入；认真做好与农行重点贷款企业的促销活动，加大信贷对中间业务产品的支撑作用；认真做好与城区几个街道、社区、住宅小区的宣传促销活动，扩大农行产品的覆盖率。二是加强网点柜面营销力度，一方面加强大堂的营销，将中间业务产品面对面对客户进行宣传；另一方面认真做好客户的引导，将低端客户存取款业务尽量引导到自助设备上进行操作，这样，既可提高自助设备的利用率，又可腾出窗口和柜员为大客户、高端客户服务。做到了差异化、个性化和分层次为客户提供优质服务。全行实现中间业务收入875万元。

【经营效益】 2008年，全行实现经济利润2484万元，比上年同期增加998万元，增长67.16%，人均利润达44.3万元。2009年，全行实现拨备前利润2655万元。2010年，全行实现拨备前、拨备后利润同比双双增长。实现拨备前利润3956万元，拨备后利润3558万元，同比分别增加262万元和391万元。2011年，全行实现拨备前利润3105万元，拨备后利润1055万元。2012年，全行实现拨备前利润3704万元，拨备后利润122万元，引起拨备后利润减少的主要原因是不良贷款计提拨备所致。

【内控建设和风险管理】 2008年，该行开展了综合管理年活动，围绕上级行对内控工作的要求，按部门、网点制订各项内控工作措施，主要有以下几个方面：一是加强安全保卫工作，全行每位员工都与辖属部门的负责人签订了防范案件责任书，按照上级行对安全保卫工作的要求，制定了各种工作制度和管理办法，确保了安全无事故。加强了反洗钱工作，有效遏制了不法分子利用金融机构进行洗钱的反罪活动。二是加强会计基础管理工作，建立和健全各种控制制度，严格临柜操作程序，努力提高服务质量。同时，进一步加强了会计主管、财会监管员和事后监督员的三支队伍建设，完善了临柜授权复核制度。三是抓好各项案防措施的落实。严格执行重要岗位人员“交流、轮岗、强制休假、近亲属回避”制度，全年进行员工岗位轮换12人次，对营业网点大厅均配备了保安，建立了行长、分管领导、部门负责人定期或不定期对监控录像资料进行回放抽查制度，加强对临柜业务操作合规性的监督。

2009年，该行在加强业务经营，加快业务发展的同时，更加注重内控制度建设，并把这项工作与业务经营实行共抓齐管，同步推进。一是狠抓各项制度建设，不断加强内部综合管理，制定了《龙泉支行各类检查整改督办办法》《龙泉支行员工行为考核办法》，签定了《龙泉支行合规经营操作和案件防范责任书》，制定了《龙泉支行网点营业期间防暴预案》等，对制度的落实、各类案件的防范、员工队伍的建设实行双重管理和领导。二是根据上级行的统一部署，先后组织开展了学习实践科学发展观、员工行为守则教育活动、全员防范案件专项治理活动等。通过这些活动的开展，员工依法合规经营的意识得到进一步增强。

2010 年，该行坚持以合规经营、依法经营为基础，不断提高内控管理水平，制定一系列的制度与办法，使每位员工有法可依、有章可循、违法必究。认真部署和开展各项专题教育活动，先后开展了《合规文化建设教育活动》《我的岗位风险点在哪里大讨论活动》《风险大排查活动》，活动紧密结合该行实际，制订了各项活动实施细则和工作方案，并严格按照每项活动的要求，有计划、有步骤、有组织、有督促的推进活动开展，各项活动的开展都与业务经营工作结合起来，做到边开展活动，边查找工作中存在的问题与薄弱环节，做到边查边改，边改边提高。同时，自始至终抓好安全保卫工作。签订了《龙泉支行合规经营操作和案件防范责任书》、制定了《龙泉支行网点营业期间防暴预案》、ATM 机巡查制度等，认真落实安全保卫工作各项制度和措施，实现了全年安全经营无事故。

2011 年，该行开展了“学制度强素质”教育活动。根据上级行的统一部署，制定活动学习方案，在员工中开展活动，举办中层干部“学制度强素质”活动制度学习读书会。认真落实安全保卫工作各项制度和措施，组织全行员工进行消防知识培训，网点进行防暴预案和消防预案演练。加强员工行为分析，重点对员工向企业投资情况进行了全面排查。每月对部门和网点进行一岗双职和履职情况考核，按季召开案防分析会。通过一系列措施的落实，该行在内部综合管理、业务规范化操作和各种风险控制等方面的水平有了进一步提高。

2012 年，该行进一步关注和加强内控基础建设，首先是加强员工思想道德建设，加强廉洁自律建设，规范行为，规避和防范道德风险；其次是抓好基础管理，健全内控体系，严防各类操作风险发生，使操作风险的防范变为全行员工的自觉行为。制订了安全岗位责任制，层层签订责任书，加强员工的“三化三达标”意识。通过聘请龙泉市消防队教员讲课、定期组织学习有关案例、请老员工介绍防假、防诈经验、组织防抢、防爆演习等多种形式，紧绷安全弦。由于制度健全，措施得力，顺利通过了“三化三达标”考核验收，保障了各项业务的顺利开展。

中国农业银行龙泉市支行迁入新址　　　　叶绍强　提供

【硬件设施建设】 为了有效提升农行金融服务能力，2009 年以来该行积极加强硬件设施建设，针对龙泉市城市发展区域东移，原营业网点布局难以适应发展要求的实际，在龙泉市政府和上级行的大力支持下，完成了新的营业办公大楼选址，于 2010 年 7 月开始动工建设。2011 年 8 月，该行位于中山东路（大转盘）离行式自助银行正式投入生产运营，方便了周边商户和居民区的金融要求。2012 年 10 月 22 日，该行顺利搬入新大楼公办营业，新办公大楼的正式对外营业，极大地提升了该行硬件设施和服务能力，为广大客户提供了更优良的服务环境。

【服务“三农”工作】 2009 年以来，根据上级行“统筹城乡、发展县域、服务三农”的指示精神，该行积极扶持当地农业龙头企业和特色经济产业的发展，至 2012 年，与该行有信贷业务的各类农业企业有 19 家，涉及竹木加工、食用菌加工、竹笋蔬菜、茶叶、水果等产业，累计发放贷款 17000 多万元，发放林权抵押贷款 3800 万元。认真做好惠农卡发行和小额农户贷款工作，克服任务重、时间紧的困难，累计发行惠农卡 7862 张，已授信农户 1548 户，授信总额达到 5356 万元，贷款余额达 4374 万元。解决了本市部分农民种植、生产加工农特产品及农户建房等资金困难问题。同时，该行突破“三农”服务方式，积极配合当地政府做好下山脱贫工作，组织人员上门为多个自然村建房困难户办理小额农户贷款业务，真正解决农民贷款难问题。该行惠农卡已覆盖 19

个乡镇287村，为支持新农村建设作出积极努力，赢得了当地农民朋友的称赞和政府部门的认可。

（中国农业银行龙泉市支行）

中国银行龙泉市支行

【概况】 2008—2012年，中国银行龙泉支行全面深入学习、理解中国银行“追求卓越”的核心价值观和以“诚信、绩效、责任、创新、和谐”为主要内容的企业文化精神内涵，充分认识培育和弘扬中国银行核心价值观的重要性、紧迫性和实践意义。通过全体员工艰苦创业，奋力拼搏，支行在竞争中成长，在成长中发展，在发展中壮大，树立了金融服务好、经营实力强、管理水平优、发展后劲足的形象。

【资产业务】 2008年，龙泉支行认真贯彻执行省行、分行工作会议精神，坚持优化战略、科学发展、和谐进取、争先进位，紧紧抓住四个工作重点，以打造一流精品银行为目标，存贷款业务稳步发展，中间业务较快增长，风险管理继续得到加强。各项人民币贷款余额64862万元，比年初新增8156元，完成全年计划143.09%。其中零售贷款余额35387万元，比年初新增3031万元，完成全年计划72.17%；公司贷款余额29475万元，比年初增加5125万元，完成全年计划341.6 %；外汇公司贷款96.23万美元，比年初新增38.85万美元。

2009年，抓住机会，理清思路，确立有效措施取得了授信客户翻番，新增占比第一的好成绩。各项人民币贷款余额91381万元，比年初新增26519元，完成全年计划203.99 %，新增占比为33.06%，贷款余额市场占比为26%，完成了争先进位的目标：零售贷款余额39161万元，比年初新增3775万元，完成全年计划62.92%；公司贷款余额52220万元，比年初增加22745万元，完成全年计划324.93%。外汇公司贷款1024万美元，比年初新增855万美元。

2010年，是信贷政策相对宽松的一年，龙泉支行抓住机会，理清思路，确立有效措施取得了授信客户。银承客户从年初的7家增加到21家，开立银承金额超过2.3亿；汇利达产品客户也从2家增加到了7家；国内信用证开证成功。到12月末，授信客户存贷比为23%左右，比年初提高了近5%，新增存款近8000万元。截至12月底，各项人民币贷款余额102470万元，完成全年计划120%。其中零售贷款余额39275万元，比年初新增1813万元；公司贷款余额63196万元，比年初增加6925万元；外汇公司贷款1882万美元，比年初新增872万美元。

2011年，各项业务实现快速发展，内部管理进一步加强，存贷款业务稳步发展，中间业务较快增长，风险管理继续得到加强，支行呈现良好发展态势。IT蓝图项目3.0版本顺利投产，圆满实现“成功切换、正常营业、风险可控”的目标。2011年，人民币贷款余额1.07亿元，本年新增5610万元。其中，公司贷款余额58711万元，本年新增1907万元；零售贷款余额42978万元，本年新增3703万元；本外币贸易融资余额24184万元。

2012年，支行认真学习贯彻省市分行工作会议精神，因地制宜，以客户拓展为主线，全面推进网点转型规划，以抓核心客户拉动核心存款等各项业务，持续推进精细化管理，强化内控防案，稳固资产质量，加快渠道建设，做优服务品牌，立足新起点，谋求新发展，取得新业绩，纪念中行百年华诞。人民币贷款余额11亿元，新增7306万元，本外币贸易融资余额2亿元，截至2012年12月末，该行国际结算量12761万美元，比上年增加881万美元。

【负债业务】 2008年，受宏观经济调控紧缩、同业竞争加剧等因素的影响，该行的存款也经受了严峻的考验和挑战。面对困难和压力，该行紧紧围绕上级行对存款工作的要求，做好市场调查，明确市场主攻方向，发挥全行员工和客户经理工作的主动性和积极性，提高综合竞争能力，千方百计抓存款。2008年，各项人民币存款完成全年计划97.9%：新增额市场占比同比上升15%；其中储蓄存款完成全年计划124.23%，新增市场占比同比下降0.62%；对公存款完成全年计划92.56%，新增市场占比同比上升3.77%；同业存款完成全年计划103.65%。各项外汇存款完成全年计划400%，其中个人外汇存款完成全年计划384%。

2009年，该行发挥全行员工和客户经理工作的主动性和积极性，提高综合竞争能力，千方百计抓存款，建立“一户一策”的工作机制，确定目标项目库，定人定措施加大对优质客户的营销力度；成立中小企业钻石团队，为龙泉广大的中小企业做好授信服务，紧紧抓住行业的龙头企业，起到良好的示范带头作用，在行业中取得了良好的反响。截至2009年12月底，人民币存款余额为65669万元，年新增21124万元，完成全年计划的146.69%，比年初提升了1.89%。其中，储蓄存款余额28111万元，比年初增加6717万元，完成全年计划104.95%，全口径新增市场占比同比下降0.08%；对公存款余额37558万元，比年初新增14403万元，完成全年计划180.04%。

2010年，龙泉支行认真贯彻执行省行、分行工作会议精神，紧紧围绕支行提出的大投入的发展负债业务、加大力度发展资产业务、更突出的拓展客户群、进一步提高中间业务市场份额四项主要工作，加快网点转型速度，坚持扩规模，提份额，各项业务得到快速发展，总体经营情况良好。2010年，人民币存款余额完成全年计划100%，对公存款完成全年计划103%，同业存款比年初新增8850万元。各项外汇存款比年初新增291万美元。

2011年，受企业资金面偏紧及同业竞争加剧、个人投资渠道多元化等多方面因素的影响，千方百计抓存款、推产品、要存款、发展基础客户群，大投入地发展负债业务，努力壮大资金实力。利润指标快速增长，截至12月底，本外币存款余额103014万元，本年新增19022万元，存款突破10亿元大关。其中，公司存款余额占比14.61%，比年初上升0.61%，储蓄存款余额占比6.44%，比年初下降0.64%。人民币同业存款1.58亿元，新增3683万元，超额完成全年任务。

2012年，宏观形势复杂多变，各种不确定因素明显增加，经济增长下行能力和物价上涨压力并存，加上区域经济发展不平衡，同业竞争加剧、个人投资渠道多元化等多方面因素的影响，全行充分发挥智慧和力量，树立信心，克服畏难情绪，发挥员工的主动性和能动性，开拓创新，迎难而上，实现各项业务又好又快发展。2012年，实现本外币净利润3300万元，比去年增加1025万元。截至2012年12月末，本外币存款余额7.1360亿元。

【合规经营】　2008年，该行加强对外风险管理和对内经营风险管理，为全行经营管理目标的实现保驾护航。加强风险意识，重视资产质量。客户经理做好贷款的三查工作，防止不良贷款反弹。进一步强化内控三道防线建设，切实防范各类风险。及时传达组织学习上级行有关内控文件精神，加强对员工的法纪意识、合规经营、集资风险教育、遵章守纪和职业道德教育，绷紧内控这根弦，提高员工防范风险意识，顺利通过人行组织的反洗钱业务的等外审部门检查及上级行组织各项业务检查和整改工作。

2009年，支行高度重视风险管理，密切注意金融危机中授信企业的风险防范，组织客户经理对授信企业和担保企业进行全面的实地调查；对新的授信企业，加强了贷前调查的力度，做到了解客户，把握风险；同时增加贷后管理，严把贷款资金用途，防止贷款违规进入股市、房市。努力提高抵押率，降低授信业务的风险权重。

2010年，该行坚持“依法合规经营”的理念，强化内部管理，严格遵守“双十禁”和”五个严禁”，并针对省行“模范—2010”内控联合检查中发现的问题逐一进行认真整改，对一时不能整改到位的写出书面材料限期整改并积极向上级行反馈整改进度。及时传达组织学习上级行有关内控文件精神，加强对员工的法纪意识、合规经营、集资风险、遵章守纪和职业道德教育。

2011年，进一步强化内控三道防线建设，切实防范各类风险。及时传达组织学习上级行有关内控文件精神，加强对员工的法纪意识、合规经营、集资风险教育、遵章守纪和职业道德教育，加强风险管控，严格执行“双十禁”和“五个严禁”，通过开展中心组学习、每季度防案分析会、支行每周学习例会等形式的思想教育活动，强化内部管理。积极开展党风廉政教育活动，促进反腐倡廉工作的深入开展，进一步提升了支行领导干部的思想觉悟，从思想上真正树立廉洁自律的工作作风，不断提高全体干部员工拒腐防变的能力。

2012年，强化员工合规教育，切实防范各类风险；严格执行“五个严禁”“四个必须”“双十禁”等规章制度。重视资产质量，加强贷后管理以及押品管理；开展“不规范经营”自查整治工作，严格执行关于服务价格的“七不准”“五个公开”要求。加强个人金融业务风险排查工作,对检查中发现的风险问题认真整改，尽量避免人为操作错误的发生。加强安全保卫工作，做好“三访一保”工作；密切关注违规和失职现象背后的深层次原因，坚持标本兼治，大力整治“屡查屡犯”问题，完善内控管理长效机制。对违反“四个必须”等规定的客户经理要坚决取消授信从业人员资格直至解除劳动合同，违反“五个严禁”者一律清除出员工队伍。

【企业文化】　2008年，该行始终坚持把安全教育工作放在安全保卫工作的首位，开展经常性、内容丰富、形式多样的教育学习活动，如每季度召开一次防案分析会，组织营业网点防爆炸、恐吓、反抢劫应急预案演练，邀请丽水市分行保卫部主任和龙泉市消防队参谋进行保卫知识和消防知识讲课等。未发生各类经济案件和重大事故，获浙江省级“创安”单位和浙江省文明单位称号。2009年，积极申报浙江省级“创安”单位评选。抓好技能练兵，在省行测评中获得100%能手级，文优服务水平保持良好的社会声誉。继续加强企业文化建设，落实核心价值观，领导带头学习宣传，带头践行，自觉成为讲求诚信的模范、创造绩效的模范、敢于负责的模范、学习创新的模范和构建和谐的模范。2010年，进一步提高文明优质服务水平，深化服务理念，提高服务内涵，创立服务品牌，塑造龙泉中行文明优质服务一流形象。继续利用晨会、每周二学习日开展规章制度学习和技能练兵。在2011年省行组织的技能测评中，支行参测人员，获得100%能手级的好成绩。2011年，坚持"以人为本"，文优工作不松懈，在省行组织的技能测评中，支行参测人员克服新系统带来的新课题、新困难，加大训练力度，获得100%能手级的好成绩。2012年，全面深化"服务为善"和精细化管理理念，建立健全标准化客户接待流程、业务操作流程等规范，通过技能练兵、业务培训、测评比赛等活动，不断提升员工业务技能和服务质效，努力塑造龙泉中行文明优质服务一流形象。支行通过深入开展行风评议活动，推进"不规范经营"专项治理工作，进一步规范收费行为，确保合法、合理、合规收费。以群众和企业满意为标准，建立完善行风建设的各项制度，促进行风建设规范化、制度化、科学化，在切实维护好、保持好龙泉良好的金融生态环境方面做出应有的贡献。（黎晓刚）

中国建设银行龙泉支行

【概况】 2008—2012年，中国建设银行股份有限公司龙泉支行切实贯彻国家经济金融政策和总分行各项发展战略，抓住龙泉经济快速发展的良好契机，立足区域经济特色和支行实际，坚持以"市场为导向，客户为中心"的经营理念，采取有效措施，促进各项业务较快发展。至2012年末，各项存款余额161150万元，比2007年末增加86765万元；各项贷款余额162897万元，比2007年末增加52630万元，存贷款在当地四行占比保持第一。实现拨备前考核利润5686万元，人均创利93万元，高于全省平均水平。支行连续保持10多年来无案件、无责任事故发生，荣获建设银行浙江省分行2008年度"平安支行"称号。

【经营效益】 2008年，实现考核税前利润5372.50万元，计划完成率100.51%；贷款实际收益率8.10%,存款付息率1.74%。2009年，实现拨备前考核利润3088.34万元，计划完成率115%，同比减少556.16万元；存贷款净利差为4.29%，比上年同期减少2.07个百分点。

2010年，实现拨备前考核利润3962.11万元，计划完成率96.89%，同比增加873.71万元；存贷款净利差为4.4%，与上年同期增加0.11个百分点。2011年，实现拨备前考核利润4867万元。比上年同期增长866万元。存贷款净利差为4.76%，与上年同期增加0.36个百分点。

2012年，实现拨备前考核利润5686万元，比去年同期增长1319万元。存贷款净利差为5.68%，与上年同期增加0. 92个百分点。

【资产业务】 2008年，贷款余额为90282.45万元，比年初新增11592.82万元，其中个人贷款新增9580万元，全年共发放及支用个人贷款703笔，累计发放16483万元，创历史新高。按五级分类口径，不良贷款余额为71万元，比年初减少3020万元，不良率为0.08%。发放政府类贷款项目53省道八都段改建工程搭桥贷款5000万元。

2009年，贷款余额为104478万元，比年初新增14196万元。公司类贷款新增6976万元，个人类贷款比年初增长7220万元，完成全年计划的222.15 %。按五级分类口径，不良贷款余额为11.20万元，比年初减少59.80万元，不良率为0.019%。政府类龙泉市人民医院迁建项目共授信1亿元固定资产贷款，其中5000万元（期限6年）顺利发放到位。在面对信贷资金紧缺、普通信贷产品无法满足企业资金需求情况下，支行为浙江南祥矿业有限公司办理了丽水分行第一笔保理业务。

2010年，贷款余额为119123万元，比年初新增14645万元，余额占比29.15%，位居第一位，新增占比31.65%。全年累计发放浙江巨泰进出口有限公司等公司贷款40870万元，累计发放了保理业务5300万元、出口发票融资880万元，年底国内保理业务余额1600万元、出口发票累计420万元。五级分类关注类贷款余额72万元，比年初下降47万元，不良贷款余额23.4万元，比年初增加12万元，不良率为0.02%，比年初上升0.01%。

2011年，贷款余额135307万元，比年初新增16184.64万元。支行不良贷款余额526.79万元，不良贷款率0.39%，较年初增加503.39余万元。新投放了一个新农村建设贷款项目，发放贷款6000万元，该项目是龙泉市当年唯一一个新增政府类项目。

2012年，贷款余额达162897万元，新增27589万元，余额占比和新增占比均列四行第一。全行不良贷款余额1597.88万元，比年初增加1069.64亿元，不良贷款率0.98%。新发放的人民医院5000万元固定资产贷款以及6000万元新农村贷款是当地政府性项目表内贷款。

【负债业务】 2008年，一般性存款余额为89351.94万元，比年初增加14966.47万元，完成综合经营计划的196.61%。其中：公司存款余额为45738.85万元，比年初新增3817.47万元，个人存款余额为43613.09万元，比年初新增11149万元。2009年，一般性存款余额为113478万元，比年初增加24126万元，完成综合经营计划的141.92%。其中：公司存款余额为54290万元，比年初新增8551万元；个人存款余额为59188万元，比年初新增15575万元。2010年，一般性存款余额为144132万元，比年初增加30654万元，四行余额占比31.68%，列第一位。其中：公司存款余额为79440万元，比年初新增25150万元，四行余额占比30.14%，列第二位；个人存款余额为64691万元，比年初新增5504万元，当地四行余额占比为33.81%，居第一位。2011年，一般性存款余额159859万元，比年初新增15619万元。其中，公司存款余额84292万元，比年初新增4757万元；个人存款余额69987万元，比年初新增5296万元。2012年，一般性存款余额161150万元，比年初新增6871万元。其中，公司存款余额87535万元，比年初新增3243万元；个人存款余额73615万元，比年初新增3628万元。

【中间业务】 2008年，实现中间业务净收入912万元，同比增加555万元，增长255%，完成年度计划的137%。2009年，实现中间业务净收入818万元，同比减少94万元，完成年度计划的94%。2010年，实现中间业务毛收入1081万元，完成计划的80%。同比增长251万元。2011年，实现中间业务收入1617万元，完成综合经营计划的114.66%，同比增长536万元。2012年，实现中间业务毛收入1053万元，完成综合经营计划78.70%，与上年同期相比减少564万元。

【业务拓展】 2008年，加大“速贷通”“成长之路”“网络银行”信贷产品推广力度，成功营销浙江翔泰工艺品有限公司、浙江荣鑫电源科技有限公司等企业；拓展了龙泉市丰美乐进出口贸易有限公司、浙江施克汽车配件有限公司、浙江创立汽车空调有限公司等新国际业务企业，并加强了和龙泉市外贸公司的合作。

2009年，营销了51省道遂龙线改建工程项目部、龙松公路龙泉段工程指挥部、龙庆高速公路工程建设指挥部、龙泉市城乡居民社会养老保险专户等机构类客户，对全行未来存款市场占比将起到重要的作用。为加大信用卡推广力度，支行对核算中心统一核算的全市机关、事业单位的财务人员进行了信用卡业务知识宣传，同时对公安、市府办、党校、财政、交警等单位进行了公务卡的跟进推广，全年发卡1140户。

2010年，加强资金结算产品的营销，加快了资金结算产品队伍的建设，为支行中间业务收入作出积极贡献。为转变对公柜面人员传统观念，加快资金结算产品队伍的建设，做好客户储备，力争实现每个网点战略性产品零的突破，实现“培养一名产品专家，发展一批优质客户、锻炼一支结算队伍”的目标。支行积极开展资金结算业务营销竞赛活动，共完成回单箱业务36户，完成率达120%，完成通兑业务44户，完成率达146.67%，两项指标完成户数列各支行首位。实现中间业务收入25184元，为支行中间业务收入开辟新的渠道。

2011年，积极营销国库集中支付代理业务和社会保障卡业务。支行营销团队通过走访财政、走访人行，参与营销方案的策划等，成为龙泉市国库集中支付业务独家试点行。通过近一年运行，该项业务得到各单位、各部门的合作、配合，不断走向成熟，2011年支行获得了国库集中支付业务2/3的市场份额，成为支行业务发展新的增长点。同时支行通过多方努力，争取到社会保障卡信息采集卡量22.8%的市场份额。

2012年，建设银行浙江省分行支持低丘缓坡开发利用项目建设暨服务实体经济发展合作协议签约仪式上，龙泉市政府与建设银行正式签订战略合作协议。根据协议，此后三年建行龙泉支行将提供6亿元融资，支持全市低丘缓坡综合开发利用项目建设和实体经济发展。经支行领导与政府领导的频繁接洽、商谈，及与相关部门负责人的反复交流、沟通，对具体问题进行逐一落实，取得实质性效果，至2012年底，浙江省分行对此额度授信已审批。

【风险控制】 2008年，抓好执行力提升，树立合规经营意识，加强风险管理。通过加强学习培训和加大检查力度，提高职工的合规意识，把好客户准入关前移风险控制关口，提高风险控制能力。为有效防范和化解柜面操作风险，提高风险控制能力，逐步杜绝柜面违规操作事项，按照省分行要求在全行推广柜面违规操作事项登记报告制度的有关要求，建立违规事项登记报告制度，切实解决了营业机构柜面操作屡查屡犯以及合规经营与业务发展之间的矛盾。

2009年，进一步强化了管理人员廉洁自律管理。全行组织开展专题案例警示教育，及时组织开展了警示教育片《黑色交易》的学习活动，全行员工认真学习，自觉吸取引发案件的教训，强化案例警示。由分管纪检监察的行领导主讲，全行员工参加的“讲合规、讲操守”安全警示教育讲座，使员工更加充分地认识到“什么能做，什么不能做”。组织支行领导及中层干部参观丽水银监会举办的"银行业金融机构反腐倡廉警示教育"现场展览。组织学习总行纪检监察部门下发的《仰望一种崇高》，通过学习深刻认识到一名优秀党员的政治品质、崇高的思想境界、真挚的公仆情怀、高尚的道德操守。

2010年，加强案件防查，坚决遏制案件和重大责任事故发生。开好风险联席会议，组织全行员工学习《员工职业操守》《员工从业禁止若干规定》，并要求每位员工写心得体会，加强人员动态管理和风险排查，根据《关于开展防治非法高息融通案件专项活动的通知》要求，组织开展了员工代理高投资、高风险行为排查，涉黄、涉赌和员工经商办企业行为排查，并于全体员工签订了《廉洁从业安全运营责任书》和《廉洁合规从业承诺书》，要求员工严格遵守国家的法规、银行的各项制度，履行好岗位职责。

2011年，结合《丽水分行“八大突出案件风险”专项治理工作方案》要求，开展安全运营综合大检查等一系列活动的开展，继续推进支行案件防控、专项治理、整改工作，确保支行全年安全运营、无案件发生。

2012年，组织开展好反洗钱工作。建立健全反洗钱工作考核机制，明确责任，加大宣传，加大检查考核力度，做好客户身份识别、客户身份资料保存和交易记录。做好反洗钱新监测系统的上线推广，层层筛选，有效监测，确保反洗钱数据安全，做好大额重点可疑交易报告工作。加强领导干部反腐倡廉观教育，结合“学规定、知禁令、作表率”领导人员廉洁从业教育活动，开展以案说法、以案说纪接受警示教育活动。

【渠道建设】 加快渠道建设，综合竞争力得到有效提升。加大投入，自助渠道建设稳步实施。为缓解网点排队压力，2008年以来共完成附行式自助银行建设3个，离行式自助银行3个，自助设备总量17台，大大缓解了前台工作压力。同时支行充分利用大堂经理和大堂引导员的岗位作用，积极引导客户向自助设备分流，电子银行账务性交易量占比为55.13%。通过E动终端进校园、入社区进行宣传营销活动，让越来越的客户了解电子银行、使用电子银行，真正实现电子银行渠道对柜面业务的有效分流。 （张丽花）

中国农业发展银行龙泉市信贷组

【概况】 中国农业发展银行龙泉市信贷组成立于1996年底，自组建以来，秉着建设新农村的理念，认真贯彻落实党和国家的金融方针和粮油购销政策，积极支持龙泉市粮食流通体制改革，为稳定全市粮油市场，增加农民收入，促进农村经济发展做出了积极贡献。自2006年以来，农发行的支农功能逐步完善，业务范围不断拓展，坚持在探索中前进，在改革中发展，坚决服从和服务于国家宏观调控，全面落实国家各项强农惠农政策，把实现良好的社会效益作为最重要的价值追求，形成了以支持国家粮棉购销储业务为主体、以支持农业产业化经营和农业农村基础设施建设为两翼的业务发展格局，有效发挥了在农村金融中的骨干和支柱作用。

【信贷业务】 2010年，贷款余额达29915万元，比年初增加3893万元。业务范围覆盖到粮油产业化龙头企业中长期贷款、农业龙头企业贷款、农业小企业贷款、农业科技贷款、农村基础设施建设贷款、县域城镇建设贷款等多个领域。龙泉市三大农业主导产业中的龙头企业均在该行开户，并建立了信贷关系。各项存款余额9412万元，比年初增加4918万元，通过该行回笼的外汇货款占了整个龙泉市外汇货款的10%；不良贷款继续保持零余额。

2010—2011年，累计完成了4家企业10笔流动资金贷款的续贷工作，续贷金额9140万元。2011年，新增浙江天和食品有限公司企业科技中长期项目一笔，金额1400万元；新增龙泉市粮食收储有限责任公司仓储设施建设贷款一笔，金额1100万元，此两项目在该行信贷资金支持下，工程建设进展顺利，完成项目主体工程，并成为龙泉市2011年度投资项目“明星工程”。两年来累计发放贷款26192万元，累计收回贷款18302万元，并确保了到期贷款均按期及时足额收回，不良贷款继续保持零余额，各项贷款利息收回率达100%。

2012年12底，信贷组已建立信贷关系客户共10个，贷款余额28298万元，存款余额10169万元。全年累计发放贷款14笔，金额8755万元，累计收回贷款24笔，金额13638万元。继续做好储备粮油轮换资金的供应与管理工作。年初，信贷组与发改、财政等部门联合发文确定了2012年龙泉市储备粮油轮换计划，全年共发放贷款1385万元支持市粮食收储有限公司轮换储备粮317万公斤，储备油7万公斤，确保龙泉市粮油市场安全。

【信贷基础管理】 5年来，加强客户信用等级、授信管理。通过开展信用等级评定，统一授信工作，稳步发展符合该行信用等级评定及授信额度要求的新客户，逐步退出信用等级较低的客户，限制有不良信用记录和存在重大安全生产隐患等的客户，提高该行风险防控能力和信贷管理水平。认真开展贷款客户风险排查和分类工作。每年至少组织两次全面信贷检查工作。对于资金走向不合规、不同账户之间资金划转频繁或项目建设存在明显风险隐患的，密切关注，及时跟踪。

【企业文化】 面对新形势，中国农业发展银行龙泉市信贷组作为以服务“三农”为根本宗旨的基层组织，建设新农村是义不容辞的责任和义务。2008年以来，信贷组始终坚持把先进的企业文化作为兴组之魂，以建设农发行价值体系为核心，以推动改革发展、有效履行职责为出发点和落脚点，着力构建具有农发行特色的企业文化，培养高度的文化自觉性和文化自信心，处理好速度、结构、质量和效益的关系，使业务发展建立在稳步发展、结构优化、保质保量、效益甚佳的基础之上。同时，深化和践行“以人为本”的理念，强化“企业即人、企业靠人、企业为人”的人本理念，满足员工的合理要求，强化员工的主人翁意识，提高员工的工作积极性，进一步提升组员的凝聚力和向心力。重视员工自身素质的培养，争取实现员工价值升华和信贷事业发展的有机结合。

（中国农业发展银行龙泉市信贷组）

龙泉市农村信用合作联社

【概况】 2008年7月，龙泉市农村信用合作联社进行班子换届调整，新老班子成员精诚团结，分工负责，协调发展，各项工作上了一个新台阶，为全市经济建设和社会发展做出了积极贡献。截至2012年12月31日，各项存款余额23.19亿元，比年初增加4.19亿元，完成全年计划指标的190.50%，存款增长率为22.06%，高出丽水农信系统平均增幅2.34个百分点，位居全市第二位。各项贷款余额17.73亿元，比年初增加3.62亿元，增幅为25.62%，完成全年任务219.13%，高出丽水农信系统平均增幅3.99个百分点，位居丽水农信第一位。按贷款对象分：农户贷款余额11.24亿元，占各项贷款余额63.41%，比年初增加2.74亿元；企业贷款余额6.37亿元，比年初新增1.21亿元，林权抵押贷款4511笔，金额2.48亿元，比年初新增0.3523亿元。涉农贷款余额为17.56亿元，比年初新增3.89亿元，同比增加3.89亿元，涉农贷款增速28.50%，高于全部贷款增速2.89个百分点，涉农贷款增量占比为107.68%，高于上年同期8.06个百分点。不良贷款按四级分类，余额为5708万元，比年初增加2293万元，不良率为3.22%，比年初上升0.80个百分点。按五级分类口径，不良贷款余额7916万元，比年初增加2100万元，不良率为4.46%，比年初增加0.34个百分点。受整体经济持续下行影响，企业形势未见回暖势头，部分授信企业经营财务状况仍未根本改观，不良贷款有所增加，但抗风险能力提高。2012年，实现业务收入1.95亿，比去年增加5302万元，同比增加1575万元，增长37.3%，创利润2368.5万元，增长11.28%。上缴各项税收2733万元。

【信贷系统建设】 扩大ATM机和POS机的覆盖面，改变传统的营业场所服务布局，按照现代银行的功能分区、服务分流、便于沟通的要求，不断提高业务自动化处理水平，有效提升对客户的维护、拓展和管理能力，在八都、安仁增设了自动取款机。大力推广“丰收卡”业务，2008年，全市农村信用社共发行丰收卡12782张，总数达2.9万张；丰收卡消费额3361万元。剑瓷社、上东分社、联社账务中心装修完工。在剑瓷信用社装修一新的营业大厅安装了第一部自动叫号系统。开通了全国通存通兑业务，结束了农村信用社客户不能在全国范围内存取款的落后局面，农村信用社的结算手段可以与专业银行的结算手段相媲美。做好各项新业务的设备安装和业务操作辅导工作。根据人民银行的部署对新版同城交换系统进行了上线前的演练准备工作，对系统进行了安装调试，对交换系统参数进行了认真的修改维护，顺利上线运行，结束了同城交换携带软盘的历史。网络改造工作圆满完成，完善了机房的供电系统。

【完成央行票据兑付】 2008年，龙泉联社是全省最后一家完成央行票据兑付的联社。在面对不良贷款占比居高不下等困难条件下，把票据兑付工作作为一项政治任务和首要工作来抓，成立了专项票据兑付考核领导小组和票据兑付工作办公室，建立了清收小组，实行了清收业绩与工资职务挂钩、末位淘汰、加大考核力度、实行内部通报、采取责任清收等一系列内部清收措施，通过法律清收、调剂资金上存增加收入以加大不良贷款核销力度，从而实现了不良贷款双降，达到央行专项票据兑付的硬指标要求。成功实现了586万元专项票据按期兑付，为全省专项票据按期兑付画上了圆满句号。

【完善规章制度】 2008年，进一步完善各项规章制度。制定了《龙泉市农村信用合作联社员工等级管理暂行办法》《龙泉市农村信用合作联社薪酬分配办法》《龙泉市农村信用合作联社贷款责任管理办法》《龙泉市农村信用合作联社资金调度大额投资实施细则》等规章制度，以及发展战略规划委员会议事规则。

【支持“三农”发展】 积极开展农村金融生态环境建设，建信用示范村，增强农村信用意识。2008年，创建上垟镇小黄南村林农“信用示范村”。利用创建“信用村”这一载体开展信贷支农服务，进一步推动龙泉市新农村建设步伐。2010年，龙泉联社组织开展“走千家、访万户、共成长”和“农信干部下基层办实事”等活动。认真抓好合规操作，狠抓业务拓展，支持“三农”发展，全年各项业务取得了新业绩，各项工作有了新突破，为社会经济发展做出了新贡献。制定《“银行卡助农取款服务”实施细则》，各基层网点积极行动起来，在农村选择具有一定经济实力、信誉良好的商户安装“丰收电话宝”设备，借助“丰收电话宝”的刷卡实时转账功能，以指定商户采取备付现金支付的方式为借记卡持卡人提供银行卡助农取款服务。安装了丰收电话宝49台。

【推行客户经理制】 加快改革力度，推行客户经理制，积极探索客户经理管理模式。2011年出台了《龙泉市农村信用合作联社公司类客户经理(资源工)管理办法》，聘请一名掌握一定客户资源的人为公司类客户经理(资源工)，客户经理日均存款达到3000多万元，日均存款是全部员工人均存款总额的5倍以上。成立联社营销部，出台《龙泉市农村信用合作联社营销部客户经理绩效考核办法》，聘用3名营销部客户经理。2011年6月出台《龙泉市农村信用合作联社综合客户经理绩效考核办法》，推行全员客户经理制，建立和完善客户经理业务拓展的绩效考核机制和激励约束机制，充分调动客户经理的工作积极性，促进各项业务的可持续发展。

【增资扩股工作】 2011年末，龙泉联社股本金1656.7万元，资本充足率为8.07%，低于银监部门10.5%新的监管要求。为此，联社成立了股权改革工作领导小组和股权改革工作推进小组，明确责任与分工，2012年3月份对2559户的社员进行了全面调查摸底，掌握了解社员入股意愿，拟定增资扩股方案。经省农信联社批准后，至第三季度末，新增注册资本8249.01万元，注册资本为9905.71万元，资本净额为29374.7万元，资本充足率达13.94%，核心资本充足率为12.68%，增资扩股工作圆满结束，提高了联社抵抗风险的能力。

【干部竞聘上岗】 2012年，上下联动，做好中层干部人事调整工作。竞聘工作遵循“公平公正”的原则，启动“敬老爱贤，大学生成长”计划，共设置63个竞聘岗位，牢牢把握“年轻化、知识化、专业化”的干部聘任原则，大力推行干部人事制度改革，积极通过中层干部竞聘上岗等有效形式，将一批政治素质高、管理能力强、业务水平过硬的人员充实到管理岗位上来，充分发挥他们的示范带动作用，推动思想政治工作的有效开展。通过笔试、演讲、民主测评等程序，挑选优秀中层干部。经过换岗竞聘，有26名年轻员工通过实行了竞聘走上中层干部岗位，联社中层干部的平均年龄由原先的男女均45岁，调整为男38岁、女35岁，实现了干部年轻化，为员工提供了良好的晋升通道，全面提高了全体干部员工的工作积极性，取得了预期的效果。

【打响农信品牌】 2012年，龙泉市农信联社以开展“文化建设推进年”活动和浙江农村信用社成立60周年为契机，完善系统文化体系，进一步打造农信品牌。在2012年龙泉市工商局联合龙泉市消保委对消费者关注的银行、保险、酒店、通讯等八个行业进行“消费者满意的行业单位”特别调查活动中，通过调查问卷真实地反映广大消费者对各家金融机构服务水平的满意程度，最后经过网络投票和信函投递调查统计，龙泉市农信联社在参评的9家银行中脱颖而出，成为龙泉首家获得“消费者满意银行”殊荣的单位。在民主评议活动中获龙泉市银行系统群众满意银行称号。 (梅松巍 周祖华)

中国邮政储蓄银行龙泉市支行

【概况】 中国邮政储蓄银行龙泉市支行于2008年5月29日正式挂牌成立，标志着龙泉邮政金融发展步入一个崭新的时代，是在改革邮政储蓄管理体制的基础上组建的国有商业银行，从“邮政储蓄机构”到“邮政储蓄银行”，邮政储蓄经历了质的重大转变。支行共有自办网点3个，代理网点13个，共有城乡网点16个，ATM总量19台，“农村银行卡助农服务取款点”114个，员工55人(不包括代理人员)。截至2012年12月底，全行存贷规模达19.5亿元，支持“三农”、服务小微企业贷款累计投放超过20亿元，惠及农户、小微企业2000多家。5年来，邮储银行龙泉市支行坚定地朝着建设一流的现代零售商业银行的目标前行，实现了改革顺利推进，业务快速发展，管理水平持续提高，效益大幅提升，帮助企业和群众破解经营困境、破解融资难题，促进共同和谐发展，初步走出了一条适合邮储银行自身特色的发展道路。

【服务“三农”和中小企业】 2008年10月29日，《今日龙泉》报道了《工商邮储齐联手，共助企业越寒冬》的报道，随后《丽水日报》等报刊也作了报道，引起了社会的关注。该行充分发挥覆盖城乡的经营网络优势，经过5年全面性转型升级，实现了传统金融业务和银行新业务齐头并进、协调发展，积极支持实体经济发展，解决中小企业、个体工商户资金缺乏的问题。一个方便、快捷、覆盖面广、纵横交错的多元化邮储银行网络全面建成。2011年，开展了“三月三”龙泉市首届原唱歌曲演唱会和“邮储银行杯——一路红歌一路情”爱国歌曲大家唱活动，联合省摄影家协会、市委宣传部、市文广新局共同举办2011年“三农杯”龙泉邮储全国摄影大奖赛。

【加快金融创新和转型】 5年来，该行深入贯彻落实农村金融改革，加快金融创新，“林权抵押”“公司+农户”信贷创新产品得到总行批复开办，成为“全国首批、浙江唯一”的试点单位，缓解了农民融资抵押担保不足的问题。利用邮储银行商易通自助机具，在农村布放“邮政储蓄银行卡助农取款点”，解决了偏远山区农民取款难的问题。积极推进农村金融改革，得到市政府和上级行的肯定，获得市政府授予“支农先进单位”、省行“金融支农”活动项目开发三等奖，引起媒体的关注，中央电视台、浙江电视台等多家媒体进行了报道。2009年12月17日，龙泉支行办公场所、营业部同时搬迁，解决了支行办公和营业部不同址的问题。支行新址宽敞整洁，设备齐全，建立了贵宾理财室与VIP窗口，设立客户自动服务区和客户等候区等，改善了银行服务环境，进一步提高了支行的竞争力和良好的服务形象，为支行向商业银行转型奠定了基础。

【文明规范服务】 5年来，支行坚持合规经营，建立和完善服务承诺制度，落实便民服务措施，设立投诉服务热线，接受企业和群众监督。通过文明服务创建活动，规范网点服务行为，提高办事效率，提升窗口形象。支行营业部获得省银行业协会授予的2010年度银行业文明规范服务示范单位、2012年度银行业文明规范服务示范单位。

（中国邮政储蓄银行龙泉市支行）

浙江泰隆商业银行丽水龙泉支行

【概况】 2009年6月28日，浙江泰隆商业银行丽水龙泉支行开业，为龙泉市首家股份制商业银行。自开业以来，该行结合龙泉经济发展实际，因地制宜与其他金融机构形成错位竞争，努力开拓金融服务体系中的盲区，选择小企业和个体工商户为长期拓展的基本客户群，将农村市场纳入服务范畴，支持当地特色农业经济的发展。针对“中小企业融资难”问题，与企业进行交流，了解客户实际需求。以社区化经营为导向，制定有特色的营销策略，以定点、定人、定时的营销方案，将市场做精、做透。以业务推广为中心，突出重点，采取切实有效的措施，全方位推进各项业务快速发展，不断优化信贷结构，取得较好的成效。截至2012年12月末，该行各项存款余额32887.43万元，贷款业务35183.18万元。

【业务发展】 2009年，该行各项存款余额达2.05亿元，存款户数5347户（其中企业账户239户）。储蓄存款余额0.93亿元，企业存款余额为1.12亿元。各项贷款余额2.07亿元，贷款户数462户，户均贷款44.80万元，其中中小企业贷款16773万元，占80.69%；个人贷款4013元，占19.31%。2010年，各项存款余额达3.18亿元，存款户数9896户。各项贷款余额3.36亿元，贷款户数712户，其中中小企业贷款9080万元。2011年，各项存款余额31767万元，比年初增加3305万元，其中储蓄存款余额17592万元，比年初增加2044万元；保证金存款余额3353万元，比年初减少639万元。贷款业务26997万元，比年初减少6751万元；另表外业务37342万元，其中银行承兑汇票3948万元；表内外业务总计余额10345万元。其中，工业贷款余额16788万元；农林业贷款余额1429万元。2012年，各项存款余额32887.43万元，比年初增加873.43万元，其中储蓄存款余额20943.53万元，比年初增加3351.53万元；保证金存款余额1398.55万元，比年初减少1954.07万元；支行贷款业务35183.18万元，比年初增加8800.18万元；另表外业务990万元；银行承兑汇票2213.50万元。

【风险管控和案件防范】 面对日益凸显的操作风险和外部严峻的案防形势，高度重视风险管控和案件防范工作，狠抓内部管理，制度落实。积极进行贷前调查，加强贷时审查，严格把控资料的有效性，强化贷后检查，注重贷款户跟踪走访，有效防范及化解风险，建立客户档案，适时风险提示。在国家整体经济及货币政策趋紧的环境下，企业资金链持续绷紧，逐渐参与到民间融资，造成企业负债率高，极易导致资金断裂，对信贷资金构成危险。通过安排现场和非现场排查方式，排除各类风险隐患，同时规定具体排查流程。严格落实柜面风险底线操作，要求柜员规范交接，在印章交接时，要求电脑录入账号与实物核对一致；盘库交接时不得随意走动，盘好及时锁箱；对违规情况进行相应的处罚。每月组织柜面专项检查，包括风险底线、止付挂失业务、网银业务等，从检查中发现问题，杜绝错误的发生。加强安全保卫防范意识的思想教育，通报学习典型案件，对安全保卫的基本知识及技能进行学习培训。加强节假日期间的值班工作及日常时间安防设施的检查工作，确保正常平稳运行。使每一位员工都能在思想上认识到安防工作的重要性，时刻保持警惕感，并通过安全防暴演练及一些安防案件的学习，提升应急事件的处理能力和保护能力。

【优化服务】 根据总、分行规章制度及廉政建设的相关要求，积极开展全行上下的思想教育工作，要求每一位员工严格要求自己，以泰隆人的原则要求自己。加强廉政建设，使支行在一个健康、开放的工作氛围中开展各项业务，树立泰隆品牌。2011年底，支行通过了标杆网点验收，柜员的整体业务水平有了较大的提高，柜面服务受到客户好评，支行建立起了良好的口碑。同时，开展百日竞赛，调动全体柜员的工作积极性，达到“贷款速度快、服务态度好、办理手续简便”的要求，解决了客户以往“贷款难、手续繁”的难题。按照监管部门“四公开”要求，在营业网点公开服务收费项目和收费价格。2012年5月，新增五项减免收费业务，免费的服务项目达53项，成为泰隆银行最大力度的一次减免服务收费、让利小微企业的活动。2012年，认真贯彻落实中央纪委、省纪委全会精神，加强作风建设，改进政风行风，优化发展环境，广泛动员社会各界参与，发挥群众的监督作用。根据市纠风办、市金融办、人行市支行、市银监局印发的银行系统民主评议行风活动实施方案及总行《关于在浙江省内各分支机构开展民主评议行风活动的通知》要求，深入开展民主评议活动，支行班子高度重视，迅速行动，落实责任，层层推进，把评议活动真正做到家，成效显著。

（泰隆商业银行丽水龙泉支行）

中国人财保险公司龙泉市支公司

【概况】 中国人民财产保险股份有限公司龙泉支公司（以下简称人保财险龙泉支公司）截至2012年底，有正式员工31人，其中退休4人，离休1人。公司下设办公室、理赔部、车险部、非车险部、农险部。2008—2012年，人保财险龙泉支公司立足服务民生、创新保险服务举措、积极参与龙泉地方经济建设和社会风险管理体系建设。与此同时，公司积极主动承担和履行社会责任，服务经济社会活动能力进一步提升，充分当好龙泉经济建设的助推器和稳定器。

【保险种类】 2009年，乡村干部责任保险条款。2010年，燃气经营安全生产责任险条款，养老服务机构责任保险条款，环境污染责任保险条款。2011年，工程机械设备综合保险条款，变压器保险条款，展览会责任保险条款，司法鉴定职业责任保险条款。2012年，车辆维修企业责任保险条款，校车承运人责任保险条款，航空旅程延误和航空行李延误保险条款，高尔夫一杆进洞保险条款。

【保险承保】 2008年，主要承保：机动车辆（不包含摩托车）2422辆（次）；企业94家，承保家庭财产险673户，全年实现国内财产险业务保费收入

2008—2012年人保财险龙泉支公司保费收入表

表19

年份	保费收入（万元）	保费收入比上年增长率（%）
2008	2324	-6.48%
2009	2343	0.82%
2010	2843	21.34%
2011	3617	27.22%
2012	4506	24.58%

2008—2012年人保财险龙泉支公司理赔情况表

表20

年份	赔件数（件）	赔款金额（万元）
2008	2469	987
2009	2684	1304
2010	2579	1384
2011	2789	1983
2012	3496	2596

2324 万元。2009 年，主要承保：机动车辆（不包含摩托车）2442 辆（次）；企业 95 家，承保家庭财产险 678 户，全年实现国内财产险业务保费收入 2343 万元。2010 年，主要承保：机动车辆（不包含摩托车）2963 辆（次）；企业 123 家，承保家庭财产险 823 户，全年实现国内财产险业务保费收入 2843 万元。2011 年，主要承保：机动车辆（不包含摩托车）3770 辆（次）；企业 156 家，承保家庭财产险 1047 户，全年实现国内财产险业务保费收入 3617 万元。2012 年，主要承保：机动车辆（不包含摩托车）4697 辆（次）；企业 194 家，承保家庭财产险 1304 户，全年实现国内财产险业务保费收入 4506 万元。

【保险理赔】 2008 年，处理赔案 2469 件，支付赔款 987 万元，赔款金额较大的险种有机动车辆 725 万元。2009 年，处理赔案 2684 件，支付赔款 1304 万元。2010 年，处理赔案 2579 件，支付赔款 1384 万元。2011 年，处理赔案 2789 件，支付 1983 万元。2012 年，处理赔案 3496 件，支付 2596 万元。

【内部管理】 2008 年，人保财险龙泉支公司根据不断发展的市场需要，制定客服部考核办法，进一步增强理赔人员的责任心，切实提高理赔工作效率和服务质量；同年 9 月，公司成立责任险统保项目服务工作小组。2009 年，公司强化“规范合规经营，创公司品牌”的理念，制定带头规范合规经营，学习贯彻新《中华人民共和国保险法》，创人保龙泉支公司品牌。完善业务考核办法，并制定《2009 年工作管理目标及部门指引》；从 6 月起，实行赔案核赔通过后马上短信通知保户，告知保户赔案的赔款金额等信息，创新理赔服务。2010 年，公司通过“学习河北经营，深化科学发展，提高公司核心竞争力”活动，完善承保及理赔的服务流程，以“促发展、保效益、防风险”为工作核心思想，控制综合成本，提高工作效率、执行力和盈利能力，不断增加优质客户，提高客户服务水平，带头规范市场秩序，做到依法合规经营。2011 年，公司坚持“以人为本，和谐奋进”的企业文化，以“拥有伙伴，携手奋进”为主题，把效益第一的经营理念完全贯穿到各项工作的各个环节，渗透到全体员工，并贯穿于各项工作的始终；多管齐下，有效降低赔付成本，继续加强理赔查勘、定损、报价等七个环节管控力度，严格执行查定分离工作，细化措施，明确责任，认真落实考核制度，严格理赔流程；提升服务水平，从服务行为、言语、礼仪、沟通能力和修养上提高；加强公司的执行力建设，进一步完善岗位考核办法和业务考核办法。2012 年，公司积极转变发展方式，强化管控基础，提高精细化管理水平，提升财务经营水平，加强预算和成本管理，积极推行目标责任管理，不断优化业务质量，节约理赔成本，提高经济运行质量，夯实效益管控基础，保持领先的盈利水平；全力推进“服务制胜”战略，切实保障保险消费者权益，努力打造保险服务第一品牌，培育公司特色服务文化，不断提升公司销售能力和核心竞争力。

【客户服务】 自 2008 年起，公司成立“95518”话务质量监听分析小组，以利于专线工作人员在工作中不断完善和提升。同时，“95518”给每位人保客户发送温馨短信，进一步提升公司的服务水平。2009—2012 年，公司在全系统推行“五零标准”（零占线、零积压、零差错、零推诿、零距离），充分发挥专线受理报案、调查查勘、咨询服务、受理投诉、客户回访等职能作用，全力打造当地财险市场第一服务品牌。（人保财险龙泉支公司）

中国人寿保险公司龙泉市支公司

【概况】 中国人寿保险股份有限公司龙泉市支公司，为中国人寿保险（集团）公司下属子公司。公司坐落于龙泉市中山东路 143 号，公司向个人及团体提供人寿、意外和健康保险产品，涵盖生存、养老、疾病、医疗、身故、残疾等多种保障范围，全面满足客户在人身保险领域的保险保障和投资理财需求。2008 年，公司投入资金 40 多万元，对一楼客户服务中心进行装修，以公司 CI 标准化设置建成 200 多平方米的“标准客户服务大厅”。2012 年 3 月，再次投入 11 万余元对办公大楼二楼办公场所及外墙进行整修，是龙泉辖内唯一一家拥有自有房产及标准化办公场所的寿险公司。2008 年，龙泉辖内有包括中国

2008—2012 年总保费及人力发展一览表

表21

年份	总保费收入（万元）	保费环比增长率(%)	人力（人）	人力环比增长率(%)
2008	5204	/	130	/
2009	5607	7.7	160	23
2010	5479	-2.2	113	-29.3
2011	4557	-16.8	139	23
2012	6817	49.5	143	2.8

人寿、平安人寿及太平洋寿险公司在内的3家寿险公司，到2012年发展成为包括新华人寿、阳光寿险、人保寿险、泰康人寿在内的7家寿险公司。

【业务发展】 中国人寿2008至2012年实现保费收入27664万元，市场份额占比为52.1%。中国人寿注重自身的业务发展，成立至今各项保费收入及经营绩效考核一直位居全市领先地位。尽管龙泉市的保险主体在增加，但中国人寿各项业务仍呈现积极、健康、稳步发展态势，并与市四大国有银行、邮政、邮储、稠州、信用合作联社等建立了良好的银保合作关系，与政府部门建立"政府主导、整合资源、优势互补、互助共赢、长效协作"的政保合作项目，打造全省首个保险服务民生示范城市。

【政保合作项目】 2003年起，中国人寿龙泉支公司积极开拓，与龙泉市社保局等相关部门合作，先后开展了多项商业保险与社会保障体系对接的政保合作项目。一是与龙泉市社会保险事业管理中心合作开展的城镇职工高额补充医疗保险、城乡居民医疗保险，充分发挥了商业保险公司专业优势、队伍优势、服务优势、机构网络优势，有效减少了政府有关职能部门的重复投入，降低了政府部门的运营成本。二是与计生协会合作，通过计生系列保险，不仅促进了计划生育长效节育措施的落实，而且提高了独生子女领证率，一定程度上解除了广大育龄群众和基层计生干部的后顾之忧，有效推进了计划生育工作。三是通过对乡镇保洁员、应急队员人身保险和农村小额人身保险等，为社会低收入人群、高危从业人群提供了保障，对社会维稳工作起到了积极作用。此项目自合作以来至2012年底，共实现保费收入2516.25万元，为全市8000余人提供了理赔服务，保障人群涉及全市28万人口。

2012年7月20日，龙泉市政府与中国人寿丽水分公司签署了《龙泉市保险服务民生示范城市建设合作框架协议》，该合作框架协议的内容包括：龙泉市政府出台保险相关扶持政策，中国人寿提供优质的保险服务，进一步合力提高城镇职工高额补充医疗保险、城乡居民基本医疗保险、计生系列保险、乡镇（街道）应急队员意外伤害保险、农民自建房意外伤害保险等；开展金融保险服务创新，建立市、乡（镇）村三级综合保险服务平台，合力打造全省首个保险服务民生示范城市。2012年9月21日，龙泉支公司与查田镇人民政府签署了《查田镇保险服务民生示范镇建设合作框架协议书》，标志着龙泉市政保合作项目跨入实践合作阶段。

【乡镇网络建设】 2012年2月，中国人寿龙泉支公司与龙泉市人力社保局合作，共同建设集社会养老及商业保险保障于一体的城乡居民养老保险服务平台。在龙泉市社保中心建立市级城乡居民养老保险服务平台，配备6名工作人员，在龙泉市19个乡镇（街道）及查田镇溪口村、竹舟村、溪西村、圩头村四个"大社保"示范村，配备23名保险保障人员，建立乡镇（村）级城乡居民养老保险便民服务中心，使村民足不出村即可办理各项社会保险保障业务：一是开展城乡居民社会养老保险政策咨询、参保登记、信息变更等工作，同时对每月即将到期的到龄人员进行预测，按时发放已到龄人员的养老保险等工作；二是开展资料审核，参保人员注销表格的发放、填写说明、收集资料、审核登记等，办理身故人员的丧葬补贴、退保费等工作，同时开展退伍军人的资料审核工作，大大提高了资料库的信息质量；三是根据政府社会保障体系建设的整体工作安排，积极开展社会保障卡发放工作，确保社会保障卡发行发放工作顺利开展；四是协助卫生部门开展新型农村合作医疗保险工作，积极做好新型农村合作医疗保险的新办、补卡、更改个人资料工作，进一步加强了新型农村合作医疗服务工作。该服务平台建立以来，已为35072名参保人员办理养老保险给付手续，为5124人次办理医保卡登记、发放手续，为276名退伍军人办理养老保险，协助龙泉社保部门为3800余人次提供社会养老保险政策咨询服务，发放保险宣传资料2000余份。

【风险管控】 2008年起，支公司着重健全各项规章制度，制定、补充、修订、完善各项管理规定和预算考核办法，日常考核、季度考核和年终考核相结合，将责任进行层层分解，落实到人，提高管理质量和效率。连续五年开展"诚信我为先"主题活动，要求销售人员遵守销售行为规范，不违规、不做假，采取真实行动、搜集真实信息、反应真实情况；销售人员以真心和真情服务广大消费者，不误导、不欺骗，赢得客户的理解、支持和信任。支公司每天利用早会时间对销售队伍进行产品、案例分析等培训，以提高其整体素质。同时公司设立销售督察专职人员，对保单进行逐一回访、排查，杜绝销售误导、代签名等违规现象的发生；对销售人员的信用等级每半年进行一次评定，公布并颁发证书；做好反洗钱排查工作，每月向人民银行及市公司上报可疑保单资料，以维护正常的金融秩序。

（中国人寿保险公司龙泉市支公司）

中华联合财产保险公司龙泉支公司

【概况】　2008—2012年，中华联合财产保险股份有限公司龙泉支公司（简称中华联合财险龙泉支公司）坚持"稳健、创新、持续、高效"的经营理念，秉承"忠诚服务，笃守信用，回报社会"的服务宗旨，积极探索"符合市场需求，具有自身特色"的发展思路。经过5年的砥砺奋进，公司经营规模不断扩大，业务取得快速发展。到2012年末，公司当年保费收入1084万元，连续三年保费收入突破千万元。2008年起连续4年获得"省先进基层机构"称号，2010年还获得总公司"先进基层机构"称号。

【业务发展】　2008年，公司保费收入733.81万元，同比增长7.84%。支付赔款368.13万元，赔付率为50.17%。2009年，公司保费收入936.78万元，同比增长27.66%。支付赔款340.39万元，赔付率为36.33%。2010年，公司保费收入1151.39万元，同比增长22.91%。支付赔款430.30万元，赔付率为37.37%。2011年，公司保费收入1105.71万元，同比下降3.96%。支付赔款499.33万元，赔付率为45.16%。2012年，公司保费收入1084.05万元，同比下降1.96%。支付赔款559.39万元，赔付率为51.60%。

【优化管理服务】　2008年，公司认真落实总公司"继续两个坚持，推进三个创新，深化四个调整，实现公司又好又快发展"的业务指导思想，坚持自强不息、勇于拼搏、求真务实、艰苦创业的精神，坚持效率为先的经营策略，加强风险管控。优化业务结构，在做好、做大车险业务的同时，有计划地拓展人险等非车险业务。为了增加公司在市场的知名度和消费者的认同感，公司积极参与了"第三届龙泉宝剑·龙泉青瓷节"的节庆活动，为在杭州举办的龙泉青瓷精品展提供精品青瓷运输途中的货物运输保险。2009年，公司按照上级公司实行"三个集中管理"（承保集中管理、理赔集中管理、财务集中管理）和一系列抓管理、降费用、争效益的措施，坚持以提速促增收、以提质促效益、以渠道拓市场、以服务优树形象、以合规经营防风险，严格执行车险、非车险行业自律，营造健康有序的行业发展环境，严格执行无现金收付、见费出单、单证管理等规定。2010年，是公司的理赔质量年，为了进一步提高理赔时效和服务水平，公司对理赔客服人员制定了更加细致的工作流程及一系列管控措施，严格执行理赔工作规范，提升理赔质量，同时公司实现所有车险客户理赔信息网上查询，客户可随时掌握理赔进度，服务更透明。2011年，公司成功推出电销车险业务，建立统一的售后服务制度，完善电销业务单证管理、配送收费及结算流程，通过减少环节，降低成本，直接把降低的成本让利给车主，让车主受惠，在让利的同时也增加了企业的竞争力。2012年，公司扎实开展反洗钱检查活动，从反洗钱组织机构、内控制度执行、宣传培训、档案管理四方面进行全面检查和梳理，组织开展了反洗钱培训。（中华联合财险龙泉支公司）

银河证券龙泉新华街营业部

【概况】　2008—2012年，是银河证券股份有限公司龙泉新华街证券营业部实现快速成长的5年。龙泉新华街营业部的前身为龙泉服务部，成立于1995年11月，隶属于丽水证券营业部，2009年12月4日经证监会批复后正式升级为龙泉新华街证券营业部，隶属于浙江分公司，总部设在北京。龙泉新华街营业部主要为投资者提供股票、基金债券、融资融券、股指期货等多种交易品种，升级之际在原址进行了全新装修，同时，招募了8名新员工。营业部总面积1000平方米，设立贵宾交易室、散户区、吸烟区和休息区，正式在编员工9人，客户经理20名，其中包括云和团队6人。宽敞明亮的交易环境，方便快捷的交易通道，形象统一的工作人员，彰显出银河证券的国有金融企业形象。5年来，营业部依托中国银河证券总公司的强大实力，辅以浙江银河人不断开拓进取的精神，为龙泉市客户提供全方位的金融理财服务。

【服务管理】　龙泉新华街营业部设总经理1名，内部设立运行管理部、市场营销部和理财服务部3个部门，各部门之间相互扶持，精诚合作。龙泉新华街营业部始终坚持银河总的企业文化精髓：忠诚、包容、创新、卓越，客户至上、忠诚为本，一流服务、最佳投行，创造价值，增长财富，智慧财富，金山银河。树立银河品牌形象，真诚热情服务客户。

【债券质押式回购业务】　在银河总部的带领和支持下，龙泉新华街营业部积极开拓进取，在第一时间学习债券质押式回购业务，寻找目标客户开展此项业务。债券正回购业务的操作思路是先以客户的自有资金购买债券现券，再以现券质押入库正回购进行融资，所融资金可再次用于买入债券现券，第二次购买的债券又可质押入库融资，再用于买入债券现券，如此往复循环，以获得最大限额的投资收益。由于融入资金的回购利率较低，买入债券的收益率较高，客户在风险控制的前提下反复操作从中获得两者的利差收益，在股票行情低迷时期给当地的客户提供了一种新的盈利途径，给客户带来了可观的收益，客户之间口径相传，又吸引了一些新的客户入场操作，在推广创新业务给客户带来收益的同时，提高了营业部的交易量，实现双赢模式。

【企业私募债知识培训】 2012年6月27日，龙泉新华街营业部携手龙泉市政府金融办举办一场针对中小企业私募债的培训会，邀请了龙泉市近百家企业负责人参加。培训会上，银河证券投行部梁胜博士讲解发行私募债的背景、意义、流程以及发行过程注意的环节问题，并与参会的企业家进行互动，细致耐心解答与会者提出的相关问题。会后，梁胜博士受邀走访了当地的几家企业，与几家有意向的企业进行了深入地沟通和跟踪服务。（银河证券龙泉新华街营业部）

经济管理

计划管理

【概况】 龙泉市发展和改革局(以下简称市发改局)是负责研究提出国民经济和社会发展战略、规划、计划、总量平衡、结构调整的市政府组成部门,于2005年7月机构改革时组建,前身为市发展计划局。2008—2012年,全市计划管理工作坚定不移实施“生态立市、工业强市、旅游兴市”战略,在严峻复杂的国际国内宏观形势下,全市经济社会保持了健康较快发展的良好态势,为建设“活力龙 幸福泉”奠定了坚实的基础。2012年,全市实现国内生产总值85.7亿元,比2008年的47.4亿元增长81%;人均国内生产总值36680元,比2008年的18106元增长102%;一、二、三产比例调整为13.4:47.4:39.2。

【规划管理】 对《龙泉市国民经济和社会发展第十一个五年规划纲要》进行了中期评估。组织开展“十二五”规划编制工作,完成了《龙泉市国民经济和社会发展第十二个五年规划纲要》及38个“十二五”专项规划的编制,纲要确定了“十二五”时期龙泉经济社会发展的总目标、总任务,经市第十二届人民代表大会第五次会议审议通过。进一步加强和规范了规划的立项申请、计划安排、起草编制、论证衔接、审核发布等工作。

【计划管理】 2008—2012年,在充分调查研究和全面分析国际国内经济发展趋势基础上,结合龙泉实际,每年作出当年国民经济和社会发展计划执行情况与新一年度国民经济和社会发展计划草案报告,提交市人民代表大会审议通过。在经济分析、投资分析、社会分析三大体系的基础上,建立了重点企业监测网络,对全市国民经济和社会发展进行全方位的监测。围绕龙泉市经济发展中的一些重大问题和经济运行当中的热点、难点、焦点和亮点,深入开展专题经济分析调查研究,为领导提供了决策参考。

【社会发展】 人民生活不断改善,2012年城镇居民人均可支配收入和农民人均纯收入分别达到27930元和9127元,同比分别增长12.1%和13.7%。城乡面貌焕然一新,2012年市区建成区面积扩大至13.1平方公里,城镇化率达到54.5%;安仁、八都、查田镇成为省级和丽水市级中心镇,积极创建美丽乡村,2012年培育中心村30个,打造特色文化村30个,实施村庄整治65个、旧村改造续建村25个。文化教育和医疗卫生事业加快发展,龙泉浙大中学、实验幼儿园、标准化学校建设、青瓷文化创意基地、图书馆等一批项目相继开工并建成,中职校成为省职业教育改革与发展示范学校和省一级中等职业学校;成功创建浙江省文化先进市,成功举办每年一届的龙泉青瓷·龙泉宝剑文化旅游节;深入开展医疗卫生体制改革。社会保障和就业取得新成效,在丽水市率先建立“333”大社保机制;2012年新增城镇就业人员2465人,城镇失业人员实现再就业1054人,城镇登记失业率为3.27%,开展农民素质培训6068人,实现农民转移就业2368人。

【投资管理】 负责重点项目和政府性资金投资项目的综合管理,对政府性投资项目严格执行法人(业主)责任制、招投标制、合同管理制、建设监理制,确保工程质量和资金使用效益。制定并提交市政府出台《龙泉市重点项目白皮书制度》《龙泉市政府投资项目审批流程》等政策文件,实行项目审批过程的全程服务和工程建设过程的跟踪督查。2008—2012年,全社会固定资产投资由28.2亿元增加到53.1亿元,增长88.3%,全市有21个项目列入省重点建设项目,有36个项目列入丽水市重点建设项目,龙庆高速公路、龙浦高速公路等一批重大基础设施项目的相继开工建设。

【生态休闲养生经济】 2012年，成立生态休闲养生（养老）经济工作委员会及其办公室，在发改局内设生态休闲养生产业发展科。编制完成并发布了《龙泉市生态休闲养生（养老）经济发展规划》。（夏应文）

【铁路发展】 2010年，成立龙泉市铁路发展领导小组，负责铁路线位争取及相关工作。2012年7月，《浙江省铁路网规划（2011—2030）》将衢宁铁路开工时间定于2014年，"十二五"期间投资60亿元。8月，成立龙泉市铁路工作委员会及其办公室，并下设市铁路建设服务中心，为股级公益一类全额拨款事业单位。11月，完成铁路前期航拍工作，12月底，铁道部联合浙闽两省向国家发改委上报衢宁铁路项目建议书，标志着衢宁铁路项目前期进入关键阶段。

【能源工作】 2008年3月，龙泉市开始启动小水电CDM项目开发工作，先后有两批四个打捆项目包十八个水电站顺利通过国家清洁发展机制项目审核理事会第五十次、第六十二次会议审定，两个打捆项目包十个电站经过联合国第三方（DOE）现场审核，一个打捆项目通过联合国注册。2011年6月2日，龙泉市人民政府与浙江省能源集团有限公司签署《战略合作协议》，约定浙江省能源集团"十二五"期间内在龙泉市投资总额不少于10亿元。全省首座生物质发电厂（查田生物质发电）于2011年10月19日开工建设；城市天然气项目于2012年9月12日开工建设。2012年，金宏瓷厂年产1700万件青瓷窑炉综合节能改造项目列入资源节约和环境保护中央预算内投资项目。这些项目的实施，将有效促进龙泉市能源消费结构的调整，建立安全、可靠、清洁、高效的能源保障体系，实现绿色发展。2012年12月，市发改局设立综合能源科，统一管理全市能源工作。

【医疗卫生体制改革】 建立深化医药卫生体制改革领导小组，并设立医改办（设发改局），2010年6月24日，出台《关于深化医药卫生体制改革的实施意见》（龙委〔2010〕7号），6月30日，出台《关于印发龙泉市深化医药卫生体制改革的阶段重点工作任务与部门责任分解的通知》（龙政办发〔2010〕95号）。2011年3月25日零时起，全市48家政府举办的社区卫生服务中心、服务站、乡镇卫生院以及卫生分院实施国家基本药物制度。2012年10月31日零时起，全市98家自愿参加紧密型一体化管理的村卫生室实施国家基本药物制度，实行药品零差价销售。（周世娟）

【循环经济】 积极开展生态文明建设，深入实施《龙泉市人民政府关于推进循环经济发展加快建设资源节约型社会的若干意见》，将循环经济发展重点项目优先纳入国民经济和社会发展年度计划和财政预算。全力争取政策和资金扶持，2008—2012年，有3个项目列入资源节约和环境保护中央预算内投资项目，6个项目列为省发展循环经济"991"行动计划重点项目，争取扶持资金1000余万元。

【课题研究】 在经济运行、项目推进、投资管理、生态建设、体制改革等领域进行深入调查研究，提出了相应的措施和建议，为推动龙泉市经济社会发展出谋划策，为市委市政府做好决策参谋。每年下达课题研究计划，年终汇编成册，2008—2012年，总共完成了《建设浙闽赣三省边际区域物流中心的思考》等70余篇调研文章，被国家、省、市级报刊采用10余篇。（周小宝）

安全生产监督管理

【概况】 根据《中共丽水市委办公室、丽水市人民政府办公室关于印发〈龙泉市深化完善政府机构改革方案〉的通知》（丽委办）〔2005〕37号），设置龙泉市安全生产监督管理局；2005年11月1日，市府办印发《龙泉市安全生产监督管理局职能配置、内设机构和人员编制规定》，确定龙泉市安全生产监督管理局职能配置、内设机构和人员编制。建立安全生产监察大队，重点部门和19个乡镇（街道）建立了安全监管机构，455个村居设立了安全协管员。

5年来，市安监局认真贯彻"安全第一、预防为主、综合治理"的安全生产方针，求真务实，锐意进取，树立"以人为本、安全发展"的思想理念，唱响"加强安全监管，打造平安龙泉"的主旋律，尽力为经济发展保驾护航，围绕市委、市政府建设"平安龙泉"的总体部署和安全生产的工作目标，层层落实安全生产工作责任，深入开展安全生产专项整治，加大安全生产教育培训，加强安全监管队伍建设，充分发挥安委办职能，加强部门间的协作，齐抓共管，着力构筑龙泉市安全生产工作基础，为龙泉市社会经济平稳健康发展创造了良好的软环境。

【强化安全生产责任】 全市安全生产形势持续稳定好转，连续五年实现安全生产事故起数、死亡人数、直接经济损失三项指标"零增长"。2008年，全市发生各类事故起数88起，死亡 26 人，同比分别下降 41.3%、下降 7.1%，各类事故死亡人数占丽水市控指标 26 人的 100%；2009 年，全市发生各类事故起数 63 起，死亡 24 人，同比分别下降 28.4%、下降 14.3%，各类事故死亡人数占丽水市控指标 25 人的 96%；2010 年，全市发生各类事故起数 61 起，死亡 24 人，同比分别下降 3.2%、持平，各类事故死亡人数占丽水市控指标 24 人的 100%；2011 年，全市发生各类事故起数 57 起，死亡 22 人，同比分别下降 6.6%、下降 4.3%，各类事故死亡人数占丽水市控指标 24 人的 91.7%；2012 年，全市发生各类事故起数 45 起，死亡 22 人，直接经济损失 209.1 万元，同比分别下降 21%、持平、下降 8%，各类事故死亡人数占丽水市控指标 22 人的 100%。

【落实企业安全主体责任】 为让生产经营单位做到规范管理、守法经营，增强安全生产的主动性、自觉性，修编了 8 种《企业安全生产工作责任手册》，累计发放 2750 册给企业，督促企业把责任制落实到车间、班组、岗位。并不断强化落实企业主体责任，对全市 330 家高危企业和重点企业完成了基础数据采集录入，开展企业安全诚信体系建设，建立企业“黑名单”制度，对 862 家完成评估企业实施分类监管。推进矿山、危化、烟花爆竹、机械制造和冶金等行业安全标准化创建工作，安排专项资金对 27 家标准化达标企业实施奖励，全市累计有 53 家企业（含省级 7 家）安全标准化达标。

【领导带队检查制度】 在元旦、春节、“五一”劳动节、国庆节等重要节假日，组织开展安全生产大检查。特别在岁末年初和“十一”黄金周期间，由市长及各分管市长按安全生产职责分工，每年分辖区、分行业领域对全市各乡镇（街道）、有关部门和单位进行两次以上全面的安全生产大检查，在做好日常性安全生产工作的同时，累计 213 次在重大节会期间亲自带队检查安全生产，领导带队督查安全生产，已成为一项工作制度，基本形成“党委领导、政府监管、行业管理、企业负责、社会监督”的安全生产工作新格局。

【安全生产专项整治】 推进矿山、建设施工、危险化学品、烟花爆竹、机械制造、道路交通和消防等方面的安全生产专项整治，实行重大隐患挂牌督办制度，对挂牌督办的重大隐患进行认真研究，落实责任、资金和方案，共对 37 处省、丽水市、本市级挂牌重大隐患单位进行整改并验收销号，开展在用尾矿库事故防范创新体系建设试点，重大隐患投入整改资金达 3521 万元。2008 年，投入近百万元成功对存有重大隐患企业龙泉市花炮厂实施退出。2010 年，对省级挂牌的重大火灾单位尊龙商贸中心进行专项整改。监督监察生产经营单位 2368 家次，矿山、危化品、烟花爆竹、机械制造发整改指令书 426 份，查处安全隐患 3629 项；责令停产整顿 136 家，暂扣安全生产许可证 14 家，取缔非法采石场 5 个、非法加油站 13 个、制砖厂 22 家，提请市政府关闭生产经营单位 42 个，没收 6200 箱非法烟花爆竹。

【应急救援管理】 为提高救援能力和水平，完善应急救援预案的可靠性，全市开展多次应急预案演练，加强应急救援管理工作。龙泉市开展应急联动指挥中心建设，挂牌成立市应急联动指挥中心，建立安全生产应急救援专家和物资信息库，加强重大危险源监控，修订和完善危险化学品、矿山、高速公路、水上交通等各类事故应急救援预案，组织开展了龙鑫化工大型消防演练、龙庆高速安全生产事故演练、瓷都液化气有限公司特种设备安全预案演练等各种应急演练 256 次，参加演练的人数达 11400 人次，成功处置“6•30”槽罐车、“9•13”危化品运输车翻车事故。

【安全生产宣传】 努力营造“关爱生命、关注安全”的氛围。5 年来，充分利用宣传栏、广播、电视、网站、横幅、标语等宣传工具和宣传阵地，及时宣传安监工作动态、安全法规和常识，加强安全生产的形势政策和发展理念的宣传贯彻，并以“安全生产月”为契机，围绕安全生产月主题，开展了分管市长安全生产电视讲话、安全生产咨询日、安全生产龙泉行、安全摄影比赛、安全文化征文、发送安全生产宣传 T 恤衫等活动。据统计，参加各类安全知识竞赛 43000 人次，发放安全宣传资料 12.3 万份，宣传挂图 12900 幅，悬挂标语、横幅 3850 幅，现场解答群众咨询问题 670 件。安监人员与邀请有关安全专家深入乡镇（街道）、部门、企业开展安全讲座，讲解和宣传安全生产知识，开展了“青年安全生产示范岗”、安全文化示范企业等创建活动。编印《企业安全生产管理手册》《企业安全生产保障和责任法律法规选编》《安全生产文件汇编》《企业安全生产基本要求》等免费发放给各生产经营企业，提高广大业主、职工群众的法律和安全意识。认真组织国务院《关于进一步加强企业安全生产工作的通知》，省委、丽水市委《关于进一步加强安全生产工作意见》以及省政府《关于进一步加强企业安全生产工作的实施意见》的宣传工作，通过例会学习、短信解读、免费发放等方式，帮助各乡镇（街道）、相关部门、单位和企业深入解读一系列安全生产新政策、新内容，形成安全生产共识。

【安全教育培训】 为提升生产经营单位安全教育和安全管理水平，提高从业人员的安全意识和安全技能，积极开展安全教育培训工作。结合本地实际，开展“生产安全进厂矿企业、交通安全进学校、消防安全进农村、用电安全进用户”等多种内容的培训，组织企业员工、农民工进行安全技能培训、粉尘防爆专项知识培训、安全生产知识讲座等106场。落实开展“全员安全培训工程”，制订了龙泉市全员培训方案。完成培训任务64507人，其中：全市组织各乡镇（街道）及村居以上人员930人，企业主要负责人1098人，企业安全生产管理人员2302人，特种作业人员培训1741人，企业员工58436人。

【安全生产执法】 突出重点行业领域和环节，编制安全生产监管年度执法计划，加大安全生产行政执法和专项检查力度，开展了“危化除患”“烟花爆竹经营旺季”“查证验证”“生产经营单位安全生产管理机构设置和人员配备专项执法检查”“一打三整治”“粉尘防爆”“非法加油站”“有限空间作业”“竹木加工行业”等专项整治行动，着力解决了一批安全生产工作存在的突出问题；按照“四不放过”的原则，依法严肃查处各类事故和安全违法行为，追究每一起事故的责任单位和责任人。2008—2012年，共组织检查966次，参加检查人员4767人次，检查企业家数3243家，查出事故隐患5648项，发出整改通知书1046份，并已基本整改到位，平均整改率达96.3%。共发出各类执法文书2815份，行政处罚案件247起。 （市安监局）

工商行政管理

【概况】 2008—2012年，龙泉市工商行政管理系统坚持以服务经济、助动发展为己任，在维护市场经济秩序，保障人民群众合法权益，促进地方经济发展等方面发挥了积极的作用。至2012年底，全市有注册内资企业322户，注册资金343996万元；私营企业1166户，注册资金627102万元；个体工商户10388户，资金53736万元。2008—2012年，查处各类经济违法违章一般程序案件1667件，其中大要案432件，罚没款总额719.42万元。

【行业监管】 2008年，立足龙泉实际，扎实监管基础，转变监管观念，创新监管机制。进一步夯实了数据库数据，形成了以信用监管为基础、网格式监管为依托、行业监管为抓手的责任区监管新模式。重点选取食品销售、汽车修理、宝剑销售等8个行业，专门制定了《巡查操作规范》。开展行业性监管，有效解决了基层监管管什么，管得好不好的问题，进一步明晰了监管指向，提高了干部监管能力。

【证照联办模式】 2011年，首推“证照联办”模式，开展个体工商户食品流通许可与营业登记证照联办工作，实行“一个窗口，统一办理；一套表格，两项申请；一次受理，数据共享；一人审核，流程再造；一次申请，证照齐发；一套材料，同步归档。”在材料齐全、不需要实地核查的情况下，将原先发放许可证和营业执照的审批时间由1—3小时缩短为30—40分钟左右，平均提速超过200%，获得办事群众好评。

【中国驰名商标“龙泉青瓷”】 2011年5月27日，“龙泉青瓷”证明商标被国家工商总局商标局认定为驰名商标，这是龙泉市首个通过行政认定获得的驰名商标。

【“龙泉黑木耳”证明商标】 2011年6月14日，国家商标局发布商标核准公告，“龙泉黑木耳”成功注册商标，这是龙泉市继“龙泉青瓷”后成功注册的第二件地理标志证明商标。

【市场提升改造】 2012年5月，市国资委出资300万元成立“龙泉市市场开发投资有限公司”，委托工商履行出资人资质，立项改造6个农贸市场，改造资金达1235万元，因地制宜地采取“返租经营”或“以奖代补”等方式进行改造，苍松农贸市场、中山菜市场、南秦菜市场、龙都综合市场等4个市场的改造提升工作已全面完成，共改造摊位500余个，改造面积10000余平方米，标准化、信息化和规范化方面均有较大提升。

【经济检查和行政执法】 2008—2012年，全市工商系统共出动执法人员10299次，查处各类经济违法违章一般程序案件1667件，其中大要案432件，罚没款总额719.42万元。其中2008年，学生奶征订、房屋中介商业贿赂两案件的查处在全省首开先河；2009年，依托“政府领导、工商牵头、分工明确、职责明晰”的取缔无照经营机制，开展行业性、区域性无照经营整治行动，查获了案值高达300多万元的摩托车交强险无照经营案。

【消费维权义工服务团】 2011年，公开招募消费维权义工，组建首支消费维权义工服务团，构建起“处处都有维权网，月月都有‘3·15’，人人都做监督员”的消费维权新格局，推进消费维权的社会化。

【无照经营整治】 2011年，加强无照经营整治工作，制定《龙泉市工商局2011年无照经营整治实施方案》，开展了铅酸蓄电池行业、黑网吧、青瓷宝剑行业、农资市场无照经营的专项整治，市政府出台《关于进一步规范无证无照经营行为查处和监管工作实施意见》（龙政办发〔2011〕139号），大大加强了无照经营整治力度。

【始业教育培训】 2012年，市工商局对全市食品经营户实行始业教育培训，推行“先培训后上岗”制度。凡在2012年4月29日后申领食品流通许可证的食品经营者或从事食品经营的食品安全专业技术人员、管理人员，必须通过始业教育网络平台学习相关的食品安全知识，并经在线考试合格以后，方可从事流通领域食品经营。

【商标创牌和管理】 积极推行“品牌强市”战略，制定《龙泉市品牌发展战略实施意见》，以商标注册为突破口，大力推进申报商标，认真抓好知名商标，重点突破著名商标，梯次培育驰名商标，系列注册传统商标，打造更多具有自主知识产权和国际竞争力的品牌。截至2012年底，全市拥有各类注册商标2152件，拥有中国驰名商标5只、浙江省著名商标16件、丽水市著名商标30件，龙泉市著名商标29件。完成“龙泉安仁鱼头”集体商标申报，指导“聚珍园”商标通过商标异议程序申报驰名商标。

【非公党建】 成立龙泉市个体私营（民营）企业协会党总支，设龙渊分会、

2008—2012年龙泉市消费维权情况

表22

年份	受理举报投诉电话（个）	调解消费纠纷（次）	消费投诉金额（万元）	挽回经济损失（万元）
2008年	312	165	220	28.3
2009年	177	170	230	23.5
2010年	188	160	230	25.5
2011年	152	140	250	35
2012年	90	106	180	32

2008—2012年龙泉市各类市场主体发展情况

表23

类别		2008	2009	2010	2011	2012
内资企业	新发展户数（家）	20	12	18	6	26
	新注册资金（万元）	34612	808	82230	16104	23002
私营企业	新发展户数（家）	99	118	131	146	134
	新注册资金（万元）	52981	44560	39213	64859	55596
个体工商户	新发展户数（家）	976	1348	1120	1392	2266
	新注册资金（万元）	4614	6398	6535	4981	12538

剑池分会、西街分会和浙闽赣食用菌交易中心四个党支部，其中新设立的浙闽赣食用菌交易中心党支部成为丽水市首个市场党支部，该党支部组织机构健全，堡垒作用突出。

（市工商局）

价格管理

【概况】 2008—2012年，物价工作围绕“稳增长、调结构、控物价、惠民生”目标，充分发挥价格职能作用，有效推进价格公共服务，切实当好政府参谋。5年来，共查出价格违法案件28件，实施经济制裁493.05万元，上缴财政492.65万元；受理价格投诉、举报和价格咨询291件；为执法机关出具价格鉴定结论477件，标的额约4834万元，价格认证38件，认证价值约3亿元。2011年11月因市政府机构改革，市物价局由市发展和改革局（以下简称市发改局）的部门管理机构调整为在市发改局挂牌，同年12月，原物价局人员搬迁到发改局（中山西路62号）办公。

【清费减负】 2008年以来，龙泉市连续几年出台了一系列政策，对行政事业性收费开展清费减负。2008年，由市纪检委牵头，物价局会同工商等部门联合规范中介服务收费，通过承诺书方式降低中介收费，11家涉企密切的中介机构年降低收费金额280多万元。2009年对全市近十年来出台的优化环境、发展经济政策文件进行了全面的梳理，组织拟定清费减负、优化环境、服务经济的具体方案，市政府印发《关于取消暂停降低部分收费项目和标准的通知》，取消56项、暂停101项行政事业性收费，涉及19个部门；降低11项行政事业性收费，涉及4个部门；降低40项服务性收

费，涉及17个单位。经评估，每年收费单位减少收费金额达2629万元。2011年，贯彻落实财政部、国家发改委出台关于取消部分涉企行政事业性收费的通知精神（财综〔2011〕9号），统一取消31项涉企行政事业性收费项目。同年4月，落实国家发改委《关于降低部分建设项目收费标准规范收费行为等有关问题的通知》精神，降低保障性住房转让手续费，减免保障性住房租赁手续费；规范并降低施工图设计文件审查费；降低部分行业建设项目环境影响咨询收费标准；降低中标金额在五亿元以上招标代理服务收费标准，并设置收费上限；适当扩大工程勘察设计和工程监理收费的市场调节价范围。2012年7月，执行省物价局《关于降低雷击风险评估等部分涉企服务收费标准的通知》文件要求，对雷击风险评估服务收费、招标代理服务费、定点放样服务费、环境咨询服务费、企业其他房产交易等手续费降低30%，对企业重组、改制、清算过程中办理房产交易手续，免收房产交易手续费。2008年以来，经系列清费减负，全市收费总额逐年减少，至2012年每年减少收费4300万元。

【制止食盐抢购】 2011年3月16日，受不良舆论影响，龙泉市出现食盐抢购现象，市物价局紧急行动，组织4个检查小组，深入乡镇和市区各大超市、市场进行价格巡查、宣传，做好对群众的解释和引导工作，向各大商家发放《食盐市场价格监管提醒告诫函》200余份，并通过新闻媒体连续3天发布《食盐市场价格监管提醒告诫函》，告诫经营者不得借机哄抬盐价、串通涨价、不明码标价、价格欺诈、囤积居奇等价格违法行为。每天24小时开通12358价格举报电话。及时有效制止了谣言散布和抢购行为，确保食盐销售市场和社会秩序稳定。

【社会价格监督服务】 2011年8月，龙泉市政府办印发《关于进一步健全社会价格监督服务组织的意见的通知》，在全市19个乡（镇）、街道、5个市直单位建立社会价格监督服务站。同年9月，市物价局在全市各乡镇、街道聘任义务价格监督员188名。2012年11月，召开社会价格监督服务组织工作会议，对19个乡（镇）、街道、5个市直单位的价格监督服务分站进行挂牌，对全体义务价格监督员进行业务培训；同时，印发《龙泉市社会价格监督服务分站工作职责》和《社会价格监督服务组织义务监督员工作职责》。

【建立价格调节基金】 2012年12月，市政府办印发《关于建立价格调节基金的通知》，明确了价格调节基金的来源是整合现行的困难群众基本生活价格补贴、粮食安全调控资金和每年财政安排50万元资金；规定了价格调节资金的使用范围及使用要求；同时建立相应的工作机制；价格调节基金从2012年12月25日开始施行。

【公立医院医药价格改革】 2012年12月，市政府印发《关于同意龙泉市公立医院医药价格改革方案的批复》（龙政发〔2012〕119号），规定诊查费、治疗费、手术费和护理费执行省定最高指导价，床位费执行丽水发改委规定；同时药品价格实行零差率销售。从2012年12月15日开始执行。（邱绍林）

审计监督

【概况】 2008—2012年，龙泉市审计局共计完成审计（调查）项目751个，查出违规金额17098万元，应上缴财政金额1021万元，已上交财政金额2593万元，应归还原渠道金额48万元，向司法纪检监察部门移送案件8件，审计报告和审计信息被各级党委、政府、上级审计机关和新闻单位批示采用596篇。25个审计项目获得丽水市综合、单项类优秀和表彰。市审计局获得“全国社会保障资金审计先进公务员集体”和“全省地方政府性债务审计先进公务员集体”称号。

【政府性资金审计】 5年来，结合财政同级审认真搞好全部政府性资金、财政资金安全与绩效、地方政府负债、存量土地资产管理、土地出让金等审计与调查，注重从体制、机制、制度层面上分析、揭露政府资金使用和管理中存在的问题。审计结果得到市人大、市政府的关注和重视，市人大常委会对审计部门摸清财政家底、如实揭露存在的违法违规问题给予充分肯定。同时根据市人大常委会审议意见，5年来，在政府办牵头下，每年都联合纪检监察、督办等部门开展审计结果整改落实专项检查。

【经济责任审计】 2008—2012年，全市共完成经济责任审计项目49个，查出经济责任人应负主管责任的违规金额9853万元，管理不规范金额12888万元，移交司法机关、纪检监察部门案件3件，涉案人员4人。同时，配合组织、纪检、财政等部门对163位离任干部办理了经济责任和主要工作交接，全力推进领导干部经济责任审计全覆盖。2011年，为全面贯彻落实省两办经济责任审计办法和赵洪祝书记在全省贯彻落实经济责任审计办法电视电话会议上讲话精神，市委、市政府联合出台了《关于贯彻落实〈浙江省党政主要领导干部和国有企业领导人员经济责任审计办法》的若干意见》《龙泉市领导干部经济责任审计六项制度》《进一步完善经济责任审计工作联席会议制度》、《龙泉市经济责任审计对象分类管理办法》，这些制度的出台形成了龙泉市经济责任审计规范化建设中较为完善的制度体系。同时，根据《丽水市人民政府关于进一步加强内部审计工作的意见》要求，在2011年积极争取成立了内审指导中心，负责对二、三级预算单位的内管领导干部实施经济责任审计工作。2012年9月，完成市经济责任审计联席会议办公室与市审计局经济责任审计科合署办公，市经济责任审计联席会议办公室主任兼任经济责任审计科科长，有力推进全市经济责任审计工作。

【政府投资审计】 2008—2012年，是龙泉大建设大发展时期，政府性投资项目多、总额大，根据这一实际，审计局一直把政府投资审计作为全局重点工作来抓。一是注重工程造价真实性审计，重点查处高估冒算行为，为政府把好关口。2008—2012年，共完成投资审计项目594个，审计项目投资额154803万元，核减工程价款9562万元。二是将专项治理工作日常化，对2008年以来总投资额在500万元以上政府投资和使用国有资金的建设项目90个开展审计调查，同时开展了工程建设领域突出问题专项治理，抽查了龙泉青瓷博物馆工程等74个重点项目，着力揭示和查处工程建设领域中的突出问题和重大违法违规问题，促进提高工程建设管理水平，推动建立统一规范的工程建设体系。三是做好组织审计工作，提高工作效率和审计质量。通过完善管理机制，整合审计资源，克服人员少、任务重的矛盾，自审和组织审计相结合，确保“必审制”执行到位。

【民生资金审计】 关注重点部门、重点资金、重点领域、重点项目以及关系人民群众切身利益的突出问题，深入开展专项审计及调查，更多的关注资金分配的合理性和资金使用绩效，充分发挥审计的建设性作用。2008—2012年，先后对社保、教育、水利、粮食、移民、卫生、林业、土地开发等40多个专项资金开展了专项审计及调查，对政府投资项目招投标情况和项目建设管理情况开展了专项审计调查。审计人员注重从政策、管理、体制、机制层面发现问题，提出对策建议，促进政府及有关部门完善制度，提高资金使用效益，较好地发挥了审计的建设性作用。

【计算机审计】 每年组织干部参加省厅、丽水市局组织的AO现场审计实施系统和OA审计管理系统应用知识以及其他相关专业知识培训；积极选派干部参加浙江省审计厅组织的计算机中级培训，全局有6人取得计算机中级资格；通过公开招考，先后招考2名计算机专业干部，使计算机审计管理和运用水平明显提高。5年来，共有5个审计项目分别被丽水市审计局评为优秀计算机审计项目，7个案例获审计署AO应用奖、鼓励奖，1个案例入选审计署信息系统审计案例，2条经验入选审计署计算机审计专家经验，1个方法入选审计署计算机审计方法。

【审计成果运用和理论研究】 重视审计成果的运用，5年共移送司法机关、纪检监察部门案件8件，涉案人员16人。提交的审计报告和审计信息被各级党委、政府、上级审计机关和新闻单位批示采用596篇(次)，通过政府门户网站公告审计结果58个，2012年11月29日，首次以市经济责任联席会议办公室名义在政府公文交换平台上发布了3个经济责任审计结果公告，使龙泉市领导干部经济责任审计结果公开走在了全丽水市甚至是全省的前列。在实干业务的基础上，深入审计理论研究，审计干部撰写的审计论文多次在省、市评比中获奖，审计理论研究成绩显著。 （市审计局）

统计管理

【概况】 龙泉市统计局是龙泉市社会经济信息的主体部门和国民经济核算中心，市政府统计监督机构和重要的资讯机构。根据工作职责，局机关内设4个职能科室，即办公室(挂行政许可科牌子)、综合统计科(挂社会经济发展评价办公室牌子)、工农业投资统计科、服务业统计科，局机关下属2个事业单位，社会经济调查队(统计执法大队)和普查中心。同时，龙泉市统计局受省统计局委托，领导、管理设在本市的城市社会经济调查队。2008—2012年，龙泉市统计局坚持以科学发展观统揽全局，以提高数据质量为中心，以提高服务水平为主线，着力强化统计基层基础建设，强化队伍建设，强化服务意识，积极推进依法统计和统计方法制度改革，践行“一线工作法”，在实践中求进步，在创新中谋发展，取得较好成绩。

【统计调查】 2008—2010年，根据上级部署，开展了第二次全国经济普查。龙泉市经普办根据上级有关文件精神要求，认真贯彻“单位搞全，行业搞清，总量搞准”的十二字方针，以“质量为先，求实为本，依法普查”为指导思想，在省、丽水市普查办的统一部署下，按照普查方案的要求，从龙泉实际出发，扎实工作，开拓创新，高质量地完成了宣传组织、清查摸底、普查登记、数据录入汇总、资料开发与编印等工作。2010—2012 年，开展了第六次全国人口普查。此次普查全市共抽用人员 120 人，动员乡镇与社会各界人员 1934 人。通过三年的时间，完成普查宣传动员、组织、调查、登记、汇总、资料开发与编印工作等工作。2012 年，根据上级部署，全面完成了 R&D 资源清查登记、数据审核、查询、处理、上报、发布等各项工作。并根据省局审核意见，及时对差错进行纠正，为摸清龙泉市 R&D 资源状况奠定了基础。

【统计服务】 2008—2012 年，每年编撰《2011 年龙泉市社会经济发展报告》，在“两会”之际，分发给与会代表、委员，以统计数据为大家展示龙泉经济社会发展成果；出版《龙泉统计年鉴》为历史留下宝贵资料；确立统计数据定期发布制度，每月发布的《统计数据专报》、统计数据卡片，并发放到各乡镇(街道)和有关部门。通过统计网站、各媒体等渠道及时发布统计公报、经济社会主要指标完成情况，为政府和社会公众提供统计服务。在第二次经济普查结束后，及时编印出版《龙泉市第二次经济普查资料汇编》；围绕市委、市政府重点工作，加强横向、纵向主要经济指标的比较，开展丽水九县(市)、浙闽赣十二县(市)、浙江省特别扶持县中第二批 6 个重点欠发达县(市)等“三大坐标”经济指标比较，进行全面小康实现进度和统筹城乡发展的测算，通过横向对比明确龙泉的增幅位次与总量的占比情况，为市委市政府决策提供数据参考。围绕市委、市政府的中心工作，针对竹木、五金汽配、剑瓷和金属冶炼等产业发展状况展开专项调研。为全面了解青瓷宝剑行业的生产经营状况、存在问题和发展前景，与市青瓷宝剑产业局联合组织开展 2012 年龙泉市青瓷宝剑行业经营状况调查，对全市涉及全市 7 个乡镇、街道 692 家青瓷宝剑行业企业和个体户进行调查，为市委、市政府科学制定产业扶持政策提供可靠依据。在此期间，撰写各类调研和统计分析文章 200 余篇，为各级党委、政府和省统计局、丽水市统计局提供各类信息 1200 余条，出色地完成了统计的服务工作。

【统计法制】 5 年来，积极发挥统计法制在统计发展中作用，提升统计法制工作力度，为统计工作保驾护航：不断加强统计法制宣传教育，努力提高全社会统计法律意识，积极营造遵法、守法、敬法的社会氛围；继续加大统计稽查力度，严肃查处统计违法违纪行为，努力营造良好的统计法治氛围；积极加强统计执法队伍建设，提高执法人员素质和实务能力，强力夯实统计法制基础。全力推进统计法律法规的宣传工作，提高全社会统计法律意识。认真学习贯彻《中华人民共和国统计法》《浙江省统计违法违纪行为处分规定》和《浙江省统计工作监督管理条例》等统计法律法规，加大宣传力度，结合统计从业资格认证、统计专业会议、统计继续教育等，把统计法制教育纳入了常态化、规范化的轨道，促进统计法制工作顺利发展。以提高统计数据质量核心，抓好统计执法。坚持统计执法为统计工作服务的宗旨，认真组织开展统计稽查，着力规范部门、乡镇、村和企业的统计机构、统计队伍和统计工作秩序，并针对检查中发现的问题，提出处理意见，督促相关单位整改落实。5 年来，查处有统计违法行为 50 多件，并对其中情节较重的单位给予警告并罚款的处罚。

【统计工作重大事项】 2008 年，龙泉市人民政府下发了龙政〔2008〕86 号《关于进一步加强统计工作的若干意见》文件，对全市的统计工作作出规范。文件规定了部门和乡镇的统计责任，明确了乡镇统计员的岗位设置和责任分工。2009 年，完成《建国六十周年龙泉统计资料汇编》，以翔实的数据辅之以文字、图片等，综合反映建国六十周年龙泉经济社会发展成就，向建国六十周年和龙泉置县 1250 周年献礼。2010 年 12 月 1 日，龙泉统计局与龙泉经贸局联合发出《关于印发《规模以上工业统计员工作补助奖励及管理暂行办法》的通知》文件，加强规模以上工业企业统计人员管理，并对从业进行适当工作补助。这项政策的出台，加强了统计部门对规模以上工业企业统计从业人员的管理，也为今后统计部门对全社会统计从业人员的管理方法提供了一个新的思路。2012 年，龙泉市在认真研究统计工作实际的基础上，于 3 月 31 日召开全市统计工作会议。此次会议制定出台了《龙泉市人民政府关于进一步加强统计基层基础工作的意见》《龙泉市部门统计工作规范》《龙泉市乡镇人民政府、街道办事处统计工作规范》(简称“一个意见、两个规范”)。进一步明确了各乡镇、各部门统计工作的主要职责、主要任务、工作机制及监督考核等内容，细化统计基础工作建设的内容，为加强基层统计工作提供制度保障。2012 年，根据《龙泉市人民政府办公室关于印发龙泉市统计局主要职责内设机构和人员编制规定的通知》龙政办发〔2012〕219 号文件精神，龙泉市统计局设置了与工作任务相适应的专业统计调查内设机构，增设服务业统计科，增加能源统计、服务业统计、社会发展统计、社会经济发展评价、文化产业统计、丽水生态产业集聚区龙泉片区统计监测等职责。2012 年,根据《关于增挂龙泉市统计执法大队的批复》龙编委〔2012〕3 号文件批复,社会经济调查队(普查中心)挂统计执法大队牌子,核销原服务业统计中心牌子,增加全额拨款事业编制 3 名。调整后社会经济调查队(普查中心)(统计执法大队)全额拨款事业编制 10 名。

统计调查

【机构变迁】 国家统计局龙泉调查队于 2008 年 1 月正式挂牌成立。是国家统计局派出机构,实行浙江调查总队垂直管理,为正科级单位。根据工作需要内设调查一科、调查二科、综合科等若干股室。核定国家公务员编制 8 人,实有队长 1 人(正科级)、在职人员 5 人、退休人员 3 人、工勤人员 2 人。机构经费由国家统计局核定。国家统计局龙泉调查队的前身为“龙泉市农村社会经济调查队”。

【调查网点】 国家统计局龙泉调查队设有 5 套调查网点。1.龙泉市城乡一体化住户调查点 22 个,其中国家点 15 个、地方点 7 个,每个调查点抽选记账户 10 户以上,共 230 户。被抽中的记账户将日常收入、支出、消费量等及时、准确记入账册,按月编码上报。2. 畜牧业抽样监测调查点 15 个,调查户 150 户。把村农户的畜禽饲养品种、数量、饲养成本、经济效益等进行追踪调查上报。3.农民工抽样监测调查点 11 个,调查户 117 户。把农民工的数量、收入、农村劳动力流向等进行定期调查编报。4.农产品生产价格和中间消耗调查点 7 个,调查户 31 户。把大宗农产品的价格中间消耗情况进行详情登记编报。5.小微商业企业抽样调查,共调查 11 家企业。涉及餐饮、住宿、批发等商业领域从事经营活动的个体企业。

【城乡住户调查改革】 多年来,受城乡二元结构制约,住户调查一直分城乡各自独立开展,城镇住户调查和农村住户调查的指标、标准、方法都不尽相同,城镇居民与农村居民的收支水平和结构等统计数据不完全可比,无法提供全体居民收支数据,难以精确测算全体居民内部的收入差距和支出结构等。开展城乡住户调查一体化改革,就是为了建立科学统一的城乡住户调查体系,更加真实准确地反映全体居民收入状况,更好地满足统筹城乡发展和改善收入分配格局等工作需要。根据国家开展城乡住户调查一体化改革总体要求,根据浙江省人民政府办公厅〔2012〕96 号文件通知和丽水市人民政府办公室〔2012〕137 号文件通知要求,国家调查队是城乡住户调查一体化改革工作的责任单位,负责本行政区域范围内改革工作的实施。

国家统计局龙泉调查队从 2012 年 7 月开始全面施行城乡住户调查一体化改革工作。龙泉市的城乡住户调查一体化改革工作涉及 11 个乡镇(街道)22 个村居及调查小区。经过调查员培训、抽中小区摸底调查、落实调查户、问卷访问、调查审核数据、落实记账户等一系列工作,用半年的时间完成了调查样本轮换。城乡住户一体化调查样本于 2012 年 12 月 1 日正式启用,向社会发布“居民可支配收入”等统计调查数据。同时,城乡住户一体化调查数据将作为对政府民生发展工作的考核评价依据。

【统计调查服务】 2008—2012 年,国家统计局龙泉调查队围绕社会热点、难点问题开展专项调查,2009—2011 年连续开展了“公众对城市环境保护满意率调查”“党风廉政建设民意调查”“公众气象服务评估调查”“浙江省居民旅游消费情况调查”等专项调查。围绕龙泉市委、市政府年度中心工作,撰写了一系列的调研文章和统计调查分析资料。5 年内共撰写专项调研和统计调查分析文章 55 篇,在浙江调查总队网站上刊登了 31 篇,在省一级刊物上发表 4 篇,在地市一级报刊上发表 13 篇,获得龙泉市委、市政府领导批示 6 篇。

(国家统计局龙泉调查队)

质量技术监督

【概况】 龙泉市质量技术监督局是丽水市质量技术监督局的直属机构,负责管理本辖区质量、标准化、计量、合格评定、特种设备安全监察工作并行使执法监督职能。2008—2012 年,龙泉市质量技术监督局坚持“履行职责,服务先行”的工作指导思想,围绕“质量强市全面开展,安全底线严防死守,推动经济特色明显,和谐社会广泛参与,队伍素质全面提高,作风形象继续争优”的工作目标,突出重点,开拓创新,求真务实,圆满完成各项工作任务。

【质量强市建设】 成立了市质量强市工作领导小组和四大实体质量工作组,出台了《龙泉市人民政府关于加快建设质量强市的若干意见》与《龙泉市政府质量奖评定管理办法》,编制了《龙泉市质量强市“十二五”发展规划》,明确“十二五”时期质量强市建设规划和主要任务。2011 年,推动设立了每年 300 万元的质量发展战略专项扶持资金,用于政府质量奖及质量提升、品牌建设、标准化战略等方面成就的奖励与扶持。3 家企业被评为龙泉市政府质量奖,浙江能福公司获得丽水市政府质量奖，商讯集团董事长林建康获得丽水市政府质量奖个人奖。积极推广卓越绩效模式、QC小组等先进的质量管理方法，先后有8家企业荣获QC小组活动一、二、三等奖。

【标准信息服务平台】 建立龙泉主导产业标准信息服务平台，为企业在标准查询、科研、反技术贸易壁垒等方面提供优质便利的服务。至2012年，标准信息库共收录汽车零部件行业103个国内外标准、竹木制品行业236个、青瓷及日用陶瓷和宝剑行业141个、泵阀和不锈钢行业41个，免费为企业提供反技术贸易壁垒信息300多份，提供标准备案服务600多次；重点实施汽车空调零部件块状产业和服务业标准化重点项目，共完成了2个省级块状产业和2个省、市级服务业标准化重点项目，制定了《汽车空调器 蒸发器》《汽车空调器 冷凝器》《汽车空调用铝制管及组合件》和《汽车空调用热力膨胀阀》4项联盟标准，标准均达到国内先进水平，1项标准填补了国内空白，33家联盟企业质量水平显著提升；深入推进农业标准化基地建设，共完成12个省级农业标准化项目实施，以及13个丽水市级、龙泉市级农业标准化项目建设，示范总面积达10万余亩，辐射面积60多万亩。会同农业、林业和水利等部门制定推广实施了20个农业标准，获得省财政补贴资金100多万元；积极参与制定浙江省地方标准，制定了《金观音茶叶生产技术规程》《龙泉灵芝生产技术规程》《地理标志产品 龙泉青瓷》《宝剑通用技术要求》等6个浙江省地方标准。

【地理标志产品申报】 从2008年10月起，质监部门着手龙泉灵芝和龙泉灵芝孢子粉地理标志产品申报工作，通过积极努力和争取，国家质检总局发布公告（2010年第54号、2011年第137号）批准对龙泉灵芝、龙泉灵芝孢子粉实施地理标志产品保护，成为继龙泉青瓷之后，龙泉市第三张“地理标志保护产品”名片。龙泉也成为全省唯一拥有3个地理标志保护产品的县（市）。

【技术服务平台】 本着“为质量监管提供技术支撑，为社会公共安全提供技术保障，为产业发展提供技术服务”的原则，把加强技术服务平台建设，提升检验检测能力作为促进地方经济发展和产业升级、增强质量监管有效性和做大做强自身的突破口，举全局之力，打造区域质量检验检测新高地，推动产业集群和产业服务向更高的层次发展。总投资800多万元，完成青瓷及日用陶瓷产品检测中心建设。协助中职校开展汽车空调品质量检验中心建设，浙江省汽车空调产品质量检验中心和浙江省青瓷及日用陶瓷产品质量检验中心分别获得省质监局批准筹建，丽水市级青瓷产业科技创新服务平台也获准设立。省中心建成以后将为龙泉工业经济发展和提升产品质量水平、提高技术研发水平等奠定扎实的技术支撑。

【特种设备安全监察】 2010年，龙泉市府办印发了《进一步加强特种设备安全工作意见》（龙政办发〔2010〕35号），明确各部门及乡镇（街道）职责，通过部门联合发文、联合检查、联席会议等措施，强化了质监、行业主管部门、乡镇（街道）之间交流，逐渐形成“政府统一领导、乡镇(街道)日常监管、行业安全管理、质监安全监察、企业全面负责、社会监督支持”的工作格局。2010年4月，丽水市特种设备安全监管现场会在龙泉召开，龙泉市特种设备安全大监管机制建设得到了省质监局、丽水市政府的充分肯定，并在全省质监系统推广。深化隐患排查治理，开展“打非治违”专项行动，建立安全隐患排查治理体系，突出重点，闭环管理。会同建设等部门开展了住宅小区电梯、“螺丝瓶”、特种设备安全附件等专项整治，有效防范特种设备事故发生。推行“特种设备安全巡查考问制度”，编制《乡镇（街道）特种设备现场安全巡查表》和“巡查考问通用试题及参考答案”，提升了特种设备安全巡查针对性、有效性。积极开展特种设备使用单位法人代表、管理和操作人员培训，编制“八熟悉、八不准”“三须知”等宣传画册，开通警示短信平台，利用“质量月”“安全生产月”“3·15”等现场宣传活动，营造特种设备安全氛围和提升企业特种设备安全主体责任意识。为帮助企业走出市场倒逼机制的影响，杜绝无证制造和“贴牌”生产行为，开展“送政策、送服务、送技能”的活动，引导企业破除特种设备元件制造的市场门槛和壁垒。截至2012年12月31日，已取得压力管道元件制造许可证企业7家，其中A级3家、B级4家。

【食品生产加工监管】 从2008年开始，成立龙泉市“十小”行业质量安全整治和规范领导工作小组，牵头组织在全市开展为期3年的“食品加工小作坊、小食杂店、小餐饮店、小药店、小农资店、小菜场、小音像店、小美容美发店、小客运、小液化气供应点”等“十小”行业质量安全整治。通过整治，龙泉市1481家“十小”经营店符合标准规范，全面实现了省政府规定的“两个100%，两个98%”的目标。2008年北京奥运会和2010年上海世博会期间，强化对龙泉市范围涉奥供博食品生产企业的监管，确保了龙泉市涉奥供博食品安全。强化获证企业后续监管、领证宣誓承诺、现场考问制度，通过开展监督检查和巡查，督促企业建立完善进货验收、过程控制、出厂检验、食品添加剂使用管理等制度，促进企业主体责任有效落实。深入开展食品添加剂、地沟油、瘦肉精、塑化剂、饮用水、糕点和米面制品等食品安全专项整治，查处食品违法案件37起，罚没款19.25万元。结合“3•15”“食品安全法宣传周”“生产安全宣传周”和开展企业培训等活动组织宣传贯彻《中华人民共和国食品安全法》及其实施条例、《浙江省实施〈中华人民共和国食品安全法〉办法》等法律法规，大力营造人人参与关注食品安全的社会氛围。

【产品质量监督】 以保障区域产品质量安全为目标，对龙泉市食品、冶金、建材、机械、汽配等五大行业进行监督抽查，共组织完成省、市、县各级产品监督抽查557批次，合格480批次，5年来平均合格率为86.18%，相比2007年，合格率提高了21.37个百分点。深入推进质量安全区域监管工作，以“质量强市”为抓手，按照“政府负总责、管行业必须管质量”的原则，积极推进基层站所的建设，2011年在安仁镇、工业园区设立质量技术监督所。全市19个乡镇全部设立质监站（所），有效推进了产品质量安全区域监管地方政府责任的落实。

（市质监局）

食品药品监督管理

【概况】 龙泉市食品药品监督管理局前身为龙泉市药品监督管理局。根据《龙泉市人民政府办公室关于印发龙泉市食品药品监督管理局主要职责内设机构和人员编制规定的通知》（龙政办发〔2012〕221号）精神，设立龙泉市食品药品监督管理局，主管龙泉市药品、医疗器械、保健食品、化妆品和餐饮服务监督管理工作，是龙泉市人民政府直属工作部门。截至2012年底，龙泉市持证合法涉药对象共283家。其中，药品生产企业1家，药品批发经营企业1家，药品零售连锁总部1家，药品零售经营企业46家、医疗器械经营企业8家、医疗机构226家。

【食品安全监管】 2008年，市食品药品监督管理局（市食安办）牵头抓好食品安全示范县、示范乡镇的创建工作，在全面开展示范县创建工作的基础上，选择八都镇、小梅镇、安仁镇、上垟镇和岩樟乡等5个乡镇开展食品安全示范乡镇建设，创建全市示范样板。11月，通过省食安委办验收，龙泉市成为丽水市第一个食品安全示范县。2009年，该局制定《2009年龙泉市食品安全综合监管工作要点》，完善了食品安全综合监管制度。2010年，该局起草《2010年龙泉市食品安全工作要点》《龙泉市食品安全工作三年规划》报市食安委审定印发。2011年，进一步深化食品安全专项整治，围绕“问题乳粉”“地沟油”“打非”“豆制品”等重点品种整治和节庆及重大活动等重要时段开展专项整治。2012年，根据丽水统一部署的20项重点整治任务和龙泉市排查出的香菇黑木耳质量安全、违规使用禁用限用农药等共26个问题项目，食安办组织相关职能部门开展拉网式、全方位的专项整治。共出动执法人员3102人次，检查整治种植、生产、流通、餐饮等环节食品经营单位2845家次，下发整改通知47份。共立案查处违法案件6起，共处罚没款3.18万元。

【开展“打非”专项整治】 2008年12月29日开始，集中四个月时间，在龙泉市范围内组织开展打击违法添加非食用物质和滥用食品添加剂专项整治。突出食品添加剂专项整治的重点环节为食品添加剂生产经营、农畜产品生产经营、食品生产流通和餐饮消费环节。重点品种涉及初级农畜产品、肉类制品、乳及制品、豆制品、糕点、酒类等19大类食品。打击重点是在食品中添加非食用物质和滥用添加剂的违法犯罪行为，生产销售非法食品添加物的行为。在专项检查中做到：一是规范经营户的证照；二是督促经营户建立统一的食品添加剂进、销货台账；三是建立一套统一的“食品添加剂专柜管理制度”；四是指导督促经营户设立食品添加剂专柜，统一了销售柜台，并设置专柜标志。

【药品、医疗器械专项整治】 2008年，组织开展“药品冒充非药品”“打假保节日”等药械专项检查，共受理药械投诉举报事件8件，出动药械执法人员1792人次，检查相关单位586家次。立案26件，结案25件，罚没款17.8万元，发出整改通知书98份。与公安联合取缔无证药贩3人。积极开展药品监督抽样工作，年度计划抽样数115数，共完成药品抽样100批次，其中，检出不合格药品12批，不合格率为12%。医疗器械1批。

2009年，组织开展化学药品制剂生产企业原料药、中药注射剂、中药饮片、“打假保节日”等药械专项检查。共受理药械投诉举报事件4件，并及时处理。出动药械执法人员1465人次，检查相关单位670家次。立案

15件，结案11件，其中，一般程序件8件，听证程序3件。认真开展药品监督抽样工作，共完成抽样120批次，检出不合格药品15批。

2010年，组织开展"清热解表类中药材（饮片）、麻疹疫苗冷链管理、工业氧冒充医用氧、非药品冒充药品、易制毒化学品管制"等专项检查，共受理药械投诉举报事件5件，各类检查共出动药械执法人员1350人次，检查相关单位490余家次。立案10件，结案16件。涉案金额3.2万元，罚没款7.16万元；取缔无证药贩1伙，取缔药品无证经营户1家。查获假冒"阿胶"1批。积极开展药品监督抽样工作，共完成抽样120批次，检出不合格药品8批，完成药品快检180批次。

2011年，组织开展"药品零售企业驻店药师在岗履职加强处方药管理专项检查""合理使用抗生素专项检查""非药品冒充药品""基本目录药物""含麻黄碱复方制剂""易制毒化学品管制""计生用品"等8项药械安全专项检查，出动药械执法人员1525人次，检查相关单位335家次。共受理药械投诉举报事件6件，并及时处理。立案31件，其中，简易程序12件，一般程序19件，结案28件，移送公安1件。

2012年，组织开展"非药品冒充药品"、中药饮片、中药材等专项检查；开展药品生产流通领域集中整治工作；与公安、工商三部门联合开展保健品专项整治；与公安联合开展药品生产流通领域及医疗机构麻黄碱类药品专项整治工作。共出动药械执法人员2100人次，检查相关单位420家次。共受理药械投诉举报事件4件，立案10件，结案9件，涉案金额6.68万元，没收药械货值金额2.1万元，罚没款16万元。积极开展药品监督抽样工作，共完成抽样60批次，检出不合格8批，完成药品快检196批次，发现不合格31批次。受理药械投诉举报事件4件，及进行核查办理。开展"问题胶囊"药品辅料专项监督检查。共检查龙泉市保健食品生产企业、涉药企业351家次，出动执法人员1404人次，共下架15个厂家所有胶囊剂248个批次，10123盒药品。

【食品药品安全应急管理】 强化应急体系建设，完成重大食品安全事故（Ⅳ级）应急演练。根据《龙泉市重大食品安全事故应急预案》和《龙泉市重大食品安全事故应急预案操作手册》的规定，2008年6月，市食品安全委员会举行了重大食品安全事故（Ⅳ级）应急演练。应急演练得到了上级主管部门的支持和认可，并将整个应急演练过程制作成示范片进行推广。（骆华龙）

教　　育

综　　述

【概况】 2008—2012年，龙泉市教育工作以“力争与全省同步基本实现教育现代化”为目标，以创办让人民满意教育为宗旨，不断深化教育改革创新，加快教育人才队伍建设，扎实推进素质教育，全面提升学校办学水平，努力提高教育教学质量，促进教育事业的优质、均衡、持续发展以促进教育科学和谐发展为抓手，以全面推基础教育改革为突破口，大力推进教育事业均衡、协调、和谐发展。

2012年底，全市在职教职工总数2795人，专任教师2544人，离退休教师946人。全市在职小学、初中、普通高中和职业高中专任教师学历合格率分别为100%、99.86%、98.37%和95.45%。有浙江省教育现代化达标学校2所、示范学校1所；学前教育达标乡镇5个、示范乡镇1个；省标准化学校18所。国家级重点中等职业学校1所，省级重点普通高中1所。各类省级示范性学校7所，省级文明学校5所，省级绿色学校9所。继续巩固“两高普九”和“教育强市”创建成果，基础教育水平不断提高。2012年，全市初等教育阶段适龄儿童入学率100%，初级中等教育阶段适龄少年入学率为99.75%；小学在校生年辍学率为零；6—15周岁残疾儿童入学率为94.83%，17周岁人口初级中等教育完成率为99.91%。

高中段教育优质发展。2008年，全市“初升高”比例为92.49%，并逐年提高，2012年达到94.07%。2008年，全市普通高中招生988人，中职招生1031人，中职招生占高中段招生数51%。2012年，全市普通高中招生952人，中职招生1290人，中职招生占高中段招生数57.54%。普高与中职教育实现协调发展，高中段教育质量有较大幅度的提高。

学前教育加快发展。实施《龙泉市学前教育三年行动计划》，加强对学前教育机构的规范和管理，大力发展乡镇中心幼儿园，努力提高民办幼儿园办学水平。2012年，全市幼儿园115所，其中省二级幼儿园2所，省三级幼儿园17所，学前三年幼儿入园率达到94.18%。13个乡镇建立了乡镇中心幼儿园，占乡镇总数的81.25%。幼儿教育面进一步拓宽，学前教育保教质量明显提升。

中小学布局得到优化调整。2008年，全市有中小学校58所，其中完小以上小学47所，独立初中9所(其中民办学校3所：养真中学、剑瓷外国语学校和育才学校，九年一贯制学校1所：龙泉欧冶国际学校)，高中段学校2所：龙泉一中和中等职业学校。到2012年，全市中小学调整为45所，其中小学35所，独立初中6所，九年一贯制学校1所，高中段学校3所。布局更趋合理，教学质量和办学效益进一步提高。

依法做到财政对教育拨款的“三个增长、两个提高”，教育投入不断增加。2008年财政性教育经费投入2.50亿，并做到逐年增加。2012年，财政性教育经费投入达3.82亿元，其中预算内教育经费投入3.40亿元，公共财政支出中教育支出占比为19.25%，高于省定标准19.20%。2012年，义务教育阶段学校年生均预算内日常公用经费基准定额小学提高到550元，初中提高到750元；营养餐标准提高到750元。增设了义务教育优质发展激励资金500万元，名师名校长经费68万元等教育专项经费。提高了教师培训费、学前教育经费、周末接送车经费等专项经费的保障水平。教师待遇逐年提高，2009年开始实施义务教育阶段学校教师绩效工资；2011年，非义务教育阶段学校教师开始实施事业单位绩效工资。

【创建省教育强市】 龙泉市2006年提出“2009年创省教育强市”工作目标，2007年9月15日召开创建省教育强市工作动员大会，成立了创建省教育强市工作领导小组，各乡镇也成

龙泉市教育大会 市教育局 提供

立了相应的领导机构。调整充实了市人民政府教育督导室成员，配备专职督学，加大督政和督学力度。全市各部门、各乡镇（街道）广泛参与，各司其职，密切配合，加强了学校征用土地、基建立项审批、师资调配、学校安全检查、学校周边环境整治等方面的工作力度。市委、市政府主要领导高度重视创强工作的实施情况，及时有效地指导创强工作，真抓实干。组织人大代表、政协委员到学校视察，指导教育工作。市教育局把创建省教育强县（市）作为“重中之重”的工作来抓，建立创强时间倒排机制，加强创强专项督导，在龙泉教育网上开辟“教育创强”专栏，编写《创强简报》，及时宣传报道创强工作进展情况，及时指导乡镇、学校开展创强的自查自评、整改和提高工作。同时，加强与省、市教育主管部门联系，做好创强调研和初验工作，省教育强县评估验收组对龙泉市教育创强工作所取得的成绩给予了充分肯定。2010年，浙江省人民政府教育督导室对龙泉市进行省教育强县（市）评估验收，一致同意龙泉市基本达到浙江省教育强县(市)标准，龙泉市成功创建省教育强县（市）。

2012年，制订了《龙泉市创建浙江省教育现代化县（市）实施方案》，启动教育现代化县（市）创建工作。10月26日，龙泉市教育大会召开，回顾前五年教育工作成绩，分析教育发展存在的问题，谋划教育发展的思路目标和举措。

【校园安全工作】 高度重视校园安全工作，市教育局与各中小学校（幼儿园）层层签订安全责任书，各学校配备分管安全副校长和安全工作管理员，全面落实安全责任制。着力在“强基础、抓规范、提水平、增实效”上下功夫，不断完善学校安全工作“一岗双责”运行机制，进一步加强学校安全防范和校车安全管理工作，大力推进“平安校园”建设，所有中小学校通过考评，获得“平安校园”称号；2012年开始，“平安校园”创建工作向省等级幼儿园延伸。加强校园“三防”建设，全市23所学校配备了54名专职保安；几年来共投入200余万元，在学校重点区域安装视频监控探头，实现视频监控全覆盖，同时为保安和门卫配备了钢叉、手套、木棍等防暴器具。及时发布安全预警通知，落实各项安全防范措施。积极开展校园安全隐患排查治理工作，每年排查、整改各类隐患200多个。深入开展消防、交通、防溺水、传染病防控、食品卫生等主题宣传教育，教育面达100%。积极预防甲型H1N1流感、手足口病等疾病在中小学校、幼儿园发生。完善各项安全预案，着力加强应急预案的演练工作，提高事故的应急处置能力。结合“五八”国际红十字日和“5•12”四川汶川地震纪念日，开展了系列培训和演练工作，举办了“龙泉市中小学教师卫生救护知识培训”，各中小学广泛开展救护演练活动，还举行了“龙泉市中小学师生卫生救护演练比赛”，龙泉二中等6所学校被评为丽水市“安全教育与演练”示范学校。学校安全工作实现了制度化、常态化。市教育局2008—2011年连续四年获丽水市教育系统安全工作考核一等奖。

【扶困助学】 家庭经济困难学生资助：2008年，资助学生6912人次，资助资金达307万元；2009年，资助学生3077人次，资助资金达287万元；2010年，资助学生3015人次，资助资金达338万元；2011年，资助学生5818人次，资助资金达472万元；2012年，资助学生8461人次，资助资金达791万元。

营养餐标准：2008年200元；2009年350元；2010年350元；2011年350元；2012年750元。营养餐支出：2008年155万元，受惠学生14528人次；2009年301万元，受惠学生17001人次；2010年294万元，受惠学生16559人次；2011年233万元，受惠学生13262人次；2012年390万元，受惠学生10404人次。

职业高中国家助学金于2007年秋季学期开始实施，2008年319万元，资助学生4250人次；2009年307万元，资助学生4099人次；2010年326万元，资助学生4345人次；2011年320万元，资助学生4267人次；2012

年289万元，资助学生3852人次。普通高中国家助学金于2011年秋季学期开始实施，2011年资助学生521人次，资助资金39万元；2012年资助学生1182人次，资助资金89万元。

教育教学改革

【探索教育管理新模式】　为进一步整合教育资源，发挥城区优质教育资源作用，利用先进学校的办学理念、成功经验和师资力量，带动农村小学的改革和发展，促进城乡教育均衡发展，2008年将水南小学、绿谷外国语实验小学、河村小学、兰巨小学组建成绿谷教育集团进行试点，实践以优质教育资源带动薄弱学校发展的模式，进一步提高农村学校的办学水平。同年，又组建了实验小学教育集团，龙二中与安仁中学、龙三中与民族中学建立教育共同体；以乡镇中心校为中心，带动偏远完小的方式，组建了安仁镇小带动福源小学和八都镇小带动南窖小学两个中心校办学模式，进一步均衡教育资源配置。2012年，在绿谷教育集团、实验小学教育集团化办学模式试点的基础上，组建了东升教育集团、西新教育集团和南秦教育集团。教育集团化办学模式，由"市区小学+外围小学+农村小学"三个层次组织实施。市区小学为教育集团基地学校，与外围小学之间组成紧密型关系，实行财务、人事、教育统一管理，与辖属的农村小学组成松散型关系，实现共同教育管理，共同开展教学研究，共享教育资源，共同开展教师培训。松散型关系学校原财务、人事管理体制不变。教育集团通过统一管理，共同体学校通过学校班子成员和教师交流，共同探讨学校的管理方法和教育教学方法，实现优势互补，实现管理理念共享。

【推进教师培训工作】　2010年，将原教研室、原教师教育中心、教科所合并，组成龙泉市教育研究培训中心，完善职能，实现研训一体化。认真做好新课程的学科培训工作。举办了小学新课程学科培训班，对义务教育阶段新起用的小学六年级教材进行集中培训与备课。扎实抓好小学英语教师的全员培训工作。开展素养与技能的全面研训和提升工作，办好"青年教师研修班或提高班"，促进青年教师专业水平提升。抓好班主任队伍建设，2009年率先配备了专职德育、班主任教研员，制定《龙泉市中小学班主任工作常规》，突出班主任在班级常规管理和学生德育工作中的重要性，开展新任班主任上岗培训，实现班主任持证上岗，成立了"龙泉市骨干班主任工作室"，开通"龙泉市班主任驿站"博客。2011—2012年，共选派81位校长和教师赴华东师范大学进行为期半个月的学习；选派160多人分批到杭州建兰中学、金华四中等名校培训和实践，更新教学理念，提高教学水平。

【完善教学管理制度】　组织召开全市中小学教学管理工作研讨会，学习《浙江省义务教育教学管理指南》，交流教学管理经验，研讨如何加强和改进学校的教学常规管理工作。印发《龙泉市教育局关于进一步加强中小学教学常规管理工作的意见》，并召开专题会议进行贯彻落实。同时，结合教学调研，对学校教学常规管理工作情况进行了专项调研与抽查活动，有力地推动了学校教学管理的改进。为进一步增强广大校长的质量意识，切实提高小学的教学质量，组织召开全市小学六年级质量检测工作会议，并对全市中小学的教学质量进行了全面的检测。在完善教学质量抽查考核办法的基础上，制定出台了《龙泉市义务教育教学质量奖励办法》，对在教学质量抽查中成绩特别优秀的学校和任课教师进行表彰和奖励。积极开展教育教学课题研究，2008—2012年，全市共有丽水市级以上教育教学科学规划课题立项213项，其中省级教学类规划课题6项，丽水市级教育科学规划类重点课题16项，丽水市教研室教学类重点课题15项。优化教学质量评价体系，重新制订《龙泉市中小学教学质量评价方案(试行)》，进一步深化和细化教学质量检测各项数据的分析工作，发挥教学质量检测对学校教学工作的导向和促进作用，使学校教育教学质量的评价有了科学合理的标准。

【重视学生心理健康】　在教师研究培训中心单设立了"心育"部，开展心育工作。全市乡镇中心校、城区中小学心理辅导室设置率达87%。积极搭建平台，拓展"心育"工作。龙泉一中尝试《青春驿站》、QQ辅导式；中职校实行"轮流值日制"预约辅导式；龙泉四中尝试咨询师、B证教师与班级结对和《栀子花》专刊辅导的形式；实验小学开展自办心育小报，黑板报心育专刊竞赛的形式；育才学校试行心育导师+咨询师专职坐班+专设宣传窗辅导式；绿谷教育集团开展"知心姐姐"广播站"绿谷爱心超市"的辅导方式等。充分展示各具特色、形式多样化的"心育"方式。2012年，龙泉市教师心育上岗持证率达38.08%，居丽水市第二，其中A级证2人，B级证33人，C级证925人；咨询师58人，其中国家二级咨询师6人，是全省最多的区县，国家二级咨询师3人，全省比例最高。在公布的浙江省第一批7个学校心理健康教育示范区中，龙泉市成为全丽水市唯一的一个示范区。

素质教育

【概况】 全面贯彻党的教育方针，认真贯彻落实《浙江省人民政府关于加快基础教育改革与发展的决定》，按照“活两头、强中间、促全局”的思路，紧紧围绕“巩固创强成果、推进教育均衡”目标，切实从龙泉实际出发，着力解决基础教育改革和发展中的突出问题，全面推进素质教育。

切实加强体艺卫工作。继续开展中小学校“快乐大课间”和体育节活动，举行了城区小学生篮球赛、乒乓球赛、羽毛球赛和全市中小学生田径运动会、艺术节。艺术节由中小学生文艺会演、学生艺术作品展评、艺术教育论文评比三个系列活动组成。涌现出一大批原创的、具有浓郁地域特色、具有一定艺术水准的文艺作品，并在丽水市和浙江省中小学生艺术节比赛中取得优异成绩，获浙江省艺术节优秀组织奖。在浙江省中小学生艺术节中，龙泉三中选送的《簸箕上的麻雀》获得中学甲组声乐类一等奖（第一名），《龙泉童谣》和《美丽家乡》获得小学甲组声乐类三等奖；《芬芳野百合》获得小学组校园剧二等奖（第二名）；青溪小学张扬瑜同学的《笋王》获得小学组绘画类一等奖，《小憩》获得小学组摄影类二等奖。参加丽水市中小学生艺术节各组别比赛获得一等奖5个，二等奖17个，三等奖25个。龙泉三中的徐瑛、陈慧及水南小学的项晓珍三位教师获得浙江省优秀指导师称号。龙泉三中学生篮球队多次在浙江省中学生篮球比赛中获得优异成绩，被授予浙江省体育特色学校，刘家青老师被评为浙江省中学生篮球联赛优秀教练员；东升小学多个项目获浙江省青少年航海模型锦标赛团体一等奖；茶丰小学获龙泉市民族民间传统体育及自制体育教具特色学校。

实施素质教育，彰显办学特色。建立了丽水市首家中小学生素质教育实践活动中心，所有农村学校都建立了学生劳动基地，为全面开展素质教育提供了广阔的空间。以龙泉深厚的剑瓷文化为底蕴，大力弘扬和传承龙泉传统文化。安仁中学获第五届浙江省非物质文化遗产节传统表演艺术绝技绝艺展演（茹民防身术）优秀表演奖；中职校被授予浙江省非物质遗产传承教学基地。加强校本课程开发，编写了《龙泉市瑰宝——青瓷·宝剑》《剑瓷风》《剑光瓷韵》等乡土教材；开展全市中小学“万人舞剑”活动，创上海大世界基尼斯纪录，并获最佳项目奖；2008年开始全面实施“剑瓷文化推广工程”，开展以“会习一套宝剑之操、会做一件青瓷小品、会唱一首龙泉山歌、知晓一位龙泉名人、会讲一段龙泉故事、能诵一首龙泉古诗、知晓一种龙泉民俗、争当一名龙泉小导游”的“八个一”为主要内容的乡土教育，逐步形成了“一校一品”。础石乡小的宝剑文化推广、小梅镇小的瓷艺制作、锦溪镇小的剪纸和快乐课间活动等，都形成了自己的办学品牌。

【德育工作】 通过举行中小学德育年会、德育专干培训等加强和改进德育工作。组织全市各中小学校长、城区小学分管德育副校长、政教主任、团委书记、少先队大队辅导员召开德育年会。肯定德育工作，提出下阶段德育工作要求，为今后德育工作的开展明确了目标和方向。通过德育专干培训的形式，提升辅导员业务水平。举办辅导员技能培训班和名校少先队工作交流会，并邀请专家指导少先队工作。开展外出学习，学习发达地区学校少先队工作的特色、优点，在借鉴、比对中，探索有利于更好开展龙泉市少先队工作的经验。

广泛开展“永远跟党走”系列教育活动，举行“党在我心中”中小学生演讲比赛、“我爱祖国，我爱党”讲故事比赛，精心组织优秀选手参加浙江省、丽水市级以爱国、爱党为主题的演讲比赛。学校以各种形式进行了深入有效的主题教育活动，如“回顾党的光辉历程”歌咏比赛，“颂歌献给党”诗歌朗诵比赛，用各类“感人”事迹感染学生，增强热爱祖国、热爱家乡的情感。

不断深化行为习惯养成教育。把养成教育作为德育工作的重点，通过国旗下讲话、主题班会、黑板报比赛等形式，将行为规范养成教育融入学生的日常教育教学和学习生活之中，引导中小学生从我做起，从现在做起，从小事做起，不断改进行为规范达标的评估机制，开展新一轮行为规范达标活动。

落实《龙泉市预防中小学生违法犯罪的实施意见》，抓好法制教育、禁毒宣传教育、心理健康教育。进一步完善警校共建文明学校制度，充分发挥法制副校长的作用，每年举行法制教育讲座100多次，开展禁毒教育3000多人次，与禁毒办联合评选出禁毒教育先进学校，有效地预防和减少中小学生违法犯罪，保障学生健康成长。

【团队工作】 开展丰富多彩的班团队活动。少先队组织充分发挥自身优势，积极引导队员争当“四好少年”，深入开展“彩色之旅”“雏鹰争章”等活动；组织龙泉市美德少年评选活动，引导学生养成良好的思想道德品质。初中团组织定期举办少年团校，进一步规范推优入团工作，每年都有1000多名新团员加入共青团，充分发挥了团组织的战斗堡垒作用。高中团委定期举办学生业余党校，开展“党建带团建”探索，以推优入党为契机，积极鼓励优秀学生向党组织靠拢，仅高中学校就新发展预备党员5名，入党积极分子20名。组织开展了“关爱留守儿童，共度欢乐六一”儿童游园活动，一百名来自偏远山区的留守儿童到儿童公园参加了游园活动。举办全市少先队辅导员培训班，共有初中、小学的近50名大队辅导员参加了培训，进一步加强了少先队辅导员队伍建设，提升了少先队辅导员素质。组织开展“红领巾心向党，四好少年我争当”主题系列活动。全市中小学抓住重要传统节日和纪念日，结合“祭端午”“庆六一”“迎七一”，重点开展“学党史知党恩，做党的好孩子”等教育活动。活动丰富了学生的课余生活，陶冶了学生的情操。

东升小学开展素质教育活动　　叶绍强　提供

基础教育

【概况】 坚持以均衡发展为主导，以提高教育质量为根本，以改革创新为动力，加快普及十五年教育，积极推进学前教育、义务教育、高中教育、特殊教育的协调发展。2008年，全市普通高中在校生3048人，中职校在校生2813人，初中在校生10636人，小学在校生19417人；幼儿园132所；乡镇成技校16所。3—5周岁幼儿总人口8900人，在园幼儿8264人，入园率为92.85%；初等教育阶段适龄儿童入学率为100%；初级中等教育阶段适龄少年入学率99.64%；6—15周岁三类残疾儿童少年入学率98.6%。小学辍学率为零；初中辍学率为0.35%。2008年，全市小学、初中毕业年级学生的毕业率分别为100%、99.1%，初中毕业生升入高中比例为92.49%，中职与普高招生比例保持在1:1以上。2012年，全市普通高中在校生2964人，中职校在校生3231人，初中在校生8805人，小学在校生17946人；幼儿园115所，在园幼儿8882人，入园率为94.18%。十五年教育普及率94.01%；6—15周岁三类残疾儿童少年入学率94.83%；初等教育阶段适龄儿童入学率为100%；初级中等教育阶段适龄少年入学率99.75%。小学辍学率为零；初中辍学率为0.23%。初升高比例94.07%。中职与普高招生比例继续保持在1:1以上。

【学前教育】 2008年，全市幼儿园132所（其中，民办120所，教育部门和集体办11所，其他部门办1所），班级397个，在园幼儿8264人，学前三年幼儿入园（班）率约92.85%。全市有幼儿园教职工569人，专任教师466人，其中专科毕业以上162人，中专（高中）毕业280人，学历合格率94.85%。省三级幼儿园6所。2012年，全市幼儿园115所，在园幼儿8882人，学前三年幼儿入园（班）率94.18%。全市有幼儿园教职工838人，专任教师624人，学历合格率98.51%。省二级幼儿园2所，省三级幼儿园17所。

【义务教育】 不断巩固和提高“两高普九”水平。2012年，全市中小学45所，其中小学35所，在校生17946人；初中7所（含九年一贯制学校1所），在校生8805人。初等教育阶段适龄儿童入学率100%，初级中等教育阶段适龄少年入学率为99.75%；小学在校生年辍学率为零；6—15周岁残疾儿童入学率为94.83%，17周岁人口初级中等教育完成率为99.91%。

【高中教育】 大力发展高中段教育，龙泉一中积极开展对外交流合作，加

2009—2012年龙泉普通高校考试情况统计表

表24

年度	报名人数（人）	上线人数（人）	录取人数（人）	上线率（%）	录取率（%）
2009年	1124	944	929	84.98	82.65
2010年	969	881	883	90.92	91.12
2011年	1001	887	888	88.61	88.71
2012年	1207	1050	1058	86.99	87.66

强内涵建设和质量管理，提升学校办学档次。龙泉一中普通高校考试：2008 年上重点线 54 人，上本科线 393 人，总上线 716 人，高考总上线率 94.3%；2009 年上重点线 48 人，上本科线 438 人，总上线 770 人，高考总上线率 96.7%；2010 年上重点线 58 人，上本科线 419 人，总上线 742 人，高考总上线率 97%；2011 年上重点线 66 人，上本科线 476 人，总上线 769 人，高考总上线率 97%；2012 年上重点线 67 人，上本科线 517 人，总上线 802 人，高考总上线率 97%。5 年来，上重点线人数和总上线率均稳居丽水市中上水平。

中等职业教育

【概况】 2012 年，龙泉市中等职业学校（中职校）占地面积 243 亩，建筑总面积 6 万平方米，教职工 293（含求是高中）人，学生 4004 名（含求是高中），共 89 个班。开设了 12 个中等职业教育专业，其中陶瓷工艺为省级特色专业、示范专业；机电为省级示范专业；机械加工技术为省级骨干专业；学前教育、旅游管理、电子电工、计算机等4个专业为丽水市级示范专业。校内建有陶瓷工艺、机电、现代服务业等 3个实训基地，并设立劳动力技能培训中心。学校与浙江大学、中国美院、台湾美和科技大学、景德镇陶瓷学院、金华职技院、丽水学院等多所高校建立了合作和交流关系，并与德国、比利时、韩国等多个国家开展交流活动。成立了“龙泉青瓷省级区域科技创新服务中心”“龙泉宝剑省级区域科技创新服务中心”和“龙泉汽车（空调）零部件省级区域科技创新服务中心”。

2008 年 3 月，中职校被评为国家级重点中等职业学校；2012 年，被评为省改革发展示范学校，通过了省一

2008—2012 年龙泉市中等职业学校基本情况一览表

表25

年度	2008年	2009年	2010年	2011年	2012年
招生数（人）	1031	985	1299	1253	1290
在校生数（人）	2813	2965	3315	3284	3384
教职工数（人）	262	271	215	222	230
专任教师数（人）	200	209	158	172	176
学历达标情况（%）	91.00	92.83	91.14	93.02	95.45
学生毕业总人数（人）	1093	833	909	1031	950
学生升学人数（人）	53	96	146	197	246
学生就业人数（人）	967	688	740	816	698
学生就业率（%）	91.40	93.30	98.20	97.80	99.20
基本建设投入（万元）	2183	1893	1529	895	392

【专业设置及模式】

2011—2012 年龙泉市中等职业学校实行学部制管理专业设置及模式

表26

学部	2011年		2012年	
	专业名称	专业模式	专业名称	专业模式
青瓷宝剑工艺学部	陶瓷工艺	就业/升学	陶瓷工艺	中专
				3+1
			刀剑	中专
现代服务业学部	旅游管理	3+2	旅游管理	3+2
	旅游服务与管理	大中专连读	旅游服务与管理	2+2
				升学
	学前教育	大中专连读	学前教育	五年制
				2+2
			商业（电子商务）	升学
经贸与计算机	国际商务	升学	国际商务	
应用学部	会计	升学	会计	中专/升学
		就业		3+2、2+2
	工艺美术	升学	工艺美术	3+1
		就业		
	计算机应用与管理	就业	计算机应用与管理	中专
	机电一体化技术	3+2	机电一体化技术	3+2
机械电子学部	电子与信息技术	升学	电子与信息技术	升学
		就业		中专
	机械制造	升学	数控技术	升学
		就业		中专
	普通高中	升学	普通高中	升学
求是高中学部			美术	

级中等职业学校评估审定，并入选浙江省中职学校优化校企一体、工学交替改革试点单位。为提高管理成效，2011年9月，创新管理模式，按同类或相近专业为单位建立学部，共设剑瓷学部、机电学部、经贸学部、服务业学部和求是学部。学部制管理提高了管理效率，激发了管理的创新意识，加快了专业建设的步伐。2012年学校获得丽水市师生技能竞赛第二名。

新中职校自2005年9月合并组建以来，已向社会输送毕业生7000余名，就业率98%以上，并有2000余名学生升入高一级学校深造。同时开展农民教育培训、企业职工教育培训、干部群众教育培训等各类学历与非学历教育培训，年均培训人数达4000人次以上，成为社会就业培训、技能培训的重要基地。学校在开展校企合作、实施科创平台项目、参与全市性的重大活动等方面发挥了积极作用，得到上级政府和部门的肯定及社会各界的认可和好评。

成人教育

【概况】 积极依托乡镇成技校、中职校、自考办、电大，大力开展成人教育。加强成技校建设，多渠道筹措办学经费，改善成技校办学条件。全市有16所成技校，其中有6所乡镇成技校被评为省一级成技校。2009年开始，组织开展成人双证制教育培训，到2012年共有1024人通过培训获得了成人高中毕业证书，有效提高了龙泉市居民受教育年限。拓展思路，强化乡镇成技校建设，开展区域成技校创建工作。中职校开展农民教育培训、企业职工教育培训、干部群众教育培训等各类学历与非学历教育培训，年均培训人数达4000人次以上，成为社会就业培训、技能培训的重要基地。2008—2012年，组织了1769人次参加自学，开设课程819课次，办理毕业生手续110人。同时积极做好全国计算机等级和全国英语等级考试报名工作。

【龙泉电大】 电大龙泉工作站2007年升格浙江广播电视大学龙泉分校，获批成为正科级直属事业单位。2008—2012年，龙泉电大的办学规模不断扩大，办学质量不断提高。2008年1月，中央广播电视大学核定浙江广播电视大学龙泉分校为全国统一考试四星级考点；2009年4月，龙泉市社区学院在龙泉电大挂牌成立；2011年12月，在浙江金福茶业有限公司申报建设成立省级农民大学生教学实践基地。龙泉电大根据地方经济建设对人才的不同需求进行多层次、多类型的开放教育，开设会计学、法学、汉语言文学、金融学等本科专业48个，建筑施工与管理、学前教育、林业技术、人力资源管理等专科专业24个，并设立浙江大学远程教育学院龙泉学习中心、景德镇陶瓷学院成人教育龙泉函授站、浙江林学院丽水学习中心、奥鹏远程教育学习中心等教育机构。2008—2012年，龙泉电大共招收本、专科学生1870人；景德镇陶瓷学院艺术设计专业招收142人；远程教育招生851人；浙江大学远程教育学院现有在校生人数180人。5年来，争取财政厅资金支持200多名农民大学生免费就读，2012年与当地民政局合作招收50名退役士兵免费就读电大，每年还有300余人次在电大进行岗位、技能等非学历教育培训。学校拥有专用服务器6台，大型储备电池2个，电子计算机106台，多媒体教室2个，建有100兆校园专用教学网站，为开放教育提供条件。

民办教育

【概况】 2008年，全市有民办幼儿园120所，小学1所(绿谷外国语小学)，初中3所(养真中学、剑瓷外国语中学和育才学校)，九年一贯制学校1所(龙泉欧冶国际学校)。2011年，剑瓷外国语中学、绿谷外国语小学改为公办学校，养真中学停办，育才学校改为纯民办。2012年9月，欧冶国际学校迁入原养真中学校址，并在原欧冶国际学校原址恢复绿谷外国语小学。截至2012年，全市有民办幼儿园98所，民办初中1所，民办小学1所，民办九年一贯制学校1所。

【学校撤并与规模】 2011年，开展义务教育阶段改制学校清理规范工作，剑瓷外国语中学改为公办学校，纳入龙三中统一管理；绿谷外国语小学改为公办学校，纳入绿谷教育集团水南校区；养真中学停办，教师和在校学生统一分流到城区其他初中；育才学校改制为纯民办中学，积极创办精品民办学校。至2012年底，育才学校在校生974人，教职工80人；龙泉欧冶国际学校有教学班13个，学生450人，教师42人(其中公派教师19人)。

教师队伍建设

【概况】 2008年，全市教职工2822人，其中：小学教职工1523人，专任教师1408人，学历合格率99.72%；初中教职工766人，专任教师668人，学历合格率99.58%；高中段(包括中职校)教职工471人，专任教师372人，学历合格率普高为98.29%，中职为92.83%。2012年，全市教职工2795人，其中：小学教职工1481人，专任教师1419人，学历合格率100%；初中教职工748人，专任教师703人，学历合格率99.86%；高中段（包括中职校）教职509人，专任教师422人，学历合格率普高为98.37%，中职为95.45%。教育局机关行政11人，教研室16人，电大6人，教育局机关事业科室24人。

【人才引进】 创新教师引进工作，严把教师入口关，进一步完善新教师公开招聘制度，吸引优秀人才进入教师队伍，注重吸收符合条件的高学历人才到中小学任教。按照《中共龙泉市委办公室市人民政府办公室关于印发〈龙泉市事业单位人才引进暂行办法〉》，大力引进高层次教育创新人才，2009年以来共引进9位硕士研究生，引进66位“二本”以上优秀本科生，充实了教师人才队伍。

【教师管理和培养】 5年来，选派了87位骨干教师参加省、市、县级中小学教师“专业成长”培训。加大音、体、美专任教师配备力度，近5年共招收62名音、体、美专任教师，充实到薄弱学校任教。同时，采取乡镇中心校音、体、美专任教师到完小走教的形式，解决专任教师配备不足问题。完善骨干教师培养、评选、管理、奖惩的成长激励机制，深入推进中小学“名师工程”。选派骨干教师100余人次到农村学校帮扶支援，通过开设讲座、上示范课和送教下乡等活动，充分发挥骨干教师的示范辐射作用。教师专业化建设稳步推进。构建立体教研网络，在加强教研队伍建设，提高教研水平的基础上，组建了城区小学教研大组和乡镇小学区域教研大组，加强学校交流，形成教研合力，提高了教研效果。

全面实施教师“读书工程”，市教育局和全市学校共成立了52个读书社，自愿参加的社员有1900多人，组织开展了龙泉市教师经典诗文朗诵会、浙大教授讲座、唐诗宋词沙龙、中小学教师博客大赛、“教育之春”教师原创诗文朗诵会等不同形式的大型活动，营造了书香浓厚的校园氛围。省教育信息报对此活动进行了专题报道。组建“园丁之音”教师艺术团，十年来坚持每周训练，排演的龙泉山歌《啰啰来》获得了全国首届原生态歌曲大赛优秀奖，并经常送歌到学校、参加各种文艺比赛和社会公益演出，不仅丰富了校园文化，而且提高了音乐教师专业素养。

加强教师道德建设。强化教师职业道德建设，开展“立师德、强师能、树师表、尽师责、铸师魂”等主题教育活动，加强教师职业道德和行为规范教育，大力弘扬志存高远、爱岗敬业、严谨笃学、厚德载物、诲人不倦的良好风尚，克服教师职业倦怠，不断增强广大教师教书育人、无私奉献的责任感、使命感与职业自豪感。完善教师职业道德评价、考核和奖惩机制，严格坚持教师师德表现与年度考核、绩效考核、职务晋升评聘和评先评优挂钩，并实行一票否决制。

加强校长队伍建设，提高学校管理水平。建立校长交流、竞聘、进出机制，全面推行校长任期考核奖惩制等，提高校长科学管理、依法治校的能力。同时，加强后备干部队伍建设，在基层学校推荐基础上，与市委党校合办二期，组织70位后备干部参加培训，积极探索校长队伍建设的新路子。实行校长竞聘上岗机制，一批懂业务、善管理、有理念的人才脱颖而出，有30多位后备干部成为校长。

办学条件改善

【概况】 2008—2012年，中职校扩建主体工程基本完成；投资4630余万元新建的东升小学整体搬迁新校；投资2000余万元的市实验幼儿园开始建设；投入2700余万元回购民办新世纪幼儿园改办为公办机关幼儿园；投入2000多万元，回购龙一中学生宿舍、剑瓷外国语中学和绿谷外国语小学；2012年，计划投资15972万元的龙泉浙大中学开工建设。2008—2012年，除校安工程外，共投资6655万元，新建校舍29835平方米，维修改造校舍12630平方米，有效地促进了城乡教育的均衡发展。

2008年以来，投入3300余万元，

教师合唱团在演出　　市教育局　提供

进一步加大教育装备建设力度，使教学仪器设备等配备达到省定标准。同时，建立了拥有图书近10万册的教育图书配送中心。到2012年，全市生均图书：小学19册，初中20册，高中29册；全市计算机生机比达5.9:1（其中小学5.8:1，初中6:1，高中6.2:1）。乡镇以上学校全部建立了计算机教室，全市建有计算机教室的学校比例达81%，三年级以上的班级全部开设信息技术课；全市多媒体教学设备班套比达1.01:1（其中小学1.02:1，初中1:1，高中1:1），公办小学、初中已实现“班班有多媒体”，城区小学及部分乡镇小学实现“教师人人有电脑”的目标；教育城域网覆盖全市所有学校，实现网络资源共建共享，基本实现办公网络化、无纸化。

【校安工程】 严格按照《浙江省实施中小学校舍安全工程实施方案》的要求，成立了校舍安全工程领导小组，设立了校安办，制定了实施方案和“工程实施路线图”。

在国家细则、技术指南和省中小学校舍排查鉴定方案及细则指导下，顺利完成对全市54所学校（不包括欧冶国际和东升小学）379幢校舍共计330443平方米校舍的排查、鉴定任务。通过对全市379幢330443平方米校舍进行了检测。78幢计156428平方米校舍鉴定为A级，占全校校舍的47.34%；101幢计66996平方米校舍鉴定为B级，占全校校舍的20.27%；160幢计97311平方米校舍鉴定为C级，占全校校舍的29.45%，需要进行加固；40幢计9708平方米校舍鉴定为D级，占全校校舍的2.94%。31所学校存在洪涝灾害隐患。对存在地质隐患的14所学校进行评估，发现有5所学校存在校舍场址灾害隐患。通过对158幢安装有防雷设施的校舍进行了检测，所检的防雷装置均符合规范要求。

做好校安工程的前期费用测算工作。建筑排查、鉴定、设计费162.7514万元。水利评估费37.2万元。共计31所，每所评估费用为1.2万元。地质排查、评估费16.96万元。共计53所学校，每所学校评估费用为0.32万元。防雷检测费5万元。以上四项合计费用为初步测算，约222万元。

认真细致做好校安工程规划三年计划编制工作。根据国家、省校安办部署要求，会同发改、财政、建设等部门，结合中小学布局调整规划、小规模学校调整规划等，采取边排查鉴定、边制订计划的办法，初步制定了龙泉市中小学校舍安全工程三年加固和改造总体规划及年度执行计划。截至2011年底，校安工程的规划任务顺利完成，全市中小学校舍的安全面貌得到了彻底的改观。三年校安工程累计投资12236.3万元，实施加固项目130个，加固校舍70587平方米；新建项目22个，新建校舍57924平方米。三年校安工程开工率、竣工率、投资完成率均达到100%，位居丽水市各县（市、区）第一。

【学前三年行动计划】 根据学前教育事业发展需要，结合龙泉市城区和集镇发展的人口聚集趋势，教育、发改、财政、建设、国土等部门相互衔接，在全市教育总体规划指导下制定了《龙泉市学前教育三年行动计划》，计划从2011年开始实施，已完成11所幼儿园的园舍建设，竣工面积32410平方米，完成率61.23%；共完成投资8440万元，完成率51.43%。

（市教育局）

科技管理

综　　述

【概况】 2008—2012年，龙泉市认真贯彻落实全国、浙江省和丽水市科技创新大会精神，深入实施"背靠浙大、联姻高校、发展龙泉"招才引智战略举措，大力开发引进应用新技术，培育高新技术产业，推进科技创新载体建设，不断提升科技进步在推动高起点跨越式可持续发展进程中的支撑和引领作用，科技事业取得长足进步，有力促进全市经济和社会各项事业的快速发展。

【全市科学技术大会】 2010年12月24日，龙泉市科学技术大会暨人才工作会议召开，贯彻落实国家、省、丽水市科技创新大会精神，总结"十一五"科技人才工作，部署"十二五"科技人才工作，提出了深化市校合作、争创科技强市的新目标和新举措。会议表彰了2个市科学技术突出贡献奖集体、4名市科学技术突出贡献奖个人、7名市科学技术贡献奖个人、13项市科学技术进步奖、10项市校合作优秀项目奖，奖金总额123万元。同时制定出台了"十二五"科技发展规划，进一步统一思想，明确目标，动员全市上下齐心协力推动科技人才优先发展，全力创建省级科技强市的良好局面，为"十二五"时期科学发展提供有力的智力支撑。

【市校合作工作】 市校合作取得丰硕成果，在合作领域上产业全覆盖。全面深化以浙江大学为重点，与浙江农林大学、中科院理化所、哈尔滨工业大学、中国农业大学、中国美院等66家科研院校(所)的产学研合作，先后聘请了中国工程院院士张济生、谭建荣、俞小莉等84位专家教授为市长顾问、市政府经济顾问、科技顾问、市长助理或产业首席专家，建立项目合作关系的专家教授207位。全市共组织开展了市校合作项目签约806个，争取省级以上立项356个，获省级以上科研补助经费15698.3万元，合作企业、单位达229个，合作范围实现了一、二、三产全覆盖。在项目合作上取得显著成效。建立了"一个主导产业、一位首席专家、一套扶持政策、一批示范项目"的产业培育新机制。项目实施绩效突出，组织实施了市校合作项目782个，实施率达到97%，完成率达到72.5%，全面加快了竹茶菌蔬和汽车零部件、青瓷宝剑、竹木加工等主导产业的提升发展。如：国家科技富民强县项目—竹产业提升工程获全省绩效考核第一名，"龙泉青瓷规模化生产节能降耗关键技术及产品""快速成型技术在青瓷制作中的应用研究与开发"等项目使青瓷烧制节能率达15%以上，成品率达到95%。同时，创新团队建设成效明显，启动了由中国工程院院士、浙江大学机械系谭建荣教授领衔的"谭建荣院士工作站"建设工作；龙泉汽车空调产业科技创新服务团队、龙泉海特数控技术研发团队分别列入了丽水市"绿谷精英和科技创业创新团队"。在合作交流上广泛开展.高校在龙泉挂职、参加社会实践的人数达1700多人，开展访问讲学、考察调研、技术服务、洽谈签约等活动的专家教授达3500多人次，联姻高校帮助培训企事业单位人才3900多人次。

【科技宣传培训】 科技宣传培训工作成效显著，成功举办五届科技活动周。组织农业、林业等部门技术人员630余人次，深入乡镇(街道)开展了科技知识与成果展示、现场科技咨询和义诊、发放科技图书和资料、防震减灾科普知识宣传、农业产业栽培技术培训、农村卫生知识讲座、灵芝新品种栽培示范推广等一系列活动，共开展了大型科技活动28场次，举办了实用技术讲座31场，培训农民达5400余人次，发放技术资料5.4万余份、DVD光盘700多张，赠送科技图书5000多册，接受群众现场咨询

9600多人，现场解答技术难题2300多个。同时2008年4月以来，建立了百名科技人员结对帮扶农村科技示范户制度，组织省、市科技特派员和农林水等部门的百名科技人员，深入基层解读科技优惠政策，指导包装项目，对接技术需求，把科技服务落实到生产第一线，推动农业科技成效明显。来共引进和推广新技术180多项，指导农业科技项目实施140多个；为示范户提供技术咨询指导3600余人次，解决技术难题1700多项，示范带动全市3500多户建立实用技术生产基地。据不完全统计，5年来，全市累计举办科技培训班1547期，培训各类人员13.6万人次。

【科技特派员工作】 5年来，省里每年向龙泉派遣农业方面的科技特派员4名，丽水市每年向龙泉派遣科技特派员3—4名，积极协助科技特派员深入基层考察调研农业产业化的发展，组织申报省级科技特派员项目，并在本级科技经费上给予扶持，努力为他们的工作创造条件；同时，本市每年还向农村基层派出科技特派员近10名，同样在工作和科研上给予他们最大的支持。5年中，共争取到屏南镇“高山优质土鸡养殖技术示范及基地建设”、竹垟乡“毛竹笋用林高产栽培技术推广与示范”、龙南乡“浙江高海拔山区砂梨优质高产配套技术中试示范”、金福茶业有限公司“名茶开发的良种化技术及优质高效茶叶标准化生产体系建设”等省科技特派员专项20个，丽水市科技特派员专项16个，推广新技术59项，引进新品种63个，扶持培育专业合作社13家，开展各类技术培训5600余人次，为全市农业主导产业发展和提升作出了重要贡献，其中金观音茶叶和高山四季豆的引进和推广成为龙泉市培育农业产业的新亮点。同时1人荣获“国家优秀科技特派员”称号：2009年国家级优秀科技特派员——浙江大学派驻兰巨乡科技特派员汤一；4人荣获了“省级优秀科技特派员”称号：2008年度省级优秀科技特派员——浙江大学派驻兰巨乡科技特派员汤一、2009年度省级优秀科技特派员——浙江省林科院派驻竹垟乡科技特派员王波、2010年度省级优秀科技特派员——浙江大学派驻屏南镇科技特派员舒妙安、2011年度省级优秀科技特派员——浙江省农科院派驻龙南乡科技特派员王汉荣；5人荣获“丽水市级优秀科技特派员”称号：2007—2009年第二批丽水市级优秀科技特派员——丽水市林科院派驻龙泉市道太乡科技特派员吕明亮、丽水市农科院派驻龙泉市岻石乡曹鹏飞，2009—2011年第三批丽水市级优秀科技特派员——浙江大学驻龙泉市屏南镇科技特派员舒妙安、丽水市林科院驻龙泉市上垟镇科技特派员何林、丽水市农科院驻龙泉市宝溪乡科技特派员丁潮洪。

【地震管理工作】 广泛开展地震知识的科普宣传，增强公众防震减灾意识。龙泉市建成数字地震前兆台、数字测震台和地壳形变监测GNSS基本站等3个台站，确保正常安全运行，并完成了SDH专线改造，实现龙泉地震台站与丽水地震数据中心的互联。2008年，修订了《龙泉市地震应急预案》及《龙泉市地震应急预案操作手册》。2009年成立全市防震减灾助理员队伍，并及时进行调整充实，落实了重大工程项目建设抗震设防工作制度。2010年设立龙泉市地震管理办公室，人员编制3名，地震工作经费纳入市财政年度预算，成立市应急联动指挥中心，全市多数乡镇人口集聚区均修建了应急避灾中心，为防震减灾事业持续、快速、健康发展提供了保障。

科技创新

【高新技术发展】 2008—2012年，龙泉市高新技术产业快速发展。全市新认定国家高新技术企业9家：2010年为浙江创新汽车空调有限公司、浙江三田滤清器有限公司2家，2011年增加浙江伟林机械有限公司、浙江毅力汽车空调有限公司2家，2012年增加浙江兰通空调设备有限公司、浙江松信汽车空调有限公司、浙江博威汽车空调有限公司、商讯集团有限公司、浙江新劲空调设备有限公司5家；省级科技型企业13家：2008年浙江德利赛空调有限公司、浙江欧亚迪汽车空调器有限公司，2009年龙泉兄弟之星汽配有限公司、浙江创新汽车空调有限公司、浙江毅力汽车空调有限公司、浙江蒋氏刀剑有限公司，2010年浙江博威汽车空调有限公司、浙江伟林机械零部件有限公司，2011年浙江立丰机械零部件有限公司、龙泉市鸿翔竹木业有限公司，2012年浙江创立汽车空调有限公司、龙泉市创宇汽车空调有限公司、浙江龙腾空调有限公司；省级创新型企业1家：2012年浙江三田滤清器有限公司；省级农业科技企业16家：2008年浙江聚珍园食品有限公司、龙泉市凤阳春有限公司、浙江凤阳山食品有限公司、龙泉市森芝宝生物有限公司，2009年龙泉市阳光农业有限公司、龙泉市佳宝生物科技有限公司、浙江顶峰生态农业有限公司，2010年浙江龙声工艺玩具有限公司、龙泉市晨光食品有限公司、浙江能福旅游用品有限公司，2011年浙江永鑫席业有限公司、浙江翔泰工艺品有限公司、浙江披云食品股份有限公司,2012年龙泉市科达农副产品有限公司、浙江畲乡生态农业开发有限公司、龙泉市锦鲵农业科技开发有限公司;省级农业科技研发中心3家,2011年龙泉佳宝食药用菌科技研发中心,2012年能福竹木制品研发中心、南方红豆杉科技研发中心;研发省级新产品95个(见清单);丽水市高新技术企业3家:2012年浙江创立汽车空调有限公司、浙江基力思汽车空调有限公司、浙江德尔威工程机械设备有限公司。2009年"龙泉汽车空调零部件高新技术特色产业基地"列入省高新技术特色产业基地建设。

【创新载体建设】 坚持把构建科技创新载体,作为增强区域自主创新能力的一项基础工程,创新载体建设显著增强。全市新认定省级高新技术研发中心5家:2008年浙江国镜药业"国镜药物研发中心",2011年浙江三田滤清器有限公司"三田滤清器省级高新技术企业研究开发中心"、浙江创新汽车空调有限公司"创新高效节能汽车空调省级高新技术企业研究开发中心",2012年浙江伟林机械零部件有限公司"伟林锻钢曲轴研发中心"、浙江毅力汽车空调有限公司"毅力高效节能汽车空调研发中心";省级农业科技企业研发中心3家:2011年龙泉佳宝食药用菌省级农业科技企业研发中心,2012年浙江绿峰农林科技有限公司省级农业科技企业研发中心、浙江能福旅游用品有限公司省级农业科技企业研发中心;省级区域科技创新服务中心2个:2009年龙泉宝剑省级区域科技创新服务中心、2010年龙泉汽车(空调)零部件产业省级区域科技创新服务中心。同时,2008年11月建立了浙江大学龙泉市现代农业技术合作推广中心、浙江农林大学龙泉市竹木产业科技创新服务中心,2010年9月成立了龙泉市·高校院所现代产业技术创新联盟(4+1+X联盟),2012年10月龙泉汽车空调产业技术创新服务平台列入了省重大科技创新平台,龙泉青瓷产业科技创新服务平台列入丽水市级重大科技创新平台。

【知识产权(专利)工作】 知识产权工作得到全面发展。5年来,通过举办培训、加强宣传、实施补助等举措,企业专利发展与保护意识不断增强,专利申请量和授权量逐年大幅增加,2008—2012年,新增专利申请1292件(其中发明专利133件),专利授权953件(其中发明专利37件),年均增长40%。2011年丽水市知识产权示范企业1家,2012年省级专利示范企业1家:浙江三田滤清器有限公司,丽水市知识产权示范企业3家:浙江新劲空调设备有限公司、浙江博威汽车空调有限公司、浙江佰加汽车空调有限公司。成功调解专利纠纷13起,纠纷调解率100%。2008年5月,中国工艺美术大师徐朝兴被国家知识产权局聘为中国知识产权文化大使;2009年4月,龙泉市被列入全国首批"国家传统知识知识产权保护试点县(市)"。"欧力木业""蒋氏刀剑""商讯科技""披云"4个品牌获中国驰名商标称号,龙泉青瓷、龙泉段木灵芝、龙泉段木灵芝孢子粉3件地理标志证明商标注册成功,"龙泉青瓷传统烧制技艺"成功入选"人类非物质文化遗产代表作名录"。

【民营科研机构】 5年来,全市民营科研机构发展到21家,其中2008年有3家:特色农产品开发研究所、龙泉明代官窑青瓷研究所、龙泉陶瓷研究所;2009年增加了1家:剑村刀剑研究所;2010年增加了5家:灵芝研究所、御窑青瓷研究院、古今刀剑研究所、灵芝区域创新科技服务中心、继仁灵芝菇耳良种研究所;2011年增加了9家:珍稀菌研究所、浙江凤阳山生物工程研究所、龙泉珍窑青瓷研究所、龙泉青瓷孙坑窑传习研究所、廖氏龙窑青瓷研究所、青瓷文化研究所、龙泉市食药用菌研究所、龙泉青瓷日用瓷研究所、龙泉云龙哥窑研究所;2012年增加了3家:腾友茶叶研究所、卫国古陶瓷保护修复研究所、青瓷日用陶瓷研究所。

【科技信息化和科技成果管理】 继续做大做强浙江网上技术市场龙泉分市场建设,5年累计上网企业家118家,发布技术难题177项、成果专利信息12条、动态信息291条,加盟专家34人,网上签约65项,合同成交金额4321万元。加强科技成果管理,登记科技成果54个;获省农业科技成果转化推广奖2人:2008年度何建芬、2009年度毛美珍;获省级科技成果转化奖二等奖1项:2010年商讯集团有限公司的"环保型100MHZ大对数(300对及以下)数据电缆产业化"项目;获丽水市科学技术突出贡献奖1人:2010年金爱武(市长助理、竹产业首席专家)。

科技项目

【概况】 2008—2012年,龙泉市入选国家级、省级和丽水市级各类科技计划项目共296项,其中国家级26项、省级235项、丽水市级35项。5年来,全市各类科技计划项目大幅增长,项目实施绩效明显,均取得良好的社会经济效益,如国家科技富民强县专项获全省绩效考核第一名。

【2008年科技项目】 2008年科技项目50项，其中国家级1项、省级40项、丽水市级9项。商讯科技有限公司“环保型100兆大对数(300对及以下)数据电缆”被列入国家级重大科技项目，市林业局“竹产业提升重大关键技术研究与示范——短周期工业用大径竹材的培育技术集成与示范”、市林科所“优质用材林高效育种技术研究与新品种创制——优质珍贵用材树种新品种创制及高效培育关键技术研究与示范”和“优质用材林高效育种技术研究与新品种创制——珍贵用材树种优良品系快繁中试及容器苗”、聚珍园食品有限公司“基于液体发酵的食用菌人工智能栽培技术集成研究”、龙鑫化工“林化产业精深加工新产品创制与产业化开发”等5个项目被列入省重大科技专项重点农业项目，三田滤清器有限公司“欧III柴油机柴油滤清系统开发技术及产业化应用”、青瓷区创中心“龙泉青瓷釉料标准化配方研制”、金宏瓷厂“高强度抗菌龙泉青瓷技术与原料标准化的研究和开发”等3个项目被列入省重大科技专项重点工业项目，古窑瓷厂“龙泉青瓷明代官窑工艺技术的恢复研究与开发”被列入省重大科技专项重点社会发展项目，商讯集团有限公司“数据电缆类企业的以客户为中心的信息系统研究及应用”、精龙刀剑有限公司“面向网络化制造的动态联盟企业协同生产管理系统的研究及其在刀剑行业中的应用”等2个项目被列入省制造业信息化项目，广龙汽车空调配件有限公司“复合稀土微弧氧化技术在汽车空调配件上的应用研究”、聚珍园食品有限公司“木槿花功效成分评价和深加工研究与示范”、三田滤清器有限公司“发动机进气滤清消声系统研究”等3个项目被列入省面上科技项目，龙南乡“高山蔬菜节水灌溉技术中试示范”、金福茶业有限公司“茶叶优质高效生产体系培育及示范推广”、屏南镇“山区优质土鸡规模化养殖关键技术研究与示范”、竹垟乡“毛竹林无公害冬笋丰产技术推广”等4个项目被列入省科技特派员项目，纳富特生物科技有限公司“气体水合物分离技术用于绛芝益肝胶囊浓缩工艺的中试”、天和食品有限公司“出口香菇黑木耳全程质量安全控制技术示范应用”等2个项目被列入省农业科技成果转化项目，新劲空调设备有限公司“新劲汽车空调自控元件省级高新技术研究开发中心”和国镜药业“国镜药物研发中心”被列入省高新技术企业研发中心建设项目，商讯科技有限公司“商讯数据电缆研发中心”被列入省引进大院名校共建创新载体，中职校“应用型青瓷工艺高技能人才培养机制与模式创新”被列入省高技能人才培养和技术创新活动项目，恒丰汽车空调配件有限公司“铝制贮液罐体与导液管一次性冷挤压成型创新技术”被列入省高新技术产业化项目，绿峰农林科技有限公司、聚珍园食品有限公司、金福茶业有限公司、纳富特生物科技有限公司等4家被列入省农业科技贷款项目，三田滤清器有限公司通过省级高新技术企业认定，聚珍园食品有限公司、凤阳春有限公司、凤阳山食品有限公司、森芝宝生物有限公司等4家通过省级农业科技企业认定，欧亚迪汽车空调器有限公司和德利赛空调有限公司等两家通过省级科技型中小企业认定，市科技局“绿色高效生态农业科技产业带建设培训”、天工青瓷厂“龙泉青瓷高效节能烧制技术开发”、屏南镇“高山蔬菜新品种引进推广”等3个项目被列入丽水星火计划项目，道太乡“灵芝产业化关键技术研究与示范”、础石乡“百亩金观音茶叶示范基地建设”、查田镇“吊瓜种植示范基地建设”、城北乡“锥栗早期优质丰产栽培技术研究和应用”、林科所“浙南珍贵用材树种优质容器苗培育关键技术集成与示范”等5个项目被列入丽水市科技计划项目，中职校“龙泉刀剑市级区域科技创新服务中心”通过丽水市级区域科技创新服务中心认定。

【2009年科技项目】 2009年科技项目38项，其中国家级1项，省级32项、丽水市级5项。龙泉市被列入全国传统知识产权保护工作试点县，佳宝生物科技有限公司“灵芝无公害标准化(GAP)种植及精深加工产业化研究”、能福旅游用品有限公司“竹质太阳伞新产品技术研发及产业化研究”、绿峰农林科技有限公司“南方红豆杉优质品种选育及其生态经营关键技术研究与示范”等3个项目被列入省重大科技专项重点农业项目，毅力汽车空调有限公司“汽车空调多功能压力控制器的研发”、创新汽车空调有限公司“复合节能型汽车热交换器及其关键制造装备的研究”等2个项目被列入省重大科技专项重点工业项目，国镜药业有限公司“鲜料生产复方鱼腥草合剂工艺研发”和森芝宝生物科技有限公司“灵芝加工关键技术研究及产业化”等2个项目被列入省重大科技专项厅市会商项目，新劲空调设备有限公司“汽车空调变排量压缩机外部控制阀研制及产业化”、金溢牧业有限公司“食用菌废弃物转化生物蛋白饲料技术研究”等2个项目被列入省面上一般科研项目，龙南乡“高山蔬菜大棚栽培技术中试示范”、金福茶业有限公司“‘龙泉金观音’茶关键技术集成及产业化推广”、竹垟乡“毛竹四季笋生产栽培技

术示范与推广”、屏南镇“山区优质土鸡规模化养殖与品牌建设”等4个省科技特派员科技扶贫项目，绿峰农林科技有限公司“‘龙杉1号’红豆杉药用林高效栽培中试基地建设”被列入省科技型中小企业技术创新项目，凤阳山食品有限公司“鲜食玉米新品种引进及其产业化开发”、披云食品股份有限公司“基于茶叶提取物茶黄素的系列茶产品生产”等2个省农业科技成果转化项目，兄弟之星汽配有限公司、创新汽车空调有限公司、毅力汽车空调有限公司等3家通过省级科技型中小企业认定，阳光农业有限公司、佳宝生物科技有限公司、顶峰生态农业有限公司等3家通过省级农业科技型企业认定，“龙泉汽车空调零部件高新技术特色产业基地”被列入省高新技术特色产业基地，“龙泉宝剑省级区域科技创新服务中心”被列入省区域科技创新服务中心建设计划，宝溪乡“茭白品种引选及配套栽培技术研究”、道太乡“道太乡灵芝示范基地建设与推广”、上垟镇“毛竹竹腔施肥技术应用与推广”等3个项目被列入丽水市科技特派员项目，市科技局“绿色高效生态农业科技产业带培训”和锦溪镇“食用菌（黑木耳）标准化生产”等2个项目被列入金衢丽绿色高效生态农业科技产业带项目，8个项目被列入省级新产品试制计划。

【2010年科技项目】 2010年科技项目46项，其中国家级9项、省级33项、丽水市级4项。市科技局“竹产业提升工程（二期）”被列入国家科技富民强县项目，新劲空调设备有限公司汽车空调“变排量压缩机外部控制阀”、毅力汽车空调有限公司“汽车空调系统电子式压力调控器”、伟林机械有限公司“大中型挖掘机锻钢曲轴”、天丰陶瓷有限公司“龙泉青瓷规模化生产节能降耗关键技术及产品”等4个项目被列入国家科技型中小企业技术创新基金项目，佳宝生物科技有限公司“灵芝优新品种仿野生有机生态高效生产与精深加工技术”、双益菇业有限公司“工厂化生产专用金针菇优新品种与标准化高效栽培技术”被列入国家农业科技成果转化重大项目，金福茶业有限公司“‘龙泉金观音’茶优质高效生产体系建设和产业化推广”和披云食品股份有限公司“基于茶叶提取物茶黄素的系列茶产品生产”被列入国家星火计划，市科技局“新农村建设科技示范试点县”被列入省星火计划重点项目，荣鑫电源“光伏系统用阀控密封胶体电池关键技术研究及产业化”、砩矿有限责任公司“萤石尾矿综合处置关键技术研究与示范”等2个项目被列入省重大科技专项项目，金福茶业有限公司“‘金观音’多茶类体系技术提升及示范推广”、龙南乡“高山蔬菜设施育苗技术中试示范”、竹垟乡“油茶低产林综合改造技术示范与推广”、屏南镇“高山蔬菜新品种引进与可持续高效种植模式示范”4个项目被列入省科技特派员项目，新劲空调设备有限公司“新劲汽车空调自控元件研发中心”被列入省引进大院名校共建载体项目，瓯江彩鲤良种场“瓯江彩鲤五个配套系间的遗传配套效果研究”被列入省公益技术研究农业项目，肖庄竹笋专业合作社“利用食用菌废料生产绿化生态砖技术试验与示范”和商讯科技有限公司“环保型100MHZ大对数（300对及以下）数据电缆产业化”被列入省科技成果转化项目，创新汽车公司“汽车空调热交换器生产过程质量保证系统”项目被列入省重大科技专项厅市会商项目子项目，欧亚迪汽车空调器有限公司和广龙汽车空调配件有限公司“汽车空调热交换器产品优化设计平台”项目被列入省重大科技专项厅市会商项目子项目，“龙泉汽车（空调）零部件科技创新服务中心”通过省区域科技创新服务中心认定，创新汽车空调有限公司和三田滤清器有限公司通过国家高新技术企业认定，龙声工艺玩具、晨光食品、能福旅游用品等3家企业通过省级农业科技型企业认定，博威汽车空调有限公司、伟林机械有限公司通过省级科技型中小企业认定，宝溪乡“低山区双季茭白品种引选及配套栽培技术研究”、道太乡“优良香菇、黑木耳栽培品种引进与推广示范”、上垟镇“毛竹BNP施肥技术研究与示范”等3个项目被列入丽水科技特派员项目，市科技局“绿色高效生态农业科技产业带”被列入丽水星火计划项目，13个项目被列入省级新产品试制计划。

【2011年科技项目】 2011年科技项目60项，其中国家级5项、省级52项、丽水市级3项。创新汽车空调有限公司“复合节能型汽车热交换器951”、三田滤清器有限公司“ST-CX702型高精度柴油滤清器1050”、鑫龙汽车空调有限公司“变排量汽车空调压缩机1051”等3个项目被列入国家火炬计划项目，双益菇业有限公司“循环利用农业废弃物工厂化生产食用菌749”、兴龙生物科技有限公司“‘沪农灵芝一号’新品种、新技术示范与推广805”被列入国家星火计划项目，松信汽车空调有限公司“汽车空调关键零部件先进检测技术研发及应用”、市林科所“杉木及主要珍贵用材树种良种种苗产业化生产关键技术研究”、双益菇业有限公司“金针菇工厂化生产及其废弃物资源化利用关键技术研究与产业化示范”、博

威汽车空调有限公司“车用热力膨胀阀关键生产工艺研究与设备开发”等4个项目被列入省重大科技专项重点项目，兴龙生物科技“灵芝孢子粉良种‘沪农灵芝一号’生产技术中试”、顶峰生态农业“龙泉‘高山原生茶’加工提质关键技术及清洁化生产中试与示范”项目被列入省农业科技成果转化资金项目，屏南镇“高山蔬菜反季节规模化高效种植技术研究与示范”、兰巨乡“‘金观音’系列产品开发与示范推广”、龙南乡“高山设施蔬菜土壤消毒技术中试示范”、竹垟乡“油茶产业化基地建设及油茶系列产品的开发”等4个项目被列入省科技特派员扶贫项目，“伟林曲轴研发中心”被列入省引进大院名校共建创新载体项目，南方红豆杉研究所“南方红豆杉紫杉醇生物定向诱导增量技术研究”被列入省公益技术项目，宝溪乡“高山茭白一季两茬栽培技术研究”、道太乡“灵芝品种引进示范与推广”、小梅镇“毛竹低产林改造提升技术”被列入丽水市科技特派员项目，伟林机械有限公司、毅力汽车空调有限公司通过国家高新技术企业认定，“三田滤清器省级高新技术企业研究开发中心”“创新高效节能汽车空调省级高新技术企业研究开发中心”通过省高新技术企业研究开发中心通过认定，“龙泉佳宝食药用菌科技研发中心”通过省农业科技研发中心认定，立丰机械零部件有限公司、鸿翔竹木业有限公司通过省级科技型中小企业认定，翔泰工艺品、披云食品、永鑫席业通过省农业科技企业认定，30个项目被列入省级新产品试制计划。

【2012年科技项目】 2012年，有科技项目102项，其中国家级10项、省级78项、丽水市级14项。博威汽车空调有限公司“高可靠性内置分离式热力膨胀阀的研发”、立丰机械零部件“船用柴油机固化型空气滤清器”、森芝宝生物科技“珍稀药材灵芝优良品种选育与高效培育”、三田滤清器“电控燃油系统高精度柴油滤清器”、德尔威工程机械设备“大中型工程机械用回转减速器总成”等5个项目被列入国家科技型中小企业创新基金，伟林机械零部件“中大型挖掘机用锻钢曲轴”、立丰机械零部件“柴油机固化型空气滤清器”被列入国家火炬计划，顶峰生态农业“龙泉‘高山原生茶’加工提质关键技术及清洁生产”、绿峰生态农业“珍贵树种南方红豆杉定向培育示范基地建设和推广”、金福茶业“金观音系列茶产品研发与产业化推广”被列入国家星火计划，“浙江省龙泉汽车空调产业技术创新服务平台”被列入省重大科技创新平台，新劲空调设备有限公司“汽车空调热力膨胀阀动力元件充注技术研究及产业化”和“轿车空调用节流膨胀阀研制及产业化”、兰通空调设备有限公司“电动汽车空调系统关键零部件研发及产业化”、天丰陶瓷“龙泉青瓷废料回收利用技术及产业化”、三田汽车空调压缩机“汽车空调压缩机虚拟设计及应用”等5个项目被列入省级重大科技专项项目，市科技局“浙江省十县百万亩竹产业效益提升工程成果转化”项目被列入省级重大科技成果推广项目，晨光食品“黑木耳可追溯全程质量安全控制技术应用示范”项目被列入省公益性技术应用研究计划项目，创新汽车空调有限公司“创新高效节能汽车空调研发中心”被列入省级引进大院名校共建创新载体项目，屏南镇“高山蔬菜新品种引进及高效种植技术示范”、龙南乡“浙粉202番茄及其高产配套技术示范”、竹垟乡“竹垟畲族乡生态养猪技术示范基地建设”、金福茶业“金观音红茶工艺创新及产业化推广”等4个项目被列入省级科技特派员扶贫项目，兴农生物科技“安全型肉质改进剂MQI-1产业化与推广应用”和龙声玩具“竹材整形技术研究及在竹质玩具开发上的应用”被列入省农业科技成果转化项目，宝溪乡“中海拔山区双季茭白品种引选及配套栽培技术研究”、道太乡“灵芝栽培品种引进与示范”、小梅镇“毛竹低产林改选提升技术”被列入丽水市科技特派员项目，市科技局“绿色高效生态农业科技产业带培训”、天工青瓷厂“青瓷釉的烧制工艺研发与示范”、浙江双益菇业有限公司“工厂化食用菌废弃物循环利用技术研究与产业化开发”、天悦瓷坊“快速成型技术在青瓷中的应用研究”和绿瓯食品有限公司“食品真空包装工艺研究”等5个项目被列入丽水市金衢丽绿色高效生态农业科技产业带项目，兰通空调设备有限公司、松信汽车空调有限公司、博威汽车空调有限公司、商讯集团、新劲空调设备有限公司等5家企业通过国家高新技术企业认定，“伟林锻钢曲轴研发中心”“毅力高效节能汽车空调研发中心”通过省级高新技术企业研发中心认定，创立汽车空调有限公司、创宇汽车空调有限公司、龙腾空调有限公司通过省科技型中小企业认定，“南方红豆杉科技研发中心”“能福竹木制品科技研发中心”通过省农业企业科技研发中心认定，科达农副产品、锦鲵农业、畲乡生态农业通过省农业科技企业认定，创立汽车空调、基力思汽车空调、德尔威工程机械设备通过丽水市高新技术企业认定，博威汽车空调、新劲空调设备、佰加汽车空调通过丽水市知识产权示范企业认定，43个项目被列入省级新产品试制计划。

科技成果

【专利申请和授权】

2008—2012年科技成果专利申请和授权一览表

表27

时间	申请量（件）	万人申请数（件）	授权量（件）	万人授权数（件）	发明（件）	实用新型（件）	外观设计（件）
2008年	97	3.41	70	2.46	0	30	40
2009年	196	6.88	102	3.58	2	19	81
2010年	249	8.63	238	8.25	1	70	167
2011年	306	10.61	244	8.46	19	105	120
2012年	444	15.39	299	10.36	15	154	130

【丽水市科技进步奖】

2008—2012年丽水市科技进步奖一览表

表28

时间	项目	单位	奖级	完成人
2008年	金观音乌龙茶生产关键技术研究及推广示范	龙泉市金福茶业有限公司	二等奖	汤一 金必福 刘福明 周淑兰 柳锡元
	车用涡轮增压发动机中冷器研发	龙泉市松信汽车空调有限公司	二等奖	季章良 李信伟
	一种降脂益肝的胶囊及其制备方法	浙江纳富特生物科技有限公司	三等奖	陈剑伟
2009年	瓯江彩鲤主要经济性状的遗传效应分析与选育	浙江龙泉省级瓯江彩鲤良种场	三等奖	王成辉 项松平 王剑 段江萍 吴菊芳
	新型柴油水分离滤清器	浙江三田滤清器有限公司	三等奖	陈庆华 刘忠民 周和兴 陈庆平 张细家
2010年	浙南珍贵用材树种优质容器苗培育关键技术集成与示范	龙泉市林业科学研究所	二等奖	刘伟 胡根长 周善森 季新良 刘荣松 汤淑波 洪长胜 冯建国 温国胜 余国民 王帮顺 叶晓霞 周红敏
	龙泉青瓷生产节能降耗关键技术的研发与产业化	浙江天丰陶瓷有限公司	三等奖	梅云平 梅红玲 周方武 盛建松 吴三宝 谭秀武 曹旭丹 周箭
2011年	金针菇工厂化生产及其废弃物资源化利用关键技术研发	浙江双益菇业有限公司	三等奖	蔡为明 金群力 何建芬 叶圣益 叶松梅
	冷储组合过冷式环保型平行流冷凝器研究与开发	浙江松信汽车空调有限公司	三等奖	季章良 张腾康 张继明
2012年	中大型挖掘机锻钢曲轴的研发	浙江伟林机械零部件有限公司	一等奖	林素伟 黄正钱 邓忠明 张福英 周军华
	新型高效柴油机柴油滤清器技术开发及产业化应用	浙江三田滤清器有限公司	二等奖	刘忠民 陈庆华 赵骆伟 周和兴 陈庆平 张建庭
	无刷永磁直流电动机及汽车风机总成的研发及产业化	浙江耐斯特电机有限公司	三等奖	梁伟 曾宏魁 年珩 余戈平 王焕 赵洪

【省级高新技术产品】

2008—2012 年省级高新技术产品一览表

表29

序号	产品名称	研发单位	时间
1	新型柴油—水分离滤清器	浙江三田滤清器有限公司	2008年
2	新型柴油—水分离滤清器	浙江三田滤清器有限公司	2009年
3	环保型100兆大对数(300对及以下)数据电缆	浙江商讯科技有限公司	
4	汽车空调用热力膨胀阀	浙江博威汽车空调有限公司	
5	复合节能型汽车热交换器	浙江创新汽车空调有限公司	
6	进口挖掘机发动机锻钢曲轴	浙江伟林机械零部件有限公司	
7	行走马达总成	浙江德尔威工程机械设备有限公司	
8	发动机进气滤清消声器	浙江三田滤清器有限公司	
9	高热稳定性、低烟密度纳米水滑石改性PVC管材	浙江粤青管业有限公司	
10	102号不锈钢双弯把手	龙泉市奥德工艺制品有限公司	2010年
11	NF351号冰箱拉手	龙泉市奥德工艺制品有限公司	
12	1000FGV油水分离器	浙江宝佳利工程机械配件有限公司	
13	223L单冷型蒸发器总成(双电机)	浙江创立汽车空调有限公司	
14	金观音红茶	龙泉市金福茶业有限公司	
15	钢丝绳传动带	龙泉市鸿翔胶带有限公司	
16	工程机械液压油散热器	浙江广山汽车零部件有限公司	
17	符合食品级PAHS要求水性玩具漆	龙泉市鹏宇玩具厂	
18	灵芝胶囊(浓缩型)	浙江纳富特生物科技有限公司	
19	汽车空调管路软管组件	浙江龙腾空调有限公司	
20	汽车空调系统热交换器接口	浙江龙腾空调有限公司	
21	XL7SB16变排量汽车空调压缩机	浙江鑫龙汽车空调有限公司	
22	XL7V16变排量汽车空调压缩机	浙江鑫龙汽车空调有限公司	
23	过冷式汽车空调储液干燥瓶	龙泉市创宇汽车空调有限公司	2011年
24	船用柴油机固化型空气滤清器	浙江立丰机械零部件有限公司	
25	新型高效柴油机柴油滤清器	浙江三田滤清器有限公司	
26	三角形盘式电动机及风扇总成	浙江耐斯特电机有限公司	
27	无刷永磁直流电动机及汽车风机总成	浙江耐斯特电机有限公司	
28	848L单冷型蒸发器总成(双电机)	浙江创立汽车空调有限公司	
29	车用自动空调控制系统LTK001	浙江兰通空调设备有限公司	
30	车用空调复合式冷凝器	浙江欣通空调制造有限公司	
31	汽车空调管路便携式接头扣压机	浙江毅力汽车空调有限公司	
32	汽车空调风机自动恢复保险模组	浙江毅力汽车空调有限公司	
33	袖百雪动漫刀	浙江郑氏刀剑有限公司	
34	桑黄胶囊	浙江龙泉佳宝生物科技有限公司	
35	可防夹汽车玻璃窗升降器开关	浙江瑞凯汽车配件有限公司	
36	汽车空调制冷剂回收充注机	龙泉市恒丰汽车空调配件有限公司	

续表29

序号	产品名称	研发单位	时间
37	汽车用高压HID氙气灯	浙江奥龙汽车配件有限公司	2011年
38	新型电磁离合器	浙江佰加汽车空调有限公司	
39	浮动油封	浙江广力工程机械有限公司	
40	工程机械水散热器	浙江广山汽车零部件有限公司	
41	汽车空调环保型平行流蒸发器	浙江基力思汽车空调有限公司	
42	电子式汽车机油压力传感器	浙江九诺汽车空调有限公司	
43	预热式高精度柴油滤清器	浙江三田滤清器有限公司	
44	汽车空调带压力开关电子温度热力膨胀阀	浙江新劲空调设备有限公司	
45	汽车空调电子温度热力膨胀阀	浙江新劲空调设备有限公司	
46	5系列不锈钢面板	龙泉市奥德工艺制品有限公司	
47	美的冰箱03法式拉手	龙泉市奥德工艺制品有限公司	
48	103型不锈钢直角把手	龙泉市奥德工艺制品有限公司	
49	圆头内镶式滴灌管	浙江粤青管业有限公司	
50	休闲折叠椅	龙泉市鸿翔竹木业有限公司	
51	沙滩椅	龙泉市鸿翔竹木业有限公司	
52	药品包装盒	浙江新联鑫彩印包装有限公司	
53	工程车用空调贮液器	龙泉市创宇汽车空调有限公司	2012年
54	环保型大对数高频数据电缆	商讯集团有限公司	
55	十字护套多对数超六类屏蔽数据通信对绞电缆	商讯集团有限公司	
56	1013型取消卡簧的汽车空调压缩机用电磁离合器带轮总成	浙江佰加汽车空调有限公司	
57	皮带轮总成/1063	浙江佰加汽车空调有限公司	
58	405单冷型蒸发器	浙江创立汽车空调有限公司	
59	轿车用微通道空调冷凝器	浙江松信汽车空调有限公司	
60	工程车用空调冷凝器	浙江松信汽车空调有限公司	
61	全铝平行流空调冷凝器	浙江松信汽车空调有限公司	
62	车用空调压力调整装置	龙泉市恒丰汽车空调配件有限公司	
63	不凝性气体排放装置	龙泉市恒丰汽车空调配件有限公司	
64	四通电磁阀	龙泉市杰科汽车零部件有限公司	
65	卡接式管座接头	龙泉中天制冷设备有限公司	
66	带有定位沟槽的空调管	龙泉中天制冷设备有限公司	
67	电动汽车冷凝器总成	浙江艾瑞思汽车配件有限公司	
68	手提便携式加油泵	浙江博文工程机械配件有限公司	
69	高速列车雨刮器	浙江恒瑞五金科技有限公司	
70	节能型无骨雨刮片	浙江科朗汽车配件有限公司	
71	汽车无钥匙门禁系统	浙江瑞凯汽车配件有限公司	
72	小型挖掘机专用高精度锻钢曲轴	浙江伟林机械零部件有限公司	
73	工程机械用6缸发动机锻钢曲轴	浙江伟林机械零部件有限公司	

续表29

序号	产品名称	研发单位	时间
75	高档玉钢武术刀	浙江郑氏刀剑有限公司	2012年
76	迷宫式滴灌带	浙江粤青管业有限公司	
77	环保型多功能桌椅	龙泉市金鼎木业有限公司	
78	汽车空调压力传感器	浙江九诺汽车空调有限公司	
79	新型汽车空调风扇电机	龙泉市金鸿汽车空调有限公司	
80	汽车用带凸透镜氙气灯	浙江奥龙汽车配件有限公司	
81	挖掘机水散热器	浙江广山汽车零部件有限公司	
82	高效可干燥平行流冷凝器	浙江兰通空调设备有限公司	
83	涡旋平行流逆流蒸发器	浙江兰通空调设备有限公司	
84	车载空调控制系统	浙江兰通空调设备有限公司	
85	汽车空调系统管路压制式外螺纹接头	浙江龙腾空调有限公司	
86	汽车空调储液干燥器	浙江欧特立汽车空调有限公司	
87	汽车空调贮液干燥器	浙江施克汽车配件有限公司	
88	汽车空调液气分离器	浙江施克汽车配件有限公司	
89	电控式变排量汽车空调压缩机	浙江易之星空调科技有限公司	
90	意式冰箱拉手	龙泉市奥德工艺制品有限公司	
91	法式冰箱拉手	龙泉市奥德工艺制品有限公司	
92	环保型竹制鞋架	龙泉市华栋竹木工艺制品厂	
93	环保型折叠式竹凉席	龙泉市善利达竹业有限公司	
94	超细玻璃纤维阀控铅酸蓄电池隔板	浙江尚德能源科技有限公司	
95	手提式包装盒	浙江新联鑫彩印包装有限公司	

（市科技局）

科协工作

【概况】 2008年以来，市科协加强对《中华人民共和国科学技术普及法》的宣传，加大科普工作力度，努力向全市广大公众普及科学知识、倡导科学方法、传播科学思想和弘扬科学精神，组织实施《全民科学素质行动计划纲要》，使全市科普工作得到长足的发展，特别是青少年科普工作、农村科普工作、反邪教教育活动和学会科普工作开展正常，并取得显著社会效果，提高了公众整体科学素质。各学会（协会、研究会）紧紧围绕龙泉的工作大局，加强规范管理，夯实组织基础，学术交流氛围浓厚，学科发展推动有力，学会自主活动、自主发展的能力不断提高，服务广大会员和科技工作者意识明显增强，为建设自主创新体系、为龙泉市经济社会的又好又快发展提供强有力的科技支撑和科技人才服务。2008年4月，龙泉市科协成功地召开了第五次代表大会，选举产生了新一届科协领导班子。

【市校合作工作】 2008年4月，市委、市政府将联姻高校发展龙泉工作交付科协，市校合作办公室设在市科协。市科协加强与高校、部门单位和企业联系，积极动员组织部门单位、乡镇和企业申报项目，召开乡、镇（街道）分管科技工作的班子成员会议和市校合作的全市27家规模工业企业负责人会议，具体布置工业企业如何与浙大、浙江林学院等高校合作项目的申报等工作。及时协调、督促与高校合作项目的落实，对市校合作项目的进展情况、项目需求、科技立项情况等工作进行了的督查与反馈。市校合作工作取得明显进展。2008年全市与浙大、浙江林学院等15个院校签约合作项目达177个（比2007年65个增长172%），列入国家、省级科技项目36个，争取到市校合作科技项目经费900多万元。

【全民科学素质工作】 2010年，根据丽水市政府的统一部署和督查通知要求，市全民科学素质工作领导小组办公室认真做好龙泉市2007年《全民科学素质行动计划纲要》工作启动实施以来的自查工作，并收集相关材料形成报告台账上报丽水市科协。2012年按照丽水市委的年度工作要点，制定出台《2012年龙泉市实施〈全民科学素质行动计划纲要〉工作要点》，组织领导小组各成员单位按照工作要求认真组织实施，工作有序开展。

【青少年科普工作】 积极开展青少年科普活动。2008—2012年，共收到1100余件作品参加全国、浙江省、丽水市各级及龙泉市本级青少年科技创新大赛。其中2008年有1件作品通过省级评审直接参加全国青少年科技创新大赛；2012年市实验小学蓝若湉的作品《太阳能空中停车场》获全国科幻绘画一等奖，另有12件作品获省级一、二、三等奖，86件作品获丽水市级一、二、三等奖，326件作品分别获得龙泉市级一、二、三等奖，64名老师被评为龙泉市科技创新优秀指导教师。2008年，市科协与市中等职业学校联合举办青少年科技夏令营活动，并开展科普小论文评比，共有6篇小论文获奖。2008—2009年，“少年科技培训班”在市青少年培训中心顺利开班，共开办四期。2010年，八都镇中心小学举办为期一个月的首届科技节活动，共收到330余件作品。同年，“亚龙杯”丽水市第八届中职校师生技能大赛会计电算化竞赛在中职校举行。市科协、市教育局联合在东升小学举办浙江省青少年航模信息化网络竞赛龙泉赛区首届比赛，25名同学获一等奖，42名同学获二等奖，99名同学获三等奖，东升小学获浙江省赛区集体奖。2008年和2011年，市科协与丽水市科协开展“科普大篷车”进校园活动，近3000多名学生受到教育。2010—2011年，积极组织中小学生参加丽水市科普征文大赛，共有44篇作文获奖。此外，邀请丽水市地震测防中心主任李林在实验小学开展防震减灾知识讲座。2012年，安仁中学开展为期一周的校园科技节活动，12月组织开展食品安全科普知识竞赛，并且拍摄的《走进菇民防身术传承教学基地》节目荣获中国第四届中小学校园影视奖银奖。东升小学航模队参加“体彩杯”2012年丽水市青少年航海模型锦标赛，包揽“小虎鲨”前四名，“城市梦想”第一、四名，“嘉年华”第二、四、五、六、七名，“绿野仙踪”第三、七名。市四中获得全省中小学防震减灾只知识竞赛活动组织奖。龙泉市青瓷博物馆获浙江省级科普示范教育基地。2012年，市科协与市教育局、气象局联合举办的第二届“中小学生防雷科普知识宣传周”系列活动，并举办全市中小学生“气象杯”科普征文比赛，共60篇作品获奖。5年来，另有5人次在丽水市信息学奥林匹克竞赛中获奖，2位老师获优秀指导老师奖。

【“农函大”工作】 2008—2012年，市科协认真开展农民致富技术函授大学的培训工作，每年都在相关乡、镇(街道)开展“农函大”培训工作，组织开设毛竹、蔬菜、食用菌和农作物栽培等专业班对农民进行技术培训，使广大农村农民掌握了一定的实用致富技术，有效促进了农业主导产业的发展，促进了农业增效、农民增收。5年中，市科协共培训“农函大”学员6300余人。2010年，省科协给予龙泉市农函大“千名专家联村帮户”活动项目支持。

【科普宣传活动】 2008年以来，龙泉市科协坚持每年举办科技活动周、全国科普日、科技下乡等系列活动，并成为市科普教育得重要平台。5年来，开展“全国科普日”科技下乡咨询服务活动5次，“科技宣传周”5次，同时开展较大规模的科技下乡咨询活动13次，科技下乡活动20次，组织医药、农林、畜牧、蔬菜等方面科技人员深入农村和社区开展实用致富技术指导，发放科普实用致富技术资料69050多份，接受群众咨询17600余人次，义诊2100余人次。举办大型科普展览活动2次，制作挂图2套26幅。科普宣传面不断扩大，在龙泉市政府网站创建了“科普之窗”子网页，网页管理正常，内容及时更新。继续在《今日龙泉》上开办“科普园地”栏目，一共刊发120期，进一步提高了科普的公众知晓度。为了切实加强信息工作，5年来，共编发《科协简讯》26期，并在《浙江科协》杂志，省级、丽水市相关网站、工作简报、工作交流等刊发龙泉市科协工作动态。此外，编辑出版具有基础性、实效性和创新性的科普系列丛书免费赠送给广大群众和农民朋友，深受欢迎。5年来，共在全市各乡镇(街道)、部分村(社区)建设高质量的标准科普宣传画廊36个，并规范管理，定期更换挂图，而且及时更新和维修。与市图书馆共建市科普活动中心，拥有多媒体室会议桌、图书室、多媒体数字阅览室等硬件设施。不定期开展的科普知识宣传、举办科普讲座等，并利用科普图书流动车开展下乡送科普活动，给村科普活动室赠送3000多册书籍和一些视频光盘。此外，凤阳山自然保护区、青瓷博物馆等六个单位被市政府命名为龙泉市第一批科普教育基地。市气象科普中心项目建成并使用。2011年，创新思路开展特色宣传，与市水利局合作，利用乡镇（街道）科普画廊开展“全国第一次水利普查”和“水土保持法”专题宣传。

【农职称评定】 2008年以来，市科协组织了农林、畜牧、食用菌等方面的专家，分别对全市掌握了一定农业实用致富技术的农民技术人员开展了3次农民技术职称评定工作，一共评定农民技术职称857人，其中初级职称503人，中级职称14人，并有5人顺利通过省级评定晋升为高级农民技术职称，该项工作的开展有效促进龙泉市农业经济的发展。

【“幸福泉讲坛”开讲】 为提升科普水平，创新科普模式，2010年9月，“科学讲坛”正式开讲，并于2011年更名为“幸福泉讲坛”，5年来共举办15期，邀请浙江大学医学院附属二院营养科主任、省营养学会副秘书长张片红教授，浙江大学教授、国家二级心理咨询师龚惠香等15位知名专家授课，市直机关干部、妇女干部、社区居民、广大老科技工作者共4000余人聆听了讲座。

【创建科普示范单位】 2008以来，根据省、丽水市科协的工作要求，结合龙泉市实际，市科协认真开展科普示范单位创建活动。2009年，市林科所被评为全国林业科普示范基地，2010年，阳光农业有限公司获浙江省科普惠农兴村先进单位称号，并于2011年被成功列入中国科协“科普惠农兴村计划”项目，被命名为国家级先进农村示范基地。2012年，市肖庄竹笋专业协会被评为“浙江省基层科普行动计划”先进单位。5年来，共创建省级科普示范单位4个，丽水市级科普示范单位12个，本市级科普示范单位40个。

【农村科技示范户】 2008年以来，为提高基层农村科技典型示范作用，开展了两次全市农村科技示范户评选工作，共评出龙泉市级农村科技示范户178户，其中27户被评为丽水市级科技示范户，11户被评为浙江省级科技示范户。

【科技人才培训】 2008年，省级农村科技示范户蔡利武、蒋建荣、金必福、季传平、钟老徐等5人和浙大合作项目实施者方建新，先后2批次参加了省、丽水市科协组织的“浙江省农村高效生态技术人才培训班”进行免费学习。2009年，组织龙南、屏南、城北3个乡镇的高山蔬菜产业办负责人到杭州参加省科协举办的农函大师资力量学习培训。同年，组织周正武等青瓷、宝剑行业的4名科技新秀参加丽水市第三届科技新秀读书班培训，组织金必福等3位农村科技示范户参加丽水市的乡土人才培训。2010年，组织金必福、季焕园、潘德桩、张志龙等4名农村科技示范户在浙江农林大学参加丽水市科协组织的“2010年丽水市农村科技示范户创新发展专题研修班”以“休闲农业”和“创意农业”为主题学习。同年青瓷大师陈爱明作为青年高级人才参加丽水市高层次人才读书班。2011年组织周康伟、吴克余、周善成、陈国君、季时付等5名农村科技示范户参加丽水市科协举办的“2011年农村科技示范户研修班”培训，并参加丽水科学论坛报告会。6月，市科协牵头召集市人才办、农业、林业、水利、经贸、科技等部门负责人对第十一届浙江省青年科技奖人选进行推选，市农业局土肥站刘美菊作为龙泉市候选人向丽水市级进行了报送。2012年组织周康伟、周志康、毛仁良、廖小霞、蔡世荣等5名农村科技示范户在丽水职业技术学院参加丽水市科协组织的“2012年丽水市农村科技示范户经营管理能力提升培训班”。2008以来，市科协和12个乡镇联合就青瓷技艺、蔬菜种植、灵芝培养等方面共组织25次培训，近千名农户参与培训。

【学会工作】 截至2012年底，龙泉市科协所属的自然科学类学（协）会、研究会达到30个，拥有会员3000余人，其中老年科技工作者协会、社会经济学会、农学会、林学会、医学会、护理学会等学（协）会的活动频繁，取得较好的社会效果。2010年，市林学会、会计学会、财税学会、医学会等重点学会进行换届调整，市中职校科普协会、市测绘协会、市根雕技术协会、市灵芝研究会、肖庄竹笋专业技术协会、宏远山珍专业技术协会先后成立。

每年组织论文参加省、丽水市的自然科学优秀论文评比。农、林、医、水利、财税等学会的科技人员积极撰写论文，多篇（次）在省、丽水市级获奖。2008年，医学会李少沛、雷根樟等人撰写的3篇论文分别获得二、三等奖。2009年，龙泉市共有7篇论文在第五届浙江中西部科技论坛上发表。同年市林学会季新良、吴智敏等6位会员多次参加省级学术研讨会，有21篇论文在省级发表，撰写专题调研报告18篇。“龙泉毛竹资源可持续经营方案编制和营林技术研究”获省科技兴林二等奖，省林业科技中标项目“竹林灾后恢复及林地增效关键技术集成与示范”正在实施中。市财税学会完成了三个重点调研课题和四个专题调研，并在丽水市级以上发表论文8篇。学会编发的《财税探讨》全年编录论文50篇。市药学会多篇药学论文在《中国药业》《海峡药学》等杂志上发表。农学会多篇论文在省、地级发表，何建芬等编著的《黑木耳优质高产栽培技术》一书正式出版。2012年市林学会秘书长吴智敏被评为丽水市优秀科技工作者，市财税学会秘书长张伟龙被评为丽水市科协工作先进个人。2010年，市林学会张步光主持的《森林资源安全监管新模式及信息系统研究与应用》科研项目，荣获中国林学会主办的“第三届梁希林业科学技术奖”二等奖。龙泉市科普服务林权改革继续走在全国前列，11月，龙泉市正式被中国林学会授予“全国科普服务林改试点市”。同年，市老科协林世荣撰写的建言献策《挥一笔立显山水古城丰姿》获得省老科协表彰，荣获“建言献策奖”。市科协推选自然科学论文7篇，参与丽水优秀论文评选活动，并分获二、三等奖，受到丽水市政府表彰。2010年，市财税学会完成省级课题3个，在丽水市级以上刊物发表文章50余篇。2011年1月，由老科协农业分会刘耀林、叶明巨编写的74万字《龙泉农业志》正式出版。2012年，丽水市第十一届自然科学优秀论文评选活动中，龙泉市有10篇论文分别获得二、三等奖。

【老年科技工作者协会】 龙泉市老科协的工作始终坚持“围绕中心、服务经济、发挥优势、有所作为”的原则。5年来，在建言献策、服务“三农”、项目咨询、科普宣传和科技下乡、文化建设等方面卓有成绩，并取得明显的经济效益、社会效益和生态效益。

市老科协紧紧围绕市委、市政府中心工作和社会热点、难点问题选好课题，在深入调研的基础上认真撰写“建言献策”文章，为领导民主决策、科学决策提供依据。5年来共撰写“建言献策”文章60余篇，其中“关于‘三沿’禁伐在影响林区社会稳定的调研报告”等10篇，市委、市政府主要领导作了批示。“安仁库湾水体污染的浅析和对策”等4篇获省老科协优秀“建言献策”奖。2012年，市老科协获省老科协“建言献策”组织奖。

市老科协坚持为“三农”服务，送科技下乡，为乡镇举办各种农业技术培训班。2009年，老科协在兰巨乡豫章村建立“50亩菜稻轮作示范基地”，农业科技会员跟踪进行技术指导，当年亩均纯收入达8382元，2011年达14000元。老科协参与“美丽乡村”建设活动，为季山头、岭上、罗墩三个村的历史文化挖掘和文化展示出谋划策，对村容整治和道路规划提出意见。每年组织一次送医送药到革命老区，为福利院老人们进行全面检查和医治，深受老区人民的欢迎。

多年来，市老科协共咨询工程项目30余个，为国家和企业节约资金1.2亿元。如对础石金岗工业园区高镇方处理设计的修改，节约政府投资500多万元，增加建设用地20余亩。小梅“龙庆桥”是一座沧桑千年的古廊桥，1949年毁于兵火。老科协成立专门工作班子，以“讲技术、讲成本、讲质量、讲文化、讲奉献”的五讲精神，出色完成所承担任务。2009—2012年，老科协承担省“银龄行动”项目4个(50亩菜稻轮作示范基地、2万袋“以草代木”试种黑木耳、30亩紫黑优质米试种、100亩笋竹两用林高产示范基地)，经省验收评为优良。2011年，老科协完成省科协下达的科普宣传项目1个。

龙泉市老科协在全省享有知名度，先后有30多个市、县(区、市)老科协到龙泉学习取经，2010年市老科协获“龙泉市科学技术突出贡献奖”，会长乐法文2011年被评为“十佳浙江省优秀科技工作者”，2012年获“全国优秀科技工作者”荣誉。

【反邪教协会】 2011年8月，协会进行换届调整，选举产生了新一届理事会成员。以学校、农村、社区为主要阵地，通过多种渠道开展反邪教宣传教育活动，组织编辑《识别抵制邪教》等科普读本。坚持每年组织举办一次大型活动，先后组织有关学会在市区开展大型科普宣传活动5次，共展出反对邪教、倡导科学文明的生活方式为内容的宣传图册10000余份，接受群众咨询800多人次。通过反对封建迷信和普及科学知识，进一步提高公众的反邪教意识和识别防范能力。

【社会经济学会】 龙泉市社会经济学会是龙泉市一个比较独特的县级学会，系丽水市本级和各县、市、区学会工作的首创，该学会具有自然科学和社会科学的双重性质，全体会员为退居二线的科局领导。5年来，该学会积极创新思路，切实加强管理，充分发挥自身的优势，紧紧围绕市委市政府的中心工作，组织活动、认真调研、建言献策，先后高质量地完成了多个有关社会发展与集约用地等课题的调研，并多次举办有一定社会反响的研讨会，为龙泉市经济社会又好又快发展贡献智慧和力量。 (市科协)

文化　体育

文　化

【概况】 2008—2012年，龙泉市文化广电新闻出版局着力打造文化软实力，为龙泉经济建设服务，主动承接文化大省建设东风和再创好龙泉的良好态势，开拓发展文化事业和文化产业。根据工作思路，梳理了三个主要抓手，即增强“三个力”：一是牢牢把握先进文化，增强文化软实力、竞争力和对龙泉经济的贡献力；二是进一步挖掘、彰显、弘扬龙泉区域特色文化，增强特色文化的影响力；三是大力发展文化产业，增强文化产业成为新亮点的内动力。倡导“主动融入，彰显特色，扎实工作，创新求精”的工作理念，不断促进龙泉文化事业和文化产业的发展。2011年11月，龙泉市委 市政府出台《关于加强农村公共文化服务体系建设的实施意见》，指导全市农村公共文化服务体系建设。2012年5月，龙泉市被省政府命名为浙江省文化先进市。2012年度，龙泉市文化广电新闻出版（体育局）被国家体育总局评为全国全民健身工作先进单位。

【文化惠民】 2008年，指导道太乡成功创建“东海明珠”、东书村成功创建省级文化示范村。创建体育强镇1个、老年型体育健康乡镇4个、创建了省级文化示范户11户。2009年，完成宝溪乡、安仁镇、查田镇3个文化中心建设，至此，龙泉市19个乡镇（街道）都建起了500平方米以上的文化中心。2011年，开展了创建无非法卫视接受设施乡镇（街道）活动，得到省市好评，被评为浙江省广播影视惠民示范单位。数字电视整转工作城区完成25621户，乡镇完成18140户，广电低保工程使龙泉市3296户低保户直接享受减免看电视。

2012年，大力推进“五强五网”建设，构建文化惠民网，将文化惠民网作为“五强五网”建设的重要内容，完善提高乡镇（街道）综合文化站和村级文化活动中心硬件和软件建设，村级文化活动场所投入资金940多万元。各文化场馆和文化活动中心、站（室）全部实现免费开放。将“农家书屋”工程建设纳入到村级便民服务中心建设管理体系。全市444个行政村实现农家书屋全覆盖，同时建立起“供书、读书、管书、用书”的长效机制，真正构建服务群众，惠及民生的文化服务网络。2008—2012年，实现每年送戏、送演出150多场，送电影2800多场，送书、送讲座、送展览20多次。组建各类业余文化团队达1018支，22000多人。文艺界组建文学、戏曲、音乐、舞蹈等文艺协会22个，人数近2000人。实现城乡公共文化服务均等化。2012年7月6日，龙泉市召开“五城联创”动员大会，国家级文化先进市、国家级历史文化名城、省级体育强市创建工作正式启动。经过多年努力，至2012年全市建成省级“东海文化明珠”9个，丽水市级“山花乡镇”11个；省级文化示范村（社区）4个，市级文化示范村（社区）7个，县（市）级文化示范村（社区）60多个；省级文化示范户55户，丽水市级文化示范户22户，县（市）级文化示范96户；体育强乡镇9个，体育小康村318个；培训各级社会体育指导员300多名。

【公共文化场馆建设】 2008年，总投资1.48亿元的人民公园文化广场开工建设，2011年建成并投入使用，文化广场包括文化馆、图书馆、大剧院等公共文化场馆，总建筑面积19371平方米，成为龙泉市群众文化活动的旗舰阵地。龙泉市文化馆坐落在市人民公园西侧，建筑面积3079平方米。2008年动工建设，2011年8月搬入新馆，2011年11月11日，在全国第三次县级以上文化馆评估定级工作中，被文化部命名为“一级文化馆”。龙泉市图书馆坐落在人民公园东侧，占地面积1814.57平方米，建筑面积5443.71平方米。2009年，被评为“国家二级图书馆”。龙泉大剧院坐落在人民公园西侧，建筑面积 4725.26 平方米。拥有座椅 1009 座。2008 年 6 月正式动工建设，2012 年 12 月开始启用。

青瓷博物馆位于龙泉市城南剑川大道旁，依山而建，总建筑面积 10000 平方米，展览面积 4000 平方米。2008 年 9 月开工建设，2010 年 11 月 16 日正式对外开放。博物馆主体建筑由中国工程院程泰宁院士亲自执笔设计，龙泉青瓷博物馆是世界上唯一系统介绍龙泉窑发展历史和人类非物质文化遗产——龙泉青瓷传统烧制技艺的博物馆。宝剑博物馆 2010 年 11 月 16 日龙泉宝剑博物馆正式对外开放。它是国内唯一系统展示和介绍龙泉宝剑发展历史的专题博物馆。馆舍由原龙泉市博物馆馆舍改建而成，建筑面积 2000 多平方米，展览面积 800 多平方米。3D 电影院：2012 年 8 月，市电影公司在原来电影院的基础上完成数字化影院改造，3D 数字电影开始对外营业，标志着龙泉进入 3D 电影时代。

【文化活动】 2008 年，龙泉青瓷•龙泉宝剑节被列为全省 18 个重点扶持的文化节庆之一。11 月 28 日，第三届龙泉青瓷宝剑节暨“回眸三千剑舞长虹”大型文艺晚会在龙泉市体育馆举行，并在 29 日举行“剑祖欧冶子公祭”仪式。本届最大亮点是举办“国宝青瓷”回乡展暨龙泉青瓷精品展。2 月 14 日，承办丽水市“永和杯”摄影大赛，收到作品 600 余幅，评出获奖作品 60 幅。6 月 2—5 日，由中国书法家协会、浙江省书法家协会、中共龙泉市委、龙泉市人民政府共同主办的“名家写名瓷中国书法家走进龙泉”活动在龙泉举行。32 位著名书法家与龙泉市的 12 位省级以上青瓷大师共同创作书法青瓷作品 395 件。9 月 8 日，承办丽水市首届农村器乐大赛，龙泉市的乡音民乐队演奏的“军队与老百姓”，八都镇民乐队演奏的“金蛇狮舞”，李健勇独奏二胡曲“二泉映月”在本次大赛中分别荣获一等奖、二等奖、三等奖。10 月 4 日，组织龙泉“百日大会战”摄影比影，收到参赛稿 4000 余幅，评出获奖作品 100 余幅。

2009 年 12 月 19 日，龙泉置县 1250 周年庆典大会、龙泉青瓷传统烧制技艺入选“人类非遗”庆祝大会暨第四届中国龙泉青瓷•龙泉宝剑节盛大开幕。开幕式上举行 2009 龙泉国际民间艺术大巡游，活动以龙泉本土文化为主，荟萃了省内外、国内外优秀民间艺术，体现大气、开放与巡演的国际性。特别邀请了“辽宁海城高跷秧歌”“陕西安塞腰鼓”等四项国遗方阵参加巡游。4 月 29 日，举行由中共龙泉市委学习实践办、市委宣传部、市总工会、市文化广电新闻出版局主办，市文化馆承办的“践行科学发展观再创美好新龙泉”暨庆“五一”职工大合唱活动。7 月 1 日，举行由中共龙泉市委组织部、市委宣传部、市直属机关工作委员会、市文化广电新闻出版局主办的“永远跟党走”暨纪念中国共产党成立 88 周年文艺晚会。7 月 5 日，举办龙泉市首届原创歌曲大赛。9 月 15 日，组织策划了由中共丽水市委宣传部、丽水市文化广电新闻出局主办，中共龙泉市委宣传部、龙泉市文化广电新闻出版局承办的丽水市第二届乡村文化艺术节新农村题材小品大赛，龙泉市文化馆选送的小品《阳光下的水晶心》荣获表演一等奖、创作二等奖。9 月 27 日，举办龙泉市“庆祝建国 60 周年暨龙泉置县 1250 周年‘和谐家园•城乡大联动’”大型文艺晚会。12 月 18 日，在市东升小学体艺楼承办 2009 中国龙泉青瓷宝剑节——“古韵龙泉”品赏会。12 月 20 日，承办 2009 中国龙泉青瓷宝剑节——己丑年剑祖欧冶子公祭系列活动。

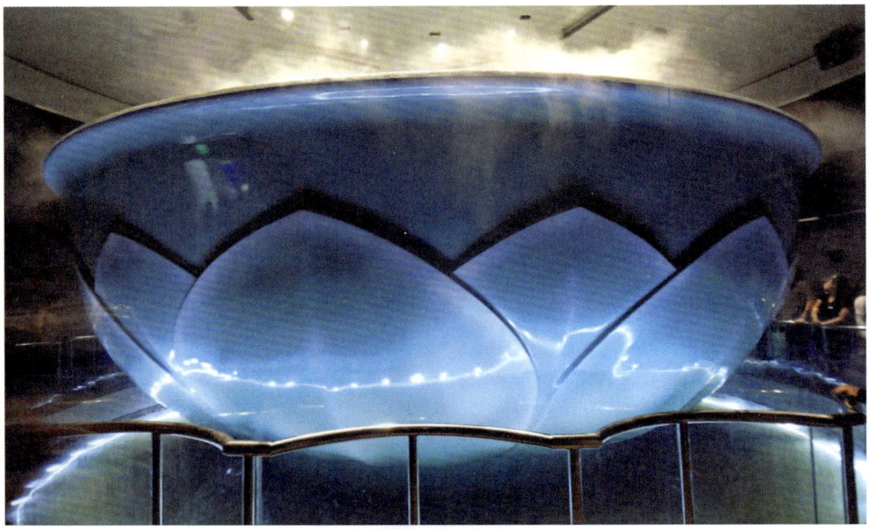

2010 年上海世界博览会浙江馆内的巨型“青瓷碗”　　潘世国　提供

2010 年 11 月 15 日，第五届中国龙泉青瓷•龙泉宝剑节开幕，龙泉儿女精彩演绎大型音乐舞蹈史诗《剑风、瓷韵、龙泉人》。该剧以音乐、舞蹈的形式，对龙泉青瓷文化、宝剑文化、香菇文化等龙泉传统文化和龙泉人的精神风貌进行演绎。演职人员中有 300 余名为来自各条战线的龙泉本土群众演员，参与面广、创意独特、规模之大都为龙泉市空前。节庆期间，国际陶协组织了8个国家、48名国际陶艺大师到龙泉进行交流活动。5月至10月，遴选以“一瓷一剑一茶一水一人家”为主要内容的十大项目入驻世博园，以上海世博会为平台，组织龙泉青瓷精品参与浙江周活动展示。4月29日，组织策划了龙泉市首届广场排舞大赛，共有30多支队伍、1000多名选手在体育中心参加比赛。6月23日，承办“丽水市第三届乡村文化艺术节”开幕式暨第四届浙闽老区文化节的系列活动。11月16日，第五届中国龙泉青瓷·龙泉宝剑节系列活动之一——“幸福龙泉”城市特色文化广场表演在市人民公园广场举行，展示了炼火、开天门、高机与吴三春等具有龙泉特色的非遗文化魅力，3000多市民及游客参加活动。

2011年11月16日，第六届中国龙泉青瓷·龙泉宝剑节开幕，本届节庆活动以“剑瓷龙泉·韵耀东方”为主题，重头戏之一是中国古陶瓷学会2011年年会暨龙泉窑学术研讨会召开。其间，举行了龙泉青瓷、宝剑技艺比武大赛。2月5—7日，由龙泉市委宣传部、龙泉市文化广电新闻出版局主办的“幸福龙泉”歌舞闹新春走进安仁、龙渊、西街、八都、小梅、剑池等乡镇和街道，春节期间给当地百姓送去了精彩的文化大餐。5月，由龙泉市委宣传部、文明办、文化广电新闻出版局、教育局、广播电视台、总工会、团市委、妇联、文联主办，中国邮政储蓄银行龙泉支行协办，市文化馆承办的“邮储银行杯——一路红歌一路情”爱国歌曲大家唱系列活动一路延伸。沿途经过了安仁、八都、宝溪、住龙、城北等地。一首首耳熟能详的红色经典歌曲深深打动了数万观众。6月6日，“弘扬龙舟文化，提升幸福指数，向中国共产党建党九十周年献礼”为主题的2011第七届“稠州商业银行杯”龙泉龙舟大赛在大雨中激情上演。来自城区三个街道九个行政村和道太乡的10支龙舟代表队参加竞赛，数万群众一起观看了比赛。6月22—23日，“一路红歌一路情，共庆建党九十年”爱国歌曲大赛在龙泉市体育中心举行，全市19个乡镇（街道）和各部门分别组队参加了比赛。9月10日，“幸福龙泉·大家乐”——2011“公路杯”广场舞大赛在龙泉市体育馆举行，来自全市各乡镇、街道28支队伍，600多位广场舞爱好者参加比赛。10月1—3日，龙泉市老年书画研究会、龙泉市文化馆联合举办“欢度国庆龙泉、缙云老年书画联展”。共展书画作品90多幅，省书画研究会选送参展作品12幅，缙云老年书画研究会选送参展作品35幅，参观者达1700多人次。10月19日，由中共丽水市委宣传部、丽水市文化广电新闻出版局主办，中共龙泉市委宣传部、龙泉市文化广电新闻出版局承办的第四届丽水文化艺术节暨第五届浙闽老区文化节在龙泉市宝溪乡举行。10月22日，首届昴山旅游文化节在佛教圣地昴山寺举行。11月22—25日，由中共龙泉市委宣传部、龙泉市“五城联创”领导小组办公室、龙泉市文明办、龙泉市公安局、龙泉市文体广电新闻出版局、龙泉市教育局、龙泉市建设局主办，龙渊街道、西街街道、剑池街道、龙泉市文化馆承办的“唱响文明凯歌，品位幸福龙泉”广场文艺演出分别在西街街道公园路、人民公园、龙渊街道华楼街、剑池街道江滨花园举行。演出过程穿插着文明礼仪知识有奖竞答互动，营造了人人参与“五城联创”浓厚氛围。

2012年11月16日，大型系列主题公益活动“绿色中国行——走进龙泉”暨第七届中国龙泉青瓷·龙泉宝剑文化旅游节开幕，开幕式上，分别举行“中国陶瓷文化历史名城”“中国青瓷小镇”“绿色中国行——走进龙泉”授牌、授旗仪式。1月23—24日春节期间，由市文广出版局主办的“幸福龙泉，唱响春天”卡拉OK大家唱和“开心过大年，猜谜大家乐”活动分别在市人民公园和市文化馆一楼举行，踊跃唱歌者和猜中谜语者都将获得新年小礼品一份，当天送出礼品上千份。2月6日，“墨守迹象”周晓峰书法展开幕式在文化馆举行。本次展览为期24天，分墨海拾零专题展厅和笔走龙渊专题展厅向公众展出。3月31日至4月1日，“叶适故里，春光黄南”龙泉市首届乡村漫游节启动仪式在黄南村举行。本次漫游是乡村

龙舟竞赛　　黄邦辉　提供

古迹、农业观光和旅游相结合，以乡村自然风光、田园生活、农事活动、民俗文化为主体的娱乐、休闲、求知和回归的旅游活动。6月15—18日，龙泉市承办丽水市第七届原创歌曲创作采风加工会。特邀浙江省艺术学院的国家一级作曲家孙建国授课。30多位来自各县市的词曲创作者参加了创作采风加工。6月28日，一个以才艺展示的主，广泛吸纳音乐、舞蹈、戏曲等多种表演形式，力求为全市百姓提供参与表演、歌唱、展现自我的新品牌活动“百姓大舞台”首度亮相人民公园，“百姓大舞台”系列演出正式拉开帷幕。10月9—10日，“神奇屏南，养生福地”——2012年丽水·龙泉秋实节暨龙泉市乡村漫游节开幕。10月27日至11月4日，龙泉市到庆元县、遂昌县、莲都区、平阳县、景宁县五个县区开展“幸福龙泉，魅力龙泉”文化走亲活动，活动内容丰富多彩，充分展示龙泉的自然、历史、人文资源，促进文化的互通共融，可谓“活了文化，乐了百姓”。同时，遂昌县、莲都区、玉环县等县区也到龙泉市开展文化走亲活动。11月13日，丽水市第五届乡村文化艺术节民族民间舞蹈大赛在市人民广场举行，来自丽水各县市九个代表队11个节目参加比赛，龙泉市代表队的节目《瓷韵》夺得金奖。

【文艺创作】 2008年4月，龙泉山歌《啰啰唻》获中国畲族民歌节最佳表演奖，并于2010年10月参加第十二届中国上海国际艺术节“浦东塘桥杯”原生态民歌邀请赛，获铜奖。2008年6月，金成树的摄影作品《华夏之光—龙泉青瓷》获国家非物质文化遗传承人风采摄影大赛金奖和浙江省“世纪联华杯”非物质文化遗产摄影比赛一等奖。6月8日，由市老年艺术团表演的歌伴舞《龙泉之歌》在“夕阳秀——第七届全国中老年艺术展演”中获菊花金奖。文化馆美术干部蔡申创作的油画“风景”二幅刊登在中国美协“中国油画”刊物上。2009年3月，由赖朝斌创作，王爱娥、陈俊演唱的歌曲《畲族情》在第四届中国民歌节决赛中获铜奖。5月，由季文军策划、杨丽华编舞的舞蹈《瓷韵》在香港第九届“夕阳秀”中老年艺术会演中荣获“菊花奖”和“精神文明奖”。选送的陈子歆小朋友家庭在《神州大舞台》“爱国歌曲家家唱”中获特别表演奖。金成树作品《乡音》《接亲》获全国摄影大赛“瓯江行”优秀奖。2010年5月，金成树摄影作品《新娘》获全国女摄影家摄影比赛佳作奖，并被中国摄影博物馆收藏。11月，由周来根编导的《稻草龙》在丽水举办的浙江省首届体育大会开幕式的比赛中获金奖，赖朝斌创作的歌曲《青春创业，赢在中国》在丽水市第五届原创歌曲大奖赛中获演唱金奖。12月，蔡申的油画《端午的龙舟》编入由浙江省委宣传部、文化厅创刊的《浙江省群众美术书法摄影优秀作品集》，并获金奖。2011年8月，时装秀《青瓷意境》在丽水市第四届乡村文化艺术节“乡风秀韵”时装大赛中获银奖。2012年2月，金成树作品《安仁板龙灯》获丽水市非物质遗产摄影作品大赛金奖。9月，龙泉市选送的节目青瓷《手拉坯》在丽水市第五届乡村文化艺术节“农民草根达人秀”大赛中获银奖。10月，选送的小品《追求》在丽水市第五届乡村文化艺术节小戏小品大赛中获创作二等奖、表演二等奖，本小品由柯土荣创编执导，潘维纲、柯土荣、尹梦轩参演。

【文物保护】 2008年6月13日，龙泉市人民政府公布第四批市级文保单位，此次公布的文保单位8处10座廊桥（永庆桥、济州桥、遂龙桥、济恩桥、合兴桥、福善桥、白水桥、宝车桥、坤德桥、双溪桥），并划定其保护范围和建设控制地带。12月，第三次全国文物普查工作小组对龙泉市小梅、查田、兰巨、屏南、龙南、安仁、道太、城北等8个乡镇235个行政村的文物古迹进行全面普查，普查文物点647个，其中复查文物点362个，新发现文物点285个，并做好文本工作。

2009年8月，大窑龙泉窑遗址枫洞岩窑址保护展示工程动工。保护展示工程主要包括管理用房、遗址保护、龙窑覆棚、木栈道工程等内容。2009年是浙大在龙泉办学70周年，在省文物局、市领导的关心重视下，对浙大龙泉分校旧址本体建筑进行全面的修缮。并以分校历史为主线，开辟了“历史始末”“历史档案”“教室场景”“名人题词”“市校合作”等展厅，系统展示分校办学7年来的方方面面，各主题展采用实物与图版相结合，使展览更加的直观形象。2009年，文物部门组织各级文保单位申报工作，其中第七批全国重点文物保护单位（浙大龙泉分校旧址、龙泉廊桥、龙泉窑制瓷作坊）及第六批浙江省文物保护单位（龙泉廊桥、龙泉窑制瓷作坊、龙泉革命纪念建筑群、龙泉宗祠建筑、叶溥古宅、安仁窑址、龙泉特色庙宇建筑、龙南菇民建筑群）。12月19日，龙泉青瓷博物馆正式开馆，全国政协副主席张梅颖出席开馆仪式并宣布开馆。

2010年10月至2011年8月，浙江省文物考古研究所联合龙泉青瓷博物馆对溪口瓦窑垟窑址的考古发掘取得突破性进展，发掘面积500多平方米，清理了一大批南宋和元代的遗迹和遗物，不仅成功揭露了烧造黑胎青瓷的窑炉等遗迹现象，而且在小梅镇瓦窑路发现了全新的烧造黑胎产品的遗存并出土了许多产品标本。龙泉窑考古队初步判断龙泉黑胎青瓷可能就是明人文献中所述的哥窑。2010年12月3日，中国陶瓷艺术大师作品捐赠仪式在龙泉青瓷博物馆举行，陈砿根、徐定昌、陈爱明、卢伟孙、陈显林5位新晋中国陶瓷艺术大师，向新落成的龙泉青瓷博物馆捐赠自己参评的作品。

2011年1月7日，浙江省人民政府公布《浙江省人民政府关于公布第六批省级文物保护单位和与现有省级文物保护单位合并项目及更名省级文物保护单位的通知》（浙政发〔2011〕2号）文件，新公布龙泉市省级文物保护单位安仁窑址、龙泉廊桥、龙南菇民建筑群、龙泉革命纪念建筑群、龙泉窑制瓷作坊、叶溥故宅、平水王社庙七处。2011年6月至2012年2月，龙泉青瓷博物馆与首都博物馆联合举办“中国龙泉窑瓷器大展”在北京首都博物馆展出，共展出古今25件作品，其中：古代纪年瓷15件，现代作品10件，现代作品被首都博物馆永久收藏。2011年6月27日，李铁映龙泉青瓷•龙泉宝剑作品捐赠仪式在龙泉青瓷博物馆举行。受原中共中央政治局委员、十届全国人大常委会副委员长李铁映委托，其助手徐良会将2件龙泉青瓷作品和2件龙泉宝剑作品捐赠市博物馆永久收藏。6月29日，龙泉青瓷博物馆、何浩天纪念馆（筹）共同举办的“何浩天瓷器藏品专题展”正式拉开帷幕。“何浩天瓷器藏品专题展”展出包括龙泉窑在内的各大窑系瓷器藏品、何浩天书画作品共计80余件，展出时间10天。剪彩仪式上，著名军旅书法家何虎将军向龙泉青瓷博物馆、龙泉宝剑博物馆赠送了“天下第一瓷”“天下第一剑”等三幅墨宝。2011年7月1日，龙泉铸剑师精品刀剑暨周正武古刀剑藏品捐赠仪式在龙泉宝剑博物馆举行，龙泉宝剑行业协会向宝剑博物馆捐赠龙泉刀剑131把，陈阿金、沈新培捐赠龙泉刀剑8把，周正武捐赠古刀剑25把。8月中旬，龙泉青瓷博物馆与上海南汇博物馆联合举办“千年瑰宝、风雅龙泉--浙江龙泉青瓷艺术展”，共展出现代龙泉青瓷作品27件（套），并被南汇博物馆永久收藏。2011年11月16—19日，由中国古陶瓷学会、浙江省文物考古研究所、龙泉市人民政府主办，龙泉青瓷博物馆承办的“中国古陶瓷学会2011年年会暨龙泉窑学术研讨会”在龙泉召开，国内包括故宫博物院、中国国家博物馆、中国社会科学院考古研究所和台湾、香港及其他省市区的考古所、博物馆、高校等数十家文博科研机构，国外包括法国、英国、瑞士、日本、韩国、新加坡、马来西亚等地的共160多位专家学者参加会议，编辑出版《龙泉窑研究》论文集。2011年底，由龙泉青瓷博物馆主编的丽水第三次全国文物普查丛书之一的《河滨遗范》和《龙泉古匾联碑刻集锦》出版发行。

2012年4月，大窑龙泉窑遗址联合上林湖越窑以浙江青瓷窑址为申报项目，由龙泉市人民政府和慈溪市人民政府提出申请，交浙江省文物处初审，上报国务院文物部门审批。同年11月，国家文物局正式公布最新的《中国世界文化遗产预备名单》，从全国71个申报项目中选择出了45项不同类型的文化遗产，大窑龙泉窑青瓷遗址入选。10月12日，龙泉青瓷研究会成立大会暨第一次会员大会召开，它的成立将广泛联系和凝聚国内外青瓷研究专家、学者和爱好者，组织开展龙泉青瓷的研究，形成完整的龙泉青瓷学术体系，并通过学术交流传播推广龙泉青瓷文化。省委常委、省委组织部部长蔡奇，丽水市委副书记、市长王永康等致信祝贺。10月22日，浙江省文物局转发国家文物局关于大窑龙泉窑遗址保护规划的批复（浙文物发〔2012〕377号）文件，国家文物局《关于大窑龙泉窑遗址保护规划的批复》（文物保函〔2012〕1905号）原则同意大窑龙泉窑遗址保护规划。10月27日，由磁州窑博物馆、耀州窑博物馆、龙泉青瓷博物馆、慈溪市博物馆、杭州南宋官窑博物馆五馆联合主办的“宋金瓷话--五馆馆藏瓷器精品展”正式亮相杭州南宋官窑博物馆。此次展览共展出各馆文物展品200多件，其中龙泉窑青瓷34件。11月7—9日，龙泉黑胎青瓷与哥窑论证会在龙泉举行，龙泉黑胎青瓷考古取得重大成果，中国科学院、故宫博物院、国家博物馆、北京大学、浙江省博物馆、浙江省文物考古研究所等单位的20多位专家，围绕龙泉窑的黑胎青瓷产品年代、宋代哥窑产地等问题进行了专题论证，初步论证文献记载的宋代“官哥汝定钧”五大名窑之哥窑就在龙泉。11月11—18日，在龙泉青瓷馆临展厅与标本中心特举办中韩陶艺交流活动，共展出韩国知名陶瓷艺术家的代表作品98件，及龙泉青瓷大师代表作品108件。12月17日，龙泉青瓷博物馆在浙江省博物馆孤山馆区举办“如翠似玉——龙泉现代青瓷艺术特展”，共展出清代、民国、上垟瓷厂作品6件，当代大师、非遗传承人作品44件。展览以龙泉窑的“传承与延续”为主题进行传统与创新、传承与发展的对话，进一步提高龙泉青瓷文化的社会知名度和世界影响力。

【非物质文化遗产保护】　龙泉青瓷传统烧制技艺入选“人类非遗”。2009年9月30日，在阿联酋阿布扎比召开的联合国保护非物质文化遗产政府

2012年11月7—9日，龙泉黑胎青瓷与哥窑论证会在龙泉举行　市文物局　提供

间委员会第四次会议上，龙泉青瓷传统烧制技艺被批准列入人类非物质文化遗产代表作名录。龙泉青瓷传统烧制技艺是中国申报的唯一首个陶瓷类项目，同时也是联合国批准列入人类非物质文化遗产中的传统手工技艺类中的第一个陶瓷类项目。龙泉青瓷传统烧制技艺的申报成功更加体现浙江(龙泉)区域代表性文化的价值，突显龙泉青瓷在中国陶瓷界的地位；更加提升中国陶瓷在世界的影响力，诠释中国陶瓷在世界的深刻意义。

2010年6月，经浙江省文化厅批准，龙泉青瓷文化生态保护区为浙江省非物质文化遗产生态保护区试点。2012年12月，经浙江省文化厅公布，龙泉市为浙江省非物质文化遗产保护综合试点县。

2008年6—7月，龙泉市完成“非遗”名录体系项目汇编1卷、普查资料汇编1卷、普查成果汇编19卷，编辑整理《龙泉市非物质文化遗产普查成果汇编》一书，10月13日，龙泉市“非遗”普查成果通过省专家评估验收，龙泉市获得2008年浙江省非遗普查工作优秀县(市区)称号。2009年6月，欧冶子传说等6项被公布为丽水市第三批非遗项目名录。同年6月，龙泉窑传说、凳花、开天门、香菇砍花技艺、炼火被公布为浙江省第三批非遗项目名录(同文件高机与吴三春传说被归入浙江省第二批非遗扩展项目名录)。2010年5月，小梅中秋节“拉缆”等16项被公布为龙泉市第三批非遗项目名录。同年12月，龙泉方言谚语等4项被公布为丽水市第四批非遗项目名录。2011年3月经文化部审批，龙泉青瓷烧制技艺再次向联合国教科文组织申报2012年人类非遗“优秀实践名册”项目。2012年2月，锦安花鼓戏等3项被公布为丽水市第五批非遗项目名录。同年6月，菇民防身术被公布为浙江省第四批非遗项目名录。

2008年1月，徐朝兴、毛正聪、沈新培、陈阿金被公布为浙江省第一批非遗项目代表性传承人；同年12月，夏侯文被公布为浙江省第二批非遗项目代表性传承人。2009年9月，翁清泉、叶时木等5人被公布为浙江省第三批非遗项目代表性传承人。2010年1月，项木松、张绍斌等26人被公布为丽水市第一批非遗项目代表性传承人；同年12月，吴少如等3人被公布为丽水市第二批非遗项目代表性传承人。2011年2月，编辑出版龙泉市非遗丛书——《龙泉话赏析》和《龙泉民间谜语选》。2011年12月，项文其、曾新安等16人被公布为丽水市第三批非遗项目代表性传承人。2012年，新增国家级非遗传承人2名、国家工艺美术大师2名、高级工艺美术师17名。

2008年2月，龙泉青瓷曾芹记古窑坊被公布为浙江省首批非遗传承基地。2010年5月，龙泉市中等职业学校被公布为浙江省非遗传承教学基地，龙泉青瓷文化园被公布为浙江省非遗旅游经典景区。同年12月，龙泉市宝溪乡近现代龙窑及其作坊保护基地、龙泉市沈广隆剑铺、龙泉市宝剑厂有限公司被公布为浙江省非遗生产性保护基地。2012年1月，龙泉市宝溪传统龙窑烧制展示基地、龙泉市青瓷文化展示馆被公布为浙江省非遗宣传展示基地。2012年2月，龙泉市中小学素质教育中心、龙泉市安仁中学被公布为丽水市首批非遗传承基地。

2008—2012年间，龙泉青瓷、龙泉宝剑先后参加了“琢瓷作鼎于水——

“非遗”项目开天门表演
张有钢　提供

大窑龙泉窑发掘成果暨元明龙泉窑精品展”“成都国际非遗节”“深圳文博会”及浙江义乌文博会、中国武汉非遗精品展等大型展览活动。2010年9月，在巴黎举办“中国意境”——人类非遗龙泉青瓷巴黎展。同年10月，组织龙泉青瓷传统烧制技艺、龙泉宝剑锻制技艺参展在山东济南举行的首届非物质文化遗产博览会。龙泉青瓷、宝剑分别获得首届非物质文化遗产博览会生产性保护奖金奖和银奖。组织龙泉青瓷三位国家级工艺美术大师参加“物华天工”国家级非物质文化遗产项目百名工艺美术大师技艺大展。2011年，在北京全国人大会议中心和北京展览馆举办了“非遗荣光—丽水文化精品展”和“丽水三宝展”。

【文化产业】 2008年，龙泉青瓷文化创意基地一期开工建设，选址在水南李家山地块，占地44公顷。是以青瓷文化为主题，集文化传承、文博展示、学习交流、创作教学、收藏鉴赏、旅游观光等功能于一体的青瓷文化创意基地。项目启动以来，先后被列入浙江省重点项目、浙江省集聚发展文化创意园区、省级服务业集聚示范区。项目办公室设在文化广电新闻出版局。2010年5月，成立市青瓷城发展有限公司，具体负责该项目的实施。2012年2月29日，包括三大区块即陶艺精品村、教授传承园、商贸区在内的，总投资约2.6亿元(不包括商贸区)的青瓷文化创意园区二期工程启动。

2012年4月29日至5月2日，中国义乌文博会在义乌国际博览中心举行，龙泉市精心组织龙泉青瓷、龙泉宝剑参展，展示类展位6个，交易类展位若干，两个项目的观展人数达到1万多人次，现场交易达到30多万元，达成意向订单200余万元。7月28—30日，龙泉市文化广电新闻出版局积极组织参与由丽水市委、市人民政府主办，丽水市文化广电新闻出版局承办的浙江•丽水文化精品武汉展览会。该展览以展示丽水三宝，弘扬瓯江文化为主题。其中，龙泉青瓷展展览面积为240平方米，共展出龙泉青瓷艺术瓷、日用瓷精品共60件；龙泉宝剑展展览面积220平方米，共展出龙泉宝剑精品40件。现场发放龙泉宣传册2000余份、青瓷小礼品600多只，到龙泉青瓷、龙泉宝剑两个展馆参观的人数达到1万多人次，现场成交展品16件，价值60多万元，达成意向订单展品40多件，价值300余万元。9月，龙泉市青瓷文化企业——金宏瓷厂被国家文化部命名为第五批文化产业示范基地。

【文化(文物)市场监管】 2008—2012年，市文化市场行政执法大队(文物监察大队)共出动检查人员2499人次，检查各类文化(文物)市场经营单位2590家次，查处违规案件137件，收缴非法音像制品6225盒、盗版书刊1156册。其中，网吧检查1122家次、出版物(音像制品零售、出租单位)526家次、游艺娱乐场所231家次、歌舞娱乐场所473家次、印刷企业(打字复印)204家次，演出场所6家次，电影及其他6家次，文物场所22家次。截至2012年底，全市共有文化经营单位122家，其中互联网上网服务单位27家、歌舞娱乐场所10家、游艺娱乐场所9家、出版物(音像制品零售、出租单位)20家、印刷企业49家、文艺表演团体7家。 (市文广出版局)

文学艺术

【概况】 2008—2012年，龙泉市文联以“团结、创新、发展、繁荣”为目标，发挥“组织、联络、协调、指导、服务”的职能，创新工作方式，拓展文艺生存与发展空间，加快建设浙闽赣边际区域文化高地。机关建设成为典型，立足“小机关”实行“大服务”，先后15次被为评为浙江省、丽水市文联系统先进集体、浙江省作协系统先进集体等各级先进，18人次获得地、市个人先进；队伍建设效果显现，整合和新建25个文艺家协会(学会、研究会)，会员达2000多人，文艺新人不断涌现，一批优秀创作群体渐成气候；阵地建设越拓越宽，创办《龙泉》人文杂志，编辑出版26期达430万字；创办《瓯江源》诗刊，并成为全国十大民刊之一；创建中国龙泉摄影网、中国龙泉人文网，建立浙江作家创作基地；完成龙泉书画院(龙渊印社)以及文联办公场所建设；策划、组织重点文艺活动165次，进行本土特色文化主题采风、创作、比赛和展览，送文化下乡、进社区企业活动7265次，配合丽水文联及上级协会活动60多次；文艺作品在丽水市级以上发表获奖4686件，专著29部；组织理论研讨、学术交流活动29多次，出版专著19部。2008年5月22日，市委组织部对文联工作实绩进行了通报表彰。

【协会(学会、研究会)建设】 加强协会的班子建设，开展文艺培训，推动文艺队伍建设和人才培养。整合和新建25个文艺家协会(学会、研究会)，分别为：市作家协会、市戏曲家协会、市音乐家协会、市舞蹈家协会、市美术家协会、市书法家协会、市摄影家协会、市民间文艺家协会、市电影家协会、市电视艺术家协会、龙泉文化研究会、市诗词楹联学会、市演讲与朗诵协会、市学生写作研究会、市盆景协会、市根雕奇石艺术协会、市收藏家协会、市集邮协会、市香菇文化研究会、市电力文联、市叶氏文化研究会、市古建筑工艺艺术协会、龙渊印社、云坞书院、市季氏文化研究会，会员达2000多人，其中骨干会员831人，文艺新人不断涌现。注重协会的指导和管理，强化文艺培训，鼓励以龙泉本土文化资源为基础，创作反映龙泉文化、体现较高水准、具有全省或全国影响的文艺作品。文学、摄影、书法、美术、戏曲、音舞、民间文艺、文化研究等一批优秀创作群体渐成气候。

2011年10月，潘世国摄影作品《喜羊羊》获中国第十四届国际摄影艺术展银牌奖

【文艺创作与文化研究】 据不完全统计，2008年全市文艺工作者创作作品8900多件(篇)，专著9部，在丽水市级以上发表获奖891件，其中省级133件，国家级111件，国际级5件。2009年全市文艺工作者创作作品9200多件(篇)，在丽水市级以上发表获奖1345件，其中省级437件，国家级365件，国际级6件；出版专著5部，并在《黄河诗报》和《中国摄影家》集中推出龙泉诗歌群体和摄影群体的作品。2010年共创作作品9300多件(篇)，在丽水市级以上发表获奖826件，其中省级350件，国家级253件，国际级33件；出版专著2部。2011年创作作品9500件(篇)，在丽水市级以上发表获奖800件，其中省级300件，国家级100件，国际级30件；出版专著7部，并在《中国诗人》集中推出龙泉诗歌群体的作品。2012年创作作品9600件(篇)，在丽水市级以上发表获奖820件，其中省级330件，国家级180件，国际级31件；出版专著6部。完善龙泉文化研究组织网络，整合龙泉文化研究资源，开展龙泉文化研究，挖掘、整理本土特色文化，成立龙泉香菇文化研究会、龙泉文化研究会、龙泉叶氏文化研究会、龙泉季氏文化研究会等4个协会，组织理论研讨、学术交流活动29多次，出版专著19部。

【第四次文代会】 2008年7月，开始着手筹备第四次文代会，12月29—30日召开龙泉市文学艺术界联合会第四次代表大会，进行12年来的文联换届。会议规模共计260人，其中正式代表160人，特邀代表20人，邀请人员50人，工作人员30人。会议期间，广大代表认真听取和学习了市委领导的重要讲话；审议通过了《文联工作报告》，修订了《龙泉市文联章程》，选举产生了市文联新一届领导机构；举办了“十二年文艺成果展”和“第四次文代会文艺晚会”。这次大会，是对新阶段龙泉市社会主义文艺发展的一次全面检阅，也是展望和描绘美好前景，团结动员广大文艺工作者，努力繁荣文艺事业、建设龙泉文化、兴起社会主义文化建设新高潮的一次盛会。

【《龙泉》人文杂志编发】 2008年1月，《龙泉》人文杂志改出季刊，2009年向双月刊发展，至2012年12月编辑出版26期达430万字，使文艺家有了展示作品的园地，品牌价值日益显现，使其成为浙闽赣边境最具影响的品牌杂志之一。

【“名家写名瓷”活动】 2008年6月，中国书法家协会、浙江省书法家协会和龙泉市委、市政府主办“名家写名瓷——中国书法家走进龙泉”活动，32名中国著名书法家走进龙泉，在龙泉青瓷上挥毫泼墨，推动青瓷与书法的融合。6月4日，还在龙泉山绿野山庄举行了“全国著名书法家走进龙泉——龙泉山笔会”，书法家们共同创作了120余幅赞咏龙泉青瓷文化、龙泉香菇文化的书法作品。

【龙泉摄影网和龙泉人文网】 2008年8月16日，市摄影家协会创办专业摄影网站——龙泉摄影网，该网是一个内容丰富的龙泉文化大图库，为广大摄影爱好者提供了一个学习交流、展示作品的网络平台，对推动龙泉市摄影艺术的普及与提高，全面加快摄影艺术、摄影产业的发展起到积极的作用。2008年10月，市文联创办了中国龙泉人文网，该网内容包含了文联机关、所属协会（学会、研究会）和《龙泉》人文杂志网络版。2个网站在为文联及文艺家协会提供交流、发表和展示平台的同时，还为宣传龙泉、推介龙泉开辟了一个新的窗口。

【中国摄影家大PK活动】 2009年9月8—13日，由文化部中国艺术研究院摄影研究所、中国摄影家杂志社、龙泉市政府联合举办，第一视频、龙泉市文联协办，龙泉市摄影家协会承办的“影传世界、聚焦龙泉”挑战对方、超越自我——中国摄影家大PK活动在龙泉市举行。本次活动邀请中国著名摄影家崔茂元、梁达明、成贵民、李德林聚焦龙泉，进行连续72小时的一对一、点对点擂台PK。中国摄影家协会副主席、广东省摄影家协会主席李伟坤，解放军摄影家史冬青，中国艺术研究院摄影艺术研究所所长、中国摄影家杂志社主编李树峰，中国摄影家杂志社编委、中国摄影家协会展览部原主任吴鹏，中国摄影家杂志社编委、数码影像技术专家刘宽新，中国摄影家杂志社活动部主任应利民，中国摄影家杂志社编辑部主任谱庄等领导和专家莅临指导。第一视频、贵州卫视、中国火烈鸟摄影论坛、腾讯图片站、中华摄影报等媒体参与全程采访报道及网上投票。中国摄影家杂志在2009年第10期、11期、12期及刊中刊形式刊登本次大PK作品。活动期间，大PK选手深入龙泉城乡拍摄龙泉自然风光、青瓷宝剑制作工艺、城市建设、产业发展和民情风俗等方面的内容，参会的摄影家还开设专题讲座，与龙泉市摄影家和爱好者进行面对面的交流。

【知名作家走进龙泉】 2010年8月27—29日，浙江省作家协会组织莫言、嵇亦工、谢鲁渤、柯平等中国知名作家一行16人走进龙泉，进行为期3天的创作采风活动，聚焦龙泉、感悟龙泉、抒写龙泉。同时，还举行了浙江作家协会龙泉创作基地挂牌仪式，此举为众多的浙江作家到龙泉创作采风搭建了一个新的平台，促进省内作家在文学上的交流与合作，推动浙江文化的大发展大繁荣。其间，作家们还为龙泉市文学爱好者举办了一场精彩的文学讲座，知名作家与当地作家及文学爱好者进行了热烈的融洽互动，并对“佳和杯”放歌龙泉全国文学大奖赛作品进行了评选。参加此次活动的龙泉管氏后裔、著名作家莫言先生先后到管氏先祖管师仁、管师复隐居地西街街道下樟村白云岩，管师仁祖居地龙渊街道后甸村，管氏祖籍地龙渊街道石马村进行寻根问祖。莫言先生对自己祖居地是龙泉十分肯定，他说“我是北宋著名政治家管师仁的第36代后裔，到龙泉，来到祖宗生存繁衍之地，也就是我的故乡，我非常激动。”8月29日即将结束龙泉之行时，莫言先生有感而发，题诗表达自己的内心感触：“龙泉祖居地，山水呈瑞祥；诗成白云岩，根系石马岗；宝剑生紫气，青瓷吐幽光；惭愧我来晚，千里献心香。”2012年10月11日，莫言先生荣获诺贝尔文学奖，成为首位获此奖项的中国籍作家，这既是中国文学的骄傲与荣光，也是龙泉的自豪。

【《瓯江源》诗刊创办】 2010年，组织作家协会创办《瓯江源》诗刊，着力做好“瓯江诗歌”群体建设，为文艺家走向全国开辟通道，已出版3期，2012年从全国2000多种民刊中脱颖而出，被评为全国十大民刊之一。

【西街老区公所改造工程】 2011年4月开始，市文联承担并启动了龙泉市“双十”项目之一——西街老区公所修复工程。该工程投入资金500万元，占地近1300平方米。经过近2年的努力，已全面完成，作为龙泉书画院以及文联办公场所，极大地改善了文联组织的基础设施，得到各级领导和社会各界的广泛好评。　（市文联）

体　育

【概况】 2008—2012年，市体育经费751万元，其中竞赛和训练经费400万元，上级补助经费70万元，用于场地设施建设和维修。2008年，叶桂花担任奥运火炬手，参加温州站奥运火炬传递。2010年，承办了浙江省首届体育大会木兰拳（扇）、太极拳（剑）、毽球三项比赛，同年举办了龙泉市首届职工运动会。2012年，承办了首届“星球杯”中国国际跳棋公开赛暨第四届“星球杯”全国国际跳棋公开赛，并获优秀组织奖。2011年，龙泉市运动员蔡旌豪在第八届全国残运会上获羽毛球（残肢5级）男子双打第二名，男子单打（站立5级）第三名，运动员翁春霞获第七届全国城市运动会女子铁饼比赛第一名。到2012年底，全市共有各类体育活动场所200余个，从2008年起共创小康体育村318个，安装各类路径、健身器材318套（台、副）。龙泉市业余少体校业余训练布局学生158人，为各级体育校、体育院校输送50余人。创省级体育强镇乡镇（街道）9个、省级体育先进社区2个、省级青少年体育俱乐部6个、省级村体育俱乐部5个、省级社区体育俱乐部2个、星级职工俱乐部1个、省级老年活动中心1个、省级休闲体育公园1个。培训了一、二、三级国家社会体育指导员 375 名。其中，一级 19 名、二级 123 名、三级 233 名。在省体育职业技术学院运动员 6 人、丽水少体校 20 多人。2012 年，龙泉市第十三次党代会提出在“十二五”期间争创省级体育强县(市)，被国家体育总局授予 2012 年全国全民健身活动先进单位。5 年累计销售体育彩票 7720 余万元，其中电脑体育彩票 6800 余万元，即开型彩票 920 余万元。

【竞技体育】 2008—2012 年，龙泉市派出运动员 1200 余人次参加丽水市青少年田径、篮球、乒乓球、羽毛球等项目比赛，取得金牌 93 枚，银牌 105 枚，铜牌 77 枚。2009 年，第二届运动会青少年部获金牌 12 枚，银牌 17 枚，铜牌 20 枚。2010 年，有 14 名运动员参加十四届省运会皮艇、田径、篮球、女足、散打、自行车等项目的比赛，共获 2.34 枚金牌、2 枚铜牌，总分 56.2 分。2011 年参加省县级田径运动会获乙组团体总分第三名，进入甲级队。2012 年停止自行车项目训练，开设排球项目。

【业余训练】 根据浙江省体育局后备人才训练网布局(2011—2014 年周期)，龙泉市设：田径、篮球、排球、足球、乒乓球、羽毛球等项目，布局项目人数为田径 28 人、篮球 25 人、排球 20 人、足球 25 人、乒乓球 15 人、羽毛球 15 人、自行车 30 人，共计 158 人，其中重点 33 人、普通 125 人，有专职教练员 4 人，外聘体育教师 20 余人。本着“选好苗子、着眼未来、从小培养、打好基础”的要求，科学选材，严格训练，积极输送人才，龙泉市在省体育技术学院训练的学生有 6 名，在丽水市少体校学生 20 余人，在省体育局注册运动员约 500 人。

【全民健身】 2008—2012 年，广泛普及开展全民健身活动，组织各类规模较大的群体比赛活动 80 余次，参加活动约 8 万人次，全市有各类健身点 100 多个，健身路径 200 余条，国民体质合格率逐年提高，约 40%的市民经常参加各类体育健身活动，全民健身紧紧围绕《全民健身计划纲要》和《体育法》，每年开展形式多样、内容丰富，群众喜闻乐见的体育健身活动。

2008 年主要活动有：丽水市“燕京啤酒杯”领导干部乒乓球联谊赛、“司法杯”职工篮球比赛、“佳和杯”丽水市第九届老年乒乓球比赛、第五届“庆龙杯”乒乓球邀请赛、丽水市“畜牧杯”农业系统乒乓球比赛、“与奥运同行”龙泉市足球比赛、市直机关“强身健体、喜迎奥运”登山比赛、“保一方平安、亮万家灯火”警企“电力杯”职工运动会。

2009 年主要活动有：浙江省体彩三人篮球超霸赛（龙泉赛区）比赛、“金龙刀剑杯”2009·龙泉市端午龙舟竞渡活动、“全民健身日”暨千人健步走活动、龙泉市首届社区老年运动会、龙泉市第六届“国镜杯”乒乓球邀请赛。

2010 年主要活动有：庆“五一”龙泉市首届“电力杯”职工群众健身排舞大赛、丽水市五县(市)第七届老年乒乓球邀请赛、“上海大众汽车杯”2010——龙泉市端午节龙舟竞渡活动、全市各地第二个“全民健身日”活动、龙泉市第三届健身辅导站(点)特色项目展示活动。

2011 年主要活动有：龙泉市首届职工运动会、第七届“稠州商业银行杯”龙舟大赛、第七届“龙声杯”乒乓球邀请赛、龙泉市排舞大赛、丽水市老运会龙泉片区医疗保健操展示暨龙泉第二届社区特色项目展示活动、全民健身日系列活动、丽水市“佳和铭都杯”羽毛球混合团体邀请赛、丽水市政法系统老年乒乓球比赛，发展三级社会体育指导员 52 人。

乡间体育赛事　　殷小明　提供

2012 年主要活动有：与市总工会联合组队参加丽水市职工运动会篮球、乒乓球、象棋趣味、拔河等比赛，获团体总分第四名，8 月 8 日开展全民健身活动，举办第九套广播体操培训班、乡村漫游节乡间自行车比赛、秋实节跑步、自行车比赛，举办三级

2012 年 10 月，举办龙泉市中小学生田径运动会　　兰　玲　提供

社会体育指导员培训班，64 人取得三级社会体育指导员证书。

2009 年，承办了丽水市第二届运动会大众健美操和青少年篮球比赛。2010 年，为迎接省首届体育大会，举办了省首届体育大会毽球、木兰（拳、扇）、太极拳（剑）、舞龙裁判员、教练员培训班，180 余人参加培训。承办了省首届体育大会栏拳（剑、扇）、太极拳（剑）和毽球三项比赛，代表丽水市参加首届体育大会拔河、蹼泳、龙舟、舞龙等比赛，获 2 金 6 铜。2011 年，组队参加浙江省首届海洋运动会和浙江省首届社团运动会，50 余人参加了沙滩拔河、沙滩木球和气排球比赛。

【学校体育】 全市有专职体育教师 125 人，全市坚持每年举办中小学生田径运动会、中小学生乒乓球比赛，中小学生篮球、中小学生羽毛球比赛和学生素质运动会。每个学校都有自己的特色项目和运动队。开展阳光体育，保证学生每天锻炼 1 小时，培养学生养成终身参加体育锻炼的习惯，贯彻“体育艺术 2+1 项目”，实行体育快乐大课间活动，丰富学生锻炼内容，提高学生锻炼热情。

【体育设施】 5 年来，龙泉市体育设施主要集中在实施农村体育健身工程建设，共创小康体育村 318 个，安装健身路径、室外乒乓桌、篮球场 318套（台、副），新增体育场地面积近 7 万平方米。2009 年，体育馆工程完成审计、验收工作，体育馆工程建设全部完成。2010 年，政府出资 70 余万对体育馆地木板进行全面翻修，中职校 400 米田径场建成。2012 年，启动浙大中学 400 米标准田径场建设，留槎洲水上公园标准游泳池改建和 1.5 万平方米体育公园建设。　（市体育局）

报刊 广播 电视

新闻 报刊

【概况】 2008—2012年，龙泉市新闻传媒中心以《剑瓷龙泉》和龙泉新闻网两大媒体为载体，紧紧围绕市委、市政府中心工作，突出重点，加强策划，全面客观地宣传龙泉、提升龙泉的整体形象，扩大对外影响力，进一步提高了龙泉的知名度和美誉度，为龙泉市经济社会又好又快发展营造了良好的舆论氛围。

2009年1月1日起，龙泉市新闻传媒中心实施"三改"，将报名《今日龙泉》改为《剑瓷龙泉》，改出瘦长型报纸，并对四个版面进行了重新定位。一版为时政要闻版，突出重要性和指导性。二版为大众新闻版，突出综合性、可读性和服务性，贴近市民生活。三版为副刊专刊版，注重知识性、思想性、艺术性。四版有二分之一为专刊版，开展剑瓷文化的宣传，另外二分之一为专题广告版。2010年，《剑瓷龙泉》在龙泉新闻网上设置了数字版，实行报纸和电子版同时发行，让广大网民更快更及时地看到报纸新闻。2011年，《剑瓷龙泉》一、四版从黑白套红改为彩印，增强了视觉效果，提升报纸美观度。2013年1月1日，《剑瓷龙泉》复名为《今日龙泉》，由原先的四开小报改为对开大报。

【重大活动宣传报道】 5年来，龙泉市新闻传媒中心全力服务于发展和稳定大局，集中版面，开辟专栏，圆满完成各项宣传任务，在全市上下积极营造解放思想、抢抓机遇、全面追赶、和谐发展的舆论氛围，比如围绕"发展绿色经济、提升幸福指数"主题宣传、深入学习实践科学发展观、龙泉"一剑一瓷一水一人家"参展世博会、纪念新中国成立60周年、改革开放三十周年、龙泉置县1250周年、龙泉撤县设市20周年庆祝大会、历届中国龙泉青瓷·龙泉宝剑节、"十一五"期间龙泉经济社会的巨大变化等。

【民生方面报道】 5年来，龙泉市新闻传媒中心采编工作力求"贴近群众、贴近生活、倾听民声"，关注市民生活和百姓呼声，一是发挥"新闻热线"作用，对政府关注、百姓关心的热点和难点问题进行积极引导；二是报纸和"龙泉论坛"实施互动，记者对网民关注的热点问题进行跟踪报道；三是《剑瓷龙泉》《今日龙泉》设立"给你提个醒""效能直通车媒体联动"等专栏，对涉及群众安危的事及时予以提醒，对群众提出的问题及时予以反馈；四是开设"社会""人间万象"等专版，鼓励记者采写最基层的报道；五是由中心领导班子分组带队，组织开展"美丽乡村行""记者走百企""记者走基层""重点项目一线行"等专题采访活动，深入部门、乡镇（街道）、村、企业，挖掘一线最鲜活的新闻，与当前开展的"走基层、转作风、改文风"活动相结合，报道群众关心的热点、难点、焦点问题，增加新闻报道的亲和力、感染力。

【龙泉新闻网建设】 2008—2012年，龙泉新闻网年均发布本地原创新闻3600多条，每年转载国内外重大新闻9000多条，年均有500多条新闻被新华网、中新网、《浙江日报》、浙江在线等省内外媒体转载。网站最高日访问量达36万多人次，日均访问量约18.8万人次。并在人民网、新闻网、腾讯网、新浪网和浙江在线开通5个官方微博，发布微博4000多条，听众总数超过3万名。专题《大窑龙泉窑考古发掘专题》《千年古樟大迁移》《龙泉青瓷传统烧制技艺成功入选"人类非遗"系列报道》先后获2008年度、2009年度和2010年度浙江新闻奖三等奖。2011年度，龙泉新闻网获浙江在线支站进步奖。

结合现代网络发展的新趋势，龙泉新闻网每两年对网站首页进行改版，进一步丰富网站内容，促使网站影响力不断增强。龙泉新闻网成为龙泉发布新闻最快、信息容量最大、网读互动最强的新闻媒体，与报纸、电视成为地方三大主流媒体。

龙泉新闻网围绕年度重大活动，敏锐及时，应事而动，精心策划，做好网络新闻专题。每年精心组织策划10多个专题，如"中国龙泉青瓷•龙泉宝剑节""进村入企助发展""聚焦两会""聚焦市党代会"等专题。

"龙泉论坛"自开办以来，逐渐成为龙泉网民相互交流的一个重要的互动平台，舆论监督作用显现。结合地方实际，优化"龙泉论坛"版块，强化龙泉论坛发帖审核制度和值班制度，确保网络安全。完善《龙泉论坛值班管理办法》，平时实行18小时值班制度，特殊时期实行24小时值班制度。同时，加强版主队伍建设，注重舆论引导，提升论坛管理水平。截至2012年底，共发主题27994个(2011年12月为24148个)，发帖总数475771贴(2011年12月为413855帖)，年访问人次达73万以上，各项指标均居浙江在线潮鸣论坛前列。

2010年10月，为适应新形势的需要，龙泉新闻网推出《剑瓷龙泉》数字版；2011年10月，龙泉新闻网分别在人民网、新华网、新浪、腾讯和浙江在线实名注册官方微博。截至2012年底，龙泉新闻网腾讯官方微博发布微博2060条，粉丝31009人，比上年度增长27000多人，龙泉新闻网新浪官方微博发布微博1859条，听众1258人，该两大官方微博发布的有关龙泉新闻的微博被转载超过11000多人次，其中单条微博最高转载达700多人次。龙泉新闻网官方微博成为宣传龙泉、了解龙泉的又一重要媒体。

【对外宣传】　龙泉市新闻传媒中心出台奖励制度，鼓励记者向上投稿。5年来，有1000余篇稿件被新华网、中国新闻网、《浙江日报》、新浪网、搜狐网、浙江在线、《丽水日报》、《处州晚报》、丽水网等选用。中心连续7年被评为丽水日报宣传报道先进基层单位。

【队伍建设】　5年来，龙泉市新闻传媒中心共招聘工作人员11人，其中进编制人员6人，进一步充实采编队伍，优化人才结构，并通过培训和老记者"传帮带"，解决业务人手紧张问题。多次组织通讯员表彰与培训，提高通讯员投稿的积极性和有效性。2012年8月，中心设立总编一职。

【服务创收】　5年来，龙泉市新闻传媒中心广告实行目标责任制考核，广告部与各部门、乡镇(街道)、企业建立合作机制，大力宣传各部门单位落实市委、市政府中心工作的举措和力度，取得的成绩和经验。同时，积极策划组织各种活动，广告收入增长稳定，实现社会效益和经济效益的双赢。　　(市新闻传媒中心)

广播　电视

【概况】　龙泉市广播电视台为龙泉市委、市政府直属正科级事业单位。2012年12月，有编制人数73个，在岗职工104人(其中在编52人、聘用52人)，内设办公室、总编室、新闻部、技术部、农村网络部和广告部六个部室。开办了《龙泉新闻》《剑川视点》《剑川热土》《剑川风采》《彩虹桥》《农村健康》《美丽新农村》《快乐生活》、《财富观点》等10多档广播电视新闻和专题节目。两个演播室，广播电视采编制播及办公设施全部实现数字化、网络化。有线电视网络建于1993年，经过16年的发展，全市19个乡镇街道、420个行政村全部光缆联网，城区数字电视双向网络改造达95%以上，有线数字电视用户达5万多户。

【节目改版】　5年来，《龙泉新闻》子栏目除《新闻现场》外，先后还不定期开设《聚焦"两会"》《聚焦全国食用菌大会》《创建森林城市》《暖冬行动》《深入学习实践科学发展观》《生态建设曝光台》《农村新天地》《危中求机保增长》《纪念龙泉解放60周年》《林改显活力、金融促发展》《巾帼风采》《非遗荣光》《走遍龙泉》《美丽新农村建设》《激情跨越》《众志成城、抗灾救灾》《深入开展创先争优活动》等子栏目。龙泉人民广播电台每天播节目16小时，除播出《龙泉新闻》栏目外，也新开办了《美丽新农村》《龙泉大戏院》《快乐生活》《IN乐汇》等栏目。2009年，开设直播节目《娱乐江湖》，填补了龙泉市电台直播节目的空白。2010年8月，开办一档少儿栏目《彩虹桥》，旨在以龙泉少年儿童为主角，以"引导儿童、快乐儿童"为使命，演绎新时代龙泉少年儿童的全新风采。栏目由《每周一星》《小小故事王》《宝贝一加一》三个独立板块组成，每周一期，长度20分钟。开辟了《剑川热土》对农专题栏目，该栏目共设五个板块，每周六播出，每档约20分钟，以"做农民知心朋友，为'三农'工作服务"为宗旨，以"传递农业信息，记录农村变化，服务农民需求"为定位。

【重大活动报道】　5年来，龙泉市重大活动频繁，好戏连台，亮点纷呈，市广播电视台克服人员紧张、设备缺乏等问题，圆满地完成了各项报道任务。

2008年，市广播电视台推出《力创生态业、再创好龙泉》、《全面追赶、和谐发展》等专题专栏，唱响科学发展、改善民生主旋律，用科学发展观和十七大精神统一全市干部群众思想；配合龙泉市"名家写名瓷""长三角媒体龙泉采访""双十项目百日大会战"等系列活动，推出《名家写名瓷》《百日会战》《厉兵秣马战犹酣》等专题专栏和《解放思想,加快在浙闽赣边境崛起》系列报道,大力倡导求真务实、埋头苦干的工作作风。

2009年,龙泉市召开的全国食用菌大会和全国林改会议,会议规模大、内容多,前来领导、嘉宾多,市广播电视台及时采取措施,多次召开会议落实任务,作出周密策划,推出《聚焦全国食用菌大会》《林改显活力、金融促发展》等栏目,对会议进行强势报道,报道呈现数量多、质量佳、内容实、正面引导突出等特点。2009年是中华人民共和国成立60周年,也是龙泉市置县1250周年,开设《纪念龙泉解放60周年》栏目,播发系列报道《新旧照片看巨变》,多视角地展示龙泉市发生的巨大变化,策划并实施56集《走遍龙泉》电视系列片,对龙泉市的人文历史进行深入报道,该两系列用形式多样的新闻报道为全市人民喜迎喜庆改革开放30周年和龙泉置县1250年营造良好的舆论氛围。9月30日,龙泉青瓷传统烧制技艺成功入选人类非物质文化遗产,市广播电视台全方位、立体式、多角度、轰炸性进行报道,形成广播电视声情并茂,域内境外全面铺开的宣传攻势,上报的稿件先后被央视新闻频道《新闻直播间》、浙江人民广播电台、浙江电视台新闻频道、丽水电视台综合频道等媒体播出,同时在本台《龙泉新闻》中开设《非遗荣光》,激发全市人民的荣誉感和自豪感。

2010年5月,百年世博在上海开园,龙泉元素闪耀世博。市广播电视台派出八批次共9位记者常驻世博会,并开设《精彩世博、魅力龙泉》栏目,共发稿100多条,播出专题5期。2010年是龙泉市撤县设市20周年,市广播电视台从全市经济、政治、文化、社会等方面入手,策划了大型系列报道《激情跨越20年》,共播发32期,对龙泉市撤县设市20年来的社会经济发展进行深入报道,多视角地展示龙泉市20年发生的巨大变化,为龙泉市人民喜迎龙泉撤县设市20周年营造了良好的舆论氛围。11月15—17日,龙泉市举办龙泉撤县设市20周年庆祝大会暨第五届中国龙泉青瓷•龙泉宝剑节,市广播电视台派出强大的阵容,对节庆活动中展示的龙泉宝剑和龙泉青瓷艺术成就以及瓷都剑乡的新形象进行全方位的报道,并采访众多专家和来宾,收集他们对龙泉青瓷、宝剑发展真知灼见,进一步挖掘弘扬剑瓷文化,激发人们了解龙泉、热爱龙泉、宣传龙泉、建设龙泉的热情。节前、节中共播发各类稿件83条,通过对节庆活动的宣传营造良好的舆论氛围,进一步提升龙泉城市形象,为再创好龙泉,建设浙闽赣边际中心城市再立新功。在"5•22"和"6•18"两次特大暴雨袭击中,龙泉市受灾极为严重,市广播电视台积极参与,在第一时间内启动应急新闻宣传预案,编辑记者放弃休息日,冒着危险深入抗洪救灾第一线,及时报道受灾情况和广大干部、群众抗击洪灾的感人故事,及时向市民传达信息,并加播三档《龙泉新闻》。在一个月时间内,在《龙泉新闻》栏目中播发抗洪稿件90多篇,专题3档,制作洪灾汇报2个。同时,积极向上级台送稿,《20名群众"孤岛"被困 消防官兵淌水营救》《全力以赴抗灾救灾》等10余条消息在中央台《新闻联播》、浙江卫视、丽水台等各级媒体相继播出,共在中央台发稿7篇,浙江台23篇,有力支持了全市抗洪救灾工作。

2011年是建党90周年,策划了大型建党90周年系列报道,开设《党旗飘扬》等专栏,全方位展示中国共产党九十年不平凡的历程和取得的辉煌成就,尤其突出《一路红歌一路情》活动的报道,并现场直播2场。开展《记者走基层》活动,走访16个乡镇,播出报道50期,记者们深入各乡镇(街道)、农村(社区)、企业,采集现场新闻、一线新闻,让群众当主角、进镜头,增强宣传报道的吸引力、感染力和亲和力。第六届中国龙泉青瓷?龙泉宝剑节暨中国古陶瓷学会2011年年会活动做到早谋划细安排,开设专栏,发稿73条,专题六档。

2012年龙泉市举行系列乡村漫游活动,市广播电视台及时播出《2012丽水•龙泉秋实节暨龙泉市乡村漫游节在屏南举行》《兰巨乡官埔垟村举办美丽乡村摄影采风漫游活动》等报道,为广大观众送上丰富的文化大餐;周密策划"绿色中国行——走进龙泉暨第七届中国龙泉青瓷•龙泉宝剑文化旅游节"活动,做到早谋划细安排,开设专栏,并做到当天活动当天播出,周六周日加档龙泉新闻,共发稿51条。同时,全力做好现场直播工作,及时与丽水台联系,对直播有关事宜作了详细沟通,并架设直播专用电视传输光缆,积极配合丽水台安装、调试直播设备。圆满完成"绿色中国行——走进龙泉暨第七届中国龙泉青瓷•龙泉宝剑文化旅游节开幕式晚会"和"8+1对话:剑瓷龙泉,绿色崛起"直播任务。《剑川视点》《剑川热土》两个栏目组制作播出专题6档。北京时间10月11日晚,瑞典皇家科学院宣布,将2012年诺贝尔文学奖授予中国作家莫言的消息一传出,市广播电视台随即组织采写了《龙泉管氏后裔莫言获诺贝尔文学奖》等相关新闻并及时报送上级台。

【外宣与创优工作】 始终坚持把提高广播电视节目质量作为办台的生

命线，把节目的创优评优作为检验宣传质量水平的一个重要抓手，积极参加省市广播电视节目的创优评优活动。2008 年，《新闻现场》获丽水市品牌栏目；2009 年，《携手竹农共闯难关》获浙江台鲜活新闻一等奖；2010年，消息《龙泉：20 名群众“孤岛”被困 消防官兵淌水营救》在中央台《新闻联播》播出，实现龙泉新闻上《新闻联播》零的突破；2011 年，协助中央台采制的稿件《浙江龙泉：山上文章怎么做》在《新闻联播》头条播出。栏目《剑川热土》自开办以来，受到了龙泉市委、市政府的高度重视及农民朋友的欢迎，获浙江省优秀对农栏目提名奖 1 次，丽水市优秀品牌栏目奖 2 次。

【有线电视数字化建设】 有线电视数字化工作得到了市委、市政府的高度重视，按照“党委领导、政府实施、广电落实、部门配合”的原则精心组织，细化方案，有序开展。2010 年 7 月 23 日，成立龙泉市实施有线电视数字化建设工作领导小组，2010 年 8 月出台《龙泉市关于加快有线电视数字化发展的实施意见》（龙委办〔2010〕90 号文件），2010 年 9 月制定《龙泉市有线数字电视整体转换实施办法》，2010 年基本完成城区数字电视整转，及城区 50%以上双向网络改造。2011 年，农村数字电视整转任务工作被列入乡镇年度工作目标责任制考核内容，制定《龙泉市乡镇街道有线数字电视整体转换方案》，并抽调精干人员成立 5 个农村数字电视整转实施小组，全面启动农村数字电视整转工程。并与联通携手合作，谋求共赢。经过多次协调谈判，3 月 29 日，与中国联合通信有限公司丽水市分公司签订了业务合作框架协议，以互动数字电视和宽带捆绑作为主推产品共同拓展双方业务。投资 10 多万元建成 100 多平方米集咨询、演示、报装数字电视等功能于一体的数字电视营业大厅，于 4 月全新启用，为广大用户提供更优良的服务环境。同时，制定《龙泉市城区有线数字电视整转“关模”方案》，从 2011 年 5 月起分小区、片区、时间段关停模拟有线电视信号，“关模”工作平稳推进。2012 年，全面完成乡镇有线电视数字化整转是龙泉市一项重点工作内容，并列入乡镇、街道年度目标责任制考核内容，市广播电视台继续发扬攻坚克难的工作作风，根据有线电视整体转换任务要求，采取措施，落实责任，完成农村有线电视数字化整转 25940 户，整转率达 104.67%。

【广电惠民工程】 “广电惠民”工程是党的重要民生工程，市广播电视台始终高度重视，根据上级关于“广电惠民”工程的实施意见要求积极推进。广播电视对农节目每周各达三档，每档 15 分钟；广播栏目《美丽新农村》每周三档，电视栏目《剑川热土》《剑川热土》实用技术版、《农村健康》，每周各一档。结合龙泉市农村外出打工多、居住分散等实际情况，制定相应的工作措施。4 年来，为龙泉市低保户免费安装有线电视并整转，使广大低保户看上有线数字电视。有线广播“村村响”工程，全市联网行政村 420 个，其中 403 个行政村建了村广播室，16 个乡镇建立乡广播室，实现农村广播可听率 85%以上。有线对农广播节目及应急广播工程，完成有线对农广播前端平台，办好有线对农广播节目，加强农村应急广播室建设，实现了县、乡、村的递次优先应急功能。

【广播电视安全播出】 严格按照上级有关安全播出工作的要求，认真研究落实各项安全防范措施，严格执行安全播出制度，强化安全播出的责任意识，加强网络巡查维护工作，修订出台广播电视安全播出等应急预案，认真开展安全播出演练，进一步提高应急处置能力，在“上海世博会”“两会”等非常时期，保障信号的安全传输，没有发生安全播出事故，实现了“两个确保”和“一个决不允许”。投资 6 万多元建设广电大楼安保升级工程，在大楼进出口、制作中心、有线机房等重要区域进行安保设施改造，人员进出实行电子刷卡制，进一步确保广播电视安全播出。UPS 备份电源由 10KTV 提升为 60KTV，新增电源线路备份，使有线电视机房具备了五年以上的设备用电发展，机房用电更加安全可靠，新增两台十二画面分割器的安装调试，更加有利于广播电视节目安全播出的监视监控，进一步确保了广播电视节目的安全播出。

【有线电视收费】 全力做好用户清欠、私拉乱接户查处、报停户核查、优惠户清理等管理工作，确保了有线电视收费的应收尽收。2009 年市广播电视台与市信用联社合作开发了模拟信号电视的收费软件，在丽水市首推有线电视收费代缴业务，有线电视用户在全市任何信用社网点都可办理广电费代缴业务。这种有线电视收费与银行联网，实行实时动态收费的方式，减少了资金流转环节，提高了资金使用率。杜绝了乡镇有线电视收费由代维人员收取后截留挪用的现象，清理出一批漏报用户，增收了有线电视费 100 万多元，规范了收费程序。2010 年进入数字电视整转以来，改变传统的先收视后缴费的收费方式为先缴费后收视的方式，并使用了更为先进的 SMS 收费系统，使收费工作上了一个新的台阶。

【队伍建设】 为进一步完善绩效管理制度和绩效考核办法，提高人力资源的活力和竞争力，5 年来，出台多项改革，即实行了《发展互动电视用户奖励办法》《新闻记者岗位绩效考核办法（试行）》《城区有线电视安装维护责任制考核办法》《营业大厅目标责任制》等一系列制度。并每年招录采编播人员，给新闻队伍增添了新的活力和生机，每月组织新闻从业人员开展晚上的政治和业务学习，还指定专人负责干部职工的学习教育工作，以全面提高新闻工作人员的政治素质和业务素质。

【广告创收】 广播电视台广告经营按照社会化、市场化的要求，开辟经营渠道，积极策划，4 年来，广告收入突破 200 万元大关。主要做法是：广告经营权以总承包和目标责任制相结合方式面向全台人员公开招标，利用本台白天闲置广告时间置换新闻设备；并与部门建立起长期合作机制，通过把市场化经营与宣传服务的有机结合，拓宽了创收渠道，实现了社会利益和经济效益双赢。同时，成功举办“钱柜”杯和“民泰村镇银行杯”第一、第二届电视歌手大赛、首届十佳电视少儿主持人大赛、首届挂历宝宝大赛。（市广播电视台）

医疗 卫生

综 述

【概况】 2008—2012年，龙泉市卫生系统坚持以深化医药卫生体制改革为核心，以加快医疗保障制度建设、建立国家基本药物制度、健全基层医疗卫生服务体系、促进基本公共卫生服务均等化、推进公立医院综合改革为重点，统筹推进公共卫生、人才队伍、无偿献血、基本建设等工作，促进卫生事业全面发展。2012年，有医疗卫生单位226家，其中综合性医院1家、中医院1家、红十字医院1家、社区卫生服务中心3家、中心卫生院8家、乡镇卫生院8家、社区卫生服务站6家、卫生分院19家、村卫生室132家。有执业医师（执业助理医师）675人，每千人医生数人2.33人；执业护士452人，千人护士数1.56人。共设置床位720张，每千人床位数2.48张。

【医疗卫生体制改革】 医疗保障水平不断提高，城乡居民参保率巩固在95%以上，2012年达到96.84%；政策范围内住院报销比例达到75%，基层医疗机构普通门诊报销比例提高到30%；扩大特殊门诊报销范围，建立重大疾病保障机制，住院封顶线提高到10万元。2012年，龙泉市启动“五保合一”的大社保管理体系，城乡居民医保管理职能移交到人力社保局。国家基本药物制度逐步完善。2011年3月25日，在48家乡镇卫生院（社区卫生服务机构）实施基本药物制度，实行药品零差价销售，2012年10月31日，全市98家村卫生室实施基本药物制度，实行药品零差价销售。基本公共卫生均等化服务项目全面落实。城乡居民体检率达到85.21%，学生体检率87.58%。电子健康档案建档21.7万份。高血压、糖尿病规范管理率均达到要求，全市855名重性精神病患者实现信息化管理。公立医院改革稳妥推进。2012年12月15日起，人民医院、中医医院、妇保所3家医疗机构启动以药品零差率销售为标志的县级公立医院综合改革。

【医疗卫生基础设施建设】

2008—2012年龙泉市医疗卫生基础设施建设项目一览表

表30

序号	单位	项目名称	建筑面积（平方米）	层次	总投资（万元）	备注
1	市妇幼保健所	购置并改造工程	2121	5	43.75	国债补助40万元
2	剑池街道大沙社区卫生服务站	业务用房楼	851.9	3	146.09	国债补助30万元
3	道太乡供村卫生分院	综合楼	625.1	3	117.09	国债补助50万元，省补54万元
4	八都镇中心卫生院	业务用房楼改造	2489	4	75	省补助45万元
5	西街街道社区卫生服务中心	业务楼购置并改造	750	4	150	省补助45万元
6	锦溪镇中心卫生院	精神病住院楼	1670.6	3	391.11	国债补助80万元，省补48万元
7	剑池街道社区卫生服务中心	业务楼改造	1500	3	100	省补助60万元
8	上垟镇四源卫生分院	综合楼	659.58	3	117.83	省补助38万元
9	龙南乡中心卫生院	业务楼	890.89	3	197.14	国债补助100万元，省补51万元

续表30

序号	单位	项目名称	建筑面积（平方米）	层次	总投资（万元）	备注
10	屏南镇中心卫生院	业务楼	835.07	3	179.98	国债补助100万元，省补48万元
11	砝石乡社区卫生服务中心	砝石乡社区卫生服务中心综合楼	1045.94	3	236.65	国债补助60万元省补助66万元
12	住龙镇卫生院	住龙镇社区卫生服务中心业务楼	1047.99	3	199.5	省补助60万元
13	竹垟乡卫生院	竹垟乡社区卫生服务中心业务楼	745.2	3	159.6	省补助45万元
14	宝溪乡卫生院	宝溪乡社区卫生服务中心业务楼	1104.67	3	212.06	省补助66万元
15	市人民医院	人民医院迁建工程	54076	8	23988	国债补助2000万元，省补1800万元
16	市中医院	市中医院改造工程	4152	3	161.22	
17	龙渊街道社区卫生服务中心/市卫生监督所	龙渊街道社区卫生服务中心业务楼暨卫生监督大楼	5905.97	7	1736.47	国债补助220万元，省补助182万元
18	查田镇卫生院	查田镇社区卫生服务中心业务楼	992.71	3	255.11	国债补助60万元省补助66万元
19	兰巨乡卫生院	兰巨乡社区卫生服务中心业务楼	404.81	3	84.24	改扩建，省补助43万元
20	道太乡中心卫生院	道太乡社区卫生服务中心业务楼	1087.89	3	271.15	省补助60万元
21	岩樟乡卫生院	岩樟乡社区卫生服务中心业务楼	994.85	3	245.22	省补助60万元
22	小梅镇青溪卫生分院	青溪卫生分院综合楼	1057.42	4	243.7	
23	八都镇瀑云卫生分院	瀑云卫生分院综合楼	849.54	3	185.43	
24	龙南乡中心卫生院建兴分院	建兴卫生院综合楼	715.83	3	170.76	
25	城北乡中心卫生院上东分院	上东卫生院综合楼	713.32	3	184.14	
26	市疾病预防控制中心	市疾控中心查田鼠疫监测点改建工程	312	2	60	省补助60万元

（刘小龙）

卫生监督

【食品安全监管】 2010年6月1日，《中华人民共和国食品安全法》开始实施，食品安全监管职能进行了调整，食品生产加工单位由质量监督管理部门进行监督管理，食品流通领域经营单位由工商行政管理部门进行监督管理，卫生部门负责餐饮消费环节的监督管理，从业人员预防性健康体检、卫生知识培训，由卫生监督所统一实施；2012年，市区有餐饮经营单位530家，单位总数比2008年减少65.9%，从业人员3575人；开展以取缔无证餐饮单位、禁止餐饮单位使用亚硝酸盐和供应织纹螺等有毒有害食品等为重点的餐饮食品安全大整治百日行动；开展餐饮服务食品安全“321示范工程”建设工作，创建了“安仁鱼头食品安全示范一条街”，龙泉国际大酒店、龙泉大酒店、香溢大酒店等5家食品安全示范单位，龙泉国际大酒店、龙泉大酒店等2家省级食品安全示范单位；开展餐饮具集中消毒专项整治，全市3家餐饮具集中消毒中心取得丽水市卫生局颁发的卫生监督合格证。

【公共场所卫生】 2012年，市区有理发、旅店、文化娱乐等七类28种公共场所405家，比2008年减少15.6%，从业人员789人，发放健康证688人；抽检宾馆3家的公用具、床单等13份样品进行监督检测，结果全部合格；对全市3家游泳场所及1家临时教学游泳场地，进行了卫生监督检查并对游泳池水进行抽样检测，共计抽检游泳池水8批次，合格7批次，合格率为87.5%。

【学校卫生】 2012年，全市有学校50所，比2008年减少13.8%，其中小学41所，中学9所；2012年为强化学校食堂及周边餐饮单位食品安全监管，共出动监督员86人次，检查学校食堂及周边餐饮单位184户次；监督检查学校饮用水卫生、传染病防控工作、教学环境、生活设施卫生情况，城区市政供水的15所学校饮用水水质均能符合要求，但乡镇（村）集中式供水和自建设施集中式供水水质合格率情况相对较低。

【职业卫生】 2011年，确定80家工矿企业为调查对象，有效调查工矿企业52家，其中矿山开采和水泥制造业8家，玩具制造和竹木制品业22

家，箱包制造等企业10家，其他企业12家；全市共2家含铅蓄电池生产加工企业，5月16日起，对辖区内的含铅蓄电池生产加工企业的职业病防护情况进行多次监督检查；2012年起，根据2011年12月31日第十一届全国人民代表大会常务委员会第24次会议《关于修改〈中华人民共和国职业病防治法〉的决定》的规定，“县级卫生部门只承担职业健康检查、职业病诊断及职业健康检查机构、职业病诊断机构监督管理职责。”2011年11月17日，经省卫生厅核准，市人民医院取得粉尘、化学性毒物、物理因素的职业危害因素健康体检资质。

【医疗机构监督管理】 2012年，全市有医疗机构226家，2012年检查有证医疗机构280户次，查处各类违法行为6户，其中警告3户，行政罚款3户，罚款6000元；对农村无证行医进行监督检查，查处无证行医19起，取缔19户，立案13起，行政罚款23000元；分级监管的中小医疗机构数207家，规范级4家，合格级181家，责令限期整改17家；开展医疗机构依法执业不良行为记分工作，记分医疗机构12家；对各乡镇卫生院、社区卫生服务中心及其他医疗机构的医疗废物处置情况进行监督检查，共计检查66家次，对辖区内的19家乡镇卫生院、社区卫生服务中心的医疗废物处置进行评估，达到规范级4家，规范率为21.1%。

【放射卫生】 2012年，全市共有12家医疗机构从事放射诊疗工作，12家放射诊疗单位有11家取得放射诊疗许可证。组织35名放射从业人员到丽水进行体检培训，35名放射从业人员中有22名进行了个人剂量监测，未发现有超剂量人员。

【投诉举报】 2008—2012年，市卫生监督所共受理投诉举报案件45起，其中食品卫生27起，医疗机构卫生13起，食品容器1起，其他4起，全部及时查办结案。

【突发公共卫生事件】

2008—2012年龙泉市食物中毒事件一览表

表31

年度	报名人数	上线人数	录取人数	上线率(%)
2009.7.29	极品园大酒店	乔迁喜宴后多人吐泻腹痛	19	副溶血性弧菌食物中毒
2009.11.12	锦溪岭上村	婚宴后多人吐泻腹痛	11	不明原因(雷氏普罗威食物中毒)
2010.8.18	龙泉诚昕旅业有限公司	乔迁喜宴后多人吐泻腹痛	19	副溶血性弧菌食物中毒

（吴伊珉）

医学科教

【继续医学教育】 2008年以来，龙泉市卫生系统参加医学类继续医学教育共2441人，其中继续医学教育项目(学分)1218人，参加医学本科函授79人，全科医师岗位培训56人，社区护士岗位培训46人，初级卫生岗位培训97人，全科医师规范化培训4人，医学毕业后继续医学教育(助理全科)9人，浙江省全科医师师资骨干培训8人，浙江省基层复合型公共卫生师资骨干培训4人，浙江省城乡公共卫生人才培训12人，参加全省检验、心电图、超声、放射专业岗位培训98人，住院医师规范化培训102人，乡村医生注册培训636人，参加省、市各类医学专业培训班72人。2008—2012年，全市卫技人员共进修131人次，其中：省级医疗单位进修29人，市级医疗单位进修26人，县级医疗单位进修76人。进修科目涉及内科、外科、骨科、脑外科、妇科、急诊科、小儿科、肿瘤科、病理科、内分泌科、皮肤科、精神科、超声、心电图等专业。2008年以来，市六大学会(医学会、预防医学会、放射学会、药学会、护理学会)开展学术交流活动156次，参加人数9295人次。

【医学科研】 2008年8月以来，龙泉市卫生局与丽水学院医学院签订市校合作协议(农村中医药适宜人才培养)，市中医院与浙江大学附属口腔医院签订市校合作协议（种植牙项目)及省中医院开展结对扶持，5年内累计省级医学专家到龙泉中医院开展项目技术指导、医学讲座63人次。2008—2012年，全市共申报省、市、县级卫生科技项目7项：市卫生局申报省级《中英合作项目》1项；市疾控中心申报县(市)级《龙泉市肾综合征出血热分子流行病学研究》项目1项；市人民医院申报县(市)级《机关干部人群脑卒中危险因素研究》《糖耐量受损者不同干预二年临床演变的比较》《山区儿童部分性早熟转化为真性性早熟相关因素分析》《山区透析合作生活质量及其相关因素研究》《后路张力带钢板与经皮骶髂关节螺丝固定治疗骨盆后环关节脱位的比较研究》项目5项；2012年承办丽水市继续医学教育项目5项。（周绍明）

基层卫生工作

【概况】 2008年6月，市政府发文《龙泉市社区卫生服务发展规划(2008—2012年)》，该规划由市政府委托浙江大学社会医学与全科医学研究所编制，共规划建设社区卫生服务中心(乡镇卫生院)19家、社区卫生服务站(卫生分院)38家。截至2012年底，已建社区卫生服务中心(乡镇卫生院)19家，社区卫生服务站(卫生分院)25家。城乡社区责任医生278人，行政村(居委)责任医生覆盖率100%。2009年6月25日，龙渊、剑池、西街3家街道社区卫生服务中心成立运行。2011年3月25日零时起，全市48家政府办基层医疗机构全面实施国家基本药物制度，2012年10月31日，92家紧密型乡村一体化卫生室实施国家基本药物制度。2012年，剑池街道社区卫生服务中心、八都镇中心卫生院、安仁镇中心卫生院、小梅镇中心卫生院、兰巨乡卫生院创建省级规范化社区卫生服务中心(乡镇卫生院)。八都镇中心卫生院、安仁镇中心卫生院创建丽水市“医疗质量安全示范乡镇卫生院”。

【农民健康体检】 继续开展参合城乡居民健康体检，其间共开展三轮农民健康体检，体检成人263244人次，学生儿童165885人次。为农民健康体检人员建立城乡居民健康档案213322份，建档率达90.92%(常住人口234626人)，规范化电子健康档案204970份。为60岁以上老人和高血压、糖尿病等慢性病人定期上门随访，跟踪管理。社区卫生服务在居民中的知晓率、满意率均达到96%以上。（刘建明）

妇幼保健

【孕产妇保健】 2008—2012年，孕产妇保健质量巩固提高。5年累计活产数13043人，孕产妇12952人，其中产前检查人数12900人，孕产妇保健覆盖率98.90%。系统管理人数12262人，系统管理率94.01%。住院分娩率99.96%。2008—2012年孕产妇死亡2例(2009年、2012年各1例)，死因分别为高血压颅内出血、羊水栓塞Rh阴性血。产前筛查率逐年提高，分别为47.9%、51.1%、62.46%，66.21%，69.63%，5年共筛查孕妇7731例，查出高风险孕妇337例，经产前诊断确诊21-三体综合征4例，NTD3例，18-三体1例。2010年1月1日起，实行农村孕产妇住院分娩补助政策。凡是农业户口、符合计划生育政策、在取得助产技术服务母婴保健技术服务执业许可证的医疗机构内住院分娩的产妇均可享受500元的住院分娩补助款。截至2012年底，共有5625位农村孕产妇得到补助。2010年4月1日起，实施农村妇女免费增补叶酸预防神经管缺陷工作，准备怀孕及早孕的农村妇女可免费领取叶酸片口服，以预防神经管畸形儿出生。截至2012年底共免费发放叶酸3055人。

【儿童保健】 儿童保健工作指标明显提高。2008年7岁以下儿童保健覆盖率为92.81%，2012年为96.18%。2008年3岁以下儿童系统管理率为87.43%，2012年为92.69%。2008年新生儿听力筛查率61.59%，2012年98.93%，筛查后经确诊听力异常6人。新生儿疾病筛查率稳定在97%以上，5年共有14036名新生儿接受新生儿疾病筛查，确诊CH15例。2008年5岁以下儿童死亡率10.01‰，婴儿死亡率在6.55‰，新生儿死亡率5.01‰。2012年5岁以下儿童死亡率7.01‰，婴儿死亡率在6.04‰，新生儿死亡率2.84‰。2008—2012年，5岁以下儿童死亡95人，其中婴儿死亡73人，新生儿死亡43人。从2012年10月份开始实施梅毒、乙肝母婴阻断工作，乙肝表面抗原阳性产妇所生新生儿可免费注射乙肝免疫球蛋白预防母婴传播，截至2012年12月底，有59位新生儿接受乙肝免疫球蛋白注射。

【妇女病普查】 “妇女健康促进工程”项目稳步开展，农村妇女每两年享受一次妇女病免费检查。2012年，开始实施两癌(宫颈癌、乳腺癌)筛查项目工作，2012年免费宫颈癌筛查2000例，乳腺癌筛查400例，查出宫颈原位癌1例，宫颈癌前病变14例，乳腺原位导管癌1例，由于发现病情早，均得到很好治疗。2008—2012年，全市妇女病检查93887人，查出宫颈癌23例，乳腺癌2例。

【婚前保健】 2008年7月1日，龙泉市出台“政府买单、免费婚检”政策，婚检人数开始上升。婚前医学检查单位为市妇保所。婚检项目有：血、尿常规、白带常规、血型、血糖、乙肝两对半、肝功能、梅毒螺旋体抗体(RPR)、艾滋病病毒抗体(HIV)检测，腹部B超、内外科及生殖检查。

2008—2012年全市婚前检查情况

表32

年度	婚前检查人数(人)	查出疾病人数(人)	其中影响婚育疾病人数(人)	婚检率(%)
2008	151	25	0	—
2009	1691	456	43	—
2010	3146	659	98	79.77
2011	2656	523	69	66.37
2012	3590	634	63	98.19

【母婴健康工程】 母婴健康工程项目继续实施，经费落实到位，项目管理规范。对产科布局进一步调整优化，全市只保留人民医院、中医院、红十字医院3家助产机构，危重孕产妇应急抢救流程进一步优化。加强了人才培养，提升了基层队伍素质，加强了规范化建设，提高了妇幼保健服务质量，各项工作有序开展，达到预期目标。5年母婴健康经费使用情况：业务培训8.015万元，人员进修2.46万元，设备添置54.7万元，健康教育10.72万元，妇幼卫生信息建设6万元，贫困孕产妇救助、抢救10.48万元，项目管理经费6.2696万元。

【健康教育】 健康教育工作越来越受到重视，健康教育工作逐年规范。妇保所每月开展孕妇学校、育儿学校各两期。各乡镇卫生院根据年初计划，每季度或各月举办健康教育课。同时，针对每位孕妇、儿童家长进行面谈、播放健康教育录像、针对性发放健康教育处方、保健知识专栏，龙泉报刊出相关保健知识、大型咨询活动等进行健康知识宣传。2012年妇保所通过丽水市级规范化孕妇、育儿学校验收。 （钟艳红）

疾病预防控制

【法定传染病疫情】 2008—2012年，龙泉市医疗机构共报告25种乙、丙类传染病，总发病数7667例，报告死亡13例。肠道传染病发病报告7种3979例，占总发病数51.9%，死亡报告2例，占死亡总数15.38%，其中甲肝14例、戊肝40例、未分型肝炎31例、细菌性痢疾19例、手足口病2602例（死亡2例）、伤寒1例、其他感染性腹泻1272例。呼吸道传染病共报告7种1424例，占发病总数18.6%，死亡报告6例，占死亡总数46.15%，其中甲型H1N1流感53例、麻疹34例、肺结核560例（死亡报告6例）、流行性感冒43例、流行性腮腺炎240例、风疹493例、流行性脑脊髓膜炎1例（C型）。自然疫源性及虫媒传染病共报告4种219例，占发病总数2.8%，死亡报告2例，占死亡总数15.38%，其中流行性出血热215例、狂犬病2例（死亡）、登革热1例（龙泉户籍人口在外地感染发病）、疟疾1例（龙泉户籍人口在外地感染间日疟）。血源及性传播传染病共报告5种1932例，占发病总数的25.2%，报告死亡3例，占死亡总数23.08%，其中乙肝1029例、丙肝11例、淋病408例、梅毒474例、艾滋病报告10例（死亡报告3例）。其他直接或间接接触传播传染病共报告2种113例，占发病总数的1.5%（急性出血性结膜炎112例、新生儿破伤风病例1例）。

【儿童计划免疫】 2008—2012年，全市44个免疫接种点开展0—6周岁儿童接种乙型肝炎疫苗3针、卡介苗1针、脊灰疫苗4丸、百白破疫苗4针、麻疹疫苗（麻疹、腮腺炎、风疹联合疫苗）2针、流脑疫苗（A群、C群）3针、乙脑疫苗4针、甲型肝炎活疫苗1针或甲型肝炎灭活疫苗2针的接种。市疾病预防控制中心及省市（丽水）级每年对全市儿童计划免疫情况进行检查考核，各种疫苗接种率均达到国家卫生部部颁阶段性标准要求。每年9—10月对全市幼托机构和小学、初中新生入学（托）实行查验预防接种证制度。5年共查验入托儿童19188人，新入学34008人次（其中2011年对高中生入学验证2233人），累计查验出需补种各类疫苗8662针次。

【动物鼠疫监测】 2008—2012年，每年3—11月在查田镇鼠疫固定监测点，每年4月、6月、8月、10月在小梅镇及黄南村、查田镇竹舟村、剑池街道宏山村等地进行鼠疫流动监测。用鼠笼法进行室内和野外鼠密度监测，鼠密度监测共放鼠笼30500余笼次，捕鼠1274只。5年监测共捕获鼠形动物3679只，每只鼠均进行检蚤，染蚤鼠71只，获鼠体蚤95匹，所有鼠采集血清做用IHA、RIP法检测鼠疫F1抗体，未获阳性标本，鼠、蚤均做鼠疫病原学培养检验未获鼠疫菌。

【流行性出血热防控】 2008年起，根据国家扩大免疫规划，开展流行性出血热疫苗免费接种工作，根据2005—2007年度出血热发病情况，在出血热高发乡镇中选择八都镇开展出血热疫苗免费接种试点单位。接种对象为16—60周岁的无禁忌症人群。2008年10月9—16日、23—29日分别完成第一与第二针次基础免疫接种工作，应种12734人，第一针实种10247人，第二针实种9803人，第三针在2009年

4月完成，接种9274人。2009年8—9月，查田镇接种出血热疫苗免费接种6593人次。2010年，在锦溪镇接种5700人次，础石乡接种5600人次。2011年，在兰巨乡接种17213人次，剑池街道大沙管理区接种8970人次。2012年，在小梅镇接种12566人次。

【乙肝疫苗查漏补种】 市疾病预防控制中心根据浙江省卫生厅、财政厅、教育厅联合下发的《关于开展乙肝疫苗查漏补种工作的通知》制订了《龙泉市2007—2008年乙肝疫苗查漏补种工作实施方案》，2008—2010年，对15岁以下儿童乙肝查漏补种，全市补种1剂次2674人，2剂次838人，3剂次1350人。

【儿童乙肝疫苗免疫后再免调研项目】 2009年8月至2010年3月，在龙泉市民族中学、八都小学开展儿童乙肝疫苗免疫后效果调查及再免策略研究工作。共调查1395人，其中HBsAg(+)26份(初中13份、小学13份)，阳性率为1.86%。抗-HBsAg(+)539份(初中216份、小学323份)，阳性率为38.64%。接种第一针次5ug乙肝疫苗701人次，接种10ug694人次。第二针乙肝疫苗接种808人次，其中5ug419人次，10ug389人次，采集静脉血1347份，均及时送检。在2轮实施过程及随访中，未发现异常接种反应。接种3剂次769人，接种乙肝疫苗后30天观察抗-HBsAg阳转808人，第1剂再免后210天对观察对象进行第三次采血，采集静脉血1277份，其中接种5ug抗-HBsAg阳性651份，阳性率为99.54%，抗-HBsAg阴性3例，无免疫应答率0.46%；10ug抗-HBsAg阳性619份，阳性率为99.36%，抗-HBsAg阴性4例，无免疫应答率0.64%。三针乙肝疫苗全程接种为96.26%，共采静脉血4019人份，总失访率为6.36%。2012年5月7日，在民族中学，八都小学完成第四次采血工作，共采集静脉血766份，抗-HBsAg阳性750份，阳性率97.9%。

【麻疹、脊髓灰质炎强化免疫】 2008—2012年，每年继续开展两轮脊灰疫苗强化免疫查漏补种活动，2008年11月11—20日与麻疹疫苗强化免疫活动同时进行，2008年，8月龄至6周岁麻疹应种儿童总数18806实种18548人，其中流动儿童应种1195人，实种1172人。脊灰疫苗0—3岁儿童应种10501人，实种10453人，其中流动儿童应种753人，实种740人。2009年12月中旬，全市所有初三学生，每人接种1剂次麻腮风疫苗，剂量0.5毫升。所有高中二、三年级，每人接种1剂次麻疹疫苗，剂量0.5毫升。应种初三学生2946人，实种2934人；应种高二、高三学生2433人，实种2386人。2010年，接种11458人次，接种率为98.17%。2011年2月12日—9月23日，龙泉市陆续报告25例麻疹病例。对病例周围乡村(街道)8月龄以上15岁以下人群中未按照麻疹疫苗常规接种的儿童进行查漏补种1030人次。2011年10月24—30日，全市开展对2007年以后出生的所有儿童麻疹脊灰疫苗集中式查漏补，共摸底12785人，麻疹疫苗应补种196人，实补种194人。2012年，为加强麻疹疫苗常规接种管理力度，将龙泉市城区7家预防接种门诊服务周期改为日接种，其余36家接种门诊周期由月接种改为周接种(每周五)，要求麻疹疫苗接种率达到95%以上。在全市开展预防接种证查验，对8月龄以上15岁以下未按照麻疹疫苗常规接种的儿童进行查漏补种。10月组织开展麻疹、脊灰疫苗集中式查漏补种和初三学生麻风疫苗强化免疫接种，全市共摸底调查2008年1月1日以后出生的儿童12796人，其中麻疹疫苗未及时接种139人，补种133人，补种率96%。全市初三学生应种3112人，实种2995人，接种率96%。2008—2012年，全市累积补种脊灰疫苗应补种10533人次。

【狂犬病流行与防控】 2007年11月29日，住龙镇周调村一6岁女孩被犬扑倒抓伤脸部，伤口较浅但有血痕，未作伤口清洗和狂犬疫苗接种。2008年2月12日，小女孩出现头昏、乏力、发热、咽喉疼痛，12日中午12时到遂昌县就医，14日转丽水市中心医院治疗，16日转温州医学院附属二院治疗，2月17日晚9:30死亡。疫情发生后，市疾控中心组织人员进入疫点接种犬猫伤后未接种疫苗者和密切接触者116人(其中犬猫伤后未接种疫苗者61人)，同时对疫点为中心3公里内村庄(碧龙、周调、白岩)居民进行健康教育，并对3公里内所有犬、猫类进行捕杀并取犬(89只)、猫(10只)脑组织进行狂犬病毒抗原检测，用直接免疫荧光法从1只犬脑组织检出狂犬病毒抗原，继用RT-PCR复核出狂犬病病毒核酸。2010年10月15日，龙泉市人民医院收治的一病例被临床诊断为狂犬病，病例于16日18时30分死亡。疾控中心对病人密切接触者和以往动物抓咬伤未免疫者组织免疫接种、病家疫点消毒、捕杀伤人犬、流浪犬，狂犬病防控知识宣传等方面实施了防控措施。

【甲型H1N1流感防控】 2009年，龙泉市共发生甲型H1N1流感病例47例，按照甲流防控有关预案要求开展应急处置，根据市委、市政府统一部署，与各部门上下联动、积极配合，做到群防联控、流调采样及时、处置规范、监测严密,疫情得到科学及时处置。并根据卫生部要求,于2009年10月29日启动甲型H1N1流感疫苗预防接种工作,完成7848人份接种。2010年、2011年龙泉市发生甲型H1N1流感病例分别为3例、1例。

【手足口病防控】 2010年5月27日,市疾控中心在传染病信息系统网络上监测到市人民医院上报的3例手足口病病例,患儿均为安仁镇福源片张畈村幼儿园的幼儿。该幼儿园共有5名幼儿被诊断为手足口病,疾控中心及时对4名患儿进行采样送检,传染病防治工作人员建议幼儿园休园15天、采取了对病家、教师家、幼儿园进行消毒、发放健康教育资料、指导教师做好教室等场所的通风、指导幼儿养成正确洗手等良好的卫生习惯、建议患儿家长,在孩子患病期间不带孩子串门、自家兄弟姐妹间做好隔离等措施。是年龙泉市共上报2例手足口病死亡病例、9例重症病例。2011年3月11日,市人民医院上报6例手足口病患者。经核实病例均为剑池街道宏阳村托幼儿童和散居儿童。该村人口952人,两所幼儿园共61名儿童,3月6日至3月16日共发生18例,送检12例标本,其中EV71感染10份,其他肠道通用病毒感染1份,阴性1份。2011年3月18—20日,剑池街道周际村发生5例手足口病患儿,送检3例标本,均为CoXA16感染。5例患儿均为外来人员,租住同一民房,为散居儿童,2男3女,均为5岁以下儿童。2011年,全年采集咽拭子(漱口液)等标本34人份送丽水市疾病预防控制中心检测病原,27份标本检出阳性,其中EV71阳性19例,CoXA16阳性6例,肠道通用病毒阳性2例。

【流脑防控】 2010年6月26日,丽水市中心医院报告1例龙泉籍流脑实验室确诊病例,病例为龙泉四中学生。事件发生后,疾控中心赶赴现场采取防控措施:对密切接触者医学观察,开展病例的主动搜索,学校环境消毒,要求学校开展晨检,对全校师生开展健康教育并自费、自愿应急接种。未发生二代病例。

【结核病防治】 2008—2012年结核病控制项目,继续落实医疗单位综合目标管理责任制,对凡是咳嗽、咳痰二周以上者一律转诊至市结核病门诊诊治,肺结核病人在医务人员和家庭(家庭成员经培训)督导员的督导下服药等措施,5年共收治活动性结核病638例,其中痰涂片阳性肺结核病(传染性肺结核病人)231例,新涂阳病人198例,638例活动性肺结核病人全部实行家庭督导。2010年开始,均按省项目统一管理要求对外来务工人员实行常规管理,收治25名外来务工人员的活动性结核病患者,其中8例为新登涂阳肺结核病人。2010年,开展耐多药肺结核监测,对疑似耐多药肺结核患者采痰送检(至丽水市疾病预防控制中心培训检测)64株。对所有涂阳肺结核病人的密切接触者进行筛查工作,未发现活动性肺结核患者。2011年开始,对结核病患者进行HIV筛查,共对52名结核病患者检测无阳性发现。

【人口出生死亡监测】

2008—2012年龙泉市人口出生监测统计表

表33

年龄组	2008		2009		2010		2011		2012	
	男	女	男	女	男	女	男	女	男	女
	1640	1527	1715	1597	1551	1669	1274	1138	1246	1146

2008—2010年龙泉市人口期望寿命分析统计表

表34

监测项目	2008年	2009年	2010年	2011年	2012年
平均期望寿命	77.46	77.32	77.20	77.43	78.07
男性期望寿命	—	75.68	75.44	75.85	76.09
女性期望寿命	—	79.28	79.47	79.81	80.54

2008—2010年龙泉市各年龄组人口死亡人数统计表

表35

年龄	死亡人数				
	2008年	2009年	2010年	2011年	2012年
0~	13	11	13	10	15
1~	9	6	6	5	2
5~	2	4	4	4	2
10~	7	5	2	1	9
15~	7	1	2	1	5

续表35

年龄	死亡人数				
	2008年	2009年	2010年	2011年	2012年
20~	8	6	8	5	2
25~	8	8	6	5	8
30~	21	15	20	16	12
35~	42	37	46	27	34
40~	49	57	58	53	56
45~	35	40	51	54	61
50~	65	61	69	49	49
55~	71	86	89	76	112
60~	81	109	90	91	93
65~	119	104	113	105	117
70~	215	217	214	207	183
75~	298	323	306	322	350
80~	363	318	334	327	366
85~	309	384	371	378	445
合计	1722	1792	1802	1736	1921

2008—2010年龙泉市人口死亡死因统计表

表36

年龄	死亡人数				
	2008年	2009年	2010年	2011年	2012年
传染病寄生虫病	40	37	30	26	43
肿瘤	371	422	429	445	497
血液造血及免疫疾病	4	6	3	4	5
内分泌营养代谢疾病	22	30	17	13	20
精神障碍疾病	12	21	21	24	39
神经系统疾病	7	10	17	13	16
循环系统疾病	560	556	483	536	599
呼吸系统疾病	333	316	392	378	359
消化系统疾病	35	31	33	29	33
肌肉/骨骼/结缔组织病	0	5	6	1	7
泌尿生殖系统疾病	41	53	58	52	52
妊娠分娩产褥期疾病	0	0	0	0	1
起源围产期的疾病	9	0	5	4	5
先天畸形/变性/染色体病	11	17	6	7	8
诊断不明疾病	20	29	34	7	17
其他疾病	69	58	86	51	72
损伤和中毒外部原因	188	201	182	146	148
合计	1722	1792	1802	1736	1921

【学生健康体检】 2008—2012年，每年对全市中小学生进行健康体检，2009年被省确定为试点县市，当年市疾控中心体检监测中小学校学生5542人，其中检出学生身高偏低者占受检人数的1.25%，中重度营养不良者占9.03%，肥胖者占9.62%，近视者占22.23%，沙眼占2.33%，恒牙患龋者占23.02%，贫血占27.75%。

【地方性氟中毒监测】 2009年，共监测9个已改水病区集中式供水的自然村，每村采集水源水1份、出厂水1份和管网水末梢水3份样品，计5份水样(9个村，共45份水样)，测定氟含量，均合格。监测9个自然村8~12岁儿童425名，氟斑牙患病率为14.4%。

【土源线虫调查】 2009年，开展土源线虫监测，随机抽取了兰巨乡大汪村、桐山村，在学生、村民中开展监测，总调查人数为1000人，采集1000份粪便，蛔虫感染率为5‰。3~12周岁儿童检测蛲虫卵，镜检289份，蛲虫感染率为0。开展14岁以下儿童蛔虫感染率监测。对龙渊街道东升小学10个班级501位学生进行监测，阳性率为0.4%。安仁镇中学12个班级514位学生阳性率为4.8%。

【农村饮用水水质监测】 2009年，进行水质监测等工作。监测19个检测项目59份水样。色度、嗅和味、肉眼可见物、pH值、铁、锰、氯化物、硫酸盐、溶解性总固体、总硬度、耗氧量、氨氮、氟化物、砷、硝酸盐等项目合格率100%，浑浊度合格率14%~21%，菌落总数合格率71%~86%，总大肠菌群合格率0%~14%，耐热大肠菌群合格率14%~50%。 （市疾控中心）

爱国卫生

【卫生城市创建】 2008年，成功创建浙江省卫生城市。5年来，在爱国卫生月期间，全市有10万余人参加了公益性义务卫生劳动，清除垃圾杂物20000余吨。2012年是爱国卫生运动60周年，又是龙泉市省级卫生城市复审年。5月25日，召开迎接省级卫生城市复审动员大会。龙泉市委办、市府办分别下发了《关于成立龙泉市省级卫生城市复审工作领导小组的通知》(龙委办〔2012〕70号)、《关于印发龙泉市“省级卫生城市”复审迎检工作实施方案的通知》(龙政办发〔2012〕72号)。对照省级卫生城市标准，针对事关老百姓的切身利益的热点难点、卫生死角等进行梳理，着力解决城乡接合部、广场、公园、车站、农贸市场、沿街单位、商店门前等区域的“脏、乱、差”问题。11月21—23日，浙江省卫生城市复查组到龙泉市进行省卫生城市复查，再次确认龙泉市为“浙江省卫生城市”。截至2012年底，龙泉市共创建浙江省卫生乡镇4个，丽水市级卫生乡镇2个，浙江省卫生先进单位27个，丽水市级卫生先进单位11个，浙江省卫生村24个，丽水市级卫生村24个。

【农村改水改厕】 2008年以来，市爱卫办、市水利局、市农办及各个项目村集体和个人共投入农村改水资金：2008年2000万元，2009年3000万元，2010年2000万元，2011年1800万元，2012年992万元。农村改厕资金投入：2008年1000万元，2009年1360万元，2010年840万元，2011年1232万元，2012年1510万元。截至2012年底，龙泉市农村自来水受益率99.5%，农村卫生厕所普及率97.68%，无害化卫生厕所普及率50.1%。2012年，全市新增无害化卫生厕所7600户，新建公厕75个，累计使用卫生公厕户数1.69万户。

【城区除四害】 2003年、2004年，龙泉市分别被丽水市爱卫会命名为“灭鼠先进城区”“灭蟑先进城区”。2011年，龙泉市迎来丽水市灭鼠灭蟑先进城区复查，根据市疾控中心鼠情、蟑情调查结果显示，龙泉市城区蟑螂以德国小蠊为主，占捕获数的80%，其次为黑胸大蠊和美洲大蠊；鼠种构成以褐家鼠为优势种，占51%，其次黄胸鼠占29%，小家鼠占20%。2011年12月10日，丽水市检查组对龙泉市农贸市场、医院、宾馆饭店等重点单位和居民区防鼠设施和鼠迹监测，防鼠设施合格率为97.6%；室外鼠迹阳性率1.43%，室内房间鼠迹阳性率0.71%；灭蟑复查阳性率2.59%，活卵鞘阳性房间阳性率0.119%，蟑迹阳性房间阳性率4.93%。龙泉市城区灭鼠灭蟑资料基本齐全，各项指标符合全国爱卫会颁布的“灭鼠灭蟑先进城区”的标准；灭鼠灭蟑方法科学，使用药物符合国家规定。丽水市爱卫会继续确认龙泉市为“灭鼠先进城区”和“灭蟑先进城区”。从2011年开始，龙泉市城区公共场所环境、外环境“四害”消杀服务项目以面向社会招标表形式进行政府采购，引进专业的PCO消杀公司，以“政府号召、爱卫会协调、专业化公司规范操作、防疫部门技术监督指导、群众参与”的除四害工作模式开展病媒生物防制工作。 （市爱卫办）

红十字会

【概况】 1991年3月2日，龙泉市红十字会成立，办公室设在龙泉市卫生局内。2008年7月24日，龙泉市机构编制委员会确定龙泉市红十字会机构规格为相当于正科级，核定全额拨款事业编制2名。2010年6月7日，龙泉市红十字会进一步理顺管理体制，从卫生局分出单独设立。2010年11月3日，龙泉市红十字会列入参照公务员法管理范围。

【重要救助行动】 2008年，龙泉市锦溪镇中心小学获得浙江省唯一一个“建设银行新农村博爱学校”援建项目，受益师生1000多人。2008年“5·12”四川汶川特大地震发生时，龙泉市红十字会积极组织大批红十字志愿者募捐，共募集到156万元捐款，另外还采购了400多顶帐篷组织志愿者运往四川地震灾区，及时向灾区人民伸出援助之手。2010年玉树发生地震时，龙泉市红十字会又募得善款近30万元。2009年，争取到浙江省绿城心血管病医院的协作，开展“暖心”救助行动，对13位严重心脏病疾病患者实施优惠救治，减免药费20万元。2010年，龙泉市连遭暴雨袭击，致使龙泉市辖区12.9万人受灾，直接经济损失2.078亿元。灾情发生后，龙泉市红十字会积极应对，立即组织200多名志愿者深入各灾害点调查了解受灾情况，研究制定抗洪救灾工作方案，全面部署抗洪救灾工作；同时及时向省、市红十字会报告灾情，积极请求援助，并得省市红十字会的大力支援，及时把争取到的5万元救灾资金和300万元救灾物资发放到受灾群众手上。2011年1月1日，龙泉市红十字会建立爱心助学一元基金。2011年4月20日，龙泉市红十字会现场救护基地在龙四中落户。2012年8月起，龙泉市红十字会现场救护培训加入初中新生军训内容。 （市红十字会）

市人民医院

【概况】 龙泉市人民医院是一所集医疗、急救、教学、科研为一体的二级甲等综合性医院、“爱婴医院”，担负着全市28.7万人民的危、急、重病人抢救治疗和健康保健、计划生育等任务。医院坚持“以病人为中心，以质量为核心”，一直保持“省级文明医院”称号，系浙江省人民医院、浙江大学医学院附属第一、第二医院协作医院，丽水市中心医院结对医院、浙江省医学协会团体会员、省抗癌协会团体会员、省卫生先进单位、地区药品质量信得过单位、丽水学院医学院教学医院、市红十字会团体会员单位。医院设内、外、儿、骨科、脑外科、妇产科、传染科八大病区和20余个临床医技、功能科室，核定床位300张，实际开放床位380张。2012年，有职工（正式、离退休、临时工）691人，其中高级职称75人，中级186人，初级135人。全院党员131人，医院党委下设5个支部。2012年，门诊304989人次，出院人数11793人，全年总收入13973.80万元。

【工程项目设施建设】 2008年，市委、市政府将人民医院整体迁建工程列入全市“十大实事”之一，并列入省重点项目。2009年确定总体规划和建筑设计方案。2010年3月15日举行奠基仪式，10月2日迁建工程正式动工，年度完成征地及基础填方、地质勘察、施工监理、土建施工以及招标代理的招投标等工作。2011年底，完成医疗综合楼六层施工。2012年，医疗综合楼主体工程完成，床位规模为600床位，总建筑面积69671平方米，总投资2.39亿元。同时，为缓解医院现有医疗用房的紧缺，2010年6月建成了新血透室临时用房建设，血透病人床位从原10张增加到15张；腾出原血透用房进行翻新改造，为住院病区新增床位13张。2011年对重症医学科病房进行了整体搬迁，设置床位6张，面积149平方米，配备了各种医疗抢救设备。2012年6月28日，增设一个内科病区，开放床位50张。

【医疗设备采购】 2008年投资360余万元，购置麻醉机、呼吸机、膀胱镜、血气分析仪、碎石仪、痔疮治疗仪等医疗设备。2009年投资近200万元，添置了贝郎血透机、手提B超、监护仪、全自动生化分析仪等设备。2010年投资近300万元，购置了贝朗血透机、肠镜、电子胃镜、全自动生化分析仪、动态心电图、血液分析仪、免疫发光仪等医疗设备。2011年，投资319万元购置彩色B超、呼吸机、血透机单泵等设备。2012年，投资400余万元购置西门子彩超、血透机、麻醉机和麻醉监护仪、DR、凝血分析仪、骨科C臂机等。

【人才引进和培养】 2008年，引进本科生9名，招聘护理临时工25名；选派8名中级职称医务人员赴上级医院进修学习；参加短期学术交流共150多人次；全年共接收实习进修生85人次。2009年，引进各专业大学本科生6人，选派8名中级职称医务人员赴上级医院进修学习；医务人员参加短期学术交流共180多人次，全年共接收实习进修护士28人次。2010年，引进各专业大学本科生5名，选派4名中级职称医务人员赴上级医院进修学习；公开招聘工作人员6名，对医院20名临时工通过考试实行同工同酬，社会招聘护理临时工25名。参加短期学术交流共323人次。全年接受实习生33名，进修生3名。2011年，引进各专业大学本科生3名，选派4名中级职称医务人员赴上级医院进修学习；公开招聘工作人员2名，对医院29名临时工通过考试实行同工同酬，社会招聘护理临时工15名。2012年，引进各专业大学本科生共计13人。共派出7名医务人员赴上级医院进修学习；对医院27名临时工通过考试实行同工同酬，中级职称以上人员参加短期学术交流大于90%，共接收实习进修人员50人。

【新项目、新技术开展】 2008年，开展新技术新项目20余项，例经皮微创钢板接骨术、经皮椎体成形术、体外碎石，肛肠综合治疗仪治疗痔疮，重度痔疮开展PPH治疗，门脉高压断流术+食道下段吻合器离断吻合术，宫颈锥切、宫颈环切、宫颈电凝，外阴阴道赘生物的电切割，无创呼吸机治疗，无痛胃肠镜检查，PACS系统，阴道分泌物的唾液酸酶、过氧化氢、白细胞脂酶的检测，以及心理咨询，骨密度测定。2009年，增加的新技术、新项目：腹腔镜下肠粘连探查术、腹腔镜下肝破裂出血探查缝合术、膀胱镜下前列腺切除术；先天性脊髓膜膨出脊髓栓手术松懈、AVM破裂出血AVM切除术、指动脉终末背枝皮瓣转移术、胸大肌皮瓣转移术、髋臼前拄骨折切复内固定，鼻窦镜、高难度白内障+青光眼+人工晶体植入术和白内障小切口。2010年，开展了颅骨粉碎性骨折复位、颅面部固定系统—钛片固定，纤维肠镜下息肉摘除术，腹腔镜下阑尾切除术，腹腔镜下胃癌分期、设计手术方案，儿童生长发育及内分泌相关疾病诊治，皮肤过敏源检测的接触性过敏斑贴试验，贮存式自身输血等新项目新技术。2011年，开展了腹膜透析病人的置管手术、断掌再植手术等新技术。2012年，开展胰岛素泵持续皮下注射，72 小时动态血糖监测，胃底静脉曲张组织胶治疗术、非静脉曲张性上消化道出血止血术、食管狭窄内支架术、食管静脉曲张套扎术食管静脉曲张硬化治疗等新项目新技术。

开展科研项目有：丽水市 2012 年度社会科学研究课题《加强护理人才（队伍）建设，为创建“秀山丽水，养生福地”保驾护航》和《骶髂关节螺钉及后路张力带钢板治疗骨盆后环骨折脱位的比较研究》。龙泉市科技局立项科研项目《护理人员同理心培养方法和策略的研究》《龙泉市机关干部脑卒中危险因素的调查研究与对策》。2008—2012 年，医务人员论文在省级以上刊物发表共有 119 篇。（市人民医院）

市中医院

【概况】 龙泉市中医医院是一所集医疗、科研、教学、保健、康复为一体，具有中医特色的综合全民所有制非营利性医院，是龙泉市职工医疗保险和新型农村医疗保险及各种保险的定点医院。核定床位 100 张，占地面积 2056 平方米，医疗用房 4152 平方米。2012 年底，全院职工 116 人（正式职工 74 人、临时聘用人员 42 人），离退休人员 57 人，其中专业技术人员 104 人，高级职称 6 人，中级职称 23 人，初级职称 71 人。2012 年门急诊 98489 人次，住院病 1531 人次，业务总收入 1843.48 万元，医院固定资产 667.71 万元。

【硬件投资】 2008 年投入 50 余万元添置了全数字超声波诊断仪，颈颅多普勒血流分析仪、全自动生化分析仪、中药熏蒸汽自控治疗仪。2009 年，投入 40 余万元添置了五分类全自动血球计数仪、多参数治疗仪 2 台、微波治疗仪。2010 年，投入 8.1 万元添置了电子阴道镜。

2011 年，国家中医药管理局为加强县级中医院能力建设，下拨专项资金 200 万元，中医院自投 20 余万元添置了 CR、电子胃镜、电子肠镜、幽门螺旋杆菌治疗仪、肛肠综合治疗仪、X 线机（床边移动机）等各类大小设备 36 种。2012 年投入 30 余万元添置了电解质分析仪、口腔综合治疗仪 5台、脉动灭菌器等医疗设备。

【等级医院评审】 2012 年，市委、市政府将中医院创建等级医院工作列入政府工作计划。3 月 10 日，成立以院长为组长的创建“二乙”工作领导小组，小组下设创“二乙”办公室，由分管业务副院长担任办公室主任，14 日召开了创建二级乙等中医医院动员大会。9 月 7 日，组队赴庆元县中医院学习交流等级医院创建工作，其间丽水市中医院对中医院等级创建工作给予大力支持。通过努力，11 月 7—8 日顺利通过浙江省二级乙等中医院评审专家组对中医院的等级评审。（吴小燕）

社会生活

民政工作

【概况】 2008—2012年，龙泉市民政工作坚持“以民为本，为民解困，为民服务”的宗旨，民政事业全面快速发展，城乡社会救助体系不断完善，双拥优抚安置政策全面落实，城乡社区建设工作进一步深化，社会福利服务事业较快发展，殡葬改革取得新成果，各项民政工作迈上了新的台阶，为保障民生、改善民生、为龙泉的经济建设和社会发展作出了新的贡献。

【拥军优属】 2008年，对全市义务兵优待补助标准进行调整提高，对“两参人员”进行调查摸底，落实了定期补助；同时提高了其他定补对象的补助标准。2008年共享受定恤、定补815人，发放抚恤金和定补金214.27万元。2009年7月，开始实施《龙泉市军人抚恤优待实施细则》和《龙泉市重点优抚对象医疗费补助办法》，5月份集中为全市重点优抚对象办理发放了浙江省抚恤优待证。2010年，为全市774位重点优抚对象办理个人存折，重点优抚对象优抚金全部实行社会化发放，各项优抚政策落实到位。1—6月，共发放优抚对象补助金202.15万元。认真做好退伍军人的维稳和来信来访的处理工作，上半年共接收来信300余件，做到件件有落实。2010年上半年，组织20位重点优抚对象去嘉兴荣军医院为期一周的疗养。2011年，共发放重点优抚对象优抚金452.42万元；完成重点优抚对象住院医疗补助“一站式”报结工作；400多名带病回乡退伍军人经过龙泉市人民医院医疗机构鉴定审核；1800余名退伍军人养老保险身份、军龄得到认定；6月，30多位重点优抚对象在嘉兴荣军医院进行为期一周的疗养。2012年，全市共有各类优抚对象995人，2012年共发放优待抚恤金736.01万元，认真贯彻落实《军人抚恤优待条例》，重点优抚对象全部纳入城乡居民基本医疗保险，完成伤残军人补证、换证工作和其他重点优抚对象发放优待证500多份，共发放各类慰问金16万元。

【救灾救济】 2008年1—2月，龙泉市遭受连续低温雨雪冰冻自然灾害，持续时间长，灾害范围广，造成大量高山蔬菜冻死，毛竹、林木被毁，民房倒塌，电力、通讯、交通线路严重损毁等灾害，直接经济损失达21458万元。5—7月，龙泉市发生“5•25”“6•12”和8号台风“凤凰”等多次洪涝灾情，共造成全市19个乡镇街道不同程度受灾，累计受灾人口19.082万人次，农作物受灾面积1448公顷，民房倒塌105间，损坏4379间，直接经济损失达2.571亿元，其中农业直接经济损失达1.7977亿元。下拨救灾资金118万元，春荒救灾款57.9万元；同时建立“灾民救助卡”发放登记制度，进一步规范了救灾款发放手续。截至2008年底，因雨雪冰冻等灾害造成的38户倒房灾民全部搬入新居。

2009年入春以来，龙泉市连续遭受“2•25”风雹灾害和“6•24”“8•31”洪涝灾害以及8号台风“莫拉克”强台风的外围影响，给全市人民的生产生活造成重大损失。共造成全市19个乡镇、街道不同程度受灾，累计受灾人口4.91万元，转移安置人口2961人次，农作物受灾面积1535公顷，绝收面积158.8公顷，因灾造成民房倒塌35户116间，损失民房2517间，共造成经济损失8387万元，其中农业直接损失3515万元。为帮助灾民重建家园和恢复生产，及时发放各类救灾资金146.8万元。

2010年，龙泉市连续遭受风雹灾害，特别是遭受“5•22”“6•18”特大暴雨洪灾的袭击，给龙泉市人民生产生活和生命财产造成了巨大损失。龙卷风、冰雹、暴雨洪灾等5次灾情共造成全市19个乡镇街道不同程度受灾，累计受灾人口27.445万人次，紧急转移人口2.5万人，因灾死亡6人，农作物受灾面积4.665千公顷，绝收面积1.5377千公顷，大量电力、通讯及交通、水利设施被毁，因灾造成房屋倒塌969间，民房损坏2.213万间，直接经济损失达5.0617亿元，其中农业直接经济损失达1.1462亿元。下拨救灾资金82.25万元，发放救灾物资大米10吨、棉被19000条、食用油160箱、矿泉水100箱。

2011年入春以来，龙泉市遭受冰雹、龙卷风及“6·12”暴雨洪灾袭击，灾情共造成全市19个乡镇（街道）不同程度受灾，累计受灾人口1.35万人次，累计农作物受灾面积164.5公顷，部分电力、通讯、交通、水利设施被毁，直接经济损失1395万元。全年共救助社会临时困难户1216户，发放临时救济款68.26万元；救助流浪乞讨人员201人次，发放救助款2.1万元；救助有暴力倾向精神病人282人次，发放住院医疗费59.4万元。开展“福彩帮忙”活动，资助25名困难大学生福彩公益金10万元。

2012年，6月中旬暴雨洪灾造成全市19个乡镇（街道）遭受不同程度损失，因灾造成受灾人口6.58万人，紧急转移人口0.345万人次。倒塌房屋125间，房屋损坏248间，直接经济损失1.32亿元。为帮助灾民重建家园和恢复生产，发放救灾物资大米5000公斤、食用油500瓶、棉被500床，积极筹措资金下拨应急救灾款30万元。

【低保工作】 截至2008年12月底，全市共有低保对象4223户7356人（其中城镇低保对象472户752人，农村低保对象3751户6604人）。全年共发放低保资金（包括物价补贴）798.247万元。2008年4月1日起城镇居民由月人均收入216元提高到248元，农村居民由月人均130元提高到149元。2008年5月，根据丽委〔2008〕1号文件要求对全市2721户4329人农村低保对象进行了提标，从每人每月平均50元调整到75元。将符合低保条件的1147户2321人纳入最低生活保障，扩面率达52.76%。

2009年4月1日，提高全市最低生活保障标准，城镇居民由2008年的月人均248元提高到276元，农村居民由2008年的月人均149元提高到166元。截至2009年底，全市共有低保对象7599人（其中城镇低保对象844人，农村低保对象6755人），共发放最低生活保障金878.2467万元。

2010年，对全市4107户7418名低保对象及时发放了25.43万元的物价补贴和春节慰问金91.29万元。截至2010年底，全市共有低保对象4299户7408人（其中城镇低保对象538户796人，农村低保对象3761户6612人），发放最低生活保障金481万元。做好全市重度残疾人员生活补助审核工作。2010年上半年新增重度残疾人员36人，共有重度残疾人员302人，发放生活补助金30.12万元。

2011年，根据龙政办发〔2011〕33号文件精神，从2011年4月1日起调整了最低生活保障金标准，城市居民最低生活保障月人均收入从276元提高到月人均收入320元；农村居民最低生活保障月人均收入从192元提高到月人均收入210元。截至2011年底，全市共有低保对象4775户8342人（其中城镇低保对象485户701人，农村低保对象4290户7641人），发放最低生活保障金1075.7145万元；对全市低保对象发放了370万元的生活补贴和春节慰问经费；对全市的643名重度残疾人员发放生活补助金151.6596万元。

2012年，城乡最低生活保障工作实现规范化、制度化，保障人数和保障水平不断提高。截至12月底，全市共有低保对象4847户8556人（其中城镇低保对象335户497人，农村低保对象4512户8059人），占总人口的3.45%。累计发放最低生活保障金1226.69万元。城镇居民最低保障标准月人均收入从2011年的320元/月提高到380元/月，农村居民最低生活保障标准月人均收入从2011年的210元/月提高到228元/月。2012年10月份起再次提高农村居民最低生活保障标准：农村居民最低生活保障标准月人均收入从228元/月提高到247元/月。审核发放754位重度残疾人员生活补助金102.7万元。经过入户调查、模底核实，及时整改了低保审计中存在的各种问题，取消了低保户中有车辆、有经商和参加职工养老保险的75户82人。

【社会救助】 2008年，全市救助社会临时困难户1200余户3700余人，共发放救济款70.5万元（其中火灾救济8.6万元）。救助流浪乞讨、生活无着落人员134人次5.2万元，火化无名尸3具，对全市97户低保对象死亡火化费给予50%的救助，截至10月底，救助精神病人住院医疗费111人次18.646万元，为百岁老人发放救助资金0.96万元。2009年，完成四期医疗救助的审核补助发放工作，共发放医疗救助金230.8724万元，552名困难群众得到政府救助。截至2009年年底，精神病人住院医疗费12.55万元，救助流浪乞讨、生活无着落人员119人次12.55万元。全市火化无名尸2具，对全市64户低保对象死亡火化费给予50%的救助，6位百岁老人发放长寿保健救助资金0.6万元。2010年下半年，对火灾、因病、因事故等突发灾难家庭实施了应急救助，全年共救助1230户，发给临时救济款48.665万元；救助流浪乞讨、生活无着落人员71人次0.8万元；发放全市7位百岁老人长寿保健补助资金1.26万元；截至6月底救助精神病人住院医疗资金15万元。2011年，共接收捐款146万元，救助各类困难学生和困难群众2054人次，发放救助款119万元。2011年11月底，累计大病医疗救助592人次，发放医疗救助资金210.6万元，人均救助3557元。2012年，实行城乡医疗救助“一站式”及时结报服务，提高医疗救助水平。共发放医疗救助金373.5万元，1173人次困难群众及时得到政府救助，人均救助金额3405元。根据省民政厅、财政厅、社会保障厅、卫生厅关于进一步加强医疗救助工作的通知（浙民助〔2012〕163号）文件精神，出台了龙泉市关于重特大疾病贫困患者医疗救助的新规定。

【五保集中供养】 2008年，进一步巩固和完善五保集中供养各项规章制度。截至2008年底，龙泉市共有农村五保对象402人，已集中供养350人，集中供养率达87.06%；城镇三无对象24人；已集中供养22人，集中供养率达91.66%。认真做好城区中心敬老院新建项目的建设工作，该项目占地面积28778平方米，总建筑面积2784，其中新建面积2082平方米，10月正式动工建设。积极配合丽水市审计局完成了全市五保集中供养各项资金的审计工作。强化全市各中心敬老院安全管理服务工作。2009年，龙泉市农村五保老人和城镇“三无”对象集中供养率继续保持在平稳状态。龙泉市共有农村五保对象402人，已集中供养对象350人；城镇“三无”对象24人，已集中供养对象22人。2010年，强化全市各中心敬老院安全管理服务工作，成立督查小组，5月对全市各中心敬老院、市老年福利中心开展了一次安全和矛盾纠纷排查活动，并对检查中存在的安全隐患进行了及时整改。全市共有农村五保对象402人（其中已集中供养350人，户院挂钩28人），集中供养率达87.06%；城镇“三无”对象24人（其中已集中供养对象22人，户院挂钩3人），集中供养率达91.67%。发放农村五保经费39.65万元。2011年，全市共有农村五保对象402人，已集中供养对象363人（其中户院挂钩28人），集中供养率达90.3%；城镇“三无”对象24人，已集中供养对象22人（其中户院挂钩3人），集中供养率达91.67%。2012年，全市在册五保户、“三无人员”424人，共发放五保供养金80.7万元。农村五保对象400人，已集中供养对象363人（其中户院挂钩28人），集中供养率达90.75%；城镇“三无”对象24人；已集中供养对象22人（其中户院挂钩3人），集中供养率达91.67%。

【革命老区项目建设】 2010年6月，龙泉市革命烈士陵园挡土墙及附属工程建设项目开工。2011年上半年，市民政局将安仁镇李登村道路硬化工程、宝溪乡宝更村道路硬化工程和竹垟乡局下村道路建设3个项目报省老区办，争取建设资金32万元。2012年，龙泉市革命烈士陵园改造项目被列为龙泉市重点民生工程之一，对烈士陵园门楼、阶梯、纪念馆、纪念广场、革命烈士纪念碑、粟裕将军纪念碑等项目进行全面改造。项目总投资400万元，2012年完成整修项目的立项、整体方案规划设计、标底预算、招标工作，逐步开始动工建设。

【社区建设】 截至2008年底，全市11个社区都建立了社区服务站和社区救助站（中心），服务网络8个，服务队67支，注册志愿者1800余人，结对共建单位180余家。针对社区办公用房不足的现状，出台了《龙泉市社区用房建设实施计划》，并积极向省民政厅争取到建设资金计237万元用于社区办公用房建设。对全市农村社区的试点工作积极进行了探索，对龙渊街道村头村、安仁镇安泰社区、剑池街道大沙社区的社区创建工作进行了摸底。

2009年，城市社区建设快速推进。落实了金乐、南秦、南大洋、清风4个社区的办公用房地点，龙泉市已有7个社区的办公用房得到解决。完成了第三届社区居委会的换届选举工作，选举产生量新一届党支部和社区居委会成员共计96人（专职干部35人），其中社区党支部成员50人、居委会干部46人，女性55人，两委交叉兼职10人。全面开展农村社区建设工作，对安仁镇安泰社区和龙渊街道村头社区加大支持力度，分别给予2万元、0.5万元的扶持补助经费。

2010年，认真落实社区的办公用房。上半年，西街街道白云社区和龙渊街道城东社区的办公用房地点已经基本落实。加强社区工作者队伍建设，提高社区干部的福利待遇，在原有的享受“医疗保险、养老保险”的基础上，为社区干部积极争取“失业保险、生育保险、工伤保险和住房公积金”。

2011年，龙泉市13个社区已经落实了12个社区办公用房地点。积极推进农村社区建设工作。结合龙泉市新农村建设，建成了剑池街道曾家村、安仁镇刘坊村、小梅镇大窑村等5个省级农村社区服务中心和宝溪乡溪头村、查田镇查三村等28个农村社区服务中心。

2012年，全面推进城乡社区建设，不断增强社会自治功能。市委、市政府相继出台《关于进一步加强城市社区建设的实施意见》《龙泉市社区专职工作者管理办法(试行)》和《龙泉市社区财务管理办法(试行)》。经市编委批准设立了社区办公室，进一步加强对社区工作的指导和管理。完成“96345”社区便民服务中心办公场所的装修和改建工作,招聘了“96345”工作人员10名。同时，还出台了一系列制度措施，推进社区信息化建设和社区工作“准入制”，加强社区环境建设和办公场所建设，加大社区建设经费投入，配齐社区专职工作者。同时顺利完成第四届社区换届选举工作。根据龙泉市农村社区建设规划，完成了51个村级社区服务中心(站)和6个乡镇社区服务中心建设，对全市444个村级便民服务中心的代办员进行了业务培训。继续开展村务公开、民主管理示范村创建活动，做好“难点村”治理工作。

【地名管理及县(市)界勘定】 2008年，认真做好地名的审批工作，对市“回归工程”和青瓷宝剑苑进行了命名和路牌设置工作。继续做好门楼的设置工作，配合第二代身份证换证工作的进行，积极为居民小区、居民楼做好门牌的制订工作。积极开展地名公共服务工程建设，龙泉市电子地图已经正式开通。加强对边界、界线、界桩的管理，落实了人员9人，和各边界县签订了“平安界线共建协议”。

2009年，《龙泉市地名规划》通过专家组论证。经过丽水学院编写组和地名办的共同努力，在《龙泉市地名规划》初稿的基础上，经过两次调整之后正式形成了地名规划评审稿。通过省地名学会的预审后，2009年4月正式通过丽水市民政局组织的专家组评审论证。

2010年，根据市政府行政服务中心规范化建设的要求，民政局在服务窗口增加人员，把地名命名、更名的审批工作放到窗口办理，大大方便了居民群众，同时还更换了新一代门牌证。2010年上半年，民政局还组织对云和、景宁、遂昌3个县的界线界桩进行了联合检查。完成《龙泉市行政区划地图》审核工作并交付印刷。

2011年，全面展开第二次地名普查工作。根据省、市的工作部署，3月份成立龙泉市第二次地名普查工作领导小组，制订了《龙泉市第二次地名普查工作实施方案》。5月9日，市政府召开第二次地名普查工作动员大会及业务培训会议，地名普查工作全面推开。对龙泉至松阳线的界线界桩进行联合检查，配合庆元县、景宁县对龙庆景线进行了界线界桩联合检查。

2012年，完成乡镇行政区划调整工作。制订《龙泉市部分乡镇行政区划调整方案》，并于10月底完成了各种资料文件的汇总，正式上报丽水市政府和浙江省人民政府。全面完成第二次地名普查和《政区大典》编纂工作。经过近一年的努力，龙泉市第二次地名普查工作全面完成，经浙江省第二次地名普查领导小组验收合格(浙地普办〔2012〕3号文件)。本次共普查和更新地名3383条，为龙泉市地名数据库提供了丰富、翔实的地名信息资料。《中华人民共和国政区大典》(浙江卷龙泉篇)编纂工作，经过多次的资料补充和完善，2012年编写工作基本完成。同时组织对省界龙浦线、龙松线，县界庆元、景宁、遂昌3个县的界线界桩进行了实地联合检查，11月中旬完成了资料汇总和上报工作。

【婚姻登记】 2008年，共接待婚姻当事人8600余人次，办理结婚(复婚)登记2813对，离婚282对。2009年，婚姻登记处办理婚姻、收养登记，登记合格率保持100%。2009年全年依法办理结婚登记2825对，办理离婚登记389对，补发结婚证书1123本，补发离婚证书17本，出具无婚姻登记记录证明2401份，依法办理收养登记46件，婚姻、收养登记合格率保持100%。经过与公安、司法、卫生、计划生育等部门的协调，开始进行龙泉市公民私自收养子女办理登记工作。2010年，上半年共办理结婚登记1294对，离婚登记222对、再婚146对、补发婚姻登记286对，婚姻登记合格率100%。2011年，共接待5600余人次，办理结婚登记2363对，离婚登记467对，补发婚姻证书472对，出具无婚姻登记记录证明2756例。加强婚姻登记档案规范化管理，对几年来的婚姻登记档案进行归档、装订、归卷。2012年，全年共办理结婚登记2095对、离婚登记502对、补办婚姻登记395对、出具无婚姻登记记录证明1652例。依法做好收养登记工作，切实维护收养当事人和儿童的合法权益，全年办理收养登记27人。

【复退军人安置】 2008年，共接收2007年冬季退役士兵和转业士官173名，其中10年以上专业士官20人，农村入伍退役士兵127人，非农业入伍退役士兵和专业士官22人(其中残疾军人1人)，农村入伍荣立二等功4人(其中残疾军人2人)。享受一次性安置补偿金42人，发放补偿金304.48万元，生活补助费5.24万元，共计309.72万元。2009年，共接收2008年冬季退役士兵151人，其中农村入伍退役士兵139人，城镇退役士兵12人，伤残军人2人，10年以上转业士官15人，其中2名符合指令性安置政策并得到安置。全年共发放城镇退役和转业士官自谋职业一次性补偿金28人206.89万元。

2010年,上半年共接收退役士兵140人,其中农村入伍的退役士兵130人,城镇退役士兵10人,残疾军人6人;10年以上转业士官3人。19位安置对象全部实行自谋职业一次性安置,上半年已发放退役安置补偿金71.27万元。2011年,共接收退役士兵143人,其中农村入伍退役士兵127人,城镇退役士兵16人,10年以上转业士官5人。进藏退伍兵11人,残疾军人1人,在部队荣立二等功6人,对荣立二等功6人政府实行指令性安置,9月底6位安置对象全部得到安置。10年以上转业士官、残疾军人、进藏退伍兵共32人双向选择,自谋职业,发放一次性补偿金118.9万元。2012年,共接收2011年底退役士兵134人,其中残疾军人4人,转业士官5人,城镇退役士兵14人,农村退役士兵111人,共发放各类退役士兵补助金91万元,二等功1人已安排工作单位。积极开展退役士兵职业技能培训工作,大力宣传退役士兵职业技能培训各项优惠政策。与市广播电视大学签订委托代培协议,共有51名退役士兵参加电大学习,其学费共38.83万元由政府财政支付。

【国家抚恤】 2008年,提高和增加定恤和定补人员补助标准,对"两参人员"的调查摸底工作,为他们落实了定期补助,同时提高了其他定补对象的补助标准。2008年共享受定恤、定补815人,发放抚恤金和定补金214.27万元。2009年,出台《龙泉市军人抚恤优待实施细则》和《龙泉市重点优抚对象医疗费补助实施办法》,5月份集中精力为全市重点优抚对象办理发放了浙江省抚恤优待证,并做好抚恤、优待金和春节补助费的造册、审核发放工作。2012年,优抚资金按季全部实现社会化发放,全市共有各类优抚对象995人,共发放优待抚恤金736.01万元。2012年7月,提高重点优抚对象抚恤补助标准,增幅达15%。认真贯彻落实《军人抚恤优待条例》,重点优抚对象全部纳入城乡居民基本医疗保险,并做好重点优抚对象医疗救助"一站式"报结服务。同时,完成伤残军人补证、换证工作和其他重点优抚对象发放优待证500多份。

【福利事业】 2008年,龙泉市老年福利中心一期工程全面竣工。老年福利中心一期工程—龙泉市阳光家园占地面积22941平方米,建筑面积17520平方米,总投资3085万元。其中,老人院工程于2007年7月26日动工,2008年2月10日工程主体结构已顺利结顶,在7月底竣工;综合楼(老年活动中心)于2007年11月19日动工,于2008年5月20日顺利结顶,11月底竣工。同时完成了市老年福利中心室外配套工程围墙、排水沟、道路、花坛等的施工,老年公寓A\B幢花坛进行了初步的绿化。

2009年,龙泉市阳光老年福利中心共入住老人84人(包房间18人),床位利用率为51%。2009年共收养弃婴8名,并多次送弃婴5人到杭州进行治疗。同时,加强弃婴、孤儿管理,对婴幼儿保育室增添了太阳能热水器、浴霸、淋浴器、空调等设备,改善了孤儿、弃婴的生活环境,促进婴幼儿身心健康。2009年11月27日,龙泉市城区中心敬老院落成并投入使用,城区中心敬老院占地2879平方米,建筑面积1962平方米,总投资399.02万元,内设床位100张。城区中心敬老院的建成,进一步推动和完善社会新型养老服务体系及五保、"三无老人"集中供养。

2010年,社会福利事业健康发展。市老年福利中心组织全体员工认真学习老人分级护理标准等业务知识,"三八"期间进行了护理知识竞赛。入院老人逐步增加,从年初的80位增加到目前的100位(有包房间22人),床位利用率从51%提高到61%,社会效益有明显提高。加强对弃婴、孤儿的有效管理,做到严格执行《收养法》,严格办理弃婴、孤儿进出院手续,办好弃婴儿童收养、送养业务。

2011年,为方便服务对象办理和咨询,护理部(登记处)实行每周星期六、星期日值班制度。老人入住从年初136人增加到142人(包房间48人),床位利用率95%。市老年福利中心代表丽水地区参加了浙江省第二届养老护理员技能大赛,并获得"优秀组织奖",3名参赛选手均获得中级护理员职称。6月完成老年公寓装修的招投标工作,12上旬完成老年公寓装修工程。

2012年,深入推进"阳光养老"建设。为使老年公寓休养房推出做到公开、公正、公平,采用随机抽签办法进行抽签,邀请市公证处公证人员进行现场抽签公证。8月29日,龙泉市阳光老年福利中心66套老年公寓抽签工作顺利完成,社会反映良好。民办养老服务机构建设有序推进。根据民政部《社会养老福利机构管理暂行办法》的规定和要求,出台了《龙泉市养老服务机构申报程序》,积极宣传鼓励社会力量兴办养老服务机构。截至2012年底,已落实投资5000万元约400张床位的龙泉市伊甸园养老中心项目的前期相关工作,同时着手落实龙泉市休闲养老中心项目。

【福利企业】 2008年,全市福利企业11家,从业人员436人,其中"四残"职工136人,实现工业总产值7656元,完成销售收入66.9万元。2009年,全市有福利企业12家,实现产值

8119 万元，完成销售收入 6852 万元。安置残疾职工 153 人。残疾职工基本养老保险、基本医疗保险、工伤保险和失业保险参保率达到了 100%。2011 年，龙泉市共有福利企业 8 家，职工总数 405 人，其中安置残疾人员 138 人，占生产工人比例为 34%，完成工业产值 9237 万元，销售收入 8529 万元，同比增长 24%和 17.3%，残疾职工参加“五险”投保额 79 万元，月人均工资 1425 元。2012 年，福利企业总体发展平稳，6 家福利企业共安置残疾职工 113 人，残疾职工的合法权益得到了保障。

【村民自治】 2008 年，基层民主政治建设扎实推进，自治水平不断提高。村务公开和民主管理工作稳步发展，市村务公开和民主管理工作领导小组以及各乡镇、街道的领导机构发挥积极作用，各项工作进入稳步、有序的运行轨道，基层政治建设扎实推进。全市村务公开管理达标村已占 90%。2009 年，实行民主议政，设立公开栏，公开内容不断扩大，公开程序进一步规范。推行事前、事中、事后的全程公开和监督。做到公开、公平、公正，增加透明度，减少各类矛盾发生。2010 年，民主管理深入推进。一是规范村务公开，对村务公开内容、公开形式、公开的时间和程序作了规范。二是建立民主监督机制。乡镇加强对村委会干部的监督与考核，农村党支部对村委会进行监督，较好地促进了农村村务公开民主管理的落实。2011 年，积极推进农村社区建设工作。结合龙泉市新农村建设，建成了剑池街道曾家村、安仁镇刘坊村、小梅镇大窑村等 5 个省级农村社区服务中心和宝溪乡溪头村、查田镇查三村等 28 个农村社区服务中心。2012 年，农村社区建设稳步推进。根据龙泉市农村社区建设规划，2012 年完成了 51 个村级社区服务中心（站）和 6 个乡镇社区服务中心建设，结合市纪委开展的农村便民服务中心规范化建设，对全市 444 个村级便民服务中心的代办员进行业务培训，并以此为契机进一步完善农村社区服务中心的服务内容和工作机制。

【民间组织】 2008 年，针对龙泉市民间组织建设实际工作中出现的一些问题，加强监督管理和培训管理。2009 年，全市共有社会团体和民间组织 156 家，完成 140 个社会组织年检任务，取消 4 家。2011 年，全市共依法注册登记各类社会组织 205 个（其中社会团体 98 家，民办非企业单位 107 家）。开展民办非企业单位“创先争优”活动，对 6 个先进社会组织进行了表彰。2012 年，推进社会组织规范化建设，确保社会组织沿着健康的轨道发展。做好社团及民办非企业单位的年检认证工作，全市共有社会团体 103 家，民办非企业单位 104 家。

【殡葬管理】 2008 年，共完成接运火化遗体任务 1500 具，遗体接运火化率达 100%。同时，积极推进火化区扩面工作，2008 年 3 月 18 日零时起对龙泉市第三批火化区的岩樟郑庄等 21 个行政村、51 个自然村进行火化扩面。2009 年，共完成遗体接运火化任务 1632 具。开展“三沿五区”坟墓整治工作，截至 12 月 1 日，整治坟墓 3329 座，治理率达到 99.9%，16 个乡镇、街道完成整治任务，“三沿五区”坟墓整治和生态墓区建设工作取得成效。2010 年，推进“三沿五区”坟墓治理工作，注重坟墓治理与村级生态墓地建设相结合。推进火化区扩面工作，对具备交通条件的城北乡吴岱村等 9 个行政村、13 个自然村进行火化区扩面。1—6 月，共完成遗体接运火化任务 879 具，火化率达 100%。2011 年，投资 67 万元，种植柏树 44000 多棵，爬山虎 27900 多株，对全市“三沿五区”范围内的 5980 余座坟墓进行了绿化，通过巡查制止违规建坟 16 起，强拆 27 座，整治 25 起。对具备交通条件的小梅镇毛断村等 5 个行政村 7 个自然村进行了火化区扩面工作。2012 年，深化殡葬改革，加快推进生态公墓建设，农村公益性生态公墓建设加快推进。制止违规建坟 3 起，依法拆除 9 座，泥土覆盖 13座。完善殡仪服务制度，继续扩大火化面，对具备交通条件的自然村全面实行遗体火化，实现火化区遗体火化率 100%。（邱 微 柳林颖子）

移民工作

【概况】 2008—2012 年，市移民办紧紧围绕移民后扶“十二五”规划和小型水库移民解困工程“十二五”规划的目标任务，以“和谐发展”为主题，以移民创业致富为主线，以促进稳定为基础，以规范化管理和队伍建设为保障，全面深化水库移民后期扶持政策，使全市移民增收步伐进一步加快，移民新农村建设全面推进，全市移民各项工作取得显著成效。

【大中型水库移民扶持】 根据国务院《关于完善大中型水库移民后期扶持政策的意见》文件规定，移民后期扶持范围是大中型水库的农村移民，对 2006 年 6 月 30 日前搬迁的纳入扶持范围的移民，自 2006 年 7 月 1 日起再扶持 20 年；对 2006 年 7 月 1 日以后搬迁的纳入扶持范围的移民，从其完成搬迁之日起扶持 20 年。扶持方式为直接资金的扶持（每人每年补助 600 元）和实行项目扶持，项目扶持主要分为基础设施扶持项目和移民开发性生产项目以及移民素质培训。2008年以来，市移办每年一次会同全市19个乡镇（街道）对全市大中型水库移民人口进行复核并上报。经统计，截至2012年底龙泉市大中型水库移民后期扶持人口复核后为22857人。同时，根据省级移民管理机构下达资金情况，及时、安全、全额发放资金，5年来累计发放移民直补资金5036万元。截至2012年底，全市累计共投入移民后扶项目建设资金5298万元，完成道路硬化321.42公里，康庄工程配套70.7公里，桥梁码头32座，农田水利425.8万元，修葺饮用水工程187千米387余万元，开发性项目366万元，文化公益项目437万元，下山脱贫118万元。这些项目主要用于改善全市库区与移民安置区移民村机耕路建设、道路硬化、农田水利、饮用水工程、新农村建设等基础设施，较好地促进全市新农村建设步伐。

【移民开发性生产项目】 龙泉市积极开展扶持开发性生产项目建设，变“输血”式扶持为“造血”式扶持。结合全市茶叶、食用菌、毛竹、高山蔬菜等农业主导产业发展，积极引导移民培育发展吊瓜、板栗、水果、生态养殖等移民特色农业产业。从2008年以来，新建丽水特色村2个（八都镇东音村毛竹产业特色村、兰巨乡豫章村大棚蔬菜生态养殖特色村），建立产业基地1个（八都镇青山村黑木耳基地），新培育专业合作社2个（古来峰茶叶专业合作社、宝香油茶专业合作社）。2012年，有移民来料加工点17个，安排移民就业人数1423人，截至11月底,共发放加工费1100多万元，为移民创业增收起到典型示范作用。

【移民素质培训】 坚持以人为本，将智力扶持作为“基础工程”来抓，着力提升移民群众素质能力。采取专家现场指导、以会代训、市校合作等形式开展技能培训。同时，利用乡镇平台开展茶叶、食用菌、吊瓜、香榧以及高山蔬菜等产业培训，加快移民向现代农民转变。通过移民技能培训，不断提高移民创业增收能力，加快移民致富步伐。截至2012年底，共举办移民实用技能培训10期2170余人次。

【移民创业致富】 移民创业致富是移民工作的主题和难题，市移办立足于实际，创新思路，加快移民创业增收的平台和机制建设。2011年，龙泉市加大与市信用联社合作力度，签订合作协议，出台政策，以更优惠、更便捷、更周到的方式，帮助移民创业融资。据统计，累计发放小额移民创业贷款9600余万元，支持500多户移民创业。先后建立了移民创业示范基地6个、移民产业特色村5个、移民创业致富带头人17个、移民创业示范户35家、移民来料加工点7个，为移民创业增收起到典型示范作用。2009年开始，市移办连续三年在全市开展移民创业竞赛活动，积极为移民搭建创业平台，推动移民创业，促进移民增收致富。通过这项活动的开展，涌现出了一批移民创业能人、移民致富带头人、移民后扶项目优良工程和移民示范基地。评选出“移民扶持项目优良工程”18个，创业致富带头人13个，移民创业示范基地11个，丽水市移民创业的先进集体3个、先进个人2个，建立移民示范村2个、“移民产业发展特色村”1个、“移民创业就业示范企业”1个。2011年下半年以来，市移办开展移民村壮村项目建设试点工作，将该项工作与水库移民后期项目扶持工作紧密结合，本着因地制宜，按照“立项一个、扶持一个、建成一个”的原则，针对龙泉实际制订出台项目扶持政策，积极鼓励移民村利用后扶项目资金，新建或修建村级物业项目盘活集体资产，并以租赁的方式增加村级集体经济收入。全市投入后扶项目资金115.5万元，完成安仁广田、八都青山、锦溪下锦、兰巨蜜蜂岭等7个移民村壮村项目建设并全部投入交付使用，年增加村集体收入22.02万元。

【滩坑移民工作】 2011年初，龙泉市协同景宁县移民工作组完成了滩坑移民调概资金发放工作。截至3月份，龙泉市共发放调概资金860余万元，涉及滩坑移民569户，发放到户率100%；争取滩坑移民安置点公建项目续建工程资金405万元；土地证、房产证“两证”办理全面进行。标志着滩坑水电站移民安置的所有政策全部兑现，基本实现省政府提出的“迁得出、安得下、稳得住、逐步能致富”的工作目标，圆满地完成滩坑水电站移民安置任务。

【小型水库移民解困工程】 2011年开始，根据省政府和丽水市政府的工作部署，龙泉市以公开公正、科学规范、稳定和谐、协调发展为原则，稳健推进小型水库移民解困工程建设。2011年，完成《龙泉市小型水库库区村基础设施项目“十二五”规划》编制工作。同时，根据上级下达的年度项目投资计划，开展小型水库库区村的基础设施建设，为小型水库移民解决实际困难，助推当地经济和社会发展。全市下达小型水库解困资金396万元，完成85个小型水库解困项目建设。

【移民信访维稳工作】 由于移民后扶直补工作政策性强、牵涉面广、情况复杂，带来了一定的移民信访压力。面对移民信访维稳的严峻形势，市移办高度重视，健全机构，加强沟通，注重预防，积极采取措施，力促移民大局和谐稳定。2012年，全市共受理移民来信4件，来访16人次，比2011年下降50%左右。认真做好信访答复和政策解释工作，没有发生移民集体上访、越级上访和群体性事件。（市移办）

人口和计划生育

【概况】 2008年以来，市人口和计划生育局紧紧围绕稳定低生育水平目标，按照“求真务实打基础、依法行政上水平”的要求，不断创新工作方法，逐步完善工作机制，稳中求进，务实创新，基层基础工作进一步夯实，服务管理水平进一步提高，为打造物质富裕精神富有“活力龙、幸福泉”创造良好人口环境。龙泉市先后被评为全国计划生育流动服务车项目先进集体、浙江省计划生育优质服务市、国家级计划生育优质服务先进市和全国阳光计生行动示范单位，并荣获2009年度和2012年度丽水市人口和计划生育工作创新奖。

【依法行政工作】 2012年，龙泉市不断创新工作方法，在社会抚养费征收过程中，积极推行社会抚养费征收案件当事人约谈机制，有效突破社会抚养费征收难瓶颈，征收总额达1856.03万元，征收兑现率从原来不足50%提高到2012年的91.37%，成为龙泉市人口计生工作的一大亮点。龙泉市社会抚养费征收约谈机制得到了上级有关部门的肯定，2012年12月31日《中国人口报》在头版作了专题报道。

【优质服务工作】 根据丽水市人口计生委部署，2010年龙泉市被列入国家级计划生育优质服务先进市创建单位。市委、市政府对此高度重视，成立了创“国优”工作领导小组，将创“国优”工作纳入“双十”工程。及时召开创“国优”动员大会，出台创建实施方案，细化乡镇（街道）和相关部门具体工作职责；采取平时抽查和专项督查等形式，确保各项创建工作任务落到实处；充分利用标语、画册、宣传栏、文艺会演等各种喜闻乐见的方式，开展以创“国优”为主要内容的一系列宣传活动，营造浓厚氛围。创“国优”活动开展以来，龙泉市投入200余万元实施市计生指导站省级标准化建设，使计生指导站基本达到“环境优美、技术优良、服务优质、管理科学、群众满意”的“四优一满意”要求，已成为具有“示范窗口”和“服务基地”性质的中心指导站，为各乡镇（街道）落实“四项节育手术”、开展“三查”及其他优质服务提供了有力技术支撑，发挥了其技术服务的示范作用和辐射效应。通过全市上下的共同努力，于2010年12月被国家人口计生委授予“国家级计划生育优质服务先进单位”荣誉称号。

【“阳光计生”行动】 2009年以来，龙泉市以完善人口计生政务公开、民主评议、社会监督为重点，以“阳光管理”“阳光服务”“阳光维权”为主要内容的“阳光计生行动”。通过聘请社会监督员、开展各类评选活动，切实转变计生干部工作作风，强化各项工作制度建设，不断完善考核办法，增加考核、暗访工作透明度，公正执法，让计生工作真正在“阳光”下运行。《中国人口报》于2012年8月3日在头版作了大篇幅专题报道。2012年，龙泉市被国家人口计生委评为全国“阳光计生”示范单位。

【计划生育系列保险】 坚持把计划生育系列保险工作作为一项“民生工程”来抓，2009年出台《关于进一步推进计划生育保险工作的意见》，按照“政府推动、政策引导、市场运作”的原则，多渠道筹措投保资金，把保险保障服务切实融入到人口和计划生育工作中去，做到有计划、有落实、有检查、有保障。2010年5月，丽水市计生系统在龙泉市召开计划生育系列保险经验推广会，龙泉市在会上作了典型经验介绍。投保金额达130多万元，特别是2012年为全市18913户独生子女家庭，每户家庭投保30元的意外伤害险，投保金额达56.74万元。

【基层基础工作】 为进一步夯实龙泉市人口和计划生育基层基础，稳定低生育水平，龙泉市自2011年起，稳步实施“标创工程”建设。出台《龙泉市乡村计划生育标准化创建工程实施办法》，强化绩效管理。依法制定完善计划生育村规民约或村民自治章程，确保村规民约的合法管用，全市455个行政村（社区）均进行了重新制定。突出以点带面的工作方法，一手抓标准乡村的示范作用发挥，一手抓整治乡村的转化，努力推进整治乡村向合格乡村转化，合格乡村向标准乡村转化。

【“两免”“三优”工作】 建立健全流程规范、群众方便的服务模式，探索开展优生“两免”“一站式”服务，重视孕前优生高风险对象的规范服务，完善出生缺陷干预长效机制，优生“两免”工作取得实效，婚前医学检测率和孕前优生检测率均超过丽水市考核指标要求。深入推进“三优”促进工作，成立市级“三优”讲师团，强化师资培训，开展“三优”宣传，在市计生指导站开展创建省级“三优”示范点工作，经过省“三优”示范评估验收组的验收，被命名为省级“三优”示范点。

【流动人口服务管理】 为进一步加强和创新流动人口服务管理，出台《龙泉市关于推进流动人口计划生育基本公共服务均等化实施方案》，通过组织实施试点、有序推进和逐步深化，流动人口与当地户籍人口基本公共服务差距明显缩小，基本建立“运转高效、保障有力”的流动人口计划生育基本服务均等化运行机制。逐步实现现居住地获得免费计划生育基本技术服务和药具全覆盖、优生优育服务同待遇。继续实行外出流动人口“一联一”跟踪管理制度，在流入人口相对集中的地区建立计生协会和党支部，以外管外的模式得到推广。强化全员流动人口信息管理，使信息录入、反馈更加及时规范。自2011年起，每年开展一次流动人口计划生育“大排查”活动，对全市乡镇流入城区或其他乡镇的人口、龙泉市外流入的人口及龙泉市流出的人口三类对象进行全面排摸，基本摸清龙泉市流动人口底数。

【青春期健康教育】 为了让青少年全面掌握青春期生理、心理特点，市人口和计划生育局加强与教育部门联系，依托全市青少年素质教育中心，在小梅镇建立丽水市首个全市综合性的青春期健康教育基地，实现资源共享。2012年，小梅青春期健康教育基地作为先进典型在浙江省生育关怀——青春健康教育工作经验交流会上介绍推广。

【计生队伍建设】 2009年，招聘11位社区计生工作者，主要负责流动人口计划生育服务管理工作，享受社区干部待遇。每年定岗招录公务员、事业计生专干充实计生队伍，符合条件的计生办主任享受副科级待遇。原23名合同制计生工作人员经过逐年内部招录的形式，已有8名转为事业编制，并一次性解决计生专干历史遗留问题落实事业编制11人，全市计生专干达到51名。分期分批组织乡镇(街道)人口计生分管领导、计生专干及局干部参加省“十二五”期间人口计生干部素质提升培训班及其他培训班，进一步提升了业务素质。继续对村级计生服务员实行动态管理，适时调整充实计生服务员，全市村(社区)计生服务员共有626名，其中村级574名，社区52名，做到人员、职责、报酬三落实。

【体制机制建设】 一是建立健全“123”工作机制。市里每季度召开一次乡镇(街道)计生工作例会，研究部署计生工作；每2个月定期或不定期召开有关部门参加的计生工作信息通报会或协调会，通报计生工作情况，协调工作中遇到的问题；各乡镇(街道)对计生工作做到月初有安排，月中有检查，月底有小结。通过机制建立，有效推进计生各项工作开展。二是建立健全乡村干部全员联系计划生育对象制度。乡镇(街道)统一建立乡村干部全员联系计划生育重点对象花名册，明确各自职责，并根据信息变动进行更新，及时掌握重点对象生育动态。三是建立健全人口和计划生育“流动红(黄)旗”制度。暗访(考核)得分排名前3位且主要指标均达考核要求以上的乡镇(街道)授予“流动红旗”，得分排名后3位且计划生育率未达考核要求的乡镇(街道)授予“流动黄旗”。并规定了相应的奖罚，进一步激励乡镇(街道)抓计生工作的积极性。四是实行公示通报制。将计生率、多孩违法生育率、长效节育率等重要指标进行每月动态排名通报，并将计生率前三名和后三名在行政中心大厅显示屏进行滚动公示，着力促进全市上下齐心协力做好人口计生工作。五是把计划生育工作与村干部误工补贴、村建设项目等相挂钩，并对村级计划生育工作实行分类动态管理，对计划生育工作成绩落后的行政村，村干部的误工补贴及村项目暂缓安排；对计划生育工作成绩突出的行政村及村两委干部给予一定的奖励，并在扶贫等建设项目上予以优先考虑。 （陈春香）

残疾人事业

【概述】 2008—2012年，在各级党委、政府的领导和重视下，在上级残联的指导和帮助下，在社会各界的支持和关心下，全市各级残联团结带领广大残疾人，认真履行“代表、服务、管理”职能，以“抓住机遇，开拓创新，真抓实干，共享小康”为目标，全面实施残疾人共享小康工程，扎实推进残疾人社会保障和服务体系建设，出台一系列惠及残疾人民生政策、措施、办法，基层残疾人组织得到进一步加强，工作队伍不断壮大，残疾人事业获得持续、健康发展。

【残疾人共享小康工程】 2008年，龙泉市开始实施残疾人共享小康工程，其中包括残疾人基本生活保障工程、残疾人康复工程和重度残疾人托(安)养工程等3个子工程。到2012年底，全市列入低保残疾人2480名，其中1275名持证重度残疾人被纳入基本生活保障工程，全额发放低保金或低保补助金。完成白内障患者免费复明手术588例，免费验配助听器600台，免费验配助视器19只，安装假肢

47 条，赠送轮椅 680 辆；认真组织实施 0~6 岁残疾儿童抢救性康复项目，70 名残疾儿童得到抢救性康复，其中 6 名聋儿实施了人工耳蜗免费植入手术，44 名智力、脑瘫、听力言语、孤独症儿童获每年每人 1.2 万元的康复训练补助。325 名生活不能自理的重度残疾人得到托（安）养服务，发放资金 439 万元。

【残联第六次代表大会】 2012 年 12 月 20—21 日，龙泉市残疾人联合会第六次代表大会在市行政中心东副楼中会议厅召开，来自全市各条战线的 80 名代表参加了大会。大会审议通过了市残联第五届主席团工作报告，选举产生了龙泉市残疾人联合会第六届主席团委员和出席丽水市残疾人联合会第六次代表大会代表。王正飞当选为市残联第六届主席团主席，聘请叶晓勇任市残联第六届主席团名誉主席，苏一中、包建平任市残联第六届主席团名誉副主席。推举黄建光为第六届执行理事会理事长，王志江、刘红星为副理事长。

【残联基层组织建设】 2011 年，龙泉市通过丽水市基层残疾人组织规范化建设达标验收。2012 年，乡镇（街道）残联换届，全部配备专职理事长。19 个乡镇（街道）都选聘一名残疾人专职委员，全市 444 个行政村、11 个社区全部建立了残协。针对龙泉地广人稀、人口居住分散的特点，每个管理区设了 1 名专职委员，其余的行政村(社区)选聘 1 名联络员。市残联每年都核拨活动经费，组织盲人、聋人、肢残人、智残亲友和精残亲友五个专门协会开展各项活动。

【残疾人康复】 积极开展全国白内障无障碍县（市）创建工作，2012 年，全国残疾人康复工作办公室授予龙泉市“全国白内障无障碍县”称号。以锦溪精神卫生中心为依托，积极开展精神病防治康复工作，精神病医疗救助 1050 人次。创办“浙江圣爱自闭儿童康复中心龙泉养真特教分部”，共有 50 多名自闭症、智力低下、脑瘫等残疾儿童得到抢救性康复教育。投入资金 43 万余元补助 2 万余人次残疾人参加城乡居民基本医疗保险。举办社区康复协调员培训班，提升社区康复员的业务水平。加强康复宣传工作，每年利用“全国爱耳日”“世界精神卫生日”等残疾人节日，开展为残疾人免费义诊、宣传、咨询和相关辅助器具的赠送活动，普及残疾预防和康复知识。

【残疾人就业培训】 2008 年以来，累计征收残保金 1084 万元，全市残疾人分散按比例就业 190 名；个体就业和创业 530 名；福利企业集中就业 113 名。积极扶持残疾人从事来料加工，培育来料加工经纪人 5 名，来料加工点 5 个，来料加工补助投入 50 万元。发放残疾人就业创业帮扶资金 150 余万元，补助 200 名残疾人就业创业、贷款贴息等。建立残疾人扶贫示范基地 12 个，其中：省级残疾人扶贫基地 2 个，丽水市级基地 6 个。残疾人职业培训工作得到进一步加强，除积极输送残疾人参加省、丽水市实用技术培训外，还因地制宜地举办各类培训班，1000 余人次得到各类培训。2010 年，16 名残疾人参加丽水市第一届残疾人职业技能竞赛，获团体三等奖，聂小刚获钩针编织一等奖。2012 年，11 名残疾人参加丽水市第二届残疾人职业技能竞赛，获团体二等奖，王浩获“计算机操作员”项目一等奖。项火养在丽水市首届残疾人驾驶比赛中获第一名。

【残疾人扶贫】 做好元旦、春节期间走访慰问工作，5 年来，共发放慰问金 100 余万元。补助 860 人次重度残疾人参加城乡居民养老保险。投入资金 100 多万元帮助 800 户贫困残疾人家庭改善居住条件。市残联还开展了“三个一千”“绿色关爱、畅享无线”“走进低碳生活、赠送爱心手机”等助残活动，为贫困残疾人赠送电视机、录音机、电话、手机、电脑等，帮助残疾人了解外面的世界，丰富残疾人的业余文化生活。实施爱心助学工程，助学补助 430 人次，同时做好残疾学生和残疾人家庭子女大学录取工作。

【残疾人宣传文体】 利用“全国助残日”“国际残疾人日”等特有的节日，开展形式多样、内容丰富的助残活动。通过集中宣传和助残活动，扩大残疾人工作的影响，进一步唤起社会各界的扶弱助残意识，营造起有利于残疾人事业发展的舆论环境。2009 年，胡剑、杨晓丽分别被省残工委评为省级自强模范和省级扶残助残先进个人，“背母求学”的杨晓丽还代表全省大学生赴京参加国庆庆典。毛仁山获浙江省第二届“自强创业之星”称号。发现和培养了一批优秀的文体人才。肢障演员胡剑在残奥会献礼影片《绽放》中担任主角；由他参演的小品《从头再来》，参加了中央电视台第七届 CCTV 小品总决赛。蔡旌豪多次在全国残运会、全国残疾人羽毛球锦标赛上获奖。组团参加了丽水市第二届残疾人运动会，获 7 金 4 银 4 铜。

【残疾人维权】 2011 年，市人大对龙泉市贯彻实施《中华人民共和国残疾人保障法》《浙江省残疾人保障条例》情况进行执法检查。2012 年，全国人大常委会残疾人保障法执法检查组一行到龙泉，对龙泉市贯彻实施残疾人保障法情况开展执法检查。市残联充分发挥残疾人法律援助室的作用，切实维护残疾人合法权益。5年来，共为26名残疾人提供法律援助，提供法律咨询150余次。接待来信来访2000余件，做到事事有着落，件件有回音。妥善处理残疾人机动轮椅车运营问题，做好维稳工作。

【残疾人康复托养中心】 龙泉市残疾人康复托养中心是集康复、托养、工疗、就业培训、办公为一体的残疾人综合服务中心。项目选址在市广源街与公园南路交叉口以北地块，占地9616.56平方米，建筑面积5726.84平方米，其中康复中心3524.32平方米，托养中心1550.1平方米，附属用房652.42平方米，估算总投资1900万元。2011年立项，2012年12月动工建设，计划两年内竣工。

【阳光庇护中心】 2012年11月启用的“博威残疾人小康•阳光庇护中心”，是浙江博威汽车空调有限公司与残联合作开办的省级庇护中心，填补了龙泉市智力和精神残疾人庇护就业的空白。中心占地面积2000多平方米，建筑面积860平方米，总投资130多万元。设置了残疾人工疗车间、陪护人员劳动车间、技能培训室、康复室、休息室、心理诊疗室，建起了食堂、无障碍通道，配备了康复医生、护理人员等。以日间照料方式托养智力、精神等残疾人25人。（市残联）

民族宗教工作

【少数民族乡村发展】 2008年，根据《浙江省少数民族权益保障条例》规定，报市政府批准同意新增6个村为少数民族村，龙泉市共有少数民族行政村20个。5年来，龙泉市少数民族地区主导产业日益明显，经济社会得到快速发展，较大程度地促进了龙泉民族乡、民族村经济社会的发展，公益事业和基础设施建设得到加强，少数民族群众的生产生活条件得到了较快地改善。在实施“千村示范、万村整治”工程中，全市20个民族村，有11个村进行了整治，2个村正在进行旧村改造。截至2012年，有14个村通过了本市小康村验收，1个村进入省新农村示范村行列。

【少数民族乡村帮扶】 龙泉市少数民族发展专项资金2007年起从每年10万元提高到每年20万元，该资金主要用于全市民族村公益事业建设和少数民族困难户的补助。2008—2012年，经省民委核实立项共下达项目补助资金485万元。结合省委统战部“加快少数民族低收入群众增收帮扶行动”计划，通过省委统战部门、省民宗委的牵线搭桥，宁波一市五区统战部等单位与龙泉市9个民族村结对帮扶，深入开展少数民族帮扶工作，重视民族村道路等基础设施建设，改善民族地区的生产、生活条件，共争取帮扶资金100多万元。2009年，整合统战资源，发挥统一战线成员的优势、专长，组织民盟、工商联、知联会、侨联、台谊会、宗教团体等组织连续3年联系帮扶竹垟乡7个村，据不完全统计，7个项目共计帮扶资金62.4万元。在2011年开展的浙江省光彩事业丽水行活动中争取到浙江省光彩事业促进会、知联会帮扶资金共计130万元。

【弘扬畲族文化】 自2010年举办首届“畲族三月三歌会”以来，“三月三”活动成为每年度重要文化活动之一。借助开展民族文化活动，结合畲族特色，传承和发扬少数民族传统文化，同时将民俗文化活动与生态旅游相结合，展示畲族风情。积极引导和扶持民族乡村大力推进特色产业发展，加快开发特色旅游项目和产品，传承和弘扬畲族特色文化，带动畲族风情旅游，促进畲族乡村经济发展和畲民增收。以民族团结进步小康村、畲族特色村寨创建为契机，推动民族村经济发展。2008年以来，先后在剑池街道茶垟村、竹垟畲族乡罗墩村、八都镇署网村开展创建活动，结合村庄实际，挖掘村庄文化底蕴，助推新农村建设，促进民族文化保护发展。

【和谐寺观教堂创建】 2009年以来，深入开展“和谐寺观教堂”创建活动，3年共完成27个宗教活动场所创建。加强宗教团体和宗教活动场所自身建设，指导市佛教协会、市基督教“两会”、天主教爱国组等宗教团体开展工作，规范宗教活动场所活动。

【华严塔重建落成】 2008年1月21日，华严塔开工奠基，历经近两年建设，2009年6月，主体工程顺利完成，2009年9月17日，华严塔地宫藏宝封存，2009年12月18日，华严塔举

华严塔夜景　　郑本成　提供

行落成典礼并对外开放。重建的华严塔共7层，高47.1米，八角形，基座宽14米，建筑面积1258米，继承北宋风格，雄伟挺拔，庄严古朴，是龙泉市区的一座标志性文化建筑，成为市民休闲、观光的一大景点。（市民宗局）

侨联工作

【概况】 侨联是党领导下的由归侨、侨眷组成的人民团体，是党和政府联系广大归侨、侨眷和海外侨胞的桥梁和纽带。在市委领导下，根据中国侨联章程，积极主动、独立自主地开展工作，履行参政议政、维护侨益、海外联谊职能，凝聚侨心，发挥侨力，集中侨智，维护侨益，做好侨界群众工作，广泛地团结归侨、侨眷和海外侨胞，为促进社会主义物质文明、政治文明、精神文明、生态文明协调发展发挥积极作用。1991年统计，龙泉市有华侨华人927人，分布于21个国家和地区，归侨8人，侨眷4500多人，当年回乡探亲、旅游、经商侨胞14人。2007年侨情调查情况：华人华侨数966人，其中留学生人数34人，归侨人数10人，侨眷人数2180人。分布：亚洲136人、欧洲701人、美洲214人、非洲6人、大洋洲3人。

【侨联机构沿革】 1982年3月，成立龙泉县归国华侨联合会（简称侨联）以来，原为民间团体，后为群团组织，但没有级别、没有编制、没有专职人员，所需人员由其他单位和侨台办人员中调剂兼职。1987年3月召开第一次归侨侨眷代表大会，成立侨联，主席潘运生，秘书长徐起祥。1992年4月召开第二次归侨侨眷代表大会，进行换届，主席潘运生，秘书长徐起祥。2004年12月16日，龙泉市第三次归侨侨眷代表大会召开。正式代表50人，列席代表10人，特邀代表10人，听取和审议侨联第二届委员会工作报告，选举第三届委员会委员11人，常委5人，罗燕鸣当选为主席，郭韬光为秘书长。在此之前，侨联没有编制和专项经费。2007年，由财政拨款2万元作为侨联工作经费。2012年8月2日，龙泉市机构编制委员会发文《关于设立龙泉市归国华侨联合会的批复》（龙编委〔2012〕19号），文件批复设立龙泉市归国华侨联合会，确定为正科级单位，编制1名。2012年8月26日，市委提名沈又红为龙泉市归国华侨联合会主席人选。2012年10月23日，确定龙泉市归国华侨联合会为单独机构，列入群团管理。2012年12月2日，龙泉市机构编制委员会批复增加编制1名。

【侨联工作】 龙泉市侨联本着“根据特点，适当照顾”的原则，为归侨侨眷及重点工作对象解决了在子女就业、出境定居、侨房拆迁、户口迁移等方面的许多实际困难。通过普查，基本摸清了海外新华侨的人数、分布、职业、侨领姓名、联系地址以及年龄和文化结构等基本情况，完善和建立了华侨、归侨侨眷等档案资料。1992年以来，围绕龙泉市各项重大经济活动，华侨华人、港台同胞及侨眷在龙泉市先后创办企业20余家，其中规模以上侨眷企业10多家，总投资近7亿元，纳税2000余万元，为龙泉市的经济社会发展作出了贡献。市侨联树立大侨务观念，共接待来访、考察交流、经贸洽谈、旅游观光的华侨达800余人次，其中重点人士、社团侨领80多人次。近10多年来，共接受了侨胞和港澳台同胞捐赠款物折人民币226.32万元，其中侨资115.82万元、台资110.5万元，支持了龙泉市东升、小梅、龙南、天平、新民、青溪等一批小学教学楼和龙泉市福利院建设。（沈又红　罗燕鸣）

老龄工作

【概述】 龙泉市老龄工作委员会为协调机构，其“老龄工作办公室”与市民政局“老龄办公室”合署办公，归属民政局管理。截至2012年12月31日，全市总人口数288568人，其中60周岁及以上老年人口46847人，占年末总人口的16.23%，80周岁及以上老年人口9101人，90周岁及以上老年人口758人，其中百岁老人21名。2008年，西街街道、安仁镇、锦溪镇、查田镇获“省级小康型老年体育乡镇”称号。2009年，邀请省浙二医院眼科专家免费为全市180多名老年眼疾患者进行检查，并为40名符合手术条件的老年白内障患者进行手术。

【市老年活动中心落成】 龙泉市老年活动中心位于市区苍松路108号，占地面积22941平方米，建筑面积15410平方米，总投资3085万元。设有阅览室、健身室、电视室、棋牌室、书画室、电脑室、会议室、乒乓球室、聊天室、室外门球场和健身器械等。该项目建设历时5年，于2008年12月31日投入使用。

【老年人权益保障法执法检查】 2012年上半年，配合市人大法制工委，全面开展《中华人民共和国老年人权益保障法》执法检查活动，此次执法检查的重点内容有：城乡养老保障、老年医疗和贫困老年人救助情况、居家养老服务开展情况、老龄工作体制机制建设及运行情况、老年人参与社会发展情况。

【高龄老人优待政策】 根据《关于印发丽水市高龄老人补贴发放管理办

法的通知》(丽老办〔2012〕14号)精神，2012年，龙泉市老龄办与财政局、人力资源社会保障局和民政局联合出台龙老办〔2012〕6号《龙泉市关于高龄老人补贴发放工作的通知》。文件规定，凡具有龙泉市行政区域范围内户籍或在本市享受离退休待遇的所有年满80周岁及以上的老年人，均享受高龄老人待遇。补贴标准为：年满80周岁至89周岁老年人，每人每月补贴30元标准不变；年满90周岁至99周岁老年人，每人每月补贴100元(含原城乡居民社会养老保险30元高龄补贴)；100周岁及以上老年人，每人每月补贴500元(含原城乡居民社会养老保险30元高龄补贴和民政发放的300元百岁老人长寿保健补助金)。高龄老人一次性奖励标准：90虚岁至99虚岁老年人，每人一次性奖励1000元；100虚岁及以上的老年人，每人一次性奖励5000元；此后老年人凡到90虚岁或100虚岁时，均给予相应的一次性奖励。2012年，龙泉市共发放6665位老人的高龄补贴173万元。同时，做好高龄老人的一次性补贴发放工作，7月份，由市领导带队逐户慰问全市百岁老人19人，发放百岁老人一次性奖励金共计9.5万元；重阳节期间，90~99岁的919位高龄老人一次性奖励金共计91.9万元全部发放到位。

【老年电大工作】 2012年底，龙泉市有比较规范的老年电大教学点30个，老年电大学员3500多人。老年电大工作一抓教学点负责人培训，二抓教学点办学特色。在培训方面，每年春秋两季召开老年电大工作会议，年初对各老年电大教学点负责人进行培训，年底召开总结会议。在教学点的办学特色方面，要求各教学点进一步扩大学员数，完善组织机构、规范管理、明确职责，在硬件上下功夫，在软件上做文章，确保老年人能享受到“老有所学”之乐，丰富办学形式，丰富教学内容，开设具有各个教学点特色的第二课堂，力求教学特色化。 (市老龄工委办)

关工委工作

【概况】 2008—2012年，龙泉市关心下一代工作委员会(简称市关工委)的一批老干部、老战士、老专家、老教师、老模范(五老)怀着对党、对祖国未来的历史责任感和使命感，以教育培养下一代为己任，辛勤耕耘，积极工作，为教育下一代而默默无闻地无私奉献，做了大量工作。到2012年底，全市各乡镇(街道)和有关部门、学校已建立32个“关工委”组织，各村(社区)已建立“关心下一代协会”组织455个。

【青少年素质教育】 每年清明节、“五四”青年节、“六一”儿童节，市关工委宣讲团积极配合市教育局、民政局、团市委等有关部门，利用市革命烈士陵园等省、市爱国主义教育基地，对全市中小学生和广大青少年进行以理想信念为核心，以爱国主义、集体主义、社会主义和革命传统教育为基本内容的思想道德品质教育。每年受教育青少年达2万人次。全市有校外辅导员500多人，在抓好学校德育教育的同时，还积极开展遵纪守法教育、科学技术教育和家长教育，努力把青少年培养成有理想、有道德、有纪律、有文化的中国特色社会主义事业的合格建设者和可靠接班人。2010年3月，组织举办“将成功传给下一代”专题公益讲座，邀请全国知名的广州英豪教育研究所讲师团专家授课，13所城乡中小学10000多名师生及家长参加了听课。

【贫困学生资助】 5年来，市关工委与团市委一道从各方面多个渠道累计筹集爱心助学基金552.41万元，资助贫困大学生1246多人。同时，从2012年起帮困助学延伸至中小学生，截至2012年底共资助贫困中小学生203名，资助金额25.5万元。2010年7月31日，在嘉兴市关工委、《南湖晚报》、龙泉市关工委等部门的共同努力下，成立了嘉禾绿荫社会大学龙泉分校。2008—2012年，由嘉兴市关工委、《南湖晚报》牵头资助的贫困大学生42人，累计金额80余万元。

【科技教育咨询】 市关工委科技教育咨询委员会的老专家发挥各自业务专长，深入乡镇农村，走进农户和田间地头，积极为广大农民(特别是青年农民)宣讲农村实用科学技术。5年来，共开展下乡活动100余次，发放科技资料5000余份，接受科技咨询1000余人次，举办优质米栽培、香菇标准化生产、蔬菜栽培、水果病虫害防治、农产品质量安全等方面的技术培训61次，参加培训学员5700人次。

【组织建设与关爱活动】 2011年12月14日，市关工委成立二十周年庆祝大会暨表彰会召开，各乡镇(街道)党委(党工委)副书记，关工委主任或副主任，机关部门关工委、关协负责人共130余人参加会议，市委副书记蒋世懿讲话，市关工委主任王秀琴作工作报告。会议表彰了12个先进集体和36名先进个人。开展创建“五好”社区关协活动，截至2012年已有南秦等7个社区通过“五好社区关协”验收。市关工委协同政法、民政、司法等部门，在全市建立帮教组织160多个，参与帮教的“五老”人员400多人，被帮教的失足青少年100多人。关爱“留守儿童”，随着外出打工与经商人员的增多，“留守儿童”成为一个新问题，市关工委发动各社区、村关协创办“留守儿童俱乐部”，为留守儿童营造另一个“家”。市关工委每年均组织宣讲团、科技咨询委员会成员开展调研活动，5年来，撰写青少年德育教育和食用菌、山地开发利用等调研报告15份。（陈方顺　卢书田）

柳山头村革命纪念亭落成典礼

老区建设促进会工作

【概况】　龙泉市革命老区建设促进会成立于2005年11月，是由热心革命老区开发建设事业的老干部、老军人、老专家、有关部门负责人及关心支持革命老区建设的企业家组成的联合性、地方性、非营利性的社会团体。市老促会的工作定位是调查研究，当好参谋，牵线搭桥，拾遗补阙，服务老区，促进发展。市老促会于2010年12月召开第二届会员大会，听取第一届理事会工作报告，选举产生第二届理事会会长、副会长、秘书长和常务理事。

【调查研究工作】　市老促会常务理事每年都安排了3~4次专题调研，深入老区乡镇村和部门走访了解，调查研究并写出调研文章。5年共写了调研报告12篇，报送市领导和浙江省、丽水市老促会，受到市领导和省老促会、丽水市老促会的肯定与好评。

【宣传教育工作】　市老促会把宣传革命老区、促进老区发展作为一项重要工作，呼吁各级领导重视老区工作，打好革命老区品牌，珍惜老区精神财富，利用清明节、“七一”党的生日、国庆节等重大节日，开展革命传统和爱国主义教育。5年宣讲教育600多场次，受教育人数有76200多人次。市老促会还组织市老年艺术团赴老区乡镇宣传演出21场，观众达27000多人次。2008年，市老促会协同住龙镇党委政府、市委党史研究室和市老区建设办公室编写了7.5万字的《住龙壮歌》一书印刷发行。2010年，市老促会与市委党史研究室、市民政局编写出版发行了图文并茂的《红色丰碑——龙泉市革命遗址巡礼》一书。2010年，市老促会协助市文联为革命老区宝溪乡编写了《龙泉人文》杂志《红色宝溪》专辑。

【走访慰问革命老区】　市老促会在每年春节期间积极配合市委、市政府做好慰问革命老区工作。5年来，走访慰问了住龙、宝溪、上垟、竹垟、城北、岩樟、西街街道等老区乡镇，看望和慰问了56名老党员、老游击队员、老交通员和革命烈士遗属，送去慰问金和慰问品。每年春节前夕，市老促会带领市老年书画研究会的书法家到革命老区乡村为老区人民送春联，5年来，为老区群众书写与赠送春联2800多对。市老促会与市老科协卫生分会联合，开展为革命老区群众送医送药活动，累计有2100多名老区人民接受了诊疗服务，2011年10月，市老促会邀请省邵逸夫医院专家9人、护士5人到住龙镇开展义诊活动，为11个村280多名患者提供诊疗服务。

【支持革命老区项目建设】　革命遗址是革命老区宝贵的红色资源，5年来，从各方筹集资金130余万元，督促和扶助老区乡村完成了城北乡上田村“上田战斗纪念馆”的修缮与重新布展、仓砇村“红军挺进师政委会会议旧址”的修缮和保护、岩樟乡坑源底村“革命纪念亭”的建造、柳山头村革命纪念亭“望红亭”建造、住龙镇碧龙村“龙遂县委旧址”杨家大屋的修缮与布展、西井村“革命纪念亭”建设、住龙镇“龙浦县委和政府办公地”张家祠堂的修建、安仁镇李登村“李逸民将军故居”和“将军亭”的修建与布展、季山头村季步高烈士雕像和“先烈亭”建设、竹垟畲族乡局下村“革命纪念亭”的建造、三溪口村“革命纪念亭”和烈士纪念碑的建造、宝溪乡坑里村“红军纪念亭”建造、塘上村将军公园和将军亭建造等项目建设。积极为老区牵线搭桥，争取各方支持，促进老区发展。5年来，市老促会为住龙镇建胜村高山四季豆基地、城北乡仓砇村红军挺进师政委会旧址水泥路建设、宝溪乡坑里村红军路修建、城北乡东书村红阳猕猴桃示范基地建设出谋划策，牵线搭桥，争取扶助资金，促进了老区建设。中共龙泉市委〔2011〕14号文件《关于加快革命老区建设的实施意见》是龙泉市加快革命老区建设的一个重要文件，是加快老区建设的指导方针和行动指南。市老促会把文件的贯彻落实作为一件大事和实事来抓，督促各乡镇（街道）、市直各部门严格按照文件精神落实到位，并将相关情况报市委和省、市老促会。市老促会为更好地落实市委文件精神，合理有效地管理使用好老区扶助资金，还制订了《龙泉市革命老区扶助资金管理使用办法》。（卢书田）

乡镇　街道

龙渊街道

【概况】 龙渊街道位于市区东北部，东与道太乡接壤，南与剑池街道相依，西与西街街道毗邻，北与城北乡相邻，占地84.9平方公里，有23个行政村，63个自然村，140个村民小组，有贤良、金乐、大洋、东升、城东5个社区居委会。辖区内总户数15706户，48167人，其中农业人口3795户13843人。山林面积110919亩，耕地面积7096.5亩，一村、二村、三村、四村、五村、菜村、临江村7个行政村为城中村，是一个城市社区和农村山区相结合的综合型街道。

2008年以来，街道党工委、办事处紧紧围绕打造“活力龙　幸福泉”的奋斗目标，深入实施“生态立市、工业强市、旅游兴市”的发展战略，以“项目双进攻坚年、旅游推进年、文化产业发展年”的“三年”活动为重要载体，以班子创新和干部作风建设为龙头，以加快工农业发展为抓手，以推进城东区块建设和保障民生为重点，全力打造“实力、发展、生态、幸福新龙渊”。2012年，全街道实现工农业总产值10.1070亿元，其中工业总产值9.5亿元，完成制造业投资0.5亿元，在册统计工业企业414家，亿元以上企业1家，1000万元以上企业10家，500万以上企业18家，新培育2000万以上企业1家。农业总产值6070万元，农民人均纯收入10893元。

【五年大事纪要】 2008年1月，街道遭受严重冰冻雨雪灾害，直接经济损失达到1130万元。

2008年6月9日，由龙渊街道主办的“2008·龙泉市端午龙舟竞赛”在龙泉溪东大桥至南大桥水域举行，3个街道与道太乡共10支龙舟队参加竞赛，通过竞赛，龙渊二村获第一名，龙渊三村获第二名，西街九村获第三名。

2008名7月14日，龙渊街道搬迁至新办公楼办公，新办公楼位于中山东路尊龙商贸中心四楼，总面积2500平方米，设办公室34个，大、中、小型会议室各1个。

2009年5月，贤良社区搬迁至镇府路5号办公，办公楼共3层，面积约300平方米。

2009年8月18日，街道金乐社区搬迁至戏院弄老福利院内办公。

2009年9月23日，举办庆祝建国60周年暨龙泉置县1250周年文艺晚会，参与观众达5000余人。

2010年2月26日，村头村举办第三次文化踩街活动，有舞龙、舞狮、腰鼓、军鼓等活动，吸引了观众2000余人。

2010年8月26—30日，第一位中国籍诺贝尔文学奖获得者莫言(原名管谟业)，到龙泉寻根问祖。29日，莫言先后到管师仁祖居地龙渊街道后甸村和管氏祖籍地龙渊街道石马村，参拜祠堂，与祖籍地老乡一同查看族谱，探讨祖先的功业和子孙的传承，并写下“寻根问祖”“知足常乐”等几幅书法大字赠予乡亲父老。

2011年1月23日，桥坑村赏梅节暨林家乐特色村启动仪式举行。举行了青梅种植、杀年猪祈福、林家乐体验、唱山歌、送春联和诗歌散文名家交流座谈会等活动，参与群众达3000余人。

2011年6月6日，由街道牵头主办的第七届“稠州银行杯”龙舟系列活动举行，大赛以“弘扬龙舟文化，提升幸福指数，向中国共产党建党90周年献礼”为主题，经过激烈的角逐，街道二村龙舟代表队、剑池街道南秦村获得第一名，道太乡龙舟代表队获得第二名，西街街道八村龙舟代表队获得第三名。

2012年2月6日，龙渊街道石马村举办了一年一度的闹元宵活动，以独特的请酒、送酒、品酒、抢灯、抢红绳等活动吸引了四面八方5000多名游客。

2012年3月6日，省检察院副检察长张雪樵一行莅临龙渊街道大垟田村，开展了“进村入企”大走访活动。

2012年4月11日，共青团浙江省委授予龙渊街道村头村2011年度“五四红旗团支部”荣誉称号，是丽水市唯一一个获此殊荣的村级团支部。

2012年6月7日，龙渊街道沙潭整村下山脱贫小区项目正式开工，该工程一期用地面积约18000平方米，规划地基84植，建筑面积约14850平方米，可安置群众约60户230人。

2012年7月16日，龙渊街道二村F组团小区、变河路（华楼街至江滨北路段）、东茶路（环城东路至华楼街）、垃圾中转站等民生项目用地清表工作全面完成。

2012年9月12日，龙渊街道与上海耀龙置业有限公司正式签订石马大峡谷生态休闲度假区招商引资项目投资合同。该项目计划投资5亿多元。

2012年11月18日，龙渊街道与浙江龙之源生物科技有限公司正式签订了中药材育种、种苗组培及种植基地建设项目投资合同。该项目计划投资1.5亿多元，建设中药材种植面积1250亩，年产优质瓶苗100万瓶，规划分七年三期进行建设。

【康庄路和山塘水库建设】 2008—2012年，全街道投资1322.17万元，开通了徐山后村12.9公里、大岭头7.2公里、沙潭8.3公里、桥坑4公里、竹坑3.5公里等共计40余公里的“康庄工程”公路；投资460余万元，完成了白岸兰田儿、白塔严上、竹坑派书堂、石马黄蛇、临江营田、沙潭大沙岗、桥坑上塘等12座山塘水库加固工程，有效地发挥蓄水和供水的调节作用，抑制水旱灾害频发。

【美丽乡村建设】 5年来，深入实施“十村示范、百村整治”工程，全面完成了桥坑、白塔、石马等11个村的环境整治工作。开展“三沿五区”坟墓整治，2009年投入10余万元资金，通过进户进山进行调查、登记、整治，通过4个多月整治，共整治坟墓2000余座。2009年底，投资200万元的凤鸣集中供水站一期工程投入使用，9个行政村3500多名群众饮水条件将得到有效改善。2011年，街道结合实际，提出了“一城一区两沿”发展思路，对石马、徐山后、岭坤等一些偏远山区，按照“集聚城区、开发山区”的思路，在郊区一带统一规划实施生态迁居工程，对瓯江沿线和大贵溪沿线一带的村居，按照“村村小区、户户公寓”的目标，实施开展下山脱贫和农民工公寓等小区项目建设。

【桥坑村创建林家乐特色村】 桥坑村素有“世外梅园”之称，位于龙泉市东郊，离龙泉市区约5公里，直线距离2公路，尤以种植梅树、出产梅子干闻名，有成年梅树5000余株。村内有夫人庙、天师庙和龙头庙，其中天师庙已有500多年的历史，求雨习俗延续300年不衰。2011年，赏梅节暨桥坑林家乐特色村建设全面启动，2012年，经过一年的建设，桥坑特色村建设已初具规模，以“梅开五福新春来，赏梅踏青桥坑村”为主题的赏梅节热闹举办，系列活动丰富多彩，吸引四面八方众多游客前来赏玩。

【石马灯会】 石马村是一个198户779人的小山村。从唐代开始，石马村就有正月十五请酒、送酒、舞灯、迎灯、分酒、饮酒、评灯、评书、抢灯、接灯、串门、贺喜的习俗，至今已有1300多年，石马灯会远近闻名，每年都会吸引数以千计的外地客人前来观灯。2013年初，龙渊街道“石马抢灯”被评为浙江省最有春节文化特色项目。

石马灯会 叶绍强 提供

【村头村新农村示范建设】 村头村位于龙泉市区东北，53省道遂龙线穿境而过，离市区11公里，区域面积4.9平方公里，常住人口1739人，其中外来务工人员1275人，耕地面积464亩，森林面积5749亩。2008年以来，村头村两委根据实际发展需要对村庄建设规划进行了调整完善，严格按照村镇建设的要求，严格划定工业区和居民住宅区，坚持统一规划、统一安排、统一审批、统一设计、统一标准的原则，为村民生活居住和企业的发展壮大创造了更为便利、整洁、优美的环境。确定了以项目建设带动村庄建设的思路，实施了道路硬化、村庄亮化、环境绿化、小流域治理等基础设施建设等一系列工程措施，大力实施村庄整治建设，村庄环境面貌发生了巨大的变化，村庄布局规范，错落有致。同时，该村以"工业强村、农业稳村、商业活村、林业富村"为发展思路，以"促和谐，抓发展"为抓手，坚持把服务工业发展作为第一要务，在加强硬环境建设的同时，全力打造良好的软环境，工业企业的快速发展不仅解决了本村200多劳动力的就业，还吸引了周边乡镇乃至江西、福建、安徽等地1200多人前来务工落户，带领群众致富奔小康。2012年底，该村工业园区120亩，进园企业48家，其中规模以上企业有森海木业、正泰木业、龙腾木业等6家，主要产品有户外园艺、户外休闲家具、室内小家具、啤酒桌、玩具、蜂箱等，产品远销欧美和日本、韩国及中国台湾等地。2012年实现工业产值1.25亿元，人均纯收入12870元。（龙渊街道）

西街街道

【概况】 西街街道位于龙泉市区西北部，东至新华街与龙渊街道相邻，南临龙泉溪与剑池街道相望，西接八都镇、锦溪镇，北倚岩樟乡与龙渊街道相接。辖区总面积约66.2平方公里，辖18个行政村、73个自然村、114个村民小组，3个社区居委会、28个市属部门单位；总户数9527户29635人。七村、八村、九村、宫头村4个行政村为城中村，是一个城市社区和农村山区相结合的综合性街道。

西街街道辖区为老城区，有保存较好的历史古建筑，最具代表性的西街古街全长1417米，沿街老房子多数建于明清年代，街区内分布着多个弄堂和历史建筑，两侧至今仍保留着古老的工商业店铺和各种传统手工业作坊。街道旅游资源丰富，凤凰山、九姑山郁郁葱葱，龙泉溪、岩樟溪和锦溪三溪蜿蜒而过，山清水秀，山水相映。

5年来，街道党工委、办事处紧紧围绕市委、市政府"活力龙　幸福泉"奋斗目标，以规划为龙头，以项目为抓手，坚定不移推进"生态立市、工业强市、旅游兴市"三大战略，以挖掘地方人文、发展绿色经济为主方向，着力加快"魅力西街　幸福家园"建设。以浙大—龙泉市现代农业科技合作示范园为平台，突出科技示范，发展生态农业，彰显现代农业魅力；以招商引资为重点，突出转型升级，发展生态工业，彰显生态工业魅力；以白云岩景区为重点，突出生态休闲，发展特色旅游，彰显特色旅游魅力；充分利用街道历史文化底蕴深厚的优势，发展文创产业，规划建设"剑村瓷谷"，做好"弘扬、挖掘、彰显、传承"四篇文章，彰显地方文化魅力，努力把西街街道建设成为"历史街区、文化古村、文创家园、休闲胜地"。2012年实现工农业总产值3.72亿元，其中工业产值3.21亿元，农业产值5137万元；农民人均纯收入10328元。

【五年大事纪要】 2008年，龙泉市看守所和龙泉市中心粮库建设项目"青坑底"地块征地工作全面完成。宫头村农民征迁安置地"寮上地"地块在全市"征地拆迁突击月"中顺利征用。

2008年，西街街道社区卫生服务中心开始筹建，该中心由原白云卫生分院和新民卫生分院合并成立。

2008年，受50年一遇的严重雨雪冰冻灾害影响，顺利完成灾害处理及灾后重建工作。

2009年，发生在明朝嘉靖年间龙泉宫头村的一个真实爱情故事《高机与吴三春》被列入第二批浙江省非物质文化遗产扩展项目名录，该故事被誉为浙南"梁祝"，在浙南地区广为流传。

2010年10月，在市电影院举办了"打造魅力西街、建设幸福家园"文艺晚会。

2010年，牛头岭康庄公路竣工，全长2.9公里，总造价94264元。

2011年，西街街道农工商服务中心改建工程1号楼（办公楼）建设竣工，并投入使用。

2011年，河村、新茶村旧村改造全面完成。

2011年11月25日，投资208.85万元的下樟村康庄公路正式建成通车。

2012年6月18日，浙江省人民政府确认龙泉市下樟村为第四批浙江省历史文化名村。

2012年12月6日，下樟村至岩后村1.2公里联网公路正式开通。

2012年12月12日，中山街路面改造完成并顺利通车。

2012年，中山农贸市场正式投入使用。

2012年，配合完成51、53省道改建工程前期政策处理工作，保证了工程无障碍施工。

2012年，街道招商引资的企业佳和新型建材开发有限公司正式建成投产，总投资5950万元。

【重点项目建设政策处理】 2010年12月至2011年10月，总投资2251万元，占地面积30亩的中心粮库建成。该粮库设有四幢粮食仓库，可存储粮食8000吨。西街街道全面协助中心粮库做好政策处理工作。至2012年底，基本完成看守所迁建项目政策处理工作。该工程作为市重点项目，总投资48500万元，建成房屋占地面积51590.98平方米。政策处理涉及九村7个队，共征收水田、水利用地225780.96平方米，安置地22578.096平方米。53省道龙泉至八都公路改建工程涉及西街街道九村、宫头村、东权村、里下畈村、牛头岭村、新茶村、新岭村等7个行政村28个村民小组530农户、8家企业，全长9.7公里。完成土地征用136086平方米，迁移坟墓34穴，拆迁房屋2幢394平方米、厂房3168平方米、简易房1078平方米、简易棚316.45平方米；共计发放征迁款843.98万元。51省道公路改建工程涉及西街道八村和牛头岭村2个行政村5个村民小组96农户，全长1.5公里。完成土地征用15850平方米，迁移坟墓1穴；共计发放征迁款56.2万元。

【“五强五网”建设】　出台《关于加强和创新社会管理，推进“五强五网”建设实施方案》，提出“试点一个网格、突出两大重点、深化三项延伸”的工作目标（试点清风社区卫生、计生、综治三项工作网格化管理，突出街道社会服务管理中心和便民服务中心建设两大重点，深化治安防控、应急处突和文化惠民三项延伸），适合街道实际的“五强五网”体系初步建立，提升了街道社会管理水平，促进了社会和谐稳定。

【新农村建设工作】　“三沿”整治、美丽乡村创建工作顺利推进。至2012年，市区至花桥线完成旧房拆除10幢1139平方米，拆除厕所、猪栏、牛栏、破棚等43个1750平方米，改造新建广告牌3个174平方米，改造墙体14幢2670平方米，新建公厕1座，清理沿岸垃圾200余米，改造道路320平方米，新装路灯30盏。2008—2012年，全面完成周村整治村提升工作和河村旧村改造工作；周村新装路灯80盏、新建焚烧炉1个，河村拆除旧房28户2450平方米，新建52户。完成新岭村、岩后村2个丽水市级和里下畈、栏下、蓁部、周村、新茶村5个龙泉市级生态村创建。

【省级历史文化名村下樟村】　下樟村辖3个自然村、3个村民小组、61户215人，山林面积9005亩，耕地面积372亩。为浙江省历史文化名村、浙江省农家乐特色示范村、浙江省特色旅游村，每年吸引着不少摄影家、艺术家到此观光创作。电影《美丽从心》、微电影《距离》都在这里取景拍摄。该村又被称为云坞古村，有国家级AAA景区白云岩景区，白云古庙、明月潭、双龙瀑、十八弯九潭、云坞书院等名胜古迹引人入胜。

下樟农家　　叶绍强　提供

2008年以来，下樟村发挥生态、文化优势，加强村基础设施建设，积极创建特色文化村。通过上级补助、村民自筹等方式，建成3.9公里的通村（通景）公路，修建游步道700余米，新建停车场2800余平方米；修建水毁防洪堤200多米，改造破旧墙体2000余平方米，建造了标准化文化活动室1个。实施了村内生活污水处理工程，配备了垃圾中转站、环保垃圾箱，聘请专人负责管理村内公共卫生，农村面貌焕然一新。依托历史古村和白云岩景区，大力发展农家休闲旅游，全村发展农家乐13家，其中三星级两家。2012年，该村实现人均收入9500元。　（西街街道）

剑池街道

【概况】　剑池街道位于龙泉市区瓯江南岸，东与础石乡毗邻，南与兰巨乡接壤，西、北分别与西街、龙渊街道隔江相望。街道区域面积37.5平方公里，辖19个行政村，4个社区，总人口4.95万人，其中农业人口1.35万人，耕地面积589.3公顷，山林面积2198公顷。剑池街道交通便捷，区位优势明显，丽龙、龙庆高速公路和53、54省道穿境而过，境内松溪弄互通及后沙路、剑川大道连接线分别是市区通往高速公路、53省道的重要通道。

2008年以来，街道党工委办事处围绕“服务市区、率先发展、促进和谐”的工作思路，以“发展绿色经济、共建江南新城”为主载体，着重突出“工业培育、项目建设、绿色生态、社会稳定”四大重点，街道经济社会事业取得长足发展，逐步成为全市重点项目建设的主战场、工业经济集聚发展的主基地、农家娱乐休闲的主平台、交通客运物流的主枢纽。2012年街道实现工农业总产值92.6亿元，农民人均纯收入12475元，工业总产值92亿元，占全市近51%，产值500万元以上企业135家，其中2000万元以上规模企业92家，规模以上企业产值62.6亿元。街道始终坚持“服务园区就是服务剑池、园区发展就是剑池发展”的理念，着力拓展工业发展空间，已建工业用地5平方公里，在建工业用地12平方公里，初步形成五金汽配、青瓷宝剑、竹木加工、通讯电缆、食品药品等五大支柱产业。同时，加强以村庄整治、旧村改造、生态移民、产业培育等为重点的新农村建设，美丽乡村建设步伐明显加快，初步形成以茶垟“世外桃源”、宏山“百亩草莓”为主的“田园山庄”集聚区和以棋盘山景区、浙大主题公园为主的人文景观休闲两大特色区域。街道在突出项目建设的同时，积极探索社会管理创新工作，以“五强五网”建设为契机，健全基层组织网络，创新管理模式，切实提高基层社会服务管理水平，推进平安街道建设。

【五年大事纪要】 2008年，龙泉市开展污染源普查工作，街道抽调了15名精干力量组成7个组，深入各个区块开展普查工作，普查率达99%以上。

2008年4月5日，“回归杯”聚焦剑池全国摄影大奖赛开镜仪式在剑池街道茶垟村拉开帷幕，开镜仪式上举行抬新娘、舞狮子等民俗表演。

2008年4月，剑池街道全面开展非物质文化遗产普查工作，已收集线索110多条。

2008年6月30日，“6•25”灾后安置重建大沙安置点——康宁家园举行竣工仪式，104户灾民将入住该小区。

2009年2月4日，剑池街道组织举行了中层干部竞聘上岗，11名街道干部通过笔试、演讲、测评、考察等环节，竞聘到合适的岗位。

2009年7月，街道成立企业安全生产教育中心，并在城区、回归工程、大沙三大区块分别选取国境药业、海阳水泥、伟林机械3个企业建立安全生产教育分中心。

2010年2月22日，剑池街道组织全体干部到茶垟村开展植树活动，共植樟树150多株。

2010年10月28日，浙江龙泉工业园区炉田区块开发建设项目正式破土动工。

2011年3月，剑池街道茶垟村喜获“丽水市首批休闲观光农业魅力乡村”称号。

2011年6月23日晚，庆祝中国共产党成立90周年“邮储银行杯——路红歌一路情”爱国歌曲大家唱活动乡镇（街道）专场在市体育馆举行，剑池街道获乡镇（街道）专场金奖。

2012年，深入实施村情民情“百宝箱”活动，街道干部开展“沉下身，体民情，静下心，破难题”行动。

2012年11月20日，剑池街道第四个社区—大沙社区正式挂牌成立。

【五强五网建设】 街道强化综治调解中心、派出所（警务室）、应急管理（消防）指挥中心、便民服务中心、街道综合文化站五个建设，形成综治调解网、治安防控网、便民服务网、应急处突网、文化惠民网。经过前期的设施投入、制度建设、队伍组建，达到了“五强”斗艳、“五网”联动，从维稳、治安、惠民、应急、文化等覆盖到关系群众生活的各个方面，突出“维稳、惠民”两大主题。一是矛盾纠纷量明显下降。2011年，街道共排查调处各类矛盾纠纷132件，成功调处129件，2012年街道共排查调处各类矛盾纠纷122件，成功调处119件，相比往年矛盾纠纷量下降了7.6%，来信来访量同比下降41%，亦未发生群体性上访和赴丽水、省、京越级上访事件，实现“三无”目标。二是一批历史遗留矛盾得到破解。陆续解决南秦村留用地、“农嫁非”等老大难问题，一大批涉法涉诉的重点难题得到破解，避免了群体上访，有效地维护了社会稳定，成为全市处置此问题的示范单位。三是为民办事前台进一步前移。街道因村制宜，通过努力，实现19个行政村，4个社区便民服务中心的建立，并根据群众的要求和习惯，通过坐班、值班、巡班、轮班等服务方式，提供方便快捷的服务，让群众八小时内和八小时外都能找得到人办理事务，村民交水电费、办理证件等各项事宜均可在当地便民服务中心得到一条龙服务解决。四是文化阵地建设全覆盖。在广泛开展活动的基础上，街道结合辖区内的实际情况开展形式多样文化体育活动。到2012年，街道19个行政村、4个社区建立腰鼓队、军鼓队、舞扇队、太极剑队、舞狮队、舞龙队、民歌表演队等各具特色的文体队伍共计120多支。

【项目建设强势推进】 作为全市重点项目建设的主战场，街道坚持原有好的项目推进机制，创新项目建设协调、督查机制，稳步做好廉租房工程、53省道工程、炉田园区（宏阳区块）、城市燃气利用工程龙庆高速、低丘缓坡综合开发利用、青瓷文化创意基地等项目的政策处理工作，加快推进龙庆高速公路、低丘缓坡综合开发等项目的政策处理工作。同时，积极探索依法又有效的土地征用操作办法，减少土地征用过程中的不稳定因素，为项目建设提供保障。已基本完成浙大主题公园、求是中学、吴处、湾头区块综合开发、交通养护中心等项目的政策处理工作。2012年，2.34平方公里低丘缓坡综合开发、华严公园、青瓷宝剑创意基地（二期）、龙庆高速、浙大中学、高塘垃圾填埋场、客运中心等一大批重点项目建设也正在如火如荼展开。

【农家乐快速发展】 5年来，剑池街道依托畲族文化背景和良好的生态自然环境，以“绿色”为主题，以农耕为特色大力发展以农户家庭投资为主体，庭院式、田园式的农家乐产业，全街道已有星级农家乐19家，其中茶坦村农家乐、周际鱼村等经营户收益良好。享有“龙泉桃花源”美誉的茶坦村是龙泉市近郊一座生态品质优良、休闲资源丰富、人文底蕴厚实的村落，先后获得省、市多项荣誉，2008年被评为省级党风廉政建设示范村，2010年被评为省级农家乐示范村，2012年建成占地200平方米的农耕博物馆。农家乐产业的发展，让游客既领略了农村文化的深厚底蕴，又品味到味道独特的菜肴，为市区居民提供了吃农家菜、住农家屋、干农家活、品农家情、享农家景的新鲜体验。 （叶晓艳 柳 霞）

八 都 镇

【概况】 八都镇位于龙泉市西南部，距市区21公里，总面积142.8平方公里，辖29个行政村，118个自然村，耕地面积2.69万亩，林地15.6万亩。全镇总户数7184户，总人口2.8万，境内盛产萤石、瓷土、毛竹，其中萤石矿储量为全省第一位。

八都镇是龙泉市西南政治经济文化中心，也是浙西南重要集镇，53省道横穿全镇，交通便利，地势平坦，是龙泉市委市政府“一心五点”工业战略布局中重要的一个工业生产基地。该镇是龙泉市竹木制品的重要产地，全镇竹林8万亩，年采伐毛竹180万株以上，有竹制品企业300余家。八都人杰地灵，有较深厚的历史文化底蕴，是元末明初大学者叶子奇、明代开国功臣章溢的故里，也是传统龙泉青瓷重点产地。

2008年以来，八都镇党委、政府依托资源优势，紧紧围绕“合力打造中心镇、创造幸福新八都”的总战略目标和“竹木产业特色镇、省际边贸重点镇、绿色生态示范镇、宜居宜业幸福镇”四镇建设的具体目标，全力实施“主攻工业谋发展，提升农业增效益，立足生态夯基础，注重民生促和谐”的战略举措，破难攻坚，加快促进产业和人口集聚，带动经济和社会各项事业迅猛发展。2012年，全镇实现工农业总产值9.942亿元，其中工业产值7.82亿元，同比增长26%，实现农业产值2.122亿元，同比增长11.4%；实现农民人均收入8998元，比上年增加1240元，同比增长15.98%。

【五年大事纪要】 2008年，完成1万亩现代毛竹高效经营示范园区建设。

同年，完成长80.8米，宽9.5米的青年桥重建工程。

同年，完成投资100万元的集镇一期防洪堤工程。

同年，完成省级生态镇，通过验收。

同年，完成集镇污水处理系统建设，并投入使用。

2009年，引进市内外资1.16亿元，培育规模鑫源木业有限公司、双发竹制品有限公司和明峰竹制品厂3家规模企业，新竣工投产企业5家，新落地开工工业项目8个。

同年，完成53省道八都段改建工程政策处理。

同年，完成投资155.2万元的集镇二期366米防洪堤工程建设。

2010年，工业产值突破4亿，引进市外内资1.05亿元，培育规模企业3家，新竣工投产企业4家，新落地开工项目3个。

2011年，工业产值6.2亿元，协议利用市外资金1亿元，新增亿元企业1家，新拓展工业空间100亩，开工建设年产10万立方米竹制工艺品及10000套竹制家具项目。

同年，完成异地转移708人，其中下山搬迁426人，新增进城务工282人。

2012年，完成投资2700万元的森龙家具制造有限公司年产3万立方米重竹板材项目建设并投产。

同年，八都镇被增补为省级中心镇。

同年，完成青山、吴公、安田、四村、枫锦等5个省级整治村创建工作，完成章府会、双溪口2个特色文化村创建工作。

同年，完成江滨北路群众文体活动中心（金石公园）建设。

同年，完成下山搬迁806人，其中整村搬迁129人，地质灾害隐患点搬迁186人，高山远山搬迁286人。

【平山岭工业园区】 坐落在八都镇四村高浦平山岭地块的八都镇工业园区于2007年被确定为龙泉市委、市政府“一心五点”工业发展战略布局中重要的竹木加工生产基地。该园区交通便捷，紧贴53省道，距市区19公里，距集镇2公里，离规划中的龙浦高速互通1.5公里。园区以龙浦高速互通口为重点开发区域，以平山岭及周边区块拓展为补充，总规划面积达1.8平方公里。2012年底，园区入驻企业11家，已建成投产9家，开工1家。圣丰、利源、茂杉、多安等4家企业已相继实现产值上规模。2011年园区产值突破1亿元，2012年全年产值突破2亿元。

【生态移民小区】 八都镇生态移民小区位于集镇东部，规划总用地面积76593平方米，拟建住宅512直，建筑占地面积22792平方米，总建筑面积99571平方米，其中道路用地9920平方米，绿化用地5376.5平方米，预算总投资9200余万元，建成后可吸纳安置本镇和宝溪、上垟及竹垟等乡镇500多户2000余人。生态移民小区自2008年开始建设，已投入5500万元。一期农民联建房168植、建筑面积36490平方米已完成建房，共安置156户、750多人，已基本入住；二期通过公开挂牌出让3084平方米，以商品房形式由龙都房产承建，共三幢80套，已完工并全部出售，使移民既能享受下山脱贫政策又能住上公寓式套房。2012年，完成生态移民小区基础设施建设工程量的80%，完成主道路硬化、排水设施、江滨路绿化、小区污水处理、路灯亮化工程建设。

【龙都商贸中心】 龙都商贸中心位于龙泉市八都镇最中心区块，由原老八都农贸市场改造而成，2009年9月26日落成，是室内楼层市场。该市场按三星级标准化农贸市场设计，占地10779平方米，总建筑面积17122.31平方米，总投资3000余万元，市场店面110间，其中市场内摊位58个，店面17间，摊位使用率95%，年成交额4100万元。底层沿街为商铺，二层以上均为住宅。2012年完成龙都省级三星级农贸市场改造提升工程，是丽水市乡镇中唯一一家三星级农贸市场，也是丽水市最好的乡镇农贸市场。

【龙浦高速八都段建设】 龙浦高速八都段里程11.8公里，设互通点1个，收费站1个，沿途经过东音、松际、小窨、一村、四村、樟溪6个行政村，涉及二村、三村、松际、东音、野窨等9个行政村，共需征收土地1248.76亩，征收房屋86户，迁移坟墓602穴。八都镇把龙浦高速征迁工作列入年度重点工作，成立龙浦高速指挥部，以班子成员带队驻村干部、村两委干部等组成4个政策处理小组，破难攻坚，全身心投入高速征迁工作中。为妥善解决小窨村互通点和各村征迁户的安置问题，八都镇规划避灾安置小区地基给征迁户，提供地基和套房给征迁户选择，该小区还可安置上垟花桥部分征迁户，避灾安置小区的建设有效推进了龙浦高速房屋征迁进度。2012年，土地协议签订完成1215.66亩，完成总量的97.35%，清表交地999.64亩，完成总量80.05%，全镇602穴坟茔已全部签订迁坟协议，并按要求在规定时间内全部迁移，房屋拆迁完成总量84.88%。

【竹木产业提升发展】 八都素有“浙南毛竹第一镇”的美誉，毛竹产量大，通过继续深化毛竹现代示范园区和早冬笋高效经营示范区建设、改造提升高山远山低产低效林等一系列工程，竹林基础设施得到进一步完善，优越的资源优势带动竹木产业发展，全镇有竹制品企业300余家。自2010年以来，紧抓产业转型升级，企业从生产竹胶板向生产集装箱板材转型，由毛竹半成品加工向生产重竹板材转型，产品线由生产细木工板向高档办公家具转型，实现从粗加工到精深加工的转变。

【中心镇建设步伐加快】 自被列入丽水市级中心镇以来，八都一直紧紧围绕“合力打造中心镇，创造幸福新八都”，一手抓两大平台建设，促进人口和产业集聚，一手抓项目建设，优化集镇功能。加快生态移民小区和避灾安置小区建设进度，结合旧村改造、整村搬迁和下山脱贫等项目，鼓励和引导高山偏远地区和地质灾害多发区人口转移，加快人口向镇区或中心村转移集中。扎实推进青年北路、江滨南路、四村机耕路、长安西路和龙浦高速等道路网的建设，拉升集镇框架，同时不断完善集镇基础设施建设，完善路灯亮化设施建设，全面实施亮化工程，完善垃圾处理场建设和污水处理系统运营，提升镇区载体功能。2012年，八都被增补为省级中心镇，得到更多的政策倾斜，向产业发达、人口集聚、商贸繁荣、环境优美的龙泉西部中心城镇的目标又迈进一步。

【特色文化有序发展】 八都镇历史文化底蕴深厚，明朝开国重臣章溢、元末明初大学者叶子奇、现代名人郭赣等均出于八都。为弘扬章溢、叶子奇等名人文化，延续传统文化习俗，八都镇修

章府会文化主题公园的章溢石雕像

建章溢文化主题公园、修缮叶子奇故居、修缮双溪口古建筑马夫人殿。八都镇有流传至今的舞狮、傀儡戏、四月八吃乌饭、元宵集会等习俗。八都镇拥有较庞大的民间文化队伍，全镇29个行政村以及机关部门，共有业余骨干队伍93支，其中有腰鼓队28支738人，军乐队16支237人，舞狮队8支194人，广场舞队22支330人，气排球队8支83人，门球队5支47人，傀

�董木偶队 2 支 12 人等。 （八都镇）

上垟镇

【概况】 上垟镇位于龙泉市西部，距市区 36 公里，地处浙闽边界。全镇总面积 162 平方公里，辖上垟和四源两个管理区，2012 年底 5036 户 17188 人。53 省道穿境而过，境内有百年青瓷古龙窑，有源底古民居建筑群，有省级十大非遗经典旅游景点之一的披云青瓷文化园。青瓷工厂林立，毛竹资源丰富，素有“青瓷之都”和“毛竹之乡”美称。

上垟镇党委、政府以创建省际边界重镇和打造中国青瓷小镇为目标，以提升青瓷、毛竹两大产业为重点，全镇经济和社会各项事业取得了长足发展。2012 年实现工农业总产值 5.2915 亿元，其中工业产值 4.0015 亿元，农民人均纯收入 8362 元。

全镇共有工业企业 119 家，其中青瓷企业 56 家；规模以上青瓷企业 4 家。占地近 500 亩的青瓷园区入园企业 8 家，全镇青瓷企业产值 2.9 亿元，初步实现产业集聚。企业产品类型包括青瓷原料、包装瓷、日用瓷、艺术瓷、仿古瓷以及卫浴洁具等。并拥有 1 位国家级大师、1 位省级大师、1 位丽水级大师、3 位丽水市级非遗传承人和众多民间传统制瓷老艺人。2008 年园区被授予“浙江省中小企业创业基地”。

【五年大事纪要】 2008 年，青瓷基地被浙江省授予“龙泉上垟青瓷小企业创业基地”称号，“龙泉曾芹记古窑坊”成为浙江省首批 23 个传承保护基地之一。

2008 年，引进市外内资 2000 多万元，引进企业 3 家。

2008 年，上垟镇被命名为“省级特色农业强镇”。

2008 年，通过“省级教育强镇”验收。

2009 年，浙江天丰陶瓷有限公司产值达 2065 万元，在上垟镇青瓷企业中产值首次超过 2000 万元。

2009 年，在小黄南村成功举办首届丽水市毛竹（笋）王擂台赛暨生态文化活动。

2009 年，源底大桥及大桥连接线顺利完工。

2010 年，青瓷产业的产值首度突破了亿元大关，达 1.2 亿元。

2010 年，在小黄南村举办首届上垟镇农民运动会及文艺晚会。

2011 年，投资 116 万元完成上垟卫生院四源综合楼项目。

2012 年，浙江九重天蛙业有限公司仿生态养殖石蛙落户木岱村。

2012 年，成功举办第七届中国龙泉青瓷·龙泉宝剑文化旅游节上垟镇系列活动。

2012 年，龙浦高速政策处理正式启动，共需征收土地 664.55 亩，迁移坟墓 232 穴，征收房屋 69 户，建设安置点 1 个。

2012 年，完成下山搬迁 378 人，其中整村搬迁 15 户 61 人，高山远山搬迁 130 人。

【创建中国青瓷小镇】 上垟镇是现代龙泉青瓷的发祥地，也是龙泉青瓷最集中的产区。“中国青瓷小镇”的建设被列为龙泉市重点项目。2010 年，被评为“浙江省非物质文化旅游经典景区”，并启动国家 AAAA 旅游景区创建计划。项目总投资为 1.2 亿元，分三期投入建设，以上垟镇龙泉瓷厂旧址为核心，整合周边资源，深入挖掘近现代龙泉青瓷文化内涵，形成以点、线、面相结合“一核一轴六片”的开放式、生态化人文景区。中国青瓷小镇聚集四十多家青瓷生产企业，数十位陶瓷家在文化馆设立工作室，并成为中国美院、景德镇陶瓷学院、浙师大美术学院等高校实习基地。2012 年 9 月，被中国工艺美术协会授予“中国青瓷小镇”称号。

【大力发展特色农业】 上垟镇素有“毛竹之乡”之美誉。5 年来，通过建设冬笋培育示范基地、大径竹培育示范基地、大力发展食用菌、特色农产品养殖等，进一步增加村民收入，提升经济效益。2012 年，建设竹林机耕路 41 公里，新培育市乡新型林业经营主体 1 家，新培育高效竹林基地 1.42 万亩，新培育大径材基地面积 0.2 万亩，实施菌棒废料循环再利用项目，建设五都楼、源底两个生产基地，其中源底富源食用菌专业合作社专门从事食用菌生产，年产值已达 2000 万元；巩固提升小黄南、五都垟 2 家集约化菌棒加工厂，产量达 340 万袋。浙江九重天蛙业有限公司仿生态养殖石蛙落户木岱村。汤源、黄渡竹林土鸡，源底奶牛，上源獭兔，丁源田鱼等特色养殖不断发展，助推农民致富增收。

【龙浦高速建设】 龙浦高速建设是上垟镇 2012 年重中之重的工作。龙浦高速公路上垟路段总长度 8.587 公里，设互通一个，省级主收费站一个，沿途涉及黄渡、木岱口、五都垟、岱源、花桥、五都楼、供建 7 个行政村，共需征收土地 664.55 亩，迁移坟墓 232 穴，征收房屋 69 户，建设安置点一个。镇党委政府对龙浦高速公路建设高度重视，政策处理工作扎实推进，已完成全部土地征收协议和坟墓迁移协议的签订工作。签订房屋协议 57 户，占任务数 82.61%，补偿拆除到位 47 户，占任务数 68.11%，工程建

设有序推进。（上垟镇）

小 梅 镇

【概况】 小梅镇位于龙泉市西南部，东邻屏南镇和庆元县竹口镇，北接查田、八都两镇，西连上垟镇，南与庆元县黄田镇交界，54省道、龙庆高速穿镇而过，是通往本省的庆元县和福建的松溪、政和、建瓯、福州等地的交通要道，距市区38公里，全镇面积为97.22平方公里，辖23个行政村，37个自然村，总人口1.3万人，耕地面积13262亩，山林面积141035亩。境内有着丰富的森林、水力、矿藏资源，有全国重点文物保护单位——大窑古青瓷窑址。

2008年以来，小梅镇立足本镇实际，深入实施"生态立镇、工业强镇、文旅兴镇"战略举措，全面构筑"五强五网"社会管理新格局，抢抓机遇、开拓创新、锐意进取、攻坚克难，有力推进了全镇经济社会各项事业的全面发展。2012年，全镇实现工农业总产值4.98亿元，比上年增长26%；其中工业产值4亿元，同比增长33%；招商协议引资8500万，比上年增长41.6%，实际利用市外资金2800万元；农业产值0.98亿元，同比增长8%，农民人均纯收入8997元，同比增长14%。

【五年大事纪要】 2008年，完成高际头至垟岙头5.66公里、孙坑至高坑3公里康庄公路建设。

2009年，完成大梅口至高际头的通景公路、半边月至毛断村10.03公里康庄公路工程。

2010年4月12日，一场罕见的龙卷风伴随冰雹和暴雨袭击小梅。致使全镇23个行政村断电，竹林便道、康庄公路、机耕路、防洪堤、简易棚、经济作物等被冲毁，受灾人口达7000余人，直接经济损失3000余万元。

重建后的龙庆桥　　张有钢　提供

2010年，完成延庆路路面改造和彩砖铺设工程，完成梅北路和梅西路工程。

2010年，举办第一届农民运动会。

2011年，采用民间集资、企业赞助和政府补助的方式筹集资金，建成总投资700余万元的瓯江第一廊桥——龙庆桥。

2011年，小梅新车站投入使用。

2011年，完成车盘坑（属屏南镇）至垟岙头联网公路工程。

2011年，完成有线电视数字化整转1774户。

2012年，小梅镇荣膺"浙江省历史文化名镇"，大窑村荣膺"浙江省历史文化名村"。

2012年3月31日至4月1日，在黄南村开展以乡村休闲度假、农业观光游览、民俗风情体验、乡村文化感受为主要内容的乡村漫游活动。

2012年，完成54省道至骆庄、毛山头长桥头至骆庄桥联网公路建设。

【工业经济发展】 小梅镇坚持把抓工业发展作为各项工作的重中之重，加大合力扶工意识，以推进新型工业化"六大行动"为抓手，用足、用活、用好发展工业经济的各项优惠政策，以"提升竹木业，深挖采矿业，发展生态业"的产业发展思路，积极拓展发展空间，加快基础设施建设，加快项目落地小梅。重点要做好吉岭200亩工业园区的规划、拓展和建设，从而形成一个以竹木精深加工为主，产业集聚发展的工业产业园区，突破小梅工业无集聚的现状。盘活小梅汽校、青溪老乡镇政府等闲置空间，开辟工业发展新平台；盘活各村老会堂、村委楼等闲置资产，用于工业办厂或来料加工场所建设，努力实现壮村工程与民营经济双增收。

【小梅乡村文化之旅】 小梅镇是中国龙泉青瓷的发祥地、浙江历史文化名镇、传世哥窑故里，距市区38公里，境内山峦起伏、连绵不断，生态资源丰富，有宜人的气候和旖旎的风光，随着高速的贯通，龙庆高速查田、黄田互通到小梅的车程仅10分钟，小梅的区位优势日渐凸显。小梅镇秉承"文化运作先行，旅游发展跟行"的理念，以省级历史文化名镇名村建设为载体，打造青瓷访遗、廊桥追梦、叶适问宗、老街怀古、瓯源探秘、香火祈福等特色旅游,推行小梅乡村文化一日游。新春之际,到植碧古殿、台湖祖殿、三王祖殿等地烧香祈福;清明时节,到黄南村体验乡村漫游;炎炎夏日,到金村古松林里纳凉避暑,尝农家美味;金秋时节,到大窑村访大窑古青瓷窑址,乡村文化之旅魅力十足。

【龙庆桥重建】 龙庆桥是一座五孔36间,长140米,高14米,宽5米的石木结构屋式古廊桥桥,原名小梅“济川桥”。乾隆四十二年(1777)重建,更名为“通福桥”,光绪三十年(1904)改名为“寿川桥”。民国9年(1920),经龙庆两县知事会看后,以王先培为总董事,刘朝高等四人为理事,募捐银圆两万多块动工重建,至民国13年(1924)竣工。从桥头拾级而上,迎面桥门石刻横匾上可见“龙庆桥”三个苍劲大字,题字出于清末状元、中国近代著名的实业家、教育家张謇之手,这也是全国唯一一座由状元题词的廊桥。1949年5月中旬,龙庆桥毁于兵火。经过近几百年的风雨侵蚀,龙庆桥仅剩两个桥墩。2010年,恰逢龙泉青瓷传统烧制技艺和庆元木拱廊桥传统营造技艺均入选联合国人类非物质文化遗产名录之际,龙庆两县(市)采取民建公助形式筹措资金,携手重建龙庆桥,并于2011年11月顺利竣工,让蕴藏着深厚历史文化内涵的龙庆桥以其独特风姿,重现在瓯江源头梅溪之上。 (徐起全)

查 田 镇

【概况】 查田镇位于龙泉市西南部,距市区27公里,54省道、龙庆高速以及建设中的龙浦高速贯穿该镇,东与屏南镇相接,南与小梅镇相依,西北靠八都镇,东北与兰巨乡相邻。镇域总面积122.36平方公里,辖32个行政村,人口1.6万人。查田镇是龙泉市“一心五点”工业发展布局的重要节点,域内的茶丰五金汽配基地被授予省中小企业创业基地。

2008年以来,查田镇以“服务基层惠民生、加快步伐创佳绩”为工作取向,全面贯彻落实工业强镇、农业稳镇、商贸活镇、生态立镇、依法治镇的方针,抓班子带队伍,求和谐保稳定,强化五金汽配、竹木加工、生物质发电三大支柱产业,坚持抓项目、保增长,促进镇域经济又好又快发展。全力以赴推进新型工业化、农业现代化、城镇特色化、社会和谐化、组织保障化。2012年底,全镇实现工业总产值10.03亿元,比上年同期增长29.16%,其中规上企业总产值7.76亿元,比上年同期增长43.17%。实现农业产值1.4亿元,比上年增长5.58%;农民人均纯收入达10369元,同比增长16.01%。人口自然增长率继续控制在6‰以内。

【五年大事纪要】 2008年3月,完成了茶丰五金汽配园区第三期场地平整工程验收和征地拆迁扫尾工作。

2008年5月,查田镇开展查一、查二等8个村生态整治村建设,圩头村成为丽水市村庄整治的先进典型。

2008年5月,查田镇实施十万农民饮用水工程,上墩、溪口等15个村2000余户农民喝上干净清洁的自来水。

2008年6月,查田镇实施小流域治理工程,投资620万元的小梅溪查田段和竹舟段两处防洪堤使查一、溪西、下圩、竹舟等村受益。

2009年6月,查田镇实施查兴园下山脱贫小区工程,完成2幢28直地基供地。

2009年8月,查田镇对溪口、下圩村分别投资20多万元建成污水处理池。

2009年11月,查田镇完成茶丰五金汽配园区70亩土地的对外招商,园区主体建设基本完成。

2010年6月,龙庆高速公路(查田段)政策处理工作全面完成,并开工建设。

2011年,查田镇被列为丽水市中心镇。

2011年7月,查田镇建设完成查田镇避灾中心、文化中心综合楼工程并投入使用。

2011年11月,查田镇完成全镇数字电视的转换工作。

2011年11月,查田镇新引进的浙江瑞峰新型墙体材料有限公司投产运营。

2011年12月,查田镇成立民兵应急分队、治安巡逻队、义务消防队为一体的“三合一”应急分队,队员人数200多人,挂牌“查田镇应急指挥中心”。

2011年12月7日,南天木业集团厂房发生火灾,经济损失10余万元。

2012年5月,查田镇12个中心村和沿线村设立村邮站。

2012年7月,查田镇完成全镇32个行政村实行垃圾集中收集处理。

【中心镇建设】 查田镇2011年被列为丽水市中心镇后,中心镇建设规划与“十二五”规划、县市域规划相互衔接,制定了科学、合理、全面的经济社会发展指标体系。编制了《查田镇建设总体规划》,其规划面积为2.91平方公里,规划期限为20年。规划将查田镇建设成龙泉市经济发展主轴上的重要节点;具备工业、商贸、休闲、服务等综合功能的“生态低碳、宜居宜业”现代化小城镇。根据中心镇建设需要,规划了金圩工业园区、金圩大桥、悦来大桥、查田街改造工程、金三角生态移民小区建设、江滨路防洪堤景观带、集镇污水处理工程等项目，其中金圩工业园区和金圩大桥均已开工建设。

【龙庆、龙浦高速公路建设】 龙庆高速公路建设工程涉及查田镇18个行政村，全长12.73公里，涉及土地征用1300余户，征用红线内土地面积1189.89余亩，各类补征地与大三改用地70余亩，共发放土地补偿款3600余万元。房屋拆迁15户，厂房拆迁4座，坟墓迁移420穴，共发放各项补偿款4630余万元。配合各项目部共租用场地75亩，便道租用10.3公里。全线共调处各类纠纷168起。龙浦高速公路查田段全程2.889公里，另有匝道4公里，设白马畈大型枢纽互通1处，政策处理涉及柘坑、小砻坑、横坑、圩头、上墩、下湾、大坑下等7个村。2012年11月底，完成白马畈枢纽118亩土地的征用工作，完成全线的青苗清点登记工作和118亩土地的征地补偿款、青苗款补偿发放和清表工作。截至2012年12月20日，完成查田段258.47亩土地的征收协议签订，完成总任务的100%；已实现土地清表交地241.57亩，完成总任务的93.46%，剩余16.9亩为房屋占地。白马畈枢纽已在施工中，施工便道政策处理已完成，改建基本完成。

【生物质发电项目】 由浙江省能源集团投资建设的龙泉生物质发电项目位于查田镇金圩竹木园区。该项目以当地菌菇棒、秸秆、竹木加工废弃物等生物质为燃料进行发电，项目建设有利于优化能源结构、改善生态环境、促进农业循环经济和地方经济发展、增加农民收入，是国家产业政策鼓励发展的新能源项目，项目实施会对周边乡镇乃至周边县市的农民起到强大的辐射和集聚功效。工程项目总装机3万千瓦，年消耗生物质13.5万吨，项目总投资约3.5亿元。项目年消耗生物质13.5万吨，相当于节省6.47万吨标煤，大大减少了排污物的排放，减少了环境污染。同时每年可以利用生物质燃料约13.5万吨，按照每吨燃料300元计算，每年可为当地农民增加收入约4050万元。2010年11月，合作双方正式签订项目招商落地合同。为确保项目顺利进行，查田镇人民政府着手拓展工业空间约500亩，负责场地平整和进场桥梁（道路）等基础设施建设，工程总投资约6210.62万元。其中，土石方开挖180万立方米，边坡处理4.5万平方米，防洪堤920米，道路6400平方米，进厂桥梁一座。

【查田古窑址群】 查田古时烧制青瓷的人很多，境内现存古窑址群多处。一是溪口古窑址群，位于查田镇溪口村，分布在溪北谷下坑至瓦窑洋一带，在长约一公里的规范内，共有窑址11处，产品种类多，釉色以粉青，梅子青类属多，具有很高的制作工艺水平。尤其是瓦窑洋窑址，产品质地精良，特别是黑胎类青瓷，对研究哥窑产品具有十分重要的价值，烧制时间为宋、元时代，是龙泉青瓷鼎盛时期的一处重要窑址，是市级文物保护单位。另有一处是石隆青瓷窑址群，位于查田镇石隆村，共有9处窑址，常见器物以碗、盘、洗、高足杯、炉、盂等为主，堆积丰富，釉色以青绿为主，烧制时间为宋元时期。 （查田镇）

屏南镇

【概况】 屏南镇位于龙泉市南端，东邻龙南乡，南与庆元县交界，西连小梅、查田两镇，北接兰巨乡，处在龙泉、庆元两县（市）交界处的瓯江源头。镇政府驻地坪田，距城区50公里，下辖屏南、瑞垟、均溪三个管理区，28个行政村，37个自然村，总人口10200人。全镇总面积285平方公里，其中水田9277亩，山林总面积374364亩，木材蓄积量183万立方米，可利用山地6.6万亩。屏南镇平均海拔800米以上，属亚热带季风气候，常年温和湿润，年平均气温在17℃~18℃，雨量充沛，年降雨量1645~1850毫米，是龙泉第一个林区。

2008年以来，屏南镇党委、政府坚持“立足高山、生态创业、绿色发展”战略，抓好发展和稳定两篇文章，突出山上和山下两个重点，大力发展高山农业产业和高山生态旅游，全面推进屏南经济的可持续发展。2012年，全年共实现工农业总产值1.24亿元，其中农业产值7041万元，比上年增长11.5%；工业产值5310万元，比上年增长66.9%。实现农民人均纯收入8274元，比上年增长19.2%。

【五年大事纪要】 2008—2009年，完成均山、塘山、里洒、金林、横溪、南垟、车盘坑等村的康庄工程建设。

2008年7月，屏南镇蔬菜交易市场建成，面积300多平方米。

2008年，垟顺村建成全镇首个老人公园，总投资16万余元。

2009年，瑞垟完小撤并，全镇只保留均溪、屏南两所小学。

2009年，投资24万元修缮镇文化中心，并通过浙江省“东海文化明珠工程”验收。

2010年，均溪完小撤并。

2010年，屏南镇杉树根村与庆元四山乡垄下村的小公路开通。

2010年，查田到竹篷后3.5万高压线路全面建设完成。

2010年11月6日，建成龙泉、丽水两级摄影创作基地，并举行授牌仪式暨首届民俗摄影节。

2010年，创建市级标准化高山蔬菜种植示范村3个、示范基地2个，镇级标准化高山四季豆示范村3个、示范基地5个，创下了省级无公害绿色农产品的品牌。

2011年11月22日，成功举办屏南镇首届老年人运动会。

2011年11月25日，完成屏南中心卫生院综合大楼建设，正式投入使用。

2011年，启动地畲至车盘坑通乡公路的前期工程，顺利完成了公路测量。

2011年，顺利完成瑞垟管理区的电网改造，并入国家电网。

2012年，全面完成有线电视数字化转化任务。

2012年，在全镇28个行政村建成农家书屋。

2012年，全面完成屏南客货一体站及附属工程建设，在周岱、均何、垟顺等村建设候车亭3个，投入资金100余万元。

2012年，顺利通过省级小康型老年体育乡镇验收。

2012年，投资50余万元完成屏南镇社会服务管理中心建设。

【高山蔬菜种植】 屏南镇作为浙江省海拔最高的建制镇，春季回温迟，秋季降温早，夏季短而无酷暑，非常有利于发展反季节高山蔬菜。从2007年开始，镇党委、政府开始引导农民试种高山蔬菜，并采取保护价收购的模式打消农民种菜的后顾之忧。专门聘请技术员到全镇各行政村进行高山蔬菜技术培训。到2012年，高山蔬菜从无到有，发展到6000亩的规模，成为屏南镇的支柱型产业。品种包括高山四季豆、松花菜、高山番茄、冷水茭白、高山小辣椒、绿皮茄子、黄秋葵、油菜、高山药材等，覆盖到20多个行政村，直接参与种植的农民达到2500多人。如今，屏南镇还积极与丽水职业技术学院开展产学研合作，打造产业化、科技化、旅游化为一体的现代农业体系。屏南镇还采用竞标销售、合作社2分利销售和大型农产品批发市场设立直销点等方式减少高山蔬菜销售过程中的利润损失，尽量把利润留给农民。同时，通过土地流转、不同品种蔬菜轮种以及农田水利设施建设和道路改建等方式，保护耕地资源，夯实高山蔬菜发展的基础条件。利用发展微水微灌、诱虫灯杀虫以及控制农药化肥的使用量等方式，打造屏南高山有机农业基地，并通过媒体宣传、申请有机认证等方式，使屏南镇高山蔬菜生态有机的形象深入人心，保证高山蔬菜产业的健康持续发展。

【乡村漫游】 屏南镇自然景观秀丽，历史文化底蕴深厚，拥有大批有着优美传说的自然文化古迹，很多村庄更是有着千年的历史。春天流云飞雾，宛如仙境；夏天山花浪漫，清凉湿润；秋天果蔬飘香，田园野趣；冬天雾凇相迎，冰壁突兀，非常适合休闲旅游。5年来，屏南镇充分将优美的自然景观和深厚文化底蕴的村落相结合，围绕村庄、山水、森林、田园开展旅游规划，挖掘保护历史文物、古村落文化及民俗习惯，在全镇范围内建设了一批乡村旅游景点，如坪田村的丰年吉庆，砻铺的民俗风情，周岱的高山云雾，南溪口的野生猴群，东山头的大小天堂，南溪的瓯江源头，垟顺的廊桥古村，竹篷后的神秘九龙峡谷，都是非常优美的景点。

2010年举办以“神奇屏南——人与自然的凝视”为主题的龙泉（屏南镇）丽水市摄影基地授牌仪式暨第一届摄影节。2011年3月26日举行屏南镇第二届摄影节暨“春摄香雪海 情系车盘坑”“农信杯”摄影大赛，共接待摄影爱好者500余人次，并且有上海等地的旅行社组团来此旅游摄影创作。2012年10月，举办丽水·龙泉秋实节暨龙泉市乡村漫游节（屏南站），节庆活动期间吸引了1100余名游客参加。大批旅游摄影爱好者涌入

2012年龙泉市乡村漫游节（屏南站）开幕式现场

屏南观光摄影，引发高山旅游摄影的热潮，不仅提升了屏南镇的知名度、美誉度，还推动了屏南的交通、餐饮、住宿、农家乐等产业的发展，南瓜子、土鸡、猪脚等土特产受到了游客的热捧。2012年，屏南吸引的旅游、摄影爱好者以及背包客达5000人。

【休闲养生会所】 休闲养生会所坐落在海拔1080米的镇政府所在地坪田李村，投资300余万元，于2012年9月建设完成并投入使用。占地面积2500平方米，是一个集接待室、休闲活动室、阅览室、餐厅、住宿为一体的独立中心，拥有一个小型停车场。能一次性接待游客100余人，并能提供100人左右的会务服务。

【乡村文化发展】 全镇28个行政村均建立农家书屋，不定期开办广场舞、腰鼓队培训班，壮大“妈妈秧歌队”队伍，80%以上的行政村建成建筑面积100平方米以上的室内文化活动场所，丰富了群众业余文化生活。2010年，建立农耕博物馆，馆内收藏镰刀、蓑衣、木制水槽等早期农具20余件，成为屏南农村发展历程的见证。为进一步繁荣屏南镇文化，屏南镇于2012年9月成立屏南镇农民摄影家协会，成员均为镇内摄影爱好者。协会经常组织成员在镇内进行摄影创作，定期举办农民摄影培训班，造就本地农民摄影家。同年，建立了农民摄影作品展示中心，专门展示具有屏南乡村特色文化的作品，使产业发展与文化宣传同步推进。 （屏南镇）

安 仁 镇

【概况】 安仁镇位于龙泉市东部，是龙泉市的东大门，丽龙高速公路与53省道穿境而过，交通便利。全镇总面积208平方公里，辖37个行政村和1个社区，1.9万人口。全镇现有工业企业255家，其中规模以上企业7家，2012年实现工业产值6.5亿，同比增长44.1%，农业总产值1.1亿元，综合税收850万元，比上年增长41.9%，农民人均收入8686元，同比增长16.8%。安仁镇是国家经济综合开发示范镇，龙泉市首个省级中心镇，浙江省第九批省级生态乡镇和全国新农村建设示范点。

安仁镇紧紧围绕市委、市政府“生态立市、工业强市、旅游兴市”三市并举的战略，以“工业园区化、农业产业化、集镇城市化”为工作思路，积极推进全镇各项事业发展。完成了安仁工业园区一期800余亩工业空间拓展，引进了温州十余家精密泵阀制造企业，新兴泵阀产业基地初具规模，形成了传统木制玩具和新兴泵阀两大产业齐头并进、共同发展的工业发展格局。大力开展黑木耳产业化之路，2012年共发展黑木耳菌种1600余万包，菌棒2500余万包，共计产值6000余万元。全面实施下山脱贫人口集聚工程，引导人口向镇中心汇聚，建成区人口达12432人，集镇功能明显提升。

【五年大事纪要】 2008年，完成溪东区块800亩征地。

同年，在兰狮畈、张山岩建立了220亩黑木耳标准化基地，在昌文自然村建设浙江省远程教育黑木耳生产50亩实践基地。

同年，组建培育龙头企业3家，专业合作社5家，其中重点龙头企业1家。

同年，完成了1400米溪东防洪堤，水利设施修复及改造5000余米。

同年，举办正月十五迎龙灯活动、全民健身运动会、“永和杯”感受安仁摄影比赛。

同年，“项边稻草龙”入选丽水第二批非物质文化遗产名录。

2009年，在集镇范围内建立黑木耳标准生产基地4个，突破耳稻轮作2000亩。在省外建立黑木耳标准生产基地5个。

同年，入围了“浙江省十大生态旅游名镇”。

同年，打通了安民、水源头、黄桶、胜游、上际、坑下6个行政村的通村公路。

李逸民将军故居

2010年，投资130多万元新建社区服务综合楼900平方米。

同年，完成库区移民486人，实现整村搬迁300人。

同年，投资20余万元完成李逸民将军故居修缮工作并对外开放。

2011年，完成龙泉市首个镇级微动力污水处理池。

同年，组建"安仁鱼头"协会，创建"安仁鱼头"一条街。

2012年，编创《季山头之歌》并获得第三届中国村歌十大金曲，十大金曲作词、作曲奖。

同年，全面完成镇文化中心大楼（避灾中心）建设。

【安仁鱼头一条街】　"安仁鱼头"以其肉嫩汤鲜而闻名遐迩，吸引着四方宾客。为了更好地提升"安仁鱼头"的品牌效应，将其打造成安仁的名片，围绕鱼头建设特色餐饮文化，带动一方经济全面发展，2011年，安仁镇党委、政府通过成立鱼头协会、创建"安仁鱼头一条街"、制定长期规划等"两大举措，一大规划"，加快推进安仁鱼头的产业化步伐，促进鱼头产业的发展。成立安仁鱼头协会，囊括了安仁镇内以鱼头火锅为特色的餐馆，其协会成员20名，并投票产生会长1名，副会长2名，秘书长1名，理事5名。该协会2011年选送的安仁鱼头火锅在丽水市农家乐百菜谱评选活动中被评为"丽水市农家乐十大名菜"，2012年中央四套《今日农经》栏目组特地到安仁拍摄了安仁鱼头的专题片。

【来料加工业】　安仁镇的来料加工工作坚持"引导、发展、稳定、壮大、提升"的总体思路，近年来保持迅速崛起的势头，成为全镇农民增收增资的重要途径。到2012年底，全镇已实现来料加工费1443.5万元（其中市内451万元，市外992.5万元），已有来料加工加工点9个，经纪人9人，来料加工企业2个，月加工工人数达到1500余人。

【工业园区】　安仁镇以拓展工业空间、优化发展环境、强化招商引资为抓手，促进工业快速发展。全镇有溪东、溪西、永和3个工业园区。溪东、溪西工业区总规划面积800余亩，是龙泉市"一心五点"工业发展战略布局中重要的阀门生产基地，分别在2008年和2010年完成"三通一平"工作，2011年溪西、溪东连结桥竣工通车。随着龙泉市"一心五点"工业空间拓展步伐的加快，安仁镇积极承接温州、瑞安等地产业梯度转移，积极开展招商引资工作，成功引进了一批泵阀制造和木制玩具企业。园区内有企业21家，累计开工企业21家，累计投产18家。预计全部企业达产后，溪东、溪西工业区可以实现工业产值15亿元。永和工业园区以现代生态工业园区为建设目标，以泵阀产业和新兴产业为引进主导产业，规划用地总面积1249亩，预算总投资约2.2亿元，可建设工业用地面积约820亩，分两期开发，其中一期717亩，二期532亩。

【富民壮村工程】　以壮大村集体经济为突破口，充分发挥壮村在富民与强乡镇之间的桥梁纽带作用，着眼于"走科学发展之路"，强化统筹规划，专门邀请了市委组织部、农业局、农办、财政局、移办、党校等单位对全镇村集体经济发展情况进行调研，在此基础上，提出了"点面结合、分步实施，整合资源、统筹推进"的工作思路，并结合《安仁镇产业发展规划》，制定了《安仁镇发展壮大村集体经济实施方案》，对全镇33个集体经济薄弱村进行总体规划，计划用4年的时间，通过实施兴建物业大楼、标准化厂房及盘活村集体资产等项目，使各村年集体经济收入达到10万元以上。针对各村地域条件和经济发展水平差异，因地制宜，采取"抓重点、树样板、传经验"的办法，在近年实践的基础上，推行了以下五大模式，即集聚发展型物业经济模式、盘活存量型物业经济模式、异地发展型物业经济模式、产业发展型物业经济模式、资源开发利用型经济模式。

【紧水滩库区异地脱贫工程】　安仁镇异地脱贫小区是省重点工程，是一项扶贫工程、民心工程。二期项目安和小区建设，总投资1.2亿元，建筑面积91044.69平方米，采用公寓式设计，总住宅510套，可安排2000多人入住。现该工程一期主体工程实现农民建房8栋开工，5栋结顶。　（安仁镇）

锦　溪　镇

【概况】　锦溪镇位于龙泉城西北部，距市区12公里，51省道遂龙线（在建）贯通后，距离市区仅8公里，东邻西街街道，南连八都镇和竹垟畲族乡，西靠住龙镇，北接岩樟乡。全镇面积162平方千米，人口10637人，辖14个行政村，90个自然村。境内森林、毛竹、旅游、矿产资源丰富，全镇林地面积18万余亩，耕地面积10649亩；境内的昴山是龙泉市重要的旅游景点，同时也是浙闽赣边境久负盛名的佛教圣地，其山势险峻，景色绮丽，昴山佛教文化主题景区正在规划和建设中。

2008年以来，锦溪镇党委、政府以提升竹产业、文化旅游、新农村建设为重点，统筹兼顾抓关键，求真务实创大业，谋求经济发展新突破，构建镇区建设新框架，打造区域魅力新亮点，开创科学发展新局面。2012年，全镇实现工农业总产值11亿元，农民年人均收入9148元，同比2007年分别增长35.8%、103.5%。

【五年大事纪要】 2009年，启动昴山4A级景区规划和开发项目。

2009年，完成1000平方米精神卫生中心楼建设。

2011年，昴山通景公路竣工。

2011年，举办“发现昴山、祈福之旅”首届昴山旅游文化节。

2012年，岭根村真德秀文化广场3600平方米一期建设工程完成。

2012年，实施异地搬迁农户54户194人。

2012年，扎实开展了村级便民服务中心建设，截至11月底，全镇14个村都建立了便民服务中心。

【新农村建设】 5年来，全镇共实施拆除危旧房、闲置房144户21981平方米，新建222户16853平方米，群众人居环境得到较大改善。完成中心村、省级重点整治村、丽水市兴林富民示范村、绿化示范村，丽水市级示范村等创建工作任务。以“户集、村收、乡镇处理”和“户集、村收、就地处理”相结合的运作模式推进全镇垃圾整治工作，5年来，共建垃圾焚烧炉5个，建设添置垃圾池、垃圾箱598个，添置垃圾车14辆，聘用专兼职环卫工人23个。全面解决了全镇14个行政村的饮用水安全问题。完成岭上至龙竹，岭根至百里，双河口至贵坑、墙甲，中锦至鉴心寺景区道路建设。积极推进生态移民工作，5年来，高山群众实现下山脱贫达910余户3508人，其中乌岙村实现整村搬迁，自然村数由134个减少到90个，全镇89%的人口集聚在牛住公路沿线，人口集聚效应逐步呈现。

【昴山旅游开发】 昴山佛教文化旅游开发项目由昴山佛教主题区、鉴心综合配套区、五九休闲养生区共3个区块组成，投资估算为10亿元，投资建设期为五年。一是昴山通景道路10.117公里的路基路面及两侧防护工程全线竣工，并顺利通过市级相关部门的联合验收。二是在昴山通景道路两侧实施分年度绿化工程，通景道路两侧生态保护得到全面提升。三是在确立“十里菩提道、百亩寺庙群、千尊圣佛像”为总体开发思路的基础上，经过多次探讨和协商，镇党委政府和投资方达成初步投资开发意向，并制定了以“云霄奇景，菩提圣境”为开发主题的昴山佛教文化旅游开发初步规划。提出了自然资源、人文资源、特色产业有机结合，“佛教文化、生态休闲度假、龙泉青瓷文化”为一体的开发体系，着力将昴山打造成为浙闽赣三省边境佛教休闲旅游胜地。四是于2011年成功举办“发现昴山、祈福之旅”首届昴山旅游文化节，昴山知名度得到全面提升，昴山开发迈出了实质性步伐。

【惠民增收工作】 坚持做强主导产业，做优特色产业，使农业经济保持良好发展态势，农民可支配收入持续增加。一是大力推广“黑木耳—水稻”轮作模式，建成标准化基地4个，实现亩产“千斤粮、万元钱”，标准化率达50%以上，年均产值达5000万元以上。二是积极推进毛竹高产高效基地建设，建造完成竹林机耕路70余公里，实施低效林改造1万余亩，全面实现“三年人均增收千元”的竹产业倍增计划目标；切实提升笋竹合作社的生产经营能力，培植笋竹合作社2个，年均销售产值达2000多万元。三是实施“一村一品”发展思路，结合山地开发项目完成岭根村300亩茶苗种植，昴山茶叶厂实施标准化建设，年生产能力达1万公斤以上；在肖庄、贵坑村发展高山四季豆150亩、毛豆300亩，增加产值300余万元。四是充分利用众多在温州创业的优秀企业家的优势，鼓励先富起来的锦溪能人带动更多的村民走上致富的道路，在温创业的优秀企业家不断增加；积极开展外出创业人员就业培训，接受职业技能培训、业务培训1500余人，实现农民转移就业1300余人，帮助解决农民就业岗位200余个。 （吕建勇）

住 龙 镇

【概况】 住龙镇位于龙泉市西北边陲，乌溪江上游，东接锦溪镇、岩樟乡，南邻竹垟、宝溪两乡，西连福建省浦城县，北倚遂昌县。全镇总面积269.7平方公里，辖11个行政村，总人口6215人，境内山高涧深，林木茂盛，空气清新，风光秀丽，有林地39万亩，森林覆盖率达93%，有“浙南林海”之美称。住龙民风淳朴，文化丰厚，是浙江省重点革命老区，浙西南革命根据地的中心区域，中共浙江省委第一部电台安装在住龙镇水塔村，中共处属特委第一次党代会在水塔村叶岭头召开，浙西南第一个县级苏维埃政府在住溪成立，丽水处属特委第一、二、三期干部培训班在水塔村举办。

5年来，住龙镇按照市委打造“活力龙 幸福泉”的目标要求，团结带领全镇广大干部群众，抢抓机遇，锐意进取，进一步强化保护生态，挖掘弘扬老区文化，坚持“生态重镇、红色古镇、旅游新镇”三大定位，突出“产业做强、收入做富、环境做美、名气做亮”四项重点，加快建设宜居、宜业、宜游的“两富”新住龙。围绕打造“三色住龙、旅游新镇”目标，往东接城区，向北承遂昌，按照“古色吸引人、绿色留住人、红色教育人”的要求，坚持把生态理念融入旅游开发的各个环节，大力推进生态公益林、生态保护林、生态经济林为主要内容的绿化体系建设，打响以山清水秀、环境优美、原生态保护为主要特色的“绿色养生游”；着力推进“红色古镇”建设，打响以苏维埃政府旧址和住溪老街为主要内涵的“红色教育游”；启动娃娃鱼文化观赏园建设，打响以远古娃娃鱼、碧龙四知堂和白岩百忍堂等为主要内容的“古色观光游”。

【五年大事纪要】 2008年，住溪村苏维埃政府修复工程顺利完工。

同年，引进并成立龙泉市锦鲵农业科技开发有限公司，发展娃娃鱼养殖，至年底投资额达200多万元。

2009年：发展抚育茶叶基地600亩，建成碧龙村武夷山岩茶基地60亩。

同年，发展高山蔬菜基地300亩。

同年，住龙客运站主体工程竣工。

同年，省级体育强镇成功创建。

同年，完成碧龙杨家大屋——中共龙遂县委旧址修缮布展。

2010年，全镇茶叶种植面积达2627亩。

同年3月，被环保部授予“全国环境优美乡镇”称号。

同年，成功举办丽水市第三届乡村文化艺术节开幕式暨第四届浙闽老区文化节。

2011年，投入40多万元对住溪苏维埃政府办公旧址、中共龙浦县委旧址进行全面修缮。

2012年，投资258万元的住溪防洪堤二期工程竣工投入使用。

同年，镇中心幼儿园道路改建工程竣工投入使用。

同年，龙泉市“走访边际百村、追循红色足迹、增强国防观念”主题国防教育活动在住龙镇启动。

【住溪老街】 住溪红色老街全长约400米，街两旁保存有较为完整的清中期古建筑民居，具有较高的历史和审美价值。沿着住溪老街，两旁是整洁的老民宅，从这些粉墙黛瓦的古民居和这条鹅卵石铺就的深邃老街，依稀可以想象清代老街两旁店铺林立的繁华景象。老街上留下了许多红军的足迹，故名红军街，而当时国民党则把这条街叫作“土匪街”。部分民居的墙壁上仍留有革命斗争时期留下红军标语等红色印迹，一户居民铁门上的弹孔清晰可见。

【全国环境优美镇】 走进住龙，给人的第一感觉是放眼青山，满目林海。自然生态景观随处可见，水塔西井生态沟、双渡洋生态村以及一些天然的山涧、泉井等都是人们感受自然、享受生态的最佳去处。2010年3月19日，住龙镇被环保部授予“全国环境优美乡镇”称号。镇党委、政府确立“生态立镇”的理念，全面加强农村环境保护，努力建设生态文明，促进人与自然和谐发展，努力创建绿色家园，竭力打造生态住龙。

【农业增收】 生态食用菌产业标准化基地建设取得新进展。推行“稻耳”循环轮作模式，生产总量突破1000万袋，带动农民人均增收2502元。生态茶叶规模种植加工销售取得新亮点。推行“茶瓜”套种模式，新建“鸿兴”茶叶专业合作社，注册“老住龙”品牌，引进福建生生茶叶公司落户龙星村，带动农民人均增收1097元。全镇发展茶叶种植近3000亩，“老住龙”“珍稀白茶”“绿雪芽”“红雪芽”等品牌更显地方特色。生态蔬菜种植销售取得新成效。推行“菜稻”轮作模式，仅建胜村高山四季豆种植规模就达400多亩，在好山好水好空气的滋润下，质优价高，成了沪杭甬市民的“抢手货”，成了高山农民致富的“金豆子”，带动农民人均增收411元。娃娃鱼特色生态养殖获得新进步。锦鲵公司新投入资金450万元(已累计投入资金2000余万元)，新建5支人工养殖隧道，拥有种鱼350尾、幼鱼1.6万尾，锦鲵公司成为全镇唯一的龙泉市级农业龙头企业，娃娃鱼特色养殖成为生态农业、高效农业、精品农业的培育对象，该基地成功申报省级农业精品园区项目。

【生态林业】 生态公益林扩面8.62万亩，总量达到19.25万亩，占全市生态公益林总面积的12%，补偿收入250.25万元。林木更新量增加5000立方米，总量达到2.6万立方米，更新收入2600万元。

【红色、生态旅游发展】 依托“全国环境优美乡镇、浙西南革命老区中心和三江源头”三张金名片，积极发展镇村红色、生态旅游，开辟农民增收新渠道。住龙苏维埃革命旧址被列入国家红色经典景区项目，发展住溪、水塔等村农家乐旅游点3家。据不完全统计，2010年住溪、碧龙、水塔、建胜、西井等村的革命旧址、生态沟和古民居共接待前来参观瞻仰革命胜迹、摄影采风、休闲旅游的达5000多人次。 （住龙镇）

兰 巨 乡

【概况】 兰巨乡位于龙泉市区南面，凤阳山国家级自然保护区北麓，东与础石、龙南两乡相连，南与屏南、查田两镇相倚，西与八都镇、西街街道相靠，北与剑池街道相邻，距市区 10 公里，交通便捷，龙庆高速、54 省道、安豫线、后会线公路贯穿全乡。全乡面积 155.7 平方公里，耕地总面积 1.8万亩，山林总面积 18.4 万亩。全乡共有 28 个行政村，182 个村民小组，4859 户，人口 17159 人。5 年来，兰巨乡党委政府认真贯彻落实市委市政府的工作要求，围绕“活力龙，幸福泉”这一主线，全面实施兰巨“135”发展战略（“1”是指建设“生态型、创业型、和谐型”好兰巨发展目标；“3”是指以规划为引领、以项目为支撑、以作风为保障的工作方法；“5”是指实施五大工程，即绿色产业培育工程、特色文化弘扬工程、乡村旅游富民工程、幸福指数提升工程、绿色发展保障工程）。2012 年，实现工农业总产值 4.59 亿元，比 2011 年增长了 25.1%。其中工业总产值 2.77 亿元，比上年增长 37.1%；农业总产值 1.82 亿元，比上年增长 10.0%；农民人均纯收入 8200 元，比上年增长 13.5%。

【五年大事纪要】 2008 年，重点培育“金观音”生态茶专业村 1 个、茶叶加工龙头企业 2 个、示范基地 10 个，新增“金观音”生态茶基地 1000 亩，新增“金观音”生态茶加工厂（点）6 家。

2009 年，完成兰巨炉田功能区 1300 亩土地征用、清表、红旗砖瓦厂拆除等政策处理工作。

2009 年，兰巨省级现代农业综合区被列入全省首批 25 个现代农业综合区创建点。

2012 年，完成炉田区块二期 377 亩土地征用政策处理工作。

2012 年 6 月 30 日，兰巨乡金观音茶文化休闲中心全面落成并开始试运行。

2012 年，计划投资 5 亿元，建设龙祥观道教养生园，基本完成前期政策处理工作。

2012 年，完成炉岙至蜜蜂岭龙泉山景区沿线综合整治阶段性任务。

【旅游业发展】 兰巨乡地处城乡交界处，地势平坦，交通便捷，是国家自然保护区“江浙之巅”凤阳山旅游必经之地。5 年来，兰巨乡政府坚持项目带动，文化助推，特色发展，谋划和推进旅游产业。力促了龙祥观、大赛湖漂流等一批旅游重点项目启动，推进了炉岙村、官埔垟村等一批“休闲养生村落”打造，提升了金观音庄园、龙门山庄等一批农家乐经营户，实施了官埔垟游步道、主体公园、炉岙乡村舞台等一批旅游景观点建设，举办了独田村闹元宵、首届采茶比武大赛、“枫叶红时”官埔垟摄影采风等一批乡村旅游系列节庆活动，扎实推进龙泉山景区沿线各村落景点建设，弘扬当地特色文化，有效地扩大兰巨影响力。2012 年，全乡有农家乐共 31 家，接待游客 15 万余人。

【农业产业发展】 5 年来，全乡立足实际，按照“做特茶产业，做精蔬果业，做强食用菌产业，做优生态养殖业”的思路，加快产业结构调整，推动农业规模化、专业化、集约化经营。确立茶产业为主导产业，编制了茶产业发展五年规划，组织实施了茶产业发展“8510”等工程，狠抓主导产业培育。建强了茶叶基地：全乡新建培育茶园面积达 5500 多亩，建立金观音核心示范基地 1350 亩，全乡实现茶园面积 1 万多亩，占全市茶园面积近三分之一，拥有茶叶加工龙头企业 3 家，大小茶厂 13 家，茶叶专业合作社 9 家，新开发的龙泉红茶，深受市场青睐，有力促进了全市茶产业的转型发展。深入实施品牌战略，打响了兰巨“凤阳春”“安和”和“必福”等茶叶品牌。建立钢架大棚蔬菜基地 180 亩，完善基地内水利设施建设。培育精品水果核心示范基地 1100 亩。加快推进食用菌标准化建设，建成食用菌菌棒标准化加工厂 3 家，实现年产食用菌 982 吨。建成规模养殖场 26 家，年出栏和存栏生猪达到 3.2 万头。完成投资 600 万元的梅地溪农业综合开发项目，改善了农业生产条件。

【工业发展】 5 年来，兰巨乡累计投入技改资金 3000 多万元，强化招商选资，引进亿元以上项目 2 个，累计完成招项争资 800 余万元，圆满完成招才引智项目 10 个，实现工业总产值激增 2.1 倍，2000 万元以上企业达到 5 家；力拓工业空间，完成占地 1340.8 亩的炉田功能区一期兰巨域内的全部政策处理和土地平整，完成炉田功能区二期 377 亩土地征用，园区顺利动工建设，有效缓解要素制约，实现工业经济平稳持续发展。

【新农村建设】 大力实施“135”工程，培育中心村 1 个，转化后进村 5 个，创建生态文明村 11 个，生态文明示范村 1 个；大力开展“三沿”整治创建美丽乡村行动，积极推进 54 省道沿线和景区沿线（安豫线）综合环境整治，创建美丽乡村特色村 2 个，提升村 2 个，省级环境整治村 22 个，其中砭湖村为市级优秀创建村。农村环境综合整治和环境连片治理成效明显。大力开展生态乡建设，成功创建省级生态乡，建成市级生态村 6个、绿化示范村 12 个，建成百里绿色长廊，乡村绿化面积大幅增加。大力实施旧村（危旧房）改造，建成了 2 个脱贫小区（银三角脱贫小区、张山脱贫小区），完成旧村改造实施村 8 个，累计完成危旧房改造 1177 户。大力推进乡村交通网建设，完成康庄工程项目 12 个，实现通村公路硬化的行政村达到 26 个。（兰巨乡）

础 石 乡

【概况】 础石乡地处龙泉市东郊，距市区 3 公里，328 省道、丽龙高速公路穿境而过，并设有互通口，交通便捷。乡域面积 109 平方公里，下辖 17 个行政村，69 个自然村，总户数 2449 户，常住人口 8385 人，山林总面积 14.18 万亩，耕地面积 10413 亩，2012 年人均纯收入 8569 元。金岗、金塔、季边畈工业园区坐落于此，有“浙南不锈钢产业基地”之称，是丽水市“工业强乡”。

2008 年以来，础石乡党委、政府紧紧围绕“打造平台强工业，加快集聚促发展，强化基础增后劲，破解难题构和谐”的发展思路，抢抓机遇、优化服务、破解难题，合力打造“工业经济第一乡”，从一个名不见经传的小乡，发展成为全市工业经济重点乡，并呈高速发展态势，形成以不锈钢、木制品、食用菌、茶叶、刀剑等为主导产业的新格局。2012 年实现工农业总产值 26.8 亿元，其中农业总产值 0.9 亿元，工业总产值 25.9 亿元，农民人均收入 8569 元。

【五年大事纪要】 2008 年，建立金塔工业园区。

同年，计划总投资 3.5 亿元的巨泰特钢有限公司“年产 30 万吨不锈钢制品生产线项目”开工建设。

2009 年，与浙大合作开发的金岗工业园区污水处理厂项目建成并投入使用，累计投资 800 万元。

2010 年，巨泰特钢有限公司一、二期项目正式投入生产，当年实现产值 7.3 亿元，上缴利税 3600 余万元。

胡深将军塑像　　张有钢　提供

同年，金岗工业园区不锈钢检测中心完成选址和征地工作。

同年，李山头村被授予丽水、龙泉市“摄影创作基地”。

2011 年，丽水市首个公用型保税仓库——浙江巨泰进出口有限公司公用型保税仓库正式挂牌使用。

同年，投资 400 余万的础石中心小学提升改造工程和教学综合楼建设项目完工，并投入使用。

2012 年，投资 164 万元的乡卫生院建设项目完成并投入使用。

同年，投资近 200 万元，建立了础石乡社会服务管理中心。

同年，成功应对“6·24”特大洪灾，并涌现出最美道路养护工——周林松。

同年，全面开展础石撤乡建街道有关工作。

【金岗不锈钢产业园】 础石乡金岗不锈钢产业园定位为“刀剑、不锈钢产业功能区”，总规划开发面积 1.5 平方公里，预计可容纳企业 50 余家。园区共分三期实施，其中一期开发面积 425 亩，于 2007 年开始实施，现引进不锈钢企业 13 家，项目总投资达 4.1 亿元。二期共开发土地 490 亩，包括道路、供排水、废水管网等基础设施配套工程，有巨泰特种钢有限公司、浙江旭丰钢业有限公司、龙泉市新普金属材料有限公司、龙泉市大明钢管有限公司、浙江太钎机械设备制造有限公司、浙江凯达泵阀有限公司、浙江展煌机械制造有限公司等 7 家企业入驻，项目总投资 6.39 亿元。三期已有 500 亩完成前期准备工作，正在进行方案设计。此外，园区还依托浙江大学合作平台，建设总面积 3825 平方米，处理规模 2000 立方米/天的污水处理厂 1 座，主要接纳处理金岗工业园区不锈钢企业的生产废水。该项目于 2009 年 3 月开始试运行，2010 年 10 月通过验收。2012 年，园区已投产企业 15 家，实现产值 23.75 亿元。

【李山头摄影创作基地】 础石乡李山头村，有 109 户，367 人，海拔 540 米，距龙泉市区 15 公里，康庄路直达。该村是浙报集团图片新闻中心摄影基地，浙江大学城市学院写生与摄影创作基地，丽水市、龙泉市摄影创作基地。李山头村自然资源丰富、生态环境良好，500亩梯田线条优美、弯曲有形，一年四季皆有景。梦幻水田、原始耕作、古村落、禹王庙、古树名木、烂漫山花等，透着生态历史文化的气息，还有佛祈岭、上马亭、八宝泉等有着美丽传说的景点。

【南弄历史名人胡深】 胡深（1314—1365），字仲渊，号芸斋，础石乡南弄村人，颖异有智略，通经史百家之学，著有《芸斋集》，是元末明初一位著名文武猛将，为匡扶朱元璋建立明王朝立下了汗马功劳，是明朝的开国大将，被称为“处州三贤”“括苍三杰”之一。为弘扬历史文化，南弄村多次举办祭奠仪式、图片展览等文化活动，并将《明代名将——胡深的传说》申报为丽水市级非遗项目。同时，对南弄胡伯益墓志铭碑进行整修，投资20余万元新建了胡深将军塑像和仲渊亭。2012年4月9日，在南弄村举行胡深将军塑像揭幕仪式。（础石乡）

宝 溪 乡

【概况】 宝溪乡位于龙泉市西陲，东与竹垟乡和上垟镇接壤，南与上垟镇相连，西与福建省浦城县交界，北与住龙镇毗邻，全乡总面积148平方公里，耕地面积11555.9亩，山林面积22.7万亩，辖11个行政村，44个自然村，89个村民小组，总人口7510人，地处瓯江、钱塘江、闽江三江之源，是著名的革命老区，近现代龙泉青瓷发源地，龙泉市重点林业大乡。

宝溪乡历史悠久，人杰地灵，生态旅游资源丰富，境内有著名的披云山，海拔1680米，群山起伏，风景秀丽，奇岩怪石，是休闲旅游的好去处。宝溪乡物产丰富，盛产笋竹，凭着优越的自然条件和丰富的瓷土资源及传统制瓷工艺，涌现出许多制瓷艺人、艺术大师，他们制作的仿古瓷逼真，艺术瓷美观大方，具有很高的观赏价值和收藏价值。

5年来，宝溪乡党委、政府紧紧围绕“生态立乡、农业富乡、旅游兴乡”的工作思路，团结和带领全乡党员干部群众，因地制宜，发挥优势，打造特色，扎实推进宝溪乡社会主义新农村建设和生态农业旅游业发展，努力实现宝溪乡经济社会和谐发展和跨越发展。2012年，实现全乡工农业总产值17557万元，农民人均收入9482元。

【五年大事纪要】 2008年，新建和修复“红军纪念亭”“红军桥”金铭大院等革命遗址，增加红色旅游景点。

2009年，高山冷水茭白试种成功，形成竹垟、溪头两个种植基地，拓宽高山蔬菜发展道路，有效增加农民收入。

2009年，浙江披云食品有限公司所持有的“披云”+PIYUN商标被认定为中国驰名商标。

2010年，投资80余万元、占地3600平方米的农民公园（八棵树记忆公园）竣工投入使用。

2010年，乡文化中心竣工投入使用。

2010年，举办第五届中国龙泉青瓷·宝剑节国际陶瓷专家宝溪采风活动，并组织发动宝溪籍42名青瓷艺人集体回归合烧龙窑。

2011年，宝溪乡溪头龙窑群被列入省级重点文物保护单位，同时被授予浙江省非物质文化遗产经典旅游景区和浙江省非物质文化遗产生产性保护基地。

2012年，披云山开发被列为由政府主导投资的重点旅游景区项目。

2012年11月18日，与上海春天国际艺术沙龙有限公司签订正式合同，成功引进“国际竹建筑邀请展”项目，并决定在溪头村举办首届“国际竹建筑邀请展”。

【美丽乡村建设】 宝溪乡地处“三江之源”，植被茂密，山清水秀，环境优美，风光秀丽。乡党委政府十分重视生态保护，积极开展美丽乡村建设，按照“生态环境共享绿色、生态村貌错落有致、生态产业助农增收、生态文化古朴悠久”的思路，全面实施“十村示范、百村整治”工程，大力推进农村危旧房改造和环境整治，成功创建车盂、坑里、溪头、竹垟四个丽水市生态文明村，并按有关文件要求，成功创建美丽乡村溪头特色村、高山提升村和塘上中心培育村，形成房在村中、村在景中、白墙黑瓦、青山秀水、乡风文明、自然和谐的生态景观。美丽乡村建设成效显著，2011年被评为全国环境优美乡镇。

【青瓷龙窑复烧】 龙泉保存基本完好的龙窑有12座，其中宝溪就有7座，占1/2以上。这七座龙窑大多建于民国时期，也有几支建于清代，主要以生产民间家用器皿为主，这100多年里烧制了无数精美的瓷器。2010年，宝溪乡政府以龙泉市举办第五届中国龙泉青瓷·宝剑节为契机，组织发动宝溪籍42名青瓷艺人集体回归合烧龙窑，此后龙窑被多位青瓷艺人重新使用，龙窑血脉得以延续。2011年，宝溪乡溪头龙窑群被列入省级重点文物保护单位，同时被授予浙江省非物质文化遗产经典旅游景区，浙江省非物质文化遗产生产性保护基地。

【旅游业发展】 宝溪乡地处“三江”之源，境内有披云山，是红军挺进师入浙的第一站，是生态之旅、红色之旅的胜地。乡党委政府按照“生态立乡、旅游兴乡”的发展战略，充分发挥宝溪优美的生态环境、革命老区以及青瓷文化优势，推动溪头龙窑群、溪头红军随军银行旧址、塘源挺进师师部会议旧址列入省级重点文物保护单位，联合市文联、党史办出版《红色宝溪》，建成高山村湖住溪红色文化爱国主义教育基地，着重加强对重要旅游资源的保护，同时在此基础上进行科学合理开发，不断加大宣传力度，竭力保持旅游业的可持续发展。注重特色旅游资源的开发利用，引进“国际竹建筑邀请展”项目，邀请国际知名设计师设计打造独具特色的竹建筑群。同时，进一步加强去披云山景区的开发，促成“龙泉·披云小镇”项目落户宝溪，丰富旅游资源，使宝溪生态旅游发展更上一层楼。

【特色农业产业培育】 宝溪乡具有得天独厚的生态优势，是林业大乡，更是中华灵芝第一乡，因地制宜发展高山蔬菜、冷水茭白、高山茶叶、食用菌和山茶油等特色农业。引进冷水茭白，成立宝溪冷水茭白专业合作社，为种植户提供技术支持。发展茭白2000余亩，亩均收益达8000元，并在2011和2012年的丽水茭白节评比活动中获得金奖。食用菌栽培重获新生，在毛必庆、陈建华等灵芝种植技术员的带领下，宝溪灵芝、孢子粉重新以高产优质在同行业中成为佼佼者。技术员毛必庆培育出的直径63厘米的段木灵芝，获得“灵芝王”美称。建造多个茶叶基地，成立塘源村茶叶专业合作社、龙泉高山红茶专业合作社，有效整合农户茶叶资源，通过收购、专业加工和统一销售，提高农户收益。成立龙泉天师山竹笋专业合作社，建立2个示范基地，提高了笋竹两用林的效用。建立多个油茶基地，改造油茶园近5000亩，成立云来宝、牧野山茶油专业合作社，使油茶资源化零为整，提高油茶质量和销售收益。 （汤海涛）

龙 南 乡

【概况】 龙南乡位于龙泉市东南部，东邻云和县，南毗景宁县、庆元县，西连兰巨乡，北接安仁镇，地处瓯江源头，与国家级自然保护区凤阳山毗邻。全乡平均海拔800米以上，其中，海拔1000米以上的行政村有14个，是典型的高山气候地区，气候上具有春季气温回升迟，秋季降温早，夏季短而无酷暑的特点，日平均气温较市区低5~6℃，且昼夜温差大。乡政府所在地蛟垟村距龙泉市区55公里，距丽龙高速公路安仁入口33公里。龙南乡总面积212平方公里，辖33个行政村，98个自然村，总人口22274人，是一个劳务输出大乡，全乡共有1.6万人外出务工，占全乡总人口的70%，其中在龙泉城区和城郊有1.2万人。

5年来，龙南乡党委、政府围绕建设“生态好龙南、菇乡休闲园”目标，树立“环境就是资源，健康就是财富”的理念，努力在“生态、绿色、健康”上作文章，建设绿色生态乡镇，推动经济、生态、文化整体进位升级，实现经济效益与生态效益“双赢”。

【五年大事纪要】 2008年，以生态夏菇、高山蔬菜、高山水果、高山茶叶、中药材等生态产业组成的“万亩高山生态产业带”暨“农民倍增计划”正式启动。

同年，举办第一届龙南乡香菇文化节。

2009年，实施省农业厅重点项目、省农科院技术指导项目——高山避雨大棚项目，在岭后村建设高山钢架避雨大棚50亩，建立蔬菜交易市场。

同年，完成粗溪、龙案、五星（西坪段）等路段17.3公里的路面建设；完成8.2公里庵边村路基路面工程建设；完成坞坑、下黄线、横川、麻竹坑、五星等村5个项目的路基工程建设；龙南乡最后一个通村公路石械村公路完成路基招标工作，并开工建设3公里。

2010年，由顶峰公司投资的集旅游、休闲、度假功能的凤羽山庄开业。

同年，举办第三届龙南乡香菇文化节暨第一届龙庆景毗邻乡村香菇文化节。

2011年，龙南高山夏菇和高山蔬菜被列入全市“268”现代农业园区建设。

2012年以乡村两级便民服务中心为载体，转变服务职能开展“让山下百姓放心 让山上百姓安心”的“两心”龙南建设。

同年，举办龙南乡首届老年运动会。

【高山蔬菜产业发展】 2012年，全乡高山蔬菜种植面积已达到7000亩，其中，高山番茄500亩，四季豆2200亩，甜玉米3000亩，高山冷水茭白500亩，辣椒、茄子、南瓜等种植面积1100亩。在提升岭后村500亩核心高山钢架避雨大棚的基础上，2012年在庵边村、蛟垟村、安和村发展3个钢架避雨大棚基地，基地面积530余亩，为高山露地蔬菜向设施农业（钢架大棚避雨栽培）的转变迈出坚实的第一步。主要培植品种逐步向四季豆、番茄、茭白、玉米等品种集中。按照规范化和市场化的要求，蔬菜营销网络、配套设施和服务体系逐步健全，产品市场在逐步拓展，通过各种渠道帮助专业合作社、种植大户走向市场，产品直接销往温州、杭州等地。

【夏菇生产基地建设】 传统香菇出菇季节大多集中在冬春两季，夏菇生产正是弥补了每年5~10月近半年无鲜菇上市的空缺。龙南山高冬冷夏凉，空气清新，水源清净，为香菇反季节栽培提供了得天独厚的优越自然条件。龙南乡党委、政府对夏菇生产非常重视，在20世纪90年代初就扶持叶村进行夏菇栽培试验，取得了成功。至2008年，投资200多万元建立了标准化夏菇基地，制定了夏菇生产标准流程，对夏菇生产的水源、原材料、农药等各道工序制定了标准。2011年，龙南申报的夏菇精品园通过验收，成为省级夏菇精品园。龙南乡的生态夏菇基地已经成为华东地区最大的夏菇基地。

【香菇历史文化传承】 地处龙泉、庆元、景宁三县（市）交界处的龙南乡被誉为“香菇之乡”和“菇民之乡”，拥有众多的香菇文化遗产，境内有5座菇神庙（其中下田五显庙建于明朝万历十五年、龙井五显庙建于清光绪二十二年），有出版于民国十三年（1924）的香菇栽培专辑《菇业备要全书》和成立于民国三十七年（1948）的菇民工会，是龙泉菇民最为密集的地区。在世代的香菇生产过程中，龙南菇民为了防止盗贼和野兽的侵扰，在自卫中练就了“凳花”“扁担功”等独特的防身术。一系列习俗共同记载着深厚的香菇历史，成为香菇文化研究的活态资料。香菇砍花技艺、菇民防身术已列入丽水市、浙江省非物质文化遗产代表作名录。

针对香菇文化的特点，龙南积极组织专家、学者进行实地普查、收集、整理相关文献资料，挖掘香菇传统习俗和文化，建设菇乡戏苑，成立香菇文化陈列室，开展香菇文化非遗传承工作和“中华香菇文化第一乡”申报工作。从2009年开始，在每年的农历六月廿四日结合传统菇神庙会举办“香菇文化节”。在节日期间，举行传统的菇神祭拜仪式和菇民花鼓戏、木偶戏、菇民防身术表演、菇民山歌对唱等民间艺术活动。香菇文化节进一步扩大了龙南的知名度和吸引力，进一步提升了香菇文化的品位，对于香菇文化资源的保护传承、充分开发和合理利用起到了积极的促进作用，为龙南的香菇文化游打下了坚实的基础，也逐渐成为龙南的一张“金名片”，至2012年，已连续成功举办四届香菇文化节。

【外出人员服务中心】 龙南是一个劳务输出大乡，全乡人口22274人，其中有1.6万人外出务工，占全乡总人口的70%，其中在龙泉城区和城郊有1.2万人。为加强对外出人员的管理，2008年在“外出党员服务中心”的基础上，成立了“龙南乡外出人员服务中心”，并在城区建立了一个临时党总支和四个临时党支部，专门为外出人员办事服务、排忧解难、化解矛盾纠纷，维护社会和谐稳定。乡党委、政府以外出人员（党员）服务以中心为依托，加强对外出人员的服务和管理，坚持“人到哪，跟到哪，服务到哪”的服务原则，同时做到“五个清楚”，即“对流动人员基本情况清楚，外出时间清楚，从事职业清楚，联系办法清楚，外出住址清楚”。全程代理政策咨询、解决纠纷、就业服务、维护权益，协助村干部、村民与各部门单位的联系等服务。2011年，中心为龙南乡进城务工人员服务达1万多人次，为村民节省200万元费用。2012年，受理各类事项11157件，办理成功率达95%以上。

（龙南乡）

道 太 乡

【概况】 道太乡位于龙泉市东北，仙宫湖畔，东与云和县相邻，南与安仁镇、碰石乡相连，西与龙渊街道、城北乡接壤，北与松阳县交界，全乡辖4个管理区，45个行政村，232个自然村，人口1.51万，有山林用地面积45万亩，耕地面积1.4万亩，水域面积2.2万亩，总面积351平方公里，是浙江省乃至华东地区面积最大的乡。

道太乡自然景观和人文景观资源丰富。紧水滩水电站库区仙宫湖景观和绿色崇山交相辉映，是旅游观光、休闲度假、访古寻踪的好去处。有宋、元、明时代留下的青瓷古窑址20多处，现存北京故宫博物院的“滴舟”就出土于道太乡坑口村，有省级文物保护单位源口青瓷古窑址。2008年以来，道太乡党委、政府以“走水路，唱渔歌”的发展思路为引领，团结和带领广大干部群众创先争优、负重拼搏、开拓进取、扎实工作，全面推进经济社会各项事业发展。

【五年大事纪要】 2008年，道太乡建立灵芝基地，种植灵芝100亩，带动其他农户种植50亩，当年产值达800多万元。

2009年，全乡共投资3660多万元，新建康庄路9条共计81.086公里，续建康庄公路8条41.242公里。

2011年，龙松公路（道太段）顺利通车。

2012年，投资200多万元完成50个紧水滩特扶项目。

同年，投资15万元完成丁江、考坑、吴庄村三个候车亭建设以及王庄村800米的道路沥青路面浇筑、危桥修缮等项目。

【发展特色农业】 2008年，建立以供村管理区为中心的灵芝基地一处，种植灵芝100亩，带动其他农户种植约50亩，当年产值可达800多万元。完成5个村的香榧示范点建设工作，成功创建食用菌示范村1个，新建毛竹高效示范点1个，完成1500亩毛竹林建设。2009年，发展朱山下高山四季豆基地、王庄油茶基地、供村灵芝基地、杨梅岭西瓜基地，同时加强了蛤湖板栗基地550亩板栗抚育，完成下乾、锦安2000亩毛竹林培育，新建毛竹林机耕路4公里。2010年，成立仙宫湖生态林业发展有限公司和鸿鑫、瓯缘两个灵芝专业合作社，培育了新灵芝品种“沪农灵芝一号”。在王庄种植油橄榄500亩。2011年，全乡灵芝种植保有量继续排在龙泉前列，发展枫坪垟油橄榄基地1200余亩，建设朱山下四季豆收购点1个，建设400亩小辣椒基地1个。2012年，发展农业专业合作社总数达到22家，巩固灵芝培育近2000立方米。发展茶叶种植400余亩。建立了下乾、锦安共700亩的毛竹林示范基地。

【康庄工程道路建设】 2008年，道太乡在建康庄工程项目13个，共计68.108公里，完成衔接库区南岸4个村的坑口至犁垟康庄路（总预算533万元）前期工作。2009年，全乡共投资3663多万元，新建康庄工路9条，81.086公里，续建康庄公路8条41.242公里。2010年，是康庄工程工作收官之年，全乡有2个一类重点工程和5个二类重点工程，共有12条在建项目和一个隧道工程，共计152.6公里，共投资1800万元。2011年，龙松公路（道太段）的开通，改变了道太乡交通落后状况。

【下山脱贫异地搬迁】 2008年，道太乡有1个重点帮扶村，2个帮扶村，总投入建设资金达163万元。2009年，共计76户353人搬迁到龙泉市区南大洋农民公寓。2010年，继续推进紧水滩库区群众生态移民，完成下山脱贫异地搬迁110户451人。其中供村岙下、盛户村赵山头、毛圩村竹弯、流地村岭脚等4个自然村实现整村搬迁，共48户184人。2011年，完成异地转移890人。2012年，实现异地转移694人，发放补助资金50余万元。2008年以来，全面开展“一户一策一干部”帮扶结对工作，共对1822户农户进行结对帮扶，给农户送去资金的同时提出了许多切合实际的帮扶措施，有力地促进了所结对村生产改善和经济发展。自2009年以来，通过省财政补助和农户自筹资金相结合的方式，全乡实施了657户农村危房改造工作。

【发展生态旅游】 以龙泉市“旅游发展推进年”为契机，发展水上生态旅游休闲业。结合市农办对于渔家乐的政策支持，尝试发展集访古探密、旅游、钓鱼、休闲为一体的“渔家乐”。坑口、山石坑等村发展“渔家乐”4家，增加了农民收入，达到预期效果。坑口“宋窑渔家”渔家乐进行了提升，结合特色文化村建设，另有源口亲水山庄等三家渔家乐正在建设当中。同时，积极谋划道太大旅游，结合道太水元素、历史人文等的独特优势，争取市里对道太整体养生休闲项目规划的支持。

（道太乡）

岩 樟 乡

【概况】 岩樟乡位于龙泉市西北部，距市区24千米，东与城北乡相连，南与西街街道接壤，西与锦溪镇和住龙镇毗邻，北与遂昌县交界。全乡总面积101平方千米，人口0.4万人，辖11个行政村，45个自然村。境内森林资源丰富，是龙泉市的重点林区乡之一。

5年来，岩樟乡围绕“水源保护净乡、特色农业富乡、原始生态兴乡”的工作思路，保一路青山，留一库清水，新水源地水质保护、农业特色产业、生态旅游业等各项工作有序开展。力创绿色岩樟，生态岩樟是岩樟乡长期工作目标。围绕这一目标，进一步强化科学发展理念，大力发展生态产业，打造优美的人居环境。2012年，全乡实现工农业总产值5022万元，农村经济总收入6415万元，农民人均纯收入8182元。

【五年大事纪要】 2008年，完成下山脱贫96户382人。

2008年6月30日，在“6•25”洪灾剑池街道大沙张村安置点——康宁家园举行竣工仪式，安置88个受灾户。

同年，完成石坑村5公里康庄路路基建设。

2009年，完成省级生态乡镇创建。

2010年，培育、新建乌龙茶（金观音）茶叶基地50亩。

2011年，举办岩樟乡首届老年人体育运动会。

2012年，建成岩樟乡社会服务管理中心。

2012年，完成总投资105万元的准四级客货运一体站一期、二期建设。

【水源地保护】 岩樟溪位于龙泉市区西北方向，是瓯江干流龙泉溪的支流，发源于大枫岙南麓，全长32.50千米。流域两岸紧靠高山，植被良好，以次生针叶、阔叶混交和毛竹林为主。高山蔬菜、毛竹林是流域内村民的主要经济来源，流域内没有规模以上家禽、家畜养殖业和大型工业企业和矿山。2009年8月，经专家调查认为，岩樟溪水源基本情况良好，未发现明显的污染现象，流域内水质表观洁净，水体透明度高，溪流两边生态保护良好。同年，岩樟乡通过论证被确定为龙泉市区新水源地，其中郑庄、录坑、岱岭等8个村为水源保护地，录坑、岱岭有3个自然村被列为水源保护一级陆域地区。

【高山蔬菜精品园】 何坑村的高山蔬菜产业从2006年开始起步，并逐年发展壮大，成为岩樟乡高山蔬菜专业村之一，全村有70%以上的农户为高山蔬菜种植户。2010年，岩峰四季豆合作社3000亩高山蔬菜基地建设成功通过国家农业部无公害蔬菜基地认证，“岩樟果蔬”商标通过国家工商总局注册。2011年以来，乡政府围绕水源地保护这一主题，提出建设高山蔬菜精品园，打响水源地品牌的工作思路，并得到市政府和市农业部门的大力支持，正在有序建设中。一是完成402亩耕地的流转，由正源合作社与土地承包户签订租赁合同，流转后的耕地由合作社统一规划，再以转包或免田租引进外地种植户承包种植。二是结合高山蔬菜精品园、农业开发、水利滴灌等项目，在园区内建设机耕路2.8公里，建15至40立方的蓄水池8个，并建立高山四季豆交易场所，同时在基地安装滴灌管道、物理杀虫灯、诱捕器等技术设施。三是聘请农技员，负责园区的种植技术培训、病虫害防治及产品安全等技术指导。2012年，高山蔬菜精品园通过省农业厅验收。

【抢险救灾工作】 2010年，接连遭受“3•5”“5•22”“6•18”暴雨侵袭，引发强泥石流，致使村庄进水、民房倒塌、山体滑坡、道路中断、农田被淹，多数村庄险情迭出，累计直接经济损失达到4000多万元。面对险情，乡党委、政府立即组成抗洪救灾工作组，深入受灾一线，及时转移危险区域群众，妥善安置受灾群众，与干部群众一起抗灾自救，将灾害损失降低到最低程度，被市委市政府授予“抗洪救灾”工作先进集体称号。在相关部门的支持下，累计投资500余万元，修复西独线主干道及康庄道路36.5公里，修复桥梁2座，修复防洪堤1000多米，水毁设施得到有效修复。

【浙闽老区第六届文化节】 2012年8月25日，以“百村邻里情，万人两富行”为主题的第六届浙闽老区文化节暨浙闽百村农民邻居节在岩樟乡举行。这次活动通过举办农村“两富”讲坛、农家乐推介等，将文化与生态产业有机结合，加快生态产业转型升级，促进富民壮村工程实施。同时，通过开展革命纪念亭落成、花鼓戏展演、漫游古树群等活动，发扬光大红色文化、生态文化、传统文化，繁荣农村文化，全力推进岩樟乡生态文明示范乡创建。

【邱利呈热心公益事业】 孤寡老人邱利呈，1932年出生，家住岩樟乡坑源底村。1986年，邱利呈拿出自己所有的积蓄5400元，请来师傅，在村旁土名叫南边岭的地方，拆掉独木桥，建起一座“爱心桥”——南边岭桥。从1986年到2012年的20多年间，从南边岭桥，到水碓头桥、垟头桥、下南边岭桥、垟头社桥，凡是有独木桥的地方，邱利呈都出资改建为简易桥，并且还多次出资支持村里其他公益事业。邱利呈老人的事迹感动了大家，赢得村民的高度赞誉。 （岩樟乡）

城北乡

【概况】 城北乡位于龙泉市北部，东连道太乡，南邻龙渊街道，西接岩樟乡，北靠松阳、遂昌县，227省道（龙遂公路）穿境而过。全乡总面积232.1平方公里，辖盛溪、上东、黄鹤3个管理区，35个行政村133个自然村，总人口1.2万人。乡政府驻地河里村，距龙泉市区27公里。全乡有耕地面积14795亩，森林面积30.46万亩，生态公益林11万亩，毛竹林3.7万亩，被誉为龙泉城区的绿色北屏障。

5年来，城北乡党委、政府以建设“开放、富裕、和谐北大门”为总目标，认真组织实施“内强特色、外强服务”两强发展战略，团结和带领全乡人民凝心聚力，苦干实干，创业创新，经济和社会各项事业都有了长足的发展，人民生活水平明显提高，全乡上下形成了团结、心齐、气顺、劲足的良好氛围。2012年，全乡实现工农业总产值9915万元，同比增长5.8%，其中农业总产值7950万元，同比增长4.9%；实现农民人均纯收入8482元，同比增长13.1%。

【五年大事纪要】 2008年，投资8万元，新建小岩、河里、大书、黄以、盛山后行政村的竹林机耕路共6.6公里。

2009年，完成东书村旧村改造，拆除旧房3346平方米，新建28户，修缮42户。

2010年上半年，连续遭受洪灾，累计经济损失达到6000多万元。

2010年，上田村举办“上田首届文化节暨文昌阁重修竣工庆典”活动。

2011年，开通河里、黄庄桥、河坑塘、外埲、皂口、内双溪、外双溪、大贵溪、麻垟、南溪、东书等11个村的数字电视。

2011年，培育高效毛竹林1万亩，提升毛竹示范基地3片1000余亩。

2012年，金埠村成立龙泉市金埠笋竹专业合作社。

2012年，成功举办首届老年体育运动会，成功创建省小康型老年体育乡镇达标单位。

2012年，上田村获得“省级历史文化名村”称号。

【东书村创建省级中心村】 2008年，东书村完成新农村村庄整治提升建设，并获得丽水市文化示范村、丽水市新农村建设示范村称号。2009年，东书村被确定为旧村改造村，通过结合下山脱贫工作，以小区建设形式整体推进旧村改造，全村共拆除危旧房3346.42平方米，完成一期工程三幢28直新建房屋主体工程。2010年，开展中心村建设，拆除危旧房12处1150平方米，新建房屋18直，下山脱贫150余人，完成移动、电信、有线电视信号全村覆盖；修建公共厕所2座，农户卫生改厕50多户；完成投资26万元的污水处理工程和投资150余万元的饮用水工程。2011年新建花坛3处500平方米，新建亭子2座，启动村影院翻新、村茶叶厂改造和防洪堤建设。2012年，新建下山脱贫小区房屋2幢20直，入住农户12户42人，并完成活水进村、亭园建设、村庄绿化、道路硬化等基础设施建设，同时，建成村便民服务中心，可代办20个部门101个服务项目。2012年，在省级中心村验收时，东书村获得优秀等级。

【红心猕猴桃种植】 2009年，投入5万元，建成东书村200亩高产高效猕猴桃示范基地。2010年，争取到省农机推广项目资金支持，又建成东书村160亩高产高效猕猴桃示范基地，并与养殖大户的污水处理结合起来，积极探索种养结合、生态高效的科学发展路子。2008—2010年，红心猕猴桃种植户组建合作社，并通过无公害认证，建成冷藏保鲜库。2011年，通过推广“猪—沼—果”的生态循环经济模式把猕猴桃种植与东书村标准化生猪养猪场结合起来，引导养殖场利用猪粪加工有机肥，沼液通过管道输送到猕猴桃基地。通过省农科院专家指导，解决了花期授粉的难题，使得猕猴桃获得丰收，产量达到15000公斤，产值30万元，最高亩产18000元，实现了种植、养殖双赢。2012年，实现猕猴桃特色产业扩面增量，种植总面积达416.7亩，其中新增227.4亩，投产增至100亩。

【高山蔬菜四季豆发展】 2008年，全乡共有19个村1100户农户种植四季豆2600亩，实现高山蔬菜产值1600万元。2010年，在鹤场村建成四季豆标准化示范基地150亩，全乡种植高山四季豆达到3600亩。同年，组建了“北乡”高山蔬菜专业合作社，建成城北乡四季豆收购市场，以合作经营、集中交易的方式引导种植户按照“生态、无公害”的市场需求进行标准化生产。2011年，按照“龙头+基地+农户”的经营模式，引导农户组建了农业专业合作社13家，丽水市规范化合作社1家，以及20余人的农民营销队伍。

【康庄工程建设】 2008—2011年，全乡总投资2927.8万元，开通了方西、黄以、刘山头、垟坞、金埠、陂川、村头沈、河坑塘、小岩石、小书、吴岱、源头12个行政村的康庄公路，总里程140多公里。 （城北乡）

竹垟畲族乡

【概况】 竹垟畲族乡位于龙泉市西部，披云山东麓，距市区30公里，境域面积101.5平方公里，其中山林11.4万亩，耕地面积1.07万亩。辖10个行政村，80个自然村，总人口7741人，其中畲族2398人，占31%。畲乡民风淳朴，有着得天独厚的生态环境和别具一格的民族风情。2008年以来，竹垟畲族乡党委、政府围绕“创生态业、打畲乡牌、吃文化饭”的战略目标，着力发展绿色经济，提升幸福指数，凝心聚力，狠抓落实，发挥优势，创业创新，全乡经济社会各项事业得到较快发展。2012年，全乡实现工农业总产值1.47亿元，其中工业产值0.41亿元，同比上年增长9%，农业产值1.06元，同比增长12.1%；实现农民人均纯收入8001元，比上年增长12.74%。

【五年大事纪要】 2008年，建设毛竹现代科技园15000亩，完成竹林机耕路18条24公里。

同年，建成50万袋的秀珍菇生产基地。

同年，益源电站竣工发电。

2009年，罗墩村开办全乡首家农家乐。

同年，成功举办竹垟畲族乡首届“三月三”活动。

同年，成功创建省级生态乡镇。

同年，局下村革命纪念亭建成。

同年，成立龙泉市首个土地、森林资源流转服务中心。

2010年，山溪口村革命纪念亭建成。

2011年，投资159万元，建成乡卫生院新业务楼，面积745平方米。

2012年，新建无公害茶叶示范基地1个，面积500亩，推广新品种3个。

同年，成为全省首个“整乡整镇农村互助资金会”试点乡。

【后排岭药材特产】 竹垟大部分山地、耕地均适宜种植中药材。后排岭厚朴多为岩石厚朴，虽剥皮难，但质优，其特点是皮厚、油足、味较辛辣，是厚朴中之上品，历来为药商所乐意收购和推销。清顺治年间，后排岭厚朴为贡品，称为“后排岭紫油贡朴”，也是南方优质厚朴的代名词。后排岭厚朴，因其质好，又是“贡品”，自清初

竹垟畲族"三月三"活动场景

以来，药商视为珍品。后排岭厚朴原为野生，现多为人工种植，因山地土质适应厚朴生长，人工种植的厚朴，其质量仍属上乘。2008年以来，竹垟畲族乡厚朴生产走上规模化、标准化之路，并注册了"后排岭紫油厚朴"商标。

【竹垟畲族"三月三"】 竹垟畲族乡党委、政府抓住披云山开发契机，挖掘民族文化艺术和民族风情，开发丰富的自然、人文景观，发挥深厚的文化底蕴，建立民俗村，发展畲乡特色旅游业。畲乡"三月三"活动自2009年开始已连续举办四届，活动以"传承历史遗脉、打造风情畲乡"为宗旨，通过不断挖掘、保护、传承畲族传统文化，弘扬少数民族传统优秀文化，促进民族地区文化发展。

以农历三月三为节点，整合"文化产业发展年""乡村漫游"等载体资源，依托"丽水学院畲族文化保护和传承示范基地""摄影创作基地"等平台，通过原创山歌比赛、纯真婚庆嫁娶、雷氏宗祠祭祖、摄影采风创作、文化发展论坛、民族体育竞技等形式加以表现。在活动中，一是用畲家自酿"冬白酒"敬酒唱山歌迎宾；二是红娘协会举办抛绣球相亲活动；三是开展"过油火""火炉塘""稳凳""翻龙船"等畲族非遗文化项目表演；四是举办"赶野猪""操石磉""龙接凤""跳竹竿""摇锅"等民族传统体育运动展示和竞技比赛；五是依托竹垟特有的畲族门厅建筑结构，以雷氏宗祠为中心开展畲民祭祖活动。 （钟水彬）

市和乡镇(街道)机构及负责人名录

(2008.1.1—2012.12.31)

中国共产党龙泉市委员会

书　记

赵建林(续—2011.7)

蔡晓春(2011.7—　　)

副书记

梁忆南(续—2011.7)

徐光文(续—2009.5)

季柏林(2009.9—　　)

蒋世懿(2011.11—　　)

常务委员

赵建林(续—2011.7)

梁忆南(续—2011.7)

徐光文(续—2009.5)

季柏林(续—　　)

应勇军(续—2009.10)

骆贤君(续—2008.5)

徐为民(续—2011.11)

雷金松(续—2011.11)

洪起平(续—2008.12)

蓝伶俐(女,续—2009.9)

包新华(续—　　)

王奎泉(2008.4—2010.5)

曹新民(2008.8—　　)

叶学明(2008.12—　　)

魏安龙(2008.4—2011.8)

叶晓勇(2009.10—　　)

陈　豪(2010.4—2011.12)

蔡晓春(2011.7—　　)

蒋世懿(2011.11—　　)

叶新亚(2011.11—　　)

周光洪(2011.11—　　)

钟海燕(女,2011.11—　　)

王永伟(2011.8—2012.4)

何小仁(2012.4—　　)

龙泉市人民代表大会常务委员会

主　任

钟　鸣(续—　　)

副主任

陈来葆(续—2012.3)

陈吉明(续—　　)

陶中亮(续—　　)

黄丽萍(女,续—　　)

罗永文(续—　　)

陆龙水(续—2012.3)

苏一中(2010.3—　　)

党组书记

钟　鸣(续—　　)

党组副书记

陶中亮(续—　　)

龙泉市人民政府

市　长

梁忆南(续—2011.7)

季柏林(2012.3—　　)

代市长

季柏林(2011.7—2012.3)

副市长

季柏林(续—2009.12)

曹新民(续—2010.4)

陈良伟(续—2008.12)

叶新亚(续—2011.12)

徐炳东(续—　　)

罗诗兰(女,续—　　)

王奎泉(2008.6—2010.6)

包新华(2009.1—　　)

刘赤波(2009.12—　　)

陈　豪(2010.4—2011.12)

姚　信(2010.8—2012.7)

叶学明(2011.12—　　)

王正飞(2011.12—　　)

马　斌(2012.7—　　)

市长助理

金爱武(续—2012.5)

杨将新(续—2009.12)

熊树生(2009.12—　　)

廖鸿韬(2012.9—　　)

党组书记

梁忆南(续—2011.9)

季柏林(2011.9—　　)

党组副书记

季柏林(续—2009.11)

包新华(2009.11—　　)

党组成员

包建华(2012.5—　　)

政协龙泉市委员会

主　席
邵戌汛(续—　　　)
副主席
包建平(女,续—　　　)
叶先长(续—　　　)
潘金明(续—2012.3)
徐建新(续—　　　)
雷丽亚(女,2010.3—　　　)
何登新(2012.3—　　　)
秘书长
史志胜(续—2012.3)
翁小平(2012.3—　　　)
党组书记
邵戌汛(续—　　　)
副书记
包建平(女,续—　　　)

市委工作部门

市委办公室

主　任
洪起平(续—2008.12)
叶学明(2009.1—2011.12)
叶新亚(2011.12—　　　)
常务副主任
陈惠锋(续—2009.1)
管君友(2009.3—2011.4)
顾奕滨(2011.4—2012.4)
黄国勇(2012.4—　　　)
副主任
管君友(续—2009.3)
张　明(兼,续—2009.3)
刘赤波(兼,续—2009.3)
周火培(兼,续—　　　)
杜作秀(续—2009.3)
廖正青(续—　　　)
项世才(2009.3—　　　)
吴联峰(2009.3—2011.4)
曾高平(兼,2009.3—2012.4)
季根荣(兼,2010.2—2011.4)
范建伟(2011.4—　　　)
季文峰(兼,2012.4—　　　)
叶有根(2012.5—　　　)
副科级组织员
沈惠萍(女,2009.4—2012.8)

市委政策研究室(2009年3月由与农办合署改为与市委办合署)

主　任
刘赤波(兼,续—2009.3)
吴联峰(兼,2009.3—2011.4)
项世才(兼,2011.4—2012.5)
廖正青(兼,2012.5—　　　)
副主任
罗观荣(续—2009.3)
蔡向东(续—2009.3)
张元汉(续 —2009.3)
胡盛锋(2009.7—2012.5)
李文秀(女,2012.5—　　　)
刘朝友(2012.8—　　　)

市委市政府督查办公室

主　任
杜作秀(兼,续—2009.3)
吴联峰(兼,2009.3—2011.4)
项世才(兼,2011.4—　　　)
副主任
江建美(女,续 —2009.9)
陈大铭(续—2011.9)
刘黎明(2009.9—　　　)
项周华(2012.9—　　　)

市委台湾工作办公室(市政府台湾事务办公室)

主　任
项世才(兼,2012.5—　　　)
副主任
沈惠萍(女,2012.8—　　　)

保密局(办)

局　长(主任)
项光来(续 —2012.5)
叶有根(兼,2012.5—　　　)

机要科——机要局(密码管理局)

(2012年8月改设)
局　长(科长)
钱照武(2008.1—　　　)

市委报道组

组　长
周华俊(2009.1—2010.9)
鄢　鸣(女,2012.5—　　　)

市委组织部

部　长
应勇军(续—2009.11)
叶晓勇(2009.11—　　　)
常务副部长
诸葛春杰(续—2011.12)
顾奕滨(2012.2—　　　)
副部长
李　力(续—2012.10)
许伟敏(兼,续—　　　)
徐怀坤(续—2009.3)
郑富南(续—2008.8)
王仁学(2008.8—　　　)
顾奕滨(2009.3—2011.4)
刘新民(2011.4—　　　)
正科级组织员
邝正堂(续—2011.2)
副科级组织员
连素娥(女,续—2011.8)
姚淡珍(女,续—2009.4)
桂　滨(2010.5—2012.5)
吕　俊(2011.11—　　　)
王卫东(2012.8—　　　)

市委新经济与新社会组织工作委员会

书　记
刘新民(兼,2011.9—　　　)
副书记
金益民(兼,2012.8—　　　)
江建美(女,兼,2012.8—　　　)
李春花(女,兼,2012.8—　　　)
周英和(2012.8—　　　)

市委宣传部

部　长

蓝伶俐(女,续—2009.11)
曹新民(2010.4—)
常务副部长
范建伟(续—2011.4)
胡武海(2011.4—)
副部长
周火培(续—)
王为武(续—)
张春生(兼,2009.3—2009.7)
王振春(兼,2012.8—)

市社会科学界联合会
主　席
王为武(兼,2012.10—)
专职副主席
郭起平(2012.10—)

市精神文明建设委员会办公室
主　任
罗燕鸣(女,续—2012.8)
杨桂兰(女,2012.8—)

市委对外宣传办公室
主　任
吴　敏(女,2012.8—)

市委互联网宣传管理办公室
主　任
曾志伟(2012.8—)

市委统战部
部　长
叶先长(续—)
常务副部长
杜作秀(2012.4—)
副部长
蓝晓明(续—2012.3)
蔡静波(女,续 —2009.3)
雷火元(续—)
方满英(女,2009.4—2012.12)
杜陈元(2012.4—)
金益民(2012.12—)

市侨台办公室——市侨务办公室(2012年8月改设)
副主任
常亚静(女,续—)

市委政法委
书　记
徐光文(续—2009.7)
季柏林(2009.11—2011.12)
蒋世懿(2011.12—)
常务副书记
季春宝(续—2011.4)
李先顶(2011.4—)
副书记
元基奶(续—2009.1)
周光明(续—)
陈木养(2009.4—)
周光洪(2011.12—)
吴炳森(2012.4—)
政治处主任
季春宝(兼,续—2011.4)
政法委办主任
金建武(续—2009.4)
项伟剑(2009.4—2012.8)

市社会治安综合治理委员会办公室——市社会管理综合治理委员会办公室
(2012年4月更名)
主　任
元基奶(兼,续—2009.1)
陈木养(2009.4—)
副主任
金建武(2009.4—2012.5)
吴芝龙(2012.5—)

市委维护稳定工作领导小组办公室
(2012年8月单设)
主　任
季春宝(兼,续—2011.4)
李先顶(兼,2011.4—2012.8)
吴炳森(兼,2012.8—)
副主任
刘小东(2012.8—)

防范和处理邪教问题领导小组办公室
主　任
周光明(续—)

直属机关工作委员会
书　记
李　力(兼,续—2012.10)
副书记
杨洪文(续—2009.1)
叶少英(女,续—2008.10)
陈齐军(续—2010.2)
王根发(2009.4—)
卓金松(2010.10—)
纪工委书记
叶少英(女,续—2008.6)
周丽丽(女,2008.6—)

老干部局
局　长
许伟敏(续—)
副局长
曾金珺(女,续—)
季达根(兼,续—2009.3)
唐升旭(续—2012.8)
邵仲昕(兼,2009.3—2012.8)
陈方顺(兼,2012.8—)
吴双电(2012.8—)

信访局
局　长
张　明(续—2009.3)
曾高平(2009.3—2012.4)
季文峰(2012.4—)
副局长
蔡松树(续—2012.5)
吴邦南(续—2012.8)
李红霞(女,续—)
曾春一(2010.5—2011.9)
刘晓伟(2012.5—)
周建伟(2012.8—)

市委党校
校　长
应勇军(续—2009.11)
叶晓勇(2009.11—)
常务副校长
项光年(续—)
副校长

赵石荣（续—2011.1）
刘雪波（续—2008.6）
季华欣（女，2008.6—　　）
胡昌富（2011.1—　　）

市委党史研究室（地方志办公室）

主　任
管君友（兼，续—2009.3）
项世才（兼，2009.3—2011.4）
范建伟（兼，2011.4—　　）

副主任
毛明库（续—　　）

档案局（馆）

局　长（馆长）
朱志伟（续—　　）

副局长（副馆长）
邬必锋（续—　　）
雷土芝（女，续—2012.12）
罗燕鸣（女，2012.8—　　）

党组书记
朱志伟（续—　　）

新闻传媒中心

主　任
吴荣林（续—　　）

副主任
陈小龙（续—2012.8）
项庆标（续—2012.8）
柳建松（2009.1—　　）
周华俊（2012.8—　　）
姜爱华（女，2012.8—　　）

总编辑
陈小龙（2012.8—　　）

副总编辑
周华俊（2012.8—　　）

中共龙泉市纪律检查委员会

书　记
雷金松（续—2011.12）
钟海燕（女，2011.12—　　）

副书记
华志和（续—2012.6）
陈正成（续—2010.3）
游金元（2010.3—　　）
李　力（2012.10—　　）

常务委员
雷金松（续—2011.12）
华志和（续—2012.6）
陈正成（续—2010.3）
陈光霞（女，续—2011.12）
陈清龙（续—2012.10）
潘思雄（续—　　）
周品旺（续—2010.2）
游金元（2010.3—　　）
吴谨杰（2010.2—　　）
钟海燕（女，2011.12—　　）
邓红华（女，2011.11—　　）
金　伟（2012.10—　　）
李　力（2012.10—　　）

办公室主任
叶伟林（续—2012.5）

执法监察室主任
周品旺（续—2010.2）
任　炜（2010.7—　　）

案件审理室主任
管焕欣（续—2008.6）
卓翠华（女，2009.1—2010.7）

党风廉政建设室主任
金　伟（续—　　）

纪检室主任
钟祥奎（2009.4—　　）

信访室主任
姜伟忠（续—　　）

调研教育室主任
李文秀（女，续—2012.5）

效能监察室主任
沈汉珍（女，2010.7—　　）

纠风室主任
吴谨杰（2010.2—2012.8）
吴伟影（女，2012.8—　　）

干部室主任
金建武（2012.5—　　）

副科级纪检员
金旭波（2009.12—　　）
杨　杰（2009.12—　　）
张刚超（2012.8—　　）

龙泉市人民法院

院　长
罗　明（续—2011.12）
罗　沛（2012.3—　　）

代院长
罗　沛（2011.12—2012.3）

副院长
翁小平（续—2012.3）
麻益升（续—　　）
周有涛（续—　　）
陈有南（续—2010.2）
朱道伟（2010.3—2012.7）
龚贤伟（2012.4—　　）
王庆生（2012.4—　　）

党组书记
罗　明（续 — 2011.12）
罗　沛（2011.12—　　）

党组副书记
麻益升（续—　　）

纪检组长
陈木养（续—2009.4）
姚逸慧（女，2009.4—　　）

政治处主任
王　伟（续—　　）

执行局局长
王庆生（续—2012.9）
蔡道高（2012.9—　　）

审委会专职委员
季红英（女，2010.5—　　）

龙泉市人民检察院

检察长
阙建平（续—2011.12）
葛朝华（女，2012.3—　　）

代检察长

葛朝华（女，2011.12—2012.3）

副检察长

董庆文（续—2010.3）

吴晓敏（续—2012.4）

王浩松（续—　　）

张继媛（女，续—　　）

瞿承健（2010.3—2012.11）

吴孝龙（2012.4—　　）

党组书记

阙建平（续—2011.12）

葛朝华（女，2011.12—　　）

党组副书记

董庆文（续—2010.3）

瞿承健（2010.3—2012.11）

纪检组长

季土元（续—　　）

政治处主任

卢晓霞（女，续—　　）

反贪局局长

管　策（续—2010.5）

吴新宇（2010.5—　　）

中国人民解放军龙泉市人民武装部

党委第一书记

赵建林（续—2011.7）

蔡晓春（2011.7—　　）

书　记

骆贤君（续—2008.3）

姜　新（2008.3—2011.7）

何小仁（2011.7—　　）

副书记

魏安龙（续—2011.3）

王永伟（2011.3—2012..3）

房　军（2012.3—　　）

纪委书记

朱明星（续—　　）

部　长

魏安龙（续—2011.3）

王永伟（2011.3—2012..3）

房　军（2012.3—　　）

政治委员

骆贤君（续 —2008.3）

姜　新（2008.3—2011.7）

何小仁（2011.7—　　）

副部长

潘建亮（续—2008..7）

高天河（2008.7—2009.3）

朱明星（2009.3—　　）

龙家峰（2012.10—　　）

军事科科长

潘建亮（续—2008.7）

高天河（2008.7—2009.3）

朱明星（2009.3—　　）

政工科科长

朱明星（续—2009.3）

许广富（2009.3—2012.3）

付奇松（2012.3—　　）

后勤科科长

郭进桥（续—2011.4）

张　君（2011.6—　　）

军械仓库主任

许广富（续—2009.3）

季　俊（2009.3—2012.4）

韩　赞（2012.4—　　）

市人大常委会工作机构

办公室

主　任

周光忠（续—　　）

副主任

史国良（续—2010.6）

邓红华（女，续—2011.11）

杨华峰（2010.8—　　）

张　震（2012.3—　　）

法制工作委员会

主　任

何兰溪（续—2012.3）

吴晓敏（2012.3—　　）

副主任

柳盛华（续—　　）

代表工作委员会

主　任

余华良（续—　　）

副主任

陈奕光（续—2012.3）

陈亦雄（2012.3—　　）

财政经济工作委员会

主　任

罗永华（续—2010.12）

方仁民（2012.3—　　）

副主任

吴　敏（续—2009.4）

杨华峰（2009.7—2010.8）

张　震（2010.10—2012.3）

徐龙伟（2012.5—　　）

科教文卫工作委员会

主　任

林小丽（女，续—2012.3）

陈光霞（女，2012.3—　　）

副主任

张丽君（女，续—2011.4）

何　昀（女，2012.5—　　）

农业和资源环境工作委员会

主　任

江圣明（续—2012.3）

黄邦辉（2012.3—　　）

副主任

范建龙（续—2012.3）

余良德（2012.9—　　）

市政府工作部门

办公室

主　任

叶学明（续—2009.1）

陈惠锋（2009.1—2012.4）

潘祝平（2012.4—　　）

副主任

潘祝平（续—2012.4）

刘根华（续—2009.4）

郑向东（续—　　）

沙永龙（续—2012.4）

金益民(续—2008.10)
游金元(兼,续—2010.4)
徐双喜(续—2010.2)
徐祖明(续—)
胡武海(兼,续—2011.4)
洪一浩(续—2009.7)
周火培(兼,续—)
卢士俊(续—2012.8)
叶有根(续—2012.5)
季少华(兼,续—2009.3)
张晓峰(2008.10—)
寿如尧(兼,2008.10—)
周伟军(2009.5—2012.5)
吴小波(2009.7—)
董庆文(2010.4—)
张 炜(2010.9—)
项 敏(2010.10—)
黄培松(兼,2011.4—)
杨良泽(2012.5—)
翁积文(兼,2012.5—)
郑高隆(兼,2012.8—)
项伟剑(2012.8—)

接待办

主 任
伍 英(女,续—2008.6)

外事办

主 任
沙永龙(兼,续—2012.4)
张献珍(女,2012.8—)

副主任
张献珍(女,续—2012.8)

法制局(法制办公室)

局 长(主任)
郑向东(续—)

副局长(副主任)
雷路生(续—2012.8)
王鹤武(2012.8—)

浙大合作联络处

主 任
徐祖明(2007.5—)

副主任
伍 英(女,2008.6—2010.5)
李 平(2010.12—)

市政府突发公共事件应急管理办公室

主 任
张晓峰(兼,2012.8—)

副主任
刘晓刚(2012.8—)

政策研究室

主 任
季向平(2012.9—)

市政府金融办公室

主 任
吴小波(2010.2—)

副主任
卢品龙(2012.9—)

市委市政府重大节庆会展办公室

(2008.10 设立)

主 任
张晓峰(兼,2008.10—2012.5)
卢士俊(2012.5—)

市政府办公室党组

书 记
叶学明(续—2009.1)
陈惠锋(2009.1—2012.4)
潘祝平(2012.4—)

副书记
刘根华(续—2009.3)
潘祝平(2009.3—)
张晓峰(2012.5—)

机关事务管理局

(2008 年 10 月建立)

局 长
寿如尧(2008.10—)

副局长
张志勇(2009.5—2012.8)
沈又红(女,2010.7—2012.8)
张献珍(兼,女,2010.8—)
徐一桂(女,2012.5—)

接待办主任
寿如尧(2009.7—)

接待办副主任
张志勇(2009.7—2012.8)
沈又红(女,2010.7—2012.9)
张献珍(兼,女,2010.5—)
徐一桂(女,2012.5—)

青瓷宝剑产业保护和发展局

(2009 年 7 月建立)

局 长
张晓峰(2009.7—2012.5)
卢士俊(2012.5—)

副局长
孙兆建(兼,2009.7—2012.8)
赖铁霞(女,2009.7—)
毛传青(2012.8—)

党组书记
郑高隆(2012.8—)

副书记
毛传青(2012.8—)

发展和改革局(粮食局)

局 长
胡卫亮(续—2011.12)
何跃军(2012.4—)

副局长
艾丽青(续—)
商庆琴(女,续 —2010.4)
王继春(续—)
罗叶中(续—2009.4)
吴 敏(2009.4—)
朱秀亮(2009.4—)
夏应文(2012.8—)

党组书记
胡卫亮(续—2011.12)
何跃军(2012.4—)

副书记
艾丽青(续—)

纪检组长
钟章华(续—)

物价局

(2011 年 11 月市物价局并入发改局挂物价局牌子)

局 长

杜陈元(续—2012.4)
副局长
曾伟光(续—2008.7)
李树荣(续—2012.8)
徐钢平(2009.1—)
党组书记
杜陈元(续—2012.4)

经济贸易局——经济和信息化局(商务局)(2011年11月改建)

局　长
徐东华(续—2011.4)
杨洪斌(2011.4—)
副局长
李根通(续—2008.7)
孙兆建(续—2012.8)
王　萍(女,续—)
曾伟光(2008.7—)
周华俊(2010.9—2012.8)
刘雪波(2012.8—)
党组书记
徐东华(续—2011.4)
杨洪斌(2011.4—)
副书记
李根通(续—2008.6)
曾伟光(2008.6—)
纪检组长
商晓勤(续—2009.1)
周美娟(女,2009.4—)

教育局

局　长
周欣波(续—)
副局长
张　进(续—)
吴　敏(续—2012.4)
丁予琪(2008.7—2012.8;
兼,2012.8—)
郑高隆(兼,2009.4—2012.8)
孙方鸿(兼,2010.5—)
赵永长(2012.8—)
党组书记
周欣波(续—)
党组副书记
李建南(续—)
纪检组长
莫晓芬(女,续—2008.6)
李建南(2008.6—2012.8)
黄武友(2012.8—)

科技局

局　长
汤克豪(续—)
副局长
王倩萍(女,续—)
李青羽(续—2012.8)
林邱平(2012.8—)
党组书记
汤克豪(续—)
纪检组长
周良俊(女,2012.8—)

公安局

局　长
徐为民(续—2011.12)
周光洪(2011.12—)
副局长
连　雄(续—)
瞿承健(续—2010.4)
孔继军(续—2010.12)
叶有林(续—2012.8)
杨孔发(续—)
叶仪俊(2010.2—2012.5)
许建华(2010.12—)
刘继伟(2012.8—)
毛建平(兼,2012.8—)
张剑波(2012.11—)
政　委
任建民(续—2010.12)
季春宝(2011.4—)
副政委
许建华(续—2010.12)
徐樟明(2010.12—)
督察长
余盛宽(兼,2009.4—2010.12)
刘继伟(兼,2010.12—2012.8)
周光洪(兼,2012.8—)
党委书记
徐为民(续—2011.12)
周光洪(2011.12—)
副书记
任建民(续—2010.12)
瞿承健(续—2010.2)
连　雄(2010.12—)
季春宝(2011.4—)
叶有林(2012.8—)
纪委书记
余盛宽(续—2010.12)
刘继伟(2010.12—2012.8)
黄培文(2012.8—)
政治处主任
吴伟影(女,续—2012.8)
陈志斌(2012.8—)

公安交通警察大队

大队长
毛建平(续—)
教导员
唐　军(续—2010.12)
曾保兴(代,2011.1—2012.8)
吴遇有(2012.9—)

监察局

局　长
华志和(续—2012.9)
李　力(2012.9—)
副局长
陈清龙(续—2012.11)
卢劲松(续—)
吴谨杰(2012.11—)
副科级监察员
余海敏(2012.8—)

民族宗教事务局

局　长
蓝晓明(续—2012.3)
杜陈元(2012.4—)

副局长

纪海虹（女，续— ）

民政局

局 长

瞿懋平（续—2009.12）

陈正成（2010.3— ）

副局长

柯建琼（女，续—2009.4）

胡新民（续— ）

陈大成（续— ）

胡 雁（2009.4—2009.12）

江建美（女，2009.9— ）

党组书记

瞿懋平（续—2009.12）

陈正成（2010.2— ）

纪检组组长

胡 雁（续—2009.4）

张 可（2009.4— ）

老龄委办

主 任

郑富南（2009.4—2012.4）

王 红（女，2012.8— ）

司法局

局 长

龚贤伟（续—2009.4）

徐怀坤（2009.4—2012.4）

林怀瑞（2012.4— ）

副局长

叶绍平（续—2010.10）

季慧伟（续— ）

唐 军（2010.12— ）

党组书记

龚贤伟（续—2009.3）

徐怀坤（2009.3—2012.4）

林怀瑞（2012.4— ）

副书记

吴金松（续— ）

纪检组长

吴金松（续—2012.8）

周火松（2012.8— ）

财政局

局 长

吴旭文（续—2011.4）

徐东华（2011.4— ）

副局长

商越敏（续—2012.8）

吴小波（续—2009.7）

季志芬（女，续— ）

连浩松（2009.7— ）

总经济师

商越敏（2012.8— ）

农发办主任

叶惠君（2012.5— ）

预算局局长

吴元君（女，2012.5— ）

预算执行局局长

李 华（女，2012.5— ）

财政监督局局长

金东红（女，2012.5— ）

国有资产监督管理办公室

主 任

连浩松（2012.9— ）

副主任

邵仲昕（2012.9— ）

陈徐明（2012.9— ）

国有资产经营公司

董事长、总经理

姜苏民（续—2011.11）

连浩松（2009.7— ）

副总经理

邵仲昕（2012.8— ）

陈徐明（2012.5— ）

财政局党组书记

刘志伟（续—2010.2）

吴建春（女，2010.2—2011.4）

徐东华（2011.4— ）

党组副书记

吴旭文（续—2011.4）

连浩松（2011.4— ）

纪检组长

吴树儿（续— ）

人事劳动社会保障局——人力资源和社会保障局

（2011 年 11 月更名）

局 长

郑富南（续—2008.8）

王仁学（2008.8— ）

副局长

王志江（续—2010.5）

方满英（女，续—2009.4）

叶伟军（续— ）

姚淡珍（女，2009.4— ）

郑 明（2010.5—2012.8）

包伟明（2012.8— ）

党组书记

郑富南（续—2008.8）

王仁学（2008.8— ）

副书记

方仁民（续—2012.3）

纪检组长

方仁民（续—2012.3）

雷露生（2012.8— ）

市机构编制委员会办公室

（2012 年 4 月起单设）

主 任

郑富南（续—2008.8）

王仁学（2008.8—2012.4）

周善清（2012.4— ）

副主任

郑 明（续—2010.5）

包伟明（2010.5—2012.8）

陈建云（女，2012.8— ）

建设局——住房和城乡建设局（城乡规划局）

（2011 年 11 月改建）

局 长

张春生（续—2009.4）

郑玉贤（2009.4—2012.4）

余盛全（2012.4— ）

副局长

邝永有（续—2009.3）

曾 强（续—2012.8）

吴建胜(2009.4—　　　)
季旭雄(2012.5—　　　)
叶继清(2012.8—　　　)
总工程师
季旭雄(续—2012.5)
潘一俊(2012.5—　　　)
总规划师
瞿茂荣(2012.8—　　　)
党组书记
张春生(续—2009.4)
郑玉贤(2009.4—2012.4)
余盛全(2012.4—　　　)
副书记
管君养(续—2009.1)
季少峰(2010.2—　　　)
纪检组长
季少峰(续—2010.2)
管　策(2010.2—　　　)

市城市建设投资开发公司

总经理
叶继清(2009.4—2012.8)
曾　强(2012.8—　　　)

市房屋征收与补偿办公室

副主任
胡武霞(女,2012.9—　　　)
刘　羽(2012.9—　　　)

交通局——交通运输局

(2011年11月改建)
局　长
刘立欣(续—2010.2)
罗新海(2010.2—　　　)
副局长
徐显林(续—　　　)
程小和(续—　　　)
黄亚荣(续—2011.4)
季春达(2012.8—　　　)
陈善长(兼,2012.8—　　　)
总工程师
叶春龙(续—　　　)
党组书记
刘立欣(续—2009.12)
罗新海(2009.12—　　　)
党组副书记
毛松义(续—2009.3)
张　平(2009.3—　　　)
纪检组长(书记)
毛松义(续—2009.3)
张　平(2009.3—2012.8)
郑　明(2012.8—　　　)

国防动员委员会交通战备办公室

主　任
罗新海(2009.12—　　　)
副主任
张伟仁(续—　　　)

交通投资有限责任公司

董事长
刘立欣(续—2009.6)
罗新海(2010.1—　　　)
总经理
叶继清(续—2009.4)
季春达(2009.5—2012.8)
张　平(2012.8—　　　)

公路管理段——公路管理局

(2010年12月更名)
局　长(段长)
徐敏勇(续—　　　)
党总支书记
徐敏勇(续—2010.12)
林必力(2010.12—　　　)

公路运输管理(稽征)所——道路运输管理局(2012年6月更名)

局　长(所长)
周建钧(续—2010.5)
陈善长(2010.7—　　　)
支部书记
周建钧(续—2009.4)
陈善长(2009.4—　　　)

农村工作办公室

主　任
刘赤波(续—2010.4)
季根荣(2010.4—2011.4)
吴联峰(2011.4—　　　)
副主任
罗观荣(续—　　　)
张元汉(续—　　　)
蔡向东(续—　　　)
章华君(2009.9—2010.9)
扶贫办副主任
余盛云(2012.8—　　　)
党组书记
刘赤波(续—2010.3)
季根荣(2010.4—2011.4)
吴联峰(2011.4—　　　)
副书记
叶大新(续—　　　)
纪检组长
叶大新(续—2012.8)
陈章田(2012.8—　　　)

农业局

局　长
叶伟玲(续—2010.3)
何登新(2010.3—2012.4)
郑玉贤(2012. 4—　　　)
副局长
潘世龙(续—　　　)
郑夏来(续—　　　)
刘福明(续—2009.4)
叶晓芳(2009.4—　　　)
总农艺师
吴善元(续—2009.4)
谢立生(2009.5—　　　)
党组书记
叶伟玲(续—2010.2)
吴照培(2010.2—　　　)
副书记
王锡林(续—2011.1)
郑玉贤(2012.4—　　　)
纪检组长
王锡林(续—2011.1)
王鹤松(2011.4—　　　)
畜牧兽医局局长
叶松生(2011.10—　　　)

林业局

局　长

张长山（续—2011.10）

徐怀坤（2012.4—　　　）

副局长

陈正国（续—2012.8）

陈龙根（续—2012.5）

毛明通（续—2010.5）

季新良（2010.7—　　　）

吴宗源（2012.8—　　　）

叶祥根（2012.8—　　　）

总工程师

季新良（续—2010.7）

季利民（2010.7—　　　）

党组书记

张长山（续—2011.9）

陈龙根（2012.5—　　　）

副书记

陈龙根（续—2012.5）

徐怀坤（2012.4—　　　）

纪检组长

许福庭（续—2011.1）

陈正国（2012.8—　　　）

森林消防办主任

谢海根（2010.10—　　　）

公安局森林分局

局　长

吴长征（续—　　　）

教导员

张长山（续—2011.10）

徐怀坤（2012.11—　　　）

水利局

局　长

何跃军（续—2012.4）

付建伟（2012.4—　　　）

副局长

周朝阳（续—2011.10）

曾为文（续—2012.8）

吴维祺（续—　　　）

唐升旭（2012.8—　　　）

熊　军（2012.8—　　　）

总工程师

熊　军（续—2012.8）

廖卫阳（2012.8—　　　）

党组书记

朱建平（续—2009.1）

何跃军（2009.1—2012.4）

付建伟（2012.4—　　　）

副书记

何跃军（续—2009.1）

陈方顺（2009.3—2012.8）

曾为文（2012.8—　　　）

纪检组长

张丽芬（女，续—2009.1）

陈方顺（2009.3—2012.8）

季海金（2012.8—　　　）

文广出版局（体育局）

局　长

黄国勇（续—2012.4）

夏　卫（2012.4—　　　）

副局长

季海金（续—2012.8）

谢建羽（续—　　　）

周晓峰（续—　　　）

周玛瑾（2012.8—　　　）

党组书记

黄国勇（续—2012.4）

夏　卫（2012.4—　　　）

副书记

俞显根（续—2010.7）

陈清龙（2012.8—　　　）

纪检组长

张　可（续—2009.4）

张亦梅（女，2009.4—　　　）

广播电视台

台　长

项世才（续—2009.4）

张春生（2009.4—2009.7）

洪一浩（2009.7—　　　）

副台长

周玛瑾（续—2012.8）

王鹤松（续—2011.4）

赵玲俐（女，兼，续—　　　）

项庆标（2012.8—　　　）

总工程师

王鹤松（续—2011.4）

王芳敏（2010.9—　　　）

党总支书记

项世才（续—2009.3）

张春生（2009.3—2009.7）

洪一浩（2009.7—　　　）

纪检组长

姚逸群（女，2012.8—　　　）

卫生局

局　长

叶宪森（续—　　　）

副局长

叶纪沟（续—2010.4）

叶李琴（女，续—　　　）

毛金廷（兼，2009.4—　　　）

叶伟娟（女，2010.5—　　　）

周小玲（女，2010.12—　　　）

叶伟军（兼，2012.8—　　　）

市红十字会

常务副会长

毛金廷（2009.4—　　　）

卫生局党组书记

叶宪森（续—　　　）

党组副书记

刘少剑（续—　　　）

李志武（续—　　　）

纪检组长

李志武（续—　　　）

人口计生局

局　长

刘年根（续—　　　）

副局长

张兆林（续—2009.5）

连小琴（女，续—　　　）

叶秀起（续—2011.10）

郑金秀（女，续 2012.8—　　　）

吴启林(2009.4—2010.12)
汤荣坤(2010.12—)
叶华荣(2012.8—)
党组书记
刘年根(续—)
副书记
王根发(续—2009.4)
张兆林(2009.4—)
纪检组长
王根发(续—2009.4)
张兆林(2009.4—2012.8)
汤如招(女,2012.8—)

审计局

局　长
傅剑明(续—)
副局长
林跃进(续—)
傅建敏(女,续—2012.12)
党组书记
傅剑明(续—)
副书记
傅建敏(女,续 —2012.12)
纪检组长
刘世映(续—2010.12)
余盛宽(2010.12—)
市经济责任联席会议办公室主任
任永红(女,2012.9—)

环境保护局

局　长
林怀瑞(续—2012.4)
方晓龙(2012.4—)
副局长
戴圣者(续—2009.4)
邱水强(续—2012.8)
毛建伟(2009.4—)
汤如库(2011.11—)
孙兆建(2012.8—)
总工程师
潘晓琴(女,2009.9—)
党组书记
林怀瑞(续—2012.4)
方晓龙(2012.4—)
纪检组长
吴德宝(续—2009.3)
蔡　明(2009.4—2012.8)
李健强(2012.8—)

统计局

局　长
方晓龙(续—2012.4)
叶亚东(2012.4—)
副局长
刘黎明(续—2009.9)
朱秀亮(续—2009.4)
李利珺(女,2009.4—)
李健强(2009.9—2012.8)
蔡　明(2012.8—)
总统计师
杨金龙(2010.9—)

国家统计局龙泉调查队

队　长
王慧光(续—)
党组书记
方晓龙(续—2012.4)
叶亚东(2012.4—)
副书记
王慧光(续—)
纪检组长
张兴岳(续—2010.11)

安全生产监督管理局

局　长
周善清(续—2012.4)
沙永龙(2012.4—)
副局长
毛建伟(续—2009.4)
黄路光(续—)
毛传青(2009.4—2012.8)
邱水强(2012.8—)
党组书记
周善清(续—2012.4)
沙永龙(2012.4—)
副书记
毛传青(20010.2—2012.8)
纪检组长
刘　剑(续—2008.6)
华志平(2008.6—)

食品药品监督管理局(2011年11月由垂直管理机构改为市政府工作部门)

局　长
张兆明(续—)
副局长
潘李成(续—)
邵晓红(女,续—)
李青羽(2012.8—)
党组书记
张兆明(续—)
纪检组长
邵晓红(女,续—)

风景旅游局

局　长
徐争曙(续—2009.4)
龚贤伟(2009.4—2012.4)
曾高平(2012.4—)
副局长
徐起平(续—2008.7)
杨良泽(续—2012.5)
金进锡(2008.8—2009.7)
刘世映(2010.12—)
夏剑峰(2012.8—)
党组书记
徐争曙(续—2010.7)
龚贤伟(2010.7—2012.4)
曾高平(2012.4—)
党组副书记
龚贤伟(2009.3—2010.7)
刘世映(2010.12—)
纪检组长
陈建云(女,续—2012.8)
张国华(2012.8—)

旅游投资发展公司

总经理

李苏敏(2012.9—　　)

人民防空办公室(民防局)

(2011年11月改设)

主　任

赵晓星(续—　　)

副主任

季世宗(续—2010.5)

王务明(续—　　)

史国良(2010.5—　　)

移民办公室

主　任

何登新(续—2010.2)

徐双喜(2010.2—　　)

副主任

蔡　明(续—2009.4)

潘春林(续—　　)

戴圣者(2009.4—　　)

党组书记

黄邦辉(续—2012.3)

徐双喜(2012.8—　　)

副书记

徐双喜(2010.2—2012.8)

纪检组长

张晓华(续—　　)

丽水市住房公积金管理中心龙泉分中心

主　任

季资华(续—2009.5)

刘根华(2009.5—2011.4)

管忠新(2011.4—　　)

副主任

管忠新(续—2011.4)

杨惠珍(女,2011.9—　　)

住房改革委员会办公室

主　任

季资华(续—2009.1)

刘根华(2009.4—2011.4)

管忠新(2011.4—　　)

副主任

刘丽荣(女,续 —2012.5)

管忠新(续—2011.4)

金永元(2012.8—　　)

杨惠珍(女,2012.8—　　)

浙江龙泉工业园区

主　任

包新华(续—2009.4)

罗孝林(2009.4—2011.12)

陈惠锋(2011.12—　　)

副主任

余盛全(续—2009.4)

周伟彬(续—2008.7)

连浩松(续—2009.7)

季文峰(续—2010.2)

徐起平(2008.7—　　)

李根通(2008.7—2012.5)

叶庾杰(2009.4—　　)

吕锦豹(2009.7—　　)

周光洪(2010.2—2012.5)

李小龙(2012.4—　　)

周建敏(2012.4—　　)

祝新明(2012.5—　　)

综合办主任

李健强(续—2009.9)

祝新明(2010.5—2012.5)

李善红(女,2012.8—　　)

建设管理局局长

潘一俊(续—2012.5)

曾光义(2012.5—　　)

经济发展局局长

叶庾杰(2008.7—2009.5)

余　英(女,2009.5—　　)

计划财务局局长

连浩松(兼,2008.1—2009.7)

吕锦豹(兼,2009.7—　　)

园区发展有限公司总经理

张金炎(2012.9—　　)

党工委书记

徐光文(续—2009.3)

曹新民(2009.3—2010.4)

陈　豪(2010.5—2011.12)

叶学明(2011.12—　　)

副书记

包新华(续—2009.3)

余盛全(续—2009.3)

朱道伟(续—2010.2)

罗孝林(2009.3—2011.12)

傅建伟(2010.2—2012.4)

陈惠锋(2011.12—　　)

李小龙(2012.4—　　)

李根通(2012.5—　　)

周光洪(2012.5—　　)

纪工委书记

傅良郁(续—　　)

党工委委员

傅良郁(续—　　)

周伟彬(续—2008.6)

连浩松(续—2009.7)

季文峰(续—2010.2)

吴谨杰(续—2010.2)

李根通(2008.6—2012.5)

叶庾杰(2009.4—　　)

吕锦豹(2009.7—　　)

周光洪(2010.2—2012.5)

祝新明(2010.5—　　)

陈志斌(2010.9—2011.9)

周建敏(2012.4—　　)

戴积光(2012.5—2012.12)

李林涛(2012.8—　　)

项朝友(2012.12—　　)

行政服务中心

主　任

游金元(续—2010.4)

董庆文(2010.4—　　)

副主任

王永卢(续—　　)

李　春(续—　　)

党组书记

游金元(续—2010.2)

董庆文(2010.2—　　)

纪检组长

金星南(续—2010.5)

季世宗(2010.5—　　)

经济协作办(招商办)

主　任

胡武海(续—2011.4)

黄培松(2011.4—　　　)

副主任

黄培松(续—2011.4)

胡丽香(女,续—2009.4)

刘雪波(2008.7—2012.8)

余海清(2009.4—2012.5)

季庆祯(2012.8—　　　)

张福回(2012.8—　　　)

党组书记

胡武海(续—2011.4)

黄培松(2011.4—　　　)

供销社

理事会主任

徐先强(2008.1—　　　)

理事会副主任

林邱平(续—2012.8)

叶华科(续—　　　)

李树荣(2012.8—　　　)

党委书记

徐先强(2008.1—　　　)

纪检书记

林邱平(续—2012.8)

李树荣(2012.8—　　　)

医药药材总公司

总经理

张青元(续—　　　)

副总经理

张启元(续—　　　)

袁灵丰(2012.8—　　　)

市政协工作机构及专委会

办公室

主　任

毛传青(续—2009.3)

徐　伟(2009.3—　　　)

副主任

刘建民(续—　　　)

洪汝锋(续—2011.1)

方　岳(2012.5—　　　)

副秘书长

毛传青(续—2009.5)

徐　伟(2009.5—　　　)

提案委员会

主　任

叶常青(续—2011.1)

洪汝锋(2011.1—　　　)

经济科技和人口资源环境委员会

主　任

曾怀荣(续—2010.6)

毛明通(2012.3—　　　)

副主任

毛明通(2010.6—2012.3)

文史和教育文化卫生体育委员会

主　任

蔡小平(续—2012.3)

吴　敏(2012.3—　　　)

社会法制和民族侨台委员会

主　任

王小平(续—2012.3)

蓝晓明(畲,2012.3—　　　)

民主党派和工商联

民盟龙泉总支

主　委

雷丽亚(女,续—　　　)

副主委

吴　敏(续—　　　)

周永海(续—　　　)

工商联(总商会)

主　席(会长)

潘金明(续—2012.9)

何登新(2012.9—　　　)

副主席、副会长

蔡静波(女,续—2009.4)

叶增新(续—2010.3)

叶必忠(续—　　　)

方满英(女,2009.4—2012.4)

金益民(2012.9—　　　)

伍　英(女,2010.5—　　　)

秘书长

叶增新(续—2010.3)

叶必忠(2010.3—　　　)

党组书记

蔡静波(女,续—2009.3)

方满英(女,2009.7—2012.4)

金益民(2012.4—　　　)

副书记

方满英(女,2009.4—2009.7)

群众团体组织

总工会

主　席

李　锋(续—2009.3)

张　明(2009.3—　　　)

副主席

吴莉菁(女,续—　　　)

何家齐(续—2009.4)

钟文俊(2009.4—　　　)

党组书记

李　锋(续—2009.3)

张　明(2009.3—　　　)

纪检组长

钟文俊(续—2009.4)

华盛强(2009.4—　　　)

共青团龙泉市委

书　记

周池梅(女,续—2010.9)

李小春(2010.9—　　　)

副书记

李小春(续—2010.7)

雷绍丽(女,续—2011.11)

张如仟(2011.01—2012.12)

包炳炎(2011.12—　　　)

叶苏婧(女,2011.12—　　　)

余传涨(2012.5—　　　)

妇女联合会

主　席
吴建春（女，续 —2010.2）
柳晓芬（女，2010.2—2010.11）
邹迎春（女，2011.4—　　　）

副主席
邹迎春（女，续—2011.4）
李利珺（女，续—2009.4）
胡丽香（女，2009.4—2012.5）
郑金秀（女，2012.8—　　　）
庄承玲（女，2012.8—　　　）

党组书记
吴建春（女，续—2010.2）
柳晓芬（女，2010.2—2010.11）
邹迎春（女，2011.4—　　　）

科学技术协会

主　席
叶志光（续—2010.7）
童巧隽（女，2010.7—　　　）

副主席
周火松（续—2012.8）
李伟娟（女，2012.8—　　　）

党组书记
叶志光（续—2011.1）
黄亚荣（2011.4—　　　）

文学艺术界联合会

主　席
王振春（续—　　　）

副主席
许志光（续—2008.12）
郭志民（续—2008.12 ）
季文军（续—2008.12 ）
季金强（2008.12—　　　）
杨桂兰（女，2008.12—2012.8）
陈颖慧（女，2012.10—　　　）

党组书记
王振春（2008.12—　　　）

市归国华侨联合会

（2012 年 8 月设立）

主　席
沈又红（女，2012.8—　　　）

计划生育协会

会　长
姚增祥（续—2008.10）
黄丽萍（女，2008.10—　　　）

常务副会长
刘年根（续—　　　）

副会长
郑金秀（女，续—2012.8）
叶华荣（2012.8—　　　）

秘书长
胡小红（女，续—2008.10）
吴秋霞（女，2008.10—　　　）

残疾人联合会

理事长
黄建光（续—　　　）

副理事长
郭建伟（续—2010.3）
刘红星（续—　　　）
王志江（2010.5—　　　）

党组书记
黄建光（续—　　　）

副书记
郭建伟（续—2010.3）

纪检组长
吴周培（续—2009.1）
吴菊媛（女，2009.4—2012.5）
项光来（2012.5—　　　）

关心下一代工作委员会

主　任
王秀琴（女，续—　　　）

常务副主任
陆龙水（2012.12—　　　）

副主任
诸葛春杰（续—2012.12）
顾奕滨（2012.12—　　　）
许伟敏（续—　　　）
季达根（续—2009.3）
邵仲昕（2009.3—2012.8）
陈方顺（2012.8—　　　）

办公室主任
季达根（续—2009.3）
邵仲昕（2009.3—2012.8）
陈方顺（2012.8—　　　）

省、丽水市、龙泉市双重管理机构

凤阳山管理处

处　长
叶砭仙（续—2010.4）
张长山（2011.7—　　　）

副处长
梅盛龙（续—2009.12）
陆正寿（续—　　　）
刘永有（2012.8—　　　）

总工程师
叶立新（续—　　　）

党组书记
叶砭仙（续—2011.10）
张长山（2011.10—　　　）

副书记
梅盛龙（续—2009.12）
陆正寿（2010.5—　　　）

丽水检验检疫局龙泉办事处

主　任
陈景荣（2009.2—2010.7）
蒋万扬（2010.7—2012.11）

副主任
季少华（2009.2—　　　）

检验科科长
沈云亮（2009.2—2010.7）
曾　盛（2010.7—　　　）

国家税务局

局　长
黄美琴（女，续—2008.8）
潘黎松（2008.8—　　　）

副局长
谢　宏（续—2010.1）

吴昌发(续—)
季秉伟(2010.3—)
夏永平(2010.3—)
总经济师
夏永平(续—2010.3)
党组书记
黄美琴(女,续—2008.8)
潘黎松(2008.8—)
副书记
季云福(续—2010.3)
纪检组长
季秉伟(续—2010.3)
陈德海(2010.3—)

地方税务局

局 长
吴旭文(续—2011.5)
徐东华(2011.7—)
副局长
项旭明(续—)
李饮源(2009.9—)
稽查局局长
徐卫平(续—2011.7)
张永仁(2012.12—)
直属分局局长
李饮源(续—2009.9)
陈正德(2012.12—)

国土资源局

局 长
罗新海(续—2010.3)
叶伟玲(2010.3—2011.12)
朱道伟(2012.7—)
副局长
柳贤锐(续—2010.2)
刘小平(续—)
林利民(续—2010.11)
王振峰(续—2010.8)
张永呈(2010.11—)
吕苏敏(2010.11—)
张志勇(2012.5—)
党委书记
罗新海(续—2010.1)
叶伟玲(2010.1—2011.12)
朱道伟(2012.7—)
副书记
季明星(续—)
纪委书记
谢大武(续—)

工商行政管理局

局 长
侯定亮(续—2008.3)
李泉清(2008.3—2011.7)
金建满(2011.7—)
副局长
吴明荣(续—2009.4)
金建满(续—2010.6)
胡建清(续—)
陈松武(2009.7—2010.6)
李春花(女,2012.4—)
李浙龙(2010.8—)
潘李伟(2010.3—2011.3)
党组书记
侯定亮(续—2008.3)
李泉清(2008.3—2011.7)
金建满(2011.7—)
纪检组长(纪委书记)
陈松武(续—2009.7)
李春花(女,2009.7—2012.4)
汤伟斌(2012.4—)

质量技术监督局

局 长
徐东平(续—)
副局长
魏晓霞(女,2008.5—)
邝 捷(2012.5—)
党委书记
徐东平(续—)
纪委书记
周 敏(续—2008.6)
魏晓霞(女,2008.5—2012.9)
陈智发(2012.9—)

电力工业局

局 长
严寅亮(续—2012.11)
徐巍峰(2012.11—)
副局长
陈 武(续—2011.10)
杨文杰(续—)
陆文彪(2008.12—)
翁知颖(2011.10—)
党委书记
刘有光(续—2012.1)
洪声弟(2012.1—)
副书记
吴善民(续—2011.10)
叶 鹤(2011.10—)
严寅亮(续—2012.11)
徐巍峰(2012.10—)
纪委书记
吴善民(兼,续—2011.10)
叶 鹤(兼,2011.10—)

烟草专卖局(公司)

局 长(经理)
杨军峰(续—2009.4)
吴叶森(2009.3—2012.9)
陈小龙(2012.9—)
副局长(副经理)
连 波(续—2009.4)
肖华平(2010.12—)
副经理
邹云华(续—)
党组书记
杨军峰(续—2009.4)
吴叶森(2009.3—2012.9)
陈小龙(2012.9—)
纪检组长
连 波(续—2009.4)
肖华平(2010.12—)

盐务管理局

局长(经理)
林长青(续—2009.12)
李道君(2010.1—)

副局长(副经理)

李道君(续—2010.1)

中石化龙泉石油支公司

经　理

徐新燕(续—2009.3)

程作权(2009.3—2011.1)

梅永明(2011.1—　　　)

气象局

局　长

李松平(续—2011.3)

刘伟儿(2012.12—　　　)

副局长

刘伟儿(续—2012.12)

刘海英(女,2011.5—　　　)

党支部书记

李松平(续—2011.6)

刘伟儿(2011.6—　　　)

邮政局

局　长

毛仁庭(续—　　　)

副局长

张军武(续—2008.5)

黄旭军(2008.7—　　　)

党委书记

毛仁庭(续—　　　)

纪委书记

连启平(续—　　　)

电信龙泉分公司

总经理

徐宇荣(续—2010.6)

戴红涛(2010.6—2012.6)

卓敬东(2012.6—　　　)

副总经理

吴马远(续—　　　)

党委书记

徐宇荣(续—　　　)

纪委书记

吴马远(续—　　　)

移动龙泉分公司

经　理

徐建芬(女,续—2010.7)

周建军(2010.8—　　　)

党支部书记

徐建芬(女,续—2010.7)

周建军(2010.8—2012.8)

徐建芬(女,2012.8—　　　)

联通龙泉分公司

经　理

叶兴方(2008.1—　　　)

党支部书记

周陈富(续—　　　)

传输局

局　长

陈文建(续—2011.7)

季伟平(2011.7—　　　)

人民银行龙泉市支行

行　长

王培林(续—　　　)

副行长

周尔华(续—　　　)

毛日松(续—2009.9)

吴炜玲(女,2009.4—2011.1)

党组书记

王培林(续—　　　)

纪检组长

毛日松(续—2009.9)

周尔华(2009.9—2012.9)

汪朝晖(2012.9—　　　)

银监会龙泉办事处

主　任

季　毅(续—2010.12)

张　云(2011.1—　　　)

副主任

刘健敏(2011.7—　　　)

工商银行龙泉市支行

行　长

郑亚林(续—　　　)

副行长

张亦军(续—2010.9)

沈华美(女,2008.11—2010.7)

陈玉飞(2010.9—　　　)

李　茜(女,2010.9—　　　)

党支部书记

郑亚林(续—　　　)

农业银行龙泉市支行

行　长

沈从章(续—2009.8)

黄旭彪(2009.8—2012.7)

刘李建(2012.8—　　　)

副行长

朱晓东(续—2008.7)

吴心毅(续—2011.2)

李　俊(2011.2—2012.11)

林　峰(2010.5—　　　)

党支部书记

沈从章(续—2009.8)

黄旭彪(2009.8—2012.7)

刘李建(2012.8—　　　)

中国银行龙泉市支行

行　长

徐　波(续—2010.5)

夏晓冬(2010.5—　　　)

副行长

胡永来(续—2010.12)

林水长(续—2009.5)

陈晓平(2009.5—　　　)

叶　申(2011.1—　　　)

建设银行龙泉市支行

行　长

熊少瑛(女,续—　　　)

副行长

周敏敏(女,续—2008.9)

吴明耀(2008.10—　　　)

刘文庆(2008.10—)

党支部书记

熊少瑛(女,续—)

农业发展银行龙泉市信贷组

主　任

陈征华(续—)

党支部书记

陈征华(续—)

农村信用合作联社

理事长

吴宏涛(续—2012.7)

宋武龙(2012.7—)

主　任

陈小玲(续—2008.7)

陈义达(2008.7—)

副主任

刘建伟(续—2012.7)

翁卫龙(2012.7—)

监事长

翁卫龙(续—2012.7)

梁海斌(2012.7—)

党委书记

吴宏涛(续—2011.12)

宋武龙(2011.12—)

纪委书记

翁卫龙(续—2011.12)

梁海斌(2011.12—)

邮政储蓄银行龙泉市支行

行　长

张军武(2008.5—2012.1)

詹小微(女,2012.1—)

副行长

周陈霞(女,2008.5—2011.8)

元根林(2011.8—)

党支部书记

张军武(2008.9—2012.4)

詹小微(女,2012.4—)

银河证券

总经理

杨　烨(2004.5—)

总经理助理

刘日光(2012.2—)

运行总监

季　虹(2011.9—)

财产保险公司龙泉市支公司

经　理

叶晓飞(续—)

党支部书记

叶晓飞(续—)

人寿保险公司龙泉市支公司

经　理

梁晓波(续—2010.12)

陈义联(2011.1—2012.3)

吴荣伟(2012.4—)

党支部书记

梁晓波(续—2010.6)

周林梅(女,2010.7—)

中华联合财产保险公司龙泉支公司

经　理

熊益寿(续—)

部分事业单位

市第一中学

校　长

孙方鸿(续—)

副校长

章　晖(续—)

吴水华(续—)

方松根(续—2008.8)

连国芬(女,2009.1—2009.9)

徐建军(2009.9—)

党总支书记

孙方鸿(续—2012.12)

党总支副书记

徐海之(续—2009.8)

连国芬(女,2009.8—)

市中等职业学校

校　长

季　虹(续—2009.4)

郑高隆(2009.4—2012.8)

丁予琪(2012.8—)

副校长

柳兆鹏(续—)

陈建敏(续—)

张笑秋(女,续 —2012.1)

刘远标(续 —2009.4)

黄武友(2009.9—2012.8)

龚君艳(女,2012.8—)

党总支书记

吴森树(续—2010.3)

郑高隆(2010.3—2011.1)

党总支副书记

季　虹(续—2009.3)

郑高隆(2009.3—2010.3)

党委书记

罗永文(兼,2011.1—)

党委副书记

郑高隆(2011.1—2012.8)

赵石荣(2011.1—)

丁予琪(2012.8—)

纪委书记

赵石荣(2011.1—)

龙泉电大

校　长

寿如尧(续—2008.9)

雷丽亚(女,2008.10—2010.7)

徐争曙(2010.7—)

副校长

徐海之(2009.9—)

市人民医院

院　长

周小玲(女,续—2010.12)

雷樟根(2010.12—)

副院长

曾树根(续—2010.12)
李少沛(续—)
周永海(续—)
雷樟根(续—)
方小萍(女,2012.8—)
徐　宇(2012.8—)

党委书记
叶宪森(兼,续—)

副书记、纪委书记
季荣敏(续—)

市中医院

院　长
季新明(续—)

党支部书记
季新明(续—)

乡镇(街道)党(工)委、纪(工)委、人大(工委)、政府(办事处)

龙渊街道

书　记
王仁学(续—2008.8)
李先项(2009.1—2011.4)
杨新根(2011.4—)

副书记
李先项(续—2009.1)
周砣华(续—2009.4)
杨新根(2009.1—2011.4)
项　敏(2009.4—2010.9)
姜国梅(女,2010.12—2011.9)
龚景春(2011.9—)
曾春一(2011.9—)
林　伟(2012.12—)

委员(书记、副书记均为委员,略,下同)
方争鸣(续—2009.4)
周义泉(续—2009.3)
刘卫元(续—)
骆营彪(续—2009.4)
曾春一(续—2010.5)
叶建城(2009.4—2012.9)
龚景春(2009.4—)
沈世华(2009.4—)
季　瑜(2010.9—2012.12)
周仁祥(2011.9—)
叶培进(2012.12—)

纪工委书记
周砣华(续—2009.4)
项　敏(2009.4—2010.9)
姜国梅(女,2010.12—2011.9)
刘卫元(2011.9—)

人大工委主任
华盛强(续—2009.4)
方争鸣(2009.4—2011.10)
姜国梅(女,2011.10—)

副主任
毛善根(续—2010.3)
项世和(2010.3—)

办事处主任
李先项(续—2009.1)
杨新根(2009.1—2011.10)
曾春一(2011.10—)

副主任
方争鸣(续—2009.5)
龚景春(续—2011.9)
姜国梅(女,续—2010.12)
卢火强(续—)
周义泉(续—2009.4)
项　敏(续—2009.4)
季建忠(续—2008.12)
沈世华(2009.4—)
项大华(2009.4—)
连刘根(2009.4—2011.9)
梅卫东(2010.3—)
周仁祥(2011.10—)
龚建胜(2011.10—)
李福兴(2011.10—)

西街街道

书　记
季根荣(续—2010.2)
郑锡伟(2010.2—2012.7)
林晓军(2012.7—)

副书记
项韶芬(女,续—2009.3)
李小龙(续—2010.2)
叶伟平(2009.3—2012.5)
林晓军(2010.2—2012.7)
吴长辉(兼,2010.5—2011.10)
吴邦南(2012.7—)
杨慎荣(2012.7—)

委　员
吴菊媛(女,续 —2009.4)
方维强(续—)
杨慎荣(续—2012.7)
张永呈(2007.6—2009.3)
吴孝龙(续—2010.5)
饶秋平(2009.4—)
吴遇有(2009.4—2011.9)
刘小东(2010.9—2012.8)
徐志平(2011.9—)
李乐平(2012.7—)
季伟明(2012.12—)

纪工委书记
项韶芬(女,续—2009.3)
叶伟平(2009.3—2011.9)
杨慎荣(2011.9—2012.7)
李乐平(2012.7—)

人大工委主任
徐　伟(续—2009.4)
项韶芬(女,2009.4—)

副主任
王广飞(续—2008.8)
黄祖树(2009.4—)

办事处主任
李小龙(续—2010.2)
林晓军(2010.2—2012.7)
吴邦南(2012.7—)

副主任
饶秋平(续—)
叶开松(续—)
季方善(续—)
吴遇有(续—2011.9)
吴菊媛(女,续 —2009.4)
汤荣坤(续—2010.12)

张永呈(续—2009.4)
叶华荣(2009.4—2011.10)
徐志平(2009.7—)
汤如招(女,2010.12—2012.8)
吴长辉(2011.10—)
柳伟明(2011.10—)
周剑文(2012.8—)

剑池街道

党工委书记
朱道伟(续—2010.2)
付建伟(2010.2—2012.4)
周光洪(2012.5—)
副书记
王伟彬(续—2009.3)
季文峰(续—2010.2)
周光洪(2009.3—2012.5)
蒋伟平(2010.3—)
祝新明(兼,2010.5—2012.5)
朱中新(兼,2011.10—2012.10)
叶庾杰(2012.5—)
孙鸣东(兼,2012.8—)
委　员
吴启林(续—2009.4)
周仁祥(续—2011.9)
杨　瑛(续—2011.9)
许积高(续—2011.9)
刘继伟(续—2010.12)
夏剑锋(2009.4—2012.7)
方永忠(2011.9—)
吴明娟(女,2011.9—)
陈良平(2011.9—)
陈志斌(2011.9—2012.8)
潘立高(2012.7—)
梅舒伟(2012.12—)
纪工委书记
王伟彬(续—2009.3)
周光洪(2009.3—2010.2)
蒋伟平(2010.2—2011.9)
方永忠(2011.9—)
人大工委主任
陈亦雄(续—2011.10)
许积高(2011.10—)
副主任
凌根洪(续—2009.1)
蒋天邦(2009.4—)
办事处主任
季文峰(续—2010.2)
周光洪(2012.2—2012.5)
叶庾杰(2012.5—)
副主任
许积高(续—2011.10)
季爱珺(女,续—2011.10)
吴启林(续—2009.4)
叶庾杰(续—2008.7)
沈又红(女,续—2010.7)
李建平(续—2011.4)
项根森(续—2009.4)
李土长(2008.7—)
周仁祥(2009.4—2011.10)
潘立高(2009.4—)
夏剑锋(2011.10—2012.8)
吴明娟(女,2011.10—)
潘余海(2011.10—)
杨　瑛(2011.10—)
姜旭彤(2011.10—)
项火培(2012.8—)

八都镇

党委书记
罗孝林(续—2009.4)
杨洪斌(2009.4—2011.4)
管君友(2011.4—)
副书记
吴建胜(续—2009.3)
李林涛(续—2009.3)
刘宝华(2009.3—2012.5)
许年冯(2009.4—2011.9)
翁积文(2010.7—)
周　笛(兼,2011.10—)
林德永(2011.10—)
张启平(2012.5—)
黄金钟(兼,2012.5—)
欧阳昆朝(兼,2012.8—)
委　员
林德永(续—2011.10)
周建敏(续—2009.3)
叶建城(续—2009.4)
张国华(续—2010.9)
邹国琼(女,2008.1—2010.5)
吴明娟(女,2009.4—2011.9)
吴伟俊(2009.4—)
侯兴怡(女,2010.12—)
骆驰宇(2011.10—)
吴孟秋(2011.10—)
徐起金(2012.5—)
纪委书记
李林涛(续—2009.3)
许年冯(2009.4—2011.9)
侯兴怡(女,2011.10—)
镇人大主席
黄祖树(续—2009.3)
李林涛(2009.4—2011.9)
叶敦全(2011.9—)
副主席
李林涛(续—2009.3)
许年冯(2009.4—2011.9)
林德永(2011.9—)
镇　长
吴建胜(续—2009.4)
刘宝华(2009.4—2012.5)
张启平(2012.5—)
副镇长
雷观池(续—2009.1)
梅卫东(续—2010.3)
周建敏(续—2009.3)
林德永(续—2011.9)
吴双电(续—2011.9)
徐宗南(续—2009.3)
吴明娟(女,2009.4—2011.9)
汤如招(女,2009.4—2011.8)
林　波(2010.3—2012.7)
徐春波(2010.3—)
严焕红(女,2011.9—)
龚华峰(2011.9—)
骆驰宇(2011.9—)

吴伟俊(2011.9—　　)
叶晓敏(2012.8—　　)

上垟镇

党委书记
刘新民(续—2011.4)
林先龙(2011.4—　　)
副书记
蔡章辉(续—2009.3)
王伟彬(2009.3—2012.5)
周伟军(2012.5—　　)
季利民(续—2009.3)
祝新明(2009.4—2010.5)
徐宗南(2010.7—2012.5)
陈伟平(2012.8—　　)
委　员
祝新明(续—2010.5)
沈上伟(续—2011.9)
刘宝华(续—2009.3)
翁春梅(女,续—2009.12)
姜旭彤(2009.4—2011.9)
周伟元(2009.4—2012.7)
杨　俊(续—2010.9)
龚荣芬(女,2010.5—　　)
刘晓伟(2010.9—2012.5)
陈伟平(2011.10—2012.7)
王劲松(2011.10—　　)
林　波(2012.7—　　)
孙聪龙(2012.8—　　)
吴宗维(2012.12—　　)
纪委书记
季利民(续—2009.3)
祝新明(2009.4—2010.5)
徐宗南(2010.7—2012.5)
陈伟平(2012.8—　　)
镇人大主席
刘新民(续—2009.3)
季利民(2009.3—　　)
副主席
雷春杰(续—2009.3)
祝新明(2009.4—2010.5)
徐宗南(2010.7—2012.5)
陈伟平(2012.7—　　)
镇　长
蔡章辉(续—2009.3)
王伟彬(2009.3—2012.5)
周伟军(2012.5—　　)
副镇长
刘宝华(续—2009.3)
祝新明(续—2009.4)
马建云(女,续—2008.1)
姜旭彤(续—2009.4)
周伟元(2009.4—2012.1)
王慧平(2009.4—　　)
尹　斌(2009.4—　　)
王劲松(2011.9—　　)
林　波(2012.7—　　)

小梅镇

党委书记
曾高平(续—2009.3)
余盛全(2009.3—2012.4)
季向阳(2012.5—　　)
副书记
叶亚东(续—2009.3)
钟元根(续—　　)
季美莲(女,2009.4—　　)
莫水祥(兼,2010.5—2012.8)
委　员
叶爱媛(女,续—2009.4)
张继友(续—2009.4)
彭小军(续—2010.7)
吴火荣(续—2011.9)
陈志斌(续—2009.12)
李　勇(2010.1—2010.9)
胡立羽(2009.4—2012.8)
戴积光(2010.11—2012.5)
洪长胜(2011.9—　　)
叶根武(2010.7—　　)
钟建飞(2010.9—　　)
李汉清(2012.5—　　)
林少平(2012.9—　　)
纪委书记
钟元根(续—2009.3)
季美莲(女,2009.4—　　)
镇人大主席
蒋天邦(续—2009.4)
刘　芳(2009.4—　　)
副主席
钟元根(续—2009.4)
季美莲(女,2009.4—　　)
镇　长
叶亚东(续—2009.4)
钟元根(2009.4—　　)
副镇长
吴和松(续—2009.1)
徐志云(女,续—2010.3)
张继友(续—2009.4)
吴火荣(续—2011.9)
潘永清(续—2010.3)
胡立羽(2009.4—2012.9)
洪长胜(2009.4—　　)
曾春亮(2010.3—　　)
林少平(2010.3—　　)
丁金伟(2011.9—　　)
方益彬(2012.9—　　)
镇长助理
程千里(2012.6—　　)

查田镇

党委书记
杨洪斌(续—2009.3)
柳晓芬(女,2009.3—2010.2)
许积标(2010.2—　　)
副书记
柳晓芬(女,续—2009.3)
叶伟平(续—2009.3)
罗叶中(2009.3—2012.5)
周夏荣(2009.4—2012.7)
徐宗南(2012.5—　　)
林　俊(2012.8—　　)
委　员
季美莲(女,续—2009.4)
周夏荣(续—2012.7)
吴明娟(女,续—2009.4)
林　俊(续—2012.7)

徐宗南(2009.4—2010.7)
叶　俊(2009.4—　　)
徐菊霞(女,2009.4—　　)
彭小军(2010.7—　　)
叶　龙(2012.9—　　)
李和敏(2012.12—　　)

纪委书记
叶伟平(续—2009.3)
周夏荣(2009.4—2011.10)
徐菊霞(女,2011.10—　　)

镇人大主席
郑法来(续—2009.3)
周剑文(2009.3—2012.7)
周夏荣(2012.7—　　)

副主席
叶伟平(续—2009.3)
周夏荣(2009.4—2012.7)
林　俊(2012.7—　　)

镇　长
柳晓芬(女,续—2009.3)
罗叶中(2009.3—2012.5)
徐宗南(2012.5—　　)

副镇长
陈章田(续—2011.9)
吴明娟(女,续—2009.4)
潘思源(续—2009.4)
吴炳炎(续—2011.9)
周夏荣(续—2009.4)
蓝宁虹(兼,女,2007.12—2009.1)
叶　龙(2010.3—　　)
沈上伟(2011.9—　　)
曾国健(2011.9—　　)
方浩平(2012.9—　　)

镇长助理
李　伟(兼,2009.3—2010.5)

屏南镇

党委书记
吴照培(续—2010.2)
李小龙(2010.2—2012.4)
季岩平(2012.5—　　)

副书记
叶晓芳(续—2009.3)
许年冯(续—2009.4)
施谊辉(兼,2008.1—2009.3)
季岩平(2009.3—2012.5)
张启平(2009.4—2010.3)
方永忠(2010.3—2011.9)
曾　云(女,2011.9—　　)
叶伟林(2012.5—　　)

委　员
邹国琼(女,续—2008.1)
周剑文(续—2009.3)
叶根武(续—2010.7)
曾　云(女,2008.1—2011.9)
方永忠(2009.4—2010.3)
连福龙(2010.3—　　)
张左娟(女,2010.7—　　)
曹和松(2011.19—　　)

纪委书记
许年冯(续—2009.4)
张启平(2009.4—2010.3)
方永忠(2010.3—2011.9)
曾　云(女,2011.9—　　)

镇人大主席
吴照培(续—2010.2)
李小龙(2010.2—2012.4)
季岩平(2012.5—　　)

副主席
周连福(续—2010.3)
项晓鹤(女,2010.3—　　)

镇　长
叶晓芳(续—2009.3)
季岩平(2009.3—2012.5)
叶伟林(2012.5—　　)

副镇长
周剑文(续—2009.3)
方永忠(续—2010.3)
连福龙(续—　　)
翁正浩(续—2011.9)
吴卫东(2009.4—　　)
甄　峻(2010.3—2012.8)

安仁镇

党委书记
顾奕滨(续—2009.3)
徐达伟(2009.3—　　)

副书记
许积标(续—2010.2)
周光洪(续—2009.3)
周品旺(2010.2—　　)
徐云飞(兼,2008.1—2009.3)
潘晓芬(女,2009.4—2010.3)
张启平(2010.3—2012.5)
叶秀起(2010.7—2011.9)
金毅敏(兼,2009.3—2010.5)
余　萍(兼,2011.10—2012.9)
翁远先(2012.8—　　)
季祖建(兼,2012.12—　　)

委　员
潘晓芬(女,续—2010.3)
周剑平(续—2010.7)
季立平(续—2011.9)
翁积文(续—2010.7)
李良忠(2008.1—2011.10)
项少英(女,2009.4—　　)
叶新忠(2010.12—　　)
杨惠民(2011.10—　　)
翁远先(2011.10—2012.7)
余盛云(2012.7—2012.8)
吴德友(2012.9—　　)
陈铭华(2011.10—　　)
李良忠(2011.10—2012.1)

纪委书记
周光洪(续—2009.3)
潘晓芬(女,2009.4—2010.3)
张启平(2010.3—2011.9)
项少英(女,2011.10—　　)

人大主席
项世和(续—2010.3)
潘晓芬(女,2010.3—2011.9)
李良忠(2011.9—　　)

副主席
周光洪(续—2009.3)
潘晓芬(女,2009.5—2010.3)

张启平(2010.3—2012.5)
翁远先(2012.7—)

镇 长
许积标(续—2010.2)
周品旺(2010.2—)

副镇长
周光洪(续—2008.1)
季立平(续—2011.9)
钟樟妹(续—2009.1)
项少英(女,续—2009.4)
胡立羽(续—2009.4)
余海清(续—2009.4)
余盛云(续—2012.1)
潘晓芬(女,2008.2—2009.4)
李良忠(2009.4—2012.1)
李胜平(2009.4—2011.9)
翁远先(2009.4—2012.1)
骆驰宇(2009.1—2011.9)
杨惠民(2009.4—)
吴德友(2012.1—)
张海明(2012.1—)
瞿璟峰(2012.1—)
吴忠明(2012.1—)
卓敬良(2012.7—)
郑 赢(2012.8—)
叶志鹏(2012.9—)

锦溪镇

党委书记
郑锡伟(续—2010.2)
季文峰(2010.2—2012.4)
蔡章辉(2012.5—)

副书记
季岩平(续—2009.3)
杨新根(续—2009.1)
张永呈(2009.3—2010.12)
胡龙军(2009.4—2011.9)
冯亚景(兼,2009.3—2010.5)
包成俊(2011.4—)
张继友(2011.10—)

委 员
李德菊(女,续—2009.4)
游世德(续—2009.4)
李 勇(续—2009.12)
包成俊(2008.1—)
刘伦明(2009.4—)
刘晓刚(2011.10—2012.7)
陶晓丽(女,2009.4—)
陈志斌(2009.12—2010.9)
杨 俊(2010.9—2011.9)
林 俊(2011.9—)
甄 峻(2012.7—)

纪委书记
季岩平(续—2009.3)
胡龙军(2009.4—2011.9)
张继友(2011.10—)

镇人大主席
郑锡伟(续—2010.2)
季文峰(2010.2—2012.4)
蔡章辉(2012.5—)

副主席
王章清(续—2011.10)
邓少青(2011.9—)

镇 长
杨新根(续—2009.1)
张永呈(2009.3—2010.12)
包成俊(2010.12—)

副镇长
包成俊(续—2008.1,2009.4—2010.12)
叶正毫(续—2012..2)
刘晓刚(续—2011.9)
李德菊(女,2008.3—2009.4)
李文英(女,2010.9—)
张 意(2011.1—)
甄 峻(2012.7—)

住龙镇

党委书记
毛金廷(续—2009.3)
叶亚东(2009.3—2012.4)
胡盛锋(2012.5—)

副书记
周 伟(续—2008.12)
吴 敏(女,2009.4—2012.8)
骆营彪(2010.9—)
朱福军(2012.9—)

委 员
卓金松(续—2010.3)
何永花(女,续—2008.8)
张启平(续—2009.4)
吴孟秋(2009.4—2011.10)
朱福军(2010.3—)
叶兰华(2011.10—)
杨 华(2011.10—)
赖 俊(女,2012.9—)

纪委书记
周 伟(续—2008.12)
吴 敏(女,2009.4—2012.8)
朱福军(2012.9—)

镇人大主席
毛金廷(续—2009.3)
叶亚东(2009.5—2012.4)
胡盛锋(2012.5—)

副主席
叶慧珍(女,续—)

镇 长
童巧隽(女,续—2010.9)
骆营彪(2011.4—)

副镇长
卓金松(续—2010.3)
金永元(续—2011.9)
周继荣(续—2012.1)
马建云(女,2008.2—2010.5)
朱福军(2010.4—2012.9)
周泽成(2011.9—)
曾光新(2011.9—)
叶兰华(2012.9—)

兰巨乡

书 记
郑玉贤(续—2009.3)
杜作秀(2009.3—2012.4)
刘福明(2012.5—)

副书记
郑高隆(续—2009.3)

戴春伟(续—2011.9)
覃太云(兼,2008.1—2009.3)
朱红征(兼,2009.3—2010.5)
谢卫祥(兼,2010.5—2011.10)
谭　俊(兼,2010.5—2011.10)
李乐成(兼,2009.5—2010.5)
刘福明(2009.3—2012.4)
吴火荣(2011.10—　　)
桂　滨(2012.5—　　)

委　员
潘立高(续—2009.4)
吴　敏(女,续—2009.4)
杨孔旺(续—2009.4)
余盛伟(续—2011.9)
张　意(2009.4—2011.8)
项根森(2009.4—2011.4)
练　斌(2009.4—　　)
许建新(2011.10—　　)
毛秀梅(女,2011.10—　　)
周晓波(2012.12—　　)

纪委书记
戴春伟(续—2011.9)
吴火荣(2011.10—　　)

乡人大主席
吴宗源(续—2011.9)
许年冯(2011.9—　　)

副主席
戴春伟(续—2011.9)
吴火荣(2011.9—　　)

乡　长
郑高隆(续—2009.3)
刘福明(2009.5—2012.5)
桂　滨(2012.5—　　)

副乡长
潘立高(续—2009.4)
周伟元(续—2009.4)
余盛伟(续—2011.9)
叶朝友(续—2010.8)
张　意(续—2011.8)
杨孔旺(2009.5—　　)
胡小红(女,2009.5—　　)
魏　平(2010.9—　　)
翁正浩(2011.9—　　)
练　斌(2011.9—　　)

础石乡

党委书记
徐达伟(续—2009.3)
夏　卫(2009.3—2012.4)
陈建康(2012.5—　　)

副书记
季向阳(续—2008.1)
夏　卫(续—2009.3)
陈建康(2008.1—2012.5)
蔡章英(女,2009.4—2012.5)
余海清(2012.5—　　)
游世德(2012.5—　　)

委　员
卓翠华(女,续—2009.1)
谢宝松(续—2009.4)
蔡章英(女,2008.1—2012.5)
项水泉(2009.4—　　)
叶莲娟(女,2009.4—　　)
陈良平(2009.4—2011.9)
连巧平(2012.6—　　)

纪委书记
季向阳(续—2008.1)
陈建康(2008.1—2009.3)
蔡章英(女,2009.4—2012.5)
游世德(2012.8—　　)

乡人大主席
徐达伟(续—2009.3)
夏　卫(2009.4—2012.5)
陈建康(2012.6—　　)

副主席
王元友(续—2009.4)
谢宝松(2009.4—　　)

乡　长
夏　卫(续—2009.3)
陈建康(2009.5—2012.5)
余海清(2012.5—　　)

副乡长
陈建康(续—2009.5)
蔡章英(女,续—2009.4)
项水泉(续—　　)
周世庭(续—2009.4)
邱水发(2009.4—　　)
潘思源(2009.4—　　)
李　强(2009.4—　　)
周　伟(2009.4—　　)

乡长助理
翁傅华(2011.8—　　)

宝溪乡

党委书记
邵仲昕(续—2009.3)
林先龙(2009.3—2011.4)
周义泉(2011.4—　　)

副书记
林先龙(续—2009.3)
叶敦全(续—2011.9)
周义泉(2009.3—2011.4)
李建平(2011.4—　　)
王伟东(2011.10—　　)

委　员
叶华荣(续—2009.4)
刘朝友(续—2008.1)
叶永华(续—2009.4)
叶晓敏(2008.1—2012.7)
骆营彪(2009.4—2010.9)
陈伟平(2009.4—2011.10)
季龙青(2010.12—　　)
刘远波(2011.10—　　)
徐月霞(女,2012.7—　　)
潘　立(2012.12—　　)

纪委书记
叶敦全(续—2011.9)
王伟东(2011.10—　　)

人大主席
邵仲昕(续—2009.3)
林先龙(2009.5—2011.4)
周义泉(2011.9—　　)

副主席
邱水发(续—2009.4)
连建伟(2009.5—2011.9)
方廷树(2011.9—　　)

乡　长

林先龙(续—2009.3)

周义泉(2009.5—2011.9)

李建平(2011.9—　　　)

副乡长

叶华荣(续—2009.4)

汤如招(女,续—2009.4)

骆营彪(2009.5—2010.9)

徐月霞(女,2009.5—2012.7)

季龙青(2009.5—　　　)

吴金美(2012.1—　　　)

余伟卫(2012.7—　　　)

龙南乡

党委书记

徐先强(续—2008.1)

付建伟(2008.1—2010.2)

季向阳(2010.2—2012.5)

叶仪俊(2012.5—　　　)

副书记

付建伟(兼,续—2008.1)

刘　芳(续—2009.3)

张晓冬(兼,2008.1—2009.3)

季向阳(2008.1—2010.2)

何筱波(2009.4—　　　)

卓金松(2010.3—2010.9)

林宗德(2010.12—　　　)

委　员

蔡章英(女,续—2008.1)

何筱波(续—　　　)

许建新(续—2011.10)

林宗德(续—　　　)

杨金福(2008.1—　　　)

周相珍(女,2009.4—　　　)

叶淼军(2011.10—　　　)

王建伟(2011.10—　　　)

杨建平(2012.12—　　　)

纪委书记

刘　芳(续—2009.3)

何筱波(2009.4—2010.2)

卓金松(2010.3—2010.9)

林宗德(2010.12—　　　)

人大主席

刘永有(续—2011.9)

胡龙军(2011.9—　　　)

副主席

刘　芳(续—2009.3)

何筱波(2009.4—2010.2)

卓金松(2010.2—2010.9)

林宗德(2010.12—　　　)

乡　长

傅建伟(续—2008.2)

季向阳(2008.2—2010.2)

何筱波(2010.2—　　　)

副乡长

何筱波(续—2009.4)

林宗德(续—2010.12)

卓敬良(续—2012.7)

杨金福(续—　　　)

王建伟(续—　　　)

叶火菊(女,2011.9—　　　)

项和平(2011.9—　　　)

吴德宝(2012.8—　　　)

道太乡

党委书记

吴联峰(续—2009.3)

吴炳森(2009.3—2012.4)

刘宝华(2012.5—　　　)

副书记

胡龙军(续—2009.4)

林晓军(续—2010.2)

陈齐军(2010.2—　　　)

张晓芳(女,2009.4—2012.5)

桑立俊(兼,2009.7—2010.5)

周淼森(兼,2010.5—　　　)

胡丽香(女,2012.5—　　　)

委　员

李胜平(续—2009.4)

李　霞(女,续—2009.1)

张晓芳(女,续—2012.5)

蒋天芬(续—　　　)

赖利平(续—　　　)

王伟东(2009.4—2011.4)

叶松花(女,2009.4—2011.4)

项朝友(2009.7—2010.9)

李汉清(2010.9—2012.5)

刘　平(2011.9—　　　)

毛传林(2011.9—　　　)

胡丽香(女,2012.5—　　　)

孙　峰(2012.5—　　　)

纪委书记

胡龙军(续—2009.4)

张晓芳(女,2009.4—2012.5)

胡丽香(女,2012.5—　　　)

人大主席

潘余海(续—2011.9)

张晓芳(女,2011.11—　　　)

副主席

胡龙军(续—2009.3)

张晓芳(女,2009.4—2011.11)

胡丽香(女,2012.5—　　　)

乡　长

林晓军(续—2010.2)

陈齐军(2010.2—　　　)

副乡长

周泽成(续—2011.9)

黄观宝(续—　　　)

叶松花(女,续—2011.4)

李胜平(续—2009.4)

赖利平(续—2009.4)

王伟东(2009.4—2011.9)

毛传林(2009.4—　　　)

连建伟(2011.9—　　　)

蒋天芬(2011.9—　　　)

雷绍丽(女,2011.11—　　　)

岩樟乡

党委书记

陈方顺(续—2009.3)

张　炜(2009.3—2010.9)

周池梅(女,2010.9—　　　)

副书记

项大华(续—2009.4)

张　炜(续—2009.3)

周建敏(2009.3—2012.4)

李德菊(女，2009.4—)
叶伟平(2012.5—)

委　员

王伟东(续—2009.4)
王劲松(续—2009.4)
陈良平(续—2009.4)
李乐平(2009.4—2012.7)
叶永华(2009.4—)
余盛伟(2011.9—)
徐　建(2012.8—)
张　荣(2012.12—)

纪委书记

项大华(续—2009.4)
李德菊(女，2009.4—)

人大主席

陈方顺(续—2009.3)
张　炜(2009.3—2010.9)
周池梅(女，2010.9—)

副主席

杜绍均(续—)

乡　长

张　炜(续—2009.3)
周建敏(2009.3—2012.4)
叶伟平(2012.5—)

副乡长

王伟东(续—2009.4)
李善红(女，续—2012.9)
王劲松(2009.5—2011.9)
余盛伟(2011.9—)
陈　婕(女，2012.6—)

城北乡

党委书记

张晓峰(续—2008.10)
金益民(2008.10—2012.4)
项伟青(2012.5—)

副书记

吴炳森(续—2009.3)
雷金秀(女，续—2008.8)
项伟青(2008.10—2012.4)
游世德(2009.4—2012.7)
蔡章英(女，2012.5—)
何伟俊(2012.8—)

委　员

项伟青(续—2011.10)
项火培(续—2012.7)
吴德友(续—2011.9)
叶有娟(女，2009.4—2011.9)
何伟俊(2011.10—)
蓝幸杏(女，2011.10—)
刘美菊(女，2012.7—)
郑卫敏(2012.8—)
何春荣(2012.12—)

纪委书记

雷金秀(女，续—2008.8)
项伟青(2008.10—2009.3)
游世德(2009.4—2012.7)
何伟俊(2012.8—)

人大主席

张晓峰(续—2008.10)
金益民(2009.5—2012.4)
项伟青(2012.6—)

副主席

叶有娟(女，续—2009.4)
张金岩(2009.5—)

乡　长

吴炳森(续—2009.3)
项伟青(2009.5—2012.5)
蔡章英(女，2012.6—)

副乡长

项伟青(续—2008.10)
张　铭(续—2012.1)
丁金伟(续—2011.9)
何伟俊(续—2011.9)
张金岩(续—2009.4)
项火培(2009.5—2012.7)
毛建军(2009.5—)
郑国民(2011.9—)
刘美菊(女，2011.9—2012.7)
郑卫敏(2012.7—)
金小伟(2012.7—)

竹垟畲族乡

党委书记

张　平(续—2009.3)
蔡章辉(2009.3—2012.5)
王伟彬(2012.5—)

副书记

沈世华(续—2009.4)
王其锋(兼，2008.1—2009.3)
雷金秀(女，2008.8—)
张继友(2009.4—2011.10)
周建伟(2011.10—2012.7)
周伟元(2012.8—)

委　员

翁远先(续—2009.4)
严焕红(女，续—2011.9)
叶新忠(续—2010.12)
王其锋(续—2008.9)
张观秀(女，2009.4—)
管　乐(2010.12—)
吴炳炎(2011.10—)
梅雪晖(2012.12—)

纪委书记

沈世华(续—2009.4)
张继友(2009.4—2011.10)
周建伟(2011.10—2012.7)
周伟元(2012.8—)

人大主席

张　平(续—2009.3)
蔡章辉(2009.5—2012.5)
王伟彬(2012.5—)

副主席

邓少青(续—2011.9)
管为平(2011.9—)

乡　长

雷丽亚(女，续—2008.8)
雷金秀(女，2008.8—)

副乡长

翁远先(续—2009.4)
连刘根(续—2009.4)
严焕红(女，2009.5—2011.9)
周建伟(2009.5—2011.9)
吴炳炎(2011.9—)
钟建平(2011.9~)

新任市级领导简介

（2009—2012年新任）

【蔡晓春】 男，1965年3月出生，汉族，广东汕头人。1986年8月参加工作，1988年3月加入中国共产党，浙江农业大学植保系毕业，在职浙江大学工商专业硕士研究生班学习、美国肯恩大学硕士学位班公共管理毕业，公共管理硕士、管理学硕士。历任开化县农作物病虫测报站干部、站长，开化县植保公司经理，开化县农业技术推广中心副主任，开化县农科所所长、党支部书记，开化县农业局党委委员，县农科所所长、党支部书记、办公室主任、团委书记、局长助理，开化县华埠镇党委副书记、镇长，共青团衢州市委副书记、党组成员，共青团衢州市委书记、党组书记，衢州市柯城区委副书记（正处级），衢州市柯城区委副书记、区人大常委会主任，衢州市衢江区委副书记、区政府副区长、代区长、区长。2011年6月，任中共龙泉市委书记。

【蒋世懿】 男，1966年1月出生，汉族，浙江缙云人。1990年8月参加工作，1995年12月加入中国共产党，浙江农业大学农学专业毕业、农学硕士研究生，美国伊利诺伊州理工学院公共管理专业毕业，公共管理硕士。历任丽水地区农科所干部、食用菌中心副主任，丽水地区旅游局干部，丽水地区行署办公室综合五科干部、副主任科员，丽水市府办副主任科员，丽水市委办主任科员，丽水市委办综合处处长，丽水市委政研室（市委市政府农村工作办公室）副主任，丽水市委办副主任、市委政研室副主任。2011年12月任中共龙泉市委副书记、政法委书记。

【叶晓勇】 男，1967年5月出生，汉族，浙江瑞安人。1988年8月参加工作，1988年6月加入中国共产党，丽水师专公文文秘函授，大学学历。历任云和中学团委书记，云和县委宣传部科长，云和县雾溪乡乡长助理，云和县沙铺乡党委副书记、乡长、书记，云和县云和镇党委副书记、镇长，云和县委办主任，云和县委常委、县委办主任。2009年10月任中共龙泉市委常委、组织部长。

【陈　豪】 男，1975年10月出生，汉族，浙江青田人。1994年8月参加工作，1997年3月加入中国共产党，省委党校在职研究生班政治经济学专业毕业，研究生。历任青田县土地管理局地产估价所干部、统一征地所副所长（主持工作），青田县海口镇党委副书记、副镇长，青田县高湖镇党委副书记、镇长，共青团丽水市委副书记、党组成员。2010年4月任中共龙泉市委常委、副市长，2011年12月调离龙泉。

【周光洪】 男，1965年8月出生，汉族，浙江庆元人。1984年8月参加工作，1986年6月加入中国共产党，中央党校行政管理函授，大学学历。历任庆元县公安局城镇派出所民警、第一警务区警长，庆元县公安局法制科副科长、政工科科长、党委委员、纪委书记、政治处主任，庆元县松源镇党委副书记、镇长助理（主持政府工作）、镇长，庆元县工业园区管委会主任、党组书记，庆元县屏都镇党委书记，景宁县委常委、公安局长。2011年11月任中共龙泉市委常委、公安局长。

【钟海燕】 女，1976年4月出生，畲族，浙江云和人。1994年9月参加工作，1994年7月加入中国共产党，省委党校行政管理专业函授，大学学历。历任云和县卫生局办公室干部，云和县黄源乡党委委员、妇联主任、副乡长，云和县雾溪畲族乡党委副书记、乡长，云和县安溪畲族乡党委副书记、乡长、党委书记、人大主席。2011年11月任中共龙泉市委常委、纪委书记。

【王永伟】 男，1968年12月出生，汉族，浙江青田人。1987年11月参加工作，1991年9月加入中国共产党，江西南昌陆军学院步兵指挥专业毕业，大学学历，军事学学士。历任南京军区守备十二师四十五团二营五连战士，南京军区海防十二师四十五团二营四连副连职排长、司令部副连职参谋、一营一连副连长、连长、副书记、司令部作训股股长、司令部作训股副营职参谋，南京军区海防十二师四十六团一营营长、四十五团参谋长、团党委常委、司令部作训科科长、司令部党委委员、四十五团团长、副书记。2011年4月至8月任龙泉市人武部部长、党委副书记。2011年8月任中共龙泉市委常委、市人武部部长，2012年3月调离龙泉。

【何小仁】 男，1967年2月出生，汉族，浙江诸暨人。1986年11月参加工作，1989年5月加入中国共产党，二炮指挥学院指挥专业毕业，大学学历。历任第二炮兵工程建筑一二〇团见习学员、司令部道路机械连一排排长，第二炮兵八一四旅后勤部汽车连排长、发射二营三连排长、四连连长、一连副指导员、指导员(副营职)、党支部书记，浙江省绍兴县人武部军事科副营职参谋、后勤科科长、党委委员，浙江省绍兴越城区人武部军事科科长、副部长兼军事科科长、党委委员，浙江省绍兴军分区后勤部助理员兼招待所所长、干休所副处级助理员。2011年6月任龙泉市人武部政委、党委书记，2012年4月任中共龙泉市委常委、市人武部政委。

【苏一中】 男，1960年12月出生，汉族，江西丰城人。1982年8月参加工作，1984年11月加入中国共产党，杭州大学中文专业毕业，大学学历，文学学士。历任龙泉县文化馆文学创作员、编辑，龙泉县文化局秘书，共青团龙泉县委书记，团省委、团地委委员，龙泉县屏南区委书记，龙泉县委办公室副主任、龙泉市委办公室主任，龙泉市人民法院党组副书记、副院长，庆元县人民法院院长、党组书记。2010年1月任龙泉市人大常委会党组成员(保留副县级)，2010年3月任龙泉市人大常委会副主任、党组成员。

【刘赤波】 男，1966年10月出生，汉族，浙江龙泉人。1985年8月参加工作，1993年12月加入中国共产党，中央党校行政管理专业函授，大学学历。历任龙泉县锦旗区农技站技术员、龙泉县(市)农业局农机股技术员，副股长、培训站长、农机中心副主任、农机中心主要负责人，龙泉市龙南乡党委副书记、乡长、书记、人大主席，龙泉市移民办公室主任、党组书记，龙泉市农办主任、市委政研室主任、市委办副主任(兼)，龙泉市政府党组成员。2009年12月任龙泉市人民政府副市长。

【姚　信】 男，1973年12月出生，汉族，浙江嘉善人。1994年8月参加工作，1995年6月加入中国共产党，浙江大学教育系课程与教学论硕士研究生。历任杭州大学教育系团总支书记、党总支秘书，浙江大学教育学院团委副科职、团委正科职、党委秘书，浙江大学教育学院党委副书记，浙江大学环境与资源学院党委副书记。2010年8月任龙泉市人民政府副市长(挂职)，2012年7月调离龙泉。

【王正飞】 男，1977年3月出生，汉族，浙江青田人。1997年9月参加工作，1997年4月加入中国共产党，浙江省委党校马克思主义哲学专业毕业，研究生。历任青田县船寮镇政府城建办主任，青田县高市乡党委副书记、副乡长、纪委书记，共青团青田县委书记、县青联主席，青田县高湖镇党委副书记、镇长、书记，青田县委办副主任、县委政研室主任，青田县鹤城镇党委副书记、镇长。2011年12月任龙泉市人民政府副市长。

【马　斌】 男，1978年6月出生，汉族，浙江宁波人。2004年4月参加工作，1999年11月加入中国共产党，浙江大学中外政治制度专业硕士研究生、浙江大学政治学理论专业，博士研究生。历任浙江省工业经济研究所工作人员，浙江省政府研究室干部，浙江省政府研究室社会发展处主任科员、副处长，2012年7月任龙泉市人民政府副市长(挂职)。

【包建华】 男，1958年4月出生，汉族，浙江文成人。1976年7月参加工作，1980年7月加入中国共产党，浙江省委党校经济管理专业函授，大专学历。历任龙泉市医药公司业务员、批发部主任、副经理、经理，龙泉市医药药材总公司总经理、书记，龙泉市卫生局局长、党组副书记、党组书记，龙泉市物价局局长、党组书记，龙泉市城乡建设局局长、党委书记，龙泉市环境保护局局长，丽水市药品监督管理局副局长、党委委员，丽水市食品药品监督管理局副局长、党委委员、局长、党组书记。2012年5月任龙泉市政府党组成员(保留正处级)。

【雷丽亚】 女，1962年2月出生，畲族，浙江龙泉人。1983年7月参加工作，民盟，中央民族大学数理系数学专业毕业，大学学历，理学学士。历任浙江少数民族师范学校教师，龙泉师范学校高级讲师，龙泉市教育局教研室教研员，龙泉市竹垟畲族乡乡长，民盟龙泉市总支委员会主任委员，浙江广播电视大学龙泉分校校长（高配正科），2010年3月任龙泉市政协副主席。

【何登新】 男，1963年4月出生，汉族，浙江龙泉人。1982年8月参加工作，无党派，省委党校函授学院经济管理专业毕业，大专学历。历任龙泉县农业局城北农技站畜牧干部，龙泉县畜牧兽医站畜牧干部，龙泉市良种场畜牧干部、场长，龙泉市龙渊镇政府镇长助理，龙泉市剑池街道办事处主任，龙泉市移民办公室副主任（保留正科）、主任，龙泉市农业局局长。2012年3月任龙泉市政协副主席。

【陈惠锋】 男，1968年9月出生，汉族，浙江龙泉人。1989年8月参加工作，1993年8月加入中国共产党，中央党校经济管理函授，大学学历。历任龙泉县瀑云乡政府干部，八都镇团委书记、文教卫办主任、党政办主任，龙泉市委组织部科员、组织科副科长、科长、部务会议成员，竹垟畲族乡党委书记、人大主席，锦溪镇党委书记、人大主席，八都镇党委书记，龙泉市委办公室常务副主任，龙泉市人民政府党组成员、政府办公室主任、党组书记。2011年12月任丽水生态产业集聚区龙泉分区管委会主任（高配副处级）、丽水生态产业集聚区（丽水经济开发区）管委会党工委委员、龙泉市人民政府党组成员。

【张长山】 男，1962年9月出生，汉族，浙江龙泉人。1984年8月参加工作，1991年9月加入中国共产党，浙江林学院经济管理专业毕业，大专学历。历任龙泉县屏南区林业站林业组长，龙泉县八都镇（区）林业站副站长，龙泉县（市）营林公司副经理，龙泉市林业局林业总站副站长，龙泉市宝溪乡政府乡长助理，龙泉市安仁镇党委副书记、镇长、书记，龙泉市林业局局长、党组书记、森林公安分局教导员（兼），2011年6月任浙江凤阳山——百山祖国家级自然保护区管理局凤阳山管理处处长、党组书记，2011年10月兼任龙泉市人民政府党组成员。

【徐达伟】 男，1971年1月出生，汉族，浙江龙泉人。1989年8月参加工作，1999年3月加入中国共产党，浙江农林大学农业推广专业毕业，硕士学位。历任龙泉市城北区农技站副站长，龙泉市农业局农村经济服务总站、植保站、执法办干部，龙泉市兰巨乡乡长助理，龙南乡党委委员、常务副乡长、党委副书记、乡长，住龙镇党委副书记、镇长、党委书记、人大主席，硋石乡党委书记、人大主席。2009年5月，任安仁镇党委书记（2012年8月高配副县级）。

【廖鸿韬】 男，1971年12月出生，汉族，湖北仙桃人。1991年9月参加工作，1994年7月加入中国共产党，湖北省委党校党的建设专业毕业，在职研究生学历。历任仙桃市委办副科长、科长、副局级政研员，仙桃市沔城回族镇党委副书记，三伏潭镇党委副书记、镇长、党委书记、人大主席，天门市委常委、市委政法委书记、市公安局局长、市纪委书记等职，2012年2月确定为正处级。2012年9月，任龙泉市人民政府市长助理。

【熊树生】 男，1971年3月出生，汉族，福建周宁人。1993年11月加入中国共产党，2000年7月参加工作，浙江大学动力工程及工程热物理专业毕业，博士。在浙江大学机能学院动力机械及车辆工程研究所从事教学科研工作，曾任台州市科技局局长助理（挂职）。2009年12月任龙泉市人民政府市长助理（挂职）。

【房　军】 男，1971年3月出生，汉族，安徽利辛人。1991年9月参加工作，1994年1月加入中国共产党，军事经济学院军队财务专业毕业，大学学历，经济学学士。历任第一集团军高射炮兵100炮营见习营员、营部司务长（副连职），集团军后勤部财务处副连职助理员、正连职助理员，集团军司机训练大队后勤处副处长（副营职），南京军区联勤部财务结算中心副营职助理员、正营职助理员，南京军区联勤部财务部会计处副团职助理员，海防十三师五十团代理副团长，南京军区联勤部军人保险基金管理中心副主任。2012年3月任龙泉市人武部部长（正团职）。

【罗　沛】 男，1972年10月出生，汉族，浙江青田人。1995年8月参加工作，2002年10月加入中国共产党，浙江大学法学院法律系法学专业毕业，法律硕士。历任浙江省检察院丽水分院助理检察员，丽水市委政法委执法监督室科员、副主任科员、副主任、主任，丽水市委政法委政治部副主任（正科）。2011年12月任龙泉市人民法院副院长、代院长、党组书记，2012年3月任龙泉市人民法院院长、党组书记。

【葛朝华】 女，1964年4月出生，汉族，四川乐山人。1979年9月参加工作，1993年4月加入中国共产党，浙江大学法律专业毕业（自考），大学学历。历任云和县人民医院护士、助产士，云和县卫生局文秘，云和县检察院科员、办公室副主任、检察员、党组成员、纪检组长、政治处主任、正科级检察员、副检察长，丽水市检察院办公室副主任、主任科员、宣传教育处处长、副处级检察员、组织人事处处长。2011 年 12 月任龙泉市人民检察院副检察长、代检察长、党组书记，2012 年 3 月任龙泉市人民检察院检察长、党组书记。

【陈景荣】 男，1963 年 6 月出生，汉族，浙江永嘉人。1985 年 7 月参加工作，1992 年 1 月加入中国共产党，浙江农业大学植保系硕士研究生毕业，获理学硕士学位。历任丽水地区农科所、丽水进出口商品检验局检验科干部，丽水商检局第一检验科副科长，局实验室主任，丽水商检局一科科长，丽水出入境检验检疫局检验检疫一科科长，丽水检验检疫局检验检疫一处处长。2008 年 6 月任丽水出入境检验检疫局龙泉办事处主任，2010 年 7 月调离龙泉。

【蒋万扬】 男，1965 年 10 月出生，汉族，浙江磐安人。1987 年 8 月参加工作，1997 年 7 月加入中国共产党，南京农业大学兽医专业毕业，本科学历。历任温州动植物检疫局干部、副科级纪检监察员，温州检验检疫局卫生食品处副处长、办公室副主任，卫生食品处处长、动植检处处长。2010 年 7 月任丽水检验检疫局龙泉办事处主任，2012 年 11 月调离龙泉。

先进集体和先进人物

2008—2012年龙泉市获部级先进单位名单

表37

先进单位	命名年月	命名单位	荣誉称号
龙泉市工商局12315中心	2008年5月	国家工商总局	全国12315行政执法体系建设工作先进
龙泉市林科所国家杉木良种基地	2009年1月	国家林业局	首批国家重点林木良种基地
龙泉市实验小学	2009年1月	共青团中央、全国少工委	中国少年儿童平安行动示范学校
龙泉市国税局计划征收科	2009年2月	全国妇女巾帼建功活动领导小组	全国“巾帼文明岗”
龙泉市凤阳山管理处	2009年4月	中国城市建设与环境大会组委会	2008—2009年度中国最佳生态环境保护十大贡献单位
龙泉市	2009年7月	国家林业局	全国森林经营试点单位
龙泉市物价局	2009年11月	国家发展和改革委员会	全国价格监管服务先进集体
龙泉市	2009年12月	国家林业局农村林业改革发展司	全国农村林业改革发展试验示范基地
龙泉市农业局	2009年12月	农业部	全国农业综合执法先进单位
上垟镇	2010年3月	环境保护部	全国环境优美镇
住龙镇	2010年3月	环境保护部	全国环境优美镇
龙泉市环境保护局	2010年3月	国务院第一次全国污染源普查领导小组办公室、国家环境保护部、国家统计局、农业部	第一次全国污染源普查先进集体
凤阳山管理处	2010年9月	中国国际经济发展促进会、中国国际信用体系评估中心、经济发展生态建设国际大会组委会	中国最具影响力十大生态旅游区
龙泉市	2010年11月	国家人口计生委	全国计划生育优质服务先进单位
宝溪乡党委	2010年12月	中共中央组织部	全国防汛抗洪救灾先进基层党组织
龙泉市防汛防旱指挥部	2010年12月	国家防汛抗旱总指挥部、国家人力资源和社会保障部、中央军委总政治部	全国防汛抗旱先进集体荣誉称号
龙泉市就业管理服务处	2011年1月	人社部	全国人力资源社会保障系统2008—2010年度优质服务窗口
龙泉市总工会	2011年3月	全国工会“职工书屋”建设领导小组	全国工会优秀职工书屋
龙泉市	2011年4月	中华人民共和国水利部	全国“十一五”水电农村电气化建设县
民盟龙泉市总支	2011年5月	中国民主同盟中央委员会	纪念中国民主同盟成立七十周年先进集体
龙泉市	2011年6月	全国绿化委员会、国家林业局	国家森林城市

续表37

先进单位	命名年月	命名单位	荣誉称号
龙泉市财政局	2011年7月	财政部	2006—2010年全国财政“五五”法制宣传教育先进集体
龙泉市实验小学	2011年10月	中央综治委、国家司法部、中国关心下一代工作委员会	全国“关爱明天、普法先行”青少年普法教育优秀组织奖
龙泉市	2011年7月	国家林业局农村林业改革发展司	全国集体林权制度改革先进典型县
龙泉市	2011年11月	科学技术部	2011年全国县(市)科技进步考核合格奖
龙泉市中职校	2011年11月	全国总工会	全国模范职工之家
龙泉市	2011年11月	中国国际茶文化研究会	中国茶文化之乡
龙泉市	2011年12月	水利部	“十一五”全国水电农村电气化县
龙泉市	2012年5月	国家人口计生委	第二批全国阳光计生行动示范单位
龙泉市青瓷宝剑产业局	2012年7月	中国轻工业联合会、中国陶瓷工业协会	2012年中国国际轻工消费品展览会突出贡献奖
龙泉市青瓷宝剑产业局	2012年10月	中国轻工业联合会	2012年中国(杭州)工艺美术精品博览会最佳组织奖
龙泉市	2012年11月	全国残疾人康复工作办公室	全国白内障无障碍县
龙泉市	2013年1月	国家林业局	全国林业信息化示范县
龙泉市人民检察院	2013年3月	最高人民检察院	全国先进基层检察院

2008—2012年龙泉市获国家级、部级先进个人名单

表38

姓　名	性别	当时所在工作单位	荣誉称号	命名单位	命名年月
周屹来	男	龙泉市公安局网监大队	全国治理自行车被盗问题专项行动先进个人	中央综治办、国家公安部、国家建设部等	2008年1月
蔡建中	男	龙泉市上垟镇	第二次全国农业普查先进个人	国务院第二次全国农业普查领导小组办公室、国家统计局	2008年4月
叶祖深	男	龙泉市龙渊街道	第二次全国农业普查先进个人	国家统计局、国务院第二次全国农业普查领导小组办公室	2008年4月
季伟明	男	龙泉市公安局交警大队	全国公安系统抗雪救灾先进个人	国家公安部	2008年4月
方文才	男	龙泉市工商局	全国工商行政管理系统优秀工商行政管理人员	国家工商总局	2008年10月
吴务源	男	龙泉市文广出版局	全国农村电影放映工程先进个人	国家广播电影电视总局	2008年12月
何跃军	男	龙泉市水利局	全国水土保持监督执法先进个人	国家水利部	2009年3月
叶砝仙	男	凤阳山管理处	2008—2009年度中国生态环境保护杰出贡献人物	中国国际经济发展促进会、中国社会科学院城市发展与环境研究中心	2009年4月
李土长	男	龙泉市剑池街道	第二次全国经济普查先进个人	国务院第二次全国经济普查领导小组	2009年12月
张　明	男	龙泉市总工会	全国工会系统“五五”先进个人	中华全国总工会	2010年1月
周善清	男	龙泉市安监局	2009年安全生产监管监察先进个人	国家安监总局	2010年1月
吴　慧	女	龙泉市环境保护局	第一次全国污染源普查先进个人	国家院第一次全国污染源普查领导小组办公室、国家环保部等	2010年3月
汤朝兴	男	龙泉市环境保护局	全国环境信访工作先进工作者	国家环保部	2010年3月

续表38

姓　名	性别	当时所在工作单位	荣誉称号	命名单位	命名年月
张龙生	男	龙泉市邮政局	全国劳动模范	国务院	2010年4月
徐怀坤	男	龙泉市司法局	全国模范人民调解员	国家司法部	2010年5月
朱贤俊	男	武警龙泉市中队	抢险救灾先进个人	中央军委总政治部、国家人社部、国家防洪抗旱总指挥部	2010年10月
冯建国	男	龙泉市林业科研所	全国生态建设突出贡献奖——林木种苗先进工作者	国家林业局	2010年11月
王秀琴	女	龙泉市老促会	全国优秀老区工作者	中国老区建设促进会	2010年11月
卢士俊	男	龙泉市人民政府办公室	全国无偿献血奉献奖金奖	国家卫生部、中国红十字总会等	2010年12月
吴春泉	男	龙泉市红十字会志愿者服务队	青海玉树抗震救灾优秀志愿者	中国红十字总会	2010年12月
方江英	女	龙泉市气象局	2010年重大气象服务先进个人	中国气象局	2011年1月
金　华	男	龙泉市宝溪乡	2010年重大气象服务先进个人	中国气象局	2011年1月
胡萃利	男	龙泉市国土资源局	国土资源管理系统"五五"普法工作先进个人	国家国土资源部	2011年3月
曾　乐	男	龙泉市卫生局	2008—2009年度全国无偿献血奉献奖金奖	国家卫生部、红十字总会等	2011年9月
黄路光	男	龙泉市安监局	2011年安全生产监管监察先进个人	国家安监总局	2011年12月
王仁学	男	龙泉市人力社保局	全国就业创业工作先进个人	国务院	2012年7月
杨光取	男	龙泉市人民检察院	全国检察机关计划财务装备工作先进个人	最高人民检察院	2012年7月
毛美珍	女	龙泉市农业局	2012年度粮食生产突出贡献科技人员	国家农业部	2012年12月
姚逸慧	女	龙泉市人民法院	全国法院优秀廉政监察员	最高人民法院	2013年2月

2008—2012年龙泉市获省级先进单位名单

表39

先进单位	命名年月	命名单位	荣誉称号
剑池街道党工委	2008年6月	中共浙江省委	先进基层党组织
龙泉市	2008年12月	浙江省人民政府	全省粮食生产先进县
龙泉市人武部	2008年12月	浙江省军区	先进团单位
龙泉市人武部	2008年12月	浙江省军区	双拥参建工作先进单位
龙泉市电力工业局	2009年2月	浙江省委、浙江省政府	浙江省文明单位
中国银行龙泉支行	2009年2月	浙江省委、浙江省政府	浙江省文明单位
龙泉市环境保护局	2009年5月	浙江省人民政府	2008年度浙江省减排工作先进集体
龙泉市人民政府	2009年11月	浙江省人民政府	民间艺术之乡
剑池街道办事处	2009年12月	浙江省人民政府	浙江省第二次经济普查先进集体
剑池街道办事处	2010年	浙江省委、浙江省政府	2006—2010年浙江省法制宣传教育先进单位
龙泉市人武部	2010年1月	浙江省军区	新闻宣传工作先进单位
龙泉市经济和信息化局	2010年4月	浙江省人民政府	浙江省2009年度节能工作先进单位
龙泉市水利局	2010年7月	浙江省人民政府	浙江省第十六届水利"大禹杯"铜杯奖

续表39

先进单位	命名年月	命名单位	荣誉称号
龙泉市人武部	2010年10月	浙江省军区	“十一五”期间军事训练先进单位
龙泉市行政服务中心	2011年1月	浙江省委、省政府	浙江省文明单位
龙泉市会计核算中心	2011年1月	浙江省委、省政府	浙江省文明单位
龙泉市人民政府	2011年1月	浙江省委、浙江省政府	全省上海世博会“环沪护城河”安保工作先进单位
龙泉市电力工业局	2011年5月	浙江省人民政府	浙江省“十一五”节能降耗工作先进集体
宝溪乡党委	2011年6月	中共浙江省委	先进基层党组织
龙泉市交通运输局	2011年10月	浙江省人民政府	农村公路工作先进集体
龙泉市	2012年1月	浙江省人民政府	全省粮食生产先进县
龙泉市	2012年2月	浙江省人民政府	浙江省文化先进县(市、区)
龙泉市委政法委	2012年3月	浙江省委、浙江省政府	第三届浙江省维护国家安全先进集体
龙泉市人民政府	2012年5月	浙江省人民政府	文化先进市
龙泉市小梅镇	2012年6月	浙江省人民政府	浙江省历史文化名镇
小梅镇大窑村	2012年6月	浙江省人民政府	浙江省历史文化名村
龙泉市人民政府	2012年9月	浙江省人民政府	国家级非物质文化遗产工作先进单位
龙泉市人民政府	2012年10月	浙江省人民政府	全省申报人类非物质文化遗产和国家级非物质文化遗产工作先进单位
龙泉市公安局剑池派出所	2012年10月	浙江省人民政府	全省模范公安基层所队
龙泉市	2013年3月	浙江省委、浙江省政府	2008—2012年度平安县(市、区)

2008—2012年龙泉市获省级先进个人名单

表40

姓　名	性别	所在单位	荣誉称号	命名单位	命名年月
曹新民	男	龙泉市人民政府	抗击雨雪冰冻灾害先进个人	浙江省委、浙江省政府	2008年3月
沈上伟	男	龙泉市上垟镇	抗击雨雪冰冻灾害先进个人	浙江省军区	2008年3月
刘立山	男	龙泉市西街街道	滩坑水电站移民工作先进工作者	浙江省人民政府	2008年10月
魏安龙	男	龙泉市人武部	优秀团主官	浙江省军区	2008年12月
叶泉香	女	龙泉市教育局教研室	浙江省劳动模范	浙江省人民政府	2009年9月
陈高梁	男	龙泉市人民医院	2008年征兵工作先进个人	浙江省政府、省军区	2009年9月
金必久	男	龙泉市安仁镇	省第二次经济普查先进个人	浙江省人民政府	2009年12月
周生佑	男	龙泉市民政局	浙江省人民满意公务员	浙江省人民政府	2010年1月
汪方媛	女	龙泉市移办	浙江省优秀农村工作指导员	浙江省委、浙江省政府	2010年2月
张伟兰	女	龙泉市八都镇	浙江省优秀农村工作指导员	浙江省委、浙江省政府	2010年2月
梅红玲	女	浙江天丰陶瓷公司	浙江省五一劳动奖章	浙江省委、浙江省政府	2010年4月
王　慧	女	龙泉市环境保护局	浙江省减排工作先进个人	浙江省人民政府	2010年5月
曾高平	男	龙泉市信访局	浙江省上海世博会“环沪护城河”安保工作先进个人	浙江省委、浙江省政府	2011年1月
吴孝元	男	龙泉市林业局	浙江省优秀农村工作指导员	浙江省委、浙江省政府	2011年2月
赵建林	男	龙泉市委	党管武装好书记	中共浙江省委、省军区	2011年2月

续表40

姓　名	性别	所在单位	荣誉称号	命名单位	命名年月
李建平	男	剑池街道办事处	浙江省重点建设立功竞赛先进个人	浙江省人民政府	2011年4月
陈志升	男	龙泉市人民医院	省优秀离退休干部、优秀共产党员	中共浙江省委	2011年6月
徐怀坤	男	龙泉市司法局	2006—2010年浙江省法制宣传教育先进个人	浙江省委、浙江省政府	2011年6月
陈小云	女	龙泉市残联	“十一五“时期浙江省残疾人工作先进个人	浙江省委、浙江省政府	2011年6月
李　力	男	龙泉市机关党工委	2010年度浙江省优秀党务工作者	中共浙江省委	2011年6月
刘海香	女	龙泉市龙南乡校	浙江省农村教师突出贡献奖	浙江省人民政府	2011年9月
黄亚荣	男	龙泉市交通局	浙江省农村公路建设先进个人	浙江省人民政府	2011年10月
陶中亮	男	龙泉市人大	浙江省农村公路建设先进个人	浙江省人民政府	2011年10月
陈正国	男	龙泉市林业局	浙江省公益林建设先进个人	浙江省人民政府	2011年12月
刘武欢	男	道太乡林业工作站	浙江省公益林建设先进个人	浙江省人民政府	2011年12月
毛日华	男	龙泉市林业局	浙江省公益林建设先进个人	浙江省人民政府	2011年12月
叶根武	男	龙泉市小梅镇	2011年度优秀专武干部	浙江省军区	2012年1月
陈木养	男	龙泉市委政法委	2010—2011年度省级社会治安综合治理先进个人	浙江省委、浙江省政府	2012年3月
叶根武	男	龙泉市小梅镇	全省民兵工作先进个人	浙江省委、省政府、省军区	2012年3月
毛伟杰	男	龙泉正聪青瓷研究所	浙江省五一劳动奖章	浙江省人民政府	2012年4月
陈志升	男	龙泉市人民医院	浙江省争先创优先进党员	中共浙江省委	2012年6月
周林松	男	龙泉市础石公路养护班	浙江省五一劳动奖章	浙江省人民政府	2012年7月
陈志斌	男	公安局剑池派出所	全省十大基层优秀派出所所长	浙江省人民政府	2012年7月
周伟斌	男	龙泉市人力社保局	浙江省城乡居民社会养老保险工作先进个人	浙江省人民政府	2012年10月
黄国勇	男	龙泉市文广出版局	全省申报人类非物质文化遗产和国家级非物质文化遗产工作一等功	浙江省人民政府	2012年10月
方维强	男	西街街道	优秀专武干部	浙江省军区	2012年12月
季文杰	男	龙泉市国土资源局	2012年度省农村优秀工作指导员	中共浙江省委	2013年2月

2008—2012年龙泉市获厅级先进单位名单

表41

先进单位	命名年月	命名单位	荣誉称号
龙泉市	2008年1月	浙江省人民政府办公厅	浙江省农业特色优势产业强县
龙泉青瓷宝剑苑	2008年1月	浙江省委宣传部	浙江省文化建设示范点
龙泉市物价局	2008年1月	浙江省物价局	全省价格服务进万家工作优秀单位
龙泉市民政局	2008年1月	浙江省军区、省民政厅	2006年冬季退役士兵安置工作先进单位
龙泉市八都镇	2008年1月	浙江省人民政府	浙江省农业特色优势产业强镇(竹木)
龙泉市育才中学	2008年1月	浙江省委组织部、省总工会	浙江省三级联创先进集体
龙泉市公安局	2008年1月	浙江省公安厅	全省治理自行车被盗专项行动先进集体
龙泉市电力局龙南供电所	2008年1月	浙江省“创争”活动领导小组	浙江省“模范小家”
浙江国镜药业有限公司	2008年1月	浙江省总工会	浙江省“工人先锋号”
中华联合财产保险公司龙泉支公司	2008年1月	中华联合财产保险股份有限公司浙江分公司	先进基层机构
龙泉市妇联	2008年2月	浙江省“巾帼建功、双学双比”活动协调小组	浙江省来料加工突出贡献单位

续表41

先进单位	命名年月	命名单位	荣誉称号
龙泉市	2008年2月	浙江省水利厅、省发改委	全国农村饮水安全工程示范县
中国移动龙泉分公司	2008年2月	浙江省巾帼建功双学双比活动协调小组	浙江省"巾帼文明岗"
龙泉市政府办公室	2008年3月	浙江省人民政府办公厅	2007年度全省政务信息工作先进单位
龙泉中职校	2008年3月	浙江省教育厅	国家级重点中职校
龙泉市水利局	2008年3月	浙江省海洋与渔业执法总队	全省渔业行政执法工作先进集体
龙泉市地方税务局	2008年4月	浙江省地方税务局	2007年度全省地税系统税政管理工作综合先进单位
龙泉市物价局价格监督检查分局	2008年4月	浙江省物价局	浙江省物价系统群众满意基层站所
龙泉市工商局	2008年4月	浙江省工商局	全省工商系统"三网"建设先进单位
剑池街道办事处	2008年4月	浙江省委组织部	浙江省城市社区党建工作示范街道
龙泉市地方税务局	2008年6月	浙江省地方税务局	2007年度浙江省地税系统"省级基层文明单位"
锦溪镇政府	2008年6月	浙江省宣传部、省体育局、省总工会	全省职工迎奥运健身活动三等奖
龙泉市	2008年7月	浙江省林业厅、省财政厅	2007年度重点公益林建设和管理优秀单位
龙泉市科协	2008年9月	浙江省农函大	浙江省农函大先进集体
龙泉市发改局	2008年9月	浙江省发改委	2007年度浙江省发展改革委优秀研究成果二等奖
龙泉市	2008年10月	中共浙江省委建设"平安浙江"领导小组	信访与维稳工作先进县(市、区)
龙泉市	2008年11月	浙江省食品安全委员会	浙江省食品安全示范县(市、区)
龙泉市东升小学	2008年11月	中国教育学会	全国最具影响力作文名校
民盟龙泉市总支	2008年11月	中国民主同盟浙江省委员会	浙江省民盟社会服务工作先进集体
龙泉市政府外事办	2008年12月	浙江省政府外事办	浙江省外事系统先进集体
龙泉市档案局	2008年12月	浙江省档案局	2008年度全省"三农"档案工作先进单位
龙泉市档案局	2008年12月	浙江省档案局	民生档案信息基础数据库工程建设示范单位
龙泉市关工委	2008年12月	浙江省关工委	先进集体
龙泉市会计核算中心	2008年12月	浙江省爱国卫生运动委员会	浙江省卫生先进单位
龙泉市委党校	2008年12月	浙江省委党校函授学院	2008年优秀辅导站
龙泉一中	2008年12月	浙江省教育厅、省环保局	浙江省绿色学校
龙泉市实验小学	2008年12月	浙江省环保局、省教育厅	浙江省绿色学校
龙泉市查田镇小	2008年12月	浙江省环保局、省教育厅	浙江省绿色学校
龙泉市茶丰小学	2008年12月	浙江省环保局、省教育厅	浙江省绿色学校
龙泉市中职校	2008年12月	浙江省卫生厅、省红十字会	2006—2007年度无偿献血先进集体
龙泉市科协	2008年12月	浙江省反邪教协会	全省反邪教工作先进集体
龙泉市发改局	2008年12月	浙江省发改委	2008年度全省发展改革工作优秀单位
龙泉市人民医院三病区	2008年12月	浙江省巾帼建功和双学双比活动协调小组	巾帼文明岗
龙泉市	2008年12月	浙江省林业厅	浙江省公益林建设示范县
龙泉市工商局龙渊工商所	2008年12月	浙江省工商局	二星级文明规范工商所
龙泉市工商局剑池工商所	2008年12月	浙江省工商局	三星级文明规范工商所

续表41

先进单位	命名年月	命名单位	荣誉称号
龙泉市水利局	2008年12月	浙江省水利厅	省水资源费征收工作先进单位
龙泉市础石乡	2008年12月	浙江省教育厅	浙江省教育强镇
龙泉市础石乡	2008年12月	浙江省农业厅、省安全生产监督管理局、省公安厅	浙江省平安农机示范乡
龙泉市八都镇	2008年12月	浙江省环境保护局	省级生态镇
龙泉市道太乡	2008年12月	浙江省文化厅	浙江东海文化明珠
龙泉市锦溪镇	2008年12月	浙江省体育局	浙江省体育强镇
龙泉市统计局	2008年12月	浙江省人事厅、省统计局、国家统计浙江省计查总队	全省统计系统先进集体
龙泉市城建监察大队	2008年12月	浙江省城建监察协会	2008年度浙江省城建城管行政执法工作先进集体
龙泉市看守所	2008年12月	浙江省公安厅	集体二等功
凤阳山管理处	2008年12月	中国自然科学博物馆协会	2008年度先进集体
龙泉市农业局	2008年12月	浙江省农业厅	全省标准农田地力调查工作先进集体
龙泉市锦溪镇	2008年12月	浙江省老年人体育协会	浙江省小康型老年体育乡镇
龙泉市一中	2008年12月	南京军区空军司令部	招收飞行学员工作先进单位
龙泉市委报道组	2009年1月	浙江日报报业集团	2008年度浙江日报先进报道组
龙泉市财政局	2009年1月	浙江省林业厅、省财政厅	2008年度重点公益林建设和管理先进单位
龙泉市发改局	2009年1月	浙江省发改委	2008年度省发展改革系统政务信息工作先进单位
龙泉市农业局	2009年1月	浙江省农业厅	全省法制工作先进集体
龙泉市工商局注册分局	2009年1月	浙江省工商局	四星级文明规范注册窗口
龙泉市食品药品监督管理局	2009年1月	浙江省食品药品监督管理局	浙江省农村药品“两网一规范”建设示范县达标单位
邮储银行龙泉支行营业部	2009年1月	共青团浙江省委	省级青年文明号
龙泉市工商联	2009年1月	浙江省工商联	省工商联系统先进单位
龙泉市交通运输局	2009年1月	南京军区交通战备办公室	交通战备工作正规化建设达标验收活动先进单位
民盟龙泉市总支	2009年1月	中国民主同盟浙江省委员会	民盟浙江省2007—2008年度先进盟组织
龙泉市公安局许可科	2009年1月	浙江省公安厅	全省优秀公安基层单位
龙泉市农业局	2009年1月	浙江省农业厅	全省动物卫生监督执法规范年活动先进单位
龙泉市工商联	2009年1月	浙江省工商联	全省工商联系统宣教工作先进单位
龙泉市农业局	2009年1月	浙江省农业厅	全省农业法制工作先进集体
龙泉市南秦小学科学组	2009年1月	浙江省教育厅、省总工会、省人事厅	先进班组
龙泉市剑瓷外国语学校	2009年1月	浙江省环保局、省教育厅	浙江省绿色学校
浙江商讯科技有限公司	2009年1月	浙江省“创争”活动领导小组	浙江省“模范之家”
浙江海洋水泥有限公司	2009年1月	浙江省总工会	浙江省安全生产百佳班组
浙江能福公司	2009年1月	浙江省总工会	浙江省“工人先锋号”
中华联合财产保险公司龙泉支公司	2009年1月	中华联合财产保险浙江分公司	先进基层机构
龙泉市岩樟乡	2009年1月	浙江省环境保护厅	省级生态乡
龙泉市纪委(监察局)	2009年1月	浙江省纪委、省监察厅、省政府纠风办	2008年度浙江省政风、行风建设十大新事鼓励奖

续表41

先进单位	命名年月	命名单位	荣誉称号
龙泉市财政局	2009年2月	浙江省财政厅	2008年度全省财政系统计算机应用先进单位
龙泉市财政局	2009年2月	浙江省财政厅	2008年度会计管理工作先进单位
龙泉市凤阳山管理处	2009年2月	浙江省环境保护厅、省林业厅、省国土资源厅、省海洋与渔业局	浙江省省级以上自然保护区2008年度规范化建设考核优秀单位
龙泉三中	2009年2月	浙江省教育厅、浙江省体育局	浙江省体育特色学校
龙泉市农村工作办公室	2009年2月	浙江省委、省政府农业和农村工作领导小组办公室	2008年全省农办系统先进单位
龙泉市畜牧兽医局	2009年2月	浙江省农业厅	全省动物卫生监督执法规范年先进单位
龙泉市卫生局	2009年2月	浙江省卫生厅	浙江社区卫生服务工作先进单位
龙泉市国土资源局	2009年2月	浙江省国土资源厅	浙江省国土资源法律知识宣传教育培训活动先进单位
中共龙泉市委610办公室	2009年2月	浙江省委防范和处理邪教问题领导小组	浙江省"反邪保奥百日攻坚"专项行动先进集体
龙泉市公路运输管理所	2009年2月	浙江省道路运输管理局	"天网三号"打击无证营运专项整治行动先进单位
龙泉石油公司城东加油站	2009年2月	中石化浙江石油分公司	管理服务样板站
中国建设银行龙泉支行	2009年2月	浙江省财政厅、省中小企业局	2008年度小企业信贷服务先进单位
龙泉市建设局	2009年2月	浙江省建设厅	2008年度住房保障工作先进单位
龙泉市公安局办公室	2009年2月	浙江省公安厅	全省公安办公室、指挥中心系统先进集体
龙泉市农业局	2009年2月	中国食用菌协会	全国食用菌行业十大主产基地县
小梅镇卫生服务中心	2009年2月	浙江省卫生厅	省级规范化社区卫生服务中心
兰巨乡卫生服务中心	2009年2月	浙江省卫生厅	省级规范化社区卫生服务中心
龙泉市地方税务局	2009年3月	浙江省地方税务局	2008年度全省地税征管工作目标责任制考核三等奖
龙泉中职校	2009年3月	浙江省教育厅	浙江省艺术教育特色学校
龙泉市科协	2009年3月	浙江省科协	2008年度全省科协宣传信息工作先进集体
龙泉市文化馆	2009年3月	浙江省文化厅	浙江省非物质文化遗产普查先进集体
龙泉市文广新局	2009年3月	浙江省文化厅	浙江省非物质文化遗产普查先进集体
龙泉市委老干部局	2009年3月	浙江省委老干部局	通讯报道先进单位
龙泉市纪委(监察局)	2009年3月	浙江省纪委办公厅	2008年度全省纪检监察信息工作先进单位
龙泉市地税局直属分局	2009年4月	浙江省地方税务局	2008年两税一费优秀管理创新项目
龙泉市水利局	2009年4月	浙江省水利厅	全省生态清洁型小流域工作试点县
龙泉市人民法院	2009年4月	浙江省高院	执行工作良性循环法院
龙泉市安仁镇农技站	2009年4月	浙江省农业厅	浙江省农业丰收二等奖
龙泉市红十字会阿超志愿服务小组	2009年4月	浙江省红十字会	红十字志愿服务工作先进集体
龙泉市档案局	2009年5月	浙江省档案局	2008年全省综合档案馆信息化评估合格单位
龙泉市供排水有限责任公司	2009年5月	浙江省卫生厅	2009年饮用水供水单位卫生监督量化分级A级单位
龙泉市地方税务局	2009年6月	浙江省地方税务局	2008年度依法行政工作考核优秀单位
龙泉市国土资源局	2009年6月	浙江省国土资源厅	全省整顿和规范矿产资源开发秩序工作先进集体
龙泉市三中	2009年7月	浙江省教育厅	浙江省现代化教育技术实验学校
龙泉市畜牧兽医局	2009年7月	浙江省畜牧兽医局	省动物卫生监督执法案卷评查鼓励奖

续表41

先进单位	命名年月	命名单位	荣誉称号
龙泉市国家税务局	2009年7月	浙江省国家税务局	浙江省国税系统2008年度文明单位
龙泉市交通运输局	2009年7月	浙江省国防动员委员会交通战备办公室	2008年度浙江省交通战备工作先进单位
龙泉市地方税务局	2009年8月	浙江省地方税务局	浙江地税质量管理奖
龙泉市地税局直属分局	2009年9月	浙江省地方税务局	2008年度浙江省地税系统"省级基层文明单位"
龙泉市一中	2009年9月	浙江省绿化委员会	浙江省绿化模范单位
龙泉市锦溪镇	2009年9月	浙江省环境保护厅	省级生态镇
龙泉市财政局	2009年10月	浙江省财政厅	2008年度全省财政总决算先进单位
龙泉中职校	2009年10月	浙江省教育厅	机械制造专业获浙江省示范专业
龙泉市三中	2009年10月	浙江省教育厅、浙江省文化厅、浙江省财政厅、浙江省广电集团	浙江省中小学生艺术节表演一等奖
龙泉市科协	2009年10月	浙江省科协	浙江省基层科普画廊优秀县(市、区)科协
龙泉市	2009年11月	浙江省人民政府外事办公室	2008年度全省外事系统先进集体
龙泉市档案局	2009年11月	浙江省档案局	社会主义新农村建设档案工作示范县
龙泉市财政局	2009年11月	浙江省财政厅	2008年度企业会计决算报表先进单位
龙泉市绿谷教育集团	2009年11月	浙江省教育厅	浙江省现代化信息技术试验学校
龙泉市	2009年11月	中共浙江省委建设"平安浙江"领导小组	国庆60周年期间平安建设工作优秀县
龙泉市档案局	2009年12月	浙江省档案局	全省档案信息化建设先进单位
龙泉市委办机要科	2009年12月	浙江省委办公厅	全省党政系统2009年度密码工作先进单位
龙泉市财政局	2009年12月	浙江省财政厅	会计信息质量检查10周年先进集体
龙泉市委党校	2009年12月	浙江省委党校函授学院	2009年优秀辅导站
龙泉市科协	2009年12月	浙江省科协	2009年度省级科协工作先进单位
龙泉市农业局	2009年12月	浙江省农业厅	全省农村经营管理先进集体
龙泉市文广新局	2009年12月	浙江省文化厅	浙江省"千场广场文艺活动"先进集体
龙泉市气象局	2009年12月	浙江省气象局	2009年度重大气象服务先进集体
龙泉市	2009年12月	浙江省关注森林组织委员会	浙江省森林城市
龙泉市水利局	2009年12月	浙江省水利厅	全省"千万农民饮用水工程"建设先进集体
龙泉市八都镇	2009年12月	浙江省体育局	浙江省体育强镇
龙泉市住龙镇	2009年12月	浙江省体育局	浙江省体育强镇
龙泉市屏南镇	2009年12月	浙江省文化厅	浙江省东海文化明珠
龙泉市统计局	2009年12月	浙江省第二次经济普查领导小组办公室、省统计局	浙江省第二次经济普查先进集体
中国移动龙泉分公司	2009年12月	浙江省国税局、省地税局	浙江省2007—2008年纳税信用AAA级称号
龙泉市城建监察大队	2009年12月	浙江省城建监察协会	浙江省城建城管行政执法工作先进集体
龙泉市财政局(地税局)	2009年12月	浙江省爱国卫生运动委员会	浙江省卫生先进单位
龙泉市农业局	2009年12月	浙江省农业广播电视学校	2009年农业职业教育先进集体
龙泉市水利局	2009年12月	浙江省水利厅	水资源费增收工作先进单位
龙泉市委报道组	2010年1月	浙江日报报业集团	2009年度浙江日报先进报道组

续表41

先进单位	命名年月	命名单位	荣誉称号
龙泉青瓷宝剑苑	2010年1月	浙江省委宣传部	第二批浙江省文化产业示范基地
龙泉市东升小学	2010年1月	浙江省教育厅	浙江省中小学信息技术设计大赛优秀参赛学校
龙泉市发改局	2010年1月	浙江省发改委	2009年度省发展改革系统政务信息工作先进单位
龙泉市科技局	2010年1月	浙江省知识产权局	2009年度浙江省知识产权(专利)工作先进集体
龙泉市工商局	2010年1月	浙江省档案局	“省一级”档案工作目标管理单位
龙泉市工商局	2010年1月	浙江省工商局	全省工商系统政务信息工作先进单位
龙泉市水利局	2010年1月	浙江省水利厅、财政厅	中央财政小型农田重点县
剑池街道办事处	2010年1月	浙江省统计局、省第六次人口普查领导小组	第六次人口普查先进集体
龙泉市道太乡	2010年1月	浙江省环保厅	省级生态乡
龙泉市兰巨乡	2010年1月	浙江省环保厅	省级生态乡
上垟镇人民政府	2010年1月	中共浙江省委宣传部、省农业和农村工作办公室、省林业厅	兴林富农示范乡镇
龙泉市劳动保障监察大队	2010年1月	浙江省人力社保厅	2009年度劳动保障监察工作先进单位
龙泉市国家安全领导小组办公室	2010年1月	浙江省国家安全领导小组办公室	浙江省国家安全人民防线建设优秀单位
龙泉市交通运输局	2010年1月	浙江省国防动员委员会交通战备办公室	2009年度浙江省交通战备工作先进单位
龙泉市调查队	2010年1月	国家统计局浙江调查总队	2009年度全省调查队系统综合考核二等奖
龙泉市公安局交警大队	2010年1月	浙江省烟草专卖局、省公安厅	全省卷烟打假工作先进集体
龙泉市公安局龙渊派出所	2010年1月	浙江省公安厅	全省优秀公安基层单位
龙泉市公安局	2010年1月	浙江省公安厅	2009年全省公安队伍正规化建设先进单位
龙泉市工商联	2010年1月	浙江省工商联	全省工商联系统宣教工作二等奖
龙泉市西新小学	2010年1月	浙江省红十字委员会	浙江省红十字示范学校
龙泉市商讯集团	2010年1月	浙江省总工会、省安监局	浙江省安康杯竞赛优胜班组
龙泉市邮政局工会小组	2010年1月	浙江省总工会	浙江省“工人先锋号”
龙泉市移办	2010年1月	浙江省水库移民安置办公室	浙江省水库移民工作考核优秀单位
中华联合财产保险公司龙泉支公司	2010年1月	中华联合财产保险股份有限公司浙江分公司	先进基层机构
龙泉市纪委(监察局)	2010年1月	浙江省纪检委、省监察厅、省纠风办	全省效能建设创新创优先进典型
龙泉市地方税务局	2010年2月	浙江省地方税务局	2009年度信息化建设先进单位
龙泉一中	2010年2月	浙江省纪律检查委员会	浙江省廉政文化“六进”示范点
龙泉市农村工作办公室	2010年2月	中共浙江省委、浙江省政府、省农业和农村工作领导小组办公室	2009年全省农办系统先进单位
龙泉市物价局	2010年2月	浙江省物价局	2009年度浙江省价格系统政务信息工作先进单位
龙泉市人民医院七病区	2010年2月	浙江省巾帼建功和双学双比活动协调小组	巾帼文明岗
龙泉市	2010年2月	中共浙江省委办公厅、省人民政府办公厅	2008年度市县党政领导科技进步目标责任制考核优秀单位
邮储银行龙泉市支行营业部	2010年2月	邮储银行浙江省分行	2009年省分行文明规范服务先进支行
中国农业银行龙泉市支行	2010年2月	中国农业银行浙江省分行	2009年度县域业务进步奖
龙泉市城北乡	2010年2月	浙江省环保厅	省级生态乡
龙泉市城北乡	2010年2月	浙江省人口与计划生育领导小组办公室	全省流动人口计划生育工作先进集体

续表41

先进单位	命名年月	命名单位	荣誉称号
龙泉市城建监察大队	2010年2月	浙江省建设厅	2009年度"群众满意基层站所"先进单位
龙泉市地方税务局	2010年3月	浙江省地方税务局	2009年度税收计财工作综合优胜单位
龙泉中职校	2010年3月	浙江省教育厅、省财政厅	2008—2009年度浙江省优秀农村预备劳动力培训基地
龙泉市粮食局	2010年3月	浙江省粮食局	2009年度全省粮食收购工作先进单位
龙泉市气象局	2010年3月	浙江省气象局	2009年度测报质量优秀站
龙泉市国土资源局	2010年3月	浙江省国土资源厅	2009年度矿产资源补偿费征管工作先进单位
龙泉市烟草专卖局	2010年3月	浙江省烟草专卖局	优秀县级烟草专卖局
龙泉市供销社	2010年3月	浙江省供销社	2009年度全省系统工作先进单位
龙泉市安仁镇农技站	2010年3月	浙江省农业厅、省林业厅等	浙江省基层农技推广先进集体
龙泉市环境监测站	2010年3月	浙江省环境保护厅	2009年度考核优秀环境监测站
龙泉市财政局	2010年4月	浙江省财政厅	2009年度全省乡镇财政决算报表工作先进单位
龙泉市农业局	2010年4月	浙江省农业厅	2009年度省农业执法绩效优胜单位
龙泉市文化广电新闻出版局	2010年4月	浙江省文化厅	浙江省申报人类非物质文化遗产项目工作先进单位
龙泉市纪委(监察局)	2010年4月	中共浙江省纪委办公厅	2009年度全省纪检监察信息工作先进单位三等奖
龙泉中职校	2010年5月	浙江省文化厅、省教育厅	浙江省非物质遗产传承教学基地
龙泉市东升小学	2010年5月	浙江省教育厅	省青少年航海模型锦标赛团体一等奖
龙泉市水利局	2010年5月	浙江省水利厅	全省堤防加固建设先进单位
龙泉市	2010年5月	中国食用菌协会	中国黑木耳之乡
龙泉市博物馆	2010年6月	浙江省文物局	浙江省第三次全国文物普查实地调查阶段先进集体
龙泉市地方税务局	2010年7月	浙江省地方税务局	2009年度依法行政工作考核优秀单位
龙泉市	2010年8月	浙江省农业厅	全省茶树良种化先进县
龙泉市林业局	2010年8月	浙江省山林纠纷调处工作领导者小组、省林业厅	山林纠纷调处集体三等功
龙泉市地税局直属分局	2010年9月	浙江省地方税务局	浙江省地税系统"文明单位创建成果奖"
龙泉市龙渊街道	2010年9月	浙江省精神文明建设委员会	文明家庭创建活动先进组织
龙泉市财政局(地税局)	2010年10月	浙江省体育局	浙江省群众体育先进单位
龙泉市环境卫生管理处	2010年10月	浙江省住房和城乡建设厅	浙江省城市市容环卫工作先过集体
龙泉市关工委	2010年11月	浙江省关工委	浙江省关工委系统先进集体
龙泉市财政局	2010年11月	浙江省财政厅	全省财政"五五"法制宣传教育先进集体
龙泉市地方税务局	2010年11月	浙江省地方税务局	2009年度税收管理工作综合考核先进单位
龙泉市文化广电新闻出版局(体育局)	2010年11月	浙江省体育局	浙江省首届体育大会优秀赛区
龙泉市地方志办公室	2010年11月	浙江省地方志编纂委员会办公室	浙江省地方志系统先进集体
龙泉市公安局"抗洪抢险"工作集体	2010年11月	浙江省公安厅	集体二等功
龙泉三中	2010年12月	浙江省教育厅、省环保厅	浙江省绿色学校
龙泉市科协	2010年12月	浙江省科协	2010年度全省科协工作先进单位
龙泉市科协	2010年12月	浙江省反邪教协会	浙江省反邪教工作先进集体

续表41

先进单位	命名年月	命名单位	荣誉称号
龙泉市发改局	2010年12月	浙江省发改委	2010年度全省发展改革工作优秀单位
龙泉市文化广电新闻出版局(体育局)	2010年12月	浙江省体育局	浙江省群众体育先进单位
龙泉市气象局	2010年12月	浙江省气象局	2010年重大气象服务先进集体
龙泉市气象局	2010年12月	浙江省气象局	2009—2010年度防雷减灾工作先进集体
龙泉市林业科学研究所	2010年12月	浙江省绿化委员会、浙江省林业厅	浙江省绿化模范——林业种苗先进单位
龙泉市电力工业局	2010年12月	浙江省档案局	浙江省企业档案工作优秀单位
龙泉市水利局	2010年12月	浙江省水利水电工程质量与安全监督管理中心	浙江省水利工程先进质量监督站
龙泉市水利局	2010年12月	浙江省海洋与渔业局	省海洋与渔业工作先进县
龙泉市电力工业局	2010年12月	浙江省创建劳动关系和谐企业活动领导小组	浙江省创建劳动关系先进企业
龙泉市医药药材总公司	2010年12月	浙江省创建劳动关系和谐企业活动领导小组	浙江省创建劳动关系先进企业
剑池街道办事处	2010年12月	浙江省体育局、省文明办	浙江省城市体育先进集体
剑池街道办事处	2010年12月	浙江省老年人体育协会	浙江省小康型老年体育街道、乡镇
龙泉法院	2010年12月	浙江省高院	浙江省法院系统纪检监察工作先进集体
龙泉市八都镇	2010年12月	浙江省老年人体育协会	浙江省老年体育特色项目之乡(健身腰鼓)
龙泉市兰巨乡	2010年12月	浙江省老年人体育协会	浙江省小康型老年体育街道、乡镇
龙泉市上垟镇	2010年12月	浙江省老年人体育协会	浙江省小康型老年体育街道、乡镇
龙泉市龙渊街道	2010年12月	浙江省老年人体育协会	浙江省小康型老年体育街道、乡镇
龙泉市查田镇	2010年12月	浙江省关注森林组织委员会、省绿化委员会	浙江省森林城镇
龙泉市委政法委	2010年12月	浙江省国家安全领导小组办公室	浙江省国家安全人民防线建设优秀单位
龙泉市委"防范办"	2010年12月	浙江省人力资源和社会保障厅、省委"防范办"	2009—2010年度浙江省防范处理邪教工作先进集体
龙泉市西新小学	2010年12月	浙江省红十字会	浙江省红十字示范校
龙泉市第四中学	2010年12月	浙江省红十字会	浙江省红十字达标校
龙泉市中职校	2010年12月	浙江省红十字会	红十字工作先进集体
龙泉市建设局	2010年12月	浙江省测绘与地理信息局	全省测绘系统"五五"普法工作先进单位
龙泉市城建监察大队	2010年12月	浙江省城建监察协会	2010年度浙江省城建城管行政执法工作先进集体
龙泉市财政局	2010年12月	浙江省财政厅	2010年度浙江省政府外债管理工作先进单位
剑池街道办事处	2010年12月	浙江省老年人体育协会	浙江省老年体育特色项目之乡
龙泉市司法局矫正办公室	2010年12月	浙江省社区矫正工作办公室	2011年度社区矫正"三防"专项活动先进集体
龙泉市人才交流中心	2011年1月	浙江省人才市场管理办公室	全省人才交流工作先进单位
龙泉市档案局	2011年1月	浙江省档案局	2010年度全省档案系统推进"平安浙江"建设先进单位
岩樟乡团委	2011年1月	共青团浙江省委	2010年度省级先进团委
龙泉市委报道组	2011年1月	浙江日报报业集团	2010年度浙江日报先进报道组
龙泉市文明办	2011年1月	浙江省精神文明建设委员会办公室	2010年度浙江省文明办系统信息工作先进单位
龙泉市地方税务局	2011年1月	浙江省地方税务局	2010年度信息系统运行维护工作先进单位
龙泉市司法局	2011年1月	浙江省司法厅	社区矫正"环城护城河"工程先进集体

续表41

先进单位	命名年月	命名单位	荣誉称号
龙泉市绿谷教育集团	2011年1月	浙江省文明办	浙江省文明单位
龙泉市绿谷教育集团	2011年1月	浙江省环保厅	浙江省绿色学校
龙泉市发改局	2011年1月	浙江省发改委	2010年度省发展改革系统政务信息工作先进单位
龙泉市农业局	2011年1月	浙江省农业厅	2010年度省农业依法行政示范单位
龙泉市科技局	2011年1月	浙江省地震局	2010年度浙江省防震减灾工作先进单位
龙泉市国土资源局	2011年1月	浙江省国土资源厅	2010年度浙江省"十佳开发整理复垦"质量示范工程
龙泉市林业局	2011年1月	浙江省林业厅	2010年度林业工作目标责任制考核先进集体
龙泉市林业局	2011年1月	浙江省林业厅	2010年度县级林业工作先进集体
龙泉市人武部	2011年1月	南京军区政治部	抗洪抢险先进单位
龙泉市委政法委	2011年1月	浙江省综治委办公室、省高级人民法院、省人民检察院、省公安厅、省司法厅	浙江省社区矫正"环沪护城河"工程先进集体
龙泉市公路运输管理所	2011年1月	浙江省道路运输管理局	2010年度综合运输体系建设工作先进单位
龙泉市统计局	2011年1月	浙江省统计局、省第六次人口普查领导小组办公室	第六次全国人口普查先进集体
龙泉市建设局	2011年1月	浙江省建设厅	2010年度城市(县城)建设统计工作先进单位
龙泉市公安局治安大队	2011年1月	浙江省公安厅	全省社区矫正"环城护城河"工程先进集体
龙泉市公安局	2011年1月	浙江省公安厅	2010年全省公安队伍正规化建设优秀单位
龙泉市公安局	2011年1月	浙江省公安厅	2010年度全省公安机关执法质量优秀单位
龙泉市公安局剑池派出所	2011年1月	浙江省公安厅	全省优秀公安基层单位
龙泉市文联	2011年1月	浙江省人事保障厅、省文联	浙江省文联系统先进集体
龙泉市司法局	2011年1月	浙江省司法厅	2010年度全省司法行政系统信息工作先进集体
龙泉市农业局	2011年1月	浙江省农业厅	浙江省农业依法行政示范单位
龙泉市国土局安仁管理所	2011年1月	浙江省国土资源厅	群众满意国土资源所
竹垟畲族乡罗墩村	2011年1月	浙江省人口计生委、省民政厅、省计生协会	浙江省首批人口计生基层群众自治示范村
住龙镇白岩村	2011年1月	浙江省人口计生委、省民政厅、省计生协会	浙江省首批人口计生基层群众自治示范村
浙江龙泉五龙山茶业有限公司	2011年1月	浙江省人口计生委、省民政厅、省计生协会	浙江省首批人口计生基层群众自治示范企业
龙泉市农业局	2011年1月	浙江省农业厅	2010年全省农产品质量安全整治先进集体
龙泉市础石乡	2011年1月	浙江省爱国卫生运动委员会	浙江省卫生乡
龙泉市宝溪乡	2011年1月	浙江省爱国卫生运动委员会	浙江省卫生乡
中华联合财产保险公司龙泉支公司	2011年1月	中华联合财产保险股份有限公司浙江分公司	先进基层机构
龙泉市纪委(监察局)	2011年1月	浙江省纪委、省监察厅、省政府纠风办	政风行风建设争优鼓励奖
龙泉市委办公室	2011年2月	中共浙江省委办公厅	2010年度全省党委系统信息工作先进单位
龙泉市广播电视台	2011年2月	浙江省委宣传部、省委610办公室、省广播电影电视局	浙江省广播电视安全播出平安单位奖
龙泉市物价局	2011年2月	浙江省物价局	2010年度浙江省价格系统政务信息工作先进单位
龙泉市检察院	2011年2月	浙江省人民检察院	省级先进基层检察院
龙泉市法院	2011年2月	浙江省高院	文明窗口
龙泉市建设局	2011年2月	浙江省建设厅	2010年度建设系统COD减排工作先进单位

续表41

先进单位	命名年月	命名单位	荣誉称号
龙泉市建设局	2011年2月	浙江省建设厅	“十一五”期间浙江省城乡供水一体化工作先进集体
龙泉市法院	2011年2月	浙江省高院	行政审判工作先进集体
龙泉市农业局	2011年3月	浙江省农业厅	2010年度全省农业“五五”普法工作先进集体
龙泉市水利局	2011年3月	浙江省海洋与渔业执法总队	省渔业行政执法工作先进集体
龙泉市环境监测站	2011年3月	浙江省环境保护厅	2010年度全省优秀环境监测站
龙泉市凤阳山管理处	2011年4月	浙江省野生动植物保护协会	浙江省野生动植物保护先进集体
小梅镇卫生院	2011年4月	浙江省卫生厅	浙江省农村中心集镇示范卫生院
龙泉市科技局	2011年4月	浙江省科学技术厅	2010年度科技宣传与普及工作先进单位
龙泉市统计局	2011年4月	浙江省统计局、国家统计局浙江调查队	浙江省“五五”普法先进集体
查田镇查一村	2011年5月	“浙江省委组织部、省人力社保厅、省人口计生委、省计生协”	浙江省“十一五”计生协工作先进集体
龙泉市龙渊街道	2011年5月	浙江省妇女儿童工作委员会	2006—2010浙江省实施妇女儿童发展规划先进集体
竹垟乡罗墩村	2011年5月	中国计划生育协会	全国计划生育协会先进单位
龙泉市财政局离退休干部党支部	2011年6月	中共浙江省委老干部局	浙江省“五好”离退休干部党支部
龙泉市司法局	2011年6月	浙江省委办公厅	2006—2010年全省法制宣传教育先进集体
龙泉市龙南乡小	2011年6月	共青团浙江省委、省青基会	浙江省希望工程20年模范希望小学
龙泉市看守所	2011年6月	浙江省公安厅	全省10年以上安全无事故监所
龙泉市会计委派管理中心	2011年7月	浙江省巾帼建功和双学双比活动协调小组办公室	浙江省“巾帼文明岗”
龙泉市图书馆	2011年7月	浙江省文化厅	浙江省文化共享工程先进集体
岙石乡政府	2011年7月	中共浙江省委宣传部	浙江省先进基层党校
邮储银行龙泉市支行	2011年7月	邮储银行浙江省分行	2010年度省分行先进基层党组织
龙泉市公安局	2011年7月	浙江省公安厅	集体三等功
龙泉市公安局剑池派出所党支部	2011年7月	中共浙江省公安厅委员会	全省公安机关先进基层党组织
龙泉市财政局	2011年9月	浙江省财政厅	2010年度全省财政总决算工作先进单位
龙泉市实验小学	2011年9月	共青团浙江省委、省教育厅、少先队浙江省工作委员会	浙江省优秀少先大队
龙泉市公安局剑池派出所	2011年9月	浙江省公安厅	全省公安机关执法示范单位
龙泉市	2011年9月	中国食用菌协会	全国食用菌文化产业建设先进县
龙泉市财政局	2011年9月	浙江省财政厅	2010年度部门决算先进单位
上垟镇人民政府	2011年10月	浙江省统计局、省第六次人口普查领导小组办公室	第六次全国人口普查先进集体
龙泉市	2011年10月	中国竹产业协会、国家林业局国际竹藤中心	中国特色竹乡
龙泉市地税局直属分局	2011年11月	浙江省人力资源和社会保障厅、省地方税务局	全省地税系统先进集体
龙泉中职校	2011年11月	浙江省总工会	浙江省模范职工之家
龙泉市老促会	2011年11月	浙江省老促会、省革命老区建设办	浙江省革命老区创业创新先进集体
龙泉市宝溪乡	2011年11月	浙江省老促会、省革命老区建设办	浙江省革命老区创业创新先进集体
住龙镇建胜村	2011年11月	浙江省老促会、省革命老区建设办	浙江省革命老区创业创新先进集体
龙泉市档案局	2011年12月	浙江省档案局	2011年度全省农村档案信息资源共享工作先进单位

续表41

先进单位	命名年月	命名单位	荣誉称号
龙泉市	2011年12月	浙江省水利厅	2010—2011年度水土保持工作优秀单位
龙泉市宣传部	2011年12月	浙江省委宣传部	全省宣传思想文化工作"三贴近"创新奖
龙泉市司法局	2011年12月	浙江省人力资源和社会保障厅、省司法厅	全省司法行政先进集体
龙泉市科协	2011年12月	浙江省科协	2011年度全省科协工作先进单位
龙泉市文化广电新闻出版局	2011年12月	浙江省体育局	浙江省群众体育统计先进单位
龙泉市林业科学研究所	2011年12月	浙江省林业厅	浙江省林业科技工作先进集体
龙泉市水利局	2011年12月	浙江省水利厅	全省第一批水土保持监督管理能力建设达标县
龙泉市础石乡	2011年12月	浙江省体育局	浙江省体育强镇(乡、街道)
龙泉市宝溪乡	2011年12月	浙江省体育局	浙江省体育强镇(乡、街道)
础石乡政府	2011年12月	中共浙江省委组织部、省委宣传部	浙江省学习型党组织建设工作先进单位
安仁镇劳保所	2011年12月	浙江省人力资源和社会保障厅	浙江省创建充分就业社区(村)先进集体
龙泉市安仁镇	2011年12月	浙江省环保厅	省级生态乡镇
龙泉市交通运输局	2011年12月	浙江省交通厅	安全隐患排查治理先进集体
龙泉市委老干部局	2011年12月	浙江省委组织部、省老干部局、省人力资源和社会保障厅	全省老干部工作先进集体
龙泉市委报道组	2012年1月	浙江日报报业集团	2011年度浙江日报先进报道组
龙泉市	2012年1月	浙江省水利厅	2011年度全省农田水利标准化建设考核优秀单位
龙泉市发改局	2012年1月	浙江省物价局	2011年度全省价格监督检查先进集体
龙泉市农村工作办公室	2012年1月	浙江省农业和农村工作领导小组办公室	2011年全省农办系统先进单位
龙泉市农业局	2012年1月	浙江省农业厅	2011年全省农业统计工作先进集体
龙泉市剑池卫生中心	2012年1月	浙江省卫生厅	浙江省规范化社区卫生服务中心
龙泉国土局西街管理所	2012年1月	浙江省国土资源厅	群众满意国土资源所
龙泉市林业局	2012年1月	浙江省林业厅	浙江省2011年度工作目标责任制考核县级林业工作先进集体
龙泉市审计局	2012年1月	浙江省审计厅	2011年度全省审计信息工作先进单位
龙泉市审计局	2012年1月	浙江省审计厅	地方政府性债务审计先进公务员集体
龙泉市工商局注册分局	2012年1月	浙江省纪委、省监察厅、省政府纠风办	浙江省群众满意基层站所
龙泉市水利局	2012年1月	浙江省人民政府防汛抗旱指挥部	全省基层防汛防台体系长效管理优秀县
龙泉市水利局	2012年1月	浙江省水利厅	2011年度全省水政执法先进单位
龙泉市水利局	2012年1月	浙江省水利厅	2012年度浙江省河道保洁管理优胜单位
龙泉市水利局	2012年1月	浙江省水利厅	2011年度全省农田水利标准化建设考核优秀单位
龙泉市检察院反贪局	2012年1月	浙江省人民检察院	集体二等功
龙泉市司法局	2012年1月	浙江省司法厅	2012年度全省司法行政系统依法行政工作先进集体
龙泉市公安局交警大队	2012年1月	浙江省公安厅	全省禁"酒驾"工作成绩突出集体
龙泉市公安局	2012年1月	浙江省公安厅	2011年全省公安队伍正规化建设优秀单位
龙泉市公安局	2012年1月	浙江省公安厅	2011年度全省公安机关执法质量优秀单位
龙泉市公安局	2012年1月	浙江省公安厅	"清网行动"集体三等功

续表41

先进单位	命名年月	命名单位	荣誉称号
龙泉市	2012年1月	中国茶叶流通协会	2012年度全国重点产茶县、全国十大生态产茶县
龙泉市农业局	2012年1月	浙江省农业厅	2011年全省农业依法行政先进集体
龙泉市人民检察院	2012年1月	浙江省人民检察院	2011年度全省先进基层检察院
龙泉三中	2012年1月	浙江省教育厅、省体育局	浙江省阳光体育后备人才基地
龙泉市农业局	2012年1月	浙江省农业厅	2011年度全省农业工作先进集体
龙泉市卫生局	2012年1月	浙江省爱卫会	浙江省爱国卫生运动60周年先进集体
龙泉市国有资产监督管理办公室	2012年1月	浙江省财政厅	浙江省国有资产管理先进集体
龙泉市岩樟乡	2012年1月	浙江省老年人体育协会	浙江省小康型老年体育乡镇
共青团龙泉市委	2012年2月	共青团浙江省委等	2011年度共青团服务农村青年就业创业工作先进县(市)
龙泉市委办公室	2012年2月	浙江省委办公厅	2011年度全省党委系统信息工作先进单位
龙泉市	2012年2月	浙江省财政厅	2011年度全省农业财政工作优良单位
龙泉市地方税务局	2012年2月	浙江省地方税务局	2011年度全省财政系统计算机应用先进单位
龙泉市司法局	2012年2月	浙江省司法局厅	2011年度全省司法行政系统信息工作先进集体
龙泉市东升小学	2012年2月	浙江省少工委、省教育厅	浙江省2011年主题教育活动优秀组织奖
龙泉市绿谷教育集团	2012年2月	浙江省教育技术中心	浙江省第二轮农村中小学远程教育先进单位
龙泉市发改局	2012年2月	浙江省发改委	2011年度省发展改革系统政务信息工作先进单位
龙泉市气象局办事窗口	2012年2月	浙江省气象局	“创建群众满意办事窗口”先进单位
龙泉市国土资源局	2012年2月	浙江省国土资源厅	全省国土资源系统政务信息工作先进单位
龙泉市财政局	2012年2月	浙江省财政厅	2011年度全省农业财政工作良好单位
龙泉市人力资源和社会保障局	2012年3月	浙江省人力社保厅	浙江省社会保障卡医保“一卡通”建设工作先进单位
龙渊街道村头村	2012年3月	共青团浙江省委	2011年度省级五四红旗团支部
龙泉市	2012年3月	浙江省环境保护厅、省财政厅	2010年度全省农村环境连片整治项目考核优秀单位
龙泉市财政局	2012年3月	浙江省财政厅	全省财政系统会计管理工作先进单位
龙泉市法律援助中心	2012年3月	浙江省司法厅	全省法律援助工作先进集体
龙泉三中	2012年3月	浙江省教育厅、省体育局	浙江省第五届中学生篮球联赛晋级赛第三名
龙泉三中	2012年3月	浙江省教育厅、省体育局	浙江省第四届中学生篮球联赛体育道德风尚奖
龙泉市粮食局	2012年3月	浙江省粮食局	2011年度全省粮食收购工作先进单位
龙泉市科技局	2012年3月	浙江省科学技术厅	2011年度科技宣传与普及工作先进单位
龙泉市住龙镇	2012年3月	浙江省爱卫办	浙江省卫生镇
龙泉市交通运输局	2012年3月	浙江省国防动员委员会交通战备办公室	2011年度浙江省交通战备工作先进单位
龙泉市地方税务局	2012年3月	浙江省地方税务局	2011年度规费管理工作先进单位
龙泉市	2012年4月	浙江省发展外向型农业联席会议办公室	2011年度全省发展外向型农业工作先进单位
龙泉市财政局	2012年4月	浙江省财政厅	全省国库集中支付和公务卡改革工作先进单位
龙泉市东升小学	2012年4月	浙江省卫生厅	健康促进学校铜奖
龙泉市农业局	2012年4月	浙江省发展外向型农业联席会议办公室	2011年度浙江省发展外向型农业工作单项奖

续表41

先进单位	命名年月	命名单位	荣誉称号
龙泉市水利局	2012年4月	浙江省水利厅	全国第二批水土保持监督管理能力建设县
龙泉市水利局	2012年4月	浙江省水利厅、财政厅	2011年度第一至第三批小型农田水利重点县绩效考评优秀单位
龙泉市水利局	2012年4月	浙江省水利厅	2010—2011年度水土保持工作考核优秀单位
龙泉市公安局政治处	2012年4月	浙江省公安厅	全省公安政治工作先进集体
龙泉市	2012年5月	浙江省林业厅	浙江省森林抚育工作示范县
龙泉市	2012年5月	浙江省农业厅	农技推广改革与建设示范县项目绩效考核优秀单位
龙泉国土资源局安仁管理所	2012年5月	浙江省国土资源厅	2011年度浙江规范化国土资源所
龙泉市	2012年5月	浙江省林业厅	浙江省森林抚育工作示范县
共青团龙泉市委	2012年7月	共青团浙江省委	2011年度浙江省"两项计划"优秀组织工作奖
龙泉市	2012年7月	浙江省农业和农村工作办公室、省财政厅	2011年度农家乐休闲旅游工作考核三等奖
龙泉市财政局	2012年7月	浙江省财政厅	2012年县级财政支农资金整合良好单位
龙泉市公安局法制大队	2012年8月	浙江省公安厅	全省公安机关执法规范化建设工作先进集体
龙泉市	2012年9月	浙江省林业厅	2011年度"平安林区"县(市)
龙泉市村官宣讲团	2012年9月	浙江省委宣传部	浙江省优秀宣讲团队
龙泉市财政局	2012年9月	浙江省财政厅	2011年度浙江省地方政府性债务管理工作优胜单位
龙泉市财政局	2012年9月	浙江省财政厅	2011年度部门决算先进单位
龙泉中职校	2012年10月	浙江省教育厅、浙江省体育局	2012年浙江省中学生田径竞标赛精神文明奖
龙泉市招投标中心	2012年11月	浙江省财政厅、审计厅、监察厅	2010—2011年度浙江省政府集中采购机构综合考核优胜单位
龙泉市财政局	2012年11月	浙江省财政厅、省监察厅、省审计厅	2010—2011年度浙江省政府集中采购机构综合考核优胜单位
龙泉中职校	2012年11月	浙江省教育厅、省财政厅	浙江省改革发展示范学校
龙泉市"三优"指导中心	2012年11月	浙江省人口计生委	省级"三优"示范点
龙泉市侨办	2012年11月	浙江省人民政府侨务办公室	全省侨办系统先进单位
龙泉市	2012年12月	浙江省爱国卫生运动委员会	浙江省卫生城市
龙泉市	2012年12月	浙江省人民政府外事办公室	2012年度全省外事系统先进集体
龙泉市政府外事办	2012年12月	浙江省政府外事办	浙江省外事系统先进集体
龙泉市档案局	2012年12月	浙江省档案局	2012年度全省档案系统推进"平安浙江"建设先进单位
龙泉市电子文件和数字档案登记备份中心	2012年12月	浙江省档案局	浙江省规范化档案登记备份中心
龙泉市	2012年12月	2012年度全省"千村示范万村整治"工作协调领导小组办公室、省财政厅	2012年度全省"千村示范万村整治"工程建设良好单位
龙泉四中	2012年12月	浙江省教育厅、省环保厅	浙江省第六批绿色学校
龙泉中职校	2012年12月	浙江省教育厅	省级中职教育德育工作实验基地
龙泉中职校	2012年12月	浙江省教育厅	省级中职学生创业教育基地
龙泉中职校	2012年12月	浙江省教育厅	省级新型农民素质培训示范基地
龙泉市科协	2012年12月	浙江省科协	2012年度全省科协工作先进单位
龙泉市科协	2012年12月	浙江省青少年科技教育协会	浙江省青少年科技教育工作先进单位
龙泉市发改局	2012年12月	浙江省物价局	2012年度全省价格监督检查先进集体

续表41

先进单位	命名年月	命名单位	荣誉称号
龙泉市农业局	2012年12月	浙江省农业厅	2012年度农村能源工作目标考核先进集体
龙泉市图书馆	2012年12月	浙江省文化厅	全省公共图书馆地方文献工作考评情况优秀组织奖
龙泉市林业局	2012年12月	浙江省林业厅	浙江省食用林产品质量安全大整治百日行动先进集体
龙泉市审计局	2012年12月	浙江省审计厅	全国社会保障资金审计先进公务员集体
龙泉市道太乡	2012年12月	浙江省老年人体育协会	浙江省小康型老年体育乡镇
龙泉市屏南镇	2012年12月	浙江省老年人体育协会	浙江省小康型老年体育乡镇
龙泉市城北乡	2012年12月	浙江省老年人体育协会	浙江省小康型老年体育乡镇
龙泉市委统战部	2012年12月	中共浙江省委统战部	2012年度全省统战工作先进集体
龙泉市运管局	2012年12月	浙江省道路运输管理局	浙江省道路运输文明执法中队
龙泉市城北乡	2012年12月	浙江省气象局	2012年度全省气象防灾减灾达标乡镇
龙泉市白蚁防治站	2012年12月	浙江省白蚁防治协会	浙江省白蚁防治先进单位
龙泉市公安局	2012年12月	浙江省公安厅	2010—2012年全省打防控工作优胜单位
龙泉市农发办	2012年12月	浙江省农业综合开发办公室	2011年度农业综合开发项目统计工作先进单位
龙泉市财政局	2012年12月	浙江省财政厅	全省乡镇财政资金监管工作先进单位
龙泉市人力资源和社会保障局	2013年1月	浙江省省人力社保厅	全省人力资源和社会保障系统先进集体
剑池街道南秦社区团支部	2013年1月	共青团浙江省委	2012年度省级五四红旗团支部
龙泉市委报道组	2013年1月	浙江日报报业集团	2012年度浙江日报先进报道组
龙泉市财政局	2013年1月	浙江省财政厅	2012年度全省农业财政工作考核优秀单位
龙泉市安仁中学	2013年1月	浙江省教育厅、省文化厅	浙江省非物质文化遗产传承教学基地
安仁镇卫生院	2013年1月	浙江省卫生厅	规范化乡镇卫生院
小梅镇卫生院	2013年1月	浙江省卫生厅	规范化乡镇卫生院
龙泉市科技局	2013年1月	浙江省科学技术厅	2010—2012年度浙江省科技工作先进集体
龙泉国土局小梅管理所	2013年1月	浙江省国土资源厅	群众满意国土资源所
龙泉市林业局	2013年1月	浙江省林业厅	浙江省县级林业工作先进集体
龙泉市工商局龙渊工商所	2013年1月	浙江省工商局	四星级文明规范工商所
龙泉市工商局注册分局	2013年1月	浙江省工商局	省级五优注册窗口
龙泉市人防办	2013年1月	浙江省人防办	2012年度人防工作先进单位
龙泉市公安局交警大队	2013年1月	浙江省公安厅	2012年度全省交警重点工作成绩突出单位
龙泉市公安局	2013年1月	浙江省公安厅	全省公安机关执法质量优秀单位
龙泉市凤阳山管理处	2013年1月	国际绿色经济协会、中国生产力学会、中国生态城乡科学发展年会组委会	2012年中国生态环境保护十大贡献单位
中国移动龙泉分公司	2013年1月	中国质量协会、中华全国总工会、中华全国妇女联合会、中国科学技术学会	2012年全国质量信得过班组
兰巨乡卫生院	2013年1月	浙江省卫生厅	规范化乡镇卫生院
龙泉市科技局	2013年1月	浙江省地震局	2012年度浙江省防震减灾工作先进单位

2008—2012年龙泉市获厅级先进个人名单

表42

姓名	性别	所在单位	荣誉称号	命名单位	命名年月
熊益寿	男	中华联合财产保险公司龙泉支公司	优秀基层经理	中华联合财产保险股份有限公司浙江分公司	2008年1月
邱绍林	男	龙泉市物价局	2007年度全省价格认证工作先进个人	浙江省物价局	2008年2月
金以珍	女	龙泉市林业局	2006—2007年度林业基金征缴管理先进个人	浙江省林业厅	2008年3月
项光源	男	龙泉市电力局	浙江省电力系统先锋队员	浙江省电力公司	2008年3月
周　密	男	龙泉市电力局	浙江省电力公司创建群众满意基层站所先进个人	浙江省电力公司	2008年3月
潘海霞	女	龙泉市电力局	浙江省电力公司创建群众满意基层站所先进个人	浙江省电力公司	2008年3月
徐志高	男	龙泉市水利局	全省渔业执法工作先进个人	浙江省海洋与渔业执法总队	2008年3月
邓小萌	男	龙泉市水利局	浙江省水利工程优秀质量监督员	浙江省水利水电工程质量与安全监督管理中心	2008年6月
张　平	男	龙泉市交通运输局	欠发达乡镇奔小康工程先进个人	浙江省委办公厅、省政府办公厅	2008年6月
叶金英	女	龙泉市财政局	2007年度全省财政总决算工作先进个人	浙江省财政厅	2008年9月
郑爱芬	女	龙泉市实验小学	浙江省第二十一届"春蚕奖"	浙江省人民教育基金会、省教育厅	2008年9月
连建伟	男	龙泉市安仁镇	浙江省基层站所行风建设先进个人	浙江省行风评议领导小组	2008年10月
周春雷	男	龙泉市电力局	2008年奥运保供电迎峰度夏工作先进个人	浙江省电力公司	2008年10月
梅红玲	女	浙江天丰陶瓷有限公司	改革开放30周年十佳浙商女杰	浙江省妇联	2008年10月
程　锋	男	龙泉市环境卫生管理处	浙江省优秀城市美容师	浙江省住房和城乡建设厅	2008年10月
吴子珺	女	龙泉市财政局	2007年度企业会计决算报表先进个人	浙江省财政厅	2008年11月
卢士俊	男	龙泉市政府办公室	社会服务工作先进个人	民盟浙江省委	2008年11月
贾　剑	男	龙泉市文化馆	浙江省非物质文化遗产保护先进个人	浙江省文化厅	2008年11月
朱志伟	男	龙泉市档案局	全省档案系统"兰台百佳"	浙江省档案局	2008年12月
张志伟	男	龙泉市档案局	全省档案系统"岗位标兵"	浙江省档案局	2008年12月
叶志光	男	龙泉市科协	全省反邪教协会先进个人	浙江省反邪教协会	2008年12月
季达根	男	龙泉市农办	浙江省关心下一代工作先进个人	浙江省关心下一代工作委员会	2008年12月
刘美菊	女	龙泉市农业局	全省标准农田地力调查工作先进个人	浙江省农业厅	2008年12月
梅士进	男	龙泉市屏南镇卫生院	浙江省优秀社区责任医师	浙江省卫生厅	2008年12月
吴旭文	男	龙泉市财政局	国防动员先进个人	浙江省国动委	2008年12月
黄水伟	男	龙泉市法院	全省法院"优秀司法警察"	浙江省高院	2008年12月
毛明库	男	龙泉市委党史研究室	全省党史部门先进工作者	浙江省委党史研究室	2008年12月
吴智敏	男	龙泉市林业局	第六届劲松奖	中国林学会	2008年12月
毛美珍	女	龙泉市农业局	全省粮食生产技术推广工作先进个人	浙江省农业厅	2008年12月
张长山	男	龙泉市林业局	2008年度浙江省绿化奖章	浙江省绿化委员会	2008年12月
黄国勇	男	龙泉市文广新局	2008年度浙江省广播电视安全播出工作先进个人	浙江省委宣传部、省委"防范办"、省广播电影电视局	2009年1月
项世才	男	龙泉市广播电视台	2008年度浙江省广播电视安全播出奖	浙江省委宣传部	2009年1月
陈小俊	男	龙泉市农业局	全省农民信箱工作先进个人	浙江省农业厅	2009年1月
叶卫平	男	龙泉市科技局	2008年度浙江省科技工作先进个人	浙江省科学技术厅	2009年1月
季新良	男	龙泉市林业局	浙江省省树省花评选活动先进工作者	浙江省关注森林执行委员会	2009年1月
王慧萍	女	中国工商银行龙泉支行	2008年度优秀客户经理	工行浙江省分行	2009年1月
胡　雁	男	龙泉市民政局	2007年冬季退役安置工作先进个人	浙江省军区	2009年1月

续表42

姓　名	性别	所在单位	荣誉称号	命名单位	命名年月
许广富	男	龙泉市人武部	2007年军事志工作先进个人	浙江省军区	2009年1月
梅舒清	男	龙泉市实验小学	省教科先进个人	浙江省教育厅	2009年1月
季晓嵩	男	龙泉市公路管理段	浙江省公路系统操作技能比武第二名	浙江省公路管理局	2009年1月
吴　敏	男	龙泉市教育局	2007—2008年度先进个人	民盟浙江省委会	2009年1月
李利珺	女	龙泉市统计局	浙江省妇女权益保障工作先进个人	浙江省妇女儿童工作委员会	2009年1月
丁美珍	女	龙泉市农业局	全省农村经营管理工作先进个人	浙江省农业厅	2009年1月
潘李成	男	龙泉市食品药品监管局	浙江省食品药品监管系统先进工作者	浙江省食品药品监督管理局	2009年1月
邵建勇	男	龙泉市育才学校	省“春蚕奖”	浙江省教育厅	2009年1月
陈祝斌	男	龙泉市中职校	省“春蚕奖”	浙江省教育厅	2009年1月
刘新民	男	龙泉市上垟镇	省“绿叶奖”	浙江省教育厅	2009年1月
谢丽琴	女	龙泉市安仁镇小学	农村教师突出贡献奖	浙江省教育厅	2009年1月
刘伟塘	男	龙泉市农业局	全省法制工作先进个人	浙江省农业厅	2009年1月
李启美	男	龙泉市农业局	省动物卫生监督执法规范年活动先进个人	浙江省农业厅	2009年1月
余赤军	男	浙江海洋水泥有限公司	浙江省安全生产标兵	浙江省总工会	2009年1月
叶开贤	男	浙江世强体育用品公司	浙江省安康杯先进个人	浙江省总工会	2009年1月
曾春亮	男	龙泉市人口计生局	全省流动人口计划生育工作先进个人	浙江省人口计生委	2009年1月
卢俊毅	男	龙泉市民政局	全省基层低保规范化建设先进个人	浙江省民政厅	2009年1月
邱绍林	男	龙泉市物价局	2008年度全省价格认证工作先进个人	浙江省物价局	2009年2月
叶廷飞	男	龙泉市农业局	全省生态畜牧业建设与畜禽排泄物治理先进个人	浙江省农业厅	2009年2月
吴宏涛	男	龙泉市农信联社	2008年度优秀领导干部	浙江省农信联社	2009年2月
林美华	女	龙泉市财政局	2008年度全省绩效评价工作先进个人	浙江省财政厅	2009年2月
夏红缨	女	龙泉石油公司	中石化销售公司服务标兵	中石化销售公司	2009年2月
任　强	男	龙泉市看守所	全省公安监管系统先进个人	浙江省公安厅	2009年2月
周雪梅	女	龙泉市地方税务局	2008年度全省计财业务交流平台应用先进个人	浙江省地方税务局	2009年3月
黄国勇	男	龙泉市文广新局	浙江省非物质文化遗产普查工作先进个人	浙江省文化厅	2009年3月
赖朝斌	男	龙泉市文广新局	浙江省非物质文化遗产普查工作先进个人	浙江省文化厅	2009年3月
季文军	男	龙泉市文广新局	浙江省非物质文化遗产普查工作先进个人	浙江省文化厅	2009年3月
周晓峰	男	龙泉市文广新局	浙江省非物质文化遗产普查工作先进个人	浙江省文化厅	2009年3月
叶少青	男	龙泉市委老干部局	通讯报道先进个人	中共浙江省委老干部局	2009年3月
叶伟林	男	龙泉市纪委	2008年度全省纪检监察信息工作先进个人	中共浙江省纪委办公厅	2009年3月
俞水源	男	龙泉市发展和改革局	浙江省政策性农业保险试点工作先进个人	浙江省人民政府办公厅	2009年4月
胡　剑	男	龙泉市广安电站	浙江省自强模范	浙江省人民政府残工委	2009年4月
章得阳	男	龙泉市国土资源局	全省整顿和规范矿产资源开发秩序工作先进个人	浙江省国土资源厅	2009年6月
季菊根	男	中国工商银行龙泉支行	优秀党务工作者	工行浙江省分行党委	2009年6月
张晓芳	女	龙泉市道太乡	浙江省基层党校优秀教员	中共浙江省委宣传部	2009年6月

续表42

姓　名	性别	所在单位	荣誉称号	命名单位	命名年月
戴胜光	男	龙泉国税局	2008年度全省国税系统优秀税务工作者	浙江省国家税务局	2009年7月
张伟仁	男	龙泉市交通局	2008年浙江省交通战备工作先进个人	浙江省国动委交通战备办	2009年7月
瞿景峰	男	龙泉市城市建设投资开发公司	全省支援灾区恢复重建城乡规划援助先进个人	浙江省建设厅	2009年7月
柳家金	男	龙泉市广播电视台	全省新一轮广播电视村村通工程建设先进个人	浙江省广播电影电视局、省发展和改革委员会、省财政局	2009年8月
季海金	男	龙泉文广新局	浙江省新一轮广播电视村村通工程建设先进个人	浙江省广播电影电视局、省发展和改革委员会、省财政局	2009年8月
周昌明	男	龙泉市广播电视台	全省新一轮广播电视村村通工程建设先进个人	浙江省广播电影电视局、省发展和改革委员会、省财政局	2009年8月
戴胜光	男	龙泉市国税局	2008年度全省国税系统嘉奖	浙江省国家税务局	2009年9月
毛明库	男	龙泉市委党史研究室	全省抗战课题调研工作先进个人	中共浙江省委党史研究室	2009年9月
黄连银	男	龙泉市公安局交警大队	浙江公安百名优秀基层民警、三等功	浙江省公安厅	2009年9月
周生佑	男	龙泉市民政局	浙江省第八届职工职业道德建设十佳标兵	浙江省职工职业道德建设指导协调小组	2009年10月
陈锡萍	女	龙泉市环境卫生管理处	浙江省优秀城市美容师	浙江省住房和城乡建设厅	2009年10月
项光胜	男	龙泉市民政局	全省地名公共服务工程建设先进个人	浙江省民政厅	2009年11月
周生佑	男	龙泉市民政局	人民满意的公务员	浙江省委组织部、省委宣传部、省人力资源和社会保障厅	2009年11月
季根荣	男	龙泉市西街街道	全省国庆期间维稳与信访工作先进个人	浙江省维护社会稳定工作领导小组、省信访工作领导小组	2009年11月
廖水林	男	龙泉市工商局	全省工商系统先进工作者	浙江省工商局	2009年11月
郭进桥	男	龙泉市人武部	浙江省军区资源节约先进个人	浙江省军区	2009年11月
潘统全	男	龙泉市公安局法制室	全省公安法制工作先进个人	浙江省公安厅	2009年11月
张献珍	女	龙泉市政府外事办	浙江省外事系统先进个人	浙江省政府外事办	2009年12月
林跃进	男	龙泉市审计局	全省审计系统先进工作者	浙江省人力资源和社会保障厅	2009年12月
刘　芳	男	龙泉市水利局	水产品质量安全专项整治暨"执法年"活动先进个人	浙江省海洋与渔业局	2009年12月
郑永军	男	龙泉市城建监察大队	浙江省城建城管行政执法工作优秀队员	浙江省城建城管协会	2009年12月
叶正豪	男	龙泉市锦溪镇	浙江省第二次经济普查省级先进个人	浙江省第二次经济普查领导小组	2009年12月
周池梅	女	龙泉团市委	优秀团干部	共青团浙江省委	2010年1月
李　华	女	龙泉市会计核算中心	"巾帼建功"标兵	浙江省巾帼建功和双学双比活动协调小组	2010年1月
王鹤松	男	龙泉市广播电视台	2009年度浙江省广播电视安全播出奖	中共浙江省委宣传部	2010年1月
卓益民	男	龙泉市物价局	2010年度全省价格监督检查先进个人	浙江省物价局	2010年1月
王忠林	男	龙泉市农业局	2009年度全省农产品质量安全整治先进个人	浙江省农业厅	2010年1月
汤克豪	男	龙泉市科技局	2009年度浙江省科技工作先进个人	浙江省科学技术厅	2010年1月
季红英	女	龙泉市法院	全省法院商事审判先进个人	浙江省高院	2010年1月
吴奕平	男	龙泉市一中	省"春蚕奖"	浙江省教育厅	2010年1月
张伟仁	男	龙泉市交通局	2009年度浙江省交通战备工作先进个人	浙江省国防动员委员会交通战备办公室	2010年1月
叶宪森	男	龙泉市卫生局	浙江省爱国卫生60周年先进个人	浙爱卫会	2010年1月
戴积光	男	龙泉市公安局禁毒大队	全省公安系统禁毒先进个人	浙江省公安厅	2010年1月
李筱波	男	龙泉市公安局经侦大队	全省卷烟打假工作先进个人	浙江省烟草专卖局、省公安厅	2010年1月
林怀传	男	龙泉市一中	浙江省数学特级教师	浙江省教育厅	2010年1月

续表42

姓　名	性别	所在单位	荣誉称号	命名单位	命名年月
孙方鸿	男	龙泉市一中	浙江省师德楷模	浙江省教育厅	2010年1月
刘朝友	男	龙泉市委办	2009年度全省党委系统信息工作先进个人	浙江省委办公厅	2010年2月
李　丽	女	龙泉市物价局	2009年度浙江省价格系统政务信息工作先进个人	浙江省物价局	2010年2月
毛盛花	女	龙泉市气象局	2009年度气象优秀测报员	浙江省气象局	2010年2月
项　菲	女	龙泉市人口计生局	省级流动人口计划生育工作先进个人	浙江省人口计生委	2010年2月
周剑平	男	龙泉市安仁镇	优秀专武干部	浙江省军区	2010年2月
余久红	女	龙泉市气象局	2009年度气象优秀测报员	浙江省气象局	2010年2月
叶廷飞	男	龙泉市农业局	全省畜牧兽医工作先进个人	浙江省农业厅	2010年3月
钟积水	男	龙泉市卫生局	2009年度浙江省卫生应急工作先进个人	浙江省卫生厅	2010年3月
方江英	女	龙泉市气象局	2010年重大气象服务先进个人	浙江省气象局	2010年3月
叶少青	男	龙泉市农信联社	2009年度金融支农工作先进个人	浙江银监局、浙江省农办	2010年3月
李　燕	女	龙泉市地方税务局	2009年度省级纳税服务之星	浙江省地方税务局	2010年3月
叶宪森	男	龙泉市卫生局	2009年度浙江省疾病预防控制工作先进个人	浙江省卫生厅	2010年4月
黄国勇	男	龙泉市文广出版局	浙江省申报人类非物质文化遗产项目工作先进个人	浙江省文化厅	2010年4月
周晓峰	男	龙泉市文广出版局	浙江省申报人类非物质文化遗产项目工作先进个人	浙江省文化厅	2010年4月
季晓武	男	龙泉电力局安运部	浙江省优秀职工	浙江省委宣传部、省总工会	2010年4月
张金树	男	龙泉市交通设计所	浙江省优秀职工	浙江省委宣传部、省总工会	2010年4月
叶　青	男	龙泉市人武部	省国防教育先进个人	浙江省国教委	2010年4月
叶伟林	男	龙泉市纪委	2009年度全省纪检监察信息工作先进个人	浙江省纪委办公厅	2010年4月
何跃军	男	龙泉市水利局	全省农村水电工作先进个人	浙江省水利厅	2010年5月
邓小萌	男	龙泉市水利局	全省万里清水河道建设先进个人	浙江省水利厅	2010年5月
周建钧	男	龙泉市运管所	2010年春运工作先进个人	浙江省春运工作领导小组办公室	2010年5月
周欢欢	女	龙泉市环境保护局	第一次全国污染源普查先进个人	浙江省第一次全国污染源普查领导小组办公室等	2010年5月
马百庆	男	龙泉市水利局	全省堤防加固建设先进个人	浙江省水利厅	2010年5月
钱克资	男	龙泉市国税局	浙江省国税系统优秀税务工作者	浙江省国家税务局	2010年6月
陈　琳	男	龙泉市财政局	2009年度全省预算执行分析工作先进个人	浙江省财政厅	2010年7月
张国忠	男	龙泉市林业局	山林纠纷调处二等功	浙江省山林纠纷调处工作领导小组、浙江省林业厅	2010年8月
叶金根	男	龙泉市财政局	2009年度部门决算工作先进个人	浙江省财政厅	2010年9月
钟小伟	男	龙泉市环境卫生管理处	浙江省优秀城市美容师	浙江省住房和城乡建设厅	2010年10月
邵仲昕	男	龙泉市关工委	浙江省关工委系统先进个人	浙江省关工委	2010年11月
朱显军	男	龙泉市文广出版局	浙江省未成年人读书节先进个人	浙江省文化厅	2010年11月
毛明库	男	龙泉市地方志办公室	浙江省地方志系统先进工作者	浙江省地方志编纂委员会	2010年11月
陈善长	男	龙泉市公路运输管理所	2010年度创建省级文明行业先进个人	浙江省道路运输管理局	2010年11月
李青羽	男	龙泉市科技局	浙江省地震管理工作先进个人	浙江省地震局	2010年11月
李　鹏	男	龙泉市公安局剑池派出所	二等功	浙江省公安厅	2010年11月

续表42

姓　名	性别	所在单位	荣誉称号	命名单位	命名年月
张献珍	女	龙泉市政府外事办	浙江省外事系统先进个人	省政府外事办	2010年12月
吴元君	女	龙泉市财政局	全省财政系统先进工作者	浙江省人力资源和社会保障厅、省财政厅	2010年12月
王小康	男	龙泉市物价局	全省价格系统"五五"普法先进个人	浙江省物价局	2010年12月
陈玉林	男	丽水出入境检验检疫局龙泉办事处	全国出入境检验检疫窗口服务文明标兵	国家质检总局办公厅	2010年12月
胡根长	男	龙泉市林业科学研究所	浙江省绿化模范—林业种苗先进工作者	浙江省绿化委员会、省林业厅	2010年12月
瞿承健	男	龙泉市人民检察院	全省国家安全人民防线建设优秀个人	浙江省国家安全领导小组办公室	2010年12月
吴　健	男	龙泉市道太乡政府	农村经营管理先进工作者	浙江省农业厅	2010年12月
张金树	男	龙泉市交通设计所	浙江省优秀职工	浙江省总工会、省宣传部	2010年12月
林美华	女	龙泉市财政局	浙江省先进会计工作者	浙江省财政厅	2010年12月
朱向晖	男	龙泉市建设局	全省测量标志保护管理工作先进个人	浙江省测绘与地理信息局	2010年12月
曾　玮	男	龙泉市城建监察大队	浙江省城建城管行政执法工作先进个人	浙江省城建监察协会	2010年12月
胡　波	男	龙泉市房地产管理处	2010年度浙江省白蚁防治先进个人	浙江省白蚁防治协会	2010年12月
张晓峰	男	龙泉市青瓷宝剑产业局	第十二届西博会第一届休博会先进个人	杭州市委、杭州市政府	2010年12月
赖铁霞	女	龙泉市青瓷宝剑产业局	第十二届西博会第一届休博会先进个人	杭州市委、杭州市政府	2010年12月
叶立新	男	凤阳山管理处	先进个人	中国自然科学博物馆协会	2010年12月
雷绍丽	女	龙泉团市委	2010年度省级优秀团干部	共青团浙江省委	2011年1月
叶晓云	女	龙泉市财政局(地税局)	2010年度全省财政系统计算机应用先进个人	浙江省财政厅	2011年1月
季　珍	女	龙泉市司法局	全省司法行政系统信息工作先进个人	浙江省司法厅	2011年1月
刘伟塘	男	龙泉市农业局	2010年度全省农产品质量安全整治先进个人	浙江省农业厅	2011年1月
徐怀坤	男	龙泉市司法局	省社区矫正工作先进个人	浙江省社会治安综合治委员会办公室、省司法厅等	2011年1月
张海珍	女	龙泉市工商局	浙江省工商系统注册能手	浙江省工商局	2011年1月
李春花	女	龙泉市工商局	全省工商系统民主评议行风活动先进个人	浙江省工商局	2011年1月
季海金	男	龙泉市水利局	浙江省广播电视安全播出先进个人	浙江省委宣传部、省委"防范办"、广播电影电视局	2011年1月
杨惠珍	女	龙泉市房改办	巾帼建功标兵	浙江省巾帼建功双学双比活动协调小组	2011年1月
王慧萍	女	中国工商银行龙泉支行	2010年度优秀客户经理	工行浙江省分行	2011年1月
徐钢新	男	中国工商银行龙泉支行	2010年度优秀客户经理	工行浙江省分行	2011年1月
吴　伶	女	龙泉市支行营业部	2009—2010年浙江省邮政系统先进个人	浙江省邮政局	2011年1月
朱明星	男	龙泉市人武部	抗洪抢险先进个人	南京军区政治部	2011年1月
何江龙	男	龙泉市道太乡	浙江省优秀志愿者	共青团浙江省委、省志愿者协会	2011年1月
瞿巧华	女	龙泉市础石乡小学	浙江省农远工程先进个人	浙江省教育厅	2011年1月
王务明	男	龙泉市人防办	人防工作先进个人	浙江省国防动员委员会	2011年1月
俞　慧	女	龙泉市公路管理局	2010年宣传报道先进个人	浙江省公路局	2011年1月
程作权	男	龙泉石油支公司	优秀支公司经理	中石化浙江石油分公司	2011年1月
梅永明	男	龙泉石油支公司	优秀区域经理	中石化浙江石油分公司	2011年1月
徐怀坤	男	龙泉市司法局	社区矫正"环城护城河"工程先进个人	浙江省司法厅	2011年1月

续表42

姓　名	性别	所在单位	荣誉称号	命名单位	命名年月
谷建泉	男	龙泉市物价局	2010年全省收费年审工作先进个人	浙江省物价局	2011年1月
刘善红	女	龙泉市农业局	2010年度全省农业统计工作先进个人	浙江省农业厅	2011年1月
雷艳芬	女	龙泉市实验小学	浙江省教坛新秀	浙江省教育厅	2011年1月
周　华	男	龙泉市司法局	社区矫正"环城护城河"工程先进个人	浙江省司法厅	2011年1月
胡海华	男	龙泉市查田镇小学	省希望工程优秀园丁	浙江省教育厅	2011年1月
周　瑛	女	龙泉市总工会	浙江省安康杯先进个人	浙江省总工会	2011年1月
王少燕	女	龙泉市委办	2010年度全省党委系统信息工作先进个人	浙江省委办公厅	2011年2月
季慧珍	女	龙泉市地方税务局	2010年度省级优秀发票管理员	浙江省地方税务局	2011年2月
项增光	男	龙泉市财政局	2010年度全省财政系统人事教育统计工作先进个人	浙江省财政厅	2011年2月
钟建友	男	龙泉市司法局	全省司法行政"世博"安保工作先进个人	浙江省司法厅	2011年2月
叶秀菊	女	龙泉市三中	浙江省教育系统"事业家庭兼顾型"先进个人	浙江省教育工会	2011年2月
李　丽	女	龙泉市物价局	2010年度浙江省价格系统政务信息工作先进个人	浙江省物价局	2011年2月
叶廷飞	男	龙泉市农业局	2010年度全省畜牧兽医工作先进个人	浙江省农业厅	2011年2月
吴　勇	男	城北乡中心卫生院	2010年全省优秀社区责任医生	浙江省卫生厅	2011年2月
叶李琴	女	龙泉市卫生局	2010年度浙江省重大公共卫生妇幼项目先进个人	浙江省卫生厅	2011年2月
谢敏星	女	龙泉市气象局	2010年度气象优秀测报员	浙江省气象局	2011年2月
陈珊珊	女	龙泉市电力局营销部	浙江省电力系统营销工作先进个人	浙江省电力公司	2011年2月
杨　健	男	中国工商银行龙泉支行	2010年度保卫工作先进个人	工行浙江省分行	2011年2月
周建军	男	龙泉信用联社	全省农村合作金融系统先进工作者	浙江省农信联社	2011年2月
胡武霞	女	龙泉市建设局	全省"小液化气"行业质量安全整治与规范工作先进个人	浙江省建设厅	2011年2月
杨　莉	女	龙泉市地方税务局	2010年度省级纳税服务之星	浙江省地方税务局	2011年2月
郑金秀	女	龙泉市人口与计划生育局	浙江省"十一五"计划生育协会工作先进个人	浙江省委组织部、浙江省人力社保厅、浙江省人口计生委等	2011年3月
叶春定	男	龙泉市财政局	2010年度财政法制工作先进个人	浙江省财政厅	2011年3月
吴孔其	男	龙泉市经济和信息化局	浙江省墙改工作先进个人	浙江省经济和信息化委员会	2011年3月
王忠林	男	龙泉市农业局	2010年度全省农业"五五"普法工作先进个人	浙江省农业厅	2011年3月
万东光	男	丽水出入境检验检疫局龙泉办事处	浙江检验检疫系统食品整顿先进个人	浙江出入境检验检疫局	2011年3月
柳永峰	男	龙泉市电力局	浙江省电力系统信息工作先进个人	浙江省电力公司	2011年3月
吴美英	女	龙泉市电力局	2010年度浙江省电力公司系统管理小组活动优秀推进者	浙江省电力公司	2011年3月
刘　芳	男	龙泉市水利局	2010年度全省渔业行政执法工作先进个人	浙江省海洋与渔业执法总队	2011年3月
季土元	男	龙泉市人民检察院	全省检察机关纪检监察先进个人	浙江省人民检察院	2011年3月
周晓峰	男	龙泉市文广新局	民盟浙江省2009—2010年度先进个人	民盟浙江省委会	2011年3月
郑宏敏	男	龙泉市地方税务局	2010年度全省推进企业发展服务业工作先进个人	浙江省地方税务局	2011年3月
周淑兰	女	龙泉市农业局	2010年度全省桑茶果工作先进个人	浙江省农业厅	2011年3月
叶宪森	男	龙泉市卫生局	2010年度浙江省疾病预防控制工作先进者	浙江省卫生厅	2011年3月
毛伟杰	男	龙泉市正聪青瓷研究所	浙江省职工银锤奖	浙江省委宣传部、省总工会	2011年4月

续表42

姓名	性别	所在单位	荣誉称号	命名单位	命名年月
郑金秀	女	龙泉市人口计生局	浙江省“十一五”计生协工作先进工作者	浙江省委组织部、省人力社保厅、省人口计生委、省计生协	2011年4月
陈春香	女	龙泉市人口计生局	浙江省“十一五”计生协工作先进个人	浙江省委组织部、省人力社保厅、省人口计生委、省计生协	2011年4月
陈善长	男	龙泉市公路运输管理所	2011年全市交通运输系统春运工作先进个人	浙江省道路运输管理局	2011年4月
沈光星	男	龙泉市长运公司	浙江省道路客运安全驾驶标兵	浙江省运管局、省道协	2011年4月
涂韶军	男	龙泉市调查队	浙江省统计“五五”普法先进个人	浙江省统计局浙江调查总队	2011年4月
张东伟	男	龙泉市红十字医院	2011年浙江省卫生系统创先争优优秀共产党员	浙江省医疗卫生系统创先争优指导小组	2011年5月
张晓霞	女	龙泉市电力局	浙江省电力系统审计工作先进个人	浙江省电力公司	2011年5月
季晓武	男	龙泉电力局安运部	浙江省电力公司劳动模范	浙江省电力公司	2011年5月
吴秋霞	女	龙泉市人口计生局	全国计划生育协会先进个人	中国计划生育协会	2011年5月
吴宏涛	男	龙泉信用联社	全省农信系统思想政治工作优秀思想政治工作者	省农信联社	2011年5月
梅红玲	女	浙江天丰陶瓷有限公司	浙江省五一劳动奖章	浙江省工会	2011年5月
叶立新	男	龙泉市凤阳山管理处	第十一届科技兴林奖二等奖	浙江省林业厅、省林学会	2011年5月
叶茂平	男	龙泉市凤阳山管理处	第十一届科技兴林奖二等奖	浙江省林业厅、省林学会	2011年5月
刘胜龙	男	龙泉市凤阳山管理处	第十一届科技兴林奖二等奖	浙江省林业厅、省林学会	2011年5月
李美琴	女	龙泉市凤阳山管理处	第十一届科技兴林奖二等奖	浙江省林业厅、省林学会	2011年5月
梅盛龙	男	龙泉市凤阳山管理处	第十一届科技兴林奖二等奖	浙江省林业厅、省林学会	2011年5月
徐怀坤	男	龙泉市司法局	2006—2010年法制宣传教育先进个人	中共浙江省委办公厅	2011年6月
周世娟	女	龙泉市委共青团	浙江省希望工程20周年杰出建设者	共青团浙江省委	2011年6月
刘美菊	女	龙泉市农业局	浙江省农业系统先进工作者	浙江省农业厅、省人力资源和社会保障厅	2011年6月
刘有光	男	龙泉市电力局	浙江省电力系统优秀共产党员	浙江省电力公司	2011年6月
季菊根	男	中国工商银行龙泉支行	浙江省工商系统优秀党务工作者	工行浙江省分行党委	2011年6月
曾春亮	男	龙泉市小梅镇	“十一五”全省人口和计划生育先进个人	浙江省人力社保厅、省人口计生委	2011年6月
卢观友	男	龙泉市森林公安局	三等功	浙江省森林公安局	2011年6月
曾保兴	男	龙泉市看守所	全省公安机关优秀共产党员	中共浙江省公安厅委员会	2011年6月
潘群力	男	龙泉市公安局治安大队	全省公安机关优秀党务工作者	中共浙江省公安厅委员会	2011年6月
徐怀坤	男	龙泉市司法局	全省政法系统优秀党务工作者	中共浙江省委政法委员会	2011年6月
华志和	男	龙泉市纪委	浙江省纪检监察系统先进工作者	浙江省纪检委、省监察厅、省人力社保厅	2011年6月
叶伟林	男	龙泉市纪委	浙江省纪检监察系统嘉奖	浙江省纪检委、省监察厅、省人力社保厅	2011年6月
刘年根	男	龙泉市人口计生局	全省婚育新风进万家活动先进个人	浙江省人口计生委	2011年7月
胡小红	女	龙泉市兰巨乡	全省婚育新风进万家活动先进个人	浙江省人口计生委	2011年7月
吴春燕	女	龙泉市人口计生局	全省婚育新风进万家活动先进个人	浙江省人口计生委	2011年7月
梅松巍	男	龙泉信用联社	2010年度信息宣传工作先进个人	浙江省农信联社	2011年8月
周其高	男	龙泉市司法局法律援助中心	全省林业法律援助先进个人	浙江省林业厅	2011年9月
张尧根	男	龙泉市天丰农业公司	全省供销系统工作先进者	浙江省人事厅、省供销社	2011年9月
张晓萍	女	龙泉市司法局	全省司法行政系统档案工作先进个人	浙江省司法厅	2011年9月

续表42

姓 名	性别	所在单位	荣誉称号	命名单位	命名年月
叶茂平	男	龙泉市凤阳山管理处	2006—2010年度浙江省森林消防工作先进个人	浙江省人民政府森林消防指挥部	2011年10月
李海英	女	龙泉市环境卫生管理处	浙江省优秀城市美容师	浙江省住房和城乡建设厅	2011年10月
郑金秀	女	龙泉市人口与计划生育局	第六次全国人口普查省级先进个人	浙江省统计局、省第六次人口普查领导小组办公室	2011年10月
郭 健	男	龙泉市委宣传部	第六次全国人口普查省级先进个人	浙江省统计局、省第六次人口普查领导小组办公室	2011年10月
黄 琳	女	龙泉市人力社保局	第六次全国人口普查省级先进个人	浙江省统计局、省第六次人口普查领导小组办公室	2011年10月
张爱萍	女	剑池街道办事处	第六次全国人口普查省级先进个人	浙江省统计局、省第六次人口普查领导小组办公室	2011年10月
刘丽君	女	道太乡政府	第六次全国人口普查省级先进个人	浙江省统计局、省第六次人口普查领导小组办公室	2011年10月
徐信龙	男	道太乡政府	第六次全国人口普查省级先进个人	浙江省统计局、省第六次人口普查领导小组办公室	2011年10月
吴丽霞	女	兰巨乡	第六次全国人口普查省级先进个人	浙江省统计局、省第六次人口普查领导小组办公室	2011年10月
杨新根	男	龙渊街道	第六次全国人口普查省级先进个人	浙江省统计局、省第六次人口普查领导小组办公室	2011年10月
何冬花	女	龙渊街道	第六次全国人口普查省级先进个人	浙江省统计局、省第六次人口普查领导小组办公室	2011年10月
柳法华	男	龙渊街道	第六次全国人口普查省级先进个人	浙江省统计局、省第六次人口普查领导小组办公室	2011年10月
李土长	男	剑池街道办事处	第六次全国人口普查省级先进个人	浙江省统计局、省第六次人口普查领导小组办公室	2011年10月
黄世昌	男	剑池街道办事处	第六次全国人口普查省级先进个人	浙江省统计局、省第六次人口普查领导小组办公室	2011年10月
胡宇飞	女	剑池街道办事处	第六次全国人口普查省级先进个人	浙江省统计局、省第六次人口普查领导小组办公室	2011年10月
卢品龙	男	龙泉市财政局	第六次全国人口普查省级先进个人	浙江省统计局、省第六次人口普查领导小组办公室	2011年10月
杨桂娥	女	龙泉市硋石乡	第六次全国人口普查省级先进个人	浙江省统计局、省第六次人口普查领导小组办公室	2011年10月
王贵秋	男	八都镇	第六次全国人口普查省级先进个人	浙江省统计局、省第六次人口普查领导小组办公室	2011年10月
李秀胜	男	上垟镇	第六次全国人口普查省级先进个人	浙江省统计局、省第六次人口普查领导小组办公室	2011年10月
李千梅	女	上垟镇	第六次全国人口普查省级先进个人	浙江省统计局、省第六次人口普查领导小组办公室	2011年10月
李文英	女	锦溪镇	第六次全国人口普查省级先进个人	浙江省统计局、省第六次人口普查领导小组办公室	2011年10月
吴炳森	男	道太乡	第六次全国人口普查省级先进个人	浙江省统计局、省第六次人口普查领导小组办公室	2011年10月
叶亚东	男	龙泉市统计局	第六次全国人口普查省级先进个人	浙江省统计局、省第六次人口普查领导小组办公室	2011年10月
林卫中	男	龙泉市统计局	第六次全国人口普查省级先进个人	浙江省统计局、省第六次人口普查领导小组办公室	2011年10月
华伟珍	女	龙泉市统计局	第六次全国人口普查省级先进个人	浙江省统计局、省第六次人口普查领导小组办公室	2011年10月
林 敬	男	龙泉市统计局	第六次全国人口普查省级先进个人	浙江省统计局、省第六次人口普查领导小组办公室	2011年10月
梅 丹	男	龙泉市统计局	第六次全国人口普查省级先进个人	浙江省统计局、省第六次人口普查领导小组办公室	2011年10月
何伟俊	男	城北乡人民政府	浙江省第六次全国人口普查先进个人	浙江省统计局、省第六次人口普查领导小组办公室	2011年11月
杨世堂	男	八都镇	第六次全国人口普查省级先进个人	浙江省统计局、省第六次人口普查领导小组办公室	2011年10月
叶林燕	女	八都镇	第六次全国人口普查省级先进个人	浙江省统计局、省第六次人口普查领导小组办公室	2011年10月
张伟兰	女	八都镇	第六次全国人口普查省级先进个人	浙江省统计局、省第六次人口普查领导小组办公室	2011年10月
周 俊	男	锦溪镇	第六次全国人口普查省级先进个人	浙江省统计局、省第六次人口普查领导小组办公室	2011年10月
林春美	女	锦溪镇	第六次全国人口普查省级先进个人	浙江省统计局、省第六次人口普查领导小组办公室	2011年10月
朱志伟	男	龙泉市档案局	全省档案系统先进工作者	浙江省人才资源和社会保障厅、省档案局	2011年11月
陈 鸿	男	龙泉市绿谷教育集团	省中小学体育教师教学技能比赛二等奖	浙江省教育厅	2011年11月

续表42

姓名	性别	所在单位	荣誉称号	命名单位	命名年月
陈龙根	男	龙泉市林业局	浙江省森林资源管理先进个人	浙江省林业厅	2011年11月
徐松有	男	龙泉市人民检察院	全省检察机关第二届“十佳派驻检察官”	浙江省人民检察院	2011年11月
张爱民	男	龙泉市民政局	浙江省革命老区创业创新优秀工作者	浙江省老促会	2011年11月
卢书田	男	龙泉市委党史研究室	浙江省革命老区创业创新优秀工作者	浙江省老促会	2011年11月
杨洪春	男	住龙镇碧龙村	浙江省革命老区创业创新优秀工作者	浙江省老促会	2011年11月
叶昌尧	男	安仁镇李登村	浙江省革命老区创业创新优秀工作者	浙江省老促会	2011年11月
毛必平	男	龙泉市育才学校	浙江省革命老区创业创新优秀工作者	浙江省老促会	2011年11月
林丽丽	女	龙泉市人力社保局	2011年度全省劳动争议案件处理工作先进个人	浙江省劳动人事争议仲裁委员会	2011年12月
陈震文	男	龙泉市人力社保局	浙江省人才交流工作先进个人	浙江省人才市场管理办公室	2011年12月
张献珍	女	龙泉市政府外事办	浙江省外事系统先进个人	浙江省政府外事办	2011年12月
周春明	男	龙泉市地方税务局	2011年全省税收调查工作先进个人	浙江省地方税务局	2011年12月
曾显元	男	龙泉市公证处	全省公证服务新农村建设先进个人	浙江省司法厅	2011年12月
王忠林	男	龙泉市农业局	2011年度浙江省行政执法先进个人	浙江省农业厅	2011年12月
季新良	男	龙泉市林业局	浙江省林业科技先进工作者	浙江省林业厅	2011年12月
杨　娜	女	龙泉市电力局	2011年度浙江省供电企业财务工作先进个人	浙江省电力公司	2011年12月
王盛芬	女	龙泉市工商局	新闻宣传工作先进个人	浙江省工商局	2011年12月
项有良	男	龙泉市法院	二等功	浙江省高院	2011年12月
雷绍丽	女	共青团龙泉市委	浙江省优秀团干部	共青团浙江省委	2011年12月
潘水平	男	龙泉市交通运输局	安全隐患排查治理先进个人	浙江省交通厅	2011年12月
陈焕星	男	龙泉市交通运输局	安全隐患排查治理先进个人	浙江省交通厅	2011年12月
柳春峰	男	龙泉市交通设计所	“五八工程”先进个人	浙江省交通运输厅	2011年12月
张美娟	女	龙泉市农业局	全省农村经营管理工作先进工作者	浙江省农业厅	2011年12月
李玲珑	男	龙泉市农业局	2011年度平安创建先进个人	浙江省农业机械管理局	2011年12月
张晓峰	男	龙泉市青瓷宝剑产业局	第十三届西博会第二届休博会先进个人	杭州市委、杭州市政府	2011年12月
徐芳琳	女	龙泉市青瓷宝剑产业局	第十三届西博会第二届休博会先进个人	杭州市委、杭州市政府	2011年12月
徐　芳	女	龙泉市教育局	2011年度省级优秀团干部	共青团浙江省委	2012年1月
叶　虹	女	共青团龙泉市委	2011年度省级优秀团员	共青团浙江省委	2012年1月
鄢　鸣	女	龙泉市委办	2011年度浙江日报最佳报道工作者	浙江日报报业集团	2012年1月
柯　冰	男	龙泉市财政局	2011年度网络与信息安全保送工作优秀联络员	浙江省地方税务局	2012年1月
章丽萍	女	龙泉市司法局	2011年度全省司法行政系统依法行政法制先进个人	浙江省司法厅	2012年1月
周相友	男	小梅镇	省“春泥计划”先进工作者	浙江省委宣传部、省文明办	2012年1月
龚万强	男	龙泉市农业局	2011年度全省畜牧兽医工作先进个人	浙江省农业厅	2012年1月
吴　亮	男	道太乡王庄卫生分院	2011年全省优秀社区责任医生	浙江省卫生厅	2012年1月
翁陈池	男	龙泉市国土资源局	群众满意国土所工作人员	浙江省国土资源厅	2012年1月
方陈富	男	龙泉市林业局	浙江省林权承包经营纠纷调解仲裁“十佳仲裁员”	浙江省林改办、省林业厅	2012年1月

续表42

姓　名	性别	所在单位	荣誉称号	命名单位	命名年月
季太阳	男	龙泉市审计局	全省审计信息先进个人	浙江省审计厅	2012年1月
钱昭君	女	龙泉市审计局	全省土地出让金审计先进公务员个人	浙江省审计厅	2012年1月
季晓武	男	龙泉市电力局	县级供电企业安全生产劳动竞赛先进个人	浙江省电力公司	2012年1月
王　君	男	龙泉市电力局	县级供电企业安全生产劳动竞赛先进个人	浙江省电力公司	2012年1月
李　峰	男	龙泉市工商局	投诉调解能手	浙江省工商局	2012年1月
许伟富	男	龙泉市竹垟电站	浙江省技术能手	浙江省水利厅、省人力社保厅、省总工会	2012年1月
章秋林	男	龙泉市林业局	全省林业有害生物防治检疫宣传先进个人	浙江省林业有害生物防治检疫局	2012年1月
许伟敏	男	龙泉市老干部局	全省先进老干部工作者	浙江省委组织部、省委老干部局、省人力资源和社会保障厅	2012年1月
刘振华	男	龙泉市传输局	浙江省传输系统先进工作者	浙江省传输局	2012年1月
付志成	男	龙泉市长运公司	省级安全驾驶先进个人	浙江省公安厅、交通运输厅	2012年1月
梅舒伟	男	龙泉市公安局巡特警大队	2011年度全省优秀人民警察	浙江省公安厅	2012年1月
方小萍	女	龙泉市卫生局	全省卫生法制宣传教育优秀个人	浙江省卫生厅	2012年1月
龚万强	男	剑池街道	2011年度全省畜牧兽医工作先进个人	浙江省农业局	2012年1月
杨科喜	男	龙泉四中	省关心下一代工作先进个人	浙江省关工委	2012年1月
钟积水	男	龙泉市卫生局	2011年度全省基层卫生先进工作者	浙江省卫生厅	2012年1月
徐红桢	女	龙泉市国资办	浙江省财政系统先进个人	浙江省财政厅	2012年1月
叶　青	男	龙泉市人武部	2011年度省军区政工网建设先进个人	浙江省军区	2012年1月
王少燕	女	龙泉市委办	2011年度全省党委系统信息工作先进个人	浙江省委办公厅	2012年2月
周巧珍	女	龙泉市地方税务局	2011年度省级纳税服务之星	浙江省地方税务局	2012年2月
季　珍	女	龙泉市司法局	2011年度全省司法行政系统信息工作优秀信息员	浙江省司法厅	2012年2月
吴维祺	男	龙泉市水利局	全省农村水电工作先进个人	浙江省水利厅	2012年2月
周秋红	女	中国工商银行龙泉支行	2011年度优秀公司客户经理	工行浙江省分行	2012年2月
季爱珍	女	中国工商银行龙泉支行	2011年度优秀个人客户经理	工行浙江省分行	2012年2月
刘建伟	男	龙泉信用联社	2011年度全省农信系统优秀领导干部	浙江省农信联社	2012年2月
俞　慧	女	龙泉市公路管理局	2012年度宣传报道先进个人	浙江省公路局	2012年2月
李海英	女	龙泉市环境卫生管理处	省级职业道德标兵	浙江省住房和城乡建设厅、浙江省建设建材工会	2012年2月
沈又红	女	龙泉市机关事务局	2011年度浙江省公共机构节能工作先进个人	浙江省公共机构节能工作领导小组	2012年3月
叶春定	男	龙泉市财政局	2011年度财政法制工作先进个人	浙江省财政厅	2012年3月
陈飞飞	女	龙泉市林业局	2011年度全省林业政务信息工作先进个人	浙江省林业厅	2012年3月
王志光	男	龙泉市小梅镇	2010—2011年度全省基层农技推广优秀工作者	浙江省农业厅、省林业厅、省海洋与渔业局	2012年3月
俞　玲	女	龙泉市传输局	浙江省电信系统建功立业标兵	中国电信浙江省工会	2012年3月
罗新海	男	龙泉市交通运输局	浙江省重点建设立功竞赛先进个人	浙江省重点建设立功竞赛办公室	2012年3月
徐显林	男	龙泉市交通运输局	浙江省重点建设立功竞赛先进个人	浙江省重点建设立功竞赛办公室	2012年3月
张伟仁	男	龙泉市交通运输局	2011年度浙江省交通战备工作先进个人	浙江省国防动员委员会交通战备办公室	2012年3月
金建民	男	浙江佳和矿业集团	浙江省优秀职工	浙江省委宣传部、省总工会	2012年4月

续表42

姓　名	性别	所在单位	荣誉称号	命名单位	命名年月
毛伟杰	男	龙泉市正聪青瓷研究所	浙江省五一劳动奖章	浙江省总工会	2012年4月
许积标	男	龙泉市查田镇	2011年浙江省消防工作先进个人	浙江省消防总队	2012年4月
黄国勇	男	龙泉市文广新局	2011年度浙江省广播电视安全播出先进个人	浙江省委宣传部、省委610办公室、省广播电影电视局	2012年5月
洪一浩	男	龙泉市广播电视台	2011年度浙江省广播电视安全播出奖	浙江省委宣传部、省委610办公室、省广播电影电视局	2012年5月
钟积水	男	龙泉市卫生局	浙江省卫生信息化工作先进个人	浙江省卫生厅	2012年5月
吕　英	女	龙泉市总工会	浙江省工会组建工作先进个人	浙江省总工会	2012年5月
周友宪	男	龙泉市民政局	全省民政系统先进工作者	浙江省民政厅、省人力资源和社会保障厅	2012年5月
寿琼根	男	龙泉市森林公安局	三等功	浙江省森林公安局	2012年5月
林美华	女	龙泉市财政局	全省“小金库”专项治理先进工作者	浙江省财政厅	2012年6月
周林松	男	龙泉市础石公路养护班	浙江省五一劳动奖章	浙江省总工会	2012年7月
叶正方	男	龙泉市公安局小梅派出所	全省公安机关优秀派出所民警	浙江省公安厅	2012年7月
陈智发	男	龙泉市质量技术监督局	省质监系统创先争优优秀共产党员	浙江省质量技术监督局党委	2012年8月
常亚静	女	龙泉市委统战部侨办	省统战系统先进个人	中共浙江省委统战部	2012年8月
李利珺	女	龙泉市统计局	全省统计系统先进工作者	浙江省人力资源和社会保障厅、省统计局等	2012年8月
柯　冰	男	龙泉市财政地税局	浙江地税大集中工程建设先进个人	浙江省地方税务局	2012年9月
胡俊娇	女	龙泉市财政局	2011年度全省财政总决算工作先进个人	浙江省财政厅	2012年9月
王盛伟	男	龙泉市财政局	2011年度全省预算执行分析工作先进个人	浙江省财政厅	2012年9月
徐　珂	男	龙泉市司法局	省级人民调解能手	浙江省司法厅	2012年9月
付建新	男	龙泉市司法局	省级人民调解能手	浙江省司法厅	2012年9月
周小娟	女	龙泉市南秦小学	省师德楷模	浙江省教育厅	2012年9月
叶秀菊	女	龙泉三中	省“春蚕奖”	浙江省教育厅	2012年9月
徐志彬	男	龙泉市水利局	浙江省《全民科学素质行动计划纲要》实施工作先进个人	浙江省科学技术协会、省委组织部、宣传部等	2012年9月
刘秀琴	女	龙泉市审计局	地方政府性债务审计先进公务员	浙江省审计厅	2012年9月
吴子珺	女	龙泉市财政局	2011年度企业会计决算报表先进个人	浙江省财政厅	2012年9月
叶金根	男	龙泉市财政局	2011年度全省部门决算工作先进个人	浙江省财政厅	2012年9月
柳永峰	男	龙泉市电力局	省电力系统2011年度信访保密工作先进个人	浙江省电力公司	2012年9月
王　抒	男	龙泉市人民检察院	全省检察机关预防岗位技能练兵竞赛十佳能手	浙江省人民检察院	2012年10月
徐　辉	男	龙泉市环境卫生管理处	浙江省优秀城市美容师	浙江省住房和城乡建设厅	2012年10月
季少平	男	龙泉市农业局	2012年全省农产品质量安全大整治百日行动先进个人	浙江省农业厅	2012年11月
雷伟南	男	龙泉国税局	浙江省国家税务局打击发票违法犯罪活动先进个人	浙江省国家税务局	2012年11月
常亚静	女	龙泉市委统战部侨办	省委统战部嘉奖	中共浙江省委统战部	2012年11月
林美华	女	龙泉市财政局	全省财政系统会计管理工作先进个人	浙江省财政厅	2012年12月
毛竹杉	男	龙泉市司法局	全省“百佳调解能手”	中共浙江省委政法委、综合治理办公室	2012年12月
陈　霓	女	龙泉市安仁镇小学	省级演讲比赛二等奖	浙江省宣传部、省教育厅	2012年12月
邱绍林	男	龙泉市发展和改革局	全省价格成本监审工作先进个人	浙江省物价局	2012年12月

续表42

姓　名	性别	所在单位	荣誉称号	命名单位	命名年月
舒建国	男	龙泉市文广出版局	全省文物执法监察工作先进个人	浙江省文物局	2012年12月
朱显军	男	龙泉市文广出版局	全省公共图书馆地方文献工作先进个人	浙江省文化厅	2012年12月
季利民	男	龙泉市林业局	浙江省绿化奖章	浙江省绿化委员会	2012年12月
季晓艳	女	龙泉市旅游局	2012年全省旅游财务信息编报工作先进个人	浙江省旅游局	2012年12月
留　丹	男	龙泉市工商局	省级注册能手	浙江省工商局	2012年12月
胡海明	男	龙泉市质量技术监督局	系统办案能手	浙江省质量技术监督局	2012年12月
姚逸慧	女	龙泉市法院	全省法院纪检监察工作先进个人	浙江省高院	2012年12月
张　玲	女	龙泉市法院	二等功	浙江省高院	2012年12月
张伟仁	男	龙泉市交通运输局	交通战备工作先进个人	南京军区交通战备办公室	2012年12月
卢士俊	男	龙泉市青瓷宝剑产业局	第十四届西博会第三届休博会先进个人	杭州市委、市政府	2012年12月
彭兴龙	男	龙泉市青瓷宝剑产业局	第十四届西博会第三届休博会先进个人	杭州市委、市政府	2012年12月
刘胜龙	男	凤阳山管理处	优秀工作者	中国自然科学博物馆协会	2012年12月
叶立新	男	凤阳山管理处	优秀工作者	中国自然科学博物馆协会	2012年12月
李卫荣	男	龙泉电力局	县级供电企业安全生产竞赛先进个人	浙江省电力公司	2012年12月
叶　虹	女	共青团龙泉市委	2012年度省级优秀团干部	共青团浙江省委	2013年1月
曾　莹	女	龙泉市兰巨乡	2012年度省级优秀团员	共青团浙江省委	2013年1月
包炳炎	男	共青团龙泉市委	2012年度浙江省共青团信息工作先进个人	共青团浙江省委	2013年1月
鄢　鸣	女	龙泉市委办	2012年度浙江日报最佳报道工作者	浙江日报报业集团	2013年1月
林怀瑞	男	龙泉市司法局	全省人民调解工作先进个人	中共浙江省委办公厅	2013年1月
吴开汉	男	龙泉市卫生局	2012年度全省优秀社区责任医生	浙江省卫生厅	2013年1月
柯土荣	男	龙泉市文广出版局	2012年度全省文化政务信息工作先进个人	浙江省文化厅	2013年1月
汤克豪	男	龙泉市科技局	2010—2012年度浙江省科技工作先进个人	浙江省科学技术厅	2013年1月
柳建明	男	龙泉市国土资源局	群众满意国土所工作人员	浙江省国土资源厅	2013年1月
季茜茜	女	龙泉市工商局	全省先进舆情信息员	浙江省工商局	2013年1月
管忠新	男	龙泉市房改办	住房公积金管理工作先进个人	浙江省住房和城乡建设厅	2013年1月
徐敏勇	男	龙泉市公路管理局	全省公路系统先进个人	浙江省公路局	2013年1月
梅永明	男	龙泉石油支公司	优秀支公司经理	中石化浙江石油分公司	2013年1月
金正龙	男	龙泉石油支公司	优秀加油站站长	中石化浙江石油分公司	2013年1月
周继芬	女	龙泉石油支公司	优秀加油站员工	中石化浙江石油分公司	2013年1月
徐起全	男	龙泉市城市管理监督中心	2012 年度全省数字城管先进个人	浙江省住房和城乡建设厅办公室	2013年1月
程　盼	女	龙泉市司法局宣教科	2012年度全省普法依法治理信息工作先进个人	浙江省普法教育领导小组办公室	2013年1月
张正林	男	龙泉市卫生局	2013年度全省优秀社区责任医生	浙江省卫生厅	2013年1月
翁新华	男	龙泉市委办	2012年度全省党委系统信息工作先进个人	中共浙江省委办公厅	2013年2月
金婷婷	女	龙泉市地方税务局	2012年度省级纳税服务之星	浙江省地方税务局	2013年2月
钟积水	男	龙泉市卫生局	2012年度浙江省实施基本药物制度先进工作者	浙江省卫生厅	2013年2月

续表42

姓　名	性别	所在单位	荣誉称号	命名单位	命名年月
宋武龙	男	龙泉信用联社	2012年度全省系统优秀领导干部	浙江省农信联社	2013年2月
沈世华	男	龙渊街道办事处	2011—2012年度浙江省防范处理邪教工作先进工作者	浙江省人力社保厅、省委防范和处理邪教问题办公室	2013年2月
杨　娜	女	龙泉市电力局	2012年度财务工作先进个人	浙江省电力公司	2013年2月
刘建明	男	龙泉市卫生局	2012年度浙江省药械集中采购工作先进工作者	浙江省卫生厅	2013年2月
林德中	男	龙泉市水利局	2012年度全省渔政执法工作先进个人	浙江省海洋与渔业执法总队	2013年3月
张伟仁	男	龙泉市交通运输局	2012年度浙江省交通战备工作先进个人	浙江省国防动员委员会交通战备办公室	2013年3月
黄冰梅	女	龙泉市科协	浙江省农函大先进工作者	浙江省农函大	2013年4月
吴　婷	女	龙泉市文广出版局	2012年浙江省古籍普查先进个人	浙江省文化厅	2013年4月
张　明	男	龙泉市总工会	浙江省优秀工会工作者	浙江省总工会	2013年4月
葛朝华	女	龙泉市人民检察院	个人二等功	浙江省人民检察院	2013年4月

2008—2012年龙泉市获丽水市先进单位名单

表43

先进单位	命名年月	命名单位	荣誉称号
龙泉市人武部	2008年1月	丽水军分区	安全无事故单位
上垟镇政府	2008年1月	丽水市委、丽水市政府	丽水市文明乡镇
锦溪镇政府	2008年1月	丽水市人民政府	丽水市兴林富民示范乡镇
龙泉市人民政府	2008年2月	丽水市人民政府	2007年度推进森林资源流转工作先进单位
龙泉市人民政府	2008年2月	丽水市人民政府	2007年度重点建设工作优秀奖
龙泉市会计核算中心	2008年2月	中共丽水市委	丽水市文明单位
龙泉市绿谷教育集团	2008年2月	丽水市委、丽水市政府	丽水市文明单位
龙泉市人民政府	2008年3月	丽水市人民政府	丽水市消防工作目标管理责任书执行优胜单位
龙泉市人民政府	2008年3月	丽水市委、丽水市政府	2007年度全市社会主义新农村建设综合考核二等奖
龙泉市	2008年3月	丽水市委、丽水市政府	2007年度丽水市低收入农户增收工程先进单位二等奖
龙泉市农业局	2008年3月	丽水市人民政府	丽水市“811”环境污染整治工作先进集体
上垟镇政府	2008年3月	丽水军分区	抗雪救灾先进单位
龙南乡政府	2008年3月	丽水军分区	抗雪救灾先进单位
安仁镇政府	2008年3月	丽水军分区	抗雪救灾先进单位
龙渊街道应急分队	2008年3月	丽水军分区	抗雪救灾先进应急分队
上垟镇人武部	2008年3月	丽水军分区	抗雪救灾先进基层人武部
龙泉市工商局注册分局	2008年4月	丽水市人民政府	丽水市模范集体
上垟镇人民政府	2008年4月	丽水市人民政府	文化山花乡镇
龙泉市公路管理段	2008年4月	丽水市委、丽水市政府	丽水市抗雨雪冰冻灾害先进集体
龙泉市	2008年6月	丽水市委、丽水市政府	2007年度市级社会治安综合治理先进县(市)
龙泉市人武部	2008年6月	丽水军分区	先进团党委

续表43

先进单位	命名年月	命名单位	荣誉称号
龙泉市公安局机关第五党支部	2008年6月	中共丽水市委	丽水市先进基层党组织
八都镇人武部	2008年9月	丽水军分区	基层武装规范化建设先进单位
安仁镇人武部	2008年9月	丽水军分区	基层武装规范化建设先进单位
龙渊街道	2008年10月	丽水军分区	2007年年征兵工作先进单位
龙泉市	2008年10月	丽水军分区	2007年年征兵工作先进单位
龙泉市西街街道	2008年11月	丽水市委、丽水市政府	滩坑水电站移民工作先进单位
上垟镇人武部	2008年12月	丽水市人民政府、丽水军分区	2008年度规范化建设先进单位
八都镇人武部	2008年12月	丽水市人民政府、丽水军分区	2008年度规范化建设先进单位
龙泉市公安局	2009年1月	丽水市委、丽水市政府	2008年信访工作先进集体
龙泉市人武部	2009年1月	丽水军分区	民兵武器装备管理工作先进单位
龙泉市	2009年1月	丽水市人民政府	丽水市级人口和计划生育工作创新奖
八都镇政府	2009年1月	丽水市委、丽水市政府	2008—2009社会治安综合治理先进集体
龙泉市人民政府	2009年2月	丽水市人民政府	2008年度项目推进工作综合优秀奖
龙泉市农业局	2009年2月	中共丽水市委	2008年度农民增收六大目标先进单位
龙泉市农业局	2009年2月	中共丽水市委	2008年度丽水市“百村示范、千村整治”工程先进单位
龙泉市	2009年2月	丽水市委、丽水市政府	县(市、区)社会主义新农村建设综合考核优秀单位
八都镇人武部	2009年9月	丽水军分区	基层武装规范化建设先进单位
安仁镇人武部	2009年9月	丽水军分区	基层武装规范化建设先进单位
础石乡政府	2009年9月	丽水军分区	2008年度征兵工作先进单位
道太乡政府	2009年9月	丽水军分区	2008年度征兵工作先进单位
础石乡政府	2009年10月	丽水市政府、丽水军分区	2008年度征兵工作先进单位
龙泉市	2010年1月	丽水军分区	2009年度民兵武器装备管理工作无事故单位
龙泉市龙渊街道	2010年1月	丽水军分区	2009年国防后备力量基层规范化建设先进单位
上垟镇政府	2010年1月	丽水军分区	2009年国防后备力量基层规范化建设先进单位
龙泉市人民政府	2010年2月	丽水市人民政府	2009年度重点建设工作优秀奖
龙泉市	2010年2月	丽水市委、丽水市政府	2009年度社会治安综合治理先进县(市)
龙泉市公安局	2010年2月	丽水市委、丽水市政府	社会治安综合治理先进集体
龙泉市公路管理段	2010年2月	丽水市人民政府	丽水市效能建设创新创优先进典型
龙泉市	2010年3月	丽水市委、丽水市政府	2009年度农民增收六大目标先进单位
龙泉市物价局	2010年3月	丽水市委、丽水市政府	丽水市级文明单位
丽水市住房公积金管理中心龙泉分中心	2010年3月	中共丽水市委	丽水市级文明单位
龙泉市供排水有限责任公司	2010年3月	丽水市委、丽水市政府	丽水市文明单位
龙泉市	2010年3月	丽水市委、丽水市政府	县(市、区)社会主义新农村建设综合考核优秀单位
龙泉市政协	2010年3月	政协丽水市委员会	2009年度全市政协系统反映社情民意信息工作三等奖
龙泉市经济和信息化局	2010年4月	丽水市人民政府	丽水市2009年度节能工作先进单位

续表43

先进单位	命名年月	命名单位	荣誉称号
龙泉市城北乡	2010年7月	丽水市委、丽水市政府	丽水市抗洪救灾先进集体
龙泉市西街街道	2010年8月	丽水市委、丽水市政府	社会治安综合治理先进集体
屏南镇政府	2010年9月	丽水市政府、丽水军分区	2009年度征兵工作先进单位
道太乡政府	2010年9月	丽水市政府、丽水军分区	2009年度征兵工作先进单位
上垟镇政府	2011年1月	丽水市委、丽水市政府	2006—2010年丽水市法制宣传教育先进单位
宝溪乡人武部	2011年1月	丽水市政府、丽水军分区	国防后备力量基层规范化建设先进单位
龙泉市住龙镇	2011年1月	丽水市政府,丽水军分区	国防后备力量基础规范化建设先进单位
龙泉市人武部	2011年1月	丽水军分区	2010年度新闻宣传工作先进单位
龙泉市	2011年2月	丽水市委、丽水市政府	2010年度市级社会治安综合治理先进县(市)
龙泉市人民政府	2011年2月	丽水市人民政府	2010年度项目推进工作综合优秀奖
龙泉市人民政府	2011年2月	丽水市委、丽水市政府	浙江省首届体育大会参赛工作贡献奖
龙泉市	2011年5月	丽水市委、丽水市政府	第六批农村指导员工作先进单位
西街街道办事处	2011年5月	丽水市委、丽水市政府、丽水军分区	全市双拥工作先进单位
龙泉市行政服务中心	2011年6月	丽水市委、丽水市政府	优秀基层党组织
剑池街道办事处	2011年6月	丽水市人民政府	2010年度消防工作先进单位
龙泉市经济和信息化局	2011年6月	丽水市人民政府	丽水市"十一五"节能工作先进集体
竡石乡政府	2011年6月	丽水市人民政府	丽水市"十一五"节能工作先进集体
上垟镇人民政府	2011年6月	丽水市人民政府	丽水市"十一五"节能工作先进集体
龙泉市统计局	2011年6月	丽水市人民政府	丽水市"十一五"节能工作先进集体
龙泉市环境保护局	2011年8月	丽水市人民政府	丽水市"811"环境保护新三年行动先进集体
龙泉市环境保护局	2011年8月	丽水市人民政府	丽水市"十一五"污染减排工作先进集体
龙泉市统计局	2011年8月	丽水市人民政府	丽水市"十一五"污染减排工作先进集体
龙泉市上垟镇	2011年9月	丽水市人民政府	丽水市学前教育达标乡镇
龙南乡政府	2011年9月	丽水市人民政府	2010年度征兵工作先进单位
兰巨乡政府	2011年9月	丽水市人民政府	2010年度征兵工作先进单位
龙泉市兰巨乡	2011年11月	丽水市人民政府	丽水市"十小"行业质量安全整规工作示范单位
安仁镇安福村	2011年12月	丽水市人民政府	丽水市"十小"行业质量安全整规工作示范单位
龙泉市财政局	2011年12月	中共丽水市委	"十一五"期间丽水市残疾人工作先进集体
龙泉市查田镇	2011年12月	丽水市委、丽水市政府	优秀中心镇
八都镇武装部	2011年12月	丽水市人民政府	先进基层武装部
安仁镇武装部	2011年12月	丽水市人民政府	先进基层武装部
八都镇政府	2012年1月	丽水市政府、丽水军分区	国防后备力量基层规范化建设先进单位
龙泉市	2012年1月	丽水市人民政府	丽水市级人口和计划生育工作创新奖
安仁镇政府	2012年1月	丽水市政府、丽水军分区	国防后备力量基层规范化建设先进单位
龙泉市	2012年3月	丽水市委、丽水市政府	2010年度农民增收六大目标先进单位

续表43

先进单位	命名年月	命名单位	荣誉称号
龙泉市	2012年3月	丽水市委、丽水市政府	2011年度丽水市"百村示范、千村整治"工程先进县(市、区)优秀奖
龙泉市	2012年3月	丽水市委、丽水市政府	社会主义新农村建设综合考核优秀县(市)
龙泉市环境保护局	2012年4月	丽水市人民政府	2011年度化学需氧量减排工作先进单位
龙泉市	2012年5月	丽水市委、丽水市政府	2011年度社会治安综合治理优秀县(市)
锦溪镇政府	2012年6月	丽水市委、丽水市政府	2010—2011年度社会治安综合治理先进集体
龙泉市委老干部局	2012年8月	中共丽水市委	2010—2012年创先争优先进基层党组织
龙泉市	2012年8月	丽水市委、丽水市政府	行政审批制度改革先进县(市)
龙泉市地方税务局直属分局	2012年8月	中共丽水市委	2010—2012年创先争优先进基层党组织
剑池街道卫生服务中心	2012年8月	中共丽水市委	2010—2012年创先争优先进基层党组织
龙泉市招商引资办公室	2012年8月	中共丽水市委	2010—2012年创先争优先进基层党组织
上垟镇	2012年8月	中共丽水市委	2010—2012年创先争优先进基层党组织
龙南乡政府	2012年9月	丽水市人民政府	2011年度征兵工作先进单位
岩樟乡政府	2012年9月	丽水市人民政府	2011年度征兵工作先进单位
查田镇政府	2012年12月	丽水市委、丽水市政府	优秀中心镇
龙泉市人民政府	2013年1月	丽水市人民政府	2012年度景观林建设二等奖
龙泉市人民政府	2013年1月	丽水市人民政府	2002年度丽水市集体林权制度改革工作考核一等奖
龙泉市龙渊街道	2013年2月	丽水市委、丽水市政府	2011—2012年度"大调解"工作先进集体

2008—2012年龙泉市获丽水市先进个人名单

表44

姓　名	性别	所在单位	荣誉称号	命名单位	命名年月
潘　栋	男	龙泉市人武部	嘉奖	丽水军分区	2008年1月
叶　青	男	龙泉市国教委办	史志鉴编纂工作先进个人	丽水军分区	2008年1月
柳春峰	男	龙泉市交通设计所	龙丽、丽龙高速公路建设先进个人	丽水市人民政府	2008年2月
叶根武	男	龙泉市屏南镇	抗击雨雪冰冻灾害先进个人	丽水军分区	2008年3月
周剑平	男	龙泉市安仁镇	抗击雨雪冰冻灾害先进个人	丽水军分区	2008年3月
黄卫平	男	西街街道河村	抗雪救灾先进民兵干部	丽水军分区	2008年3月
金水标	男	安仁镇安福村	抗雪救灾先进民兵干部	丽水军分区	2008年3月
殷花媛	女	屏南镇均何村	抗雪救灾先进民兵干部	丽水军分区	2008年3月
吴炳生	男	龙南乡粗溪村	抗雪救灾先进民兵干部	丽水军分区	2008年3月
张长山	男	龙泉市林业局	抗击雨雪冰冻先进个人	丽水市委、丽水市政府	2008年4月
周玛瑾	男	龙泉市广播电视台	抗击雨雪冰冻先进个人	丽水市委、丽水市政府	2008年4月
周剑平	男	龙泉市安仁镇政府	抗击雨雪冰冻先进个人	丽水市委、丽水市政府	2008年4月
雷丽亚	女	龙泉市政协	丽水市人大代表先进工作者	丽水人大	2008年4月

表44

姓　名	性别	所在单位	荣誉称号	命名单位	命名年月
黄连银	男	龙泉市公安局交警大队	丽水市劳动模范	丽水市人民政府	2008年4月
郑高隆	男	龙泉市兰巨乡	社会治安统合治理工作先进个人	丽水市委、丽水市政府	2008年5月
魏安龙	男	龙泉市人武部	优秀共产党员	丽水军分区	2008年6月
叶建城	男	龙泉市八都镇	基层规范化建设先进个人	丽水军分区	2008年9月
沈上伟	男	龙泉市上垟镇	基层规范化建设先进个人	丽水军分区	2008年9月
谢宝松	男	龙泉市础石乡	基层规范化建设先进个人	丽水军分区	2008年9月
许广富	男	龙泉市市人武部	征兵工作先进个人	丽水军分区	2008年10月
何春荣	男	龙泉市龙渊派出所	征兵工作先进个人	丽水军分区	2008年10月
叶纪沟	男	龙泉市卫生局	征兵工作先进个人	丽水军分区	2008年10月
许积高	男	龙泉市剑池街道	滩坑水电站移民工作先进工作者	丽水市委、丽水市政府	2008年11月
项晓鹤	女	龙泉西街街道	滩坑水电站移民工作先进个人	丽水市委、丽水市政府	2008年11月
徐金生	男	龙泉市移办	滩坑水电站移民工作先进个人	丽水市委、丽水市政府	2008年11月
项晓鹤	女	龙泉市西街街道	滩坑水电站移民工作先进工作者	丽水市委、丽水市政府	2008年11月
张　雄	男	龙泉市文广局	2008年国防动员先进个人	丽水市国防动员委员会	2008年12月
许广富	男	龙泉市人武部	2008年国防动员先进个人	丽水市国防动员委员会	2008年12月
刘立欣	男	龙泉市交通局	2008年国防动员先进个人	丽水市国防动员委员会	2008年12月
周慧文	男	龙泉市龙渊街道	丽水市优秀农村工作指导员	丽水市委、丽水市政府	2009年3月
姜爱华	女	龙泉市新闻传媒中心	丽水市优秀农村工作指导员	丽水市人民政府	2009年5月
毛伟斌	男	龙泉市人武部	装备管理先进个人	丽水军分区	2009年9月
叶建城	男	龙泉市八都镇	基层武装规范化建设先进个人	丽水军分区	2009年9月
沈上伟	男	龙泉市上垟镇	基层武装规范化建设先进个人	丽水军分区	2009年9月
陈根裕	男	龙泉市人武部	2008征兵工作先进个人	丽水军分区	2009年9月
叶宪森	男	龙泉市卫生局	2008征兵工作先进个人	丽水军分区	2009年9月
刘晓刚	男	龙泉市锦溪镇	丽水市群众体育工作先进个人	丽水市人民政府	2009年10月
胡庆伟	男	龙泉市教育局教育研究培训中心	丽水市十佳社会体育指导员	丽水市人民政府	2009年10月
姜　新	男	龙泉市人武部	新闻宣传先进个人	丽水军分区	2009年11月
叶　青	男	龙泉市人武部	新闻宣传先进个人	丽水军分区	2009年11月
宋建新	男	龙泉市人武部	嘉奖	丽水军分区	2009年11月
魏安龙	男	龙泉市人武部	“一对好主官”	丽水军分区	2009年12月
姜　新	男	龙泉市人武部	“一对好主官”	丽水军分区	2009年12月
张长山	男	龙泉市林业局	2009年度丽水市集体林权制度改革先进个人	丽水市人民政府	2010年1月
俞留福	男	龙泉市人武部	2009年度民兵武器装备管理工作先进个人	丽水军分区	2010年1月
许广富	男	龙泉市人武部	2010年度新闻宣传先进个人	丽水军分区	2010年1月
叶建城	男	龙泉市龙渊街道	2009年国防后备力量基层规范化建设先进个人	丽水军分区	2010年3月
梁忆南	男	龙泉市人民政府	2010年度国防动员工作先进个人	丽水市人民政府	2010年3月

续表44

姓　名	性别	所在单位	荣誉称号	命名单位	命名年月
梅红玲	女	浙江天丰陶瓷公司	丽水市劳动模范	丽水市人民政府	2010年4月
陈颖慧	女	龙泉市司法局	“五五”普法先进个人	丽水市委、丽水市政府	2010年6月
魏安龙	男	龙泉市人武部	优秀共产党员	丽水军分区	2010年7月
金益民	男	龙泉市城北乡	2008—2009年社会治安综合治理先进个人	丽水市委、丽水市政府	2010年8月
曾高平	男	龙泉市信访局	2008—2009年社会治安综合治理先进个人	丽水市委、丽水市政府	2010年8月
金益民	男	城北乡人民政府	2008—2009年社会治安综合治理先进个人	丽水市委、丽水市政府	2010年8月
周伟平	男	龙泉市龙南乡小学	农村教师突出贡献奖	丽水市人民政府	2010年9月
雷绍林	男	龙泉市八都镇小学	农村教师突出贡献奖	丽水市人民政府	2010年9月
谢建斌	男	龙泉市茶丰小学	农村教师突出贡献奖	丽水市人民政府	2010年9月
潘群力	男	龙泉市公安局	2009年度征兵工作先进个人	丽水市人民政府	2010年9月
王　波	男	龙泉市电视台	2009年度征兵工作先进个人	丽水市人民政府	2010年9月
陈焕松	男	龙泉市疾控中心	2009年度征兵工作先进个人	丽水市人民政府	2010年9月
蔡章辉	男	龙泉市锦溪镇	民族团结进步模范个人	丽水市人民政府	2010年10月
杨洪斌	男	龙泉市八都镇	民族团结进步模范个人	丽水市人民政府	2010年11月
倪肖龙	男	龙泉市文广出版局	浙江省首届体育大会承办工作先进个人	丽水市委、丽水市政府	2010年12月
沈少波	男	龙泉市文广出版局	浙江省首届体育大会承办工作先进个人	丽水市委、丽水市政府	2010年12月
夏爱乐	男	龙泉市文广出版局	浙江省首届体育大会承办工作先进个人	丽水市委、丽水市政府	2010年12月
李土长	男	龙泉市剑池街道	2008—2010年度丽水十小行业质量安全整规工作先进个人	丽水市人民政府	2011年1月
周　俊	男	龙泉市锦溪镇	2010年度优秀专武干部	丽水市政府、丽水军分区	2011年1月
许广富	男	龙泉市人武部	2010年度新闻宣传工作先进个人	丽水军分区	2011年1月
张军武	男	龙泉市支行	2010年丽水市集体林权制度改革先进个人	丽水市人民政府	2011年3月
廖卫阳	男	龙泉市水利局	丽水市2010年抗洪（台）救灾先进个人	丽水市委、丽水市政府	2011年4月
王秀琴	女	龙泉市关工委	突出贡献奖	丽水市委、丽水市政府	2011年5月
叶宪森	男	龙泉市卫生局	2010年丽水市拥军优属先进个人	丽水市委、丽水市政府	2011年5月
何冬花	女	龙渊街道办事处	丽水市“十一五”人口和计划生育先进工作者	丽水市人民政府	2011年5月
连小琴	女	龙泉市人口计生局	丽水市“十一五”人口和计划生育先进工作者	丽水市人民政府	2011年5月
项文娟	女	龙泉市人口计生局	丽水市“十一五”人口和计划生育先进工作者	丽水市人民政府	2011年5月
郑高隆	男	龙泉市中等职业技术学校	拥军优属先进个人	丽水市委、丽水市政府	2011年5月
徐一桂	女	龙泉市委办	丽水市优秀党务工作者	中共丽水市委	2011年6月
蔡章辉	男	龙泉市锦溪镇	丽水市优秀党务工作者	中共丽水市委	2011年6月
刘宝华	男	龙泉市八都镇	2010年度节能工作先进个人	丽水市人民政府	2011年6月
刘伦明	男	龙泉市锦溪镇	2006—2010年全市法制宣传教育先进个人	丽水市委、丽水市政府	2011年7月
周建伟	男	龙泉市竹垟畲族乡	2006—2010年全市法制宣传教育先进个人	丽水市委、丽水市政府	2011年7月
陈志升 叶季廉	男	龙泉市人民医院	丽水“最美夫妻”	丽水市委、丽水市政府	2011年8月
曾为文	男	龙泉市水利局	丽水市“811”环保新三年行动先进个人	丽水市人民政府	2011年8月

续表44

姓　名	性别	所在单位	荣誉称号	命名单位	命名年月
王　慧	女	龙泉市环境保护局	丽水市“811”环保新三年行动先进个人	丽水市人民政府	2011年8月
杨善玲	女	龙泉市环境保护局	丽水市“十一五”污染减排工作先进个人	丽水市人民政府	2011年8月
李利珺	女	龙泉市统计局	丽水市“十一五”污染减排工作先进个人	丽水市人民政府	2011年8月
金东红	女	龙泉市财政局	丽水市“十一五”污染减排工作先进个人	丽水市人民政府	2011年8月
蔡章辉	男	龙泉市锦溪镇	2011年武装工作先进个人	丽水市委、丽水军分区	2011年9月
徐达伟	男	龙泉市安仁镇	武装工作先进个人	中共丽水市委	2011年9月
叶亚东	男	龙泉市住龙镇	武装工作先进个人	中共丽水市委	2011年9月
夏　卫	男	龙泉市岙石乡	武装工作先进个人	中共丽水市委	2011年9月
杨孔发	男	龙泉市公安局	2010年度征兵工作先进个人	丽水市人民政府	2011年9月
陈焕松	男	龙泉市卫生局	2010年度征兵工作先进个人	丽水市人民政府	2011年9月
吴伟俊	男	龙泉市八都镇	2010年度征兵工作先进个人	丽水市人民政府	2011年9月
施菁华	女	龙泉市残联	“十一五”期间丽水市残疾人工作先进个人	丽水市委、丽水市政府	2011年11月
许广富	男	龙泉市人武部	优秀共产党员	丽水军分区	2011年12月
叶永华	男	龙泉市岩樟乡	优秀专武干部	丽水市人民政府	2011年12月
梁云燕	女	龙泉市支行	银行卡助农取款服务工作先进个人	丽水市人民政府	2012年1月
李土长	男	龙泉市剑池街道	2011年度消防工作先进个人	丽水市人民政府	2012年3月
毛伟杰	男	龙泉市正聪青瓷研究所	丽水市劳动模范	丽水市人民政府	2012年4月
叶亚东	男	龙泉市统计局	2010—2011年度社会治安综合治理先进个人	丽水市委、丽水市政府	2012年5月
翁祥甫	男	龙泉市工商局	丽水市优秀农村工作指导员	丽水市委、丽水市政府	2012年6月
潘燕飞	女	龙泉市剑池街道	丽水市优秀农村工作指导员	丽水市委、丽水市政府	2012年6月
周林松	男	龙泉市岙石公路养护班	丽水市劳动模范	丽水市人民政府	2012年7月
徐东平	男	龙泉市质量技术监督局	创先争优优秀共产党员	中共丽水市委	2012年8月
游世德	男	龙泉市城北乡	创先争优优秀共产党员	中共丽水市委	2012年8月
王志光	男	龙泉市小梅镇	创先争优优秀共产党员	中共丽水市委	2012年8月
周姚弟	男	龙泉市安仁镇政府	创先争优优秀共产党员	中共丽水市委	2012年8月
陈志升	男	龙泉市人民医院	丽水市道德模范	丽水市委、丽水市政府	2012年9月
周林松	男	龙泉市岙石公路养护班	丽水市道德模范	丽水市委、丽水市政府	2012年9月
叶淼军	男	龙泉市龙南乡	2011年度征兵先进个人	丽水市人民政府	2012年9月
徐　宇	男	龙泉市人民医院	2011年度征兵先进个人	丽水市人民政府	2012年9月
林上成	男	龙泉市公安局	2011年度征兵先进个人	丽水市人民政府	2012年9月
陆明杭	男	龙泉市人力社保局	全市农民培训和农村实用人才工作先进个人	丽水市人民政府	2012年12月
蔡章辉	男	龙泉市锦溪镇	三等功	丽水市委、丽水市政府	2012年12月
叶　青	男	龙泉市人武部	政工网建设先进个人	丽水军分区	2012年12月
叶　青	男	龙泉市人武部	优秀共产党员	丽水军分区	2012年12月
汪建国	男	龙泉市公安局行政许可科	模范人民警察	丽水市人民政府	2013年1月

续表44

姓　名	性别	所在单位	荣誉称号	命名单位	命名年月
潘群力	男	龙泉市公安局治安大队	模范人民警察	丽水市人民政府	2013年1月
林丽丽	女	龙泉市人力社保局	2011—2012年度丽水市调解能手	丽水市委、丽水市政府	2013年2月
吴明娟	女	龙泉市剑池街道	2011—2012年度丽水市调解能手	丽水市委、丽水市政府	2013年2月
徐志平	男	龙泉市西街街道	2011—2012年度丽水市调解能手	丽水市委、丽水市政府	2013年2月
吴明娟	女	剑池街道办事处	2011—2012年度丽水市调解能手	丽水市委、丽水市政府	2013年2月

龙泉市先进单位

2008 年

【2008 年度工作目标责任制综合考核优胜单位】 2009 年 2 月 3 日中共龙泉市委、龙泉市人民政府命名

乡镇(街道)

一等奖　安仁镇

二等奖　屏南镇　上垟镇　剑池街道

三等奖　缩石乡　八都镇　兰巨乡

　　　　龙南乡　道太乡

市直部门

一等奖　市交通局

二等奖　市经贸局　市农办

　　　　市科技局

三等奖　市农业局　市水利局

　　　　市信访局　市卫生局

　　　　市公安局

　　　　市教育局　市文联

　　　　浙江龙泉工业园区

　　　　市统计局

垂直部门

市国土资源局　市国税局

市电力工业局　市农发行

市管非直属单位

市公路段　市人民医院

【先进基层党组织】 2009 年 2 月 2 日中共龙泉市委命名

农村基层组织建设先进党(工)委(5 个)

西街街道党工委　八都镇党委

小梅镇党委　缩石乡党委

龙南乡党委

先进党支部(30 个)

龙渊街道徐山后村党支部

西街街道下樟村党支部

剑池街道水南小学党支部

八都镇署网村党支部

上垟镇上源村党支部

小梅镇毛断村党支部

查田镇镇校党支部

屏南镇学校党支部

安仁镇湖尖下村党支部

锦溪镇老干部党支部

住龙镇周调村党支部

兰巨乡石坑口村党支部

缩石乡山后村党支部

龙南乡双溪村党支部

宝溪乡学校党支部

道太乡半坑村党支部

城北乡黄以村党支部

岩樟乡坑源底村党支部

竹垟畲族乡红坞村党支部

市档案局机关党支部

市凤阳山管理处党支部

市福利院、殡仪馆、殡管所联合党支部

市人民医院医技党支部

市第一中学党总支

市人民法院第二党支部

市物价局党支部

市住房资金管理中心党支部

市外贸公司党支部

市医药药材总公司党支部

市政府办机关第一党支部

【2008 年度十强工业企业】 2009 年 2 月 2 日中共龙泉市委、龙泉市人民政府命名

浙江佳和矿业集团

浙江国镜药业集团

浙江能福旅游用品有限公司

浙江商讯科技有限公司

浙江南天木业集团

浙江振宏伞业有限公司

浙江龙鑫化工有限公司

浙江凯森板业有限责任公司

龙泉英博双鹿啤酒有限公司

浙江创新汽车空调有限公司

【2008 年度行业龙头企业】 2009 年 3 月 26 日中共龙泉市委、龙泉市人民政府命名

浙江佳和矿业集团有限公司

浙江能福旅游用品有限公司

浙江创新汽车空调有限公司

浙江凯森板业有限责任公司

龙泉市英博双鹿啤酒有限公司

龙泉市金宏瓷厂

浙江金龙刀剑有限公司

浙江天和食品集团有限公司

【2008 年度发展十佳企业】 2009 年 3 月 26 日中共龙泉市委、龙泉市人民

政府命名
龙泉市金宏瓷厂
龙泉市硃矿有限公司
浙江三田滤清器有限公司
浙江龙声工艺玩具有限公司
龙泉市雨润萤石有限公司
浙江翔泰工艺品有限公司
浙江天丰陶瓷有限公司
龙泉市松信汽车空调有限公司
龙泉市兴宏木业有限公司
浙江欧亚迪汽车空调有限公司

【省文明城市创建工作先进单位】 2009年3月16日中共龙泉市委、龙泉市人民政府命名
市工商局　市文广新局　市卫生局
市教育局　市公安局交警大队
市建设局城建监察大队

【2008年度党管武装先进单位】 2009年2月2日中共龙泉市委、中共龙泉市人民武装部委员会命名
八都镇党委　锦溪镇党委
兰巨乡党委　西街街道党工委
龙渊街道党工委

【2008年党风廉政建设工作先进单位】 2009年3月4日中共龙泉市委、龙泉市人民政府命名
剑池街道　查田镇　上垟镇
财政（地税）局　林业局　公安局
行政服务中心　电力局

【2008年度宣传思想工作先进单位】 2009年2月5日中共龙泉市委命名
龙渊街道党工委　西街街道党工委
剑池街道党工委　锦溪镇党委
龙南乡党委　道太乡党委

【2008年度社会治安综合治理先进集体】 2009年3月12日中共龙泉市委、龙泉市人民政府命名
龙渊街道　西街街道　八都镇
安仁镇　小梅镇　锦溪镇　龙南乡
发改局　财政局　水利局　统计局
文广新局　移民办　交警大队

【2008年信访工作先进集体】 2009年3月13日中共龙泉市委、龙泉市人民政府命名
优胜单位：竹垟畲族乡　城北乡
查田镇　屏南镇　锦溪镇
住龙镇
先进单位：剑池街道　八都镇
上垟镇　硋石乡　小梅镇
市纪委　市法院　市安监局
市财税局　市卫生局

【龙泉市文明单位】 2009年3月13日中共龙泉市委、龙泉市人民政府命名
文明单位：市移民办公室
市食品药品监督管理局
市农村信用合作社
市公安局交警大队
市卫生监督所　市中医院
市剑瓷外国语实验中学
香溢大酒店
将军假日酒店
文明乡镇：查田镇　竹垟畲族乡
兰巨乡　城北乡　岩樟乡
文明街道：龙渊街道　西街街道
剑池街道
文明村：八都镇供际村　上垟镇上源村
住龙镇白岩村
兰巨乡石坑口村
岩樟乡何坑村
竹垟畲族乡红坞村
文明社区：龙渊街道城东社区
剑池街道南大洋社区

2009年

【2009年度工作目标责任制考核获奖单位】 2010年2月9日中共龙泉市委、龙泉市人民政府命名
乡镇（街道）
一等奖　八都镇
二等奖　竹垟畲族乡　上垟镇
剑池街道
三等奖　龙渊街道　小梅镇　兰巨乡
住龙镇　锦溪镇　道太乡　城北乡
市管部门
一等奖　浙江龙泉工业园区
二等奖　公安局　科技局　农办
财政（地税）局　招商办
三等奖　经贸局　龙泉一中　信访局
团市委　交警大队
安监局　行政服务中心
凤阳山管理处
文广新局（体育局）
垂直部门
优胜奖　工商局　烟草局　传输局
工商银行　国土局

【先进基层党组织】 2010年2月26日中共龙泉市委命名
农村基层组织建设先进党（工）委（5个）
西街街道党工委　锦溪镇党委
安仁镇党委　硋石乡党委
岩樟乡党委
先进党支部（30个）
龙渊街道砝步村党支部
西街街道七村党支部
剑池街道离退休干部党支部
八都镇二村党支部
上垟镇黄渡村党支部
小梅镇上梅村党支部
查田镇上墩村党支部
屏南镇均益村党支部
安仁镇季山头村党支部
锦溪镇中心卫生院党支部
住龙镇白岩村党支部
兰巨乡张山村党支部
硋石乡上坞村党支部
龙南乡兴源村党支部
宝溪乡半岭村党支部

道太乡蛤湖村党支部
城北乡河坑塘村党支部
岩樟乡仓坞村党支部
竹垟畲族乡罗墩村党支部
市委办公室机关党总支
市水利局执法党支部
市移民办公室党支部
市科技局党支部
市人民医院行政党支部
市人民检察院第二党支部
市城建监察大队党支部
市工商局机关第一支部
市安监局党支部
市公路段党总支
市人劳社保局就业管理处党支部

【2009年度十强工业企业】 2010年2月21日中共龙泉市委、龙泉市人民政府命名
浙江佳和矿业集团
浙江国镜药业集团
浙江能福旅游用品有限公司
浙江南天集团
龙泉市砩矿有限责任公司
龙泉市绿源人造板有限公司
龙泉英博双鹿啤酒有限公司
浙江商讯科技有限公司
龙泉市金宏瓷厂
浙江凯森板业有限责任公司

【2009年度贡献十大工业企业】 2010年2月21日中共龙泉市委、龙泉市人民政府命名
浙江佳和矿业集团
浙江南天集团
龙泉市砩矿有限责任公司
浙江能福旅游用品有限公司
浙江国镜药业集团
浙江龙声工艺玩具有限公司
浙江三田滤清器有限公司
浙江商讯科技有限公司
浙江振宏伞业有限公司
浙江创新汽车空调有限公司

【2009年度发展十佳工业企业】 2010年2月21日中共龙泉市委、龙泉市人民政府命名
龙泉市双枪竹木有限公司
浙江创新汽车空调有限公司
浙江龙鑫化工有限公司
浙江天和食品有限公司
忠港(龙泉)礼品家俱有限公司
浙江新兴汽车空调有限公司
浙江新劲空调设备有限公司
龙泉市广龙汽车空调配件有限公司
浙江翔泰工艺品有限公司
浙江松信汽车空调有限公司

【省级生态市创建工作先进单位】 2010年5月11日中共龙泉市委、中共龙泉市人民政府命名
市农办　市农业局　市水利局
市环保局　市委宣传部　市林业局
市民政局　浙江龙泉工业园区
龙渊街道　安仁镇　兰巨乡
道太乡　龙渊街道五村

【2009年度党管武装先进单位】 2010年2月中共龙泉市委、中共龙泉市人民武装部委员会命名
龙渊街道党工委　西街街道党工委
安仁镇党委　住龙镇党委
宝溪乡党委

【2009年度党风廉政建设工作先进单位】 2010年3月10日中共龙泉市委、龙泉市人民政府命名
乡镇(街道)
剑池街道　上垟镇　锦溪镇
竹垟畲族乡
市直部门
经贸局　公安局
浙江龙泉工业园区
财政(地税)局
垂直管理部门
工商局

【2009年度宣传思想工作先进单位】 2010年2月9日龙泉市委员会命名
龙渊街道党工委　西街街道党工委
剑池街道党工委　八都镇党委
小梅镇党委　龙南乡党委

【2009年度社会治安综合治理先进集体】 2010年3月25日中共龙泉市委、龙泉市人民政府命名
龙渊街道　剑池街道　安仁镇
小梅镇　住龙镇　道太乡　发改局
国土局　电力局　统计局
浙江龙泉工业园区　移办　交警大队

【2009年度信访工作先进集体】 2010年3月25日中共龙泉市委、龙泉市人民政府命名
优胜单位
八都镇　住龙镇　屏南镇
竹垟畲族乡　础石乡
先进集体
龙渊街道　上垟镇　查田镇　安仁镇
宝溪乡　市纪委　市财政局
市农业局　市水利局　市经贸局

【2009年度市级文明单位】 2010年4月6日中共龙泉市委、龙泉市人民政府命名
文明单位
公安局
丽水出入境检验检疫局龙泉办事处
龙泉市广播转播台
市环境卫生管理处
市城建监察大队
市城市管理监督中心
市阳光老年福利中心
文明乡镇
安仁镇　屏南镇　龙南乡

2010年

【2010年度目标责任制考核获奖单位】 2011年2月9日中共龙泉市委、龙泉市人民政府命名

乡镇(街道)

一等奖　宝溪乡

二等奖　八都镇　查田镇　住龙镇

三等奖　安仁镇　剑池街道　上垟镇
　　　　小梅镇　竹垟畲族乡　锦溪镇

市管部门

一等奖　浙江龙泉工业园区　发改局

二等奖　行政服务中心　人劳社保局
　　　　经贸局　交通局　农业局

三等奖　公安局　水利局　信访局
　　　　建设局　科技局　招商办
　　　　安监局　中职校
　　　　总工会统计局　人民医院

垂直部门

优胜奖　国税局　质监局　信用联社
传输局　气象局

【2010年度先进基层党组织】 2011年2月9日中共龙泉市委命名

农村基层组织建设先进党(工)委(5个)

龙渊街道党工委　查田镇党委
屏南镇党委　宝溪乡党委
道太乡党委

先进党(总)支部(30个)

龙渊街道菜村党支部
西街街道西新小学党支部
剑池街道松溪弄村党支部
八都镇大坦村党支部
上垟镇中村村党支部
小梅镇金村村党支部
查田镇溪西村党支部
屏南镇坪田叶村党支部
安仁镇大丘另村党支部
锦溪镇墙甲村党支部
住龙镇建胜村党支部
兰巨乡大赛村党支部
础石乡南弄村党支部
宝溪乡半岭村党支部
龙南乡东坑村党支部
道太乡源口村党支部
岩樟乡金源村党支部
城北乡鹤场村党支部
竹垟畲族乡红坞村党支部
市委统战部机关党支部
市气象局党支部
市民政局殡葬管理所党支部
市委宣传部机关党支部
市中等职业学校党委
市公安局交警大队党支部
市审计局机关党支部
市烟草专卖局党支部
市公路运输管理稽征所党支部
市政府办公室行政党支部
市食品药品监督管理局机关党支部

【2010年度十强工业企业】 2011年2月15日中共龙泉市委、龙泉市人民政府命名

浙江佳和矿业集团
巨泰特种钢有限公司
浙江南天集团
浙江国镜药业有限公司
龙泉市骏隆钢业有限公司
浙江能福旅游用品有限公司
商讯集团有限公司
龙泉市砩矿有限公司
龙泉市金宏瓷厂
浙江凯森板业有限公司

【2010年度贡献十大工业企业】 2011年2月15日中共龙泉市委、龙泉市人民政府命名

浙江佳和矿业集团
巨泰特种钢有限公司
浙江能福旅游用品有限公司
浙江南天集团
龙泉市砩矿有限公司
龙泉市骏隆钢业有限公司
龙泉市金宏瓷厂
浙江国镜药业有限公司
浙江创新汽车空调有限公司
浙江龙鑫化工有限公司

【2010年度发展十佳工业企业】 2011年2月15日中共龙泉市委、龙泉市人民政府命名

浙江三田滤清器有限公司
浙江天和食品有限公司
浙江银隆不锈钢有限公司
浙江欧力木业有限公司
浙江松信汽车空调有限公司
浙江龙声工艺玩具有限公司
浙江新兴汽车空调有限公司
浙江兰通空调设备有限公司
浙江晨光食品有限公司
浙江奔际不锈钢有限公司

【2010年度党管武装先进单位】 2011年2月10日中共龙泉市委、中共龙泉市人民武装部委员会命名

八都镇党委　兰巨乡党委
础石乡党委　龙南乡党委
剑池街道党工委

【2010年度党风廉政建设工作先进单位】 2011年3月17日中共龙泉市委、龙泉市人民政府命名

乡镇(街道)

剑池街道　查田镇　八都镇　住龙镇

市直部门

市人事劳动社会保障局　市人民法院
市行政服务中心　市发展和改革局

垂直管理部门

农村信用合作联社

【2010年度宣传思想文化工作先进单位】 2011年3月7日中共龙泉市委命名

八都镇党委　小梅镇党委
安仁镇党委　础石乡党委

龙南乡党委　竹垟畲族乡党委

【2010年度社会治安综合治理先进集体】 2011年3月7日中共龙泉市委、龙泉市人民政府命名

剑池街道　八都镇　安仁镇　查田镇
锦溪镇　龙南乡　兰巨乡　公安局
检察院　建设局　电力局　水利局
交通局　统计局　龙泉一中

【2010年度信访工作先进集体】 2011年3月18日中共龙泉市委、龙泉市人民政府命名

优秀单位：上垟镇　住龙镇　宝溪乡
岩樟乡　城北乡

先进单位：龙渊街道　小梅镇　屏南镇
道太乡　竹垟乡　纪委
经贸局　卫生局　农业局
教育局

【2010年度市级文明单位】 2011年2月11日中共龙泉市委、龙泉市人民政府命名

龙泉市统计局
中国邮政储蓄银行龙泉市支行
浙江泰隆商业银行丽水龙泉支行
龙泉市第四中学
龙泉市公安局道太派出所
龙泉国际大酒店　龙泉市宝剑厂

2011年

【2011年度工作目标责任制获奖单位】 2012年1月29日中共龙泉市委、龙泉市人民政府命名

乡镇（街道）

一等奖　剑池街道
二等奖　安仁镇　宝溪乡　上垟镇
三等奖　兰巨乡　八都镇　小梅镇
住龙镇　锦溪镇　岩樟乡

市管部门

一等奖　浙江龙泉工业园区
二等奖　建设局　农办　经信局
发改局　人力社保局
三等奖　公安局　农业局　交通局
行政服务中心　信访局
统计局　中职校　青瓷宝剑产业局　龙泉一中　妇联

垂直管理部门

优胜奖　国税局　信用联社　质监局
工商局　建设银行

【2011年度先进基层党组织】 2012年1月29日中共龙泉市委命名

农村基层组织建设先进党(工)委(5个)

剑池街道党工委　上垟镇党委
小梅镇党委　础石乡党委
龙南乡党委

先进党(总)支部(30个)

龙渊街道沙潭村党支部
西街街道个私协党支部
剑池街道立新村党支部
八都镇小窖村党支部
上垟镇上源村党支部
小梅镇半边月村党支部
查田镇查一村党支部
屏南镇金林村党支部
安仁镇季山头村党支部
锦溪镇中锦村党支部
住龙镇建胜村党支部
兰巨乡大汪村党支部
础石乡李山头村党支部
宝溪乡坑里村党支部
龙南乡双溪村党支部
道太乡王庄村党支部
岩樟乡柳山头村党支部
城北乡河里村党支部
竹垟畲族乡五四村党支部
市委党校党支部
市阳光老年福利中心党支部
市人民医院行政党支部
龙泉一中第四党支部
市公安局机关第三党支部
市建设局机关党支部
国家统计局龙泉调查队党支部
市供销社机关党支部
市经信局机关党支部
市公路管理局党总支
市人力社保局就业处党支部

【2011年度十强工业企业】 2012年1月29日中共龙泉市委、龙泉市人民政府命名

浙江佳和矿业集团
巨泰特种钢有限公司
南天集团有限公司
商讯集团有限公司
龙泉市砩矿有限责任公司
浙江能福旅游用品有限公司
龙泉骏隆钢业有限公司
龙泉市金宏瓷厂
浙江凯森板业有限责任公司
浙江创新汽车空调有限公司

【2011年度贡献十大工业企业】 2012年3月30日中共龙泉市委、龙泉市人民政府命名

浙江佳和矿业集团
南天集团有限公司
龙泉市砩矿有限责任公司
浙江能福旅游用品有限公司
龙泉市金宏瓷厂
浙江三田滤清器有限公司
浙江凯森板业有限责任公司
商讯集团有限公司
浙江兰通空调设备有限公司
巨泰特种钢有限公司

【2011年度发展十佳工业企业】 2012年3月30日中共龙泉市委、龙泉市人民政府命名

浙江松信汽车空调有限公司
浙江天和食品有限公司
浙江龙翔休闲用品有限公司
龙泉奥德工艺品有限公司
浙江奔际不锈钢有限公司

浙江银隆不锈钢有限公司
忠港龙泉礼品家俱有限公司
浙江新劲空调设备有限公司
浙江金丰机械设备有限公司
浙江毅力汽车空调有限公司

【国家森林城市创建工作先进集体】 2011年7月1日中共龙泉市委、龙泉市人民政府命名
突出贡献奖：林业局　建设局
先进单位：交通局　水利局　教育局
　　　　　广播电视台

【2011年度党管武装先进单位】 2012年1月29日中共龙泉市委、中共龙泉市人武部党委命名
查田镇党委　住龙镇党委
龙南乡党委　兰巨乡党委
竹垟畲族乡党委

【2011年度党风廉政建设工作先进单位】 2012年5月9日中共龙泉市委、龙泉市人民政府命名
乡镇（街道）
剑池街道　查田镇　上垟镇　龙南乡
安仁镇
市直部门
市公安局　市人力社保局　市经信局
市行政服务中心
垂直管理部门
市工商局

【2011年度宣传思想工作先进单位】 2012年2月6日中共龙泉市委命名
剑池街道党工委　小梅镇党委
兰巨乡党委　龙南乡党委
础石乡党委　岩樟乡党委

【2011年度社会治安综合治理工作先进集体】 2012年3月30日中共龙泉市委、龙泉市人民政府命名
西街街道　剑池街道　小梅镇
屏南镇　兰巨乡　城北乡　础石乡
公安局　司法局　交通局　电力局
机关党工委　总工会
住房资金管理中心　公路运输管理所

【2011年度信访工作先进集体】 2012年3月28日中共龙泉市委、龙泉市人民政府命名
优秀单位
屏南镇　住龙镇　宝溪乡
先进单位
龙渊街道　上垟镇　查田镇　龙南乡
竹垟畲族乡　纪委　组织部　卫生局
水利局　民政局

【2011年度龙泉市文明单位】 2012年3月26日中共龙泉市委、龙泉市人民政府命名
市人民法院　市发改局
中国太平洋财产保险股份有限公司龙泉支公司　市公安局上垟派出所

2012年

【2012年度“比学赶创、争先进位”综合考核获奖单位】 2013年2月4日中共龙泉市委、龙泉市人民政府命名
乡镇（街道）
一等奖　小梅镇
二等奖　西街街道　八都镇
三等奖　安仁镇　龙渊街道　岩樟乡
　　　　锦溪镇　住龙镇
市管部门
一等奖　工业园区
二等奖　农办　发改局　农业局
财政局　人力社保局
三等奖　行政服务中心　水利局
　　　　信访局　公安局　统计局
　　　　妇联　质监局
市管非直属部门、垂直管理部门
优胜奖　中职校　龙泉一中
　　　　信用联社　烟草局　移动公司

【2012年度先进基层党组织】 2013年2月6日中共龙泉市委命名
农村基层组织建设先进党（工）委（5个）
西街街道党工委　八都镇党委
小梅镇党委　锦溪镇党委
础石乡党委
先进党（总）支部（31个）
龙渊街道岭坤村党支部
西街街道离退休党支部
剑池街道立新村党支部
八都镇白水村党支部
上垟镇岱源村党支部
小梅镇西坑村党支部
查田镇竹舟村党支部
屏南镇干上村党支部
安仁镇湖尖下村党支部
锦溪镇半溪村党支部
住龙镇水塔村党支部
兰巨乡河川村党支部
础石乡冷水亭村党支部
宝溪乡溪头村党支部
龙南乡北公村党支部
道太乡双平管理区党总支部
岩樟乡金源村党支部
城北乡河里村党支部
竹垟畲族乡罗墩村党支部
浙江立丰机械零部件有限公司党支部
纪检监察机关党支部
公安局森林分局党支部
水利局水利支部
中医院党支部
人口计生局机关党支部
人民法院机关第三支部
环保局机关党支部
农村信用联社机关党支部
工业园区机关党支部
道路运输管理局党支部
行政服务中心党支部

【2012年度十强工业企业】 2013年2月6日中共龙泉市委、龙泉市人民政府命名

浙江佳和矿业集团
巨泰特种钢有限公司
南天集团有限公司
浙江国镜药业有限公司
龙泉市砩矿有限责任公司
龙泉市金宏瓷厂
商讯集团有限公司
浙江能福旅游用品有限公司
浙江创新汽车空调有限公司
浙江凯森板业有限责任公司

【2012年度亩产贡献十大企业】 2013年3月22日中共龙泉市委、龙泉市人民政府命名
龙泉市金宏瓷厂
浙江新劲空调设备有限公司
浙江施克汽车配件有限公司
浙江国镜药业有限公司
浙江能福旅游用品有限公司
商讯集团有限公司
巨泰特种钢有限公司
浙江聚珍园食品有限公司
浙江恒祥玩具有限公司
浙江三田滤清器有限公司

【2012年度工业发展十佳企业】 2013年3月22日中共龙泉市委、龙泉市人民政府命名
浙江新劲空调设备有限公司
浙江三田滤清器有限公司
浙江施克汽车配件有限公司
浙江佰加汽车空调有限公司
龙泉市瓯江青瓷有限公司
浙江银隆不锈钢有限公司
浙江恒祥玩具有限公司
忠港龙泉礼品家俱有限公司
龙泉市永鑫席业有限公司
龙泉市方宏空调设备有限公司

【2012年度党管武装先进单位】 2013年2月17日中共龙泉市委、中共龙泉市人武部党委命名
八都镇党委　小梅镇党委
锦溪镇党委　屏南镇党委
城北乡党委

【2012年度党风廉政建设工作先进单位】 2013年4月2日中共龙泉市委、龙泉市人民政府命名
乡镇(街道)
小梅镇　西街街道　查田镇　住龙镇
宝溪乡
市直部门
财政局　水利局　检察院
人力社保局
垂直管理单位
电力工业局

【2012年度宣传思想工作先进单位】
2013年2月17日中共龙泉市委命名
西街街道党工委　八都镇党委
上垟镇党委　小梅镇党委
安仁镇党委　兰巨乡党委
础石乡党委

【2012年度社会治安综合治理工作先进集体】 2013年2月6日中共龙泉市委、龙泉市人民政府命名
西街街道　八都镇　查田镇　锦溪镇
础石乡　宝溪乡　龙南乡　工业园区
林业局　水利局　国土局　民政局
卫生局　公安局　发改局
交通运输局　人力社保局

【2012年度信访工作先进集体】 2013年2月6日中共龙泉市委、龙泉市人民政府命名
优秀单位:住龙镇　竹垟畲族乡
城北乡　锦溪镇　宝溪乡
岩樟乡　屏南镇　龙南乡
剑池街道
先进单位:西街街道　龙渊街道
小梅镇　兰巨乡　道太乡
纪委(监察局)　建设局
经信局　移办　财政局

龙泉市先进个人

2008 年

【2008 年度工作目标责任制综合考核优胜个人】 2009 年 2 月 2 日中共龙泉市委、龙泉市人民政府命名

市直单位正职

刘赤波　刘立欣　徐东华　汤克豪
叶伟玲　季春宝　诸葛春杰　张　明
陈惠锋　季　虹　叶宪森

市直单位副职

徐显林　罗观荣　周朝阳　刘福明
陈龙根　罗叶中　叶仪俊　姚淡珍
杜作秀　季旭雄　徐敏勇　叶伟林
毛建平　叶有根　叶李琴　王为武
王倩萍　洪汝锋　丁予琪　管忠新
金建武　翁小平　周晓峰　邹迎春

乡镇、街道正职

朱道伟　罗孝林　顾奕滨　吴照培
刘新民　郑玉贤　付建伟　蓝宁虹

乡镇、街道副职

王伟彬　祝新明　刘宝华　许年冯
徐宗南　方永忠　项根森　项　敏
翁积文　周光洪　吴　敏　张永呈
沈世华　杨慎荣　吴明娟　杨孔旺

【2008 年度优秀共产党员】 2009 年 2 月 2 日中共龙泉市委命名(76 名)

杨洪斌　郑锡伟　张　平　吴炳森
张　炜　林晓云　叶少红　钟永明
吴晓平　吴建华　蒋老三　叶宪林　张献明
叶淼军　朱金养　张传高　叶　峻
吴世甫　吴明华　季秉时　王法祥
邓春山　周相珍　叶苏平　侯兴怡
何根生　毛小生　汤树清　郭家赞
练菊华　叶世海　季荣芳　游青田
李森元　张佛庚　叶庆胜　吴丽红
蒋时明　周建兴　蔡　丹　周水平
张祖华　徐月霞　杨建平　徐信龙
黄昌龙　叶运林　方五妹　李观连
雷月荣　周光忠　张长山　刘赤波
黄国勇　杨军峰　刘立欣　郑向东
陈齐军　金建武　蒋伟平　朱光喜
洪长胜　管为平　姚逸群　殷世平
徐建伟　邱振昌　徐松有　张亦梅
梅　丹　杨盛华　章建华　李伟娟
张金炎　吴立新　张福回

【2008 年度优秀党务工作者】 2009 年 2 月 2 日中共龙泉市委命名(15名)

曾高平　徐达伟　项韶芬　李林涛
季美莲　李　力　毛传青　刘年根
胡卫亮　徐先强　徐东华　钟文俊
季明星　吴发扬　周卫平

【2008 年度优秀局长】 2009 年 2 月 2 日中共龙泉市委、龙泉市人民政府命名

市直单位

叶伟玲　华志和　胡卫亮　刘立欣
瞿懋平　刘赤波　张　明　吴旭文　何跃军　何登新
徐东华　游金元

垂直管理单位

罗新海　李泉清　黄美琴　严寅亮
熊少瑛　徐东平　毛仁庭

【2008 年度三创十佳干部】 2009 年 2 月 4 日中共龙泉市委、龙泉市人民政府命名

季根荣　胡卫亮　周义泉　吴邦南
余建秀　黄克强　邓雪蓉　范康生
叶水明　李颂儿

【龙泉市十佳乡镇干部】 2009 年 3 月 6 日中共龙泉市委组织部命名

龙渊街道　叶祖深
西街街道　王松长
剑池街道　李先样
小梅镇　王志光　查田镇　华志利
屏南镇　蒋有华　安仁镇　连巧平
住龙镇　李廖珍　龙南乡　项和平
宝溪乡　徐月霞

【2008 年度优秀企业家】 2009 年 3 月 26 日中共龙泉市委、龙泉市人民政府命名

叶建和　浙江佳和矿业集团董事长
李能福　浙江能福旅游用品有限公司董事长
蔡焕镜　浙江国镜药业集团董事长
林建康　浙江商讯科技有限公司董事长
骆美强　浙江南天木业集团董事长

【2008年度优秀创业者】 2009年3月26日中共龙泉市委、龙泉市人民政府命名

季建真　浙江披云食品股份有限公司董事长
范爱松　浙江新劲汽车空调有限公司董事长
林　伟　龙泉市亿林木制品厂总经理
林有泉　龙泉市金鸿汽车空调有限公司董事
张　伟　龙泉市奥德工艺品有限公司总经理

2009年

【2009年度工作目标责任制综合考核优胜个人】 2010年2月7日中共龙泉市委命名

市直单位正职

诸葛春杰　华志和　吴联峰　罗孝林　叶伟玲　徐东华　胡武海　陈惠锋　王仁学　季春宝　王振春

市直单位副职

周品旺　廖正青　吴邦南　陈齐军　洪汝锋　柳盛华　王继春　季旭雄　徐显林　季新良　商越敏　叶大新　郑夏来　叶伟军　周晓峰　陆正寿　叶李琴　周伟军　王永卢　叶仪俊　管　策　金建武　叶必忠　雷绍丽　徐敏勇　陈善长　章华君

乡镇、街道正职

杨洪斌　郑锡伟　李先顶　吴照培　朱道伟　季根荣

乡镇、街道副职

项根森　周光洪　包成俊　姜国梅　项　敏　翁积文　周建伟　彭小军　汤如招　许积高　吴明娟　杨慎荣　徐宗南　严焕红　祝新明　吴孝龙

【2009年度优秀共产党员】 2010年2月26日中共龙泉市委命名

杨洪斌　杜作秀　杨新根　许积标　周建敏　徐炳松　叶祖深　刘树长　叶昌杰　叶宪林　王海勇　刘立山　张爱萍　叶金元　胡宇飞　蒋继树　兰盛华　叶树芳　陈日根　叶樟根　钱伟娟　朱作祥　曹和松　姜前生　高世兰　吴盛其　李小平　王月华　叶良宜　周永郁　周元水　张水平　周建元　周　俊　叶金荣　叶庆胜　方平飞　徐先学　游晓霞　陆庆军　杨少云　金有荣　叶　莉　方廷树　林　波　潘有根　毛犬根　方五妹　刘月霞　谢松林　叶伟玲　叶宪森　徐东平　罗孝林　叶伟林　杨孔发　李　春　潘芳红　徐肇友　赵利龙　刘伟林　何　昀　邹新文　蒋吉林　周智勇　秦建华　季　珍　邱绍林　杨惠珍　汤如库　林必力　吴良菊　张龙生　林少平

【2009年度优秀党务工作者】 2010年2月26日中共龙泉市委命名

蔡章辉　林先龙　蔡章英　杨慎荣　季美莲　华志和　李　力　吴旭文　吴宏涛　叶大新　柳兆鹏　金建武　周美娟　徐一桂　周良俊

【2009年度优秀局长】 2010年2月4日中共龙泉市委、龙泉市人民政府命名

市直单位

陈惠锋　叶伟玲　华志和　郑玉贤　胡卫亮　王仁学　何登新　何跃军　叶宪森　瞿承健　徐东华

垂直管理单位

李泉清　罗新海　毛仁庭　吴宏涛　徐东平　熊少瑛

【2009年度三创型十佳干部】 2010年2月22日中共龙泉市委、龙泉市人民政府命名

付建伟　胡卫亮　张晓芳　罗观荣　刘远波　包伟明　谢泽民　吴晓平　徐志年　周起平

【2009年度优秀企业家和创业者】 2010年2月21日中共龙泉市委、龙泉市人民政府命名

优秀企业家

叶建和　浙江佳和矿业集团董事长、总裁
蔡焕镜　浙江国镜药业集团董事长
王振中　中国巨泰特种钢有限公司总裁
李能福　浙江能福旅游用品有限公司董事长
骆美强　浙江南天集团董事长

优秀创业者

丘文荣　浙江翔泰工艺品有限公司董事长
何根平　浙江兰通空调设备有限公司董事长
张　伟　龙泉市奥德工艺品有限公司总经理
蒋小龙　浙江蒋氏刀剑有限公司董事长
梁　伟　浙江耐斯特电机有限公司总经理

2010年

【2010年度工作目标责任制综合考核优胜个人】 2011年2月9日中共龙泉市委命名

市直单位正职

诸葛春杰　管君友　华志和　罗孝林　徐东华　胡卫亮　罗新海　陈惠锋　董庆文　季春宝　孙方鸿

市直单位副职

胡盛锋　周丽丽　吴邦南　王为武　顾奕滨　王继春　徐起平　季旭雄　叶松生　毛建伟　周晓峰　张　平　罗观荣　黄培松　王永卢　张献珍　管忠新　李利珺　连　雄　金建武　卢晓霞　邹迎春　柳兆鹏　陈善长

乡镇、街道正职

杨洪斌　付建伟　刘新民　许积标
夏　卫　叶亚东　季向阳

乡镇、街道副职

姜国梅　杨惠民　许积高　林宗德
陈伟平　叶秀起　吴　敏　翁积文
李建平　蔡章英　周伟元　吴孟秋
叶敦全　叶新忠　项火培

【2010年度优秀共产党员】 2011年2月9日中共龙泉市委命名

郑锡伟　余盛全　练　斌　李乐平
叶有娟　周海珍　李能福　吴晓平
钟荣根　刘晓花　周淼林　王世养
张爱萍　叶淼军　吴水美　赵利生
杨　华　蔡三文　黄　霞　雷绍林
钱伟娟　严伟平　曹和松　王志光
张　伟　吴有武　叶素荣　刘远波
叶忠树　季菁萍　叶昌尧　潘增荣
游青田　周　俊　叶芳林　吴宜龙
吴火林　季根友　洪声明　刘继军
陆庆军　项林明　周伟平　杨建平
方廷树　吴健霞　柳　青　叶运林
毛观仁　吴建民　张长山　胡卫亮
张青元　王仁学　邓红华　张兆林
姚逸慧　吴发扬　刘胜龙　邓小萌
汪方媛　张利彬　胡炳康　梅舒清
彭兴龙　吴芝龙　范红森　梅　丹
汤如库　周智勇　毛义文　龚华锋
刘　伟　赖　俊

【2010年度优秀党务工作者】 2011年2月9日中共龙泉市委命名

刘新民　蒋伟平　许年冯　叶敦全
周相珍　管君友　李　力　吴荣林
徐怀坤　潘黎松　李泉清　龚贤伟
邬必锋　王锡林　张　平

【2010年度优秀局长】 2011年2月11日中共龙泉市委、龙泉市人民政府命名

市直单位

陈惠锋　华志和　何登新　王仁学
胡卫亮　郑玉贤　董庆文　曾高平
何跃军　徐东华

垂直管理单位

叶伟玲　李泉清　吴宏涛　徐东平
从贵华　潘黎松

【2010年度三创十佳干部】 2011年2月9日中共龙泉市委、龙泉市人民政府命名

林先龙　李先顶　刘年根　张晓峰
包成俊　杨孔发　连巧平　孙卫良
方金华　王继亮

【2010年度优秀企业家、优秀创业者】 2011年2月15日中共龙泉市委、龙泉市人民政府命名

优秀企业家

叶建和　浙江佳和矿业集团总裁
蔡焕镜　浙江国镜药业有限公司董事长
李能福　浙江能福旅游用品有限公司董事长
王明华　巨泰特种钢有限公司总裁
骆美强　浙江南天集团董事长

优秀创业者

罗伟鸣　浙江凯森板业有限公司董事长
周　岳　浙江中远环境科技有限公司董事长
徐春波　龙泉市砩矿有限公司总经理
何根生　浙江欧亚迪汽车空调器有限公司董事长
毛有文　浙江荣鑫电源科技有限公司董事长

2011年

【2011年度市管领导干部工作目标责任制综合考核优胜个人】 2012年1月30日中共龙泉市委命名

市直单位正职

顾奕滨　华志和　刘新民　吴联峰
杨洪斌　罗新海　徐东华　王仁学
吴小波　李先顶　孙方鸿

市直单位副职

叶伟林　廖正青　桂　滨　王为武
张　震　李根通　管　策　王继春
周美娟　陈龙根　叶松生　刘雪波
罗观荣　张　平　项　敏　周玛瑾
华志平　姚淡珍　李　春　项伟剑
杨孔发　唐　军　雷绍丽　陈善长
毛建平

乡镇、街道正职

付建伟　夏　卫　余盛全　杨新根
林先龙　郑锡伟

乡镇、街道副职

夏剑峰　练　斌　蒋伟平　蔡章英
林　俊　林德永　周建伟　叶伟平
叶莲娟　杨惠民　骆驰宇　徐宗南
李良忠　洪长胜　季美莲

【2011年度优秀共产党员】 2012年1月29日中共龙泉市委命名

杨新根　杜作秀　蔡章辉　陈齐军
游世德　毛丽萁　蒋雅梅　李能福
陈　金　邱火发　林必有　张树林
张传荣　吴水美　吴金香　张爱萍
陈晶晶　季长水　陈梓真　郑卫平
朱作祥　蔡章付　黄小军　徐起金
张红丽　王卫春　李国华　张　广
叶其华　季菁萍　练菊华　游青田
叶昌尧　周　俊　叶芳芳　吴宜龙
季伟明　汤克鑫　王元友　邱献平
陆庆军　夏周兴　叶爱美　刘武欢
殷声志　兰志锋　兰　俊　杨丽芬
季水华　何建国　何跃军　叶宪森
杨洪斌　廖正青　吴孝龙　艾丽青
雷路生　周欧蕾　姚逸群　叶卫平
邱振昌　何　昀　张　玲　钟建友
黄华森　毛传登　张世法　朱琳琳
陈智发　季　荣　周向军　张金炎
张建林　陈维平

【2011年度优秀党务工作者】 2012年1月29日中共龙泉市委命名

郑锡伟 季文峰 叶亚东 李德菊
徐菊霞 李 力 游金元 徐东华
罗新海 管忠新 王为武 常亚静
金建武 陈龙根 祝新明 王永卢

【2011年度优秀局长】 2012年1月29日中共龙泉市委、龙泉市人民政府命名

市直单位

华志和 徐东华 郑玉贤 王仁学
叶宪森 杨洪斌 陈正成 徐怀坤
周善清 罗新海

垂直管理单位

徐东平 毛仁庭 从贵华 熊少瑛
郑亚林

【2011年度龙泉市十佳创业村干部】 2012年1月29日中共龙泉市委、龙泉市人民政府命名

陈 金 龙渊街道村头村党支部书记
吴水娥 安仁镇安福村党支部书记
吴美芬 宝溪乡溪头村党支部书记
叶水明 剑池街道茶坦村党支部书记
雷春华 竹垟乡罗墩村村委会主任
季益恒 兰巨乡炉岙村村委会主任
方金华 八都镇东音村村委会主任
吴明才 上垟镇木岱口村党支部书记
方建新 城北乡大贵溪村党支部书记
毛仁山 屏南镇上畲村村委会主任

【2011年度优秀企业家和优秀创业者】 2012年3月30日中共龙泉市委、龙泉市人民政府命名

优秀企业家

叶建和 浙江佳和矿业集团董事长、总裁
王明华 巨泰特种钢有限公司总裁
李能福 浙江能福旅游用品有限公司董事长
骆美强 浙江南天集团董事长
罗伟鸣 浙江凯森板业有限责任公司董事长

优秀创业者

徐春波 龙泉市砩矿有限责任公司总经理
何根平 浙江兰通空调设备有限公司董事长
吴子敬 浙江天和食品有限公司董事长
何立伟 浙江金丰机械设备有限公司总经理
范爱松 浙江新劲汽车空调有限公司董事长

2012年

【2012年度市管领导干部工作目标责任制综合考核优胜个人】 2013年2月6日中共龙泉市委命名

市直单位正职

黄国勇 顾奕滨 许伟敏 徐东华
吴联峰 何跃军 曾 强 王仁学
潘祝平 李先顶 王振春

市直单位副职

金 伟 徐一桂 方 岳 杨华锋
吕 俊 祝新明 罗观荣 艾丽青
郑夏来 王 萍 季新良 周晓峰
刘世映 毛建伟 潘一俊 李 春
林跃进 刘永有 杨良泽 杨孔发
卢晓霞 王 伟 叶必忠 陈善长
吴遇有

乡镇、街道正职

林晓军 许积标 季向阳 杨新根
林先龙 管君友

乡镇、街道副职

蒋伟平 吴明娟 翁远先 周伟元
彭小军 杨慎荣 翁积文 甄 峻
季美莲 季 瑜 蓝幸杏 毛秀梅
林 俊 叶莲娟 饶秋平

【2012年度优秀共产党员】 2013年2月6日中共龙泉市委命名

李福兴 周品旺 吴火荣 季龙青
刘美菊 项火培 胡伟君 林晓云
吴晓平 王 俊 龚建芬 周伟红
廖永根 林 梅 张爱萍 吴春兰
季润环 徐端浩 骆先有 邱光达
翁家宝 金佩珍 金景聪 林 峰
徐起金 张 伟 刘马奶 吴建时
张丽娟 汤树清 季菁萍 张光伟
叶志明 叶马菊 刘琼瑞 刘 斌
曾 莹 兰显明 项明生 邱张培
邱献平 陆庆军 周汉华 项陈帮
郑孟锡 刘武欢 叶朝季 刘月霞
方丽君 毛庆廷 兰云武 张志伟
刘小平 周火培 吴芝龙 周美娟
傅良郁 占田友 李建南 李春花
吴发扬 付良斌 宋志东 汪方媛
黎宇广 王 乐 张家伟 汤 慧
卓 铭 徐芳琳 朱光泉 陈 平
季必平 林 文 吴良菊 张龙生
项从林 项世平 叶建仁

【2012年度优秀党务工作者】 2013年2月6日中共龙泉市委命名

李德菊 蒋伟平 胡丽香 徐菊霞
张观秀 郑叶青 季金强 黄华森
吴金松 杨惠珍 李根通 陈德海
季华欣 华志平 刘世映

【2012年度优秀局长】 2013年2月4日中共龙泉市委、龙泉市人民政府命名

市直单位

潘祝平 徐东华 郑玉贤 徐怀坤
付建伟 王仁学 何跃军 杨洪斌

垂直管理单位

朱道伟 从贵华 徐东平 季少华

【2012年度龙泉市十佳创业村干部】 2013年2月4日中共龙泉市委、龙泉市人民政府命名

吴敬勤 剑池街道吴处村党支部书记
张清乾 住龙镇水塔村党支部书记
雷伟东 竹垟畲族乡罗墩村党支部书记

魏叶平　安仁镇亚叉丘村村委会主任
柳作发　锦溪镇肖庄村村委会主任
曾志华　宝溪乡溪头村村委会主任
蔡焕文　上垟镇小黄南村党支部书记
王卫春　查田镇溪西村党支部书记
徐定清　龙渊街道大丘田村村委会主任
邱光达　八都镇樟溪村党支部书记

【2012年度优秀企业家】 2013年3月22日中共龙泉市委、龙泉市人民政府命名

叶建和　浙江佳和矿业集团董事长、总裁
骆美强　浙江南天集团董事长
王明华　巨泰特种钢有限公司总裁
蔡焕镜　浙江国镜药业有限公司董事长
李能福　浙江能福旅游用品有限公司董事长
金逸林　龙泉市金宏瓷厂董事长
林建康　商讯集团有限公司董事长
徐春波　龙泉市砩矿有限责任公司总经理
叶伟锋　浙江创新汽车空调有限公司董事长
罗伟鸣　浙江凯森板业有限责任公司董事长

表格索引